生态农业丛书

草地农业的理论与实践
（上卷）

南志标　侯向阳　等　编著

科学出版社
龙门书局
北京

内 容 简 介

本书系统介绍了草地农业的理论与技术体系，并列举了典型案例。全书包括4部分、26章。第1部分为草地农业的概论，包括第1~4章，分别介绍了草地农业的定义、基本条件、特征、回顾与展望、结构与生产调控、系统耦合与区划。第2部分为草地农业的支撑与保障体系，包括第5~7章，分别介绍了科技、教育和文化，草地监测与评价，有害生物防治。第3部分为草地农业4个生产层的原理与技术，包括第8~18章，分别介绍了前植物生产层、植物生产层、动物生产层和后生物生产层的生产现状、调控途径及展望。第4部分为我国草地农业发展模式与案例，包括第19~26章，分别介绍了西北干旱半干旱区、东北天然草原区、青藏高原区、农牧交错区、黄淮海农区、南方地区6个生态区和林下草地农业及草坪业2个产业。

本书可供草地农业相关的政府工作人员、科研院所研究人员和高等院校师生参考使用。

图书在版编目（CIP）数据

草地农业的理论与实践：全2卷 / 南志标等编著. —北京：龙门书局，2023.10

（生态农业丛书）

国家出版基金项目

ISBN 978-7-5088-6313-9

Ⅰ. ①草… Ⅱ. ①南… Ⅲ. ①草地-农业发展-研究-中国 Ⅳ. ①F323.212

中国版本图书馆CIP数据核字（2022）第254599号

责任编辑：吴卓晶　柳霖坡 / 责任校对：马英菊
责任印制：肖　兴 / 封面设计：东方人华平面设计部

科学出版社
龙门书局　出版
北京东黄城根北街16号
邮政编码：100717
http://www.sciencep.com

北京中科印刷有限公司 印刷
科学出版社发行　各地新华书店经销

*

2023年10月第 一 版　　开本：720×1000　1/16
2023年10月第一次印刷　　印张：56 1/4
字数：1 130 000

定价：731.00元（上下卷）
（如有印装质量问题，我社负责调换）
销售部电话 010-62136230　编辑部电话 010-62143239（BN12）

版权所有，侵权必究

生态农业丛书
顾问委员会

任继周　束怀瑞　刘鸿亮　山　仑　庞国芳　康　乐

生态农业丛书
编委会

主任委员

李文华　沈国舫　刘　旭

委员（按姓氏拼音排序）

陈宗懋	戴铁军	郭立月	侯向阳	胡　锋	黄璐琦
蒋高明	蒋剑春	康传志	李　隆	李　玉	李长田
林　智	刘红南	刘某承	刘玉升	南志标	王百田
王守伟	印遇龙	臧明伍	张福锁	张全国	周宏春

《草地农业的理论与实践》编委会

主　任：南志标　侯向阳

委　员（按姓氏拼音排序）：

董宽虎　韩国栋　韩烈保　侯扶江　侯向阳　呼天明
胡林勇　胡小文　贾玉山　李春杰　李发弟　李向林
毛培胜　孟　林　南志标　沈禹颖　唐　增　王成章
王德利　王彦荣　徐　斌　张英俊　赵新全

作 者 简 介

（按姓氏拼音排序）

安沙舟　研究领域：草地资源与生态　原任新疆农业大学草业与环境科学学院院长，教授，现已退休　xjasz@126.com

陈文青　研究领域：草地恢复理论与技术　现任西北农林科技大学草业与草原学院副教授，国家林业和草原局林草科技创新青年拔尖人才　chen_wq@nwsuaf.edu.cn

丁文强　研究领域：草业经济与社会发展　现任中共宁夏区委党校公共管理教研部副教授　dwqjz@126.com

董宽虎　研究领域：草地放牧生态与管理　现任山西农业大学草业学院教授　dongkuanhu@sxau.edu.cn

段廷玉　研究领域：菌根真菌学与牧草病理学　现任兰州大学草地农业科技学院教授　duanty@lzu.edu.cn

范月君　研究领域：草地生态、资源与环境　现任青海农牧科技职业学院教授、青海大学省部共建三江源生态与高原农牧业国家重点实验室特聘教授　fanyuejun_79@163.com

冯　伟　研究领域：绿肥基础研究与利用　现任河北省农林科学院农业资源环境研究所副研究员　fwnpw@163.com

高翠萍　研究领域：草业科学　现任内蒙古农业大学草原与资源环境学院高级实验师、草地资源教育部重点实验室常务副主任　gcp1978@126.com

高文渊　研究领域：草原保护利用技术推广及项目管理　现任内蒙古自治区草原工作站站长、研究员　nmggwy@126.com

格根图　研究领域：牧草加工理论与技术　现任内蒙古农业大学草原与资源环境学院教授　gegentu@163.com

韩国栋　研究领域：草地生态与管理　现任内蒙古农业大学草原与资源环境学院教授、草地资源教育部重点实验室主任　hanguodong@imau.edu.cn

韩烈保　研究领域：草坪科学与工程　现任北京林业大学草业与草原学院教授、草坪研究所所长　hanliebao@163.com

侯扶江　研究领域：草地农业生态学　现任兰州大学草地农业科技学院教授　cyhoufj@lzu.edu.cn

侯向阳　研究领域：草地生态与管理　现任山西农业大学草业学院教授　houxy16@vip.126.com

呼天明　研究领域：草种质资源与育种　现任西北农林科技大学草业与草原学院教授、院长　hutianming@126.com

胡林勇　研究领域：放牧家畜生产学　现任中国科学院西北高原生物研究所副研究员　lyhu@nwipb.cas.cn

胡小文　研究领域：草类植物种子学　现任兰州大学草地农业科技学院教授、兰州大学草类植物育种与种子研究所副所长　huxw@lzu.edu.cn

黄秀声　研究领域：牧草营养与种养循环　现任福建省农业科学院农业生态研究所生态循环农业研究室主任、研究员　hxs706@163.com

贾玉山　研究领域：牧草加工理论与技术　现任内蒙古农业大学草原与资源环境学院教授，农业农村部饲草栽培、加工与高效利用重点实验室主任　jys_nm@sina.com

金云翔　研究领域：草原遥感监测与评价　现任中国农业科学院农业资源与农业区划研究所副研究员　jinyunxiang@caas.cn

荆晶莹　研究领域：植物-土壤反馈　现任中国农业大学草业科学与技术学院副教授　jingying.jing@cau.edu.cn

李　飞　研究领域：反刍动物营养　现任兰州大学草地农业科技学院教授　lfei@lzu.edu.cn

李春杰　研究领域：禾草内生真菌学与牧草病理学　现任兰州大学草地农业科技学院教授、院长　chunjie@lzu.edu.cn

李发弟　研究领域：羊生产学　现任兰州大学草地农业科技学院教授、反刍动物研究所所长　lifd@lzu.edu.cn

李万宏　研究领域：牛羊繁殖学　现任兰州大学草地农业科技学院副教授　limh@lzu.edu.cn

李西良　研究领域：草地生态学　现任中国农业科学院草原研究所副研究员　igrlxl@caas.cn

李向林　研究领域：草地农业生态学　现任中国农业科学院北京畜牧兽医研究所研究员　lxl@caas.cn

李彦忠　研究领域：牧草病理学　现任兰州大学草地农业科技学院教授　liyzh@lzu.edu.cn

作者简介

李治国　研究领域：草地资源与管理　现任内蒙古农业大学草原与资源环境学院副教授　nmndlzg@163.com

刘　君　研究领域：草坪草育种　现任南京农业大学草业学院副教授、句容草坪研究院副院长　liujun825@njau.edu.cn

刘　楠　研究领域：放牧草地管理与生态　现任中国农业大学草业科学与技术学院副教授　liunan@cau.edu.cn

刘忠宽　研究领域：牧草栽培与草产品加工　现任河北省农林科学院农业资源环境研究所研究员、牧草绿肥研究室主任　zhongkuanjh@163.com

刘卓成　研究领域：草坪科学与工程　宿州学院生物与食品工程学院讲师　lzcdzsyx@163.com

毛培胜　研究领域：草种子科学　现任中国农业大学草业科学与技术学院教授、中国农业大学牧草种子实验室主任、农业农村部牧草与草坪草种子质量监督检验测试中心（北京）及国家林业和草原局草种子质量检验检测中心（北京）常务副主任　maops@cau.edu.cn

孟　林　研究领域：草类植物逆境生理与林草复合系统　现任北京市农林科学院草业花卉与景观生态研究所研究员　menglin9599@sina.com

苗福泓　研究领域：草地农业生态学　现任青岛农业大学草业学院讲师、草业科学与技术系副主任　miaofh@qau.edu.cn

南志标　研究领域：草业科学　现任兰州大学草地农业科技学院教授、兰州大学草种创新与草地农业生态系统全国重点实验室首席科学家、兰州大学草地保护研究所所长　zhibiao@lzu.edu.cn

彭泽晨　研究领域：群落生态学　现任兰州大学草地农业科技学院讲师　pengzch@lzu.eud.cn

屈志强　研究领域：草地资源与管理　现任内蒙古农业大学草原与资源环境学院讲师　qzqimau@163.com

沈禹颖　研究领域：栽培草地管理与利用　现任兰州大学草地农业科技学院教授、农区草业研究所所长　yy.shen@lzu.edu.cn

孙　阅　研究领域：草地生态学　现任东北师范大学草地科学研究所讲师　suny926@nenu.edu.cn

邰建辉　研究领域：牧草与草坪种子科学　现任北京百斯特草业有限公司总经理　timothy@bestseed.com.cn

唐　增　研究领域：草业经济管理学　现任兰州大学草地农业科技学院副教授　tangz@lzu.edu.cn

|万里强| 研究领域：草地资源管理与牧草生理生态学　中国农业科学院北京畜牧兽医研究所研究员

王　文　研究领域：草地畜牧业管理　现任云南省种羊繁育推广中心正高级畜牧师　470178443@qq.com

王成章　研究领域：牧草营养　现任河南农业大学动物科技学院教授、河南省牧草产业技术创新战略联盟理事长　wangchengzhang@263.net

王德利　研究领域：草地生态学　现任东北师范大学环境学院/草地科学研究所教授、院长　wangd@nenu.edu.cn

王光辉　研究领域：牧草干燥机械　现任中国农业大学工学院教授　97554@cau.edu.cn

王明亚　研究领域：草种子科学　现任河北农业大学动物科技学院副教授　wangmingya@hebau.edu.cn

王铁梅　研究领域：草地资源保护与利用　现任北京林业大学草业与草原学院副教授　alfalfa@126.com

王维民　研究领域：绵羊遗传育种　现任兰州大学草地农业科技学院副教授　wangweimin@lzu.edu.cn

王彦华　研究领域：饲草饲料资源开发利用和畜牧业生产管理　现任河南省郑州种畜场副场长　13676938371@163.com

|王彦荣| 研究领域：草类植物育种与种子学　兰州大学草地农业科技学院教授、兰州大学草类植物育种与种子研究所所长

王志军　研究领域：牧草加工与利用　现任内蒙古农业大学草原与资源环境学院讲师、中国草学会草产品加工专业委员会副秘书长　zhijunwang321@126.com

王忠武　研究领域：草地生态与管理　现任内蒙古农业大学草原与资源环境学院教授、副院长　zhongwuwang1979@163.com

夏　超　研究领域：禾草内生真菌学　现任兰州大学草地农业科技学院副研究员　xiac@lzu.edu.cn

徐　斌　研究领域：草原遥感与草原生态　现任中国农业科学院农业资源与农业区划研究所研究员　xubin@caas.cn

徐世晓　研究领域：草地生态学　现任中国科学院西北高原生物研究所研究员、高原生态学研究中心主任　sxxu@nwipb.cas.cn

徐田伟　研究领域：草地生态学　现任中国科学院西北高原生物研究所助理研究员　98.tianwei@163.com

燕振刚　研究领域：草地生态学　现任甘肃农业大学信息科学技术学院教授　yanzhg908@163.com

杨　智	研究领域：草原监测评价管理　现就职于国家林业和草原局草原管理司 1185830818@qq.com
杨付周	研究领域：草坪草种子处理技术及应用　现任青岛达康草业技术开发中心董事长　dakon888@163.com
杨高文	研究领域：菌根生态学　现任中国农业大学草业科学与技术学院教授 yanggw@cau.edu.cn
杨惠敏	研究领域：草类作物逆境生物学　现任兰州大学草地农业科技学院教授 huimyang@lzu.edu.cn
杨宪龙	研究领域：栽培草地管理与利用　现任兰州大学草地农业科技学院副教授　yangxianl@lzu.edu.cn
杨秀春	研究领域：草地遥感　现任北京林业大学草业与草原学院教授 yangxiuchun@bjfu.edu.cn
尹燕亭	研究领域：生态经济学、农牧户生产行为优化与调控　现任山西农业大学草业学院副教授　yinyanting1007@163.com
俞斌华	研究领域：牧草病理学　现任兰州大学草地农业科技学院讲师 yubh@163.com
袁明龙	研究领域：草地昆虫学　现任兰州大学草地农业科技学院副教授 yuanml@lzu.edu.cn
乐祥鹏	研究领域：草食家畜基因组与遗传改良　现任兰州大学草地农业科技学院教授、副院长　lexp@lzu.edu.cn
张小焕	研究领域：足球场建造与管理　现任深圳市嘉美茵体育工程技术有限公司董事长　jiameiyinsports@163.com
张翼维	研究领域：草坪科学与工程　现任湖南天泉生态草业工程有限公司副总经理、高级农艺师　969780848@qq.com
张英俊	研究领域：草地管理与牧草生产　现任中国农业大学草业科学与技术学院教授、院长　zhangyj@cau.edu.cn
赵　亮	研究领域：生态学　现任中国科学院西北高原生物研究所研究员、三江源草地生态系统观测研究站站长　lzhao@nwipb.cas.cn
赵　祥	研究领域：草地生态与管理　现任山西农业大学草业学院教授、副院长 sxndzhaox@126.com
赵新全	研究领域：草地生态学　青海大学省部共建三江源生态与高原农牧业国家重点实验室主任　xqzhao@nwipb.cas.cn
郑爱荣	研究领域：饲草饲料资源开发利用　现任河南省饲草饲料站高级畜牧师 75858642@qq.com

钟志伟　研究领域：草地生物种间关系　现任东北师范大学草地科学研究所副教授　zhongzw822@nenu.edu.cn

周冀琼　研究领域：草地生产与植被修复　现任四川农业大学草业科技学院讲师　jiqiong_zhou@sicau.edu.cn

周陆波　研究领域：高尔夫球场建造与管理　现任马来西亚龙腾建设有限公司总工　710544066@qq.com

生态农业丛书
序　言

世界农业经历了从原始的刀耕火种、自给自足的个体农业到常规的现代化农业，人们通过科学技术的进步和土地利用的集约化，在农业上取得了巨大成就，但建立在消耗大量资源和石油基础上的现代工业化农业也带来了一些严重的弊端，并引发一系列全球性问题，包括土地减少、化肥农药过量使用、荒漠化在干旱与半干旱地区的发展、环境污染、生物多样性丧失等。然而，粮食的保证、食物安全和农村贫困仍然困扰着世界上的许多国家。造成这些问题的原因是多样的，其中农业的发展方向与道路成为人们思索与考虑的焦点。因此，在不降低产量前提下螺旋上升式发展生态农业，已经迫在眉睫。低碳、绿色科技加持的现代生态农业，可以缓解生态危机、改善环境和生态系统，更高质量地促进乡村振兴。

现代生态农业要求把发展粮食与多种经济作物生产、发展农业与第二三产业结合起来，利用传统农业的精华和现代科技成果，通过人工干预自然生态，实现发展与环境协调、资源利用与资源保护兼顾，形成生态与经济两个良性循环，实现经济效益、生态效益和社会效益的统一。随着中国城市化进程的加速与线上网络、线下道路的快速发展，生态农业的概念和空间进一步深化。值此经济高速发展、技术手段层出不穷的时代，出版具有战略性、指导性的生态农业丛书，不仅符合当前政策，而且利国利民。为此，我们组织编写了本套生态农业丛书。

为了更好地明确本套丛书的撰写思路，于 2018 年 10 月召开编委会第一次会议，厘清生态农业的内涵和外延，确定丛书框架和分册组成，明确了编写要求等。2019 年 1 月召开了编委会第二次会议，进一步确定了丛书的定位；重申了丛书的内容安排比例；提出丛书的目标是总结中国近 20 年来的生态农业研究与实践，促进中国生态农业的落地实施；给出样章及版式建议；规定丛书撰写时间节点、进度要求、质量保障和控制措施。

生态农业丛书共 13 个分册，具体如下：《现代生态农业研究与展望》《生态农田实践与展望》《生态林业工程研究与展望》《中药生态农业研究与展望》《生态茶业研究与展望》《草地农业的理论与实践》《生态养殖研究与展望》《生态菌物研究与展望》《资源昆虫生态利用与展望》《土壤生态研究与展望》《食品生态加工研究与展望》《农林生物质废弃物生态利用研究与展望》《农业循环经济的理论与实践》。13个分册涉及总论、农田、林业、中药、茶业、草业、养殖业、菌物、昆虫利用、土壤保护、食品加工、农林废弃物利用和农业循环经济，系统阐释了生态农业的理论研究进展、生产实践模式，并对未来发展进行了展望。

  本套丛书从前期策划、编委会会议召开、组织撰写到最后出版，历经近4年的时间。从提纲确定到最后的定稿，自始至终都得到了李文华院士、沈国舫院士和刘旭院士等编委会专家的精心指导；各位参编人员在丛书的撰写中花费了大量的时间和精力；朱有勇院士和骆世明教授为本套丛书写了专家推荐意见书，在此一并表示感谢！同时，感谢国家出版基金项目（项目编号：2022S-021）对本套丛书的资助。

  我国乃至全球的生态农业均处在发展过程中，许多问题有待深入探索。尤其是在新的形势下，丛书关注的一些研究领域可能有了新的发展，也可能有新的、好的生态农业的理论与实践没有收录进来。同时，由于丛书涉及领域较广，学科交叉较多，丛书的撰写及统稿历经近4年的时间，疏漏之处在所难免，恳请读者给予批评和指正。

生态农业丛书编委会
2022年7月

序 言

我国经过 70 多年的不懈努力，尤其近 40 年的高速发展，已经完成工业化并进入后工业化时代。清末重臣李鸿章晚年在疲于签订丧权辱国条约之时，朦胧感知数千年未有之大变局的谜底终于揭开。中国已经从历时数千年的农耕文明蜕变为工业文明，并高速步入后工业化的生态文明。中国共产党第十九次全国代表大会适时提出了生态文明建设的历史使命，制订了乡村振兴战略规划的宏伟蓝图。

文明的时代转换，一个全新的历史起点。与之相应而来的当然是，而且必然是生态农业。我国《乡村振兴战略规划（2018—2022 年）》指出，生态是乡村最大的发展优势。在乡村振兴战略中，生态宜居是关键。草地农业是以第一生产层（即生态景观）为基底，在生态系统健康的基础上构建的生态农业样式。

我们高兴地看到南志标院士和侯向阳教授等编著的《草地农业的理论与实践》作为科学出版社生态农业丛书之一出版。这是我国农业对国家生态文明建设的时代性响应。

该书萃集了众多全国草地农业科学一线工作的骨干学者，是其在各自的学科领域，精心撰写的理论与实践结合的佳品。该书全面反映了中国草地农业科学的最新理论系统和实践水平，是我国草地农业科学的重量级专著。在此祝贺《草地农业的理论与实践》应时问世。

感谢南志标院士、侯向阳教授为首的各位撰稿专家的辛勤劳动和贡献。

任继周

于涵虚草舍

2021 年 12 月 31 日

前 言

　　不断增长的食物需求与日益减少的自然资源，使全球面临着巨大的挑战。我国农业取得了显著成就，为保障全球食物安全做出了重要贡献。但是，我国人口基数大，自然资源本底条件差，加之农业系统有待完善，问题依然十分突出。

　　现代社会发展的经验与教训，使人们进一步认识到草地的重要作用。草地包括天然草原、栽培草地与观赏草地，是重要的生物-资源复合体，在经济社会发展中发挥着日益重要、不可或缺的作用。实践证明，充分利用草地资源，实施草地农业，是实现资源可持续利用和农业现代化的必然选择之一。

　　改革开放以来，我国的草地农业及其科技均取得了快速的发展。《中华人民共和国草原法》的颁布和修订，《国务院关于加强草原保护与建设的若干意见》[国发〔2002〕19号]的发布，使草地农业有法可依；草畜双承包责任制的落实，使草原地区经济体制实现了变革；振兴奶业苜蓿发展行动、草原生态保护奖励补助机制和粮改饲试点等项目的实施极大地推动了草地农业的发展。4个生产层、3个因子群、3个界面等理论的建立，标志着草地农业科学理论体系的形成。高等院校中草业学院的数量不断增加，为草产业源源不断地输送了大批高质量人才。法规、政策、科技及教育的成果为草地农业发展提供了有力的支撑。同时，草地农业产业化规模和集约化程度均明显提高，产业功能和生态服务功能均日趋完善。

　　中国共产党第十八次全国代表大会召开以来，我国的草地农业发展进入一个新阶段。山水林田湖草沙系统治理，极大提升了草在全国生态系统中的功能地位。在新一轮国家行政机构改革中，成立了国家林业和草原局，使草原管理机构的地位和职能实现了历史性的跨越和提升。

　　习近平同志于2019年在内蒙古自治区考察时指出，草原治理要按规律办。草原治理和草地农业发展必须遵循自然规律，必须处理好人与自然的关系，必须坚持绿色发展、高质量发展的原则。

　　我国的草地农业和草地农业科技经过几十年的持续经营，已经有了比较深厚的积淀，为进一步发展奠定了良好的基础。在新的形势下，及时梳理和总结我国草地农业和科技发展的理论、技术、模式和案例，不仅非常必要，而且具有重要的科学和实践意义。

2019 年 1 月 12 日，按照生态农业丛书编委会的要求，我们邀请了全国相关单位的学者、管理部门骨干、企业界人士等，在北京就共同撰写《草地农业的理论与实践》书稿展开讨论，会议明确了全书应参考国际先进经验与技术，系统梳理我国的经验，以期为草地农业发展提供借鉴。与会者讨论和修订了编写提纲，明确了分工。全书包括 4 部分、26 章。《草地农业的理论与实践》的结构见图 0-1。

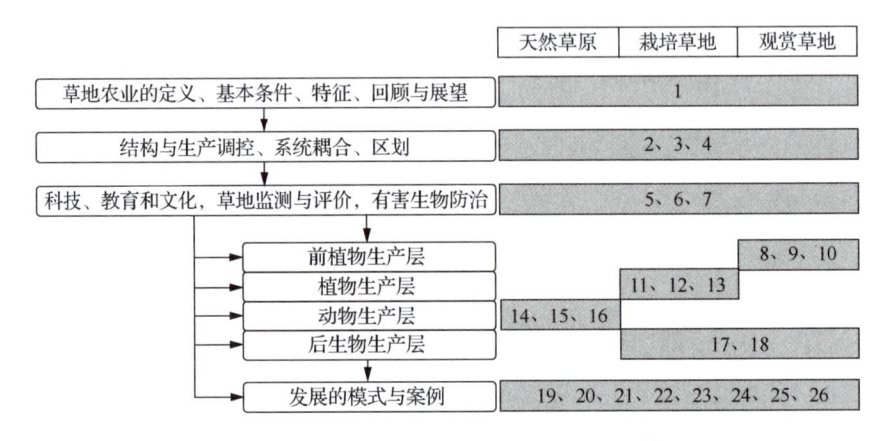

	天然草原	栽培草地	观赏草地
草地农业的定义、基本条件、特征、回顾与展望	1		
结构与生产调控、系统耦合、区划	2、3、4		
科技、教育和文化、草地监测与评价、有害生物防治	5、6、7		
前植物生产层			8、9、10
植物生产层		11、12、13	
动物生产层	14、15、16		
后生物生产层		17、18	
发展的模式与案例	19、20、21、22、23、24、25、26		

图 0-1　《草地农业的理论与实践》的结构

注：数字表示各章号。

各章负责人分头组织了编写团队，经过大家共同的努力，于 2020 年 3 月完成了初稿。为保证编写质量，我们对初稿进行了内部初审，邀请了王德利、张英俊、韩国栋和李向林 4 位专家及我们 2 人，分工对各章进行了初审，提出了修改意见。各章撰稿人据此做了认真修改。2020 年 5 月，我们邀请中国科学院西北生态环境资源研究院农业生态与草地农业科学专家赵哈林研究员对全书进行了审定。根据审稿人的意见，再次做了修改，并统一了格式。2020 年 10 月，我们对全书再次进行了统稿，并请作者对部分章节做了进一步修改。

令我们备受感动的是，我国现代草业科学奠基人——任继周院士，欣然接受我们的邀请，并在两天之内，完成了本书的序言，对全书给予了高度的评价，使我们备受鼓舞。同时，先生敏捷的才思、宝刀未老的风采，更使我们敬仰与欣慰。

我们也愿借此机会，向任继周院士、全体撰写人员、审稿人赵哈林研究员、编委会秘书夏超副研究员，致以衷心的感谢！本书由国家出版基金、草业科学一流学科和草种创新与草地农业生态系统全国重点实验室联合资助出版，在此一并致谢。

虽然我们竭尽全力，但由于学识所限，不足之处在所难免，敬请大家批评指正！

南志标　侯向阳
2021 年 12 月

目 录

【上卷】

第1章 绪论 ··· 1
1.1 引言 ·· 1
    1.1.1 草地农业的定义 ·· 1
    1.1.2 草地农业的基本条件 ··· 3
1.2 草地农业的特征 ··· 4
    1.2.1 4个生产层是草地农业系统的基本结构 ······································ 4
    1.2.2 系统耦合是提高草地农业生产力的主要途径 ······························ 6
    1.2.3 生态生产力是衡量草地农业生产的重要尺度 ······························ 7
1.3 草地农业的回顾与展望 ··· 8
    1.3.1 草地农业的回顾 ·· 8
    1.3.2 草地农业的发展 ·· 11

第2章 草地农业系统的结构与生产调控 ··· 14
2.1 引言 ··· 14
2.2 4个生产层的结构及其调控 ·· 15
    2.2.1 4个生产层的产业结构 ·· 15
    2.2.2 调控生物多样性 ·· 18
    2.2.3 合理利用放牧地 ·· 21
    2.2.4 科学管理草地有害生物 ·· 24
2.3 前植物生产层及其调控 ··· 27
    2.3.1 生产类型 ··· 27
    2.3.2 生产现状 ··· 28
    2.3.3 调控途径 ··· 33
2.4 植物生产层及其调控 ·· 34
    2.4.1 生产类型 ··· 35

		2.4.2 生产现状	36
		2.4.3 调控途径	38
	2.5	动物生产层及其调控	43
		2.5.1 生产类型	43
		2.5.2 生产现状	45
		2.5.3 调控途径	50
	2.6	后生物生产层及其调控	54
		2.6.1 生产类型	54
		2.6.2 生产现状	55
		2.6.3 调控途径	60

第3章 草地农业系统耦合

3.1	引言	63
	3.1.1 草地农业系统耦合的主要依据	63
	3.1.2 草地农业系统耦合的主要类型	67
	3.1.3 草地农业系统耦合的主要效应	70
3.2	草地农业系统耦合的模式与优化调控	72
	3.2.1 世界主要的草地农业系统	72
	3.2.2 我国草地农业系统耦合的主要模式	78
	3.2.3 草地农业系统耦合的优化调控	80

第4章 草地农业区划

4.1	引言	83
	4.1.1 国内外农业区划理论研究概述	83
	4.1.2 农业功能区划概述	86
	4.1.3 农业区划理论方法和技术发展在草地农业区划中的应用价值	87
4.2	草地农业生态经济区划	90
	4.2.1 草地农业生态经济区划的划分原则与一级区	90
	4.2.2 草地农业发展区划	96
	4.2.3 草地畜牧业区划布局	98
4.3	牧草种植区划与种子生产区划	101
	4.3.1 牧草种植区划	101
	4.3.2 牧草种子生产区划	103
	4.3.3 苜蓿种植区划	105

第 5 章　草地农业科技、教育和文化 ·· 107

5.1　引言 ··· 107
5.1.1　发展科技创新的草地农业 ·· 107
5.1.2　发展现代草业教育 ·· 108
5.1.3　发展文化传承的草地农业 ·· 108

5.2　草地农业科技 ·· 109
5.2.1　我国草地农业科技的发展历史 ··· 109
5.2.2　草地农业科技发展现状和存在问题 ··· 111

5.3　草业教育 ··· 119
5.3.1　我国草业教育的发展历史 ·· 119
5.3.2　我国草业教育的现状和存在问题 ··· 122

5.4　草地农业科技、教育发展对策与建议 ·· 124
5.4.1　加强重大基础理论与技术体系的研究与应用 ································ 124
5.4.2　促进草地农业科技成果的转化 ··· 125
5.4.3　加强高新草地农业产品的研发和产业化 ······································· 125
5.4.4　优化人才结构、加强队伍建设 ··· 126

5.5　草原文化 ··· 127
5.5.1　历史传承 ·· 127
5.5.2　创新发展 ·· 129

第 6 章　草地监测与评价的原理与技术 ·· 132

6.1　引言 ··· 132
6.1.1　草地监测与评价的内涵 ·· 132
6.1.2　草地监测与评价的研究简史和现状 ··· 133
6.1.3　草地监测与评价的主要内容 ·· 135

6.2　草地监测的基本原理 ··· 136
6.2.1　影响草地特征和分布的自然条件 ··· 136
6.2.2　草地的分布和分类 ·· 138
6.2.3　生态演替理论 ··· 138
6.2.4　空间异质性与生物多样性理论 ··· 139
6.2.5　等级理论 ·· 141

6.3　草地监测与评价技术 ··· 142
6.3.1　草地地面监测与评价技术 ·· 142
6.3.2　草地遥感监测与评价技术 ·· 145
6.3.3　草原灾害遥感监测与评价技术 ··· 153

         6.3.4　无人机和高光谱草地监测与评价 160
　6.4　展望 162
         6.4.1　长期固定样地（生态站）草地监测与评价的发展趋势和展望 162
         6.4.2　草地遥感监测与评价的发展趋势和展望 163
         6.4.3　深度学习在草地监测与评价中的应用和展望 164
         6.4.4　大数据在草地监测与评价中的应用和展望 166

第7章　草地有害生物防治的原理与技术 168
　7.1　引言 168
         7.1.1　草地有害生物的重要性 168
         7.1.2　有害生物的种类与分布现状 169
         7.1.3　有害生物造成的损失及其危害 175
　7.2　草地有害生物防治的原理 178
         7.2.1　生态学原理 179
         7.2.2　生物学原理 181
         7.2.3　经济学原理 182
　7.3　草地有害生物防治的技术 183
         7.3.1　有害生物诊断技术 183
         7.3.2　有害生物监测与预警技术 185
         7.3.3　有害生物治理技术 186
         7.3.4　有害生物综合治理技术 190
　7.4　展望 193
         7.4.1　辩证认识草地有害生物 193
         7.4.2　全面启动草地有害生物普查 194
         7.4.3　加强草地有害生物信息化管理 194
         7.4.4　构建草地有害生物监测预警网络 195
         7.4.5　加强草地有害生物基础研究，积极构建草地植保研究体系 196
         7.4.6　构建草地有害生物系统综合治理体系 197
         7.4.7　建立有害生物治理的经济效益、社会效益与生态效益评价体系 198
         7.4.8　推动关键技术研发和成果转化 198
         7.4.9　加强能力和制度建设 199

第8章　草坪建植工程的原理与技术 200
　8.1　引言 200
         8.1.1　草坪建植工程概念 200
         8.1.2　草坪建植工程类型与特点 200

8.2　草坪建植工程原理 203
8.2.1　草坪植物配置原则 203
8.2.2　草坪植物配置方法 205
8.2.3　草坪与景观搭配技术要点 206

8.3　草坪建植工程技术 207
8.3.1　运动场草坪建植工程 207
8.3.2　运动场草坪建植技术 208
8.3.3　城市绿地草坪建植技术 219
8.3.4　裸露坡面草坪建植技术 223

8.4　展望 231
8.4.1　运动场草坪建植 231
8.4.2　城市绿地草坪建植 232
8.4.3　裸露坡面草坪建植 233

第9章　草地自然保护地建设原理与技术 234

9.1　引言 234
9.1.1　新时期我国自然保护地体系 235
9.1.2　国家公园是自然保护地体系的主体 236
9.1.3　自然保护区是自然保护地体系的基础 237
9.1.4　自然公园是自然保护地体系的补充 237
9.1.5　以国家公园为主体的草地自然保护地体系 238

9.2　草地自然资源保护与草地多功能性 239
9.2.1　我国草地自然保护地建设理念、目标与建设路径 239
9.2.2　草地的多功能属性 241
9.2.3　草地多功能的实现途径 245

9.3　草地自然资源管理的技术创新 246
9.3.1　草地自然资源管理监测技术 246
9.3.2　草地自然资源管理评估技术 250
9.3.3　草地自然资源可持续利用技术 255

9.4　以国家公园为主体的草地自然保护地管理与实践 259
9.4.1　国家公园发展历程及特征 259
9.4.2　三江源国家公园草地自然保护的实践 263
9.4.3　三江源国家公园的草地自然保护途径 265
9.4.4　三江源国家公园自然保护成效及建议 267

第 10 章　草原旅游的原理与技术模式·············269

10.1　引言·············269
10.1.1　草原旅游的发展与现状·············270
10.1.2　草原旅游发展存在的主要问题·············273

10.2　草原旅游资源开发的特点与原理·············275
10.2.1　我国草原旅游资源开发的特点·············275
10.2.2　草原旅游资源开发的原理·············276

10.3　草原旅游发展的主要技术模式·············279
10.3.1　山地草原观光旅游模式·············279
10.3.2　农牧交错带草原休闲度假旅游发展模式·············281
10.3.3　平原牧区草原休闲和民族风情旅游发展模式·············283
10.3.4　高寒草原观光和民族风情旅游发展模式·············284

10.4　草原旅游的实践与展望·············287
10.4.1　我国草原旅游发展模式应用·············287
10.4.2　我国草原旅游的发展趋势·············293

第 11 章　栽培草地建植与管理的原理与技术·············295

11.1　引言·············295
11.1.1　栽培草地概念及重要性·············295
11.1.2　我国栽培草地生产现状·············296

11.2　牧草栽培的原理·············298
11.2.1　生态适应性原理·············298
11.2.2　营养体适时收获原理·············299
11.2.3　种群密度调控原理·············299
11.2.4　牧草间作、混作原理·············300
11.2.5　草田轮作原理·············302
11.2.6　水肥利用最大效率期原理·············303

11.3　栽培草地生产技术·············304
11.3.1　建植技术·············304
11.3.2　栽培草地管理技术·············314
11.3.3　刈割技术·············317

11.4　展望·············319
11.4.1　农业供给侧结构性改革下我国栽培草地面临的机遇和挑战·············319
11.4.2　未来草产业分析·············320

第12章 种子生产的原理与技术······322

12.1 引言······322
- 12.1.1 牧草种子生产的重要性和作用······323
- 12.1.2 我国牧草种子生产存在的问题······324
- 12.1.3 国内外牧草种子生产发展与现状······325
- 12.1.4 种子生产理论研究进展与现状······327

12.2 种子产量形成原理······330
- 12.2.1 种子发育生理······330
- 12.2.2 种子产量组分······332
- 12.2.3 种子产量类型······334
- 12.2.4 种子生产的气候条件要求······335

12.3 种子生产田间管理技术研究与实践······337
- 12.3.1 种子田密度控制技术研究与实践······337
- 12.3.2 种子田田间管理技术研究与实践······339

12.4 展望······344
- 12.4.1 牧草种子产量形成机理研究展望······345
- 12.4.2 不同地域牧草种子生产关键技术研究······346
- 12.4.3 专业化种子生产技术的集成与配套······347

第13章 种子质量控制的原理与技术······350

13.1 引言······350

13.2 种子认证和质量检验的原理······353
- 13.2.1 种子认证的原理······353
- 13.2.2 种子质量检验的原理······354

13.3 种子认证和质量检验技术······360
- 13.3.1 种子认证的环节和技术······360
- 13.3.2 种子质量检验关键技术······365

13.4 种子立法······374
- 13.4.1 概述······374
- 13.4.2 我国种子质量控制的法律法规······375

13.5 展望······376

参考文献······377

索引······409

【下卷】

第 14 章 草地放牧利用的原理与技术 ·········· 417

    14.1 引言 ·········· 417

    14.2 放牧理论 ·········· 419

        14.2.1 采食理论 ·········· 419

        14.2.2 平衡和非平衡理论 ·········· 421

        14.2.3 最优放牧假说 ·········· 423

        14.2.4 载畜率理论 ·········· 426

    14.3 放牧技术 ·········· 428

        14.3.1 放牧家畜数量 ·········· 428

        14.3.2 放牧季节 ·········· 430

        14.3.3 放牧制度 ·········· 431

        14.3.4 家畜混合放牧 ·········· 438

        14.3.5 家畜分布 ·········· 438

    14.4 展望 ·········· 440

第 15 章 草地改良的原理与技术 ·········· 442

    15.1 引言 ·········· 442

    15.2 草地恢复改良原理 ·········· 442

        15.2.1 土壤养分与微生物互作原理 ·········· 443

        15.2.2 草地补播空斑原理 ·········· 444

        15.2.3 植物-土壤反馈机制 ·········· 447

        15.2.4 多样性与生产力关系理论 ·········· 448

    15.3 草地改良技术 ·········· 451

        15.3.1 草地施肥与灌溉技术 ·········· 451

        15.3.2 划破草皮、深松和浅耕翻技术 ·········· 454

        15.3.3 草地免耕补播技术 ·········· 456

    15.4 展望 ·········· 459

第 16 章 作物-家畜生产系统的管理与技术 ·········· 461

    16.1 引言 ·········· 461

    16.2 家畜生产的理论与原理 ·········· 461

        16.2.1 营养素在家畜体内的转化原理 ·········· 462

- 16.2.2 家畜采食调控原理 ……………………………………………………… 470
- 16.2.3 饲料营养价值评价原理 …………………………………………………… 471
- 16.2.4 家畜生产力的评价 ……………………………………………………… 473
- 16.2.5 家畜的选种 ……………………………………………………………… 475
- 16.2.6 杂种优势理论 …………………………………………………………… 476
- 16.2.7 家畜繁殖调控理论 ……………………………………………………… 478
- 16.2.8 家畜配子与胚胎冷冻保存原理 ………………………………………… 481

16.3 家畜生产技术 …………………………………………………………………… 482
- 16.3.1 家畜的营养调控技术 …………………………………………………… 482
- 16.3.2 家畜的品种和遗传改良技术 …………………………………………… 493
- 16.3.3 分子标记辅助选择技术 ………………………………………………… 495
- 16.3.4 家畜杂种优势利用技术 ………………………………………………… 497
- 16.3.5 家畜繁殖调控技术 ……………………………………………………… 500

16.4 展望 ……………………………………………………………………………… 505

第 17 章 草产品加工的原理与技术 507

17.1 引言 ……………………………………………………………………………… 507
- 17.1.1 草产品的概念 …………………………………………………………… 507
- 17.1.2 我国草产品加工产业现状 ……………………………………………… 507

17.2 草产品加工原理 ………………………………………………………………… 509
- 17.2.1 牧草原料收获原理 ……………………………………………………… 509
- 17.2.2 干草调制加工原理 ……………………………………………………… 510
- 17.2.3 青贮饲料调制加工原理 ………………………………………………… 511
- 17.2.4 成型草产品调制加工原理 ……………………………………………… 512
- 17.2.5 饲草型 TMR 调制加工原理 …………………………………………… 513

17.3 草产品加工技术 ………………………………………………………………… 514
- 17.3.1 干草加工技术 …………………………………………………………… 514
- 17.3.2 青贮饲料加工技术 ……………………………………………………… 519
- 17.3.3 成型草产品加工技术 …………………………………………………… 521
- 17.3.4 饲草型 TMR 加工技术 ………………………………………………… 527

17.4 展望 ……………………………………………………………………………… 530
- 17.4.1 创新和研发草产品加工理论与技术 …………………………………… 530
- 17.4.2 开发多元化草产品，对接市场需求 …………………………………… 531
- 17.4.3 建立健全草产品标准和评价体系 ……………………………………… 531

第18章 草地农业经济管理的理论与技术 ··· 532

18.1 引言 ··· 532
- 18.1.1 草地农业经济的概念和范畴 ··· 532
- 18.1.2 草地农业经济的结构和规模 ··· 533
- 18.1.3 草地农业经济的地位和作用 ··· 535
- 18.1.4 草地农业经济管理的现状和问题 ··· 536

18.2 草地农业经济管理的原理与应用 ··· 536
- 18.2.1 产权经济理论 ··· 537
- 18.2.2 规模经济和产业化理论 ··· 538
- 18.2.3 适应性管理理论 ··· 540

18.3 草地农业经济管理分析方法与技术 ··· 542
- 18.3.1 草地农业系统生产率分析 ··· 543
- 18.3.2 草地农业经济系统耦合效益评价 ··· 545
- 18.3.3 草地农业经济系统价值评价 ··· 545

18.4 牧户经营行为决策分析 ··· 547
- 18.4.1 牧户经营系统发展历程 ··· 547
- 18.4.2 牧户生产经营行为决策及主要影响因素分析 ··· 549
- 18.4.3 牧户心理载畜率与超载过牧及草地退化 ··· 550
- 18.4.4 牧户经营系统的效率分析和现代化发展趋势 ··· 553

18.5 展望 ··· 555
- 18.5.1 草地农业是朝阳产业，未来发展潜力巨大 ··· 556
- 18.5.2 草地农业经济转型发展，加速现代化，实现高质量发展 ··· 557
- 18.5.3 加速草地农业经济管理现代化 ··· 559

第19章 西北干旱半干旱区草地农业发展模式与案例 ··· 560

19.1 区域概况 ··· 560
- 19.1.1 区域范围和区域特点 ··· 560
- 19.1.2 区域草地农业发展中存在的主要问题 ··· 561
- 19.1.3 区域草地农业未来发展方向 ··· 563

19.2 发展模式与技术 ··· 564
- 19.2.1 退化草原低扰动生态修复模式与技术 ··· 564
- 19.2.2 沙地生态治理和复合利用模式与技术 ··· 567
- 19.2.3 分区施策保护和建设草原的模式与技术 ··· 568
- 19.2.4 节水灌溉和混作草地划区轮牧技术 ··· 570
- 19.2.5 信息技术在生态修复、牧场管理和草产品市场中的应用 ··· 571

19.3 典型案例·573
    19.3.1 内蒙古四子王旗划区轮牧减畜增效模式案例·573
    19.3.2 浑善达克沙地生态修复和合理利用模式案例·576
    19.3.3 甘肃定西草地农业发展案例·577
    19.3.4 宁夏盐池草地农业发展案例·579
    19.3.5 新疆天山北坡昌吉市、呼图壁县草地农业发展案例·582

第20章 东北天然草原区草地农业发展模式与案例·585

20.1 区域概况·585
    20.1.1 区域的自然条件特征·586
    20.1.2 区域农业及草原利用情况·587

20.2 草地利用管理的理论与技术·592
    20.2.1 天然草原管理的理论及技术·592
    20.2.2 人工草地建设的理论及技术·595

20.3 利用模式·600
    20.3.1 天然草原的利用·600
    20.3.2 人工草地的管理利用·605
    20.3.3 饲草的综合利用·608

20.4 典型案例·611
    20.4.1 黑龙江省"绿色草原牧场"发展苜蓿种植的模式·612
    20.4.2 内蒙古呼伦贝尔新巴尔虎右旗合作牧场的建设·615

第21章 青藏高原区草地农业发展模式与案例·619

21.1 区域概况·619
    21.1.1 区域范围·620
    21.1.2 区域草地农业发展现状·620
    21.1.3 区域草地农业发展中存在的问题及其成因·621
    21.1.4 区域草地农业发展原理与途径·624

21.2 技术途径和模式·627
    21.2.1 天然草原合理利用·627
    21.2.2 牧草种植和加工·630
    21.2.3 放牧家畜营养均衡养殖·636
    21.2.4 发展模式·640

21.3 典型案例·645
    21.3.1 家庭联营牧场草地农业（牦牛）发展典型案例·645
    21.3.2 股份制合作社草地农业（藏羊）发展典型案例·646

21.3.3 规模化、集约化草地农业发展典型案例 648
21.3.4 公司+基地+牧户土地流转草地农业发展典型案例 649
21.3.5 草地农业信息化管理和服务典型案例 650

第22章 农牧交错区草地农业发展模式与案例 652

22.1 区域概况 652
22.1.1 农牧交错区范围 652
22.1.2 区域草地农业发展概况 656
22.1.3 区域草地农业发展中存在的问题及发展方向 657

22.2 发展模式 659
22.2.1 北方天然草原-栽培草地-生态养殖发展模式 659
22.2.2 西南川滇草原旅游+特色产业发展模式 660
22.2.3 西北干旱区山地天然草原-绿洲栽培草地-荒漠保护生态发展模式 662

22.3 典型案例 664
22.3.1 山西朔州草地农业发展案例 664
22.3.2 川西北农牧业与生态旅游耦合发展案例 668
22.3.3 宁夏南部草地农业发展案例 672

第23章 黄淮海农区草地农业发展模式与案例 677

23.1 区域概况 677
23.1.1 区域范围和区域特点 677
23.1.2 区域草地农业发展概况 678
23.1.3 区域草地农业发展中存在的问题和未来发展方向 687

23.2 发展模式 691
23.2.1 草畜结合循环草地农业模式 692
23.2.2 粮草轮作模式 695
23.2.3 麦田冬季放牧模式 697

23.3 典型案例 698
23.3.1 草畜结合-粪便还田循环草地农业典型案例 698
23.3.2 粮草轮作典型案例 700
23.3.3 麦田冬季放牧种养结合典型案例 703

第24章 南方地区草地农业发展模式与案例 705

24.1 区域概况 705
24.1.1 区域范围和区域特点 705
24.1.2 区域草地农业发展概况 707

24.1.3　区域草地农业发展中存在的问题与未来的战略方向⋯⋯⋯⋯⋯⋯⋯⋯711
　24.2　发展模式⋯⋯⋯⋯⋯⋯⋯⋯⋯⋯⋯⋯⋯⋯⋯⋯⋯⋯⋯⋯⋯⋯⋯⋯⋯⋯⋯716
　　　24.2.1　草田轮作高效养殖发展模式⋯⋯⋯⋯⋯⋯⋯⋯⋯⋯⋯⋯⋯⋯⋯⋯716
　　　24.2.2　一年生饲草轮作集约养殖发展模式⋯⋯⋯⋯⋯⋯⋯⋯⋯⋯⋯⋯⋯718
　　　24.2.3　杂交狼尾草-舍饲养牛发展模式⋯⋯⋯⋯⋯⋯⋯⋯⋯⋯⋯⋯⋯⋯⋯721
　　　24.2.4　多年生混作草地放牧饲养发展模式⋯⋯⋯⋯⋯⋯⋯⋯⋯⋯⋯⋯⋯723
　24.3　典型案例⋯⋯⋯⋯⋯⋯⋯⋯⋯⋯⋯⋯⋯⋯⋯⋯⋯⋯⋯⋯⋯⋯⋯⋯⋯⋯⋯726
　　　24.3.1　四川省洪雅县瑞志种植专业合作社草地农业系统案例⋯⋯⋯⋯⋯726
　　　24.3.2　云南寻甸草地畜牧业发展案例⋯⋯⋯⋯⋯⋯⋯⋯⋯⋯⋯⋯⋯⋯⋯728
　　　24.3.3　福建牧草-奶牛-沼气循环农业发展案例⋯⋯⋯⋯⋯⋯⋯⋯⋯⋯⋯736
　　　24.3.4　晴隆石漠化地区草牧业发展案例⋯⋯⋯⋯⋯⋯⋯⋯⋯⋯⋯⋯⋯⋯739
　　　24.3.5　贵州饲草集约化生产农牧业发展案例⋯⋯⋯⋯⋯⋯⋯⋯⋯⋯⋯⋯744

第25章　林下草地农业发展模式与案例⋯⋯⋯⋯⋯⋯⋯⋯⋯⋯⋯⋯⋯⋯⋯⋯⋯⋯⋯747

　25.1　林下草地农业发展的区域特点、现状和前景⋯⋯⋯⋯⋯⋯⋯⋯⋯⋯⋯⋯747
　　　25.1.1　林下草地农业发展的区域特点⋯⋯⋯⋯⋯⋯⋯⋯⋯⋯⋯⋯⋯⋯⋯747
　　　25.1.2　林下草地农业的发展现状⋯⋯⋯⋯⋯⋯⋯⋯⋯⋯⋯⋯⋯⋯⋯⋯⋯749
　　　25.1.3　我国林下草地农业发展中存在的主要问题和发展前景⋯⋯⋯⋯⋯751
　25.2　发展模式⋯⋯⋯⋯⋯⋯⋯⋯⋯⋯⋯⋯⋯⋯⋯⋯⋯⋯⋯⋯⋯⋯⋯⋯⋯⋯⋯753
　　　25.2.1　果园生草观光采摘和绿肥增效模式⋯⋯⋯⋯⋯⋯⋯⋯⋯⋯⋯⋯⋯753
　　　25.2.2　林间草地水土保持生态模式⋯⋯⋯⋯⋯⋯⋯⋯⋯⋯⋯⋯⋯⋯⋯⋯756
　　　25.2.3　林间草地放牧利用模式⋯⋯⋯⋯⋯⋯⋯⋯⋯⋯⋯⋯⋯⋯⋯⋯⋯⋯757
　　　25.2.4　林-草-畜禽生态种养结合发展模式⋯⋯⋯⋯⋯⋯⋯⋯⋯⋯⋯⋯⋯759
　　　25.2.5　林下中草药生态种植模式⋯⋯⋯⋯⋯⋯⋯⋯⋯⋯⋯⋯⋯⋯⋯⋯⋯765
　25.3　典型案例⋯⋯⋯⋯⋯⋯⋯⋯⋯⋯⋯⋯⋯⋯⋯⋯⋯⋯⋯⋯⋯⋯⋯⋯⋯⋯⋯766
　　　25.3.1　陕西千阳矮砧密植苹果园生草-绿肥增效发展模式的典型案例⋯⋯⋯766
　　　25.3.2　河北晋州果品生产-绿肥-观光采摘-休闲度假的综合发展模式的
　　　　　　　典型案例⋯⋯⋯⋯⋯⋯⋯⋯⋯⋯⋯⋯⋯⋯⋯⋯⋯⋯⋯⋯⋯⋯⋯⋯767
　　　25.3.3　北京顺义林-草-鸡生态种养循环发展模式的典型案例⋯⋯⋯⋯⋯768
　　　25.3.4　福建建宁林-草-羊种养结合发展模式的典型案例⋯⋯⋯⋯⋯⋯⋯771

第26章　草坪业发展模式与案例⋯⋯⋯⋯⋯⋯⋯⋯⋯⋯⋯⋯⋯⋯⋯⋯⋯⋯⋯⋯⋯⋯⋯774

　26.1　引言⋯⋯⋯⋯⋯⋯⋯⋯⋯⋯⋯⋯⋯⋯⋯⋯⋯⋯⋯⋯⋯⋯⋯⋯⋯⋯⋯⋯⋯774
　　　26.1.1　草坪及草坪业⋯⋯⋯⋯⋯⋯⋯⋯⋯⋯⋯⋯⋯⋯⋯⋯⋯⋯⋯⋯⋯⋯774
　　　26.1.2　我国草坪业的发展概况⋯⋯⋯⋯⋯⋯⋯⋯⋯⋯⋯⋯⋯⋯⋯⋯⋯⋯775
　　　26.1.3　草坪业发展中存在的问题与未来的战略方向⋯⋯⋯⋯⋯⋯⋯⋯⋯778

26.2 发展模式·····780
　　26.2.1 结缕草种子生产模式·····780
　　26.2.2 无土基质草毯生产模式·····782
　　26.2.3 足球小镇经营模式·····785
　　26.2.4 生态高尔夫球场模式·····787
26.3 典型案例·····789
　　26.3.1 江苏句容市后白镇草坪产业案例·····789
　　26.3.2 广东五华足球小镇产业模式·····791
　　26.3.3 海南观澜湖高尔夫球场建设模式·····794

参考文献·····797
索引·····825

第1章

绪　　论*

1.1 引　　言

1.1.1 草地农业的定义

草地农业（简称"草业"）以草地为主体，统筹规划利用草地、耕地和其他土地资源，以生产饲草、畜产品和其他生态服务产品为主，是种植、养殖和加工相结合的现代农业生产活动。草地农业的核心是不同生产系统的耦合。在草原牧区，合理利用天然草原（rangeland），建设适当比例的栽培草地（pasture），使天然草原和栽培草地相结合，放牧与冬春补饲相结合。在农耕区耕地中保持一定比例的饲草地进行草田轮作，粮食（经济）作物、牧草和家畜、家禽等生产相结合。在景观区（国家公园、自然保护区、城镇草坪等），维护观赏草地（amenity grassland）原生态和精细管理相结合。草地农业的目的是科学合理地利用各种自然资源，发挥其生产潜势，提供各种物质产品和景观、文化产品。

草地农业是全球农业生产系统的重要组分，在美国称为"grassland agriculture"，主要指以生产和利用牧草为主的生产活动。在新西兰称为"pastoral agriculture"，包括牧草建植、草地管理、草田轮作、家畜放牧和家畜营养等草畜相关的生产活动。我国草地农业的内涵要比美国、新西兰等国家更丰富、更系统，主要表现在以下几方面。

1. 产业链长

我国草地农业涵盖了大部分与草相关的生产、加工、利用等活动，从生态保护、观赏草地的管理与利用、饲草生产、草食家畜生产，一直延伸到饲草加工、流通等领域。草地农业也超出了我国传统的种植业、养殖业和林业等产业结构，它可以吸纳较多的科学技术，创造更多的就业岗位。

2. 适用范围广

草地农业的主要产出之一是植物产品，如以植物茎叶或块根、块茎为饲草饲

---

* 本章作者：南志标

喂家畜。或者以水土保持、观赏草地的景观获取经济效益。比之以收获籽粒为主的传统大田作物生产，草地农业可以更充分地利用水热资源，较少受温度与降水的限制。因此，其适用范围不仅包括传统的草原牧区和农耕区，也包括不适合传统农作物生产的边际土地和广大的城镇和旅游观光区等，是更好地利用多种资源、生产和生态兼顾的产业。

3. 具有较好的投入产出比

与单一作物生产或畜牧生产相比，草地农业系统包括作物、牧草、家畜等组分，抵御不良经济环境或自然环境的能力更强，更适合市场经济活动，能够获取更多的收益。如在黄土高原同样的条件下，种植紫花苜蓿（*Medicago sativa*）的纯收益比种植小麦（*Triticum aestivum*）增加 24 倍，以种植的紫花苜蓿饲喂肉牛，而后进入市场，纯收益比单独种植小麦增加 149 倍，比种植紫花苜蓿直接进入市场增加 6 倍（图 1-1）。

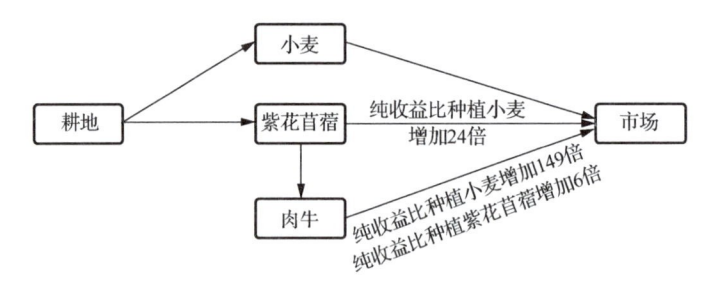

图 1-1　黄土高原农户从事小麦生产与草地农业生产的效益比较（Hou et al., 2008）

4. 需要较强的管理技能

草地农业最基本的土地生产单元是地块，如单块草地、放牧分区或农田。对地块的利用，如草地放牧、牧草和作物的轮作等生产过程，以及由此产生的土壤培育、环境改良等生产环节较多，科技含量较高，需要生产者有比较完备的生产知识与技能。草地农业独立的最小经济单元，即第 1 级经济单元，是农（牧）户或者农（牧）场，它们由若干草地分区或（和）农田组成。在这一单元不仅需要关注土地的合理利用、农业组分的合理结构及其生产过程，还要关注资金与劳力的投入与产出。生产者除了需要具备各种生产技能，也需要掌握农业经济知识，以获得较为适宜的投入产出比。草地农业的第 2 级经济单元为村、乡或县范围内的生产，其组成了更高一级的层次。这里还须关注社会学与经济学的发展，如城乡的相互作用，二者之间能流、物流、信息流的交换，产品与资本的输出与交换，草地农业生产与社会发展及环境建设的关系。草地农业的第 3 级经济单元为不同区域组成的更大范围的地区性生产体系，如青藏高原与黄土高原之间、传统农区与传统牧区之间的交换与交流，甚至可以扩展为全球的草地农业系统。

因此，草地农业是具有更大开放性与包容性的产业，需要生产者兼具生产与管理技能。

1.1.2 草地农业的基本条件

1. 草地占耕地面积的 25%左右

草地在农业生产系统中具有不可替代的作用，没有草地的农业是不完整的、低效的、不可持续的产业。草地面积一般应该占到耕地面积的 25%左右（任继周，1995）。我国目前这一比例不到 5%，仅在粮改饲试点的部分区域，饲草种植比例达到了耕地面积的 10%左右。当前"三农"的一系列问题症结之一，可能和农业生产系统中缺少草地这一要素有关。研究表明，如果将全国 50%的中低产田用来进行 5 年一周期的草田轮作，每年用 20%的耕地种草，将显著增加我国牛、羊肉产量，实现自给，而对粮食生产无明显影响（南志标，2017b）。

2. 畜牧业产值占农业总产值的 50%左右

草食家畜生产不仅事关食品安全，也直接影响着农村的发展和农民的生活状况。作为现代农业分支的草地农业，畜牧业产值应该占到农业总产值的 50%左右，其中草食家畜要有较大的份额（任继周，1995）。全球畜牧业产值在农业总产值中所占比重为 37%；德国、荷兰、澳大利亚等发达国家这一比值均在 50%以上；新西兰更是高达 80%左右。我国畜牧业产值在农业总产值中的比重在 2013 年达到了 32%，目前又降到了 30%以下，距现代农业的标准尚有一定差距（旭日干，2013）。

3. 栽培草地占天然草原面积的 10%左右

种植牧草用于缺草季节家畜的补饲，是提高畜牧生产效率的关键措施之一。栽培草地与天然草原面积的比值是衡量一个国家农业发展水平的重要标志之一。根据联合国粮食及农业组织（Food and Agriculture Organization of the United Nations，FAO）统计，在英国和美国，这一比值分别高达 135%和 58.3%，新西兰更是高达 357%。我国栽培草地面积仅占天然草原面积的 5.3%，畜牧生产依然主要依赖天然草原，家畜"夏活、秋肥、冬瘦、春死"的状况没有得到彻底的改变，需要在草原牧区利用弃耕土地种植牧草，早日达到栽培草地占天然草原面积 10%左右的目标。

4. 加工产值与初级产品产值的比例不低于 1

农产品加工产值与初级产品产值的比值是衡量一个国家或地区经济发达的标准之一。仅靠出售原材料，在经济链中处于低端，是受剥削的地位。对比 2009 年中美日食品工业与农业产值发现，美国和日本这一比值均超过了 2，分别是 2.7

和 2.2，我国台湾地区的这一比值达到了 1.3，而大陆地区这一比值仅为 0.43，距离 1 还有一定的差距（庞国芳 等，2013）。

5. 具有多功能性

如前所述，草地农业不仅提供肉、奶、纤维等物质产品，还提供支撑功能产品（生物多样性保育、营养元素循环、固碳）、生态调节功能产品（调节气候、提供清新的空气、洁净的水源和防治水土流失）和文化服务功能产品（旅游、娱乐及其他非物质的服务）。研究表明，2020 年青海省草地农业提供的多种产品价值中，物质产品价值仅占总价值的 3%，而生态调节功能和支撑功能产品价值占 93%，文化服务功能产品价值占 4%（宋昌素和欧阳志云，2020）。就全国而言，草原固碳量占全国固碳总量的 17%；草原蓄积的水量占全国地表水蓄积总量的 14%，相当于全国所有大中型水库蓄积量的总和；草原防风固沙量占全国固沙总量的 56%，在减少水土流失方面发挥着重要作用（李建东和方精云，2017）。因此，草地农业提供的产品已成为现代生活中不可或缺的部分。

1.2　草地农业的特征

1.2.1　4 个生产层是草地农业系统的基本结构

任继周于 1984 年提出，草地农业系统具有 4 个生产层，分别是前植物生产层、植物生产层、动物生产层和后生物生产层（图 1-2）。4 个生产层是草地农业系统的基本结构，体现了草原生产与草地农业生产相互联系和不断发展的关系，草地农业从草原植物和动物生产向前延伸到了景观生产，向后拓展到了产品的流通与加工。每个生产层均可进行内部的能流、物流、信息流的流动和与外界的交互反馈。每个生产层独立地提供产品，满足人们的不同需求；不同生产层之间，也可发生这种交流与反馈。

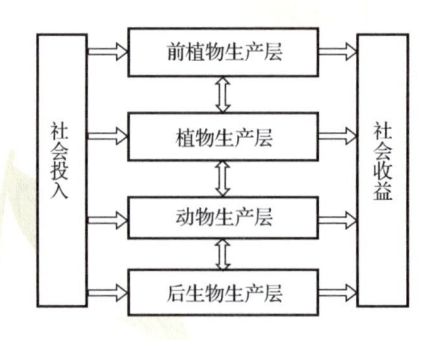

图 1-2　草地农业系统的 4 个生产层

1. 前植物生产层

前植物生产层是指通过利用观赏草地形成的特定景观，获取多种生态系统服务功能产品的过程。其主要特征是不以收获植物和动物产品为目的，而以自然景观作为产品，获得经济收益。观赏草地包括自然保护区和国家公园的草地、城镇草坪、运动场草坪及高速路护坡草地等，为人类提供旅游、观光、狩猎、休憩等服务。随着社会的发展，这一生产层将发挥更大的作用，创造更多的经济产值。

本书介绍了运动场草坪（第8章）、自然保护区草地（第9章）、草原旅游（第10章）和草坪产业发展模式（第26章）等与之有关的前植物生产层理论、技术与范例。

2. 植物生产层

植物生产层是在外部投入和管理下，通过植物的光合作用将大气中的 CO_2、土壤中的矿质元素和水分形成有机物质，将太阳能转化成生物能而获得产品的过程。植物生产包括两大部分：一部分是饲草生产，一部分是传统的粮食作物或其他作物的生产，还包括草田轮作系统中果树、蔬菜等生产。植物生产可以是单一的某一种作物的生产，也可以是综合的多种不同作物的生产。天然草原上的牧草生产需要给予特别的关注。

本书介绍了植物生产中栽培草地建植与管理（第11章）、种子生产（第12章）及种子质量控制（第13章）等方面的内容。

3. 动物生产层

动物生产层是指家畜通过利用饲草料，转化形成肉、奶、蛋、皮毛及役用等产品的生产过程，也包括野生动物的生产过程。草地农业生产主要关注牛、羊等草食家畜与草地、饲草的互作，牧草在家畜体内的转化效率，提高产品的产出。近年来，也有利用优质饲草饲喂猪、鸡等单胃动物的范例（齐梦凡等，2018）。

本书介绍了动物生产中牧区草地放牧利用的原理与技术（第14章）、草地改良的原理与技术（第15章）和传统农耕区中作物-家畜生产系统的管理与技术（第16章）等。

4. 后生物生产层

后生物生产层是指在前述3个生产层，即前植物生产层、植物生产层和动物生产层的基础上，进行饲草及畜产品的初级加工，形成更高一级的产品，获取更大效益的过程，包括生产系统的管理和优化。以往，草原生产处于比较粗放的状态，很少涉及草地农业产品的加工。随着生产力及社会需求的提高，需要对牧草进行深加工，以实现对草原植物的多重利用，增加其附加值，如从中提取对人类有益的不饱和脂肪酸等，就属于后生物生产层。后生物生产层另一个重要的内容就是草地农业经济管理，负责对生产过程中涉及的各种资源要素进行优化配置，使其产生更大的效益。

本书介绍了草产品加工的原理与技术（第17章）和草地农业经济管理的理论与技术（第18章）。

关于草地农业系统中的4个生产层，在第2章中将有具体的介绍。草地农业区划、草地监测与评价及草地有害生物防治都是草地农业生产的重要保障，将在第4章、第6章和第7章分别予以介绍。4个生产层的理念极大地促进了草原学向草地农业科学的转变，促进了草地农业科技、教育和文化的发展，关于这一部分，将在第5章中给予介绍。

1.2.2　系统耦合是提高草地农业生产力的主要途径

系统耦合是指两个或两个以上的生产系统，通过汇聚或联合，形成具有更高一级生产力的新系统的过程。它可释放系统内的催化潜势、位差潜势、多稳定潜势及管理潜势等，成倍提高系统的生产水平，因而是提高草地农业生产力的最主要途径之一（任继周和万长贵，1994）。系统耦合具有空间特性或时间特性，或同时兼具空间特性和时间特性。系统耦合的空间特性是指不同地区的生产层耦合；时间特性是指同一地区、不同时段的生产层耦合。时空型的耦合是指在不同区域或空间内、不同时段之间的耦合。在生产实践中，时间类型与空间类型的耦合难以分割，时空型的耦合最为常见。通过系统耦合可以大幅提高土地的产出，如在河西走廊，将山地、绿洲和荒漠3个生产系统进行系统耦合，可使草地农业生产力提高6~60倍（任继周和朱兴运，1995）。我国长期以来在农牧交错带形成的茶马市场就是农耕系统和草原畜牧生产系统之间进行的一种能量和物质交换等的耦合。

系统相悖与系统耦合是一个事物的两个方面，二者相辅相成（任继周和朱兴运，1995）。系统相悖是指在两个系统的结合过程中，不完全结合和由此发生的功能不协调运行的状况。在草原-家畜生产中，最典型的系统相悖是草原和家畜生产两大系统存在的时间相悖、种间相悖和地区相悖。时间相悖是指植物生产和动物生产两大系统中，草地饲草的供给与家畜对营养物质的需求之间的不平衡，特别是在北方冷季，有6~8个月家畜的营养处于匮缺状态，这是影响草地生产力的一个重要原因。种间相悖是指在同一草地上，放牧的家畜种类过分单一和多种牧草的特征特性不相匹配，如我国曾在荒漠草地饲养高营养需求的半细毛羊，导致全群死亡。地区相悖是指不同地区间草畜平衡状况的关系不协调，如在某些山前地带，夏季牧场草畜较为平衡，冬季牧场草畜矛盾紧张。系统相悖的克服，将形成更高一级的系统耦合，获得更高一级的生产力。本书第 3 章将对草地农业系统的耦合给予比较详细的介绍。本书中还分别介绍了西北干旱半干旱区（第 19 章）、东北天然草原区（第 20 章）、青藏高原区（第 21 章）、农牧交错区（第 22 章）、黄淮海农区（第 23 章）、南方区（第 24 章）6 个生态区和林下（第 25 章）及草坪业（第 26 章）的草地农业发展模式与案例，其中不乏系统耦合的范例。

1.2.3 生态生产力是衡量草地农业生产的重要尺度

草地生态生产力（ecological productivity of grassland）是在保持草地健康状态下的草地农业系统生产能力（任继周，1992）。草地健康有多种评价方法与体系，CVOR 指数是实践证明较为可行的一种草地健康评价方法，其以基况（condition，C）、活力（vigor，V）、组织力（organization，O）和恢复力（resilience，R）等指标对草地进行综合评价，可以真实反映草地农业生产系统的健康状况（侯扶江 等，2004）。我国素有尊重自然、天人合一的思想，认为人类与自然合为一体，人类社会是自然生态系统的一部分，应与自然环境相互适应、相互制约、相互促进、相互服务。草地生态生产力正是在深度反思了人类与自然关系的基础上，提出的衡量草地农业生产可持续发展的指标。衡量农业生态系统产出有不同的标准，应用较多的是生产力、可持续性和稳定性（Marten，1988）。生产力是指单位土地面积上有效产物的产量。生产过程中，各种自然和人工的投入，如太阳辐射、水分、养分或劳力，最终都体现到单位土地面积的产出上。因此，生产力也体现了上述各投入的效率。可持续性，即能够连续保持多年不变的生产水平。稳定性，即生产力年度间的变化程度在合理阈限以内。生产力、可持续性和稳定性须统筹兼顾，才能客观、准确地反映生产系统的运行状况（图 1-3）。例如，我国传统的自给自足的小农生产体系，历经千年而不变，不可谓不可持续，但其抗灾能力较弱，产量较低，因此它是不稳定的。草地农业的生态生产力是兼顾生产力、可持续性和稳定性而形成的综合度量（图 1-4），它是反映草地农业生产可持续状况下生产水平的指标。

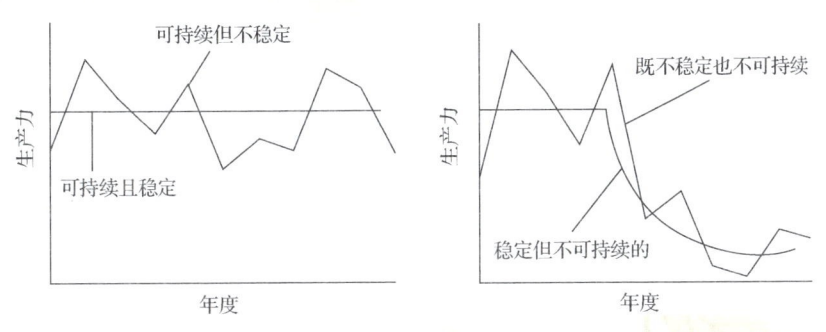

图 1-3　生产力、可持续性与稳定性的关系（Marten，1988）

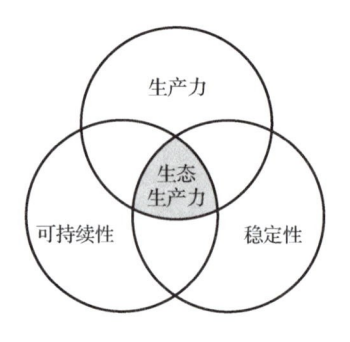

图 1-4　草地农业生态生产力

衡量草地农业生态生产力的标准有很多，最常见的是净初级生产量（net primary production，NPP）。这一指标比较客观地反映了草地植物通过光合作用产生的生物量，生态学和草业科学的学者常用来计算草地的合理载畜量。草地农业系统还应该表现有较完善的结构、较多样的功能，特别应具备丰富的信息及有效的调控系统，保证整个生产系统的健康运行并不断调整，才能使土地资源可持续性利用，生物资源得到适当的选择应用和培育，气候资源、特别是水热资源与生物资源相协调，充分发挥其生物学效益和农学效益。只有这样，科技、人力和经济投入的渠道才能较为畅通且卓有成效，才能真正形成高效的生态生产力。

1.3　草地农业的回顾与展望

"以史为鉴，可以知兴替。"回顾国内外草地农业的发展，有助于我们吸取教训，少走弯路。展望未来，可以更加明确发展方向，增强信心，促进草地农业更好的发展。

1.3.1　草地农业的回顾

草地农业从草地畜牧业和耕地农业融合发展而来，迄今这两大体系依然是草地农业的主体。因此，这里将简要回顾这两大产业的发展。

草原面积占全球陆地面积的 25%以上，提供着全球 50%家畜的饲料，养活着 30%的人口（Herrero et al.，2013）。纵观全世界草地利用与草畜生产的历史，不难发现，人与草地的关系大多经过了开垦草原为农田，无序和过度放牧利用，草原退化、恢复、再利用的过程。例如，北美殖民地时期，人们将草原视为农田的后备资源，在美国大平原地区大量开垦草原为农田。但 20 世纪 30 年代世界经济大萧条，以及连续的自然灾害，使该地区水土流失严重，沙尘暴频发。同期在澳大利亚，由于过度放牧和大量野兔采食，草原退化严重。生态环境的恶化，使人们认识到草原的作用与重要性。自那时起，美国、澳大利亚政府分别制定了一系列的法律与政策，保护土地，保护和合理利用草原，鼓励在农田种草（Smith and Whalley，2002）。在许多国家，牧草与其他主要栽培作物同等重要，牧草生产是农业中的主要产业之一，如在美国苜蓿的种植面积、创造的产值均居于全国十大作物之列。

目前，全世界的草地畜牧业生产系统可以简单归纳为4类：第1类是天然草原和作物生产相结合的生产系统，主要包括美国和澳大利亚等国家。它们利用天然草原进行放牧，并通过建立栽培草地收获牧草，用于家畜补饲。在育肥期则将家畜运往作物生产区，充分利用当地丰富的饲草料资源，快速育肥。其典型例子是美国西部草原带与中西部玉米带的结合和澳大利亚小麦绵羊带生产。第2类是放牧型草地集约化管理的生产系统，包括新西兰和欧洲一些国家，它们多开垦天然草原，建立了以多年生黑麦草（*Lolium perenne*）、白三叶草（*Trifolium repens*）为主的多年生放牧型草地，对草地像对农田一样进行集约管理（如施肥、防除杂草等）。这一系统的主要特点是全天候放牧，生产成本低，产品竞争力强。即便是在荷兰这样土地资源紧张、围海造田的国家，也利用大片土地建立多年生草地，放牧奶牛。第3类是人多地少、资源不足、饲草不能自给，但仍因地制宜积极发展草食家畜生产的生产系统。如日本、韩国等，它们精细地组织作物、饲草轮作，逐步扩大饲草自给比例，发展草食家畜生产。第4类是完全依赖天然草原、靠天养畜的生产系统。这类国家包括蒙古、哈萨克斯坦等中亚国家，以及非洲的一些国家。家畜常年在草地放牧，缺少栽培草地的饲草支持，家畜的饲料需求完全依赖天然草原的供给，抵御自然灾害的能力低，生产波动较大。

我国草原面积4亿hm^2，占国土面积的41.7%，是耕地面积的3.2倍、林地面积的2.5倍。根据任继周（2015）的考证，我国汉代人口最多时不足6000万，而国土面积与现在相近，当时草地畜牧业是主要产业。后来为了满足以"耕战"为国策的需要，大量开垦农田，《汉书·食货志》记载有"辟土殖谷曰农"，把农业定位于谷类生产，把开垦土地、种植谷物叫作农业。从那以后，我国逐渐形成以粮食种植为主、草地农业退居次要地位的局面（图1-5）。在绵延千年的农耕文明中，劳动人民创造了粮食作物和绿肥作物套作、间作提高土壤肥力的技术。被誉为世界最早农学专著之一的《齐民要术》，专门论述了绿肥作物的应用："凡美田之法，绿豆为上，小豆、胡麻次之。"到明清时期，我国常种的绿肥作物已经包括蚕豆（*Vicia faba*）、绿豆（*Vigna radiata*）、大豆（*Glycine max*）、山藜豆（*Lathyrus quinquenervius*）、胡卢巴（*Trigonella foenum-graecum*）、三叶草（*Trifolium* sp.）、毛叶苕子（*Vicia villosa*）、苜蓿、小麦、大麦（*Hordeum vulgare*）、胡麻（*Sesamum indicum*）、萝卜（*Raphanus sativus*）、油菜（*Brassica napus*）等20余种，在农业的可持续发展中发挥了重要作用。在家畜养殖业方面，该书也明确了种草补饲家畜的作用，

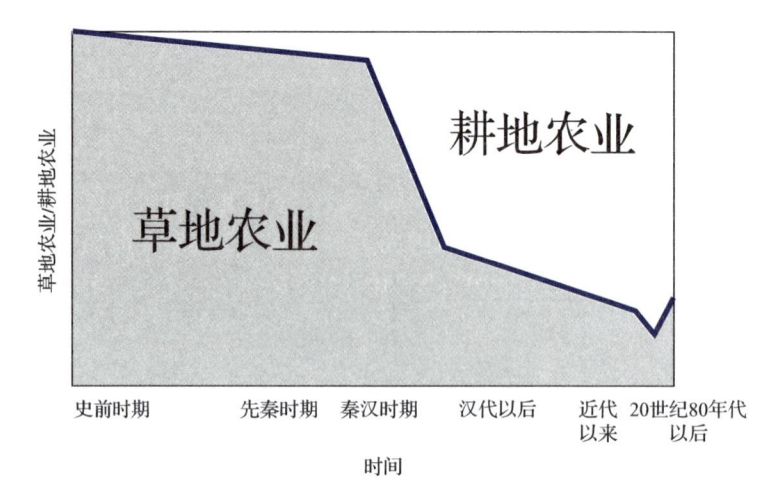

图 1-5　草地农业与耕地农业的发展历程

资料来源：根据任继周（2015）绘制。

"羊一千口者，三四月中，种大豆一顷，杂谷并草留之，不须锄治，八九月中，刈作青茭"。美国学者认为，现在他们在生产中广泛应用的填闲作物，可能是源于四千年前中国的创造（王显国和刘忠宽，2016）。我国牧区少数民族群众也创造了根据不同季节水、草的状况，实施季节牧场轮换的草地利用方式。

近代以来，我国沦为半殖民地半封建社会，民不聊生，食不果腹，吃饭成了最大的问题，牧草生产几乎被忽略。在 20 世纪 30 年代，草地种植面积仅占农田面积的 0.3%，而发达国家这一比例达到了 10%以上（王思明，2001）。中华人民共和国成立以来，农业取得了巨大发展，成功解决了 14 亿人口的吃饭问题，但也形成了"以粮为纲"的格局，畜牧业居于从属地位，草原未得到应有的重视。20 世纪六七十年代，牧民群众创造了一些适宜的饲草生产技术，如生活在青藏高原的牧民群众，将家畜转移至暖季牧场时，在冬季牧场的畜圈撒播牧草种子，秋天归来时收获牧草，用于家畜冬春补饲。内蒙古乌审旗曾建立了以生产牧草、储草备冬为目的的草库伦。这些可能是我国在草原牧区建立栽培草地、天然草原与栽培草地结合的较早范例。

我国人均草原占有面积仅 0.29hm^2，不及世界平均水平的 60%，更远低于美国、澳大利亚、新西兰等发达国家。我国单位面积草原畜产品产值为 770 元/hm^2，分别不足美国、巴西等国单位面积草原畜产品产值的 1/5，新西兰的 1/20（表 1-1）。总体来看，我国草地畜牧业生产尚未摆脱靠天养畜的局面，草地与农田没有形成有机结合的整体，草地退化严重。

表 1-1 中国与其他国家草原面积及草原畜产品产值

国家	总面积/亿 hm²	人均面积/hm²	产值/（元/hm²）
中国	4.00	0.29	770
澳大利亚	3.81	17.32	629
美国	2.38	0.76	3 729
巴西	1.97	0.97	3 640
哈萨克斯坦	1.87	10.51	425
俄罗斯	0.92	0.64	2 601
新西兰	0.11	2.60	13 993

资料来源：根据 FAO 数据（https://www.fao.org/statistics/databases/ev）统计。

1.3.2 草地农业的发展

20 世纪 70 年代以来，随着水土资源的不断开发，生态环境日益恶化，有限的资源与人类不断增长的基本需求之间的矛盾日益突出。截至 2015 年，全球有 10%左右的人口处于饥饿状态，包括作物和动物生产在内的农业生产，需比 2005 年增加 60%，才可满足全球日益增长的食物需求。对畜产品的需求远大于对谷物的需求，肉和牛奶的产量必须分别增加 76%和 63%才能满足人类的需求。到 2025 年，全球将有 2/3 的人口面临缺水的问题，有 20 亿人口将面临严重缺水问题（Graedel and Allenby，2009）。因此，农业系统的可持续发展，实现食物安全与生态安全保障，是全球面临的共同挑战，而草地农业或将成为解决这一世界性难题的有效途径之一。

粮食作物与牧草轮作，并在生产系统中引入肉牛，不但可以提高土地产出率，而且可以大幅提高 CO_2 固定量，对温室气体排放产生重要影响（Drinkwater et al.，1998）。玉米和田菁间作可以改良非洲贫瘠的土壤，增加粮食产量，解决当地人口的饥饿问题（Sanchez，2002）。在以生产棉花为主的美国得克萨斯大平原，在棉花种植系统中引入牧草并放牧肉牛，不但没有减少棉花的产量，而且增加了土地产出，减少了地下水资源的消耗（Allen and Brown，2006）。在天然草原方面，人们也进行了一系列退化草地的修复与改良，其中最主要的技术包括早春焚烧、适度放牧和划破草地补播（蒋胜竞 等，2020）。同时系统地总结了草地在经济发展、环境改善中的作用，认为有必要重新考虑草地的功能和作用。将草地与人视为共同的生态系统，提出人与草地协同进化、共同发展的理念（Wedin and Fales，2009）。无论是草地的管理目标、管理要素、控制要素，还是支撑理论，都有了新的发展（王德利和王岭，2019）（图 1-6）。

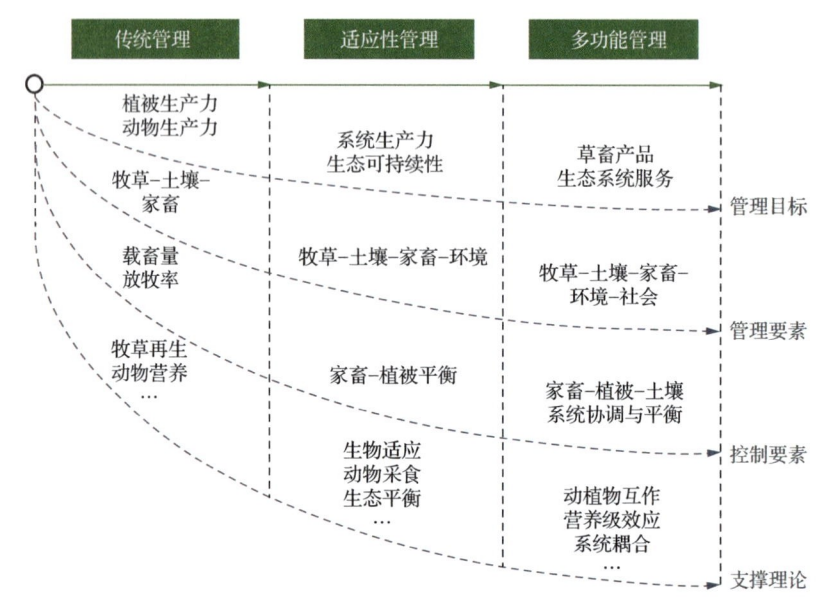

图 1-6 草地管理内涵的演变过程（王德利和王岭，2019）

我国以全球 9%的耕地、6%的淡水资源，养活了世界 20%的人口，为世界做出了重要的贡献，但由此也产生了一系列的生态问题（喻朝庆，2019），并影响了全球食品安全和环境可持续性发展（Lu et al.，2015）。

改革开放以来，我国为发展草地畜牧业做出了积极努力，先后从新西兰、澳大利亚引进草地管理技术，在贵州独山县建立了多年生栽培草地和奶牛生产系统；在湖南南山牧场建立了多年生放牧型栽培草地和绵羊（*Ovis aries*）放牧系统；在山西沁水县建立了草地绵羊放牧系统。在草原退化修复技术方面也取得了较大进展，其中合理放牧、免耕补播、建植栽培草地等系列技术已得到广泛应用（蒋胜竞 等，2020）。

任继周在争取澳大利亚援助项目的建议书中提出了"草地农业"的概念。草地农业，就是把牧草和草食家畜引入单一种植粮食作物的农业系统，重视牧草产业发展。除了天然草原以外，在耕地上实施草粮结合、草林结合、草棉结合等，通过草田轮作等技术，充分发挥各类农用土地的生产潜力，在生产足够粮食的同时，生产足够的饲草、饲料，创造较高产值，满足社会需求。这一理论的提出，有力地改变了以粮为纲的传统思维，促进了饲草和家畜养殖业的发展。钱学森（1984）提出了发展草产业、沙产业等密集型产业，进一步推动了全社会对草产业的认同。在黄土高原、西南岩溶地区等地发展草地农业的实践取得了巨大的成功。草地农业在全国其他地区也取得了显著的进展，展示出了强大的生命力，逐渐成为我国农业领域的新兴产业之一（祝廷成 等，2003；Nan，2005）。

进入 21 世纪以来，我国的食物结构发生了重大变化，人均口粮消费大幅减少，对动物性食品的需求显著增加。饲草生产成为关系到国家食物安全的重大问题。2013 年 7 月，以任继周为首的 9 位中国工程院院士，在多年研究与实践的基础上，提出了《关于我国"耕地农业"向"粮草兼顾"结构转型的建议》，认为应该调整种植业结构，大力种草、藏粮于草，实现国家生态安全与食物安全。这一建议得到了中央领导的肯定。2015 年至今，历年的中央一号文件均明确提出，深入推进农业结构调整，支持青贮玉米和苜蓿等饲草料的种植，开展粮改饲试点，促进粮食、经济作物、饲草料三元种植结构协调发展。我国农业部（现称农业农村部）发布了一系列关于开展粮改饲、进行草田轮作休耕试点的具体要求和措施，减少籽粒玉米种植面积，代之以青贮玉米和苜蓿。牧草与饲料作物正式进入了 18 亿亩（1 亩≈667m^2）农田，这是一个根本性的转变（南志标 等，2018）。2009 年，农业部设立了国家牧草产业技术体系，组织全国科研、教学、示范推广等单位的精干力量，围绕全国草产业需求，从牧草育种到草食家畜，着眼草-畜全产业链条，进行共性技术和关键技术的研究、试验、示范、推广和培训，解决生产中的"卡脖子"问题，有力地推动了草产业的发展。方精云等（2018b）提出了发展草牧业。草牧业是在传统畜牧业和草地农业基础上提出的新型生态草畜产业，包括饲草料生产、加工及畜禽养殖（含加工）3 个生产过程，其精髓在于"草-畜结合""草-畜协同发展""草-畜互为依存不可分割"。2018 年，在新一轮国家行政机构改革中，我国设立了国家林业和草原局，加挂国家公园管理局的牌子，代表国家统一管理草地资源。为了顺应产业对人才的需求，西北农林科技大学、北京林业大学、中国农业大学、青岛农业大学、山西农业大学和四川农业大学等学校先后设立了草业学院。在大家的共同努力下，草地农业进入了蓬勃发展的新阶段，必将在国家经济建设和社会发展中发挥更大的作用！

第 2 章
草地农业系统的结构与生产调控*

2.1 引　　言

任继周于 1984 年提出草地农业系统具有 4 个生产层，分别是前植物生产层、植物生产层、动物生产层和后生物生产层，这是草地农业系统的基本结构。系统的结构与功能相互影响、相互制约。结构决定功能，4 个生产层的结构决定了草地农业生产不仅提供草、畜产品，而且提供人类需求的多种文化及其他产品。但反过来，系统的功能也影响结构，过分强调某一功能，势必影响系统中其他结构的正常运转。因此，我们应该全面理解草地农业系统的结构，充分发挥其内在的多种功能。

草地农业是以自然资源为基础，与社会经济因素，特别是人类活动相交织而成，因此其结构随人类社会的生产、生活和科技水平的提高而发展。在史前伏羲时代，人类从渔猎开始逐渐驯养动物，并在草地上放养家畜，收获畜产品，产生了草地农业中动物生产的萌芽。草地作为家畜放牧地，逐渐发展为各种类型的牧场。

人们为了保护自己和家畜的安全，往往以放牧为手段，将居住地周围草地的草层控制在较短的状态，保持视野开阔，以便能够尽早发现并防止猛兽的袭击，也在不自觉中维护了草地的健康。渐渐地，人们发现这种低矮的草丛很适合游乐、嬉戏，形成了前植物生产层的萌芽。以后逐渐创造和发明了以草地为基础的游乐和运动项目，如马球、地滚球、门球（Wedin and Fales，2009），并出现了高尔夫球草地的雏形。据报道，我国唐朝时期马球运动已经非常普及（Hu et al.，2020）。进入现代社会以来，草地逐渐成为高尔夫球、草地保龄球、草地网球及足球、橄榄球和赛马场的必备场地，更是园林艺术不可缺少的组分。由此形成了草地农业中以观赏草地为主，获取景观产品的前植物生产层。

在史前神农时代，人们采集野生植物的种子进行种植，收获牧草，补饲家畜。恩格斯在《家庭、私有制和国家的起源》中指出，人类对禾谷类作物的驯化先是将其作为饲草种植的，逐渐形成了草地农业中的植物生产层（任继周，2015）。

---

* 本章作者：南志标、夏超

当草地农业生产进入比较高级的阶段时，为满足社会的多种需求和获取更大的经济效益，便产生了草地农业中专事草产品加工及经济管理的后生物生产层，旨在前 3 个生产层的基础上，获取更好的经济效益。图 2-1 从发生学的角度，简要地概括了草地农业发展的历史进程。

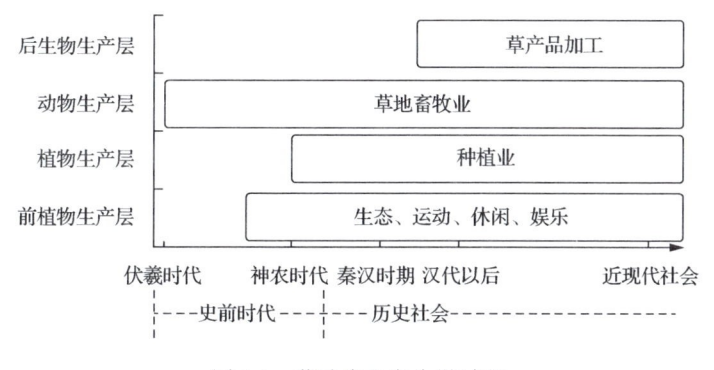

图 2-1　草地农业发生学过程

资料来源：根据任继周（2015）绘制。

由图 2-1 可以看出，在史前伏羲时代便产生了草地农业的萌芽，作为人类的重要生产活动，推动了社会的发展，历经兴衰，绵延八千年。新时代赋予了草地农业更丰富的内涵，使这一古老产业焕发了青春活力，成为充满希望的朝阳产业。

本章将主要介绍草地农业 4 个生产层的结构、具有普遍意义的调控途径，以及每个生产层专门的调控措施，以保证系统内 4 个生产层正常运转和功能的发挥。

2.2　4 个生产层的结构及其调控

草地农业包括 4 个生产层，涉及生物、资源、投入、管理和产出等多种因素，提供多种产品。本节将介绍具有普遍性的、影响草地农业生产的主要因素及其调控措施，包括 4 个生产层的产业结构、调控生物多样性、合理利用放牧地和科学管理草地有害生物。

2.2.1　4 个生产层的产业结构

草地农业的产业结构是指在一定的时空范围内，4 个生产层之间相互联系的方向、途径和紧密程度，各生产层占用的资源及其在草地农业产出中的贡献。依据生态系统的运行规律、地域差异，充分发挥各种资源的禀赋和特性，科学合理地调整和布局不同生产层的活动，明确其价值实现的途径，是获取生态生产力的首要前提。

1. 明确资源环境承载力

资源环境承载力是指在维持常态的自然环境前提下，一定地域空间的资源禀赋和环境容量所能承载的人口与经济规模（封志明 等，2017）。这是一个综合性指标，在具体应用中，常对某一资源进行评估，如土地承载力、水资源承载力等。在进行草地农业产业结构调整和布局时，必须明确当地资源环境的最大负荷，将生产与社会经济的发展始终控制在资源环境承载力范围之内，实现人口、资源、环境与产品的和谐统一。但需要明确，资源环境承载力是一个与资源禀赋、技术手段、社会发展和所需产品等密切相关的动态指标。承载力上限并非一成不变，而是一个动态和发展的指标，受多种因素影响。如对三江源国家公园生态承载力的研究表明，限制该区承载力的主要因素是水源涵养量、初级生产力、地表水水质、植被盖度及受威胁的动物数量等（张雅娴 等，2019）。资源环境承载力与社会经济发展系统相互反馈、不断调整，随着投入的增加，技术手段的加强，承载力可以不断提高，并形成新的动态平衡，由此逐渐形成波浪式发展的规律。

2. 确定产业结构与布局

草地农业系统 4 个生产层的布局应以当地的自然资源及其承载力为基础，以系统耦合为途径，发挥区域的比较优势，以满足人们对多种物质与文化产品和美好生态环境需求为目标，具体应考虑短板、位点和尺度等因素。

1）短板因素

布局草地农业生产，要充分考虑当地资源中最主要的限制因素，即短板因素。在不同的区域，短板可能是土地资源、资金、人才的不足或管理经验的缺乏等因素。短板决定着草地农业发展的水平，必须扬长避短，尽快补齐短板。在限制因素中，水资源可能是普遍和主要的短板。我国是世界 13 个最贫水国家之一，人均水资源占有量仅为世界平均水平的 1/4 左右。水是我国北方大部分地区发展生产的主要限制因素之一，草地农业的发展必须以水的承载力为基础，量水而行。否则，将会破坏生态系统的和谐运行，产生灾难性后果。如内蒙古自治区某旗，大力开采地下水发展苜蓿生产，但种植面积超出了当地水资源的承载力，导致地下水位大幅下降，引发了一系列生态问题。

2）位点因素

位点因素是明确在某地从事某种生产及与其他位点的关联。土地购买或流转费用和运输成本是企业较大的成本支出。我国每吨草产品的百公里运费高达 35 元，几乎占到企业成本的 10%。一般而言，以城镇或居民点为中心，在其附近建立产品加工、营销企业，而后依次布局种植业、养殖业，同时保留一定的观赏草地，并发展后生物生产，从而形成4个生产层的有序发展。在山区利用生物垂直地带性分布的规律，科学合理地进行安排（图2-2）。如山丹军马场在场部附近设立产品加工车间，在低海拔地区种植农作物，在中海拔地区种植牧草和饲料作物，在高海拔地区放牧马、牛、羊；在祁连山下种植油菜，开花期间，形成美丽的风景，发展观光农业，可作为4个生产层相结合的典型范式。

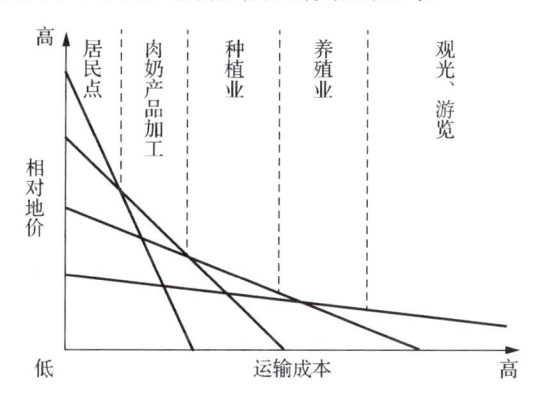

图 2-2 农业生产地价与运输成本（李雁鸣 等，2002）

3）尺度因素

尺度因素是指按不同空间尺度进行4个生产层的布局，一般可分为农户（农场）、区域和国际等尺度。

在农户尺度下，一般不要求4个生产层全面发展，因为涉及的生产层越多，管理要求越复杂。现代农业的趋势是生产专业化和管理精准化，形成"一业为主，它业为辅"的专门化生产。例如，美国高草草原和矮草草原混合草原区的"牧场之王"农场，其自有和租用的草原面积共计 12 800hm^2，放养1500头安格斯牛，种植苜蓿、无芒雀麦（*Bromus inermis*）、猫尾草（*Phleum pratense*）等，是典型的以动物生产为主、以牧草生产为辅的放牧型肉牛饲养场。但这并不意味着农户尺度不适合进行多种生产层的经营活动。笔者曾访问瑞士阿尔卑斯山的农户。该农户利用管理良好的草地放牧绵羊和奶牛；在从事家畜放牧生产经营的同时，利用蓝天、绿草、牛羊构成的美丽风景，吸引外国游客和城市居民前来休憩；农场主还利用传统方法加工奶酪，并出售给游客，从而完美地体现了不同生产层的结合。我国农村大力倡导与发展休闲农业、观光农业、康养农业等，均是草地农业不同生产层的优化组合。

在区域尺度下可以综合考虑资源优势，进行4个生产层的综合布局。例如，内蒙古呼伦贝尔市粮改饲试点旗，大力种植饲草，每年冬季接收牧区数百万头家畜过冬，减轻草原压力，实现了跨区域的植物生产与动物生产的结合。在甘肃河西走廊，山地-荒漠-绿洲系统之间，不同生产层的物流、能流的交换与促进是另一个范例。

草地农业系统的特征之一是具有开放性。在国际尺度下，随着全球经济一体化的发展，草地农业系统在国际间合理布局及发挥各自的资源与产业优势，为构成国际生产系统创造了日益成熟的条件。如发达国家利用地广人稀的特点，发展饲草生产，出口其他国家，可作为在国际尺度下进行生产与交流的案例。

3. 发展前植物生产和后生物生产

我国农牧区发展的主要限制因素之一是人口过多。对内蒙古自治区农牧区30余年的调查表明，农业人口的增长直接导致了家畜数量的增加和草原的退化。因此，在积极组织劳务输出，减少农业人口的同时，加强旅游观光和产品加工，大力拓展非农非牧就业，从而减少对草原和土地的压力，是一个主要的方面。

2.2.2 调控生物多样性

生物多样性（biodiversity）是生物及其与环境形成的生态复合体及与此相关的各种生态过程的总和。它包括动物、植物、微生物和它们拥有的基因及它们与生存环境形成的复杂生态系统（马克平 等，1994）。

生物多样性对维持和提高草地农业生态生产力和多功能性具有重要作用。生物多样性与多功能间具有很强的相关性。生物多样性高的草地农业系统，具有较高的生产力和较强的抵抗不良环境的能力。多种植物组成的群落，对全球气候变化引起的不良影响具有更强的抵抗能力（Isbell et al.，2015）。青藏高原草地生产力在明显暖干化的背景下，依然保持了相对稳定性，这与其生物多样性丰富，物种不同功能群之间，特别是地上、地下之间的互补密切相关（Liu et al.，2018）。

草地农业生产中，对生物多样性的保护和利用存在一些问题，主要表现如下。①草原大面积开垦和退化，导致生物多样性丧失。②饲养的家畜和种植的牧草种类或品种较为单一，造成众多地方传统农家品种的优良基因丧失。据统计，人类70%的食物只来自7种农作物。增加种植作物的多样性，可能是保证全球食物安全的有效途径之一（Renard and Tilman，2019）。③草地农业系统中，微生物多样性的家底不清。据估计，已知的植物病原真菌数可能不到其存在总数的10%。调控家畜、植物和微生物的多样性，是提高草地农业系统生产力和稳定性的主要措施之一。

1. 调控家畜多样性

调控家畜多样性是指利用不同家畜采食行为、采食习性及对不同牧草或牧草器官的喜好程度，同时或依次在同一块草地进行放牧，是改善草地植被组成、维持草地健康、提高草地生产力的有效途径之一。放牧山羊（*Capra hircus*）以控制草地上不为绵羊等其他家畜喜食的灌木和杂草所覆盖是最常见的方式，如利用山羊放牧，可以有效控制草地上的飞廉（*Carduus nutans*）和刺柏属（*Juniperus*）植物（Holst et al.，2004；Utsumi et al.，2010）。Animut 和 Goetsch（2008）分析了绵羊和山羊混合放牧的优点和受限因素，认为适宜的载畜率是发挥绵羊、山羊混合放牧优势的关键，并提出了计算混牧载畜率的公式。在欧洲和澳大利亚的研究发现，与单独放牧一种家畜相比，山羊、绵羊混牧提高了草地中豆科（Fabaceae）牧草比重和绵羊体重（Del Pozo et al.，1996；McGregor，2010），增加了地表枯枝落叶层，减少了水土流失（McGregor，2010）。

对绵羊和肉牛混合放牧，同样获得了提高草地生产力的效果。通过连续 5 年的放牧试验，明确了与单独放牧一种家畜相比，绵羊和肉牛混合放牧提高了草地的生物多样性，包括植物多样性，昆虫多样性，地下真菌、细菌多样性和线虫多样性，从而增加了草地生态系统的稳定性和多功能性（Wang et al.，2019）。

2. 调控植物多样性

植物多样性与草地生态系统的关系是学者们关注的热点之一。多数研究表明，在特定的植物群落中，草地生态系统的稳定性和生产力与植物物种的数量表现为正相关（Tilman et al.，1996；Picasso et al.，2008；Dehaan et al.，2010；Renard and Tilman，2019；Barry et al.，2020）。对 16 种或 24 种植物组成的混合群落连续 11 年的试验表明，与 1 种作物的种群相比，多种植物组成的群落显著减少杂草的入侵，增加草地的地上生物量，可达 73%～270%，并更为充分地利用土壤中的营养成分，减少对环境的负面影响（Tilman et al.，1996，2001；Picasso et al.，2008）。如果仅以收获牧草为目的，则禾本科（Poaceae）和豆科两种牧草混作（mixed cropping）建立群落较为合理（Dehaan et al.，2010）。调控植物多样性的措施，主要包括培育适应性和抗逆性强的新品种（Smith and Whalley，2002）；发展多种植物混作，建立混合的多年生栽培草地；在生产中应用多种生态品系，即不同的植物品系混合播种，增加基因多样性，提高生态系统的稳定性。

3. 调控微生物多样性

微生物作为一大生物类群，在草地农业 4 个生产层中均具有不可替代的作用。调控微生物多样性主要包括 3 个方面，即在系统中引入有益的共生微生物、调控土壤微生物多样性和减少有害微生物污染。

1）引入有益的共生微生物

引入有益的共生微生物主要是指对根瘤菌和丛枝菌根菌的利用。根瘤菌与豆科植物形成根瘤促进植物固氮，全世界每年固定的氮素可达 4000 万 t，其中澳大利亚草地每年固氮创造的产值达 40 亿澳元（Drew et al., 2012）。由于土壤中根瘤菌的数量在宿主植物收获后逐年降低（图 2-3），因此建植草地时一定要接种根瘤菌。

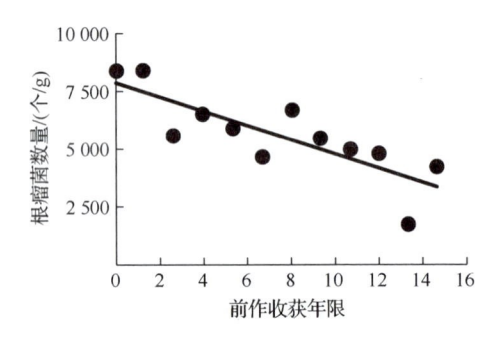

图 2-3　共生作物收获后土壤中根瘤菌数量的变化（Drew et al., 2012）

需要注意的是，根瘤菌与豆科植物的共生固氮具有宿主专一性，即不同豆科植物往往具有特定的菌种，只有给豆科植物接种合适的菌种，才能构成共生关系、形成根瘤，实现共生固氮作用。

丛枝菌根菌对植物氮、磷营养元素的吸收和生长具有重要影响。在黄土高原开展的研究表明，接种丛枝菌根菌可显著提高黑麦草、苜蓿、救荒野豌豆（*Vicia sativa*）等牧草中营养元素的含量和增加牧草产量（Duan et al., 2011）。

2）调控土壤微生物多样性

土壤微生物是草地农业系统的主要组分，在物质循环与生产发展中具有不可替代的作用。通过放牧可改变土壤中微生物的群落结构。在黄土高原连续 11 年放牧绵羊的结果表明，适度放牧（在当地是 2.7～5.3 个羊单位/hm²）可显著增加土壤中真菌和细菌的多样性，有益于草地生产（图 2-4）。

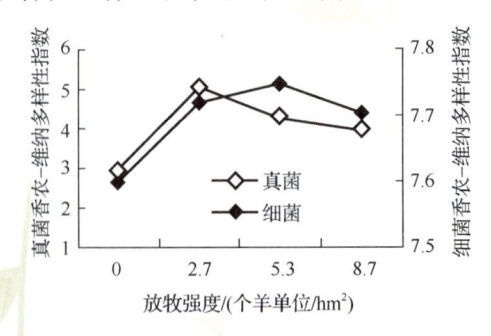

图 2-4　绵羊放牧强度对土壤真菌及细菌多样性的影响（苟燕妮，2015）

3）减少有害微生物污染

减少有害微生物污染主要关注两类产品：一类是青贮饲料，另一类是青干草。饲草青贮过程中容易被李斯特菌属（*Listeria*）、芽孢杆菌属（*Bacillus*）、梭菌属（*Clostridium*）等有害细菌污染，降低青贮饲料品质，减少奶牛的进食量，重者影响奶牛的健康和奶制品的质量，造成重大经济损失（Queiroz et al., 2018）。

青干草在调制过程中，尤其是在多雨季节或饲草含水量较高的情况下，易被曲霉菌（*Aspergillus* spp.）、青霉菌（*Penicillium* spp.）、镰刀菌（*Fusarium* spp.）等污染，产生真菌毒素，对家畜健康造成严重影响。

在调制青贮饲料和青干草时，控制饲草的含水量是减少有害微生物污染、保证质量的关键因素。

2.2.3 合理利用放牧地

放牧地（grazing land）是一个比较宽泛的概念。根据国际饲草与放牧术语委员会（International Forage and Grazing Terminology Committee）的定义（Allen et al., 2011），放牧地是指任何用于动物（家畜或野生动物）放牧或者具有放牧潜力的土地，包括农田、草原和林间草地。优质饲草不足是我国草食家畜生产的主要限制因素之一，但对18亿亩农田利用不足，对林间草地几乎没有放牧利用也是重要原因。

1. 与放牧有关的两个生态学理论

草业科学是与生态学密切相关的学科，生态学的研究成果为草地农业生产提供了理论基础和实践依据。其中，与草地农业生产联系最为密切的当属植物补偿性生长和中度干扰假说。

植物补偿性生长是指当植物受到草食动物（家畜、野生动物或昆虫）采食或人工刈割时，可通过增加分枝和生物量来提高其个体的生长率，过量弥补其遭受损失的现象。补偿性生长是因为采食或刈割去除了植物顶端分生组织，从而激活侧芽或基部分生组织，使植物再生长，用于补偿去除的部分，这是植物对采食或刈割的防御策略。目前，对补偿性生长机理的研究，已经从个体深入到激素、糖代谢等生理生化方面和调控基因与蛋白质的分子水平。补偿性生长在植物中普遍存在，但其反应程度因植物物种而异，如禾本科、豆科对此反应就有很大差别。另外，植物生长阶段、健康水平、营养状况和环境因素（如气温、土壤、大气）也对植物的补偿性生长产生影响（Ramula et al., 2019）。

另一个是中度干扰假说（Osman, 2018）。一般认为中度干扰能提高群落的生物多样性，由此推论群落的稳定性增强。国际学术界对中度干扰假说见仁见智，有人认为其表述过于宽泛，缺乏对中度的界定（Fox, 2013）。对不同的植被而言，科学界定"中度"的"度"是中度干扰假说的关键,每一草地类型都应有自己的"中度"标准。

植物补偿性生长属于种群和个体层面,而中度干扰是在群落和生态系统水平的表述,将两个理论联系起来考虑,可能有助于我们更好地理解草地农业生产中的一些深层次问题。有研究表明,中度及轻度的采食强度(中度干扰)有利于植物补偿性生长(Gao et al., 2008)。

2. 农田放牧

我国北方素有在作物茬地放牧家畜的传统,但本章所指的农田放牧主要是发展和利用粮饲兼用作物。粮饲兼用是指将处于营养生长期的作物用于青绿饲草生产(放牧或刈割),待作物再生形成籽粒后,收获籽粒的一种生产措施。收获的青绿饲草中的粗蛋白质、能量、矿物质等含量均比较高,而纤维含量较低,有利于家畜消化吸收。对作物而言,适度的利用也有补偿其生长之效。禾谷类作物和豆科作物均可粮饲兼用,其中麦类作物具有饲草产量高、籽粒减产少、增产潜力大等特点,因而成为全球普遍采用的粮饲兼用作物。例如,美国俄克拉何马州粮饲兼用小麦占小麦总播种面积的 2/3,阿根廷小麦粮饲兼用面积占种植总面积的 28%(田莉华 等,2015)。

我国小麦粮饲兼用的实践还不普遍。在黄土高原的试验表明,在分蘖期前,每公顷 60 个羊单位放牧利用冬小麦 20d,可使绵羊体重增加 60kg,每公顷增收 1500 元,且小麦籽粒不减产(图 2-5)。我国每年冬小麦播种面积达 3 亿亩左右,如果将 20% 的麦田用于放牧,饲料产量与经济收益均将相当可观。

图 2-5　冬小麦田放牧绵羊

3. 草原放牧

放牧是草地农业生产中最主要的方式之一。全世界一半以上的陆地面积用于放牧，以放牧为主的草地畜牧业支撑着全球 6.75 亿人口和 2000 万个牧民家庭 (Silvestri et al., 2012)。放牧在我国也是最主要的草原利用方式，确定不同草原适宜的放牧方式，包含畜群组合和放牧强度，是实现草原可持续生产的关键。在甘肃环县草原的放牧试验表明，在放牧强度为 0 个羊单位/hm²、2.7 个羊单位/hm²、5.3 个羊单位/hm² 和 8.7 个羊单位/hm² 条件下，草地的草产量分别为 69.3g/m²、81.8g/m²、69.5g/m² 和 47.6g/m²。由此表明，2.7 个羊单位/hm² 为适宜的放牧强度，在此放牧强度下，草地的草产量优于不放牧和放牧过重。

Liu 等（2015）对实地放牧和模拟放牧进行了深入探讨，其结果表明，在典型草原和荒漠草原适度放牧不仅有利于提高草地的产量，而且可促进土壤碳汇的增加。土壤微生物碳与土壤水分含量具有显著的正相关，从机理上回答了草地适度放牧优于过度放牧和不放牧的问题。反之，对内蒙古阿拉善荒漠草地的研究表明，禁牧 3~4 年，草产量和盖度均显著提高，但继续禁牧，无论是盖度还是草产量均会降低（图 2-6）。

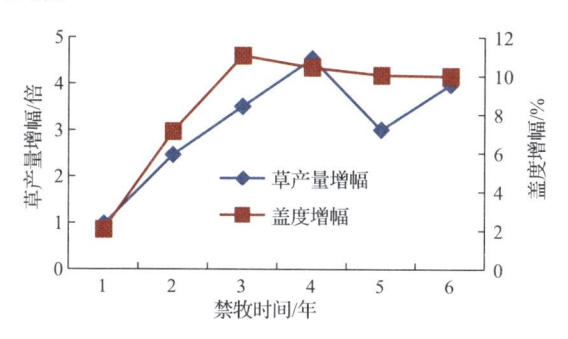

图 2-6　禁牧对内蒙古阿拉善荒漠草地的影响

我国自 2003 年开始实施全面禁牧以来，很多草地已经得到了恢复，但一些地区担心草地再度退化，仍维持禁牧状态。中度干扰理论的依据之一就是当植物物种的数量增加到一定限度时，由于群落内部对资源的竞争而导致了一些植物的死亡，从而减少了群落中的物种数，进而减少了生物多样性，直接影响了系统的稳定性。因此，草地长期不利用也会造成草地的退化。

4. 林间草地放牧

林间草地是指森林的中下层植被主要为草本植物，可用于放牧的草地，也包括疏林地。利用林间草地放牧是管理森林的有效措施，在欧美国家普遍采用。林间草地放牧是重要的经济来源，如美国 1/3 优质草地为林间草地。近百年来，其国家林地始终作为牛羊重要的放牧地，在 20 世纪初，放牧收益超过了木材的收益。表 2-1 为 1905~1977 年美国国家林地放牧家畜数量和收入。

表 2-1　1905~1977 年美国国家林地放牧家畜数量和收入

年份	家畜数量/百万头		收入/百万美元	
	牛	绵羊	放牧	木材
1905	1.00	5.70	0.51	0.24
1915	1.72	7.20	1.15	1.18
1925	1.54	6.15	1.72	2.90
1935	1.30	5.65	1.15	1.70
1945	1.28	3.85	2.10	11.00
1955	1.14	2.80	2.90	72.00
1965	1.17	2.10	3.00	130.00
1975	1.38	1.45	7.70	340.00
1977	1.38	1.28	11.00	723.50

资料来源：Kosco and Bartolome（1981）。

林间草地放牧不仅可以收获畜产品，而且对改进森林系统的生物多样性，减少地表枯枝落叶层，降低火灾风险，改善土壤状况，最终促进森林系统的健康均有重要作用（Humphrey et al.，1998）。这或许是欧美国家持续不断在林间草地放牧的主要原因。国际上专门有农林牧业（agro-silvo-pastoralism）和林牧业（silvo-pastoralism）两个名词，前者是指包含木材、纸浆、水果、橡胶树（*Hevea brasiliensis*）、汁浆等在内的林业生产、农作物生产与家畜生产的综合体系；后者是指用于林产品和动物生产的体系，动物可以利用灌木及乔木嫩枝叶和林间饲草。由此可以看出，林间草地利用具有普遍性。

第七次全国森林资源清查结果（2004~2008 年）表明，全国可用于放牧的疏林地及灌木林地面积占林地总面积的 20%左右。其中，西南地区灌丛疏林草地的面积占当地草地面积的 29.8%（皇甫江云 等，2012），北方农牧交错带地区疏林草地和灌丛草地面积达到当地天然草地植被总面积的 26%（赵哈林 等，2003）。最近的研究表明（王乐 等，2019），在我国东北虎豹国家公园，具有丰富的饲草资源可供家畜和野生动物采食。当务之急是进一步开展研究，确定林间草地适宜的放牧利用程度，获取生产和生态的双重效益。

2.2.4　科学管理草地有害生物

草地有害生物是指引起植物病害的病原微生物（真菌、细菌、病毒和线虫等）、有害昆虫、啮齿动物和毒害杂草 4 类。全球经济一体化促进了有害生物大范围传播和扩散，全球变化也为某些有害生物种群的扩大及流行创造了有利条件。因此，科学管理草地有害生物，是草地农业生产的重要内容之一。

1. 全面认识有害生物

1）有害生物危害巨大

草地有害生物是我国草地农业生产中的主要限制因素之一，其对 4 个生产层均可造成危害。在前植物生产层，病害可以造成植被的逆向演替，如澳大利亚某自然保护区原本是以桉树为主的灌丛，之后由于疫霉病的危害，演替成以莎草科（Cyperaceae）植物为主的开阔地，莎草科植物从 20%增加到 70%（Burdon，1987）。草地有害生物在植物生产层、动物生产层和后生物生产层也都造成巨大的损失，包括草地退化、牧草产量降低、质量下降，进而危害家畜健康，某些微生物不但引致植物和动物病害，也可危害人类健康（图 2-7）。

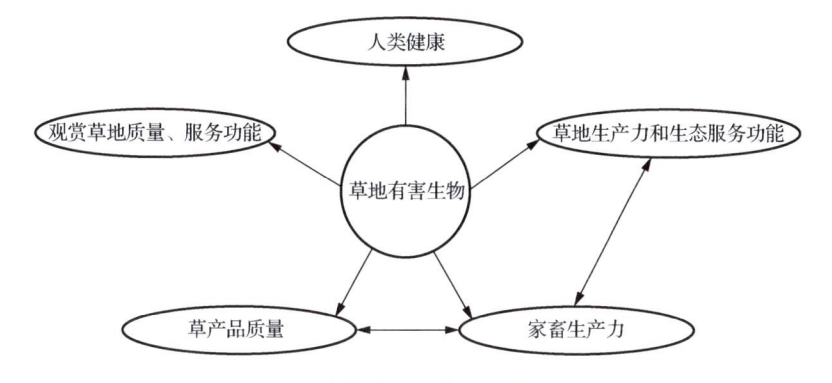

图 2-7 有害生物对草地农业的影响

据不完全统计，草地有害生物每年使我国牧草产量损失 5244 万 t，占全国牧草总产量的 10.8%，按每吨牧草 2000 元计算，则每年损失约 1049 亿元。每年有害生物引致的我国草原损失见表 2-2。

表 2-2 每年有害生物引致的我国草原损失

有害生物	危害	牧草减产/万 t	损失/亿元	参考文献
啮齿动物	危害草原总面积的 20%	2000	400.0	Kang 等（2007）
蝗虫	危害草原 1500 万 hm²	675	20.3	《中国草业统计 2018》
病害	栽培牧草减产 10%，天然牧草减产 3%	2644	528.8	作者数据
疯草*	危害草原 1100 万 hm²	—	0.68	刘建枝等（2018）

* 根据对西藏、青海、内蒙古、新疆、甘肃、四川、宁夏和陕西等省（区）的统计，疯草每年引致上述地区 31.4 万头（只）家畜死亡。

2）有害生物是草地生态系统的一部分

草地有害生物是生态系统的组分之一，在长期的进化过程中，它们直接或间接参与生态系统的功能。如某些土居植物兼性真菌，在其腐生阶段可以促进土壤团粒结构形成和分解有机物，改善土壤营养状况，促进牧草生长（图2-8）。因此，应该树立系统的观点，即有害生物是生态系统的组分之一，进行科学的管控，将其数量控制在危害的阈值之内，而不是将某一个物种赶尽杀绝。例如，美国就提出了保护有害生物的观点。

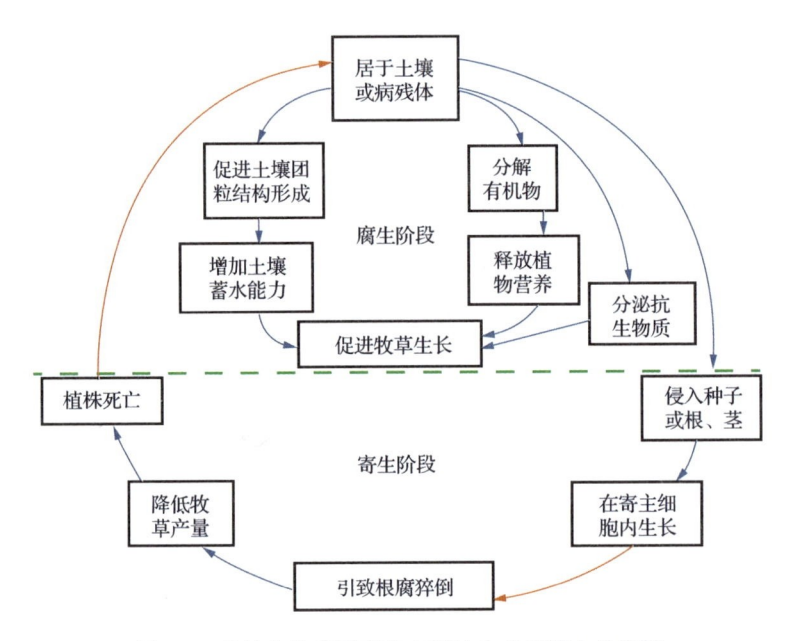

图2-8 兼性寄生病原真菌在草地生态系统中的作用

2. 生态防治是主体

我国提出了草地植物病害可持续管理的观点，认为应该建立以抗性品种为中心，以生态防控为主体，以化学防控为辅助的综合防控技术体系（南志标，2000）。这一体系同样适于草地啮齿动物、有害昆虫及毒害草的管理。

1）放牧和混播是管理草地有害生物的有效措施

合理放牧是控制有害生物的有力措施。在内蒙古草原的试验表明，合理放牧可以使田鼠的数量减少78%，使牧草产量增加40%，同时也改变了某些蝗虫的种群组成（Kang et al., 2007）。不同的放牧强度也直接影响着草地病害的发生，合理放牧可以增加微生物多样性，减少病害（Chen et al., 2018）。

混播草地可以有效地减少感病或感虫的牧草种群数量。在甘肃省敦煌市七里镇开展的试验表明，棉花与苜蓿间作可以显著增加有害昆虫的天敌数量，从而减少虫害的危害（陈明 等，2008）。以往的研究也证明，苜蓿和无芒雀麦混播，或红豆草（*Onobrychis viciaefolia*）和无芒雀麦混播，不但可提高草地总生物量，而且对减少病害有显著的作用（南志标，1986）。

2）焚烧可以有效减少病虫的数量

早春对草地进行焚烧，是防控病虫害的有效措施，美国曾采取这一措施，有效地控制了牧草种子生产中的毁灭性病害。在山丹军马场对栽培披碱草（*Elymus dahuricus*）、老芒麦（*E. sibiricus*）草地早春焚烧，使草地提前返青1周左右。同时，在指导新疆粮食计划署苜蓿建植项目过程中，也采用焚烧技术控制了苜蓿田中菟丝子（*Cuscuta chinensis*）的危害。

3. 生物防治是发展的方向

生物防治是指利用某种生物或其器官、基因、生物产物等防治或减轻另一种有害生物危害的防治手段。据此定义，应用于生物防治的产品包括具有杀灭有害生物作用的转基因植物、信息激素、植物源农药、生物农药等。我国在草地有害生物防治方面，应用蝗虫微孢子虫（*Nosema locustae*）和绿僵菌（*Metarhizium anisopliae*）制剂防治草地蝗虫，肉毒梭病毒、不育剂等防治啮齿动物，核型多角体病毒（nucleopolyhedrosis virus，NPV）防治草原毛虫（*Gynaephora ruoergensis*）及微生物防治杂草等，都取得了显著进展。草原虫害生物防治比例已经增加到52%。洪军等（2014a）综述了近10年来我国草原虫害生物防治的进展，结果表明我国草原虫害防控工作已由最初的主要依靠天敌控制向多种生物防治技术转变，正在形成由天敌控制、植物源农药、农用抗生素和微生物农药4种防控技术组成的新型格局。

2.3　前植物生产层及其调控

草地农业系统中的前植物生产层，是指通过利用观赏草地形成的特定景观，获得多种生态系统服务功能产品的过程。它是通过资本、技术、劳力等生产要素的合理配置，利用观赏草地及其附属设施，获取多种生态系统服务功能产品的生产活动。前植物生产层的主要任务是在保持草地生态健康的前提下，提供多种优质生态产品，满足人们日益增长的对优美生态环境的需求，并从中获得经济效益，其对拉动当地经济、促进相关行业的发展也具有重要作用。

2.3.1　生产类型

草地（grassland）包括天然草原、栽培草地和观赏草地。三大类草地具有共同的起源和共有特征，但也有各自独有的特征。观赏草地是前植物生产层得以存在与发展的物质基础，也是劳动管理的对象。它与其他两类草地的主要区别是不以获取动植物产品为目的。观赏草地可大致分为 3 类：集约管理的草地，主要包括运动场、高尔夫球场、城市公园绿地及庭院草坪等；半粗放管理的草地，主要包括高速公路和铁路护坡及机场草坪等；粗放管理的草地，包括国家公园及自然保护区的草地。前植物生产层的生产类型可相应地分为集约管理、半粗放管理和粗放管理 3 种，每一类型的管理对象和养护要求各不相同（表 2-3）。

表 2-3 前植物生产层不同生产类型的草地及其养护要求

分类	管理对象	养护要求
集约管理	高尔夫果岭、球座区、网球场、保龄球场及板球场	极高
	其他运动场、高尔夫球道、赛马场	高
	城市公园绿地、庭院草坪	高
半粗放管理	高速公路和铁路护坡、机场草坪	中
粗放管理	国家公园及自然保护区的草地	低

1. 集约管理

这一生产类型主要是以观赏草地中的集约管理草地为基础，全部为栽培草地，具有生产管理技术含量高、投入高和经济效益高的特点。草地养护和管理的主要活动包括修剪、灌溉、施肥、防治有害生物等。生产的主要目的是为各种球类运动提供理想的场地和满足人们对休闲、小憩的需求。

2. 半粗放管理

这一生产类型管理的主要是高速公路和铁路护坡及机场草坪，多为栽培草地，目的是维护交通运输与飞行的安全，防止水土流失，降低噪声和粉尘，为公路、铁路运输和航空运输提供优美、安全的环境。生产过程中要求保证植被有较高的覆盖度，对修剪、施肥等要求较少，资本与人力的投入相对较低。

3. 粗放管理

这一生产类型管理的主要是国家公园及自然保护区的草地，全部为天然草原，需要维护生态系统的本真状态及保护生物多样性。在 3 种生产类型中投入最少，但对管理的要求较高。

2.3.2 生产现状

我国对观赏草地实行的是"多头管理"。城市公园草坪由城市绿化系统管理；小区绿化由住房和城乡建设部管理；各种运动场草坪由国家体育总局管理；高速路绿化和机场绿化分别由交通运输部和国家民用航空局管理；国家公园及自然保护区的草地由自然资源部管理。对观赏草地的管理迫切需要形成一个统一协调的管理机构，以提高生产和管理效率。

全国观赏草地面积最大的是粗放管理的国家公园和自然保护区草地，二者总面积近 5000 万 hm^2，占观赏草地面积的 96.09%，占全国草地面积的 12.31%。集约管理的草地面积和半粗放管理的草地面积合计约 200.21 万 hm^2，占观赏草地面积的 3.91%，占全国草地面积的 0.50%（表 2-4）。

表 2-4　全国观赏草地种类及面积

类别	面积/万 hm^2	占观赏草地面积/%	占全国草地面积/%
国家公园草地	1181.29	23.05	2.95
自然保护区草地	3743.16	73.04	9.36
小计	4924.45	96.09	12.31
高速公路绿化	6.84	0.13	0.017
公园绿地	61.41	1.20	0.15
城区绿地	129.38	2.53	0.32
小计	197.63	3.86	0.49
足球运动场草坪	0.10	0.002	0.0003
高尔夫球场	2.48	0.05	0.006
小计	2.58	0.052	0.0063
总计	5124.7	100.0	12.803

1. 集约管理草地的生产

集约管理草地的生产即是通常所说的狭义的草坪业。衡量行业发展最主要的两个指标是从业人数和经济效益。

英国草坪面积达 85 万 hm^2，占国土面积的 4%，占全国草地面积的 12%，拥有 2952 个高尔夫球场，年产值达 3.4 亿英镑（Thorogood，2000）。美国草坪面积达 2000 万 hm^2，其中家庭草坪占 65%，全国有 77.5 万个草坪运动场和 1.7 万个高尔夫球场，年产值 600 亿美元，每年维持这些运动场和家庭绿地的费用分别是 110 亿美元和 100 亿美元。在美国，与草坪相关的景观建筑公司达 4 万个，草坪管理企业 4500 个。除此之外，还有 16 万 hm^2 的土地专门用于草皮生产和 27.7 万 hm^2 的草坪草种子生产基地（Turgeon，2009）。

虽然我国草坪业相关研究在 20 世纪 50 年代就有报道，但产业化起步较晚，直到 20 世纪 80 年代兰州大学草地农业科技学院（原甘肃草原生态研究所）才建立了我国第 1 个直播草坪运动场，90 年代建立了第 1 个由中国人施工和建植的高尔夫球场草坪，1998 年完成了亚运会田径主场地草坪的建设，并逐步形成了运动场草坪建植的整套技术体系。与美国和英国相比，综合考虑我国的国土面积和人口数量，草坪业仍有较大的发展空间，我国人均草坪面积仅 13.2m^2，分别相当于美国的 2.2%和英国的 10.9%。全国的草坪面积仅 193 万 hm^2，高尔夫球场只有 496 个，草坪年产值 0.43 亿～0.71 亿美元（表 2-5）。

表 2-5　中国、美国、英国草坪业比较

项目	中国	美国	英国
国土面积/万 km^2	960.1	936.4	24.5
人口/亿	14.6	3.3	0.7
草坪面积/万 hm^2	193	2 000	85
人均草坪面积/m^2	13.2	606.1	121.4
占全国草地面积比例/%	<0.5	8.3	12.0
高尔夫球场数量/个	496	17 000	2 592
草坪年产值/亿美元	0.43～0.71	600	4.2

资料来源：根据 Thorogood（2000）、Turgeon（2009）整理。

2. 半粗放管理的草地生产

半粗放管理的草地生产主要包括高速公路、铁路绿化和机场草坪绿地。

1）高速公路护坡草坪

高速公路的绿化主要包括立交区草坪、中央分隔带草坪、边坡草坪和路侧草坪 4 部分，形成了道路草坪绿地系统的有机整体。高速公路或铁路建成之后，往往形成大面积路基裸露坡面，植被建植与绿化较为困难。在冰岛西南部，将高速路临近地区的天然植被整体移植到路基裸露坡面，进行草坪快速建植，如将石楠（*Photinia serratifolia*）灌丛植被移栽到高速公路两侧，2 年后，植被盖度达原有植被的 65%，5 年后达 93%（Aradottir and Oskarsdottir，2013）。

我国现有高速公路护坡草坪绿地面积为 6.84 万 hm^2。从北方沿途所见，高速公路系统的绿化多半不甚理想，或是植物种类选择不当，或是管理不够精细和及时。可喜的是，通过多年的系统研究，我国科技工作者建立了适合不同气候带的裸露坡面植被建植、管理与评价的综合技术体系，包括植物种的选择配置、喷播机械、喷播施工技术、养护管理和质量评价等，促进了高速公路护坡草坪的建植与发展。

我国在驯化选育乡土草种、用于生态环境建设方面取得了较为突出的进展。驯化选育成功了超旱生腾格里无芒隐子草（*Cleistogenes songorica*），与公认抗旱性强的坪用高羊茅（*Festuca arundinacea*）品种节水和猎狗 5 号相比，腾格里无芒隐子草作为坪用草种，表现出了较强的抗逆性和持久性。

盖度和密度是评价草坪草质量的重要指标。前者可反映草坪的覆盖度，而后者可反映草种对环境的适应性和耐受性。在甘肃张掖的试验表明，建植第 1 年，无芒隐子草及作为对照的节水和猎狗 5 号高羊茅的盖度分别为 84%、95%和 93%，无芒隐子草的盖度显著低于对照。但在建植第 2 年及以后几年，无芒隐子草优势逐渐显现，盖度在建植第 3、4 和 5 年分别达到了 93%、84%和 80%，而节水高羊茅的盖度分别为 75%、48%和 0，猎狗 5 号高羊茅的盖度分别为 60%、35%和 0。连续 5 年的测定结果表明，3 个材料密度与盖度呈现同样的变化趋势（表 2-6）；在建植第 5 年对照高羊茅的 2 个品种已全部死亡，而无芒隐子草的密度评分可达 5.0（9 分制评分），并且连续 3 年保持稳定，表现出非常好的可持续性，具有重要的坪用价值（表 2-6）。无芒隐子草也小规模地应用于内蒙古乌海市矿区修复，取得了较好的效果。

表 2-6　腾格里无芒隐子草与高羊茅品种连续 5 年的坪用性状比较

年份	品种	盖度/%	密度*	颜色*	质地*	综合评价*
2008	无芒隐子草	84bc	3.3c	5.0b	8.0a	6.2bc
	节水高羊茅	95a	5.0a	6.6a	3.0b	6.7a
	猎狗 5 号高羊茅	93a	4.9a	7.0a	3.0b	6.5ab
2009	无芒隐子草	95a	6.2a	5.0b	8.0a	7.4a
	节水高羊茅	90ab	4.9b	6.6a	3.0b	7.0ab
	猎狗 5 号高羊茅	85b	4.7b	7.0a	3.0b	6.8b
2010	无芒隐子草	93a	5.4a	4.5b	8.2a	7.1a
	节水高羊茅	75b	4.3c	5.8a	6.6b	5.3c
	猎狗 5 号高羊茅	60c	2.8d	6.0a	7.2b	4.2d
2011	无芒隐子草	84a	5.0a	4.5b	8.2a	6.6a
	节水高羊茅	48c	2.7c	5.1a	7.0b	4.4c
	猎狗 5 号高羊茅	35d	2.3c	4.8ab	7.8ab	3.4d
2012	无芒隐子草	80a	5.0a	4.5b	8.2a	6.4a
	节水高羊茅	0c	—	—	—	—
	猎狗 5 号高羊茅	0c	—	—	—	—

资料来源：根据魏学（2010）和李欣勇（2015）整理。
注：同一年份相同指标间不同字母者，表示 5%水平差异显著。
*表示采用的是 1～9 分的分级方法，分数越高，草坪质量越好。

2）机场绿化草坪

机场绿化草坪是半粗放管理草地生产的一个重要部分，防止飞鸟撞击飞机造成损害是生产管理的重要内容之一。据统计，1988 年以来，全世界已有 200 余架飞机因鸟类撞击受损，255 人因航行中飞机遭受鸟击而死亡，鸟击对民航业每年造成的经济损失达 12 亿美元。因此，防止鸟击对飞行造成的伤害，是机场管理的一项重要任务。新西兰学者利用对昆虫有毒的生物碱含量较高的禾草内生真菌菌株，创制了对昆虫高毒力的草坪草新品种，用于机场草坪建植，有效地减少了作为飞鸟食物的害虫数量，进而减少了鸟害对飞行的影响（Pennell et al.，2017）。我国学者通过改变机场草坪绿地植被成分，打断草籽—害虫—飞鸟食物链等措施，也取得了较好的防鸟效果。

3. 粗放管理的草地生产

在我国，自然保护区和国家公园是近年才出现的。自然保护区是指对有代表性的自然生态系统、珍稀濒危野生动植物的天然集中分布区、有特殊意义的自然遗迹等保护对象，依法划出一定面积予以特殊保护和管理的陆地、水体或者海域。国家公园是指由国家批准设立并主导管理，边界清晰，以保护具有国家代表性的大面积自然生态系统为主要目的，实现自然资源科学保护和合理利用的特定陆地或海洋区域。自然保护区和国家公园都是重要的自然保护地类型，都应受到严格的保护。但是国家公园是一个或多个生态系统的综合，属于国家行政区管理。自然保护区是根据保护对象，分为自然生态系统保护区、野生濒危动植物保护区和自然遗迹保护区等类型（唐芳林 等，2018）。其中，与草地农业前植物生产相关的主要是草原草甸自然保护区和荒漠生态自然保护区。现有 4 个国家级草原草甸自然保护区，分别是宁夏云雾山国家级自然保护区、内蒙古阿鲁科尔沁国家级自然保护区、内蒙古科尔沁国家级自然保护区、内蒙古锡林郭勒草原国家级自然保护区。另有 11 个荒漠生态系统保护区和 2 个湿地生态保护区。

2021 年 10 月，我国正式设立三江源、大熊猫、东北虎豹、海南热带雨林、武夷山等第一批国家公园。草地在其中 3 个国家公园中具有较大的面积，尤其是三江源国家公园，观赏草地面积占公园总面积的 69.5%。大熊猫国家公园和东北虎豹国家公园观赏草地也占有一定的比例。海南热带雨林国家公园和武夷山国家公园观赏草地面积有待进一步确定（表 2-7）。

表 2-7　我国国家公园中草地所占的面积

国家公园	公园面积/万 hm²	草地 面积/万 hm²	占公园面积/%
三江源	1907.0	1325.3	69.5
大熊猫	271.3	14.4	5.3
东北虎豹	146.0	2.4	1.6
海南热带雨林	42.7	—	—
武夷山	10.0	—	—

资料来源：数据由国家林业和草原局国家公园（自然保护地）发展中心提供。

对于与草地有关的自然保护区，目前多数已明确了植被组成及草地演替规律，进行了积极的管理与调控。国家公园由于设立时间短，目前仍处于调查掌握本底数据的状态。面临的挑战是妥善处理家畜与野生动物、生产与生态的关系。

2.3.3 调控途径

1. 采取近自然恢复的调控措施

近自然恢复（close-to-nature restoration）是指基于群落演替理论，在尽量减少生境扰动的基础上，通过人工辅助及管理措施，利用乡土物种，把退化生态系统恢复到其物种组成、多样性和群落结构与地带性群落接近的生态系统，实现恢复后生态系统结构的稳定与功能的自我维持。其特点是成本低，兼具经济效益、社会效益和生态效益（贺金生 等，2020）。对国家公园草地、自然保护区草地，以及高速公路、铁路护坡草地的管理与调控，均应以近自然恢复的观点为指导，采取相应的措施。应开展一系列的本底资源调查，明确当地土壤、植被的状况，及其与环境的关系。明确当地植被的建群种和优势种，掌握植被演替规律，将这些植物种作为绿地建植的主要草种。从长远考虑，应进一步开展乡土草种的采集与驯化选育，作为资源与技术储备，以较少的投入，对系统较少的扰动，获得预期的结果。

2. 生态学与农学措施相结合

对于集约管理的草地要树立生态系统的观点，将草坪作为一个生态系统进行管理。其中最主要的措施是修剪，其次为施肥、灌溉，其他措施包括杂草防除、病虫防治等。这些管理措施实质是对草坪生态系统的物质循环进行了干扰，改变了其输入与输出，或者增加了输入（如施肥与灌溉），或者增加了输出（如修剪）。这些管理措施将对草坪生态系统产生影响，促进其向草地生产管理的预期目标发展。因此，采取草坪养护措施，要考虑不同措施的相互影响及其整体效应，而不仅关注草坪草本身。如新疆阿勒泰年降水量平均为200mm，灌溉是植物生产的必要条件。研究提出将罗布麻（*Apocynum venetum*）生长季的灌溉频率从3d 1次改为7d 1次，不但降低了管理费用，而且提高了每株叶片的产量，降低了锈病的流行（表2-8）。虽然这是以罗布麻为材料开展的试验，但对草坪管理也具有重要的参考价值。

表2-8　不同灌溉频率下罗布麻产量、锈病严重度及管理成本

灌溉间隔天数/d	叶干重/（g/株）	锈病曲线下面积	管理成本/（元/hm²）
3	5.36ab	1290.5a	3847a
5	5.42ab	1098.0a	2357b
7	5.60a	736.5b	1737c

续表

灌溉间隔天数/d	叶干重/（g/株）	锈病曲线下面积	管理成本/（元/hm²）
9	4.28b	592.5c	1366d
11	3.09c	521.5c	1115d

资料来源：根据 Gao 等（2018）整理。

注：不同小写字母表示同列指标间差异显著（$P < 0.05$）。锈病曲线下面积是衡量病情严重度的指标，数值越大表明病情越严重。

3. 努力开拓市场

产品是指被人们使用和消费，并能满足某种需求的任何产物。前植物生产层的产品应是基于各类观赏草地而发生的相关活动，如在草坪运动场进行的体育健身或竞赛、在国家公园或自然保护区进行的旅游、休闲、健身或科普等（表 2-9）。

表 2-9　提供前植物生产层产品的观赏草地及产品类型

观赏草地	产品
高尔夫球场、运动场	体育活动、竞赛
铁路、高速路护坡，机场	旅游
城市公园绿地	游览、休憩
国家公园、自然保护区	健身、科普

前植物生产层与其他生产层主要从收益、满足需求和产品消费等要素来分析判断生产效率，因此需要努力开拓市场，分析研究产品的需求对象，有针对性地进行产品的开发。影响产品消费的因素包括产品价格、其他相关产品的价格，以及消费者的收入与偏好等。美国的研究表明，利用景观草地消费的顾客，与其受教育程度、收入及居住地有密切关系（Yahdjian et al.，2015）。

目前，在国家生态文明建设、美丽中国等重大战略指引下，全国各省（区、市）均在进行生态环境建设。例如，湖南省长沙市未来 3 年将建设 600 余个绿地公园；河南省郑州市 2020 年新增绿地 800 万 m^2 以上；北京市实施新一轮百万亩造林绿化行动；雄安新区实施"千年秀林"工程；河北省张家口冬奥会绿化项目；广东珠三角国家森林城市群建设工程；海南省生态安全屏障建设工程；四川省长江上游沿江生态廊道修复与保护工程等。这些工程与项目为前植物生产层提供了广阔的发展空间及诸多的发展机遇。

2.4　植物生产层及其调控

草地农业系统中的植物生产层是指在外部投入和管理下，通过植物吸收、利用太阳能、水分和养分，形成产品的过程，主要是饲草生产，但也包括草田轮作系统中粮食作物、果树、蔬菜等的生产。植物生产是传统的草地畜牧业生产中的重要组分，是草原学研究的主要内容。其任务是以草原为对象，保证畜牧业获得数量足够、品质良好的青草与干草，并相应生产其他的饲草作物，这同样也是草地农业中植物生产的任务。在草地农业复杂的生产过程中，牧草在多数情况下是中间产品，肉、奶、毛等是最终产品。因此，植物生产的价值主要体现在动物生产，而不是牧草本身。牧草的贡献往往得不到足够的认识，故迫切需要建立草地农业价值评估体系。

2.4.1 生产类型

植物生产可归纳为天然牧草生产、栽培牧草生产和其他作物生产3种类型，草类植物种子生产和质量管理也属于植物生产的范畴。

1. 天然牧草生产

天然牧草生产主要是指天然草原上各种牧草的生长、管理与收获。其主要的利用方式是牛羊等家畜通过放牧直接采食。在内蒙古、新疆、吉林等地一般也划定少量牧草长势较好的草地，专门作为刈草地，秋季刈割牧草，作为冬春季节家畜补饲的储备。天然牧草生产是草地农业生产中，投入少、收入多、最为经济的生产方式。

我国是全球生物多样性高度丰富的国家之一。自1980年开始的，历时10年完成的全国草原资源普查资料数据显示，我国草原上共有饲用植物6700余种，主要有豆科、禾本科、菊科（Asteraceae）、莎草科、蔷薇科（Rosaceae）、藜科（Chenopodiaceae）、百合科（Liliaceae）、蓼科（Polygonaceae）、杨柳科（salicaceae）9个科，占全部饲用植物的61.07%，构成了天然草原牧草的主体。其中豆科植物种占18.48%、禾本科植物种占17.12%，是最主要的牧草种（廖国藩和贾幼陵，1996）。在生产中我们通常将草原植物分为四人经济类群，即禾本科、豆科、杂类草（具有饲用价值的其他科植物）和毒害草。

2. 栽培牧草生产

栽培草地即人们习惯所称的人工草地（tame grassland），是有目的种植牧草的农田。根据种植牧草的生命周期，通常将其分多年生牧草（如苜蓿）、一年生牧草和饲料作物［如燕麦（*Avena sativa*）］。根据其生活型，又可分为草本（如高羊茅）和灌木［如柠条锦鸡儿（*Caragana korshinskii*）、胡枝子（*Lespedeza bicolor*）、饲用桑（*Morus alba*）等］。灌木的嫩枝和一些乔木的嫩枝和树叶，可供饲用，也属草类之一。我国地域辽阔、气候多样，各地种植的牧草不尽相同。农田种植的牧草，主要用于直接饲喂家畜，或调制干草用于家畜冬春补饲，也有一部分加工为干草或青贮饲料，作为商品进入流通领域。

3. 其他作物生产

其他作物生产是指在与牧草轮作、间作、套作或混作（粮草轮作、茶草间作、棉草间作等）体系中，加入和生产牧草，对后作产量、土地产出、经济效益等方面都有所贡献。在生产统计中，因牧草参与而引致的增产和增效，多计入了相关的作物，但从草地农业生产的角度，应该明确为牧草的贡献。

2.4.2 生产现状

无论在质的方面还是在量的方面，我国牧草生产总体上不能满足草食家畜的需求，因而秸秆在家畜日粮中占有较大的比重。2011~2020 年，全国草食畜禽（牛、羊、鸡、鸭、鹅和兔等）养殖量平均为 11.77 亿个羊单位。同期，全国牧草总产量平均为 5.27 亿 t。综合平衡草食畜禽需草量和每年牧草总产量，平均每年仍存在 1.2 亿 t 的饲草缺口（表 2-10）。

表 2-10 2011~2020 年全国每年牧草总产量与畜禽需草量

年份	畜禽饲养量/万个羊单位	畜禽需草量/万 t	牧草总产量/万 t	饲草缺口/亿 t
2011	118 549	64 905	51 584	1.3
2012	119 733	65 554	50 457	1.5
2013	119 645	65 506	54 561	1.1
2014	122 114	66 857	51 694	1.5
2015	124 129	67 960	51 276	1.7
2016	121 675	66 617	50 195	1.6
2017	110 824	60 676	52 502	0.8
2018	109 532	59 969	55 740	0.4
2019	113 561	62 175	57 275	0.5
2020	117 266	64 203	51 288	1.3
平均	117 703	64 442	52 657	1.2

资料来源：根据全国畜牧总站编《中国草业统计》和中国畜牧兽医年鉴编辑委员会编《中国畜牧兽医年鉴》整理。

注：饲草日供给量以 1.5kg 干草/个羊单位计。

1. 天然牧草生产

2011~2020 年，我国天然草原牧草年平均产量为 3.28 亿 t。其中，2011 年为 3.13 亿 t，以后产量逐年增加，2020 年产量达 3.40 亿 t（图 2-9）。我国天然草原牧草产量逐步增加与国家实施生态保护补奖等一系列重大政策有关。天然牧草绝大部分直接作为放牧家畜的日粮，仅有少部分用于收获干草进行储备。

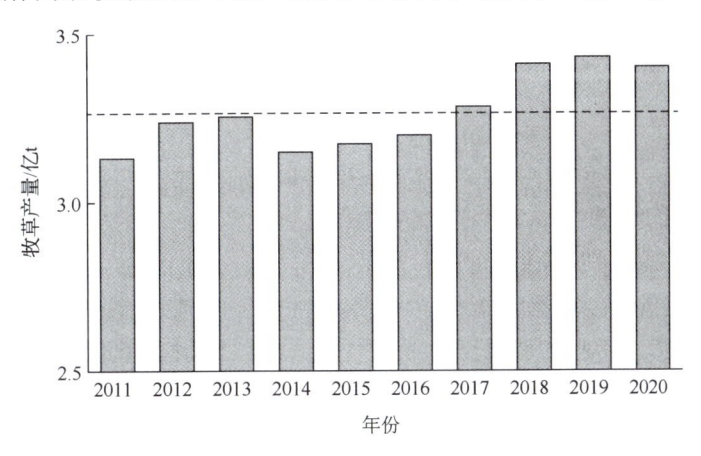

图 2-9　2011～2020 年全国天然牧草产量

资料来源：根据全国畜牧总站编《中国草业统计》绘制。
注：虚线为 2011～2020 年年均天然牧草产量。

2. 栽培牧草生产

2016～2020 年，栽培牧草（包括一年生牧草和多年生牧草）年平均产量为 1.83 亿 t，占全国牧草总产量的 35.9%。一年生牧草主要是青贮玉米、多花黑麦草（*L. multiflorum*）、燕麦、饲用块根块茎作物。这 4 种作物种植面积占一年生牧草种植总面积的 75.6%，产草量占 80.1%。多年生牧草主要是紫花苜蓿、披碱草属（*Elymus*）的垂穗披碱草（*E. nutans*）和老芒麦及多年生黑麦草等。其中，紫花苜蓿、披碱草属牧草和多年生黑麦草种植面积占多年生牧草种植面积的 24.9%，产草量占 28.3%（表 2-11）。

表 2-11　2016～2020 年全国栽培牧草种植面积及产草量

牧草	种植面积/万亩	种植面积占比/%	年平均产草量/万 t	产草量占比/%
青贮玉米	3 606.1	56.1	4 154.2	63.0
多花黑麦草	491.2	7.6	632.1	9.6
燕麦	573.8	8.9	305.3	4.6
饲用块根块茎	190.1	3.0	187.8	2.8
其他一年生牧草	1 571.5	24.4	1 314.0	19.9
一年生牧草小计	6 432.7	100.0	6 593.4	100
紫花苜蓿	4 223.7	18.6	2 124.5	18.1

续表

牧草	种植面积/万亩	种植面积占比/%	年平均产草量/万 t	产草量占比/%
披碱草属牧草	591.6	2.6	413.4	3.5
多年生黑麦草	835.0	3.7	790.8	6.7
其他多年生牧草	17 042.2	75.1	8 426.1	71.7
多年生牧草小计	22 692.5	100.0	11 754.8	100
合计	29 125.2	—	18 348.2	—

资料来源：根据全国畜牧总站编《中国草业统计》整理。

注：多年生牧草面积均为年末保留面积。

3. 其他作物生产

其他作物生产是指在农田进行草田轮作或间作，由于牧草的加入，改变了土壤的营养状况，提高了作物的水分利用效率，增加了后续作物的产量。在黄土高原的试验表明，将豆科牧草引入粮食作物单一种植的系统中，粮食播种面积和化肥投入减少，但粮食单产和总产提高，农业总产值也大幅提高（图2-10）。

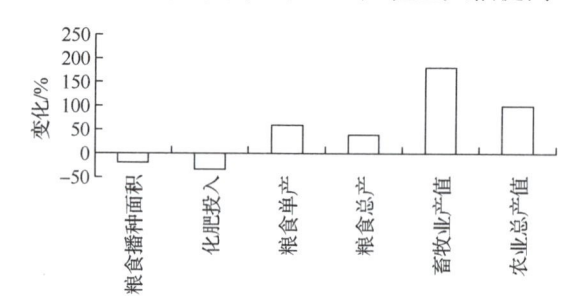

图2-10 在单一作物种植系统中引入苜蓿后粮食播种面积及投入产出变化

注：纵坐标0以上是与单作相比增加的比例，0以下是减少的比例。

在河北省黄骅市的试验表明，将苜蓿引入夏玉米-冬小麦常规系统，实施苜蓿-夏玉米-冬小麦轮作，在同等施肥条件下，小麦产量增加43.8%，即便将氮肥施用量减少20%～50%，小麦产量仍可增加25%～39%。同样，种植玉米的产量增加19.4%。

2.4.3 调控途径

在植物生产中，重要的是对生产过程进行管理，其中又以土壤氮素管理与调控、土壤水分调控和牧草质量调控最为主要。

1. 土壤氮素管理与调控

在草地农业系统中，养分的循环具有开放性，即吸收系统外部的养分（如向草地施肥），并向外界输出（如从系统中收获牧草，种子，牛、羊肉等畜产品）（图2-11）。

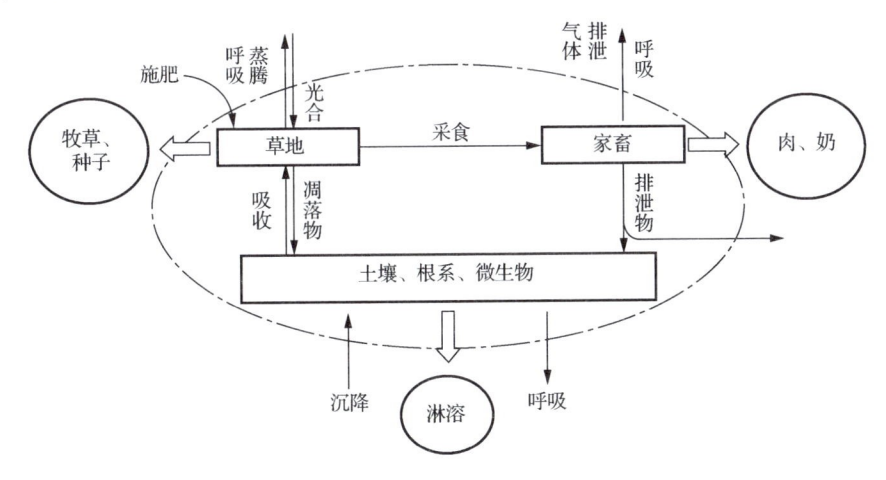

图 2-11 草地农业系统营养元素循环

氮素是最重要的元素，其不仅关系到有机体的构成，而且直接影响饲草的营养含量及动物生产水平。因此，在生产过程中，须对氮素给予足够的重视。在全球农业生产系统中，氮素的来源及其比重分别是施肥47%、生物固氮28%，这两项输入达到了总量的75%，其余为动物排泄物占16%，大气沉降占9%（Connor et al., 2011）。

1）天然牧草生产

环境可持续发展是全球关注的领域，引致全球气候变化的原因之一在于农田施氮过多。天然草原放牧地在正常利用状态下有年度循环恢复过程，可保持土壤氮稳定（任继周 等，1986）。但我国长期以来对天然草原过度利用，而极少施氮或常年只取不予，这也是草原退化的一个重要原因。更为重要的是，常人眼中草原就是荒地，牧草就是野草，这种认识使人们对草原保护和科学管理缺乏足够的重视。因此，需要加强对草地养分的管理。国内外对草原施氮的研究认识不一：一方面认为施氮降低了草原生物多样性，进而影响系统的稳定性；另一方面证明施氮可以增加草原生产力，并且停止施氮后，生物多样性可以恢复（Storkey et al., 2015）。在内蒙古自治区的试验表明，对退化草地施氮可以使轻度退化草原的草产量比不施氮肥的对照增加50%左右（王晶 等，2016）。因此，对我国天然草原施加氮肥，应该作为一种改良退化草原、提高牧草产量的重要措施。

2）栽培牧草生产

在栽培草地的牧草生产中，施肥是生产者为了获得满意的产量而常用的措施之一。但各种营养元素的平衡，可能比单一施入某种肥料更加重要。从生态系统的角度，要注意调控营养元素输出与输入的大体平衡，这是保证草地健康的前提。

2. 土壤水分调控

水是决定生长的关键要素，而且也直接影响着氮素及其他投入的效果。我国的草原和北方地区的农田多半处于干旱和半干旱地区。因此，调控土壤水分，提高水分利用效率，是北方地区提高植物生产的关键措施之一。

1）天然牧草生产

我国绝大多数草原生产几乎完全依赖天然降水。对天然草原进行灌溉，不同的草原类型可使草产量提高 3~8 倍。据全国第一次水资源普查显示，全国草原牧区灌溉面积仅 113.3 万 hm²，占全国灌溉面积的 1.7%，占我国北方草地面积的 0.4%。草原多位于我国大江大河的源头，这些地区地下水的开采已经严重超标，因此须科学合理地规划水资源的利用，提高水的灌溉效率。

2）栽培牧草生产

栽培牧草对水的利用效率与牧草品种、播种时期、管理措施等密切相关。在黄土高原以饲用玉米、苏丹草（*Sorghum sudanense*）、谷子（*Setaria italica*）和湖南稷子［*Echinochloa crusgalli* (L.) Beauv. var. *frumentacea*］4 种一年生牧草为材料的研究表明，不同播种时期基本对水肥利用效率有显著影响。作物主要利用土壤中蓄积的水，而土壤的水主要来自降水，因此适时播种，提高土壤中有机质的含量，增加土壤蓄水量等措施，对于提高水分利用效率有着极为重要的作用（表 2-12）。

表 2-12　甘肃省庆阳环县 4 种一年生牧草水分利用量和水分利用效率

植物	播种时期	水分利用量/mm	水分利用效率/[kg DM/(hm²·mm)]
饲用玉米	早期	361.7a	47.8a
	中期	357.7a	42.9a
	晚期	306.7c	37.3b
苏丹草	早期	345.3ab	23.6e
	中期	349.7ab	27.6cd
	晚期	304.3c	25.7d
谷子	早期	345.7ab	30.5c
	中期	342.3ab	23.2e
	晚期	302.0c	18.2f
湖南稷子	早期	348.0ab	28.2cd
	中期	339.3ab	26.0cd
	晚期	291.3cd	22.7e

资料来源：Zhang 等（2019）。

注：不同小写字母表示同一列差异显著（$P<0.05$）。

有些多年生牧草，如紫花苜蓿、沙打旺（*Astragalus adsurgens*），根深，在黄土高原雨养农业区，连作 4 年后底层出现缺水层，其后茬作物往往因缺少足够的土壤水分而导致早期生长不良。研究表明，在 6 月底对四龄的紫花苜蓿草地进行耕翻，经秋季休闲 2 个月，蓄积雨水，后茬小麦 0～300cm 土层的水分可恢复到持水量的 78%，完全可以满足生长需要（图 2-12）。

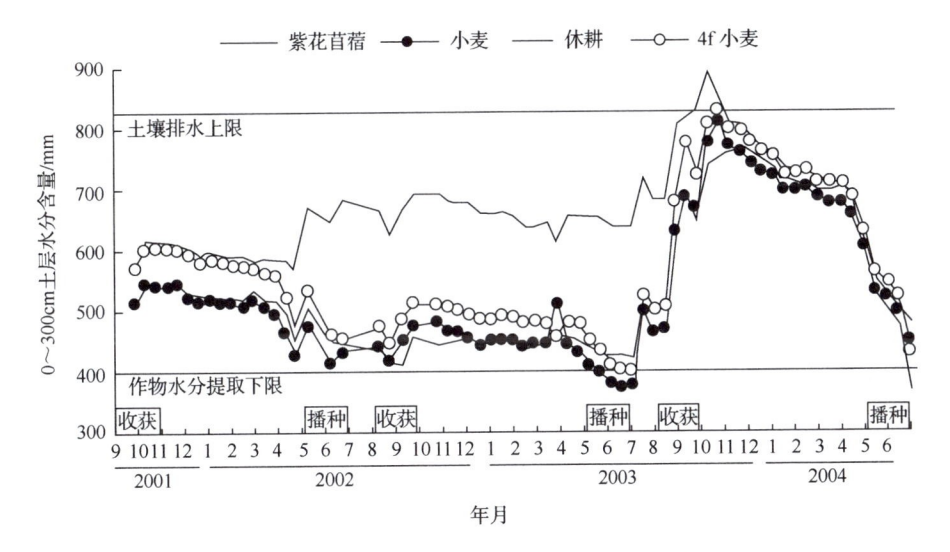

图 2-12　紫花苜蓿-小麦轮作系统 0～300cm 土壤水分含量变化（Shen et al.，2009）

注：4f 小麦表示紫花苜蓿收获后 4 个月种植的小麦。

3. 牧草质量调控

生产优质牧草是高效草地农业生产的重要前提。衡量牧草质量的主要标准是粗蛋白质含量、纤维素含量及消化率等，其与牧草的收获、利用、加工、储存均有密切的关系。

1）天然牧草生产

适时利用是保证天然牧草质量的关键。在甘肃省南部高山草原所做的研究表明，在生长季内利用 2～3 次，无论是牧草的粗蛋白质含量还是牧草产量均优于利用次数少的（图 2-13）。但需要注意的是，割草地与放牧地须轮换使用，天然割草地连续 3 年割草，草地将显著退化。

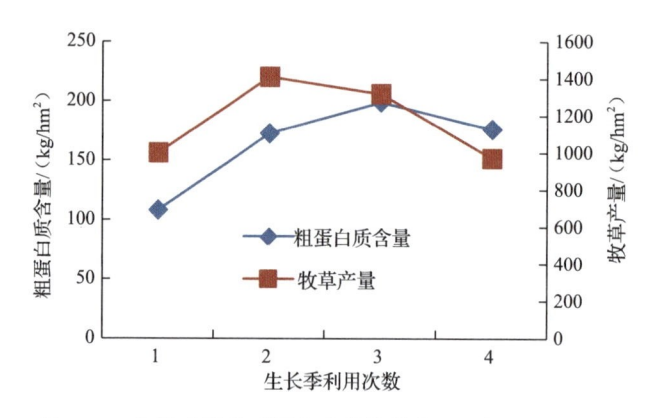

图 2-13　生长季放牧利用收获的牧草产量及粗蛋白质含量

2）栽培牧草生产

我国牧草生产不仅产量不足，而且质量较差。据国家牧草产业体系统计，全国生产的商品草80%为3级或3级以下。

生产过程中适时收割，在产量和质量中求平衡，是保证牧草质量的重要措施。对豆科、禾本科混播草地进行收割和制作的干草，在禾草挑旗初期以后，每推迟收割2～3d，基本上会造成奶牛消化率的降低，从而影响生产（表2-13）。

表 2-13　泌乳奶牛对不同收获期豆科、禾本科混作草地干草的摄取量和消化率

收获时期	牧草生长期	摄取量/(% bw/d)	消化率/%	相对可消化干物质摄取量/%
6月3～4日	拔节（分枝）期	2.64	63.1	166
6月11～12日	挑旗初期	2.36	65.7	154
6月14～15日	挑旗后期	2.45	62.6	153
6月16～18日	孕蕾期	2.28	58.5	133
7月1日	花期	2.30	52.7	121
7月5日	花期	2.13	52.5	111
7月7～8日	花期	2.05	52.2	107
7月9～10日	盛花期	1.95	51.5	100

资料来源：Collins and Fritz（2003）。

4. 丰富饲草来源

增加牧草产量，提高对草食家畜营养需求的有效供给，最主要的途径莫过于治理和修复退化天然草原，提高草原的草产量。另外，调整种植业结构，扩大饲草生产，也是增加牧草来源的重要途径。

全国目前栽培的多年生牧草主要是紫花苜蓿、垂穗披碱草、老芒麦和多年生

黑麦草，而一年生牧草主要是青贮玉米、多花黑麦草。其品种数量少，远不能满足生产所需，因此迫切需要筛选、培育更多优质高产抗逆的优良牧草。充分利用农作物的副产品（如麦麸、红薯秧、棉籽饼等）作为饲料，将其作为减少饲料与粮食竞争，提高土地利用效率，发展草食畜牧业生产，保障食物安全的重要途径（Caroprese，2020）。

2.5 动物生产层及其调控

草地农业系统中的动物生产层是指野生动物和草食家畜将饲草料转化为动物生长量或畜产品的生产过程，也包括二者的繁殖和种群数量的增加。对野生动物的生产主要体现在动物生长量的积累和种群的扩大，对草食家畜的生产主要体现在繁殖成活率的提高和收获更多的畜产品。动物生长量（总次级生产能力）到可用畜产品之间的转化率变化甚大，为 0~50%（任继周 等，1978）。饲草供应、疫病防控、畜群结构和环境条件等均对转化率有重要影响。西方谚语所说"肉皆是草"（all flesh is grass），生动地概括了植物生产和动物生产的关系。动物生产的主要任务是提供质优、量足的肉、奶、纤维等产品，满足人们对食物、营养和健康的需求，保障国家食物安全，在文化传承、农民增收等方面也发挥着重要的作用。以草地畜牧业为基础形成的草原文明，是中华文明的重要组成部分。草食家畜养殖业收入是我国农民（尤其是低收入地区农民）现金收入中仅次于外出务工收入的重要来源。

2.5.1 生产类型

动物生产的饲养方式主要有放牧和舍饲两大类，也有二者结合的混合类型。家畜和野生动物的饲料来源包括天然草原、栽培草地、观赏草地、林间草地和农田（图 2-14）。根据家畜和野生动物生产和管理方式及饲草来源，可将草地农业系统中动物生产大体分为 4 种类型，分别是草原牧区动物生产、农耕区动物生产、城郊区动物生产和自然保护地动物生产。林间草地动物生产的潜力有待转化为现实。

1. 草原牧区动物生产

这一生产类型主要分布在天然草原区，家畜常年放牧，饲料供给主要依赖天然草原；在冬春缺草季节，有少量的补饲。放牧的主要家畜是哈萨克羊、阿勒泰羊、蒙古羊、山羊，在青藏高原主要是牦牛和藏羊。家畜体重波动大，生长周期长，出栏率低，生产效率差。

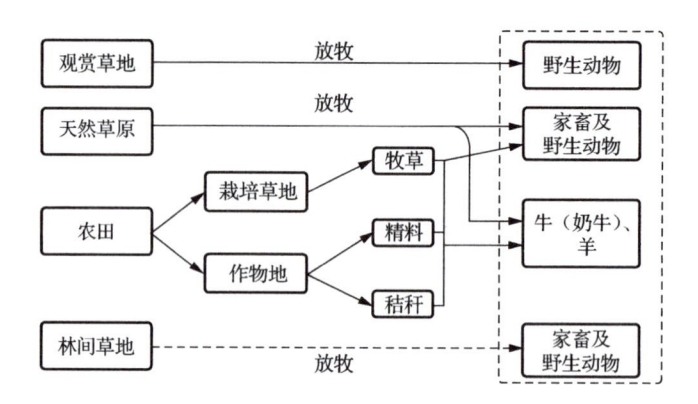

图 2-14　草地农业系统中动物生产的类型

2. 农耕区动物生产

这一生产类型主要分布在传统的农耕区，家畜常年舍饲，主要饲草料是农作物秸秆加精饲料。饲养的羊品种主要是小尾寒羊、湖羊、杜泊羊及与萨福克羊、澳洲白等杂交的后代，饲养的牛主要是西门塔尔牛、安格斯牛、秦川黄牛和延边牛等品种，以及黄牛与肉牛杂交改良的肉用或乳肉兼用品种。

3. 城郊区动物生产

这一生产类型主要分布在大城市的郊区及中小城市周边地区，以奶牛养殖与生产为主，主要饲养方式是舍饲，饲料多由优质牧草、青贮饲料和精饲料构成，目的是生产鲜奶和乳制品。饲养的奶牛品种主要是荷斯坦奶牛和经过多年本土选育杂交而成的中国黑白花奶牛，以及乳肉兼用的中国西门塔尔草原红牛、内蒙古三河牛等。

4. 自然保护地动物生产

这一生产类型主要分布在国家公园和自然保护区的观赏草地。野生动物常年自由采食，主要目的是维护和保持生物多样性。我国国家公园栖息着大量的珍稀或特有野生动物，包括大熊猫（*Ailuropoda melanoleuca*）、雪豹（*Panthera uncia*）、白唇鹿（*Cervus albirostris*）、藏野驴（*Equus kiang*）、东北虎（*Panthera tigris altaica*）、川金丝猴（*Rhinopithecus roxellanae*）、云豹（*Neofelis nebulosa*）、华南虎（*Panthera tigris amoyensis*）、黑麂（*Muntiacus crinifrons*）、原麝（*Moschus moschiferus*）等（表 2-14）。

表 2-14 国家公园重点保护的部分野生动物

国家公园	一级保护动物	二级保护动物
三江源	雪豹、白唇鹿、藏野驴等	盘羊（Ovis ammon）、岩羊（Pseudois nayaur）、藏原羚（Procapra picticaudata）、西藏棕熊（Ursus arctos pruinosus）等
大熊猫	大熊猫、川金丝猴、牛羚（Connochaetes taurinus）和白唇鹿等	猕猴（Macaca mulatta）、短尾猴（Macaca arctoides）、小熊猫（Ailurus fulgens）、兔狲（Otocolobus manul）、金猫（Catopuma temminckii）、猞猁（Lynx lynx）、林麝（Moschus berezovskii）等
东北虎豹	东北虎、远东豹（Panthera pardus orientalis）、梅花鹿（Cervus nippon）、紫貂（Martes zibellina）、丹顶鹤（Grus japonensis）、金雕（Aquila chrysaetos）、原麝等	斑羚（Naemorhedus goral）、黑熊（Ursus thibetanus）、马鹿（Cervus canadensis）、猞猁、花尾榛鸡（Bonasa bonasia）等
海南热带雨林	海南长臂猿（Nomascus hainanus）、海南坡鹿（Cervus eldii）、海南山鹧鸪（Arborophila ardens）等	海南兔（Lepus hainanus Swinhoe）、水鹿（Rusa unicolor）、黑熊等
武夷山	华南虎、云豹、黑鹿、黑鹳（Ciconia nigra）、中华秋沙鸭（Mergus squamatus）、白颈长尾雉（Syrmaticus ellioti）、黄腹角雉（Tragopan caboti）等	藏酋猴（Macaca thibetana）、猕猴等

资料来源：根据相关部门信息整理。

2.5.2 生产现状

我国的牛、羊肉生产得到了很大的发展。牛肉产量从 2011 年的 647.5 万 t，最高增加到了 2015 年的 716.8 万 t，增加了 10.7%。羊肉产量从 2011 年的 393.1 万 t，增加到 2020 年的 492.3 万 t，增加了 25.2%。牛、羊肉产量分别位于世界第 3 位和第 1 位，但牛、羊肉产量之和占全国肉类总产量的比重始终在 15% 左右（表 2-15）。

表 2-15 2011～2020 年全国肉类总产量及牛、羊肉所占比重

年份	肉类总产量/万 t	牛肉产量/万 t	牛肉占比/%	羊肉产量/万 t	羊肉占比/%
2011	7957.8	647.5	8.1	393.1	4.9
2012	8387.2	662.3	7.9	401.0	4.8
2013	8535.0	673.2	7.9	408.1	4.8
2014	8706.7	689.2	7.9	428.2	4.9
2015	8625.0	716.8	8.3	440.8	5.1
2016	8537.8	700.1	8.2	459.4	5.4
2017	8654.4	634.6	7.3	471.1	5.4

续表

年份	肉类总产量/万 t	牛肉产量/万 t	牛肉占比/%	羊肉产量/万 t	羊肉占比/%
2018	8624.6	644.1	7.5	475.1	5.5
2019	7758.8	667.3	8.6	487.5	6.3
2020	7748.4	672.4	8.7	492.3	6.4

资料来源：根据中国畜牧兽医年鉴编辑委员会编《中国畜牧兽医年鉴》整理。

1. 草原牧区动物生产

2011~2020 年，全国牧区和半牧区牛肉产量从 147.2 万 t 增加到 180.2 万 t，年平均产量达 154.7 万 t，增幅达 22.4%。羊肉产量从 134.2 万 t 增加到 172.8 万 t，增加 28.8%。但牧区和半牧区生产的牛、羊肉仅分别占全国同类产品的 23.1%和 33.3%（表 2-16）。

表 2-16　2011~2020 年牧区和半牧区牛、羊肉产量

年份	牛肉产量/万 t	牛肉占比/%	羊肉产量/万 t	羊肉占比/%
2011	147.2	22.7	134.2	34.1
2012	146.1	22.1	136.0	33.9
2013	144.0	21.4	135.1	33.1
2014	151.1	21.9	142.2	33.2
2015	158.1	22.6	150.6	34.2
2016	158.0	22.0	158.3	34.5
2017	161.9	25.5	152.4	32.3
2018	131.7	20.4	137.5	28.9
2019	168.9	25.3	162.7	33.4
2020	180.2	26.8	172.8	35.1
平均	154.7	23.1	148.2	33.3

资料来源：根据中国畜牧兽医年鉴编辑委员会编《中国畜牧兽医年鉴》整理。

我国草原面积占国土总面积的 41.7%，牛、羊肉产量与草原面积未成比例。我国单位草原面积生产的畜产品与发达国家相比有较大差距。但在内蒙古自治区阿拉善左旗、锡林浩特市和甘肃省环县、肃南县 4 地多年的试验示范表明，依靠科技可以大幅提高草原的生产能力。在项目区，我国荒漠草原类单位面积生产力从原来仅占澳大利亚同类草原的 28.7%，增加到 57.5%。环县和锡林浩特市典型草原类生产力从原来仅分别相当于加拿大同类草原的 35.9%和 67.6%，提升

到 50.6%和 90.2%。在肃南县的草甸草原类已经达到了美国同类草原的生产水平（表 2-17）。

表 2-17　我国 3 类草原生产的畜产品相当于国外同类草原的百分比

（单位：%）

草原类型及地点		百分比	
		项目实施前	项目实施后
极干荒漠草原类	阿拉善左旗	28.7	57.5
微温微干典型草原类	环县	35.9	50.6
	锡林浩特市	67.6	90.2
寒温微润草甸草原类	肃南县	59.1	101.1

草原牧区畜牧生产存在的主要问题是家畜饲养周期过长、出栏率低。2016~2020 年连续 5 年的调查表明，在甘肃、青海、西藏 3 省（区），牦牛的饲养年限一般要达到 6~8 年，藏羊的饲养年限一般也在 3 年以上。当地牦牛的出栏率为 6.7%~14.0%，藏羊的出栏率为 12.5%~21.1%，而死亡率分别为 8.2%~11.1%和 6.2%~11.0%（表 2-18）。由此可以看出，家畜死亡率加上冬春季节家畜因缺草而导致的体重损失达 30%，每年生产的 40%化为乌有，成为重复性劳动。

表 2-18　2016~2020 年甘肃、青海、西藏 3 省（区）典型牧户饲养家畜的出栏率和死亡率

（单位：%）

省（区）	牦牛出栏率					藏羊出栏率				
	2016 年	2017 年	2018 年	2019 年	2020 年	2016 年	2017 年	2018 年	2019 年	2020 年
甘肃	14.8	13.2	20.0	18.4	21.4	16.9	24.6	22.2	20.9	16.9
青海	2.7	6.2	6.4	8.8	7.6	2.9	6.1	22.3	14.4	6.9
西藏	3.7	6.6	10.3	9.2	10.7	6.2	17.3	19.8	23.5	18.1
平均	6.7	7.6	9.0	12.5	14.0	12.5	17.3	21.1	20.6	14.8

省（区）	牦牛死亡率					藏羊死亡率				
	2016 年	2017 年	2018 年	2019 年	2020 年	2016 年	2017 年	2018 年	2019 年	2020 年
甘肃	9.0	4.7	5.8	6.3	7.3	15.0	8.1	7.1	7.4	6.8
青海	11.2	15.4	14.4	11.5	11.4	8.1	18.7	13.4	14.8	8.5
西藏	7.2	8.1	9.8	8.1	6.1	6.0	5.0	6.6	3.4	2.6
平均	9.2	10.1	11.1	8.6	8.2	11.0	8.6	8.4	7.4	6.2

2. 农耕区动物生产

农耕区牛、羊肉的产量在全国居主要地位，生产的牛、羊肉分别占全国同类产品的 76.9%、66.7%。另外，还生产了 2004.0 万 t 的禽肉和兔肉，为国家食物安全保障做出了重要贡献（表2-19）。秸秆加精饲料是该区牛羊的主要日粮，缺少优质牧草是该区畜牧生产的最主要限制因素，严重制约了家畜生产效率的提高。研究表明，在山羊日粮中增加 25% 的苜蓿，将使畜牧生产得到大幅提升。在猪和鸡的日粮中，增加一定比例的苜蓿，可以使肉和蛋的质量和风味得到较大改善（齐梦凡 等，2018）。应以优质牧草为主，尽可能取代精饲料，如果全国实现草田轮作，预计可在粮食保产的前提下，生产 8000 万 t 饲用蛋白，可取代绝大部分进口大豆豆粕。

表 2-19　2011～2020 年农耕区生产的牛、羊肉及禽肉和兔肉产量

年份	牛肉产量/万 t	牛肉占比/%	羊肉产量/万 t	羊肉占比/%	禽肉和兔肉产量/万 t
2011	500.3	77.3	258.9	65.9	1781.9
2012	516.2	77.9	265.0	66.1	1898.7
2013	529.2	78.6	273.0	66.9	1876.9
2014	538.2	78.1	286.0	66.8	1833.6
2015	542.0	77.4	290.3	65.8	1910.6
2016	558.8	78.0	301.1	65.5	1975.1
2017	472.7	74.5	318.7	67.7	2028.6
2018	512.4	79.6	337.6	71.1	2040.3
2019	498.5	74.7	324.8	66.6	2284.4
2020	492.2	73.2	319.5	64.9	2409.9
平均	516.1	76.9	297.5	66.7	2004.0

资料来源：根据中国畜牧兽医年鉴编辑委员会编《中国畜牧兽医年鉴》整理。

3. 城郊区动物生产

城郊区动物生产主要是奶牛养殖业。我国的奶牛生产主要包括散养户、养殖小区、家庭牧场、规模化牧场 4 种养殖模式（李胜利和王锋，2014）。散养户是奶牛养殖的传统模式；养殖小区是若干奶牛散养户在一定区域内联合养殖、共同经营的模式；家庭牧场是以家庭成员为主、以家庭为经济单元的养殖模式，规模化和机械化程度较高；规模化牧场是指奶牛存栏数在 100 头以上的养殖场，其中包括犊牛、育成牛、青年牛和成年母牛，在饲养技术和管理方面都达到了较高的水

平。发展方式应因地制宜，欧洲、日本、韩国等均拥有大量的家庭牧场。我国地域辽阔，经济社会发展程度不同，家庭牧场和规模化牧场可能是我国现代奶业发展的主要模式。

2011~2020年全国奶类平均总产量为3591.2万t。其中，牛奶产量占奶类总产量的96.82%，年均产量为3476.9万t，居世界第3位（表2-20）。但我国人均牛奶占有量远低于世界平均水平，与发达国家相比，差距更大。例如，日本、韩国的年人均消费量已达70kg左右，欧美等国家年人均消费量100kg左右，而我国年人均消费量只有约40kg。

表2-20　2011~2020年全国奶类总产量及牛奶所占比重

年份	奶类总产量/万t	牛奶产量/万t	牛奶产量占奶类总产量的比例/%
2011	3810.7	3657.9	95.99
2012	3875.4	3743.6	96.60
2013	3649.5	3531.4	96.76
2014	3841.2	3724.6	96.96
2015	3870.3	3754.7	97.01
2016	3712.1	3602.2	97.04
2017	3148.6	3038.6	96.51
2018	3176.8	3074.6	96.78
2019	3297.6	3201.2	97.08
2020	3529.6	3440.1	97.46
平均	3591.2	3476.9	96.82

资料来源：根据中国畜牧兽医年鉴编辑委员会编《中国畜牧兽医年鉴》和全国畜牧总站编《中国草业统计》整理。

奶牛的饲料主要是优质牧草加青贮加精饲料。目前生产中存在的主要问题是国产优质干草供应不足，近年来每年均须从国外进口一定数量的优质干草。其中，苜蓿在进口牧草中占76.9%~96.1%，其余有少量燕麦等。苜蓿进口量从2011年的27.6万t，最高时增加到2016年的146.3万t，增加了5.3倍（表2-21）。美国是我国苜蓿的主要进口国，2018年，由于对美关税反制，致使从美国进口的苜蓿平均每吨增加327元的成本，进而导致每头奶牛全年饲料成本增加700元。虽然从总体看，我国苜蓿生产对外依赖度不高，进口苜蓿仅占全国苜蓿总产量的4.90%，但提高我国苜蓿产品的产量和质量，仍然是我国草地农业生产当前迫在眉睫需要解决的问题。

表 2-21　2011～2020 年全国牧草进口量

年份	牧草进口总量/万 t	苜蓿进口量/万 t	苜蓿进口量占比%
2011	28.8	27.6	95.8
2012	46.0	44.2	96.1
2013	79.8	75.6	94.7
2014	100.5	88.5	88.1
2015	136.5	121.3	88.9
2016	168.6	146.3	86.8
2017	181.8	139.8	76.9
2018	171.0	138.4	80.9
2019	162.7	135.6	83.3
2020	172.2	135.9	78.9

资料来源：根据全国畜牧总站编《中国草业统计》整理。

4. 自然保护地动物生产

这一生产类型主要在国家公园和自然保护区，主要目的是维持和保护野生动物的数量。目前的主要问题是处理家畜生产与野生动物保护的矛盾。对各类非重点保护的野生动物，应严密监控，保持一定密度和比重，不可无限量繁殖。在美国黄石国家公园、我国贺兰山盘羊保护区、澳大利亚的袋鼠保护区等，都因保护动物数量过多为患。因此应设立狩猎牧场，适当收获，从而有利于自然保护区的持续发展。三江源国家公园提出了 N%（即自然比例）的策略，在外围区发展饲草生产，逐渐减少核心区的家畜数量，同时保障居民的生活，较好地解决了家畜与野生动物对饲草料的竞争问题（李奇 等，2019）。

2.5.3　调控途径

1. 适度扩大养殖规模

生产规模的大小并不能代表现代化程度的高低，而生产效率才是衡量现代化的第一指标。养殖规模与当地经济、基础设施、人力资源等因素密切相关。规模适度是提高生产效率、增加经济收益的重要措施。对 2016 年和 2017 年青藏高原牧户生产规模的研究表明，多数牧户养殖规模在 400 个羊单位以下，效益较低。养殖规模为 500～600 个羊单位时，效益显著提高。因此，适度扩大生产规模应该是一个重要的途径（图 2-15）。

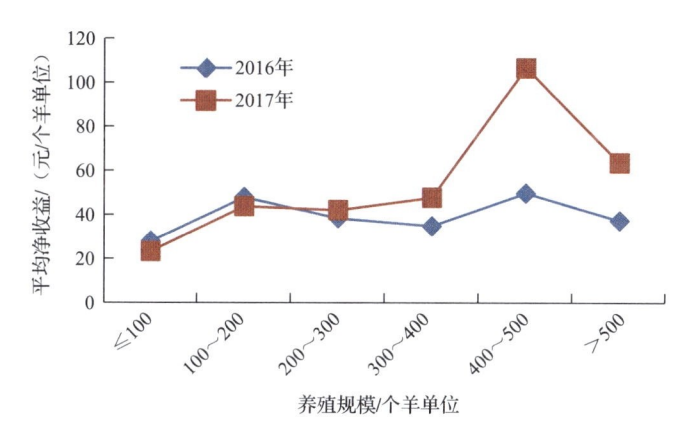

图 2-15　青藏高原地区养殖规模与平均净收益间的关系

2. 发展放牧型栽培草地畜牧业生产

栽培草地畜牧业是指在适宜的地区，建植多年生草地，牧养牛羊，是一种低成本、高效率、高效益的草地畜牧业生产方式。欧洲一些国家和新西兰主要在农业用地中建立以多年生黑麦草和白三叶草为主要建群种的栽培草地，牛羊常年在草地放牧。新西兰生产 1kg 牛肉、羊肉和牛奶的蛋白质成本只相当于欧美精饲料饲养系统的 24.9%、27.3% 和 32.7%，使其产品在国际市场具有很强的竞争力。兰州大学草地农业科技学院（原甘肃草原生态研究所），在贵州省威宁县建立了以放牧型栽培草地为主的牧场，取得了巨大成功，被称为灼圃模式。

多年生栽培草地的生态服务功能优于天然草原，从改善生态环境的角度，也优于一年生栽培草地。近年来，在国家粮改饲政策的支持下，我国北方农牧交错带地区大量种植一年生饲用玉米，收获后土地长时间裸露，加之春季大风，耕翻作业，对环境造成巨大影响。种植多年生牧草，建立放牧型栽培草地是实现生产、生态双赢的有效途径。据测算，将北方农牧交错带粮食单产低于每亩 100kg 的 114 个区（县），全部改成多年生放牧型栽培草地，全国粮食总产量仅减少 1.5%，却可以生产大量的优质饲草。

3. 实施季节畜牧业

所谓季节畜牧业，是利用幼畜生长速度快和夏秋季牧草生长茂盛的特点，大量发展羔羊育肥和育肥牛生产，使绵羊在 6 个月内出栏，牛在 18 个月内出栏，以减少家畜越冬损失，加快周转，扩大收益。在宁夏、甘肃等地的试验表明，实行季节畜牧业可以使畜群的周转率提高 1~3 倍，明显减少过冬的损失。在冷季来临之前，仅保留基础母畜过冬，从而减少对日粮的消耗，使过冬家畜少掉膘或不掉膘。

在内蒙古自治区四子王旗连续 4 年的试验表明，减少草地载畜量，使家畜有更充足的饲草供应，改善家畜的营养状况，提高了畜产品的质量，与市场紧密结合，优质优价，获得了较好的经济效益（表 2-22）。

表 2-22　内蒙古自治区四子王旗连续 4 年减少草地载畜量的经济效益

样地	面积/hm^2	成年绵羊数/只	载畜量/（只/hm^2）	成本/（元/户）	纯收入/（元/户）
对照	406.4b	285b	0.61a	51 181b	94 715b
试验	785.1a	393a	0.47b	56 007a	278 442a

注：不同小写字母表示同列数据差异显著（$P<0.05$）。

4. 减少非病原因素对家畜的危害

在草地畜牧业生产中，经常发生一些由非病原因素，如牧草次生代谢物和草原植被中一些非病原微生物对家畜健康造成的危害。表 2-23 列出了对家畜造成此类病害的因素及其防治措施，主要包括禾草内生真菌中毒、硝酸盐中毒、氢氰酸中毒、植物雌激素中毒，以及面部湿疹等。其中，牧草内生真菌引致的危害较为普遍，该菌与牧草形成共生体，产生吲哚双萜、吡咯并吡嗪、麦角碱、饱和吡咯四大类化合物，其中吲哚双萜和麦角碱对家畜和昆虫有毒（高嘉卉和南志标，2007）。黑麦草-内生真菌共生体产生的吲哚双萜类生物碱 Lolitrem B 引致新西兰绵羊蹒跚病；高羊茅-内生真菌共生体产生的麦角酸则引致美国牛的狐茅中毒症，家畜采食带菌牧草后，精神呆钝、进食量减少、步履不整、蹒跚如醉，四肢末端坏死（图 2-16）。这两种病害，每年给美国和新西兰畜牧业生产造成的损失高达6.4 亿美元（南志标和李春杰，2004）。我国西北草原地区的禾本科毒草——醉马草（*Achnatherum inebrians*）也是内生真菌侵染造成的，没有内生真菌的醉马草对家畜无毒，是营养成分中等的牧草（李春杰 等，2009）。

表 2-23　牧草引致的家畜病害

病害	病因	家畜	症状	牧草	防治措施
内生真菌中毒	内生真菌侵染牧草产生的生物碱	牛、羊、马等	畜蹄末端坏疽，局部缺血坏死，肌肉痉挛，步履蹒跚，体温升高，繁殖率下降	高羊茅、多年生黑麦草、醉马草	适度利用草地，避免家畜采食牧草茎基部及种子
硝酸盐中毒	牧草中硝酸盐含量很高，家畜采食后在肠胃中转化为亚硝酸盐，使血红蛋白失去正常携氧功能	牛、羊、马、鹿等	呼吸困难，腹痛下痢	生长在高氮土壤或干旱条件下的牧草	避免一次施氮过多，避免草地施氮后立即放牧

续表

病害	病因	家畜	症状	牧草	防治措施
氢氰酸中毒	大量食用富含氰苷、糖苷的牧草	牛、羊等	肌颤，呼吸急促，抽搐，窒息	高粱（*Sorghum bicolor*）、苏丹草、高丹草（*S. bicolorx sudanense*）等	使用低氢氰酸含量的牧草品种
植物雌激素中毒	大量食用含有类动物雌激素的牧草	牛、羊等	繁殖率降低	车轴草属（*Trifolium*）等豆科牧草	避免饲喂过多车轴草属等豆科牧草
面部湿疹	肝脏中毒引致的二次感光过敏	牛、羊等	皮肤红肿、瘙痒，泡破流脓，鬃毛脱落	黑麦草	避免在湿热天气后立即放牧

资料来源：根据 Collins and Hannaway（2003）整理。

图 2-16 家畜采食带菌牧草的中毒症状

另外一个普遍发生的危害是放牧家畜面部湿疹，在新西兰、澳大利亚、美国等国家经常发生，这是由草地枯草层上的腐生真菌——纸皮思霉菌（*Pithomyces chartarum*）造成的。该菌产生甚孢霉素，对家畜有毒，在高温高湿气候条件下，放牧牛羊采食牧草时，食入孢子，造成危害（图 2-17）。

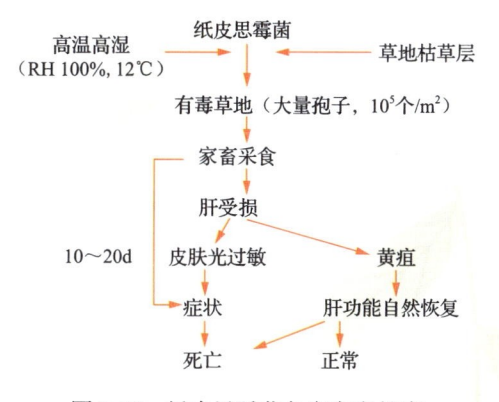

图 2-17 纸皮思霉菌危害家畜健康

2.6 后生物生产层及其调控

草地农业系统中后生物生产层是指在前植物生产层、植物生产层和动物生产层的基础上，进行饲草和畜产品的初级加工形成更高一级的产品，并对生产系统进行科学管理和优化，提供咨询与建议，获取更大效益的过程。在保证把各种植物资源作为饲草的同时，挖掘其生产潜能，开发多种用途，是延长草地农业产业链，提升价值链，发挥草地农业多种功能的主要途径，进行战略咨询研究是决策科学化、推动草地农业健康发展的重要保证。

2.6.1 生产类型

近几十年来，人们一直努力探索草原植物多种功能与产品的开发与利用，取得了巨大进展，有的已经进入产业化阶段。在草地农业领域进行经济管理分析，建立智库，开展产业政策研究则是近 20 年来兴起的工作。根据产品的性质、用途，可将后生物生产层的生产分为饲草加工、植物活性成分提取与生产、工业产品生产和智力成果生产 4 种类型。

1. 饲草加工

饲草加工主要指将收割的饲草进一步加工，这是目前我国饲草加工的主体类型。主要产品有青干草和青贮饲料，另有少量草粉、草颗粒等，在有条件的地区，高温快干草粉，其营养价值胜于精饲料。也有少量以牧草为主，生产特殊功能的配合颗粒饲料，既可扩大饲料资源（原非饲料用物资），又可供应特殊畜禽。加工的目的在于提高饲草营养成分含量，增加家畜对饲草的消化率，延长储存期等。

1）调制干草

干草生产是将青绿饲草通过天然或人工干燥，降低水分含量的加工过程。调制干草是草原牧区传统的生产活动，是最普遍、成本最低的饲草加工过程。加工和储备品质优良的干草是我国北方保证家畜安全越冬和提高生产效率的重要措施。

2）青贮饲料生产

青贮饲料生产是指将青绿饲料控制发酵的生产过程。与干草相比，青贮饲料多汁适口、气味酸香、消化率高、便于储存，是饲养奶牛的主要饲料，可使产奶量提高 5%～15%。

2. 植物活性成分提取与生产

植物活性成分也叫植物次生代谢产物，是与植物自身生长、发育没有直接关系，以初级代谢产物淀粉、糖、蛋白质和氨基酸等底物分解或转化而成的一类物质（如萜类、黄酮、生物碱、甾体、木质素、矿物质），是在植物与环境协同进化，或抵御病原物侵袭过程中形成的。因为这些物质对人类和其他生物有影响，故称其为植物活性成分。提取并生产植物活性成分作为食品添加剂或保健产品是近年来兴起的产业。实际上，我国传统的中草药和中成药的生产也是对植物活性成分的利用。

3. 工业产品生产

工业产品生产主要是指将植物资源加工成为工业及其他行业产品的过程，如提炼乙醇作为汽油替代产品，生产纸浆和造纸，人造板材用于建筑及家具，以及作为纺织材料。这是延长草地农业产业链、增加经济收益的有效措施之一。

4. 智力成果生产

智力成果是指作为信息、思想和思维创造性的产物，包括生产系统分析、咨询报告、政策建议等，是一类智力产品。但是按照通常的认识，产品是经过加工制造、主要用于销售的商品，而此处所提的智力产品，具有无形性、可应用性，但没有形成直接的商业价值，因此称为智力成果可能更为恰当。智库是加工并形成智力成果的载体，对战略制订、产业结构优化必不可少，将对我国草地农业的发展发挥越来越大的作用。

2.6.2 生产现状

1. 饲草加工

截至 2020 年，全国饲草加工企业的数量一共有 1571 家，分布在 27 个省（区、市），年加工饲草 977.2 万 t。其中，甘肃省的企业数量占全国的 20.0%，加工能力占全国的 38.0%，均居全国第 1 位。全国年加工能力在 50 万 t 的省份，有甘肃、内蒙古、陕西、山东和河北省（区），该 5 个省（区）的饲草产量占全国总产量的 66.3%。全国饲草加工企业产品主要是青贮饲料，占 5 个省（区）饲草总产量的 61.2%；其次是草捆，占 5 个省（区）饲草总产量的 26.7%；另有少量的草块、草颗粒、草粉等（表 2-24）。

表 2-24 2020 年全国草业企业数量分布及生产情况

省（区、市）	企业数量/家	饲草产量/万 t	青贮/万 t	草捆/万 t	草块/万 t	草颗粒/万 t	草粉/万 t	其他/万 t
甘肃	314	371.2	227.7	100.9	5.4	18.5	6.9	11.8
青海	284	45.7	19.5	21.4	4	0.7	<0.1	<0.1
陕西	180	71.1	67.3	3.3	0.2	0.1	0.1	—
山西	175	38.9	34.4	4.3	—	0.2	<0.1	—
宁夏	141	41.3	16.7	16.7	<0.1	6.9	1	<0.1
内蒙古	104	88.3	4.5	56.5	3.8	20.5	0.3	2.7
山东	82	61.9	58.7	3.2	—	—	—	—
黑龙江	39	42.3	21	9.9	0.3	5.9	—	5.2
河北	38	55.1	37.9	8.8	6.1	<0.1	<0.1	2.3
云南	33	11	8.8	2	0.1	—	<0.1	—
四川	29	25	23.7	1.2	<0.1	—	<0.1	<0.1
河南	21	19.8	18.9	2.6	1.2	—	0.2	<0.1
江西	19	9.2	6.5	2.4	—	—	0.2	<0.1
吉林	19	11.5	1.2	10.3	<0.1	<0.1	—	—
贵州	17	21.3	21.1	<0.1	—	—	—	0.2
湖北	15	14	4.2	8.4	1.4	<0.1	<0.1	<0.1
广西	15	9.4	7.9	0.1	0.1	1.1	0.1	0.1
新疆	12	17.1	7	6.9	0.5	2.7	—	—
西藏	10	1.2	—	1.2	—	—	—	—
安徽	8	1.9	1.6	0.3	<0.1	—	—	—
湖南	6	5	4.4	0.2	<0.1	0.3	<0.1	<0.1
重庆	3	2	2	—	—	—	—	—
广东	2	3.2	3.2	—	—	—	—	—
辽宁	2	1.4	—	—	—	1.4	—	—
福建	1	<0.1	—	<0.1	—	—	—	—
海南	1	2.4	—	—	—	—	—	2.4
江苏	1	6	6	—	—	—	—	—
全国	1571	977.2	604.2	260.6	24.7	56.9	9	24.9

资料来源：根据全国畜牧总站编《中国草业统计》整理。

第2章 草地农业系统的结构与生产调控

1) 调制干草

我国栽培草地生产的牧草主要用于调制干草,其中紫花苜蓿和多年生黑麦草干草分别占其草总产量的90.3%和92.4%,但仅占2020年全国干草总产量的16.6%和4.1%。在一年生牧草中,青贮专用玉米和多花黑麦草干草分别占该草总产量的38.8%和87.2%,分别占全国干草总产量的41.7%和5.0%(表2-25)。这些干草很大部分是传统加工晾晒而成,饲草企业加工的仅732.7万t,占全国干草总产量(1.7亿t)的4.3%。调制干草的关键是要控制水分和保证良好的储存条件。与保存良好的紫花苜蓿和红三叶(*Trifolium pratense*)干草相比,遭雨淋后的两种牧草纤维素含量分别增加40%和41%,而可消化物质分别降低27%和31%(Collins and Fritz, 2003)。

表2-25 2020年全国栽培牧草干草产量

牧草种类	干草/万t	占该草总产量的比例/%	占全国干草总产量的比例/%
青贮专用玉米	4 181.0	38.8	41.7
多花黑麦草	504.8	87.2	5.0
其他一年生牧草	1 506.5	85.1	15.0
小计	6 192.3	—	61.7
紫花苜蓿	1 665.3	90.3	16.6
多年生黑麦草	415.3	92.4	4.1
其他多年生牧草	1 742.6	89.6	17.4
小计	3 823.2	—	38.1
合计	10 015.5		

资料来源:根据全国畜牧总站编《中国草业统计》整理。

2) 青贮饲料

青贮是仅次于干草的产品。2020年全国用于青贮的牧草量相当于栽培草地牧草产量的42.3%。其中最主要的是青贮专用玉米,占全国总青贮量的89.7%,而紫花苜蓿青贮量仅占2.4%(表2-26)。自2015年以来,国家实施的粮改饲政策有力推动了青贮饲料的加工与生产。

表2-26 2020年全国青贮牧草量

牧草种类	青贮量/万t	占该草产量的比例/%	占全国总青贮量的比例/%
青贮专用玉米	6581.7	61.2	89.7
多花黑麦草	74.2	12.8	1.0

续表

牧草种类	青贮量/万 t	占该草产量的比例/%	占全国总青贮量的比例/%
其他一年生牧草	264.8	14.9	3.6
小计	6920.7	—	94.3
紫花苜蓿	178.1	9.7	2.4
多年生黑麦草	34.4	7.6	0.5
其他多年生牧草	202.1	10.4	2.8
小计	414.6	—	5.7
合计	7335.3		

资料来源：根据全国畜牧总站编《中国草业统计》整理。

2. 植物活性成分提取和生产

植物活性成分提取和生产是将来我国草地农业生产中的生长点。发达国家利用饲草进行多种活性成分提取，已经形成了产业，特别是类黄酮、膳食纤维的提取与生产（Weimer and Morris，2009）。我国深圳某公司在新疆阿勒泰地区大规模种植罗布麻，加工成茶叶，已形成数种产品（图2-18）。有的公司将苜蓿加工制成有益于健康的膳食纤维，也有的公司将苜蓿的嫩叶加工成为茶，并与红枣等混合，使其具有香甜的味道。陕西扶风某公司开展苜蓿活性物质黄酮、皂苷的提取和生产，也已取得了一定效果。这些或还处于试验阶段，或虽已形成产品，但尚未进行大规模生产。

图2-18 新疆阿勒泰地区罗布麻种植情况及其相关产品

3. 工业产品生产

深圳某公司种植罗布麻，提取纺织纤维，制作高档面料，生产加工各种高档内衣裤，具有透气好、杀菌力强、除臭等特点，已形成规模化产业。

珠海市某公司大量种植杂交狼尾草（*Pennisetum americanum* × *Pennisetum purpureum*），榨取汁液制作饮料，草渣喂牛，茎秆用于生产人造板材。经过综合利用的杂交狼尾草，每亩收益可达2万元。

利用草本植物茎秆制造人造板材是当前努力探索的方向之一。我国是世界人造板生产和需求的第一大国，但随着"天保工程"的实施，木材供需矛盾日益突出。2018年第九次全国森林资源清查结果表明，我国木材对外依存度已超过60%。因此，采用草本植物制造人造板，是解决原材料不足的途径之一。根据中南林业科技大学研究，以草本植物为材料制造的人造板具有安全性能好，不含游离甲醛，经济效益高等特性（表2-27）。目前，已研制开发了生产线，但尚未大规模地用于生产。

表2-27　草本植物茎秆人造板与木质人造板性能及效益比较

品名	静曲强度/MPa	E0级甲醛含量/（mg/100g）	效益/（元/m³）
木质人造板	≥15.0	≤3	320
草本植物茎秆有机人造板	≥17.0	0	440
草本植物茎秆无机人造板	≥18.0	0	565

资料来源：根据向仕龙和蒋远舟（2008）、周定国等（2008）整理。

4. 智力成果生产

我国在草地农业智力成果生产方面取得了很大进展。近20年来，结合生产实际需求，以任继周院士为首的一批院士、专家先后向中央提出了相关政策建议，并对各地的草地农业生产给予了指导。其中，多项建议被国家采纳用于指导生产，包括南方草地畜牧业规划、振兴奶业苜蓿发展行动计划、西南岩溶山区发展计划、粮改饲试点等。2016年，中国工程院与兰州大学联合组建了中国草业发展战略研究中心。该中心定位为草地农业领域的国家高端智库，旨在为全国草地农业的发展提供战略性、前瞻性、全局性的政策建议，评估国家重大工程项目，以及为各地草地农业生产提供指导和培训人才等。该中心已完成中国工程院、全国高端智库联盟和内蒙古自治区政府等下达的多项咨询任务，并提交了相应的报告与建议。北京大学、中国人民大学、中国农业科学院草原研究所等单位的学者，开展了草地农业科学与经济管理学的交叉研究，探索了全球变化背景下草地农业的发展，牧户对全球气候变化的感知与适应，提出了牧户心理载畜率的概念（侯向阳 等，2014）。在科学思维方面，我国学者分析了农业发展轨迹之后，认为掌握和应用农业伦理学的基本原理，是实现人与自然和谐发展的必要前提，编写出版了《中国农业伦理学导论》（任继周，2018），进一步拓展了后生物生产层的研究领域。

2.6.3 调控途径

1. 加大饲草加工企业科技创新能力

截至 2020 年，全国共有饲草加工企业 1571 家，但总产量为 977.2 万 t，平均每家企业每年的生产能力仅 0.62 万 t。年产值 1000 万元以下的企业数量占企业总数的 86.6%，年产值大于 1 亿元的企业仅占 0.6%（表 2-28）。究其原因，主要是科技创新能力不足。据调查，全国饲草加工企业专职科技人员数量少，70%的企业每年的科研投入不足 5 万元，60%的企业没有自主品牌。仅有 30%的企业建立了研发部门。因此，适度增设专业研发机构，大量增加专职科技人员，是未来提高我国后生物生产层产品质量和扩大生产规模的重要调控途径之一。

表 2-28　2020 年我国不同年产值草业企业数量

产值/万元	企业数量/家	占比/%
>10 000	9	0.6
5 000～10 000	21	1.3
2 000～5 000	76	4.8
1 000～2 000	104	6.6
500～1 000	197	12.5
100～500	575	36.6
50～100	277	17.6
<50	312	19.9

资料来源：根据全国畜牧总站编《中国草业统计》整理。

2. 产学研相结合，加强多种产品的研发

我国的草原是一个丰富的资源宝库，需要加大研发力度，进一步地挖掘、开发和利用。研究表明，荒漠植物白沙蒿（*Artemisia sphaerocephala*）种子中富含亚油酸和维生素 E，其亚油酸含量比小麦胚芽油、葡萄籽油及日常食用的大豆油、花生油高出 1 倍左右，维生素 E 含量可高出数倍（表 2-29）。

表 2-29　多种植物油亚油酸含量和维生素 E 含量

名称	亚油酸含量/%	维生素 E 含量/（mg/kg）
白沙蒿油	77.4～78.3	2779.1
小麦胚芽油	44.0～65.0	2500.0

续表

名称	亚油酸含量/%	维生素 E 含量/（mg/kg）
大豆油	49.5～54.5	1250.0
棉籽油	40.0～52.0	830.0
花生油	33.4～42.0	400.0
葡萄籽油	58.0～78.0	360.2

以饲喂未处理日粮的正常小鼠为对照组，高血脂小鼠为实验对象，分别饲喂未处理日粮（高脂模型组）、添加降脂药（药物降脂组），以及低浓度（0.10mL/10g日粮）、中浓度（0.15mL/10g日粮）和高浓度（0.20mL/10g日粮）白沙蒿油组5个实验处理，发现日粮中无论添加白沙蒿油浓度高低，均可显著降低高血脂实验小鼠血清中的甘油三酯（TG）水平，达到与药物降脂相同的效果，使甘油三酯接近正常水平。同时，可提高小鼠血清中的总超氧化物歧化酶（T-SOD）活力（图2-19）。

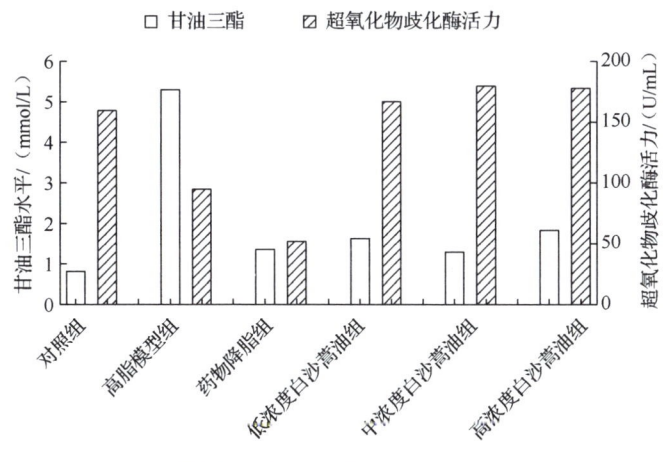

图 2-19　白沙蒿油对实验性高血脂小鼠血清甘油三酯水平及超氧化物歧化酶活力的影响（Fu et al.，2011）

草本植物茎秆人造板经过多年的发展，已形成较为成熟的加工技术，产品市场初具规模，但仍存在原料收储运困难、生产过程智能化程度和产能低、产品功能单一、产业链延续性差等制约产业健康发展的瓶颈问题。未来将围绕高效收储运模式、生产智能化、功能多元化、产业多极化等方向开展技术攻关与产业创新，实现草本植物茎秆资源高质高效材料化加工利用，保障我国木材安全与生态安全。充分利用草类植物资源进行多种用途的开发，是一项长期而艰巨的任务，仅靠大学或科研机构难以胜任。需要加强与企业的结合，加速研究成果的转化，尽快形成品牌优势，进入市场。

3. 发展以"互联网+"为核心的数字草地农业

"互联网+"将互联网创新成果与经济社会各领域深度融合，推动技术进步，效率提升和组织变革，提升草地农业经济创新力和生产力，形成更广泛的、以互联网为基础设施加创新要素的经济社会发展新形态，是农业现代化的高级阶段。"互联网+"可以和4个生产层多层次地深度融合（图2-20）。

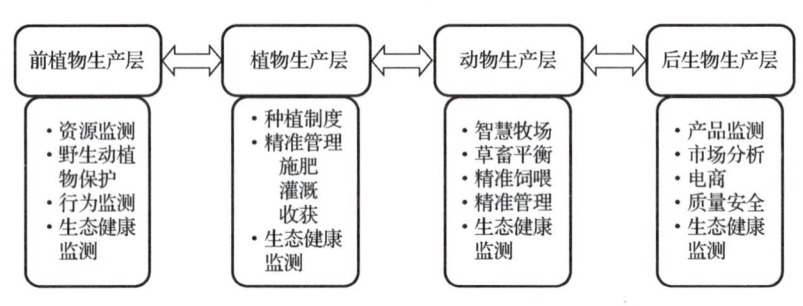

```
前植物生产层  ⇄  植物生产层  ⇄  动物生产层  ⇄  后生物生产层
·资源监测      ·种植制度      ·智慧牧场      ·产品监测
·野生动植      ·精准管理      ·草畜平衡      ·市场分析
 物保护        施肥          ·精准饲喂      ·电商
·行为监测      灌溉          ·精准管理      ·质量安全
·生态健康      收获          ·生态健康      ·生态健康
 监测          ·生态健康       监测          监测
              监测
```

图2-20 "互联网+"在草地农业4个生产层中的应用

草地农业是我国较早应用信息技术的产业之一，已将遥感（remote sensing，RS）技术成功应用于草地资源、有害生物、非生物灾害等方面的监测、预警（Nan，2005）。在此基础上，以系统观为指导，以"互联网+"为基础，发展数字草地农业，是将来的主要发展方向。

第 3 章
草地农业系统耦合*

3.1 引　　言

3.1.1 草地农业系统耦合的主要依据

1. 系统耦合是草地农业系统的内禀

系统耦合是生态系统的基本属性，是多个具有相互亲和趋势的生态系统，结合成为一个更高层次的、具有独立结构与功能的新系统。多个系统的结构相互连通，导致系统进化，因此系统耦合不仅使系统的容量增大，更使结构向较高层次完善（任继周和万长贵，1994；任继周 等，2018）。

草地农业系统是全球面积最大的食物生产系统，是既保障食物安全又兼顾生态可持续性的现代农业系统，广泛发生着系统耦合（侯扶江 等，2009；娄珊宁 等，2017）。在时空尺度上，一个草地农业系统既是上一层次系统耦合的产物，又是进化到更高层次耦合系统的底物。草地农业系统具有 4 个生产层的结构，这是系统耦合的"键"，因而成为耦合系统的典型，与其他农业生态系统耦合的效益颇为壮观，这是其复杂结构的外在表现。世界草原占农业用地面积的平均比例为 55.3%，美国的草原与农业用地面积的比例超过 50%，澳大利亚超过三分之一，我国不到一半。总体上，高收入国家栽培草地占农业用地面积比例和栽培草地占草原面积的比例均较高，低收入国家较低，我国这两项指标分别只有世界平均水平的 54.2% 和 34.9%（侯扶江 等，2016）。

依托草业，我国大力发展农业和城市的系统耦合，取得了明显成效。甘肃临夏引进青藏高原的牦犏牛育肥，平均日增重达 724g，每头净收入 950 元（李慧贤，2018）。山地-荒漠-绿洲耦合系统兼顾生态和生产，山地和荒漠的家畜及时转移到绿洲肥育，绿洲优化种植结构，向山地和荒漠提供饲草料和种植业副产品，减轻了天然草地的放牧压力，种植系统和放牧系统效益分别增加 51% 和 334%（任继周，2010）。我国通过植物生产和动物生产这两个系统初步的耦合，仅用全球 9%

---

* 本章作者：侯扶江、彭泽晨、燕振刚、阿得鲁冀、尤扬、马周文、朱天琦

的耕地，生产全球 25%的粮食和 21%的饲料。在黄土高原，耕地种植紫花苜蓿比种植粮食作物增收 32.24%～70.05%；耕地种植牧草饲喂反刍家畜，草畜耦合的经济效益比单一的粮食作物生产的经济效益增加 2.45～3.77 倍，是单一牧草生产的 2.0～3.6 倍（Hou et al., 2008）。

草地农业系统耦合是我国食品生产和生态建设的重要发展方向，将产生巨大的经济效益、生态效益和社会效益。

2. 草地农业系统是 4 个生产层耦合的系统

草地农业系统是 4 个生产层耦合的系统，包括前植物生产层、植物生产层、动物生产层、后生物生产层，是 4 个生产层相互作用而进化的生态系统（图 3-1）。这种由多个系统经过结构和功能优化而耦合的新结构功能体不仅提高了生产水平，而且促使系统与外部有效循环，使系统更加稳定，从而实现可持续性发展（任继周 等，1995）。

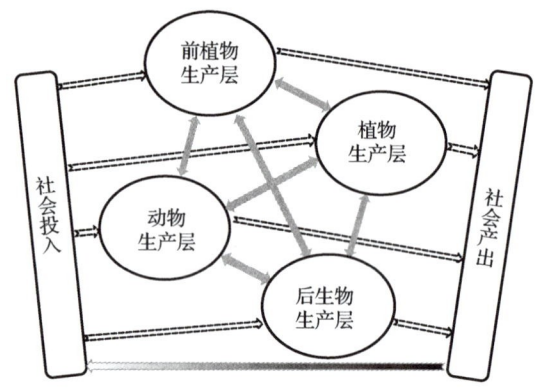

图 3-1　草地农业系统 4 个生产层的耦合（改自任继周 等，1995）

前植物生产层以生态产品和景观产品产生收益，包括运动场草坪、狩猎场、风景名胜区、自然保护区、国家公园等，提供运动、观光、休闲、娱乐、水土保持、城镇园林绿化等主要社会产品。植物生产层是天然草原和栽培草地牧草生产的部分，是草畜互作的基础。动物生产层以天然草原和栽培草地为基础，通过放牧或舍饲家畜或野生动物等获取畜产品。后生物生产层通过动植物产品加工、贮藏和流通、草地农业系统的管理等产生收益。4 个生产层的属性、结构和功能虽然有很大的差异，但相互之间并非独立存在，而是通过系统耦合发生物质和能量的交换，相辅相成。任何一个生产层的变化都将直接影响草地农业系统的整体结构和功能，在一定条件下，系统内任何两个或者两个以上的生产层都可发生系统耦合，从而推动整个系统的进化。

3. 草畜耦合是草地农业系统耦合的关键

草地农业系统是草食畜产品的生产基地。草食动物生产伴随人类起源与发展，是最古老的农业活动之一（任继周 等，2010）。植物能量与物质（包括许多人类无法直接利用的植物生产废弃物）通过家畜转化而汇聚与提炼，形成动物产品，满足人类不断增长的生活需求（Hou et al.，2008）。草业是现代农业的关键组分，也是农业现代化的短板，其中难点是推动草畜耦合，这是我国实现农业强国的重要途径（任继周，2004b；侯向阳和张玉娟，2018）。动物生产层的废弃物管理不善不仅造成严重的环境污染，威胁食品安全和人类健康，而且导致草地农业系统生产力低下。通过草畜耦合使废弃物成为植物生产的原料，促进草业系统的物质循环与能量流动，这是循环农业的基础。

动物生产层和植物生产层是草地农业系统的传统构件和标志性组分，草地农业系统不拘囿于草，也不止于畜，动物生产层的客观存在是根本原因。尽管草地农业系统通过景观生产、植物生产、动物生产和动植物产品的加工、贮运为人类创造物质财富和精神财富，但对人类生存和发展具有战略作用的食物安全主要来自植物生产层和动物生产层，草食畜产品是草地农业系统核心生产力的表现。动物生产层通过家畜生产的需求和家畜的运动为草地农业系统提供了更多的耦合键和开放的"键头"，丰富了系统耦合的途径。草畜耦合是草地农业系统耦合的基础。一方面，动物生产层以前的前植生物层和植物生产层把90%左右的能量和物质用于自身的运转，动物生产层则是把获取到10%的能量提炼与浓缩出来，将植物生产的物质和能量通过动物生产固定在畜产品中，提高了自然资源的利用效率，维持了人类自身的健康。另一方面，草畜互作及其对环境的响应防止过度利用或利用不足对植物生产层造成损害。

动物生产联系了植物和动物两个基本组分，构成草业系统的营养级，形成完整的物质循环与能量流动通路。同时，植物生产层与动物生产层发生系统耦合，动物生产较植物生产具有较小的震荡幅度，成为草地农业系统应对各种干扰而发生波动时的"安全阀"，增强草地农业系统的稳定性。因而，加强草畜系统耦合成为世界各国农业结构调整的趋向。草业是大农业系统的关键组成部分，草畜互作对于提高农业生产水平具有直接影响，我国正在成为农业强国，需要积极地结合世界农业的发展方向，不断强化科技力量，促进草业健康发展（Hou et al.，2021；刘晓梅和殷满财，2022）。总体上，农业现代化国家的动物生产占农业产值的比例一般不低于50%，澳大利亚动物生产占全国GDP总产值的2.30%，新西兰动物生产对国家GDP的贡献超过4%；英国耕地2/3以上为永久牧场，动物生产对农业的贡献超过2/3（闫旭文 等，2012）。

4. 草地农业系统耦合及其优化调控的原则

人类对草地农业系统的传统需求，一是保障食物安全，二是保障生态安全，三是推动社会经济文化发展。

草地占全球陆地面积一半以上，是面积最大的陆地生态系统（侯扶江和杨中艺，2006；王宗松 等，2022）。草地类型繁多，动植物种类丰富，适应恶劣的自然环境和多样化的人类管理活动。同时，草业系统中栖息着珍稀野生动植物、优良家畜品种等，蕴藏着丰富的自然资源和人文内涵，是生态文明建设的资源禀赋。

草业系统是为数不多社会经济发展和生态建设兼顾的生产模式。全球 24.1%的牛肉和 31.9%的羊肉来自以草地为基础的家畜生产系统。发展中国家 31.7%的牛肉和 27.1%的羊肉来自草原，发达国家则分别为 16.1%和 44.1%。2021 年，我国牛肉和羊肉产量分别为 698 万 t 和 514 万 t，占全国肉类总产量的 13.64%。其中牧区牛、羊肉产量分别占全国牛、羊肉总产量的 31.95%和 49.04%。如果我国草原放牧家畜出栏率平均按 65.8%计，屠宰率平均按 52%计，当前全国草原年产肉 437.6 万 t，占全国肉类总产量的 4.92%，占全国牛羊肉总产量的 36.11%。草原在保障生态安全的同时，提供了优质的草食畜产品。

草地农业系统的发展反映了社会需求，规范着草地农业系统耦合及其优化调控的原则。

1）效率与效益统一的原则

效率是衡量草地农业系统资源利用水平的指标之一，是草地农业系统可持续发展要解决的基本问题。效益是效率的生产实现，是草地农业系统直接服务于人类社会的物质基础。效益是在效率的基础上通过生产体现的社会经济效应，以及生产潜力的体现，从效率到效益需要一个过程，草地农业系统需要生态与生产兼顾。

2）生态与生产兼顾的原则

草地农业系统是最重要的食物生产系统之一，也是全球最重要的陆地生态系统之一。草地农业系统源于天人合一的远古时代，其未来的发展方向也是天人合一，草地农业系统体现产业开发与生态建设统一，是可持续发展的选择。

3）系统耦合的原则

系统耦合蕴藏着巨大的生产潜势，农业的耦合层越丰富，界面的开放功能越发达，生产效益就越高（任继周 等，2018）。草地农业系统是人类社会链条最长、结构最完整的食物生产系统，因而也是开放键最多的生态系统。在物质和能量沿着环境—草地—家畜—社会流动的过程中，草地农业系统随时通过物质和能量的交换，与其他系统发生系统耦合，以提高自身的资源利用效率和生态系统的多功能性。

3.1.2　草地农业系统耦合的主要类型

草地农业系统耦合主要包括时间耦合（temporal coupling）、空间耦合（spatial coupling）、种间耦合（interspecific coupling）和产业链耦合（industrial chain coupling）4 种类型，草地农业系统耦合一般是时间-空间-种间复合型。

1. 时间耦合

时间耦合是两个或两个以上系统的结构和功能在时间序列上衔接、叠加或融合。如草地农业系统中，牧草种植根据各牧草草种（品种）生长和发育对水、光、热等的需求，结合生产目标安排混作、轮作等，以及田间作业的时序安排均可视作时间耦合。根据牧草和家畜生长特性、劳动力需求等确定草地农业系统中各种动植物的种养及收获、劳动时间的季节性分配，实现系统耦合在时间序列上的优化配置，以及生态效益、经济效益和社会效益的综合最优。放牧管理常常根据多种家畜的营养需求、生产目标和草地牧草供给在牧场按一定时间顺序出现，体现为前后放牧等；根据牧草的生育期调整家畜的放牧强度和放牧时期，如以草定畜和延迟放牧（deferred grazing）等。牧场通常根据地形、草地类型、位点等划分为四季牧场，轮流放牧（Yuan and Hou, 2015；方攀飞 等，2022）。

2. 空间耦合

空间耦合是两个或两个以上区域的草地农业系统或其不同生产层之间通过物流、能流和信息流在结构与功能上的关联或耦合。相邻区域之间的草地农业系统之间通常具有密切关联，存在空间上的耦合键，自发地产生空间耦合。空间耦合包括水平耦合、垂直耦合等多种途径。我国农耕区的饲草生产和牧区的家畜生产历史上就通过"茶马市场"发生密切的横向耦合，形成具有世界代表性的山地-荒漠-绿洲耦合系统，发育并维系了古代"丝绸之路"，这是我国与中亚、西亚、非洲和欧洲依托草业发展的历史悠久的大尺度的空间耦合。在低山丘陵地区，从山顶到平原经常出现桑茶园、粮饲轮作和果蔬基地通过动物生产的垂直耦合。系统间是否发生空间耦合，取决于区域之间的自然条件和社会条件是否满足动物生长需求和牧草生产供给的互补性,且耦合是否有可持续的经济效益和能量效率。草地农业系统动植物或空间配置的调整,均是为了生态效益、经济效益和社会效益的更优组合。

在季节牧场的放牧管理中空间耦合较为常见,根据区域之间牧草供给的空间分布特征、家畜放牧行为和生长发育等特性,实行顺序放牧(sequence grazing)、条带放牧(strip grazing)、趋前放牧(frontal grazing)等。在黄土高原,山羊适合地形崎岖的丘陵沟壑区,绵羊适合地形平缓的塬区和残塬沟壑区;在我国西部高大山脉,灌丛较多的区域适合放牧马鹿,高寒典型草原和典型的高寒草甸适合放牧高山细毛羊、藏系绵羊和牦牛等。高大山体草地分布具有垂直地带性,以此形成了立体的季节性轮牧系统,在世界内陆区较为普遍,美洲和欧洲历史上跨区域的水平游牧系统也属于空间耦合,成为独特的文化景观和旅游资源。空间耦合——祁连山垂直游牧系统见图3-2。

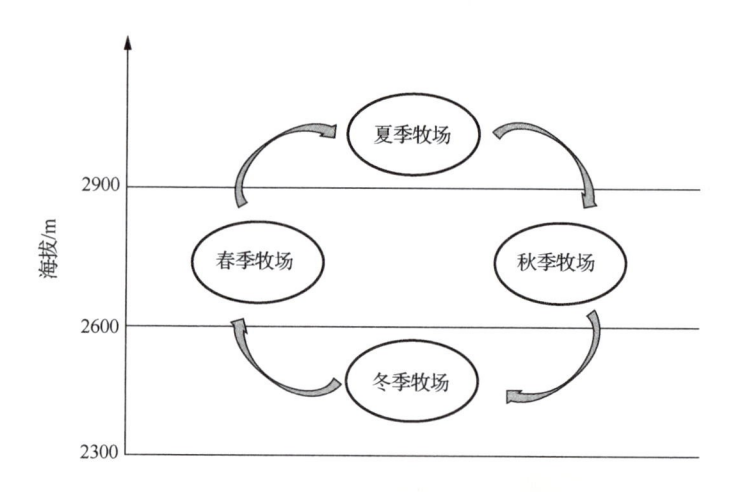

图3-2 空间耦合——祁连山垂直游牧系统(Yuan and Hou,2015)

3. 种间耦合

种间耦合是同一时空中动植物种(品种)之间的耦合,主要体现为相伴而生的动植物种类及其数量。植物之间适合种间耦合的混播草地可提高牧草产量和品质,防除杂草(龚正发 等,2022)。小黑麦(× *Tricticosecale* Wittack)或燕麦与救荒野豌豆混作提高牧草产量、改善牧草品质(张文轩 等,2022;蒋紫薇 等,2022)。种间耦合还包括粮经饲作物的间作套种,棉花+苜蓿、玫瑰+苜蓿有利于提高土壤含水量、棉花和鲜花产量,玫瑰+鼠尾草抑制杂草效果显著(代立兰 等,2022)。草食动物有其独特的食性和生态适应性,将生态位不同的家畜合理组合,利用其生态位的分异和重叠,可以充分地利用牧草资源,生产出更多的动物产品(任继周 等,1995;侯扶江 等,2015)。骆驼(*Camelus bactrianus*)与山羊、肉牛与绵羊、牛与黑尾鹿(*Odocoileus hemionus*)等混合放牧,家畜间形成的种间耦合既可以充分利用草地资源,维护草原健康,又可增加畜产品的产出。先马后牛、先牛后羊等跟进放牧(first-last grazing)也是如此(侯扶江和杨中艺,2006)。

生态位结构配置是以自然的生态规律为前提,通过科学的方法,将多个种群合理地搭配在一起。草地农业系统有4个生产层,相对于其他农业系统具有更复杂的生态位结构网络,可以根据需要巩固与增强系统耦合的内在生态位和现有生态位,逐渐完善基础生态位,增加系统耦合的自动调节平衡机制,提升其生态和生产功能。草地农业系统中,动物、植物和微生物之间存在明显的生态耦合键,受生态过程控制(图3-3)。饲料加工促进植物生产层和后生物生产层之间的系统耦合,畜产品加工加强动物生产层与后生物生产层之间的系统耦合。

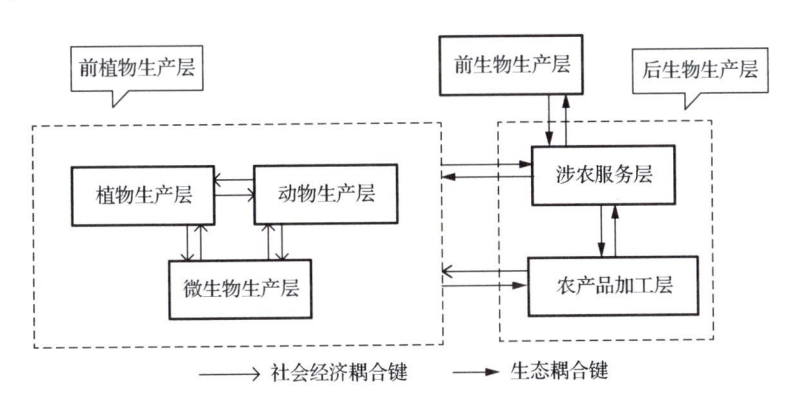

图3-3 草地农业系统社会经济及生态耦合键

4. 产业链耦合

产业链耦合主要是通过物质的循环利用,以及要素耦合和产业间连接的方式形成草地农业产业体系,涵盖了草畜产品的加工、服务、贸易和消费等层面,促使资源需求得到最佳配置与调整草地农业系统生产层之间有着亲和势、两者可进行耦合,前一生产层的输出产品即为后生物生产层的原料,以此类推,循环利用,这是典型的产业链耦合(盛彦文 等,2017)。产业链耦合的实质就是通过产业之间的耦合形成一个经济高效并环保的草地农业经济产业流程(王培成和齐振宏,2009),兼容各个产业环节之间的联系,让不同产业的副产品和废弃物等可通过产业链循环利用,使资源得以有序流动,实现能量与资源的高效利用。产业链耦合通过副产品和废弃物的再利用,在草畜产品的生产、加工、消费之间形成耦合网络，实现能量、资源、信息在产业链上的循环利用流动，以保护环境，节约资源，实现草地农业可持续发展。

3.1.3 草地农业系统耦合的主要效应

1. 结构的完整性

系统耦合的根本目标是完善系统的结构，可持续地释放系统的生产潜力与放大系统的生态效益与经济效益，其理论意义在于充分发挥生态系统所固有的开放性及其带来的外延特性，促使系统进化和生产潜力的释放（任继周 等，2018）。草地农业系统的4个生产层由3个界面连结而成，即草丛-地境界面、草地-动物界面和草畜-经营管理界面。能量或其异化物是3个界面得以键合的序参量，导致系统耦合，体现为系统进化，草地农业系统的完整结构由此形成（唐静 等，2013）。

世界干旱区代表性的山地-绿洲-荒漠耦合系统，主要有3种耦合模式。一是以生态效益为首要目标，最终实现可持续的经济效益。其模式通过优化绿洲区种植结构，绿洲的饲草生产和山地、荒漠的家畜生产实现系统耦合，减轻了草地的放牧压力，经济效益增加2倍。二是以提升系统生态生产力为目标，通过幼畜或商品家畜建立耦合关系的模式。该模式将山地和荒漠放牧系统的商品家畜转移到绿洲农区进行舍饲育肥，使种植系统和放牧系统分别增效51%和33.4%。三是以提升生产效益为主，兼顾生态效益的耦合模式，将农区优良家畜与牧区优良牧草进行耦合，使经济效益增加15%（任继周和侯扶江，2010）。

草业系统中植物-动物互作对耦合系统的生态场和生态位都起到了决定性的作用。种群结构优良的植物群落，或科学合理的混作草地，都是优良的生态场，均会提高牧草产量，改善牧草品质。草畜（供求）不平衡是草原生态系统的根本矛盾，解决由此产生的系统时空相悖问题是草原管理的基本任务，以确保草业系统的良性循环，兼顾市场动态及政府和牧民需求，实现高效的草地生产力输出（侯向阳 等，2019）。草地、耕地、林地与滩羊养殖的系统耦合，突破了饲草量少质低制约草业发展的"瓶颈"，提高了养殖效率，其中资源基础和系统耦合生产方式是草业系统生产能力提高的真正原因（宋乃平 等，2020）。山地-绿洲-荒漠优化耦合模式见图3-4。

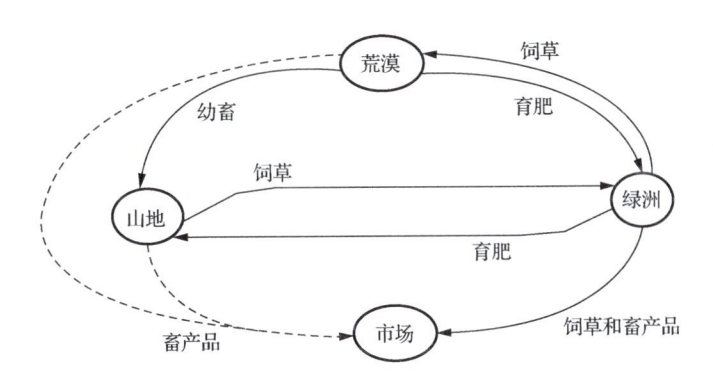

图 3-4　山地-绿洲-荒漠优化耦合模式（Hou et al., 2008）

草地农业耦合系统不仅使生产水平大增，还导致系统与外界在物质、能量和信息方面良性循环，使系统更趋于稳定，保证系统的持续、高产发展（林慧龙和侯扶江，2004）。

2. 功能的多样性

草地农业系统耦合的重要目标是增加系统的功能多样性，拓宽系统的生态阈值，使原来分散的系统作为一个整体在自然环境和社会环境中具有更高的适应性，在较短时间内改善生态环境，提高系统的生产水平。祁连山甘肃马鹿生产系统过去只是单一地通过在高山草原放牧马鹿和收取鹿茸获得经济效益，长期的过度放牧导致草地退化严重，草产量和牧草品质下降，年际间经济效益波动幅度很大。通过多个区域、多个不同生产层之间的时间和空间耦合，优化了整个生产系统，使该生产系统总体经济效益提高 3.3 倍，效益波动的风险降低 2.7 倍，提高了系统的功能多样性（图 3-5）。其中，围绕鹿茸深加工发展植物采摘业，生产"祁连八宝"；以祁连山甘肃马鹿观赏带动高山旅游业，这种前植物生产层生产使整个系统经济效益增加了 16.25%；通过对鹿血、鹿胎等动物副产品和特有的功能性乡土草（functional native herbage，FNH）进行深加工生产鹿茸血酒、鹿胎胶囊及乡土草的产品等，发展了后生物生产，整个系统经济效益提高 2.18 倍。马鹿生产系统经济效益的提高使扩大再生产成为现实，而对饲草料需求的增加，带动了绿洲区牧草种植和草产品加工，缓解了高山草原的放牧压力，使过牧草地得以休养生息，保证了草业系统生态与经济的可持续发展。多样化的耦合模式分别使肃南山地-张掖北山荒漠-临泽绿洲动物生产系统和绿洲植物生产系统的宏观经济价值增加 1.03～4.6 倍（任继周和侯扶江，2010）。退化的山地子系统得以恢复，脆弱的荒漠子系统得到保护，绿洲种植业系统也因为与家畜生产系统耦合，农业多样性提高，系统稳定性加强（任继周等，2018）。

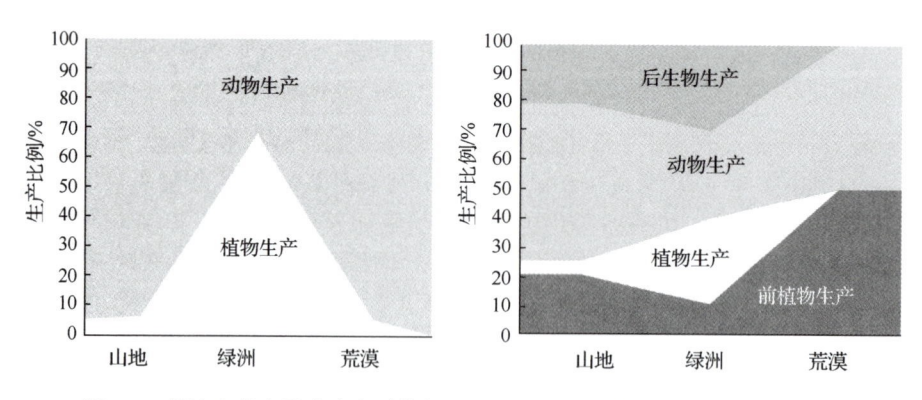

图 3-5　祁连山甘肃马鹿生产系统耦合前后的生产结构（Hou et al.，2021）

3. 演化的开放性

草地农业系统是由独立的、简单的、功能多样的子系统通过相互联系、相互交融、相互制约，以及各子系统实现由简单到复杂的系统转化，达到系统耦合过程所需要的基质（万里强和李向林，2002），最后在人类管理下发生系统耦合，产生一个结构更加完善的、功能更加丰富的新系统（谢安坤 等，2018）。在这个过程中，各个复合体演化结合，前植物生产层、植物生产层、动物生产层、后生物生产层均发生相应进化，耦合过程为非线性变化，丰富了草地农业系统的发展方向，主要体现在演化途径和方向的多样性。在自然环境中，草地农业生态系统中能量守恒，耦合过程会使不同系统内自由能的积累进入不平衡的状态（蒋建生 等，2002），自由能造成的势能自发地寻求新的发展方向，在一定程度上受人为因素的影响，人类社会经济活动综合各类因素，因地制宜，因势利导，在最大化的程度上，达到耦合的最优化（胡兵辉，2009）。最终的耦合程度、耦合趋势取决于系统间的相互作用，体现了人类调控对系统耦合的关键作用。

3.2　草地农业系统耦合的模式与优化调控

3.2.1　世界主要的草地农业系统

草类植物-家畜互作既是人类进步和农业发展的动力，也是社会发展的成果，客观反映了人类社会的整体发展水平。根据家畜与草类的作用途径，世界草地农业系统主要分为天然草原-家畜综合系统、传统（粗放）的作物-家畜综合生产系统、作物/天然草原-家畜综合系统、草田轮作-家畜综合系统、栽培草地-家畜综合系统、作物-家畜/基塘综合系统、森林-家畜综合系统（林牧复合系统）和作物/森林-家畜综合系统（农林牧复合系统）8类（侯扶江等，2009）。

世界最重要的草地农业系统是作物-家畜综合生产系统，其对食物生产的贡献最大。在我国，作物-家畜综合生产系统占全国耕地总量的83%，小麦和玉米作为饲料生产出90%的牛、羊肉，50%的猪肉和50%的禽肉。我国约55%的人口从事作物-家畜一体化的草业生产。社会、经济和生态可持续性在很大程度上取决于草畜互作，其中作物与家畜互作是草畜系统耦合与分化的基础。水、热是草地农业系统在环境、生物与社会经济梯度演替的关键（任继周和侯扶江，2004）。草地农业系统中植物与动物及其互作机制受农业资源的时空格局支配，导致不同农业生态区域形成生产水平与社会需求有差异但稳定高效的草业系统。

根据草原综合顺序分类法（comprehensive and sequential classification system，CSCS），可以将放牧系统分为8类：高寒放牧系统、荒漠放牧系统、半荒漠放牧系统、亚热带森林灌丛放牧系统、典型草原放牧系统、草甸草原放牧系统、温带森林灌丛放牧系统和热带森林灌丛放牧系统（侯扶江等，2016）。这些是原始的、高效的、经济的草畜耦合系统。

根据草原综合顺序分类法，以水、热等因素及其相互关系为基础，确定各类系统分布的模式（图3-6）。综合顺序分类法根据农业生物气候特征来划分草原的类别，其根据在于地带性的生物气候条件是生物（牧草和家畜）立地条件最本质的表现，并且在一定的历史时期相对稳定。在这一基础上，发生与发展着各种草业生产过程，制约与推动着草业系统（土壤、植被、家畜、野生动物等）的存在与发展，决定与改变着草业生产的基本形式及其发展方向。各类草业系统的分布区存在时空重叠，如猪-粮系统是世界和我国规模较大的动物生产模式，耕地资源有限，故利用多样化的土地资源发展草食畜生产，才能保证食品安全和生态安全（图3-7）。猪-粮系统转向多种类型的作物-家畜综合生产的系统，这一目标的实现可依靠农牧耦合。近年来我国草原牧区牛、羊肉产量持续稳步增长，根本基础是作物/天然草原-家畜综合系统，通过农牧（区）耦合，我国牛、羊肉产量稳居世界第一。2021年，我国羊肉产量达到了514万t，同比增长2.7%（图3-8）。

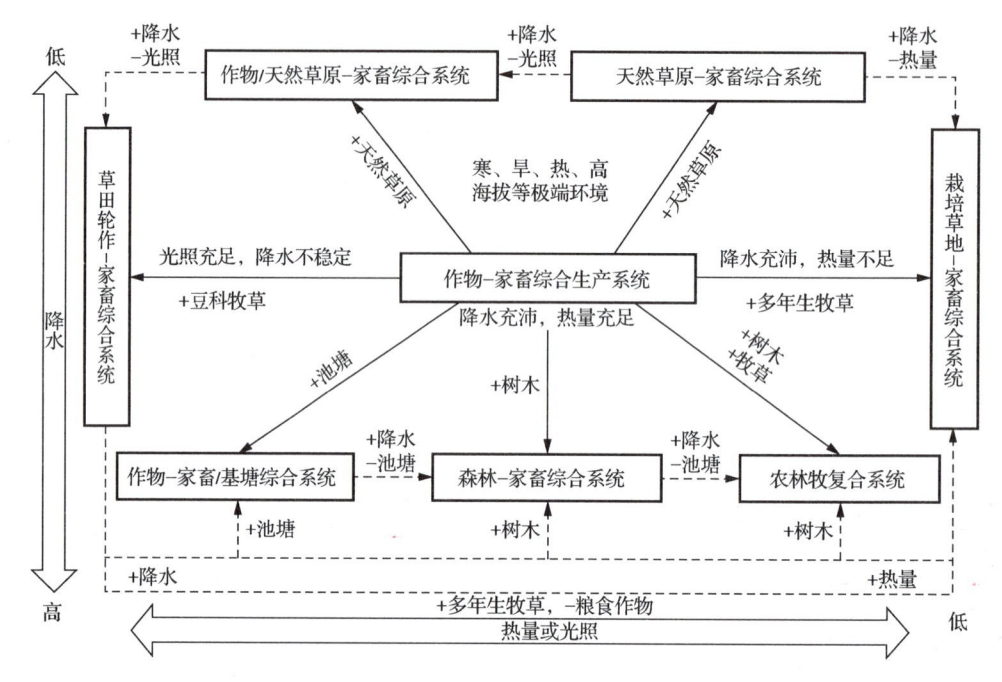

图 3-6 作物-家畜综合生产系统的空间格局（侯扶江 等，2009）

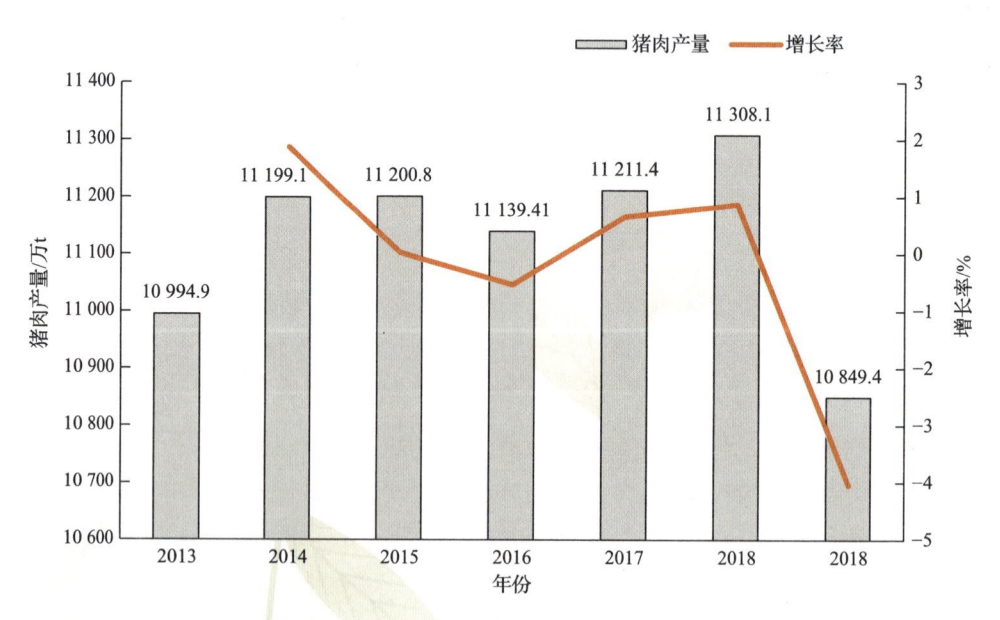

图 3-7 2013～2019 年全球猪肉产量及增长情况（USDA，2019）

图 3-8　2012～2021 年中国羊肉产量动态（国家统计局，2022）

1. 天然草原-家畜综合系统

草原是家畜的主要营养来源。系统通过放牧提高或维持草原的牧草产量和品质，满足家畜在主要生产阶段或整个生产周期的营养需要，其生态效益和经济效益取决于放牧管理水平（Yang et al.，2018；杨中艺，2006）。游牧是最早的天然草原-家畜综合系统，这一粗放型草地农业系统投入少、生产成本较低，受季节的限制较为明显（侯扶江 等，2009）。游牧本质上是一种道法自然的草地利用方式，一定程度上起到保护草原生态环境的作用，在各国普遍存在。我国内蒙古自治区白音锡勒牧场，放牧、刈割的草原管理模式占主流，能量产出较低，如果改进草原经营模式，提高草原经营技术水平、管理能力和草原的生产能力，可以缓解供需矛盾（刘红梅 等，2020）。

2. 传统（粗放）时作物-家畜综合生产系统

该系统主要分布于温带、亚热带或热带的季风地区，降水和热量相对充沛，水热匹配好，有利于作物田间管理，但是很少有专门的饲草作物。

该系统主要存在于发展中国家或地区。随着社会发展呈萎缩趋势。在农场内进行着传统的种植业和动物生产。在发达国家和地区，作物生产与家畜生产的系统耦合既发生在农场内，也发生于农场外（Hou et al.，2008）。我国新疆维吾尔自治区和河西走廊，调整种植结构，种植紫花苜蓿和一年生牧草发展绿洲牛羊养殖，可减轻山地和荒漠天然草地放牧压力，是典型的作物-家畜高效耦合的生产系统（景辉，2017）。

3. 作物/天然草原-家畜综合系统

该系统主要分布在温带大陆性气候、热带稀树草原气候、热带荒漠气候、高原气候等气候区域。在我国，该类系统主要分布于农牧交错带。天然草原和农田交错分布，在天然草原中放牧家畜，作物副产品或饲料作物可以补饲家畜。家畜除了生产畜产品，还为作物生产提供畜力和粪肥（Ndlovu et al.，2004）。养分通过家畜从草地向耕地流动。植物生产层的物质绝大部分通过家畜肠道发酵、排泄物挥发和分解而排放到环境中（娄珊宁 等，2017）。对印度种植象草（*Pennisetum purpureu*m）和臂形草（*Brachiaria eruciformis*）等高产饲料，推行粮草套种、复种，鼓励利用地头、沟边、河滩等种植青饲料，推广加工青贮、碱化秸秆、调制干草、林间草地放牧等，使作物/天然草原-家畜综合系统得到长足发展。

4. 草田轮作-家畜综合系统

该系统主要分布在季风区、地中海气候带、山地气候带等。由于干旱或低温，植物生产表现出明显的季节性。禾本科作物和豆科作物的轮作是主要特点之一，豆科作物通过生物固氮维持土壤肥力（曲涛和南志标，2008）。草畜互作模式主要是在饲草作物地和作物残茬地放牧家畜，或饲料作物刈割后喂养家畜，家畜为作物生产提供畜力和肥料。该系统收入来源多样，包括籽实作物、牧草和畜产品等，应对气候和市场风险的能力较强。我国西南喀斯特地区热量丰富，但光照不足，利用耕地或冬闲田种植饲草作物，发展了南方草业生产模式。美国大面积推广草田轮作-家畜综合系统，生态环境得到极大改善，农作物生产趋于稳定，奶牛、肉牛生产水平持续提高。澳大利亚年均降水量为250~600mm的地区，是世界上最著名的小麦产区，在20世纪40年代之前，连续种植谷物导致土壤有机质减少，产量低，引进豆科牧草，发展草田轮作-家畜系统后，生态环境得以恢复，谷物和畜产品生产逐年提升（周禾，1995）。

5. 栽培草地-家畜综合系统

该系统以温带海洋性气候区和山地气候区分布为主，热量基本满足，降水丰富，但是光照时间短，影响植物的籽实生长，适合种植以营养体生产为主的牧草。家畜轮牧多年生栽培草地，少部分刈割后调制青贮，冷季补饲家畜，家畜的粪便发酵后制成厩肥或粪浆返施草地。此类系统流行于欧洲、新西兰等发达地区。在新西兰，黑麦草或白三叶草/多年生黑麦草草地常年划区轮牧。英国60%以上耕地用作永久放牧地，在多年生黑麦草地放牧奶牛、肉牛和绵羊（丁成龙 等，2003）。

我国南方，绵羊、山羊或奶牛与栽培草地的系统耦合兼顾了生产与生态效益（李向林，2002）。

6. 作物-家畜/基塘综合系统

该系统起源并分布于降水丰富的热带雨林气候区和亚热带季风气候区，常位于江河的三角洲或平缓的丘陵地区。作物副产品和废弃物饲养家畜，基塘淤泥或家畜粪便是作物生产的肥料，家畜常常为作物生产提供畜力。家畜粪便或用作鱼类饲料，或制作粪浆用于耕地施肥。该系统农业多样性高，农作物品种丰富，主要分布于世界人口与家畜密度较高的区域。该系统主要有稻（*Oryza sativa*）-羊-鱼、稻-牛-鱼-树木、稻-鱼-蔬菜-树木等作物-家畜/基塘互作模式。我国基塘系统有上千年的发展史，随着经济发展和农业经济转型，此系统模式日渐式微。

7. 森林-家畜综合系统

森林是饲草资源最丰富的生态系统，放牧家畜是人类的传统。该系统要严格地控制放牧家畜的数量、分布及放牧时间，一定年限内禁止家畜放牧，促进造林育林，6~9年主要靠木材等获取经济效益。适度放牧提高了草地植物的丰富度、均匀度及植物总量，尤其是在低海拔地区，草地植被的多样性有明显提高，使森林群落结构更加完善，能更好地行使其生态保护功能（韩路 等，2015），生态系统的水源涵养功能增强，火灾隐患大幅下降，木本植物更新加快。

8. 作物/森林-家畜综合系统

该系统主要分布在热带雨林气候区、热带季风气候区、温带季风气候区、亚寒带针叶林气候区或山地气候区。在我国，主要分布在南方丘陵地区，家畜放牧林间草地、灌草丛或栽培草地。在生产木材、果品等之前，主要效益来自家畜和林下作物。在干旱地区，绿洲耕地周边种植防风林还可保护作物。

集约化的作物-家畜综合系统是资本和技术密集型草地农业系统。发展中国家以劳动密集型产业为主，以自给自足为基础，技术密集型的草地农业系统正在快速发展（表3-1）。

表3-1 粗放型和集约型草地农业系统比较

类型	粗放型	集约型
作物或家畜品种	农场尺度和国家尺度均丰富	农场尺度贫乏，国家尺度丰富
天然草原-家畜综合系统	放牧管理不足，草地易退化	草地维护合理，毒害草较少
传统（粗放）的作物-家畜综合生产系统	复杂：家畜放牧作物残茬或休闲地，或者补饲作物副产品，家畜为作物生产提供畜力和粪肥	单调：家畜放牧或补饲饲草作物

续表

类型	粗放型	集约型
作物/天然草原-家畜综合系统	天然草原/作物地面积值高，饲草作物面积小，草地连续放牧	饲草作物面积大，轮牧
草田轮作-家畜综合系统	农田休闲或播种失败后种草，饲草作物收割后饲喂家畜	草田轮作，饲草作物供家畜轮牧
栽培草地-家畜综合系统	较少	优势生产系统
作物/森林-家畜综合系统	天然林，林下很少有作物	林下常种植作物
作物-家畜/基塘综合系统	热带、亚热带地区盛行	没有充分发展
森林-家畜综合系统	林下作物少	林下作物多
投入	劳动力密集型，技术与资本含量低	技术与资本密集型，劳动力投入少，基础设施健全
产出	产出少，产出投入比高	产出高，规模效益好，产出投入比低
目的	自给自足的前提下供应市场	以市场为导向，规模化生产

3.2.2 我国草地农业系统耦合的主要模式

我国地域宽广、气候多样、自然资源丰富，草地农业系统耦合模式较为丰富（图3-9）。

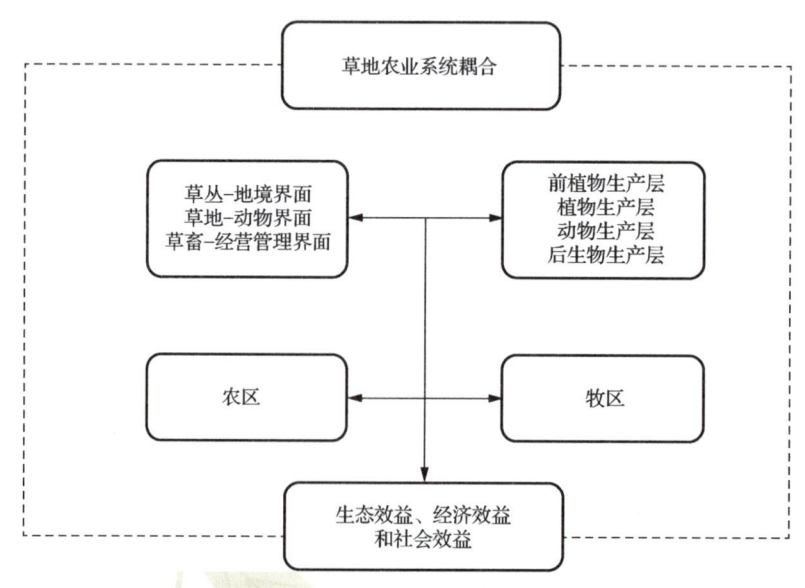

图 3-9 草地农业系统耦合模式

1. 牧区的草地农业系统耦合模式

牧区的草地农业系统耦合主要是以放牧为主要管理方式的草畜系统。放牧是调节草地生产力的经济有效的管理方式（荀燕妮和南志标，2015）。目前，我国粮改饲政策鼓励农田种草，实行大食物观，将粮食、经济作物的二元结构调整为粮食、经济、饲料作物的三元结构，将单纯的粮仓变为粮仓+奶罐+肉库，推动我国传统牧区和农牧交错带草业发展（董世魁 等，2020）。青藏高原通过优化天然草原的放牧管理，在适宜地区利用原有耕地建植栽培草地，调整畜群结构，发展季节畜牧业等，提供了家畜生产力，促进牧场的物质循环和能量流动（Yang et al.，2021；董全民 等，2022）。发展自然保护区的核心功能区、自然保护过渡区、自然保护生态-生产功能区、常规居民区4个功能区之间的系统耦合，江河源区动物生产与农耕区饲草生产的系统耦合为草原生态保护和牧民增收提供了草业系统保障。

2. 农区的草地农业系统耦合模式

农区草地农业促进牧草与粮食作物、经济作物在时间、空间上的耦合（李向林 等，2016），主要包括边际耕地资源利用、粮改饲高效生产和利用、区域性优势资源与草食家畜养殖规模和畜种配置（侯向阳，2015）。空间耦合模式可分为：农场内耦合，即农场同时开展作物和家畜生产；农场外耦合，农场之间实行作物与家畜生产系统耦合（侯扶江和徐磊，2010）。宁夏回族自治区黄河灌区主要发展粮食-饲料-经济作物的种植模式，既有农场内草畜耦合，也有市场主导的农场外草畜耦合（任继周 等，2000b）。贵州岩溶地区农-草-畜耦合体系，有林间种草模式、冬闲田种草模式、旱地农-草间（轮）作模式及秸秆高效利用模式（莫本田和王普昶，2012）。甘肃省西峰区实行生态系统与社会经济系统的耦合，建立农、林、果、草、畜的综合生产体系，集成高效水保技术、高质生产技术、污染控制技术和综合管理技术，形成生态适宜、资源循环、经济合理和功能互补耦合的发展模式（刘兴元 等，2017）。植物生产主要表现在草田轮作和复种、饲草轮作和复种，我国南方冬闲田种草是夏季粮食作物生产与冬季饲草作物生产的时间耦合（叶圣平和赵绍伦，2014），祁连山甘肃马鹿四季轮牧是家畜与草地在4个季节性牧场空间耦合的基础上草畜系统的时间耦合（Yuan and Hou，2015）。

3. 农区与牧区耦合模式

农牧区草地农业系统的耦合是农牧区经济可持续发展及土地资源有效配置的关键途径。我国牧区生态环境脆弱，草畜供求的季节不平衡突出；农区的农副产品是重要的饲料资源，但就地转化效率和效益低。建立农牧区耦合的草地农业系统，完善饲草生产、储备、配送体系，对我国农区种植结构的调整，牧区抗灾减灾，以及农牧区草地农业的可持续发展有重要作用（南志标，2017a，b）（图3-10）。减少生态系统能量流动和物质循环过程中的损失是农区和牧区草地农业系统耦合的主要目的，草田轮作、农田作物秸秆再利用、家畜宿营和全日制放牧技术等是农牧区系统耦合生产的基础（刘洪来 等，2009）。农牧区系统耦合逐渐成为我国农牧交错带和牧区家庭农场的主要生产方式。

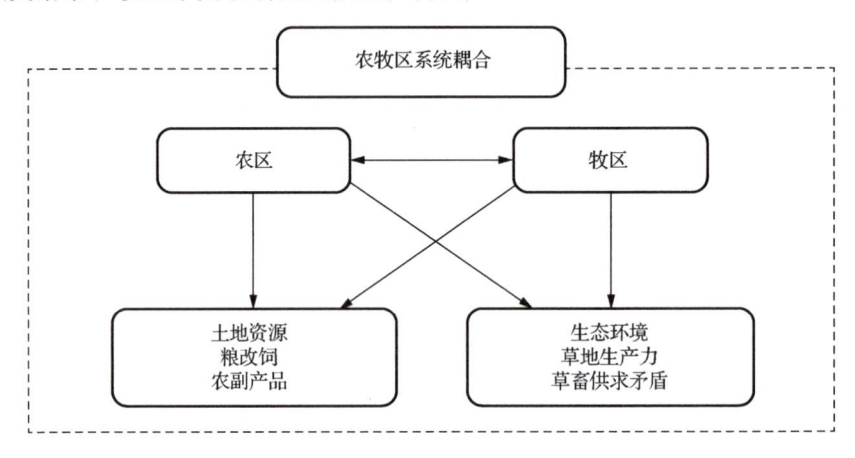

图 3-10 农牧区系统耦合

我国农牧交错带针对各个区域草牧业发展的"瓶颈"问题，研发要素整合、产业耦合、结构优化的技术模式，并示范推广（侯向阳，2015）。在西北内陆干旱区山地-绿洲-荒漠耦合系统和农牧区耦合系统中，将高海拔地区当年出生的羔羊在入冬前引入饲草料比较丰富的农区集中育肥，其活重、胴体重、体尺等生长发育速度明显高于出生地在高寒牧区的羔羊（唐永昌，2014；孙晓萍 等，2019）。这些耦合模式在生产实践中取得了明显成效，有力促进了当地草业发展。我国重点牧区的草原生态环境、经济社会、草业系统等的耦合协调度均明显上升，整体上由以往的失调衰退向协调发展过渡（智荣和闫敏，2022）；农牧交错带草-畜-田耦合，农业生产结构得到合理调整，功能得到提升（徐轩和张英俊，2010）；西藏山南地区通过牧草种植、家畜异地育肥等，建立了生态与经济兼顾的草业模式（乔福云 等，2021）。

3.2.3 草地农业系统耦合的优化调控

作为人为调控的自然-社会系统，草地农业系统受管理调控的力度越大，生产力水平也就越高。草地农业系统耦合在较短时间内控制生态环境恶化，提高生产水平，拓宽系统的生态阈值，使系统作为一个整体在多变的自然和社会环境中具有更高的活力与缓冲能力。草地超循环耦合系统极大地简化了生态系统的管理模式，管理效果明显增强（谢安坤 等，2018）。

系统相悖与系统耦合伴随出现，导致系统耦合无法完善运行。草地农业系统优化调控的基础和目的就是通过优化管理手段，克服系统相悖，完善系统耦合的过程，促进草业生产又好又快的发展。草地农业系统耦合的优化调控包含两个层次（图3-11）：一是草地农业系统内部各子系统内部的结构和功能优化，如水体、土壤、植物、家畜等子系统的各自独立调控；二是调控多个子系统之间的相互作用，克服系统相悖。后者常常以前者为基础。

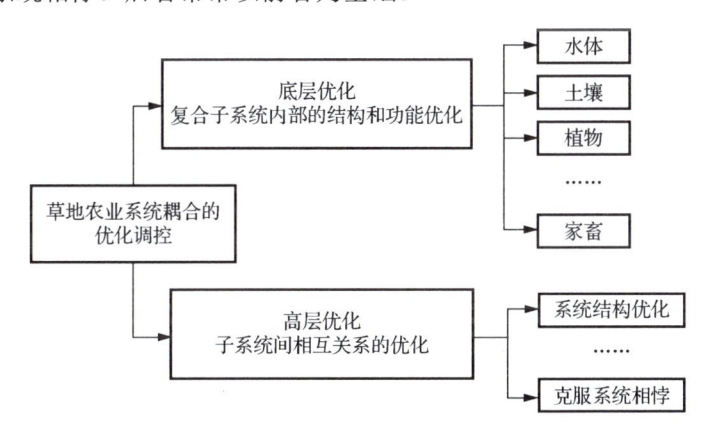

图 3-11 草地农业系统耦合的优化调控模式

1. 农（牧）场内的耦合调控

农（牧）场内的耦合本质上是种间耦合与纵向耦合的集成。草地农业系统由3个界面连接而成。

草丛-地境界面是最基本的界面。该界面的调控通常集中于对地境的改造和植物生长调控。前者如引水灌溉、挖沟排水、翻犁及施肥等；后者如根据环境条件选择适宜当地生长的草种，按适宜的比例种植粮食作物、牧草及经济作物等（王欣国和刘照辉，2010）。

草地-动物界面是草地农业系统耦合的核心，简而言之，就是在适当的时间、地点，种植适当的饲草作物，用适当的方式饲养适当的家畜，即草畜在时间、空间和物种间的耦合。

草畜-经营管理界面是草地农业系统与人类社会联系的纽带，草地农业系统得以融入社会大生产，草地农业系统的完整结构于此形成，其产业内涵得到完整展示。目前，对草畜-经营管理界面优化调控的关键在于草畜产品生产与生态系统健康之间的协调。放牧草地的可持续利用关键是调控草畜季节供求不平衡，使草地从靠天养畜的单一经济目标向社会、经济、文化、生态综合功能目标转变（付伟 等，2013）。畜产品质量远高于其他类型的动物生产系统，其可持续性在于产品质量与数量的协调发展，进一步提高生产力，需要加强放牧系统内诸要素的耦合，还需要与农耕系统等其他生产系统全方位耦合。

物质的循环与能量的流动是生态系统的基础。在草地农业系统中，调控3个界面的关键是优化物质循环与能量流动。家畜和牧草是草地农业系统营养循环的两个关键节点，草畜关系的协调性对物质循环有举足轻重的影响，**物流失调导致**

草地元素衰竭，是草地退化的主要原因。草地农业系统中，植物生产的光能量转化效率约为 0.5%，其中约 20%固定在地上部分；动物生产的能量转化效率约 2.0%，畜产品所含的太阳能约为 0.002%。集约化放牧管理的生产系统主要依靠资源、资金、劳动力的投入，提高载畜量，获得较高产出。施肥和种植白三叶草的集约化放牧系统的太阳能转化效率比粗放放牧管理的放牧系统高 1.9 倍。但是能量产投比表征的生态效率比粗放管理系统下降 71.5%，所以，有观点认为集约化的草地农业系统需要更多的能量投入以维持可持续性。

2. 农（牧）场间的耦合调控

农（牧）场间的耦合调控是对草地农业系统中横向耦合的优化调控，即多个草地农业系统中具有同质耦合键的生产层之间的耦合，如全球广布的山地草原-冲积扇平原耕地和草原系统（包括山地、荒漠、绿洲系统）间的草畜耦合等。多系统的横向耦合极大地提高生产力水平（侯向阳 等，2019）。

动物生产系统与植物生产系统的系统耦合克服季节性的时间相悖、地区间的空间相悖、结构性的种间相悖等，可以成倍地提高生产水平。河西走廊山地-荒漠-绿洲复合生态系统 4 个耦合模式行之有效（林慧龙 等，2004）。耦合模式Ⅰ：在绿洲种植苜蓿，建立饲草基地，供应山地与荒漠的动物生产系统，保障基础畜群安全越冬和渡过春乏期，提高羔羊成活率，减轻草地的放牧压力，促进山地、荒漠退化草地的生态修复；缺点是补饲成本较高，山地、荒漠投入补饲成本回报率较低。耦合模式Ⅱ：山地牧场提前出栏家畜，在绿洲区建立育肥场育肥，最后在绿洲周边放牧并最终出栏。耦合模式Ⅲ：在绿洲建立良种基地，为山地牧场提供幼畜，夏季山地牧场从绿洲购入家畜，放牧 2~3 个月出栏。山地充分利用了夏季牧草资源。耦合模式Ⅳ：在绿洲建立饲料基地、良种场，山地从绿洲购进家畜，放牧 3~6 个月，并由绿洲购入饲料补饲，至绿洲育肥后出栏，绿洲的饲料基地为山地和荒漠区提供饲料。山地、荒漠、绿洲充分利用了不同生态类型和经济类型的自然条件和生产条件，家畜资源和饲草料资源优势互补，提高了 3 倍以上的效益。

系统耦合的调控具有等级特性。高一层的调控，可以有选择地忽略下级系统中的某些细节，以施行较为简约的控制。这是等级调控的一般属性。在草地农业生产管理中，这种管理简化而管理力度增加的事例并不少见，如生产层管理、农牧区管理、综合层的分级管理、时间特征的阶段管理、规模管理等，实现了分级调控的具体应用。在现代大生产中，由此而解放出的生产潜力十分可观。甚至可以说，现代化草地农业生产必须要有不同级别系统耦合的分级管理。未来对草地农业系统耦合优化调控的研究与实践依然是草地农业现代化的科技基础。

第 4 章

草地农业区划*

草地是一种农业生物资源，在保障国家生态安全和食物安全方面具有重要意义。草地是草地农业的物质基础，同时又是一个自然、社会、经济的综合体，有其自身的形成和发展过程及其特有规律。由于我国长期以农耕文化占优势，对草地和草地农业重视不够，投入不足，导致草地农业生产经营规模小、草地退化严重、生产力水平低下，草产品产量远远不能满足畜牧业发展及其他相关产业的市场需求。草地农业区划是农业自然区划的重要组成部分，是从整体规划、协调发展的角度，在草地农业发展过程中，对地域优势的发挥、资源的合理开发利用、生产结构的调整和空间布局的优化进行科学的战略部署，对草地农业的区域化、专业化、现代化的发展具有重要的指导作用。

4.1 引　　言

4.1.1 国内外农业区划理论研究概述

1. 国外农业区划理论研究综述

发达国家农业区域专业化的发展大致经历了 5 个阶段，即农业自然区位布局阶段、商品性农业产生与发展阶段、以育种技术为代表的农业科技应用推广阶段、以种植业为基础的现代意义上的农牧结合阶段、以农产品加工业为龙头的产业一体化发展阶段（陶红军和陈体珠，2014）。

国外农业区划主要围绕构建系统的指标体系工作开展。例如通过土地用途、规模和生产系统来划分（Riveiro et al.，2008）；构建土地适宜性、水平衡和农业技术组成的地理技术指数结合农业收入进行划分（Fontes et al.，2009）；也有将农村的发展潜力分为集约农业、非农就业、乡村旅游、自然保护等多种功能，并针对这些功能对欧洲地区进行了区域划分等（Van Berkel and Verburg，2011）。总的来看，各国农业区划的名称、形式及研究重点不同，但研究内容和目的均是根据

---

* 本章作者：侯向阳、范月君、毛培胜、王铁梅

农业区域分异规律，综合评价农业自然和经济技术条件，探讨不同地区或类型农业发展的方向和途径（郭焕成，1989）。

1）美国

为了合理利用有限的土地资源，提高土地的生产能力，美国对农业发展实行区域规划。美国农业部以农业专业化生产区为基础，把全国划分为九大农业区：牧草乳酪区（包括美国东北部和五大湖的各州，是美国最大的农业区之一）、玉米区带（位于牧草乳酪区以南，包括艾奥瓦州、伊利诺伊州、印第安纳州、内布拉斯加州、密苏里州等）、小麦带（位于中央大平原西部，包括北达科他州、南达科他州、蒙大拿州、堪萨斯州、俄克拉何马州）、肉鸡带（包括特拉华州、佐治亚州、亚拉巴马州、密西西比州和阿肯色州）、鸡蛋带（俄亥俄州、艾奥瓦州、宾夕法尼亚州和印第安纳州，以及西部太平洋沿岸的加利福尼亚州）、猪肉带（得克萨斯州）、肉牛带（大平原地区）、棉花带（新墨西哥州、加利福尼亚州、亚利桑那州）、亚热带作物带［位于墨西哥湾沿岸，种植柑橘（$Citrus\ reticulata$）、甘蔗、水稻等亚热带作物和早熟蔬菜］。这样划分的优点就是每一个地带或区域都专门生产1种或1种以上的农产品，地域之间有了明确的分工，形成了一个全国性的农业专业化区域网（张晴，2006）。美国农业的高度专业化，不仅体现在区域专业化上（每个农业区只生产1~2种主要的农产品），还体现在农场的专业化上（每个农场专门种植1~2种作物或饲养1~2种家畜）。同时美国还有大量为农业产前、产中和产后提供配套服务的专业化企业，是美国农业高度专业化的重要标志。

2）法国

法国农业生产分为几个十分明显的专业化商品产区，即集约农业区、牧业区、多种经营农业区和特种农业区。以谷物、甜菜（$Beta\ vulgaris$）、蔬菜为主的集约区主要集中在法国北部、东北部和巴黎盆地周围。其中，北部地区种植业玉米占有较大优势；东北部地区以阿尔萨斯为中心，以生产小麦、玉米、大麦为主，同时大力发展甜菜、烟草（$Nicotiana\ tabacum$）、啤酒花（$Humulus\ lupulus$）、油菜等经济作物；巴黎盆地是法国小麦、大麦、玉米等谷物的重要产地。以肉、禽、蛋、乳为主的牧业区主要分布在法国的西北部、中央高原、北部低地及大部分山地。其中，西北部地区自然环境适宜，天然草原面积广阔，畜牧业发展条件良好；中央高原和北部低地拥有广阔的天然草原，饲料作物的种植面积较大；山地主要以养牛业为主。以葡萄、经济作物、畜产和木材为主的多种经营区位于自然条件多样的法国西南部。该区农林牧业多种经营，综合发展。地中海沿岸的特种农业区，多集中于法国最南部的地中海沿岸。该区山地和丘陵较多，天然草原面积广阔，水果、蔬菜是本区种植业最重要的产品（张晴，2006）。同时，在形成区域化布局过程中，生产也基本上是规模化和专业化经营。

3）日本

日本农业属于典型的超小型农业结构，在分散、小规模农户经营的基础上，实现了农业现代化。小型机械化集约耕作是日本农业的最大特征（张晴，2006）。日本农业区划工作由政府直接领导，注重与行政区划相结合和农业统计数据分析，区划层次和数量较少。20世纪60年代以来，日本农林水产省进行的农业地域划分方式有4种：农林统计用地域区划，将全国分为城市近郊、平地农村、山地农林、山区；农业地域类型，将全国分为工业、农业和偏远地域，在农业地域内，又分为先进水田、商品性农业、一般水田和水田以外一般区域；农业地域带，将全国分为大城市近郊、中间和远隔三大农业地域带；农业区域，根据行政区划，并考虑各区的农业发展状况，将全国分为13个农业区。目前，根据自然条件和生产特点，将日本划分为北海道、东北、北陆、关东和东山、东海、近畿、中国、四国、九州9个农业区。各农业区生产的农产品种类差别很小，均以水稻、小麦、大豆、蔬菜、水果、花卉等为主，但农业生产规模差异较大，北海道地区占有重要地位（陶红军和陈体珠，2014）。

4）加拿大

加拿大不同地区的气候、土壤条件及地理环境差异较大。根据这些差异，全国划分为5个农业区域：大西洋地区、中部地区、大草原地区、太平洋地区及北部地区，其中大草原地区和中部地区在农业生产中的地位较为重要，而北部地区农业生产规模有限。其中，大西洋地区包括新斯科舍省、新不伦瑞克省、纽芬兰省和爱德华王子岛，该地区园艺产业、养牛业和饲料业较发达，各省主要出产饲料作物、马铃薯、蔬菜及乳制品等；中部地区包括安大略省和魁北克省，是仅次于太草原3省的重要农业区，该区是加拿大的主要饲料作物（主要是玉米，还有大豆、燕麦和大麦）、家畜和园艺产品的主要产区，尤其盛产小麦、红肉类和乳制品等农产品；大草原地区包括艾伯塔省、萨斯喀彻温省和马尼托巴省等，是加拿大最重要的农业区。该地区拥有世界上最富饶的良田，耕地面积占了全国的80%，主要作物包括小麦、燕麦、大麦、油菜和麻籽，该区也是加拿大的粮仓和世界优质小麦的主产地，其小麦产量占全国的95%，大麦占全国的90%，加拿大出口的小麦和大麦几乎全部产自该区。该区产的大麦、燕麦和玉米还用作畜禽的饲料，加之平原地区还有牧场和草地来饲养家畜，所以该区猪和牛羊的产量也非常可观；太平洋地区只有一个省，即不列颠哥伦比亚省，该区的水果、蔬菜和花卉等产品生产比较重要，是全国最大的苹果生产基地（张晴 等，2007）。

2. 我国农业区划理论研究综述

我国农业区划已初步形成一套相对完整的理论体系。在农业区划的理论基础方面，有专家认为其包括农业地域分异理论、农业生产力配置理论、人地关系理论、农业生态经济理论和农业发展预测理论。其中农业生产力配置理论包含劳动地域分工理论、农业区位论和社会主义有计划按比例发展规律的理论。曲福田和刘书楷（2003）认为，区域经济理论和农业经济理论是区域农业规划的理论基石，并构建了以区域资源禀赋理论、区域农业产业结构理论、区域农业比较优势理论、区域农业调控理论为内容的理论框架。其中，区域资源禀赋理论主要用于评价区域农业发展现状，寻求发展方向与定位总体目标；区域农业产业结构理论重点在于指导区域优势产业选择、产业结构优化、产业发展规模、产业效益评价等；区域农业比较优势理论的意义在于指导区域内产业的空间布局；区域农业调控理论的作用在于指导财政、金融、环境等措施的制定与实施。总之，农业区划的理论基础是多方面的，反映了其作为一门交叉边缘学科的综合性特点，需要不断融合地学、农学、经济学、生态学等相关学科的理论（陶红军和陈体珠，2014）。

4.1.2 农业功能区划概述

农业功能区划是指在分析农产品供给、就业和生存保障、生态调节、文化传承及观光休闲等农业基本功能的地域分异特征基础上，综合考虑各项功能的重要程度和空间尺度特征，按照农业功能结构和功能实现外部制约因素的相对一致性原则，划分农业功能区，研究区域主导功能及其实现途径。

随着现代社会工业化、城市化进程的加快，特别是近年来全球贸易自由化的发展，要求农业像工业一样置于贸易自由化框架下参与竞争，从而使许多自然条件差的国家或地区的农业面临不利的处境，甚至出现不同程度的萎缩。这种状况已经影响农业在这些国家政治、社会、文化及生态等方面的功能效益，进而威胁农村社会以至整个国家的可持续发展。农业多功能，特别是非经济功能的重要性逐步突显，并越来越为人们所认识。开展农业功能区划，组织农业功能区建设是实施农业区域管理，规范农业发展空间秩序，实现农业区域协调发展和保障国家农业整体生产能力安全的重要途径（罗其友 等，2010）。

FAO 的专家们将保护土壤生物多样性和提高农业生态系统质量作为全球环境保护、食物安全、可持续发展的基础，认为农业生态系统是生产食品、保护环境、保护人类健康、保障可持续发展的多功能实体。1999 年 FAO 召开的国际农业和土地多功能性会议上也指出，所有人类活动均具有多功能性，即除了履行其基本职能外，还可以满足社会的多种需要和价值。农业也是如此，其基本职能是为社会提供粮食和原料，这是农民谋生的基础。在可持续乡村发展范畴内，农业具有多重目标和功能，包括经济、环境、社会、文化等各方面。对此，需要在充分考虑各区域和各国不同情况的基础上制定一个系统的分析框架来衡量相互联系的经济、环境、社会成本和效益，对农业不同方面的相互关系进行重新认识和思考，以制定相应政策，确保农业涉及的各个方面协调发展和有机结合（罗其友 等，2010）。

近 30 年来，我国农业空间格局呈现加速演进态势，迫切需要科学划分和建设农业功能区，引导农业活动在空间上的合理聚集，逐步建立相对稳定合理的农业生产区域分工体系，减轻区域农业发展的资源生态环境压力，从而从源头上控制区域生态环境恶化和发展农业的资源环境成本，保护农业可持续发展的资源生态基础。

开展农业功能区划工作，推进形成农业功能区，强化农业区域政策调控，具体细化和明确农业政策实施的空间单元，改变过去单纯按照行政区或领域来制定农业发展规划与政策的方法，根据不同区域的农业主导功能，明确不同的发展要求，实行与之配套的、更具针对性的区域农业政策、绩效评价和考核标准，从而更有效地引导区域农业比较优势的发挥（罗其友 等，2010）。

4.1.3 农业区划理论方法和技术发展在草地农业区划中的应用价值

农业区划学是一门综合交叉学科，因此，体现这种交叉学科性质的基础理论和研究方法必然是多元的、兼容并蓄的。这些理论主要包括自然地域分异规律、农业生产力配置理论、农业资源配置理论等。

1. 自然地域分异规律

农业生产的对象是动植物，而动植物的生长、发育、繁殖离不开一定的自然条件，包括气候、土地、水等。这些自然条件或自然资源的类型、数量、质量、结构在时间、空间上的分布是不一样的，而且是错综复杂的，这是形成农业生产具有明显地域性的一个重要原因。不同地区的自然资源要素的类型、数量、质量，以及要素的时空组合分布是不一样的，这种地区间的差异就是农业自然资源的地域分异。然而，农业生产依赖的这些自然条件的地域差异并非杂乱无章，而是有一定规律可循，这个规律称为自然地域分异规律，其中尤以影响农业生产最大的气候条件（如热量、水分）的地域差异规律最为显著。

自然地域分异规律从其形成原因和表现形式而言，一般可以分为地带性分异规律和非地带性分异规律两类。

1）地带性分异规律

地带性分异规律主要表现为热量、水分等自然条件大致沿纬度或经度的方向呈现有规律的变化，包括纬向地带性分异规律和经向地带性分异规律。

纬向地带性分异规律是指由于太阳高度角随纬度变化所引起的热量基本上沿纬度方向呈有规律的变化。以我国为例，从北到南，纬度间最大差别约50°，相距约5500km，热量分布的地域差异很明显。其变化规律是：沿纬度方向由北向南热量逐渐增加，纬度越高，积温越少；纬度越低，积温越多。因此，纬向地带性分异规律实际是指热量的纬向地带性分异规律。

根据纬向地带性分异规律，我国自北至南依次分为寒温带、中温带、暖温带、北亚热带、中亚热带、南亚热带、热带和赤道带等。每个温度带的农作物种类、耕作制度与耕作方法都不一样，如寒温带多是喜温耐寒作物（一年一熟）、暖温带多为喜温作物（一年两熟）、热带主要是热带作物（一年三熟）等。树种的分布、结构也颇不相同，如华南南部、滇南、藏东南生长着橡胶树、木麻黄（*Casuarina equisetifolia*）、桉（*Eucalyptus robusta*）等热带、南亚热带树种；在华中、西南生长着杉（*Cunninghamia lanceolata*）、樟（*Cinnamomum camphora*）、油桐，以及松属（*Pinus*）等亚热带树种；在华北暖温带则生长着榆树（*Ulmus pumila*）、槐（*Styphnolobium japonicum*），以及桦木属（*Betula*）等暖温带树种；在东北则广布红松（*Pinus koraiensis*）、落叶松（*Larix gmelinii*）等树种。牧场的牧草生产率和利用率也随热量的季节性变化而不同。在热带、亚热带地区，草地四季常青，终年可以放牧；温带地区牧草有荣有枯，一年只有部分时间可以放牧。此外，在我国，纬度越高，温度越低，冬季越长，草地可利用的季节越短；反之，草地可利用的季节就越长。这些都间接影响草地的生产力和畜群的饲养规模。

经向地带性分异规律主要是指由于陆地离海的远近及由此产生的海陆相互作用，导致降水量由东到西沿经度方向递变的规律。我国大部分地区地处季风气候区，降水的水汽来自太平洋。从东到西，由于离海的远近和受季风影响程度不同，降水量与湿润度也不一样。大致的规律是：陆地离海越近，受季风影响越大，海陆作用越明显，干燥度越小，降水量越多；反之，离海越远，受季风影响越小，海陆作用越弱，干燥度越大，降水量就越少。因此，经向地带性分异规律实际是指水分的经向地带性分异规律。

根据降水量的地域差异，我国大陆从东南到西北（东西相距约5000km）可以划分为湿润区（干燥度<1）、半湿润区（干燥度1~1.5）、半干旱区（干燥度1.6~4.0）、干旱区（干燥度>4.0）4个区。降水量的分布很不平衡，全国平均降水量为629mm，但华南一带年平均降水可达1500~2000mm，长江中下游为1000~1500mm，华北一般只有 500～800mm，西北内陆地区只有 100～200mm。有的地方，如新疆的塔里木盆地、吐鲁番盆地和青海的柴达木盆地，只有 25～50mm。降水量的这种地区分布差异就是降雨的经向地带性分异规律。

2）非地带性分异规律

非地带性分异规律又称垂直性分异规律。其规律表现为一定的山体，由于海拔的不同引起热量和水分的数量呈现有规律的变化。就热量而言，海拔越高，热量越少，气温越低；反之，海拔越低，热量越多，气温越高。这是由于低海拔空气密度高，吸收热量大。海拔越高，空气越稀薄，吸收的热量就越少。据科学测定，海拔每升高 100m，气温下降 0.5～0.6℃，热量的这种垂直性地域差异在海拔超过 500m 的山体就比较明显。我国将近 3/4 的国土海拔超过 500m，热量的垂直性差异对农业的影响相当大。有所谓"山有四季，十里不同天"和"山高一丈，大不一样"之说。白居易在《游大林寺》中写有"人间四月芳菲尽，山寺桃花始盛开"的诗句，也正是这种垂直性差异导致同一山体出现不同物候的生动写照。

再就降水量来说，与山体海拔也有密切关系。其变化规律是海拔越高，降水量越多；海拔越低，降水量越少。以海南岛的尖峰岭（海拔 1412m）为例，海拔每升高 100m，降水量增加 140mm。海拔 68m 处的年降水量只有 1649mm，而海拔 760m 处的年降水量则达到 2652mm。

2. 农业生产力配置理论

农业生产力配置理论包括劳动地域分工理论、农业区位理论等。本书仅对农业区位理论进行介绍。农业区位理论指以城市为中心，由内向外呈同心圆状分布的农业地带，因其与中心城市的距离不同而引起生产基础和利润收入的地区差异。农业区位理论由德国农业经济学家杜能（Thünen）首先提出，他的学说又称杜能农业区位论。他根据在德国北部梅克伦堡平原长期经营农场的经验，于 1826 年出版《孤立国同农业及国民经济的关系》一书，提出农业区位的理论模式，即在中心城市周围，在自然、交通、技术条件相同的情况下，不同地方对中心城市距离远近所带来的运费差，决定不同地方农产品纯收益（杜能称作"经济地租"）的大小。纯收益成为市场距离的函数。按这种方式，形成以城市为中心，由内向外呈同心圆状的 6 个农业地带圈：第 1 圈称自由农业地带，生产易腐的蔬菜及鲜奶等食品；第 2 圈为林业带，为城市提供烧柴及木料；第 3～5 圈都是以生产谷物为主但集约化程度逐渐降低的农耕带；第 6 圈为粗放畜牧业带，最外侧为未耕的荒野。杜能农业区位论的意义不仅在于阐明市场距离对于农业生产集约程度和土地利用类型（农业类型）的影响，更重要的是首次确立了土地利用方式（或农业类型）的区位存在着客观规律性和区位优势的相对性。

3. 农业资源配置理论

农业资源的优化配置是农业区划学科追求的目标之一，也是农业区划工作的一项重要内容。所谓农业资源配置，从广义上说，通常指的是一个国家在一定的社会经济制度下，依据市场的价值规律、供求规律，通过市场机制的作用，使有限的资源在地域空间上和时间上合理布局，实现农业资源投入产出效益及生态效益的最大化。从狭义上说，农业资源配置是指各个生产主体在市场需求导向下，如何根据比较利益原则，在各产业部门之间与产品之间合理组织、分配所拥有的各项农业资源，以最少的资源投入换得最大的产出效益。广义的农业资源配置与狭义的农业资源配置是相互联系又相互制约的。前者的合理程度，决定了后者的配置效率，而后者的合理配置又是前者落到实处的必要条件。

从资源配置的范围来看，广义农业资源配置属于宏观性、全局性的配置。狭义农业资源配置则是属于微观性、分散性的配置。从根本上说，这两种资源配置方式是一致的，但两者也有矛盾一面。有时从宏观资源配置角度来看虽属合理，但对微观资源配置而言不一定有利。反过来说，资源的微观配置虽能获得较好的配置效益却不一定符合宏观配置的要求。农业资源优化配置的基本任务就在于，运用市场机制这一主导因素，结合国家的宏观调控，实现资源优化组合与时空配置，提高资源的利用率与配置效益，推动农村生产力的发展。

4.2 草地农业生态经济区划

4.2.1 草地农业生态经济区划的划分原则与一级区

1. 中国草地农业生态经济区的划分原则

草地农业是可以利用当地野生的或引进的饲用植物，在任何生态环境下都可以建立各具特色和多层次生产的产业，是比种植业和林业分布更为广泛的农业分支，具有存在的普遍性。但草地类型具有强烈的地带性，因而草地农业的分布在普遍性的基础上，又存在强烈的地域性。社会经济条件影响草地资源的利用方向和方式，影响草地农业的结构、布局、集约化程度和生产水平等，因此，经济条件的差异也使草地农业产生明显的地域性。可是也应认识到，尽管不同地区的草地农业状况千差万别，但并非杂乱无章，而是在较大的地区之间，有明显的差异性，而在一定的区域范围内又有基本的相似性或趋同性，这种客观存在的差异性和相似性，成为草地农业生态经济区划分的基础。其基本原则如下：①生态条件的相似性，尤其是水、热条件的相似性；②草地类型和景观的相似性；③草地农业系统生产层的结构和生产内涵的趋同性；④草地生态系统与经济系统结合的内涵与外延的相似性；⑤草地农业发展对策和技术关键的相似性；⑥草地农业生产区域规划的组织与实施的空间可操作性，即一定级别上行政区划界限的完整性。

2. 草地农业生态经济区划一级区

任继周等（1999）将中国草地农业生态经济区划分为 7 个一级区。它们是蒙宁干旱草地农业生态经济区、西北荒漠灌丛草地农业生态经济区、青藏高寒草地农业生态经济区、东北森林草地农业生态经济区、黄土高原-黄淮海灌丛草地农业生态经济区、西南岩溶山地灌丛草地农业生态经济区、东南常绿阔叶林-丘陵灌丛草地农业生态经济区。

1）蒙宁干旱草地农业生态经济区

本区是我国重要的草原牧区之一，包括内蒙古自治区大部、河北省北部和宁夏回族自治区。经向地带性明显，以草原气候为主，以典型草原为主体，从东北到西南形成草甸草原→典型草原→荒漠草原过渡的特点。

（1）自然环境。以典型草原为主体，气候温和，降水偏少，水资源短缺。该区年平均温度为-2～6℃，≥10℃积温为 2000～3000℃，无霜期为 150～200d，年降水量为 250～400mm。地面水资源缺乏，分布不平衡，80%的地表径流集中在东部的辽河流域和呼伦贝尔高原，土地沙漠化强烈。本区干旱、多大风，土壤基质较粗，加之过度放牧和不合理的垦殖，土地沙化严重。

（2）草地农业生产状况。草地资源丰富，载畜量大，生产力较高。该区土地适于畜牧业利用，有天然草原 5404.55 万 hm^2，占土地面积的 77.5%，而耕地面积只有 731.6 万 hm^2，森林覆盖率仅 4.0%左右，天然草原在农业土地结构中的比例很高。该区东部呼伦贝尔草原和科尔沁草原属温带草原和典型草原，主要牧草为羊草（*Leymus chinensis*）和针茅（*Stipa capillata*），干草产量为 900～1500kg/hm^2，载畜能力为 0.7～1.2 个羊单位/（hm^2·a），是我国最优良的草原之一。西部的乌兰察布草原、鄂尔多斯草原和贺兰山东麓草原为荒漠草原和草原化荒漠，主要牧草为短花针茅（*S. breviflora*）、冷蒿（*Artemisia frigida*）和新疆猪毛菜（*Salsola sinkiangensis*），干草产量为 400～600kg/hm^2，载畜能力为 0.25～0.40 个羊单位/（hm^2·a）。

（3）经济现状。放牧地季节不平衡，天然草原潜力可观。该区冷季放牧地仅为暖季放牧地的 30%～60%，且冷季比暖季长 5 个月左右。除季节不平衡外，年际不平衡也十分突出，丰年与歉年的草产量可相差 4 倍。东部的羊草草原地势平坦，降水较多，是良好的天然割草地，羊草干草曾作为商品出口日本等国。

（4）半农半牧。农牧结合不紧密，矛盾尖锐。该区农业产值中，种植业约占 50%，畜牧业近 40%，接近农牧并重结构。草地畜牧业经营方式单调，抗灾能力弱。该区的草地畜牧业以游牧或定居游牧为主，多年来家畜增加很快，而草原建设滞后，草原超载过牧、退化严重，牧草不足，自然灾害频繁，家畜损失严重。

（5）发展对策。蒙宁干旱草地农业生态经济区应坚持以牧为主，强化农牧结合。保护草原，培育人工和半人工草地，发展饲草和饲料工业，建立大型畜产品生产基地，加速草地农业生产机械化。

2）西北荒漠灌丛草地农业生态经济区

本区主要包括新疆维吾尔自治区、甘肃省河西走廊和内蒙古自治区阿拉善盟。

（1）自然环境。该区属中温带至暖温带极端干旱的荒漠、半荒漠地带。降水稀少，光热丰富，具有独特的绿洲农业。太阳年辐射总量为 5680~6700kJ/m²，年日照时数为 2600~3400h，是全国太阳辐射能量最丰富的地区之一。≥0℃年积温多为 2100~4000℃，其中，新疆塔里木、吐鲁番、哈密盆地及甘肃安西、敦煌地区达 4000~5700℃。区内阿尔泰山、天山、昆仑山、祁连山等高山降水较丰富，如天山、祁连山区年降水量可达 400~600mm，分布有永久积雪和现代冰川，夏季消融补给河川及浅层地下水，在下游形成独特的绿洲农业。该区自然灾害严重、频繁。极度干旱、多风，植被稀少，荒漠化、盐渍化强烈，生态环境十分脆弱。

（2）草地农业生产现状。该区有天然草原 88.49 万 km²，占土地总面积的 39.8%。草地产量差异明显，生产潜力很大。荒漠类草地鲜草产量一般为 300~1200kg/hm²，山地草甸为 3000kg/hm²，平原低平草甸为 4500kg/hm² 左右。伊犁地区天山西端一带高产草地可达 6200kg/hm² 左右。河西走廊绿洲灌区高产的苜蓿人工草地每年可割 2~3 次，鲜草产量为 4500~6000kg/hm²，生产潜力很大。

草畜供求季节不平衡。山区草地畜牧业是该区畜牧业的主体，其主要特点：一是季节性明显；二是草畜供求的季节不平衡，"夏活、秋肥、冬瘦、春死"现象比较普遍；三是草原放牧畜牧业与农区畜牧业未能有效地跨区耦合，限制了畜牧业和种植业的优势互补和可持续发展。

（3）发展对策。草畜不平衡和绿洲荒漠的相互隔离是该区畜牧业发展中存在的主要问题。因此，在山区，建设草原，划区轮牧，保护水源，建立抗灾保畜丰产人工草地；在荒漠，严格控制载畜量，适度利用，控制风沙；在绿洲，注重发展粮食-饲料-经济作物三元结构种植模式，大力发展饲料生产。同时加强农区与牧区结合，如实行山区、荒漠放牧，农区育肥，以绿洲为中心和支撑，建立山区-绿洲-荒漠耦合系统，将会大大提高整个大系统的生产力和可持续发展能力。

3）青藏高寒草地农业生态经济区

本区包括西藏自治区、青海省全部、甘肃省南部、四川省西部和云南省西北地区。

（1）自然环境。该区草地海拔高，辐射强，热量不足。大部分地区海拔都在 3000m 以上，高出邻近地区 50% 以上。年均温多在 0℃ 以下，最暖月均温不到 10℃，甚至低于 6℃，是世界上最为特殊的一类草地。降水分布不均，水资源丰富。喜马拉雅南坡、横断山区东南部年降水量达 1000~2000mm，甚至 3000~4000mm；

柴达木盆地、羌塘高原西北部则在 50mm 以下，其余地区由西向东大致为 500～700mm。青藏高原是许多大江大河的发源地，又被称为"亚洲水塔"，其中黄河、长江、塔里木河等 9 条世界级大河发源于此，这些河流年径流量超过 3 万亿 m³。

（2）草地农业生产现状。草地占该区面积的 58.3%，而且类型多，但初级生产力低，畜牧业抗灾能力弱。草甸草地约占可利用草地的一半以上，生长季短，干草产量为 1000～1800kg/hm²，草质柔软，营养价值高，特别适于牦牛和藏绵羊放牧。草原草地面积占可利用草地面积的 40.0%左右，干草产量为 500～1000kg/hm²，适口性好，营养价值高，是藏羊放牧的良好牧场。荒漠草地主要分布在柴达木盆地和羌塘高原西北部干旱地区，干草产量为 150～400kg/hm²，质量中等，适于绵羊与山羊放牧。疏林灌丛草地零星分布在水热条件较好的边缘山地，干草产量为 1200～2500kg/hm²，变化很大，草质较差，适于牛和山羊放牧。该区地处高寒，冷季长，雪灾、风灾、干旱时有发生，草畜供求的季节不平衡矛盾尤为突出。因长期超载过牧，以黑土滩和沙漠化为主要特征的草原退化正在加剧，草地畜牧业的抗灾能力和生产力都较低。

（3）发展对策。该生态经济区拟在进一步落实草地有偿承包使用的基础上，严格控制家畜数量，坚持提高质量，实行草地轮牧，建立巩固的抗灾保畜基地，大力发展季节畜牧业，逐步解决交通不便、科技发展滞后、草地农业建设投资不足等问题。并充分发挥该区草原辽阔、自然与民族风情独特等优势，将草地农业经营由传统的植物生产层和动物生产层向前植物生产层（如草原旅游、观光）和后生物生产层（如草原清洁、绿色食品）延伸，加速草地农业的规模化、专业化、商品化进程，促进该区社会、经济及环境的全面和可持续发展。

4）东北森林草地农业生态经济区

该区包括黑龙江省、吉林省、辽宁省及内蒙古自治区东北部。降水较丰富，除辽宁半岛外，大部分地区热量不足，属温带季风型大陆气候。

（1）自然环境。降水较丰富，热量不足，属温带季风型大陆气候，年降水量东西部山区为 800～1000mm，中部平原地区为 500～750mm；≥0℃积温为 2100～3900℃，≥10℃积温为 1700～3500℃。除辽宁半岛外，大部分地区热量不足。湿润度较大，绝大部分地区都在 1.5 以上。

（2）草地农业生产现状。该区有天然草原 1369.8 万 hm²，占全区农业用地的 16.9%，大部分是以羊草为主的草甸草原，是既可割草又可放牧大家畜的优良草地。草原质量好，生产力高，生产潜力大。天然草原主要是以羊草、贝加尔针茅、细叶菊、大叶樟等为主的草甸草原、典型草原、山地草甸和沼泽；牧草质量好，干草产量为 1000～1500kg/hm²，产量稳定，载畜能力为 1.5～2.0 个羊单位/（hm²·年）。西部有大面积的天然草原，由于过度放牧而退化、沙化和碱化，经过改良，草产量可提高4倍以上。管理水平较高。该区放牧-舍饲结合较好，大家畜比重较大，奶牛头数位居全国前列，奶产量约占全国的30.7%。

饲料资源丰富，林业与草地农业、种植业与草地农业耦合潜力大。该区森林面积大，可供放牧利用的草本及木本饲料种类多、贮量大。平原地区除有大面积稳产高产、品质优良的天然草原外，还有大面积的三穗薹草（Carex tristachya）沼泽和芦苇沼泽。农区秸秆多，特别是玉米产量高，但畜牧业比较薄弱。

（3）发展对策。发挥土地资源优势，增加投入，深度改造开发，全面而充分地发挥草地、耕地和林地的牧草、农业饲料和枝叶饲料的生产潜力，强化农林草复合生产系统，共同支持和促进畜牧业的发展，建设以生态型的肉、奶和特种畜产品为主的大型畜产品基地。

5）黄土高原-黄淮海灌丛草地农业生态经济区

该区是中国最古老的农业区，农牧业历史悠久，包括山西、山东、河南、北京、天津等省（市）的全部及陕西、甘肃、河北、安徽和江苏等省的部分地区。

（1）自然环境。该区大部分是暖温带半湿润、湿润季风气候，≥0℃积温为3500～5000℃，≥10℃积温为3000～4800℃，大部分地区年降水量为400～900mm，从东南向西北递减，湿润度多在1.5以上。降水量的70%～80%集中在≥10℃的农作物生长季，对农业生产极为有利。但降水年际变化很大，季节变率更大，因而干旱发生的概率高，对农业生产的威胁严重。地面、地下水资源相对不足，大部分地区缺水严重，开发利用困难。黄土高原地下水埋藏量少且深，黄淮海地区地下水开发利用程度很高。黄土高原水土流失严重，黄淮海平原盐渍土、风沙土、砂姜黑土面积大。黄淮海平原北部海河平原，东部沿渤海、黄海的滨海平原，地下水为咸水，土壤多盐渍化；黄河故道地区风沙土较多；淮河平原多砂姜黑土，土质黏重。

（2）草地农业生产现状。农区饲养业发达。该区苜蓿栽培历史悠久，山东省、河北省、河南省和江苏省北部苜蓿栽培面积增加迅速，并已形成规模生产，出口国外。农业饲料资源丰富，优良家畜地方品种多。河南、河北等省利用青贮和氨化玉米秸秆补以精饲料和其他农业饲料育肥肉牛，也已形成规模，取得显著的经济效益。

牧草种子种类多、产量大、商品率高。该区盛产苜蓿、草木樨（Melilotus officinalis）、红豆草、沙打旺、苏丹草、结缕草（Zoysia japonica）等草种，是中国牧草种子的生产基地之一。

天然草原东部少、西部多，多为山地次生、暖性灌丛草地，分布零碎，牧草质量较差，产量较高。东部暖温带的山地灌丛草原是落叶阔叶林在长期放牧种植的影响下形成的稳定次生植被。由于热量较大，牧草生长迅速，快速变老，质量较差。西部海拔较高的黄土高原，天然草原以草本为主，牧草质量较好。

该区地处暖温带，全国暖性草原集中于此区，由于水热条件较好，产量较高，干草产量为 1600～2400kg/hm², 载畜能力为 2.2～3.2 个羊单位/（hm²·a）。天然草原生产潜力大，人工草地前景可观。

（3）发展对策。以保持水土和建设水利工程为基础，综合治理水土流失及洪涝、干旱、盐碱，治理与开发并重，粮食作物-经济作物-牧草相结合，可大幅提高生产水平。黄土高原退耕还牧，建立人工草地，实行小流域农业综合治理。黄淮海平原开发利用沿海沿河荒滩及盐碱地种草，建立牧草和草种生产基地。充分利用农副产品及其饲料资源，扩大加工规模和加工深度，发展以肉牛、奶羊和山羊为主的草食家畜，把该区建成以干草、草种等草产品和肉、奶、板油等畜产品为主的草地农业生产基地。

6）西南岩溶山地灌丛草地农业生态经济区

该区包括贵州省、重庆市及四川、云南、广西、湖南、湖北等省（区）的一部分，是我国少数民族主要聚集区之一。

（1）自然环境。石灰岩及其他碳酸盐分布广。其中，分布面积超过 50% 的共 140 个县（市）。在岩溶山区滥伐、过牧、开垦不当处，石漠化发展迅速。

水热资源丰富，光照不足。该区的年降水量大多为 1000～2000mm，总体上能满足一般牧草的生长需要。大部分地区的年均温为 14～21℃，≥0℃ 的年积温在 5000℃ 以上，南部的低平地带在 8000℃ 以上，水热分布同步。但该地区校正云量后的总辐射约 42×10⁵kJ/m²，甚至更少。

生态环境脆弱，石漠化严重。贵州省石漠化面积以每 25 年增加 1 倍的速度扩展，云南省的裸岩地面由中华人民共和国成立初期的 7% 发展到 20 世纪 80 年代的 30%。另外，该区地形崎岖、土层浅，水土流失也相当严重。

（2）草地农业生产现状。草地较分散，利用水平低。①该区草地主要分布在山地、丘陵和岩溶峰林峰丛间等崎岖不平之处，比较分散，交通不便，改造利用困难较大；②由于牧草的质量较差，草地植被中杂草、有毒有害植物和无用灌木多，可食性牧草一般只有 30%～60%，优质豆科牧草更缺乏，加之株体较大、易于老化，家畜难以利用，但豆科等灌木饲料资源丰富；③草地资源利用中过牧现象和利用不充分现象都存在，一方面草地退化十分严重，另一方面造成资源浪费。

该区水热条件好，草地改良和人工草地建植容易成功，潜在生产力很大。牧草在 1 年之中可利用 3～4 次，有的可达 6 次，除当地众多的天然牧草和饲用灌木之外，红三叶、白三叶草、黑麦草、鸭茅（*Dactylis glomerata*）、圭亚那柱花草（*Stylosanthes guianensis*）、大翼豆（*Macroptilium lathyroides*）等优良引进牧草都可生长。目前，天然草原干草产量一般为 3000～4500kg/hm²，为北方天然草原的 4～6 倍；人工草地干草产量为 8000～10 000kg/hm^2，为北方人工草地的 10～13 倍。

（3）发展对策。应将该区草山草坡作为我国重要的农业后备资源，通过有计划的开发，建成南方重要的草食畜牧业基地。国家拟制定草地开发建设的总体规划，给予必要的政策引导与经济支持；当地政府应将草山草坡的权属尽早明确划定，并将其开发作为山区致富奔小康的重要途径；农户拟发展相应规模的专业户或家庭牧场，在充分利用天然草原的同时，建立优质高产人工草地，实行草畜配套，向草地经营规模化、专业化、商品化发展。

7）东南常绿阔叶林-丘陵灌丛草地农业生态经济区

本区包括四川盆地、陕西省南部、甘肃省天水地区、广西壮族自治区东部、江苏省淮河以南地区、湖北省东部、湖南省东部及浙江、江西、福建、广东、海南等省全部。

（1）自然环境。水热资源充沛，光、热、水配合好。该区自北向南，≥0℃积温为 5300～9000℃，≥10℃积温为 4500～7500℃，无霜期为 210～365d。年降水由北向南递增，从 1000mm 左右增至 2000～2500mm，全年降水均匀。年日照时数为 1800～2300h，生长季内充分。

（2）草地农业生产现状。草地资源丰富，面积不断扩大。该区有 3751.44 万 hm^2 草地。由于这里的草地基本是热带、亚热带森林被破坏后的次生草地，在当前森林破坏未被遏制的情况下，草地面积仍在增大。

牧草产量高、质量差，生产潜力大。草地中有较多灌木，牧草干物质产量一般为 2000～3000kg/hm^2。野生牧草容易粗老，改良后可获得较当前大 5～8 倍的生产能力，有望成为我国独特的高产优质的热带畜牧业生产基地。

农区有种植绿肥牧草的传统，易改造成高效的水稻-经济作物-牧草种植系统，使草地农业的比重与整体效益得到提高。

（3）发展对策。该区不仅有良好的种植业基础和良好的地理位置，而且自然条件优越，应利用现有的经济技术优势，增加种植业在草地农业中的比例，大力发展商品化养殖业，提高产品的科技含量。

4.2.2 草地农业发展区划

依据不同区域的气候和土地资源特点及全国的人口数量和耕地面积现状，孙洪仁等（2008）将我国的草地农业划分为如下 7 个区域。

1. 西部、北部纯牧区

该区极度干旱缺水，年降水量不足 300mm，热量不足，风多且大；土壤沙性、砾性强，沙源丰富；生物量小，系统脆弱；地势高亢，为江河之源头；位于上风向，为风沙起处。因此，该区极不适宜耕作，应施行较为纯粹的天然草原畜牧业。

2. 北方农牧交错带

该区干旱缺水，年降水量仅为 300～450mm，且年内分布极不均衡，70%以上集中于 7～9 月，旱灾重且频繁，谷物等籽实体生产产量低而不稳；冬春季节多大风，且风旱同季，加之土壤多沙质，谷物等一年生作物类耕地风蚀强烈，土壤沙化、粗化和贫瘠化严重，且易引发沙尘暴。因此，该区种植业应以多年生牧草生产为主，一年生饲草生产为辅；而依托种植业的养殖业应以草食家畜生产为主体。

3. 黄土高原地区

该区土壤以黄土为主，土质疏松、多孔隙、垂直节理发育、遇水易崩解；加之降水集中，且多暴雨，水土流失十分严重。水土流失不仅白白损失了宝贵的降水和养分丰富的表层土壤，而且抬高河床、淤积水库和酿成洪水灾害。因此，该区种植业应以多年生牧草生产为主，谷物生产为辅，实施粮草轮作、带状相间种植；养殖业应以草食家畜生产为主体。

4. 西北绿洲农区

该区光热资源丰富，具备灌溉条件，但土壤有机质含量低；部分地区亚表层土壤含盐量较高，因土壤水分蒸发强烈而易致次生盐碱化。因此，该区种植业应以谷物和经济作物生产为主，积极开展草田轮作，多年生牧草种植面积以占耕地面积25%左右为宜；养殖业应依托人工草地和谷物秸秆而大力发展草食家畜生产。

5. 东北、华北平原农区

该区水热资源较为丰沛，土地平坦开阔，适宜开展以小麦和玉米为主的谷物生产，也是我国传统的粮食主产区。因此，该区种植业应以谷物生产为主，注意选择种植秸秆营养价值较高的作物品种；养殖业应以猪和禽为主，同时利用丰富的谷物秸秆资源，大力发展秸秆养牛、养羊。

6. 南方亚热带农区

该区水热资源十分丰沛，适宜开展以水稻为主的谷物生产，也是我国传统的粮食主产区；农田冬季闲置期长达 3～5 个月，气候与土地资源浪费较为严重。因此，该区种植业应以谷物生产为主，积极利用冬闲田种植一年生牧草；养殖业应以草食性的畜、禽和鱼为主，以非草食性的猪和禽为辅。

7. 南方亚热带草山草坡区

该区水热资源十分丰沛，但地面坡度大，降水量大，极易发生水土流失。因此，该区的最佳开发利用方式为建植多年生混作草地，放牧养殖草食家畜。

4.2.3 草地畜牧业区划布局

草地生态畜牧业是生态畜牧业的重要组成部分。发展草地生态畜牧业，就是要综合考虑草地生态经济复合系统的结构和功能、草地生态要素特点，整体保护和恢复生态，科学永续利用草地，优质高效低耗发展草地畜牧产业，达到草地系统的土-草-畜-人协调统一，生态效益、经济效益、社会效益协调统一。发展草地生态畜牧业是将草地生态建设与产业发展有机结合的新方向，对于维护我国生态安全、食物安全、边疆社会稳定和安全，有效解决"三农""三牧"问题具有举足轻重的意义。根据区域生态经济社会资源条件及区域之间资源相似-转换关系，因地制宜，因时制宜，合理规划，合理布局，建立以不同的优化模式为支撑的草地生态畜牧业产业区，将有效推动草地地区社会经济可持续发展。初步划分为7个主要的生态畜牧业产业区（侯向阳，2010）。

1. 蒙宁干旱半干旱草地生态畜牧业产业区

该区主要包括内蒙古自治区中部和西部及宁夏回族自治区全部。该区年降水量为250～400mm，气候温和，水资源短缺，生态环境脆弱，超载过牧严重，土地退化、沙化严重。该区西部降水量在250～300mm的地区，草产量为750kg/hm^{2}左右，一般1.3～2.0hm^{2}草地饲养1个羊单位。该区宜采取禁牧、休牧与舍饲相结合的畜牧业饲养方式，大幅降低草原载畜量；主要选择家庭生态牧场模式、优良品种保护与特色畜产品模式，饲养产品附加值高的适宜地方品种，控制载畜量在可承受量的50%左右，使草原得以休养恢复。该区东中部降水量为300～400mm的地区，由于长期超载过牧，造成草原较严重的退化、沙化，但如果部分禁牧和大部分休牧则草地植被将很快恢复，并具备可适当利用的地下水资源，是草地生态畜牧业的主要发展区域。该区可大力发展家庭生态牧场模式、优良品种保护与特色畜产品模式和低碳经济模式，以质量效益型畜牧业代替过去的数量型畜牧业，严格实施禁牧、休牧和适宜轮牧的草地管理模式；在保护好当地家畜种质资源的前提下，适当引入适宜的外源基因，提高牧草营养的转化利用效率，提高饲养成效，形成品牌优势，造就生态增值产品，发展优势生态畜牧业经济。

2. 东北半湿润草甸草原生态畜牧业产业区

该区主要包括内蒙古自治区东北部和东三省西部地区。该区降水量在500mm

以上，雨量充足，湿润度较大，大部分是以羊草和贝加尔针茅为主的草甸草原。草原质量好，生产力高，生产潜力大。存在问题主要是大面积天然草原过度放牧而发生轻度或中度退化、沙化和碱化；由于大面积开垦，草原面积被挤压的现象严重。在国家实行退牧还草工程、生态移民工程和禁牧、休牧措施后，该区成为我国草原生态畜牧业的主要支撑区。可大力发展家庭生态牧场模式、优良品种保护与特色畜产品模式、区域耦合发展模式，充分发挥水土资源优势，重点发展草原肉牛、肉羊和超细毛羊，建设以生态型的肉、奶和特种畜产品为主的大型畜产品基地。该区由于草原的草产量较高，草地畜牧业发展较快，通过大量畜产品的外销，已成为草原碳、氮、水资源向城市转移最多的草原区。因此，不仅要重视严重退化草原的生态保护与重建，更应加大措施防止优良草原的退化，严格禁止基本草原的乱垦滥挖。降低载畜量到草畜平衡状态，建立土壤养素回补技术和产品模式，节约利用水资源，实行减少反刍家畜温室气体排放的技术措施，形成良性经济生态圈，建成我国主要草原生态产品的生产基地，率先造就生态草地畜牧业品牌优势。

3. 西北荒漠生态畜牧业产业区

该区主要包括新疆维吾尔自治区、甘肃省河西走廊和内蒙古自治区阿拉善盟，是中温带至暖温带极端干旱的荒漠、半荒漠地带。该区降水量稀少，年降水量小于 250mm，大部分地区小于 10mm，光热丰富，年日照时数为 2600～3400h，干旱、多风，植被稀少，荒漠化、盐渍化强烈，生态环境脆弱，自然灾害严重且频繁。适宜选择区域耦合发展模式、家庭生态牧场模式发展生态畜牧业，充分利用农区畜牧业、牧区畜牧业的资源和产业优势，农牧结合，优势互补，实现可持续发展。

4. 青藏高原高寒生态畜牧业产业区

该区包括西藏自治区、青海省及甘肃省南部、四川省西部和云南省西北地区。该区海拔高，辐射强，热量不足，降水分布不均，生长季短，雪灾、风灾、干旱等灾害频繁，由于长期超载过牧，大面积草原退化形成黑土滩，草地畜牧业抗灾能力弱。该区是许多大江大河的发源地，拥有世界公认的"超净区"称号，适宜发展以绿色生态品牌模式、优良品种保护与特色畜产品模式、低碳经济模式为主的生态畜牧业产业经济。充分发掘绿色生态品牌优势，科学合理地利用草地资源，转变生产经营方式，加强牧区基础设施建设，促进畜种改良和草畜平衡，提高畜牧业生产力，提高农牧民收入。

5. 农牧交错带系统耦合生态畜牧业产业区

该区主要是指从东北到西北横贯的农牧交错区。由于长期超载过牧（一般超载达 30%～50%），草原退化严重，且是主要的水土流失区和土壤风蚀区。草原区具有放牧饲养的传统文化和生活习惯，农区具备舍饲养殖的条件和人工饲养习惯，精饲料补充料来源丰富，原料和产品的运输方便，便于就近育肥、加工增值，有利于近距离营销、造就畜产品品牌。适宜以家庭生态牧场模式、区域耦合发展模式、现代集约化模式为主，发展羔羊异地快速育肥并加工增值的草原生态畜牧业。加强草原保护建设，实现农牧结合，形成草原保护性利用—放牧家畜—异地育肥—加工增值—草原建设的良性生态循环体系。

6. 南方草山草坡生态畜牧业产业区

我国南方草山草坡地区气候湿润，无霜期长，热量丰富，雨量充沛，生物资源丰富且动植物种类繁多。该区大多为丘陵山地，由于开垦频繁，导致水土流失、石漠化现象严重。降水年内分布不均，水利工程欠缺，致使季节性干旱，影响农牧业生产。传统的开荒-种粮-养猪式的农业发展模式延续着多种不多收、结构单一、越种越贫的生产老路，发展草地生态畜牧业即使不是解决这些问题的唯一途径，但至少是有效途径之一。南方地区大面积的冬闲田、稀疏林地和幼龄经济林、国家明令退耕的 25°以上陡坡地，都是种植牧草的重要土地资源。对于一些低收入地区，采取产业化科技助农模式，有利于促进南方草地资源利用和草地畜牧业发展；对于生态和生产经济条件较好的地区，发展集约化的现代草地畜牧业，将资源优势转化为生态优势、经济优势，对于加速区域生态环境建设和农牧业升级转型具有重要意义。

7. 严重退化和生态脆弱禁牧草原区

这类草原区自然气候恶劣、生态系统极其脆弱，由于过去长时间的过牧造成植被生态系统的重度破坏，很难在短时间内恢复，而且降水量多在 150mm 以下，可食牧草产量在 150kg/hm^2 以下，超过 2hm^2 地饲养 1 个羊单位；本区是沙漠边缘草原区，因沙漠和风暴的侵蚀，主要以沙地为主，可食植物较少，地理位置偏远，水源缺失。据调研和考察发现，尽管通过国家的大量投资和生态工程建设，该区整体退化的速度得到一定的遏制，但超载过牧现象仍然严重。该类区域不但已不适合人类居住，也不适合家畜生存，所以必须严格控制畜牧业的发展。此类严重沙化草原区，也属我国沙尘暴的沙源区，应结合国家的生态移民工程，建立草地畜牧业完全退出机制。

4.3 牧草种植区划与种子生产区划

4.3.1 牧草种植区划

根据牧草生态地理适应性，吴渠来等（1987）结合内蒙古农牧业气候资源和区划、内蒙古综合农业区划等有关资料，以及前人所做的工作，对内蒙古主要多年生栽培牧草进行了区划，共划分为 7 个区：I. 大兴安岭中北部羊草、无芒雀麦、苜蓿区；II. 内蒙古中部羊草、老芒麦（或披碱草）苜蓿区；III. 内蒙古东南部苜蓿、羊草、沙打旺（草木樨）区；IV. 河套-土默特平原苜蓿、草木樨区；V. 内蒙古中西部锦鸡儿（*Caragana sinica*）、沙打旺、披碱草区；VI. 内蒙古中南部锦鸡儿、羊柴（*Hedysarum fruticosum*）、沙打旺区；VII. 内蒙古西部梭梭、沙拐枣（*Calligonum mongolicum*）区，并区划出各区适宜栽培的多年生牧草。

1. 大兴安岭中北部羊草、无芒雀麦、苜蓿区

本区基本上包括湿润度 0.6 等值线以北地区，地处大兴安岭山体中部和北部及大兴安岭西麓和东麓地带，包括额尔古纳右旗、额尔古纳左旗、鄂伦春旗、海拉尔东部、牙克石市、鄂温克旗、新巴尔虎左旗东部、莫力达瓦旗、阿荣旗、扎兰屯市、科尔沁右翼前旗、突泉县及科尔沁右翼中旗部分地区等，主要属温寒湿润草甸草原带。气温低，湿度大。全年大部分地区≥10℃积温不足 2000℃，最低月平均气温-24℃以下。由于热量资源不足，年平均气温 0℃以下，7 月平均气温 20℃以下，无霜期仅 40～90d，东部部分地区可达 100d 以上，全年积雪日数长达 150d 左右，所以只能种植一些耐寒性强、喜湿润的牧草，如羊草、无芒雀麦、野苜蓿（*Medicago falcata*）、山野豌豆（*Vicia amoena*）等。

2. 内蒙古中部羊草、老芒麦（或披碱草）苜蓿区

本区主要分布在湿润度 0.6 等值线和 0.3 等值线之间，包括除南部区以外的东乌珠穆沁旗—阿巴嘎旗—镶黄旗—包头偏东一线以东地区，位于大兴安岭西侧和南部沿山地带。本区气候温凉，半干旱。全年降水量为 300～400mm，多集中在夏季，≥10℃积温为 1500～2600℃，7 月平均气温为 18～22℃，无霜期为 90～120d，最低月平均气温为-22～-14℃，极端最低温度为-40℃左右。海拔较高，除东部少部分地区外，一般海拔均在 1110m 以上。土壤主要为栗钙土，肥力中等或较高。根据具体环境条件，可以种植羊草、沙打旺、冰草（*Agropyron cristatum*）、星星草（*Puccinellia tenuiflora*）等。

3. 内蒙古东南部苜蓿、羊草、沙打旺（草木樨）区

本区在内蒙古东南部，包括哲里木盟科尔沁左翼中旗南部、通辽市、开鲁县南部、科尔沁左翼后旗、库伦旗、奈曼旗，赤峰市的河鲁科尔沁旗南部、敖汉旗、赤峰市、喀喇沁旗、宁城县及翁牛特旗的一部分。本区在北纬43°30′以南，海拔一般为500~800m，热量资源丰富，≥10℃积温为2500~3200℃，无霜期为130~150d，7月平均气温为2℃以上，降水量较多，一般年降水量为350~450mm，大部集中在夏季，湿润度为0.3~0.4，属温暖半干旱地区，植被类型为干草原。适于本区种植的牧草较多，例如苜蓿、羊草、老芒麦、披碱草、冰草、胡枝子、布顿大麦草（*Hordeum bogdanii*）等。

4. 河套-土默特平原苜蓿、草木樨区

本区位于阴山山地以南，包括呼和浩特市郊区、和林格尔县北部、托克托县、土默特左旗、土默特右旗、包头市郊区、乌拉特前旗、五原县、临河区、杭锦后旗、磴口县及黄河南岸的杭锦旗、准格尔等地的阴山山前洪积平原和黄河、大黑河冲积平原。本区为灌溉农业区，适宜种植的牧草种类很多。但在草田轮作中仍以紫花苜蓿为佳。目前大规模推广草田轮作制仍有困难，可与第Ⅲ区一样推行引草入田，草田间套作复种，过腹肥田，农牧结合。其适宜的草种有二年生草木樨和一年生毛叶苕子。盐碱化草地上可种植羊草、大麦草、星星草等。

5. 内蒙古中西部锦鸡儿、沙打旺、披碱草区

本区是湿润度0.3等值线和0.13等值线之间的地带。植被类型大多数为荒漠草原。地处阴山山脉及其以北的内蒙古高原的绝大部分，包括东乌珠穆沁旗西部、阿巴哈纳尔旗西部、正镶黄旗西部、阿巴嘎旗、苏尼特左旗、苏尼特右旗、二连浩特市、四子王旗大部、达茂旗、乌拉特前旗南部、乌拉特中旗、乌拉特后旗大部等。

本区夏季凉爽，冬季寒冷、多白灾，≥10℃积温为1800~2000℃，无霜期较短（90~110d）。本区主要特点是干旱，年降水量不足300mm，有的地区只有150mm，蒸发量高达2000~3000mm。所以，主要种植耐旱性更强的半灌木，如锦鸡儿、抗干旱和风沙的沙打旺；披碱草、冰草、苜蓿、羊草、草木樨状黄芪（*A. melilotoides*），多年生半灌木细枝岩黄芪（*H. scoparium*）等都可在本区种植生长。

6. 内蒙古中南部锦鸡儿、羊柴、沙打旺区

本区主要在阴山南部气候温和的地区。东部属湿润度0.4左右的干草原

区，西部属湿润度 0.3～0.13 等值线之间的地区，包括凉城、清水河、和林格尔、准格尔、达拉特、东胜等旗（县）的黄土丘陵沟壑区和鄂尔多斯市的大部分旗（县）。

本区地处我国西北黄土丘陵的北部边缘和鄂尔多斯市鄂尔多斯高原，除城镇外大都是牧业区。海拔较高（一般为 1100～1500m），年降水量从东部的 400mm 降至西部的 250mm，≥10℃积温为 2800～3000℃，无霜期为 110～150d 或以上。黄土丘陵地区坡陡沟深，地形破碎，水土流失严重，其他地区也多为沙质丘陵和岗梁，淡栗钙土或棕钙土，水土流失较严重。干旱、沙质土壤，水土流失较严重，以及热量资源较丰富是本区的生境特点，所以适宜种植的牧草多为灌木（如锦鸡儿、羊柴、沙打旺和柠条锦鸡儿）。

7. 内蒙古西部梭梭、沙拐枣区

本区是湿润度为 0.13 的等值线以西的广大荒漠地带，包括巴彦淖尔市西北的一小部分及阿拉善盟全部。

年降水量为 150mm 以下，甚至不足 50mm，而蒸发量却高达 2300mm 以上，如阿拉善左旗为 2349mm，额济纳旗为 3769.6mm。但有很丰富的热量、日照和风力资源。≥10℃积温为 3000℃以上。干燥、温热是本区的气候特点。境内沙丘累累，地表水极缺，呈现一派荒漠景观。

本区除有灌溉条件的小块地可以种植适于北方的各种牧草（如苜蓿、老芒麦、披碱草、冰草）外，一般不宜实行旱作牧草。本区小片或零星分布的一些耐旱性极强的半灌木和灌木，如梭梭、沙拐枣，都是本区非常好的固沙植物。

4.3.2 牧草种子生产区划

我国疆域辽阔，南北跨越 30 余个纬度，具有多种多样的气候类型和复杂的地形地势，不仅为各种牧草的生长提供有利条件，而且也为各种牧草种子的繁育创造了条件。牧草种子生产对气候条件的要求不同，对其认识不足，导致到目前为止我国还未形成优质高产的牧草种子商品化生产区域。张文旭等（2013）根据中国牧草种子生产、市场的供给和需求，以及研究利用的现状，提出了我国牧草良种繁育基地建议。

我国北方地区的高辐射能气候条件对种子生产是一个有利的因素。温度和降水虽能满足大多数北方牧草物种的种子生产需求，但多变的气候和水、热不同步是限制种子生产的主要问题。西北地区气候干旱、降水量少，但光照充足、温度较高，而且夏季高山积雪融化，水量充沛，利于灌溉。该区域的气候条件适于进行各类牧草的种子生产。甘肃河西走廊、黄河的河套地区、陇东地区适于温带牧草种子的生产，只要满足了灌溉条件，有潜力发展成为我国温带牧草种子的集中生产区，适合甘农系列苜蓿、陇东天蓝苜蓿、陇东苜蓿、关中苜蓿、肇东苜蓿、准格尔苜蓿、新疆大叶苜蓿、陇东达乌里胡枝子、百脉根（Lotus corniculatus）、白三叶草、鹰嘴紫云英（Astragalus cicer）、燕麦、小冠花（Coronilla varia）、披碱草、红豆草、沙蒿（Artemisia desertorum）、救荒野豌豆、冰草、串叶松香草（Silphium perfoliatum）等；陕西适合种子生产的牧草草种（品种）有陕西苜蓿、敖汉苜蓿、关中苜蓿、柠条锦鸡儿、小冠花等；新疆适合种子生产的牧草草种（品种）有新疆大叶苜蓿、和田大叶苜蓿、奇台红豆草、猫尾草、高羊茅等；青海适合种子生产的牧草草种（品种）有燕麦、青海 444 燕麦、青海甜燕麦、青引 1 号燕麦、青引 2 号燕麦、青牧 1 号老芒麦、披碱草、同德短芒披碱草（Elymus breviaristatus）等。

东北地区是我国纬度位置最高的区域，冬季寒冷，夏季温度不高，北部及较高山地甚至无夏，湿度较高，黑色土壤肥沃。黑龙江适合羊草、星星草等牧草种子生产；吉林适合吉生羊草、吉农朝鲜碱茅（Puccinellia chinampoensis）、克力玛猫尾草、东方野豌豆（Vicia japonica）、野大豆（Glycine soja）、延边野火球（Trifolium lupinaster）、军需 1 号野大麦等牧草的种子生产；辽宁适合沙打旺、草木樨、白花草木樨（Melilotus albus）、朝牧一号稗子等牧草的种子生产；根据对内蒙古地区气候特点和主要牧草植物生物学特性的分析，东北部（以呼伦贝尔市、兴安盟、锡林郭勒盟北部为主）因普遍存在着暖季短促、积温较低的问题，应以羊草、披碱草、老芒麦、无芒雀麦等为主；中南部（以赤峰市、通辽市为主）有许多水热条件比较好的特殊隐域性地段，以苜蓿、沙打旺等为主。中西部（鄂尔多斯市、巴彦淖尔市）热量充足，但水分较缺乏，可以考虑以苜蓿、柠条锦鸡儿、冰草、羊柴等为主。

西南地区的四川牧草种子生产主要分布在四川西北高原、四川西南山地及盆周山区，这里有适宜的温度、降水及日照，适宜光叶紫花苕子（Vicia villosa Roth var. glabrescens）、川草 1 号老芒麦、披碱草和红豆草等种子生产。贵州牧草种子的生产区域主要在其西部、中部和东部。在西部的威宁高原草地试验站、新合草种场等地区适宜白三叶草、黑麦草等种子生产；中部围绕惠水水泡冲草畜示范基地、长顺柜子大坡草场、龙里飞播草场区域适合白三叶草、黑麦草等种子生产；南部围绕贵州独山草种的区域适宜红三叶、白三叶草、黑麦草、鸭茅等种子生产。

海南作为我国部分热带牧草种子的生产区，主要分布在高温、雨量和光照适宜的南部和西部地区，可发展为我国柱花草、棕籽雀稗（Paspalum plicatulum）、非洲狗尾草（Setaria anceps）等种子的重要生产基地。适宜牧草种子生产的草种（品种）有热研 2 号柱花草、热研 5 号柱花草、热研 13 号柱花草、热研 18 号柱花草、热研 20 号柱花草、西卡柱花草等。

4.3.3 苜蓿种植区划

1. 苜蓿适宜种植区划

苜蓿是我国大面积种植的多年生牧草种之一，素有"牧草之王"的美誉。徐斌等（2007）以气象数据为依据，以地理信息系统（geographical information system，GIS）技术为平台对我国的苜蓿进行了单项气候区划，用≥10℃积温指标进行区划，划分指标分别为≤1900℃、1901～2600℃、2601～3600℃、3601～4600℃、4601～6000℃、>6000℃，分为6个等级。

≤1900℃积温的分布区主要位于东北、西北和青藏高原的部分地区，由于活动积温低，种植苜蓿产量低（热量仅够收割一茬）、风险大，不适于大面积种植苜蓿。可以种植超耐寒的苜蓿或休眠的苜蓿。

1901～2600℃积温的分布区主要位于东北山地、阴山山脉、太行山地、西北部分山地（马鬃山、天山等山地）和青藏高原的柴达木盆地、甘南等山地，这些地区种植苜蓿可以收获2～3茬，适于种植耐寒的秋眠品种，秋眠等级为1～2级的品种适合在本区域种植。

2601～3600℃积温的分布区主要位于我国北方、云贵高原等地区，是我国的传统苜蓿种植区域，本区气候适于苜蓿生产，可收获3～4茬。适合种植秋眠等级为1～4级的品种。

3601～4600℃积温的分布区主要位于华北平原、四川盆地周围、云贵高原部分地区、塔里木盆地、准格尔盆地、额济纳旗等地。本区域热量充足，适合种植半秋眠品种；种植秋眠等级为4～7级的苜蓿品种，可收获4～6茬。

4601～6000℃积温的分布区主要位于长江中下游平原、四川盆地、云贵高原局部地区，雅鲁藏布江出口（出国境）附近等地区，是我国非传统苜蓿种植区域。本区域种植的苜蓿品种应有一定的耐热特性，可选择非秋眠品种、秋眠等级为8～9级的苜蓿品种。

>6000℃积温的分布区主要分布于华南、西南、台湾等地，本区域高温、潮湿，不适合苜蓿的生长发育。

2. 苜蓿秋眠性区划

苜蓿秋眠性是指在北纬地区由于秋季光照减少和气温下降，引起生理休眠，苜蓿形态类型和生产能力发生变化，植株由向上生长转向匍匐生长，导致生长减缓乃至停止的一种遗传特性。苜蓿品种的秋眠性与其再生能力、潜在产量、耐寒性相关。苜蓿秋眠级共分11级，1～3级为秋眠型，4～6级为半秋眠型，7～9级为非秋眠型，10～11 为极非秋眠型。通常品种秋眠等级越高，刈割后再生速度快，产量越高。

苜蓿品种秋眠等级是引种的重要依据。由于秋眠 10 级与 11 级的品种在我国少有引种栽培，按照不同秋眠等级苜蓿气候适应性，划分出 1～9 级秋眠苜蓿品种的适宜种植区、可种植区和不适宜区。但我国气候条件复杂，在具体生产实践中须在引种试验成功的基础上，再进行大面积种植，减少不必要的损失。

秋眠 1 级区：适宜种植或可种植的区域有黑龙江、吉林、辽宁北部、内蒙古大部、新疆大部、甘肃西北部、宁夏北部、山西北部、河北北部、陕西北部。

秋眠 2 级区：适宜种植或可种植的区域有黑龙江南部、吉林全部、辽宁北部、内蒙古中西部、新疆大部、甘肃西北部、宁夏大部、山西大部、河南大部、陕西北部。

秋眠 3 级区：适宜种植或可种植的区域包括吉林全部、辽宁全部、内蒙古中西部、新疆大部、甘肃大部、宁夏大部、山西全部、河北大部、山东北部、陕西北部。

秋眠 4 级区：适宜种植或可种植的区域包括河北大部、内蒙古中西部、甘肃大部、宁夏北部、陕西中北部、山西大部、山东大部。

秋眠 5 级区：适宜种植或可种植的区域主要为河北南部、山东全部、河南大部、新疆南部、甘肃南部、山西中南部、江苏北部，安徽北部、新疆南部。

秋眠 6 级区：适宜种植或可种植的区域包括河北北部、甘肃大部、山东全部、河南北部、山西全部。

秋眠 7 级区：适宜种植或可种植的区域包括河南全部、陕西全部、河北南部、山西全部、山东全部、安徽大部、湖北北部、江苏全部。

秋眠 8 级区：适宜种植或可种植的区域为河南全部、山东全部、湖南全部、江西全部、福建中北部、江苏全部、四川东部、贵州北部。

秋眠 9 级区：适宜种植或可种植的区域为云南东部、贵州东南部、湖南全部、江西全部、浙江全部、江苏全部、浙江全部、福建全部、四川东南部、湖北全部、安徽全部。

第 5 章

草地农业科技、教育和文化*

5.1 引　　言

党中央和国务院历来高度重视生态文明建设。基于新的历史起点，中国共产党在第十九次全国人民代表大会上做出了坚持人与自然和谐共生的战略决策，要求必须树立和践行"绿水青山就是金山银山"的理念，坚持节约资源和保护环境的基本国策，做到"像对待生命一样对待生态环境"，统筹山水林田湖草系统治理。中央明确指出，实行最严格的生态环境保护制度，形成绿色发展方式和生活方式，坚定走生产发展、生活富裕、生态良好的文明发展道路，建设美丽中国，为人民创造良好的生产、生活环境，为全球生态安全贡献力量。在新的历史时期下，草地农业的发展要响应国家政策，应遵循以下基本点：首先，全面贯彻落实党的十九大及十九届二中、三中全会精神，做到尊重自然、顺应自然和保护自然；其次，认真贯彻落实《草原法》，注重社会效益、经济效益、生态效益协同发展，落实生态优先的指导方针，遵循自然与经济社会和谐发展的规律；再次，坚定不移地贯彻"保生态、保供给、保安全和促发展、促转型、促增收"的发展目标；最后，牢固树立保护生态环境就是保护生产力，改善生态环境就是发展生产力的生态理念。只有致力于科技、教育和文化等方面的全方位推进，才能促使草地农业向更好、更绿、更高效的方向发展。

5.1.1　发展科技创新的草地农业

近年来，国家不断加大对草地农业科技发展的支持力度，草产业已经逐步转变为一项关系国家安全战略的新型产业（张龙和何忠伟，2017）。党的十九大会议提出加快生态文明体制改革，建设美丽中国，为我国草地农业科技的发展提供了政策条件，同时也为我国草产业的现代化建设创造了新的历史机遇。首先，在当前草地农业科技资源高度集中、技术人才高度聚集及国际交流频繁的优势下，我们要牢牢抓住机遇，为草地农业科技更好更快的发展创造更多有利条件。其次，

---

* 本章作者：呼天明、陈文青

以科技创新和机制创新为出发点，进行科技的推广与应用，大力提升草地农业科技的集成创新水平，整合产学研体系，顺应市场需求，创造以企业为主体的技术创新体制机制。

5.1.2　发展现代草业教育

我国草地农业的内涵正处于扩展上升阶段，相关领域和行业正处于发展上升期或转型期。鉴于这一时代背景，草业专业人才的培养需要进行理论体系和观念的更新与转变。我们要紧紧抓住国家对草业行业日益重视这一历史机遇，重新定位新形势下草业行业的发展和未来，有针对性地更新和完善草学的专业知识体系，优化学科专业方向，将草学发展为立足草原、发展动植物、发挥生态功能的新型重点学科。培养适应新形势下的草业高等人才，需从以下几点出发：一是要大力实施科教兴草战略，完善草业高等教育体系，同时兼顾加强草业的职业教育与基层教育；二是建立健全草业科技创新体系，充实草业系统分析；三是要整合试验示范区，在现有的国家科学实验网络、草原监理试验系统及各个教学研究单位的研究基地的基础上，建立全国范围的定位研究和动态监测系统；四是要重视草业技术服务在基层的推广和应用，广泛开展对农牧民的草业科学技术培训和市场技能培训。以上对培养新形势下的草业高等专业人才，促进我国草地农业及相关产业的发展意义重大。

5.1.3　发展文化传承的草地农业

在草原牧区，草地农业除了具有经济生产功能，还蕴含文化功能。草原文化是中华文化中独具特色的文化类型，是由我国北方地区多个民族在不同历史时期共同创造的文化，它不仅是草原牧民的精神家园，也是北方广大少数民族的重要文化依托。21世纪是全球人类文化趋向交融汇合的时代，要将草原文化融入到世界文化中，需要对渗透积淀于草原风貌中的历史文化精髓、民族精神和民族性格的内在进行发掘、继承和弘扬。对草原传统文化的整合提炼、传承和发展是草地农业发展的关键所在。在尊重草原民族的风俗习惯和思想观念、保护草原地区重要历史文化及典型草原地带景观的基础上，寻求草原文化的传承、创新和发展。草原文化的创新发展在于传承保护优秀传统文化，并在这一基础上深挖蕴含其内的精神和核心理念，以开放的心态博采众长，以时代精神引领创新，广泛吸纳各民族文化的优秀元素，并融入时代精神，推陈出新、革故鼎新，从而完成草原文化的现代转型，使之成为当代草原民族有创造性的建设力量。只有研究、传承和弘扬草原文化，发展推广草原文化之旅，才能够提升草产业的软实力。

5.2 草地农业科技

5.2.1 我国草地农业科技的发展历史

1. 草地农业科技发展历程

在中华人民共和国成立以前，我国草原研究主要处于感性阶段，即对草原自然现象的主观观察和感知，并未对草原系统内在科学规律和系统整体进行深入的基础原理研究。该时期，我国草地农业科技思想在很大程度上受到同时期欧美和苏联等发达国家的影响。自中华人民共和国成立至1978年，我国草原科学经历了由积累到发展，再到成长的阶段，草原与草地农业的基础性科学研究也日益受到重视（王堃，2018）。20世纪五六十年代，农业部组织全国和各省（区、市）有关部门，开展了为期10年的全国草原考察及其相关科学调查，明确了全国草地资源面积和草地资源基本类型。该时期草地农业科学研究的主流为草原资源学和草原类型学领域，这个时期主要借鉴和学习苏联的草原经营管理学思想（任继周等，2016）。

20世纪70年代后，我国经济建设和畜牧业生产进入新的历史发展阶段。在这一背景下，为满足国民经济发展，草业科学研究重点转移到了草原培育改良及其技术的利用方面。20世纪80年代，由于全国人口数量急剧增加，导致我国草地资源受损极为严重，出现大范围草原超载过牧、沙化和退化的情况。在资源、环境等生态问题与经济发展的冲突日益突出的情况下，传统以粮为纲的耕地农业系统无法适应社会经济发展需求。该时期，全国范围内的农牧区都出现了生态、生产历史最低的情况，"三农"与"三牧"问题同时出现并且情况严峻。在以上历史背景下，我国草地农业科技的研究热点随之改变，科技界广泛关注草原生态系统生产力、结构、生物多样性、生态系统健康及其评价，同时草地农业系统的探索也得到广泛关注（王堃，2014）。

在21世纪以后，我国的草地农业科技领域逐步与国际接轨，该时期重点关注的是节能减排、温室气体排放、全球气候变化、可持续发展和生态文明建设等国际性热点问题（侯向阳，2013）。近年来，基于供给侧结构性改革思想的草地农业产业化研究方兴未艾，草牧业的提出将推动整个草地农业科学进入一个全新的发展阶段。

2. 草地农业科技取得的成就

1) "立草为业"概念的提出

"草业"概念是由郎业广于1982年在陕西临潼召开的第二次全国草原学会学

术讨论会上发表的《论中国草地农业科学》的署名文章中首次提出的。以系统工程思想为主导思想，钱学森和任继周提出和发展了"知识密集型草产业"的理论，并提出了具有划时代意义的"立草为业"的概念。这一概念是我国草产业发展的理论基础，同时也为我国草地农业科技发展和方法论的确定指明了方向（王堃，2018）。

2）草原类型学理论的创立，完成全国草地资源调查与评价

20世纪50~70年代，我国草原类型学理论得到较大发展。该理论基于草原发生与发展的规律，抽象类比草原的自然特征及其经济特征，按本质的区别与内在联系揭示草原的发生学联系与各自特征，为科学利用草原、合理保护草原提供了理论依据（任继周，2014）。1980年，贾慎修、章祖同等根据草地生境因素和植被特征提出类（亚类）、组、型（亚型和变型）三级草原类型分类系统，首次将中国草地划分为18类、134组和814型，该成果被应用于我国第一次草地资源调查。任继周和胡自治以草原气候-土地-植被特征为依据，创立"草原综合顺序分类法"，该分类方法可以直观地体现植被地带性和发生学的关系。此外，祝廷成、姜恕、章祖同等学者也对我国草地类型理论的发展做了大量工作。草原类型学理论的创立为我国第一次草原资源调查提供了方法和理论支撑，对草原保护与建设发挥了重要作用。

3）开展优质牧草品种选育和种植区划的确定

中华人民共和国成立后，为培育优质高产饲草饲料作物新品种，我国各地相继开展优良牧草引种和本土野生牧草的驯化工作，培育出了杂花苜蓿（草原1号、草原2号）、老芒麦、中苜、冰草、吉草1号（羊草）等70多个优良牧草品种。与此同时，现代生物技术（如转基因技术）也运用到了优良牧草的品种选育，传统育种方法与现代生物技术的结合提高了育种效率，显著提升了我国的牧草育种水平（洪绂曾，2011）。辛晓平组织业内专家编写的《中国主要栽培牧草适宜性区划》总结了我国主要栽培牧草适宜性区划的划分原则和方法，界定了我国适宜牧草品种的种植区域。牧草品种选育技术的提升与种植区划的确定为我国人工草地建设、退化草地恢复与重建、牧草栽培及农业三元结构调整提供了重要的理论指导。

4）草地农业理论的提出

20世纪80年代，任继周在英国的"土壤-草地-家畜"三位一体学说的基础上，借鉴美国和苏联草原科技相关理论，率先开设草业科学"草地农业生态系统"课程，将草地农业思想引入我国草业领域，这是对我国现代农业结构改革和发展道路的重要探索。在此基础上，任继周提出了3个界面和4个生产层这一创造性的草业构架，扩展和完善了草业概念的内涵和外延，奠定了现代草产业的理

论基础。正是在这一理论的指导下，中国的草产业从无到有，逐渐发展壮大，涵盖草地生态、草地畜牧业、草畜产品加工业、草原旅游业、草坪业、牧草种业等一系列产业部门，催生了国家草牧业发展战略，使我国草业从单一的草地畜牧业时代进入了多元的综合性草业时代（王堃，2014）。

5.2.2 草地农业科技发展现状和存在问题

我国草地农业已从单一的草地畜牧业逐步发展成为涵盖资源与生态保护、草地畜牧业、城乡绿化及草产品生产、经营等多领域的新兴产业（王堃，2018）；此外，我国草地农业发展具有区域资源丰富、特点鲜明的特点，因此需要针对不同区域和领域草地农业发展存在的瓶颈问题，开展生产要素整合、产业耦合、结构优化、效率和效益优化模式的研究与技术探索，为草产业健康、绿色发展提供强有力的科技支撑。

1. 草地农业科技发展现状与问题

草原学作为我国草学学科最具特色的、历史最悠久的学科，在保护草地资源、科学合理利用草地资源、发挥草原生态功能、服务国家生态文明建设宏观战略中起着重要作用。当前我国草地畜牧业的发展，关键在于突破制约草原生产和生态功能的关键因素，协调优化水-土-草-畜等要素、高效利用资源、稳定持续提升功能，以实现草原良性循环（侯向阳，2015）。草原发展的现状与问题如下。

1）草原生产功能低，净初级生产力尚未恢复到应有水平

在全国范围内，我国天然草原潜在的年平均净初级生产力为 348g C/（m²·年），而实际的年平均净初级生产力只有 176g C/（m²·年），为潜在生产力的 1/2。农业部《全国草原监测报告》显示，2006~2015 年我国天然草原鲜草年平均产量为 $9.92×10^8$t，其中 2006~2009 年鲜草年平均产量为 $9.5×10^8$t 左右；2009~2012 年大幅提升，2011 年之后鲜草年平均产量在 $1.0×10^9$t 以上，2011~2015 年连续 5 年鲜草年平均产量为 $1.03×10^9$t（图 5-1）。

尽管近 10 年来我国草原的生产力水平总体向好，但远未恢复到应有的生产力水平（潘庆民 等，2018）。以鄂尔多斯草原为例，自 2000~2014 年牧草干草产量有逐渐增加趋势，其中 2000~2010 年干草平均产量为 $50.4g/m^2$，2011~2014 年达到 $62.0g/m^2$，但 20 世纪 80 年代干草平均产量为 $81.0g/m^2$（图 5-2）。

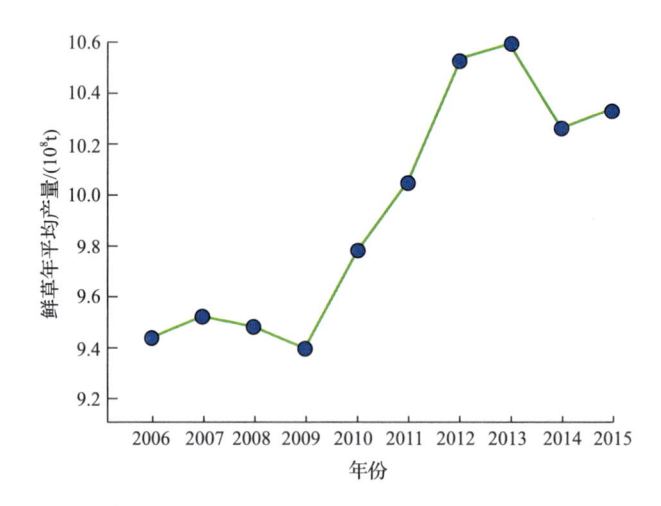

图 5-1　我国草原 2006~2015 年鲜草年平均产量动态

资料来源：数据来自《全国草原监测报告》（2006~2015）。

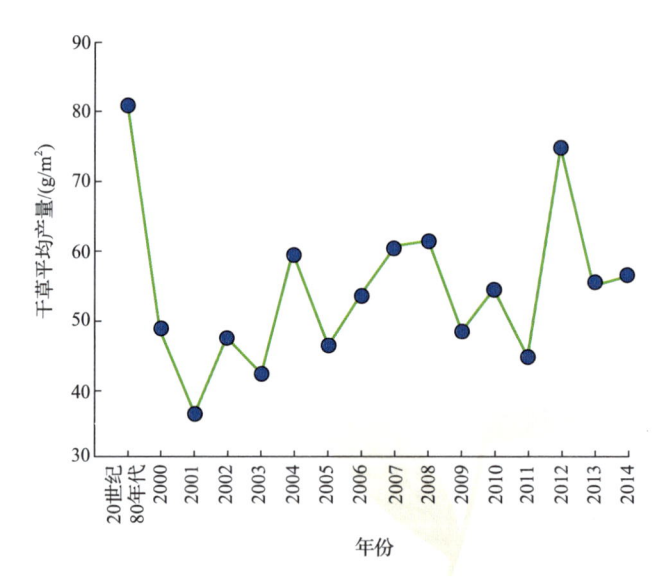

图 5-2　鄂尔多斯草原 20 世纪 80 年代、2000~2014 年牧草干草平均产量

资料来源：数据来自《2015 年全国草原监测报告》。

2）天然草原退化后反馈调节能力及生产稳定性减弱

我国天然草原退化导致植物群落组成改变，在很大程度上影响了草原的自我调节能力和生产力的稳定性。以内蒙古草原为例，根据 1961~2010 年的动态模拟，呼伦贝尔草原植被净初级生产力波动幅度呈增加的趋势；2006~2010 年，生产力最大值和最小值相差 6 倍之多（张存厚 等，2013）。1953～2010 年的监测模拟结果显示，内蒙古典型草原净初级生产力年际间波动明显，特别是 1967～1983 年和 1998～2007 年波动极为明显，其中净初级生产力的最大值为 1975 年的 403.7g/m^2，而最小值为 1980 年的 21.0g/m^2（张存厚 等，2012）。以上说明草原牧草生产力对气候变化的反馈调节能力减弱，自然气候波动的影响被进一步放大，完全依靠天然草原的传统畜牧业模式难以为继，难以实现以草定畜这种依赖于天然草原的管理模式。通过建立集约化的高产高效人工草地，可在很大程度上缓解天然草原的压力，对于恢复天然草原的反馈调节能力极为关键（潘庆民 等，2018）。

3）超载过牧未从根本上得到扭转

我国天然草原实际载畜量在 2006～2015 年逐年下降。虽然草原载畜量由 2006 年的 3.1×10^8 个羊单位下降至 2015 年的 2.8×10^8 个羊单位，但依然明显高于草原合理载畜能力（2.5×10^8 个羊单位）（图 5-3）。2009 年以后，全国共计 264 个牧区、半牧区（旗、县）超载面积比例均呈下降趋势，2009～2015 年牧区超载过牧区草地面积由 42%减少至 18.2%，而半牧区超载面积比例从 56.4%下降至 13.2%（图 5-4）。由此可见，我国天然草原超载过牧问题整体有所缓解，但超载过牧的现象尚未得到彻底扭转。

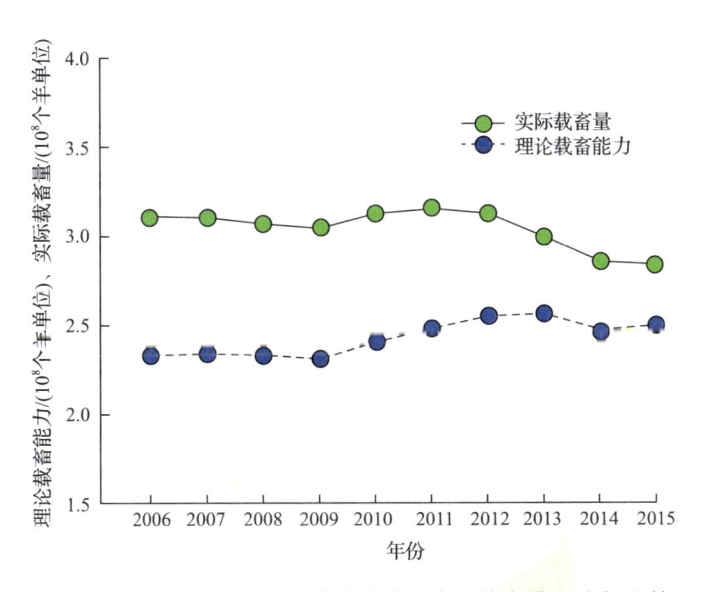

图 5-3　2006～2015 年我国草原理论载畜能力和实际载畜量（潘庆民 等，2018）

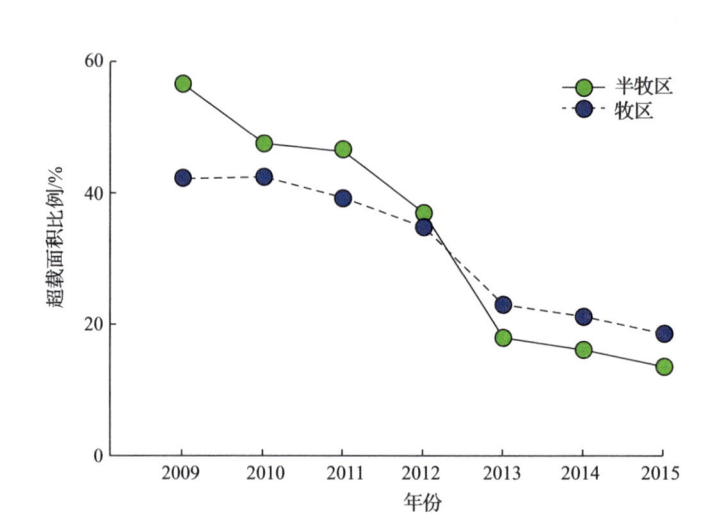

图 5-4　2009~2015 年我国牧区和半牧区草原超载面积比例（潘庆民 等，2018）

4）草原灾害频发，应对灾害能力差

虽然我国草原面积大，但畜牧业的发展受制于频繁的自然灾害。统计显示，每年因自然灾害造成的家畜死亡率在 5%以上，直接经济损失超过 200 亿元。2006~2015 年全国草原监测报告显示，我国天然鼠害发生面积在 2009 年出现峰值（$4.1×10^7 hm^2$），2015 年鼠害面积降低为 $3.0×10^7 hm^2$。2008 年为草原虫害最高峰，受灾面积高达 $2.7×10^7 hm^2$，到 2015 年虫害发生面积下降为 $1.3×10^7 hm^2$（图 5-5）。

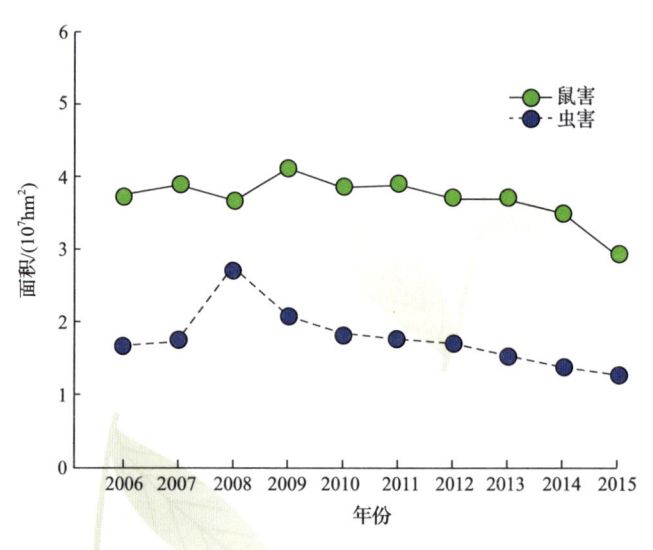

图 5-5　2006~2015 年我国天然草原鼠害和虫害发生面积（潘庆民 等，2018）

综合以上数据，可以看到我国草原鼠害与虫害虽然总体呈减轻趋势，但鼠害和虫害仍会在不同年份与地区出现不同程度的暴发，因此还需要加强草原鼠虫害的监测与控制力度。此外，气象灾害（如雪灾）近年有增加趋势，年际波动大，每年全国草原雪灾面积约为 0.4 亿 hm^2，占草原面积的 10%，严重制约牧区畜牧业发展。

我国西北牧区沙尘暴在过去 60 多年发生日数减少，但发生次数呈增加趋势（图 5-6），对牧区生态环境造成严重威胁（李岚和侯扶江，2016）。因此，我国当前亟待加快草原灾害易发区调查体系、监测预警体系、防治体系、应急体系和灾后恢复体系的建立和完善。

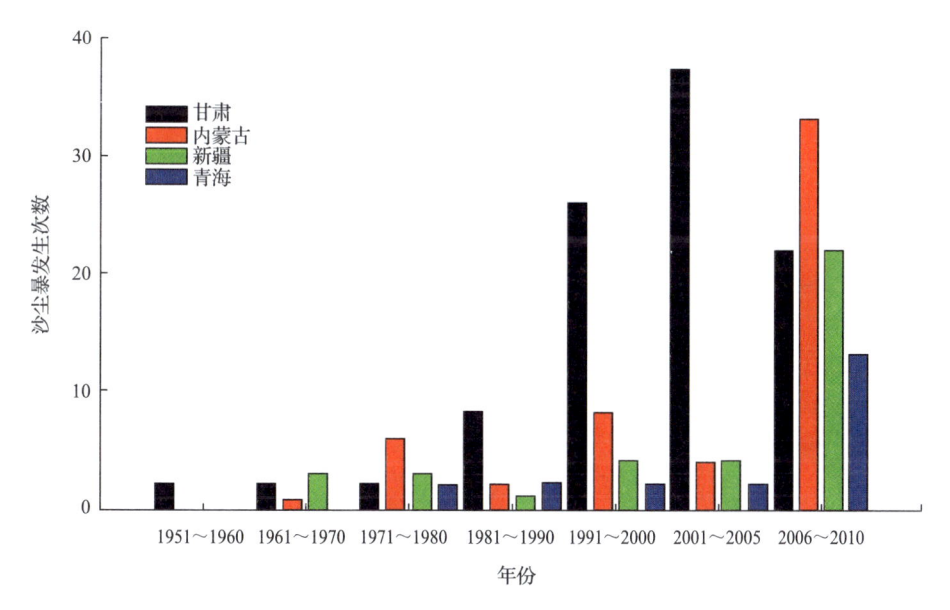

图 5-6　1951～2010 年我国西北牧区强沙尘暴发生次数（李岚和侯扶江，2016）

综上所述，草原发展在于水|草-畜的制约要素效率和要素协调优化，尤其要对优质抗逆乡土牧草新品种选育和种子生产及配套包衣技术、草原生产力提升及与其相适应的放牧调控技术、水资源监测与科学高效配置利用技术、草原灾害预警和防控技术、草畜高效经营及现代畜牧业生产-加工-销售技术等进行攻关。另外，草原退化机理、生态演替规律和产业发展等基础理论研究亟须加强，注重草原生态系统恢复与重建的宏观调控技术的研究和开发。

2. 饲草业科技现状与问题

牧草的生产、加工与利用归属于饲草学范畴，是草产业发展链中的中间环节，也是现代化畜牧业发展的基础。饲草学旨在为我国优良牧草资源的保护与培育、优质饲料的开发及推广、新能源植物的培育与利用等提供科技支撑。我国牧草产业自20世纪90年代中后期以来逐渐兴起，目前已初步形成了集种子繁育、牧草种植、产品加工、贮运和销售等环节连接的产业链；然而，饲草产业作为畜牧养殖业与奶业的上游产业，在我国依然处于初级发展阶段，这一新兴产业依旧存在较多不足（陈玲玲 等，2014）。当前饲草业的发展主要存在以下问题。

1）优质饲草生产供应能力不强

近年来我国畜牧业尤其是奶业的迅速发展使优质牧草需求不断增加，但是我国优质饲草料的产量和品质与市场需求不匹配，导致饲草危机日渐凸显。以优质牧草苜蓿为例，我国苜蓿单位产量低（6000kg/hm²），牧草品质差（粗蛋白质含量大多低于15%），而且总产量供给不足，国内优质苜蓿缺口较大。近年来，我国对国外优质苜蓿干草产品依赖度仍维持在较高水平。2015～2017年，进口苜蓿数量从136.4万t上升至181.9万t，增加了33%；尽管2017～2020年进口苜蓿数量基本呈下降趋势，2020年我国进口苜蓿数量仍高达169.4万t（图5-7）。另外，我国饲草研发主要存在牧草品种选育与良种繁育技术和体系不成熟，品种研发效率低，品种抗逆性弱，产量与品质潜力较低的缺点（孙启忠 等，2011）。因此，优质饲草增产提质技术和种植规模已成为制约我国饲草料稳产、高产、高效的瓶颈。

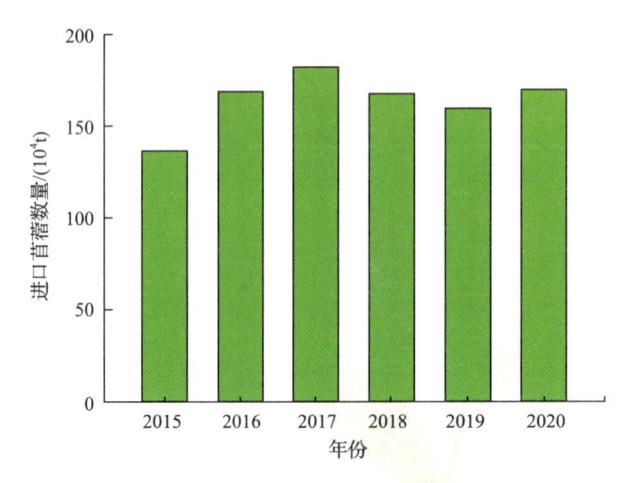

图5-7 2015～2020年我国进口苜蓿数量

资料来源：数据来自王瑞港和徐伟平（2021）。

2）饲草产业化水平低

在我国畜牧业的发展带动下，饲草产业也随之获得了巨大发展，饲草作为主要的传统能量饲料，其生产和供给对畜牧行业具有重要的影响。但是，当前主要饲草料作物主要是自产自用而非规模化种植，饲草产业并未形成专业化生产格局，加工转化率和商品率较低，饲草饲料种植与企业加工需求并未同步，企业和农牧户之间缺乏利益连接。同时由于种植牧草的范围和规模小，牧草产品加工产业并未发展壮大，无法有效利用牧草的经济价值和商品化优势。

3）饲草栽培技术单调，管理粗放

近年来，我国人工草地开发力度不断加大，人工草地面积逐年增加，但是栽培技术单调、草种单一，中短寿命牧草所占比例较大，利用年限较短；同时，牧草收获时期不适宜，收获方式不先进，收获机械不丰富，以及收割后不能及时加工转化贮藏，导致大面积栽培草地利用率低，饲草被大量浪费。另外，栽培草地建设存在基础设施不配套、后期管理不到位的缺点。缺少必要的灌溉、施肥、疏耙等后期管理措施，导致栽培草地生产力降低，影响综合生产能力，从而不能适应产业化发展需要。

4）饲草加工利用技术与商品化程度低

通过引进消化和自行研发，我国饲草加工技术取得了明显进展，但仍存在产量低、能耗高、质量标准低等问题。目前饲草收获、打捆等机械设备主要依赖进口；饲草深加工机械（如叶蛋白加工设备、茎叶分离设备、颗粒饲料加工设备）的国产化程度不足。受制于落后的饲草加工技术和低水平的饲草商品化生产，导致饲草的价值只能通过家畜产品来体现。此外，我国对草地资源的经营长期处于掠夺式利用和粗放管理的经营阶段，较大程度地限制了草地牧草产量的提升和可持续利用。

因此，饲草业需要在产业链环节、产业耦合模式及产业效率等方面突破；着重在优质抗逆牧草品种选育及良种繁育、牧草高产栽培和配置模式、适合区域特征的优质饲草种植-收获-加工及高效利用技术、草田轮作保护性耕作技术、牧草与农副产品综合利用技术、区域性优势资源与草食家畜畜种配置模式和关键技术、牧草与草食家畜营养高效转化技术、草畜耦合生产系统效益评价技术体系等方面进行攻关。

3. 草坪业科技现状与问题

草坪学是我国草业科学的新兴专业，近年来发展迅速，有着专业特色鲜明和市场发展潜力大的特点。草坪学旨在为我国的城市绿地建设、绿地养护管理、高尔夫球场和运动场草坪建设与管理等领域提供科技支撑。随着我国城镇化水平的提高，近年来草坪业得到较大发展，草坪在城市建设、生活环境美化、运动场建设、公共基础设施（铁路、公路、机场、水库、湖堤等）坚固美观等方面发挥越来越重要的作用；全国范围草坪建植面积迅速扩展，相应的科学研究成果产出日益丰硕。但目前来说我国草坪业还存在以下主要问题。

1）过度依赖国外引种，草坪草种质资源的开发和育种研究滞后

我国是草原大国，但同时存在草种业薄弱的特点。目前我国草地草坪用种90%

以上依赖进口，大量进口持续加剧国产草种业发展的压力，同时也造成了对国外草种的依从度较高。长期以来，我国草种科研、繁育体系建设及草种育种主要是为了满足畜牧业生产需要，对草坪草种资源的开发及育种重视不足，仅仅依靠相关科研院所的个别专家及其小团队的作坊式育种，缺乏单位和育种团队之间的合作和交流，可测试的品种极为有限，育成优良品种的概率较低。此外，我国的育种素材主要依赖国外草品种，而对我国丰富的原生草品种基因资源的开发利用较少。

2）注重草坪数量，忽视草坪质量和功能

成功建坪的前提是选择适宜当地气候和土壤条件的草坪草种。在保证草坪质量和功能的前提下，根据实际因地制宜地选择适宜的草种，能够抵抗病虫害，降低投入。目前，在许多生产实际中，往往注重草坪建植数量，草种选择存在"一刀切"的问题，忽视草坪功能、草坪养护条件和草坪草种的科学搭配，导致草坪质量不佳，使用年限短。

3）草坪建植和养护管理技术不成熟，缺乏区域性草坪管理技术规范

草坪的建植技术、草种选择、场地基础及养护管理等具体要求因地而异，草坪建成后的养护与管理极为重要。目前我国很多草坪在建成后往往忽视其养护与管理，导致使用寿命较短，质量不高，存在人力物力浪费的状况。虽然我国草坪业迅速发展，每年草坪草种的引种数量成倍增长，草坪面积日益增加，然而目前普遍缺乏区域性草坪管理技术规范，使原本就滞后的草坪管理问题更加严峻。

4）优质草坪草种子生产产业化程度低

我国草坪草育种主要依托少数科研单位及院校进行，而国内市场上大多以买进卖出型草种贸易为主，这些草种企业缺乏自主育种基地和专业研发团队，更缺乏自主知识产权的育成品种。由于未形成集育种、营销、服务于一体的草坪草种产业化发展格局，创新的活力和投入的动力不足，导致缺乏研发资金、缺少育成品种、良种推广薄弱、成果转化不足。当前亟待健全草坪草育种、繁种、繁育及种子质检体系，同时强化产加销一体化体系建设，促进草坪草种产业化发展。

因此，针对我国草坪业当前状况，草坪业的发展需要从草坪草种质资源的开发利用、优质抗逆草坪草品种选育及良种繁育、草坪建植及养护管理技术体系、草坪病虫害及杂草防治技术、草坪草种子生产及质量检验、草坪草地区适应性及草种搭配等方面取得突破。

5.3 草业教育

5.3.1 我国草业教育的发展历史

草业高等教育是我国现代草业教育的开端。自 20 世纪 30 年代起在高等院校开设草业科学相关的单门课程，至今已经发展成为完整的草学教育学科。通过几十年的不断发展，尤其自改革开放以来，我国草业高等教育在内涵和外延方面都取得了巨大的进步与成就，形成了具有中国特色、学科内容丰富，包含本、硕、博教育及博士后流动站培养体系的草业教育学科。

1. 我国草业本科教育发展史

本科教育在草业高等教育中起着特殊的承上启下作用，是草业高等教育的主体和基础。草业专科教育是普通高等院校本科教育的初级形式，在早期两者一度并存，但由于专科招生具有较大随意性，随着 20 世纪 90 年代本科专业数量的发展，草业专科被逐渐取消。总体来说，我国草业高等教育的发展主要分为 4 个阶段（胡自治 等，2010a）。

1）单门课程教学阶段

1929~1957 年是我国草业高等教育的萌芽阶段。该时期主要依托农学或畜牧学本科开设的属于草业科学范畴的牧草学、草原学和饲料生产学等课程，并非单独建立的学科。1929 年郭厚庵率先在中央大学开设草坪学课程，随后孙逢吉在 20 世纪 30 年代末在浙江大学开设了牧草学课程；40 年代，王栋、贾慎修、蒋彦士、孙醒东、任继周等相继在有关高等院校开设了牧草学与草原学课程。从单一专业课程看，我国的草业教育比美国或苏联等国家晚 20~30 年。中华人民共和国成立以后，由于政府重视草地畜牧业的发展，草业教育也因此得到迅速发展。按照国家统一的教学计划，各农业高等院校的畜牧专业普遍开设了饲料生产学和草原学。该时期我国草业教育主要受苏联草地经营学教育思想的影响，饲料生产学和草原学教学是以解决家畜的饲料问题为目标。

2）本、专科专业教学体系初步形成阶段

1958~1976 年，我国草地畜牧业迅速发展，国家加大草原生产和管理工作力度，草业本、专科教学体系初步形成。在该时期，我国出现对草原学专业人才需求量日益增加和人才紧缺的矛盾。我国独立的草业高等教育本科专业在此背景下应运而生。1958 年，内蒙古畜牧兽医学院于畜牧系内建立了我国第一个草原学本科专业，标志着我国草原科学教育不再依附其他专业而走向独立发展的道路，这是我国草原科学教育发展的新的里程碑。1965 年，甘肃农业大学和新疆八一农学院分别在畜牧系内成立草原学专业,并于同年开始招生;1972 年甘肃农业大学草原学专业脱离畜牧系独立建立院系,标志着我国草原学专业教育体系的初步形成。

3)本、专科专业教学体系完善阶段

1977~1993 年,我国草业高等教育走上正轨,教学条件得到改善,教学和培养质量不断提升。1977 年任继周在甘肃农业大学牵头召开的"全国草原专业教材会议",制定了全国统一的草原学专业本科教学计划,确定了全国高等农业院校草原学专业的专业基础课和专业课试用教材;此外还规定了教学方法、成绩考核和政治思想工作的内容和要求。该次会议规范了草原学专业教学的基本内容和教学方法,规定了基本的教学条件,同时对草原学专业(包括教学计划和教材)的教学工作进行了统一和规范。该时期全国多所农林院校相继成立草原学专业,我国草原学专业的建设也进入了新的历史发展阶段;20 世纪 90 年代初,为了适应草地农业生产和草业科学的快速发展,服务于社会生产需要,我国草业科学的内涵不断扩展延伸,各个农林院校也在该时期进行了适应性改动。1993 年教育部公布的《普通高等学校本科专业目录》将草原专业改称为草学专业,自此草学专业成为教育部对本专业确定的第一个法定名称。

4)本、专科教学体系快速发展和提高阶段

1994 年至今,随着我国高等教育的快速发展,以及同时期西部大开发、全国生态环境恢复与建设、产业结构调整、草业产业化深化及高等学校扩招等历史机遇,草业科学本科专业进入了新的数量快速发展和质量全面提高的新阶段。1998 年教育部公布的《普通高等学校本科专业目录》保留了草业科学专业并将其升格为本科一级学科,学科名称为草业科学,学科之下设草业科学专业一个二级学科。我国草业科学专业的教学指导思想也先后经历了"草地经营是饲料生产的一个部门"、"土-草-畜三位一体"和"草地农业生态系统"3 个发展阶段,而后一指导思想是我国科学家提出的理论与实践,达到了同时期国际领先水平。2011 年,国务院学位委员会和中华人民共和国教育部下发《关于印发〈学位授予和人才培养学科目录(2011 年)〉的通知》,在新的学科目录中,农学学科门类中新增了"草学"一级学科。我国成为世界上草业科学专业和学生数量最多、培养层次最完整、教学指导思想最先进的国家之一。

2. 我国草业研究生教育发展史

1951 年,王栋在南京大学农学院招收第一批牧草学研究生,这是我国草业研究生教育的开端,至今已有 70 多年的发展历史。研究生专业名称历经了牧草学、草原学,草原科学和草业科学 3 个时期。研究生培养制度经历了非学位研究生教育和学位研究生教育 2 个主要发展阶段(胡自治 等,2010b)。

1）非学位研究生教育阶段

1951 年，南京大学农学院（现南京农业大学）王栋招收了我国第一位牧草学研究生许令妊，此后叶培忠、孙醒东、卢得仁、任继周、贾慎修陆续在甘肃农业大学、华中农学院（现华中农业大学）等院校进行牧草学和草原学研究生招录工作，该工作延续至 1966 年，后因历史原因被迫暂停。该阶段由于反右派运动时期的特殊性及前期工作道路的摸索，具体培养方案、结业标准、课程设置、培养方向、答辩程序等都没有统一的方案，各院校按实际情况自行安排，研究生课程、论文指导、答辩工作、学习时间均由导师确定。该阶段共培养了许令妊、许鹏、刘建修等 29 位研究生，为后期学科建设做出了重要贡献。这一时期我国的研究生培养与国际尚未接轨，没有硕博等级区分，也没有学位授予。

2）学位研究生教育阶段

1978 年开始，我国陆续出台了《中华人民共和国学位条例》和《中华人民共和国学位条例暂行实施办法》，对硕士学位、博士学位等级划分、培养流程、学分设置、课程要求、授予机构、论文答辩等进行统一明确的规范，并与国际培养方法接轨。1983 年"草原科学硕士学位研究生培养方案审定会"将草原学和牧草学专业合并为草原科学专业，作为畜牧一级学科的二级学科（专业）。1998 年，由教育部统一部署，又将草原科学专业命名为草业科学专业，并延续至今。

1981 年，国务院学位委员会批准甘肃农业大学、内蒙古农牧学院（现内蒙古农业大学）、中国农业大学为第一批草学专业硕士学位授予单位，1984 年后，我国又陆续设定新疆农业大学、四川农业大学、内蒙古大学等院校为草学硕士、博士学位授予机构。并通过"本人申请、资格审查、学校遴选、委员会审批"流程严格确定导师遴选制，保证了我国草原学科发展高水平的师资力量。1983 年，由任继周牵头起草了《草原科学专业硕士学位研究生培养方案》。1991 年，西北农业大学（现西北农林科技大学）草原科学研究生培养方案审定会进行再一次修订。至此，草原科学专业硕士培养方案基本确立，该方案统一规范了培养目标、研究方向、课程设置、学分分配（必修课及选修课），并给予各院校培养方案自主改革权。

3. 草业系统工程思想和草业生态系统理论开辟了我国草业教育的新天地

郎业广在 1982 年首次提出"草业"一词后，钱学森随后在 1984 年提出了"知识密集型草产业"的问题。钱学森的草业系统工程思想将草业相互独立、功能特定的资源系统与生产和管理系统联合为一个有机、有序的草业系统工程整体。我国草原科学发展、升华为草业科学即是基于这一创造性的科学理论和认知。同年，任继周提出"草地农业系统"的概念，论证了草地农业的发生和发展。任继周在

1990年提出草业生产4个生产层的论点，并在《草地农业生态学》一书中对草地农业系统的基本概念、结构、功能和效益评价等问题进行了完整的论述，也由此建立了完整的草学生态系统理论。

由钱学森提出的草业系统工程思想和任继周创立的草业生态系统理论，使我国的草业科学指导思想达到了世界前沿水平。在新的科学思想的指导下，草业科学的教学内容已从传统的畜牧科学范畴的土-草-畜系统，延伸、提升到独立完整的草业系统工程的水平；在草业生态系统4个生产层的基础上，草业科学专业面得到扩大。草业科学高等教育培养的人才能适应牧区、农区、林区、城市等草业各子系统的要求（胡自治，2002）。

5.3.2 我国草业教育的现状和存在问题

1. 人才培养取得很大进步，但培养方向须进一步明确

我国草学学科在2011年学科调整前是一级学科"畜牧学"下设的二级学科，这使我国草业教育一直受制于以畜牧业为服务对象的传统理念，导致人们在一定程度上忽视了草地在保护生态环境、传承民族文化、建设城市绿化、管理产业经济等方面的作用。尽管很多高校在草业科学专业方向的设置上有针对性的向草原管理、饲草加工、草地保护、草坪科学等倾斜，但是由于缺乏统一的人才培养体系，导致我国草业教育仍然存在人才培养方向不明确、知识结构单一、师资力量薄弱等现实问题。草地农业作为全国性产业，覆盖范围和领域都非常广泛，这就需要因地制宜根据区域产业经济发展和环境保护的需要，建立生产、生态、文化传承等多重导向的学科知识体系，进一步明确草业人才培养方向，面向国家重大需求，构筑草业教育的新框架。

2. 专业设置增加，但仍无法满足草地农业的扩展和提升趋势

我国地域辽阔，各地区草地农业发展侧重点不同，各高校在草业科学专业方向的设置方面仅考虑当地草地农业特色，因而导致所设置的专业方向不统一（宋桂龙，2014）。草业相较于农业、林业具有更长的生产链，包括前植物生产层、植物生产层、动物生产层和后生物生产层4个生产层，学科领域延伸涉及农学、畜牧学、园林学、资源环境科学等。这就要求草业科学专业教育应根据不同区域产业和生态环境建设的特点，建立以生态环境建设和资源保护为主要导向，兼顾牧草和饲料作物培育、饲草生产与加工、草坪科学等学科综合知识体系，理顺草业高等专业人才培养的方向，以满足新形势下国家发展对草业专门人才的需求。

3. 师资力量及知识体系建设虽有所发展，但仍有待加强

我国已基本建立了具有我国特色、学科较为齐全的草业教育与人才培养体系，为草地农业发展做出了积极贡献。我国草业高等教育专业目前发展迅速，空间布局趋于均匀、合理，教学内容得到大幅提升和扩展，但由于我国草业教育起步较晚，依然存在基础较弱、科技队伍规模较小的问题。截至2022年，全国草业科学本科专业31个，分布区域从西部草原牧区扩展到全国24个省（区、市），草学硕士点30个、博士点16个。2018～2021年，西北农林科技大学、北京林业大学、中国农业大学、青岛农业大学、山西农业大学和四川农业大学相继成立草业学院；至此，全国开设草业或草业学院的高校共计11所，另外5所分别为兰州大学、内蒙古农业大学、甘肃农业大学、南京农业大学、新疆农业大学。在以上开设草业科学专业的高等院校中，除了少数院校师资充足外，大多数高校都不同程度地存在专业师资力量缺乏的问题，尤其是一些新建或新升级的高校，这些院校主要集中在中东部地区。西部地区的高校虽然师资情况相对较好，但也面临人才流失、高端人才和领军人物匮乏等现状。此外，随着科学技术的发展和社会需求的不断增加，"草"的概念已由传统牧草的范畴延伸至生态草、草坪草、能源草、工业草、饲料作物等领域；同时，"草"的功能也由单纯的生产功能逐渐转向强调生产功能与生态功能并重。因此，为了适应新的社会发展形势，迫切需要进一步更新和完善草业科学的专业知识体系、优化草业科学专业方向，最终使草业科学发展为立足草原、发展植物、发挥生态功能的新型重点学科（宋桂龙，2014）。

4. 人才队伍有所扩大，但总量仍然不足且结构不合理

我国拥有天然草原面积近60亿亩，草产业在国民经济中扮演的角色越来越重要，涉透的行业也越来越多。然而我国草业人才资源表现出"有构无架"和"有业不专"的窘迫状况。迄今，我国草业科学专业自主培养本专科毕业生仅2万余人，硕士、博士及以上学历高层次人才6000余人，整个行业只有院士2名、杰出青年1名、优秀青年2名、"千人计划"学者1名、长江学者3名，人才匮乏状况较为严重。在基层一线，高学历人才队伍构成比例更低，直接制约了基层草地农业发展和生产方式的变革。草业人才结构问题主要表现为：一是分布不合理，事业单位、科研院所的专业技术人才相对集中，涉草类企业、牧区、半牧区和农区人才拥有量过低；二是年龄结构不合理，草业基层单位40岁以上的人员比例偏高，普遍存在年龄断层问题；三是岗位和专业结构不合理，技术技能人才比例偏少，管理人员和其他人员偏多；四是受人才招录体制的限制，专科以下草业科学

专业毕业生难以进入草原管理部门或事业单位，草业基层一线的人才输入受到很大限制。

随着草原系统职能的变化，草业行业由原来的生产功能，逐渐转变为以生态功能、生产功能兼顾为主导，因职能变革带来的有关草原管理利用、草产业发展及教育等方面人才的缺乏，更加凸显草业人才队伍结构性失衡问题。

5.4 草地农业科技、教育发展对策与建议

5.4.1 加强重大基础理论与技术体系的研究与应用

1. 加强天然草原快速恢复和生产力提升技术的集成与研发

研究和揭示不同类型草原生态系统退化、恢复、重建的机理及草原生态系统的结构、功能、界面及系统耦合原理；探索不同草地恢复重建技术和不同区域草地农业产业化的发展模式和技术，以及不同生态系统互补耦合的技术；加强草地农业资源、环境、灾情等的信息自动采集与获取技术、基于网络的虚拟草地农业和数字草地农业研究技术、草地农业发展的智能化管理技术的开发和利用（叶志华和侯向阳，2002；侯向阳，2015）。

2. 加强饲草种质资源的开发利用和新品种的培育

建立和完善重点牧草资源分子生物学研究技术（如基因鉴定技术、基因克隆与功能研究技术），开发快速高效的分子育种技术；对牧草种质资源利用、新品种选育、良种产业化及适地适种的技术进行科技攻关；制定长期育种计划和发展规划，充分利用传统技术与现代生物技术，将种质资源研究和新品种培育结合，建立良种基地，形成从育种到制种、供种的完整技术体系，加快良种的培育和推广体系建设（陈玲玲 等，2014）。

3. 开展科技先导型草地农业产业化工程示范

结合我国区域特色，瞄准地方重点草产业，在不同类型区开展以科技为先导、产学研相结合的草地农业产业化工程示范。针对草产业的全产业链，将企业的生产体系、科研机构的技术体系和政府部门的推广体系集成为一个产业平台，通过科企协作，形成以企业为主导的工程示范，解决产业化过程中具有共性意义的关键瓶颈问题，加速科研成果转化；以产学研相结合的方式提升产业的核心竞争力，建立技术密集型的草地农业专业化生产基地，促进科技型草地农业企业集团的发展（叶志华和侯向阳，2002；侯向阳，2015）。

5.4.2 促进草地农业科技成果的转化

1. 切实加强对草地农业科技成果推广工作的重视程度

加大对草地农业科技成果推广队伍的资金扶持与政策倾斜，构建禀赋结构完善、整体素质过硬的草地农业科技成果推广队伍，进而形成"点对点""面对面"的网状草地农业科技成果推广模式（林青宁和毛世平，2018；陈欣，2018）。

2. 构建草地农业科技成果研发转化平台

高校和科研院所是草地农业科技成果的研发地，企业是科技成果的孵化地。因此，高校和科研院所要与地方支柱产业紧密连接，基于合作共赢的原则，以科技成果转化为载体，围绕区域特色产业和经济开展合作，构建科技成果研发和转化平台，实现资源共享，联合组建产学研相结合的示范基地和平台，有效拉动区域草牧业经济的高速发展（林青宁和毛世平，2018；陈欣，2018）。

3. 搭建科技人才培养的研-企互通渠道

高校或科研院所与企业需要对产学研结合的合作模式进行不断优化和完善，实现双方高精尖专业人才常规化流动互通，使高校或科研院所科技优势与企业产业优势互补，畅通交流渠道，以提高科技成果的转化率，促进产学研的有效结合（林青宁和毛世平，2018；陈欣，2018）。

4. 加强草地农业科技成果应用主体的教育和培训

提高科技成果应用主体科技素质的重要方式是科技培训。科技培训要围绕牧区干部、科技示范户、专业户、草牧业龙头企业骨干、牧民专业合作社负责人等重点人群开展。加强技能型人才培训，提高草牧业从业人员的科技素质和牧民对新技术的分析运用能力。充分发挥区域优势，采取必要措施，强化牧民学科学、讲科学、用科学的意识。全面提高牧民的整体科技素质，从而加速草地农业科技成果的转化应用（林青宁和毛世平，2018；陈欣，2018）。

5.4.3 加强高新草地农业产品的研发和产业化

1. 加大科研投入，研发和优化草地农业产品生产技术

须加大科研投入，进一步研发和优化草产品原料适时收获、低成本和低损耗调制加工及安全防霉贮藏等一系列草产品生产技术，生产加工优质的草地农业产品，降低企业生产加工成本，提高企业效益，为我国草产品品质和市场竞争力的提升奠定基础。

2. 加大草产品加工机械设备的研发力度

国家须加大政策和资金支持力度，集中科研力量，加快研发国内适用的小型割草机、搂草机、打捆机、打粉机、颗粒机等中小型草产品加工机械设备，因地制宜地在不同地区有序推进草产品加工机械化，促进草产品加工机械化与畜牧业产业化协同发展。

3. 建立完善的草产品质量标准和评价体系

应及时制定和完善草产品质量标准，加快建设各类草产品质量快速检测平台和评价体系，严格把关我国草产品质量，逐步提升其市场竞争能力；加强各类草产品从生产、加工到流通环节的质量监督，依法规范草产品市场。

4. 开发多元草产品，发展功能性草产品产业

针对草产品存在的季节供应限制性、地域不平衡性、营养不稳定性等问题，研究开发多元化、多类型的优质全价草产品和天然牧草青贮产品，开展青鲜草颗粒加工工艺、植物性添加物的研究，研发非常规饲草及饲草混合型日粮等。通过不断加强研究和开发力度，全面提升我国草产品生产加工的技术含量。通过生产加工多样化的草产品，丰富我国草产品结构类型，提高市场竞争力，推动我国草产品产业的快速发展。

5. 利用信息网络平台，实现草产品加工业数字化

将现代信息技术与草产品加工、贸易、流通及售后服务环节结合，创建以银行电子交易为基础、安全便捷的草地农业产品交易平台。建立草产品加工行业信息网络平台，推动草产品加工、生产及贸易流通方式的变革，提高我国草产品加工业在国际相关市场领域的竞争水平（范文强 等，2017）。

5.4.4 优化人才结构、加强队伍建设

1. 提高对草地农业人才队伍建设重要性的认识

以习近平关于人才工作的重要论述为指导，进一步提高对做好人才工作重要性的认识，密切联系产业实际，加快推进草地农业科技人才培养。中共中央印发的《关于深化人才发展体制机制改革的意见》明确了人才发展改革的指导思想、基本原则和主要目标。在中央出台的一系列推动人才队伍建设的制度文件基础上，拓宽草地农业科技人才培养途径，增加培养力度，实施科技创新人才培育工程，提高培养质量，建立人才脱颖而出的新机制。

2. 建立战略性的草地农业人才引进计划

结合各地草地农业科技发展现状及技术应用实际，以草地农业持续发展目标为出发点，合理分析现有的草地农业科技人才结构和分布，对行业所需人才的标准和规格予以科学定位，根据行业需求有计划地开展优秀人才和高层次人才的引进。

3. 建立和完善草地农业人才信息库

建立和完善国家草地农业人才信息库，为行业人才的合理分布和流动提供动态基础数据；同时要积极搭建草地农业行业平台，加强科技合作，充分发挥草地农业科技人员的集体智慧和能力，通过承担大项目、大工程来培养人才、凝聚人才。

4. 创新草地农业人才培养模式，培养高素质新型草地农业人才

拓宽草地农业人才培养途径，增加培养力度，提高培养质量，创造草地农业科技人才脱颖而出的新机制；推行"产学交替"型人才模式，建立高校或科研院所与地方、企业对接的组织服务体系，高校或科研院所与产业部门以产学合作的教育形式进行实践教学，加强复合型人才的培养。

5. 建立健全现代草业教育培训体系

加强涉草高等院校或科研院所之间的沟通协作，及时准确梳理市场人才需求信息，明确对行业人才培养工作支持的重点方向。强化涉草高校、科研院所、职业院校、培训机构建设，形成草业高等教育、职业教育、行业培训互通有无、资源共享、共同促进的现代草业教育培训体系。以培养草地农业中高级人才为核心，以培养技术技能人才为重点，形成以全面提升草地农业人才队伍专业化水平为目标的人才培养机制（图景哲，2019）。

5.5　草　原　文　化

5.5.1　历史传承

草原文化主要发源于我国北方地区，是中华文明的重要组成部分，也是迄今为止人类社会最重要的文化形态之一，其特色鲜明、内涵丰富，并具有广泛的影响力。草原文化的本质是草原生态环境及这一环境养育的人们相互作用、相互选择，蕴含着显著的草原生态禀赋和草原人民的智慧结晶，这种文化包括草原人民的生产、生活方式及与之相适应的宗教信仰、风俗习惯、文学艺术、社会制度、

思想观念、道德等。草原文化和农耕文化同属华夏农业文化，它们为中华文化和中华文明的不断发展壮大提供力量和源泉。中华民族丰富辉煌的文明和经久不衰的民族凝聚力正是数千年漫长历史发展过程中两种文化的相互撞击、补充和融合的结果。

草原文化蕴含着北方民族的活力，其刚劲的民族气质和精神风貌与中原稳健儒雅的农耕文化相互融合，使中国传统文化在历史长河中不断充实、变革和更新的同时，仍保持强大而旺盛的生命力。草原文化作为中华民族的有机组成部分，以其丰富的内涵为中华文明输送养分，对中华文明和世界文明的发展产生了深远影响。

1. 草原文化是一种崇尚自然的生态型文化

在草原文化核心理念中，崇尚自然是其核心要义。在不同的自然与社会环境下，每个民族都创造出独具特色的民族文化，为人类文明的发展提供动力。草原文化的核心灵魂（即其核心理念）是它区别于其他文化最本质的特征（吴团英，2013）。草原文化是世代生活在草原地区的先民、部落与民族顺应草原生态环境，以草原特有的生产、生活方式为基础共同创造的特定文化。

崇尚自然、践行开放、恪守信义等核心理念对草原民族的发展进程具有决定性的影响和作用，其中最重要的是崇尚自然（庞羽，2011）。崇尚自然是草原民族在生存发展过程中认知和解决人与自然矛盾关系时遵循的基本理念。草原游牧民族在面对艰苦的自然环境时，为了生存，顺应自然选择、崇拜天地、崇拜水草，因而创造出了天人合一、崇尚自然、生态永续这种与游牧相适应的大生态观。草原上的人们千百年来传承的这一文化基因，使草原民族生生不息。

草原文化是一种崇尚自然的生态型文化。生态这一草原根基与草原文化存在着必然的因果关系。草原生态文化最突出的特点是人与生态系统和谐相处这一生态文明思想的生态性。在自然层面上，草原文化完美体现其多样的生物、丰富的生态景观和平衡的环境条件。在文化层面上，草原文化表现为描摹自然、歌颂自然的文化观。在实践层面上，草原文化则体现着合理取舍、永续利用的生态观。在精神层面上，草原文化则具有崇尚自然、天人合一、敬畏大自然、与大自然和谐相处的宇宙观（扎格尔，2009）。

2. 树立生态文化观，传承发展草原文化

实际意义上的生态文化观就是一切意识和行为都符合生态文明的要求。解决好人与自然和谐共生、共存关系问题进而实现可持续发展，就要以崇尚自然、生态永续和以人为本为指导思想，从追求增长、征服自然向推崇可持续发展、尊重自然转变。

草原文化的诞生区域相对于其他文化区域而言，自然环境更加艰苦，尤其是在人与自然的关系的问题上具有其独特性。草原生态文化是一种典型的生态文化，而以游牧为基础的文化形态正是它区别其他文化的一个重要标志。特殊的客观条件和历史境遇催生了天人合一的生态理念。该文化理念在观念领域和实践过程中都离不开自然生态，它把人与自然的和谐相处作为重要的行为准则和价值观。

草原文化的现代化发展需要融入"生态化"的内涵。世界上无论哪个地区和哪个民族的文化都是不断更新变化的，因为任何时候文化与时代都紧紧地联系在一起。有所更新，才更加鲜活；有所发展，才符合时代节拍。草原文化唯有与时俱进，才能成为我国先进文化的组成部分。当前需要对民族文化与现代化发展之间的冲突进行妥善处理。现代化进程的车轮滚滚向前，在现代化和传统文化中寻找平衡至关重要。能否有效传承文化在很大程度上取决于社会提供的环境和创造的条件。每个民族都在现代化进程中有意识地保护自己的优秀传统文化。但文化保存并非简单的"文化封存"，对丰富多彩的文化形态进行传承才是对其最好的保护。既要保护民族文化中的精粹，也要保持物质载体、民族标识和精神象征这些文化中最有生命力的部分。草原文化的传承与保护不能脱离产生这种文化的生态环境，这是因为生态环境对文化有着深远的影响，其所处的生态环境会严重影响民族所具备的某些鲜明的文化特色（贾萍，2015）。

草原生态文化在特定时期对保护当地生态环境、合理利用自然资源、促进地区社会经济协调发展起到过积极的作用。但在社会发展中现代工业文化不断冲击与挑战草原生态文化，因此我们需要更加重视生态文化建设，建立真正体现人与自然和谐发展的现代生态文化。面对挑战，我们需要树立牢固的生态文化意识，以不改变草原生态文化的原貌为前提，将草原文化融到现代文明中去。同时，开发草原文化保护的特色模式，发展民族文化旅游事业，在保护草原文化的同时展示与弘扬草原文化。在草原文化的发展实践中，以生态文化观为基础，寻找切实可行的草原文化现代化道路，将生态文化与草原现代化进程有机结合，从而实现草原文化的可持续传承（魏智勇，2016）。

5.5.2 创新发展

1. 草原文化创新发展的必然性

改革开放以来，我国在草原文化的基本理论研究方面取得了开创性和奠基性的成就，研究内容包括草原文化的内涵、特征、历史地位、时代意义、现实价值及草原文化的核心理念。当前草原文化的创新发展与经济发展进入新常态的时代背景紧密相连。

1）新常态下创新驱动的一个重要路径是文化创新发展

创新驱动成为新常态下经济发展的新动力。当前，文化与经济相互交融并逐步成为地区经济发展重要的软实力，文化对物质文明建设领域有越来越突出的作用，地区经济发展的活力源自文化的创新发展。此外，草原文化还具备智力支持与精神支撑的重要作用。因此，草原文化的创新发展是关系草原文化的弘扬、文化软实力的提升、牧区经济全面振兴的一项重大举措。草原文化在经济社会发展进程中，成为牧区经济社会发展的新亮点，涉及文化旅游业、新闻出版业、文博会展业、餐饮服务业等产业。因此，从经济和文化辩证关系看，在新常态下草原文化创新发展对创新驱动牧区经济有重要作用。

2）经济全球化使文化与经济社会发展相互交融、紧密结合

牧区经济的发展必然需要草原文化创新的发展。经济新常态表面上看是减速换挡，但本质上是传统的经济增长动力减弱。这就需要重点突出创新驱动，推动全面创新使其形成新的发展动力。推动全面创新在于结合地区实际。因此，草原文化创新不仅为牧区经济社会发展提供新的精神动力和智力支持，而且符合推动全面创新的主要思想。

3）创新发展符合草原文化自身发展规律

任何一种文化都必须经历传承维持、创新发展的过程。草原文化在历代探索者敢为人先、兼容并蓄、探索创新和勇于开拓的精神作用下，顺应复杂的外部环境，不断丰富自身内涵，从而能够紧跟时代发展步伐。任何一种传统文化在当今全球化、工业化、城市化和现代化的浪潮下都离不开创新，只有具备当代价值，满足当代需要，才不会被时代发展和社会进步的客观要求淘汰。草原文化的发展在保持和发扬文化传统的基础上，积极吸纳现代文化的双重有益因素，这是维持草原文化生命力与活力的必然选择。文化创新发展必然的历史逻辑是思维方式与认知体系、物质文化与精神文化、生产方式与生活方式、传统与现代的不断碰撞冲突和不断融合的共存。

2. 草原文化创新发展的路径

1）立足于草原文化与新常态的契合点，探索创新发展的有效途径

草原文化的发展与各历史时期的经济发展相互影响、相互促进、共同发展。目前，基于我国经济发展进入新常态：第一，我们有必要大力发展绿色经济，充分发挥草原文化这一文化生产力的作用，生产出无污染、无公害的纯天然绿色食品以满足当前消费者需求，为新常态下区域经济继续提供新活力；第二，对草原文化与牧区文化旅游业、文化娱乐业、新闻出版业等产业已融合的现状，应深度解析草原文化的潜力，充分将草原文化与第三产业融合，进一步发挥其优势；第三，深入认识经济新常态的特征，抓住新常态的机遇，是将草原文化推向新一轮

经济改革大潮的必要做法，所以把握草原文化与新常态的契合点，可以探索合乎创新发展的有效途径。

2）完善相关政策法规和体制机制，构建创新发展的政策环境

草原文化的保护传承、研究传播、创新发展等工作的开展，必须以相关政策法规和体制机制为基础。我们需要在现有政策措施的基础上，加强调查研究工作，健全促进文化事业产业发展的相关法律、法规和体制机制，努力推动文化与政治、经济、社会和生态文明建设协调发展，制定推动草原文化健康、有序、可持续发展的规划方案。深入研究草原文化与旅游、科技的融合点，形成能够推动文化与旅游、科技深度融合的研究成果，并尽快转化为相关政策措施。

3）强化人才队伍建设和人才支撑作用

推动草原文化创新发展，其一是要强化创新型人才培养，大力培养文艺及科技领域人才，支撑草原文化创新发展；其二是要进一步加强草原文化研究、策划和管理团队建设，凝聚团队力量，强化管理、科研和创新能力。另外，坚持中国特色社会主义理论、具体问题具体分析和逐个击破的思想。在实际研究中，尊重个性的同时积极探索，鼓励倡导新理论和新学说的提出，做到百家争鸣。鼓励相关科研院所和高等院校、有关部门针对影响文化产业发展的机制、政策、环境、市场等问题开展研究，提出应对策略，广开言路，为促进草原文化产业发展提供智力支持（云治，2017）。

第 6 章
草地监测与评价的原理与技术*

草地监测与评价是草地资源保护和管理的基础，是草地资源生态理论和技术的重要组成部分，本章对以下内容进行简要介绍和叙述：草地监测与评价的内涵、研究简史和现状及主要内容；草地监测的基本原理，主要包括影响草地特征和分布的自然条件、草地的分布和分类、生态演替理论、空间异质性与生物多样性理论、等级理论；草地监测与评价技术，主要包括草地地面监测与评价技术、草地遥感监测与评价技术，这部分是本章的重点，地面监测以案例为主线进行简述，遥感监测与评价以监测的内容为主线进行叙述；此外，介绍了草原灾害遥感监测与评价技术、无人机和高光谱草地监测与评价；本章最后对草原监测与评价技术的发展趋势进行了展望。

6.1 引　　言

6.1.1 草地监测与评价的内涵

草地监测也称草原监测（rangeland monitoring），是有计划地、定期地对草原资源数据进行收集、分析和解释，并结合管理目标进行评价的过程（任继周，2008）。草原监测主要有地面监测和遥感监测等。地面监测（field monitoring）是对地表的生物和环境等要素进行有计划的测定，收集数据，对草原的变化和状况进行分析和评价的过程。其目的是了解草原的状况，为草原的利用、保护和管理服务（徐斌 等，2016）。遥感监测（remote sensing monitoring）是利用遥感技术在较大尺度上定期监测草原生物和环境因子，获取有关数据、资料，并进行分析和解释，结合草原管理目标进行评价的过程（徐斌 等，2016）。

草地评价或称草原评价（rangeland appraisal），是指按照一定原则和指标，对草原的自然资源、环境、生产力、草原状况、管理和利用进行评估（任继周，2008）。或者说，草地评价是在草地资源调查的基础上，对草地生境、草地植被与草地生产力进行综合评定的过程，其目的是为草地资源的开发利用和保护提供科学依据。

---

* 本章作者：徐斌、杨秀春、金云翔、杨智

草地监测的对象和草地评价基本一致,均为草地的资源、环境、植被等草地的重要组成要素。监测侧重于通过观测、测定、收集等方式获取草地的信息和数据,并对其进行分析和评估。评价更侧重于按照一定的原则和指标对草原的组成要素进行综合的评估或评价。因此草原的监测与评价很难截然分开。特别在草原的监测与评价的技术和方法中有一定的共性。在以后的叙述中,对监测与评价一般不刻意分开叙述。

6.1.2 草地监测与评价的研究简史和现状

美国人威尔逊(Wilson)从 1898 年到 1918 年多次在我国长江流域进行植物采集、分类和调查研究,并于 1913 年发表了两卷《一个自然学家在中国之西部》(*A Naturalist in Western China*),叙述了我国华中、四川等地的植被垂直分布,包括草原植被的分布。20 世纪 20 年代后期,中瑞科学考察团从大兴安岭经内蒙古、宁夏到甘肃、青海进行考察,发表了《蒙古草原和荒漠的植物区系》和《内蒙古甘肃青海植被分布》等著作(中华人民共和国农业部畜牧兽医司和全国畜牧兽医总站,1996),论述了上述地区主要草原植物和植被类型的分布界线。

刘慎谔于 20 世纪 30 年代初历时 3 年考察了内蒙古、甘肃、新疆和西藏西部,著有《中国北部与西部植物地理概论》等多部著作,论述了我国草原的地理分布(中华人民共和国农业部畜牧兽医司和全国畜牧兽医总站,1996;刘慎谔,1934)。侯学煜于抗战期间详细研究了贵州的土壤与植物等,著有《贵州省南部的植物群落》等多篇论文(中华人民共和国农业部畜牧兽医司和全国畜牧兽医总站,1996)。其他一些学者(如王秉维、胡兴宗、任美锷、周延儒),也曾就我国植物地理、高山草地、草地群落、农牧结合、牧民放牧管理等开展调查研究。

20 世纪 50 年代,我国首次对全国草地资源进行了大规模的考察、调查、分类等工作。例如,1951~1954 年贾慎修、崔友义、钟补求等对西藏草地资源和草地植物进行了调查,取得了中华人民共和国成立后第一批有关草地资源方面的调查成果(贾慎修,1953;钟补求,1954);1955 年,新疆畜牧厅组织人员对新疆重点地区天然草原的生物和环境进行了调查;1956~1959 年,内蒙古组织科技人员对内蒙古的草地开展首次大规模调查;同期,青海、甘肃等省(区)也分别对本省(区)的草地资源进行了调查。50 年代中后期,中国科学院有关单位和大专院校组织了一系列大规模的各种自然资源的综合考察队,其中有很多是草地资源和草地植被专业的调查队(中华人民共和国农业部畜牧兽医司和全国畜牧兽医总站,1996)。

1979 年,国家科学技术委员会和国家农业委员会下达了进行全国草地资源调查和编制 1∶100 万中国草地资源图的任务。1980 年开展了全国草地资源的统一调查研究,查清了我国草地资源的数量、质量和空间分布,出版了《中国草地资源》和 1∶100 万《中国草地资源图集》，为我国后来的草地资源调查、监测和管理利用奠定了基础。

  监测的技术也体现在野外站观测的持续性。国际最著名的野外监测站是英国的洛桑实验站。该站创建于 1843 年，已经形成了一个拥有 700 余人的综合性实验与研究机构。该站一直坚持定期对不同试验后的土地和植物样品进行采集和分析，并监测和评估其变化。由于历史悠久，长时间序列的监测数据已成为该站最具科学价值的权威性数据资料。

  为了在长时间序列上揭示生态系统的演变规律，使人们认识生态系统的演变趋势，更好地管理生态系统，长期进行生态系统联网监测和研究是一种有效的方法和途径。20 世纪 80 年代以来，国际上建立了多个生态系统研究网络。生态系统研究网络是由多个生态站联网组成，从时间和空间上构成网络，以揭示生态系统的时空变化规律。在国家尺度上著名生态研究网络有美国的长期生态研究（long-term ecological research，LTER）网络、英国的环境变化网络（environmental change network，ECN）、加拿大的生态监测与分析网络（ecological monitoring and assessment network，EMAN）、中国生态系统研究网络（Chinese ecosystem research network，CERN）等。不同国家的生态监测研究站跨国联合组成了区域性乃至全球的生态研究网络，例如亚太全球变化研究网络（Asia-Pacific network for global change research，APN）、全球环境监测系统（global environmental monitoring system，GEMS）、全球陆地观测系统（global terrestrial observing system，GTOS）等（于贵瑞，2003）。

  以典型生态监测网络为例，全球环境监测系统的目的是增强参加国对环境的监测与评估能力，增加环境数据信息的有效性与可比性，向地区或国家的权威机构提供决策分析的工具和方法，为具有国际意义的问题提供预警。GEMS 主要集中于陆地生态系统监测和环境污染监测（于贵瑞，2003）。

  GTOS 于 1996 年由世界气象组织（World Meteorological Organization，WMO）、联合国环境规划署（United Nations Environment Programme，UNEP）、FAO、联合国教科文组织（United Nations Educational，Scientific and Cultural Organization，UNESCO）和国际科学联合理事会（International Council of Scientific Unions，ICSU）共同创建。GTOS 的目标主要为：①检验并阐明陆地生态系统的特征、组成及格局变化；②验证用来预测生态系统变化的类型。GTOS 的核心是建立陆地生态系统监测系统，目前注册的站点在全球共有 1700 余个。

  中国科学院于 1988 年开始组建 CERN，目的是监测中国生态环境变化，包括农田、森林、草原、荒漠、沼泽、湖泊、海洋、城市等生态系统。CERN 目前有 36 个野外站、5 个学科分中心和 1 个综合研究中心，设有办公室、指导委员会等机构，开展生态环境监测、数据集成和对外服务等。其中，与草地监测有关的监测站共有 7 个，包括内蒙古草原生态系统定位研究站、青海海北高寒草地生态系统国家野外科学观测研究站、奈曼沙漠化研究站、内蒙古鄂尔多斯沙地草地生态系统国家野外科学观测研究站、宁夏沙坡头沙漠生态系统国家野外科学观测研究站、阜康荒漠生态研究站和策勒沙漠研究站。另外，在我国草原区还有一些其他部委的草原定位站，如中国农业科学院农业资源与农业区划研究所的内蒙古呼伦贝尔草原生态系统国家野外科学观测研究站等。

1997 年，由李博院士主持的项目"中国北方草地草畜平衡动态监测系统试点试验研究"，获国家科学技术进步奖二等奖。该项目以生态学和草地科学理论为基础，以遥感技术与 GIS 为技术支持，实现了大面积草地估产、草畜平衡估算、草地灾害评估与草地资源动态监测，建成了一套可运行的草地资源信息系统，使我国草地资源管理进入一个新阶段。

草原遥感监测在国内外均有长足发展，国外（如美国、澳大利亚）研究得较多。美国多以农场等作为研究对象，监测草原的生物量等，并为农场等生产单元服务。澳大利亚有全国性的监测系统，根据客户需求为客户提供产量估测等服务，一般不做全国性的草原信息监测发布。

2003 年，我国农业部成立了草原监理中心，把组织、协调、指导全国草原监测工作作为重要职能，并设立草原监测处，专门负责草原监测组织工作，使我国草原监测工作得到快速发展。农业部还设立草原长期监测专项，在农业部畜牧业司宏观指导和农业部草原监理中心具体组织下，由全国畜牧总站、中国农业科学院农业资源与农业区划研究所、全国多个省（区）草原监测机构和有关技术支撑单位共同参与，利用地面监测与 3S［GIS、RS 和 GPS（global positioning system，全球定位系统）］技术相结合的技术方法，经过十几年的发展，实现了由研究到应用、由区域监测到全国范围监测、由生长旺季监测到全年监测，监测体系不断完善，监测队伍不断扩大，监测结果已成为我国草原管理决策的重要参考依据，为科学管理和合理利用草原发挥了重要作用。

2018 年中央国家部委机构改革，成立了中华人民共和国自然资源部，组建了国家林业和草原局，草原的监测工作更加受到重视，迎来了新的发展机遇。

6.1.3　草地监测与评价的主要内容

草原是我国面积最大的生态系统类型，需要监测和评价的内容极为丰富。草原监测主要分为地面监测和遥感监测，其中地面监测又包括地面定位监测和非定位监测。

地面定位监测以草原生态定位研究站的监测内容最为全面和系统。例如，中国生态系统研究网络和国家生态系统观测研究网络（Chinese national ecosystem research network，CNERN）作为我国生态系统定位观测系统，制定了严格的水分、土壤、大气、生物等要素的全套监测指标。其中，水分监测指标包括降水量、土壤水分、地下水位、地表水和地下水水质、蒸腾、水面蒸发等；土壤监测指标包括土壤温度、冻土深度、土壤机械组成、土壤养分、盐分、土壤矿质全量、土壤微量元素等；大气监测指标包括气温、大气湿度、降尘、风速、光照、辐射等；生物监测指标包括物种丰富度、植株高度、覆盖度、密度、生物量、土壤动物和微生物等。在试验区还通过长期放牧控制试验，监测不同放牧梯度下草原植被和生态环境的变化等。

非定位监测是指根据草原监测工作的需要，按照草原调查监测的要求和原则，在野外布设草原调查监测样地，在不同年份间这些样地采样位置不用固定。在国家、省级主管部门开展的全国草原资源与生态监测工作中，大量采用了非定位监测方式。非定位监测内容主要包括样地基本特征调查、草本及矮小灌木草原样方调查、灌木及高大草本植物草原样方调查、工程效益对照样方调查等。非定位监测地面调查采样数据量大而分布广，可以配合卫星遥感数据，构建草原植被关键参数模型，提供区域和全国的草原植被生物量、覆盖度、长势等时空动态监测与评价。

遥感技术是 20 世纪发展起来的新技术，随着卫星的发射和遥感技术的飞速发展，遥感技术从空间分辨率、时间分辨率和光谱分辨率 3 个维度上快速发展，处理技术、软硬件技术不断发展和成熟。遥感技术应用的方向遍及国家经济、军事等各个方面，草原监测与评价技术也得到了长足的发展。草原遥感监测的主要内容包括叶面积指数的反演、草原植被生物量反演、草原植被物候遥感监测、草原植被长势遥感监测等。还有草原环境要素的监测，如土壤含水量监测，土壤干旱指数监测，草原沙化、退化和盐渍化监测。在草原灾害监测中，有草原火灾遥感监测、草原雪灾及生物灾害的遥感监测等。

6.2 草地监测的基本原理

草地监测相关的理论基础和基本原理主要包括影响草地特征和分布的自然条件、草地的分布和分类、生态演替理论、空间异质性与生物多样性理论及等级理论等。

6.2.1 影响草地特征和分布的自然条件

草地是地形、地貌、热量、水分、土壤等环境因素综合作用下形成的特定的土地类型；我国地带性草原大多分布在干旱半干旱地区和高寒地区。对草地有重大影响的因素如下。

1. 地形、地貌

我国地貌多种多样，有山地、高原、平原、盆地等类型。地貌和地形通过改变水热等的分布、分配和条件，深刻影响植被的类型，影响天然草原的类型和特点。在漫长复杂的地质发展进程中，构成了中国的三大阶梯地形，这种地理格局对中国植被和草地影响较大。一是东部湿润、半湿润季风区的地貌组合，该区以森林和农业分布为主；二是西北内陆半干旱、干旱区的地貌组合，该区主要是草原和荒漠的分布区；三是青藏高寒高原区的地貌组合，该区是世界上最高的高原，植被以高寒草原和高寒荒漠为主（吴征镒，1993）。

2. 热量、水分

气候的变化和分布受太阳辐射控制和影响。纬度位置决定太阳辐射的角度大小和接受能量的情况，导致热量条件一年四季发生变化。我国南北之间纬度差距近50°，东部自北向南依次分为寒温带、温带、亚热带和热带；西部由于青藏高原的隆起，改变了纬度与温度之间的关系，形成了青藏高原的高寒气候。由于青藏高原的隆起，阻碍了印度洋湿润空气的北上，我国西北部又远离东南沿海，海陆分布格局决定了从我国东南沿海到西北内陆降雨逐渐减少，干旱程度逐渐加强，形成了从东南湿润区域向半干旱区域、西北干旱区域的过渡，也形成了相适应的森林、草原、荒漠等植被类型（吴征镒，1993）。

3. 土壤

土壤的形成和发育受土壤母质、气候、地形、生物等因素的综合影响。总体来说，我国东部和东南部降水丰沛，在排水良好的条件下，土壤中可溶性盐类（盐分、石膏、石灰等）被淋洗掉，形成酸性的森林土壤，从北向南依次出现棕色针叶林土、暗棕壤、棕壤、黄棕壤、黄壤、红壤、砖红壤等。在中部半干旱区，由于降水渐少，土壤中的盐分、石膏被淋洗掉，但石灰仍保持在土层中，生成钙积层，形成各类有钙质层的草原土壤。在北部温带区域主要出现黑钙土、黑垆土、栗钙土等。在青藏高原，由于受高寒气候的影响，形成了高寒草甸土、高寒草原土和高寒漠土等。在降水量稀少的西北干旱地区，淋洗作用很弱，土壤中的石灰和石膏保存在表土或近表土层，形成各类荒漠土类，主要有灰棕漠土、棕漠土和高寒漠土等（吴征镒，1993）。

6.2.2 草地的分布和分类

我国地域广阔，南北纬度跨度约 50°，跨越寒温带、中温带、暖温带、亚热带、热带 5 个气候带；东西横跨经度约 62°，年降水量从东南沿海的 2000mm 左右向西减少到 50mm 左右，跨越湿润、半湿润、半干旱和干旱多种气候类型。加上青藏高原的隆起，改变了气候分布格局，使我国气候、地形分异更加复杂，形成了复杂多样的植被类型，也形成了多样的草地资源分异类型。

根据 20 世纪中国草地资源调查的结果，将我国草地划分成 18 大类，分别为高寒草甸类、高寒草原类、高原草甸草原类、高寒荒漠类、温性草原类、温性草甸草原类、温性荒漠草原类、温性草原化荒漠类、温性荒漠类、低地草甸类、山地草甸类、沼泽类、暖性灌草丛类、暖性草丛类、热性灌草丛类、热性草丛类、干热稀树灌草丛类和未划分类型的零星草地及改良草地。其中分布面积最大的前 5 类草地依次为高寒草甸类、温性草原类、高寒草原类、温性荒漠类和低地草甸类，这 5 类草原面积约占我国天然草原总面积的 55%。

6.2.3 生态演替理论

生命系统处于不断的变化之中，生物群落作为一个群体也处于变化之中，生态演替理论就是在研究生物群落变化过程中建立起来的（Strömberg and Staver, 2022）。生物群落的变化有多种，并非所有的变化都是演替，这里需要说明演替（succession）和波动（fluctuation）的区别：演替是由一个群落替代另一个群落的动态过程，是向着一个方向连续的变化过程；波动是短期的可逆的变化过程，其逐年的变化方向常常不确定，一般不发生新物种的定向替代作用。

最早和最经典的演替理论由 Clements 提出，他认为群落是一个高度整合的超有机体，通过演替群落最终只能发展为一个单一的气候顶极（climatic climax）群落。群落的发育和变化是逐渐的，从一个简单的先锋植物群落最终发育为一个气候顶极群落。群落演替和发育的动力主要是生物之间的相互作用，最早定居的动物和植物逐渐改造了环境，环境变得更有利于新侵入的生物物种生存，而不利于原有物种的生存，新的物种替代了原有的物种。这种情况随着时间的推移反复发生，直到产生了气候顶极群落为止。这时物种的组合达到相对稳定，物质循环和能量流动也达到了相对稳定和高效（尚玉昌，2002）。

在一个气候区内，除了气候顶极群落之外，还会出现一些由于地形、土壤或人为干扰因素所决定的相对稳定的群落，其主要包括 4 个群落。①亚顶极（subclimax）群落，是达到气候顶极群落之前的一个相对稳定的演替阶段。②偏途顶极（disturbance climax 或 disclimax）群落，有时也叫分顶极或干扰顶极群落，是由于一种强烈、频繁和相对稳定的干扰因素所导致的相对稳定的群落。例如，在内蒙古高原的典型草原，由于长期过度放牧，使其长期停留在冷蒿群落阶段。③前顶极群落，也叫先顶极群落，是指在一个特定的气候区域内，由于局部气候比较适宜而产生的优越气候区的顶极群落。例如，在草原气候区域内，由于地形影响，出现了较湿润的小区域，其中出现的森林群落就是一个前顶极群落。④超顶极（postclimax）群落，也叫后顶极群落，是指一个特定的气候区域内，由于局部热量、干燥度、坡向、坡度、土层等差异而产生的稳定群落，如在草原气候区内出现了荒漠植被片段等（李博，2000）。

演替的第 2 种主要理论是由 Egler 提出的，他认为演替具有很强的异源性，认为物种取代不一定是有序的，因为每一个物种都试图排挤和压制任何新来的定居者，使演替带有很强的个体竞争性。演替并不总是朝着气候顶极群落的方向发展，演替方向通常是由短命物种发展为长寿物种，演替的结果很难预测。该理论又称为抑制作用理论。

演替的第 3 种理论是由 Connell 和 Slatyer 提出的，他们认为早期演替物种的存在并不重要，任何物种都可以开始演替。具有竞争优势的物种，在顶极群落中可能最终取得支配地位，较能忍受有限资源的物种将取代其他物种，成为最终的胜利者。在一个气候区内可能有多个气候顶极群落，除了气候顶极群落之外，还可能有土壤顶极群落、地形顶极群落等（尚玉昌，2002）。

以上是代表性的演替理论，它们的一致性是在一个演替过程中，先锋物种总是最早出现，这些物种通常有生长快、散布能力强等特点，由于它们改变环境为后来者提供了更适合的生存环境而被替代，发生了演替。不同演替理论的重要区别在于物种取代的机制不同，在 Clements 的理论中，物种取代是受前一个演替阶段促进的。在 Egler 的理论中，物种取代受到已经定居物种的抑制和排挤，直到这些定居物种受到损害或死亡，新的物种才开始出现和占据主导地位。在 Connell 和 Slatyer 的理论中，物种取代则不受现有物种的影响，忍耐有限资源强的物种将取胜（尚玉昌，2002）。

6.2.4　空间异质性与生物多样性理论

空间异质性（spatial heterogeneity）与生物多样性有密切的关系，空间异质性是生物多样性的基础。空间异质性是生态学中的某种变量或因素，在空间分布上具有非均匀性、变异性和复杂性等。在景观生态学中，空间异质性是空间缀块性（patchness）和梯度（gradient）的综合反映。空间缀块性强调缀块的种类组成特征及其空间分布与配置关系。梯度则是指沿某一方向生态变量或因素有规律的逐渐变化的情况和特征。空间异质性研究生态变量的复杂性和变异性，生态变量或因素可以是生态学意义上的任何变量（如植物生物量、土壤养分、温度）（邹建国，2000）。

从景观生态学的视角来看，空间异质性主要与空间尺度有关。空间尺度是指研究某一物体或对象时采用的空间单位，即指某一现象或过程在空间上涉及的范围。在景观生态学中，空间尺度往往以空间粒度（grain）和空间幅度（extent）来表示。空间粒度指空间上可辨识的最小单元（长度、面积或体积），在遥感影像中粒度对应像元大小。空间幅度是指研究对象在空间持续的范围或长度，研究区域的总面积即为该研究的空间幅度。空间异质性的确定与数据类型有关，对于点格局数据，空间异质性依据点的密度和最近邻体距离的变异性来测定；对于分类图，空间异质性可以根据不同图斑组成和配置的复杂性来测量，例如对于生物量分布图，空间异质性可以根据其变化趋势、各向异性等特征来确定。

生物多样性可简述为生物之间的多样化、变异性及物种生境的生态复杂性。物种是生态系统的基石，而生态系统为人类提供了生命支持系统。生物多样性是地球生物圈与人类本身延续的基础，具有不可估量的价值（吴征镒，1993）。生物多样性包括遗传多样性（genetic diversity）、物种多样性（species diversity）、生态系统多样性（ecosystem diversity）和景观多样性（landscape diversity）4个层次。

1. 遗传多样性

遗传多样性是指存在于生物体内、物种内及物种之间的基因多样性。每一个物种都有其自身的遗传物质，决定着该物种的特点，如该物种对环境的适应性、生物量等。在自然界，任何一个生物体或物种都具有自身的遗传特性，保持着丰富的遗传多样性，都可以看作是一个单独的基因库，具有保护的价值。保护这些遗传多样性，发掘其对人类生产有用的基因，对人类和自然界都有重大意义。

2. 物种多样性

物种多样性是指动物、植物、微生物等生物种类的丰富程度，代表物种演化的空间范围和对特定环境的生态适应性，是进化过程最重要的产物。全世界已经被注释的物种约有170万种，有的科学家估计全球有500多万种物种。英国学者Erwim推算世界昆虫就达3000万种（尚玉昌，2002）。中国生物多样性居世界第8位，北半球第1位。物种多样性给人类提供了各种资源，世界上90%的食物源于20多个物种，大部分物种的用途还不明确，它们将是人类宝贵的后备资源（李博，2000）。

3. 生态系统多样性

生态系统多样性是指生态系统组成、功能的多样性及生态过程的多样性，生态系统由植物群落、动物群落、微生物群落及其环境（光、温、水、空气、土地等）组成，主要生态过程包括能量流动、水分循环、养分循环、生物之间的竞争等。由于生态系统是动态的，并且群落和生态界限难以确定，生态系统多样性的测定要比物种多样性和遗传多样性困难。

4. 景观多样性

景观多样性是指由不同类型的景观要素或生态系统构成的景观，其在空间结构、功能机制和时间动态方面具有一定的复杂性和变异性，反映的是景观的复杂程度。随着空间异质性的增加，会有更多的能量和物质流过景观要素的边界，矿物、有机物等以动物、水和风为媒体在景观要素之间流动。

6.2.5 等级理论

等级理论（hierarchy theory）是 20 世纪 60 年代以来发展形成的，是关于复杂系统结构、功能和动态的理论。一般而论，等级是由多个单元组成的系统，复杂性常具有等级形式，一个复杂系统是由相互作用、相互关联的亚系统组成，以此类推，直到最低层次的系统单元（邹建国，2000）。

等级系统中，每一个层的系统是由不同的亚系统或整体元（holon）组成。特定的亚系统或整体元具有两面性或双向性，即相对于低层次的亚系统或整体元表现出整体和综合的特性，而对于高层次的亚系统或整体元则表现出是从属的组分而受到制约的特性。一般而言，在复杂系统中处于高一级的系统或整体元的行为或过程表现为尺度大、频率低、速度慢的特征，而相对低层次的系统或整体元的行为或过程则表现为尺度小、频率高和速度快的特征。

不同层次之间具有相互作用。高层次对于低层次具有制约作用，表现为频率低、速度慢，在表示这种特性的模型中，这种制约作用可用常数来表达。低层次系统是高层次系统的组分，为高层次系统提供机制和功能，具有速度快和频率高的特点，因此在模型中，低层次的信息和数据常以平均值的形式来表达。草原是一个开放的复杂系统，在草原研究中以等级理论为指导，可以把复杂系统或复杂问题简化，对不同尺度上的复杂系统，选择核心关键层次进行研究，对探明草原的问题有一定的指导作用。

6.3 草地监测与评价技术

6.3.1 草地地面监测与评价技术

草地地面监测是对地表生物和环境要素进行有计划的测定和数据收集的过程。在这一过程中,为了保障目标监测的实现和数据的可靠性,需要按照一定的技术规程进行数据的测定、采集和评价。草地地面监测与评价技术是实现草地监测与评价的基本方法和手段,是进行草地监测与评价的保障。生物部分测定和收集的内容包括物种种类、植被覆盖度、植被高度、地上生物量,有时还监测野外植物的生理过程(如光合作用和呼吸作用等)。测定和收集的环境因素大的方面包括水热等气候因素、土壤因素、生物的环境因素等,如温度、光照、降水、土壤有机质含量、土壤含水量等。

早期草地地面监测的技术相对简单,如在早期只要1把尺子、1个样方框、1把剪刀、1杆小秤、1个罗盘就可以完成草原样地和样方的野外监测调查工作,用1支温度表、1套手持风速仪等简单仪器就可完成气象学的调查。随着技术的发展,草地监测与评价的技术也在不断地发生变化。以下对几种草地监测技术的实例进行简要的叙述和说明,以便对草地地面监测与评价的技术有个概括的了解。

1. 农业部草原监理中心草原地面调查方法要点

为了满足当时全国草原资源调查规范化的需要,农业部草原监理中心制定了我国草地地面调查与监测的基本技术和方法。其中,草地样地和样方监测方法基本内容如下。

1)野外调查工具和资料

野外调查需要准备的工具主要包括GPS接收机、望远镜、照相机、测绳、钢卷尺、样方框、剪刀、铁锹、植物标本夹、样地和样方记录表等。常用的资料有较高分辨率的遥感影像图、较大比例尺的地形图、较详细的行政区划图、草地资源分类图等。

2)获取样地的主要信息

需要获取样地所在的行政区、草地类型、地形地貌、坡向、坡位、土壤质地、利用方式等。获取样方的主要信息有位置信息(经、纬度和海拔)、俯视照片和景观照片、植被的覆盖度(用目测法测定)、草群平均高度、主要物种名称、样方地上草产量等。

3)样方设置

草本和矮小灌木的样方面积一般为 $1m^2$,具有灌木、小乔木和高大草本植物的样方面积一般为 100m²。在灌木半灌木样方内，要分别对草本、矮小灌木、灌木和高大草本进行测定。

2. 中国国土勘测规划院草原地面调查技术要点

2019 年自然资源部组织中国国土勘测规划院和地方相关单位开展草原资源专项调查监测，制定的草原地面调查的技术要点如下。

1）物资准备和资料收集

开展地面调查需准备的工具和设备主要包括样方框、钢卷尺、刻度测绳、剪刀、枝剪、便携式天平、电子记录工具、手持定位设备、数码相机、样品袋、标签等。收集与草原资源调查相关的基础资料和图件，主要包括草原资源类型分布图、卫星影像图、第二次全国土地调查数据及成果、第三次全国国土调查数据及图件初步成果等。

2）样地设置

样地是为草原资源地面调查监测而限定的区域。样地面积在北方地区一般不小于 100hm²，在南方地区一般不小于 25hm²。根据全国草原资源专项调查内容、调查成果精度要求，2019 年在全国 23 个省（区、市）的草原地区设置不少于 5000 个调查样地。

3）样地和样方调查的主要内容

样地调查设计有专门的样地调查表，主要调查和描述样地的基础信息，如草原资源类型、土壤质地、地表特征、利用方式等。样方调查的主要内容有植物种名称、植被覆盖度、植被高度、生物量等。其中，植被覆盖度是指样方内各种植物地上部分垂直投影覆盖地表面积的百分比，一般用目测法测定；生物量是指在草原植被生长盛期（花期或抽穗期），采用剪割等方法获取的样方内地上植物生物量（草产量）等。

3. 草原外业调查 App

围绕草原野外调查，将开发成本低、专业化的 App 软件安装至平板电脑中，实现草原野外调查 App 的样地样方数据采集、图片采集和数据上传等功能，为草原野外植被调查的信息采集工作提供方便，使复杂、烦琐的外业调查变得简单而高效，并为内业工作提供良好的基础。

1）设计思路

根据草原植被信息野外采集的特点，采用内置 GPS 模块的平板电脑作为系统运行载体，在平板电脑上充分发挥 3S 技术的优势，使野外调查实地与电子地图相互联动表达，通过 App 软件输入外业调查数据，直接保存到数据库中。所采集的调查信息通过平板电脑平台直接输入后台数据库中，系统对所采集数据进行初步的边界判断和逻辑判断，可以减少人工计算的工作量和误差。

2）设计原则

草原外业调查 App 设计原则主要如下。①实用性和先进性。充分考虑草原资源调查的复杂性和烦琐性，利用平板电脑的大屏幕等特点，从实际调查工作出发，建立满足草原野外调查的应用系统，满足不同外业环境下的调查需求。②规范性和通用性。在外业调查过程中对于各个调查因子要充分考虑草原资源调查规范要求，不同因子取值将自动匹配约束，减少逻辑错误的发生，通用性和规范性尽量体现在软件开发过程中的功能模块化设计。③高效性和易用性。考虑野外操作的特点，开发过程中对固定选项采用下拉框的方式，减少用户手动输入工作量，提高外业调查效率。遥感影像显示模块采用压缩变换模型等技术，提高对遥感影像的读取与显示速度，降低了平板电脑运行处理过程中的内存消耗，提升系统的处理效率。

3）主要功能

草原外业调查 App 主要功能如下。①地图显示：在地图上呈现所需要采集的监测点位置，并在地图中通过不同颜色表示监测点的不同状态，支持查询监测点信息。②样地、样方信息录入：根据草原调查样方表的录入内容，设置 App 中的信息录入选项，固定选项采用下拉框的方式输入。在外业调查过程中，当信号变弱或无时，将采集的样地样方信息离线填写保存；当信号恢复后，对填写完的样地样方信息进行上传。③导航定位：通过导航定位功能，可定位当前的位置到监测点的位置，并支持离线采集调查人员的轨迹信息。④PC 端程序：通过 App 上传的调查内容，能够在 PC 端实现可视化展示，同时用户可以对上传的调查信息进行查询统计。

4. 草地长期定位监测与评价

草地固定样地长期监测与评价是揭示草原长期变化规律和趋势的重要途径，是发现全球变化和人为活动对草原影响效果的重要方法，因此草地固定样地长期监测与评价技术越来越受到重视，得到长足发展。

20 世纪 70 年代和 80 年代，关于生态系统的长期监测和评价受到重视，迅速发展。美国、英国等分别建立了生态系统研究网络，开始了对生态系统的长期监测与研究。中国在 1988 年创建了中国生态系统研究网络，开始了对中国主要生态系统类型的长期观测和系统研究，在中国生态系统研究网络中有多个草原生态系统研究站。这些研究站集生态监测、科学研究与科技示范于一体，经过发展和建设成为了标准化、规范化和制度化的研究站。

以中国科学院内蒙古草原生态系统定位研究站为例，本站长期对草原生态系统进行监测，对气候的观测通过气象站进行。如观测了 1982～1998 年各种气候特征，主要气温整理指标有平均气温、积温、降水、蒸散量、大风、沙尘暴、积雪等。随着生态站的发展，采用自动气象站进行观测，增加了观测内容和频次。本站对试验区的植被进行定期监测；设置的样地有长期固定样地；观测包括生长季定期观测（测定）和每年在生长盛期进行一次观测等；观测的主要内容包括样地基本情况和主要的植被生态指标（如物种、高度、覆盖度、地上和地下生物量）；也对不同物种的植物生理特性进行仪器测定等；并对年内和年际间的植物生长指标进行细致分析。

农业部草原监理中心于 2008 年开始在全国各类草原中选择具有代表性的草原类型及其生态区域，建设国家级地面监测站（点），在全国 18 类、20 亚类、824 个草原类型中，选择 142 个代表性强、生态分布区域典型的类型进行重点监测，计划布置国家级监测点 156 个，对草原生态资源进行系统的监测。对国家级监测点一般围封 5～10hm^2 进行长期观测，在围封区内一般设立了一个小型自动气象观测站，观测气温、降水、风速等气象指标；在围封区内外设置有样地和样方观测点，在生长季每月观测两次植物，观测物种、盖度、高度、生物量等指标；定期采集土样，进行化验，观测土壤环境的变化等。

6.3.2 草地遥感监测与评价技术

1. 物候遥感监测与评价技术

物候现象是指植物在一年的生长中，随着气候的季节性变化自身发生萌芽、抽枝、展叶、开花、结果、落叶及休眠等规律性变化的现象（竺可桢和宛敏渭，1999）。植被物候被认为是植物生命活动的季节和年际变化最直接、最敏感的指示器，其发生时间可以反映陆地生态系统的短期动态特征，尤其在气候快速变化的背景中（Sparks and Menzel，2002）。

传统的物候监测方法主要依靠人工实地观测，具有一定的局限性。近几十年来，遥感技术的发展为物候监测提供了一种新的手段。相比传统的实地观测方法，遥感数据具有覆盖范围广、时空连续性强等特点，已经被用来反演区域和全球尺度植被物候变化规律，弥补了传统物候监测手段的不足。将卫星的近红外波段和可见光数据相组合，并根据植被的光谱特性形成了各种植被指数，植被指数作为反映植被生长状况的重要手段应运而生。

常用的植被指数有归一化植被指数（normal difference vegetation index，NDVI）、增强型植被指数（enhanced vegetation index，EVI）、归一化物候指数（normalized difference phenology index，NDPI）、归一化绿度指数（normalized difference greenness index，NDGI）。这些指数已经被大范围应用于植被物候期监

测、植被物候生长季划分、物候与气候变化分析、大尺度植被净初级生产力计算等方面的研究中（陈效逑和王林海，2009）。目前研究中使用的比较有代表性的遥感数据包括 NOAA/AVHRR、MODIS、SPOT/VGT，这些遥感数据具有不同的时间尺度和空间尺度，可针对不同研究目的、方法及精度要求进行选择。其中长时间尺度的 NOAA/AVHRR 数据及空间分辨率较高的 MODIS 数据，已经成为区域甚至全球尺度植被物候监测的主要数据来源。

遥感方法已被证明是监测植被对全球气候变化响应有价值的工具。自 Justice 等（1985）通过 NDVI 阈值对植物物候期进行提取之后，遥感物候期的提取方法也在不断增多。常用的遥感物候期提取方法包括阈值法、滑动平均法、斜率最大值法、函数拟合法和谐波分析法。

1）阈值法

阈值法是既简单又比较常用的物候期提取方法。基本原理是通过研究者定义的植被指数值来确定植被关键物候期。当植被指数上升到某阈值时，则认为是植被生长季的开始（start of season，SOS）；植被指数达到峰值，再降低到某一个值，该时间点被看作是生长季的结束（end of season，EOS）。早期的研究是通过固定的阈值（如 0.09、0.10、0.17）提取植被物候期（Lloyd，1990；Zhou et al.，2003）。该方法对小区域单一植被物候期监测是可行的，但是在大尺度区域中，不同植被的 NDVI 是有差别的，用固定的阈值提取物候期是不可靠的（李正国 等，2009）。因此，国内外学者改进了阈值法，提出了动态阈值法。动态阈值 $NDVI_{lim}$ 的计算公式为

$$NDVI_{lim} = (NDVI_{max} - NDVI_{min}) \times C \qquad (6-1)$$

式中，$NDVI_{max}$ 是整个生长季中 NDVI 最大值；$NDVI_{min}$ 是 NDVI 上升或下降阶段的最小值；C 为系数。

动态阈值法中阈值的大小，会随着像元 NDVI 的变化幅度变化而变化，其优点是可以去除土壤和植被类型的影响。Jönsson 和 Eklundh（2004）将动态阈值法中的系数定义为 0.1，提取了非洲大陆植被返青期、枯黄期和生长季中期（mid of season，MOS）等关键植被物候期信息。White 和 Nemani（2006）基于动态阈值法提出了一个实时监测和短期地表植物物候预测的方法，对陆地表面植物物候进行监测，并对植物物候进行短期预测。Delbart 等（2006）用动态阈值建立了不受雪影响的模型，对欧亚大陆北方地区植被的物候信息进行了提取，结果表明，植被返青期在 1982~1991 年提前了 8d，而在 1993~2004 年推迟了 3.6d。宋春桥等（2011）根据藏北高原高寒植被的特征，结合地面观测数据，将返青期阈值系数设定为 0.1，枯黄期阈值系数设定为 0.2，利用动态阈值法提取了藏北高原植被物候期信息，并对物候期时空变化进行了研究。

2）滑动平均法

滑动平均法根据植被的实际生长曲线，使用自回归滑动平均模型构建一条新的曲线，将新生成的滑动平均曲线与标准 NDVI 曲线进行叠加，依据叠加情况确定植物的返青期。Reed 等（1994）基于 14d AVHRR NDVI 时间序列数据，提出了延后滑动平均法，提取了农作物、森林、草地的关键物候期信息，与地面观测数据进行对比，发现二者具有很强的一致性。Duchemin 等（1999）对温带落叶林生态系统运用滑动平均法监测了植被的返青期和枯黄期。

滑动平均法对 NDVI 时间序列数据的计算更为稳定、可靠。武永峰等（2008）通过研究发现，对连续的物候期进行监测时，滑动平均时间间隔的选择可能使第 1 个返青期无法监测，植物返青期可能受春季雪融影响早于实际返青期。

3）斜率最大值法

斜率最大值法是根据作物的生长过程，NDVI 时间序列曲线变化率最大的点发生的时间就是植物的关键物候期。对于一年生草本植物，NDVI 时间序列曲线上升最快的时间就是植物的返青期，曲线下降最快的时间就是植物的枯黄期。变化速率的计算方法是用后一期 NDVI 值减去前一期 NDVI 值，再除以前一期 NDVI 值。Yu 等（2003）运用斜率最大值法对中亚东部植物返青期信息进行了提取，去除了融雪的影响。

4）函数拟合法

函数拟合法是通过一些函数和模型拟合曲线，提取植被物候期信息，有逻辑斯谛（Logistic）模型拟合法、Gaussian 模型拟合法等。

Logistic 函数拟合法是对每年的 NDVI 时间序列数据进行拟合，利用拟合后的光滑曲线代替实际的 NDVI 时间序列曲线。根据拟合曲线曲率变化的特点，确定 NDVI 时间序列曲线上植物各物候转换期，从而反映作物物候年内变化情况（卫炜等，2014）。Logistic 曲线模型计算公式如下：

$$y(t) = \frac{c}{1+e^{a+bt}} + d \qquad (6\text{-}2)$$

式中，$y(t)$ 为时间 t 时刻的植被指数值；a 和 b 为拟合参数；t 为植物生长的时间（日序）；c 为某一生长阶段的 NDVI 值；d 为初始背景的 NDVI 值。c 和 d 的加和为一年中的最大 NDVI 值。数学意义为 Logistic 函数的一条渐近线。

国志兴等（2010）使用分段式 Logistic 函数模拟了 1982~2003 年东北地区不同植被物候期，对其变化趋势进行了分析。根据植物的生长过程，对生长曲线进行模拟，监测植物的物候期。该方法与阈值法相比，不需要设定阈值，主观人为的影响较小，但是不同植被的生长曲线不同，还会受到外界自然条件等因素的影响，实际 NDVI 时间序列曲线与理论的曲线有一定差距，监测精度可能会受到影响（Delbart et al.，2005）。

5）谐波分析法

时间序列谐波分析法（harmonic analysis of time series，HANTS）是平滑和滤波两种方法的综合。它能够充分利用遥感图像存在时间性和空间性的特点，将其在空间上的分布规律和在时间上的变化规律联系起来。林忠辉和莫兴国（2006）运用谐波分析法对河北南部地区进行了物候期信息提取，研究发现，谐波分析法可以有效地消除噪声。低频的谐波函数中通常含有关键的物候信息，高频的谐波函数通常由一些非周期性噪声组成；过滤高频信息，只运用低频信息，可以消除噪声的影响。

总之，各种物候期信息提取算法都有其优缺点。阈值法通过定义阈值大小，计算效率较高，提取的物候期信息结果也是比较准确的，但是研究者不同，设定的阈值不同，研究结果容易受到人为主观的影响。所以在不同的区域，根据植被类型来确定阈值的大小，通用性较低。滑动平均法对 NDVI 时间序列数据的计算更为稳定、可靠。谐波函数拟合曲线没有固定的形状，该方法适于提取各种植被类型的物候参数。因此，选择何种方法来确定植物物候期，将是一个逐渐认识、深化的过程。用地面观测数据对遥感物候期进行验证，可以提取更准确的结果，也有利于寻找更加准确的遥感物候监测方法。

2. 长势遥感监测与评价技术

草原植被长势（vegetation growth）是反映草原植被生长状况的综合指标之一。草原植被长势是指草原植被的总体生长状况与趋势，通过与以往草原植被的状况进行对比，说明现在草原植被的生长情况。以往的植被状况，可以是过去某个时间段的平均状况或实际状况；根据需要，时间段可以分为年、季、月、旬等。

草原植被长势监测分为草原植被长势地面监测和草原植被长势遥感监测。草原植被长势地面监测主要通过对牧草的高度、盖度、产量进行计算，或通过监测牧草发育时期来评价牧草长势情况。草原植被长势地面监测只能得到若干点上的数据，费时、费力；而草原植被长势遥感监测由于具有大面积、近实时性、成本低等优点，已成为目前草原植被长势监测的主要方法。草原植被长势遥感监测是利用地面遥感信息与草原植被状况密切相关的特点，对不同时期遥感信息进行处理，间接反映草原植被长势的一种方法（Xu et al.，2013；Yang et al.，2015）。

植物生长过程是一个极其复杂的生理过程，受到多种因素的影响，但可以用一些与其生长密切相关的因子来表征植物的生长状况（如植被指数）。不少学者直接用植被指数来反映植被的状况，特别是反映空间分布状况，但缺点是由于没有背景值使方法不具有外延性（侯鹏 等，2013）。草原植被长势监测法可以持续稳定地进行植被生长状况和趋势分析。草原植被长势监测的方法主要包括直接监测法、植被生长过程监测法、同期对比法等（蒙继华，2006）。

1）直接监测法

利用遥感数据提取草原植被相关信息，将获得的植被绿度值与长势指标进行相关性分析，然后直接利用植被指数或建立的模型进行长势监测，确定长势等级，并进行评价。

$$R = \int (\text{VI}, H, F, M, \cdots) \tag{6-3}$$

式中，R 为长势值；VI 为遥感植被绿度值；H 为牧草高度；F 为植被覆盖度；M 为生物量。

伏洋等（2005）使用 MODIS 数据结合地面生态监测点数据，分析了牧草高度、覆盖度和产量的变化情况，对青海省天然草原牧草长势进行了监测与评价。杨淑霞等（2016）基于 MODIS 逐日地表反射率数据分析了 NDVI 和生物量之间的关系，评价了青海省南部地区草地植被生长状况。

2）植被生长过程监测法

植被生长过程监测是将获得的遥感数据各时段的植被指数值绘制成生长过程曲线，根据曲线的形态特征分析植被长势。研究发现植被长势与植被指数值呈正相关，随时相变化而变化，植被指数值在不同时期内的变化反映了植被长势动态，且从生长过程曲线的形态特征能够看出植被当前的生长状况和植被生长趋势（吴炳方 等，2004）。

植被生长过程监测在草原植被长势监测中应用广泛，如戴声佩等（2010）利用 SPOT 数据的 NDVI 值对祁连山草地植被长势进行了分析，并得出草地植被长势在时间、空间上的变化。植被生长过程监测法能直观地反映植被长势与气候变化之间的关系。将生长过程曲线与降水、温度曲线结合，得出植被长势的主要影响因子及长势与气候之间的相关性。如王晨轶等（2009）利用 NDVI 曲线，分析了黑龙江省多年植被长势情况，其中草地植被长势波动大于林地植被长势波动。

3）同期对比法

同期对比法选用植被指数值与往年同期植被指数值进行比较，得出该时期的草原植被生长状况，主要反映草原植被长势时空动态变化，具体方法包括差值法、比值法和归一化长势指数差值法。

（1）差值法。差值法是以监测时段与基准时段植被指数的差值来表示。其表达公式为

$$\text{DGI} = \text{VI}_m - \text{VI}_n \tag{6-4}$$

式中，DGI 为差值长势指数（difference growth index）；VI_m 为监测时段植被指数；VI_n 为基准时段植被指数。

差值法应用较为广泛，且准确性较高。徐斌等（2006）利用 MODIS 数据对我国 2005 年的草原植被长势进行监测，将 2005 年的 NDVI 值与 2004 年的 NDVI 值进行比较，得出 2005 年全国主要草原区的植被长势状况及长势好、差的空间分布状况。吐尔逊·艾山等（2016）基于国产高分一号数据，利用差值法监测了天山北坡玛纳斯河流域草地植被长势，精度达到 88.6%。鲁岩等（2016）基于 MODIS 数据选择 NDVI，结合地面样方观测数据，利用差值法分析了我国四川西北部天然草原 2009～2014 年的牧草长势情况。

（2）比值法。比值法是将监测时段的植被绿度值与基准时段的植被绿度值相除来反映植被长势的变化情况。其表达公式为

$$RGI = \frac{VI_m}{VI_n} \quad (6-5)$$

式中，RGI 为比值长势指数（ratio growth index）；VI_m 和 VI_n 分别代表监测时段植被指数、基准时段植被指数。

比值法在草原长势监测中应用不多，监测中应注意植被指数作为分母的限制。

（3）归一化长势指数差值法。长势指数法是将植被指数做归一化处理，目的在于消除用作比较的两个植被指数差异性过大的影响，长势指标会变得比较平缓，有利于提高监测精度。其表达公式为

$$NGGI = \frac{VI_m - VI_n}{VI_m + VI_n} \quad (6-6)$$

式中，NGGI 为归一化草原长势指数（normalized grassland growth index）；VI_m 和 VI_n 分别代表监测年份植被指数和基准年份植被指数。

长势评价方法是在获得长势监测指数之后，根据自然分级法或经验划分法等分级标准，对长势进行等级评价，一般分为好、中、差 3 级，或好、较好、持平、较差和差 5 级，也有划分为 6 级的。

综上所述，长势监测与评价方法中，差值法是对于同一像元不同年份相同时间段的植被指数等进行差值运算，并根据差值的大小判断植被的生长情况或长势情况。由于差值大小是绝对值，在不同草原类型中，绝对值在反映草原状况时不够稳定，同样的绝对值大小，对不同植被类型的影响效果是不一样的。归一化长势指数差值法能反映不同植被覆盖度条件下植被指数的相对差异。归一化长势指数差值法近年来在内蒙古锡林郭勒盟、京津风沙源区和全国草原植被长势监测中得到了应用（于海达 等，2013；Xu et al.，2013；Yang et al.，2015），并取得了较

好的监测效果。因此，归一化长势指数差值法相对差值法和比值法是一种更加稳定的植被长势监测方法。

3. 生物量遥感监测与评价技术

1）研究现状

生物量是全球碳循环的重要组成部分。在草原生态系统中，生物量是生产力的直接指标，直接反映草原生态系统结构的好坏、功能的优劣和质量的高低。遥感技术的发展推动了地上生物量的研究，已被广泛用于全球或区域尺度植被生物量的研究中，无论在方法上还是在应用方面都取得了长足的进展（Porter et al.，2014；Liang et al.，2016；Eddy et al.，2017；Zhang et al.，2018a）。

草原生物量是指在一段时间内单位面积上草原植物群落积累的有机物质的总重量，通常用鲜重或干重来表示。这里主要指地上生物量，为现存量。草原生物量的估算应用较多的方法主要有地面样方调查法和遥感模型法。地面样方调查法尽管实测的生物量在单点尺度上可靠、精度高，但由于用实测样方平均生物量来推算区域或大空间单元上的生物量，加上草原空间异质性较大等因素，整个区域的生物量精度难以保证。遥感模型法是遥感数据对应草原全覆盖的测产计算，精度相对容易检验和保障，已经在区域大尺度草原生物量监测中得到了广泛应用（梁天刚 等，2009；Gao et al.，2013；Jin et al.，2019）。

利用遥感数据计算的植被指数可以有效反映植物光合作用，被广泛用于草原生物量的估算。NDVI作为应用最广泛的植被指数被国内外学者采用。此外，比值植被指数（ratio vegetation index，RVI）、差值植被指数（difference vegetation index，DVI）、土壤调节植被指数（soil-adjusted vegetation index，SAVI）等也常用于草原生物量模型构建中，通过对比分析不同的植被指数建模效果，确定估算精度最高的模型进行实际应用。在宏观大尺度研究中，国内外应用NOAA/AVHRR、MODIS等卫星遥感数据开展了大量草原生物量遥感估算研究。随着航天技术的发展，新型高分辨率的卫星数据不断应用于草原资源遥感领域，可以有效提高生物量模型的估算精度。

2）遥感数据收集与预处理

在草原生物量遥感监测中应用的卫星遥感数据主要有中低分辨率的MODIS、TM、HJ、中巴到高分辨率的国产高分系列卫星数据、哨兵系列卫星数据等。空间分辨率从2m到1km。遥感影像时相选择主要由草原植被生长盛期决定，在我国主要在6～8月。

遥感数据预处理包括辐射定标、大气校正、几何校正、正射校正、影像拼接与裁剪等过程。根据不同的卫星遥感数据，应用不同的预处理方法。对遥感数据进行预处理，得到至少包含可见光三波段和近红外波段、云覆盖度低于5%、影像色调清晰的遥感数据集。

3）生物量遥感监测模型构建

利用样地调查数据和卫星遥感数据，按照不同草原类型和分区，采用回归统计模型（指数模型、乘幂模型、线性模型与 Logistic 模型）方法，建立生物量与对应 NDVI 的回归模型，分别在各个测算单元构建草原生物量遥感测算模型。

模型的验证主要从统计学角度进行初步评价。从统计学的角度对模型进行验证主要是通过对模型进行 T 检验和 F 检验，由显著性水平判断模型是否可用，并由模型决定系数（R^2）的大小来确定模型是否最佳。通过真实性检验和精度综合评价，获取各测算单元最优生物量遥感监测模型，反演草原生物量。

4）模型精度验证

基于植被指数建立的生物量模型是一种统计模型，是对一定草原区域在一定时期内的生物量估算，需要精度验证进行判断，以选取更适合区域的生物量估算方法，确保模型质量。精度验证还可对模型在空间上的适用性进行量化估计。

为了进一步验证所建立的模型精度，选用另一组数据集（预留随机样方）对优选的拟合模型进行验证，分别用测算模型计算其理论生物量，然后和实际生物量进行比较计算出估产精度。循环该过程，直至草原生物量监测模型的精度满足监测要求。在模型精度满足要求的条件下，可开展全国草原生物量监测，否则需要对各测算单元模型进行类型或参数的调整。

5）生物量统计分析

生物量遥感监测模型是建立在鲜草生物量的基础上，所以需要对遥感估算得到的各大区域全部生物量数据进行折算得到风干重。折算系数参考《中国草地资源》中有关的规定（表6-1）。

表6-1 各类草地类型折算干草的系数

草地类型	折算系数	草地类型	折算系数
低地草甸类	1/3.5	热性草丛类	1/3.2
改良草地	1/3.2	热性灌草丛类	1/3.2
干热稀树灌草丛类	1/3.2	山地草甸类	1/3.5
高寒草甸草原类	1/3.2	温性草甸草原类	1/3.2
高寒草甸类	1/3.2	温性草原化荒漠类	1/2.5
高寒草原类	1/3.0	温性草原类	1/3.0

续表

草地类型	折算系数	草地类型	折算系数
高寒荒漠草原类	1/2.7	温性荒漠草原类	1/2.7
高寒荒漠类	1/2.5	温性荒漠类	1/2.5
暖性草丛类	1/3.2	沼泽类	1/4.0
暖性灌草丛类	1/3.2		

使用 GIS 空间分析功能，利用行政边界数据、草原类型数据进行叠加分析，得到不同行政单元、不同草原类型的生物量鲜草数量和空间分布，利用干鲜比系数折算出相应的干重，计算得到全国草原生物量数量和空间分布情况。

6.3.3 草原灾害遥感监测与评价技术

1. 火灾遥感监测与评价技术

草原火灾是指在失控条件下草地可燃物的燃烧行为，其发生发展给草地资源、畜牧业生产和生态环境等都带来了不可预料的损失。我国是世界上草原火灾比较严重的国家之一，易发生火灾面积约占草原总面积的 1/3，频繁发生火灾面积占比约为 1/6。草原火灾是一种突发性的自然灾害，其破坏性大，波及范围广，灭火及救援难度大。草原火灾主要发生在干燥季节，气象因素的变化会直接影响可燃物含水率的变化，从而影响可燃物（牧草枯落物、家畜粪便等）的引燃点。草原火情监测可为掌握和扑灭草原火灾提供重要的依据。

草原火灾遥感监测主要是利用卫星遥感技术对草原火情的发生发展进行动态监测，为草原灭火提供较为精确的火点位置定位和过火面积。其原理主要是通过传感器接收地表辐射信息，根据遥感影像的中红外通道对草原火等高温目标异常敏感的特性来进行识别和监测。国外从 20 世纪 60 年代开始进行航空红外探测森林火灾的遥感监测研究；80 年代以后随着卫星遥感技术的发展，美国、加拿大、西班牙和澳大利亚等国家应用遥感技术开展了森林火灾监测与评估方面的工作；进入 90 年代后，国内外对草原火灾遥感监测的研究逐渐增多。

草原火灾遥感监测数据源主要使用具有中红外、远红外、近红外和可见光波等波段的数据，包括 NOAA 卫星、GOES 卫星、EOS/MODIS 卫星、FY 极轨气象卫星、MTSAT 静止气象卫星等系列卫星数据，这些数据源在火灾监测领域发挥了举足轻重的作用。国内外监测技术主要包括分裂窗法、阈值法、热点探测算法、NDVI 差值探测算法、混合算法、彩色合成图片法、Lab 色彩模型法等。

1）草原火点遥感监测

基于 AVHRR 数据的火点遥感识别算法主要包括 Dozier 算法（dozier method）、

阈值算法（threshold method）（Flannigan and Haar，1986）和上下文算法（contextual method）（Lee and Tag，1990；Mcclain et al.，1985；Flasse and Ceccato，1996）等。MODIS 数据火点监测算法是在 AVHRR 数据监测算法的基础上发展起来的，因此两类数据的监测算法互相适用。基于 MODIS 数据的火点监测算法主要包括三波段合成法、绝对火点识别法和上下文火点识别法（陈世荣，2006）。

（1）三波段合成法。三波段合成法主要依据目视解译判识火点。通常利用中红外、近红外和可见光通道组成的多光谱彩色合成图来识别明火区（鲜红色）、过火区（暗红色）、植被区（绿色）、水体（深蓝色）、烟雾和云（灰色）等信息（刘桂香 等，2008）。以 MODIS 数据为例，3 个波段分别为 B7、B2 和 B1，这种组合方式能识别火点信息，其中红色代表火点所在位置，绿色代表植被。

（2）绝对火点识别法。绝对火点识别法是在 AVHRR 数据的固定阈值法基础上发展并改进而来的。利用 MODIS 数据监测时，将研究区的 4μm 和 11μm 波段间的关系信息作为背景信息来参与监测过程（Hall et al.，2002）。云会干扰火点的提取，需要对云进行剔除。利用云在第 1 波段上相较于地表和植被有很强的反射率这一特性，可以实现云剔除。一般 B1 波段的反射率大于 0.2 时，可对数据进行有效的云监测。然后，进行火点监测。需要在去除非火点像元后，确认火点像元。具体方法也是利用 4μm 和 11μm 波段间的关系信息来实现判识。最后，利用 B1、B2 波段的反射率滤除耀斑，去除干扰点信息，完成火点监测。

（3）上下文火点识别法。上下文火点识别法是在 MODIS 数据绝对火点识别法的基础上做了改进（Giglio et al.，1999），是火点的一种自动化识别算法。被用作 MODIS 火产品的第 4 版算法，是当前使用最普遍的一种监测算法。该算法主要利用 B1 的反射率和入射角限定等进行云检测，水体监测是对 MODIS 影像几何定位产品中的水体数据进行掩膜处理，建立 4μm 和 11μm 波段间的关系，设定绝对阈值判识火点，利用目标点与其周围像元点的关系估算背景温度。然后进行火点确认，具体操作是在去除非火点像元后确认火点像元。最后是滤除耀斑，去除干扰点信息，完成火点监测。步骤与绝对火点识别法相似，但需要判识的阈值条件增多，说明在提取算法上有了更高的要求，可以达到更好的监测效果。阈值的选择是通过多次实验确定的，由于不同区域具有不同的地物特点，在实际应用中对阈值要做适当的调整。

2）草原火灾迹地提取遥感监测

火灾迹地提取主要是依据草原火灾后，植被细胞叶绿素受损、土壤碳化，使其反射率发生变化，光谱特征也随之发生变化。具体监测方法主要有 4 种。

（1）图像分类法。图像分类法通过对遥感影像进行分类来识别影像中的过火迹地。其基本步骤是利用波段合成构成假彩色合成影像，通过目视解译对研究区提取典型地物种类信息，在此基础上选择合适的方法进行分类。常用的有分类回归树法、最大似然分类法、ISODATA 分类法、人工神经网络方法及面向对象的分类技术等。后有学者提出结合植被指数进行分类，能获得更好的识别结果。该方法较适用于高分辨率数据。

（2）植被指数差值法。火灾发生前后，地物光谱特征会发生较大的变化，因此可以通过火灾发生前和发生后的植被指数差值来提取火灾迹地信息。常见的可用于过火迹地提取的光谱指数主要有 NDVI、归一化红外指数（normalized difference infrared index，NDII）、归一化水体指数（normalized difference water index，NDWI）等。

（3）面向对象法。图像分割法多针对单时相的遥感影像。该法主要是对遥感数据进行预处理，然后构建植被指数，针对火灾发生区域和未发生区域光谱特征的异常变化，采用面向对象的图像分割技术进行火灾迹地信息的提取。

（4）基于时间序列的阈值提取法。该法主要适于高时间分辨率的遥感影像。主要步骤为选择长时间序列植被指数数据，在数据平滑重建的基础上，对植被指数序列按最大值或最小值进行合成，通过增强过火迹地信息，识别过火迹地。

2. 雪灾遥感监测与评价技术

草原雪灾也称白灾，是指因长时间大量降雪造成大范围积雪成灾的自然现象。草原雪灾可严重影响甚至破坏交通、通信、输电线路等生命线工程，影响城镇居民的正常生产、生活，对工农业生产造成巨大危害或破坏。雪灾也是我国草原牧区冬春季的主要气象灾害之一，每次大面积雪灾都会导致草原牧区数万甚至数十万或数百万家畜死亡。长期以来，雪灾对我国草原地区农牧业生产的持续、稳定发展造成了极其严重的危害。因此，快速、及时与准确地进行我国草原雪灾的监测就显得尤为重要和迫切。

常规的积雪监测主要使用气象站点的观测数据。观测站点的空间分布特征要求将点状的信息映射到面状的区域中去，由此通常采用空间内插的方法来实现由点到面的信息转化。虽然地面观测数据可靠度较高，但其在空间和时间上的不连续性极大地限制了及时而有效地了解宏观区域积雪覆盖信息。积雪具有分布范围广、变化迅速等特点，遥感技术观测尺度广阔、观测周期短，必将成为积雪监测最为有效的手段。随着遥感技术的不断发展，积雪监测的能力得到大幅提高。遥感方法不仅能得到积雪的面积信息，还能得到积雪深度（snow depth，SD）、积雪颗粒大小、积雪密度、雪水当量（snow water equivalent，SWE）等积雪物理参数。微波遥感数据，尤其是被动微波遥感数据，已经大范围地应用于积雪深度和雪水当量的估算。

1）光学遥感反演算法

在使用光学传感器数据进行积雪监测时，基于积雪在可见光范围内的高反射率，可以比较容易地与地表的其他覆盖物区分开来。为了有效地识别云层，基于积雪和云层在红外区域的反射率差异，可以使用近中红外通道波段进行云层检测。以目前使用较为广泛的 MODIS 数据为例，针对其通道设置而发展的积雪检测算法使用了归一化差分积雪指数（normalized difference snow index，NDSI）来进行积雪像元的识别。NDSI 用于识别雪、冰，并能区分雪与大量的积云。

$$\text{NDSI} = \frac{R_{\text{band}4} - R_{\text{band}6}}{R_{\text{band}4} + R_{\text{band}6}} \quad (6\text{-}7)$$

式中，$R_{\text{band}4}$ 和 $R_{\text{band}6}$ 分别表示 MODIS 第 4 波段和第 6 波段的反射率值。根据已有的研究结果，当有约 50% 或更大范围的积雪覆盖率时，MODIS NDSI 进行积雪判识的判别式为

$$\begin{cases} \text{NDSI} \geqslant 0.4 \\ R_{\text{band}2} > 0.11 \\ R_{\text{band}4} \geqslant 0.1 \end{cases} \quad (6\text{-}8)$$

2）微波遥感反演算法

（1）积雪范围监测。目前在积雪监测中还较多地使用被动微波传感器数据。被动微波遥感用于积雪范围监测，主要也是使用多阈值法来进行积雪像元的判定。阈值确定的依据就是积雪在不同波段内的辐射能量差异与地表其他覆盖物不同。在已有的被动微波测雪算法中，使用最为广泛的是 Grody 提出的基于 SSM/I 的决策树算法，这种算法也可以用于最新的 AMSR-E 和 FY-3 微波遥感数据。使用被动微波遥感数据进行雪盖识别，首先应使用散射指数来识别散射体，然后再将积雪与其他散射体区分开来。

散射体的识别条件为

$$\text{scat} = \max(T_{\text{b}18.7\text{V}} - T_{\text{b}36.5\text{V}} - 3, T_{\text{b}23.8\text{V}} - T_{\text{b}89\text{V}} - 3, T_{\text{b}36.5\text{V}} - T_{\text{b}89\text{V}} - 1) > 0 \quad (6\text{-}9)$$

式中，$T_{\text{b}18.7\text{V}}$、$T_{\text{b}36.5\text{V}}$、$T_{\text{b}23.8\text{V}}$ 和 $T_{\text{b}89\text{V}}$ 分别为 18.7GHz、36.5GHz、23.8GHz 和 89GHz 波段的垂直极化亮温。

降雨的识别条件为

$$T_{\text{b}23.8\text{V}} > 260K \quad (6\text{-}10)$$

寒漠的识别条件为

$$T_{\text{b}18.7\text{V}} - T_{\text{b}18.7\text{H}} \geqslant 18K$$

$$T_{b18.7V}-T_{b36.5V}\leqslant 12K \quad 和 \quad T_{b36.5V}-T_{b89V}\leqslant 13K \tag{6-11}$$

冻土的识别条件为

$$T_{b18.7V}-T_{b36.5V}\leqslant 5K \quad 和 \quad T_{b23.8V}-T_{b89V}\leqslant 8K \tag{6-12}$$

通过以上多个判别式，就可以将积雪覆盖信息提取出来。但是对于中国草原区域而言，上面的判别条件须通过研究进行适当修正以符合我国的实际情况。

（2）积雪厚度监测。影响积雪深度的因素较多，且区域差异较大，使积雪深度反演算法也不尽相同。对于干雪而言，当频率高于 25GHz，散射体是积雪最主要的能量损耗过程。因此，可以使用高频（高散射）波段与低频（低散射）波段数据的亮温差值来计算积雪深度。通常的积雪深度反演算法使用 19GHz 与 37GHz 水平极化亮温数据，但是也有学者使用垂直极化亮温数据。计算雪深的方法基本上可分为两种：一种是从像元的亮温直接利用统计模式来求解；另一种是根据亮温和雪的物理参数（雪的物理温度、粒径、密度、介电常数等），利用微波在雪盖中的辐射传输模型，计算出积雪深度。

当假设积雪的一些物理参数为常数时，可以通过求解辐射传输模型来估算积雪深度。在假设雪密度为 $0.3g/cm^3$ 且雪粒径为 0.3mm 的前提下，Chang 等（1987）结合地面观测积雪深度资料，通过回归分析，得到了积雪深度与微波亮温差之间的关系：

$$SD = A \times (T_{b18H} - T_{b37H}) + B \tag{6-13}$$

式中，SD 为积雪深度，单位为 cm；A、B 为系数；T_{b18H} 和 T_{b37H} 分别为 18GHz 和 37GHz 波段的水平极化亮温。

通常情况下，两个系数的取值分别为 1.59cm/K 和 0。该算法及其改进算法被广泛应用于全球积雪深度反演中，大量的实际分析结果显示 Chang 算法对积雪深度为 25～100cm 的地区较为适用，当积雪深度超出此范围时，误差则相对比较明显。

总之，光学遥感由于具有较高的空间分辨率和较强的可解译性，对于积雪像元的识别具有独特优势。但是光学传感器容易受到天气影响，在一定程度上限制了光学遥感数据的应用。微波传感器则不受天气限制，尤其是能获取云层下方的积雪信息。虽然主动微波遥感（雷达）的空间分辨率较高，但因其数据处理复杂，而且用于积雪监测的算法并不成熟，还处在探索之中。被动微波遥感能够全天候地进行地表积雪信息的获取，其不足之处则在于空间分辨率较低且积雪识别精度不高。

3. 生物灾害遥感监测与评价技术

草原生物灾害主要是指草原鼠害、虫害、毒害草和牧草病害造成的灾害，是草牧业发展的主要限制因素之一。我国草原每年鼠害、虫害发生的面积分别约为 40 万 km^2 和 13.33 万 km^2，超过草原总面积的 1/4。我国草原上造成严重危害的鼠类主要有高原鼠兔（*Ochotona curzoniae*）、布氏田鼠（*Microtus brandti*）、大沙鼠（*Rhombomys opimus*）、达乌尔黄鼠（*Citellus dauricus*）、草原鼢鼠（*Myospalax aspalax*）等。造成严重虫害的有亚洲小车蝗（*Oedaleus decorus asiaticus*）、亚洲飞蝗（*Locusta migratoria*）、草原毛虫、草地螟（*Loxostege sticticalis*）、白刺夜蛾（*Leiometopon siyrides*）等。遥感具有时效性强、覆盖面广等特点，能在短时间内对草原鼠害、虫害进行监测，应用遥感进行鼠害、虫害监测的技术相对成熟。及时、准确地进行鼠害、虫害监测对降低草原生物量损失、实现草牧业高质量发展及维护社会稳定等都具有重要意义（苏红田 等，2007；张新时 等，2016）。

1）草原虫害监测

草原虫害以草原蝗虫、草原毛虫和其他害虫为主（洪军 等，2014b），监测方法因虫害种类不同也有所差异。

（1）草原蝗虫监测。传统监测主要由各级草原站（治蝗办）的技术人员开展定点调查和线路调查，再根据专家模型分析预测（苏红田 等，2007）。监测的重点如下。①卵期调查。蝗虫的越冬卵死亡率和发育进度调查应在当地春季土壤解冻时开始，每间隔 5d 挖 1 次卵，共查 3 次，每次至少挖取 5 个卵块，检查时须将卵块剖成卵粒。通过掌握虫卵越冬情况和发育进度，预测当年灾害发生情况。为准确预测当年的发生面积和程度，应在蝗卵孵化前调查 1 次，并记录虫卵密度。上年若为一般发生年份，只须在上年残蝗分布区域内调查。上年若为严重发生年份或成虫有远距离迁飞习性，应扩大调查面积。②发生期调查。自蝗蝻出土 3d 后，每 3d 调查 1 次直至 3 龄结束。在蝗蝻出土盛期和 2～3 龄期各进行 1 次调查，调查蝗蝻发生面积及密度，记录蝗蝻发生情况，通过蝗蝻发育进度，预测当年灾害发生面积、程度和时间，以便提前准备防治工作。

遥感技术在昆虫学上的应用可以体现在对昆虫本身的观察、对可能影响昆虫种群动态的有关环境因子的监测和对昆虫产生影响的探测（通常是植被破坏）（Riley，1989）。蝗虫个体小，从目前的遥感技术水平来看，还难以通过遥感直接进行监测，但草本植物的类型、组成与生长状况会明显地影响蝗虫的发生与分布，因此利用遥感技术对植被类型与生长状况进行监测，也可以实现对蝗虫的监测，且该方法省时省力，可实现大面积监测（张洪亮和倪绍祥，2003；马艳玲 等，2013）。监测的具体方法如下。①影像获取与预处理。根据监测范围和监测精度下载合适的遥感影像（如 Landsat 数据、高光谱数据），并进行几何校正、大气校正等预处理。②植被指数选择与计算。利用影像波段信息和植物光谱特征计算出的植被指数，如常用的 NDVI、减少土壤背景信息影响的土壤调节植被指数等。③草原蝗虫发生分析。将采样点的信息与植被指数建立对应关系，然后对草原蝗虫发生进行统计分析。

此外，结合气象信息也可以进行蝗虫灾害的监测。已开发的北方草原蝗虫气象监测预测服务系统不仅建立了我国北方草原蝗虫气象监测预测信息数据库，而且建立了我国北方草原蝗虫气象监测预测指标和模型体系。该系统具有数据管理、模型调用、预报图制作和结果输出等功能，可利用该系统开展草原蝗虫发生面积、密度和气象等级监测预报（白月明，2008）。

（2）草原毛虫和其他害虫监测。对草原毛虫、草原叶甲（*Geina invenusta* Jacobson）、春尺蠖（*Apocheima cinerarius*）、草地螟等害虫要做好越冬幼虫发育进度调查。早春土壤解冻后，在既往发生地或越冬地进行定点调查，直至成虫羽化，记录幼虫密度，并观察发育进度，预测当年的发生面积、程度和时间。对于草地螟等具有迁飞习性的害虫要利用诱虫灯进行成虫调查，在此基础上结合气象数据，严密监视种群的迁移路线和扩散地，调查其分布面积及虫口密度，预测下一代或翌年灾害发生情况（吉汉忠，2011）。

2）草原鼠害监测

目前，3S 技术在鼠害监测方面也得到了一定的应用。通过将 3S 技术与地面调查相结合，构建草原鼠害监测模型，可以对鼠害监测提供一定的决策支持。第一，利用主成分分析法，确定鼠害发生及危害的主要因子（高程、坡向、坡度、NDVI 等）。第二，利用层次分析法，确定主要因子权重值。第三，将各因子条件进行归一化计算，得到因子量化值。第四，构建草原鼠害监测模型并进行分析（何咏琪 等，2013；杨东生 等，2004）。

通过对草原鼠害区域生物量及盖度进行监测，也可以在一定程度上反映鼠害的情况。该方法重点在于生物量及盖度模型的构建，构建的方法是基于地面样方生物量数据结合遥感影像进行建模，结合划分的鼠害区域，通过对比分析，实现鼠害监测（陈梦蝶 等，2013）。

3）草原病害监测

牧草病害会直接影响草原的生物量，还会影响牧草的质量。虽然牧草病害的发生常因种植地区的不同而不同，但就外部表现来看，植株会大量落叶，由此导致牧草枯萎变黄，收获牧草的叶量减少、营养价值降低及草的质量下降（翟桂玉，2002）。当植物生长状况发生变化时，其波谱曲线的形态也会随之改变。例如，植物发生病虫害，农作物因缺乏营养和水分而生长不良时，海绵组织受到破坏，叶子的色素比例也发生变化，使可见光区的两个吸收谷不明显。因此，可以借用遥感影像实现监测，尤其是高光谱遥感影像，在获取地表空间图像的同时会得到每个地物单元的连续光谱信息，能够更明显地看出病害植被的变化（杨可明和郭达志，2006）。但目前高光谱遥感在草原病害方面的研究仍比较少。遥感方法虽然可以实现大面积监测，但由于不同地区病害种类的差异，还需要了解当地小规模种植同类或近似品种牧草所遇到的和曾发生的牧草病害及其有效的预防控制方法，才能提前做好大面积播种牧草前的病害处理预案。

6.3.4 无人机和高光谱草地监测与评价

1. 无人机草地监测与评价

无人机遥感平台近年来被广泛应用于生态学研究中，它具有时效性强、成本低、空间分辨率高等优势。在草地生态监测中，无人机可以快速获取样地影像，便于在地形复杂的研究区开展工作，能有效地弥补卫星遥感在区域尺度上与地面调查在样地尺度上的尺度差距。无人机可以搭载的传感器包括可见光相机、多光谱传感器、高光谱传感器、热红外相机、激光雷达等。根据不同类型传感器获取的产品，可以达到不同的研究目的（表6-2）。

表6-2　不同无人机传感器的数据产品及应用范围

传感器类型	数据产品	应用范围
可见光相机	正射影像、数字表面模型、数字高程模型	植被分类、地形信息
多光谱传感器	多波段光谱信息	植被生物量、物种识别
高光谱传感器	全波段光谱信息	植物含氮量、植被物候、病虫害监测、物种识别
热红外相机	温度信息	火灾监测、大型动物检测
激光雷达	点云、数字表面模型、数字地面模型	生物量估测、地形分析等

1）物种识别与植被分类

无人机遥感影像在经过预处理后，其分辨率远高于卫星影像，可用于物种识别与植被分类。多光谱及高光谱传感器的应用丰富了光谱信息，增加了物种识别的准确率。研究者多结合机器学习算法或更加新型的深度学习算法进行分类，例如，韩东等（2018）利用决策树算法基于无人机正射影像进行草原木本和草本植被的分类；杨红艳等（2019）利用无人机搭载高光谱传感器，基于卷积神经网络对草原物种进行分类。试验证明无人机影像可以在景观尺度上对草原物种进行高精度识别与分类。

2）草原植被高度、盖度与生物量监测

草原植被高度、盖度与生物量是反映草地生态质量的关键指标，及时获取其监测结果可以为生态环境保护与畜牧业发展提供决策支持。无人机通过对点云数据的处理可以获取植被高度信息，准确地得到牧草及灌丛的高度模型；植被盖度监测是利用正射影像分类获取植被覆盖信息；生物量监测是采用植被指数或植被高度的回归模型进行反演。国内外近期具有代表性的研究包括：孙世泽等（2018）发现无人机多光谱影像中 RVI 反演天然草原的生物量精度最高；Wijesingha 等（2019）利用 3D 点云数据获取植被高度信息，对草原生物量进行反演，取得了较好效果；Meng 等（2018）将无人机影像得到的草地植被盖度作为样本数据，最后结合 MODIS 卫星数据对青藏高原东部的草原植被盖度进行反演。在相关研究中，研究者多利用无人机的便捷性，将无人机得到的结果作为样本数据，进行尺度提升。

3）草原生物灾害监测

无人机遥感因其快速灵活且成本低等优势，经常被用于部分草原生物灾害的研究中，其主要包括对草原病虫害及鼠害的监测、毒草的识别等。Tang 等（2019）利用无人机影像对草原鼠洞进行识别，并分析了其对植被盖度的影响；还有研究者基于无人机影像对草地退化杂类草入侵遥感监测的方法进行了研究（屈冉 等，2013）。

除此之外，无人机遥感平台在草原研究中还可以应用于草地植被结构与理化性状的监测（Lu et al.，2018），草原植被物候的监测，以及叶面积指数、含氮量、叶绿素含量等的估算（Sha et al.，2019）。

2. 高光谱草地监测与评价

随着传感器光谱分辨率的提高，高光谱遥感可以获得地物上百个连续波段的信息，更多地物的光谱特性逐渐被发现，使高光谱遥感成为 21 世纪遥感领域最重要的研究方向之一。在草原生态研究中，高光谱遥感有很大的优势，已广泛地应用于草产量估算、草地种类识别、牧草品质估测等方面。

1）物种识别与植被分类

相较于传统的多光谱影像，高光谱遥感可以极大地提高草原物种识别与植被分类的精度，研究者可以充分利用其波段连续、光谱分辨率高的优势，筛选最优的波段或进行数据压缩、波段重新组合，准确地探测植被信息。波兰研究者（Marcinkowska-Ochtyra et al.，2000）将高光谱数据与地形数据融合对草地类型进行了分类；Peng 等（2019）使用高光谱数据得到了 7339 个光谱指数，并对沙质草地的植被进行分类，最终获取了效果最佳的指数。

2）草地生物量估算

草地遥感估产研究方法的重点在于建立植被指数与草产量的关系，研究角度多元化，如使用数据、植被指数、模型多样化等。高光谱遥感技术可以有效地挖掘生物量与植被光谱特征的关系，可以对大尺度的草地产量进行精确的估测。利用高光谱遥感模型方法对草地产量进行估算，一般采用单变量的线性和非线性回归模型和逐步回归模型进行精确的估算，从而确定原始高光谱波段变量最优模型。

常用的植被指数与波段变量包括 NDVI、红边（REP）等。例如，Ren 和 Zhou（2019）利用高光谱数据对干旱区草原的生物量进行研究，并找出了最优的波段组合方式；Kong 等（2019）同样利用高光谱遥感数据的最佳波段组合对高寒草原的生物量反演进行了研究。

3）草地退化监测

草地退化是威胁草原经济、社会可持续发展的严重问题。高光谱遥感常被应用于草地退化的监测。高光谱遥感对草地种类识别的主要目的是监测草地的退化程度，研究者多利用草地退化指示种的特征波段在高光谱图像上进行识别，然后进一步判断退化情况。此外，也有研究者使用相关遥感指标对退化程度进行分级。例如 Mansour 等（2012）使用高光谱数据对 4 种不同等级的草原退化指示种进行分类，取得了较高的精度；Wang 等（2018）利用高光谱数据得到的指数对西藏的草原进行退化情况的监测。

4）草地化学成分估测

高光谱遥感在草原生态监测中重要的应用方向之一是对植被化学成分的估测。对草原植被叶片、冠层化学成分时空变化的监测可以评价草地植被长势状况，及时掌握植被的营养成分有效性、凋落物分解速度等。已有研究主要利用高光谱影像对草地植被的氮磷含量、叶绿素、粗蛋白质、含水量等进行研究。例如，Gao 等（2019）基于高光谱数据利用随机森林算法对草原植被生长期的氮含量进行反演，取得了较好的结果；Peng 等（2018）利用高光谱数据对草原植被叶绿素含量的反演进行了研究。

6.4 展　　望

技术进步深刻影响草地监测与评价工作，下面对长期固定样地（生态站）草地监测与评价、草地遥感监测与评价、深度学习和大数据在草地监测与评价中应用的发展趋势进行展望。

6.4.1 长期固定样地（生态站）草地监测与评价的发展趋势和展望

随着我国经济的迅速发展，草原开发力度显著加快，导致生态环境压力加大，引起生态系统整体功能下降。草原是我国面积最大的陆地生态系统，也是相对脆弱的生态系统类型，进行长期固定样地（生态站）草地监测与评价是掌握草原生态系统时空变化规律的重要手段，草原长期固定样地（生态站）的监测与评价将会更加受到重视和快速发展。其未来发展有以下趋势。

1. 观测仪器更先进、精度提高、内容扩展

随着科技进步，草原长期固定样地（生态站）观测仪器的自动化程度会提高。例如，气象观测会普遍应用自动气象观测仪，土壤水分监测会使用中子水分仪，植物观测会应用光合作用仪等仪器。由于自动观测仪器或现代仪器的使用，观测的自动化程度大大提高，观测的频次会明显提高。观测频次提高，观测的精度就会明显提高，观测值就更接近于真实值。例如气象站，人工观测百叶箱中的气温，每天观测 3 次，平均值代表当天的平均气温；自动气象站对气温的观测密度可以设定为每 5 分钟 1 次，这样观测的平均值就是每日 288 次观测值的平均值，更接近于真实值，观测的精度和稳定性明显提高。随着仪器的发展，观测的内容就会扩展，以前没法测定的内容，随着仪器发展和应用变成了可测定项目。例如，随着涡度相关仪器的发展和应用，可以测定植被与大气之间的 CO_2 和水热通量，扩展了观测的内容，为发现新的自然规律提供了条件。

2. 实现远距离即时观测和数据快速传输

在长期固定样地（生态站）可以安装各种摄像镜头，对着观测的植物或观测的区域，可以在千里之外的终端前随时观测固定样地（生态站）的即时情况，固定样地（生态站）中的各种观测数据也可以及时传到千里之外的数据中心或实验室，在实验室可以随时分析研究远距离的问题。

3. 多尺度和多源数据的应用

在长期固定样地（生态站）观测的数据多种多样，仅从不同层次上看，有细胞水平的观测数据、植物个体水平的观测数据、样方观测数据、样地观测数据、无人机观测数据、卫星观测数据等。观测数据尺度逐渐增大，对同一个样地可以从不同尺度上进行详细研究。尺度的变化使观测的内容和结构发生变化，使观测到的现象更加全面和翔实。从固定样地（生态站）得到的数据也是多种多样，有文字材料、矢量图资料、照片、摄像影像、观测数据、各种尺度的无人机数据和卫星数据等，对这些不同的数据进行融合、配合和分析，可以揭示更多的关系，使长期固定样地（生态站）的监测与评价工作取得更多的成果。

6.4.2 草地遥感监测与评价的发展趋势和展望

下面主要从遥感数据源和遥感技术发展两个方面对草地遥感监测与评价的发展趋势进行展望。

1. 丰富的遥感数据源将拓宽草地遥感的研究领域

随着遥感技术的进步，遥感数据源不断丰富。遥感传感器无论从空间分辨率

上还是在时间分辨率上都在不断提高,不仅提高了草地调查监测的时效性,也提高了草地动态变化监测评价的准确性。

草地遥感监测应用的主要数据源是光学遥感数据。随着遥感技术的发展,其空间分辨率也越来越高,可供选择的数据源也逐渐增多。早在20世纪80年代,人们便将遥感技术应用在草地监测中。1970年12月,美国发射了第一颗NOAA极轨卫星以来,在随后几十年里共连续发射了19颗。其搭载的AVHRR传感器为草地资源监测提供了可靠的数据,也是当时草地监测所采用的主要数据。随后,美国于1972年、1999年和2002年分别发射了Landsat TM、TERRA和AQUA卫星,其携带的MODIS传感器等中高分辨率遥感数据因其成本低、数据获取容易、数据产品多的特点极大地推动了遥感在许多行业的普及应用。同期,如2001年、2008年和2009年分别发射的QuickBird、GeoEye-1和WorldView-2等商用亚米级光学卫星,其空间分辨率可与航片媲美,精度高、更新周期短,对草地遥感的发展是一个极大的机遇,但是其费用也相对较高,数据的获取相对较难。从2013年至今,我国高分专项已发射的高分系列卫星已有十多颗,其产品种类众多,覆盖类别全,极大地改善了我国卫星数据获取所面临的问题。尤其是GF-6号资源卫星,其搭载红边波段,是我国首颗精准农业观测高分卫星,也为我国草原遥感监测与评价提供了极大的便利。

2. 遥感技术的快速发展提升了草地遥感监测的水平

国外最早将3S技术应用于草地遥感监测。国内研究者将遥感技术用于草地遥感监测尽管起步相对较晚,但是发展速度很快。最初遥感技术应用于草地监测与评价主要基于AVHRR数据,随着遥感技术的发展,Landsat、MODIS等数据产品越来越多地应用于大面积生物量、植被长势、植被覆盖度、NPP和碳汇等的估算。针对草地植被关键参数或水热环境进行协同反演,能够生产更高精度、无缝隙的草地遥感产品。

进入21世纪以来,地面光谱实验数据或高光谱数据逐渐应用于草地遥感监测与评价研究中,推进了草地的草产量、草地植被生长状况、草原退化、沙化和盐渍化的监测与评价,以及草原火灾、雪灾和鼠虫害监测等关键技术的研发与应用。

6.4.3 深度学习在草地监测与评价中的应用和展望

在过去的50年中,空间信息技术,特别是卫星遥感技术,在地球资源调查(包括局部和区域的环境变化监测,甚至全球变化的研究)方面提供了先进的监测和研究方法,其具有全面、快速、动态、准确的优势。各种形式的机器学习方法已经在环境遥感研究中发挥着重要的作用。随着地球观测的大数据数量的增加和机器学习的快速发展，出现了越来越多的新方法用于地球环境监测。其中，深度学习成为典型的和先进的机器学习框架，它是从传统的神经网络发展而来的，已经超越了传统的模型，在性能上有了相当大的改进（Holloway and Mengersen，2018）。

深度学习（deep learning，DL）是近年来受到广泛关注的一种深度人工神经网络学习的潜在方法。通过多层学习，深度学习模型能够准确地逼近环境参数之间复杂的非线性关系。深度学习在遥感图像多尺度、多水平特征提取和从低水平到高水平的特征融合方面具有很大的优势，因此在图像处理和分类问题上具有很好的优势（Ali et al.，2015）。

应用深度学习开展草地监测与评价（主要包括草原资源制图、草原植被参数反演及植被信息重构和预测等），其优势在于对时空信息和光谱信息的深度解析。

1. 草原资源制图

草原资源制图依靠遥感影像的分类技术。传统的分类方法多是根据不同的空间单元（像素、移动窗口、对象和场景等）对图像进行分类，由于传统分类方法在图像分类时只涉及光谱和空间域的水平特征，使有限的分类规则区分复杂的草原植被结构较为困难。深度学习分类技术由于其多尺度、多水平特征提取的优势，近年来被引入地表覆盖制图中，并取得了较好的效果。随着高分辨率甚至极高分辨率卫星影像对草原资源制图的要求，基于深度学习的分类方法在未来的应用中显示出了其潜力。

2. 草原植被参数反演

越来越多的草原植被参数反演通过物理模型过程实现，但其建立在系统的物理理论和机制基础上。然而物理模型过程非常复杂，涉及大量的模型参数，尚需进一步的研究和发展。深度学习可以模拟或简化环境参数检索的物理模型。物理模型需要非常复杂的计算，而深度学习具有强大的仿真能力，可以部分或全部用于物理模型的正向仿真，使植被参数反演过程得以简化。同时，由于深度学习具有模拟近似复杂关系的能力，可有效地建立遥感观测与现场环境参数之间的统计关系，从而避免复杂的物理模型计算。因此，在缺乏合理物理模型的情况下，深度学习可以为草原植被参数反演提供一种可行的解决方法。

3. 植被信息重构和预测

受云层、卫星数据坏道等影响，数据信息可能缺失。目前针对不同的影响条件，已经研发出多种方法来重建遥感数据中缺失的信息，包括云掩膜、条带填补、植被指数重构等。但大多数的数据重建方法都是基于线性模型，只能在有限的条件下使用，这种限制使处理复杂的表面和较大的缺失区域变得困难。由于深度学习具有较强的非线性表达能力和良好的计算能力，深度学习方法在缺少数据预测、云掩膜、植被指数重构等方面已有一定的应用，具有较好的应用前景。

6.4.4 大数据在草地监测与评价中的应用和展望

大数据（big data）是热门话题，大数据的应用更是多种多样，如何在草地监测与评价中应用，很有必要进行一些讨论和展望。

关于大数据的定义有很多种，选两种予以简述。①大数据是指无法在一定时间内用常规的软件工具对其内容进行抓取、管理和处理的数据集合。大数据存在五大特征，分别为量大、高速、多样、低价值密度和真实性等。②大数据是一种规模巨大，在获取、存储、管理、分析方面大大超出了传统数据库软件工具管理能力范围的数据集合，具有海量的数据规模、快速的数据流转、多样的数据类型和低价值密度四大特征。

大数据的处理技术主要是探索海量数据之间的各种关系，它是互联网发展到现今阶段的一种表现和特征。在以云计算为代表的技术创新的大背景下，那些原本很难收集和使用的数据开始很容易地被利用起来，并通过各行各业的不断创新，这些大数据会逐步为人们创造出更多的价值。

大数据在未来可以解决各种各样的问题。例如，更好地服务和解决社会经济问题、科学技术问题、资源生态问题、草原管理问题、草地监测与评价等问题。以下对大数据在草地监测与评价中的应用进行一些展望。

1. 草原资源生态快速监测

在大数据技术条件下，网络传输高度发达，云计算技术大力发展，各种遥感数据的获取能力和运算能力大幅提高，利用遥感数据可以进行更多的草原资源生态监测和评价工作。国产高分系列数据等可以结合使用，提高了全球覆盖的效率，覆盖周期可缩短到5～7d，可以用分辨率为16m的高分等数据进行草原植被的宏观监测，监测全国草原植被的生物量、覆盖度、叶面积指数、草原生长情况、草原的物候变化、局部区域的草原退化和沙化情况等。由于计算能力大幅提高，可以利用高分辨率的遥感数据计算大区域甚至全球的环境指标。例如，可以计算大区域的土壤水分含量，监测草原区的干旱情况及草地畜牧业的旱灾情况等。无人机技术的发展，可以促进很多需要极高分辨率数据的草原监测和评价工作。例如，无人机数据的空间分辨率可以达到10～20cm，可以判别（识别）一些植物种群、生境、大型草食动物的种类、大型草食动物的密度和数量、小片草原开矿、垦荒等，可以大大扩展草原遥感监测和评价的内容。高分辨率遥感数据的大量出现、计算能力的大幅提高，为草原遥感监测与评价工作打开了一扇窗户，使过去不能实现的草原监测内容变得容易完成，使过去不可想象的草原遥感监测内容有了现实基础。

2. 移动式草原多功能监测仪的研发和应用

草原资源和生态监测工作少不了地面监测。地面监测最能反映当时草原的真实情况，是遥感等监测工作的基础和关键，也是整个草原监测评价中工作量最大的一个环节。开发移动式草原多功能监测仪有现实需要，移动式草原多功能监测仪可以开发成多功能、可扩展的草原监测仪器。在野外，监测区样地固定后，在样地内可以方便安装有关探头，获取经纬度、草原光学照片、红外相机照片、多尺度无人机照片、生物量、覆盖度、土壤温度、土壤水分、土壤其他信息，以及当时可获取的其他信息等。这些信息可以及时保存，有些信息需要回室内补充，审核后保存和上传。这样避免大量的信息重新手工输入，就会减少误差，提高野外调查监测的精度。

总之，大数据已深入我们的生活，深入未来草原监测和评价的方方面面，将会深刻改变草原监测和评价的格局和现状。

第 7 章
草地有害生物防治的原理与技术*

草地有害生物是指危害草地植物或毒害家畜，影响牧草生长、草产量或品质，造成经济损失或影响生态和景观的生物总称，主要包括病原微生物、害虫、啮齿动物和毒害草四大类。近年来，随着气候变化和人类经济活动对草地干扰的加剧，草地退化现象普遍，草地有害生物危害严重。因此，加强对草地有害生物的研究、防治与管理越来越受到关注。本章将从草地有害生物的种类、分布、危害、防治原理、防治技术及展望等方面进行论述。

7.1 引 言

7.1.1 草地有害生物的重要性

草地是我国最大的陆地生态系统，是我国畜牧业生产的基础。据《三皇本纪》记载，伏羲"养牺牲以充庖厨"，教民畜牧，由此畜牧业拉开了华夏文明的序幕，形成草地-家畜-人的生态系统，是中国农业的源头（任继周，2004b）。我国农业的发展历程，包括草地植物在内的作物与有害生物斗争的历史，可以说是植物保护与农业生产同时开始、并行发展的。例如，中国自公元前 700 年便有了有关蝗虫的记载，从春秋时代到中华人民共和国成立的 2600 多年中，蝗灾发生近千次；公元前 239 年《吕氏春秋》提倡适时播种以防虫；约公元 304 年我国用黄猄蚁（*Oecophylla smaragdina*）防治柑橘害虫；唐朝专设治蝗官员，这些机构与植保措施有力地推动了我国古代农业的发展，保障了粮食供给与安全。

20 世纪 80 年代以来，我国草地生物灾害总体上发生偏重。特别是 90 年代末期至 21 世纪初，随着全球气候变暖和草地不合理利用，草地严重退化，有害生物防控比例偏低，生物灾害连年高发。据全国畜牧总站（2018b）统计：2001 年以来，全国草地啮齿动物（鼠类）、虫害、毒害草及病害年均发生面积分别达 3766 万 hm^2、1960 万 hm^2、190 万 hm^2 和 86.3 万 hm^2。草地生态系统受病、虫、啮齿动

---

* 本章作者：李春杰、李彦忠、段廷玉、袁明龙、俞斌华

物及毒害草的影响，形成生物灾害，这些灾害的发生又加剧了草地生态环境恶化与草地退化，形成恶性循环。

有害生物对草地的危害贯穿草地农业系统的4个生产层及整个生产活动（李彦忠 等，2014）。病害、虫害、啮齿动物及毒害草能够造成植株干枯、根部腐烂、茎叶损毁甚至成片死亡，引致前植物生产层中景观植被退化和生态环境恶化，影响草原景观功能和生态功能；在植物生产层，降低牧草产量，改变植物种群结构，降低生态系统生产力和稳定性，引发草地逆向演替，缩短草地利用年限，影响草地畜牧业可持续发展；在动物生产层，一些病虫害和毒害草产生毒素，影响家畜、家禽和野生动物生长、发育、繁殖和栖息，甚至引起中毒、死亡；在后生物生产层，影响皮、毛、乳产品及草产品的品质、货架寿命和经济效益。

尽管草地有害生物造成巨大的生产、生态及环境方面的破坏，但其又是草地农业系统中重要的生产者、消费者和分解者，是生态系统中不可或缺的组分，也是生物多样性重要的组成部分（Reed et al., 2007）。习近平同志在2017年中央农村工作会议上强调，现在讲粮食安全，实际上是食物安全。老百姓对食物的需求更加多样化了，这就要求我们转变观念，树立大农业观、大食物观，向耕地草原森林海洋、向植物动物微生物要热量、要蛋白，全方位多途径开发食物资源。这一重要论述，要求我们在开展草地有害生物持续管理时必须站在政治、社会及科学的高度，从提高草地生态系统整体生产力的角度出发，既要尽可能降低有害生物的危害，又要看到有害生物在草地生态系统中有利的一面，树立有而不害、化害为益的有害生物观，积极肯定其生态作用和潜在的利用价值，以期达到保护生物多样性的目的。

作为草地生态系统的重要组分，草地有害生物与全世界生物科学关注的全球变化、生物多样性和可持续发展等热点领域密切相关。以草地病、虫、啮齿动物、毒害草为主的有害生物及其防控是影响草地生态系统可持续发展的关键因素之一，是影响草地健康的重要因素。健康的草地是我国广大草原牧区人民生产与生活的支柱，是我国重要的生态安全屏障。因此，有效管理草地有害生物，既是保障国家食品安全、推进草地农业高质量绿色发展的重要组成部分，也是生态安全和生态文明建设、山水林田湖草沙系统治理、精准助农、乡村振兴及维护边疆地区稳定安全等国家战略的需要。

7.1.2 有害生物的种类与分布现状

我国草地有害生物具有种类多、分布广、危害方式多样、层次复杂等特点，一旦发生生物灾害，常常持续危害多年。

1. 病害

我国尚无专门的机构对天然草原植物病害进行系统的研究，仅对病害发生较重的地区进行过病害调查与防治示范。草地病害的研究仅限于栽培草地，总体上存在"六多"和"六少"的局面，即：北方草地病害研究多，南方草地病害研究少；豆科牧草病害研究多，其他科的草地病害研究少；栽培草地病害研究多，天然草原病害研究少；种子田病害研究多，收草田病害研究少；草地病害调查多，草地病害发病规律研究少；病害发生研究多，病害防治研究少。

目前已报道的有26科377属1547种牧草的5237种病害（南志标和李春杰，2020）（表7-1）。

表7-1 中国牧草真菌病害多样性

寄主植物科名	寄主属	寄主种	锈病/种	白粉病/种	黑粉病/种	霜霉病/种	其他病害/种	病害总数/种
豆科	55	278	238	210	4	39	600	1091
禾本科	132	527	745	55	251	17	1233	2301
菊科	66	270	340	108	3	62	249	762
莎草科	11	131	143	0	42	0	82	267
藜科	12	49	25	19	0	28	59	131
蓼科	7	73	51	16	47	3	66	183
十字花科（Cruciferae）	15	29	10	7	0	24	15	56
蔷薇科	5	23	24	10	0	2	16	52
苋科（Amaranthaceae）	5	15	16	0	1	1	27	45
百合科	8	26	17	0	1	2	14	34
鸢尾科（Iridaceae）	1	16	15	0	0	0	21	36
车前科（Plantaginaceae）	1	11	13	12	0	9	31	65
旋花科（Convolvulaceae）	5	13	13	15	1	0	18	47
茜草科（Rubiaceae）	3	8	16	9	0	6	5	36
蒺藜科（Zygophyllaceae）	3	6	2	8	0	2	0	12
伞形科（Umbelliferae）	11	14	8	1	0	2	30	41
唇形科（Labiatae）	15	19	4	5	0	3	19	31
紫草科（Boraginaceae）	7	8	0	2	0	7	0	9
毛茛科（Ranunculaceae）	5	16	14	2	1	0	3	20

续表

寄主植物科名	病害						
	寄主属	寄主种	锈病/种	白粉病/种	黑粉病/种	霜霉病/种	其他病害/种	病害总数/种
大戟科（Euphorbiaceae）	2	7	7	0	0	1	1	9
茄科（Solanaceae）	3	3	0	1	0	0	3	4
桔梗科（Campanulaceae）	1	1	0	0	0	0	1	1
锦葵科（Malvaceae）	1	1	0	0	0	0	1	1
酢浆草科（Oxalidaceae）	1	1	0	1	0	0	0	1
龙胆科（Gentianaceae）	1	1	0	0	0	0	1	1
葫芦科（Cucurbitaceae）	1	1	0	0	0	0	1	1
合计	377	1547	1701	480	351	208	2497	5237

对内蒙古呼伦贝尔温带草原的调查共发现17科42属55种植物的129种病害（张雅雯，2019），在甘肃南部玛曲高寒草原发现11科16属19种植物的27种病害（刘日出，2011；刘勇，2016），在甘肃环县半干旱草原发现7科14属14种植物的19种病害（刘日出，2011）。在天然草原植物病害中，以锈病、白粉病、黑粉病、麦角病和叶斑病等危害较重（表7-2）。

表7-2 我国天然草原主要牧草重要病害种类

寄主植物	病害	病原菌	主要分布区
垂穗披碱草	锈病	隐匿柄锈菌（*Puccinia recondita*）	青藏高原等
	叶斑病	根腐离蠕孢（*Bipolaris sorokiniana*）	青藏高原等
	麦角病	麦角菌（*Claviceps purpurea*）	青藏高原、新疆等
羊草	白粉病	白粉菌（*Blumerian graminis*）	内蒙古及东北草原等
	锈病	隐匿柄锈菌	内蒙古及东北草原等
	条锈病	条形柄锈菌（*P. striiformis*）	内蒙古及东北草原等
	叶锈病	披碱草柄锈菌（*P. elymi*）	内蒙古及东北草原等
	羊草叶枯病	暗球腔菌（*Phaeosphaeria avenaria*）	内蒙古及东北草原等
	叶斑病	颖枯壳针孢（*Septoria nodorum*）	内蒙古及东北草原等
老芒麦	锈病	隐匿柄锈菌	青藏高原等
	麦角病	麦角菌	青藏高原、新疆等
针茅（*Stipa capillata*）	锈病	*P. buruettii*	内蒙古及东北草原等
	黑粉病	茎黑粉菌（*Ustilago hypodytes*）	内蒙古及东北草原
高山嵩草（*Kobresia scripina*）	黑粉病	嵩草炭黑粉菌（*Anthracoidea elynae*）	青藏高原等

续表

寄主植物	病害	病原菌	主要分布区
三穗薹草	黑粉病	尼泊尔炭黑粉菌（*A. nepalensis*）	青藏高原等
羽茅（*Achnatherum sibiricum*）	冠锈病	禾冠柄锈菌（*P. coronata*）	内蒙古及东北草原
长芒草（*Stipa bungeana*）	叶斑病	针茅生平脐蠕孢（*Bipolaris stipicola*）	环县半干旱草原等
胡枝子	锈病	平铺胡枝子单胞锈菌（*Uromyces lespedezae-procumbentis*）	环县半干旱草原等
	白粉病	胡枝子白粉菌（*Erysiphe glycines*）	环县半干旱草原等

资料来源：侯天爵（1993）、曾翠云等（2006）、刘日出（2011）、刘勇（2016）、张雅雯（2019）。

羊草、针茅等禾草锈病在东三省局部地区、内蒙古中东部等地发生；披碱草属麦角病在青藏高原和新疆等地区发生；禾草白粉病、黑粉病在各草原区均有不同程度的发生；嵩草属（*Kobresia* Willd.）、薹草属（*Carex* L.）黑粉病在青藏高原发生；各类叶斑病在全国各草原分布区均有发生。

对栽培草地苜蓿病害的研究最为深入（南志标 等，2003）。在我国有73种发生于各苜蓿产区，其中新疆北部、甘肃、宁夏、陕西、山西、内蒙古中东部、辽宁西部、吉林西部发生较重。与生产密切相关的重要病害有9种（表7-3），尤其是褐斑病、锈病和白粉病，在主要苜蓿产区均有分布。南方栽培草地以柱花草炭疽病、鸭茅锈病和黑麦草冠锈病为害最重。

表7-3　我国苜蓿主要病害种类

病害	病原菌
锈病	条纹单胞锈菌（*Uromyces striatus*）
白粉病	豌豆白粉菌（*Erysiphe pisi*）、豆科内丝白粉菌（*Leveillula leguminosarum*）
霜霉病	苜蓿霜霉菌（*Peronospora aestivalis*）
褐斑病	苜蓿假盘菌（*Pseudopeziza medicaginis*）
镰刀菌萎蔫与根腐病	锐顶镰刀菌（*Fusarium acuminatum*）、燕麦镰刀菌（*F. avenaceum*）、尖孢镰刀菌（*F. oxysporum*）、半裸镰刀菌（*F. semitectum*）、腐皮镰刀菌（*F. solani*）、三线镰刀菌（*F. tricinctum*）
炭疽病	三叶草刺盘孢（*Colletotrichum trifolii*）、毁灭刺盘孢（*C. destructivum*）、平头刺盘孢（*C. truncatum*）
夏季黑茎与叶斑病	苜蓿尾孢（*Cercospora medicaginis*）
春季黑茎与叶斑病	苜蓿茎点霉（*Phoma medicaginis*）
匍柄霉叶斑病	簇孢匍柄霉（*Stemphylium botrysum*）、枯叶匍柄霉（*S. herbarum*）、球孢匍柄霉（*S. globuliferum*）、囊状匍柄霉（*S. vesicarium*）

资料来源：李彦忠等（2016）。

2. 虫害

CNKI 数据库和《全国草原监测报告 2017》（中华人民共和国农业部，2017）目前共报道我国天然草原上的 712 种害虫，其中鞘翅目（Coleoptera）、直翅目（Orthoptera）、鳞翅目（Lepidoptera）和半翅目（Hemiptera）4 个目的害虫种类最多，占 94.4%（表 7-4）。发生面积大、危害严重的天然草原害虫主要有蝗虫、草原毛虫、叶甲类、夜蛾类和草地螟，危害面积占全国草原虫害总面积的 90%以上。天然草原害虫每年危害面积约占全国草原面积的 3.2%，其中西藏、内蒙古、新疆、甘肃、青海、四川 6 省（区）危害面积占全国草原虫害面积的 86.6%。

表 7-4　我国草地主要害虫种类

省（区）	主要种类
西藏	蝗虫：西藏飞蝗（*Locusta migratoria tibetensis*）、短星翅蝗（*Calliptamus abbreviatus*）、红翅皱膝蝗（*Angaracris rhodopa*）、李氏大足蝗（*Aeropus licenti*）、异色雏蝗（*Chorthippus biguttulus*）、白边痂蝗（*Bryodema luctuosum*）、红腹牧草蝗（*Omocestus haemorrhoidalis*）； 草原毛虫属（*Gynaephora*）
内蒙古	蝗虫：亚洲小车蝗、白边雏蝗（*C. albomarginatus*）、短星翅蝗、鼓翅皱膝蝗（*A. barabensis*）、宽翅曲背蝗（*Pararcyptera microptera meridionalis*）、红翅皱膝蝗、宽须蚁蝗（*Myrmeleotettix palpalis*）、李氏大足蝗、轮纹异痂蝗（*Bryodemella tuberculatum dilutum*）、毛足棒角蝗（*Dasyhippus barbipes*）、西伯利亚蝗（*Gomphocerus sibiricus*）、大垫尖翅蝗（*Epacromius coerulipes*）、狭翅雏蝗（*C. dubius*）、小翅雏蝗（*C. fallax*）、亚洲飞蝗、白边痂蝗、黄胫异痂蝗（*B. holdereri holdereri*）、红腹牧草蝗； 草地螟 叶甲：白茨粗角叶甲（*Diorhabda rybakowi*）、沙葱萤叶甲（*Galeruca daurica*）、沙蒿金叶甲（*Chrysolina aeruginosa*）； 白刺夜蛾
新疆	蝗虫：白边雏蝗、大垫尖翅蝗、短额负蝗（*Atractomorpha sinensis*）、红翅皱膝蝗、轮纹异痂蝗、西伯利亚蝗、狭翅雏蝗、小翅雏蝗、亚洲飞蝗、异色雏蝗、红胫戟纹蝗（*Dociostaurus kraussi*）、红腹牧草蝗、意大利蝗（*C. italicus*）； 草地螟 叶甲：阿尔泰叶甲（*Crosita altaica*）、白茨粗角叶甲、怪柳条叶甲（*Diorhabda elongata deserticola*）
甘肃	蝗虫：亚洲飞蝗、亚洲小车蝗、红翅皱膝蝗、宽须蚁蝗、短星翅蝗、小翅雏蝗、狭翅雏蝗、白纹雏蝗（*C. albonemus*）、李氏大足蝗、白边雏蝗、毛足棒角蝗、大垫尖翅蝗、鼓翅皱膝蝗、邱氏异爪蝗（*Euchorthippus cheui*）、白边痂蝗、黄胫异痂蝗、红腹牧草蝗； 草原毛虫； 草地螟 叶甲：白茨粗角叶甲、怪柳条叶甲、沙蒿金叶甲；白刺夜蛾
青海	蝗虫：白纹雏蝗、大垫尖翅蝗、短额负蝗、短星翅蝗、鼓翅皱膝蝗、红翅皱膝蝗、宽须蚁蝗、李氏大足蝗、轮纹异痂蝗、狭翅雏蝗、小翅雏蝗、亚洲小车蝗、异色雏蝗、白边痂蝗、黄胫异痂蝗、红腹牧草蝗； 草原毛虫； 沙葱萤叶甲； 白刺夜蛾
四川	蝗虫：西藏飞蝗、大垫尖翅蝗、宽须蚁蝗、小翅雏蝗； 草原毛虫

资料来源：刘爱萍等（1993）、杨定等（2013）、全国畜牧总站（2018b）、国家林业和草原局森林和草原病虫害防治总站（2020）。

栽培草地中以苜蓿害虫的研究最多。目前我国已报道的苜蓿害虫共有 297 种，隶属于 8 目 48 科。其中，严重危害的主要是半翅目的蝽类和盲蝽类、同翅目（Homoptera）的蚜虫科（Aphidoidea）、鞘翅目的象甲类和芫菁类、缨翅目（Thysanoptera）的蓟马科（Thripidea）（表 7-5）（张奔 等，2016）。

表 7-5　我国苜蓿主要害虫种类

目	种数	主要种类
鞘翅目	114	绿芫菁（*Lytta caraganae*）、中华豆芫菁（*Epicauta chinensis*）、苜蓿叶象甲（*Hypera postica*）、苜蓿籽象甲（*Tychius medicaginis*）、条纹根瘤象（*Sitona lineatus*）
半翅目	34	斑须蝽（*Dolycoris baccarum*）、苜蓿盲蝽（*Adelphocoris lineolatus*）、三点盲蝽（*A. fasciaticollis*）、中黑盲蝽（*A. suturalis*）、牧草盲蝽（*Lygus pratensis*）、绿盲蝽（*Apolygus lucorum*）
同翅目	34	豌豆蚜（*Acyrthosiphon pisum*）、苜蓿蚜（*Aphis craccivora*）、苜蓿斑蚜（*Therioaphis trifolii*）
缨翅目	9	牛角花齿蓟马（*Odontothrips loti*）、苜蓿蓟马（*Frankliniella occidentalis*）、花蓟马（*F. intonsa*）、烟蓟马（*Thrips tabaci*）

3. 鼠害

CNKI 数据库和《全国草原监测报告 2017》（中华人民共和国农业部，2017），共报道我国天然草原上的 132 种害鼠。其中，啮齿目（Rodentia）115 种，主要为鼠科（Muridae）、松鼠科（Sciuridae）和仓鼠科（Cricetidae）；兔形目（Lagomorpha）16 种（表 7-6）。全国草原鼠害危害面积约占全国草原总面积的 7%，其中西藏、内蒙古、新疆、甘肃、青海、四川 6 省（区）危害面积占全国草原鼠害面积的 92.7%。

表 7-6　我国草地主要害鼠种类

省（区）	主要害鼠种类
西藏	高原鼠兔、高原鼢鼠（*Myospalax baileyi*）、甘肃鼢鼠（*M. cansus*）
内蒙古	布氏田鼠、长爪沙鼠（*Meriones unguiculatus*）、大沙鼠、东北鼢鼠（*M. psilurus*）、草原鼢鼠、达乌尔黄鼠、子午沙鼠（*M. meridianus*）
新疆	鼹形田鼠（*Ellobius talpinus*）、黄兔尾鼠（*Eolagurus luteus*）、赤颊黄鼠（*S. erythrogenys*）、大沙鼠、草原兔尾鼠（*Lagurus lagurus*）、褐斑鼠兔（*Ochotona pallasi*）
青海	高原鼠兔、高原鼢鼠、甘肃鼢鼠
甘肃	长爪沙鼠、大沙鼠、子午沙鼠、高原鼠兔、高原鼢鼠、甘肃鼢鼠
四川	高原鼠兔、高原鼢鼠、甘肃鼢鼠

资料来源：张知彬（2003）、苏军虎 等（2013）、全国畜牧总站（2018b）、国家林业和草原局森林和草原病虫害防治总站（2020）。

4. 毒害草

我国草地主要毒害草有 316 种，主要分布在我国西部天然草原，严重危害草原和家畜。其主要包括棘豆属（*Oxytropis*）、黄芪属（*Astragalus*）、橐吾属（*Ligularia* spp.）、乌头属（*Aconitum*）、狼毒（*Stellera chamaejasme*）、醉马草、马先蒿（*Pedicularis resupinata*）、无叶假木贼（*Anabasis aphylla*）和牛心朴子（*Cynanchum komarovii*）等 30 余种，危害面积占毒草危害总面积的 90%（赵宝玉，2016；尉亚辉 等，2017；国家林业和草原局森林和草原病虫害防治总站，2020）（表 7-7）。

表 7-7　我国草地主要毒害草种类

省（区）	造成灾害的优势种
西藏	7 种：笔直黄芪（*Astragalus strictus*）、冰川棘豆（*Oxytropis glacialis*）、毛瓣棘豆（*O. sericopetala*）、甘肃棘豆（*O. kansuensis*）、狼毒、工布乌头（*Aconitum kongboense*）、藏橐吾（*Ligularia rumicifolia*）
内蒙古	11 种：小花棘豆（*O. glabra*）、变异黄芪（*A. variabilis*）、哈密黄芪（*A. hamiensis*）、披针叶野决明（*Thermopsis lanceolata*）、苦豆子（*Sophora alopecuroides*）、苦马豆（*Sphaerophysa salsula*）、醉马草、牛心朴子、蒙古扁桃（*Amygdalus mongolica*）、狼毒、鹤虱（*Lappula myosotis*）
新疆	10 种：醉马草、白喉乌头（*A. leucostomum*）、小花棘豆、变异黄芪、无叶假木贼、马先蒿、纳里橐吾（*L. naryensis*）、狼毒、阿尔泰藜芦（*Veratrum lobelianum*）、菟丝子
青海	9 种：甘肃棘豆、黄花棘豆（*O. ochrocephala*）、镰形棘豆（*O. falcata*）、急弯棘豆（*O. deflexa*）、宽苞棘豆（*O. latibracteata*）、披针叶野决明、狼毒、醉马草、黄帚橐吾
甘肃	11 种：甘肃棘豆、黄花棘豆、小花棘豆、变异黄芪、狼毒、醉马草、橐吾（*L. sibirica*）、马先蒿、苦豆子、无叶假木贼、披针叶野决明
四川	12 种：紫茎泽兰（*Ageratina adenophora*）、黄帚橐吾、狼毒、狼毒大戟（*Euphorbia fischeriana*）、甘肃棘豆、镰形棘豆、密花香薷（*Elsholtzia densa*）、披针叶野决明、醉马草、乌头（*A. carmichaelii*）、翠雀（*Delphinium grandiflorum*）、马先蒿
宁夏	6 种：黄花棘豆、小花棘豆、变异黄芪、苦豆子、牛心朴子、菟丝子

资料来源：赵宝玉（2016）、尉亚辉等（2017）和国家林业和草原局森林和草原病虫害防治总站（2020）。

5. 外来入侵的有害生物

我国外来入侵物种已达 660 余种，年均新增 4～5 种（冼晓青 等，2018）。近年来，豚草（*Ambrosia artemisiifolia*）、少花蒺藜草（*Cenchrus spinifex*）等物种入侵，尤其是 2019 年草地贪夜蛾（*Spodoptera frugiperda*）从云南入侵，目前已扩散蔓延至我国西南、华南、江南、长江中下游、黄淮、华北、西北地区的 27 个省（区、市），造成了重大经济损失，需要重点关注（姜玉英 等，2019；郭井菲 等，2022）。

7.1.3　有害生物造成的损失及其危害

1. 有害生物造成的损失

草地有害生物的持续危害，不仅降低牧草产量和品质，造成经济损失，而且破坏草地，降低生物多样性，对草地生态构成严重威胁。据估计，全世界每年因病害、虫害、草害造成的包括牧草在内的种植作物损失达35%（南志标，2000），其潜在损失可高达69.8%，而防效仅约为40%。其中，因病害损失17.5%，因虫害损失22.7%，因毒草害损失29.6%，因鼠害造成的损失占作物总产量的10%~20%（FAO，1993）。

目前，缺乏我国草地有害生物造成牧草产量下降的确切数据，但草地以生产植物营养体为主要目的，按以上数据及我国实际情况估计，草地有害生物通常造成草产量损失在30%左右。据不完全估计，毒害草年均造成我国草地直接经济损失达150亿元（冯柯 等，2016）；鼠害造成草地经济损失达50亿元（张知彬，2003）；虫害年均造成的鲜草损失达94.5亿元（洪军 等，2014b），病害年均直接经济损失达45亿元（南志标，2000）。仅青海每年有1.2亿亩草地受害，损失干草250万t，相当于5000万只羊的年采食量。草地有害生物对生态环境、社会秩序等的影响无法估算，但至少是草地直接经济损失的数倍之多（全国畜牧总站，2018b）。青藏高原高寒草地，由于鼠害长期高发形成的黑土滩，水土流失严重，寸草不生。我国蝗虫灾害时常有报道，最高年份发生面积近3亿亩，平均1.5亿亩，年均损失18亿元。毒棘豆与黄芪在西藏、甘肃、新疆、内蒙古等地引致家畜中毒的事件屡见不鲜（尉亚辉 等，2017）。

据统计，2006~2021年草原鼠害年均为害面积5.35亿亩，草原虫害年均为害面积1.81亿亩，鼠虫害为害面积约为林区的5倍（岳方正 等，2021）。据国家林业和草原局生物灾害防控中心统计，2021年全国草原有害生物为害整体依然严重，全年为害面积7.77亿亩（图7-1），严重为害面积3.67亿亩，占全年为害面积的47.23%。

图7-1 2006~2021年草原生物灾害发生面积

2. 有害生物危害

有害生物可危害整个草地农业系统,不仅影响牧草产量和品质,也影响草食家畜的健康,进而影响草地生态系统的稳定性和可持续利用。

1) 降低牧草产量

病害引致植物病斑、坏死、腐烂等,害虫通过啃食、吸食、蛀食植物茎叶和根系,害鼠通过取食与破坏植物地下组织和土壤,毒害草通过争夺土壤水分和养分,均可不同程度地降低植物光合作用,影响植株高度,减少田间植株数量,使牧草产量下降,降低牧草供给能力。例如,苜蓿霜霉病和救荒野豌豆锈病可使草产量下降47%~50%(南志标,1990a),每只鼢鼠年采食鲜草90kg(王兰英 等,2009)。

2) 降低牧草品质

病害使牧草品质变劣,粗蛋白质、脂肪、可溶性糖类含量下降,粗纤维含量上升,单宁和酚类含量增加,牧草的适口性和可消化率明显下降。例如,苜蓿褐斑病导致粗蛋白质含量下降25%,消化率下降14%左右,病斑面积占叶面积百分比从13%增至85%时,光合速率从48%下降至15.9%;锈病可使豆科牧草粗蛋白质含量减少20%以上(南志标,1990b,2001)。

3) 引致家畜中毒,降低家畜生产力

毒害草会产生糖苷、胺、单宁、毒蛋白等物质,家畜误食后会引起中毒甚至死亡(Zhao et al., 2013)。病草附生的青霉、曲霉和镰刀菌等产生曲霉素、展青霉素和玉米赤霉烯酮等真菌毒素,导致家畜中毒。苜蓿感染褐斑病后影响母畜繁殖的香豆醇类物质增加十倍至上百倍(南志标,2001)。内生真菌侵染醉马草产生麦角类生物碱,棘豆、黄芪等疯草与内生真菌共生产生的苦马豆素等均可造成家畜中毒、流产或死亡(崔振和李彦忠,2014;李春杰 等,2018)。飞廉、蒺藜等害草可刺破家畜表皮、口腔、消化道,影响家畜健康(史志诚和尉亚辉,2016)。

4) 影响畜产品的品质

家畜采食一些害草和病草后肉品和奶品出现异味,甚至含有对人体健康不良的化学物质。例如,蒿属(*Artemisia*)植物可降低牛奶风味,独行菜(*Lepidium apetalum*)可使肉品变黄,沙打旺病株能使乳品和肉品变苦(赵宝玉,2016;史志诚和尉亚辉,2016)。

5) 降低草地生产力和持久性

部分病害导致植株死亡,害虫的蛀根、咀嚼、刺吸活动,啮齿动物的啃食、挖掘、推丘等活动,毒害草在退化草地大量繁衍,均可导致草地质量下降,草地利用年限和草地生产力降低(Nboyine et al., 2016)。例如,青海退化草地狼毒盖度和生物量可达40%~80%(徐松鹤和尚占环,2019),苜蓿根腐病致使内蒙古赤峰整片苜蓿地衰退和废弃(方香玲 等,2019)。

6）导致草地退化，破坏生态环境

病害、毒害草可影响群落内种间竞争平衡，改变植被组成，引起群落结构的逆向演替（Mitchell et al., 2002; Yao et al., 2016），导致草原旅游景观变劣。鼢鼠、鼠兔或蝗虫猖獗为害，破坏草地，加剧水土流失和草地退化，形成黑土滩。例如鼢鼠地下鼠道较长，每只鼢鼠形成土丘多达20个（施大钊，2012）。

7）传播鼠疫

鼠害分布区与鼠疫自然疫源地分布区有较大重叠，主要危害种类也与鼠疫疫源鼠种基本一致，特别是在青藏高原区域，高原鼠兔和旱獭（*Marmota* spp.）等均为鼠疫疫源种（全国畜牧总站，2018b）；2019年内蒙古草原长爪沙鼠也被认为可传播鼠疫（闫东 等，2019）。草原鼠害持续高发，增加了疫病扩散、传播和流行的潜在风险，严重威胁农牧民的身体健康、生命安全及社会稳定。

8）有害生物协同作用加重危害

病害、虫害、鼠害和毒害草经常混合发生、互相影响，对草地造成更大危害。例如，苜蓿黄萎病、苜蓿病毒病都可经由蚜虫、蓟马、切叶蜂等昆虫取食、筑巢、传粉等活动传播（李彦忠 等，2016; Collins et al., 2018）。人们对天然草原的长期不合理利用使牧草生长发育受阻，繁殖能力衰退，优良牧草逐渐消失，适口性差的杂草及毒害草入侵群落，草地持续退化，退化草地又为害虫、害鼠的生存、繁衍提供了有利条件，成为它们栖居和繁衍种群的适宜生境（Borgström et al., 2018; Heinen et al., 2020）。地下害虫、线虫为害植物根部造成伤口，便于镰刀菌属（*Fusarium*）、丝核菌属（*Rhizoctonia*）、腐霉属（*Pythium*）等土壤习居菌侵入，加剧根腐病的发生（李彦忠 等，2014）。

7.2 草地有害生物防治的原理

1968年FAO提出"植物有害生物综合治理"（integrated pest management，IPM）的概念。1970年我国提出了"预防为主，综合防治"的农业有害生物防治的植保方针。1992年美国提出"基于生态手段的植物有害生物治理"（ecologically based pest management，EBPM）理论。

与农田相比，草地面积占我国国土面积的比例大，又具有不可替代的生态功能，管理与利用方式不同，在国民经济中的地位和作用也不同。依据草地的上述特性，南志标（2000）提出我国草地有害生物综合治理的概念为：根据草地农业系统的结构特点，以利用抗病虫品种为中心，以生态防治为基础，以生物、物理与化学防治为辅助，通过各种措施的综合应用，将草地有害生物的危害水平调节并保持在经济阈值水平之下，从而达到提高草地农业系统整体生产力和稳定性的目的。

草地有害生物综合防治应依据生态学原理、生物学原理和经济学原理开展。

7.2.1　生态学原理

1. 防治草地有害生物应以保护草地农业系统的完整性为前提

在草地农业系统中，生物因子群居于核心地位，是生物多样性的组分，是推动生态系统内涵发展的原动力，扮演着生态系统的生产者、消费者和分解者的角色（任继周，2015）。草地有害生物作为草地农业系统的重要组分，参与物质循环、能量流动和信息传递。不同类别的草地有害生物在草地农业系统中的作用不同，应采取不同的防治策略。

1）草地毒害草和寄生性种子植物是生产者

天然草原中的狼毒、醉马草等有毒植物可导致家畜中毒甚至死亡（赵宝玉 等，2003，2008），但这些植物与天然草原的其他植物一样为草地农业系统中的生产者，其生长早期及干枯后大部分可被草食动物采食，得到一定程度的有效利用，而且在防风固沙、涵养水源、维护生物多样性、观赏、药用、放牧管理等方面有特殊价值（王迎新 等，2014）。当天然草原退化加剧时，毒害草则不断扩大和蔓延，故毒害草种群数量的增加破坏了生态系统结构与功能的稳定性，可以作为评价草地退化的标志（任继周，2014）。对于此类有害生物主要采用改善植被群落结构、加快植被演替、改变耕作制度、畜种限制、日粮控制、轮作防控和生物脱毒等生态控制措施，兼顾以化学防除、机械清除为辅的综合防治方法（史志诚和尉亚辉，2016）。

2）害虫、啮齿动物和病原生物为消费者

害虫、啮齿动物和病原生物消费草地植物，为草地农业系统中的初级消费者。56只成年鼠兔日消耗的牧草与1头藏绵羊的日食草量相当（皮南林，1991）。虽然1只宽须蚁蝗一生仅取食1.29g，但当其种群数量达到成千上万只时则对草地的破坏十分严重（冯光翰和李新文，1984）。1个苜蓿褐斑病的孢子侵染苜蓿的叶片可导致1个坏死病斑，但其产生数千个孢子，传播4周则会导致数千个叶片出现坏死斑。

3）草地有害生物为分解者

草地有害生物通过碎裂、异化等方式清除草地植物的残枝落叶，使其体内的物质重新回归土壤与大气，实现了物质与能量循环。例如，核盘菌（*Sclerotinia sclerotiorum*）、灰葡萄孢菌（*Botrytis cinerea*）（Amselem et al.，2011）、禾小球腔菌（*Zymoseptoria tritici*）（Goodwin et al.，1993）、希金斯炭疽菌（*Colletotrichum higginsianum*）、禾生炭疽菌（*C. graminicola*）（Damm et al.，2014）、大丽轮枝菌（*Verticillium dahliae*）（Milgroom and Cortesi，2004）等病原菌可分解纤维素、淀粉、果胶、几丁质、腐殖质等，并释放CO_2，参与大气的碳循环。

4）草地有害生物的其他生态作用

草地有害生物是草地农业系统中食物链和食物网的重要组分，在物质循环和能量流动中发挥桥梁作用，维持着草地生态系统的平衡。其中，草地害虫被称为"蛋白库"（贺达汉，2014），啮齿动物被称为"中转站"或"助力器"（Roth et al.，2009）。草地害虫和啮齿动物的种群数量与其天敌动物的种群数量存在此消彼长的变化规律，允许一定数量的草地害虫和啮齿动物存在，才可支撑一定数量天敌动物长期持久地控制这两类有害生物的数量，避免暴发成灾（Hanski et al.，2001）。病原真菌可被重寄生真菌寄生（黄云 等，2005；梁晨 等，2008；李国庆 等，2009），病原线虫可被肉食性线虫取食，病原细菌可被噬菌体侵袭，这些有害生物均以食物链形式发挥着特有的生态作用。

草地有害生物与草地植物协同进化，其中病原生物在协同进化中起着主导作用（Burdon and Muller，1987），通过改变寄主植物的适应性（Jarosz and Davelos，1995），实现螺旋式协同进化（Alexander and Antonovics，1988），如叉枝蝇子草（*Silene latifolia*）的花药黑粉菌（*Microbotryum violaceum*）可改变寄主植物的生活史（Shykoff and Kaltz，1997）。害虫也具有传粉作用（贺达汉，2014）。啮齿动物可疏松土壤、影响土壤硝化过程和矿化进程、增加土壤肥力，在草地生态系统中具有重要的作用（张卫国，2015）。

2. 防治草地有害生物应以调控生态因子为主要手段

牧草、有害生物和环境之间的关系称为"三角关系"。但在天然草原，往往有家畜、天敌和人等因素相互影响，形成草地有害生物的"四角"、"五角"和"六角"关系。在这种多因素关系中，牵一发而动全身，故在草地有害生物防治时通过调节其他因素创造不利于草地有害生物而有利于草地植物的环境，达到持续控制草地有害生物种群数量的目的，可称为生态防治。

生态防治主要有利用有益生物、利用牧草抗性、调节环境和调控一种有害生物防治另一种有害生物等途径。

1）利用有益生物

有益生物普遍存在于草地农业系统中，例如，天敌昆虫寄生或捕食害虫，鹰、隼等鸟类捕食鼠类，重寄生菌寄生病原菌，木霉属（*Trichoderma*）真菌和芽孢杆菌属细菌等土壤微生物可以抑制或杀死土壤病原真菌。在草地有害生物防治中，应保护与利用这些有益生物，使其发挥应有的作用（胡进玲 等，2017）。

2）利用牧草抗性

国内外已将选育与利用栽培牧草的抗病虫品种视为防治草地有害生物的首选措施（Frosheiser and Barnes，1984；南志标，2000），但我国育成的抗病虫苜蓿品种仅有抗苜蓿霜霉病的中兰 1 号（兰新，2000）和抗蓟马的甘农 9 号（张晓燕 等，2016c），还不能满足生产所需。抗病苜蓿品种或材料的筛选为进一步选育抗苜蓿茎点霉叶斑病（张丽 等，2016）、苜蓿褐斑病（袁庆华和张文淑，2000）和苜蓿根腐病（辛宝宝 等，2016）等重要病害新品种奠定了基础。

3）调节环境

对于栽培草地，可采用轮作、混作、调整播种时期、合理密植、合理施肥、合理灌水、适期刈割、清除残枝落叶等栽培管理方式防治草地病害、虫害和杂草。例如，轮作可减少土传病害（田福平 等，2012；李兴龙和李彦忠，2015），混作可降低茎叶病害的发生（南志标 等，1986；李治强，2009），适量施用硒钴肥、钾肥和磷肥可增强草地植物对牛角花齿蓟马和苜蓿霜霉病等病虫害的抗性（薛福祥 等，2003；胡桂馨 等，2007；李明和郭孝，2011；张晓燕 等，2016a，2016b，2016c）。合理施肥、控制密度可防控杂草（村山三郎和李思义，1997）。

天然草原中最主要的有害生物为蝗虫、草地毛虫、啮齿动物和毒害草等。其中，草地蝗虫中的飞蝗是迁飞性和暴发性害虫，是我国北方天然草原最主要的害虫。其取食以禾本科植物为主的几乎所有植物，而在卵期和若虫期生活于芦苇丛生的河道或沼泽地，故我国在 20 世纪 50 年代通过治理河道，减少了飞蝗的滋生地，基本遏制了被称为我国三大自然灾害之一的蝗灾频发成灾的局面（刘长仲，2009）。对其他主要的天然草原有害生物可采取降低放牧强度、调节家畜种类、封育禁牧等措施进行生态防控（史志诚，1997；贺达汉，2014；张卫国，2015）。

4）调控一种有害生物防治另一种有害生物

不同种草地有害生物种群之间也存在一定联系。例如，通过防治刺吸式口器害虫可以控制病毒病（周其宇 等，2016）；通过控制转主寄主大戟属（*Euphorbia*）植物可以防治苜蓿锈病（侯天爵 等，1996，1997）；通过控制野生寄主杂草病害可以防治牧草病害（Klosterman et al.，2010）；通过调控草原杂类草可以调控啮齿动物食物来源（韩天虎 等，1999）。因此，防治某一种草地有害生物时应同时治理与其密切相关的其他有害生物。

7.2.2 生物学原理

掌握草地有害生物生物学特性中的薄弱环节是防治的突破口。病原菌、虫、鼠和毒害草分属不同生物学类群，其生物学特性不同，在防治中可利用的薄弱环节也不同。

病害的发生规律主要为侵染循环，包括越冬与越夏、传播、初侵染与再侵染，打破病害循环的任一环节，都可达到防控的效果。然而，不同病原生物的侵染循环不尽相同，须具体病原具体对待。例如，立枯丝核菌（*Rhizoctonia solani*）、镰刀菌、线虫等病原生物的全部或大部分阶段生活在土壤中，其引致的病害称为土壤病害，故宜采用轮作防治，创造不利于其生存和繁殖的环境。病毒病主要依靠昆虫传播，故应采用控制传毒昆虫的方法加以防治。沙打旺黄矮根腐病可通过种子传播，故采用杀菌剂拌种或精选健康种子播种，以阻止其随种子进一步扩散（Li and Nan，2007）。苜蓿褐斑病等大部分叶部病害通过气流传播，应施用杀菌剂大幅压低病菌孢子（袁庆华，2006）。

害虫和啮齿动物的发生规律主要为取食、交配、产仔、活动（迁飞或走动）等生活史及其习性（冯光翰和李新文，1984；孙儒泳，1987）。防治或监测鳞翅目蛾类、鞘翅目成虫等害虫时，可利用其趋光性和趋化性分别采用黑光灯和糖醋液对其进行诱集，也可利用基于性信息素开发的性诱剂干扰雌雄虫交配过程（冯光翰和李新文，1984）。低龄幼虫对杀虫剂比较敏感，故进行化学防治时尽可能在害虫处于低龄幼虫期施用农药，而卵期和高龄幼虫期对杀虫剂的抵抗力较强（刘长仲，2009）。啮齿动物的生殖环节也是防治的靶标，采用不育剂可长期压低啮齿动物的种群数量（张知彬，1995）。

毒害草的发生规律为发芽、出苗、生长、开花、结籽及土壤种子库，其苗期对除草剂敏感，容易杀死；在开花结籽期防除，可减少土壤种子库，显著降低种群数量（张焕强 等，2003）。

7.2.3 经济学原理

1. 核算防治投入与收益

防治投入是指采取防治措施时增加的所有费用的总额，包括人工费、机械设备费、药剂费等。防治收益是指与不采取防治措施相比增加的经济收入。增加收益的来源有草产量的增加或草产品价格的提高，也可能是草地使用年限或使用效果的增加（李彦忠和南志标，2015）。进行草原有害生物的防治时，需要核算投入成本与收益大小的关系。通常情况下，只有当投入产出比达到一定阈值时，其防治才是有价值的。

2. 有害生物防治的经济阈值

只有当有害生物数量达到一定水平，采取防治措施可得到收益时才进行防治。权衡经济收入与产出、有害生物数量与其损失之间的关系，得到一个有害生物种群数量的值，称为有害生物防治的经济阈值（economic threshold，ET）（刘绍友，1990）。经济阈值的确定与草地生产水平、草产品价格、防治费用、防治效果、社会接受水平等有关，因此在一个地区确定的经济阈值不一定适合其他地区，在同一地区也因时因地而不同，需要在长期监测与测定的基础上才能确定。经济阈值的制定尽可能适应当地推行的各种防治措施，并不仅局限于化学防治。经济阈值的制定应针对主要有害生物,同时应兼顾次要有害生物,与多种措施同时实施并兼顾多种有害生物的综合治理策略。

目前核算过经济阈值的草地有害生物还不多,主要为苜蓿草地的害虫(杨芳等,2005;张蓉 等,2005a,2005b)和天然草原的蝗虫(邱星辉 等,2004;刘艳 等,2011)(表 7-8)。

表 7-8 部分草地有害生物的经济阈值

草地类型	地区	栽培条件	有害生物种类	经济阈值	适用时期	参考文献
苜蓿草地	宁夏	旱地	苜蓿蓟马	560 头/百枝条	第 1 茬	张蓉等(2005b)
		灌溉地	苜蓿斑蚜	1600 头/百枝条	第 2 茬	杨芳等(2005)
		旱地	黄草地螟(*Loxotage verticalis*)	45 头/百枝条	第 2 茬	张蓉等(2005a)
		旱地	黄草地螟	60 头/百枝条	第 3 茬	张蓉等(2005a)
		灌溉地	黄草地螟	36 头/百枝条	第 3 茬	张蓉等(2005a)
天然草原	内蒙古		亚洲小车蝗	16.9 头/m^2	3 龄若虫期	邱星辉等(2004)
			宽须蚁蝗	34.3 头/m^2	3 龄若虫期	邱星辉等(2004)
			狭翅雏蝗	36.7 头/m^2	3 龄若虫期	邱星辉等(2004)
	新疆		意大利蝗	8 头/m^2	3 龄若虫期	刘艳等(2011)

由于天然草原的气候条件、营养物质循环与储存、涵养水源、滞尘价值等生态服务价值难以计算(孟林和张英俊,2010),故缺乏对天然草原上有害生物经济学的深入研究,也难以准确核算有害生物对前植物生产层、动物生产层和后生物生产层的整体影响。

7.3 草地有害生物防治的技术

7.3.1 有害生物诊断技术

有害生物诊断是对其进行有效防控的前提,除传统形态学鉴定外,基于现代生物技术的诊断技术,已越来越广泛地应用于有害生物防控实践中。

1. 形态学鉴定

形态学鉴定是指采用肉眼及显微镜观察,基于外部形态结构特征对有害生物进行鉴定的一种方法,是最基本、最普遍的物种鉴定手段,如根据昆虫的体长、颜色、翅、足、触角、口器等形态学特征,鉴定昆虫的种类。形态学鉴定具有误差小、文献资料多、鉴定周期短等特点。

2. 分子生物学鉴定

1）DNA 条形码技术

DNA 条形码序列具有物种独特性和唯一性，已广泛应用于有害生物的物种鉴定。例如，DNA 条形码技术可快速识别与诊断沙打旺黄矮根腐病、苜蓿黄萎病、苜蓿丛枝病等病害及进行草地昆虫的种类鉴定（Quicke et al., 2012; Sinclair et al., 2012）。我国在黑龙江等省（区）进行鼠害发生特点调查时，广泛应用 DNA 条形码技术对害鼠种类进行鉴定，分析害鼠种类分布和发生特点（刘晓辉，2018）。

2）PCR-free metabarcoding 技术

PCR-free metabarcoding 技术指将一类有害生物基因组 DNA 样本混合，无须经过 PCR 扩增直接进行高通量测序的技术。测序获得的结果经过生物信息学分析可以获得混合样本的物种多样性组成。该技术的特点在于，与已有的 DNA 条形码技术和 DNA 宏条形码技术不同，摒弃了 DNA 扩增，可以排除扩增过程中引物对不同物种的偏向性和靶基因片段插入和缺失的影响，是一种更加精确、可定量的生物分析方法。

3）分子探针技术

分子探针技术即核酸分子杂交技术，是指利用具有一定同源性的待测核酸序列与探针按碱基互补配对原则，进行有害生物的物种鉴定。例如，利用该技术对携带大麦黄矮病毒的单头蚜虫进行检测，效果比较好（Escudero-Martinez et al., 2018）。

3. 生物化学鉴定

酶联免疫吸附测定法是利用抗原与抗体的特异反应将待测物与酶连接，通过酶与底物产生颜色反应，进而对有害生物进行物种鉴定。目前市场上已有多种商品试剂盒，可用于疫霉菌（*Phytophthora*）、腐霉菌、苜蓿花叶病毒（alfalfa mosaic virus，AMV）等生产中常见苜蓿病害病原物的检测。

4. 物理学鉴定

高光谱图像技术集中了光学、电子学、信息处理及计算机科学技术，是把传统的二维成像技术和光谱技术有机地结合在一起而形成的先进技术。高光谱图像技术具有超多波段、光谱高分辨率和图谱合一的特点，能有效进行多分类检测识别，可用于出入境草产品中有害昆虫的无损检测（李艳华和马亚楠，2014）。

7.3.2 有害生物监测与预警技术

1. 昆虫雷达技术

昆虫雷达技术是检测远距离迁飞性昆虫的主要技术之一。北京延庆和山东北隍城岛两个地方利用昆虫雷达，及时监测到了 2008 年草地螟和 2012 年黏虫（*Mythimna separata*）的大暴发（吴孔明，2018）。

2. 遥感-无人机监测技术

遥感-无人机监测技术是指应用无人机搭载影像系统和各种传感仪器，对地面目标影像及所辐射和反射的电磁波信息进行收集、拼接处理，最后成像，从而对地面各种景物进行探测和识别的一种综合技术。我国利用高光谱遥感技术，对受害植物光谱特征信息变化进行分析，可大规模监测植物病虫害和鼠害的发生（尤扬和严进，2010；轩俊伟 等，2015）。该技术已经用于草原鼠害监测。

3. 数理模型预测技术

在利用 3S 技术的基础上，对有害生物生长发育规律与环境制约因子的关系进行分析处理，建立数学模型，用于有害生物宜生区及发生情况的预测预报。我国在病害方面，通过分析苜蓿病害的发生情况与日均温、降水量、湿度等因素，建立了苜蓿褐斑病、苜蓿小光壳叶斑病等病害的预测预报模型（先晨钟 等，2009）。在虫害方面，建立了亚洲小车蝗、亚洲飞蝗、草地螟等 7 种（类）草原主要虫害 3S 监测预警模型，并结合各地多期测报数据，预警当年虫害发生程度和发生区域，实现了草原虫害预警的空间化（杜桂林 等，2018）。在鼠害方面，建立了草原鼢鼠、布氏田鼠、高原鼠兔等 7 种害鼠的宜生指数模型，依据模型计算出空间上任意位置的综合宜生指数值，生成草原害鼠宜生区示意图（张绪校 等，2019）。

4. 有害生物信息系统及 App

计算机网络信息技术、物联网技术、人工智能技术、多媒体技术与 GIS 等相结合，可准确快速地传播有害生物监测信息及预警和治理决策信息，并普及植物保护信息。我国草原虫害信息管理系统在全国 13 个省（区）和新疆生产建设兵团的 600 多个县（市、旗、团场、区）运行，虫害发生期每周定期通过手机 App 客户端或 PC 客户端报送草原虫害的发生与防控情况，实现了信息采集、录入、储存、管理、统计、分析、传输的自动化，并建立了常见草原虫害基础数据库，确保了数据的准确性，提高了工作效率。与此同时开发了移动客户端，便于基层草地植保工作者和农牧民查询上报（全国畜牧总站，2018b）。

7.3.3 有害生物治理技术

有害生物治理应以利用抗性品种为中心，以生态防治为基础，以生物防治与化学防治为辅助，通过各种措施的综合应用将危害水平调节并保持在经济阈值水平以下，从而达到稳定生态环境与提高草地农业系统整体生产力的目的。

1. 利用抗病虫品种

利用抗性品种是草地有害生物防治技术中最有效、最经济、最环保的方法（南志标，2000）。抗病虫种质资源是抗性品种选育的重要环节，国外针对抗性品种选育起步较早，育成抗黄萎病、抗细菌性凋萎病、抗炭疽病的 WL343、3010，以及抗豌豆蚜等的 54V09、445NT 等苜蓿品种，并应用于生产实践中（Tu et al.，2018）。我国抗性育种起步较晚，目前育成抗病虫品种非常少，如高抗霜霉病的中兰 1 号紫花苜蓿（李锦华 等，2008）和抗蚜虫兼抗蓟马的甘农 5 号苜蓿（武德功 等，2015）。

2. 生态治理技术

生态治理技术是指利用一切与环境友好的农业措施，改善植物、有害生物和环境之间的关系，使其利于植物生长发育及资源可持续利用，增强植物抗害、耐害和自身补偿能力，而不利于有害生物，从而达到控制危害目标的一类防控技术。生态治理技术宜与其他农事措施相配套，易为农户接受，可在大范围内持久性减轻有害生物的发生程度。

1）合理放牧与补播

通过在甘肃环县、内蒙古呼伦贝尔调查围封处理和在不同放牧强度下天然草原的病害种类发现，草地植物病害发病率和病情指数与植物密度和盖度呈显著正相关；放牧在草地植物病害的发生过程中起主导作用，并且通过改变草地群落结构和草地微环境，影响草地植物病害的发生。中度放牧有利于控制病害，而围封处理下病害发生严重。因此草地可适度放牧，并采取轮牧、休牧等方式，控制天然草原病害（Chen et al.，2018；张雅雯，2019）。

通过破坏和改变鼠类适宜的栖息生境和食物资源的分布，可长期有效抑制害鼠的种群数量增长。主要措施包括：通过季节放牧营地制度，以草定畜，划区轮牧、休闲育草，建立人工饲料基地；禁止开垦天然草原，处于农牧交错区生态脆弱带的已垦地要退耕还草、补播改良，已有的家畜应实行圈养化；配合秋季打草，恶化其越冬和翌春的繁殖条件。研究表明，经过改良的草地，可以有效促进植物生长，破坏高原鼠兔原有的适宜生境，对鼠兔的去除率可达 94.8%（施大钊，2012）。

合理放牧结合牧草补播，可以保持牧草生长供应均衡，减少家畜中毒事件的发生。在一些毒害草占优势的草原，可选择对毒害草耐受性强的家畜品种。如翠雀属（Delphinium）植物对牛有很强的毒性，但对绵羊毒性极低或无毒，可在其分布区内放牧绵羊。在日粮或饮水中加入某种具有特殊功能的矿物质或添加剂，可以预防或缓解家畜中毒。如绵羊面部湿疹是由黑麦（Secale cereale）、白三叶草产生葚孢霉素而引起的一种反刍动物肝原性感光过敏反应，每日在饮水中加入锌盐 24~30g，可有效地保护其肝脏，预防该病的发生（赵宝玉 等，2011）。

2）品种合理布局

抗性品种合理布局也称基因部署，是将不同牧草或同一牧草不同抗性的品种合理布局，避免在同一地块长时间、大面积种植同一个品种，搭配种植，为有害生物的流行设置障碍（马军韬 等，2015）。在栽培草地布局上，尽可能避免同一草种的大面积种植，尤其是同一草种的同一品种，而应实现不同草种的多样性，或牧草与其他农作物的镶嵌式布局。在不同茬次上也应实现多草种、多品种的轮换。同茬中多个草种混作，可在空间上阻隔与屏障草地病虫害的传播，或在时间上延缓病虫害的流行，减少损失。红豆草单独种植时壳二孢茎斑病的发病率为 60%，匍柄霉叶斑病的发病率为 40%。如果将红豆草和无芒雀麦按照各 50%的比例混作，红豆草上两种病害的发病率显著降低，壳二孢茎斑病的发病率为 38%，匍柄霉叶斑病的发病率为 16%（南志标，1986）。玉米单播时金针虫（Elateridae）危害率为 55%，瑞典麦秆蝇（Oscinella frit）危害率为 48%。如果将玉米和豆科牧草混作，金针虫危害率仅 12%，瑞典麦秆蝇危害率降低至 5%~8%（Chiang，1978）。

3）栽培与改良管理

提前刈割对苜蓿褐斑病和蓟马的防治效果非常显著（朱猛蒙 等，2006）。适当减少浇灌水量，能够明显降低罗布麻栅锈菌（Melampsora apocyni）的发生水平（Gao et al.，2018）。

对于面积不大、密度较小的毒害草，一般选择在其开花期前，连根拔出或挖出，再将土壤填平；或在叶期和开花初期，采取人工刈割，刈割高度以不伤害优良牧草为原则，并根据其生物学特性确定刈割次数。对于面积较大，密度较高的毒害草，可以利用机械进行刈割（拔除）。但机械作业受地形和空间限制较大，也易误除优质牧草，遗留的毒害草残根次年可再度发生（赵宝玉 等，2011）。

3. 生物防治技术

1）天敌利用

我国有害生物的天敌资源丰富。根据其取食特性，可分为捕食性天敌和寄生性天敌等两大类。最常见的捕食性天敌有瓢虫科（Coccinellidae）、草蛉科（Chrysopidae）、食蚜蝇科昆虫及捕食螨和鸟类等。寄生性天敌包括各种寄生蜂、寄生蝇和寄生菌等。在我国，人工营巢招引粉红椋鸟（Sturnus roseus），使粉红椋鸟捕食蝗虫，兼食螽斯科（Tettigoniidae）和甲虫；利用鸡、鸭与蝗虫之间的天敌关系，在草原上放养鸡、鸭捕食蝗虫，从而达到控制虫害的目的。例如，新疆人工招引粉红椋鸟，每只日食蝗虫 60g 左右，捕食范围距营巢区 5～10km，其捕食地区蝗虫平均虫口密度不到 1.3 头/m^2，未捕食地区蝗虫平均虫口密度为 33 头/m^2（林峻和佟玉莲，2010）。

利用鼠类的天敌，如猫科（Felidae）、鼬科（Mustelidae）、犬科（Canidae）、鹰科（Accipitridae）、鸱鸮科（Strigidae）、蛇目（Serpentiformes）等肉食性动物。可以有效控制害鼠种群数量。在高寒草甸或草原设立鹰架，可破坏高原鼠兔栖息环境，干扰其正常活动，从而有效防治草原鼠害。一只鹰每天可捕食 20～30 只鼠类；狐狸在夏季的食物中 74%为鼠类，在冬季的食物中 60%为鼠类；白鼬（*Mustela erminea*）在冬季的食物中有 5.1%～54.3%为鼠类（宛新荣 等，2006）。通过在饵料中添加球虫（*Sphaerozoum fuscum*），使其在高原鼠兔体内发育、繁殖，可增加寄主死亡率，降低其种群数量（范薇，2007）。

在毒害草发生地区，通过引入其天敌因子（如植食性昆虫）或抑制性生物因子（如植物病原菌），重新建立毒害草与其天敌因子或抑制性生物因子的相互调节、相互制约机制，恢复和保持生态平衡，可使毒害草危害维持在较低水平。如利用泽兰实蝇（*Procecidochares utilis*）控制紫茎泽兰，其应用广泛，效果良好（兰明先 等，2017）。

2）生物源农药

生物源农药相对毒性较低，环境友好，应用前景广阔，主要包括植物源农药、微生物源农药和动物源农药。

（1）植物源农药。印楝素、烟碱·苦参碱等植物源农药在防治虫害方面应用广泛。青海省海北州采用 1.2%烟碱·苦参碱乳油对草原蝗虫和草原毛虫进行了防治，药后 5d 草原蝗虫虫口减退率超过 93%，草原毛虫虫口减退率超过 98%（杨廷勇 等，2017）。雷公藤甲素、莪术醇等植物不育剂用于鼠害防控。雷公藤甲素在辽宁、内蒙古、甘肃、青海等省（区）使达乌尔黄鼠、布氏田鼠、高原鼢鼠和高原鼠兔的怀孕率下降 10.3%～50.0%（唐俊伟 等，2016）。

（2）微生物源农药。目前已获得对苜蓿主要病害具有较强拮抗作用的放线菌（*Actinomyces*）、枯草芽孢杆菌（*Bacillus subtilis*）等 7 种微生物，用于生防试剂材料。虫害方面，筛选出绿僵菌、核型多角体病毒、苏云金芽孢杆菌（*B. thuringiensis*）等生物制剂。绿僵菌对草原区优势种蝗虫施药后 7d 的平均防效达 56.5%，药后 12d 的平均防效为 69.4%，药后 28d 的平均防效为 82.5%。内蒙古自治区采用阿维·苏云菌可湿性粉剂在乌兰察布市四子王旗天然草原上对以亚洲小车蝗为优势种的草原蝗虫进行了田间防治试验，药后 11d 的防效超过 94%（高书晶 等，2010）。C 型、D 型肉毒素在青海、河北、辽宁、四川、内蒙古、新疆等省（区）对高原鼠兔、长爪沙鼠、达乌尔黄鼠、大沙鼠、鼹形田鼠的平均防效为83.0%~98.2%（何耀宏 等，2006）。采用盘长孢菌（*Gloeosporium* spp.）研制出的鲁保一号可用于防治菟丝子等杂草。披碱草内生真菌共生体产生的一种前体物质 dahurelmusin A 具有较好的开发为除草剂的潜力（Song et al.，2017）。

（3）动物源农药。动物毒素、昆虫激素、昆虫信息素等统一称为动物源农药。这类农药具有较高的选择性，即对人畜无害，对害虫天敌、鱼贝水产、鸟类等非靶标生物也相对安全。动物毒素包括沙蚕毒素、斑蝥素、蜂毒、蛇毒、水母毒等；昆虫激素包括脑激素、保幼激素、蜕皮激素等；昆虫信息素包括性外激素、聚集外激素、告警外激素等。由沙蚕毒素仿生出来的农药有杀虫双、巴丹杀螟丹、杀虫单等，在水稻螟等农作物害虫绿色防控中具有明显优势（Preetha，2020），但目前仍缺乏动物源农药在天然草原或栽培草地上害虫防治效果的大范围相关研究。

4. 物理防治技术

物理防治技术主要是指利用物理因子及器械措施防治草地有害生物的一类方法，包括利用热、光、电、机械捕杀等物理手段防控病虫害、啮齿动物和毒害草。

1）高温防治

根据病原生物和昆虫不耐高温的特性，将草种放置在热水中一定时间，即可杀死草种内外的病原物和害虫。不同牧草种子对高温的忍耐程度不同，通常为50~60℃，应根据草种设置的热水温度及浸泡时间，否则会杀死种子。防治苜蓿籽蜂（*Bruchophagus roddi*）等种子害虫时，可在仓库中采用90℃的蒸汽处理10~20min，即可杀死种子中的害虫（刘慧 等，2019）。在少量土壤灭菌时，也可采用高温高湿的方法，在121℃条件下灭菌20min，反复3次就可以彻底杀灭土壤中的微生物、线虫、杂草种子等有害生物。

2）焚烧

在冬前初春可用明火焚烧天然草原进行有害生物防治，并能够清除枯枝落叶。也可焚烧栽培草地的刈割留茬，对减少多种草地病虫害效果明显。但由于火灾隐患和环境保护，一般不建议大面积使用。

3）利用趋向性防治

一些有害昆虫具有趋向性，如蚜虫有趋黄习性，蓟马对蓝光敏感，因此可用黄板诱蚜、蓝板诱集蓟马，均可取得一定的防治效果。还有一些害虫（如蝼蛄、夜蛾等）具有趋光性，可在夜晚利用灯光进行诱捕。

4）机械防治

利用自然风力、机动、电动的清选机，可清除种子中的菌核、病粒、虫粒、菟丝子种子和毒害草种子，截断其种子传播途径。利用捕鼠夹、鼠笼、地箭等工具防治鼠害，吸蝗机防治虫害等，都能获得不错的防治效果。

5）化学防治技术

化学防治是防治有害生物最为快速有效的方法，但农药残留会污染环境、危害人畜健康，一般不建议大面积使用。

（1）药剂拌种。播种前用杀菌剂或杀虫剂处理种子是防治牧草病害和地下害虫最主要的方式。对于苗期病害、根腐病或地下害虫，建议用内吸性杀菌剂和杀虫剂拌种或制作种子包衣。在我国用杀菌剂甲基托布津和福美双拌种可使苜蓿、红豆草等种子发芽率提高115%，田间出苗率提高45%～55%，产草量提高1倍以上（南志标，1995）。

（2）田间喷雾。对发生规模大、危害程度严重的病害，可采用田间喷雾等化学防治技术。通过测定不同杀菌剂对苜蓿镰刀菌根腐病、苜蓿锈病、苜蓿炭疽病、苜蓿茎点霉叶斑病、沙打旺黄矮根腐病、新月弯孢霉叶斑病等的防治效果，筛选出粉锈宁、甲基托布津、咯菌腈、戊唑醇、霜霉威、福美双等一系列防治草地病害的药剂进行田间喷雾（马甲强 等，2016）。对于突发性、成灾性害虫，可适当采用氯氰菊酯、溴氰菊酯、吡虫啉等化学农药田间喷雾进行防控。对于成灾性害鼠，可利用驱鼠剂使鼠类的化学感受器（味觉、嗅觉及三叉神经化学感受器）产生抗拒反应，或者害鼠摄食后造成难以接受的生理反应实现害鼠的趋避，如常见的肉桂酰胺类、辣椒素、R55 等。对分布区域和面积较大的恶性毒害草，可选用2,4-D 丁酯、二甲四氯钠、迈士通等喷雾防控。

7.3.4 有害生物综合治理技术

草地有害生物的发生极为复杂，植物-有害生物往往出现协同作用，单一的防治技术往往难以奏效，这就要求根据草地农业系统的结构特点，综合采用各项技术（DiTomaso，2000；Ghanizadeh and Harrington，2019）。有害生物综合治理是对有害生物进行科学管理的体系，是从生态系统总体出发，根据有害生物和环境之间的相互关系，充分发挥自然控制因素的作用，因地制宜，协调应用多种治理技术集成进行治理，或多种有害生物同时治理，将有害生物控制在经济受害允许水平之下，以获得最佳的经济效益、生态效益、社会效益。

1. 栽培草地有害生物综合治理

坚持以抗性品种为核心，以生态防治为基础，以生物防治和化学防治为辅助的综合治理原则。在栽培草地种植前后及管理利用的过程中，应关注当地主要有害生物，实现成功建植、生长健壮、草地健康、高产优质、持续利用。

1）选择抗病虫品种

不同品种的生物学特性、生产性能和抗逆性差异较大，应选择适合当地气候和土壤环境的品种。选择的品种应具有抵抗当地主要病虫害的特性，最好多个抗性品种搭配种植。种子应当杂质少、无虫、无病、发芽率高（80%以上）。例如，选用中兰 1 号和甘农 5 号苜蓿混作，可同时防治霜霉病和蓟马等病虫害。

2）拌种（包衣）

用杀菌剂+杀虫剂拌种（包衣）可减少苗期病害的发生，同时防除地下害虫，有利于出苗整齐，建植良好。杀菌剂以 50%硫菌灵可湿性粉剂 1000 倍液浸种 4~5h，或利用福美双、多菌灵、氯化苦等。利用甲基硫菌灵和福美双拌种可提高发芽率，最高达 14.8%，降低死苗率 60%。杀虫剂可用吡虫啉或除虫菊酯。

3）清除病残体

田间因发病而干枯的枝叶和死亡的植株均应及时清出草地，如果把病残体留在田里则可造成病原物的积累与传播，造成更大危害。

4）有害生物监测

定期调查田间有害生物的发生情况，如果发生量小于防治阈值则继续监测，如果发生量超过防治阈值（苜蓿株高超过 25cm，蓟马数量超过 560 头/百枝条），需要进行虫害防治。

5）生物防治

对于需要防治且未成灾的有害生物，可以选用苦参碱等生物源农药防治害虫，木霉 M35 和 M37 等生防菌剂防治病害。

6）物理防治

对于苜蓿褐斑病、白粉病、锈病等茎叶类病害，可以提前刈割进行防治。对于蚜虫等昆虫可采用黄板、糖醋液等方法诱集防治。

7）化学防治

当科研出、种子田间有害生物暴发成灾时，应及时采用化学药剂喷雾或灌根。例如，苜蓿霜霉病、蚜虫、蓟马、叶甲同时严重发生时，可采用甲霜灵+吡虫啉喷雾，但牧草田中应谨慎使用化学药剂，防止药物残留和残毒。

2. 天然草原有害生物综合治理

我国是天然草原有害生物发生较重的国家之一，应从有害生物的生态学特性出发，着眼于草原生态环境的整体改善和牧区经济可持续发展，在科学监测和预报的基础上，以生态防治为主，采用生物防治、物理防治等多项技术，针对草原病害、虫害、鼠害和毒害草开展应急防控和持续控制，尤其应科学制定防治策略，通过各项技术集成，达到同时防控多种草原有害生物的目标，减少因灾造成的损失。

1）天然草原病害防治技术

在天然草原采取适宜的放牧强度，如东北羊草草原放牧 2.7 只羊/hm^2、0.34 头牛/hm^2，能够有效控制羊草叶斑病、羊草条锈病、针茅黑粉病等病害的发生，而完全禁牧不利于病害防控。通过补播冰草、大针茅（*Stipa grandis*）等优良乡土牧草品种，可提高生物多样性以防控病害。早春焚烧也能消灭锈病、白粉病、黑粉病等病残体，减少菌源，利于返青。

2）天然草原虫害防治技术

协调运用多种措施开展天然草原虫害综合防治，通过防治适期及防治经济阈值研究，早期监测及预警技术、预测预报模型的研发和应用，具体采用牧鸡牧鸭、人工筑巢招引粉红椋鸟、天敌昆虫保护与利用等生态调控手段，采用微生物农药（如白僵菌、绿僵菌和蝗虫微孢子虫）、植物源农药（如苦参碱和印楝素）等持续调控技术，以及化学农药（如吡虫啉、溴氰菊酯、氯氰菊酯）应急防治技术，实现天然草原虫害可持续防控。

3）天然草原鼠害防治技术

在继续做好鼠害监测和预警的基础上，以保护和强化鼠类自然制约因素为基本框架，配套形成具有区域特点、适于不同草原生态类型和不同鼠害类别的草原鼠害综合治理模式，针对不同区域、不同鼠种，有所侧重地采用特异性生物源毒素、恶化鼠类生存植被环境、保护和利用鼠类天敌动物及运用各种具有现代科技特色的常规性灭鼠手段，达到防控和遏制天然草原鼠害的目标。

4）天然草原毒害草防治技术

针对天然草原毒害草，进行生态控制、生物控制、药物控制、物理控制及化学控制等综合防控技术集成，主要是将毒害草防治与生态治理相结合，如人工多次刈割+休牧/禁牧治理、人工挖除+人工多次刈割治理、点喷除草剂+休牧治理、全喷除草剂+休牧治理、人工清除+植被替代治理、化学防治+植被替代治理等技术组合。使用内吸性杀菌剂杀死醉马草内生真菌共生体，使其脱毒并变为可利用的牧草。

5）天然草原有害生物综合防治技术

通过昆虫雷达、遥感、无人机等技术，对虫害、鼠害发生与发展趋势进行监测和预警。禁止开垦天然草原，合理放牧，实行草原优化、科学管理，恶化有害生物植被环境以综合防控病害、鼠害和毒害草。退耕还草，并科学补播有饲用价值的优良乡土草种，提高生物多样性，能够有效控制病害、毒害草发生。保护天敌生物，充分利用我国天敌生物资源丰富的优势，有效控制虫害和鼠害。适当采用农业机械和装置捕捉害虫、害鼠，拔除毒害草。对于发生规模较大的鼠虫害，应减少化学农药使用量，努力提高生物源农药的使用比例。

7.4 展　　望

近年来，国家在草地有害生物防控方面的科技投入持续增加，草原鼠害、虫害、毒害草和牧草病害等国家农业行业公益性科研专项相继启动，草原鼠虫害防控资金年均 1.3 亿元。这些项目的实施有力地推动了草地重大有害生物的科学研究和综合治理，在草地有害生物分子生物学、遗传学和信息技术、有害生物成灾机理、监测预警、可持续控制原理与技术等方面取得了长足的进步，一些新技术、新方法也逐渐用于草地有害生物的快速诊断及监测预警（南志标 等，2013；张泽华 等，2013）。2001~2016 年，累计防控草原鼠害 10 631 亿 hm^2/次，防控草原虫害 7449 亿 hm^2/次。但与农作物植保相比，草地植保仍有很大的差距。加之全球变化加剧，国际贸易与交流日益频繁，草地生产的高度集约化等都增大了部分草地有害生物暴发成灾的可能性。例如，2019 年入侵我国云南的草地贪夜蛾及 2020 年初沙漠蝗（*Schistocerca gregaria*）在非洲及印度、巴基斯坦等地区的肆虐，对农作物及草地植被造成了巨大危害，严重威胁世界粮食安全和生态环境安全。

中华民族五千年文明史中天人合一的朴素生态系统观和延续了数千年的传统农业技术精华，为草地有害生物的可持续管理奠定了思想基础（南志标，2000）。贯彻落实国家创新驱动、乡村振兴和可持续发展战略，构建草地有害生物可持续管理体系，保障草地生产、生态功能，为我国与人类的食物安全和生态环境建设做出应有的贡献是草地植保工作者的重要使命。在环境、资源与人口等问题的压力下形成的农业与社会可持续发展共识，构成了草地有害生物可持续管理的时代背景。以现代生命科学和信息学等基础学科的新理论，以及信息技术、空间技术、生物技术和互联网技术等为代表的全球性现代技术革命，为草地有害生物的可持续管理提供了可能（南志标，2000，2012）。

2020 年 3 月 26 日李克强总理正式签署国务院令，公布《农作物病虫害防治条例》，自 2020 年 5 月 1 日起施行。这是我国植物保护发展史上的重要里程碑，标志着我国开始步入依法植保的新纪元（吴孔明，2020）。草地病虫害是农作物病虫害的重要组成部分，该条例可作为草地有害生物监测、应急、防控等的重要参考。该条例的颁布为通过草地植物保护工作保障食物安全和生态环境安全，助推牧区经济建设、农村社会建设和生态文明建设提供了法律保障和依据。在上述背景下，我国草地有害生物管理应加强以下工作。

7.4.1 辩证认识草地有害生物

1. 草地有害生物是草地生态系统的重要组分

草地是全球最大的陆地生态系统，与农田、水域并列，是人类三大食物来源之一。从生态系统的角度看，草地中的病原菌、害虫、啮齿动物和毒害草都是草地生态系统中固有的一部分，是草地生态系统的重要组分。现存的自然生态系统是亿万年长期进化适应的结果，其结构和功能是相对稳定的。在没有人类生产的时候，这些生物就已经存在于草地生态系统了，它们都有自己的生态位；每种有害生物与其他物种都有密切的联系，有些是直接联系（如食物链关系），有些是间接联系（如通过影响环境、协同作用），在维持草地生态系统的结构和功能上都起着一定的，甚至是不可替代的作用（南志标，2012）。

2. 保护草地有害生物

"天地与我并生，而万物与我为一"（《庄子·齐物论》）。草地植保应在明确草地有害生物的生物学特性，及其与草地、人类活动、环境因素之间关系的基础上，对草地有害生物发生发展过程中的薄弱环节加以科学管理，将有害生物控制在经济阈值之下，同时注意维持有害生物在草地生态系统中的积极作用，适当加强草地有害生物在内的生物多样性保护（南志标，2012）。

7.4.2 全面启动草地有害生物普查

与传统农作物相比，草地植保对象的物种多样性远高于农作物，研究对象多为群落及生态系统级别。进行草地有害生物的全面调查，对发展草地畜牧业、草原生态建设和保护生物多样性具有重要的意义。我国的草地病害、虫害、毒害草及啮齿动物多样性需要进一步明确，尤其是天然草原病害，基本是家底不清，分布不明。我国饲用植物有5000种以上，目前报道寄主数量不到1500种，因此有大量草地植物病害尚未进行任何调查（南志标和李春杰，1994）。应从国家层面加强该项目立项和经费投入，积极开展草地有害生物普查，损失评定，建立草地有害生物数据库，为有害生物信息化管理及防控奠定基础。

7.4.3 加强草地有害生物信息化管理

现代信息技术的发展为草地有害生物管理提供了前所未有的支持。近年来，国际上高度重视新技术在草地有害生物快速诊断、预警和管理中的应用，大力发展3S技术、生态环境模型、人工智能和计算机网络技术。这些技术在有害生物动态监测和预警方面发挥了重要的作用（南志标 等，2013；张泽华 等，2013），但也存在研究对象较少、有害生物间研究不均衡、技术手段单一等问题。

1. 推动高新技术应用于有害生物管理

近年来，我国在分子生物学、生物信息学等领域发展迅猛，相关新理论与新技术正不断融入草地有害生物的检测、监测、预警与防控各个阶段。3S技术、大数据、云计算、5G 技术等现代信息技术可显著提升草地有害生物监测预警能力。转基因技术、基因编辑技术、药物分子设计等现代科技前沿技术将为抗病虫新种质创制和草地植保新产品研发提供技术支撑。这些新技术为有害生物的快速诊断、监测、预警及可持续管理提供了坚实的技术保障（南志标 等，2013；张泽华 等，2013；萧玉涛 等，2019）。草地植保领域的专家应加强与信息技术领域专家的密切合作，积极探索和推动信息新技术在草地有害生物管理中的应用。

2. 全面构建有害生物信息化管理系统

我国草地类型多样性高，气候生境差异大，与之相对应的是有害生物多样性丰富，区域间异质性高。应充分考虑不同地区草地功能及有害生物的区域化差别，结合同位素示踪、有害生物种群遗传分化分析、生活史策略和行为生态学等，研发草地有害生物信息化管理系统软件与专家系统，构建区域化有害生物信息化网络，推动建立覆盖全国的草地有害生物信息化管理系统，及时准确地掌握有害生物分布范围、发生的环境条件与危害程度等，为有害生物可持续治理提供科学依据，提高防控指挥信息化水平。

7.4.4 构建草地有害生物监测预警网络

草地有害生物发生是一个长期的、动态的生态学过程，而且受到诸多因素的影响，需要进行连续监测与追踪研究，为预防和控制草地重大有害生物暴发提供及时的情报。随着卫星和雷达分辨率的提高和高分辨率卫星的应用，可利用雷达、卫星遥感开展有害生物实时监测。特别是近年来实时定量 PCR 分子检测技术和物联网技术的发展，为有害生物的早期监测和预警提供了强有力的支撑。

1. 推动建立有害生物快速、精准鉴定技术体系

有害生物的准确鉴定是后续研究、防控的基础。除传统的形态学鉴定之外，应增加生化、分子技术及激光扫描共聚焦显微镜和扫描电镜等的应用，加强酶联免疫吸附分析、DNA 条形码和宏条形码、PCR-free metabarcoding、实时荧光定量 PCR、基因芯片、分子探针等技术的综合应用。

2. 构建草地有害生物监测网络

随着我国北斗组网和 5G 技术的异军突起，草地有害生物全网监测迎来了千载难逢的发展机遇（吴孔明，2018；萧玉涛 等，2019）。可根据不同区域、不同草地类型、不同草地有害生物，综合运用昆虫雷达、遥感、光谱、物联网、人工智能、地理信息等技术，定点构建区域化、个性化的草地有害生物实时、长期监测网络，进而推动全国草地有害生物监测网络全覆盖。

3. 推动有害生物信息及时发布和数据共享

通过有害生物监测网络，结合历史数据、草地类型及气象变化，逐步实现从人工调查向自动化和信息化发展，准确及时监测有害生物发生。通过 GIS 分析，结合人工智能、模型和草地农业专家系统等，开展草地有害生物发生危害的预警和防治决策工作，通过计算机网络信息系统、手机 App 等进行信息发布，助力草地有害生物的识别与防控。

7.4.5 加强草地有害生物基础研究，积极构建草地植保研究体系

草地植保研究的领域比传统的植物保护体系更加复杂。就植物来说，我们面对的是群落，是一个整体的生态环境。草地有害生物发生时，可能是某一类，也可能是混合发生（南志标，2012）。在全球变化及强化草地生态功能的大背景下，加强对草地有害生物发生与寄主植物协同进化、有害生物互作的生物学基础和分子机理研究；加强草地生态系统食物网、生态功能研究，分析有害生物间发生（或防治）的相关性，强化草地退化、草地恢复等与草地有害生物之间关系的研究，为实现有害生物的高效管理奠定理论基础。

1. 加强学科交叉

草地保护学是应用性很强的一门学科，不仅需要草原病、虫、草、鼠学科的交叉融合，更需要草业科学、植物保护学深度融合，还需要生态学、生物化学、分子生物学及信息学等其他学科的有力支撑。需在微观和宏观两个尺度上研究有害生物的生物学、生物灾害的发生规律和可持续管理的技术体系，研究层次涉及分子、细胞、组织、器官、个体、种群、群落、生态系统和景观。无论是放牧，还是生产的草产品，最终目的都是要饲喂家畜，均须评估有害生物对家畜生产及对畜产品的影响，超出了草地保护学单个学科的研究范围，涉及畜牧学和动物营养学，系统更为复杂。需要草地植保学科与其他相关学科加强协作，开展多学科研究，发展草地保护学，促进草地有害生物的综合管理（南志标，2012）。

2. 加强草地有害生物互作的研究

草地有害生物-植物-环境互作关系错综复杂，种内、种间均存在千丝万缕的联系。利用整合生物学理论与方法，加强草地植物-草地有害生物的生物间信息流及其传递的分子机制研究，研发草地有害生物导向性防控技术；利用基因组学和分子生物学的手段，研究生物与生物之间的种间识别规律和对环境的响应及适应性；加强害虫、鼠类等有害生物种群遗传控制研究；围绕植物 RNA 沉默和小 RNA 调控途径，研究基于靶标分子的病虫特异性干预机制；利用有害生物

之间的营养级关系，开展多营养级生物间信息互作与导向性调控，以化学生态和分子生物学技术为手段研究寄主植物-有害生物-共生微生物间多营养级互作的机理（Chakraborty，2001；Kang et al.，2007；中国植物保护学会，2011；南志标，2012）。

3. 积极构建草地植保研究方法和体系

草地植保学科比较年轻，缺少本学科系统的研究方法和体系。无论是病害、虫害，还是啮齿动物和毒害草，都要借鉴传统农作物植物保护研究方法。草地植保系统较传统农作物系统复杂、链条长，在生物多样性、系统稳定性、系统管理、产品产出方式、利用对象和利用方式等方面均与传统农作物系统存在巨大差异，这决定了草地植保研究必须有适用草地有害生物特点的体系和方法。通过借鉴传统植物保护技术，探索开展适于一类有害生物群落，甚至是几类有害生物群落的研究方法和体系。积极应用生命科学、分子生物学和信息学等新理论、新技术、新方法，推动草地植保学科的发展和研究方法、体系的建立（南志标，2012）。

4. 关注全球变化与草地有害生物

气候变化是草地有毒有害植物及草地病虫鼠等有害生物种群动态变化的重要驱动力（Sutherst et al.，2011；Castex et al.，2018）。全球变化对有害生物防控的影响主要是气候、作物系统及有害生物在时间和空间互作的不可预测性增强，因此须研究建立适应气候变化的管理策略来应对有害生物种群的变化（Juroszek and Tiedemann，2013；Castex et al.，2018）。研究环境和有害生物之间的互作，确定关键影响因素，分析明确气候变化为草地有害生物防控带来的潜在利弊；从政策、研究和推广等层面应对有害生物发生的不确定性（Lamichhane et al.，2015）；加强对有害生物发生的监测和预测，包括潜在地理分布、季节物候学及不同时空尺度上的种群动态模型；对有害生物进行风险评估，建立应急预案及应急响应机制，为政策决策提供信息；加强不同层级及区域、国际间的合作及信息共享（Sutherst et al.，2011）。

7.4.6 构建草地有害生物系统综合治理体系

近年来，国家大规模推进种植业结构调整，大力发展草牧业，积极推动北方农牧交错带结构调整，打造生态农牧区。这些产业结构的调整将直接影响草地有害生物的种群演化与灾害发生，因此需要研究产业结构调整、外来生物入侵、气候变化等多种要素交互作用下草地有害生物的综合治理技术体系（南志标，2000；Horne and Page，2008；Mansfield et al.，2019）。

1. 构建区域性有害生物绿色可持续管理模式

从生产技术需求出发，依据不同类型草原区气候条件、管理模式和重大有害生物发生情况及防控技术发展现状，针对有害生物发生、危害规律和草地生产管理特点，建立具有区域特色的、多样化、配套化、整体化的有害生物绿色可持续防控体系，利用基于互联网+模式的信息化服务平台，实施专业化技术服务。

2. 构建草地有害生物绿色可持续管理模式

草地病虫鼠害具有大区迁移和流行性特征，这类有害生物的防控需要建立基于区域性监测预警与控制的体系。例如，对蝗虫和黏虫等迁飞性害虫，需要利用以控制成虫迁移危害为核心的防控体系；对锈菌等病原物，需要重点考虑以利用抗病品种、以防控转主寄主等为核心的技术体系。

3. 构建基于新理论、新技术和新产品的有害生物可持续管理体系

推动基因组学、转录组学、转基因技术、基因编辑技术，以及 3S 技术、大数据、云计算、昆虫雷达等在有害生物监测预报、预防与控制、应急处置、综合防治及监督管理中的应用，实现草地有害生物的信息化管理和防控。

7.4.7 建立有害生物治理的经济效益、社会效益与生态效益评价体系

草地兼具生产、生态和美学价值。有害生物的防控目的是利用植物-有害生物系统中各组分的关系，提高草地整体生产力，维持草地系统的稳定性和生态功能。草地有害生物可持续管理是一个复杂的自然与社会之间的复合体系，可持续的前提之一应是经济上切实可行。因此，草地有害生物管理越来越需要经济学家与社会学家的参与，将草地有害生物、环境、植物、人类生产活动、社会发展和市场经济等作为一个整体加以认识与管理，以达到有害生物可持续管理、生产与社会可持续发展的目的（南志标，2000，2012）。目前，我国草地有害生物的防治工作缺少环境评价和经济效益评价环节，缺少治理效果评价，亟须加强此方面的研究。

7.4.8 推动关键技术研发和成果转化

根据草地有害生物的动态变化等特性，应随时关注我国草原有害生物防治工作遇到的新情况新问题，设立重点研发专项，加大科研投入，组织大专院校、科研单位和生产单位协同开展相关研究，力争在防治关键技术上取得突破。同时，要加快科研成果转化，组织建立主要有害生物防治技术示范区（洪军 等，2014b；岳方正 等，2019）。

7.4.9 加强能力和制度建设

草地有害生物的防控离不开中央和地方草原管理和植保部门的支持,草地植保基础设施是草地有害生物有效防治的基础。各级、各地要健全协作机制,相关部门各负其责,协调沟通,保障草地有害生物防治工作高效开展。进一步强化应急防控机制及监督管理工作,超前制定防控预案,调整优化防控措施。加强草地植保科研和基层技术队伍建设,压实防治责任,确保防治工作有序开展。同时,尽早推动《中华人民共和国草原法》修订,推进《基本草原保护条例》立法进程。加快建立草地有害生物防治标准化体系,推进国家标准制定和行业标准修订工作(洪军 等,2014a;岳方正 等,2019),积极贯彻落实《农作物病虫害防治条例》,实现对草地病、虫、草、鼠等有害生物的实时监测,精准预报,尽早预防与控制。

第 8 章 草坪建植工程的原理与技术*

中国现代草坪业自 20 世纪 80 年代起步，随着近年来我国生态文明建设的发展，草坪业已发生了巨大变化。草坪业由建植与管理的单一模式向规划、设计、施工、监理、验收、评价的系统工程方向不断发展和完善。其服务领域也从局部园林绿化向城乡物业、体育运动、环境保护、文化娱乐等领域逐步拓展。

8.1 引　　言

随着草坪业的发展，草坪的建植也逐步走向专业化、系统化。其中，运动场草坪、城市绿地草坪和裸露坡面生态草坪 3 类草坪的建植工程形成了相对完善和成熟的体系。本章从原理、技术和展望 3 方面对以运动场草坪、城市绿地草坪和裸露坡面生态草坪为代表的草坪建植工程进行系统深入的介绍。

8.1.1 草坪建植工程概念

草坪是指用多年生矮小草本植株密植，并经修剪的人工草地。草坪建植中常见的草坪草包括禾本科、豆科、菊科等草本植物。草坪的功能除了绿化、观赏、游憩休闲、专业运动场地外，其生态保护功能在植被恢复中的作用也得到广泛重视。因此，根据草坪的不同用途，在草坪特性的基础上开展高效、环保的草坪建植工作也成为草坪科学研究的重要内容。

草坪建植工程是利用人工的方法建立草坪地被的综合技术总称，具体过程包括草坪建植工程规划设计、草坪建植工程施工、新草坪养护和草坪工程监理。

8.1.2 草坪建植工程类型与特点

根据建植草坪的功能，草坪建植工程分为运动场草坪建植工程、城市绿地草坪建植工程、裸露坡面生态草坪恢复工程等。

---

* 本章作者：韩烈保、刘卓成

1. 运动场草坪建植工程

运动场草坪建植工程是指根据运动场种类对场地进行设计、草种选择、场地整理、坪床结构建造、草坪种植、草坪养护等一系列草坪建植的设计和施工过程。具体包括基础调查、场地准备、选择草坪草种和确定草种组合、草坪栽植过程和幼坪养护管理等主要环节。

运动场草坪根据具体的运动项目对草坪有很高的标准要求，建植和养护成本较高。草种的选择一般以禾本科牧草为主，要求草种具有很好的耐践踏性、较快的恢复能力、很强的耐修剪能力、较长的绿色期及成坪时间短等特性。

运动场草坪包括高尔夫球场草坪、足球场草坪、橄榄球场草坪、网球场草坪、赛马场草坪等，大多数运动场草坪建植过程类似，而常以足球场草坪建植过程要求最高、最全面。足球场草坪要求具有良好的坪观质量、耐践踏性、排水性能、运动质量，并且无运动风险。

运动场草坪作为一类特殊草坪，一般要求高水平的精细管理，对于大面积草坪（如高尔夫球场草坪），最好能实行集约化管理。只有管理精细合理，才能使草坪时刻处于良好的生长状态，在比赛中发挥出最佳效果。

2. 城市绿地草坪建植工程

随着人们美化居住环境的观念意识的形成和提高，城市绿化向着庭园式绿化方向发展。作为城市绿化的重要组成部分，草坪的面积逐渐增大。除了美化城市生活环境，城市绿地草坪还具有重要的生态功能，如调节小气候，减少和防止噪声污染，吸收空气中的 CO_2、释放 O_2 等，对绿化城市、美化家园、提高人们的生活质量具有重要作用。

园林绿化的多样性逐渐增加，在以草坪为主的前提下，道路两旁的绿化带、中心广场绿地配置花色鲜艳、花期较长、养护较粗放的灌丛和花卉，成为重要的城市绿化模式。城市绿地草坪建植需要注重乔、灌、草多层次植物配置，体现美学特性。草种尽量选用乡土植物，以使草坪获得更好的环境适应性，减少养护成本。一般可以选择禾本科、豆科等草种，搭配菊科等开花草本植物，以更好地实现观赏价值。

城市绿地草坪养护成本较运动场草坪低，一般管理相对粗放，按季节进行统一的补水和施肥。

1）城市绿地。城市绿地是用以栽植树木花草和布置配套设施，基本上被绿色植物覆盖，并赋以一定功能与用途的场地。随着经济的发展，**城镇化进程的加快**，城市的面积越来越大，城市对生态环境的影响也越来越大，出现热岛效应、浑浊岛效应、城市内涝等问题，城市绿地的建设是改善这些问题最有效的方法之一。当前，国家对生态环保的重视达到了新的高度，随着"美丽中国"建设、"生态文明"建设的提出，全国各地对城市绿化工程建设都加大了资金投入。随着我国城市化率的不断提高，城市绿化行业也得到了快速成发展。

2) 城市绿地草坪。城市绿地草坪是通过人工改造天然草原或人工建植后形成的坪状草地，不仅具有观赏价值，还具有美化环境的作用。在近年来的城市绿化工程中，草坪草通常为多年生草本植物，因其生长迅速、再生能力强、易于建植、须根发达利于固定土壤、防止土壤流失、保持水土等，在城市绿化工程建设中获得了不可替代的地位，在城市建设工作中推广应用的力度越来越大。常见的城市绿地草坪一般包括休憩草坪、飞机场草坪、观赏草坪、林下草坪和其他草坪等。

3) 城市绿地草坪在城市绿地建设中的应用。城市绿地系统是一个由诸多要素构成的复合工程，草坪作为整个系统的基调，对树木、花卉、建筑、山石等元素的轮廓和色彩进行对比和衬托，以丰富整个城市绿地系统的艺术效果和视觉效果。草坪可以通过建植技术，本身形成美丽景观，或映衬其他景观要素，完美地将各种景物联系在一起，交相辉映，相互衬托。在城市园林建设中，草坪与乔木、灌木、花卉通过合理配置，可以为园林创造高低错落、层次丰富的绿色空间，创造出繁花似锦、绿草如茵的优美景观；草坪与建筑、山石、道路、水体通过美学艺术的配置形成有机整体的园林景观，增加园林通透度，降低园林的郁闭；草坪作为不同绿化环境下的过渡性背景，可以对各种园林元素进行衔接，起到纽带的作用，既自然又丰富了整体景观的层次和景深，同时也加强了各种景物之间的联系。因此，草坪既是城市园林建设的基本要素，也是园林设计的关键。同时，在城市工程建设中，草坪作为一个背景元素，调和周围环境并起到景观过渡作用，形成宽敞空间，开阔司机、行人的视野，缓解身体和视觉疲劳，能够满足交通安全功能。

党的十九大报告指出，坚持人与自然和谐共生，像对待生命一样对待生态环境。在城市生态环境中，草坪是一个不可或缺的元素。草坪主要由覆盖地表的地上枝叶层、地下根系层及根系生长的表土层3部分构成。草坪地上枝叶层既具有吸收噪声的功能，可以减少噪声污染；也可以通过对强光的吸收和绿光的反射降低强光对人眼的视觉刺激，对视力有保护作用，并通过光合作用吸收CO_2，释放O_2，有效地净化空气。草坪地下致密的网状根系层及根系生长的表土层，覆盖固着在地面，既可起到固定土壤、防止土壤流失、防尘的作用，又可以减弱地表径流导致土壤侵蚀的危害，保持水土；草坪生态系统也能对地下水的质量起到很好的保护作用（张毅川 等，2018）。

3. 裸露坡面生态草坪恢复工程

裸露坡面是原生自然植被与表层土壤受到破坏而全部损失使下层土体缺乏覆盖，或由人工堆垫、废弃土石渣形成的，具有一定坡度的裸露土石表面。裸露坡面一般有一定坡度，裸露未绿化，自然植被遭到不同程度的人为或地质灾害破坏，易发生严重的水土流失，易失稳发生滑坡、泥石流等灾害。

裸露坡面一般由公路建设、矿山开挖等人为活动形成，受工程施工条件制约常形成较陡峻坡面。表层土壤被破坏后表层为碎石质、砂质、土夹石等劣质土石坡面，保水保肥性能差，植被缺乏生长物质基础；坡体与坡面稳定性较差，易受水力、风力侵蚀等危害，甚至诱发滑坡、泥石流等地质灾害的发生。裸露坡面生态恢复草坪一般位于公路、矿山等野外地区，管理难度大，建植成本很高，除建植初期外，一般不进行人工养护。

裸露坡面生态恢复草坪建群种一般要求具有很强的耐贫瘠、耐旱性能，建植时宜选择生长成坪快、根系发达、配伍性能好的乡土种搭配建坪，提高植被的环境适应性，保障近期与远期固土与恢复效果的统一。裸露坡面生态恢复草坪建植工程一般需要和护坡固土工程相配合，提高边坡稳定性。

8.2　草坪建植工程原理

随着经济的发展，城市居民对绿化的要求也发生了改变，从简单的绿化发展到要满足审美的需求，城市草坪在保护环境的同时还兼具很高的艺术价值：错落有致的乔灌草，四季变化的色彩，轻松愉快的环境；减少城市风沙，净化空气，提高生活质量，促进人们身心健康发展。

城市绿地草坪植物的选择由绿地的类型、功能和性质决定。

8.2.1　草坪植物配置原则

1. 观赏价值

用于观赏的城市绿地草坪，在进行景观设计时主要考虑其观赏价值。利用叶、花、果的色和造型等表现个体美；成群成片栽植，则体现群体美；提供基础和背景，如人行道边的花草；展示园林空间及地形，通过一大片的造型，达到展现空间、地形变化的效果。

2. 生育周期

生态可持续的绿地是需要经过时间考验的，植物的生育周期关系地被植物的群落稳定性，也与种植成本有关。选择生育周期长的植物，可以减少养护投入，降低绿地维护成本。

3. 绿色期

景观草坪叶片绿色期长短直接影响地被植物的稳定性和覆盖的有效性。通过常绿、半常绿和落叶草坪草品种的搭配，暖季型与冷季型草坪草品种的组合，达到延长绿色期的效果。

4. 适应性及抗性

在选择植物时要考虑其适应性及抗性，本土植物在这方面有很大的优势。供人观赏、游玩行走的草坪，对于草坪植物的绿色期、耐践踏性有不一样的要求。有些绿地种植面积大、养护管理粗放、立地条件差，对植物有很高的抗逆性和适应性要求，特别是在一些土壤有污染的地区，植物的抗SO_2、抗盐碱化等特性十分重要。

5. 养护水平

养护水平的高低与资金投入有关。植物适应性越强，对养护水平的要求越低。在养护水平低的绿地，耐旱、耐贫瘠的植物是首选，以保证在低水平的养护条件下依然可以保持绿地的健康。

6. 生物多样性与生态系统稳定性原理

在特定的前提下，生物的多样性使生态系统具有稳定性。在一定使用场景中的草坪，尤其是在环境条件恶劣或行使生态修复功能的草坪，须考虑草种配置的多样性，以提高草坪生态系统的稳定性及其对环境胁迫的抵御能力，延长草坪使用寿命。

7. 水肥耦合与平衡原理

水肥耦合就是根据水分条件不同，提倡灌溉与施肥在时间、数量和方式上合理配合，促进作物根系深扎，扩大根系在土壤中的吸水范围，多利用土壤深层储水，并提高作物的蒸腾和光合强度，减少土壤的无效蒸发，以提高降水和灌溉水的利用效率，达到以水促肥、以肥调水、提高草坪品质的目的。

8.2.2 草坪植物配置方法

1. 草坪草的配置

草坪在城市中通常铺设得开阔、平坦，占据面积较大，多用适应性较强的矮生草，如禾本科、豆科及莎草科的多年生草本植物；一般来说，植株低矮，耐修剪，生长均匀且长势较强，便于管理，耐践踏并容易迅速恢复，养护管理简单易行。我国南方草坪一般适宜使用结缕草、狗牙根（*Cynodon dactylon*）、沟叶结缕草（*Zoysia matrella*）等，北方草坪一般使用早熟禾属（*Poa*）、羊茅属（*Fescue*）、黑麦草属（*Lolium*）、白三叶草等。为提高草坪草群落的抗性或加快成坪速度等，通常可采用两种或多种草坪草混作建坪的方法。针对处于南北过渡带的地区，一般可选择在夏季补播暖季型草种，以提高草坪的越夏能力（张农生，2007）。

2. 树丛植物的配置

草坪上可以自由种植 1～2 种树木，组成稀疏片林，分布在草坪的边缘或内部，可以增强树丛的气氛，营造大自然的意境。树种宜选高耸干直的大乔木，多株或孤植，尽量选择适应性强的乡土树种。要考虑借助周围的自然地形（山坡、溪流等）特点，形成山林草地的意境。

3. 乔、灌、花隔离的配置

结构紧密的树丛一般能起到隔离的作用，人们常用它们划分草坪空间。隔离树丛的树种一般使用常绿乔木或枝叶发达、浓密、枝条开展度小的灌木类，如木槿（*Hibiscus syriacus*）、木芙蓉（*Hibiscus mutabilis*）、女贞（*Ligustrum lucidum*）等；在草坪和灌木之间种植观花地被植物过渡，也可配置一些小乔木，如鸡爪槭（*Acer palmatum*）、罗汉松（*Podocarpus macrophyllus*）、榕树（*Ficus microcarpa*）等；隔离树丛与小路完全分隔并遮挡了视线，能产生一种"闻其声而不见其人"的艺术效果。

4. 庇荫树配置

为了让大草坪在夏季炎热时能容纳游人纳凉休息，还应适当种植庇荫树。庇荫树一般要求树冠大、枝叶浓密，树形选用球形或伞形，如二球悬铃木（*Platanus acerifolia*）、樟、杨属（*Populus*）树种等较好，在配置上取南北长、东西短，能起到防止西晒的效果。

8.2.3 草坪与景观搭配技术要点

1. 与乔灌木的配置

根据上层林木的遮阴情况、地形条件确定地被植物种类。遮阴强的乔木下用耐荫、绿色期及花期长的地被植物。疏林下配置稍耐荫的木本观花植物，下层配置耐荫的观花或观叶草本类。利用不同的生物学特性、生长期互补的优势，两种植物或多种植物混植。掌握适当的疏密程度，营造近自然的景观。

2. 与建筑、雕塑的配置

植物与建筑的协调关系主要体现在绿地设施的门、窗、墙、角隅等方面。强调植物与建筑的协调性。

墙的植物配置。建筑的西墙可采用常春藤（*Hedera nepalensisvar* var. *sinensis*）、五叶地锦（*Parthenocissus quinquefolia*）等攀缘植物进行垂直绿化，减少西晒。墙的南面引种栽培美丽的不抗寒植物。辅以各种球根、宿根花卉作为基础栽植。

建筑门的植物配置。门的景观配置一般与路、植物等一起，增加生机活力，增加景深。

屋顶花园的植物配置。屋顶花园是植物和建筑最紧密的结合，屋顶花园土层较薄，植物选取体量轻、根系浅、抗风、抗旱、抗寒，花、叶、果美丽的小灌木、草花为宜。

3. 与山石、水体的配置

与山石的配置。山石为重要景点，草坪与地被可作为背景或点缀。山石下土壤条件较差，光照和水分不足，选择耐贫瘠、耐荫性强的植物。岩石间隙可选择岩生地被植物，如翠云草（*Selaginella uncinata*）、景天类植物、蕨类植物等。

与水体的配置。靠近水体湿度较大，岸边选择耐湿、耐寒、常绿植物，水中可以栽植荷花等观花、观叶水生植物。植物配置原则是露美、遮丑（杨秀珍和王兆龙，2010）。

4. 其他

园路周围地被植物的选择。根据园路的宽窄与环境的不同，选择花色或叶色鲜艳的地被植物，成片群植或小丛栽种组成花境。

绿化隔离带地被植物的选择。绿化隔离带可以利用地被植物与上层的乔木、灌木形成多层次的植物群落，达到隔音、分割空间的作用，也可与花坛组成色彩丰富的绿带，转化空间、方向。

8.3 草坪建植工程技术

8.3.1 运动场草坪建植工程

足球场草坪建植工程，是一种以建设符合足球运动需求的草坪为根本目的，以场地调研勘察实况为建设依据，以场地清理、坪床准备、灌溉系统铺设、草坪种植、成坪养护为主要环节的系统性工程行为。

1. 场地清理

场地清理即在施工前对施工现场进行清洁，保证施工环境稳定安全。场地清理是草坪建植的关键要素之一，消除石块和其他垃圾，清除杂草，尤其是多年生杂草。如果采取播种的方式，还须去除一年生杂草种子，在播种和铺草皮之前，须整平、耙松土壤。

2. 坪床准备

坪床准备是足球场的排水、透气、稳定性等性能的决定性环节，对后期的草坪质量有着重要的影响。坪床准备包括确定坡度和平整度、坪床结构的选择、各层级使用材料（粒径、规格、形状）的选择、排水结构的选择及排水管道的布设。目前，足球场草坪的坪床建设因场地等级不同而有所差异。其中，一、二级（赛事、训练）场地坪床的常用结构有盲沟、砾石层、过渡层、根系层（图8-1），三级（普通）场地坪床的常用结构至少包含盲沟和根系层。排水结构主要包含两类，即鱼脊式和平行式（图8-2），两者的主要区别在于鱼脊式排水结构的排水管与边沟夹角呈45°，平行式排水结构的排水管应与边沟呈90°，两种排水结构的沟底均应铺设厚度为20～50mm的砾石。

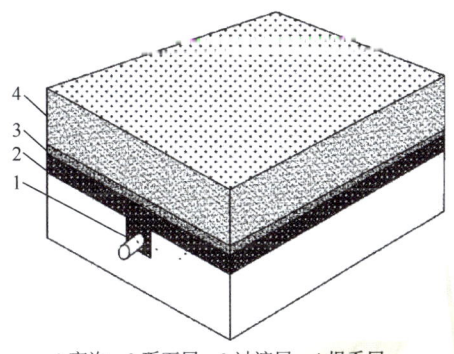

1.盲沟；2.砾石层；3.过渡层；4.根系层。

图8-1 天然草坪足球场场地坪床结构示意图

资料来源：北京市地方标准《天然草坪足球场场地设计与建造技术规范》(DB11/T 1685—2019)。

（a）鱼脊式排水结构示意图　　　　（b）平行式排水结构示意图

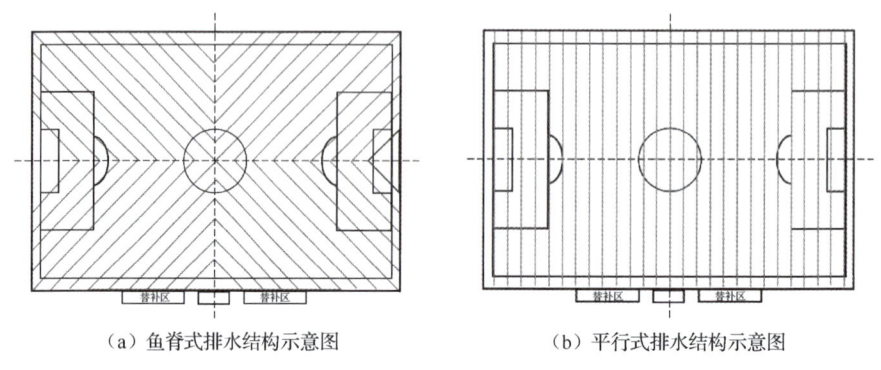

图 8-2　排水结构示意图

资料来源：北京市地方标准《天然草坪足球场场地设计与建造技术规范》（DB11/T 1685—2019）。

3. 灌溉系统铺设

灌溉系统铺设主要考虑草坪养护过程对水的需求。一般情况下，为了满足足球场草坪对水的需求且方便管理，灌溉系统常为自动控制系统，喷头在不影响足球运动、不造成安全风险的前提下隐蔽布设在场内。

4. 草坪种植

草坪种植包括草种选择、建植方式。其中，草种应选择耐践踏性、恢复能力强、质地适宜、耐低修剪的草坪草，并根据场地所在地区气候条件选择适宜的冷季型草坪草或暖季型草坪草。建植方式包括种子直播法、播茎法、草皮铺设等，根据草种的生长特点及球场的需求选择适宜的建植方式。

5. 成坪养护

成坪养护即在草坪建植完成后，通过科学合理的养护手段（修剪、灌溉、施肥、施药、打孔、滚压、覆沙、补光、通风、控温等），保证草坪稳定处于较高的质量，满足足球运动的需求。

8.3.2　运动场草坪建植技术

随着足球运动的发展与普及，足球赛事对足球场草坪的质量提出了更高的要求，包括更高的稳定性、运动质量、排水性能等。随着科技的发展，针对改善足球场草坪性能的草坪建植新技术手段也不断涌现。目前，具有代表性且应用较为广泛的先进足球场草坪建植技术手段包括加强型草坪技术、移动式草坪技术、冷/暖季型草坪交替技术、运动场草坪智能养护技术等。

1. 加强型草坪技术

1）技术产生背景

高质量的运动草坪是举办高水平赛事的先决条件。运动场草坪受到运动员的高强度、高频率践踏产生强烈的践踏胁迫，引起草坪稳定性和安全性问题。为了提升草坪的稳定性和耐践踏性，并同时提高场地运动安全性及承受更高的运动强度，加强型草坪技术应运而生。其中，为了土壤加强或土壤加固，在土壤中加入新材料或试剂，对不稳定土体起到加强和稳定作用。

2）技术特点

加强型草坪技术依据加强的方式，可以分为物理加强技术和化学加强技术。

（1）物理加强技术。物理加强技术包括定向加强型草坪技术和随机加强型草坪技术两类。

第 1 类为定向加强型草坪技术。定向加强型草坪技术包括人造草垫式加强技术和植丝式加强技术，通过增强草坪草地下部分的生长，提高草坪整体性能。

人造草垫式加强技术属于草坪表层加强技术，仅作用于草坪表层 0～5cm 处（图 8-3）。其底垫限制了天然草坪草自然向下的生长，虽然底垫的编制材料约一半是可降解材料，但一般材料的降解周期需要几个月，所以还是会限制根系向下生长。其优点是可以实现运动场多功能性，可以更方便地铺设和更换。但问题是更换超过一定次数，草垫便会损坏，无法实现加强的作用。

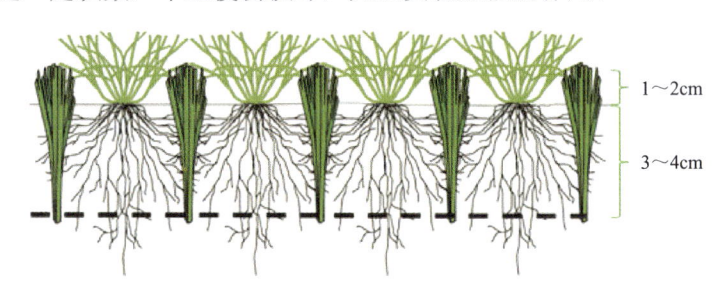

图 8-3　人造草垫式加强型草坪

植丝式加强技术是一种深层次加强技术，植丝深度是 18cm，非常接近种植层底层，可以提供非常快速的通气透水通道。根系可以无阻碍向下生长，与人造草丝纤维盘结，形成稳定的加强草坪（图 8-4）。同时地上稳定的 2cm 高人造草丝，

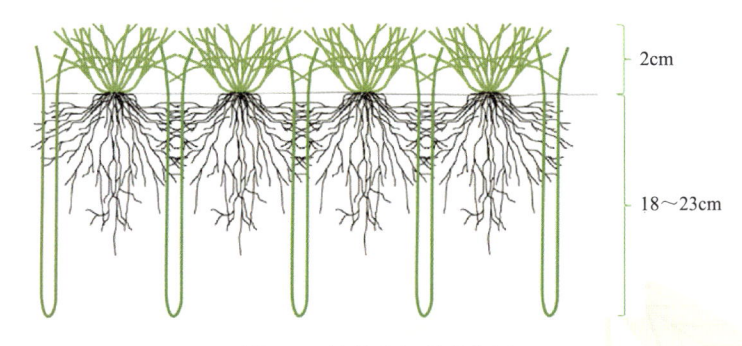

图 8-4　植丝式加强型草坪

可以有效地保护天然草，给天然草提供缓冲能力，减少运动和践踏对天然草及生长点的损伤，因此可以更好地保障天然草坪的运动质量和使用频率。由于其是固定式草坪，不能移出草坪进行其他活动。但由于人造草丝的保护作用，所以会使天然草在用于其他活动时受到的损伤更小，不会如纯天然草坪一样受损严重。

第2类为随机加强型草坪技术。随机加强型草坪技术一般以纤维或纤维网为主，是以天然纤维或人工纤维材料以一定比例混入不稳定土体中，以模拟根系与土体作用的方式，提高不稳定土体的抗剪切力和稳定性的方法。运动场草坪的第一核心观点是为运动和运动安全服务的草坪。所以，使用纤维或纤维网等材料的根本目的是提高运动场草坪的运动质量、草坪和坪床的整体稳定性，提高运动稳定性和安全性。研究表明，用纤维加强的草坪，坪床整体的硬度要低一些，但稳定性较高，不易损坏，对于坠落有更好的缓冲性，安全坠落高度更高。

常用的纤维材料包括天然纤维（椰丝、麻纤维、棕榈纤维、竹纤维、甘蔗纤维、玄武岩纤维等）和人造纤维（聚对苯二甲酸乙二酯、聚丙烯纤维、聚酯纤维、聚乙烯纤维、玻璃纤维、尼龙纤维等）。不同的纤维具有不同的理化特性，因此在选择纤维时，须考虑多种因素（如纤维规格、材料强度、老化时间、老化后产生的物质是否对土壤产生污染、成本等）。不同纤维增强效果也不尽相同，如竹纤维拥有出色的抗病虫害性，根茎对土壤具有良好的黏合性，以及较强的张力、较低的弹性系数等，因而可以作为加固的主要天然纤维之一。

纤维网是人造纤维使用的主要形式之一。与单丝的纤维不同，纤维网的网格状结构比一般纤维具有更大的强度，在增强土壤孔隙度方面的效果更明显。同时，草坪草的根系在生长时可以更好地攀附在纤维网内，使草坪的整体增强效果更佳。纤维或纤维网的使用可以有效增强坪床强度，但是随着使用次数的增加，或纤维含量的不合理添加，会造成土壤强度过大，增加运动安全的风险，且易造成土壤硬化板结，不利于排水，导致草坪草根系难以向下生长，最终降低草坪质量。

（2）化学加强技术。化学加强技术常用材料包括常规无机类化学材料（水泥、石膏等）、酶类化学材料（Perma-Zyme、EMC2等）和高分子类化学材料（聚乙酸乙烯酯、聚氨酯树脂等）三大类。化学加强技术常用材料目前主要用于裸露坡面的植被恢复，并没有在运动场草坪中使用的案例。但是，化学材料具有操作简单、环保、无污染等好处，因此在未来的运动场草坪加强技术发展中，将逐渐探索和应用化学加强技术。

3）技术应用现状

目前，国际上的专业运动场草坪以人造草垫式加强型草坪和植丝式加强型草坪为主，部分场地使用纤维或纤维网加强型草坪，如国家体育场的外场及北京先农坛体育场使用的便是人造草垫式加强型草坪。从技术应用趋势来看，世界顶级足球联赛的场地较多地采用了更为灵活、排水效率更高的植丝式加强型草坪，如2003年和2011年的橄榄球世界杯场地、俄罗斯莫斯科的卢日尼基体育场（2018足球世界杯的决赛场地）等。

加强型草坪技术对提高足球场草坪质量，保证运动质量有着重要的意义。随着科技的发展及足球市场需求的进一步增加，施工效率更高、加强效果更好、持续周期更长、更加生态环保的草坪加强技术将会被越来越多地应用于足球场草坪建植工程中。足球场草坪建植工程不再仅限于单一的天然草＋沙的建植模式，而是通过更多领域的跨界与合作，使先进的理念融入足球场草坪的建植工程中。

2. 移动式草坪技术

1）技术产生背景

国际上综合体育场天然草坪场地依场地建造方式主要分两种，即传统固定式和移动式。传统固定式，即将草坪场地建造在体育馆内，建造场地固定，主要包括场地规划、场地整理、坪床建造、草坪建植等一系列的建造程序。由于各地土壤类型、气候特点及经济水平等因素的差异，使球场建造的施工复杂程度及技术含量差异较大，进而导致了草坪建造质量参差不齐，尤其在坪床结构设计与建造、草坪草种选择等方面。传统固定式建造方式多年来一直是运动场草坪建造的主要方式，其优点是可以让草坪形成稳定的草坪坪床，天然草坪更加稳定，有利于进行运动和比赛。但大型体育赛事往往会结合文化活动，如大型赛事的开幕式、多功能体育场承接的演唱会等活动。固定式坪床因无法移动，文化活动只能在草坪上直接进行。即使对有些草坪采用覆盖的保护方法，但较长时间的活动也会导致天然草坪出现问题，进而影响后续的比赛及运动安全。同时，随着现代体育场馆建筑的发展，更加壮观、观众体验更好的半封闭场馆设计被更多采用，而半封闭的顶棚给草坪造成了极大的遮挡，影响草坪草对光照的需求，而导致天然草坪草生长出现问题。移动式场地和补光是解决这一问题的有效手段（宋桂龙和韩烈保，2013）。

为了解决现代体育场的遮阴对固定式草坪草生长带来的不良影响，同时提高场馆场芯区的灵活性，使其在非赛季时期可承办多种活动，从而提高场馆的利用率，降低草坪破坏率和草坪养护成本，提高场馆经济效益，移动式草坪技术应运而生。移动式草坪技术的诞生，较好地解决了综合性体育场馆频繁更替草坪的问题。同时，被移出的草坪可放置于专用备草区，接受充足的光照，保证草坪草的正常生长。

2）技术特点

移动式草坪技术就是将草坪建造在可以移动的载体上，实现草坪场地可自由移动的一种建植方式，它是20世纪90年代初期提出的一种与传统固定式草坪技术相对应的全新建造理念。其最初是作为室内运动场草坪的设计方案而诞生的，由于其灵活多变的建造和使用方式，以及解决了室内草坪光照不足等问题，而被引入综合性体育场的草坪建植中。目前，移动式草坪技术主要分为整体移动式草坪技术和模块移动式草坪技术两大类。

（1）整体移动式草坪技术。整体移动式草坪系统就是将整个草坪场地建造在一个可以移动的结构框架内。在非比赛日，可将整个草坪场地置于场馆外的自然条件下进行养护管理，而场馆内可以通过铺设人造草坪或搭建临时舞台的形式，举行各种各样的娱乐活动或比赛。当正规比赛需要场地时，再通过特有的动力设备将场馆外的天然草坪场地整体移入场馆内。目前应用该技术的综合型体育馆有日本札幌体育馆（图8-5）等。整体移动式草坪系统解决了光照不足、草坪使用频率低、场地使用不灵活等问题，但是由于草坪场地是个整体，依然存在更新困难的弊端，同时因这种建植方式对体育场的建筑要求较严格，技术含量高，故费用也较为昂贵，因此其普及度不高。

图8-5 整体移动式草坪（日本札幌体育馆）

此外，整体移动式草坪系统还包括分体式整体移动技术和分层式整体移动技术两种形式。分体式整体移动技术即整块场地沿短边均分为3~4块长方形块，进行分体式移动。分层式整体移动技术即整个场地分为上、下两层，上层为天然草坪场地，下层为篮球场或其他场地。当上层天然草坪层移出后，下层上升，将场地转换为篮球场或其他运动场地，这是新一代多功能场馆应用的典范。

整体移动式方案在场馆设计之初就要综合设计考虑，需要场馆建筑设计、结构设计、机械设计、草坪工程设计等共同完成才可实现。其综合性强，多学科设计交叉，技术含量高，费用十分昂贵。

（2）模块移动式草坪技术。模块移动式草坪系统是移动式草坪最早出现的形式。据报道，日本等国家在 20 世纪 90 年代初期就有所应用，但其正式被世界关注和认可是从美国密歇根州立大学为 1994 年美国世界杯室内体育场设计的综合草坪模型（integrated turf model，ITM）系统开始的。该系统的特点在于，将整个球场建在若干个可移动模块上，每个草坪模块都是一个独立的整体。建造草坪时，将所有模块固定在预先选好的水平空地上，模块内填充草坪生长所需的土壤基质、肥料、排水砾石、草坪建植选用的种子或草皮等。待草坪草生长成熟后，再将模块分开，随时准备在比赛时投入使用。移动式模块的形状多样，如六边形、正方形等（宋桂龙和韩烈保，2013）。

目前国际上主要有两类模块移动式草坪。第 1 类为以 ITM 系统为代表的盒式草坪移动模块（图 8-6），该类模块规格为 $1.16m^3$，模块壁高 0.28m，套板高 0.08m，植草后重约 800kg。底座材质为具有承重能力的硬质塑料，模块底部的多孔结构有利于增加草坪的透气性和透水性。托盘下的凹槽既具有排水和交换空气的作用，也可以导入热或冷空气，调节土壤温度，同时还是叉车搬运托盘时的作业槽。

图 8-6 盒式草坪移动模块

第 2 类为托盘式草坪移动模块（图 8-7）。该类模块为金属与硬质塑料相结合构成的可移动式承载板，有别于 ITM 系统的盒子结构。该承载板长、宽均为 2.4m，厚 120~150mm，没有砾石层，其模块面积约为 $6m^2$，板块四周的每一面均分布 18 个直径为 80mm 的孔洞，以便排水和通气，两个凹槽供叉车作业时使用。因该模块不设挡板，因此每个模块的草坪建植均混入人造纤维网片（mesh elements），以达到增强坪床强度的效果，从而防止模块在移动过程中其上方所承载的草坪出现塌陷和破散。

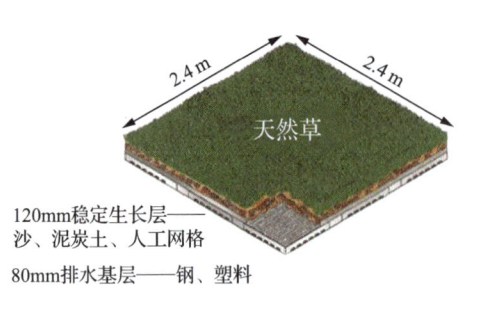

图 8-7　托盘式草坪移动模块

（3）模块移动式草坪技术的优点。与传统建造方式相比，模块移动式草坪系统具有以下优点：模块系统底盘设计具有通风、排水、换气、调控温度等特性，为草坪草生长提供了良好的环境；根据比赛及其他娱乐活动需要，在最短时间内将养护良好的草坪移进或移出体育场馆，既提高了场馆的使用效率，又延长了草坪的使用寿命；如果需要，场地中的任何一块草坪都可以自由移动，可以随时更换那些损伤严重的草坪，从而保证了体育场全天候的正常使用，同时损伤草坪可以移到场外继续进行养护，达到了可持续利用的目的。因此，从长远角度分析，模块移动式草坪比传统的建造方式更为经济实用。模块移动式草坪的建植和养护管理与传统式草坪和整体移动式草坪相比更为自由灵活，其建造场地可以选在场地外的任何地方。为了运输方便，最好选择离比赛场地较近的地方。草坪建植时间可以先于体育场馆，这样不仅可以为体育场馆建造提供更为充裕的时间，同时还可以保证草坪草根系生长得更加成熟。

3. 冷/暖季型草坪交替技术

1）技术产生背景

随着足球赛事的发展，现代足球赛事的赛季较长，时间跨度大。例如，中国超级联赛的开赛时间为 2～3 月，结束时间为 10 月；中国甲级联赛的开赛时间为 2～3 月，结束时间为 11 月等。但是，没有任何一种草坪草可在全年表现良好，尤其是过渡带区域（其气候特点是夏季高温潮湿，冬季寒冷干燥）。为了使运动场草坪能在早春至早冬这近乎全年 3/4 的时间里都能保持较高的草坪质量，满足赛事需求，冷/暖季型草坪草轮流使用成为必然的选择。

在交替技术之前，草坪草交播技术被广泛用于运动场草坪建植中。交播也称复播、补播或追播，一般是在亚热带和过渡带地区，秋季在暖季型草坪上播种黑麦草或粗茎早熟禾（*Poa annua*）等冷季型草种，使草坪在冬季也具有良好的观赏性和运动性，达到草坪四季常绿的效果。交播技术在运动场草坪管理中应用较多，但交播技术的局限性在于，虽然在理论上实现过渡带区域全年草坪草的正常生长，但针对我国体育场的现状，实际操作过程中依然存在不少问题。首先，交播成本并不低；其次，冷季型草坪草在交播时的播种量不易把握，若秋季冷季型草的播种量过大，则冷季型草在冬春季节生长过于旺盛，导致暖季型草坪长期处于被抑制状态，从而影响返青（张巨明 等，2008），这样到了夏季，冷季型草坪草枯死，而暖季型草坪草又没能很好地生长，即使解决了草坪草冬天的枯黄问题，也无法避免夏季草坪质量下降问题。此外，水、土壤、草坪等因素都对交播的效果有着不同程度的影响。

为了同时兼顾冷/暖季型草坪的使用，缩短草坪的建植时间，避免不同草种之间由于生长特性的不同而相互干扰等情况，冷/暖季型草坪交替技术逐渐走进了运动场的草坪建植中。

2）技术特点

与交播技术不同，冷/暖季型草坪交替技术采用更换草皮的方式，快速地对运动场内的不同类型草坪进行更换，不仅缩短建植时间，同时也避免不同草种间相互影响，既解决了暖季型草坪草冬季枯黄的问题，也能进一步保证草坪质量。同时，更换草坪的方式更加灵活，在举办演唱会等活动时，可直接通过起草皮的方式，将草坪区空出，从而避免活动用大型器械对草坪草的伤害。

4. 运动场草坪智能养护技术

1）技术产生背景

传统的运动场草坪养护主要集中于调节土壤水分、定期施肥、草坪修剪、播种、施药、打孔、覆沙、滚压等作业，其根本目的在于为草坪草提供良好的生长环境，保证草坪草的正常生长。但传统的养护作业有很大的局限性。①传统养护行为仅以改善土壤理化性质（土壤含水量、养分含量、孔隙度等）及保持草坪草生长高度为主要目的。②养护作业相互独立，且多依赖于管理者的养护经验，精确性较低。

现代体育赛事的蓬勃发展，对运动场草坪质量提出了更高的要求，传统的养护作业在一定程度上已无法很好地满足赛事对草坪的需求。随着大数据时代的到来、科技的不断发展，运动场草坪智能养护技术应运而生。运动场草坪智能养护系统是一套以数据监测与收集、科学化分析、集成化控制为基础，以准确、科学、高效为原则的养护体系。该系统通过结合已有的研究结果，对草坪草的生长因子（如水分、光照、温度、湿度）进行实时监控与数字化管理，对补光、通风、灌溉、地下控温等系统进行集成化控制。控制中心通过对场内传感器反馈的数据进行分析，管理者则通过数据判断草坪草的生长情况并对症下药、精准养护。在提升养护作业质量与效率的同时，也有效避免了管理者过于依赖经验而带来的养护质量上的误差。

设置了控制中心的运动场草坪智能养护系统，在管理方式上比传统养护管理更加系统化、科学化；在养护作业方面也更精细化，所涉及的范围更广，增加了补光系统、通风系统、地下控温系统，从而对草坪草生长的3个重要环境因子（光照、通风、土壤温度）进行调控，最大限度地为草坪草生长创造最优条件。

2）技术特点

运动场草坪智能养护系统主要由控制中心、监测系统、养护设备3部分构成（图8-8），即控制端、监测端、输出端。

图 8-8　智能养护系统构成

（1）监测系统与控制中心。监测系统主要布设于体育场顶部，通过与便携式环境监测设备相互配合，对整个草坪区各部分的环境情况进行实时监控，并将数据反馈至控制中心。

控制中心主要负责对监测系统反馈的数据进行处理。通过计算机对数据进行统计分析，将场地情况以直观的方式（热成像图、场地不同区域坪观质量评分等）呈现给管理者，作为养护作业的参考依据。

（2）补光设备。光照是草坪草正常生长所需要的重要因子之一。光照影响草坪草生长的主要因素包括光合有效辐射日总量（daily light integral，DLI）和光质。研究表明，不同类型的草坪草对 DLI 的需求有所不同。其中暖季型草坪草正常生长所需的光合有效辐射为 390~465W/（m^2·d），冷季型草坪草则为 116~233W/（m^2·d）（边秀举和张训忠，2005），而红/蓝复合光对于植物而言是利用效率最高的光质。因此，为了满足草坪草的生长需求，降低现代体育场建筑等因素对草坪区造成的遮阴（DLI 值降低、光质发生改变），补光设备被逐渐引入运动场草坪养护作业中。

补光设备根据光源主要分为传统补光设备和 LED 补光设备；根据应用面积大小则分为全场型和局部型。

第 1 类，传统补光设备。传统补光设备主要包括高压钠灯、金卤素灯、氙气灯、白炽灯。传统补光设备主要有以下几个特点。①从视觉上来看，颜色主要为黄、白色，与自然光的颜色较为接近。②从光谱图来看，光质组成是固定的，不可调节，且红、蓝光所占比例相对较低，更多的是黄光与部分绿光。③具有代表性且应用较为广泛的主要是高压钠灯，其光质以红光为主，蓝光所占比例很低。高压钠灯最大的特点为功率大，单个灯泡的光照强度大，因此在使用高压钠灯时，灯具周围的温度明显高于周围温度。

传统补光灯中应用广泛的高压钠灯为运动场草坪补光，主要有以下几个特点。①光照强度较强，可有效弥补遮阴带来的光照不足。②散热量大，常用于种子萌发阶段，以保证土壤表面具有足够的温度，保证种子的萌发。③在巨大的灯架上，高压钠灯的灯泡布置相对独立，灯泡之间具有一定的间隔，以保证灯泡有充足的空间进行散热。同时，灯架顶部到草坪表面的距离不低于 1.5m，最高可达 4~5m。高度设置的目的有两点：①在保证光照强度满足植物生长要求的同时，使光照范围最大化，提高光源利用效率，降低能耗（高压钠灯本身能耗较大）；②避免灯泡本身过强的散热而导致草坪表面温度过高，水分蒸腾过快。

第 2 类，LED 补光设备。LED 是由Ⅲ~Ⅳ族化合物，如砷化镓（GaAs）、磷化镓（GaP）、磷砷化镓（GaAsP）等半导体材料制成。

传统的植物补光设备（如高压钠灯、荧光灯、金属卤素灯、白炽灯），光效低，耗能大，能耗费用占系统运行成本的 20%~40%。此外，这些光源的光谱相对固定，无效波长较多，产热量大，无法近距离照射植物。LED 制造成本不断降低，其光效高、发热少、体积小、寿命长、利于集约化生产等优势更为明显，已经具备了在产业化生产中替代传统光源的潜力，具有良好的应用前景（杨其长，2011）。

LED 补光设备主要有以下特点。①灯架到草坪表面的距离一般为 1.6~2.8m，主要是在满足光照强度的同时，尽可能扩大光照的辐射范围。②光质以红、蓝光为主，因此 LED 在光效方面具有较大优势。③LED 产热少，故整体高度较低，其对草坪表面基本难以提供加温作用。

（3）通风设备。通风设备的作用是促进场馆中的气流活动，以改善体育场馆的通风环境，从而降低环境湿度，促进场馆内散热，保证草坪草在较适宜的温度、湿度条件下生长。

目前采用的通风设备主要是大型风扇。通过在草坪区四周布置多个独立的大型风扇，结合草坪表面温度、湿度的监控数据，对风扇开启时机、开启时长、使用风速、吹风方向、吹风方式等进行调整，以达到降温除湿的效果。

大型风扇的主要特点如下。①相互独立,底座配有可移动的轮子,可人工调整风扇位置,较为灵活。②吹风方向较为集中。③当草坪表面温度过高时,可通过风力带出雾化的水汽,最远距离可达 50m。当水汽被吹出时,因及时吸热而在接触草坪表面之前或在一接触草坪表面便蒸发了,因此降温后的草坪表面依然是干爽的。④当草坪湿度较大时,可对风扇进行调节,使其工作时仅出风,无水汽,促进草坪及周围环境的空气流通,达到降温控湿、调节场馆微环境的作用。

(4) 控温系统。土壤温度是影响运动场草坪质量的一个重要因素。在冬季低于 5℃的气温条件下,冷季型草坪草也会进入休眠状态,而夏季的高温高湿也易导致草坪草发生病害,严重影响草坪的坪观质量和运动质量。因此,需要对草坪草生长的环境温度进行调控。一般运动场草坪都建植在开放的环境中,空气温度难以调控,但土壤温度可以通过一些措施来进行调节。

为确保比赛的正常运行,实现运动场草坪的功能不受季节和气候限制的目标,坪床控温技术被广泛应用到世界各大专业运动场中。

坪床控温技术主要是通过在坪床根系层下面铺设电缆线、水管或管道对草坪根系层实现控温,以提高草坪草的根系温度,维持草坪草的生长,保持较高的草坪质量。根据不同的控温方式,坪床控温技术分为三大类:电缆加热技术、坪床水循环加热技术和冷/暖气控温技术。

第 1 类是电缆加热技术。电缆加热技术是把电缆线埋设于草坪坪床根系层下面,利用电缆线提供的热量来提高草坪坪床温度的一种方法。一般情况下,加热电缆应安装在地表以下 25～30cm,电缆铺设间距为 15～30cm。一般用于加热天然草坪土壤温度的输出功率为 80～100W/m^2,最大不超过 120W/m^2。电缆加热时的热量控制由两套独立的控制电路完成,并由设置在坪床根层的温度传感器进行温度反馈调节。一般将场地分为 4 个区域进行加热作业,每个区域至少使用一个带温度传感器的恒温器。

电缆加热技术主要有以下特点。①初始投资成本较低,但运行成本较高。可在 4 周或更短的时间内快速安装,便于球场再次使用。②可在现有的比赛场地(草坪)中铺设加热电缆。使用特殊的犁进行安装,在其上有一个带有电缆的鼓,可同时切开沟槽并将加热电缆放置在所需的深度。③电缆加热系统的运用提高了坪床温度,在特殊情况下可快速干燥坪床,解决了运动场草坪在阴雨天气坪床泥泞问题。但如果电缆线和加热垫铺设深度较浅,其提供的热量容易导致草坪根系层局部干旱,对草坪草根系的生长有一定的影响。④要求电压负荷大,适宜电力充足的地区。电力是高品位能源,不易利用,易造成浪费。

随着电缆加热技术的不断发展,在人造草坪的加热技术中出现了一种加热垫。这种加热垫是一种高质量的编织网,具有自粘多合一垫带氟化乙烯丙烯共聚物(FEP)绝缘导体和红色聚偏二氟乙烯(PVDF)外部护套。圆形电缆、极低的垫高（仅 3mm）和坚固的结构确保了快速、简单和安全的安装。在天然草坪坪床加热中也有所应用。

第 2 类是坪床水循环加热技术。坪床水循环加热技术，即运用埋置于根系层下的热水循环管道来提高土壤的温度，以期延长草坪在寒冷季节的绿色期。加热液体主要成分为水-乙二醇溶液，通过锅炉加热后由定制的供水主管运输到埋在根系层下方的环形管道中，再通过回水主管流回锅炉，形成循环，并以此为土壤提供热量。一般情况下，加热管[交联聚乙烯（PEX）管]安装在草坪表面以下 20～30cm，间距 15～20cm。供、回水主管直径为 10cm，支管直径为 2cm。

坪床水循环加热技术主要有以下特点。①使坪床温度保持在 15～18℃，有效防止了草坪草根系进入休眠状态，延长了草坪草的生长期，维持了较好的草坪质量，并且降低了养护成本，延长了草坪的使用寿命。②管道安装在距地表 20～30cm 深度的坪床层，铺设在砾石排水层的上面，有效避免了打孔、通气对管道的损伤。③相对电缆加热，初始投资成本高，但是运行成本比电缆加热低得多。工作时，加热系统的热源可以是城市供热热网，也可以是燃气热水锅炉、工业废热、余热、热泵等热源，有效利用城市废弃能源。

第 3 类是冷/暖气控温技术。冷/暖气控温技术是指将冷/暖空气通入铺设在坪床根系层的管道中来调控温度，该系统可以将通气管道和排水用的排水管合二为一，也可与排水管分开，单独铺设。前者通常在通气管道的一头安装 1 个排水设备，在通入暖气前将排水管中的水排干，避免排水管中剩余冷水吸收暖气的热量，然后再向管道中通入暖气。后者是将通气管道单独铺设于排水管的上方，在砾石层中间或砾石层和根系层之间，深度为 30～45cm，通过冷/暖空气在根系层和排水层之间的流动对土壤进行温度调控。该技术广泛用于高尔夫球场果岭坪床中。

冷/暖气控温技术主要有以下特点。①可以直接利用运动场草坪下的排水系统，不需要额外的建设造价，成本相对较低，但是在冬季供暖时会由于排水导致管道周围的温度迅速下降。②通过冷/暖气在根系层和排水层之间的流动对土壤进行控温，节省时间与操作费用。③可以改善根系土壤的通气状况，并提升坪床的排水能力。

8.3.3 城市绿地草坪建植技术

1. 城市绿地草坪下垫面铺装技术

1）城市绿地草坪下垫面的概念和设计理念

城市绿地草坪典型下垫面主要是由土壤、草坪、树木和低比例硬质景观构成的复合体。城市绿地草坪下垫面是城市生态环境的重要组成部分，对维护城市生态平衡发挥着至关重要的作用（杨磊和张春嘉，2019）。

城市绿地草坪下垫面的建设需要多学科的配合。从宏观层面上看，生态学、水文学、气候学、生物学、环境学等都具有理论指导意义。从中观层面上看，生态城市、可持续发展城市、园林城市、森林城市、低碳城市、山水城市等理论都具有指导作用。

我国的海绵城市建设方兴未艾，目前以低影响开发设施和人工设施为主。全面提升城市绿地草坪下垫面的集水性能是海绵绿地建设的可持续发展途径。城市绿地草坪下垫面是海绵绿地建设的实施层面，绿色基础设施理论、气候敏感性设计理论和生态弹性理论具有直接的理论指导意义。

据全国绿化委员会办公室的统计数据，截至 2015 年年底，我国城市建成区平均绿地率为 36.34%。到 2020 年，我国城市建成区绿地率已达到 38.9%。总体来说，由于城市的绿地率通常低于 40%，并且被道路和市政设施切割成小型的片区，导致城市雨水的排出主要依靠城市管网系统。透水面积的比例和土壤水力特性参数影响雨水的渗透和径流，因为片区内的场地是海绵城市建设的具体实施层面，在片区尺度上开展更多的研究以提高利用效率具有更现实的意义。城市绿地的破碎化程度较高，且其下垫面完全由人工建设，被道路、建筑、市政设施分割成小尺度的单元，组成极其复杂。不仅每处绿地自身特征不同，所承担硬质区域的汇水面积也不同。因此，要想深入揭示海绵城市建设的水文效应，城市绿地草坪下垫面的建设需要走向精细化，只有从每一块绿地的海绵建设做起，才能从根本上解决城市的内涝问题和雨水利用问题。

2）下垫面铺装施工过程

施工前要制订细致周密的计划，确保铺装对绿地景观的积极作用，提高施工技术水平，缩短施工周期，减少施工对环境的影响，为城市环境的优化打好基础。好的下垫面能够提高绿地的整体水平，确保经济效益、社会效益及生态效益。

（1）施工准备。在进行铺装前，要对城市绿地草坪的排水和汇水系统进行妥善的设计。根据实际情况选用适宜的排水和汇水设施，有条件的情况下在施工片区内建设蓄水和雨水回用设施。随后对场地进行平整，放样，复核施工地形，制定相应的施工方案，考虑铺装后景观整体的美观与协调度。施工材料是最基本的施工要素，严格把关材料的质量，正确计算材料的用量，避免浪费。

（2）下垫面施工。基层施工是铺装施工不可或缺的组成部分。①按照前期设计铺设排水管网和汇水设施，与城市管网系统或蓄水系统相连接。②按照城市绿地草坪的灌水系统设计，选用适宜的喷灌设备。③铺放碎石子，均匀铺放并压实。④添加辅助材料，提高荷载强度，如果有需要，可以添加填充材料，提高平整度。⑤根据草坪的建植方法和草坪草种建造适宜的坪床结构，在坪床中添加表土、细沙、草炭土等基质，然后进行滚压和平整，保持其结构稳定、透水性良好，并能为草坪草的生长提供充足的营养（吕建伟，2018）。

（3）草坪建植。绿地草坪的建植一般包括草坪草种子撒播和草皮块铺植两种方式。

播种时，地面平均温度在15℃以上，采用地面撒播的方法，要撒播均匀。播种之后，要进行1次补播，检查种子稀少处。坡度较大的，应采用浅沟或带状法播种。覆土采用无杂草种子的砂壤土，应均匀覆盖，以不露种子，覆土厚度在1cm以下为宜。出苗较慢的草种，覆土可稍厚些；出苗快的薄些，但不可少于0.5cm。面积大的用无纺布覆盖，横向和纵向各垫两遍，之后用20～25kg磙子反复横向、纵向碾压。

草皮块铺植时，草皮间应有0.5～1cm的间距，间距中间填充表土，后用碾压器或磙子充分压平，使草皮与土壤结合紧密，无空隙，易于生根，保证草皮草成活。

（4）播后管理。播种后小面积草坪应用无纺布、草帘等覆盖。晴天每天喷水1～2次，连续喷2周左右。喷水时水点不能大，要均匀，慢慢地从上而下浸透地面，喷水后对草籽被冲出处及时覆土。之后浇水时则应加大水量，经常保持土壤潮湿状态，维持约1个月。

草皮铺植、压紧后浇灌透水，保持坪床5～10cm湿润，使草皮恢复原色，之后每隔3～4d浇1次水，保持表面湿润，直至草皮生根转到正常的养护管理。

2. 城市绿地草坪养护技术

城市绿地草坪是城市绿化美化的重要组成部分。"三分种，七分管"，草坪的养护管理质量直接影响草坪的整体观赏效果。有些地区后期养护管理跟不上，造成草坪杂草丛生、病虫蔓延，甚至造成草坪几近荒芜，难以发挥草坪对城市人居环境的绿化美化作用。不同类型、不同用途草坪的养护管理内容基本一致，只在养护管理的方法和强度上有所不同。

1）灌溉与排水

草坪灌溉水的来源有地下水、地表水、再生水3类。草坪灌溉以地面灌溉为主，包括漫灌、喷灌和滴灌，最好采用能产生雾状水的喷灌系统进行灌溉。通过植株观察法、土壤观察法、蒸发皿法确定灌溉量，除土壤处于封冻期外，其余时段均要保持草坪土壤湿润。生长季的灌溉一般在早晨，北方入冬前灌"封冻水"，春季灌"开春水"。

过量灌溉易引发病害，降低草坪抗性。过量灌溉导致土壤湿度过大、O_2不足，长期的过量灌溉会使草坪草根系缺氧，发生根系上移现象，不利于草坪草的生长，降低草坪草抗性，易暴发褐斑病、腐霉枯萎病、夏季斑枯病等病害。可以通过避免傍晚夜间浇灌草坪，保持叶片夜间无水、迅速排水来减少发病率，发病后及时施药。

在过量灌溉或大雨等发生积水的情况下，排水系统有非常重要的作用。过量的水可以通过地表径流、渗透、雨水收集孔等方式排走，其中地下排水系统一般会在草坪坪床施工时建造，包括排水盲管、砾石层等结构；地表径流排水通过地形、造型、引流沟等将水运输到雨水收集孔后，通过地下排水系统排走。

2）施肥管理

草坪草对氮的需要量最多，对钾的需要量较多，对磷的需要量相对较少。草坪所需要的营养元素有16种，除碳、氢、氧外，其余均来自土壤。

恰当合理的施肥能促进草坪草生长良好、均匀密实，增强抵抗能力。草坪建植时坪床施有机肥做基肥，在草坪草的生长季可以追施肥1~2次。早春施肥可以使草坪草提前萌芽，加速春季生长；秋季施肥可以刺激分蘖，延长绿色期（孙吉雄和韩烈保，2015）。

施肥量由草坪的养护水平决定，可以利用土壤养分检测仪，采用测土配方施肥法判断草坪的需肥种类及施用量。

3）病虫害防治

草坪病害是指草坪草受到病原生物的侵染或不良环境的作用时，发生一系列生理生化、组织结构和外部形态的变化，其正常的生理功能偏离到不能或难以调节复原的程度，生长发育受阻甚至死亡，最终破坏景观效果并造成经济损失的现象。

草坪病害根据病原性质不同可分为侵染性病害和生理性病害。前者由真菌、细菌、病毒、线虫、植原体等生物因素引起，具有传染性；后者由温度不适、营养失调、水分不均及有害物质中毒等引起，无传染性。病害的发生有3个必备条件，即存在大量感病的寄主植物、大量致病力强的病原物和适宜病害发生的环境条件。常见的病害主要有褐斑病、腐霉枯萎病、夏季斑枯病、币斑病和全蚀病等。其中，褐斑病是草坪病害中分布最广的病害之一，可以选择使用50%灭菌灵、25%丙环唑乳油对其进行防除；对于腐霉枯萎病用甲基硫菌灵喷洒防治，1周后再用药喷洒1次；对于夏季斑枯病一般用代森锰锌、甲基托布津，每次间隔15d左右，连续使用2~3次；对于币斑病选用百菌清、敌菌灵、丙环唑、粉锈宁等药剂喷施；全蚀病是典型的草坪草根部病害，可以使用粉锈宁、敌力脱等对其进行灌根、泼浇或喷施来控制。

依据害虫对草坪草的危害部位，可以把草坪害虫分为危害草坪草根部和根茎部的地下害虫、危害草坪草茎叶部的地上害虫。常见的草坪害虫有黏虫、夜蛾类、草地螟、蛴螬类、金针虫、地老虎（*Agrotis*）、蝼蛄类等昆虫。在虫害没有暴发，数量较少时可以进行人工捕捉，具有趋光性的虫类可以通过黑光灯诱捕。很多害虫在幼虫期进行防治，效果更好，损失更少。常见的杀虫剂有喹硫磷、辛硫磷、伏杀硫磷、哒嗪硫磷、毒死蜱等，根据虫害类型、发展程度而使用不同的剂量，避免药剂使用过量，造成环境污染。

4）修剪

修剪是城市绿地草坪养护最关键的环节。城市绿地草坪的修剪包括草坪草的修剪和乔灌木剪枝。

对草坪草进行修剪不仅可以控制草坪草高度，促进草坪草分蘖，提高草坪质量和观赏价值，还可在一定程度上抑制杂草生长。适当修剪能抑制草坪草开花结籽，延长绿色期，提高草坪草纯度。草坪的修剪高度根据其草种和用途决定，草坪草的耐剪高度受环境条件、养护水平影响，由生物学特性决定。草坪的修剪方式有 3 种，即机械修剪、化学修剪和生物修剪。草坪修剪要遵循 1/3 原则，根据具体情况区别对待，如公园新植草坪长到 7cm 时，开始第一次修剪，初次修剪时，应在草坪草高度达到需保留高度 2 倍时进行修剪，剪掉的部分略少于地上部分的 1/3。夏季留茬可适当提高，以避免高温造成灼伤。修剪次数由具体情况决定。

城市绿地草坪中的乔灌木经过长期生长，树荫下的草坪草生长会受到影响，比光照下的草坪草生长明显要慢。为了避免草坪过早出现退化现象，有必要对草坪周围的乔灌木植物进行剪枝处理（邱建，2019）。

5）杂草防治

草坪杂草是指草坪上除栽培目的草坪草以外的其他植物。草坪杂草不仅影响美观，而且影响草坪草正常生长，是病虫的宿主，对草坪有严重危害，必须及时去除。基本原则是综合治理，避免过度依赖除草剂。具体措施包括：减少杂草种子来源；消除土壤中的杂草种子；播前灌水，杂草出苗后喷施除草剂，再播种草坪草；适地适草，选择优质、竞争力强的草坪草品种；利用栽培措施防除杂草；人工拔除或机械剪割；化学防除；生物防除。在杂草较多时使用除草剂，除草剂的喷洒选择在无风的晴天进行，可以选择阔叶净、20% 的二甲四氯钠盐水剂、72% 的 2,4-D 丁酯等（刘荣堂，2004）。

6）其他管理

对不同类型的草坪应用不同的养护方法，精细草坪除上述养护方法外还有铺沙、打孔、垂直切割、疏草等。在草坪损坏时，需要及时补播、移植草皮。

8.3.4　裸露坡面草坪建植技术

1. 裸露坡面综合防护技术

1）客土喷播护坡技术

客土喷播护坡技术是指将植物生长的基础土壤与有机基材、黏结剂、保水剂、肥料、酸碱调节剂和种子等按一定比例混合，经过机械充分搅拌均匀后，利用客土喷播机提供的动力喷射到坡面上，形成植物生长的土壤层的护坡技术。种子发芽、生长成坪后，可以对边坡的稳定起到有效的保护，从而达到快速重建植被生态系统和生物护坡的目的。

客土喷播护坡技术适于边坡坡率较缓的全风化及强风化边坡、植物根系容易插入的石质边坡。客土喷播防护边坡主要靠植物的根系来实现。植物根系垂直扎入较为稳定的岩土层，如同在边坡上打了无数的锚杆，对边坡起到锚固的作用，浅层交错盘结的根系对边坡起到加筋的作用，把整个边坡连接成有机整体。此外，植物的茎叶能避免坡面被雨水直接冲刷，从而有效减缓地表径流速度，起到保护边坡的作用（章梦涛 等，2004）。

2）喷混植生护坡技术

喷混植生护坡技术是指利用液态播种原理，将生命力强、且能满足各种绿化功能的植物种子经科学处理后与肥料、防土壤侵蚀剂、内覆纤维材料、保水剂、染色剂及水等按一定比例放入混料灌内，通过搅拌器将混合液搅拌至全悬浮状态后，利用离心泵把混合液导入消防软管，经喷枪喷播在欲建边坡裸地上，形成均匀覆盖层保护下的植物种子层，在其上再铺设一层无纺布进行防护的一种坡面强制绿化的护坡技术。

该护坡技术有以下优点。①喷混植生护坡技术采用镀锌铁丝网和钢杆锚固，抗拉力强度大，可有效地防止崩塌和碎石掉落，确保山体和道路安全。该方法适于恶劣环境的岩石边坡，如砾石层、软岩、破碎层及较硬的基岩石等。②具有较强的抗侵蚀性和防止水土流失功能。③能够保障植被快速成型及生态稳定性（汪群 等，2007）。

3）厚层基材植被护坡技术

厚层基材植被护坡技术是指使用改进的混凝土喷射机，将拌和均匀的厚层基材与植被种子的混合物按照设计厚度均匀喷射到须防护工程坡面的绿色护坡技术。它是集岩土工程学、植物学、土壤学、肥料学、高分子化学和环境生态学等学科于一体的综合工程技术。厚层基材植被防护功能通过锚杆、复合材料网、植物根系的力学加固和坡面植物的水文效应实现。其基本结构主要由锚杆、镀锌网和基材混合物组成。

该技术适用于年平均降水量大于600mm，连续干旱少于50d的非高寒地区，且坡度不超过1∶0.5的硬质岩边坡、混凝土面、浆砌片石面，也适于稳定的碎石坡面边坡及各类软质岩边坡等（杨启维，2007）。

4）纤维网植被护坡技术

纤维网植被护坡技术是指栽种固坡植物并结合纤维地衣等工程材料，在坡面构建一个具有自身生长能力的防护系统，通过固坡植物的生长对边坡进行加固或美化的新技术。根据边坡地形、地貌、土质和区域气候的特点，在边坡表面覆盖一层纤维网材料，并按一定的组合种植多种植物，通过植物的生长活动达到根系加筋、茎叶防冲蚀的目的。经过生态护坡技术处理，可在坡面形成茂密的植被覆盖，在表土层形成盘根错节的根系，有效抑制暴雨径流对边坡的侵蚀，增加土体的抗剪强度，减小孔隙水压力和土体自重力，从而大幅提高边坡的稳定性和抗冲刷能力（郭文，2009）。

5）液压喷播植草护坡技术

液压喷播植草护坡技术是将草籽、肥料、黏合剂、纸浆、土壤改良剂、染色剂等按一定比例在混合箱内配水搅匀，通过机械加压喷射到边坡坡面而完成植草工程的技术。其特点是：①施工简单、速度快；②施工质量高，草籽喷播均匀，而且在坡面形成了一层保水保温薄膜，使种子发芽生长快，整齐一致；③防护效果好，正常情况下，喷播 1 个月后坡面植物覆盖率可达 70%以上，2 个月后具有防护、绿化功能；④适用性广，可在任何气候及边坡条件下施工（刘刚，2015）。

6）土工网植草护坡技术

土工网植草护坡技术主要采用的材料是三维植被固土网垫，它是由多层塑料凹凸网和高强度平网复合而成的立体网结构。面层外观凹凸不平，材质疏松柔韧，留有 90%以上的空间可填充土壤及砂粒，将草籽及表层土壤牢牢护在立体网中间。这种复合体系具有极强的抗冲刷能力，能够达到有效防护边坡的目的。该技术适用于坡率缓于 1∶1 的路堑边坡和坡率缓于 1∶1.5 的路堤边坡。

7）蜂巢式网格植草护坡技术

蜂巢式网格植草护坡技术又名六边形混凝土空心砖植物护坡技术，是指在修整好的边坡坡面上拼铺正六边形混凝土框砖形成蜂巢式网格后，在网格内铺填种植土，再在砖框内栽草或种草的一项边坡防护措施。该技术所用框砖可在预制场批量生产，其受力结构合理，拼铺在边坡上能有效地分散坡面雨水径流，减缓水流速度，防止坡面冲刷，保护草皮生长。这种护坡施工简单，外观齐整，造型美观大方，具有边坡防护、绿化双重效果。该技术多用于填方边坡的防护（刘芳和李金堂，2010）。

蜂巢式网格植草护坡技术适用于坡度缓于 1∶0.75 的全风化、强风化的岩石边坡。可防止边坡受雨水侵蚀，避免坡面上产生沟槽。该技术节省材料，造价较低，施工方便。宜在春秋季施工，雨季施工时，为使草种免受雨水冲失，播种后应加盖无纺布等。其缺点是不能全覆盖护坡，易出现局部斑秃；蓄水能力一般；维护烦琐，人工浇灌时水分会沿坡流失，费工费水（曾昭蓉和孙金坤，2016）。

8）生物活性无土植被毯护坡技术

生物活性无土植被毯护坡技术是指一种用于泊岸和斜坡的活性固土植被培植构件，由至少一个固底构件构成，任意一个固底构件均由一个纤维束构成，环绕任意一个纤维束的外侧均分别设置有网格加固层。固底构件中均设置有植物，植物具有根须。将固底构件沿泊岸和斜坡的底端线或中间方向排列，纤维吸水后，固底构件的重量增加，不能移动，从而防止泊岸和斜坡底端的土石随水流失。利用设置在固底构件中的植物根须伸入泊岸和斜坡的底端面内，可以进一步巩固泊岸和斜坡底端的土石，阻断泥土向下流或者塌方。同时，生长在固底构件中的植物也可以改善景观，绿化环境。该技术适用于边坡坡度小于 45°的全风化及强风化边坡（张菊茹，2009）。

9）浆砌片石骨架植草护坡技术

浆砌片石骨架植草护坡技术是指用浆砌片石在坡面形成框架，在框架里铺填种植土，然后喷播植草的一种边坡护坡技术，适于边坡高度不高且坡度较缓的各种强风化岩石边坡。

10）植被混凝土绿化护坡技术

植被混凝土绿化护坡技术是指在开挖边坡形成以后，通过种植植物，利用植物与岩土体的相互作用（根系锚固作用）对边坡表层进行防护、加固（图 8-9）的技术，是既能满足对边坡表层稳定性的要求，又能恢复被破坏的自然植被的生态治理方法，同时又形成与周围环境相协调、与现代文明城市发展相适应的开放性生态系统。它综合考虑了各方面因素，遵循水力稳定性原则、生态原则和回归自然原则。它是集岩石工程力学、生物学、土壤学、园艺学、恢复生态学和水土保持工程学等学科于一体的综合生态治理技术，也是高陡边坡水土保持综合治理的一项基本措施，此技术主要应用在高陡岩石边坡、混凝土边坡的绿化护坡工程及硬化河道的生态修复工程上（宋玲 等，2009）。

图 8-9　植被混凝土绿化护坡技术图

2. 不同类型裸露坡面生态草坪恢复对策

不同类型裸露坡面受环境影响和人为干扰的情况差异巨大，其破坏原因和机理也有所不同,针对裸露坡面的生态恢复目标和效果也不尽相同。因此,根据不同的坡面类型应采取相应的生态草坪恢复对策。

1) 公路边坡生态草坪恢复对策

在我国经济腾飞的大环境下,公路的发展较为迅速。在公路尤其是高速公路设计施工时,难免会遇到复杂的地形和地质条件,造成部分位置的边坡高陡、稳定性较差。近年来,公路边坡垮塌的事故屡见不鲜,严重影响行车安全,甚至造成人员伤亡。因此,公路边坡的生态恢复对保持边坡稳定性具有重要的意义,直接影响道路交通安全。同时,公路边坡生态草坪的建植能够大大优化环境质量,给公路行车的驾乘人员提供优美的行车环境,符合当今绿色公路的建设理念。

公路边坡生态草坪防护主要是对坡面进行防护,不仅可以起到美观的作用,而且还能起到调节边坡土壤湿度和温度、稳定和固结边坡的作用。这种方式主要是适于坡度比较平缓的坡面,是一种有效的坡面防护措施。在选择草坪草种植的时候,要考虑当地的气候条件、土质和降水量等因素,选择成活率高、方便养护的植物来进行防护。

(1) 土质边坡。对土质边坡进行防护时要结合土壤的性能,选择适合当地生长的草坪草。一般来说,公路边坡原生表土受到干扰,土壤较贫瘠,因此要选择耐干旱、耐贫瘠、成坪快、抗风、防护性好的草本植物,如种植高羊茅、黑麦草、结缕草等。在坡脚可以种植迎春(*Jasminum nudiflorum*)、黄花槐(*S. xanthantha*)等灌木来进行防护,保证坡脚的稳固。

(2) 砂砾土边坡。砂砾土边坡比较容易受到侵蚀,不宜选择高大的乔木和灌木进行防护,宜建植生态草坪来防护。草本植被早期生长快,对防治初期的土壤侵蚀效果会比较好。草本植被的生命力比较强,管理粗放,不容易感染病虫害,而且费用低廉。例如,作为公路边坡生态草坪恢复中广泛应用的草坪草种,香根草(*Vetiveria zizanioides*)和象草根系发达、粗壮、长势猛、下扎深度大,有比较好的抗洪、抗涝、抗旱、抗病虫的能力,适应能力强。

(3) 路堑土质边坡和填石边坡。这种坡面的防护需要根据坡面的高度选择植被,在坡度高度小于 3m 的坡脚,采用波斯菊(*Cosmos bipinnata*)等耐贫瘠、生长快速的开花草本植物;在坡度高度大于 3m 的坡脚,铺设三维网、喷播、覆盖或选用爬山虎(*Parthenocissus tricuspidata*)等藤类植物,这类植物的萌芽能力强,生长速度快,多分枝,容易沿着坡面延植,然后迅速地覆盖坡面,不仅可以起到稳定坡面的作用,还可以起到减少噪声、吸尘、绿化环境的作用。

2) 城市边坡生态草坪恢复对策

城市中修建城市道路、水库、电站及房地产开发等建设形成大量裸露坡面,其水土流失不仅对城市排水系统造成泥沙危害,更重要的是危及城市居民的生命和财产安全,同时还破坏了城市的生态、环境,影响城市景观,进而影响城市的综合竞争力。

城市裸露坡面生态草坪恢复的要求如下。①水土保持达到国家要求，快速和持久复绿。②生态恢复和城市景观建设完美结合，建设生态社区，构建人与自然和谐的近自然生态景观，生态效益显著（吸收 SO_2、CO_2、滞尘、吸污能力强）。③边坡安全与工程治理结合，消除安全隐患，防止地质灾害，实现边坡长期稳定。④节水、节能技术应用，再生资源利用，体现循环经济和节能减排，是发展低碳社区的重要组成（李可等，2012）。

（1）城市裸露坡面稳定技术。一般要求边坡防护按照设计、施工与养护相结合的原则，深入调查研究，根据当地的气候环境、工程地质和材料等情况，因地制宜，就地取材，选用适当的工程类型或采取综合措施，以保证边坡稳固。

格构加固技术。格构加固技术是利用浆砌块石、现浇钢筋混凝土或预制预应力混凝土进行边坡坡面防护，并利用锚杆或锚索加以固定的一种边坡加固技术（图 8-10）。格构技术一般与公路环境美化相结合，利用框格护坡，同时在框格之内种植花草，可以达到极其美观的效果。这种技术在高陡边坡加固中被广泛采用，使护坡达到既美观又安全的良好效果。

图 8-10　格构加固技术图

挡墙支护技术。挡墙支护是一种能够抵抗土体侧压力，防止墙后土体坍塌的构筑物，现常用有限元法分析稳定性。有限元法适合范围比较大，从理论上来讲，它可计算任何形式的挡土墙。不同层级的挡土墙之间的平台，可以用于生态草坪的建植。挡土墙平台坡度很小，水分条件较好的情况下还可以配合栽植灌木和乔木。

柔性防护系统。柔性防护系统是近年来以物理学原理开发的坡面防护系统，主要应用于较破碎的岩石坡面，对于防止碎石、滚石滑落效果较好。柔性防护系统特点为：①柔性防护网对山体表面产生法向压力；②柔性防护网整体承载力好。

柔性防护系统挂设前，一般先对裸露坡面进行客土喷播，同时选择耐旱、管理粗放的草坪草种（如高羊茅等）进行生态草坪的建植。生态草坪草的根系能够起到提高坡面稳定性的作用，配合柔性防护系统，进一步优化城市裸露坡面的恢复成效。

（2）城市裸露坡面生态草坪建植技术体系。用于城市裸露坡面生态恢复的植被固定和种植技术体系是在不同性质边坡因地制宜地营造植物固定和生长条件的技术集成，包括点植式绿化、铺挂式绿化、喷播式绿化等。

点植式绿化。点植式绿化应用于高陡坡面的飘台种植槽、燕巢、鱼鳞坑等种植。其中，飘台种植槽技术是专门针对高、陡岩石边坡快速生态修复的新型绿化技术，是应对中风化和微风化石质边坡较快速生态修复、水土保持和美化环境的最有效、最持久的生态防护措施之一。飘台种植槽基质配置设计采用生物技术，优选生物菌剂和固氮植物，在基质中固氮、解磷、解钾，实现氮、磷、钾大量营养元素的可持续供应，与保水技术和坡面节水微灌技术配合，在岩质边坡建立可持续性的植物生长环境保障系统。飘台种植槽结构见图 8-11。

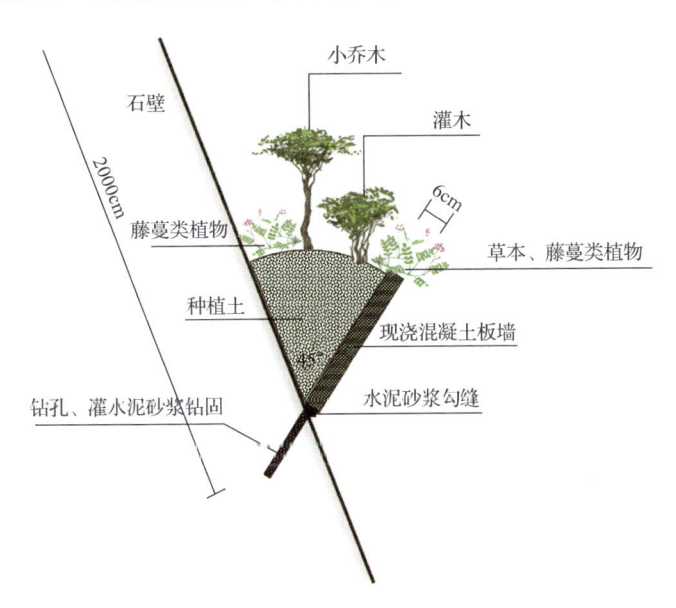

图 8-11　飘台种植槽结构

铺挂式绿化。铺挂式绿化应用于植生毯、生态袋、土工格室、罩面网等。生态袋即植生袋，生态袋护坡适用于有土或无表土的坡面，也可以敷设在山体滑坡后裸露的岩石表面。生态袋是在植生毯的基础上发展而来的一种产品。生态袋是采用专用机械设备，依据特定的生产工艺，把草坪草种子、肥料、保水剂等按一定的配比定植在可自然降解的无纺布或其他材料上，经过机器的滚压和针刺的复合定位工序，形成的一定规格的产品。一般规格为 40cm×60cm，也可根据工程需要生产特定规格。

喷播式绿化。喷播式绿化应用于液压喷播、客土喷播、喷混植生。喷混植生适用于坡面稳定坡度小于 63°的岩石边坡。这部分是本施工项目中的重点和难点之一。设计控制施工工序如下。①人工清坡。清理边坡上的碎石杂物，特别是浮石、浮土，同时对边坡进行简易修整，虽然边坡有些凹凸不平，只要边坡不影响挂网，可不进行修整。②锚杆、挂网。人工清坡后挂镀锌铁丝网，由于坡面较陡，在坡面上铺挂铁丝网进行护坡，防止坡面坍塌，坡面越陡，对锚杆挂网的要求越高。③喷混。分 2 层（次）喷射。第一次喷射厚度 8～10cm 作为基质，以覆盖镀锌网为宜，第二次喷射用混有草种及灌木种子的混合基质材料，厚度 2～3cm。④覆盖无纺布。为防止雨水冲刷，待草种功能叶生长稳定后及时撤离无纺布。⑤灌水养护。在有条件的情况下，可喷水灌溉和养护。

3）矿山边坡生态草坪恢复对策

矿山裸露坡面是一类非常特殊的极端生境，一般高达数十米甚至上百米，它最显著的特点就是坡面陡峭，岩面光滑，缺乏植物生长最基本的条件。因此，世界各采石国家都将矿山坡面的生态治理工作作为矿山生态恢复的重点和难点，并在工程实践中探索出一些行之有效的矿山坡面生态治理技术。

（1）燕巢法。燕巢法是指在开采面和矸石山上修筑种植穴或悬挂燕窝状预制件，往巢穴中加入土壤、水分和肥料，创造植物生长发育的环境，并在修筑种植穴或悬挂燕窝槽播撒草坪草种子，达到复绿效果的方法。

（2）喷播复绿法。利用特制的喷混机械将有机质、土壤、黏合剂、保水剂和种子等的混合物喷射到石质边坡表面上，通过在岩壁表面形成一定厚度的喷播层，营造一个既能让植物生长发育又能形成种植基质不被冲刷的稳定结构，保证植物种子迅速萌芽和生长。喷播复绿后，具团粒结构的土壤能协调水、气、热、肥等因素，有利于植物的萌发、存活及生长发育。草种生长速度快、可在短期内达到复绿效果是其最显著的特点。

（3）阶梯法。根据石质边坡的地形特点，将开采面设计为阶梯状，在每一级阶梯平台上修筑种植槽或遵照复绿要求，修筑人行道或车道，然后在道路两侧修筑种植槽，建植生态草坪，从而达到复绿效果。采用阶梯法可以较好地解决矿山遗留石质采掘面的水土流失治理与植被恢复问题，减少滑坡的危险隐患。实践证明复绿效果明显，可人为地进行层次分区以取得更好的视觉效果。

（4）筑台拉网复绿法。对坡度大、开采面较高的石质边坡，可在坡面上按一定间距每隔一层架设预制花盆或水平种植台，然后加入种植土，在生态草皮中配合种植上攀下延的藤本植物。为了达到快速、高效和全方位的整体复绿效果，可在坡面拉网或搭架，藤本植物能借助网架向各个方向攀缘，也克服了藤本植物在石壁上爬行速度较慢的缺陷。

（5）香根草复合生态技术快速复绿法。利用香根草本身的固土护坡性能，结合其他生态效益高、抗性强的乡土植物，将香根草与特殊槽板的制作及施工工艺相结合，在石质边坡营造乔、灌、草、藤立体生态体系。该技术最突出的地方就是利用香根草独特的生态学和生物学特性来有效地阻止地表径流和滑坡。一层层的绿篱可牢固地固结土壤从而拦截地表径流，同时改善土壤的生态环境条件，最终给植物生长发育提供一个相对较好的生存环境，也能够产生永久的、立体的绿化景观。

（6）景观再造法。景观再造法是指矿山废弃地生态恢复达到一定的效果后，对其进行深层次的开发利用。结合城市景观建设需要，将矿山遗址开发成地质公园、游乐场所、生态廊道及野生动物栖息地等游览观光景点。可依据城市规划的不同需求，以生态景观美学和全新理念为标准进行不同形式的选择。它的最大优点就是有效提高了土地资源的再利用价值，把宏观与微观、传统与现代科学及软科学与硬技术相结合，注重城市生态系统的平衡，并将生态效益、社会效益和经济效益有机结合在一起，运用景观生态学原理，科学规划、统筹布局，充分体现了当代城市发展建设的主流趋势。

8.4 展　　望

8.4.1 运动场草坪建植

1. 移动式草坪

目前国际上许多高水平的综合体育场馆都采用了移动式草坪，如1999年美国女子世界杯"Giants"体育场、2000年悉尼奥运会主体育场、2004年雅典奥运会主体育场、2008年北京奥运会主体育场等。移动式草坪为大型综合体育场的草坪养护提供了一种灵活的解决思路，降低了草坪的损耗，有利于保障草坪质量。但是，不同类型的移动式草坪在使用过程中也暴露出现存技术的缺点，如接缝处稳定性差、易漏沙，或造价昂贵、移动量大、移动成本高等问题。因此，解决当前移动式草坪的技术问题、降低技术成本，具有重要的研究意义。

2. 冷/暖季型草坪

通过研究与实践，该技术已经成功应用于综合性体育场，如北京工人体育场，较好地解决了过渡带地区运动场草坪建植与养护的问题。但在使用过程中仍存在问题，如草皮较软、易被掀起等，尤其是赛季。在更换草皮后，草皮中草的根系生长需要时间与较好的环境条件。因此，通过更合理的草皮更换方式和养护措施以保证更换后的草皮质量，是冷/暖季型草坪交替技术研究的主要方向。

3. 运动场草坪智能养护系统

目前，部分甲等以上的体育场，尤其是用于举办世界顶级联赛的体育场，如英国温布利体育场、意大利米兰圣西罗体育场等，都将运动场智能养护系统引入球场的养护作业中，其分布范围包括欧洲、美国等足球发达地区，俄罗斯世界杯的场地养护团队也将该系统应用到了各个场地的养护中。

随着足球运动在全世界范围内的快速发展，场地的建造、养护水平也随着科技的进步而飞速提高。近年来，伴随物联网和智能化的发展，运动场草坪智能养护系统也将得到更大的提升，集成性更强，涉及的养护手段更为丰富，操作更为便利、科学，为草坪管理人员带来便利的同时，也能更好地保证草坪的质量。

8.4.2 城市绿地草坪建植

1. 城市绿地下垫面铺装

城市下垫面铺装技术已经成熟，能很好地应用到绿地铺装中。海绵城市对城市下垫面的透水性有很高的要求，城市钢筋混凝土的下垫面在这方面的表现很差。在绿地铺装时可以通过新材料、新技术的应用使硬地、绿地铺装透水率达到近土壤的表现。混凝土铺装也会对绿地植物的生长造成影响，铺装中应选择适当的耐腐蚀的环保材料，保证在很长的一段时间内不会腐蚀，不会影响铺装效果和造成环境污染，符合生态绿地的要求。

2. 城市绿地草坪选配与养护

城市绿地草坪不同于一般的草坪，重视生态效益和景观效益，不仅是草坪自身的生态需要，更是其带给城市的生态效益。在选择植物时，考虑植物生态位，相互补充，满足植物长期发展的需求，为城市的空气净化、噪声减弱、防尘等做出贡献。

草坪养护十分重要，但实践中没有引起足够的重视。很多地区重种轻管，没有专业的技术人员，缺乏科学合理的养护管理。对植物的生物学特性不了解，灌溉、施肥、修剪没有依据，盲目地进行养护作业，造成绿地投入大、效果差、无法持久的局面。针对以上情况，未来要注意培养专业的技术人员，加大科研投入，科学有效地养护管理草坪绿地。注意提高养护技术水平，减少资源的浪费，避免施肥过量、修剪后草屑对绿地生态环境的破坏。在杂草、病虫害暴发前进行防治，做到以预防为主，综合治理。

8.4.3 裸露坡面草坪建植

裸露坡面生态草坪恢复技术经过几十年的发展，已逐渐形成了一套系统的理论体系和方法技术。随着生态文明建设的发展，对越来越多的裸露坡面进行生态修复已经是势在必行，今后其发展趋势将有以下几点（王大伟，2013）。

（1）自从对边坡开展生态修复以来，多是从国外引进生态修复理论和技术方法，而结合我国实际情况的理论和技术研究还比较缺乏，今后应该多从我国实际情况出发，完善生态修复理论和方法，同时应多做一些现场试验，以便积累更多的工程经验。

（2）对不同的地域、不同的边坡应该用不同的护坡施工技术、不同的基质配制比例和选择不同的植物，以后应该针对不同的情形开展具有特色的生态修复。

（3）现在学者多是对较为缓和的边坡开展生态草坪恢复工作，而对一些高坡度岩石边坡的生态修复研究得较少，今后应该增加对一些高坡度边坡的生态修复研究。

（4）现在开展的裸露坡面生态草坪恢复多是学者独自开展，所以研究信息不够畅通，今后应该加强合作，并在此基础上制定符合我国实际情况的生态修复施工标准或规范。

（5）虽然基质的配制比例有所不同，但基质的黏结度、基质的酸碱度和基质的营养与水分的长效供应，一直都是基质配制研究的重点。因此，基质的配制比例研究还应该继续下去。同时，在配制基质的研究中应该尽量考虑当地资源和当地废弃物的充分利用，并经工厂化特种处理，产业化生产生态草坪护坡基质是可行的。

（6）生态草坪草种已由当初的一种发展到现在采用几种植物混作的方法，但是开发利用乡土草种较少。因此大力开发乡土草本植物、灌木甚至小乔木和草本进行裸露坡面的生态修复，与当地自然植被景观构成一体，并创造自然演替的植物群落条件，是护坡植物选择中的创新内容。

（7）裸露坡面的生态修复能有效地改善山体景观，营造生态环境，以实现边坡防护和景观绿化两大功能的完美结合。生态护坡草坪草的根系有提高表层土黏聚力的作用，同时土体加筋材料的形成，对维持持边坡的整体稳定性有很大的意义。生态修复不仅有利于边坡的稳定，而且还有恢复植被、吸收噪声、减少太阳辐射、净化大气污染、调节局部小气候等特点。这种防护方式越来越受到重视，同时也是边坡防护发展的必然趋势。

第 9 章

草地自然保护地建设原理与技术*

自然保护地是人类文明发展到一定阶段的产物，意为受到保护的自然空间。自然保护地是国之重地，是生态文明建设和美丽中国建设的最好载体。世界自然保护联盟（International Union for Conservation of Nature，IUCN）对保护地有明确的定义：保护地是一个明确界定的地理空间，通过法律或其他有效方式获得认可、得到承诺和进行管理，以实现对自然及其所拥有的生态系统服务和文化价值的长期保护。根据保护地内涵，一般称其为自然保护地，以便和人工的保护区域相区别。IUCN 将全球纷繁复杂的自然保护地类型浓缩简化为 6 类：严格自然保护区和原野保护区、国家公园、自然文化遗迹或地貌、栖息地/物种管理区、陆地景观/海洋景观保护区、自然资源可持续利用保护区（黄木娇 等，2017）。

我国是一个草原资源大国，各类天然草原面积近 4 亿 hm^2，覆盖 2/5 国土面积，是我国面积最大的陆地生态系统（古琛 等，2022）。草原在我国自然保护地体系建设中举足轻重，是生物多样性载体和保护的关键场所，同时也是一个生态、生产和生活融为一体的多功能体，是维护民族团结、促进经济社会发展和构建和谐社会的重要支撑。本章介绍了我国自然保护地体系、草地自然资源保护及草地多功能性、草地自然资源管理的技术创新，同时以三江源国家公园为例介绍了我国以国家公园为主体的草地自然保护地管理与实践，以期为我国草地自然保护地建设与可持续管理提供一些启示。

9.1 引 言

我国自然保护地由各级政府依法划定或确认，是对重要的自然生态系统、自然遗迹、自然景观及其所承载的自然资源、生态功能和文化价值实施长期保护的陆域或海域。经过 60 多年的努力，我国已建立了数量众多、类型丰富、功能多样的各级各类自然保护地，在保护生物多样性、保存自然遗产、改善生态环境质量和维护国家生态安全方面发挥了重要作用。目前我国拥有各类保护地 10 883 个

---

* 本章作者：赵新全、徐田伟、赵亮、徐世晓、胡林勇

(表9-1)，其中国家级自然保护区447个，国家级风景名胜区244个，国家级森林公园826个，国家级地质公园206个，国家级湿地公园898个，国家级水利风景区878个，国家级沙漠公园55个，国家级海洋保护区148个，国家级海洋公园42个，国家级水产种质资源保护区464个。各类保护地总面积达到230万km^2，约占我国国土总面积的24%。然而，我国现有自然保护地仍然存在定位不清、责权不明、交叉重叠、碎片化管理、空间布局不合理、社会公益属性弱化等突出问题，导致自然保护地内历史遗留问题长期无法解决，现实矛盾冲突尖锐，远未形成严格保护、持续发展的自然保护地体系（唐小平 等，2020）。

表9-1 我国主要自然保护地基本情况统计

自然保护地类型	国家级保护地数量/个	保护地总数/个	总面积/km^2	保护地面积占国土总面积比例/%
国家级自然保护区	447	2 740	1 470 300	15.32
国家级风景名胜区	244	962	193 700	2.02
国家级森林公园	826	3 234	185 394	1.93
国家级地质公园	206	468	116 488	1.21
国家级湿地公园	898	979	31 900	0.33
国家级水利风景区	878	2 500	—	
国家级沙漠公园	55	—	2 973	0.03
国家级海洋保护区	148	—	101 600	1.06
国家级海洋公园	42	—	41 000	0.43
国家级水产种质资源保护区	464	—	157 222	1.64
合计	4 208	10 883	2 300 577	23.97

资料来源：彭建（2019）。

9.1.1 新时期我国自然保护地体系

党的十九大报告提出建立以国家公园为主体的自然保护地体系后，我国的自然保护事业进入了新时代。建设以国家公园为主体的自然保护地体系，应坚持中国探索创新与借鉴国际经验并重的原则，符合中国自然地理、自然资源、自然生态与经济社会发展的国情。按照自然生态系统原真性、整体性、系统性及其内在规律，依据管理目标与效能并借鉴国际经验，我国将自然保护地按生态价值和保护强度高低依次划分为国家公园、自然保护区和自然公园三大类（表9-2）。其功能定位是：国家公园是以保护具有国家代表性的自然生态系统为主要目的的区域；

自然保护区是保护典型的自然生态系统、珍稀濒危野生动植物物种的天然集中分布区、有特殊意义的自然遗迹的区域；自然公园是保护重要的自然生态系统、自然遗迹和自然景观，具有生态、观赏、文化和科学价值，是可持续利用的区域。

表 9-2 我国自然保护地分类与体系构成

大类	类型	保护对象和管理目标
国家公园	国家公园	以最严格的力度保护具有国家代表性的特定陆地或海洋区域的大面积自然生态系统，实现自然资源的科学保护和合理利用
自然保护区	原有自然保护区	保护有代表性的自然生态系统、珍稀濒危野生动植物物种的天然集中分布区、有特殊意义的自然遗迹等保护对象所在的陆地、陆地水体或者海域
	海洋特别保护区	保护具有重要海洋权益价值、特殊海洋水文动力条件的海域和海岛，保护海洋生物多样性和生态系统服务功能，保护重要海洋生物资源、矿产资源、油气资源及海洋能等资源，促进海洋资源的可持续利用
	水产种质资源保护区	保护水产种质资源及其生存环境（其主要生产繁殖的区域，包括水域、滩涂及其毗邻的岛礁、陆域等）
	自然保护小区	保护具有比较完好的自然生态系统或具有重要价值的野生动植物、古树名木、珍稀濒危物种和宝贵遗传资源，同时又不在传统自然保护区内的小区域
自然公园	森林公园	合理利用森林风景资源，发展森林旅游
	地质公园	保护具有特殊地质科学意义、较高的美学观赏价值的地质遗迹资源，促进社会经济的可持续发展
	湿地公园	保护湿地生态系统，合理利用湿地资源，开展湿地宣传教育和科学研究
	海洋公园	保护海洋生态与历史文化价值，发挥其生态旅游功能
	沙漠公园	保护荒漠生态系统和生态功能，合理利用自然与人文景观资源，开展生态保护及植被恢复、科研监测、宣传教育、生态旅游等活动
	草地自然公园	保护草地生态系统和生态功能的原真性和完整性、合理利用草地资源，开展生态保护、生态旅游、科研监测和文化宣传等活动

资料来源：彭建（2019）。

9.1.2 国家公园是自然保护地体系的主体

国家公园定位为自然生态系统的完整性、原真性保护，以大面积保存较好的自然区域为保护单元，具有全球价值、国家象征和国民认同度高，管理目标最多，是一种综合性、整体性的保护（唐小平 等，2020）。2019 年 6 月，中共中央办公厅、国务院办公厅印发《关于建立以国家公园为主体的自然保护地体系的指导意见》，标志着我国自然保护地进入全面深化改革的新阶段。国家公园是我国自然生态系统中最重要、自然景观最独特、自然遗产最精华、生物多样性最富集的部分（表9-2）。规划到2020年，国家公园体制试点基本完成，整合设立一批国家公园，分级统一的管理体制基本建立，国家公园总体布局初步形成；到2030年建立完善的、以国家公园为主体的自然保护地体系。为了确立国家公园主体地位，须做好顶层设计，科学合理地确定国家公园建设数量和规模，设立标准和程序。确立国家公园在维护国家生态安全关键区域中的首要地位，确保国家公园在保护最珍贵、最重要生物多样性集中分布区中的主导地位，确定国家公园在全国自然保护地体系生态功能中的主导地位。国家公园建立后，在相同区域不再保留或设立其他自然保护地类型。

美国60个国家公园的总面积约为21.1万km^2，约占美国陆地面积的2.3%，平均每个国家公园面积约为3500km^2。中国仅中央全面深化改革委员会审批通过的三江源、大熊猫、东北虎豹、祁连山、海南热带雨林5个国家公园体制试点单位的面积就已达到21.9万km^2（其中以草地类型为主的三江源国家公园和祁连山国家公园占国家公园体制试点总面积2/3以上），超过美国60个国家公园面积的总和，平均每个国家公园面积约为43 800km^2，是美国国家公园平均面积的13倍，同样约占中国陆地面积的2.3%。按照这种趋势，预测中国未来将建成50～80个国家公园，占国土面积比例将远远超出3.42%的世界平均水平（杨锐，2019）。

9.1.3 自然保护区是自然保护地体系的基础

自然保护区具有较大面积，可确保主要保护对象安全，维持和恢复珍稀濒危野生动植物种群数量及赖以生存的栖息环境（表9-2）。截至2014年底，中国已经建立了九大类型自然保护区，共2729个。其中森林生态系统类型保护区数量最多，为1425个，占自然保护区总数的52%；其次为野生动物类型自然保护区520个；内陆湿地类型自然保护区378个。自然保护区主要包括荒漠生态型自然保护区、野生动物类型自然保护区、森林生态系统类型自然保护区和内陆湿地类型自然保护区，面积分别为4005.43万hm^2、3885.25万hm^2、3164.79万hm^2和3075.18万hm^2，其中森林生态系统类型自然保护区占主导地位（桑尼 等，2019）。

9.1.4 自然公园是自然保护地体系的补充

自然公园可确保森林、海洋、湿地、水域、冰川、草原、生物等珍贵自然资源及所承载的景观、地质地貌和文化多样性得到有效保护（表9-2）。自然公园包括森林公园、地质公园、湿地公园、海洋公园、沙漠公园、草原自然公园等。

草原自然公园是以国家公园为主体的自然保护地体系的重要组成部分，是生态文明和美丽中国建设的重要内容，是乡村振兴和决战助农攻坚的重要抓手。草原自然公园是指具有较为典型的草原生态系统特征，有较高的保护和合理利用示范价值，以保护草原生态和合理利用草原资源为主要目的，开展生态保护、生态旅游、科研监测和文化宣传等活动的特定区域。创建国家草原自然公园试点应具备以下基本条件：所在区域的草原生态系统具有典型性和代表性，或区域生态地位重要，或草原生物多样性丰富，或生物物种独特，或草原主体功能及合理利用具有示范性。草原自然公园的面积原则上不低于 500hm^2，国家草原自然公园试点中草地面积一般应占公园总面积的 80%以上；土地所有权、使用权的权属无争议，四至清晰，相关权利人同意建设国家草原自然公园；自然景观优美或者具有较高历史文化价值；具有重要或者特殊科学研究、自然教育价值；所在位置交通方便，具有通达性。

9.1.5 以国家公园为主体的草地自然保护地体系

党的十八届三中全会提出建立国家公园体制，我国相继启动了若干国家公园体制试点。目前我国共有 10 个国家公园体制试点，试点区总面积为 22.02 万 km^2，约占国土面积 2.29%。其中草地类国家公园试点如下。①三江源国家公园体制试点区是我国第 1 个国家公园体制试点，园区面积为 12.31 万 km^2，占三江源区总面积的 31.16%。三江源国家公园以自然修复为主，重点保护园区内冰川雪山、江源河流、湖泊湿地、高寒草甸等源头地区的生态系统，维护和提升水源涵养功能。②祁连山国家公园体制试点区（包括甘肃和青海两省）约 5.2 万 km^2，祁连山是我国生物多样性保护优先区、世界高寒种质资源库和野生动物迁徙的重要廊道，还是雪豹、白唇鹿等珍稀野生动物的重要栖息地和分布区。祁连山国家公园重点解决局部生态破坏和保护地碎片化管理问题，推动人与自然和谐共生。

从国家公园体制试点的生态系统类型得出，草地类国家公园试点区面积高达 17.51 万 km^2，占我国 10 个国家公园体制试点总面积的 79.52%，草地自然资源在以国家公园为主体的自然保护地体系中占有举足轻重的地位。2020 年，国家林业和草原局将从内蒙古、四川、云南、西藏、甘肃、青海、宁夏、新疆等重点草原省（区）中选取符合条件的区域作为国家草原自然公园建设试点。由此可见，草地自然保护地在我国以国家公园为主体的自然保护地体系中占有重要的地位。

9.2 草地自然资源保护与草地多功能性

本节重点介绍了我国草地自然保护地建设理念、目标与建设路径，不同分类体系下草地的多功能属性，同时探讨了草地自然保护中草地多功能的实现途径，以期为草地自然资源保护和实现草地多重目标管理提供理论参考。

9.2.1 我国草地自然保护地建设理念、目标与建设路径

1. 草地自然保护地建设理念

我国新型草地自然保护地体系建设有 3 个核心理念。一是保护自然：自然保护地的主要功能包括保育自然资源、保护生物多样性、维持自然生态系统健康稳定、提高生态系统服务功能，自然保护地要将具有特殊意义和重要意义的自然生态系统、自然历史遗迹和自然景观的保护放在首位，把最应该保护的地方保护起来。二是服务人民：保护自然的根本目的是为人类社会高质量发展服务，人类生存需要依赖自然资源，良好的生态资源可为社会提供最公平的公共产品和最普惠的民生福祉，正确处理自然保护与经济社会发展的关系，坚持生态惠民、生态利民、生态为民，让绿水青山充分发挥经济效益和社会效益。三是永续发展：在漫长的社会经济发展历程中，中华民族用自己的智慧和创造力保存了丰富而珍贵的自然文化遗产，道法自然、天人合一等生态观念对中华文明产生了极为深刻的影响；面对资源约束趋紧、环境污染严重、生态系统退化的严峻形势，必须树立尊重自然、顺应自然、保护自然的生态文明理念，维持人与自然长期和谐共生并永续发展（唐小平 等，2019）。

2. 草地自然保护地建设目标

建立草地自然保护地的目标多种多样，主要有保护荒野地、保存物种和保护遗传多样性、保持地质地貌多样性、维持生态服务、科学研究、自然教育、游憩、持续利用自然生态系统内的资源、维持文化和传统特征等（唐小平 等，2019）。建立以国家公园为主体的自然保护地体系，是化解人民日益增长的对优美生态环境的需要与优质生态产品供给不平衡、不充分之间突出矛盾的系统性变革，具有划时代的历史意义和深刻的现实意义。建立以国家公园为主体的自然保护地体系有利于对国家重要自然生态空间的系统保护，保持山水林田湖草生命共同体的完整性；有利于以国家公园体制改革为抓手，明确各类自然保护地的功能定位，推动自然保护地的科学保护和均衡设置，形成自然生态系统保护的新体制、新机制、

新模式；有利于推动国家生态保护治理体系和治理能力现代化，世代传承珍贵自然遗产，可持续提供生态产品和生态服务，为构建生态文明体制和建设美丽中国做出贡献，为维护国家生态安全和实现经济社会可持续发展筑牢基石，为建设富强、民主、文明、和谐、美丽的社会主义现代化强国奠定生态根基。到 2020 年，提出国家公园及各类自然保护地总体布局和发展规划，完成国家公园体制试点，设立一批国家公园，完成自然保护地勘界立标并与生态保护红线衔接，制定自然保护地内建设项目负面清单，构建统一的自然保护地分类分级管理体制。到 2025 年，健全国家公园体制，完成自然保护地整合归并优化，完善自然保护地体系的法律条规、管理和监督制度，提升自然生态空间承载力，初步建成以国家公园为主体的自然保护体系。到 2035 年，显著提高自然保护地管理效能和生态产品供给能力，自然保护地规模和管理达到世界先进水平，全面建成中国特色自然保护地体系，自然保护地占陆地国土面积 18% 以上。

3. 草地自然保护地建设路径

建设草地类国家公园、草地自然保护区和草地类自然公园是一项系统工程。一是上下结合，识别潜在的自然保护地候选区域。通过制定草地自然保护地建设标准，在全国范围内识别哪些地区有潜力适宜建设草地类国家公园、草地自然保护区和草地类自然公园。潜在草地自然保护地的识别可以双向进行，一方面在国家层面整体规划，联合相关领域专家学者自上而下地识别保护价值高的自然保护地；另一方面鼓励地方政府自下而上地提出申请，由国家层面组织专家评估。二是科学论证，组织行业专家学者对候选区域进行可行性论证，形成草地自然保护地候选名单，建设保护地的条件成熟一个建设一个。三是明确保护对象，科学确定自然保护地的保护范围，要明确拟保护对象的属性和范围，综合考虑实际情况，划定自然保护区的地域范围和保护边界。四是组建专业齐全的保护地建设管理团队，建设管理团队时须考虑专业齐全、结构合理，以满足自然保护地专业化管理的需求。五是规划先行，构建自然保护地保障机制，进行系统和科学的规划，构建自然保护地运行保障机制，包括资金保障机制、人才保障机制、生态补偿机制等。六是制定并执行自然保护地适应性管理方案，同时根据监测和保护效果及时调整管理方案（彭建，2019）。在草地自然保护地建设管理中，须注重草地多功能性的保护与调控，协调保护地内生态保护与生产发展，进而实现草地自然保护区的适应性管理（赵亮 等，2020）。

9.2.2 草地的多功能属性

草地作为一种可再生自然资源，构成了草地类地区发展的物质和环境基础，在人类社会发展中发挥了关键作用。随着人们认识的不断深入，草地多功能属性逐渐被理解和应用。草地自然资源具有生态维持、畜牧业生产、生物多样性保护、水源涵养、游憩娱乐、提供产品、传承文化和科学研究等多项功能。依照不同分类体系获得的草地，其多功能属性不尽相同。

1. 基于生态系统服务的草地多功能属性

按照生态系统服务分类体系，草地自然资源具有调节功能、供给功能、支持功能和文化功能。

调节功能，主要体现在草地植被通过吸收 CO_2 进行光合作用，在促进植物生长的同时为动物和人类提供了 O_2，促进了碳氧平衡，同时减缓了 CO_2 引起的温室效应（董世魁 等，2020）。在草地植物生长和家畜放牧过程中，通过植被蒸腾、土壤蒸发、家畜排汗等作用，调节草地环境的温度和湿度，加速水循环，降低环境温度和湿度的变幅，从而起到气候调节的作用。此外，植被具有保持水土、涵养水源、防止荒漠化及抑制沙尘暴、净化空气和水质及美化环境等功能。

供给功能体现了草地生产功能，草地除了生产牧草及畜产品外，还可以为人类提供药材、食用菌类、燃料、可食植物、纤维植物和纺织材料等，同时为人类提供新鲜的空气。

支持功能体现在维持地球生命的生存环境及养分循环等。草地具有维持和保护土壤的功能，使土壤维持相对稳定的结构，促进植物和微生物生长。植被根系可以提高土壤有机质含量，促进土壤团粒形成和改良土壤结构，促使土壤向良性的方向发展。在草地放牧利用过程中，家畜排泄物和植物凋落物降解后返回土壤，可以改善土壤结构和土壤肥力，提升草地生态系统功能。

文化功能体现在科学教育、精神娱乐和草原文化等方面。草地是科学研究的重要场所，科学研究促进了草原地区的草地农业发展和经济发展，加快了草业科学同其他学科的交叉融合。草地在人才培养、教育培训等方面也发挥着重要作用。此外，草地是民族文化和历史文化的载体，草地可持续发展可以使这些文明和文化得到传承、发展。草原生态文化旅游能够帮助人类获得精神娱乐与休闲，同时感受自然和文化的双重魅力。

2. 基于多重管理目标的草地多功能属性

按照多重管理目标分类体系，草地自然资源具有生态功能、生产功能和生活功能。生态功能是草地生态系统维系和发展的基础，主要体现在生物多样性维持、水源涵养、水土保持和土壤碳氮固持等方面。生产功能体现在以畜牧业为主的经济发展领域，包括草产品生产、放牧家畜养殖、畜产品生产、药用植物生产等方面。生活功能体现在为人口繁衍生存与草原文化传承领域，包括经济保障、游憩展示、身心愉悦和文化传承等方面。

以三江源草地为例，草地生态功能具体体现在草地生态系统的支持服务和调节服务、生态屏障功能和水源涵养功能。研究表明，三江源平均草地覆盖度为56.47%，平均草产量为735.54kg/hm²；平均水源涵养保有率为43.36%，水源涵养量为7.42万 m³/km²；平均土壤保持量为28.4t/hm²，土壤保持服务保有率为69.32%，土壤侵蚀模数为8.9t/hm²；平均防风固沙量为22.44t/hm²，风蚀模数为7.84t/hm²；草地生态系统总碳储量为3.95Pg（1Pg=10⁹kg）（张琛悦 等，2022）。由于草地长期超载过牧引起草地退化（孙金金 等，2020），引发草地生态系统土壤-植被-微生物-种子库各生态因子的协同性失衡，导致系统结构紊乱、功能衰退，自我修复能力逐步丧失，使三江源和黄河上游的草地生态系统养分循环、水源涵养、防沙能力和生物多样性维持等生态功能降低。因地制宜制定合理的草地管理措施，对恢复退化草地功能至关重要。

三江源草地的生产功能主要指高寒草地畜牧业发展。三江源可利用草地的平均最大理论载畜量（以标准羊单位计）为 0.58 个羊单位/hm²，理论载畜量的总价值量为 2.19×10¹⁰ 元。由于水热环境的影响，三江源的理论载畜量呈现由东南向西北逐渐降低的趋势。目前三江源区高寒草地超载 65%，国家公园内家畜数量是野生动物数量的 4～5 倍（赵新全 等，2020）。有必要在适宜区域发展草产业，通过区域资源优化配置和家畜营养均衡生产提高畜牧业生产效率，降低天然草原载畜压力，促进三江源区可持续发展。

三江源草地的生活功能是指与生活相关的草地生态系统服务（鲁春霞 等，2004），为生活在三江源地区的人们提供社会、经济等方面的保障，文化传承和发展，休闲旅游，科普教育等功能。三江源草地生态系统的生活功能主要体现为草地生态系统的文化服务，包括美学价值、精神价值、教育功能和消遣功能等（向宝惠和曾瑜皙，2017）。生活功能是以完整的生态功能和完善的生产功能为基础的。

草地多重目标管理以草地作为人-草地-家畜（野生动物）-生态-文化的载体，是实现人类对草地生态-生产-生活多重目标需求的关键（赵亮 等，2020）。草地生态系统服务、自然保护地多功能、草地多重功能的管理目标有内在联系（甄霖 等，2009），草地自然资源有序利用有助于实现草地多功能目标管理（王德利和王岭，2019）。

3. 基于自然保护功能的草地多功能属性

按照自然保护功能分类体系，草地自然资源具有保护自然、服务人民和永续发展功能。保护自然功能主要体现在保育自然资源，保护生物多样性，维持自然生态系统健康稳定，提高生态系统服务功能。服务人民主要体现在为人类提供良好的生态资源，为社会提供最公平的公共产品和最普惠的民生福祉。永续发展体现在草地自然资源有助于保护自然，遵循生态文明理念，维持人与自然长期和谐共生。草地生态系统为人类提供了多项重要的生态系统服务（常丽娜和赵新全，2022；赵亮 等，2020；赵新全 等，2020）（图9-1），发挥了重要的生态系统服务功能（贡布泽仁和李文军，2016；李奇 等，2019）。我国草地分布区对各民族生产、生活及传统文化的形成与发展具有重要影响（贡布泽仁和李文军，2016）。

如何发挥草地自然资源多功能性，平衡草地生态保护与区域经济发展是关键。例如，三江源区草地多重目标管理的核心问题是草地可持续管理（赵新全 等，2011）。因地制宜发展草地农业，是实现三江源草地生态、生产和生活功能协调发展的必由之路，也是维持草地生态系统原真性和完整性的重要途径。如何达到生态上合理、经济上可行、社会上可接受是实现多重目标的关键（Zhao et al.，2018）。为了实现三江源草地管理目标，按照三江源不同区域的地理条件和资源禀赋，将三江源地区划分为草地牧业区、农牧交错区与河谷农业区。在草地牧业区，以实现草地生态功能为目标，开展生物多样性保护、水源涵养提升和退化草地恢复治理；在农牧交错区，以实现生态、生产和生活3个功能为目标，关注草牧业发展和资源优化配置，开展高产人工草地建设和草产品加工，同时吸收河谷农业区农副产品，开展家畜营养均衡饲养，提高家畜生产效率和农牧民经营收益；在河谷农业区，以生产和生活功能为目标，开展种养结合、农牧耦合和产业融合，发展特色畜产品加工，文旅服务和数字产业等，促进生产-生活协调发展。基于区域功能耦合，实现三江源保护区内生态、生产、生活良性发展。

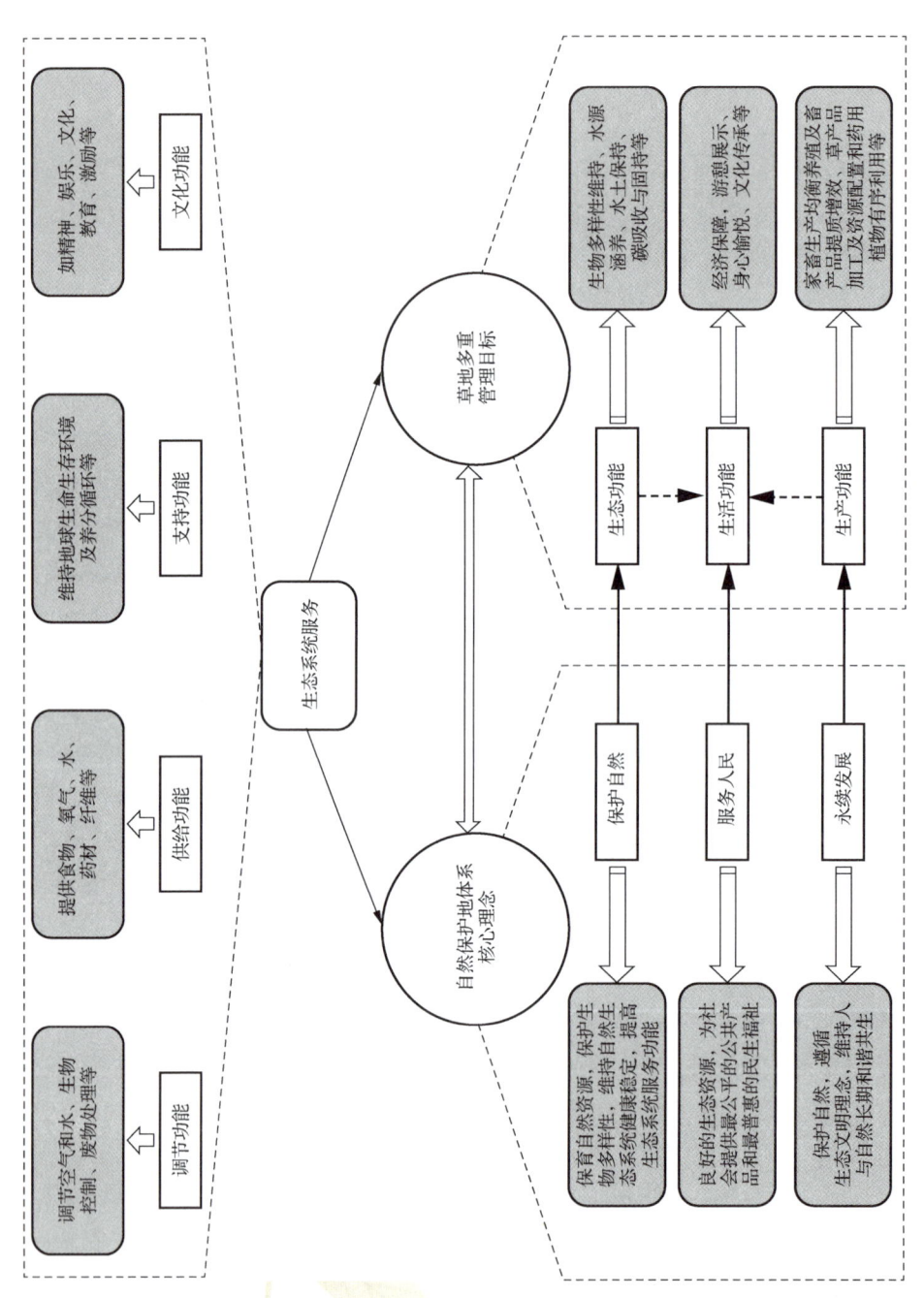

图 9-1 自然保护地多功能管理目标及草地多功能性（仿赵亮 等，2020）

9.2.3 草地多功能的实现途径

草地为人类提供了丰富的生态功能、生产功能和生活服务功能。人类对草地自然资源的高强度利用，导致草原区域经济发展和生态保护的矛盾日益突出，草地生态系统服务功能下降，严重影响了社会经济可持续发展。在我国以国家公园为主体的自然保护地体系建设与实践中，草地自然保护地占据主体地位，实现草地自然保护地的草地多功能目标管理，对推动我国保护地体系建立、生态文明建设和草原类地区可持续发展具有重要的实践指导意义。

在草地类国家公园、草地自然保护地和自然公园的草地多重目标管理中，须遵循如下原则。

1. 生态保护优先原则

在各类草地自然保护地管理实践中，践行山水林田湖草整体治理的理念，尊重草地生态系统特点，严格落实草地生态保护措施，扎实推进草地自然保护地建设管理。

2. 科学合理布局原则

切实处理好草地生态保护与区域经济发展的关系，优化草地自然保护地不同区域的功能定位和保护发展目标，协调推进生态保护与民生改善。

3. 草地资源可持续管理原则

保护地管理的最高目标是实现草地生态-生产-生活、调节-供给-支持-文化、保护自然-服务人民-永续发展的多领域多功能良性协调发展。

4. 资源优化配置与区域功能耦合原则

通过草畜资源时空优化配置和不同区域功能耦合，加快保护地内产业发展效率，以较低的资源环境代价提高经营效益，切实推动草地自然保护地生态保护与高质量发展。

食草动物放牧是草地自然资源利用的最主要方式，目前我国大部分草地自然保护地也是主要的草地畜牧业生产区，因此实现对保护地内天然草原的科学管理、保护与适度利用，是实现草地自然保护地多目标管理的重要途径。通过开展以下工作，可以促进草地自然保护地可持续管理。一是加强退化天然草原恢复治理，对退化草地按照退化等级、群落特征和地理气候条件等，因地制宜地开展退化草地恢复治理。二是强化未退化天然草原合理利用，基于草地承载力评估，制定并执行严格的草畜平衡政策，推动草地与食草动物（家畜、食草类野生动物）平衡管理。三是加快保护地内家畜周转效率，通过在适宜区域发展草产业，推动保护地内种养结合，降低畜牧业生产的资源环境消耗，同时为保护地内的野生动物繁衍提供空间。四是将原有保护地生产功能向保护地外围区域转移，如将保护地内牧业生产区的家畜转移至保护地外围的生产承接区，通过异地舍饲出栏技术提高家畜出栏率，在提高农牧民收益的同时缓解天然草地载畜压力，切实推动保护地内生态保护。五是践行区域功能耦合发展优化模式，通过保护地不同区域的草畜资源优化配置和区域功能耦合，实现不同区域间的畜牧业营养均衡生产，提高家畜商品率和出栏率，协调推动草地自然保护地的保护与发展。六是加强宏观调控，调整产业结构。对于草地自然保护区，经济发展不再局限于种植业和畜牧业，而应该在适度发展这些产业的同时，利用本地特有的资源发展其他辅助产业，如发展生态旅游、文旅服务等，带动草地农业、餐饮服务等产业发展，培植新的经济增长点。通过上述措施，实现草地自然资源的科学保护与适度利用，促进草地自然资源可持续管理。

9.3　草地自然资源管理的技术创新

我国草地面积辽阔，草地不仅是发展国民经济的物质基础，更是维护陆地生态环境的天然屏障。草地是相对脆弱的生态系统，天然草原面临着面积减少、质量下降、草畜矛盾突出等问题，因此，及时准确地了解草地自然资源的时空配置状况至关重要。本节主要介绍草地自然资源管理监测技术、草地自然资源管理评估技术与草地自然资源可持续利用技术，以期为我国草地自然资源的科学管理与合理利用提供技术支撑。

9.3.1　草地自然资源管理监测技术

草地自然资源监测需要及时对草地、牧草及草地上生长的动植物及其环境条件进行大范围的现状调查，并与以往某时间的草地自然资源进行对比，从而发现其中的变化，据此制定出相应的草地自然资源管理对策。草地自然资源监测要求适时、准确、迅速，而传统的监测方法耗时长、效率低，不适宜大范围监测和难以抵达地区的调查。遥感技术的出现为草地监测提供了新的手段，已成功地用于评估草地状况、产出率和估计草地产量。遥感技术是 20 世纪 60 年代迅速发展起来的建立在现代物理学、电子计算机技术和信息论等新兴技术科学及地球科学理论基础上的一门综合性探测技术。遥感技术被人们在草地科学中广泛应用和研究，在草地自然资源研究和监测中发挥着越来越巨大的作用（杨东 等，2021）。将草地自然资源的监测和信息提取与遥感影像、地理信息和计算机技术相结合，可达到快速提取草地自然资源信息的效果，实现草地监测的可行性，为草地自然资源管理提供科学依据。

1. 草地产量监测

草地植被的生物量监测是草地自然资源合理利用的重要依据。在大尺度上进行的草地产量监测和评价，一般采用遥感监测，经常用到的参数是 NDVI、REP。随着高光谱遥感技术的出现，NDVI 有更多的可选择波段来表征植物信息（杨东等，2021）。精确地估测草地的可食牧草量，可以合理控制家畜数量，维持草畜的动态平衡。

乌兰吐雅等（2015）以锡林郭勒草原为试验区，采集草地冠层高光谱反射率数据和对应样方的地上生物量数据，综合分析了高光谱主要变换形式（高光谱特征变量、小波能量系数和植被指数）与草地地上生物量间的相关关系。研究结果表明：在选取的 13 个高光谱特征变量中，草地地上生物量与红谷的吸收深度、红边区一阶微分总和与蓝边区一阶微分总比值的相关系数最高（0.86）；在 11 个小波能量系数中，第 4 小波能量系数与草地地上生物量的相关性最强，相关系数为 0.85；在选用的 8 种常用植被指数中，大气阻抗植被指数（atmospherically resistant vegetation index，ARVI）与生物量之间的相关性最强（R=0.874），而与 DVI 的相关性最差（R=0.578）。在对不同近红外、红光和蓝光波段进行组合而获得的植被指数中，大气阻抗植被指数（R_{945}、R_{620}、R_{430}）模型对草地地上生物量的预测具有更高的准确性，训练样本和验证样本的拟合方程 R 值分别为 0.882 和 0.865。通过综合分析野外观测获得的草地冠层光谱数据及其多种变换形式与草地地上生物量间的相互关系，对比研究高光谱特征变量、小波能量系数和不同波段组合的常用植被指数对草地地上生物量遥感估算上的优势，为草地自然资源高光谱信息提取和遥感监测提供科学依据。

2. 草地自然资源退化监测

草地自然资源退化程度是评价草地质量状况最重要的指标之一，防治退化草地的首要任务是明确退化草地的分布范围及退化程度。遥感技术通过分析草地自然资源覆盖面和草地产量等方面进行草地自然资源退化情况的监测。然而，草地退化是由于生物因素造成时，过去的遥感技术极容易受外界的干扰，影响数据的精准性。随着高光谱遥感技术的应用，这一问题得到很好的解决，高光谱遥感技术具有波段频率高、成像效果好的特点，能够有效提升抗干扰能力，实现对草地自然资源的精准监测，数据更加精准有效。依据高光谱遥感技术的数据信息，可以采取有效措施避免或减缓草地自然资源退化情况的发生。

杨艳林（2019）以云南香格里拉为研究区，利用环境一号卫星遥感影像为主要数据源，结合野外调查，构建了基于植被指数的退化草地遥感监测模型，并在地理信息技术的支持下开展研究区 2008~2017 年草地退化评价研究。以草地植被覆盖度、地上生物量、群落高度、物种丰富度、可食牧草生物量、毒杂草比例 6 个指标综合计算草地退化指数（grassland degradation index，GDI），得到 GDI 值为 0.165~0.782。利用聚类分析中的优分割算法将 GDI 划分为 4 个等级指示草地退化程度：当 GDI 值大于 0.516 时属于草地未退化，GDI 值为 0.375~0.516 时属于草地轻度退化，GDI 值为 0.256~0.375 时属于为草地中度退化，当 GDI 值小于 0.256 时为草地严重退化。在此基础上，优化筛选出与 GDI 相关性最优的植被指数 RVI，通过构建反演模型得到草地退化等级的遥感反演标准：未退化草地 RVI 值大于 5.289，轻度退化草地的 RVI 值为 4.007~5.289，中度退化草地的 RVI 值为 2.875~4.007，当 RVI 值小于 2.875 时则属于严重退化草地。利用环境一号卫星遥感影像对研究区进行了土地利用分类，利用退化草地遥感监测模型，结合地理信息技术分析了该地区 2008~2017 年退化草地时空变化。

在遥感技术对草地自然资源退化的监测内容中，土壤侵蚀状况也是较为重要的部分。因为土壤侵蚀不仅会影响植被生长，更会造成水土流失，影响地下水水质和 CO_2 的排放量，减弱草地自然资源在应对全球变暖和温室效应过程中的巨大作用。通过遥感技术的应用，可以实现对草地土壤侵蚀情况的动态监测，为应对土壤侵蚀打下坚实的基础（史鸿谦，2019）。

3. 草地物种多样性监测

科学制定生物多样性保护和恢复政策，需要空间上连续、时间上高频的物种和生境分布及物种迁移信息支持，遥感是目前能满足该要求的有效技术手段。近年来，遥感平台和载荷技术高速发展，综合多平台、多尺度、多模式遥感技术，开展基于站点的星空地一体化遥感观测试验，可以对地表进行时空多维度、立体连续观测，为生物多样性遥感监测提供了新的契机。星空地一体化遥感观测可以提供物种和生境的综合定量信息，与生态模型有机结合，可以反映生物多样性的时空格局与动态过程，有助于挖掘过程机理，提高生物多样性监测的信息化水平。

根据光谱多样性假说，生态系统中的不同叶片特性、冠层结构和物候会在其光信号的相关波长上产生变异。光学特性作为植被基础属性，其多样性在一定程度上也反映了物种的多样性。通过分析光谱变异系数与草地物种丰富度的散点图，建立回归模型，经过 F 显著性检验，相关系数 R^2 达到了 0.40。光谱变异系数与草地物种丰富度呈正相关关系，说明光谱变异程度越高，草地的物种越丰富。利用建立的光谱变异系数-物种丰富度关系模型，在 Google Earth Engine 云平台对三江源 2015 年物种多样性分布进行估算，发现三江源地区植被物种多样性（取整平均值为 9，最小值为 3，最大值为 30）从西到东逐渐增加，与高寒草原至高寒草甸分布规律基本一致（赵新全 等，2020）。

4. 草地植被营养成分监测技术

反映草地植被营养成分的指标众多,其中含氮量(粗蛋白质含量)最为重要。因此,在对三江源地区草地植被营养监测的研究中,草地含氮量被用作反映草地质量的指标。利用草地植被含氮量对红外与近红外波段比较敏感的特征,基于在三江源地区2017~2018年地面样方观测数据,以及牧草氮含量敏感的遥感波段,如Sentinel-2的第4波段(中心波长为665nm)、第5波段(中心波长为705nm)与第6波段(中心波长为740nm)的红与近红外波段信息,构建了多光谱草地植被含氮量指数(MSI terrestrial nitrogen index,MTNI),可直接表征草地植被的含氮量(赵新全 等,2020),具体表达式为

$$\mathrm{MTNI} = \frac{R_{740} - R_{705}}{R_{705} - R_{665}} \qquad (9\text{-}1)$$

式中,MTNI为多光谱草地植被含氮量指数;R为波段反射率。

基于下载后的Sentinel-2影像,首先开展影像几何纠正,然后分别开展辐射定标与大气校正,获得每个波段的地表反射率数据集。采用上述公式,计算获得三江源范围内多光谱草地植被含氮量指数数据。Sentinel-2影像各波段信息见表9-3。

表9-3 Sentinel-2影像各波段信息

波段	中心波长/nm	波长宽度/nm	分辨率/m
Band1	443	20	60
Band2	490	65	10
Band3	560	35	10
Band4	665	30	10
Band5	705	15	20
Band6	740	15	20
Band7	783	20	20
Band8	842	115	10
Band8a	865	20	20
Band9	945	20	60
Band10	1380	30	60
Band11	1610	90	20
Band12	2190	180	20

5. 有蹄类动物数量卫星遥感监测技术

青藏高原发育着独特的动物区系,尤其是有蹄类动物,如藏羚羊(*Pantholops*

hodgsonii）、野牦牛（*Bos grunniens mutus*）、藏原羚、普氏原羚（*Procapra przewalskii*）、白唇鹿等，广袤的高寒草地为这些有蹄类动物提供栖息地和牧草资源保障。追溯青藏高原放牧草地生态系统的演化，揭示野牦牛和家牦牛分化发生在全新世早期，迄今 0.8 万～1.0 万年，高寒草地受放牧影响，其景观和群落结构是家畜和牧草协同进化的结果（赵新全 等，2011），放牧是维系高寒草地原真性和完整性的关键因素。三江源国家公园黄河源园区家畜数量为有蹄类野生动物的 4.5～8.0 倍，维持草地自然资源-食草动物供需平衡，调控放牧家畜-食草野生动物数量平衡是维持三江源国家公园草地生态系统原真性和完整性的重要途径。

通过对 ZY-3 卫星数据、GF-2 卫星数据、WorldView-3/4 卫星数据、Google Earth 更新影像数据的对比发现，当影像分辨率高于等于 0.25m 或 0.12m 时，地面主要野生动物在影像上的特征可满足一定的识别信息需求，可用于监测地面主要野生动物的数量和分布。结合地理特征信息，以及不同野生动物空间分布知识，采用深度学习的方法，完成基于遥感像元的典型区主要野生动物监测方法的研究，并开展三江源国家公园 3 个园区核心保育区的典型区主要野生动物监测。

为满足分辨率高于等于 0.25m 或 0.12m 的需要，结合 Google Earth 上收集的已更新的 2017～2018 年数据信息，以及部分 WorldView 卫星数据信息，在长江源核心保育区内、黄河源核心保育区内、澜沧江源区核心保育区内，选择已覆盖的相关典型区，开展基于高分辨率遥感影像的主要野生动物监测，分别获得了三江源国家公园 3 个园区核心保育区内 2.33 万 km^2 有蹄类野生动物数量及空间分布信息，即藏羚羊分别为 26 027 只、0 只和 11 174 只，黄河源核心保育区并未发现藏羚羊；藏原羚分别为 15 042 只、9418 只和 11 039 只；藏野驴分别为 6468 只、5764 只和 5248 只。整个三江源国家公园核心保育区（2.33 万 km^2）内藏羚羊、藏原羚和藏野驴数量分别为 37 197 只、35 499 只和 17 480 只。

9.3.2 草地自然资源管理评估技术

1. 草地食草动物承载力评估技术

草地自然生态系统是三江源自然保护区最主要的生态系统类型，畜牧业是当地牧民赖以生存的基础产业。草地自然生态系统与畜牧业发展息息相关，显著影响着区域的生态承载力与生态安全。基于草地畜牧业生产，通过现实草产量和潜在草产量，对当地的经济和人口承载力进行了评估，并与现实经济和人口承载状况进行了比较，判断生态安全状况。具体方法如下。

理论载畜量是在一定的草地面积和一定的利用时间内，在适度放牧（或割草）利用并维持草地可持续生产的条件下，满足承养家畜正常生长、繁殖、生产畜产品的需要所能承养的家畜羊单位数量。

按照国家农业行业标准《天然草地合理载畜量的计算》（NY/T 635—2015）的规定，年际理论载畜量由以下公式计算：

$$Cl = \frac{Y \times K \times U}{R \times T} \tag{9-2}$$

式中，Cl 为草地理论载畜量，即单位面积草地可承载的羊单位（标准个羊单位/hm²）；Y 为单位面积草地的可利用牧草产量（kg/hm²）；K 为草地可食牧草比例（%）；U 为草地可利用率（%）；R 为一个标准羊单位家畜的日食量（kg/d），按 1.8kg 干草计算；T 为草地放牧天数（d）。根据三江源地区草地的实际情况，通过咨询当地专家并结合有关文献，确定三江源地区的草地可食牧草比例 K 按 80% 计算；按相关规定，草地可利用率按 50% 计算。

为了分析和评价三江源地区草地放牧对生态系统植被生产力的影响及草畜矛盾特征，采用草地载畜压力指数的概念来评价三江源地区草畜平衡状况，所用公式为

$$Ip = \frac{Cs}{Cl} \tag{9-3}$$

式中，Ip 为草地载畜压力指数；Cs 为草地实际载畜量（标准个羊单位/hm²）；Cl 为草地理论载畜量（标准个羊单位/hm²）。如果 Ip=1，则 Cs=Cl，表明草地载畜量适宜；如果 Ip>1，表明草地超载；如果 Ip<1，则表明草地有载畜潜力。

2. **草地生态系统服务功能价值评估技术**

草地生态系统为人类提供了净初级物质生产、碳氮固持、水源涵养、气候调节、水土保持、防风固沙、改良土壤和维持生物多样性等生态服务。草地生态系统在维持自然生态系统格局、保护生态安全屏障、发展畜牧业生产和传承草原文化等领域发挥重要作用。草地的生态服务功能体现在生态、生产和生活 3 个方面，维持生态功能、生产功能和生活功能的均衡协调是实现草地可持续发展的基础（刘兴元 等，2011）。建立适于草地生态系统服务功能的价值评价体系和方法，定量评价草地生态系统服务功能的经济价值，对草地自然资源合理利用和制定草地生态补偿方案具有重要意义（刘兴元和牟月亭，2012）。近年来，草地生态系统服务功能价值评估成为国内外生态学、经济学等领域的研究热点。

基于刘兴元等（2011）的描述方法，首先进行水源涵养、养分循环、土壤保持量、废物处理、释放 O_2、固定 CO_2、多样性保护、休闲旅游、文化传承和畜牧生产等方面的草地生态服务功能的单价核算，进而采用草地生态服务价值评估模型核算研究区的草地生态系统服务价值，所用公式为

$$P_{ij} = \sum_{x=1}^{n} V_{xij} \times E_i \tag{9-4}$$

$$GV_{ij} = \sum_{j=1}^{n} P_{ij} \times A_{ij} \tag{9-5}$$

式中，P_{ij} 为某一区域 j 类草地单位面积的生态服务价值（元/hm²）；GV_{ij} 为某一区域 j 类草地的总生态服务价值（元/年）；V_{xij} 为某一区域 j 类草地各单项生态服务指标的价值（元/年）；A_{ij} 为某一区域 j 类草地的面积（hm²）；E_i 为某一区域草地生态服务功能的重要性系数；i 代表区域；j 代表草地类型；x 代表草地生态系统功能评价指标。

刘兴元等（2011）应用上述评估方法，评价了2005年藏北高寒草地生态系统服务价值。结果表明，藏北天然草原中高寒草甸的单位面积生态服务价值最高（3800.5元/hm²）；总生态服务价值为 $1.58×10^8$ 元，高寒草原、高寒荒漠、高寒草甸和高寒荒漠化草原所占比例分别为68.4%、2.5%、20.0%和9.1%。

于遵波等（2006）运用能值理论和方法，对锡林郭勒羊草样地生态系统运行的主要驱动力、内在过程、生态资产贮量及其服务功能价值进行了评估。结果表明，1hm² 草地生态系统平均每年对区域经济贡献的宏观经济实际价值约为7285.94元，主要生态资产的宏观经济理论价值约为10 580.06元，而1hm² 羊草样地生态系统的替代价值约为39 724元。由此可以估算出羊草草地在开发过程中其环境服务功能及生态资本的损失，另外也可以根据生物量的减少及总初级生产力（gross primary productivity，GPP）的变动情况对生态系统的服务功能及生态资本的变动情况进行评估。同时可以根据草地生态系统功能退化的程度进一步估算区域生态系统损失的情况，可为生态系统补偿机制的建立提供科学依据。

3. 生态资产评估技术

生态系统面积和质量评价指标在一定程度上反映生态的格局和过程，影响生态系统的功能，所以评估生态资产面积和质量的变化是生态资产核算的主要内容。在区域生态资产状况评价指标中必须包含生态资产面积和质量的综合指标，将生态资产面积和质量评价指标结合，能够综合比较各类生态资产的时空变化，但生态资产面积和质量两个指标量纲无法统一，因此提出类型生态资产指数和区域生态资产指数对类型水平和区域水平的生态资产存量及变化进行评价。类型生态资产指数依据生态资产等级从优到劣分别赋予不同权重，将不同权重与其等级对应生态资产面积乘积和该类生态资产总面积与最高质量权重乘积的比值称为生态资产质量等级指数，生态资产面积与区域总面积的比值称为生态资产面积指数，质量等级指数与面积指数的乘积再乘以系数100即为生态资产类型指数［式（9-6）］。其中，生态资产质量权重从优到劣分别设为5、4、3、2、1，最高质量权重为5。区域生态资产指数是特定区域各类型生态资产指数之和，即各类型生态资产质量等级指数与生态资产面积指数的乘积再乘以系数100［式（9-7）］，用以衡量区域生态资产综合状况。计算方法如下所示：

$$EQ_i = \frac{\sum_{j=1}^{5}(EA_{ij} \times j)}{(EA_i \times 5)} \times \frac{EA_i}{S} \times 100 \qquad (9\text{-}6)$$

$$EQ = \sum_{i=1}^{k} EQ_i = \frac{\sum_{i=1}^{k}\sum_{j=1}^{5}(EA_{ij} \times j)}{\sum_{i=1}^{k} EA_i \times 5} \times \frac{\sum_{i=1}^{k} EA_i}{S} \times 100 \qquad (9\text{-}7)$$

式中，i 为生态资产类型；j 为生态资产等级权重因子；EA_i 为第 i 类生态资产的面积；S 为区域总面积；EA_{ij} 为第 i 类第 j 等级生态资产的面积；EQ_i 为第 i 类生态资产指数；k 为三江源地区的生态资产类型种类；EQ 为区域生态资产指数。

三江源生态资产总面积为 29.67 万 km²，其中草地面积为 24.10 万 km²（81.23%）、湿地面积为 4.01 万 km²（13.52%）、森林面积为 0.09 万 km²（0.30%）、灌丛面积为 1.47 万 km²（4.95%）。总体上看，当地生态资产质量较好，优级和良级占生态资产总面积的 55.06%，主要分布在黄河源区和澜沧江源区。然而，局部地区生态资产质量较差（差级和劣级占生态资产总面积的 22.15%），主要分布在西部海拔较高、干旱寒冷的可可西里山脉和唐古拉山脉地区。在生态资产组成上，草地是三江源生态资产的主体部分，其重要性程度最高（生态资产指数 43.32），森林生态资产的重要性程度最低（生态资产指数 0.17）（表 9-4）。

表 9-4 2018 年三江源生态资产现状

生态资产类型	面积/万 km²	百分比/%	优	良	中	差	劣	生态资产指数
森林	0.09	0.30	37.11	13.80	12.44	16.65	20.00	0.17
灌丛	1.47	4.95	50.50	14.89	14.69	10.30	9.63	3.18
草地	24.10	81.23	11.26	35.70	27.11	14.66	11.26	43.32
湿地	4.01	13.52	26.91	73.09	0	0	0	9.58
总和	29.67	100.00	15.40	39.66	22.79	12.47	9.68	56.25

资料来源：赵新全等（2020）。
注：百分比/%表示不同类型生态资产面积占三江源生态资产总面积的百分比。

4. 生态补偿评估技术

生态补偿政策作为一项以经济激励为主的保护政策，在世界各地的生态环境保护和促进区域经济协调发展进程中发挥了越来越重要的作用。面对自然环境破坏遏制社会经济发展的难题，近年来我国也在不断推进生态补偿机制的建立和完善，以促进人与自然和谐发展。在 2017 年 10 月召开的中国共产党第十九次全国代表大会上的报告强调了建设生态文明是中华民族永续发展的千年大计，指出要扩大退耕还林还草面积，健全耕地、草原、森林、河流、湖泊的休养生息制度，建立市场化、多元化的生态补偿机制。

鉴于草地自然资源的生态重要性、环境脆弱性和社会经济的特殊性，以及现有政策需求的迫切性，结合该地区实际自然禀赋条件和社会经济发展状况，设计草地保护地的生态补偿机制及补偿管理办法，为草地自然保护地的生态补偿建设提供科学依据和实践指导。草地保护生态补偿机制设计流程图见图9-2。

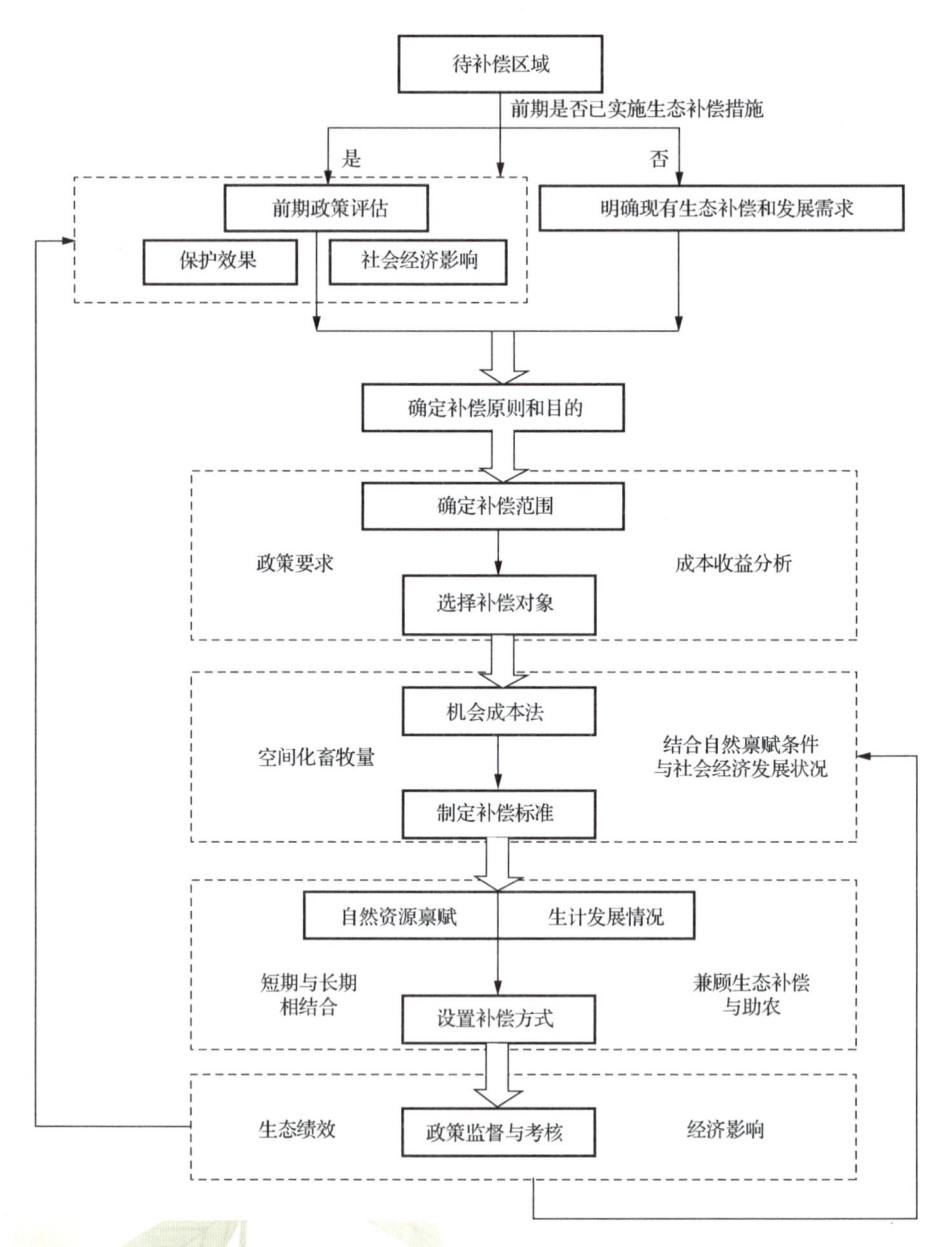

图 9-2 草地保护生态补偿机制设计流程图（赵新全 等，2020）

生态资产的核算应综合考虑资产数量和资产质量,其和现有政策规划相结合,影响着补偿评估、补偿范围、补偿标准和补偿方式等生态补偿的各个环节。补偿范围包括已退化的草地分布及面积,在此基础上明确待缩减家畜数量以确定补偿的机会成本;在补偿方式的选择上,需要结合牧户拥有的生态资产质量及自身发展情况,从可持续生计发展的角度进行。

以各个单元内单位面积畜牧业收入(机会成本)为基础设置补偿标准。具体办法是通过建立空间统计模型计算各个乡镇保护一定面积草地所需要缩减的家畜数量,进而计算损失的经济价值,即保护的机会成本。同时考虑该地区前期退牧后,由于牧民自身替代生计转换较为困难,传统畜牧业仍占主导位置,因此从确保生态保护效果和精准助农的角度出发,在补偿标准中加入生态管护员工资部分,即最终每户牧民补偿标准为保护机会成本+生态管护员工资。

保护成本一般包括机会成本、交易成本和实施成本,一般来说,单位面积的保护成本为

$$C_i = C_{oi} + C_{mi} \tag{9-8}$$

式中,C_i 为地块 i 的总成本;C_{oi} 为保护的机会成本;C_{mi} 为管护成本。机会成本由下式决定:

$$C_{oi} = \sum_{k=1}^{K} R_{ik} - \sum_{k=1}^{K} U_{ik} \tag{9-9}$$

式中,R_{ik} 为补偿前该地区土地利用类型 k 的总收入;U_{ik} 为该种土地利用类型 k 的总投入。对于不同类型的生态补偿,所含变量可能不同,对于退牧还草,补偿前的土地利用方式基本为放牧,收入来源为畜牧业,而退牧还草后牧民丧失了生计来源,对其造成了经济损失。

9.3.3 草地自然资源可持续利用技术

1. 退化草地恢复治理技术

开展退化草地恢复治理,对恢复自然保护地的生态系统功能具有重要意义。常用的退化草地治理方法有 4 种。①围栏封育:通过设置围栏禁止家畜放牧,促进牧草生长和提高草地生产力。②补播:对中度和重度退化高寒草地,补播适应高寒环境的多年生禾本科草种,促进退化草地生产力恢复。③施肥:根据退化草地土壤养分状况,在牧草返青后期适量施肥,达到提高草地生产力和改善草地质量的目标。④建设人工草地:在重度退化草地开展人工草地建植,为家畜提供优质饲草资源,同时缓解天然草原放牧压力。高寒草甸的退化等级、植被群落特征及其主要恢复治理技术见表 9-5。

表 9-5 高寒草甸的退化等级、植被群落特征及其主要恢复治理技术

退化等级	退化植被群落特征	主要恢复治理技术	技术优势
轻度退化	植被盖度>70%，可食牧草比例50%～75%，毒杂草生物量比例<30%，草皮层相对完好	以鼠害防治、短期围栏封育和降低放牧强度为主。通过降低草地放牧压力促进退化草地功能恢复	治理成本低、退化草地恢复效果明显
中度退化	植被盖度50%～70%，可食牧草比例30%～50%，毒杂草生物量比例>50%，草皮层破坏面积不大	以鼠害防治、灭除杂草、补播、施肥、围栏封育和降低草地放牧强度为主。通过封育+补播、封育+补播+施肥、施肥3类技术组合建立半人工草地	显著提高草地生产力和优良牧草比例
重度退化	植被盖度30%～50%，可食牧草比例15%～30%，毒杂草生物量比例60%～80%，草皮层破坏严重	坡度<7°，土壤厚度>20cm，选择适宜草种建设人工草地；坡度 7°～25°，选择适宜草种建设半人工草地；坡度>25°，采用长期封育，辅以补播和施肥	可以较大限度地恢复退化植被

资料来源：徐田伟等（2020）。

2. 天然草原适度利用技术

研究表明，长期过度放牧是天然草原退化的重要原因。周华坤等（2005）利用层次分析法对三江源区草地退化原因进行定量分析表明，长期超载过牧的贡献率达到39.35%，位居第一。草地退化后可食牧草产量下降，加剧草畜供需矛盾，不利于维持草地生态系统功能，严重影响了草地畜牧业可持续发展和草地分布区牧民生活的持续改善（徐田伟 等，2017）。草地完全禁牧也不利于维持草地生态系统功能。在一定的时间内，禁牧对中、轻度退化草地有显著的恢复作用。对重度和极度退化草地而言，除采用禁牧措施外，还须采取补播、施肥或重建等措施，禁牧时间也并非越长越好（刘岩 等，2021）。对于未退化草地不应该采取禁牧措施，天然草原适度利用可以促进草地休养生息，更有利于维持天然草原的生态系统服务功能。

在天然草原保护与合理利用方面，须重点关注退化草地的恢复治理和未退化草地的合理利用。对于退化草地恢复治理，须充分考虑草地退化等级、气候特征和地理条件，因地制宜地选择恢复治理单项技术或组合技术，促进退化草原的生产、生态功能恢复（徐田伟 等，2020）。对未退化草地而言，加强研究天然草原牧草供给与食草动物承载力的当量关系，制定并执行区域适宜的草畜平衡政策，依照适度利用原则开展天然草原的合理利用。开展草地合理利用时须注意两点：一是因地制宜地开展春季短期休牧，即在5月初至6月下旬牧草返青生长的关键期，此时放牧不利于恢复天然草原功能，同时也会导致家畜"春乏"，因此需要因地制宜地开展春季短期休牧，保障返青植被的光合作用和牧草正常生长（马玉寿 等，2017）；二是开展天然草原季节优化配置，即按照夏秋草地和冬春草地的

顺序开展季节性轮牧，春季短期休牧结束后，家畜进入夏秋草地（6月底至10月底）依照"取半留半"原则开展合理放牧。在11月至翌年4月，家畜在冬春草地进行放牧和补饲（张晓玲 等，2019）。

3. 生态草产业发展技术

我国草地自然保护地大多也是畜牧业生产区，因此其自然资源保护面临着保护与发展的平衡问题。在草地自然保护地的适宜区域，按照适度原则发展生态草产业，可以促进和提升畜牧业生产效率，加速保护地内家畜周转速率，实现以较低的资源代价生产更多优质农畜产品，同时也可为保护地内珍稀野生动物保护释放更多草地自然资源和生态空间。在自然保护地的适宜区域，适度发展草地农业是协调草地自然资源保护与区域经济发展的有效方法。

例如，在条件适宜的农牧交错区开展人工草地建植，可以显著提高优质牧草产量，为家畜营养均衡饲养提供优质饲草保障，促进种植业与养殖业的有机结合。人工草地建植技术在显著提高冷季饲草储备的同时，可以有效缓解冬春草地载畜压力。通过草地资源置换原理，建设小面积优质高产人工草地，可以为家畜生产提供丰富的饲草资源，同时可使大面积的天然草原得到保护、修复与合理利用，推动草地生态保护和生态草牧业协调发展。

为了缓解自然保护地内牧业生产区的冷季饲草匮乏，应加强系列优质草产品的加工与应用。例如，在高寒地区草产品主要有4类。①青干草捆：将收割鲜草晾晒至含水量<15%后打捆制成方形草捆。②草颗粒：将青干草经过粉碎、高温挤压制成颗粒状草产品。③草块：将青干草经过粉碎、高温压制而成小型块状草产品。④青贮：将燕麦、小黑麦或禾豆混作牧草揉碎切短后密封储存，在厌氧条件下经过微生物的发酵作用，形成青绿多汁、气味酸香的优质饲料。通过运用上述草产品加工技术，可以有效降低牧草营养损失，缓解冷季饲草营养品质差的问题。

通过发展集退化草地恢复治理-未退化草地合理利用-人工草地建植-优质草产品加工-家畜舍饲快速出栏-产业融合发展于一体的高寒地区生态草牧业，显著提升了三江源区草牧业生产效率和经营收益，加速了区域内家畜周转速率，积极推动了三江源国家公园草地与草食动物平衡和区域适应性管理。

4. 保护地区域耦合发展模式

在草地自然保护区，尤其是青藏高原草地自然保护区，为推动保护区草地生态保护和生态草牧业协调发展，须充分考虑不同功能区（如草地牧业区、农牧交错区、河谷农业区）的地理条件和资源禀赋，考虑各功能区发展特点和优势，从转变生产方式入手，通过耦合不同区域功能，形成区域耦合发展优化模式（图9-3）。

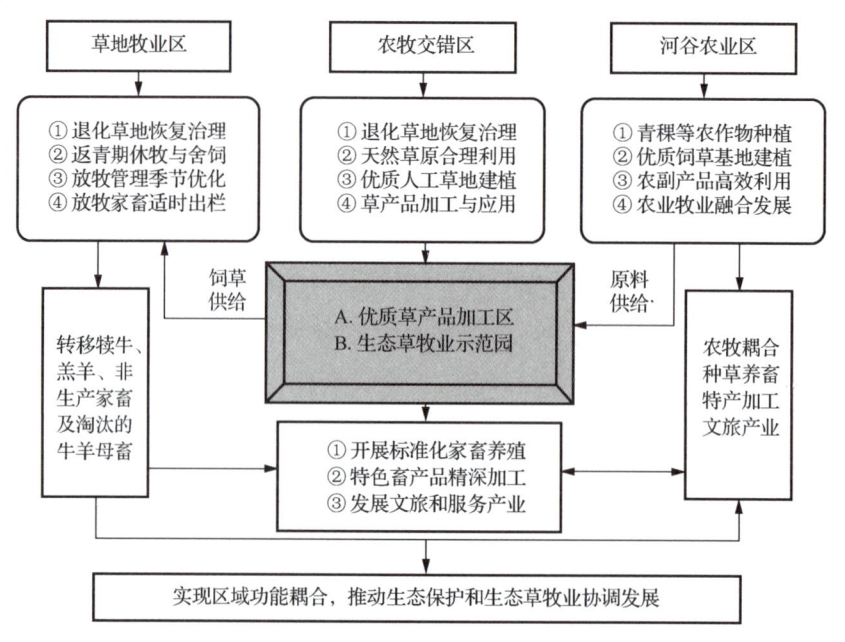

```
┌──────────────┐      ┌──────────────┐      ┌──────────────┐
│   草地牧业区   │      │   农牧交错区   │      │   河谷农业区   │
└──────┬───────┘      └──────┬───────┘      └──────┬───────┘
┌──────┴───────┐      ┌──────┴───────┐      ┌──────┴───────┐
│①退化草地恢复治理│      │①退化草地恢复治理│      │①青稞等农作物种植│
│②返青期休牧与舍饲│      │②天然草原合理利用│      │②优质饲草基地建植│
│③放牧管理季节优化│      │③优质人工草地建植│      │③农副产品高效利用│
│④放牧家畜适时出栏│      │④草产品加工与应用│      │④农业牧业融合发展│
└──────────────┘      └──────────────┘      └──────────────┘
```

图 9-3 保护地区域功能耦合发展优化模式（仿徐田伟 等，2020）

1）草地牧业区

对未退化高寒草地按照适度利用原则进行草牧业生产，制定区域适宜的草畜平衡政策，切实缓解高寒草地载畜压力。推行放牧家畜适时出栏技术，切实提高牧民经营收益。冷季来临前将非生产畜及淘汰母畜转移至农牧交错区或河谷农业区，开展冷季舍饲出栏，通过草畜资源时空优化配置的方式提高草牧业生产效率和经营收益。

2）农牧交错区

充分利用天然草原和人工草地资源，按照适度利用原则发展生态草牧业及其衍生产业。实现优质草产品加工储备、标准化舍饲养殖、特色畜产品精深加工及文旅服务产业的融合发展。在农牧交错区可以将部分饲草资源输送至草地牧业区，为放牧家畜冷季补饲和抗灾保畜提供饲草储备。

3）河谷农业区

积极推进农牧耦合发展模式，吸收草地牧业区转移的家畜资源，通过家畜冷季舍饲出栏增加经营收益，将部分饲草资源输送至农牧交错区进行草产品加工，或输送至草地牧业区保障家畜越冬。

充分发挥草地牧业区、农牧交错区和河谷农业区的自然禀赋和生态、生产功能，推动保护区内的草地生态保护与生态草牧业协调发展。

5. 草地与草食动物平衡模式

在新形势下，推动草地与食草动物平衡管理和区域内生态-生产-生活协调发展成为草地类自然保护地建设中面临的新课题。为了推动草地与食草动物平衡管理，须构建自然保护地内外耦合发展模式。

1) 自然保护地内部

以生态系统完整性和原真性为保护目标，在生态保护领域开展退化草地恢复、承载力评估、天然草原合理利用、野生动物栖息地修复等技术应用。同时开展放牧家畜适时出栏和异地舍饲出栏等技术应用，加快畜群周转速率，降低保护地内家畜存栏数量，为野生动物保护释放生态空间。

2) 保护地外围生产承接区

以生态-生产-生活协调发展为主要目标，充分发挥其生产功能。在生态保护区域，开展退化草地恢复治理、草地载畜量评估、草地功能提升、天然草原合理利用和区域可持续发展等技术应用。在生态草牧业发展区域，重点开展天然草原合理利用、优质人工草地建植、系列草产品加工应用、家畜营养均衡饲养和产业融合发展等技术和模式应用。发展生态草产业可为保护地内牧业生产区输送优质草产品，保障家畜顺利越冬和快速出栏。更重要的是吸收保护地内转移出来的家畜资源开展冷季舍饲，提升家畜生产效率和养殖收益。基于资源时空优化配置，实现草地类自然保护地的草地与食草动物平衡，促进保护地内草自然资源的保护与合理利用。

9.4 以国家公园为主体的草地自然保护地管理与实践

本节介绍了全球国家公园发展历程与特征，我国国家公园发展历程、特征与多功能目标。以三江源国家公园为例，系统论述国家公园草地自然保护实践、保护途径与成效，并对三江源国家公园适应性管理提出具体建议，以期为同类草地自然保护地的适应性管理与区域可持续发展提供可借鉴的经验。

9.4.1 国家公园发展历程及特征

1. 国家公园发展历程

工业革命以来，人类社会生产效率得到极大提高，间接引起世界人口暴发式增长。为了满足人类生活需要，人类对地球的开发在广度和深度上无止境扩张。这种暴发性增长和无止境扩张导致人与自然的关系前所未有的紧张。在这种时代背景下，世界上大多数国家于19世纪后半叶和20世纪逐步建立了国家公园。例如，以英国工业革命为时代背景，1810年英国人华兹华斯提出了国家财产（national property）概念；以美国西部大开发为时代背景，1832年美国人乔治·卡特林提出了国家公园概念。因此从全球角度来讲，国家公园这一概念的产生是工业文明发展的必然结果，而不是灵机一动的偶然事件。从世界范围来讲，国家公园的概念早于生态相关概念，其实践也早于生态运动和生态文明实践（图9-4）（杨锐，2019）。

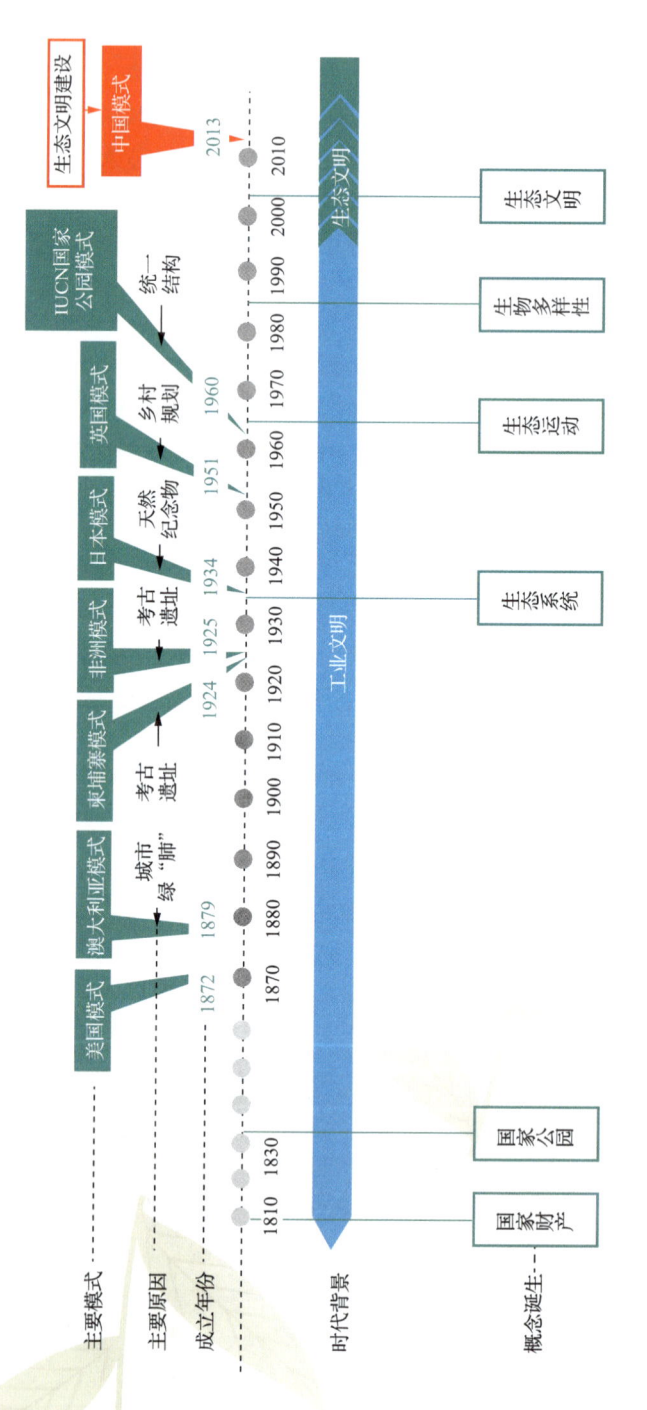

图 9-4 国家公园内涵和建设模式发展历程（仿朱里莹 等，2016；杨锐，2019）

国家公园在全球发展和实践的最初一段时间内，各国对国家公园的定义和内涵等方面的认识和理解不尽相同（钟乐和杨锐，2019）。1994 年 IUCN 将国家公园解释为大面积的自然或接近自然的系统，该系统的重要目标是保护大尺度的生态过程，以及相关物种和生态系统特征（唐芳林和王梦君，2015）。国家公园理念开始在君主制国家兴起，但发展缓慢。到了 19 世纪，工业革命高速地将大批土地从自然状态转为人类开发的区域，引起人们对迅速消失的自然资源进行保护的关注，在工业化迅速发展的国家首先产生了环境保护意识。1810 年威廉·沃德沃斯最早提出了对自然资源进行保护的思想，1832 年乔治·卡特林认为保护野牛和印第安人的有效途径是建国家公园。1872 年 3 月 1 日，经国会批准，美国建立了世界上第一个国家公园——黄石国家公园，并公布了《黄石公园法案》。受黄石国家公园的影响，美国和其他国家相继建立起多个国家公园。国家公园理念很快得到了其他国家和地区的认可，在全球迅速传播和发展。

国家公园发展历程可分为 3 个阶段：19 世纪 70 年代至 19 世纪末为英联邦国家间传播阶段，仅有加拿大、澳大利亚等几个国家建立公园；20 世纪初至 20 世纪 40 年代末为欧美发达国家的普及与向亚非拉殖民地国家传播阶段，首先在欧洲传播，随后在非洲、亚洲、南美洲及独联体等发展；从 20 世纪 50 年代开始为全球化传播阶段，国家公园在全世界迅速发展，目前全球有 75%以上的国家公园及类似的保护地是在这个阶段建立的，这时期非洲大陆的国家公园数量增长最快（叶昌东 等，2020）。在传播和发展过程中，国家公园的分布范围不断扩大，数量不断增多，增长速度也在加快；各个国家根据自身条件和需求，形成各具特色的国家公园体系和发展模式；随着时代的发展，国家公园保护的内涵和价值在不断增加，全民公益性也在不断强化（叶昌东 等，2020）。

中国的国家公园探索可以追溯至 20 世纪 30~40 年代，当时曾以庐山、太湖等成熟风景区为基础，进行了国家公园体制建设的有益实践，并编制了相应的规划文件（孙飞翔 等，2017）。1956 年我国建立了第一个自然保护地——鼎湖山自然保护区，我国自然保护地体系逐步建立和形成。1982 年建立的中国风景名胜区制度标志着我国的国家公园制度建设正式启动，并最终选定国家级风景名胜区，对外称为中国国家公园（侯鹏 等，2019）。2006 年，我国第一个国家公园发展研究所在云南成立。同年，云南迪庆藏族自治州通过地方立法建立香格里拉普达措国家公园。因地方立法机关没有权限批准设立国家公园，故而该公园并非中国第一个官方的国家公园（孙飞翔 等，2017）。此后，我国已经或正在使用国家公园概念的地区还有江西庐山、吉林拉法山、四川龙门山等，新疆、黑龙江等多地均有意将境内部分森林公园、自然保护区转为国家公园管理模式（孙飞翔 等，2017）。2017 年 9 月国家发布了《建立国家公园体制总体方案》，2019 年 6 月国家发布了《关于建立以国家公园为主体的自然保护地体系的指导意见》，从而逐步形成了以国家公园为主体、以自然保护区为基础、以各类自然公园为补充的自然保护地体系（侯鹏 等，2019）。我国自然保护地管理和研究历经多年的发展，经过长期科学研究和成果积累，国内外学者在自然保护地的内涵界定、自然保护地监测评估、自然保护地治理体系、自然保护地文化等方面取得了丰硕的理论研究成果和管理经验（侯鹏 等，2019；唐芳林，2014，2019；李亚娟 等，2017）。

2. 国家公园特征

国家公园是指主要用于生态系统保护及游憩活动的天然陆地或海洋，其目的是为当代和后代保护一个或多个生态系统的完整性，排除任何形式的有损于该保护地管理目的的开发和占有行为，为民众提供精神、科学、教育、娱乐和游览的基地（唐芳林，2014）。在意义方面，国家公园主要是为了公众利益和国家利益；在资源方面，其内容包括自然资源、文化资源和历史资源；在保护方面，在强调对各类资源环境进行保护的同时，还重点关注生态系统、生物多样性等生态学意义上的保护，并且确定国家公园保持自然状态及永久性保护的地位；在利用方面，除了针对休闲、科研、教育、保健等功能的描述外，也注重"静态使用""旅游""与保育主要目的不发生冲突"的"可持续发展"等利用方式（朱里莹 等，2016）。

依据国家公园保护对象的重要程度和可利用性，将国家公园土地划分为具有不同性质和功能的区域。通过控制土地利用形式实现区域内生态系统完整性和生物多样性保护，缓解土地使用者和利益相关者之间的矛盾，为自然资源与环境的保护和多维利用提供制度保障（兰伟 等，2018）。国家公园的管理目标是实现资源有效保护与合理利用，兼具保护、科研、教育、游憩和社区发展五大功能（唐芳林，2014；赵亮 等，2020）。典型的国家公园组织结构模式分为等级、规则和理性特征下的科层集权模式，专业化管理与权力下移特征下的扁平分权模式和多主体共治特征下的协同均权模式3种（张海霞和钟林生，2017）。

我国的情况与其他国家有所不同。2013年十八届三中全会提出建立国家公园体制时，我国正处于工业文明叠加生态文明、工业化叠加信息化发展的特殊历史时期，同时生态学已经成为可以指导自然和生态保护实践的知识体系（图9-4）。我国是世界上第一个，目前也是唯一一个将生态文明作为国家战略系统部署和落实的国家；我国还是世界上信息化发展最迅速的国家之一；同时中国也是各种生态保护和修复实践规模最大、类型最丰富的国家之一。我国国家公园体制建设在起步阶段，具有起点高和后发优势明显的特征，理应站在国家生态文明战略高度，吸收借鉴其他国家100余年国家公园建设的经验教训，运用生态学和信息技术最新成果，建立科学实用的中国国家公园体系和体制。我国国家公园体制建设的基本目标是生态保护第一，并不存在并列第一的目标。国家公园实行最严格的保护，更强调对生态的保护，而不是相对广泛的对自然、文化和风景资源的保护。

3. 我国国家公园建设的多功能目标

建立国家公园旨在解决现有自然保护地管理过程中出现的交叉重叠和多头管理等突出问题，逐步推进区域生态保护与资源开发利用的协调（侯鹏 等，2019）。《建立国家公园体制总体方案》要求，以加强自然生态系统原真性、完整性保护为基础，以实现国家所有、全民共享、世代传承为目标，理顺管理体制，创新运营机制，健全法律保障，强化监督管理，构建以国家公园为代表的自然保护地体系。国家公园以保护具有国家代表性的大面积自然生态系统为主要目的，兼有科研、教育、游憩等功能，承载服务美丽中国建设、服务生态文明建设和服务人民的责任（唐芳林，2019）。简言之，我国国家公园建设具有多重功能目标，主要功能是维持和保护生态系统原真性和完整性，辅助功能包括科学研究、生态体验、环境教育、游憩展示等。此外，还包括区域发展功能：适度开展资源非消耗性利用，非损伤性获取利益（不排斥生产）（赵亮 等，2020）。国家公园在管理过程中，可以较好地处理保护与开发之间的关系，在保护生态环境的前提下有效推进了资源可持续利用（侯鹏 等，2019；兰伟 等，2018）。

9.4.2 三江源国家公园草地自然保护的实践

如上所述，国家公园是保护区的一种类型，主要目的是自然生态系统保护。结合国家公园体制试点指导思想和基本原则，青海省委、省政府编制完成《中国三江源国家公园体制试点总体方案》。2015 年 12 月 9 日，中央全面深化改革领导小组审议通过了《三江源国家公园体制试点方案》（以下简称《方案》）。《方案》要求通过体制试点把三江源国家公园建成青藏高原生态保护修复示范区、三江源共建共享、人与自然和谐共生的先行区，青藏高原大自然保护展示和生态文化传承区。根据以上定位提出了突出并有效保护生态、探索人与自然和谐发展的模式、创新生态保护管理体制机制、建立资金保障长效机制和有序扩大社会参与 5 项主要任务。下面以三江源国家公园建设为例，论述以国家公园为主体的自然保护实践过程与途径。

1. 三江源国家公园概况

三江源国家公园位于青海省南部，由长江源、黄河源、澜沧江源 3 个园区组成，即"一园三区"，涉及治多、曲麻莱、玛多、杂多 4 县和可可西里自然保护区管辖区域，共 12 个乡镇 53 个行政村，总面积为 12.31 万 km^2。三江源国家级自然保护区分为扎陵湖-鄂陵湖、星星海、索加-曲麻河、果宗木查和昂赛 5 个保护分区和可可西里国家级自然保护区。三江源国家公园将每个园区进一步分为核心保育区和一般管控区。其中，核心保育区是维护自然生态系统功能，实行更加严格保护的基本生态空间，限制人类活动；一般管控区是核心保育区外生态保护和修复的重点区域，是当地牧民的传统生活和生产空间，是国家公园与区外的缓冲和承接转移地带。目前，三江源国家公园冰川冻土融化加剧，湖区面积增加，存在潜在的风险；植被生产力增长的速率在缓慢降低，无人区好于家畜与野生动物活动重叠区，放牧压力为1.20，放牧仍然是草地管理的主要问题（赵亮 等，2020）。

2. 三江源国家公园的草地自然保护举措

1）管理体制改革，优化重组各类保护地

国家公园建设工作就是打破"九龙治水"的制约，解决自然资源执法监管碎片化弊端，实现自然保护地统一管理。青海省组建省、州、县、乡、村5级综合管理实体，实现生态全要素保护和一体化管理。对3个园区所涉4县进行大部门制改革，精简县政府组成部门，形成了园区管委会与县政府合理分工、有序合作的良好格局。按照山水林草湖一体化管理保护的原则，对三江源国家公园范围内的自然保护区、重要湿地、重要饮用水源地保护区、自然遗产地等进行功能重组、优化组合，实行集中统一管理，增强园区各功能分区之间的整体性、联通性、协调性。编制发布《三江源国家公园总体规划》，以及三江源国家公园生态保护、管理、社区发展与基础设施5个专项规划，建立牧民参与共建机制，实施生态管护公益岗位机制，全面实现了园区"一户一岗"。发展生态畜牧业专业合作社，使草地承包经营逐步向特许经营转变。统筹各类社会资源，建立国家公园研究机构，强化三江源国家公园科研和技术水平。

2）价值实现创新，促进生态价值转换

三江源国家公园生态价值包括清新的空气、清洁的水源等人类的必需品，也包括生态农产品、中药材开发衍生的系列产品，蕴含着人类社会内部供给与消费等不同主体间的利益关系，是提升保护价值的重要载体。在应用基础研究方面，深入揭示三江源国家公园生物多样性维持和演变机制、区域生态格局时空演变规律、气候变化适应机制等重大科学问题，显著提升对生态系统演变机制、生态演替机理和生态安全格局及气候变化影响等关键科学问题的认知能力；在技术研发方面，发展面向典型功能区域退化生态恢复和区域问题的生态综合治理技术，重点研发群落配置与多样性优化、生态系统服务提升、生物多样性保护与维持、气候变化生态适应与调控等关键共性技术，研发区域、流域大尺度生态修复与生态调控技术，大幅提升三江源国家公园退化生态系统的生态修复技术水平；在科学管理方面，开展区域生态承载力评估，突破生态监测、评估与预警技术瓶颈，构建三江源国家公园生态监测网络体系，启动实施对生态安全格局动态变化的跟踪监测，加强生态安全调控和管理技术的研发。在这些科学研究基础上瓶颈，提出了不同区域、不同类型生态产品价值的实现路径，构建了与生态产品价值实现相适应的制度政策体系。针对物质产品、调节服务、文化服务 3 类生态产品，实现价值路径如下。物质产品重点围绕提升生态附加值，延长产业链，加强品牌建设和认证等设计路径；调节服务重点围绕拓宽生态补偿范围，提高标准，以及挖掘高原气候溢价、洁净水汽溢价等设计路径；文化服务重点围绕生态旅游和体验提档升级及加强挖掘传统文化价值两方面设计路径。

3）制定生态补偿方案，稳定提高牧民生活水平

在公园内实行一户一位生态守护岗位的基础上，针对三江源国家公园实际自然禀赋条件和社会经济发展状况，在空间化生态补偿机会成本的基础上，设计了三江源国家公园有蹄类野生动物与家畜平衡管理的补偿机制，构建了以"谁保护、谁受益、获补偿""权利与责任对等""生态优先，兼顾精准助农"为原则的三江源国家公园退牧还草生态补偿机制。补偿标准以机会成本+管护成本为准，即以弥补牧民因退牧还草缩减家畜而损失的直接经济价值为下限，以直接经济价值损失+管护员工资为上限。综合考虑受补偿地区的自然资源禀赋和社会经济发展状况，同时以不降低牧户现有生活水平、引导新兴替代生计为目标，最终划定补偿面积为 38 222.88 km^2，补偿总金额为 34 560.92 万元。此生态补偿标准实现了在公平基础上的差异化补偿，具备一定的科学性。

4）树立全域共建理念，推动自然保护地体系科学保护的新格局

自然保护地体系科学保护是实现保护与可持续发展的关键。通过国家公园建设，建立自然保护地管理机构与地方政府积极协作、合理分工、明确权责、密切配合的协作关系，制定和完善监测指标体系和技术体系，搭建以国家公园为主体的自然保护地体系自然资源基础数据及统计分析平台，充分保障社会公众的知情权、监督权，接受全社会的监督，使国家公园建设更透明、更开放、更科学。

9.4.3 三江源国家公园的草地自然保护途径

三江源国家公园草地多重管理目标实现途径就是平衡在相关区域各项功能之间的关系。基于三江源国家公园草地管理中存在的问题和设定的三大功能，依据多层次多目标的适应性管理原理，三江源国家公园草地多重管理总体目标聚焦于以生态功能为优先的多重目标管理，关注生态、生产和生活功能在三江源 3 个分区中有序发展，明确主次；根据山水林田湖草发展理念和生态文明建设的总体要求，明确在三大功能有序发展过程中的问题、变化和需求，考虑怎样将三大功能融合在生态保护和高质量发展中；以问题为导向，制定解决问题的方案和生态保护与高质量发展行动计划（赵亮 等，2020）。在实施行动计划过程中，充分考虑环境变化和人类活动产生的草地生态压力，监测和分析草地生态反应，结合设定目标

进行动态管理，建立预测模型，进行目标评估。管理者和决策者依据评估结果，完善、更新或重新设计研究方案和实施计划（表9-6）。

表9-6　三江源国家公园各区的主要目标任务、关注点和实施措施

三江源国家公园分区	主要目标任务	关注点	实施措施
核心保育区	以草地生态保护、监测和研究为主要任务，主要体现生态功能	生物多样性 支撑服务功能	科学研究 生态监测
一般管控区	以草地生态保护、监测、治理、示范为主要任务，主要体现生态功能和生产功能	生产力 生态承载力 生态系统演变 栖息结构 支撑服务功能 生态安全	科学研究 生态监测 野生动物栖息地退化恢复 生态补偿 天然草地合理利用 退化草地恢复治理 生态保护型生态畜牧业
外围支撑区	以草地生态保护、发展草牧业和衍生产业、支撑草牧业区为主要任务，主要体现生态功能、生产功能和生活功能	生物多样性 生产力 生态系统演变 资源配置 草牧业 休闲旅游 科普教育	科学研究 生态监测 天然草地合理利用 退化草地恢复治理 以地养地模式 资源利用率的倍增模式 324加速家畜出栏模式 资源循环利用型生态畜牧业 有机健康养殖型生态畜牧业 生态补偿

针对草地生态系统时空尺度变化存在不同程度的不确定性（赵亮 等，2014；许茜 等，2017），首先，需要明确生物多样性维持机制、生态系统功能演变机理、生态保护与可持续管理技术、生态适应性综合管理与调控模式和体制机制及政策咨询等三江源草地生态系统的问题、变化和需求。

其次，实施基于自然的解决方案，面向典型功能区的生态恢复和区域生态综合治理措施，根据不同区域、不同功能及不同退化程度确定人类干预的程度，选择不同的自然的解决模式，包括再野化、康复、重建、复垦和替代5种模式。重点开展人工草地多样性优化、生态系统服务提升、生物多样性保护与维持、气候变化背景下的生态适应与调控（许茜 等，2017；刘哲 等，2015），以及流域大尺度生态修复与生态调控等保护和发展计划，提升三江源退化生态系统的生态修复技术水平和促进可持续发展。在草地饲草资源量、野生草食动物数量和需求、家畜需求量、季节性变化及季节性差异等参数的基础上，各分区实现相应的目标任务（表9-6）。推行畜群优化管理，改变传统的畜牧业经营方式，饲养方式由自然放牧向舍饲半舍饲转变，推行标准化的集约舍饲畜牧业。实行返青期休牧和暖牧冷饲两段式养殖新模式（赵亮 等，2020；Zhao et al.，2018），加强良种培育和

良种改良。促进饲草资源和家畜资源在区域空间上的转移和流动,提高草地自然资源的利用效率（Zhao et al., 2018）。通过区域耦合优化资源空间配置来解决草地和草食动物矛盾及季节不平衡问题,保护草原生态环境。

最后,建立多途径、多手段的监测和数据融合技术,生态评估与风险预警模型、生态环境监测、信息传输、预警服务、监测基地技术保障、评价服务方法、标准和规范,生态质量动态变化数据共享平台和生态预警系统等监测评价体系(赵亮 等,2020)。

9.4.4 三江源国家公园自然保护成效及建议

1. 三江源国家公园自然保护成效

1）植被生产力、质量变化与草地自然资源合理利用

遥感监测及地面验证的数据表明如下几点。①植被生产力及质量变好,趋于稳定。三江源生态保护和建设工程实施后 8 年（2005~2012 年）比工程实施前 17 年（1988~2004 年）的平均地上生物量提高了 30.31%。2000~2018 年三江源国家公园草地上生物量持续上升,在 2012 年之后趋于稳定或略有下降。②减畜工程产生了积极影响。三江源全区载畜压力明显减轻,2003~2012 年平均载畜压力指数比 1988~2002 年平均载畜压力指数下降了 36.1%。减畜工程对减轻草地载畜压力、区域可持续发展和应对气候变化产生了积极的影响。③新技术的应用推动了草地自然资源持续利用。通过天然草地返青期休牧、草地放牧管理季节优化、不同退化程度草地恢复治理等技术的应用,可有效遏制退化草地蔓延,园区整体变绿、变好。

2）生物多样性现状及变化趋势

在政府严格有效的保护措施和广大牧民共同参与下,藏羚羊、雪豹的种群恢复得到了权威机构认可。国家公园内藏羚羊、藏原羚、藏野驴、野牦牛和白唇鹿的数量分别约为 6 万头（只）、6 万头（只）、3.6 万头（只）、1 万头（只）和 1 万头（只）。2016 年 IUCN 红色名录中藏羚羊的濒危级别从濒危降为近危,2017 年 IUCN 红色名录将雪豹从濒危降为易危。卫星遥感监测大型野生动物种群数量的方法实现突破,为全区域、无死角监测野生动物奠定基础。监测到国家公园核心保育区内（2.3 万 km^2）藏羚羊、藏原羚羊和藏野驴数量分别为 3.7 万头（只）、3.4 万头（只）和 1.7 万头（只）,均高于人工监测的种群密度。

2. 三江源国家公园自然保护的建议

1）加快三江源国家公园内牧业生产区家畜周转效率

在野生动物种群数量逐步恢复的背景下,野生动物保护需要更多且有效的草地自然资源和生态空间。建议在国家公园内牧业生产区积极推行暖季末期适时出

栏技术,及时出栏符合市场需求标准的放牧家畜,提高农牧民的畜牧业经营收益。入冬前将适当规模家畜(大龄畜、淘汰母畜和非生产畜等)转移(出售)至外围支撑区,通过冷季营养均衡饲养的方式提高家畜生产效率和出栏率,降低国家公园内放牧家畜存栏数量,切实为野生食草动物保护释放草地自然资源和生态空间。

2)构建三江源国家公园外围支撑区生态草牧业发展模式

合理利用三江源国家公园外围支撑区(生产承接区)特别是农牧交错区的自然禀赋和资源特征,科学配置草地生产功能和生态功能。因地制宜地发展生态草牧业,吸收国家公园内转移的家畜资源,提高家畜生产效率和农牧民经营收益。推动草产业、养殖业、农畜产品加工、文化旅游及服务等产业融合发展,将国家公园外围支撑区打造成为生态-生产-生活协调发展示范区。

3)实施三江源国家公园家畜与野生食草动物平衡示范工程

在国家公园内实施严格措施保护其生态系统的完整性和原真性,将其生产功能转移至外围支撑区。按照国家公园内理论载畜量0.58个羊单位/hm^{2}为牧压上限,将超载(或更多的)家畜转移至外围支撑区,实现国家公园内草地自然资源合理利用和野生动物保护,促进生态系统原真性和完整性恢复。在外围支撑区(如海南藏族自治州贵南县和贵德县、玉树藏族自治州巴塘地区、果洛藏族自治州大武地区、海西蒙古族藏族自治州乌兰县等)开展优质人工草地建设,吸收国家公园内家畜资源,促进草产业和养殖业融合发展。实现在小面积的外围支撑区发挥生产功能,促进三江源国家公园草地合理利用和野生动物保护。

在三江源国家公园环境质量、生态功能和野生动物数量逐步恢复的背景下,通过转变畜牧业经营方式,加快园区内家畜周转速率,降低园区内家畜存栏数量,为野生食草动物保护释放生态空间,将为草地类国家公园适应性管理做出贡献。

第 10 章

草原旅游的原理与技术模式*

草原旅游是以草原生态系统为旅游对象的生态旅游产品,是依托草原生态系统及与其和谐相生的人文资源开展的旅游活动,具备了生态旅游的内涵和特点。草原旅游既是发挥草原景观美学价值产生经济效益的一项开发性活动,也是多途径、多方式开发利用草原的新兴产业。在人与自然和谐共生的时代背景下,草原旅游是产业与环境互利的双赢产业,是少数民族地区资源开发、减轻经济发展对自然环境压力、克服生态脆弱劣势和有效利用资源的最佳选择。

10.1 引 言

在我国分布广泛、类型多样的天然草原上,种类丰富的植物、动物等生物与自然环境组成了复杂的草原生态系统,不仅具有生物生产的功能,满足人类利用和发展的需求,而且草原生态系统也是草原旅游开发的资源基础(乔光华和王海春,2004)。根据草原植被类型,不同景区具有不同的草原景观和植被组成,最适宜的旅游季节也各不相同(吕君和刘丽梅,2006)。由东北松嫩草原到西北青藏高原,分布着各具特色的天然草原,蕴含着不同民族的深厚历史和文化,为草原旅游的综合开发和利用提供了丰富的资源条件和文化基础。

草原作为陆地上最大的植物生态系统,植物、动物及人类的生产、生活都在其历史的演进过程中相互作用。不同类型的草原上,牧民的生产、生活方式也各具特色,为人类提供文化、美学和娱乐服务。草原文化集草原民俗文化、宗教文化、历史文化于一体,以其各具特色的民族风情形成独有的旅游产品,不仅成为现代旅游业的新增长点,也成为旅游开发的重要资源。同时,草原旅游活动还是一种全民环境教育,通过体现人与环境关系的草原旅游,可以感受人与自然环境的一体化,对于引导正确的旅游观念、协调人与自然的关系具有极其重要的作用。

---

* 本章作者:毛培胜

10.1.1 草原旅游的发展与现状

草原旅游是一种复合型的旅游活动，是以草原生态系统为依托，以草原文化为核心，以旅游者为主体，以草原景观、草原人文历史遗迹、草原游牧生产、生活方式及相关接待设施为客体的多层次游憩活动（张岩，2003）。草原是众多旅游者向往的目的地，随着城市化进程的加快和回归自然旅游热的升温，自1990年以来草原旅游业得到迅速发展。许多省（区、市）都开发草原旅游，建成一定规模的草原旅游景区，主要有内蒙古、西藏、青海、新疆、甘肃、四川西北、宁夏、河北坝上和北京等草原旅游区。

有关草原旅游方面的研究自20世纪90年代大量出现，进入21世纪草原旅游研究快速增加。有关内蒙古、河北、新疆、甘肃等省（区）草原旅游资源、草原旅游资源开发、草原旅游开发评价、草原旅游开发模式、草原旅游产品、草原旅游功能分区、草原旅游对生态和经济的影响等内容成为研究的重点，其中内蒙古、新疆、河北坝上地区是备受关注的热点区域（刘志军和张新华，2015）。

1. 山地草原旅游发展

在山地草原旅游开发中，较为典型的是新疆天山和青海祁连山草原的旅游开发。新疆天山作为世界著名自然遗产和全球温带干旱区最大的山系，在景观美学、生态学、生物多样性等方面都具有世界顶级品质和全球特有的价值，由错落有致的森林草原、层次分明的复合草原植被景观形成生态适宜、自然风光迷人的草原风貌。依托天山的独特景观价值及其影响力，开发山地草原生态旅游发展模式，具有保护草原生态、传承交流民族文化、促进牧民增收、带动地区经济发展的多重功效。地处天山腹地的那拉提草原、东天山北坡草原与天山景观交相辉映、浑然一体，为当地发展草原生态旅游提供了绝好的自然生态景观条件（张彦虎和李万明，2014）。

除天山之外，祁连山草原也是山地草原旅游的热点地区。祁连山草原跟随大山绵延在青海和甘肃的边界上。甘肃山丹军马场有着2000年的悠久历史。青海海北藏族自治州政府投入大量经费建设了祁连卓尔山和沙岛等精品旅游区（韩琼，2013）。祁连山草原由于地形和海拔的特点，形成了四季分明的气候条件，孕育了丰富的草原植物资源，吸引了大量草原旅游探险者。夏天是祁连山草原的旅游旺季，草原上气候凉爽，绿草萋萋，开满了各色野花。金秋时节，祁连山顶覆盖着白雪，天空湛蓝清澈，绿色的草原上星星点点地散落着牛羊。

2. 农牧交错带草原旅游发展

农牧交错带是我国农业种植区与草原畜牧区相连接的生态过渡带，在我国经济、社会发展和环境保护方面具有重要的战略地位。在此区域内受环境条件和经济发展制约，草原放牧和农耕生产混杂其中，旅游景观丰富，同时距离各大城市相对较近，成为城市居民度假、消夏休闲旅游的主要目的地。其中，华北农牧交错带是整个内蒙古高原距华北平原人口密集、经济发达地区最近的区域，面向北京、天津、唐山、承德、张家口等大中城市，最具草原旅游发展潜力。

受都市经济发展和居民休闲需求的影响，河北坝上地区草原休闲旅游蓬勃发展，是农牧交错带草原旅游的典型代表。河北坝上地区泛指张家口以北 100km 到承德以北 100km 的地区，草原总面积约 350km^2，是绿色健康休闲旅游胜地。承德坝上地区的大滩草原是距首都最近的天然草原，素有"京北第一草原"之美誉。木兰围场作为历史上的皇家猎苑，不仅具有茫茫林海，而且有一碧万顷的辽阔草原。河北坝上地区是草原游牧民族进入中原的走廊、北方民族融合的地方、北方贸易的重要通道。丰宁县大滩草原、张北县草原天路成为各地游客慕名探寻的草原景观（赵雪，1994；李春和 等，2015）。

3. 牧区草原旅游发展

牧区草原已经成为内蒙古、新疆等地草原旅游业的主体资源和优势资源，以草原民族风情、观光体验为特点，草原景观及以其为载体的草原文化在各省（区）旅游资源中占有重要地位。牧区草原类型变化多样，植物种类丰富。温性草甸草原集中分布在草原向森林的过渡地区，在牧区松嫩草原、呼伦贝尔草原、科尔沁草原、锡林郭勒草原及新疆的阿勒泰和伊犁等地均有分布。从内蒙古呼伦贝尔西部至锡林郭勒的大部分地区，相连的阴山北麓察哈尔丘陵，大兴安岭南部低山丘陵至西辽河平原是温性草原类的分布区。以大针茅、克氏针茅（*S. krylovii*）等丛生禾草及羊草等根茎性禾草为优势种组成的温性草原居主体地位，不仅是放牧利用的主要草地，而且是草原游牧生产和草原文化最浓郁的地方。温性荒漠草原分布在内蒙古中西部、宁夏北部、甘肃中部、新疆全境山地及西藏南部山地的部分地段，草原外貌呈现低矮、稀疏、季相单调的特征，既有草原景色，又有大漠风光。自 20 世纪 80 年代起就成为草原旅游开发的重点。时至今日，牧区草原旅游已经成为内蒙古、新疆旅游事业发展的亮点，也成为地方旅游发展的重要途径。在传统草原观光、休闲旅游的基础上，经过旅游产品设计开发、旅游资源深度挖掘，逐渐转向以草原文化、草原风情体验、草原探险自驾游等形式为主的内涵式发展。

内蒙古草原从东向西分布着温性草甸草原、**温性草原**、温性荒漠草原和温性草原化荒漠等类型，分布于呼伦贝尔、通辽、**锡林郭勒**、乌兰察布、鄂尔多斯和阿拉善等地区。草原广袤，具有特色鲜明的民族与历史文化积淀。内蒙古草原旅游兴起于 20 世纪 80 年代，形成了以草原民族风情旅游为主的品牌，其中以呼伦贝尔草原、乌兰布统草原、锡林郭勒草原、格根塔拉草原、希拉穆仁草原旅游最为突出。依托内蒙古辽阔的草原和丰富的文化内涵，建设了呼伦贝尔草原旅游区、科尔沁草原旅游区、锡林郭勒草原旅游区、乌兰察布草原旅游区和鄂尔多斯草原旅游区（马林，2004）。

新疆特殊的山地-绿洲-荒漠系统地理格局使新疆草原植被不仅受水平地带性水热因素的影响，而且还受垂直地带性水热因素的影响（郑伟和朱进忠，2010），形成了特色鲜明、类型多样的旅游资源，也是古代丝绸之路必经之地和西域文明的发祥地。新疆草原文化历史悠久，具备发展旅游业的先天资源优势。依托草甸-森林-荒漠等自然景观及哈萨克、蒙古、柯尔克孜族等草原文化风情进行的草原旅游开发成为热点。新疆草原面积约占我国草原面积的25%，以天山中部的巴音布鲁克草原、伊犁河谷草原和阿勒泰地区的卡拉麦里山草原、喀纳斯草原最为著名（方忆，2013）。在伊犁河谷草原，主要有那拉提草原、昭苏草原、唐布拉草原、喀拉峻草原、托乎拉苏草原、库尔德宁、果子沟等重要水源涵养地和风景名胜区（李静和宋传胜，2013）。

4. 高寒草原旅游发展

青藏高原地区包括甘肃西南部、四川西部、青海与西藏等，是我国最大的生态脆弱区。草原面积占青藏高原总土地面积的50.9%，草原旅游在青藏高原地区旅游体系中占据重要地位。

在我国西部地区，受青藏高原、高山海拔升高的影响，年均温在0℃以下，日照充足，太阳辐射强，大面积分布着以矮草草群占优势的不同类型草原，形成了高原特色的草原景观。在青藏高原东部和东南缘及帕米尔高原、祁连山、阿尔泰山、天山、昆仑山等西部大山的高山带，海拔3000m以上分布着高寒草甸，由薹草属、嵩草属和一些小丛禾草、小杂类草植物组成，草层低矮，但因降水充沛，其生长密集，覆盖度大。在西藏、青海和甘肃境内海拔4000～4500m高原面上和山体中上部气候寒冷，较干旱，主要分布高寒草甸草原，以薹草属和嵩草属植物为主。高寒草原集中分布在青藏高原的中西部，即羌塘高原、青南高原西部、藏南高原。草群主要以针茅属、羊茅属等植物为优势种。高寒荒漠草原植物组成极为简单，生境严酷，地处边远，大部分未开发利用。分布在海拔较高的高原和高山上的各种类型草原占全国草地总面积的30.7%，在高原气候条件下植物普遍低矮、植被稀疏，神奇多变的景观和雄浑壮美的神秘草原成为草原观光和探险的旅游场所。青藏高原是世界上特有的高寒草原资源分布区，与高海拔、强光照、寒冷气候相适应形成了大量珍稀动植物资源，并且气候恶劣，不适宜人类长期居住，有大面积的无人区，栖息着大量国家保护动物，辽阔迷人的神秘草原成为观光和探险的胜地。

随着社会经济的发展，青藏高原地区旅游业得到快速发展，在区域经济中的作用越来越重要。青藏高原得天独厚的自然条件、雄浑壮丽的自然景观、异彩纷呈的人文景观、异彩纷呈的民俗风情，使青藏高原旅游资源具有大容量、多样性、垄断性、独特性的总体特征，吸引了大量游客体验草原观光旅游、科考、探险，也是摄影爱好者瞩目的地方（孙琨 等，2013）。经过多年的旅游发展，休闲度假、游览观光、文化体验和草原探险等成为草原旅游的主要活动方式。

10.1.2 草原旅游发展存在的主要问题

我国北方草原旅游发展区域大部分处于典型的生态环境脆弱带上，对人为活动的干扰非常敏感。开发草原旅游资源后，在利用草原资源上忽视生态规律，重利用、轻保护、毁草开荒、过牧滥牧、过度和盲目开发建设等，导致草原退化严重，动植物资源遭到严重破坏。野花采摘、人畜践踏、主要的旅游活动都在草原上进行，而旅游旺季与植物生长旺季在时间上的重叠，又使草原保护的压力加倍。

1. 草原旅游资源不合理开发，破坏草原生态环境

随着草原旅游作为牧区旅游业主体形象的确立，对草原旅游资源开发的重视程度不断加大。在草原旅游景区（点）建设过程中，只注重把旅游资源作为草原旅游产品重要构成要素进行深入的开发利用，未考虑草原旅游资源开发利用的适度性、有限性，导致草原旅游资源的过度开发、不当开发、保护乏力，甚至破坏草原生态环境。例如，草原旅游景区大量集中兴建餐饮、娱乐等旅游服务设施；新开发的草原旅游景区围绕一处草原景观多处设点开发，呈现遍地开花之势，致使大部分开发建设的草原旅游景区（点）出现了游人践踏、设施建设造成的土壤裸露、板结，进一步加剧草原的退化；还有生活污水、固体垃圾等引起的地表水污染、视觉污染等问题日益严重，均使草原生态环境受到不同程度破坏（刘俊清，2010）。

2. 草原旅游产品单一，组合开发水平低

在各地草原旅游业发展中，开发者或牧民只能提供草原观光休闲、民族饮食等旅游项目。游客在草原旅游景区主要进行景观观赏、吃手把肉、骑马等自然与民俗文化体验。存在旅游产品较少、内容单一、缺乏特色、同质化现象严重等问题，产品类型仍然停留在以观光为主的低层次阶段（毛培胜 等，2016a）。

在草原旅游产品组合开发过程中，没有分级、分类，忽略了市场需求和区域草原旅游资源开发的整体性，致使草原旅游产品组合开发处于低水平状态。内蒙古自治区草原旅游资源整合与产品组合开发，在很大程度上局限在各盟、市、旗（县）行政区域内进行，产品单一状况仍未改变。骑马、吃手把肉、祭敖包、看表演是各个草原的普遍活动，而且这些活动一般都能在一天之内完成。产品的同一

性导致游客在景区的逗留时间缩短，重游率降低（刘洁，2017）。青藏高原地区的旅游产品开发投入不足，旅游产品主要以观光型、宗教性和民俗性为主，结构单一，同时产品的开发深度也不够，没有发挥出资源优势（马多尚和卿雪华，2012）。

3. 草原旅游项目缺乏整体的文化创意规划

我国草原旅游自20世纪80年代开始兴起，对草原资源的开发和利用处于粗放型的探索阶段。对草原旅游热衷于建设开发，缺乏科学、系统性的规划，人文与生态结合的资源开发意识不足，严重影响了草原旅游资源的整体开发步伐和预期经济收益。

内蒙古草原旅游产品没有将独特又丰富的资源完全利用起来，旅游项目多为游览观光，新开发的旅游景点没有创新和进行设计上的优化，而且新开发的旅游景点与老旅游区相比没有明显差别，旅游项目缺乏草原文化创意，无法给游客新鲜感，难以形成良好的口碑效应（崔保健，2019；梅英，2021）。青藏高原地区许多景区开发缺乏统一的规划与管理，目前仍停留在"立一根木桩，搭一个山门"在即成景区（点）的简单层面上，旅游景区的开发基本处于自发状态，乱开发、乱建设、乱用地的现象普遍（马多尚和卿雪华，2012）。同样，在新疆草原旅游业发展中，缺乏科学、系统和长远的发展规划，对得天独厚的草原旅游资源开发力度不足，层次低，缺乏文化气息，民族文化特色不突出，草原旅游产品同质化、表象化问题严重（方忆，2013）。

4. 草原旅游受季节变化影响，淡旺季明显

西藏、新疆、内蒙古、青海、四川、甘肃等省（区）的草原多属于高寒、温性草原，冬季寒冷干燥，夏季凉爽舒适，昼夜温差大，季节性明显。夏季是旅游的旺季，为旅游者避暑和放松身心提供了良好的条件，却使草原旅游面临旅游接待设施和人力资源短缺的限制，而在冬春淡季处于大量旅游设施闲置的状况，造成人力和物力资源的浪费，这已成为草原旅游产品开发的重要制约因素（赵红霞 等，2014）。

青藏高原旅游业由于受客观自然环境和特殊高原气候的影响，形成冬夏两季明显的淡旺季之分，导致部分旅游景点和旅游项目季节性过剩，难以均衡发展。旺季在7~8月，淡季在10月至翌年3月。青藏高原地区漫长寒冷的冬季使旅游时间过短，限制了草原旅游业的发展。同时季节性旅游使基础设施、服务设施利用率不高，投入多了，淡季闲置浪费严重；投入少了，旺季无法满足需求。所以，平衡草原旅游的季节性差异，是发展青藏草原生态旅游必须要面对的问题（马多尚和卿雪华，2012）。内蒙古草原旅游也呈现出明显的季节性，旅游旺季集中在7~

9月，淡季在10月中旬到翌年4月。旺季的游客量占全年到访游客数量的一半，在淡季（冬季）时交通工具和设施的便捷性、安全性和保暖性等成为巨大问题，因此，草原季节性变化制约了内蒙古草原生态旅游的可持续发展（周永振和王羽，2012）。

10.2 草原旅游资源开发的特点与原理

10.2.1 我国草原旅游资源开发的特点

我国草原类型多样，分布广泛，从东北松嫩草原起，呈带状向西南延伸，经内蒙古高原、黄土高原达青藏高原的南缘，绵延4500余km，集中分布在东北平原、内蒙古高原、黄土高原、青藏高原及新疆地区。我国草原在从东向西的分布中，受到大兴安岭、燕山、天山等山脉、丘陵影响，形成山地、丘陵、盆地等丰富的草原地貌。各具特色的地貌特征，加之丰富多样的草原类型和广袤多变的草原风光为草原旅游业的发展提供了得天独厚的自然优势，成为吸引旅游的资源、发展草原旅游业的重要条件和旅游开发的热点。相应地，依托天山、祁连山、云雾山等发展山地草原观光游，依托青藏高原发展高寒草原观光和民族风情的特色旅游，依托农牧交错带草原发展休闲度假游，依托平原丘陵牧区草原发展草原休闲和民族风情体验旅游，发挥草原资源的优势和特色，在不同的草原地貌条件下形成不同的旅游发展模式。

草原旅游是由草原、旅游企业、当地居民、旅游者等组成的一个复杂系统，各要素间相互依赖、相互作用，推动整个系统动态演化发展，同时也影响着草原旅游的可持续发展（王汉祥和赵海东，2015）。随着草原旅游热度的增加，松嫩草原、呼伦贝尔草原、科尔沁草原、锡林郭勒草原、阿拉善草原、阿尔泰草原、伊犁草原、巴音布鲁克草原、祁连山草原、青海环湖草原、甘南草原、川西北草原、藏北草原等越来越多的草原成为居民旅游的目的地。例如，北京康西草原，国内最大的国营跑马场，有专业的马术俱乐部和高端航空俱乐部。内蒙古呼伦贝尔草原以蒙古族风情为特点，开发祭敖包、摔跤等活动；内蒙古锡林郭勒草原是世界闻名的、国家级的、保存较完整的原生草原，开发了马术休闲游、环锡主题游、赛事专项游等活动。祁连山草原位于甘肃、青海交界处的高寒地区，具有冰川地貌奇观；新疆伊犁那拉提草原具有由哈萨克族风情和边塞风情构成的异域草原景观；四川若尔盖大草原以探险、徒步和藏族风情游为主要开发内容；西藏藏北高寒草原植被低矮，空气稀薄，地热温泉常年云蒸雾罩，每年的赛马节是藏北草原旅游的一项盛事（阎研，2015）。

时至今日，草原的生态功能和旅游资源成为社会关注的重点，尤其是北方的草原地区，旅游的集中开发带来许多问题，已经严重影响了草原生态功能。总结草原旅游发展的经验，探索可持续发展的原理与模式，实现草原生态保护和经济发展的协调统一，是草原科学管理面临的关键问题。

10.2.2 草原旅游资源开发的原理

草原旅游作为一项以人为中心的经济活动，对旅游区生态环境产生多层次、多方面作用。一方面对生态环境保护和建设起促进作用；另一方面也为生态环境带来不利影响，主要表现在旅游对草原植被、草原动物、草原环境的作用，对旅游区土壤的影响和旅游废弃物污染环境等方面。因此，科学合理的草原旅游资源开发应掌握草原植被与游客相互作用的内在规律和基本原理，在发挥草原资源优势的同时，更要注重草原和植物资源的保护和可持续利用；在提升旅游产品价值和游客满意度的同时，仍须保持草原的生态功能和草原文化传承。实践表明，草原旅游资源开发提高了对自然资源和草原文化的保护利用意识，也为其保护和建设提供了经济保证（刘敏 等，2007），但由于缺乏对草原旅游内在规律的认识，盲目或随意开发，过度利用草原资源的经济价值，导致草原植被破坏、环境污染等问题凸显，也对草原旅游资源的开发敲响了警钟。

1. 草原旅游资源开发应遵循草原植物资源合理利用的原理

草原植被由多种植物构成，形态各异，特性不同，组成了复杂多变的草原植物群落。我国草原动植物资源具有类型多样、种属丰富的特点，在维持草原生态系统可持续发展、保护人类生存环境、美化草原环境中发挥了非常重要的作用。草原风景秀丽，既有高原的雄壮，又有大平原的灵秀，连绵起伏的山峦、蜿蜒回转的河流更显草原之灵性，为我国草原旅游资源的开发提供了丰富资源。

我国多数草原处于半干旱地区与高寒地区，生境条件比较恶劣，季节间气候变化大，通常雨热同期，集中在6～8月，冬春季节寒冷干旱。草原旅游的黄金季节主要在夏季，大量游客在短时间内集中进入，对草原植物的生长造成严重的影响，使本来就很脆弱的生态环境变得更加敏感。例如，在内蒙古希拉穆仁草原金马鞍旅游景点，游客活动拓展区域外围25m范围内，只有针茅、冰草、狼毒和冷蒿生长，植物多样性降低，且代表荒漠草原退化的指示性植物物种——冷蒿和狼毒的相对密度迅速增加（李文杰和乌铁红，2012）。游客喜爱的骑马活动是草原旅游的主要活动方式，由于骑乘活动集中在旅游点附近，草原被反复践踏，导致植被受损，土壤板结，地表土壤裸露面积增大，引起草原沙化和退化。草原旅游资源过度开发使植被稀疏面积增加，植物高度和密度降低，植物多样性减少，原有植物物种被耐践踏的物种替代（伊利勒特 等，2014）。为了满足游客的需要及当地居民受经济利益的驱动，致使珍贵的动植物被搬上了餐桌或变成了特色旅游商品，直接影响动植物的数量，破坏了生态平衡。过度频繁采集花朵、植株、真菌（蘑菇等菌类）会改变群落结构。河北坝上大滩京北第一草原度假村旅游点周围草地上的二色补血草（*Limonium bicolor*）因旅游规模扩大而被大量采集出售，仅2年内其频度就由40%降为11%，高度由30cm以上降至15cm以下（赵雪，1994）。在草原旅游产品开发过程中，以自驾游和野外探险活动为代表的草原体验活动逐渐受到更多游客的青睐，夏季草原上大量车辆的穿行对草原道路交通造成了很大的压力。尤其是自驾游和探险活动者热衷于开拓原生态草原，原本没有公路的草原被纷至沓来的车流碾压形成了道道车痕，直至形成了简易的便道。草原植被遭受极大的破坏，绿色平整的草原被纵横交错的车道撕裂成不同的区块。时光流逝，再加上气候作用，裸露的地块逐渐扩大，严重的地方出现风蚀沙化，绿草如茵的草原植被景观将不复存在。

草原植物资源保护和合理利用是进行草原旅游资源开发的基本要求。因此，在开发经营过程中必须把保护草原植物的丰富资源放在第一位，不仅保护自然风景，更要保护生物多样性。在可持续发展理念指导下，要在草原旅游资源利用、景区规划布局、旅游配套设施建设、景点游客容量、自驾游等方面进行有限度的开发，积极发展生态旅游。

2. 草原文化传承应遵循人文景观与民族特色相结合的原理

我国草原地区是蒙古族、满族、哈萨克族、藏族、彝族等少数民族聚居区，各具特色的民族风情是吸引游客的重要资源。其中，草原民俗文化、草原宗教文化、草原历史文化等都是草原旅游的重要人文景观。草原文化是草原旅游的灵魂，也是草原民族发展历史的积淀。草原旅游的健康持续发展必须围绕草原地区的人文景观与其民族文化特色紧密结合的原理要求，掌握草原文化内涵和发展规律，在草原旅游规划、景区和景点布局、旅游产品设计开发等方面，以草原文化为核心进行草原旅游资源开发，才能体现草原旅游鲜明的特色和强大的吸引力。

生活在草原上的各族人民，长期经历大自然的洗礼和战争的磨砺，形成了具有鲜明色彩的音乐舞蹈艺术和游艺竞技文化。草原音乐舞蹈艺术以其质朴的情感、浓郁的乡土气息和民族特色，显示着草原艺术独特的风采和韵味，成为草原人民生活中不可或缺的内容之一。例如，蒙古族民俗文化具有丰富的内容。以蒙古包为主的居住民俗、以蒙古袍为主的服饰民俗、以"男儿三艺"为主的竞技民俗、以红白食为主的饮食民俗、以呼麦和长调为主的表演民俗等，都吸引着国内外游客来观光，成为草原旅游取之不尽的宝藏（张茸和刘鑫，2017）。许多草原民歌和马头琴、火不思、头管、四胡、乌力格尔、好来宝等，让游客感受草原歌舞艺术，体验草原文化精品。参与草原歌舞表演和竞技活动是最生动、最能体现民族风情的草原旅游活动，也是吸引游客参与体验草原民俗的重要形式。草原上的博克比赛、摔跤、赛马、射箭、赛骆驼、掷布鲁、踢乌兰红、鹿棋、布木格、蒙古象棋、马术等，也都具有很强的参与性。

在我国不同草原地区，其气候资源、植物种类和草原的景观类型也不相同，生活着不同的少数民族，沿袭着各具特色的民族文化和生产方式。草原文化的商品化和牧区经济的发展，为草原文化的传承与保护提供丰富的人力、物力、财力，也对传统草原文化的保护具有更多的自觉性（葛宏，2011）。在草原旅游发展中，民族饮食、民族服饰及手工旅游纪念品的销售，或是传统才艺的展示表演均可获得经济收入。草原文化在旅游开发过程中的经济价值潜力越发凸显，草原旅游资源开发也是实现传统草原文化的商品化过程，有助于增强牧民的市场经济意识，推动草原文化的健康发展。传统草原文化的地位也相应提高，更多人愿意学习和掌握传统技艺，传统草原文化也因此得到较好的传承。但过度关注草原文化的经济价值，背离了草原人文景观与其民族文化特色紧密结合的原理要求，忽视草原文化的民族特色，导致草原文化开发的过度商品化和大众化，景区旅游产品特色不明显，景点同质化现象普遍。草原旅游资源开发需要遵循草原人文景观与其民族文化特色紧密结合的原理，将草原民族的生态文明理念、人文历史景观及民族文化风情兼收并蓄，深度挖掘草原文化的旅游价值和潜力。

3. 草原旅游资源开发应遵循草原生产方式改变的生态学原理

草原旅游业已成为牧区增长最快的产业或支柱性产业，也是带动农牧民转产增收的新途径。旅游业通常具有带来投资、改善基础设施、增加财政收入、促进第三产业发展等作用，而草原旅游除了一般旅游业所具有的积极作用外，还能够通过旅游促使农牧民调整其产业结构、畜群结构和种植结构。牧民从事服务性经营活动，在一定程度上改变了传统的草原放牧生产方式。草原旅游发展为草原地区牧民生产方式带来了巨大影响。世代沿袭家畜放牧、逐水草而居的生产生活方式发生历史性的变革。草原不仅是放牧家畜的场所，而且成为游客休闲和体验民族文化的场所。放牧生产不再是牧民唯一的生产技能，旅游产品设计生产、餐饮住宿和交通服务经营活动也成为牧民增加经济收入的主要途径。但在草原牧区生产方式转变的过程中，应掌握草原旅游开发的生态学原理，充分认识草原植被与环境作用的生态学原理，协调草原植物、动物、气候环境的相互关系；过度强调旅游设施规模、家畜规模，忽视草原承载力、土壤气候的季节性变化特点，破坏性开发将会导致生态失衡，难以长期可持续发展，使牧民失去生产和生活的基本条件，最终背离了草原旅游发展的初衷和目标。

在传统牧区，发展草原旅游不仅可以充分利用牧区旅游资源，而且可以促进牧业生产方式的改进，调整和优化牧区产业结构。在几千年的草原放牧过程中，牧民们逐渐认识了植物、家畜和人的相互作用关系，形成了人与自然和谐共生的生态理念，并在生生不息的草原演变进程中协同进化，共同缔造了独具特色的草原生态文明。草原旅游的兴起和蓬勃发展正是建立在生态学原理基础上，充分发掘利用生态牧业，推进草原旅游的市场化进程。同时，草原旅游带来的城乡互动、地区互动、信息的交流、文化的融合、先进的管理思想和管理方式的传播，都对牧区生产和民主管理进程具有极大的促进作用。内蒙古自治区从1978年旅游业起步以来，草原旅游一直是主打的旅游产品。在乌兰察布、呼伦贝尔、通辽、赤峰、锡林郭勒、鄂尔多斯等地也先后开发建设多处草原旅游区，形成了较大的旅游接待规模，草原旅游已经成为内蒙古自治区旅游业的主题形象和核心竞争力。锡林郭勒盟政府在社会主义新农村、新牧区建设的实践中，积极推广"牧人之家"旅游，将其作为草原旅游与新牧区建设结合的有效载体，成为特色旅游品牌，对新牧区建设起到了积极的推动作用（孙国学，2010）。

10.3　草原旅游发展的主要技术模式

10.3.1　山地草原观光旅游模式

在草原旅游资源开发过程中，草原资源禀赋和条件是发展旅游业的重要基础，也是形成旅游区位优势和产品特色的内在动力。我国草原不仅分布广泛，而且与高山大川相伴，形成了独特的山地草原风光。全国各地针对山地草原进行旅游资源的开发，成为城市居民休闲观光和体验草原文化的一种旅游模式。山地草原观光旅游模式的特点可以概括为：①在草原资源方面，依托高山和草原兼具的资源特色，形成山地和草原色彩多样的景观类型；②在气候资源方面，气象变化快，呈现一日有四季、十里不同天的景象；③在游览方式方面，游客旅游以休闲、观光体验为主。

山地草甸类草地多处在温带和暖温带的东北、华北的中低山，以及西北各大型山地和青藏高原东部的中山及亚高山垂直带上，在南方亚热带的高中山山地也有分布。山地草甸类草地在暖季的降水量多达400~700mm，植物种类丰富，草群高度一般为25~35cm，高的可达50~95cm，最高的禾草可达1.0~1.5m；温和适宜的气候条件和种类繁多的草本植物，伴随山体地形变化，呈现出多姿多彩和多变的景观，为游客夏季避暑、休闲观光提供了理想场所。

随着我国高速铁路、高速公路建设里程的迅速增加，人们出行方式更加便捷舒适，旅游出行的意愿和频率也随之增长，山地草原观光旅游成为草原旅游发展的热点之一。山地草原观光旅游在国内各地分布的主要旅游景区有新疆伊犁那拉提草原旅游景区、北京门头沟灵山山地草原旅游景区、湖南南山牧场草原景区、云南香格里拉草原景区等，都是游客夏季避暑青睐的地方。

1. 新疆伊犁那拉提草原旅游景区

那拉提草原位于新疆伊犁河谷东端，天山环抱，以独特的自然景观、悠久的历史文化和浓郁的民族风情构成了别具特色的边塞风光。伊犁那拉提草原旅游景区满山的绿色层层叠叠，是一幅巧夺天工的风景画：墨绿的松树屹立在山脊，翠绿的小草铺满大地，白云围绕着山腰，各种野花点缀在草地上，路边的小河流水潺潺。在那拉提草原居住的哈萨克族人民，至今仍保留着浓郁古朴的民俗风情和丰富的草原文化。每年6月以后是草原集会的黄金季节。

此外，新疆东天山北坡草原又可以分为东部的大沟黑沟草原和西部江布拉克一万泉草原，具有深厚的历史文化底蕴和多元交融的草原民俗风情。特别是东部的大沟黑沟草原，是塔塔尔族主要聚居区，具有独特的生态文化和异域风情。塔塔尔族"保护草原生态环境，就是保护家园"的原生态文化观念是发展草原生态旅游的基础。东部的大沟黑沟北坡草原，山川秀丽、茂林成荫、绿草如织、风景宜人。西部的江布拉克一万泉草原，自然风光得天独厚、山清水秀。其中有风光秀丽的中葛根河三峡、雄伟壮观的天山石林、古老的唐代仙人洞、险峻的石门，还有与沈阳怪坡齐名的天山怪坡。雪峰、群山、林海、山泉、湖泊、草地都为新疆发展观光休闲、生态旅游提供了优越条件（张彦虎和李万明，2014）。

2. 北京门头沟灵山山地草原旅游景区

北京的灵山自然风景区位于门头沟区清水镇，与河北涿鹿市交界，距京城122km，其主峰海拔2303m，是北京的第一高峰。在北京旅游，除了游客更多关注的故宫、颐和园、圆明园、长城等名胜古迹外，还有灵山、百花山等草原旅游景区。灵山无霜期短，呈现春秋短、冬夏长的独特气候，日温与北京中心区的差值是10~12℃。在海拔1900m以上的高山分布着山地草甸，进入7月，碧野葱葱，五颜六色的花草点缀其中，成为都市居民避暑观光的理想去处。

3. 湖南南山牧场草原景区

湖南南山牧场位于邵阳市城步苗族自治县西南，是最大的现代化山地牧场，也是重点风景名胜区，拥有天然草原1.5万hm^2，平均海拔1760m，像一块碧绿的翡翠，镶嵌在湘桂边陲的崇山峻岭之上。该景区既有北国草原的苍茫雄浑，又有江南山水的灵秀神奇。南山牧场年平均气温为10.9℃，7月平均气温为19℃，冬无严寒，夏无酷暑。空气新鲜，土壤、大气、水质无污染，一年四季绿草如茵，风景如画，是一处集天然牧场、草原风光、避暑于一体的旅游风景区。特别是炎热季节，到南山草原观光、避暑的游客络绎不绝，被公认为休闲避暑胜地和人类生活的天然氧吧。

4. 云南香格里拉草原景区

云南香格里拉地处青藏高原东南边缘，横断山脉南段北端，三江并流之腹地，形成雪山、峡谷、草原、湖泊、森林为一体的独特景观，是享誉国内外的旅游风景名胜区。香格里拉景区内既有连绵雪峰和深切峡谷，又有辽阔的高山草原牧场、森林及星罗棋布的大小湖泊，自然景观神奇险峻而又清幽灵秀。依拉草原属于纳帕海自然保护区，位于香格里拉县城西北 6km 处，自然保护区内气候湿润，最热月（7月）均温为 13.2℃，适宜牧草生长，每年 5 月的纳帕海已是绿草茵茵。6 月伊始，各种野花竞相开放，茫茫草原，琼花瑶草争奇斗艳，呈现出特有的草原美景。依拉草原植物种类多，尤其是杂类草丰富，景观美丽。盛夏时节生长着野芍药、野菊等各色香花野草，形成一幅美丽的画卷，吸引各地游客避暑休闲。

10.3.2 农牧交错带草原休闲度假旅游发展模式

受气候、土地、植被等因素影响，从农区种植向牧区放牧利用的转变过程中，以年降水量 400mm 等值线为界，存在一个农牧交错分布的带状过渡区域，根据其分布特点称之为农牧交错带。按照地理位置将农牧交错带分为北方农牧交错带和南方农牧交错带。北方农牧交错带大致从大兴安岭西麓起，经辽河上游、阴山山脉、鄂尔多斯高原，最后进入甘青高原；南方农牧交错带从甘青高原的南部进入川西北高原，经青藏高原东南，延伸至青藏高原南部（韩建国等，2004）。受水分变化影响，农牧交错带由东北向西南也呈现出温性草甸草原、温性草原、温性荒漠草原、温性荒漠及高寒草原的规律分布。同时，沈阳、北京、天津、张家口、呼和浩特、西安等一些大中城市也集中分布在农牧交错带内及毗邻地区。随着城市居民收入增长和消费观念的变化，依托草原的休闲娱乐和度假旅游成为居民生活时尚。从 20 世纪 80 年代起，草原旅游逐渐兴起，依托周边城市人口众多的优势，农牧交错带草原成为居民休闲娱乐、度假避暑旅游的目的地。农牧交错带草原休闲度假旅游模式特点可以概括为：①在草原资源方面，依托农牧交错带地区草原、农田兼具的资源特色，形成以作物和蔬菜种植、草原放牧为主基调的生产、生活景观；②在气候资源方面，四季分明、夏季凉爽、冬季寒冷；③在游览方式方面，游客旅游以休闲度假、人文风情体验为主。

在农牧交错带不同区域受气候和草原植被的影响，草原景观特色鲜明，旅游景区建设更侧重于游客体验和娱乐活动，通过特色饮食、丰富的娱乐项目、体验草原文化生活吸引游客驻足。从东向西沿着农牧交错带分布的主要草原旅游景区有内蒙古呼和诺尔草原旅游景区、河北承德木兰围场草原旅游景区、河北丰宁坝上草原旅游景区、内蒙古希拉穆仁草原旅游景区、新疆江布拉克草原景区等。

1. 河北丰宁坝上草原旅游景区

河北坝上地区是我国典型的农牧交错带，温性草原与农田交错分布，从东至西包括围场、丰宁、沽源和张北等各县，也是滦河、潮河的发源地。受地形抬升影响，坝上地区海拔在 1000m 以上，而京津地区海拔不足 100m。悠悠古都、天然纯朴的中都草原以其宽广的风姿展现在世人面前。夏季的草原，百鸟齐鸣，繁花遍地，清爽宜人。马兰（*Kalimeris indica*）、二色补血草、黄花菜（*Hemerocallis citrina*）、金莲花（*Trollius chinensis*）随处可见，口蘑（*Tricholoma mongolicum* Imai）、沙棘（*Hippophae rhamnoides*）、地皮菜（*Nostoc commune*）隐匿草间。置身于草青云淡、繁花似锦的茫茫碧野中，远离城市的喧嚣，感受清纯的空气和草花的芬芳，尤其是在夜间仰望天空，可见满天繁星和无比深邃的星河，这里成为孩子们感受奇幻自然的第二课堂。

河北坝上草原旅游景区以大滩草原为主。该区既有植物种类丰富的温性草甸草原，也有代表性的温性草原。夏季平均气温为 17.4℃，冬季平均气温为-13℃，四季不同景，夏季气候凉爽，草原一望无际，盛开着五彩缤纷的花朵；秋季的野草微黄，绚烂的野花在草原上开放，白桦树的叶子像火一样挂满枝头；冬季的茫茫原野，雪实冰坚，银装素裹。北京、天津、石家庄等城市均毗邻坝上，海拔的落差和便捷的交通，使坝上地区成为京、津、冀大城市居民避暑休假、调理身心的理想去处。

2. 内蒙古希拉穆仁草原旅游景区

在内蒙古包头市达茂旗东南部的希拉穆仁草原旅游景区，是呼和浩特市和包头市居民休闲避暑旅游的目的地。希拉穆仁草原是阴山山脉东部北麓的半荒漠化波状草原，不仅具有自然生态景观资源，还具有普会寺、敖包、那达慕等丰富的民族历史与人文资源（孟和乌力吉，2012），成为内蒙古较早开发希拉穆仁草原的重要基础。作为距离呼和浩特市最近的草原旅游区，希拉穆仁草原有独特的地缘优势，并且夏季气候凉爽，绿草如茵，大量的游客到草原观光和体验蒙古族民俗风情。

经过近 30 年的建设发展，城市居民娱乐度假旅游逐渐形成了一种特色鲜明的草原旅游发展模式，成为带动地方经济发展的新增长点。同时，在草原旅游的形式和内容方面也在不断探索和升级改造，充分发挥农牧交错地区农牧业发展的特色，减少由于淡旺季造成的不利影响和限制。挖掘自然景观和草原文化，季季有风景，吸引不同游客群体体验不同的风光景色和民俗文化，实现草原旅游产业的健康持续发展。

10.3.3　平原牧区草原休闲和民族风情旅游发展模式

我国天然草原主要分布于北方平原地区，与环境热量和水分变化相匹配，由东向西规律分布着温性草甸草原、温性草原和温性荒漠草原等主要的草原类型，覆盖了内蒙古、新疆、甘肃、宁夏、青海、西藏等省（区）的牧区草原。受雨热条件的影响，由我国东北至西部平原地区分布着辽阔的草原，景观绚烂壮美，是各少数民族的生息之地。生活在平原牧区上的游牧民族在漫长岁月中形成了各具特色的草原文化，具有厚重的民族历史与文化积淀。丰富的草原资源和绚烂的民族文化为牧区草原旅游的发展奠定了良好的基础。从20世纪80年代起，随着人民生活水平的提高和休闲旅游需求的不断增长，绿草如茵、繁花似锦的牧区草原成为避暑休闲的首选。从草原旅游的兴起至今，由最初的草原观光休闲游发展成为草原文化风情游。平原牧区草原休闲和民族风情旅游模式的主要特点是：①在旅游资源方面，以天然草原丘陵起伏和辽阔的景观、少数民族历史文化为主要旅游资源，是一种集自然、人文、历史和现实于一体的多元化旅游体验；②在气候资源方面，夏季凉爽短暂、冬季寒冷漫长；③在游览方式方面，游客旅游以休闲观光、草原文化体验为主。

牧区草原旅游较早兴起，通过将牧区草原自然景观与游牧文化、风土人情相结合，尽管草原类型不同，但旅游景区均通过天然草原景色、草原人文历史遗迹、草原特有畜牧业生产、生活方式和各种旅游服务设施为游客提供服务。随着基础设施建设和民族风情品牌的建立，从2000年后牧区草原旅游进入快速发展的阶段。牧区草原旅游活动的开展主要集中在北方平原地区传统的草原牧区，以辽阔的草原为背景，以传统放牧为主的少数民族生活体验为内容。内蒙古、新疆是我国温性草原的主要分布区，草原面积辽阔，类型多样，旅游资源丰富，已成为草原旅游发展的重点和典型。内蒙古牧区草原旅游最负盛名，是北方牧区草原风情文化旅游的集中区域，由东向西依次分布的牧区草原旅游景区主要有呼和诺尔草原旅游景区、金帐汗蒙古部落草原旅游景区、乌兰布统草原旅游景区、巴彦塔拉草原旅游景区、达拉哈草原旅游景区、辉特淖尔草原旅游景区、元上都遗址草原旅游景区、锡林九曲草原旅游景区、赛罕塔拉草原旅游景区、辉腾锡勒草原旅游景区、葛根塔拉草原旅游景区、希拉穆仁草原旅游景区、鄂尔多斯草原旅游景区等。新疆草原也是哈萨克族、蒙古族等少数民族长期放牧的地区，富有哈萨克族传统文化和历史的旅游区，牧区草原旅游景区主要有巴里坤草原旅游景区、奇台荒漠草原旅游景区等。

1. 内蒙古草原旅游景区

内蒙古呼伦贝尔市因其优越的地理位置、良好的气候条件，拥有丰富的旅游资源，成为内蒙古重要的旅游城市。呼伦贝尔市草原旅游业发展迅速，成为国内外旅游的热点地区之一，接待游客数量、旅游业总收入年均增长30%以上，成为带动地方经济发展的主要产业之一（高华，2014）。

锡林郭勒草原地处内蒙古中部，夏季凉爽湿润，地形复杂多样，分布着类型多样和独具特色的温性草原。锡林郭勒草原也是我国最有代表性和典型性的天然草原区域，拥有一个国家级草原自然保护区——锡林郭勒国家级草原自然保护区，锡林河、乌拉盖河、吉林河、巴拉嘎尔河、闪电河等河流点缀其中，弯弯曲曲，犹如飘逸的丝带撒落在美丽的草原上。锡林郭勒草原孕育了灿烂的游牧文明，蒙古族风情浓郁，民族传统保留完整，以民族风情独特而备受游客青睐，是现今蒙元文化和游牧文明保留最完整的地区之一（伊利勒特 等，2014）。

2. 新疆草原旅游景区

巴里坤草原位于新疆东北部的哈密地区，处于天山山脉环绕的盆地之中，雪山、蓝天映衬得草原更加绚烂多彩。此外，位于草原上的巴里坤古城景区是国家4A级景区，作为丝绸之路的一站，是中原文化和西域风情的交融地带，遗留了丰富的文化遗产。巴里坤草原旅游经过草原休闲观光旅游的发展，逐渐向草原文化风情游的模式转变。不断丰富草原观光与民族风情体验的内容，推出冬季冰雪节等系列旅游产品，通过产品的升级改造满足草原旅游发展的需求。

平原牧区草原作为生态旅游的主体，在生态文明建设和边疆少数民族地区经济发展过程中发挥了重要作用。充分利用天然草原丰富的旅游资源，促进地区经济发展，发展草原休闲观光旅游，但其受草原气候、基础设施建设等条件的限制，需要在资源开发和合理利用、旅游消费产品升级等方面创新发展。因此，草原历史文化和民族风情的挖掘与旅游产品的结合，将是该区草原生态旅游持续发展的重要途径，这也为草原文化风情游模式的发展奠定了基础。

10.3.4 高寒草原观光和民族风情旅游发展模式

青藏高原不仅有辽阔的草原，还有令人神往的神山圣湖、珍奇的高原动植物、绚丽多彩的藏乡民族风情和文化艺术。从川西北的高寒草原、青海金银滩草原、青海可可西里自然保护区，到西藏羌塘大草原等，高原上独特的草原风光，一直以来都吸引国内外游客到高原进行草原观光、探险和科学考察活动。高寒草原观光和民族风情旅游模式的主要特点是：①在旅游资源方面，以高寒草原独特的植被景观和少数民族历史文化为主要旅游资源，是一种集自然、人文、历史于一体的多元化旅游体验；②在气候资源方面，高原空气稀薄缺氧，气候变幻无常，夏季短暂、冬季寒冷漫长；③在游览方式方面，游客旅游以观光、草原文化体验、草原探险为主。

川西北草原包括若尔盖大草原、红原大草原、阿坝大草原，平均海拔3500m，高原缺氧，草原辽阔，放牧家畜以牦牛为主。金银滩草原位于青海海北藏族自治州境内，有青海湖鸟岛、祁连山草原、仙女湾湿地等草原生态景观，以及原子城、西汉西海郡和卡约文化下塘台遗址等历史和民族文化旅游资源（韩琼，2013）。金银滩草原开发较早，受到广大游客的青睐，也得到了当地政府的高度重视。通过精品草原旅游景点的建设，金银滩草原成为各地游客慕名前来进行草原观光和文化体验的重要景区。在这里可以感受踏遍海晏县、东西金银滩、盛景随时变、四季有奇观的高原风光，而且可以体验原子城的奋斗历史和藏族文化风情。自2000年以来西藏旅游业进入了快速发展的时期。随着交通通信等基础设施的逐步完善，神秘的高原自然和人文景观、藏北草原风情等丰富的旅游资源吸引了更多的海内外游客（李凡 等，2004）。随着人们生活水平的提高和交通的便利，纷至沓来的游客、四面八方的牧民、各地的商贩等云集在藏北草原上，不仅可以领略藏北草原的高原风光、民族风情，还可以游览神山圣湖。在藏北草原上的唐古拉山口、羌塘草原、赛马会及号称世界第一高湖的纳木错等都是旅游的亮点。此外，藏北无人区气候严酷，自然条件恶劣，空气稀薄，人类无法长期居住，是一块保留原始状态的自然之地。其草地植被低矮，类型简单，分布着高原特有的野生动植物资源，是草原探险与科考的重点地区。

1. 西藏藏北草原旅游景区

西藏素有"江河之源""中华水塔"之称，辽阔的草原和特殊的高原气候，造就了丰富的草原旅游资源（孙磊 等，2005）。旅游业是西藏自治区政府提出的六大特色经济产业之首，西藏具有丰富独特的草原风光和浓郁的藏北民俗风情，草原旅游发展市场和潜力巨大，其中羌塘草原、纳木错湖等都是藏北草原旅游的亮点。

羌塘草原位于昆仑山脉、唐古拉山脉和冈底斯山脉之间，依次分布着高原温带半湿润灌丛-亚高山草甸带、高原亚寒带半湿润草甸带、高原亚寒带半干旱草原带和高原寒带干旱荒漠草原带（李凡 等，2004）。每年的6~8月是羌塘草原的黄金季节，草原生长期间碧草茵茵、雄浑壮阔，各色娇美的鲜花缀满草地。纳木错湖位于拉萨市当雄县和那曲市班戈县之间，镶嵌在藏北草原上，是世界上海拔最高的咸水湖，也是我国的第二大咸水湖。它的东南部是直插云霄、终年积雪的念青唐古拉山主峰，北侧是和缓连绵的高原丘陵，广阔的草原绕湖四周，草地一片浅绿，山体红黑间杂，峰顶白雪皑皑。

2. 青海金银滩草原旅游景区

金银滩草原景区是青海环西宁旅游经济圈和环青海湖民族体育旅游圈的重要组成部分，是青藏铁路旅游带上的重要节点，现为国家 4A 级景区。金银滩草原拥有良好独特的草原景观与深厚的历史文化底蕴，尤其是王洛宾浪漫文化、中国第一个核武器研制基地——原子城、独具特色的藏族聚居区历史民俗风情文化资源，在国内外均具有较高的知名度与吸引力。金银滩草原是我国温性草原与高寒草甸草原的过渡地带之一，草原类型丰富，景观过渡性特征明显（向宝惠 等，2009）。金银滩草原的黄金季节是 7～9 月，鲜花盛开，百鸟飞翔，浮云般的羊群，棕黑相间的牦牛，星星点点地徜徉在青草和野花丛中。

3. 川西北草原旅游景区

在川西北草原地区，景点数量比较多，自然风景优美迷人，草原生态旅游资源相当丰富，横跨若尔盖、红原、松潘、阿坝等县。其中，若尔盖草原、扎溪卡大草原及毛垭大草原是川西北地区的三大草原（赵艳，2016）。川西北草原地区属于大陆性高原寒温带季风气候区，由于海拔高，夏季是草原的黄金季节，绿草茵茵，繁花似锦，芳香幽幽，一望无涯。草原上以藏族牧民居多，好客的藏族同胞用飘香的奶茶、浓烈的青稞（*Hordeum vulgare* var. *coeleste*）酒欢迎八方来客。藏族风情浓郁，且草原广阔、牧草丰茂，形成了川西北风格独特的草原游牧风光。草原游览景点众多，有花湖、太阳湖、麦洼寺院、达格则寺院、八七会议旧址、黄河九曲第一弯、铁布梅花鹿自然保护区，还有格聂神山、措普沟、长青春科尔寺、海子山、稻城亚丁景区等。

4. 甘南草原旅游景区

甘南草原位于甘肃西南部，主要分布在玛曲、夏河、碌曲 3 县境内。其南临四川，西界青海，地处青藏高原东北部边缘，东南与黄土高原相接，以高寒阴湿的高寒草甸草原为主。甘南草原是甘肃面积最大的草原，分布有高寒草甸、亚高山草甸、亚高山灌木丛草甸、沼泽草甸等不同类型。高寒草甸天高云淡，地形坦荡，高旷开朗。夏秋之际，绿草如茵、万花盛开，举目瞭望，茫茫绿野、五彩缤纷，是一个特殊而蕴藏着神秘色彩的绿色世界（王文浩，2019）。甘南草原充满浓郁的藏族风情，旅游资源丰富，开发草原观光旅游资源前景广阔。

玛曲草原位于甘南自治州西南部，黄河自草原的西南入境，从西北出境，形成九曲中的第一大弯曲。在黄河首曲上，有许多引人入胜的草原景观。桑科草原位于甘南自治州夏河县城西南，四周群山环抱，中间是开阔平坦的高山草原。桑科草原有大夏河水从南到北徐徐流过，水草丰茂，风景恬美。桑科草原历来是藏族人民的天然牧场。每到夏季，草地碧绿如毯，各色花卉争奇斗艳，是进行草原旅游、避暑、体验藏族游牧生活、回归自然的理想场所。

随着社会经济发展，高原独特的自然资源条件和民族文化景观逐渐受到游客的广泛关注，高寒草原旅游成为体验高原风光的主要方式。更与众不同的是，高原空气稀薄，普遍缺氧，尽管高寒草原风景奇特，但对于游客而言，更多的是一种意志的考验。尤其是广袤的草原和无人区，充满神秘和挑战，草原探险或科考旅游也逐渐兴起，成为高寒草原旅游的新增长点。

10.4　草原旅游的实践与展望

随着社会经济发展，草原作为我国重要的自然资源，由于其具有独特的植被景观、气候条件及历史遗迹和民族风情，成为生态旅游的重要内容，并且在草原旅游热不断升温的现实背景下，其旅游发展模式也逐渐成熟和多样化。此外，在全民奔小康、共同兴农致富的政策驱使下，传统放牧利用的生产方式也逐渐改变。草原旅游在草原资源保护利用、就业增收、发展地方经济方面可以发挥积极作用，不仅成为地方旅游产业的新增长点，也为草原的开发利用开拓了新途径。随着我国乡村振兴的深入推进，依托草原生态系统，创新草原旅游的内容和模式，把发展草原旅游业和推进牧区乡村振兴进行深度融合、合理规划、科学引导，将是实践我国绿色产业发展理念、实现草原牧区乡村振兴的重要途径（苏静 等，2022；张耀春和塞尔江·哈力克，2022）。

10.4.1　我国草原旅游发展模式应用

1. 新疆那拉提草原休闲观光游

新疆草原位于我国西北边缘，欧亚大陆的腹地，草原面积占新疆土地面积的35%。长期以来，草原旅游是新疆旅游业的重要组成部分。伊犁河谷以其特殊的地理气候环境，缔造了闻名国内外的优质草原资源，其草原的丰富性和特异性，在我国草原中具有鲜明特色，为伊犁河谷草原生态旅游业的发展奠定了基础。在伊犁河谷草原，重要的水源涵养地和风景名胜区主要有那拉提草原、昭苏草原、唐布拉草原、喀拉峻草原、托乎拉苏草原、果子沟等。旅游区内分布着高寒草甸、山地草甸和山地草甸草原等各种类型，这些草原是伊犁河谷主要的夏季放牧场（李静和宋传胜，2013）。

那拉提旅游风景区是新疆十大风景区之一，地处天山腹地，伊犁河谷东端，是伊犁哈萨克自治州重要的优质高产农牧产业区域和生态旅游区。那拉提旅游风景区 2004 年被评为自治区级风景名胜区；2005 年 10 月，以那拉提草原为代表的伊犁草原被中国国家地理杂志社评为全国六大最美的草原之一；2007 年初，那拉提旅游风景区被评为中国最佳旅游目的地；2011 年 1 月，那拉提旅游风景区被评为国家 5A 级旅游景区（于阳 等，2018）。

那拉提草原以独特的自然景观、悠久的历史文化和浓郁的民族风情构成了具有鲜明特色的边塞风光。亚高山草甸植物种类繁多，以细茎鸢尾（*Iris ruthenica*）、糙苏（*Phlomis umbrosa*）、矮假龙胆（*Gentianella pygmaea*）、寸草（*Carex duriuscula*）、百里香（*Thymus mongolicus*）等为主，夏秋时节，各种野花点缀其中。此外，那拉提草原汇集了高山、河流、湖泊，甚至冰川、雪原等各种自然景观。丰富的自然资源和植物种类、温暖湿润的山地草原气候造就了那拉提旅游风景区的独特景色。空中草原、河谷草原和那拉提国家森林公园 3 部分是构成那拉提景区的主要部分。在那拉提草原居住着占全国哈萨克族人口 11.3%的哈萨克族牧民，成为新疆哈萨克族的最大聚居地，至今仍保留着浓郁古朴的哈萨克族的民俗、文化和历史（文佳和黄艳猗，2015）。

那拉提旅游风景区以休闲观光游为主，建有草原部落、天山牧歌、哈萨克大营、哈萨克第一村、汗血马文化园、草原民俗文化博物馆等。每年 7~8 月是草原旅游旺季，景区组织中国那拉提草原文化旅游节、山花节等旅游活动，观看阿肯弹唱、姑娘追、叼羊、赛马等传统民族活动项目，开发骑马、射箭、漂流等娱乐活动，吸引大量游客体验草原风光和民族文化。随着游客数量的急剧增长和旅游产品需求的变化，开展公司+牧户的草原旅游餐饮服务业，企业投资兴建的哈萨克族毡房交由牧户经营，专门从事草原旅游服务；在草原景区附近的牧民定居点办"牧家乐"，可以深度体验哈萨克传统民俗。在那拉提草原上发现的乌孙古墓群有 200 余座，可以追溯乌孙古国和哈萨克族的文化历史，也为游客探寻民族历史提供了便利条件。

经过多年的旅游建设与发展，草原文化、哈萨克民俗、壮美的河谷草原和亚高山草甸草原、丰富的森林资源等，充分展示了那拉提草原旅游的特色，成为新疆伊犁地区的旅游胜地（周思磊，2013）。但随着居民生活水平的不断提高，对旅游产品的要求也越来越高。那拉提草原旅游的发展速度较快，但仍处于草原观光阶段，旅游产品单一、草原文化挖掘不够，无法满足草原休闲度假旅游、探险旅游等的发展需求。在那拉提草原景观资源、区位、民俗文化和历史等优势的基础上，进一步深层次开发，加强游客的旅游参与性，实现旅游产品的升级，使那拉提草原成为集草原观光、休闲度假、运动探险等多种模式于一体的旅游目的地。

2. 河北坝上草原休闲度假游

草原独特的自然风光，构成了大都市喧嚣外的"桃花源"，成为生态旅游的热点。由承德坝上、张家口坝上组成的河北坝上地区，由于邻近北京、天津等大城市，具有城市居民休闲度假旅游的特有优势。随着城市居民生活水平的提高和休闲度假需求的不断增加，都市居民将坝上草原作为避暑度假、调理身心的理想场所。在国家实施"一带一路"和京津冀协同发展中、北京携手张家口承办 2022 年冬奥会等背景下，河北旅游业的高水平发展迎来了难得的历史机遇。

承德坝上包括丰宁、围场县的 10 个乡镇，有草原 29.3 万 hm^2，草原辽阔，地域差异明显，季节变化明显，景观多样。丰宁坝上草原地处北京正北，天高地阔，水草丰美。木兰围场曾是著名的清代皇家猎苑，拥有塞罕坝国家级森林公园、红松洼国家级草原自然保护区和御道口草原三大景区。

坝上草原旅游起步较早，1989 年在大滩地区已建起 3 个旅游区，即建于高平地的"京北第一草原度假村"、建于闪电河河漫滩的"京北草原公交活动中心"和沽源县内的"梳妆楼旅游区"。景区接待大量游客，获得可观的经济效益，同时也带动了周边地区的经济发展。其中，以马和羊为主的畜牧业、以莜麦（*Avena nuda*）为主的种植业、野生植物的开发、基础设施建设和第三产业均获得了迅速发展（赵雪，1994）。丰宁县旅游业发展迅速，年接待人数从最初的 3 万人次增加到 2017 年的 221.6 万人次，年旅游综合收入从最初的 20 万元增加到 2017 年的 12.8 亿元。京北第一草原度假村位于丰宁县西北部的大滩镇，是集国家 4A 级景区、省级风景名胜区、省级优秀假村、河北省魅力景区、河北省最美 30 景、河北省著名商标等桂冠于一身的避暑、休闲、观光、娱乐的综合性景区，是京津冀地区市民夏季避暑休闲的目的地之一。夏季草长莺飞，繁花遍野；秋季草木摇落，层林尽染；冬季玉树琼花，白雪皑皑。每年的 7、8 月是草原上最美的时节。篝火晚会、民族歌舞、赛马、射击、射箭、滑翔机、滑草、草地摩托、漂流、动力伞、空中飞翔、草原小火车、狩猎等娱乐项目种类齐全，还可以品尝到烤全羊、奶茶、奶食品等特色民族饮食。尽管旅游产业已经成为坝上地区经济发展的主要产业，但由于草原景观的季节性变化，草原旅游淡旺季明显，导致景区中各种娱乐设施、从业人员和宾馆在旅游淡季出现闲置，造成人力和物力的浪费，严重制约着旅游业发展的综合效益。

随着京津冀休闲度假和避暑旅游需求的不断增长，坝上草原旅游产品开发和旅游设施建设力度也迅速增加。在张家口坝上地区建设草原天路景区，推出自驾游项目；在承德坝上地区建设一号风景大道，从御道口牧场到丰宁大滩镇，建设了木兰秋狝、阿鲁布拉克围、茶盐古道、国家牧场、契丹部落、中国马镇六大组团。中国马镇旅游度假区的建设是在满足大众娱乐需求的基础上，将马作为主题，引入丰宁县非遗文化产品，大力发展文化旅游产业。从观光游向以休闲为主的多元化旅游转变，从低端化以量取胜向吸引高端消费群体转变，从一季游向四季游转变。以大滩京北第一草原为基础进一步拓展和丰富了草原旅游的项目，可以驾车、骑行、徒步，深入挖掘旅游资源、科学合理规划设计、精心组织拓展各类旅游产品，形成集观光旅游、休闲度假和健生康养于一体的综合旅游服务产业。坝上草原旅游逐渐由单一的草原观光游演进为观光、度假和康养多元化的发展模式。

3. 内蒙古呼伦贝尔草原文化风情游

内蒙古有着悠久的草原历史文化，景观种类众多，植物的地域差异明显，地广人稀，基本是原生态的风景。位于内蒙古东端的呼伦贝尔市，处于中俄蒙 3 国的交界地带，是内蒙古重要的旅游区之一。拥有西山森林公园、金帐汗旅游景区、莫尔道嘎国家旅游景区、敖鲁古雅猎民乡、凤凰山庄、吊桥风景区等 50 多个风景区。

呼伦贝尔草原是国家 5A 级旅游景区，面积达 8300 万 hm^2，从大兴安岭西坡开始，由东至西依次排列着温性草甸、温性草甸草原、温性草原，是自然风貌保存最完好的大草原。呼伦贝尔草原是蒙古族、鄂伦春族、鄂温克族、达斡尔族、俄罗斯族、朝鲜族、满族、回族等多民族聚居地，长期以来形成了丰富多样的草原自然景观资源和草原人文景观资源。其民俗文化资源内容丰富、独具魅力，浓缩了内蒙古草原民俗文化的精华。原生态的自然风光、多民俗的文化底蕴成为呼伦贝尔草原最具吸引力的旅游资源。据统计，呼伦贝尔草原的游客数量急剧增加，到 2015 年达到 1800 多万人（包巴雅力格，2015）。呼伦贝尔市 2019 年国民经济和社会发展统计公报显示，2019 年接待国内外旅游者 2248.39 万人次，达到草原旅游接待的最高水平。通过多年的草原旅游建设，呼伦贝尔草原成为牧区草原文化风情旅游发展的典型地区。

呼伦贝尔草原自然景观与人文景观结合较好，资源品质高，规模大，通过草原旅游建设发展，可开展观光、疗养、度假、科考、探险等综合旅游项目。已经开发得较为成熟的主要草原旅游区有陈巴尔虎旗呼和诺尔草原旅游度假区、金帐汗草原旅游度假区、鄂温克旗巴彦呼硕草原旅游区、呼伦贝尔新巴尔虎左旗道乐都景区、扎兰屯成吉思汗草原景区。

呼和诺尔草原旅游度假区位于内蒙古呼伦贝尔市陈巴尔虎旗境内，是国家 5A 级景区，地处呼伦贝尔草原中心地带，景区内绿草如茵，河流和湖泊点缀其中，水草丰美，景色秀丽，是观赏呼伦贝尔大草原景色和体验草原民俗最具有代表性的旅游区。2014 年以来，历届中国冰雪那达慕都在呼和诺尔举办；2016 年呼和诺尔还作为央视春晚内蒙古分会场，知名度进一步提升。在冬季草原冰雪旅游活动中，增加了草原饮食、民族服饰等旅游活动，丰富了呼和诺尔草原旅游内容。

金帐汗蒙古部落位于呼伦贝尔草原"中国第一曲水"的莫尔格勒河畔，是以游牧部落为景观的旅游景点。金帐汗部落景点始建于 1994 年，是以部落样式为主体，聚集了以蒙古民族为主的北方少数民族传统文化，综合民俗民风、宗教艺术、民族餐饮等为一体的旅游服务景区。金帐汗部落服务区以砖木结构的蒙古包为主，周围环绕坐落成吉思汗金帐、鄂伦春撮罗子、七星帐蒙古包群和达斡尔山庄；可举办大型民族体育赛会和歌舞表演、篝火狂欢晚会等娱乐活动。金帐汗蒙古部落设有的篝火狂欢晚会，精彩的赛马、套马、驯马表演，蒙古式博克、角力擂台赛、祭敖包、萨满宗教文化表演等活动项目，形成了集游、行、住、食、娱、购于一体的草原民族风情文化景点。

去呼伦贝尔草原旅游的游客量逐年递增，市场需求非常旺盛。针对草原旅游巨大的发展潜力，加强草原景观的吸引力开发和旅游基础设施的配套建设，加大旅游产品的挖掘和开发，转变单一观光内容，突破旅游季节和出游方式的制约，采取有效措施丰富草原旅游文化内涵，可推进呼伦贝尔草原文化风情游的健康持续发展。

4. 西藏羌塘草原观光探险游

西藏草原面积占西藏总面积的 68%，平均海拔 4000m 以上，素有"世界第三极"之称，具有丰富的旅游资源。西藏北部辽阔的大草原，由于其独特的气候特征和动植物资源，迄今为止是世界上为数不多的原始自然生态地区。羌塘草原、唐古拉山口及号称"世界第一高湖"的纳木错等都是藏北草原旅游的亮点（孙磊等，2005）。2006 年 7 月 1 日青藏铁路全线建成并通车，由青海格尔木经藏北草原和那曲到达拉萨，极大方便了游客进入西藏草原，也为草原旅游发展提供了有利条件。

羌塘草原地处西藏西北部，位于昆仑山脉、唐古拉山脉和冈底斯山脉之间，面积约为 60 万 km²，海拔为 4600~6000m，西北高、东南低，具有寒冷、干旱、风大、辐射强、积温低等大陆性高原气候特点。在此气候条件下，发育形成特有的高寒草原植物种类，规律性分布着不同类型的草原植被。在羌塘高原的南部和中部广泛分布着紫花针茅（*Stipa purpurea*）草原；东南部发育着紫花针茅与高山嵩草为共建种的植被；西部是以沙生针茅（*S. glareosa*）荒漠草原乃至驼绒藜（*Krascheninnikovia ceratoides*）荒漠为主的山地荒漠地带；在西北部广泛分布着柄状薹草（*C. pediformis*）和垫状驼绒藜（*K. compacta*）草原，成为高寒荒漠草原地带的景观性类型。紫花针茅草原是高寒草原中最典型的类型，广泛分布于海拔 4600~5000m 的羌塘高原南部和中部，构成高寒草原地带的独特景观（王金亭和李渤生，1982）。草原上生长着冬虫夏草（*Stachys geobombycis*）、藏红花（*Crocus sativus*）、雪莲（*Saussurea involucrata*）等珍稀植物；藏羚羊、野牦牛、藏野驴是藏北草原上特有的野生动物，还有黑颈鹤（*Grus nigricollis*）、雪豹、盘羊、棕熊等珍贵野生动物。辽阔的羌塘草原和神秘的藏北无人区，奇幻的草原风光和珍稀的动植物资源，都成为藏北地区发展草原观光和探险旅游的独特资源。

随着青藏铁路的开通，进藏游客的增长，发展羌塘草原旅游成为推动地方经济发展和树立草原旅游品牌的重要举措。以那曲镇为旅游中心城镇，周边高原风光突出，自然生态环境优异，藏北地区藏族传统文化浓郁，是开展观光旅游、生态旅游、文化旅游的首选地区（张巧莲，2008）。在草原上生活的牧民热情开朗，豪放大方，特别能歌善舞，尤以踢踏舞、锅庄舞最富民族特色。长期以来牧民们在生活和生产中形成了富有地方特色的民俗活动，如藏历3月的初生小牛节、阉羊节、雷声节，藏历4月的剪子毛节，藏历9月的采药节等。赛马节也是藏北草原规模盛大的传统节日。另外，藏北历史上属于象雄古国的一部分，绝大多数藏北人既笃信藏传佛教，又对大自然顶礼膜拜，牧民们至今还将藏北的许多高山和湖泊视为神山圣湖，每年都要朝山转湖。草原上传统的宗教文化及其节日和习俗，更增强了旅游观光的地方特色（李凡 等，2004）。

在羌塘草原上长期生活的藏族牧民以养马驯马、善骑射著称，多年来形成富于草原游牧文化特色的赛马民俗。羌塘草原牧民的盛大节日中，以恰青赛马节最为著名。恰青赛马节在羌塘草原最好的季节（藏历7月）举行，集赛马及其他藏族传统体育竞技、群众性文艺演出、物资交流、服饰表演、格萨尔说唱、各寺庙宗教艺术表演、旅游推介等多样化的活动于一体，成为各族群众的草原盛会（洛桑泽仁，2019）。羌塘恰青赛马节活动内容不断丰富和拓展，传统与现代并行，草原文化特色鲜明，对于传播藏族聚居区民族文化、促进地方经济发展、树立旅游形象等效果显著，吸引了世界各地游客的关注。

随着人们生活水平和旅游消费水平的提高，自驾探险游也受到大量游客的推崇。羌塘草原自驾游可以体验无人区和原生态的藏北风情，夏日的羌塘草原是一幅由蓝天、白云、牛羊和绿地织就的图画，空灵、安静、迷幻的感觉让游客忘却了高原缺氧的不适和旅途的疲惫。野牦牛、藏羚羊、藏野驴等国家一级保护动物漫步在无边的草原上，游客可以近距离感受这些草原的生灵，体验驰骋羌塘草原的神奇探秘之旅。

羌塘草原由于放牧利用简单、粗放，区域性超载过牧导致草原退化明显，冬虫夏草等珍稀植物的过度采挖更加剧了草原的破坏。因此，科学合理地发展草原旅游，对减轻草原压力、改善人民生活水平、提高牧民收入具有切实有效的意义。针对羌塘草原的旅游资源特色，加强旅游服务意识和基础建设，促进藏北畜牧业由低产低效型向优质高产高效型转变，草原观光和探险游发展前景广阔。

10.4.2 我国草原旅游的发展趋势

1. 草原旅游在产业结构调整和牧区经济建设中的重要作用将更加突出

受草原退化、沙化等生态环境恶化的影响，草原旅游的发展成为解决草原生态保护和牧区经济发展之间矛盾的重要途径。通过发展草原旅游，将畜牧业与旅游业相结合，把牧民增收、生态移民同社会主义新牧区建设战略结合起来，充分利用草原旅游资源，不仅促进了畜牧业生产方式的改进，调整和优化了牧区产业结构，而且发展了绿色、生态的现代畜牧业，为新牧区建设奠定经济基础。因此，国家草原、旅游行政主管部门应大力宣传草原旅游建设和发展的重要作用，强化草原文化挖掘和旅游开发有机结合，形成草原保护和利用的生态意识。草原生态环境保护意识的加强和草原文化影响力的增强，将有力推进草原生态旅游市场的健康发展。

2. 强化草原旅游发展与建设的规划作用，促进草原旅游的健康持续发展

草原旅游资源成为草原地区发展观光旅游产业的坚实基础，但是草原旅游业的无序发展、恶性竞争产生的各种不利影响将导致草原退化、生态环境恶化更加明显，草原文化商品化凸显等一系列问题。针对草原旅游资源特性，通过草原旅游发展与建设的科学规划、科学合理的项目组合和有效的时空分配，明确草原旅游项目的定位；协调好旅游开发与草地畜牧业、种植业、林业的矛盾，处理好旅游开发与环境保护、乡村建设的关系，注重旅游与周边城镇的相互依托关系，合理确定产业结构，建立各相关产业协调发展的良性循环机制，实现草原生态系统的平衡和草原旅游业的可持续发展。

3. 草原旅游产品将不断改造升级，提升草原旅游的文化内涵

我国草原旅游产品开发单一、景点雷同、开发规模小而分散，活动内容少而单调，并且草原文化的核心理念受草原旅游经济的冲击呈现退化甚至遗失的趋势。在现有传统旅游项目的基础上改造升级旅游产品，以文化内涵展现为目标，创新产品设计思路。草原文化景观类旅游产品的开发要以与草原文化息息相关的历史遗迹资源为基础。针对草原岩画、古墓石人、寺庙及草原动植物和地理资源开展历史遗迹观光和科考旅游；还可以建造博物馆、民族文化园、专业展厅等，让游客能够短时间内参观民族历史文物，学习草原民族历史和文化，了解草原民族社会风情。利用草原旅游资源与森林、河流等相组合的优势，开发户外探险越野、素质拓展等体验性强的旅游项目，是迎合旅游市场新兴需求的优势资源地。

4. 草原旅游相关法律法规将逐渐完善配套，依法加强监督管理

针对草原旅游发展涉及的草原资源、建设利用、市场管理、投资金融等领域的法律问题，以《中华人民共和国草原法》为基础，完善相关的法律法规和制度建设，为开展草原执法提供法律依据，推动草原旅游的开发指导、监督管理及危机处理等工作。草原行政主管部门应参与草原旅游的开发管理活动，各级草原监理机构严格执法，强化法律监督，严厉打击各种破坏生态环境和草原资源的违法犯罪行为，对非法使用草原、超范围使用草原、非法建立临时建筑物、非法开设交通通道等造成草原植被破坏的行为依法严肃处理，保护草原资源。

第 11 章

栽培草地建植与管理的原理与技术[*]

11.1 引　　言

11.1.1 栽培草地概念及重要性

栽培草地也称为人工草地，是利用综合农业技术，通过播种建植的人工草本群落，可提供青饲、调制干草或放牧利用。播种的饲草既可以是一年生，也可以是多年生；既可以是草本，也可以是半灌木、灌木，甚至是小乔木等（孙启忠 等，2015）。就其生态学本质而言，栽培草地是取代原生植被、处于人为农作措施维护下的植物群落，具有结构简单、草种搭配合理、类型多样及稳产、高产和优质等特点。

栽培草地的生产以收获植物茎、叶营养体为目的，与收获籽粒为目标的粮食作物相比，牧草在生长期内对于水、热、光、气等气候资源和土地资源的时间性匹配要求不高，全年内可以充分地利用气候资源和土地资源，生产较多的有机物质。

集约化的牧草栽培可以产出优质饲草。例如，高产条件下，苜蓿、羊草、燕麦、青贮玉米的产量分别高达 22.5t/hm^2、20.0t/hm^2、37.5t/hm^2 和 45.0t/hm^2，分别是天然草原的 11 倍、10 倍、19 倍和 23 倍（杜青林，2006；白永飞 等，2018）。适时收获的牧草品质优良、适口性好，如被誉为"牧草之王"的苜蓿，叶中蛋白质平均含量高达 36.5%，全株粗脂肪、钙、磷等营养物质含量均优于玉米籽粒，是奶牛业发展不可缺少的优质饲草。

发展栽培草地和引草入田是实现种植业结构调整，以及改善居民食物结构的重要举措。改革开放以来，我国居民人均粮食与畜产品的消费发生了历史性变化，最显著的特征是人均直接粮食消费（口粮）逐年减少，而动物性食物消费一路攀升（李向林 等，2016）。目前我国人均动物性蛋白质摄入量仅相当于日本 20 世纪 60 年代的水平和韩国 20 世纪 80 年代的水平。牛肉消费需求总量由 2015 年的 721 万 t 增加至 2020 年的 796 万 t，增加了 75 万 t；羊肉消费需求总量由 2015 年的 450 万 t 增加至 2020 年的 502 万 t，增加了 52 万 t（表 11-1）。为了满足不断增

---

[*] 本章作者：沈禹颖、杨宪龙、杨惠敏

表 11-1 2000～2020 年我国牛、羊肉消费需求变化

项目	2000 年	2005 年	2010 年	2015 年	2020 年	2010～2015 年年均增长率/%	2015～2020 年年均增长率/%
牛肉消费总量/万 t	513	567	653	721	796	2.00	2.00
人均牛肉消费量/kg	4.04	4.33	4.87	5.19	5.49	1.18	1.13
羊肉消费总量/万 t	265	352	403	450	502	2.23	2.21
人均羊肉消费量/kg	2.09	2.69	3.01	3.23	3.46	1.42	1.39

资料来源：孙启忠等（2015）；农业部《全国节粮型畜牧业发展规划（2011—2020 年）》。

加的草畜产品消费需求，提高我国人均动物性蛋白质供应水平，必须保障饲草产品的安全供给。据"十四五"全国饲草产业发展规划显示，要确保我国牛羊肉和奶源自给率分别保持在 85% 左右和 70% 以上的目标，未来对优质饲草的需求总量将超过 1.2 亿 t，尚有近 5000 万 t 的缺口，因此亟须大力扩大我国栽培草地的规模及生产力。

栽培草地还有显著的生态功能，特别是多年生牧草，通常具有比农作物更发达的根系。庞大的根系和地上密集的草层能够缓解地表径流、减少水土流失，起到良好的水土保持作用，提高降水利用效率，从而发挥良好的水土保持作用。在净化土壤、改良土壤方面，建植冰草、高羊茅、披碱草、白三叶草等草皮缓冲带，对农田径流中总氮的平均去除率在 30% 以上，对总磷的平均去除率达 79.3%，对悬浮固体颗粒物的平均去除率达 73.6%（苏天杨 等，2010；杨慧滨和李林英，2010）。速生且生物量大、繁殖力强的草地植物也可用于农业有机废弃物的吸纳和环境污染的治理，如香根草对养殖废水中总氮、硝态氮、总磷的净化效果均在 70% 以上（夏汉平 等，1999）。同时，很多耐盐牧草对盐碱土壤具有明显的改良作用，如星星草在松嫩草原、内蒙古河套、内陆绿洲灌区盐碱地治理中发挥了巨大作用，其结合排灌渠配置技术，使曾经白茫茫一片的盐碱地被改造为良田。

11.1.2 我国栽培草地生产现状

1. 与世界草畜发达生产水平相比，占比低、投入严重不足

发展栽培草地是实现草食畜牧业高质量发展的重要保障。栽培草地种植规模和生产水平是衡量一个国家和地区畜牧业发达程度的标志。我国有 2.13 亿 hm² 天然草原，且 90% 存在不同程度的退化。天然草地生产力水平低，饲草供应量小，且存在季节供应不平衡等问题，远不能满足现代畜牧业发展的需求。人工栽培草地总面积仅有 2000 余万 hm²，占可利用草地面积的 5% 左右（中华人民共和国农业部，2013）。从全国各省（区、市）来看，2017 年年末保留种草面积排在前 4 位的省（区）分别是内蒙古、四川、甘肃和新疆，分别为 368.4 万 hm²、287.5 万 hm²、256.0 万 hm² 和 169.4 万 hm²，占全国种草面积的 19%、15%、13% 和 9%［图 11-1（a）］。按牧草类别来看，虽然多年生牧草年末保留种植面积和一年生牧草年末保留种

植面积在不同年份间具有一定的波动性，但是2007～2017年多年生牧草的平均种植面积（1645.5万hm²）远远高于一年生牧草的平均种植面积（约458.1万hm²）[图11-1（b）]。

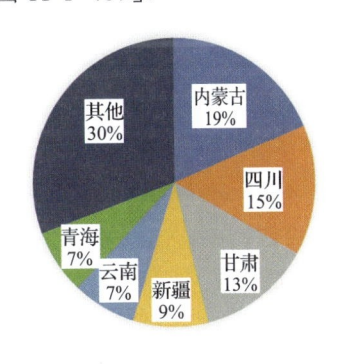

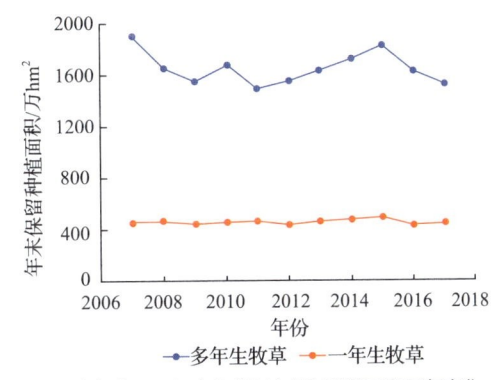

(a) 2017年末保留种草面积占比　　(b) 多年生、一年生牧草年末保留种植面积历年变化

图11-1　2017年年末全国主要省（区、市）保留种草面积占比及多年生、一年生牧草年末保留种植面积历年变化

2. 栽培草地生产格局已经形成

目前，全国牧草生产的"一带两区"格局基本形成，"一带"即苜蓿生产带，"两区"即东北羊草生产区和南方饲草生产区（全国畜牧总站，2018）。具体来看，2017年，多年生牧草中，苜蓿的种植面积最大，为415.0万hm²。苜蓿主要产区在新疆、甘肃、陕西和内蒙古4省（区），种植面积分别为93.1万hm²、82.1万hm²、67.0万hm²和54.3万hm²，占全国的71.5%（全国畜牧总站，2018）。由图11-2可知，披碱草的增长趋势最为明显，种植面积目前排在第2位。沙打旺、羊草的种植面积表现为缓慢减少的趋势，而多年生黑麦草的种植面积表现为增加的趋势。一年生牧草中，青贮玉米种植面积最大，且种植面积基本表现为逐年增加的趋势。2017年，青贮玉米的种植面积为230.9万hm²，主要产区有内蒙古、新疆、黑龙江和山东，种植面积分别为86.4万hm²、35.6万hm²、15.2万hm²和14.1万hm²，占全国种植面积的65.5%。燕麦种植面积为42.0万hm²，主产区在青海、甘肃、内蒙古，种植面积分别为12.9万hm²、10.5万hm²和8.8万hm²，占全国种植面积的76.7%。多花黑麦草的种植面积排在第2位，但有逐年减少的趋势。青贮高粱的种植面积表现为缓慢增加的趋势（全国畜牧总站，2018）。

2017年，全国栽培牧草总产量、多年生牧草产量和一年生牧草产量分别为17 594万t、9031万t和8563万t，就平均单产而言，全国紫花苜蓿、多花黑麦草和青贮玉米产量分别为7065kg/hm²、16 875kg/hm²和23 265kg/hm²（全国畜牧总站，2018）。

世界上草牧业发达国家栽培草地面积占草地总面积比重较高，但我国受传统以粮为纲思想影响，对草地重视程度不够，草地耕作、播种、施肥和病虫害防治等栽培管理水平与农作物相比普遍较低，限制了栽培草地生产力的进一步提升。

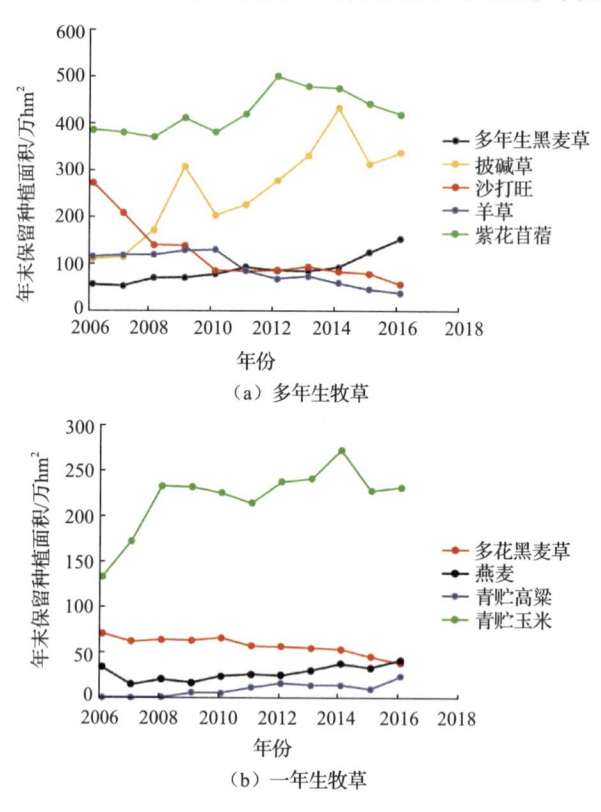

图 11-2　主要多年生牧草和一年生牧草年末保留种植面积历年变化

因此，发展栽培草地是大幅提升我国饲草生产能力、实现草产品安全供应和保障食物数量和质量安全的有效途径。

11.2　牧草栽培的原理

11.2.1　生态适应性原理

建植栽培草地要确定草种。牧草种类极其繁多，并且任何一种牧草对气候条件都有一定的适应范围，因此选择适应当地气候、土壤及栽培条件的牧草草种或品种显得尤为重要。在众多气候因子中，温度是决定栽培草地是否建植成功的首要因素，直接影响着植物细胞分裂、增大及呼吸作用等生理代谢过程。其中，冬季极端低温出现的强度及其持续时间，以及早春返青初期低温出现的强度及其持续时间是决定牧草是否安全越冬的两个重要因素（王建光，2018）。牧草生长对温度的要求表现出最低、最适、最高 3 个基点温度。在适宜温度范围内，随着温度的升高，牧草生长、发育与成熟速度加快。在最低温度之下及最高温度之上生长停止甚至死亡。根据各种牧草对温度的要求差异将牧草划分为冷季牧草、暖季牧草和热带牧草。

11.2.2 营养体适时收获原理

刈割或收获时间是影响牧草产量和营养品质的关键因素之一。在牧草生长期内，过早刈割，虽然牧草营养价值非常高，但产量比较低，并且影响牧草的生长；过晚刈割，则会影响牧草品质（图 11-3）。此外，确定刈割利用时间和强度还应该考虑以下两个因素。①再生速度。牧草的再生速度决定了牧草群落的草产量。再生速度快的牧草可适当增加刈割利用强度。②越冬性能。牧草最后 1 次刈割时间和强度显著影响牧草越冬率，刈割过晚导致牧草体内的抗寒调节物质（淀粉、可溶性碳水化合物和游离脯氨酸等）积累减少，使牧草越冬率下降，影响来年牧草的生长及产量。早收刈调制的青贮饲料的干物质、淀粉、粗蛋白质和中性洗涤纤维（neutral detergent fibre，NDF）的瘤胃消化率均高于晚收刈，家畜利用效率更高。

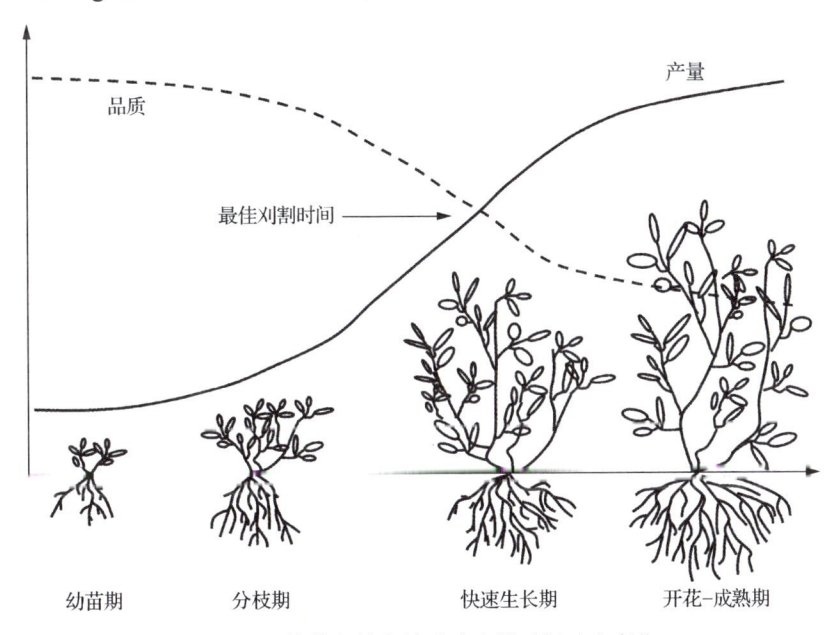

图 11-3 牧草产量和品质随生长时间动态变化

11.2.3 种群密度调控原理

牧草种植密度不同，则群体内个体与个体之间的临界距离不同，从而导致个体间的相互影响也不同。牧草在生长的初始阶段，个体彼此相距较远，互不影响或影响较弱。随着个体不断长大，群体中个体之间逐渐相互影响，由此产生密度效应。个体之间距离越接近，单位面积的株数越多，个体之间的相互影响越严重，密度效应越大（曹卫星，2011）。合理的种植密度是确保牧草获得高产的重要条件。密度太大、单位空间植株数量多，不利于群体对光、热、水、肥等资源的竞争和充分利用。但密度过低时，单位空间植株数量少，降低了群体生物产量，同时对各种资源的利用不充分（张文浩 等，2018）。生态学中有"生态位"的概念，生态位相近是指牧草的生活型、高度、根系分布特征等基本一致时，它们生长在一起时就会相互争夺光照、养分、水分和空间，随着竞争程度加剧，幼弱的植株就会被淘汰，而竞争能力强的植株被保留下来。例如，单作模式下栽培密度对生物量累积指数模型产生了较大影响，在一定密度范围内，较高的密度可获得较高的群体生物量累积。同时，指数曲线中"缓慢生长阶段"随着种植密度的增加而缩短［图11-4（a）］。在未完全封垄（行）之前，作物群体生长率［图11-4（b）中曲线的起始斜率］随密度的增加而增加。完全封垄（行）之后，作物群体生长率与密度的相关性大大减弱。

（a）生物量累积过程　　　　（b）生物量累积与密度的关系

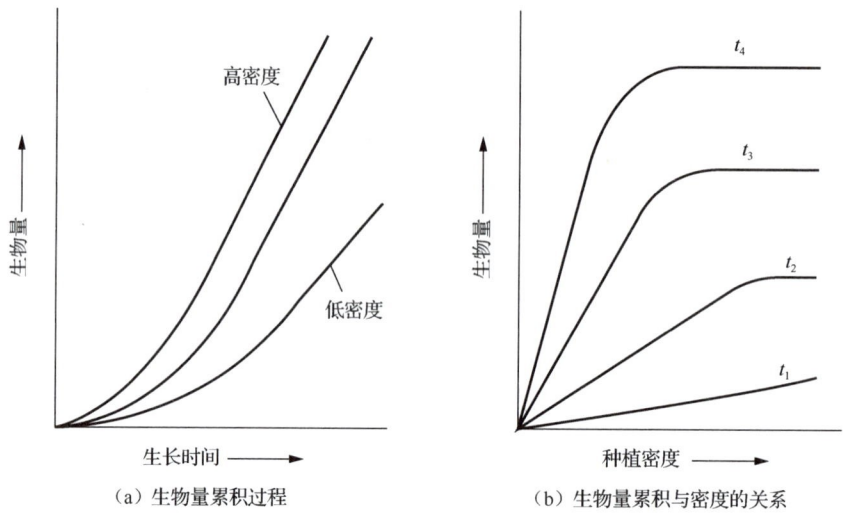

图 11-4　不同密度作物群体生物量累积过程和不同时期生物量累积与密度的关系
（Connor et al.，2011）

11.2.4　牧草间作、混作原理

1. 粮草间作原理

间作是指在同一地块上成行或带状（若干行）间隔种植两种或两种以上（通常为两种）生育时期相近（也有不相近者）牧草的种植方式。间作模式下不同作物在时间和空间上合理搭配，可以使光能、水分、养分等资源得以高效利用。在豆科/禾本科间作体系中，豆科与禾本科牧草生态位互补，能促进豆科牧草的生物固氮作用，进而提高单位土地面积的产出。因为成行或带状种植，可以分别管理，特别是带状间作，便于机械化或半机械化作业，与分行间作相比，更能提高劳动生产率。与常规的单作模式相比，间作具有如下优势。

1)增加牧草生产力

作物间作提高体系生产力已被大量研究所证实,在传统作物生产中广泛应用,两种作物均获得高产。在小麦/玉米间作和小麦/大豆间作中,小麦籽粒产量分别增加 40%~70% 和 28%~30%,玉米增产 19%~32%,大豆增产 0~12%(Xia et al., 2013)。

2)提高饲草的蛋白质含量

豆科牧草和禾本科牧草间作生产出的优质牧草,提高饲草蛋白质含量,可以达到高产优质生产的目的。

3)提高资源利用效率

禾本科牧草喜氮,能大量吸收利用土壤氮,降低了间作系统土壤氮素浓度,低氮促进了豆科牧草的根瘤活性,促进生物固氮,从而实现了禾本科作物和豆科作物在氮素利用上的生态位分离(图 11-5)。高粱/木豆间作群体中,间作群体在整个生育期内叶面积指数较大,光能截获量比单作高粱和单作木豆分别高出 67% 和 9%(Natarajan and Willey,1980)。

(a) 蚕豆/玉米间作

(b) 单作蚕豆与间作蚕豆结瘤对比

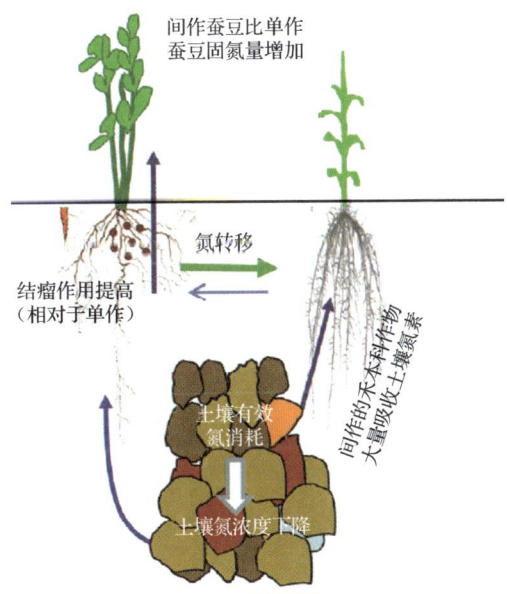

(c) 结瘤机制

图 11-5 蚕豆/玉米间作改善蚕豆结瘤及其机制(李隆,2016)

4）间（套）作还具有控制杂草和病虫害的作用

豆科/非豆科间作还可以通过化感作用控制杂草。

2. 牧草混作原理

牧草混作泛指在同一块田地上同期混合撒播或条播种植两种或两种（品种）以上牧草饲料作物的种植方式。豆科+禾本科牧草混作草地具有高产、优质和稳定的特点，是栽培草地的重要发展方向。与单播草地相比，混作草地不仅在提高饲草产量、品质方面具有优势，而且在改善土壤肥力、实现系统可持续生产方面具有明显作用。从生态学角度，混作增加了物种多样性，提高了抵御环境风险的能力，Tilman 等（1996）发表了 16 种、24 种共存的控制实验研究结果，提出多物种混作的理论，随后，加拿大科学家开始了多元种植系统的研究，其目的是更好地利用自然资源。

11.2.5 草田轮作原理

轮作是指按照作物的特性及其对土壤和后茬作物的影响，在同一块田地上，依次周而复始地轮换种植不同类型作物的种植制度，是农田用地和养地相结合、提高作物产量和改善农田生态环境的一项农业技术措施。如一年一熟的大豆-小麦-玉米 3 年轮作，这是在年间进行的单一作物轮作；在一年多熟条件下，既有年间的轮作，也有年内的换茬，如南方的黑麦草-水稻轮作，这种轮作由不同的复种方式组成，因此也称为复种轮作。在轮作地块上，轮换种植的各种作物依据茬口特性排成的先后顺序，称为轮作方式。在一个轮作体系中，各种作物在一个轮作地块上全部种植一遍所经历的年数，称为轮作周期。

从广义上讲，轮作既有时间上的轮换种植，又有空间上的轮换布局。轮作的目的在于利用不同作物自身所具有的生长发育特性和生理生态特性及其对土壤、环境的适应能力，将其进行合理排序，使各牧草性能相互补充、相互促进，从而实现牧草持续高产，达到维持地力、减轻病虫害的目的。

草田轮作制是指在同一块土地上轮换种植牧草与大田农作物的种植方式。草田轮作是倒茬和肥田养地、产草和养畜相统一的耕作制度，是农作物获得高产稳产的一项重要技术措施，也是农牧结合的纽带。我国在东汉时就形成了粮食作物和牧草轮作的种植模式，在西北欧国家及美国、俄罗斯等国家也普遍盛行。粮食作物与牧草进行轮作，一方面可改善土壤结构、增加降雨入渗，减少径流损失；另一方面可优化和调控植物根系吸水模式，减少水分的无效渗漏等（Rathke et al., 2005；Kollas et al., 2015）。

11.2.6 水肥利用最大效率期原理

1. 牧草生长阶段需水规律

水分不仅是构成牧草的主要成分，而且还参与所有生理生化反应和新陈代谢等作用。了解和掌握牧草需水规律，确定各生长阶段最适需水量的下限及其水分临界时期，可为牧草生产和管理提供依据。牧草需水量受气候、土壤、农艺技术、灌溉方式等因素的影响。牧草需水量从播种（返青）到收获（越冬前）呈少-多-少的规律。在苗期（返青期）到分枝前期，由于气温比较低，植株幼小，地面覆盖度低，土壤蒸发较强，需水量以棵间蒸发为主。进入分枝期后，随着气温的不断升高，牧草生长速度加快，新陈代谢作用加强，需水量增大达到高峰期。此时蒸腾需水大于棵间蒸发，需水以植株蒸腾为主。在成熟期，牧草生理机能逐渐衰退，叶子枯黄，生理活动减弱，需水量显著减少，此阶段需水量仅占总需水量的10%左右（石凤翔 等，2003）。

1）同一牧草在不同生育时期对水分的需求量不同

陈凤林和刘文清（1982）研究显示，苜蓿苗期的耗水量仅占全生育期耗水量的5.2%。苜蓿从分枝-现蕾期生长迅速，根系发达，吸水能力强，光合和蒸腾作用强，需水量较多，占全生育期耗水量的36.9%。现蕾-开花期耗水量略有下降（18.8%），开花-结荚期耗水量又略有增加，可占全生育期耗水量的32.2%（表11-2）。又如，紫花苜蓿返青、分枝、孕蕾、开花、种子成熟及全生育期的需水强度依次为2.5mm/d、4.0mm/d、5.3mm/d、7.5mm/d、6.9mm/d 和 5.3mm/d。可见分枝期、现蕾期及开花期是苜蓿需水量较大的时期，在这些时期灌溉有利于促进苜蓿生长，从而提高苜蓿的产量。

表 11-2　苜蓿不同生育阶段耗水量

生育阶段	天数/d	耗水量/（m³/hm²）	占全生育期比例/%
播种-出苗期	9	303.0	5.2
出苗-分枝期	16	405.0	6.9
分枝-现蕾期	33	2163.0	36.9
现蕾-开花期	14	1098.0	18.8
开花-结荚期	28	1885.5	32.2
全生育期	100	5854.5	100.0

资料来源：陈凤林和刘文清（1982）。

2）牧草种类不同，需水量不同

在同等栽培条件下，生物学产量大体相当时，多数豆科牧草比禾本科牧草对水分的需求量大。不同的豆科牧草对水分的需求量也不尽相同，如苜蓿、红三叶等需水多, 而扁蓿豆 (*Medicago ruthenica*)、沙打旺、羊柴、柠条锦鸡儿等需水较少 (石凤翔 等, 2003)。例如, 佟长福等 (2010) 研究了呼伦贝尔草甸草原青贮玉米和燕麦两种人工牧草的需水规律, 结果显示, 青贮玉米和燕麦在出苗后, 需水量逐渐增加, 在拔节-抽穗期和抽穗-灌浆期分别达到最高, 需水强度分别为 7.3mm/d 和 6.9mm/d, 此后开始逐渐变小。

2. 牧草养分需求规律

牧草的整个生育期可大概划分为 3 个阶段: 自养生长阶段、营养生长阶段和生殖生长阶段。在自养生长阶段, 牧草幼苗的生长主要靠种子的储存物质提供营养; 营养生长阶段是牧草旺盛生长的时期, 碳、氮代谢强烈, 须从外界获取大量营养物质; 在生殖生长阶段, 牧草由碳、氮代谢并旺转入碳代谢, 该阶段是生殖器官建成及籽实形成的时期。因此, 要提高牧草产量, 关键在于满足营养生长阶段养分的需要, 以利于茎叶等营养器官的形成, 从而大幅提高鲜草产量, 若以收草种为目的, 则还应考虑生殖生长阶段对养分的需求特性 (谭金芳, 2011)。

合理施肥是牧草高产、稳产和优质的关键。例如, 高产苜蓿摄取的营养物质远远高于玉米和小麦, 苜蓿的多次刈割必然会带走土壤中更多的营养元素, 不同种类牧草对养分需求的绝对量和相对比例都不一样, 如每生产 1000kg 禾本科牧草无芒雀麦干物质需要从土壤中吸取 19kg 氮 (N)、3.3kg 磷 (P_2O_5) 和 24.3kg 钾 (K_2O), 而每生产 1000kg 紫花苜蓿干物质就要带走 32kg 氮、2.5kg 磷和 28.4kg 钾。草产量越高, 带走的营养元素越多, 势必造成土壤养分不断流失和匮乏。

一般来说, 作物养分吸收存在两个关键时期: 一个是养分临界期, 另一个是养分最大效率期。养分临界期是指某种养分缺少、过多或各种营养比例失调对作物生长发育影响最大的时期, 一般出现在生育前期 (如苗期)。养分临界期的特点是需求不多, 但很迫切, 一旦错过, 补施已晚。养分最大效率期是指某种养分能发挥其最大增产效率的时期, 比如小麦的拔节至抽穗期、玉米的喇叭口期至抽雄初期。该时期的特点是养分需求量大, 吸收最快, 施肥增产明显 (曹卫星, 2011)。

11.3 栽培草地生产技术

11.3.1 建植技术

1. 适宜草种或品种选择

豆科牧草中, 一年生的毛叶苕子及二年生的黄花草木樨等属于冷季牧草, 它们能够适应冷凉的气候条件, 在 2~3℃时也能生长发育, 生长的最适温度为 15~20℃, 这类牧草一般在早春便可播种。大多数豆科牧草均属于暖季牧草, 如苜蓿、红豆草等，它们生长的适宜温度为20~25℃，这类牧草一般适于在晚春和夏季播种。柱花草及大翼豆等热带牧草，一般生长的适宜温度为25~30℃，在10~20℃时生长缓慢，当气温降至-2.5℃时便死亡（石凤翔 等，2003）。降水量的多少及其在生长季内的分布特征也是决定牧草产量和栽培方式的重要因素。例如，苜蓿对年降水量的最低要求为300mm，在更为干旱的地区则需要灌溉才能生长，年降水量超过1300mm时苜蓿适宜性变差。

（1）根据牧草的利用方式选择草种（品种）。牧草用于放牧时应选择返青早、耐牧和生长期长的下繁草，例如紫羊茅（*Festuca rubra*）、碱茅（*Puccinellia distans*）等；打草场应注意选择生长繁茂、分枝多、产量高的上繁草，例如苜蓿、红豆草、苏丹草等；用于干旱区生态环境建设，防风固沙同时兼顾饲用时可选锦鸡儿、胡枝子、羊柴等；而用于改土肥田或草田轮作时则应根据轮作年限、牧草生长寿命及其茬口特性等选择牧草种类。

（2）根据牧草的环境适应性选择草种（品种）。最好选择经过2~3年引种试验在当地表现优良的草种，而未经试验的草种不能轻易大面积引种栽培，可根据牧草本身的适应性选择草种。例如，在我国西部风沙区应选择耐旱、耐贫瘠、耐风蚀、抗逆性强的沙打旺和羊柴等；在青藏高原地区应选择垂穗披碱草、老芒麦、救荒野豌豆、饲用燕麦等。在黄土丘陵水土流失区应选择耐旱、枝叶繁茂、根蘖力强的小冠花等；在东北寒冷地区应选抗寒性强、饲用价值高的杂花苜蓿、野苜蓿、扁蓿豆等；在我国南方热带地区刈割利用时应选用耐热、高产的杂交狼尾草、柱花草，放牧利用时选择白三叶草、百脉根等。因此，综合考虑气候要素进行牧草种植的适宜性区划至关重要。国内学者在牧草适宜性区划方面做出了一些有益的尝试，并取得了重要进展。1984年，洪绂曾先生组织国内相关学者在全国范围内对多年生主要栽培牧草进行全面、系统的调查和区分工作，并撰写了《中国多年生栽培草种区划》（洪绂曾，1989）。区划结果显示：苜蓿在全国尺度上的适宜区主要分布在东北区的西部、内蒙古东南部、华北区大部、黄土高原区大部及西北区部分区域，次适宜区主要分布在内蒙古部分区域、长江中下游区中部及西南部分区域；羊草适宜区主要分布在东北区中北部、内蒙古中东部、黄土高原区部分区域、华北区北端，次适宜区主要分布在东北区中部、内蒙古北部及中部、华北区中部。

在高寒地区建植苜蓿时，品种因素主要考虑以下4点。①秋眠等级。选择秋眠等级为1~4级的品种。国内品种推荐龙牧系列、图牧系列、新牧系列、公农系列等。②越冬指数。应当选择越冬指数为1~2级的苜蓿品种。③根系类型。苜蓿根系类型分直根型、侧根型和根蘖型。④其他抗逆性，如土壤盐碱性、病虫害高发区等选择适宜抗性品种，推荐公农1号、东苜1号、龙牧808、新牧3号、草原3号等（张文浩 等，2018）。

2. 场地选择和种床准备

1) 场地选择

一般要求地势平坦开阔，便于大型机械作业；避免在多砾石或多砂质土壤上建植。不同的牧草对土壤质地、土壤 pH、土壤肥力的要求各有不同。从对土壤质地来看，砂壤土对各种牧草均较适宜；一些需肥较多、且喜水的牧草则适宜在黏性较强的土壤上栽培；另一些抗旱、具根蘖特性的牧草适宜在黏结力小、质地松散的砂土上种植。各种牧草对土壤 pH 有一定的要求（表 11-3），多数牧草适宜在中性土壤上生长。可在酸性土壤上生长的牧草有白三叶草、紫云英（*Astragalus sinicus*）、百脉根等；能够忍耐轻度盐碱的牧草有白花草木樨、苜蓿、沙打旺等。一般而言，大多数牧草对土壤 pH 都有较宽的适应范围，但是水、肥、气、热供应充足且协调良好的土壤对于保障栽培草地的高产仍具有重要意义。

表 11-3 常见豆科牧草适宜土壤 pH

牧草种类	最适土壤 pH	牧草种类	最适土壤 pH
苜蓿	7.0～8.0	救荒野豌豆	5.0～6.8
白三叶草	5.6～7.0	毛叶苕子	6.9～8.9
红三叶	6.6～7.5	大翼豆	4.5～8.0
沙打旺	7.0～9.5	鸡眼草（*Kummerowia striata*）	4.1～7.5
百脉根	6.0～6.5	豌豆（*Pisum sativum*）	6.0～8.0
白花草木樨	7.0～9.0	紫云英	5.5～7.5

资料来源：石凤翔等（2003）。

2) 种床准备

上虚下实的种床对于控制播种深度和保证种子萌发出苗及苗期生长具有特别重要的作用。因此，播种前要对土壤进行深耕灭茬、耙地碎土、耱地平整和镇压紧实等一系列作业，还要配合基肥或种肥的施入，以保证良好的出苗效果。

3. 种植模式的选择

1) 单作

单作是指在同一地块上一年或一季仅种一种牧草的种植方式，又称清种，华北称平作。单作为单一作物群体，生长进程一致，便于播种、管理与收获时机械化作业。牧草作物生长过程中只有同一物种内部的种内竞争，而无种间的竞争和互补。如河西走廊金昌的苜蓿商品草生产属于单作，此外在广东、广西、福建、江苏、海南、四川、重庆等水肥条件适宜的区域可单作种植象草、高丹草、坚尼草（*Panicum maximum*）、狼尾草（*Pennisetum alopecuroides*）等高大牧草，其产量高、生产成本低、可用作饲喂奶牛、肉牛的粗饲料（图 11-6）。

（a）高丹草单作 　　　　　　　　　　（b）苜蓿单作

图 11-6　高丹草单作与苜蓿单作

2）间作

间作与单作不同，间作是在田间构成人工复合群体，个体之间既有种内关系，又有种间关系。间作时，不论间作的作物有几种，都不增加复种面积，间作作物的播种期、收获期相同或不相同，但作物共生期长，其中，至少有一种作物的共生期超过其全生育期的一半，是集约利用空间的种植方式（图 11-7）。实践表明，将饲用燕麦与兰箭 3 号救荒野豌豆间作，在 4∶1 的间作比例下，系统具有较高的饲草产量，土地当量比提高 28%，燕麦相对于救荒野豌豆的氮素营养竞争比率最优，显示出了豆禾牧草间作增产和提高资源效率的优势（张小明 等，2018）。在宁南、陇东，饲用玉米与高丹草实行带状间作，系统产量相较饲用玉米单作增产 39%，饲用玉米粗蛋白质含量提高了 3.8%，饲用玉米和高丹草可溶性糖含量分别提高了 22.7% 和 8.2%，饲草相对饲喂价值（relative feed value，RFV）达 128，土地当量比提高 20%。在南方，与柱花草间作，扭黄茅（*Heteropogon contortus*）

（a）苜蓿/小麦间作 　　　　　　　　　　（b）苜蓿/玉米间作

图 11-7　旱作下苜蓿/小麦间作与苜蓿/玉米间作种植

对氮、磷的吸收量高于其单作的 24.26%、35.18%，孔颖草（*Bothriochloa pertusa*）可相应高出 40.64%、47.50%（张德 等，2018）。

3）混作

混作是在同一地块上不分行种植两种或两种以上生育期相近的牧草作物，是集约利用空间的种植方式。混作一般在田间无规则分布，可同时撒播，或在同行内混合，或间隔混合播种，或一种植物成行种植，另一种植物撒播其行内或行间（图 11-8）。为便于分别管理，从饲用角度出发，要求混作牧草有相近的抽穗开花期和相近的抗病虫害能力。常见的模式有陕西榆林和延安地区的苜蓿与胡麻、荞麦（*Fagopyrum esculentum*）混种，内蒙古地区的苜蓿分别与荞麦、油菜、小麦、糜（*Panicum miliaceum*）、谷子混种。在退化高寒草甸的生态修复中，采用垂穗披碱草+呼伦贝尔苜蓿混作，草地地上、地下生物量与对照相比分别增加 2.3 倍和 2.7 倍（张骞 等，2019）。在宁夏中部半干旱区补灌条件下，苜蓿与羊草比例为 7∶3 的混作组合有较好的产量效应和最低的投入产出比（祁亚淑 等，2015）。在贵州威宁灼圃示范场的示范表明，在补播和施肥的条件下，混作栽培草地平均鲜草产量达 37.5t/hm²，人工混作草地优势牧草含量达 96%，粗蛋白质产量为天然草原的 13 倍以上，草地平均载畜量达 7.5 个羊单位/hm²。适度放牧利用下，红三叶+鸭茅混作草地表现出群落地上生物量高产和长期稳定的优势，植被盖度达 97%，对杂草入侵抵抗力强；合理利用下，红三叶+黑麦草混作草地可保持 10 年平均生产力达 4498kg/hm²（王元素 等，2007）。

（a）苜蓿/无芒雀麦混作　　　　　　（b）黑麦草/白三叶草混作

图 11-8　苜蓿/无芒雀麦混作与黑麦草/白三叶草混作

4）草田轮作

草田轮作可提高粮食作物的产量与养分吸收量。在我国不同地区的模式如下：①南亚热带地区黑麦草→水稻轮作模式；②黄土高原西部庆阳、陕西关中地区的冬小麦→豆科牧草→玉米等轮作模式；③苜蓿→冬小麦轮作，苜蓿后茬小麦可连续增产 3 年，增产幅度为 30%～50%，小麦蛋白质含量提高 20%～30%。在山西运城，苜蓿后轮作小麦增产 66.9%、轮作棉花增产 62%、轮作谷子增产 87.5%、轮作玉米增产 7.4%、轮作甘薯增产 1 倍。在宁夏南部，苜蓿与小麦轮作的小麦籽粒比小麦连作的小麦籽粒增产 1.47%～29.66%，利于小麦对氮、钾、铁、铜、锌的吸收。

采用与作物轮作也是长期苜蓿草地深层土壤水分恢复的有效措施（沈禹颖 等，2004）。在内蒙古乌拉盖地区无霜期仅 90~100d 的条件下进行苜蓿轮混作，轮作方式为 2 年小麦→苜蓿+油菜→4 年苜蓿→小麦→青莜麦，效益比小麦连作高得多。东北平原区玉米→向日葵（*Helianthus annuus*）→草木樨轮作模式和粮草七区轮作模式［三区苜蓿、二区小麦、一区杂粮（玉米），一区甜菜或大豆，第 3 年翻压一区苜蓿，以后每年种一区苜蓿翻压一区苜蓿］所产饲草及大地支撑了奶牛业发展，取得了农业增产的效果。

甘肃平川灌区采取小麦套种草木樨→压翻种玉米→单种小麦的三年三区轮作模式。在甘肃庆阳，冬小麦收获后复种救荒野豌豆和饲用油菜的系统生产力比麦茬休闲的系统生产力提高 27%，作物蛋白质产量增加 1100kg/hm^2（邓建强 等，2017）。草田轮作在改土肥田、保持水土及减少病虫草害等方面均具有良好效果。在西藏农区，采用豆科作物、油菜、救荒野豌豆等轮作后，农田蛴螬（*Holotrichia diomphalia*）和地老虎等害虫比麦类连作田下降 12.6%~18.0%，麦蚜等寡食性害虫、甘蓝夜蛾（*Mamestra brassicae*）等也比同类作物连作田减少 79.11%和 73.55%（魏军 等，2007），苜蓿-小麦轮作减少了苜蓿根腐病等土传病害的发生（郭玉霞，2003）。

4. 播种方式的选择

播种方式是指牧草种子在土壤中的布局方式。根据牧草种类、土壤、气候和栽培条件的不同，牧草的播种方式主要有以下几种。

1）条播

条播是牧草栽培中应用最为普遍的一种播种方式，它按一定行距一行或多行同时开沟、播种、覆土一次性完成。此法有行距无株距，设定行距应该考虑栽培目的。例如，作为牧草利用时，苜蓿、燕麦、披碱草、红豆草、黑麦草等牧草的种植行距一般为 20~30cm。行距设定因立地环境不同而有差别，如苜蓿行距一般建议为 15~30cm，中苜二号在华北平原的行距为 40cm（穆怀彬 等，2008），中苜三号在盐碱地的适宜行距为 15cm（吕会刚 等，2019）。在河西内陆荒漠地区，有报道苜蓿种植行距为 20cm（南丽丽 等，2019）。青贮玉米、饲用高粱等饲料作物的种植行距一般为 40~70cm，个别灌木型牧草行距可达 100cm 左右；作为收籽利用时，栽培牧草的行距可在上述基础上适当加宽，以利于高产、优质牧草种子生产。一般来讲，在湿润地区或有灌溉条件的地区，行距可取下限，采用密植方式。

2）撒播

撒播是一种把种子尽可能均匀地撒在土壤表面并轻耙覆土的播种方法。此法为无株距、无行距播种，为了播种均匀，撒播前应将整好的地用镇压器压实，撒上种子后轻耙并再次镇压，以确保种床紧实和控制播种深度。撒播适用于降水量比较充足的地区，并且撒播前必须清除杂草。目前，大面积飞播牧草就是采用撒播的方式。

3）带肥播种

带肥播种是一种与播种同时进行、把肥料条施在种子下 4~6cm 处的播种方式。此法使牧草根系直接扎入肥区，便于苗期迅速生长，既能提高幼苗成活率，又能防止杂草滋生。常用肥料为磷肥，当然根据土壤供应其他元素的能力不同，还可以施入氮、钾及其他微肥。

4）犁沟播种

犁沟播种是一种开宽沟、把种子条播进沟底湿润土层的抗旱播种方式。此法适合在干旱和半干旱地区进行，开底宽 5~10cm、深 5~10cm 的沟，躲过干土层，使种子落在湿土层中便于萌发，同时便于接纳雨水，有利于保苗和促进生长。待当年收割或生长季结束后，再用耙覆土耙平，可起到防寒作用，从而提高牧草的当年越冬能力，在高寒地区具有特别重要的意义。

5. 播种方法的选择

当播种材料和播种方式确定之后，需要考虑具体的播种方法。

1）播种时期

播种时期主要取决于气温、土壤墒情及牧草利用目的等因素。播种时期对牧草越冬率和产量具有重要影响。例如，王英哲（2015）于 2013~2014 年在吉林省中东部地区研究了播种时期对公农 1 号苜蓿越冬率及草产量的影响，结果显示，越冬率及翌年草产量随着播种时期呈现抛物线形式变化，其中 5 月 9 日、5 月 24 日播种越冬率及翌年草产量最高，8 月 9 日播种越冬率及翌年草产量最低（图 11-9）。

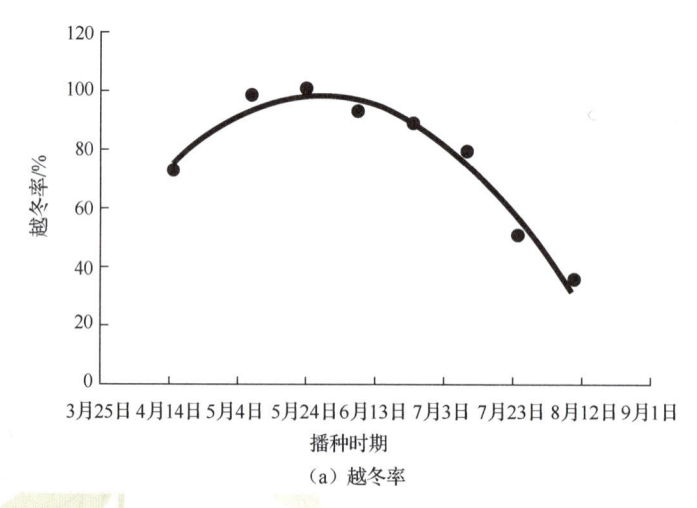

(a) 越冬率

图 11-9　苜蓿越冬率和翌年草产量随播种时期的变化规律

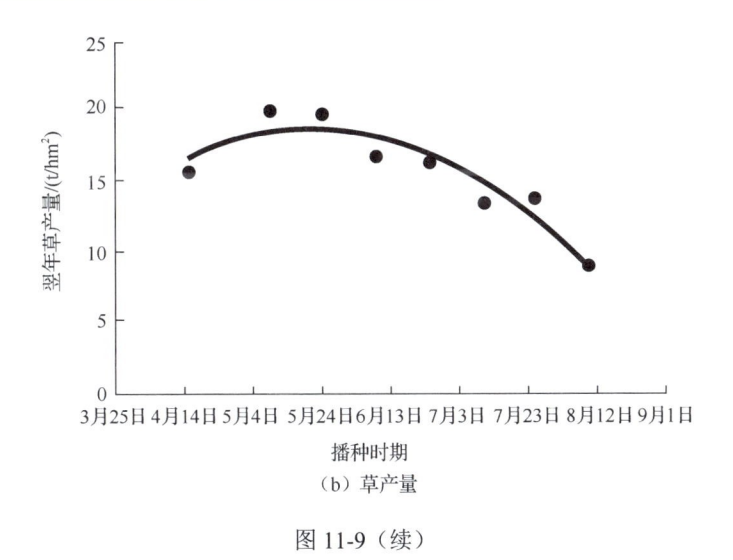

[图表：纵轴为"翌年草产量/(t/hm²)"，横轴为播种时期，从3月25日至9月1日]

(b) 草产量

图 11-9（续）

资料来源：根据王英哲等（2015）数据绘制。

播种时，只要表层土壤温度达到种子萌发所需要的最低温度就可以播种。但同时需要考虑土壤墒情，墒情差也不利于种子萌发出苗。播种一般有顶凌播种、春播、秋播和临冬寄籽播种等方式。顶凌播种是在早春地表土层解冻而下层土壤尚未化冻时进行种植的方式，该方式可增加当年草产量、提高翌年返青率和草地的再生能力。春播时，气温逐渐回升并接近种子萌发的最适温度，对幼苗生长有利，但春播时北方春季气温回升快，降水量少，蒸发量大，土壤墒情难以保障，会给种子萌发和幼苗生长带来不利影响。此外，春季杂草多，并且晚霜可能会影响幼苗生长。晚夏播和秋播一般从北方的 8 月到 11 月初进行，具体时间因地区而异。夏秋播种时，土壤水热条件好，杂草少，但由于冬前生长点较低，幼苗生长缓慢，播种当年不能或仅能收获少量牧草。此外，如果播种过晚，幼苗会受到霜冻的危害（龙明秀和叶大明，2019）。在内蒙古地区，豆科牧草最晚不超过 7 月中、下旬播种，禾本科牧草最晚不超过 8 月下旬播种；在甘肃中部干旱地区，苜蓿和红豆草于 7 月中、下旬播种几乎不能越冬。在新疆地区，冬季多有积雪，故秋播也能安全越冬，但南疆不迟于 10 月上旬，北疆天山北麓不迟于 9 月中旬。临冬寄籽播种一般在冬季积雪而春季较干旱的地区进行。在秋末、冬初气温降至 0℃ 左右时，将种子播于土壤，待翌年温度、水分适宜时再发芽生长。这种播种方法可以充分利用早春解冻时的土壤水分，但如果冬季无适量的降水，春风大，会前功尽弃，不可大面积应用。

2）播种深度

播种深度兼有开沟深度和覆土厚度两层含义，其中覆土厚度对于小粒牧草饲料作物更具有实际意义。开沟深度视播种当时的土壤墒情而异，原则上在干土层之下，覆土厚度视牧草饲料作物种类及其种子萌发能力和顶土能力而异，一般小粒种子（苜蓿、沙打旺、草木樨、草地早熟禾等）的覆土厚度为1～2cm，中粒种子（红豆草、毛叶苕子、无芒雀麦、老芒麦等）的覆土厚度为3～4cm。此外，开沟深度与土壤质地也有关系，轻质土壤可深些，黏重土壤要浅些。

3）播种量

适量播种、合理密植是保障牧草和饲料作物高产优质的重要条件。适宜的播种量取决于牧草和饲料作物的生物学特性、栽培条件、土壤条件、气候条件及播种材料的种用价值等。牧草实际播种量（kg/hm²）=[保苗系数×田间合理密度（株/hm²）×千粒重（g）]/[净度（%）×发芽率（%）]。在生产实践中，从成本角度考虑，应尽可能做到精量播种，但在实际操作中为避免播后出现苗稀的麻烦，人们往往倾向于超量播种。超量播种既能减少杂草侵害，又能增加牧草播种当年的产量和收益。常见主要栽培牧草和饲料作物经验播种量如表11-4所示。

表11-4 常见主要栽培牧草和饲料作物经验播种量　　（单位：kg/hm²）

草种名称	播种量	草种名称	播种量	草种名称	播种量	草种名称	播种量
苜蓿	7.5～18.0	牧地山黧豆（*Lathyrus pratensis*）	150.0～180.0	纤毛鹅观草（*Elymus ciliaris*）	15.0～30.0	玉米	60.0～105.0
金花菜（*Medicago hispida*）（带荚）	75.0～90.0	小冠花	4.5～7.5	鸭茅	7.5～15.0	高粱	30.0～45.0
沙打旺	3.75～7.50	百脉根	6.0～12.0	黑麦草	15.0～22.5	谷子	15.0～22.5
紫云英	37.5～60.0	柱花草	1.5～3.0	多花黑麦草	11.0～22.5	燕麦	150.0～225.0
红三叶	9.0～15.0	羊草	60.0～75.0	猫尾草	7.5～11.3	大麦	150.0～225.0
白三叶草	3.75～7.50	老芒麦	22.5～30.0	看麦娘（*Alopecurus aequalis*）	22.5～30.0	饲用大豆	60.0～75.0
红豆草	45.0～90.0	无芒雀麦	22.5～30.0	蔺草（*Phalaris arundinacea*）	22.5～30.0	豌豆	105.0～150.0
草木樨	15.0～18.0	披碱草	22.5～30.0	短芒大麦草（*H. brevisubulatum*）	7.5～15.0	蚕豆	225.0～300.0
布顿大麦草	11.3～15.0	甜菜	22.5～30.0	羊柴	30.0～45.0	高羊茅	22.5～30.0
柠条锦鸡儿	10.5～15.0	羊茅（*Festuca ovina*）	30.0～45.0	草地早熟禾	9.0～15.0	胡萝卜（*Daucus carota* var. *sativa*）	7.5～15.0

续表

草种名称	播种量	草种名称	播种量	草种名称	播种量	草种名称	播种量
救荒野豌豆	60.0～75.0	冰草	15.0～18.0	碱茅	7.5～10.5	苦荬菜（*Ixeris polycephala*）	7.5～12.0
毛叶苕子	45.0～60.0	偃麦草（*Elytrigia repens*）	22.5～30.0	鸡眼草	7.5～15.0	苏丹草	22.5～37.5

关于种植密度对牧草产量、品质的影响已有较多研究，并取得了重要进展。例如，王莹等（2011）研究了甘肃河西地区紫花苜蓿的适宜种植密度，发现种植密度为 600 万粒/hm² 时苜蓿干草产量和粗蛋白质产量最高，分别为 24 777kg/hm² 和 4925kg/hm²；随着种植密度的增加，紫花苜蓿返青提前而开花推迟，同期株高增加，耐旱能力下降，干草产量出现降低的趋势（图 11-10）。李建伟等（2011）研究了不同播种量对甘肃红豆草（*Onobrychis viciaefolia* Scop. cv Gansu）和甘农一号杂花苜蓿生产特性的影响。结果显示，甘肃红豆草 100kg/hm² 播种量下的鲜草和干草产量最高，分别为 11 734.0kg/hm² 和 3 357.8kg/hm²，甘农一号杂花苜蓿 13kg/hm² 播种量下的鲜草和干草产量最高，分别为 5217.5kg/hm² 和 1690.9kg/hm²。

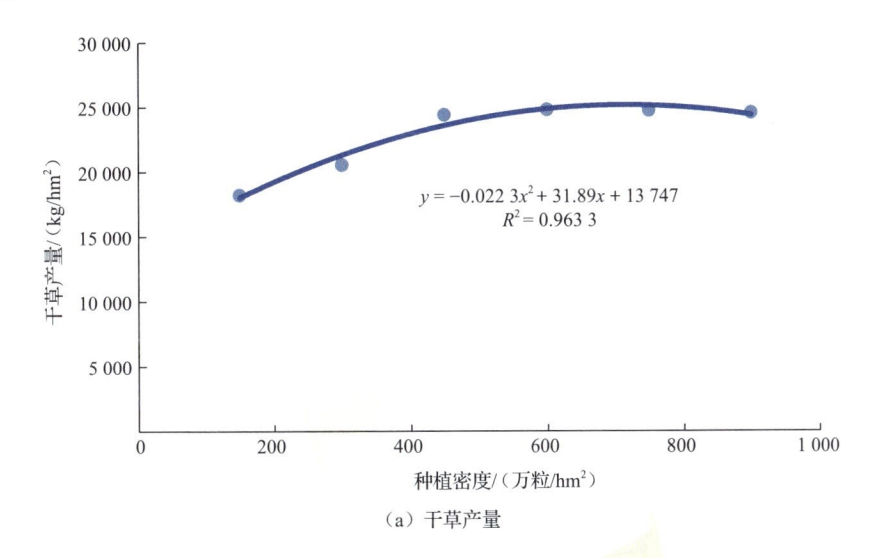

$$y = -0.022\,3x^2 + 31.89x + 13\,747$$
$$R^2 = 0.963\,3$$

(a) 干草产量

图 11-10　灌溉条件下不同种植密度下紫花苜蓿干草产量和紫花苜蓿粗蛋白质产量

$y = -0.003x^2 + 4.339\,7x + 3\,356.4$
$R^2 = 0.964\,6$

(b) 粗蛋白质产量

图 11-10（续）

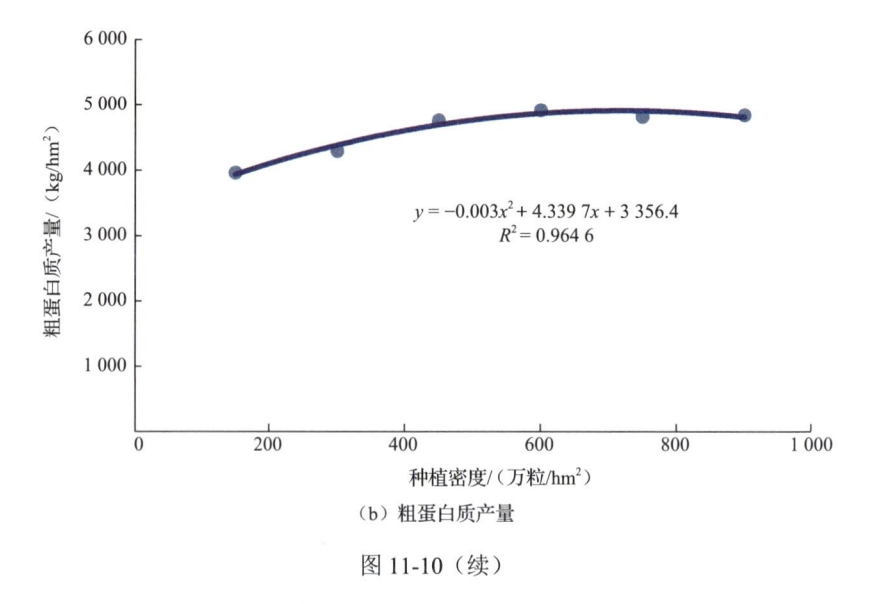

资料来源：根据王莹等（2011）数据绘制。

11.3.2　栽培草地管理技术

1. 施肥技术

1）肥料种类及特点

施肥是保证牧草高产的物质基础，实践中须根据不同土壤、不同饲草的养分需求特点进行合理施肥，以达到高产、稳产、优质、高效及环境友好的目的（刘铁梅和张英俊，2012）。肥料一般可分为有机肥料和无机肥料两大类。

有机肥料主要有厩肥、堆肥、人粪尿、腐殖酸类肥料和绿肥等。有机肥料不但含有氮、磷、钾，还含有钙、镁、硫与各种微量元素。其中富含的有机质须在微生物的分解作用下转化为腐殖质，才能供饲草吸收利用，其肥效缓慢，后效较长，一般用作基肥。无机肥料又称化学肥料，一般只含一种或几种养分，不是完全肥料。肥料有效成分含量高，以氮、磷、钾为主，施用量少，肥效显著且迅速。如果长期单独施用化学肥料会使土壤理化性质变坏，因此须注意有机肥料与化学肥料配合施用（周寿荣，2004）。

氮肥种类很多，且大部分易溶于水，甚至施用于地表时也能被植物迅速吸收。常用的磷肥有过磷酸钙、骨粉等。在碱性和中性土壤中，土壤磷以一系列磷酸钙盐的形式存在，而在酸性土壤中主要以磷酸铁和磷酸铝盐存在，这些难溶性盐使磷的有效性降低，植物难以吸收，特别是对豆科牧草而言，磷肥是第一位的养分限制因子。土壤中钾含量较氮、磷丰富，一般不会缺乏，但是随着草地生产力的不断提高及氮磷肥用量的不断增加，土壤中的钾含量会失衡，是制约产量和品质的关键因素。钾肥的种类一般有硫酸钾、氯化钾等。复合肥是指含有两种或两种以上主要营养元素的肥料，如磷酸铵和硝酸钾等。

近年来，新型缓/控释肥料在减少肥料用量及提高肥料利用效率等方面表现出明显的优势。缓/控释肥料有效地延缓或控制了肥料养分的释放，使肥料养分释放时间和强度与作物养分吸收规律相吻合（或基本吻合）。它在一定程度上能够协调植物养分需求、保障养分供给和提高作物产量，因此被认为是提高肥料利用率的有效措施。

缓/控释肥料有多种，大体可分为以下三大类。一是包膜缓/控释肥料。包膜缓/控释肥料又分两种。①无机物包膜肥料：无机物包膜肥料主要有硫黄、硅酸盐、石膏和磷酸等。②有机聚合物包膜肥料：有机聚合物包膜肥料包括天然高分子材料（淀粉、纤维素）、合成高分子材料（聚乙烯、聚氯乙烯等）和半合成高分子材料（乙基纤维素等）。二是包裹材料缓/控释肥料。它是以一种或多种营养物质包裹另一种肥料而形成的复合体。常见的包裹材料有尿素、腐殖酸、硫酸钾、硅藻土等。三是具有有限水溶性的合成型微溶态缓/控释肥料，如脲醛肥料、异丁叉二脲等（闫湘 等，2008）。

研究显示，缓/控释肥在提高作物产量及资源利用效率等方面具有显著效果。例如，李烨等（2019）研究了控施肥料对黄河三角洲盐碱土区苜蓿草地产量的影响，结果表明，控释肥Ⅰ（$N：P_2O_5：K_2O$ 为 2：3：2）和控释肥Ⅱ（$N：P_2O_5：K_2O$ 为 2：3：3）均可促进分枝数量、根系长度、体积和干重增加，控释肥Ⅰ和控释肥Ⅱ较对照处理分别增产17%和22%，控释肥Ⅱ增产效果较好。解文艳等（2019）通过连续4年春玉米大田定位试验发现，与一次性基施尿素相比，硫包衣尿素、多酶金缓释尿素、树脂包膜尿素处理可分别提高春玉米产量17.51%、9.88%和9.62%，肥料氮损失率分别降低22.65%、18.81%和8.99%，同时氮肥农学利用率分别提高7.5kg/kg、4.2kg/kg和4.1kg/kg。目前，由于价格较高，多数国家缓/控释肥料主要用于花卉、草坪、高尔夫球场、苗圃及高附加值的经济作物，缓/控释肥在牧草大面积生产中的应用还不普遍（李烨 等，2019）。

2）施肥量和施肥方法

根据土壤质地和水肥条件施肥。饲草所需的营养元素主要是通过土壤获得的。不同类型土壤，肥力差异极大。在肥沃的土壤上种植饲草，只要基肥充足，适时追肥，即可获得高产，可以减少施肥量和追肥次数。黏质土壤或低洼地等水分较多的土壤，保肥性较好，肥效较慢，前期要多施速效肥，后期要防止倒伏。砂性土壤保肥、供肥能力较差，应多施有机肥料做基肥，以化肥作追肥，少量多次，避免减产。葛选良等（2009）报道了一年生、二年生、三年生、四年生、六年生苜蓿需磷规律，发现苜蓿体内磷含量总体上随着生长年限的增加而降低，尤以第 1 茬和第 4 茬更为明显；二年生苜蓿全年磷输出量最高，三年生苜蓿根的磷积累量最高。

牧草计划施肥量的计算公式如下：

$$\text{计划产量施肥量}(kg/hm^2) = \frac{\text{计划产量所需养分量}(kg/hm^2) - \text{土壤供肥量}(kg/hm^2)}{\text{肥料的养分含量}(\%) \times \text{肥料利用率}(\%)} \quad (11-1)$$

其中，计划产量所需养分量和土壤供肥量可分别根据计划产量（目标产量）、无肥区饲草产量（需要通过田间试验获得）与牧草 100kg 产量养分需求量计算而来（表 11-5）。肥料利用率一般为氮肥 30%～60%，磷肥 10%～15%，钾肥 40%～70%。

表 11-5 生产 100kg 部分牧草产品吸收氮、磷、钾养分量　　（单位：kg）

收获饲草种类	氮（N）	磷（P$_2$O$_5$）	钾（K$_2$O）
苜蓿	2.43	0.55	2.22
红三叶	2.12	0.28	2.67
沙打旺	1.65	0.54	0.67
白花草木樨	1.93	0.43	1.50
草木樨	2.12	0.33	1.86
白三叶草	3.19	0.26	2.06
鸭茅	2.47	0.35	2.57
无芒雀麦	1.64	0.28	2.09
鸭茅（*Dactylis glomerate*）	2.47	0.35	2.57
牛尾草（*Isodon ternifolius*）	1.65	0.38	2.15
猫尾草	1.85	0.30	2.56
紫云英	2.36	0.60	1.64

2. 灌溉技术

1）合理灌溉的指标

合理灌溉有助于牧草实现高产优质和水肥高效利用。在牧草生长发育过程中，什么时间进行灌溉，灌多少水，除根据牧草需水特点和关键时期外，还应考虑土壤水分含量、牧草形态变化及生理指标等因素，适时进行补水灌溉。①土壤含水量指标。一般牧草在土壤含水量为田间持水量的 60%～80% 时生长较好。但这个数值随牧草种类和不同的生育阶段而有所不同。对于耐旱牧草，土壤含水量可适当低些，苗期土壤含水量指标可低些；花期需水较多，土壤含水量指标可适当高些。可根据牧草生长速率下降程度、幼嫩叶片的萎蔫程度、茎叶颜色变化等判断是否需要灌溉。②牧草形态指标。在水分亏缺条件下，牧草形态特征出现一定变化，实践中可根据牧草生长速率下降程度、幼嫩叶片的萎蔫程度、茎叶颜色变化等判断是否需要灌溉。③灌溉生理指标。当牧草遭受干旱胁迫时，叶片失水后水分无法得到及时补充，导致叶片水势降低，气孔导度下降等。因此，牧草叶片水势和气孔导度等生理指标也可作为灌溉与否的重要依据。

2）灌溉定额

灌溉定额是指牧草在全生育期内单位面积应灌溉的水量，即各次灌溉水量之和，也叫总灌水量，通常以 m^3/hm^2 表示。单位面积上灌溉 1 次所需的水量称为灌水定额。作物全生育期灌溉定额，采用下列公式计算

$$M=E-W_1-P+W_2-K$$

式中，M 为全生育期灌溉定额（m^3/hm^2）；E 为全生育期作物田间需水量（m^3/hm^2），E 与参考作物蒸散量 ET_0 呈正相关，即 $E=K_c×ET_0$，其中 K_c 为作物系数，由作物特性决定，K_c 和 ET_0 的计算公式可参考陈凤等（2006）的文献；W_1 为播种前土壤计划湿润层的原有储水量（m^3/hm^2）；P 为全生育期内有效降水量（m^3/hm^2）；W_2 为牧草生长期末土壤计划湿润层的储水量（m^3/hm^2）；K 为作物全生育期内地下水利用量（m^3/hm^2）。地下水位较深时，土壤地下水利用量很小，可以忽略不计（曹卫星 等，2011）。

3）灌溉技术的种类

灌溉技术包括 4 种。①精量优化灌溉技术。用时域反射仪、中子仪等先进仪器手段监测土壤墒情，配合天气预报，根据作物不同生长阶段的需水特点做到适时适量灌溉，有效控制土壤含水量，做到节水又增产。②调亏灌溉技术。根据作物的遗传和生理生态特性，在其生育期内的一定时期主动施加一定程度的水分胁迫，从而舍弃部分生物产量而追求较高的经济产量，此方法可用于牧草种子田的灌溉实践。③分根交替灌溉技术。通过人为保持或控制根系活动层的土壤在垂直面或水平面的每个区域使之干燥，使作物根系始终有一部分生长在干燥的土壤区域中，诱导其产生水分胁迫信号并传递到叶片气孔，形成最优的气孔开导，减少水分散失，从而提高水分利用效率。④微喷灌、滴管等灌溉技术。通过计算机监控调配用水量，按时按量把水直接灌输到牧草根部。

11.3.3 刈割技术

1. 刈割时间

刈割时间对牧草产量及营养品质具有重要影响。以苜蓿为例，刈割时间确定

的原则为有利于苜蓿的生长发育，能获得最高草产量，苜蓿植株营养成分、消化率和饲用价值较高。苜蓿刈割应重点关注越冬前最后 1 次刈割时间，不宜太晚，应保证刈割后苜蓿有 30~40d 的生长期，从而使根部积累足够的碳水化合物，以保证苜蓿正常越冬和翌年返青生长。一般豆科牧草以现蕾至开花初期刈割为宜，个别牧草（如沙打旺）应在孕蕾前刈割为宜，禾本科牧草以抽穗至开花期刈割为宜。过晚刈割，牧草木质化程度增加，导致适口性显著下降，而且也会影响牧草的再生性。赵勇等（2007）在呼和浩特地区研究了不同刈割时期对阿尔冈金、FGC-201、FGC-301、维克多 4 个苜蓿品种及鸭茅、高羊茅、黑麦草、无芒雀麦 4 个草种产量和品质的影响。苜蓿的最佳刈割时期是初花期，其草产量最高；禾本科牧草的最佳刈割时期是盛花期。在东北羊草草甸，晚于 8 月 1 日刈割，随刈割时间的推迟，群落盖度呈明显的递增趋势，但群落和羊草的粗蛋白质含量呈显著的下降趋势（王志锋 等，2016）。

2. 刈割次数

刈割次数对牧草草产量及可持续利用性产生重要影响，牧草刈割的次数和频率取决于牧草再生特性（种和品种差异）、土壤肥力、气候条件和栽培条件（机械、成本等）。刘景辉等（2005）研究了刈割次数对内农 1 号苏丹草草产量和品质的影响。结果显示，刈割 3 次的牧草粗蛋白质产量最高，达到 3.24t/hm²；刈割 2 次鲜草产量最高，达到 96.80t/hm²；刈割 1 次干草产量最高，达到 35.04t/hm²；常春等（2013）研究发现，综合考虑苜蓿产量、营养成分及越冬前根系特征，银川黄灌区苜蓿适宜的刈割期为初花期，刈割次数为 4 次。洪绂曾（2009）指出，苜蓿 1 年中的刈割次数和每次刈割间隔时间，应该依据当地气候、生长季节及灌水、施肥水平和品种等条件决定。华北地区，气候温暖，雨量适中，从生长第 2 年开始，以 1 年收割 3~4 次为宜。山东秋播苜蓿，生长好时可以刈割 5 次，但须缩短每次刈割的间隔时间。陕西关中地区 1 年刈割 4 次，陕北地区 1 年只能刈割 2 次，东北南部、甘肃东部、新疆等地，一般每年刈割 2 次。

3. 刈割高度

刈割高度是影响牧草水分含量、品质、当次收获量和再生产量的重要因素。对牧草进行高留茬刈割时，将造成牧草生物量的浪费，若留茬高度过低，再生底物不足，牧草再生将消耗地下器官积累的营养物质，从而影响草地持久性（朱珏 等，2009）。刘景辉等（2005）研究发现，在苏丹草留茬 8cm 处刈割时的草产量是不留茬刈割草产量的 1.15 倍，其干草产量是留茬 18cm 刈割时的 1.27 倍。王生文等（2015）研究了留茬高度对老芒麦产量及品质的影响。结果显示，留茬高度为 6cm 时，老芒麦再生性能好，同时干物质产量、粗蛋白质产量高，品质好。

在我国各地苜蓿生产中，留茬高度因地区、品种、生产水平而定。一般情况下，留茬高度以 10~15cm 为宜。杂草生长旺盛的季节，留茬高度应为 5~6cm，或齐地刈割。但是连续低刈割留茬高度会影响苜蓿的利用寿命。我国内蒙古、甘肃地区，最后一次刈割时实施平地刈割，不留茬，将老茬和有病的残茬去掉，刺激根茎生长新芽，使根下移，有利于防寒（洪绂曾，2009）。为比较陇东苜蓿齐地刈割和留茬 5cm 刈割的效果，兰州大学与澳大利亚专家共同开展了一项陇东苜蓿刈割管理的研究，齐地刈割和 5cm 留茬高度下陇东苜蓿产量分别为 10.73t/hm^2 和 10.21t/hm^2，叶、茎的粗蛋白质含量没有明显差异，5cm 留茬可以提高苜蓿的越冬率，也可以增加刈割后地表的覆盖度。苜蓿草产量与粗蛋白质产量均以初花期最高，此后随第一次刈割时间的推迟逐渐下降，叶产量在初花期后显著下降 32%，且初花期刈割后陇东苜蓿再生能力更强。适宜的刈割间隔是 6 周，可保证苜蓿产量和品质的最优化（Robertson et al.，2014；胡安 等，2017）。

11.4 展　　望

11.4.1 农业供给侧结构性改革下我国栽培草地面临的机遇和挑战

　　城乡居民膳食结构的改变及人民对美好环境需求的日益增长，迫切需要通过对农业生产模式的调整与创新，建立一种可持续的多元化农业发展模式。大力发展栽培草地，推行粮草结合种植是改善土壤质量、提高资源利用效率与农业系统生产力，保障食物安全与实现可持续发展的重要举措之一。2015 年粮改饲政策实施以来，大力推广种植优质牧草（饲草），旨在将粮食作物、经济作物的二元结构调整为粮食作物、经济作物、饲料作物的三元结构，将单纯的粮仓变为粮仓+奶罐+肉库，为提高农牧民收入、促进区域经济发展及助力助农攻坚等提供了保障。发展栽培草地可为牧区补充提供饲草，结合天然草原划区轮牧、合理放牧等畜牧措施，极大地减轻了天然草原的放牧压力，对于促进草原生态恢复、保障天然草原的生态功能均具有重要意义。因此，农业供给侧结构性改革下，我国栽培草地发展迎来了很好的机遇，也面临着许多挑战。

　　与畜牧业发达国家相比，我国饲草产业整体起步较晚，生产经营体系尚不完善，技术装备支撑能力不强，在规模化、机械化、专业化方面还有不小差距，也缺乏健全配套的政策保障与支持体系。对饲草在优化农业结构、保障粮食安全方面的地位和作用尚未达成广泛共识（农业农村部，2022）。

　　1. 种植基础条件较差

　　发展规模化、机械化种草要求在土地平整度、水利设施配套等方面具备相应条件。目前，饲草种植多数为盐碱地、坡地等，具备配套灌溉、机械化耕作等基础条件的地块不多，加之建设投入少，大多数达不到高标准种草要求，产量不高，优质率低，种植效益不佳，制约饲草产能提升。

2. 良种支撑能力不强

目前我国审定通过的 604 个草品种中，大部分为抗逆不丰产的品种，缺少适应干旱、半干旱或高寒、高纬度地区种植的丰产优质饲草品种。国产饲草种子世代不清、品种混杂、制种成本高等问题突出，良种扩繁滞后，质量水平不高，总量供给不足，苜蓿、黑麦草等优质饲草种子长期依赖进口。

3. 机械化程度偏低

国内饲草机械设备关键技术研发不足，产品可靠性、适应性和配套性差的问题较为突出，大型饲草收获加工机械大多靠国外引进，缺少适宜丘陵山地人工饲草生产的小型机械装备。机械装备与饲草品种、种植方式配套不紧密，饲草生产农机社会化服务程度低，制约了机械化生产水平的提升。

11.4.2 未来草产业分析

1. 中、低产田是发展栽培草地的潜在耕地资源保障

根据中国工程院重大咨询项目组结果，假设未来农田种草生产潜力分为低、中、高 3 种方案。①低方案：假设中、低产田有 50%进行草田轮作，且草田轮作制为 7 年制（种植 6 年作物，轮作 1 年牧草），外加农闲田（冬闲田和夏秋闲田）土地总面积的 5%用于种草。②中方案：假设中、低产田有 50%进行草田轮作，且草田轮作制为 6 年制（种植 5 年作物，轮作 1 年牧草），外加农闲田土地总面积的 10%用于种草。③高方案：假设中、低产田有 50%进行草田轮作，且草田轮作制为 5 年制（种植 4 年作物，轮作 1 年牧草），外加农闲田土地总面积的 15%用于种草。根据我国现有中、低产田面积、冬闲田和夏秋闲田面积及各自牧草干物质产量，推算按照低、中、高方案进行预测，未来农田种草生产潜力分别为 $3.603×10^7$ t、$4.520×10^7$ t 和 $5.658×10^7$ t。在上述低、中、高方案下，我国牛羊肉产量都可以实现完全自给，并且在农区草地农业高方案下，我国牛羊肉还能够出口 $1.000×10^6$ t 左右。在农区草地农业高方案和中方案下，我国奶类也可以实现完全自给；在低方案下，我国奶类进口量可减少 $1.625×10^7$ t，奶类的自给率可由基准方案下的 6%上升到 92%。

2. 国家政策积极支持栽培草地发展，前景广阔

"十三五"以来，国家相继实施粮改饲、振兴奶业苜蓿发展行动等政策措

革新施，国内栽培草地发展形势向好，优质饲草供给快速增加。2020年9月，《国务院办公厅关于促进畜牧业高质量发展的意见》明确指出，要因地制宜推行粮改饲，增加青贮玉米种植，提高苜蓿、燕麦草等紧缺饲草自给率。同时须开发饲草新资源，不断健全饲草料供应体系。2022年6月，农业农村部印发了《"十四五"全国饲草产业发展规划》，该规划显示，"十三五"以来，国内优质饲草供应能力稳步提升。2020年全国利用耕地（含草田轮作、农闲田）种植优质饲草近8000万亩，产量约7160万t（折合干重，下同），比2015年增长2400万t。其中，全株青贮玉米3800万亩、产量4000万t，饲用燕麦和多花黑麦草1000万亩、产量820万t，其他一年生饲草1500万亩、产量约1200万t，优质高产苜蓿650万亩、产量340万t，其他多年生饲草1000万亩、产量约800万t。未来需要在发展苜蓿种植、扩大全株青贮玉米生产、增加饲用燕麦供给、推进饲草混播利用、强化牧区饲草保障等方面下功夫，继续推进重要饲草生产集聚发展。

第 12 章
种子生产的原理与技术[*]

我国拥有天然草原面积 3.92 亿 hm^2，草原的放牧利用是传统草地畜牧业生产的主要方式。但受草原沙化、退化、盐碱化影响，草原生产力水平明显降低，草产量下降了 30%～50%（毛培胜 等，2016a）。由此造成的生态环境破坏、草地畜牧业生产水平降低，已经严重影响国民经济发展和农牧民的正常生活，这种情况在北方干旱半干旱地区尤为突出。《国务院关于印发全国生态环境建设规划的通知》（国发〔1998〕36 号）提出 2011～2030 年我国将新增人工草地、改良草地 8000 万 hm^2。此外，山水林田湖草生命共同体理念的提出，使草原生态功能受到更多的关注，草原生态治理也成为各级政府部门的长期任务。现代草地农业的发展对牧草种子的产量和质量提出了更高的要求，其中抗逆牧草的种子生产是退化草原植被恢复成败的关键。但我国牧草种子的平均产量为 320～400kg/hm^2，与草地畜牧业发达国家相比存在很大的差距，无论数量还是质量都不能满足我国草地农业发展和草原生态环境建设对种子的需求。因此，针对我国现代草地农业发展和草原生态建设的需求，建立国产抗逆牧草种子的生产体系，是实现种业国产化、现代化的核心。

12.1 引　言

从 20 世纪 50 年代以来，我国就一直在开展牧草种子的生产工作，但缺少专业化的种子生产田，草地建设所需的大量种子主要通过收集牧草生产田或野生植物的种子获得。退牧还草、天然草原改良、草原生态保护补助奖励机制等各项草地建设工程相继开展，对种子生产技术和产量水平要求更高。同时，随着人工种草规模扩大和对饲草新品种选育的需求增加，种子也由野外收集转向专业化生产。

---

[*] 本章作者：毛培胜、王明亚

12.1.1 牧草种子生产的重要性和作用

种子作为草类植物幼小生命和世代繁殖的载体，长期以来在草地畜牧业生产和草原植被恢复过程中发挥着不可缺少的作用。随着我国社会经济的快速发展，尤其是进入 21 世纪后，传统草地畜牧业内涵不断延展，逐渐发展成为涵盖草地资源与生态保护、草地畜牧业、草种业、草坪业、草产品生产加工业等领域在内的现代草地农业。其中，草种业作为整个现代草地农业的基石，将对退化草地改良、优质牧草生产、草坪建植和草地生态建设等工程的顺利实施提供物质保障。

1. 牧草种子生产是草原生态与安全、现代草地农业生产的重要基础

自 20 世纪中叶以来，随着我国社会经济发展和人口数量的增长，天然草原的生产力水平已经无法满足草地畜牧业发展的要求，同时以优质高产人工草地建设为基础的现代草地畜牧业发展迅速。各种牧草种子的充足供应与否关系到草原植被恢复的成败。国家退牧还草、退化草原生态修复等各项工程的实施，都需要适应性强、质量高的不同种类牧草种子。此外，草原面积辽阔，类型多样，生产适应不同气候条件和产量规模要求的牧草种子，也是实现种子国产化的重要前提。尤其振兴奶业苜蓿发展行动等政策的实施，以苜蓿种植和干草生产加工为主的现代草地农业成为地区经济发展的新增长点。以苜蓿为主的优质牧草种子供给成为现代草地农业发展的重要前提。因此，大力开展草原改良和人工草地建设需要各种优质牧草的大量种子，只有通过专业化的牧草种子生产才能为草原生态建设、现代草地农业生产提供种子保障。

2. 牧草种子生产是种植业结构调整的重要保障

随着我国种植业和畜牧业产业结构的调整，天然草原改良和优质牧草种植面积的迅速扩大，对牧草种子的需求呈逐年上升的趋势。尤其是连续 3 年的中央一号文件，提出发展草牧业、培育现代饲草料产业体系，对种子生产的专业化和规模化需求迫切。但现有牧草种子的生产水平无法满足我国草地农业发展的种子需求。因此，加强牧草种子专业化生产体系的建设，推动牧草种子生产技术的集成与产业化示范，对促进我国牧草种子产业化发展和种植业结构调整都具有重要作用。

3. 牧草种子生产是实现种业国产化的重要前提和保证

草种业是现代草地农业的基础产业，也是关系草地农业健康发展和战略安全的产业。纵观国际种业的发展，在强大的农业生产背后均需要有发达的种业来支

撑，并且在国际种业强国都具有专业化的种子生产集中区域。我国地形和气候条件多样，也具有专业化、规模化种子生产的资源和条件，甘肃、宁夏、青海、新疆、内蒙古、四川、海南等省（区）均为重要的种子生产地区。除了苜蓿之外，围绕老芒麦、冰草、无芒雀麦等乡土草种建立专业化的种子生产基地，合理布局、科学配置生产、收获、加工等管理技术和机械，提高种子生产能力和水平，才能促进我国草种业国产化发展。牧草种子的规模化、专业化生产将推动我国牧草种子产业化生产的跨越，为草种业的国产化奠定坚实基础。

12.1.2 我国牧草种子生产存在的问题

1. 牧草种子生产企业技术力量薄弱，品种商品化价值低

牧草种子不仅是活的生命体，而且是优良品种遗传特性和商业价值的载体。近40年来，我国的牧草新品种育种工作有了长足的进展。国家林业和草原局草品种审定委员会的成立和品种区试的实施为牧草育种事业的发展打下良好的基础。同时，专业化种子生产企业规模小且技术力量薄弱，难以与品种选育工作协同开展，导致培育的牧草品种少，形成规模化种子生产的品种更少，不仅无法体现新品种的商业价值，而且远远不能满足草地农业生产需要。从品种数量、品种性能方面看，与国际水平有很大距离，使我国推广应用的牧草优良品种大部分依赖进口。

2. 缺乏牧草种子专业化生产的区域性规划，种子产量波动明显

牧草种子生产实践和研究表明，在种子发育期气候干燥、天气晴朗适宜进行种子生产，同时应具有灌溉条件。在牧草开花期和种子发育期经常遇到降雨时，不仅影响结实率，而且影响种子成熟，导致种子减产，且年际间产量变化剧烈，严重影响种子企业的持续生产和市场稳定。因此，需要针对不同牧草种类、各地气候资源研究制订适宜专业化种子生产的区域规划，明确符合规模化、专业化种子生产的地域，打造牧草种子专业化生产的优势产区，从根本上解决牧草种子产量低的局限。

3. 缺乏牧草种子生产认证制度，导致品种真实性无法保障

牧草种子与农作物种子不同，多数是多倍体的杂交种，本身的遗传变异性明显，选育新品种的真实性鉴定与评价存在很大难度。尤其是在市场流通过程中缺少新品种的真实性评价，将导致市场优质不优价，严重影响种子生产企业的积极性，必然会降低流通中的种子质量。按照种子生产质量认证办法，质量控制重点应放在种子生产、加工、贮藏等环节，通过对产前、产中、产后过程的严格控制就能达到保证种子纯度和种子质量的目的。保证了所生产种子的真实性，也就

保护了育种家的权利，确保了种子经营者和使用者的权益，延长了培育新品种的使用年限。因此，需要政府管理部门积极推动牧草种子生产认证，保证品种的真实性。

12.1.3 国内外牧草种子生产发展与现状

1. 国内牧草种子生产发展与现状

我国天然草原主要分布在西藏、内蒙古、新疆、青海、四川、甘肃等省（区），野生植物种子的收集通常作为草地植物种植利用的主要方式。随着社会进步和草地畜牧业的发展，以及人工种草和饲草新品种选育需求的增加，种子也由野外收集转向专业化生产。我国牧草种子生产工作起步于20世纪50年代，在当时就已经建立了20多个草籽繁殖场，但由于对牧草种子生产地域性要求的认识不足，有些草籽繁殖场建设的地点选择不科学，致使其生产的种子产量水平低，经济效益不佳。到80年代，随着种子市场流通和贸易的快速增多和种子质量检测技术体系的建设，草种子市场进入了一个活跃发展阶段。2000年后，国家相继实施各项草地建设工程，如退牧还草、京津风沙源治理、天然草原改良、草原生态保护补助奖励制度等，对牧草种类、种子数量和质量提出了更高的要求。为了适应草地建设对牧草种子需求的快速增长，2000～2003年国家先后投资9亿元在内蒙古、新疆等省（区）共建设牧草种子基地76个；2000～2013年通过国家农业综合开发草种繁育专项，中央投资3亿余元，建成草种繁育基地150余个，涉及内蒙古等26个省（区）（毛培胜 等，2016b）。"十二五"期间，中央投资2.5亿元，建设牧草种子繁育基地100个，其中苜蓿繁育基地48个，占48%。2016年起，牧草种子繁育基地项目归入农业部现代种业提升工程建设项目，不再单独设立牧草种子繁育基地建设项目。

随着我国经济的发展，牧草种子生产规模持续稳定增长，种子产量明显增加。1989年全国兼用牧草种子田面积为33.0万 hm^2，种子年产量为2.5万 t（毛培胜 等，2016b）；2010年全国牧草种子田面积减少，种子产量却有所提升，种子年产量7.1万 t（邵长勇 等，2014）；到2016年，全国牧草种子田面积降至8.4万 hm^2，但种子年产量却达到了7.8万 t，说明种子单产有了大幅提高（表12-1）。到2017年，全国一年生牧草种子田面积3.55万 hm^2，多年生牧草种子田面积6.18万 hm^2，种子田面积较大的一年生草种为燕麦和多花黑麦草，多年生草种为苜蓿、披碱草、老芒麦；其中苜蓿种子田面积3.82万 hm^2；全国牧草种子产量8.4万 t，其中苜蓿种子1.2万 t（全国畜牧总站，2018a）。

表 12-1　我国牧草种子田面积及种子产量

年份	种子田面积/万 hm²	种子年产量/万 t	平均种子产量/（kg/hm²）
1989	33.0	2.5	76
2010	18.4	7.1	386
2016	8.4	7.8	929

资料来源：毛培胜等（2018）。

2. 国外牧草种子生产发展与现状

国外牧草种子生产可以追溯到 1851 年班克斯半岛鸭茅产业的成立（Rolston et al., 2006）。20 世纪 30 年代释放了第一个培育的牧草品种，同期在新西兰成立了国际上第一个牧草品种真实性和质量控制系统（Hampton and Scott, 1990）。随后牧草种子产业开始步入正轨，并逐步发展成农业中的一个重要产业。目前形成了以美国、加拿大、荷兰、新西兰、丹麦、澳大利亚等草地畜牧业发达国家为首的牧草种子产业区，生产和销售国际上流通的大部分牧草种子。纵观这些牧草种子产业发达国家的兴起历程，有许多值得我国借鉴的成功经验。

牧草种子产量较高并且稳定的国家或地区，都划定或自然形成了牧草种子集中生产区。以区域化牧草种子生产最为典型的美国为例，早在 20 世纪五六十年代牧草种子生产的地域就发生了变化，以从爱达荷州、密苏里州、南达科他州和内布拉斯加州等中北部州的天然草原上收获种子为主，逐步转移到现在以俄勒冈州、华盛顿州、爱达荷州、加利福尼亚州、内华达州为主的西北部牧草种子集中生产区（韩建国和毛培胜，2000）。美国牧草种子的平均产量由 40 年代的 150～300kg/hm² 提高到 1125kg/hm²（韩建国，1999）。这期间，加拿大的牧草种子生产区域也发生了变化，从中部和东部地区转移到现在的西南 4 省，即马尼托巴省、萨斯喀彻温省、艾伯塔省和不列颠哥伦比亚省（韩建国，1997）。

牧草潜在种子产量很高，但实际种子产量却很低。这是由于牧草栽培利用的历史较短，其驯化程度较低，还保留一些野生性状，如种子粒小、无限花序造成种子成熟期不一致，以及种子落粒性强等特点。美国、丹麦、新西兰等牧草种子生产发达国家，政府和种子公司每年投入大量的资金用于科学研究和成果转化（毛培胜，2011），包括新品种的选育、品种适应性检验、种子田植株密度调控技术、水肥调控与肥料高效利用技术、灌溉控制技术、杂草与病虫害防治技术、辅助授粉技术、低落粒损失种子收获技术、收获后田间管理、种子检验和认证技术等（韩云华，2014）。研究成果均以最快的速度转化为技术用于实践，明显提高了牧草种子的产量和质量，使这些国家在国际市场竞争中处于领先地位。例如，美国俄勒冈州种子生产田多花黑麦草种子平均产量达 2080kg/hm²，多年生黑麦草的种子平均产量达 1600kg/hm²，高羊茅的种子平均产量达 1600kg/hm²，草地早熟禾的种子平均产量达 1040kg/hm²（韩云华，2014）；新西兰的多年生黑麦草种子平均产量更是达到 3000kg/hm²（Rolston et al.，2007），试验区高羊茅的种子平均产量达 3600kg/hm²（毛培胜，2011）。

牧草种子产业发展需要有健全的法律制度和完善的管理体系来监督管理种子生产和贸易，种业发达国家在发展的过程中不断建立和完善相关的制度和体系。制定的法律有种子法、种子检验规程、种子生产认证规程、植物新品种保护条例等，相关的执法或监督机构有种子质量检验中心（站）、种子审定局（站）等（毛培胜，2011）。这些法律使牧草种子在生产、贸易和使用中有法可依，依法进行种子质量的管理，既保证了种子的质量和真实性，使牧草种子消费者的利益得到了保证；同时也保护了育种者、种子生产者利益，使他们免于品种被剽窃和不正当竞争等。这些法律的制定和管理体系的建立促进了牧草种子市场的繁荣和发展。

12.1.4 种子生产理论研究进展与现状

专业化生产不仅能提高种子质量和种子生产的科技含量，还能提高牧草种子的商品化程度和规模效益。因此，需要种子生产者根据生态、经济、技术条件因地制宜地确定种子生产的适宜区域，严格按照《牧草种子生产技术规程》进行管理，实现牧草种子生产的专业化。牧草种子生产实践过程包括播种时间、播种量、施肥种类、施肥量、施肥时间、杂草控制、灌溉方式、收获时间和方法等关键环节，一直都是种子生产者所关注的重要管理问题。在适宜的牧草种子生产区域内，各项田间管理技术的推广应用均可使牧草种子产量得到一定程度的提高。

1. 种子生产的地域性理论

由于牧草种子生产和饲草生产对牧草生长环境要求不完全相同，尤其是在我国地域辽阔、气候多样的条件下，同一种牧草在不同地区的种子产量差异很大。牧草种子生产的区域选择要由气候条件和土壤环境共同决定。牧草种子生产过程中植株生长的物候期要与地区气候条件相适应，如牧草生殖生长阶段多光少雨、种子收获期避开雨季等，有利于牧草种子的生产。土壤的理化性质对牧草的生长起着决定性的作用，不同种类牧草适宜的土壤类型不同。其中，大部分牧草喜中性土壤，紫花苜蓿、黄花苜蓿等适于钙质土；羊草、碱茅等适于轻度盐碱土。种子田肥力要求适中，土壤中除含有足够的氮、磷、钾、硫等元素外，还应有硼、钼、铜和锌等微量元素。此外，牧草种子生产区域需要选择地势开阔、通风良好、光照充足、土层深厚、肥力适中、灌排方便、杂草少、病虫危害轻的土地。异花授粉牧草的种子田最好邻近防护带、灌木丛及水库近旁，以便于昆虫授粉。

我国大陆疆域辽阔,具有多种多样的气候类型和复杂的地形地势,不仅为各种牧草的生长提供有利条件,而且为各种牧草的种子繁殖创造了条件。专业化种子生产需要选择适宜的区域,其直接关系到牧草种子产量的高低。例如,在辽宁地区和甘肃河西地区的苜蓿种子产量最高相差 8 倍。高羊茅的种子产量在北京地区为 607kg/hm^2,到宁夏银川地区为 2266kg/hm^2,在新疆石河子为 2000kg/hm^2(毛培胜 等,2016b)。无芒雀麦种子生产研究发现,在黑龙江绥化和内蒙古通辽地区种子产量分别为 284.8kg/hm^2 和 1368.4kg/hm^2(朱振磊 等,2011),在辽宁大连地区为 1844kg/hm^2(房丽宁 等,2001),而在甘肃酒泉地区为 3066kg/hm^2(王佺珍 等,2004),造成这种差异的主要原因是生产地区的光照、降水量和温度条件不同。因此,必须根据牧草生长发育特点和结实特性,选择最适宜的区域进行种子生产,为获得种子的高产奠定基础。

规模化和专业化种子生产不仅可以实现种子高产,而且还使资源利用更充分、种子质量一致,减少生产成本和提高收益。在种子生产的适宜区域,通过规模化和专业化种子田的建设和管理,种子产量水平是有很大提升空间的,这为我国牧草种子专业化生产在区域布局和管理技术上明确了具体方向和要求,也为我国草种业的健康发展提供了有益的参考。

2. 牧草生殖生长理论

1)禾草幼穗分化规律

牧草生长发育到一定时期,在光照、温度等因素及其诱导的某些激素共同作用下,植株就会由营养生长阶段转到生殖生长阶段,开始花芽的分化,直到开花、结实产生种子。植株器官的形成和分化在其个体发育过程中具有重要作用,如禾草幼穗分化过程以茎尖生长锥伸长开始,其结实器官的形成特点直接影响许多重要经济性状(如花序的小穗数、小花数、籽粒的饱满度和整齐度及抗病虫害能力等)的形成。同时,幼穗分化也关系到种子产量的潜力和水平。研究幼穗分化规律,掌握植株生殖生长特性,可为提高田间管理和种子产量水平提供理论基础。

通过对多花黑麦草、冰草、老芒麦、加拿大披碱草(*Elymus canadensis*)、草地早熟禾、高羊茅、星星草等禾草幼穗分化过程的研究,划分了幼穗分化的不同阶段,并确定了各阶段的形态特征(史鹏,2012)。对长穗偃麦草(*Elytrigia elongata*)(杨金贵 等,2012a)、中间偃麦草(*E. intermedia*)(杨金贵 等,2012b)、梭罗草(*Kengyilia thoroldiana*)(李长慧 等,2013)、披碱草(谢菲,2014)、中间偃麦草和长穗偃麦草杂交种 F$_1$(闫利军 等,2017)的研究表明,幼穗分化可分为初生期、伸长期、结节期、小穗突起期、颖片突起期、小花突起期、雌雄蕊形成期和抽穗始期,共 8 个时期。尽管不同禾草的幼穗分化在阶段数量、名称等方面尚未达成共识,但掌握禾草幼穗分化的阶段性变化规律,有利于建立其与植株生长物候期的对应关系，促进小花的形成和潜在种子产量的提高。此外，金明等（2017）研究指出，播种时期和品种对薏苡（*Coix lacryma-jobi*）幼穗分化的方式及形态特征没有影响，但是不同播种时期下，两品种从播种到幼穗分化所需的天数不同，适期早播可适当延长幼穗分化过程。明确薏苡幼穗分化与叶片生长的同伸关系，可为生产上进行产量形成调控提供可靠的依据。

2）牧草种子成熟与源库关系

根据植物光合同化产物形成与利用的特点，可以把植物的组织和器官分为源和库。源是指形成并输出光合同化产物的器官，一般指成熟的叶片；库是指输入并利用光合同化产物的器官，如果实和根等器官。牧草种子是植株光合作用的产物，从源库关系中寻找限制种子产量提高的原因，可为进一步提高种子产量提供新的思路。

源库两类器官的数量及其机能的相互协调，是决定产量的重要因素。然而，花后种子的成长是受源限制还是库限制难以达成共识。一年生作物主要以收获籽实为主，而多年生牧草主要收获目标为地上干物质。育种家通常将种子产量放在其次。关于牧草种子产量提高是受源限制还是受库限制的研究很少（王明亚，2018）。黑麦草花后在生殖枝和营养枝之间几乎没有光合产物的交流。研究发现库是限制种子产量提高的因子（Warringa and Marinissen，1996）。牧草源库关系在不同品种间存在差异。王明亚（2018）研究老芒麦种子产量与源库关系时发现，在种子发育阶段老芒麦种子产量的提高受源的限制，半穗处理增加的源（通过剪半穗增加了剩余小穗的可利用光合产物）使每一个施氮水平上的种子单粒重和结实率都有所增加。盛花后的芒麦茎秆作为库与穗竞争同化产物，但是茎秆竞争到的同化产物少于穗部。在花后种子发育阶段，茎的干物质随着穗部干物质的增加而增加，但穗部增加的干重是茎部增加干重的 2 倍。研究结果还显示，种植年限对老芒麦不同部位的干物质含量和氮含量均有显著的影响，如不同部位干物质和氮含量均在 2014 年最高，2015 年最低。这说明，老芒麦的植株生长在种植第 3 年达到顶峰，随后开始迅速衰退。因此，以增加种子产量为目标的育种应该注重提高源，同时增加穗部对光合同化产物的竞争能力。

3）牧草种子成熟与非叶光合

叶片作为植物主要的光合作用器官，是主要的研究对象，而近年来一些含有叶绿体的非叶器官所具有的光合特征成了研究热点。植物花后光合性能对籽粒充实有重要贡献，尤其是绿色非叶器官的光合特性，但目前对其光合机制的认识还不统一（夏方山 等，2013）。非叶绿色器官中绿色的花、未成熟的果实（禾草的颖片、内稃、外稃、芒及穗轴与豆科牧草的果荚）、茎及一些植物的根均被发现具有光合固碳能力。探索非叶绿色器官的光合作用能力，提高牧草光合利用效率和种子产量，具有重要的科学价值。此外，麦类作物外颖和果皮、豆科植物的荚可以重新固定籽粒释放的 CO_2，并且在干旱胁迫下，相比从外界获得的 CO_2，重新固定籽粒所释放的 CO_2 对荚的光合作用贡献更大，对籽粒发育具有十分重要的作用。

研究表明，在中苜 2 号和甘农 6 号苜蓿种子发育的初期（结荚后 15d 以前），荚、种子、叶片、茎、根所需要的碳不仅来自叶片，还有荚光合作用同化的碳，其荚光合作用同化的碳在种子和荚的生长中起着决定性的作用。其种子发育初期需要的碳主要来自荚，而发育后期主要来自叶片。荚保留了自身光合作用同化物的 33.25%，以维持其自身需求，并向种子、荚下第 1 片叶、荚下第 2 片叶、荚下第 3 片叶、茎和根分别转运了 14.29%、12.65%、14.23%、15.67%、6.07% 和 3.83%（张文旭，2014）。汪辉（2018）对中苜 1 号、中苜 2 号苜蓿及草原 3 号杂花苜蓿（*M. varia*）枝条上所有果荚进行了遮阴处理，结果发现果荚遮阴后会显著降低荚果的单荚种子重与单荚荚果重，此结果可反映苜蓿果荚能够进行光合作用固定光合产物以供荚果和种子正常生长。苜蓿果荚能够作为辅助光合器官发挥必要的作用。$^{13}CO_2$ 同位素标记中苜 2 号苜蓿果荚 24h 后，种子中 $\Delta^{13}C$ 占荚果（果荚+种子）的 61%~79%。干旱胁迫会造成果荚和种子中 $\Delta^{13}C$ 的值一定程度地降低。果荚是离种子最近的光合作用器官，果荚中的光合作用产物能够直接有效地运输到种子中，以供其正常发育和生长。

12.2　种子产量形成原理

种子产量为单位面积土地上收获的种子质量。通常由于多年生牧草具有较强的野生性、再生性，且育种过程中更关注地上部营养枝、营养繁殖能力等目标，忽视种子产量目标，导致牧草种子产量水平偏低。因此，针对多年生牧草的生殖生长和繁殖性能，掌握种子产量形成原理，为种子生产田的科学管理和高产提供理论依据。

12.2.1　种子发育生理

种子的形成发育过程是指从受精的卵细胞即合子开始，直到种子完全成熟所经历的一系列变化。合子形成后，经过短期休眠进行细胞的分裂与分化，在形态上和生理上发生一系列复杂的变化，才发育成种子。种子发育是植物有机个体发育的最初阶段，其可塑性最强，对外界环境条件极为敏感。不同牧草从开花受精到种子成熟所经历的时间与发生的物质代谢，呈现出相似的变化规律，即种子体积增大、干物质增加、种子增重直至最大；含水量由高到低，逐渐下降。但受牧草种类和地区影响，种子发育期间的水分、重量和生理代谢变化动态并不一致。因此，针对种子生产区域环境条件和种植牧草种类，掌握和了解牧草种子发育的生理生化变化规律，将对种子生产田间科学管理、适时收获提供理论依据。

1. 种子发育期间水分动态规律

王立群等（1996）在缘毛雀麦（*Bromus ciliatus*）、蒙古冰草（*Agropyron mongolicum*）、水草、老芒麦和垂穗披碱草等种子生理方面的研究发现，种子在生长发育的初期含水量都很高，但缘毛雀麦种子在发育初期含水量最高，表现出明显的种间差异。随着种子的发育，各种牧草种子的含水量逐渐下降，表现出阶段性变化的规律。综合比较确定，几种牧草种子的适宜收获期含水量分别为缘毛雀麦 35%~45%、蒙古冰草和冰草 20%~30%、老芒麦和垂穗披碱草 35%~40%。鸭茅、猫尾草种子含水量为 30%~35%、35%~40%时收获，均可获得最高的产量（刘法涛，1986）。高羊茅种子在含水量降至 40%~45%时进入生理成熟期，贮藏物质（如淀粉）由发育初期的迅速积累到生理成熟时不再增加，并且趋于稳定，而且此时种子活力达到较高水平。高羊茅种子在发育过程中，进入生理成熟（含水量为 40%~45%）后种子的产量最高（毛培胜，1997）。在无芒雀麦和老芒麦种子发育过程中，种子含水量均呈由高到低逐渐下降的变化趋势，其中无芒雀麦种子适宜收获期为盛花期后 29d，含水量降至 57.7%时；老芒麦种子适宜收获期为盛花期后 26d 或 27d、含水量为 39.0%~45.6%时，达到生理成熟应及时收获（毛培胜，2000）。羊草种子在发育过程中，含水量在盛花期后 36d 降至最低，盛花期后 39d 羊草种子活力最高，是种子最适宜的收获时间（蔺吉祥，2012）。在草木樨（李鸿祥，1999）、扁蓿豆（李海贤，2006）、红豆草（董玉林，2007）、苜蓿（余玲，2008）等豆科牧草种子发育过程中，种子含水量均随着种子的发育成熟呈阶段性下降的变化规律，但不同种类和品种的牧草种子水分散失速率不同，导致种子发育过程经历的时间长短和成熟时含水量差异较大。因此，种子含水量作为种子发育成熟的指标，对于不同的牧草品种在栽培种植地区应进行长期的研究和试验。只有掌握牧草草种或品种种子发育期间水分散失速率的差异，才能非常准确地预测种子的成熟期。

2. 种子发育期间营养物质代谢规律

在种子成熟期间，植株的各部分经光合作用和生物合成的养分呈可溶性状态流向种子，在种子内部积累起来。随着这些营养物质逐渐转化为不可溶状态，主要是高分子的淀粉、蛋白质和脂肪，含水量逐渐减少。在无芒雀麦和老芒麦种子发育的前期，种子干重增加很快，相应地种子内淀粉含量的增加也非常迅速。与此相反，可溶性糖含量迅速减少，当种子干重增加缓慢或不再增加时，种子内淀粉的积累和可溶性糖的转化也接近停止。由此可见，淀粉含量的变化与种子干重的变化一致，而且糖类的转化与合成对于种子重量的增加具有重要作用（毛培胜，2000）。青海扁茎早熟禾（*P. pratensis* cv. Qinghai）种子发育过程中淀粉含量与可溶性糖含量变化相反，而与种子干物质含量变化相似，在发育成熟后期淀粉含量变化幅度小且趋于稳定（刘文辉 等，2007）。类似的现象也出现在不同品种苜蓿种子淀粉、可溶性糖含量的变化中（余玲，2008）。红豆草种子粗蛋白质、粗脂肪含量在成熟种子中达到最高（董玉林，2007）。

种子在发育过程中细胞的增殖、细胞质流动、输导、物质合成、细胞器的组成、根的呼吸、多核糖体的形成及贮藏物质的积累等都需要大量腺苷三磷酸（ATP）供应能量。随着种子的成熟干燥，在大分子的营养物质合成结束后，ATP 含量持续下降，直至极低。高羊茅种子在发育初期淀粉大量合成，分别在开花后 6d 和 9d ATP 含量达到最高值，而可溶性糖含量迅速下降。当淀粉的沉积作用停止即在 7d 后 ATP 含量均降低 50%，并随种子的逐渐脱水，ATP 含量降至很低（毛培胜，1997）。

在种子成长过程中生长素、赤霉素和脱落酸等激素发挥着不同的作用，并且其出现的时间与含量也在不同草种中存在一定的差异。在无芒雀麦种子发育过程中，生长素含量最先达到高峰，其次是赤霉素，而脱落酸含量在种子成熟后期达到最高。在同德小花碱茅种子发育过程中生长素最先达到最大值，然后是赤霉素，而脱落酸则在种子生理成熟时才达到最高值（刘文辉 等，2007）。

12.2.2 种子产量组分

牧草种子产量的高低取决于单位面积土地上的生殖枝数、每个生殖枝上的花序数、每个花序上的小花数、每个小花中的胚珠数和平均种子重量，这 5 个因素称为产量组分。

1. 单位面积土地上的生殖枝数

单位面积土地上的生殖枝数是决定牧草种子产量的首要因素，在田间管理过程中足够数量的生殖枝是获得种子高产的前提和保证，但生殖枝数过多或田间枝条过密也不利于种子的形成。在河北坝上地区不同生长年限老芒麦种子生产中，由于单位面积生殖枝数减少 44%，导致生长 3 年老芒麦种子实际产量仅为生长 2 年老芒麦种子产量的 50% 左右。在一定的生殖枝数目范围内，牧草种子产量与生殖枝数目间具有极显著的相关关系，但当生殖枝增加到一定数目之后，种子产量不再增加，并在一定的生殖枝数目范围内种子产量相近。

2. 每个生殖枝上的花序数

生殖枝上着生花序的数量多少是提高种子产量的基础条件，也为种子高产奠定了基础。但在豆科和禾本科植物中，每个生殖枝上的花序数对种子产量的影响并不完全相同。

豆科牧草中随生殖枝上花序数目增加，种子产量也增加。在生产实践中，施用植物生长调节剂可促进紫花苜蓿和白三叶草花序数目增加，进而增加了牧草种子产量。在禾草中每个生殖枝上的花序数以小穗数来表示，每个生殖枝上的小穗数通常变化很小，因此每个生殖枝上的小穗数对种子产量的影响较小。在河北坝上地区，生长 3 年老芒麦的每个生殖枝上的小穗数为 32.7，生长 2 年老芒麦的每个生殖枝上的小穗数为 33.7，两者相差较小。但受地域、季节、种类的影响，每个生殖枝上的小穗数会出现变化，如秋季和冬季形成的分蘖枝往往比春季形成的分蘖枝具有更多的小穗数。

3. 每个花序上的小花数

豆科牧草在开花过程中，随着时间的推移，每个花序上的小花数表现为下降的趋势。从花芽到成熟果荚发育期间，小花的败育导致潜在种子产量下降。

在禾草中，将每个花序上的小花数称为每小穗小花数。禾草生殖枝内的小穗中，每小穗上的小花数量常较稳定，与种子产量没有相关性。在河北坝上生长 3 年老芒麦的每小穗小花数为 4.5，生长 2 年老芒麦为 4.6，两者相差较小。但受环境因素、生殖枝条发育时间的影响，小花数量可能会出现变化。另外，每小穗上的小花数也随小穗在花序上的位置不同而异，一般花序中部区域小穗的小花数目较高。

4. 每朵小花中的胚珠数

不同的牧草每朵小花中的胚珠数目各不相同。禾草每朵小花中最多含有 1 枚胚珠（不孕小花不含胚珠），草木樨、红豆草、胡枝子等豆科牧草每朵小花中含 1 枚胚珠，苜蓿含 8～10 枚胚珠，白三叶草含 5～7 枚胚珠。在牧草种子生产中并不是所有的胚珠都能发育为种子，往往由于牧草自身的结构障碍、遗传特性、环境因素的影响，有近一半的胚珠不能正常发育为种子，从而影响种子产量的提高。豆科牧草中每果荚种子数由其遗传因素决定，并不依赖于每子房内的最初胚珠数量。

5. 平均种子重量

各种牧草种子的重量是由其遗传基础决定的。但在牧草种子生产中，气候条件适宜、田间管理水平较高，可获得粒大饱满的种子，使单粒种子重量增加，进而提高牧草种子产量。

单粒种子的最终重量主要与其着生位置有主要关系。在植株生殖生长过程中，幼穗分化的不一致性，形成在同一花序或小穗内小花的分化和发育呈现顺序进行，这将导致在不同枝条花序部位、同一花序不同小穗位置上的种子重量有差异。因此，在清选之前单粒种子间重量变化范围较大。然而，经过清选过程，小种子和轻种子被清除之后，种子重量差异变小，最低种子重量与清选效率和强度有关。通常也用千粒重来表示种子重量。种子在清选之后，千粒重相对稳定并且与种子数量或产量没有显著的相关性。

12.2.3 种子产量类型

随着种子生产技术水平的提高和实践经验的积累，种子生产者更加关注种子产量的提高。通过田间管理，使植株上形成更多的小花、每朵小花都能正常发育成为1粒种子、每1粒种子能够被收获，可最大限度地挖掘种子生产潜力。因此，牧草虽具有较高的种子生产潜力，但受环境条件、田间管理水平、收获加工技术等因素影响，实际收获的种子产量相对较低。根据小花发育、种子成熟及收获情况将种子产量划分为潜在种子产量、表现种子产量和实际种子产量。

1. 潜在种子产量

潜在种子产量为种植牧草单位面积土地上花期出现的胚珠数（每一胚珠具有发育为1粒种子的潜力）乘以单粒种子的平均重量，即单位面积土地理论上能获得的最大种子数量，又称理论种子产量。

$$潜在种子产量 = \frac{花序数}{单位面积} \times \frac{小花数}{花序数} \times \frac{胚珠数}{小花数} \times 平均种子重量 \qquad (12\text{-}1)$$

2. 表现种子产量

表现种子产量为单位面积土地上所实现的潜在种子产量数，即牧草植株上结实种子数量乘以平均种子重量。表现种子产量是从潜在种子产量中，减去未授粉、未受精和授精后败育的胚珠所形成的种子产量，即剩余的种子产量，可由以下种子产量组成成分计算：

$$表现种子产量 = \frac{花序数}{单位面积} \times \frac{小花数}{花序数} \times \frac{种子数}{小花数}\left(\frac{胚珠数}{小花数} \times 结实率\right)$$
$$\times 平均种子重量 \qquad (12\text{-}2)$$

3. 实际种子产量

实际种子产量为单位面积土地上实际收获的种子产量，是从表现种子产量减去落粒、收获过程中损失的种子产量，即剩余的种子产量。

$$实际种子产量 = 表现种子产量 - 落粒损失的种子量$$
$$- 收获过程损失的种子量 \qquad (12\text{-}3)$$

牧草潜在种子产量的高低主要依赖于单位面积上的花序数、每个花序上的小花数及每朵小花中胚珠数的多少,而潜在种子产量实现的百分比(表现种子产量占潜在种子产量的百分比)取决于开花、传粉、授精及种子发育过程中气候条件的好坏和管理水平、传粉率、受精率的高低,以及因营养或病虫情况导致的败育率高低,最终决定于每一朵小花中实际成熟的种子数及平均种子重量。影响实际种子产量高低的因素除了影响表现种子产量高低的因素外,还取决于牧草开花、成熟的一致性,以及落粒性、收获的难易程度、收获的及时性和收获机械等因素。

12.2.4 种子生产的气候条件要求

在牧草种子生产中,气候条件是决定种子产量和质量的基本因素,选择最适宜的气候区进行种子生产,才能最大限度地发挥牧草的繁殖特性,实现牧草种子的高产稳产。实践经验证明,气候条件是决定牧草种子生产成败的首要条件,在气候条件中起主要作用的为温度、日照长度、太阳辐射和降水量。例如,同样是进行牧草种子生产,在甘肃河西走廊地区,无芒雀麦和披碱草的种子产量可达 1313kg/hm^2 和 1779kg/hm^2,相比黑龙江的 840kg/hm^2 和 894kg/hm^2,分别提高了 56%和 99%,说明河西走廊的气候条件更适于进行牧草的种子生产。

从大多数牧草种子生产所需气候条件看,适宜我国牧草种子生产的区域包括长江以北除西藏外的绝大部分地区。但是现有的牧草种子田主要分布在黑龙江的齐齐哈尔市,经吉林西部、内蒙古东南、河北北、山西北,向西经过河西走廊,到新疆的天山北麓地区,还有川西北高原、湖南和湖北的部分地区。大部分区域位于我国农牧交错地带,年平均降水量大部分在 380mm 左右。该地区为独特的东亚季风气候,干湿波动幅度大于温度变化幅度。在我国北方整个半干旱区域和有灌溉条件的干旱区域均适合种子生产。经过多年的生产实践,牧草种子生产集中地域已经初步形成。以苜蓿、披碱草、老芒麦种子为主的温带牧草种子生产集中在内蒙古、甘肃、青海、新疆等西北地区,杂交狼尾草、柱花草等热带牧草种子生产位于广西、海南等南方地区(刘自学,2016)。甘肃、内蒙古、青海是主要的牧草种子生产区域,这 3 省(区)生产了国内 68%的牧草种子,苜蓿、燕麦、苏丹草、披碱草和救荒野豌豆是主要草种,其中苜蓿和燕麦也是国内生产最多的种类(Wang et al.,2015)。

尽管我国西北地区的气候条件适宜开展专业化的种子生产,但是符合种子生产的地域划分还不够具体。自 20 世纪 80 年代以来,先后在新疆各地筹建牧草种子生产基地,能够按照设计目标持续生产的基地很少,每年新疆地区所需牧草种子需要进口或从甘肃等地调运(麦麦提敏·乃依木和艾尔肯·苏里塔诺夫,2016)。其中新疆天山北麓准噶尔盆地东南部(85°17′~91°32′E,43°06′~45°38′N)及和田地区(79°50′20″~79°56′40″E,36°59′50″~37°14′23″N),光照充足,日照时数均为2500~3000h，干燥少雨，无霜期长（均在150d左右），适合牧草种子生产。另外，在种子生产相对集中的西北地区，也不是每个省份的所有地方都适合生产，还需要更进一步的科学细化，只有确定适宜的地域才能更好地发挥资源优势，提高种子生产效益。例如，在甘肃河西走廊的酒泉和张掖地区，日照时数充足，年降水量少（低于400mm），并且有灌溉条件，适宜苜蓿种子生产；同样位于河西走廊的瓜州和敦煌，由于风沙大影响苜蓿授粉和灌溉条件不足等，不适合苜蓿种子生产。因此还须进一步完善和细化牧草种子生产区域化，才能达到种子生产的最大效益化。

1. 温度

适宜的温度是牧草营养生长和生殖生长最基本的条件。温度还通过春化作用对种子产量产生影响，草地早熟禾、无芒雀麦等冷季型多年生牧草的分蘖枝条要经过低温诱导才能发育成生殖枝，而且开花也需要一段时间的低温（低于5℃）春化作用。此外，温度还通过影响牧草开花授粉来影响种子产量。牧草只有生长在最适温度条件下，才能获得较高的结实率。

2. 日照长度

日照长度也是影响牧草种子产量的重要因素，主要调控牧草的开花。根据植物开花对日照长度的响应，可将植物划分为短日照、长日照、中日照和中间型等不同生态类型。不同生态类型对于日照长度的要求不同，需要选择适宜的气候区域进行种子生产。例如，大翼豆、柱花草等短日照牧草适宜在我国低纬度地区建植种子生产田；苜蓿、老芒麦等长日照牧草种子生产田适宜建植在高纬度地区。无芒雀麦等牧草必须在高纬度地区先通过短日照和低温条件，再通过长日照刺激后才能开花。还有一些牧草对于日照时间要求不严格，种子生产地域选择时可以不用考虑日照时间长短的影响。

3. 降水量

在牧草种子生产中，降水是关系种子发育成熟和产量高低的首要因素。通常牧草种子生产适宜在干旱半干旱地区，适量的降水对牧草种子发育是必须的。频繁降雨使空气湿度增加，易引发和传染植物病害（如锈病和黑穗病），影响种子产量。收获前降水容易出现穗上发芽，降低种子质量。牧草种子田宜建植在夏季干旱且有灌溉条件的区域，这样既能满足种子生产中对水的需求，又能满足牧草种子生产的太阳辐射需求。

12.3 种子生产田间管理技术研究与实践

牧草种子的专业化生产是一项高度集成的技术应用体系，将优良的品种、适宜的区域气候条件与科学的种植管理技术有效集成在一起，获得较高的种子产量和种子质量。在过去的 70 年中，我国牧草种子科学技术研究与实践一直受到政府部门和学者的关注，主要集中在苜蓿、老芒麦、无芒雀麦、新麦草（*Psathyrostachys juncea*）等温带牧草中，围绕播种行距、施肥、灌溉、植物生长调节剂等关键技术环节开展了相关研究工作，为生产实践提供技术指导和参考信息（毛培胜 等，2018）。但是，包括黄花苜蓿、羊草、华北驼绒藜（*Krascheninnikovia arborescens*）等在内的一些适宜我国草原生态修复的抗逆牧草种类，在种子生产技术方面的研究却较少，仅涉及播种量（古琛 等，2016）、施氮处理和种子生产性能方面（刘海英和易津，2004；徐军 等，2012）。

12.3.1 种子田密度控制技术研究与实践

1. 种子田密度控制技术研究

合理的植株密度是获得种子高产的基础，而行距、株距及播种量是决定植株密度的关键因素。牧草种子生产田适宜采用条播或穴播措施，尤其是多年生牧草由于种植后生长多年，再生枝条数量存在明显的年际间变化，田间密度过大或过小均导致种子产量难以提高。种子生产田条播行距由牧草种类、栽培条件决定，宜采用宽行稀植，常用的行距有 30cm、45cm、60cm 和 90cm。

牧草种子生产中，播种行距也是种子科学技术研究与生产实践关注的问题之一。针对紫羊茅、老芒麦、无芒雀麦、无芒隐子草等禾本科牧草及苜蓿、红豆草、柱花草等豆科牧草，国内学者开展了大量工作，研究确定了不同地区适宜的播种行距或植株密度（表 12-2）。

表 12-2 主要牧草种子播种行距或种植密度

牧草种类	种植地区	播种行距或植株密度	平均种子产量/（kg/hm^2）	参考文献
紫羊茅	内蒙古呼和浩特市	30cm	663	王建光和孟和（1996）
老芒麦	青海海南地区	45cm	312.4	黎与和汪新川（2007）
	四川红原县	60cm	1765	游明鸿等（2011）
	甘肃酒泉市	30cm、50cm	1387	韩云华（2014）

续表

牧草种类	种植地区	播种行距或植株密度	平均种子产量/（kg/hm²）	参考文献
无芒隐子草	甘肃	3万～50万株/hm²	1039	邰建辉（2008）
无芒雀麦	内蒙古通辽、黑龙江绥化地区	30cm	通辽为1368；绥化为285	朱振磊等（2011）
	甘肃酒泉市	30cm	1226	韩云华（2014）
鹅观草（Roegneria kamoji）	甘肃酒泉市	30cm	1674	韩云华（2014）
细茎冰草（Agropyron trachycaulum）	甘肃酒泉市	30cm、50cm	1096	韩云华（2014）
苜蓿	黑龙江双城地区	70cm	564	田丰等（1994）
	新疆乌鲁木齐市	5.55万株/hm²	273	李拥军和闵继淳（1998）
	新疆呼图壁县	60cm	766	张荟荟等（2019）
	宁夏永宁县	行距90cm、株距35cm；密度为3株/m²	1560	吴素琴（2003）
	甘肃酒泉地区	行距90cm、株距30cm	964	Zhang等（2008b）
	内蒙古鄂托克旗	60cm	456	Zhang等（2017）
红豆草	内蒙古呼和浩特市	40～50cm	1650	乌云飞等（1995）
	四川茂县、道孚、乾宁地区	30cm或40cm	1350	刘晓英（2006）
	北京	50cm	1216	张银敏（2020）
	新疆奇台县	行距45cm，密度为260万株/hm²	1013	张磊等（2008）
	新疆呼图壁县	行距30cm、株距25cm	1996	柯梅等（2013）
东方山羊豆（Galega orientalis）	新疆呼图壁县	60cm	211	穆尼热等（2013）
柱花草	云南元谋县	密度0.5m×1.0m	449	龙会英和张德（2016）

有关种植密度的研究大都基于漫灌或喷灌条件，近年来随着滴灌技术的推广应用，相关种植密度研究也在开展。例如，在宁夏中部干旱带苜蓿种子生产中，滴灌条件下适宜的播种行距为100cm、株距为15cm（沙栢平等，2019）。

2. 种子田播种建植技术实践

牧草种子田的成功建植取决于种植密度、田间管理难易程度及多年生牧草种子产量持续的水平。专业化种子田的播种建植技术包括苗床土地整理、播种时间和播种方法。

1）土地整理

土地整理是牧草种子田建植中极为重要的基础环节，直接关系种子田的排灌水条件和出苗、种子成熟的一致性。多数牧草种子体积小、重量轻，对于苗床的要求更高。通过机械化耕作为牧草的播种、出苗、生长提供透水透气、紧实一致的土壤条件。尤其是在规模化种子生产时，播种前种子田需要经过深耕、耙地、镇压等一系列土地整理过程，常采用的机械有深松犁、岸上或岸下反转犁、高速圆盘耙、苗床整地机等。

2）播种时间

牧草播种时必须考虑其开花对光周期和春化条件的要求。考虑种子出苗和杂草控制的问题，在北方地区长日照牧草通常采取夏末或初秋播种，这也同样适用于需要短日照低温诱导的牧草。例如，在甘肃酒泉、内蒙古鄂尔多斯等半干旱区苜蓿种子田在7月底至8月初进行播种。老芒麦和垂穗披碱草在河北坝上地区的适宜播种时间为6月底至7月初，在青海海北地区则为7月。在南方地区需要根据雨季时间，适时安排进行播种。

3）播种方法

多年生牧草的种子生产一般实行条播，便于机械作业和田间管理。同时，利用不同的行距处理调控植株密度，营造良好通风、透光和开花授粉的环境条件。例如，苜蓿种子田在内蒙古西部地区的适宜行距为60cm。老芒麦种子田在河北坝上地区适宜的行距为30cm（于晓娜 等，2011）；川草2号老芒麦在川西北地区60cm行距时种子产量最高（游明鸿 等，2011）；多叶老芒麦在青海、海南地区播种量与行距的最优配置为14~21kg/hm^{2}和45cm（黎与和汪新川，2007）。

穴播适用于植株高大或分蘖能力强的牧草种子生产，株行距采用60cm×60cm或30cm×80cm。例如，穴播有利于苏丹草等高大牧草植株形成大量的生殖枝。在甘肃酒泉地区漫灌条件下，苜蓿种子生产中也采用穴播的方法，80cm行距和30cm株距可以持续获得较高的种子产量（Zhang et al.，2017）。

12.3.2 种子田田间管理技术研究与实践

1. 田间管理技术研究

1）灌溉技术研究

科学的灌溉管理是牧草种子田内控制植株营养生长和促进开花结实的重要措施，尤其是在我国干旱和半干旱地区，灌溉是决定牧草种子产量高低的首要因素。灌溉量和灌溉时间取决于种子田土壤质地、降水量、蒸发量、气温及灌溉方式。

灌溉量过高，将促进植株营养体生长，种子产量降低；但灌溉量不足，造成干旱胁迫，同样会使种子产量降低（王明亚和毛培胜，2012）。此外，随着喷灌、滴灌等新技术的更新和推广应用，高效节水的灌溉技术成为种子生产者关注的重点。

有关禾草种子田灌溉技术的研究表明，在返青期、拔节期、抽穗期和灌浆期等阶段进行灌溉，可使高羊茅（徐荣和韩建国，2002）、新麦草（张铁军 等，2007）、蓝茎冰草（*Agropyron smithii*）（徐坤和李世忠，2011）等禾草种子产量达到最高。王佺珍等（2005）对新麦草种子产量的水肥耦合模型分析表明，水对新麦草种子产量的作用为负效应，但是水肥耦合对新麦草种子产量的效应为协同效应。

在豆科牧草种子生产中，云贵高原地区正常年份干季降水量不能满足白三叶草种子生产的最低需水量。当土壤可利用水分剩余80%时灌溉可以提高白三叶草种子产量（闫敏，2005）。干季灌溉278mm可以提高海法白三叶草种子生产田的单位面积花序数、每花序小花数、每花序荚果数和单粒种子重，并且大幅提高种子产量（表12-3）。

表 12-3　豆科牧草种子生产灌溉技术研究

牧草种类	研究地点	灌溉时间	灌溉量	种子产量组分	种子产量/（kg/hm²）	参考文献
海法白三叶草	云南昆明市官渡区小哨	2009年3~4月开花期，灌水5次，保持田间持水量不低于65%	278mm	单位面积花序数、每花序小花数、每花序荚果数和单粒种子重均显著高于对照	767	薛世明等（2011）
新牧1号杂花苜蓿	新疆呼图壁县	现蕾-初花期和结荚期各灌溉1次	480mm	单株花序数、每花序荚果数均显著高于对照	773.41	李雪锋和李卫军（2006）
	新疆呼图壁县	分枝期、初花期、结荚期各灌溉1次	720mm	分枝数、单株花序数、每花序荚果数均显著高于对照	—	侯真珍等（2013）
甘农3号苜蓿	甘肃武威市	土壤含水量降为田间持水量的35%时进行漫灌	900m³/hm²	单位面积分枝数、每枝条花序数、每花序荚果数、每荚果种子数	1503.26	杜文华等（2007）

苜蓿适宜在有灌溉条件的干旱或半干旱地区进行种子生产，可以依据土壤水分、植株生长状况和蒸散量等指标进行灌溉（表12-3）。灌溉次数对苜蓿种子产量具有极显著影响，灌溉次数增加反而降低种子产量，2次灌溉对苜蓿种子生产较为适宜（陈冬冬 等，2016）。为提高种子田灌溉效率和节约水资源，滴灌技术逐渐受到更多的关注。试验采用地面滴灌方式，分枝期灌水及整个苜蓿生长期全程

灌溉将导致苜蓿植株徒长，造成植株倒伏，不利于苜蓿种子生产，甚至导致减产。苜蓿种子生产的关键需水期是孕蕾-初花期，孕蕾-初花期和结荚期适量灌水为最佳灌溉模式（李国良等，2010）。有关新疆地区采用地下滴灌技术的研究表明，苜蓿单株种子产量随灌水量的增加而增加（孟季蒙等，2010）。陈金炜（2011）研究提出苜蓿地下滴灌（埋深20cm）制度，包括孕蕾-初花期灌水量为71.7mm、盛花期为92.6mm、末花期为113.7mm、结荚期为120.1mm、结荚-成熟期为116.2mm、成熟期为118.2mm。此外，地下滴灌375mm处理的种子产量最高，达1197.33kg/hm^2，适合新疆昌吉地区紫花苜蓿制种（王宏洋等，2015）。因此，不同地区牧草种子生产应根据当地的环境条件和牧草生长发育规律采取合适的灌溉次数和灌溉量。

2）施肥技术研究

在牧草种子生产中，土壤中氮、磷含量是影响种子产量的关键因素，并且氮和磷对植株分蘖、干物质积累等营养生长与花序形成、种子产量组分等生殖生长均有影响。

禾草种子施肥技术研究主要集中于氮肥施用技术方面，如针对高羊茅、无芒雀麦、老芒麦、冰草、鸭茅、多年生黑麦草、新麦草、蓝茎冰草等，研究了施氮量、施氮时间对种子产量的影响，并提出了种植地区的适宜施氮量（王明亚和毛培胜，2012；杨晓枫和兰剑，2015；毛培胜等，2016b）。施用磷肥也能促进禾本科牧草种子产量提高，尤其是土壤含磷量低时，增施磷肥可以使禾草种子产量明显提高。贺晓等（2001）提出在内蒙古旱作条件下，施氮量为120kg/hm^{2}和施磷量为90kg/hm^{2}时可获得较高的老芒麦种子产量；施氮量为120kg/hm^{2}和施磷量为60kg/hm^{2}时可获得较高的冰草种子产量。在河北坝上地区，施磷量为60kg/hm^{2}时老芒麦种子产量最高，比对照提高9.69%，但继续加大施磷量，种子产量却下降，表现出施肥的负效应（于晓娜等，2011）。

豆科牧草在其根瘤形成后对土壤中氮素的需要较少，对土壤磷、钾元素的需要量较高。在播种当年根瘤尚未形成或老化时期，施氮对于满足豆科牧草的养分需求是十分必要的。在苜蓿种子生产试验中，施肥效果的研究一直都受到科技工作者的关注（表12-4）。王赟文（2003）提出根部的全磷含量与种子产量间具有显著的非线性相关关系，可以作为苜蓿种子田施磷肥的指标。但施氮过多也会导致苜蓿种子产量下降（陈玲玲等，2017）。施磷对白三叶草的生长发育及种子产量有显著的影响，在施磷量为300kg/hm^{2}时，白三叶草的分枝数和花序数最多。磷、钾肥配合施用时，以底肥施钾量120kg/hm^2、施磷量200kg/hm^2，追肥施磷量200kg/hm^{2}或底肥只施钾120kg/hm^{2}时种子产量最高。朱柳梅和周自玮（2008）建议，在云南地

表 12-4　紫花苜蓿种子生产施肥试验研究

紫花苜蓿品种	研究地点	施肥量	种子产量/（kg/hm²）	参考文献
Baralfa 32 IQ	宁夏永宁县	氮、磷、钾 3 种肥料按照 45：120：30 配比	1351.2	吴素琴（2003）
		氮 45kg/hm²、磷 90kg/hm²	1606.7	
甘农 3 号	宁夏固原市	分枝期施氮 24kg/hm²、磷 90kg/hm²、不施钾肥	483.58	王秉龙等（2013）
	甘肃武威市	氮 47kg/hm²、磷 120kg/hm²、钾 30kg/hm²	1256.42	田新会和杜文华（2008）
中苜 6 号	北京市	春季施磷肥 50kg/hm²	342.2	张银敏（2020）

区进行白三叶草种子生产时，磷肥施用量以 200kg/hm²（其中底肥 100kg/hm²、追肥 100kg/hm²），钾肥施用量以 120kg/hm² 为宜。在河北坝上地区，施磷量为 270kg/hm² 时黄花草木樨种子产量最高（韩建国 等，2000），在甘肃河西地区施磷量为 80kg/hm² 的条件下，黄花草木樨种子产量最高（骆凯 等，2018）。

在种子生产田间管理中，通常采用水肥耦合来提高管理效率，有条件的情况下同时采用滴灌技术。甘肃引黄灌区紫花苜蓿灌溉 2 次，施用磷酸二铵 360kg/hm²，是获得种子高产的灌溉和施肥条件（陈冬冬 等，2016）。李丽（2012）在新疆呼图壁县研究了水氮调控对紫花苜蓿种子产量的影响，确定了苜蓿种子田水分、养分耦合的关键期及高效期，其中施氮量 150kg/hm²、灌水 1000m³/hm² 是最佳的水氮组合，为苜蓿种子高效生产提供了依据。王玉祥等（2015）的研究表明，在地下滴灌条件下，现蕾期施氮肥 75kg/hm²，苜蓿种子产量最高。

紫花苜蓿施肥研究主要集中在大量元素上，对必需微量元素的研究较少。已有研究表明，喷施硼、钼可以提高紫花苜蓿种子的产量（葛广鹏 等，1999），在盛花期对紫花苜蓿进行叶面喷施 0.9%硼、0.04%钼和 0.6%锌，对苜蓿种子具有良好的增产效果（刘香萍 等，2011）。

2. 种子田田间管理技术实践

实践证明，种子生产不同于牧草生产，对生产地域条件和田间管理技术的要求更加严格。围绕播种行距、施肥、灌溉、植物生长调节剂等关键技术环节开展了相关研究与生产应用，但规模化的种子生产主要集中在老芒麦和苜蓿等牧草种类中。

1）种子田水肥管理

在种子生产中，理想的灌溉制度是通过调节土壤水分，产生一定的干旱条件和水分胁迫，保持植株缓慢生长，并促进小花授粉和结实，避免植株徒长和干旱胁迫，获得种子高产。

（1）老芒麦种子生产。老芒麦种子生产区域主要集中在河北坝上地区、青海海北地区、四川川西北地区等，通常为旱作条件，依赖降水维持植株水分需求。在内蒙古多伦县老芒麦种子生产中，同时施用氮磷肥，种子产量可提高48%，施钾肥显著促进氮磷肥效发挥（贺晓 等，2001）。在川草2号老芒麦种子生产中，分蘖-拔节期追施120kg/hm^{2}复合肥能提高老芒麦种子产量，施180kg/hm^{2}复合肥比施15t/hm^{2}牛粪更有利于种子产量的提高（游明鸿 等，2011）。在河北坝上地区老芒麦种植第2年，行距30cm，施磷量为0和施氮量为90kg/hm^{2}时的种子产量最高（于晓娜 等，2011），但在种植第3年，30cm行距，施磷量为90kg/hm^{2}和施氮量为30kg/hm^{2}时单位面积种子产量最高，为993.21kg/hm^2（赵利，2012）。此外，春秋季均施肥料的种子产量显著高于春季或秋季1次施入肥料的种子产量（王明亚，2018）。在青海西海镇和河北鱼儿山牧场不同地域条件下，即便施氮量相同（0～225kg/hm^2），西海镇的老芒麦种子产量依然显著高于鱼儿山。这说明施肥对老芒麦种子产量有明显效果，但受施肥时间、施肥量、土壤养分状况及生长环境条件等相关因素的影响，需要针对种子田种植区域采取相应的施肥措施。

（2）苜蓿种子生产。苜蓿种子生产区域位于内蒙古、甘肃、陕西及宁夏等西北干旱半干旱地区，一般为干燥、日照时数长、光照充足的地区。干旱会制约植株的生长，灌溉则成为这些地区种子生产的必要条件。灌溉主要影响0～50cm苜蓿根系分布层的水分含量（李雪锋和李卫军，2006），所以应该根据土壤含水量来确定是否需要灌溉。在甘肃酒泉地区的紫花苜蓿种子生产中，在冬灌基础上返青到种子收获不灌溉可以有效抑制其地上部分的营养生长，种子产量最高。随着灌溉技术的发展，滴灌技术可以灌溉均匀、水分利用效率高，成为节约水资源的一种灌溉方式。在新疆呼图壁县苜蓿种子田内，滴灌所起到的减少用水量并增产的效果明显（孟季蒙 等，2010；陈金炜，2011）。

在苜蓿种子生产中，施肥管理也是提高种子产量的重要措施之一，以磷肥、钾肥和微肥施用为主。此外，种子田水肥耦合管理是调控苜蓿种子产量的有效措施，确定苜蓿种子田水分、养分耦合的关键期及高效期，将为种子高效生产提供依据。因此，为提高干旱半干旱地区种子田水分利用效率和节水，需要推广以滴灌为基础的水肥调控技术，提高种子的产量。

2）种子田切叶蜂授粉

苜蓿虽为雌雄同花，但自交率低，必须借助外力才能传播花粉，如采用苜蓿切叶蜂授粉可使苜蓿种子增产1～4倍。从20世纪80年代开始，从国内发现切叶蜂野生群体，到从国外引进切叶蜂，在北方各省开展了研究与实践。研究表明，切叶蜂可以提高苜蓿种子的产量（徐希莲 等，2010），但对切叶蜂品种的适应性、孵化和滞育条件等关键技术环节缺少深入研究，导致乡土切叶蜂资源不清，引进切叶蜂使用效率低，难以实现产业化。在宁夏、甘肃和内蒙古地区苜蓿种子田放蜂后，种子结实率和整齐度明显提高。在内蒙古中部地区，距蜂箱近（10~40m），苜蓿种子产量更高，而且鄂尔多斯沙地草原改良试验站的增产效果最显著（刘胜男 等，2017）。

3）植物生长调节剂处理

植物生长调节剂自 20 世纪 80 年代逐渐应用于牧草种子生产，合理施用植物生长抑制剂（如矮壮素、抗倒酯和多效唑）均能不同程度地提高种子产量。在苜蓿种子生产中，由于灌溉或降水导致植株生长旺盛和倒伏的现象较多，通过植物生长调节剂控制植株高度是减少植株倒伏的有效措施。研究表明，多效唑、矮壮素、抗倒酯等不同植物生长调节剂的作用效果也不完全一致（陶奇波 等，2017）。多效唑可以降低苜蓿株高，提高结荚花序数/生殖枝、荚果数/花序，进而增加苜蓿种子产量（周万福 等，2011），但在苜蓿种子生产实践中，喷施多效唑的增产效果并不稳定。此外，在江苏盐城多花黑麦草种子生产中，通过喷施抗倒酯和多效唑均可以降低植株高度，减少植株倒伏，但抗倒酯抑制效果更好，获得的种子产量更高（孙旭春，2011）。

4）种子收获

专业化牧草种子田的收获通常采用联合收割机集中收获。成熟种子在收获时，常用种子含水量、颜色变化等指标来指导生产收获。在河北坝上地区，老芒麦种子在盛花期后 26~27d、含水量为 39.0%~45.6%时收获，可以获得较高产量（毛培胜 等，2003）。西藏野生垂穗披碱草的最佳收获时间为盛花期后 28~31d、种子含水量下降到 42.0%~36.6%时，种子活力处于较高水平，种子干重和种子产量接近最高值（谢国平 等，2010）。苜蓿种子收获时，70%以上的果荚变为褐色可以获得较高的种子产量。

12.4 展　　望

自 20 世纪 80 年代初至今，随着我国现代草地农业发展对种子的需求迅速增加，牧草种子生产技术研究与实践也呈现系统深入的趋势。从 2000 年开始先后实施了天然草原植被恢复、牧草种子基地、草原围栏、退牧还草、京津风沙源治理、草原治虫灭鼠、西南岩溶地区草地治理等生态工程，对优质牧草种子的需求持续增长。2011 年后，围绕草原生态保护和治理、苜蓿草产品生产等开展的草原改良和人工草地建设，对草种业发展提出了更高的要求，单纯依赖野外收集和从国外进口种子，远远不能满足草地建设的需求。此外，国产乡土草种的种子产量、质量问题也已成为现代草种业关注的重点。相应地针对种子科学与技术、种子质量控制与检测、种子营销与市场贸易等相关研究与实践也成为草种业发展的核心，但到目前为止，我国草种业发展水平与发达国家相比差距明显，草种业战略安全意识在种业贸易管理、生产及知识产权等方面仍未获得普遍关注。

同时，在草种业发展政策制度、专业化种子生产区域、牧草种子生产技术等方面仍然缺乏有效管理和水平低下。我国还没有形成高产优质的牧草种子商品化生产区，种子田生产技术粗放，田间管理不规范，单位面积牧草种子产量低、质量差，无法充分利用气候条件生产优质高产的牧草种子。与牧草种子生产经营有关的法律条款及执法机构还不完善，缺乏牧草种子生产认证体系。国内缺乏集牧草种子生产、加工、销售于一体的种子龙头企业，而且在种子田土地成本、种子集约化生产加工机械设备短缺等方面的限制均严重制约了我国草种产业化发展的进程。因此，加强牧草种子生产技术的研究与示范，克服种子生产过程中的限制因素，建立我国牧草种子专业化生产的优势区域，不仅是促进草种业快速持续发展的重要基础，而且是推动草地农业健康稳定发展的关键。

12.4.1 牧草种子产量形成机理研究展望

我国牧草种子产量低的问题一直以来都是制约草种业现代化的瓶颈，追求种子的持续高产是草种业健康高效发展的基础。牧草由于具有较强的再生性、野生性和繁殖特性，其种子生产不同于农作物。深入了解和掌握牧草开花、结实、种子发育等规律是种子实现高产稳产的理论基础。

1. 牧草开花机制和生殖生长规律研究

牧草生长发育和世代更新均与生长地域的环境条件密不可分。在不同地域环境条件下牧草营养生长和生殖生长的竞争作用和开花诱导条件，均可影响牧草的开花，导致种子产量水平的差异。因此，重视牧草新品种选育过程中开花机制的研究，掌握开花诱导和小花形成的规律，提高牧草开花的整齐度和结实率，将有效缩小潜在种子产量和表现种子产量的差距，为种子高产稳产奠定基础。

2. 种子发育和活力形成机制研究

牧草进入生殖生长阶段后，植株上形成的每一朵小花能否正常发育为一粒种子，是关系种子产量水平高低的前提。受花序或小花着生位置的影响，并非每一朵小花都能发育为成熟的种子，且不同小花的开花时间不一致，造成种子发育进程存在时间差异，种子成熟不一致导致收获时间难以准确把握，影响种子产量和质量。另外，在受精合子发育至成熟种子的过程中，种子活力的形成是关系种子质量状况的重要因素，尤其是种子耐贮藏性和萌发抗逆性的表现与种子活力水平密切相关，研究掌握牧草种子发育和活力形成规律，将为种子优质高产提供理论依据。

3. 种子落粒性研究

牧草种子成熟后在植株上的持留性变差，易从植株上脱落，造成种子产量的落粒损失，而且成熟饱满的种子脱落，导致收获种子的质量下降。不同种类牧草的落粒性强弱表现也不一样，如老芒麦、新麦草、羊草等禾草种子在成熟时容易落粒，无芒雀麦、冰草等禾草种子持留性强，成熟后不容易脱落；苜蓿等豆科牧草种子在成熟后荚果易开裂。研究了解牧草种子在发育成熟过程中的落粒机制，可以促进牧草种子成熟的一致性，有利于种子的收获和产量水平的提高。

12.4.2　不同地域牧草种子生产关键技术研究

我国牧草种子生产技术的系统研究主要集中于苜蓿、老芒麦、无芒雀麦、垂穗披碱草、羊草等温带牧草，围绕播种行距、施肥、灌溉、植物生长调节剂等关键技术环节进行田间试验研究。但不同地域条件下专业化生产技术不配套，尤其是营养生长高度控制、田间杂草控制、切叶蜂授粉等田间管理技术缺乏，导致种子产量在低水平徘徊。此外，田间管理各环节缺少配套高效的机械设备，尤其是种子收获机械效率差，平均田间种子损失率为 20%～50%。因此，加强不同地域种子生产关键技术的研究是未来牧草种业发展的迫切需要。

1. 研究牧草种子产量地域性变化规律，建立专业化种子生产区域

我国具有多样的气候类型和复杂的地形地势，为各种牧草种子生产创造条件。但牧草在其生殖生长阶段（开花、授粉和结实）需要适宜的温度、光照和降水等气候条件，才有利于结实和种子产量的提高。同一种牧草在我国不同区域的种子产量组分及产量差异较大。研究表明，甘肃酒泉的无芒雀麦有较高的小穗数、小花数及种子数，并且种子产量远远高于其他区域。同样，甘肃河西走廊地区的苜蓿种子产量高于甘肃其他地区，并远高于辽宁；宁夏黄灌区的多年生黑麦草种子产量是辽宁大连的近 6 倍，并且高于贵州和云南。甘肃、内蒙古、四川、青海、新疆等省（区）是我国牧草种子生产的理想区域，光热充足、日照时数长、干燥少雨，并且拥有节水灌溉技术，非常有利于温带牧草的种子生产。因此，需要针对全国不同地域自然条件和牧草的适宜性特点，划分不同牧草的专业化种子生产

区域，开展不同牧草种子生产技术的系统研究，从资源环境到种子发育，形成种子高产稳产的配套技术体系，充分发挥气候资源和品种遗传的优势，建成我国西部地区专业化牧草种子生产带。

2. 开展牧草种子田高产关键技术研究

牧草种子大田生产对于生产环境选择、种植生产技术、田间管理技术、收获加工等具有特殊要求，需要加强密度控制、灌溉、施肥、收获等关键技术环节的重点研究，才能为牧草的高产和稳产提供技术保障。尤其是在我国西北干旱半干旱地区进行规模化种子生产时，水分管理是种子生产的首要问题。缺水导致干旱胁迫，影响植株营养生长和开花结实；水分过多导致植株营养生长旺盛，出现倒伏和抑制小花形成现象，种子产量降低。应以滴灌方式为基础，研究密度控制、施肥、除草剂、植物生长调节剂、收获等关键技术，形成不同种类牧草专业化种子生产体系。针对苜蓿等豆科牧草种子生产，开展切叶蜂授粉技术的研究，解决小花败育率高、结实率低等问题，实现苜蓿种子的优质高产。

3. 研究牧草种子加工处理技术，提高种子科技含量

由于受形态、大小、休眠等因素影响，一些牧草种子需要进行去芒、去荚和休眠破除等处理，同时牧草播种萌发易受水分、盐碱、养分等土壤环境因素的制约，因此通常采用种子引发和包衣技术，提高种子的萌发能力和出苗率。在欧美国家通过包衣材料的研发改进，新型缓释环保种子处理与包衣技术应用普遍。我国牧草种子处理加工只采用肥料、根瘤菌包衣等常规包衣技术，改善种子的萌发和生长环境。应针对草原改良和人工草地建设过程中面临的土壤瘠薄、盐碱、干旱、寒冷等非生物逆境胁迫，通过引发、包衣等措施研究种子处理和加工技术，提高种子的活力和抗逆性，确保播种后种子的出苗率和整齐度，同时也提高种子的科技附加值，有利于草种业科技进步和产业水平的提升。

12.4.3 专业化种子生产技术的集成与配套

综合老芒麦、苜蓿等重要牧草的种子生产技术研究，在密度控制、水肥管理、授粉及植物生长调节剂等关键技术的研究与应用方面取得了一些成效，一定程度上提高了牧草种子的产量水平，但面临现代草产业规模化发展和草地生态修复的时代需求，草种业在专业化水平上仍然有较大提升空间，也是我国草产业发展的短板之一。

1. 加强牧草品种繁育与种子生产技术体系建设

坚持创新驱动，充分利用公益性研究成果，按照市场化、产业化育种模式开展品种研发，逐步建立以企业为主体的商业化育种新机制。积极推进构建一批草种业技术创新战略联盟，支持开展商业化育种。引导和支持草种经营企业建立自己的研发团队，建设种子生产基地，或采取与院校、科研单位联合协作等方式建立相对集中、稳定的种子生产基地，形成以市场为导向、以资本为纽带、利益共享、风险共担的产学研相结合的草种业技术创新体系。鼓励支持各种经营主体通过并购、参股等方式进入草种业，优化资源配置，培育具有核心竞争力和较强国际竞争力的育繁推一体化草种企业。鼓励外资企业引进国际先进育种技术和优势种质资源，在我国从事草种研发、种子生产、经营和贸易。另外，加强牧草种子扩繁体系的建设，应依托培育的新品种，开展播种密度、水肥、授粉和收获等配套技术的系统研究，从而实现种子产量的高产和稳产。针对老芒麦、冰草、无芒雀麦等乡土草种建立专业化种子生产基地，合理布局、科学配置生产、收获、加工等管理技术和机械，提高种子生产能力和水平，不仅为草种业的国产化奠定扎实基础，而且是现代草地农业发展的迫切需要。

2. 重视乡土草种的种子认证技术研究

针对种子生产特定区域内的土壤、气候条件特点，开展黄花苜蓿、羊草、老芒麦等乡土草种的种子生产认证技术研究。明确基础种子到认证种子不同世代等级种子的生产管理要求，确保品种特性的稳定遗传。新疆、甘肃、宁夏、内蒙古、青海及四川等省（区）虽然是苜蓿、老芒麦、羊草等牧草种子生产的适宜区域，但在每个区域的种子生产管理技术均不具有普适性。因此，重点加强乡土草种的种子认证技术研究，在推进新品种选育进程的同时，建立从品种特性到不同世代种子的生产技术体系，挖掘种子产量潜力，确保品种的真实性和种子的质量。

3. 加快牧草种子收获加工配套机械的研制与推广

在牧草种子专业化生产的过程中，从土地整理、播种、施肥、灌溉、化学防治、收获乃至加工都需要一系列配套的机械设备，才能够确保在种子生产各环节达到相应的技术管理要求。在种子生产实践中，土地的整理、播种到施肥灌溉都能够配备相应的专业化机械，尤其是在我国西部地区大面积灌溉设施的采用，解决了种子田灌溉的问题。在种子收获方面，尽管种子生产企业采用了联合收割机等专业的机械，但由于这些机械主要针对农作物，而针对牧草种子进行收获时，受株型、花序位置、成熟一致性、种子重量和大小等因素的影响，种子收获损失严重。因此，针对牧草种子收获机械规格型号单一、通用性和稳定性差等问题，积极研发新机具产品，增加机具的科技含量，提高机具的工作可靠性和通用性。在种子清选加工设备方面，针对牧草种子的清选配套设备，已能够满足种子质量要求。但在种子加工处理方面，种子包衣设备规格型号较完整，但去芒、去毛、去荚等加工设备型号单一。总之，在加强种子专业化生产过程中，要加快对国外先进机械的引进、消化、吸收、利用，使其国产化，降低使用成本，同时加强自主研发能力。现代草种业的发展离不开高效配套的种子生产、收获和加工机械设备，草种业机械设备的研发、生产也为设备制造业的发展提供了更加广阔的空间。

第 13 章
种子质量控制的原理与技术[*]

13.1 引　　言

高质量的草种子是草地农业发展和生态环境建设的物质基础。广义的种子质量包括种子的品种特性和播种质量两个方面。前者反映品种的遗传特性，是品种生产性和适应性等基本属性的载体，因而也是实现农业生产或生态建设目的的前提。后者则主要反映种子的播种价值，如净度、发芽率、含水量等，间接反映种子能否在田间正常建植与生长，对于种子品种特性的实现具有关键的决定作用。种子质量控制主要是指通过国家立法、品种管理、种子检验等方式对品种审定、种子生产、加工、运输、贮藏、市场流通、销售等环节控制种子质量的过程（支巨振，2002）。种子质量控制可分为种子立法、种子认证和种子检验3个主要部分。其中，种子立法主要体现在国家层面制定种子管理的宏观政策、法律法规及行政管理制度，种子认证主要是指对种子品种特性和品种真实性的管理，种子检验主要针对的是种子的播种质量。

早在19世纪初期，伯尔尼共和国就有针对种子质量问题采取立法处罚的手段。而后，荷兰、比利时、英国等国相继制定相关法律对种子质量做出规定。1869年，德国植物学家诺培（Nobbe）提出种子在投放市场前必须经过扦样、检验，对流通中的种子进行质量监控，并在萨克森州建立了世界上第1个种子检验站。这一做法奠定了以种子检验为种子质量管理主要手段的基础，迄今仍在种子质量控制中起到非常重要的作用。随着新品种的不断产生，品种混杂与退化现象日益频繁，如何保持品种原有的特性、发挥其应有的增产作用成为另一个需要迫切解决的问题。在这一背景下，以种子遗传质量控制为主要目标的种子认证制度应运而生。

19世纪下半叶到20世纪初，以瑞典、德国在内的许多欧洲国家开始建立管辖品种区试和种子营销的机构，开展田间检验，实施品种审定制度等，对种子生产全过程进行质量控制。1919年，美国和加拿大联合在芝加哥召开种子认证

[*] 本章作者：王彦荣、胡小文

会议，成立了跨地区的种子认证机构，即国际作物改良协会（International Crop Improvement Association，ICIA），也就是现在的官方种子认证机构协会（Association of Official Seed Certifying Agencies，AOSCA）。该次会议对国际当时有关种子认证的理论和实践进行了总结，标志着种子认证制度基本形成。20世纪20～50年代，欧美发达国家纷纷将种子认证作为种子质量控制的主要途径，包括种子认证方案、种子田和种子质量检测技术在内的各种规范趋于完善。20世纪50～80年代，经济合作与发展组织（Organization for Economic Cooperation and Development，OECD）开始实施《国际种子贸易自由流通OECD品种认证方案》，统一了各国的认证制度，使种子认证实现了标准化，逐步形成了跨越国界、双边、多边、区域和国际互认的种子认证制度。截至2019年，已有61个国家参加了OECD的种子认证，成为名副其实的国际认证。总体而言，经过200余年的理论与实践，以欧洲和北美为主的西方发达国家已经形成了以种子认证为核心、以种子检验为重要技术手段的种子质量控制体系，为高质量种子的持续供应奠定了基础。

我国种子产业特别是草种子产业的起步较晚，质量管理相对滞后。1982年，我国首次颁布《牧草种子检验规程》（GB 2930—1982）。1985年发布《禾本科主要栽培牧草种子质量分级》（GB 6142—1985）和《豆科主要栽培牧草种子质量分级》（GB 6141—1985），对苜蓿等牧草种子的检验方法和质量分级标准进行了规定。为贯彻执行上述标准，农牧渔业部于1986年在内蒙古、新疆、山西、北京、湖北、广东、四川、甘肃、辽宁等10省（区、市）布局建立了一批区域性的牧草种子质量监督检验中心（站），同年下半年正式开展牧草种子的质量检验发证工作，实行牧草种子质量管理。截至2019年，全国有资质的草种质量检验测定机构达47个，其中部级检测中心5个、省级18个、地市级13个、县级11个，已建成较为完善的草种子质量监督检验检测网络。此外，农业部牧草和草坪草种子质量监督检验测试中心（北京）和农业部牧草和草坪草种子质量监督检验测试中心（兰州）于1989年和2014年先后成为国际种子检验协会（International Seed Testing Association，ISTA）会员实验室，在实验室管理、检验检测标准采用、检验能力等方面与国际同步。在草种质量检测标准方面，2017年对《草种子检验规程》（GB/T 2930—2017）进行了第2次修订。新修订后的标准一方面吸纳了《国际种子检验规程》最新的技术成果；另一方面也基于我国国情，引入了新的技术成果和我国特有草种的检验检测方法，检验检测标准得以进一步完善。

在品种审定方面，经农牧渔业部批准，1987年成立了全国牧草品种审定委员会，其主要任务在于拟定品种审定的各项规程制度，负责审定各级科研、教学、生产单位或个人培育的牧草新品种、地方品种、引进品种和野生栽培种，确定品种推广区域。截至2021年，经国家审定通过的各类草类植物新品种651个。2000年，农业部科技发展中心加挂农业部植物新品种测试中心，下设29个测试分中心与28个专业测试站，承担全国农业植物品种的特异性（distinctness）、一致性（uniformity）和稳定性（stability）测试（以下简称DUS测试）。2004年，我国发布了《植物新品种特异性、一致性和稳定性测试指南 总则》。截至2021年，我国已公布了23项DUS测试国家标准和212项DUS测试行业标准，其中牧草和草坪草15项。2016年《种子法》规定主要农作物品种审定及非主要农作物登记均须提供DUS报告，明确了DUS测试是品种管理的基本技术依据，提高了DUS测试的法律地位。2008年农业部启动了国家农作物区域试验草品种试验项目，建立了国家草品种区域试验（value for cultivation and use，VCU）测定体系。截至2014年年底，全国畜牧总站已建立54个草品种区域试验站（点），对申报审定的草品种统一进行VCU测定。

在种子立法方面，我国于2000年首次颁布《中华人民共和国种子法》（简称《种子法》），依据《种子法》和《草原法》，农业部于2006年制定了《草种管理办法》，使草种质资源保护，品种选育，草种生产、经营、管理等走上了法制化轨道。

综上所述，我国目前基本形成了集种子立法、品种审定和新品种保护、种子质量检验等于一体的种子质量管理体系，这一体系的建立有力地促进了我国草种子质量的提升。以农业部牧草与草坪草种子质量监督检验测试中心（兰州）自1999年以来检验种子批质量分级情况为例，我国牧草种子送检样品合格率总体呈现上升趋势，种子合格率由1999年的不足40%上升到近10年的80%左右（图13-1）。但值得注意的是，尽管随着我国草产业的发展和种子质量管理体系的逐步完善，种子质量稳步提高，但不合格种子比例仍相对较高；更为重要的是，目前有关种子质量分级的评定仅考虑了种子的播种质量，对种子品种的真实性和纯度并不做出判定，市场流通种子来源不清、品种不明等问题普遍存在。因此，进一步从种子立法、质量检验技术及种子生产过程的质量控制等方面完善我国种子质量管理体系，已成为提升我国草种质量的当务之急。

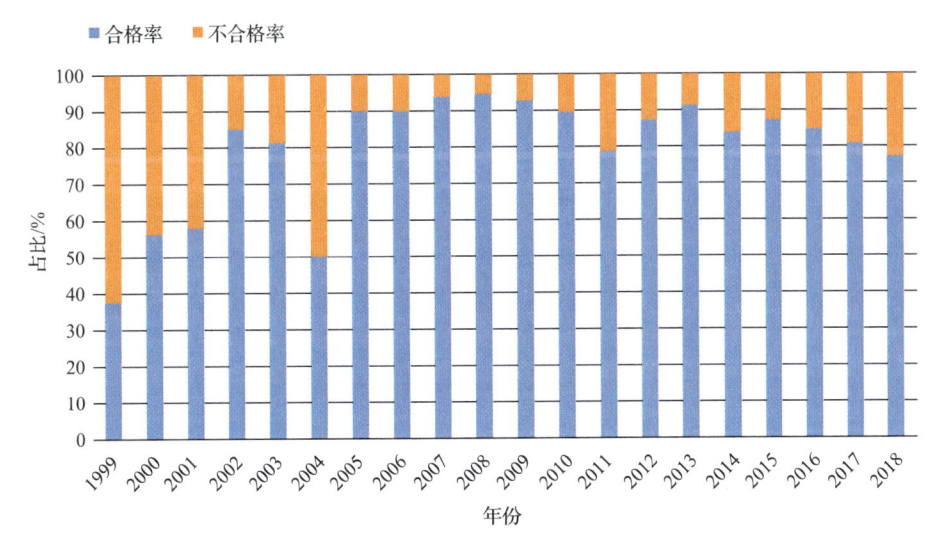

图 13-1　1999～2018 年草种子检验样品合格情况

13.2　种子认证和质量检验的原理

13.2.1　种子认证的原理

种子认证是用来保持作物品种种子和繁殖材料真实性和遗传纯度的管理系统。品种真实性和遗传纯度是保障品种生产性和适应性的基础，但在种子生产、收获、加工等过程中，品种纯度可能因为花粉污染、杂交、性状分离、混杂等原因而下降，主要体现在以下 4 个方面。①其他近缘种或品种花粉的污染。对于异花授粉的植物，来自非目标品种的花粉与目标品种杂交产生的种子会降低品种的遗传纯度，在种子生产过程中需要通过隔离来防止这种污染。②异常株。用于种子生产的亲本不纯、突变或者种子田土壤中存在非目标品种种子，导致种子田中出现异常株，为避免异常株对品种纯度的影响，应在其花粉传播前去除异常株。③种子田里的杂草种子。④收获与清选过程中混杂非目标品种植物种子。因而，要保持品种纯度，就需要对以上几个可能导致品种纯度下降的因素进行控制。

种子认证主要是通过田间检验和种子检验，核查种子田隔离条件、种子生产、收获、加工、检验和种子批的标识等过程的质量而实现，主要包含以下 3 个方面。一是通过对品种、种子来源、种子田、田间检验、清洁与不混杂管理、验证等一系列过程控制，以保证生产种子的遗传质量（真实性和品种纯度）达到或尽可能接近育种家培育品种的状况和水平。二是对种子扦样、标识和封缄行为进行监控，确保其符合认证方案规定的要求。三是通过对种子进行检验，确认种子的播种质量（净度、发芽率等）符合国家标准或合同规定的要求。不同认证体系对种子播种质量的要求存在差异，如 OECD 的种子质量认证并不包含种子的物理质量检测，但 AOSCA 则要求认证种子必须满足最低的种子播种质量要求。

种子认证是保证良种持续供应的重要途径。更重要的是，在当前全球贸易背景下，认证种子已被广泛认可为高质量种子。在实行强制性种子认证的国家中，只有通过认证的种子才能营销。在自愿性种子认证的国家中，认证种子也一般被认为是有质量保证的种子。在国际种子自由贸易流通中，种子认证也在一定程度上起着消除贸易技术壁垒、促进贸易发展的作用。从企业管理的角度，实施种子认证制度，不仅有利于企业规范种子生产流程、提升质量管理水平、提高种子质量，而且是企业树立良好形象、建立品牌效应的重要举措。从整个育种产业的角度，种子认证有利于植物新品种保护，使育种家能够顺利向种子公司收取品种使用费，保护育种者权益，进而推动育种工作的良性发展（支巨振，2002；王海波和高翔，2009）。

13.2.2 种子质量检验的原理

通常所说的种子质量检验，主要是指种子的播种质量检验，其目的在于确保种子在播种后可快速整齐的出苗。根据《国际种子检验规程》及我国《草种子检验规程》（GB/T 2930—2017）系列国家标准，种子质量检验包含的主要项目有净度、发芽率、生活力、水分、品种真实性和纯度、活力等（国际种子检验协会，2019；王彦荣 等，2017）。各项检验的具体目的与检验原理如下。

1. 净度分析的目的和原理

种子净度是指种子的干净程度，可用种子批或种子样品中净种子、其他植物种子和杂质 3 种成分的比例与组成来表示。净度分析的目的是通过测定供检种子样品中 3 种成分的含量及种子样品混合物的特性，从而了解种子批中可利用种子的真实质量，以及其他植物种子、杂质的种类和含量（胡晋，2015）。

基于净度分析获得的净种子重量百分率是计算种子用价、确定播种量的前提。此外，样品中其他植物种子、杂质种类等信息可以为种子加工和贮藏提供参考，也是评估种子可能的危害程度及是否舍弃或重新加工利用等的重要依据。

2. 发芽率测定的目的和原理

发芽率测定的目的是评价种子的最大发芽潜力，以判断不同种子批的质量及田间播种价值。发芽率测定也是了解种子批在贮藏期间质量变化的重要手段。其一般原则是将种子置于最适宜的发芽条件下进行培养，在一定时期内计数最终长成或具有长成正常幼苗能力的种子数占供试种子的百分率。

因物种和种子批不同，种子发芽的最适条件有所区别。种子发芽通常会受到温度、水分和光照等环境条件的影响。种子的生理代谢与温度密切相关，过低或过高的温度都不利于种子的发芽。一般而言，种子发芽对温度的需求可用温度三基点（最低温、最适温和最高温）来表示。因物种起源不同，种子发芽对温度的需求不同，如 Hu 等（2015）发现相比青藏高原地区，荒漠草原区的豆科植物通常能够耐受更高的发芽温度，但其发芽的最低温度相对较高（表 13-1）。随外界水势的降低，种子发芽普遍受到抑制，但不同物种种子发芽对水分胁迫的敏感程度存在较大差异（表 13-2）。例如，当外界水势为-0.4MPa 时，长芒草种子的发芽率明显降低，而柠条锦鸡儿种子在-1.6MPa 条件下仍有部分种子能够发芽。为便于对正常幼苗进行鉴定，一般要求在光照条件下开展发芽试验，但也有些种子（如长芒草），其发芽会受到光照条件的抑制（Hu et al., 2013）。

表 13-1 不同生态区域的 8 种豆科植物种子萌发温度阈值 （单位：℃）

	物种	T_b	T_o	T_c
A. 荒漠草原	沙冬青（Ammopiptanthus mongolicus）	5.4 ± 0.7	29.2 ± 0.9	82.8 ± 21.3
	甘草（Glycyrrhiza uralensis）	7.6 ± 1.5	31.5 ± 0.5	42.2 ± 0.7
	牛枝子（Lespedeza potaninii）	4.7 ± 0.9	28.3 ± 0.1	37.1 ± 0.1
	苦豆子	8.0 ± 0.1	27.6 ± 0.4	49.2 ± 1.2
B. 青藏高原	山野豌豆	3.5 ± 0.02	19.8 ± 0.05	37.3 ± 0.8
	窄叶野豌豆（Vicia angustifolia）	0.2 ± 0.06	20.1 ± 0.06	31.3 ± 0.4
	救荒野豌豆	-0.6 ± 0.04	17.8 ± 0.2	29.2 ± 0.5
	歪头菜（V. unijuga）	2.4 ± 0.04	19.0 ± 0.2	39.0 ± 0.6

注：T_b 为最低温度；T_o 为最适温度；T_c 为最高温度。

表 13-2 13 种常见植物种不同水势条件下种子发芽率 （单位：%）

物种	发芽率				
	0MPa	-0.4MPa	-0.8MPa	-1.2MPa	-1.6MPa
沙蓬（Agriophyllum squarrosum）	70	55	30	10	0
白沙蒿	100	90	30	6	0
蒙古莸（Caryopteris mongholica）	30	28	15	0	0

续表

物种	发芽率				
	0MPa	-0.4MPa	-0.8MPa	-1.2MPa	-1.6MPa
柠条锦鸡儿	100	98	58	18	12
红花岩黄耆（*Hedysarum multijugum*）	49	19	6	0	0
花棒（*H. scoparium*）	100	23	12	5	0
黄花角蒿（*Incarvillea sinensis* var. *przewalskii*）	81	80	41	0	0
黄花补血草（*Limonium aureum*）	100	98	50	5	0
唐古特白刺（*Nitraria tangutorum*）	50	5	1	0	0
西伯利亚白刺（*N. sibirica*）	64	59	20	6	0
骆驼蓬（*Peganum harmala*）	55	10	0	0	0
长芒草	79	4	0	0	0
短花针茅	80	30	0	0	0

此外，部分植物种子具有不同程度的休眠特性，只有在破除种子休眠以后，种子才能正常发芽。例如，豆科植物普遍具有物理休眠，需要通过机械擦破、化学腐蚀等方式来增加种皮的通透性；禾本科牧草则一般具有生理休眠，可以通过贮藏、预冷、赤霉素溶液处理、硝酸钾溶液处理等方式来改善种子的发芽状况。

发芽试验通常是按照种子检验规程中规定的试验条件进行样品种子的发芽，试验结果具有重演性和稳定性。但如上所述，除少数牧草经过长期的驯化，发芽条件相对稳定之外，大部分牧草和乡土草野生性较强，其发芽的最适条件通常因品种、基因型或种群而异。因而，对于没有明确发芽限制条件的物种，其发芽标准的制定需要综合考虑多个种子批在不同发芽条件下的表现，确保其稳定性和代表性，方可作为标准方法列入相应规程采用。一般而言，在确定新物种的发芽条件时，主要考虑的环境条件有温度、光照和发芽基质。

3. 生活力测定的目的和原理

种子生活力是指种子的潜在发芽能力或种胚所具有的生命力，是预期具有长成正常幼苗的潜在能力。在一个种子样品中，有生命力的种子，包括能发芽的种子和暂时不能发芽而具有生命力的休眠种子两个部分。生活力测定通常所需时间较短，因而可用于快速预测种子发芽能力。此外，对于具有休眠的种子，发芽率不能预测种子的潜在发芽能力，必须通过生活力测定来评估种子批的潜在发芽能力。在种子检验过程中,如果发芽试验末期新鲜不发芽种子或硬实种子高于 5%,一般也要求进行生活力测定以判断种子生活力的高低。

种子生活力的测定方法很多,如四唑染色法、红墨水染色法、溴麝香草酚蓝法、软 X 射线造影法等。但无论什么方法,其遵循的基本原理就是确定种子关键部位细胞的活性强度,从而确定其是否具有发芽的潜力。种子中的活细胞(如胚或禾本科的糊粉层细胞)在吸水后,会进行呼吸代谢等生命活动。活性强度不同的种子,其代谢强度存在差异,活细胞占整个部位的比例也有所不同,在相关指标上存在差异。如四唑染色法主要利用种子活细胞呼吸产生的还原力与无色的氯化三苯基四氮唑发生氧化还原反应后,形成红色的沉淀物,进而可根据染色的程度、部位对种子是否具有生活力进行判断。溴麝香草酚蓝法则是基于种子在呼吸过程中产生 CO_2,改变了种子周围环境的酸度,从而判断其是否具有生活力。红墨水染色法和软 X 射线造影法是基于活细胞的细胞膜具有选择透性这一特点,根据带电或者大分子物质是否进入细胞来判断相应部位的活性强度(胡晋,2015)。

4. 水分测定的目的和原理

种子水分是指按规定程序把种子样品烘干后失去的重量占供检样品原始重量的百分率。种子水分与种子成熟度、收获的最佳时间、种子干燥、安全包装与贮藏等密切相关。因而种子水分的测定对于适时收获、避免机械损伤具有重要意义。在人工干燥种子前,应先测定水分,以确定种子干燥的温度、时间和分次干燥方法。在种子包装和贮藏前也要测定水分,确保种子的安全包装与贮藏。在贮藏期间和调运前也要测定种子水分,以确保种子贮藏和运输中的种子安全。

一般而言,种子中的水分可以分为自由水和束缚水两大类。其中,自由水存在于种子表面与细胞间隙内,具有一般水的特性,可作为溶剂,沸点为 100℃,容易蒸发;而束缚水由于与种子内的亲水胶体(如淀粉、蛋白质)牢固结合,不能在细胞间隙中自由流动,相对自由水也更难蒸发,往往需要更长的烘干时间或更高的烘干温度。种子水分测定的原则就是通过相应的方法保证种子中自由水和束缚水全部被除去。但同时值得注意的是,在水分测定过程中,如果温度过高,可能使样品烘焦,种子内部的化合物得以分解,释放出化合水,从而高估种子水分。此外,亚麻酸等不饱和脂肪酸含量较高的油料种子,在磨碎、烘干温度过高的情况下,不饱和脂肪酸易于氧化,从而低估水分含量;对于一些油分含量较高特别是芳香油含量较高的种子,温度过高容易引起芳香油挥发,测定水分含量偏高。因而,在水分测定的过程中,除满足去除自由水和束缚水外,也应尽可能减少氧化、分解或其他挥发性物质的损失。除采用的温度和烘干时间会影响种子水分的准确测定外，颗粒较大的种子内部水分迁移路径较长，短时间的烘干通常不易除尽种子中的水分，应将种子磨碎后再进行水分测定。此外，对于一些具有物理休眠的种子，其种皮或果皮致密，即使在高温条件下，也有可能限制水分的透出，也有必要将种子磨碎后再进行水分测定。

5. 品种真实性和纯度检验的目的和原理

品种鉴定包括品种真实性和品种纯度方面的检验，这两个指标与品种的遗传基础有关系，属于品种的遗传品质。品种真实性是指一批种子所属品种、种或属与文件描述或客户所声称的品种一致。一个特定的种或品种通常在形态、生理及遗传基础等方面具有一些特定的性状或组成。品种真实性的鉴定是根据标准样品或已有资料对种子身份进行判定的过程。品种真实性鉴定的实质是种子的真假判别，如果品种真实性存在疑问，就没必要再进行品种纯度的检验。值得注意的是，虽然在理论上，品种真实性的判定是基于其遗传基础而进行的，即每个品种都有其特定的遗传组成，但在实际的判定过程中，往往是基于品种在一定条件下的表型而进行的。

品种纯度检验是指品种或送检样品种子个体与个体之间在特征、特性方面典型一致的程度，用本品种的种子数占检验品种种子数的百分率表示。在具体的测定过程中，本品种指的是送检文件所描述或送验者所声称的品种。在测试品种纯度时，只有当送验者对样品所属的种或品种已有说明，并具有可用于比较的标准样品时，鉴定才有效。供比较的性状可以是形态性状、生理生化特性、遗传学特性、化学特性等。

品种真实性和品种纯度是保证良种优良遗传特性得以充分发挥的前提，是正确评定种子等级的重要指标。因此，品种真实性和品种纯度检验在种子生产、加工、贮藏及经营贸易中具有重要意义和应用价值。

6. 活力测定的目的和原理

在长期的生产实践中，人们发现发芽率与田间出苗率常常存在不相符的现象，发芽率相同的种子批在田间表现出较大差异；即使在同一种子批中，有的出苗迅速，幼苗长得健壮，而有的则出苗缓慢，幼苗细弱甚至畸形。这些现象表明，发芽率作为种子的质量指标，并不能准确地预测种子在田间的表现。基于这一背景，科学家提出应有一个新的指标，可用于预测种子在田间的表现。这个指标就是种子活力。

根据国际种子检验协会的定义，种子活力是指在广泛的环境条件下，衡量发芽率可接受的种子批的活性和表现的其他种子特性的综合。从这个定义可以看出，种子活力与其他检验指标不同的地方在于，它不是一个简单的单一的测定指标，而是一种能表达有关种子批多种特性的综合概念，具体包括：①种子发芽和幼苗生长速率及整齐度；②种子在不利环境条件下的出苗能力；③贮藏后的表现，特别是发芽能力的保持。值得注意的是，这个定义同时也给出了种子活力测定的应用范畴是发芽率可接受的种子批，即只有种子发芽率达到一定程度的时候才有必要进行种子活力的测定。如图 13-2 所示，随着种子劣变的发生，种子活力与发芽率均呈现下降趋势，但在劣变初期，活力反应较为敏感，下降速度较快；而发芽率则反应较为迟钝，较少发生变化。因而，对于发芽率较高的不同种子批，活力用于反映种子质量往往更为灵敏。

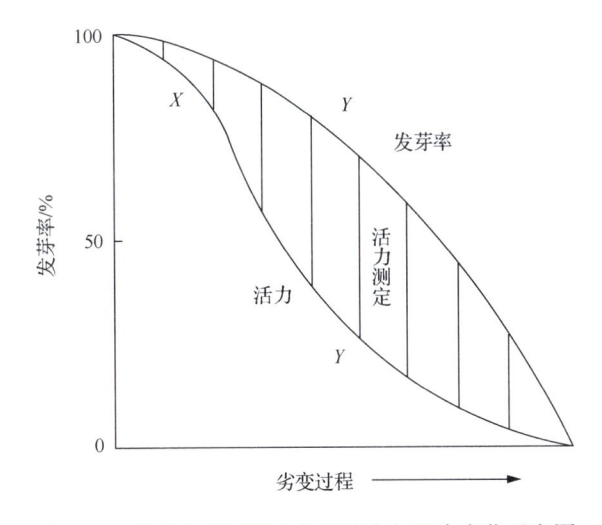

图 13-2　种子劣变过程中的发芽率与活力变化示意图

　　种子活力是种子质量的重要指标，也是种用价值的主要组成部分之一，与种子田间出苗密切相关。同时，种子活力也是种子生命过程中十分重要的特性之一，与种子发育、成熟、萌发及种子贮藏寿命和劣变等生理过程有着紧密联系。高活力的种子对农业生产具有非常重要的意义，主要体现在以下 5 个方面：①高活力的种子在田间出苗迅速一致，可提高田间出苗率和播种密度；②高活力的种子意味着成苗率高，可减少种子播种量，避免重播，从而节省人力物力；③高活力种子对外界不良环境具有更强的抵抗能力，有利于在恶劣的环境下保持高产；④高活力种子由于出苗快速整齐，可以逃避和抵抗病虫害，同时生长旺盛健壮的幼苗也有更强的竞争能力；⑤高活力的种子更耐贮藏。

13.3 种子认证和质量检验技术

13.3.1 种子认证的环节和技术

种子认证就是对种子生产、加工、扦样、检验、标识和封缄等环节进行监控，从而确保种子质量的过程。这其中既包括对流程管理的要求，也涉及一些具体的技术。

1. 种子认证体系的组成

完整的种子认证体系一般应包括种子认证机构、种子认证标准及种子认证程序等部分。种子认证的执行机构一般为政府部门或政府部门的授权机构，必须独立于种子生产者和种子使用者，以确保其行使职权的独立性和公正性。不同国家种子认证机构的组成略有不同，如新西兰的种子认证由农渔部国家种子认证局完成，美国种子认证则由各州的种子认证机构完成。我国目前尚未建立专门的种子认证机构，根据我国《牧草与草坪草种子认证规程》（NY/T 1210—2006）的相关规定，牧草与草坪草种子认证机构可由省级以上草原行政主管部门授权，应独立于种子生产者、经营者和使用者。考虑当前我国种子质量控制的种子检验工作主要由各级种子检验中心来完成，种子认证机构可以依托相关机构进行组建。

种子认证标准常以国家或地区的种子法及有关种子认证的法律条文为准，对于每一种植物都有具体的规定。一个国家所生产的认证种子要想进入国际市场，必须以国家为代表加入OECD，并使本国的种子认证标准符合该组织的最低标准。就草类植物种子而言，OECD制定了《牧草和油料作物品种种子认证规程》。欧洲经济共同体（European Economic Community，EEC）制定了EEC范围内的种子认证规程。此外，北美还有官方种子认证机构发布的种子认证标准。我国目前施行的草种子生产认证标准为国家行业标准《牧草与草坪草种子认证规程》（NY/T 1210—2006），这一标准对我国一些主要的牧草和草坪草种子的认证程序和方法都进行了详细规定。

种子认证程序一般包括申请，认证机构登记审核，种子遗传质量监控，扦样、标识和封缄监控，种子播种质量监控及批准发放环节（图13-3）。在这一过程中，首先由申请者向种子认证机构提供认证申请，申请材料应包含拟申请草种和品种名称、品种来源及特征描述、生产计划、种子田相关信息及种子标准样品。认证机构需要对拟生产的种子来源与世代信息、种子生产田前作及其隔离措施等进行调查与核实；在生长季节对种子生产田进行田间检查，一般在出苗期和花期；在种子收获时对种子收获、清选、加工机械和过程进行监督和认可；对所收

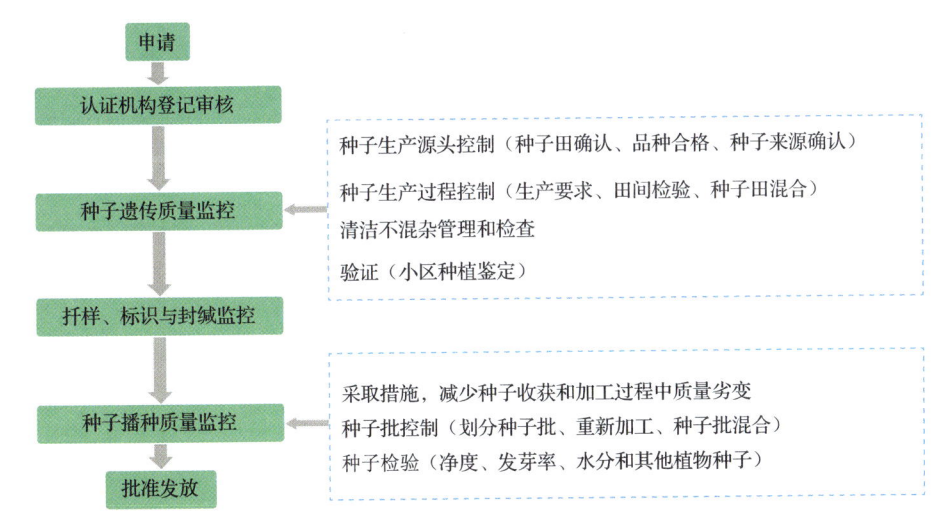

```
申请
  ↓
认证机构登记审核
  ↓
种子遗传质量监控  ← 种子生产源头控制（种子田确认、品种合格、种子来源确认）
  ↓                种子生产过程控制（生产要求、田间检验、种子田混合）
                   清洁不混杂管理和检查
                   验证（小区种植鉴定）
扦样、标识与封缄监控
  ↓
种子播种质量监控  ← 采取措施，减少种子收获和加工过程中质量劣变
  ↓                种子批控制（划分种子批、重新加工、种子批混合）
批准发放            种子检验（净度、发芽率、水分和其他植物种子）
```

图 13-3　种子认证程序

获的种子进行质量检验。如该种子批通过所有程序，则按照一定的标准签发相应颜色的认证标签，表明种子批通过的认证等级。

2. 种子认证的主要技术

1）认证种子繁殖世代和生产年限

从育种家手中极少量的种子开始，一直到商品种子生产，要经过数代的繁殖扩增。由于各国对各代种子的要求和标准不同，在种子认证中采用的等级划分也有所不同。根据我国《牧草与草坪草种子认证规程》（NY/T 1210—2006），我国草种子认证等级可分为育种家种子、基础种子、登记种子和认证种子 4 级。育种家种子是由育种家直接控制并生产的种子。基础种子是在育种者或其代理机构的指导和监督下，按照种子认证机构制定的程序，由育种家种子扩繁生产的种子。登记种子是按照种子认证机构制定的程序，由种子种植者种植育种家种子或基础种子而生产的种子，可以作为商品种子销售。认证种子是按照种子认证机构制定的程序，由种植者种植育种家种子、基础种子或登记种子而生产的种子，保持了良好的基因纯度和真实性，可自由销售，但认证种子不能再用于认证种子生产，只能用于非认证种子生产。

为了减少认证种子生产中品种的基因变异或污染，必须限制种子繁殖的世代数。一般牧草种子繁殖不超过 3 个世代，从育种家种子开始生产一代基础种子，由基础种子生产一代登记种子，由登记种子生产一代认证种子。多年生牧草每一世代种子生产的年数因物种和繁殖世代不同有所差异（表 13-3）。以苜蓿为例，育种家种子、基础种子及登记种子的认证生产可收获 3 季，而后可再降级生产低一

表 13-3　常见牧草不同认证等级种子田生产种子年限　　　　　（单位：季）

物种	年限			
	育种家种子	基础种子	登记种子	认证种子
冰草	2	2	2	6
沙打旺	1	1	1	4
燕麦	3	3	3	7
菊苣（*Cichorium intybus*）	2	2	2	6
小冠花	2	2	2	6
鸭茅	3	3	3	8
披碱草属植物	1	2	2	4
高羊茅	2	2	2	6
胡枝子	2	2	2	6
羊草	2	2	2	6
多花黑麦草	1	2	2	4
黑麦草	1	2	2	4
百脉根	2	2	2	5
苜蓿	3	3	3	6
红豆草	2	2	2	5
猫尾草	2	2	2	8
草地早熟禾	2	2	2	6
红三叶	1	2	2	4
白三叶草	1	2	2	4

等级认证种子 3 季；认证种子可以收获 6 季。但同一种子田生产的种子只能降级 1 次，降级末期生产的种子不能再进行认证。

2）认证种子田的前作要求

为了避免同种不同品种或近缘种之间的基因污染，要求进行认证的草种子田在种植所认证品种之前的一段时间内不得种植同种的其他品种或近缘种。同种草不同品种的前作撒落在土地中的种子在下一个生长季萌发后形成的植株在外部形态上与所种植的品种相似或相同，很难防除，易造成基因污染。一般一年生牧草或草坪草须间隔 1 年，但具硬实种子的牧草要求间隔 4 年。北美官方种子认证机构的规程中要求车轴草属生产基础种子间隔 5 年、登记种子间隔 3 年、认证种子间隔 2 年。苜蓿、百脉根、三叶草、胡枝子等豆科牧草除满足间隔期限外，必须在播种当年确认无同种的不同品种在田间出现。我国《牧草与草坪草种子认证规程》（NY/T 1210—2006）规定苜蓿的种子田应满足 2 个收获季没有生长苜蓿属的其他种及品种，但同一品种和相同认证登记的种子田可以连续种植；红豆草则要求有 4 个收获季没有生长驴食豆属其他种及品种。

3）种子田隔离

对于同种牧草的不同品种及近缘种之间在田间的布局，种子认证规程中都有严格的要求，即它们之间必须设有隔离带。隔离带可分为刈割带、围篱、其他作物带或未种植带。隔离带的宽窄是根据异花授粉牧草的最小授粉距离和种植面积的大小决定的。隔离带的宽度必须保证最低程度的品种杂交，防止认证种子生产中的基因混杂。种子田面积越小，杂交的可能性越大，要求的隔离距离也越宽。不同物种、认证的繁殖世代及种子田面积大小不同，隔离距离也有所不同。例如，苜蓿育种家种子生产，在种子田面积小于 $2hm^2$ 时，隔离距离应大于 300m，而种子田面积大于 $2hm^2$ 时，隔离距离大于 200m 即可；对于认证种子的生产，最小隔离距离则分别为 100m 和 50m（表 13-4）。

表 13-4　不同授粉类型牧草不同认证等级下种子田的最小隔离距离

授粉类型	认证等级	最小隔离距离/m	
		种子田面积≤$2hm^2$	种子田面积>$2hm^2$
异花授粉	育种家种子	300	200
	基础种子	200	100
	登记种子	100	50
	认证种子	100	50
自花授粉	育种家种子	50	10
	基础种子	50	10
	登记种子	10	5
	认证种子	5	5
80%无融合生殖	育种家种子	50	10
	基础种子	50	10
	登记种子	10	5
	认证种子	5	5

4）种子田田间污染植物、其他植物和杂草的控制

污染植物是指能导致种植牧草品种基因污染的植物，在种子认证中又称为异株或非典型株，包括同种的其他品种、易造成异花授粉的种或品种、杂交种种子生产中易造成自花授粉的植株。污染植物的控制除了对前作严格限制外，在种子

生产的田间管理中应对污染植物进行清除。一般在污染植物开花之前用人工的方法清除种子生产田中的污染植物，以达到种子认证规程的最低标准。北美官方种子认证机构种子认证规程中是以田间一定种植牧草株数所允许含的污染植物株数为指标，如苜蓿的基础种子仅允许田间每1000株含1株污染植物，登记种子允许田间每400株含1株污染植物，认证种子允许田间每100株含1株污染植物。新西兰国家种子认证规程中是以单位面积所允许出现的污染植物株数为指标，所有牧草育种家种子和基础种子生产田田间不允许出现污染植物，认证一代和认证二代种子生产田间仅允许每样方（12m²）含1株污染植物。我国《牧草与草坪草种子认证规程》（NY/T 1210—2006）规定，苜蓿育种家种子和基础种子的生产田间每样方（10m²）不允许出现污染植株，但登记种子和认证种子生产田间允许每样方含1株污染植株。

其他植物是指除污染植株以外的其他植物种，包括杂草。根据OECD《牧草和油料作物品种种子认证规程》的规定，基础种子生产田每30m²内不超过1株其他种的植物，认证种子生产田每10m²内不超过1株。某些国家或地区将某些杂草规定为恶性或有害杂草，在认证种子的生产田中明确禁止出现。我国《牧草与草坪草种子认证规程》（NY/T 1210—2006）也明确规定种子生产田不能出现检疫性杂草。

5）种子收获加工过程中的管理要求

种子收获时必须最大限度地防止混杂。联合收割机或脱粒机在使用之前要进行彻底的清理，防止其他植物种子混入认证种子中。为保险起见，开始脱粒的种子或开割时的种子可弃去。

清除杂草种子、内含物的种子清选过程必须按照种子认证的规定进行。清选机和其他设备必须在清选作业前彻底清理，以除去之前使用时残留的种子。清理过程需要在认证机构代表的监督下进行，或直接使用已经过认证机构认可的种子清选设备。

在种子收获加工过程中，若将同一品种不同地块的种子混合，须通知种子认证机构。若是同一品种的不同认证等级种子相混合，应以混合前的种子田生产的最低认证等级种子作为混合后的种子认证等级。种子加工时，应防止混合、标识、封缄等过程发生混杂。

6）种子批管理

种子入库后，应依据相应的技术规程［如《草种子检验规程 扦样》（GB/T 2930.1—2017）］对种子批进行划分。种子批应均匀一致，没有异质性，并具有唯一性的批号，否则认证机构可以拒绝认证该种子批。不同物种允许的最大种子批质量不同，如燕麦和苜蓿的最大种子批质量分别为25 000kg和10 000kg。

同一品种、同一世代种子的两个或更多个种子批可以进行混合，但构成的新种子批应给予新的标识。原来不同种子批的批号和比例应记录和保存，并告知种子认证机构。当有证据表明混合后种子批不是足够均匀一致的，种子认证机构可以拒绝接受。

经种子检验证实种子达不到种子质量要求而通过重新加工后可能符合质量要求的，则允许重新加工。重新加工须换发新的包装容器和标识，并通知种子认证机构。种子批划分后，应由扦样员或在其监督下，在扦样时对种子容器进行封缄并标识。

7）种子批标签与认证证书签发

种子生产单位对拟认证种子批用特定的种子批标签进行标识。种子批标签上的信息应包括标签编号、作物种类、品种名称、种子批号、产地、数量等，并将相关信息告知认证机构。

种子认证机构根据种子生产经营者申报的种子批，对照田间检验报告、种子检验报告及其他材料，对达到认证种子质量要求的种子批签发认证证书。若种子质量达不到规定的要求，则终止质量认证。

8）种子认证的后控管理

种子遗传质量后控管理一般采用小区种植鉴定方式。如果采用其他方法，种子认证机构与申请者应达成一致。

种子认证机构或委托种子检验机构参考有关规定进行小区种植鉴定，对认证种子样品进行小区种植鉴定，并与该品种标准样品比对。鉴定完成后，向种子认证机构出具小区种植鉴定报告。

小区鉴定样品的频率由种子认证机构确定，一般为5%~10%，每年可根据上一年的后控结果进行调整。如果上一年认证种子后控鉴定结果不符合的频率较大，种子认证机构宜将认证种子验证频率超过10%（表13-5）。

表13-5　认证种子后控的核查频率　　　　　　　　　　（单位：%）

上一年认证种子后控结果不符合的频率	当年认证种子后控的最低核查频率
<0.5	5
0.5~3.0	10
>3.0	25

13.3.2　种子质量检验关键技术

根据《国际种子检验规程》与我国《草种子检验规程》（GB/T 2930.1~10—

2017），种子质量检验包括净度分析和其他植物种子数、发芽试验、生活力的生物化学测定、种和品种鉴定、健康检验、水分测定、重量测定、活力测定、包衣种子测定、转基因成分测定等。净度分析和其他植物种子数的分析主要以人工分离称重为主，健康检验则因物种和检验病害不同而存在较大差异。以下我们主要介绍发芽率测定、生活力的生物化学测定、水分测定、种和品种鉴定、活力测定的关键技术。

1. 发芽率测定技术

发芽试验是种子发芽率测定的主要技术。一般是将种子置于适宜的温度和水分条件下进行培养，待种子在室内萌发且发育到一定阶段后，通过判断该阶段幼苗的主要构造是否能够在田间适宜条件下进一步生长成为正常植株来计数种子的发芽率。因物种不同，种子发芽率测定的适宜条件不同，如苜蓿发芽率测定的温度为20℃，而羊草种子的发芽率测定温度为20℃/30℃变温。除温度外，种子发芽的基质或纸床、预处理方法及对光照的需求等可能有所不同，大粒种子（如牧地山黧豆）一般采用纸间发芽法，而小种子（如苜蓿）则多采用纸上发芽法。对于具有硬实的种子，需要对种皮进行擦破处理；而具有生理休眠的种子，则需要进行预冷、添加赤霉素等方法来破除休眠。

在种子检验中，发芽统计分两次进行。第一次统计通常是在日发芽率达到高峰时进行，也称为初次统计，初次统计只对正常苗进行统计；第二次统计则在发芽时间结束时进行，这一阶段除统计正常苗外，也要对不正常苗、新鲜不发芽种子、硬实及死种子进行计数。因物种不同，发芽率测定的初次和末次统计时间不同，如苜蓿的初次和末次统计时间分别为第4天和第10天；草地早熟禾种子的末次统计时间则长达28d。

我国国家标准《草种子检验规程 发芽试验》（GB/T 2930.4—2017）对常见牧草和草坪草种子发芽率测定方法具有明确规定。但也有些物种的发芽率测定方法未被国家和地方标准收录。在这种情况下，要明确拟测定物种种子的生活力，并在多种温度和光照组合条件下测试种子的发芽动态，根据种子发芽对温度和光照的响应确定其适宜的发芽率测定条件。必要的时候，如种子有休眠或者萌发速度较慢，可设计试验探索其前处理以促进和提高种子的发芽率。

2. 生活力的生物化学测定技术

生活力测定的一个主要目的是快速评价种子的潜在发芽能力，目前最常用的生活力测定方法为四唑染色法。这一方法是将无色的氯化三苯基四氮唑（简称四唑）作为指示剂，当其被种子吸收后，在种子组织里参与活细胞的还原过程，从脱氢酶接受氢离子,在活细胞里产生红色、稳定、不扩散的三苯基甲䐶。这样种子有生活力的部分就会被染成红色,而死亡或者无生命力的部分就没有颜色。由于种子里只有特定部分是有生命力的细胞,如单子叶植物的胚和糊粉层,双子叶植物种子的胚等,因此判断种子有无生活力主要是通过观察这些有生活力组织染色的部位和面积,特别是胚的染色情况。

在四唑染色测定的具体操作中,主要涉及预处理、染色前种子样品准备、四唑染色、鉴定前处理和观察鉴定 5 个步骤。

1) 预处理

大部分种子在测定前都需要经过预处理,其主要目的是为了使种子充分吸湿,软化种皮,方便样品准备和促进活组织酶系统活化,进而提高染色均匀度、鉴定的可靠性和正确性。一般预处理包括预措和预湿。预措主要是通过去除种子外部的附属物增加种皮通透性;预湿则是使种子先吸水软化,可以把种子直接浸入水中或者置于湿润纸床。

2) 染色前种子样品准备

大多数种子在染色前通常要对样品进行处理,这一过程主要是为了将要染色的部分暴露出来,利于四唑溶液渗透和还原反应充分进行,如大部分禾本科草种子,通常需要进行穿刺、切开胚乳处理或者直接对胚进行纵切等。

3) 四唑染色

这一步骤主要是将种子按规定要求和数量置于四唑溶液里染色。根据种子种类、样品准备方法及种子本身生活力强弱不同,以及四唑溶液浓度、pH 和温度等因素的不同而有所差异。在适当温度范围内,温度每增加 5℃,染色时间可减少一半。

4) 鉴定前处理

为确保鉴定结果的准确性,在观察前应将胚的主要构造和活的营养组织进一步暴露出来以便观察、鉴定和计算。

5) 观察鉴定

正确的观察鉴定是四唑染色判断种子生活力的关键步骤。一般鉴定原则是凡是胚的主要构造及有关营养组织染成有光泽的鲜红色,且组织状态正常的为有生活力种子,而如果胚的主要构造局部不染色且活的营养组织不染色部分超过 1/2 或超过容许范围,则为无生活力种子(图 13-4)。在鉴定时,可以借助放大器具进行观察鉴别。

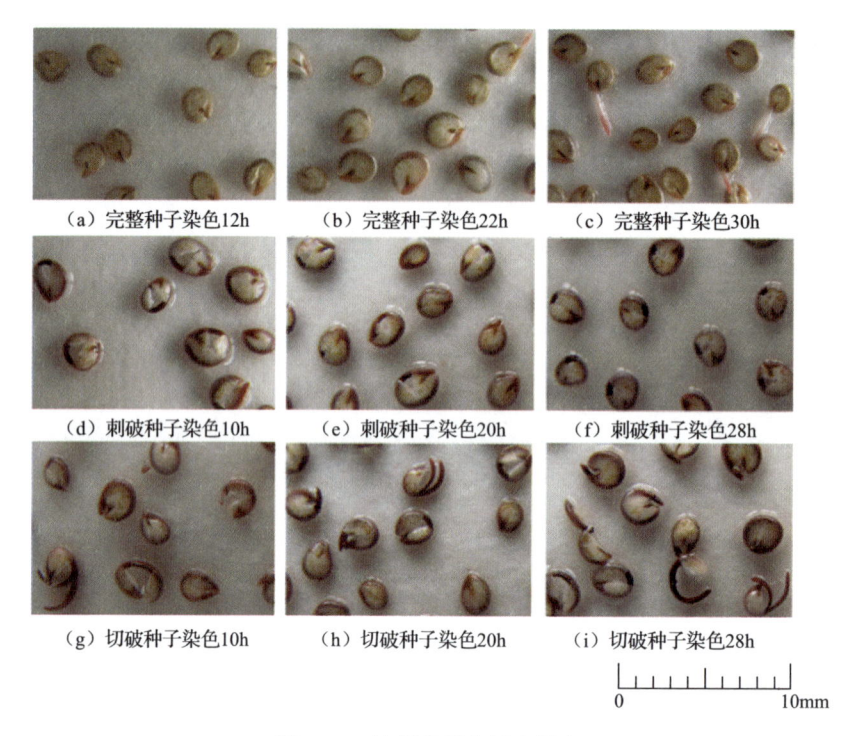

(a) 完整种子染色12h　(b) 完整种子染色22h　(c) 完整种子染色30h
(d) 刺破种子染色10h　(e) 刺破种子染色20h　(f) 刺破种子染色28h
(g) 切破种子染色10h　(h) 切破种子染色20h　(i) 切破种子染色28h

图 13-4　沙蓬种子生活力测定

3. 水分测定技术

烘干法是种子水分测定的基本方法，一般可分为低恒温烘干法和高恒温烘干法。二者的主要区别在于使用的温度不同。其中，低恒温烘干法使用的温度为 103~105℃，而高恒温烘干法使用的温度则为 131~133℃。在低温条件下，不易发生种子内含物化合水分解脱离、氧化及低沸点挥发性油挥发等现象，因此低恒温烘干法是种子水分测定的标准方法，适用于所有物种的水分测定。尽管高恒温烘干法在有些物种上并不适用，但由于其用时（1~2h）短，通常应用更为普遍。

除温度外，水分测定还会受其他因素（如种皮透性、种子粒径及种子初始含水量）的影响。对于硬实率较高的种子批，应充分考虑硬实对种子水分测定的影响，必要时，应对种子进行粉碎处理。同样，大粒径的种子由于种子内部水分迁移路径长，往往不易散出，因而需要先对种子进行粉碎处理后，再进行测定。对于初始含水量过高的种子，则需要在低温通风条件下进行阴干等预处理。

除烘干法外，水分测定的方法还有很多，如卡尔·费歇尔滴定法、电阻式速测法、电容式速测法、湿度速测法、近红外光谱法、核磁共振法等。在种质库入库保存过程中，为避免对种质的浪费，往往采用湿度速测法对种子含水量进行无损测定。例如，陈利军等（2018）发现利用水活度仪能够快速准确地测定种子含水量，并以此构建了 8 种常见草类植物种子水活度与种子含水量之间的数学预测模型（图 13-5）。

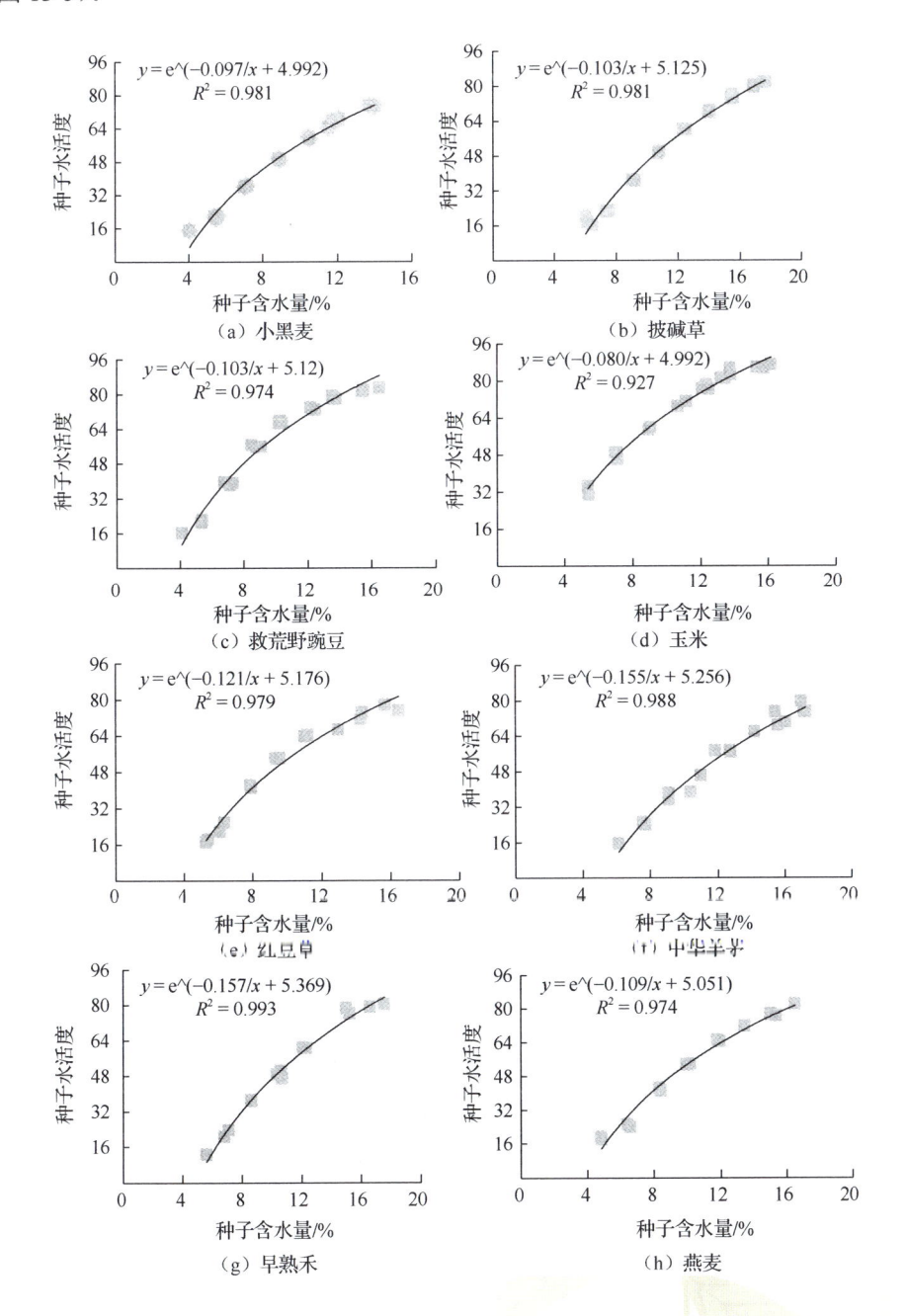

(a) 小黑麦　$y = e^{\wedge}(-0.097/x + 4.992)$　$R^2 = 0.981$

(b) 披碱草　$y = e^{\wedge}(-0.103/x + 5.125)$　$R^2 = 0.981$

(c) 救荒野豌豆　$y = e^{\wedge}(-0.103/x + 5.12)$　$R^2 = 0.974$

(d) 玉米　$y = e^{\wedge}(-0.080/x + 4.992)$　$R^2 = 0.927$

(e) 红豆草　$y = e^{\wedge}(-0.121/x + 5.176)$　$R^2 = 0.979$

(f) 中华羊茅　$y = e^{\wedge}(-0.155/x + 5.256)$　$R^2 = 0.988$

(g) 早熟禾　$y = e^{\wedge}(-0.157/x + 5.369)$　$R^2 = 0.993$

(h) 燕麦　$y = e^{\wedge}(-0.109/x + 5.051)$　$R^2 = 0.974$

图 13-5　8 种常见草类植物种子水活度与种子含水量的关系

4. 种和品种的鉴定技术

种和品种的鉴定依据其鉴定原理不同可以分为形态鉴定、物理化学法鉴定、生理生化法鉴定、细胞学方法鉴定和分子生物学鉴定。根据鉴定场所分类有田间鉴定和室内鉴定。还可依据检验对象分为种子纯度鉴定、幼苗纯度鉴定和植株纯度鉴定。在实际应用中，一种理想的鉴定方法须达到5个要求：结果准确、重演性好、方法简单、省时快速、成本低廉。

在《国际种子检验规程》和我国《草种子检验规程 种及品种测定》（GB/T 2930.7—2017）中，室内鉴定包括种子形态鉴定、快速鉴定、幼苗鉴定、电泳法鉴定等检测方法。在具体的研究工作中，DNA指纹图谱、高光谱成像等技术也已广泛用于草品种的鉴定研究中。以下就几种方法做一个简述。

1）形态鉴定

不同品种在种子、幼苗和植株形态上会存在一定差异，因而常用于品种纯度的鉴定。其中基于种子形态特征鉴定品种较为简单快速，但这一方法通常只适用于种子形态特征丰富、品种间特征多样性大的情况。多数时候，很难通过种子对品种纯度进行准确鉴定。近年来，随着光谱学的发展，多光谱成像、近红外光谱等技术在种与品种的鉴定上也开始应用，由于其属于无损测定且具有能够获取更多种子特征等优点，具有一定的应用前景。如Hu等（2020）利用多光谱成像技术提取苜蓿种子与草木樨种子的形态与光谱特征数据，并利用机器学习算法进行建模，从而实现苜蓿种子与草木樨种子的快速无损鉴定（图13-6）。植株形态特征是最为常用的品种纯度鉴定方法，也是种子认证管理中的标准方法。其主要是通过田间种植，对植株的形态特征进行鉴定，但这一方法所用时间长，难以满足快速鉴定的要求。

（a）苜蓿种子　　　　（b）草木樨种子

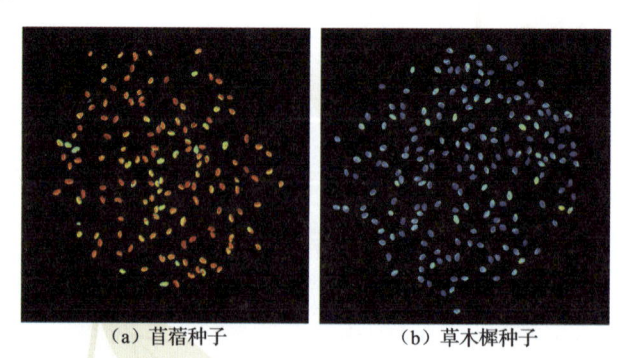

图13-6　苜蓿种子与草木樨种子光谱成像图

2）物理化学法鉴定

物理化学法通常分为物理法和化学法两大类。物理法包括荧光法，主要利用的是不同品种种子和幼苗含有荧光物质的差异，在紫外线照射下发出的荧光波长不同，产生不同颜色而进行区分鉴定。如在国际上荧光法常用于黑麦草和多花黑麦草的鉴定。孙建华（1996）发现吸胀的苜蓿种子在紫外光下能发出白黄荧光，而草木樨种子则不能，从而提出应用荧光分析法来准确、快速地鉴别苜蓿种子与草木樨种子（图13-7）。化学法包括苯酚染色法、愈创木酚法，主要原理在于利用化学试剂与种子皮壳内的化学组分发生反应，从而呈现出不同深浅的颜色而进行鉴定。无论物理法还是化学法，可用于鉴定的种或品种都非常有限，但由于这类方法可实现对某一特定种或品种的鉴定，在实践中通常有较广泛的应用。

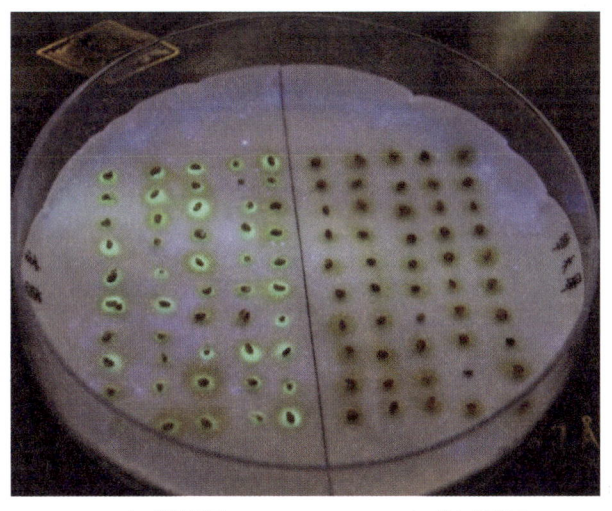

(a) 苜蓿种子　　(b) 草本樨种子

图 13-7　苜蓿种子与草木樨种子的荧光鉴定

3) 电泳法鉴定

电泳法鉴定种子纯度主要是利用电泳技术对品种的同工酶及蛋白质组分进行分析，找出品种间差异的生化指标，以此区分不同的品种。从遗传法则可知，蛋白质或酶组分的差异本质上是遗传的差异，因而利用各种电泳技术可以准确地分析种子蛋白质或同工酶的差异，进而区分不同品种，鉴定品种纯度。目前常用的电泳技术有聚丙烯酰胺凝胶电泳、等电聚焦电泳等。

4) 分子生物学方法鉴定

分子生物学方法种类非常多，主要是基于种或品种间 DNA 和 RNA 序列的差异而发展出来的一系列方法。目前品种检测中常用的分子技术有随机扩增多态性 DNA（random amplified polymorphic DNA，RAPD）技术、简单重复序列（simple sequence repeat，SSR）技术、扩增片段长度多态性（amplified fragment length polymorphism，AFLP）技术、限制性酶切片段长度多态性（restriction fragment length polymorphism，RFLP）技术、简单重复序列区间（inter-simple sequence repeat，ISSR）技术和近年发展较快的单核苷酸多态性（single nucleotide polymorphisms，SNP）技术。例如，Luo 等（2014）根据同源基因序列差异设计引物后，发现苜蓿种子和草木樨种子的 PCR 扩增片段大小不同，从而可以快速准确地鉴定苜蓿种子和草木樨种子（图 13-8）。

图 13-8　苜蓿种子与草木樨种子 PCR 电泳结果

5. 活力测定技术

种子活力指标是反映种子田间表现的一个综合指标，相对于标准发芽率，种子活力在反映较高发芽率种子批种子质量差异上更为灵敏。根据种子活力的测定原理，种子活力的测定技术主要可以分为幼苗评定技术、逆境测定法及生理测定法 3 个方面。

1）幼苗评定技术

幼苗评定技术主要是基于发芽测定的衍生指标而对种子质量做出评定的一种方法，包括发芽速率、一致性、幼苗生长状况及这些指标的综合，如活力指数就是发芽速率与幼苗长的乘积。近年来，有些研究发现活力高的种子萌发快，计数种子批某一时间段的胚根突出种皮数可用来评价种子的活力，也就是所谓的胚根突出法。应用胚根突出法评价种子活力的一个关键在于选择合适的计数时段和发芽测定温度（潘佳 等，2017）。就种子批活力评价而言，一个合适的计数时段显然是种子批间胚根突出数差异最大的时期（图 13-9）。另外，过快的胚根突出速率会使计数误差增大，过慢则使测试时间增加，因而这一过程也往往需要选择适宜的发芽测定温度。

2）逆境测定法

通过将种子置于逆境条件下来测定种子活力的核心思想在于认为高活力种子往往更能耐受不利环境。因而，在适宜条件下未能表现出差异，在逆境条件下则会使这种差异变大。这一类方法通常有两种类型。第一种是将种子置于逆境条件下进行发芽测定（如低温测定、冷冻测定、瓦砾试验），是给种子施加不利的环境条件，进而观察它的表现。第二种则是将种子进行劣变处理（如老化处理或催腐处理），而后进行标准发芽试验，也就是说高活力的种子通常更耐老化。在人工加速老化的条件下，其维持发芽率的能力相比低活力种子更强。这一类方法以加速老化法最为典型，即将不同种子批置于高温高湿条件下处理一段时间后，再比较种子批的发芽率。

(a) 不同时间段种子胚根突出数

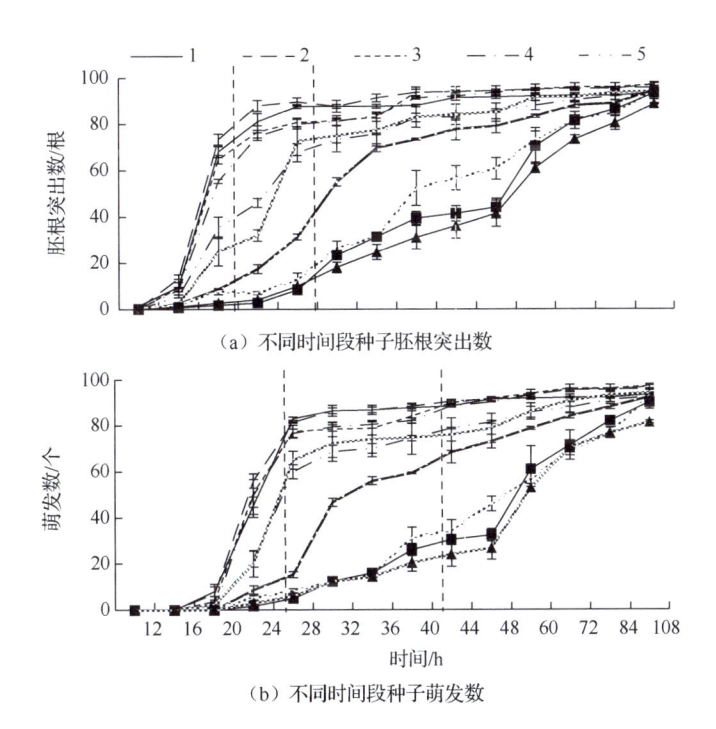

(b) 不同时间段种子萌发数

图 13-9　不同苜蓿种子批在不同时间段的胚根突出数与萌发数

注：虚线标注的区间表示种子批间差异较大的区间。

3）生理测定法

生理测定法中最为常见的就是电导率法。其主要是通过测定种子浸泡液的电导率来对种子的活力进行评价。目前已有的研究认为老化的种子细胞膜完整性较差，种子内部的电解质等更容易渗漏导致浸泡液导电性增强。根据国际种子检验规程和相关研究报道，电导率法一般适用于小粒豆科种子电导率的测定（Wang et al.，2004），但对禾本科草种子的活力评定往往不适用。兰州大学王彦荣课题组通过对禾本科草种种皮结构与电导率测定关系的研究认为，禾本科草种种皮半透层限制了种子内部电解质的渗出（图 13-10），使老化和未老化种子在电导率上并未表现出显著差异（Lv et al.，2017）；但刺破种皮后，种子电导率与其发芽率或生活力则表现出显著的负相关性。此外，也有研究发现，活力高的种子在萌发初期往往具有更高的呼吸作用，因而通过测定种子萌发初期的 O_2 消耗情况也可对种子活力进行评价。

(a) 垂穗鹅观草　　　　(b) 醉马草　　　　(c) 青稞

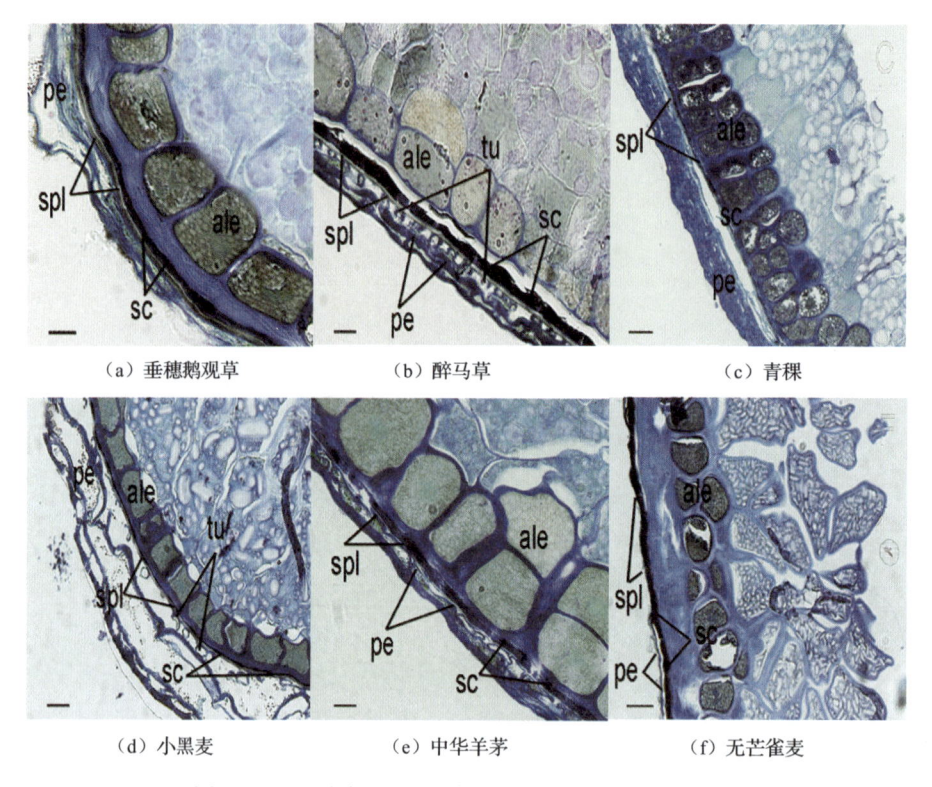

(d) 小黑麦　　　　(e) 中华羊茅　　　　(f) 无芒雀麦

图 13-10　6 种常见禾本科草种种皮半透层结构示意图

注：pe 为果皮；sc 为种皮；spl 为半透层；ale 为糊粉层；tu 为管细胞；Bar=10μm。

13.4　种 子 立 法

13.4.1　概述

种子立法的目的在于从法律层面提升公众对种子质量重要性的认识，从生产和市场层面规范种子质量，最终增加市场高质量种子的供应。近代种子立法可追溯至 1816 年，瑞士伯尔尼市颁布了世界上第 1 个禁止出售掺杂种子的法令。1869 年英国议会通过了不准出售丧失生命力和含杂草率高的种子的法令。1939 年美国制定了联邦种子法。此后许多国家先后制定了种子法。

但实际上有些国家并没有种子法，却能生产高质量的种子；而有些国家有非常系统的种子法，但种子质量却较低。因而，只有种子立法确实能够提升市场种子质量时，才有必要制定相关法律。从逻辑上讲，种子立法通常是种子质量管理的最后一个环节，如果一个国家没有种子检验的机构或者种子检验活动，通过立法要求种子必须经过检验才能销售是没有意义的。

种子立法需要考虑的要素主要包含：①作物的研究与评价体系；②种子认证；③市场对种子分级的需求，包括进口种子和出口种子；④种子检验的职责；⑤植物品种保护或育种者权益；⑥植物检疫。

从管控的环节来看，可以通过立法对种子进入市场前进行控制，也可以对种子市场进行控制。对于市场前控制系统，所有即将进入市场销售的植物品种必须获得官方的批准，所有种子在销售前都必须经过品种纯度的认证并且满足最低的质量标准。但对于市场控制系统，则只要求种子标签信息是真实的即可，种子使用者可根据标签信息购买自己需要的种子。市场前控制系统的优点是可以确保市场在售种子的质量，用户一般不会买到低质量种子。官方批准新品种通常需要一定的时间，可能会导致一些具有优良性状的新品种到达用户的时间延迟，市场控制系统则恰好与市场前控制系统相反。在欧洲，市场前控制更为普遍，而在美国则主要采用的是市场控制加自愿认证。作为政府，具体怎么从法律层面来控制种子质量，受很多因素的影响，如公民受教育水平、资源的可利用性、种子公司的有无，以及高质量的种子对农业生产的影响程度等。

13.4.2　我国种子质量控制的法律法规

我国自 20 世纪 50 年代开始，先后颁布过一系列种子工作的规定。例如，1992 年通过了《中华人民共和国种子法条例草案》，2000 年首次颁布《中华人民共和国种子法》（以下简称《种子法》），经过 2004 年和 2016 年两次修订，形成现行的《种子法》。《种子法》是我国种子管理制度的基本法律，以《种子法》为核心，配套国务院、各行业、部委及省级相关管理部门制定的行政法规、地方性法规、部门规章及强制性标准等构成了我国种子质量管理的法律规制体系。如在行政法规方面有《中华人民共和国植物新品种保护条例》《植物检疫条例》等。地方性法规主要包括各省制定的种子条例与植物保护条例。部门规章有农业部发布的《农作物种子标签管理办法》《农作物种子检验员考核管理办法》《中华人民共和国植物新品种保护条例实施细则（农业部分）》《中华人民共和国农业植物新品种保护名录》《农业转基因生物标识管理办法》等 12 项。强制性标准包括《禾本科草种子质量分级》（GB 6142—2008）、《豆科草种子质量分级》（GB 6141—2008）和《农作物种子标签通则》（GB 20464—2006）。此外，各行业一般也有针对种子的相应法律法规，如针对草种子有《草种管理办法》。总体而言，我国在种子质量管理的法律法规建设方面已相对较为完善，在种质资源保护，品种选育、审定与登记，新品种保护，种子生产经营，种子监督管理，种子进出口和对外合作等方面都有明确的法律责任规定，针对各个环节，也有进一步的辅助性法规、条例或实施细则。

13.5 展　　望

我国种子产业起步较晚，质量管理相对滞后；直到20世纪90年代后期，才初步建成农作物种子质量监督检验检测网络，但以市场检查和种子检验为主的质量管理方式，往往覆盖面小、实效性差。为进一步加强种子质量管理工作，农业部1996年在全国开展种子认证试点，经过20多年发展，已积累一定经验。与农作物种子相比，长期以来我国草类植物种子管理体系的发展则相对更为滞后。其原因，一方面是牧草与草坪草种子主要依赖进口，国内草种生产企业规模小，质量管理理念落后，生产的种子质量水平普遍较低；另一方面，在种子流通市场，无论是种子生产者、销售者还是用户，品种观念淡薄，对种子认证的认识程度较低。

近年来，随着我国草业的发展，草种业也取得了长足的进步，草种生产与草种质量明显得到提升。特别是2016年新的《种子法》明确提出，种子生产经营者可自愿向具有资质的认证机构申请种子质量认证。经认证合格的，可以在包装上使用认证标识。这一条款表明，种子认证已经或将成为我国种子质量管理的一种新制度。从国际经验来看，种子认证制度的实施是保证一个国家高质量种子得以持续供应的重要途径。在我国，无论是农作物种子还是草种子，大力推进种子认证制度的建设，不仅对于加快我国牧草种子国产化进程具有重要的促进作用，对于提高我国种子质量管理也具有重要意义。

参 考 文 献

安玉锋，李峻成，王钦，等，2002．高山草原放牧系统控制的研究[J]．草业学报，11（3）：66-71．

白成芳，2015．西宁市发展草地农业的模式与路径研究[D]．兰州：兰州大学．

白永飞，玉柱，杨青川，等，2018．人工草地生产力和稳定性的调控机理研究：问题、进展与展望[J]．科学通报，63（5-6）：511-520．

白月明，2008．北方草原蝗虫气象监测预测服务系统推广应用[J]．中国气象科学研究院年报（1）：16-17．

包巴雅力格，2015．呼伦贝尔市草原旅游发展策略分析[J]．旅游纵览（下半月）（8）：134．

边秀举，张训忠，2005．草坪学基础[M]．北京：中国建材工业出版社．

曹卫星，2011．作物栽培学总论[M]．北京：科学出版社．

常春，尹强，刘洪林，2013．苜蓿适宜刈割期及刈割次数的研究[J]．中国草地学报，35（5）：53-56．

常丽娜，赵新全，2022．三江源草地多功能目标管理与自然保护地建设[J]．自然保护地，2（2）：1-8．

车轩，2010．三种牧草耗水规律及抗旱特性研究[D]．杨陵：西北农林科技大学．

陈冬冬，王彦荣，韩云华，2016．灌溉次数和施肥量对甘肃引黄灌区紫花苜蓿种子产量的影响[J]．草业学报，25（3）：154-163．

陈凤，蔡焕杰，王健，等，2006．杨凌地区冬小麦和夏玉米蒸发蒸腾和作物系数的确定[J]．农业工程学报，22（5）：191-193．

陈凤林，刘文清，1982．几种栽培牧草需水规律的初步研究[J]．中国草原，3：38-43．

陈金炜，2011．制种苜蓿地下滴灌灌溉制度的研究[D]．乌鲁木齐：新疆农业大学．

陈利军，王靖靖，陈香来，等，2018．基于水活度测定草类植物种子含水量[J]．草业科学，35（9）：2148-2156．

陈玲玲，任伟，毛培胜，等，2017．氮素对紫花苜蓿种子产量与氮累积动态变化的影响[J]．草业学报，26（6）：98-104．

陈玲玲，玉柱，毛培胜，等，2014．中国饲草产业发展现状、问题及政策研究[C]．中国畜牧业协会．第三届（2014）中国草业大会论文集．中国畜牧业协会：56-60．

陈梦蝶，黄晓东，侯秀敏，等，2013．青海省草原鼠害区域草地生物量及盖度动态监测研究[J]．草业学报，23（4）：250-259．

陈明，李国强，罗进仓，2007．棉苜间作棉田天敌群落结构与动态及其对棉蚜的控制效应[J]．植物保护学报，34（6）：631-636．

陈世荣，2006．草原火灾遥感监测与预警方法研究[D]．北京：中国科学院研究生院（遥感应用研究所）．

陈效逑，王林海，2009．遥感物候学研究进展[J]．地理科学进展，28（1）：33-40．

陈欣，2018．科研院所科技成果转化问题及对策[J]．长春师范大学学报，37（6）：156-157．

陈昱铭，李倩，王玉祥，2019．氮、磷、钾肥对苜蓿产量、根瘤菌及养分吸收利用率的影响[J]．干旱区资源与环境，33（7）：174-180．

崔保健，2019．草原文化创意性开发与内蒙古旅游产业的融合发展探究[J]．中国市场（20）：19-20．

崔振，李彦忠，2014．豆科植物疯草中内生真菌及其作用[J]．草业科学，31（9）：1686-1695．

村山三郎，李思义，1997．牧草地保持阶段杂草的生态防除[J]．植物医生，10（6）：40-41．

代立兰，赵亚兰，张怀山，等，2022．玫瑰套种对土壤养分及杂草的影响[J]．草原与草坪（3）：73-80．

戴声佩, 张勃, 王海军, 等, 2010. 基于SPOT NDVI 的祁连山草地植被覆盖时空变化趋势分析[J]. 地理科学进展, 29（9）：1075-1080.

邓建强, 梁志婷, 刘渊博, 等, 2017. 陇东旱塬冬小麦复种饲草轮作系统产量和水分利用特征[J]. 草地农业学报, 26（2）：161-170.

丁成龙, 顾洪如, 常志州, 2003. 日本粗饲料生产及调制加工[J]. 世界农业（1）：45-47.

董全民, 尚占环, 张春平, 等, 2022. 高寒人工草地生产—生态暂稳态维持技术研究[J]. 青海科技（4）：54-58, 71.

董世魁, 杨明岳, 任继周, 等, 2020. 基于放牧系统单元的草地可持续管理：概念与模式[J]. 草业科学, 37（3）：403-412.

董锁成, 周长进, 王海英, 2002. "三江源"地区主要生态环境问题与对策[J]. 自然资源学报, 17（6）：713-720.

董玉林, 2007. 蒙农红豆草种子发育成熟特性及产量构成因子研究[D]. 呼和浩特：内蒙古农业大学.

杜桂林, 赵海龙, 涂雄兵, 等, 2018. 亚洲小车蝗在内蒙古草原宜生区划分研究[J]. 植物保护, 44（6）：28-35.

杜青林, 2006. 中国草业可持续发展战略[M]. 北京：中国农业出版社.

杜文华, 田新会, 曹致中, 2007. 播种行距和灌水量对紫花苜蓿种子产量及其构成因素的影响[J]. 草业学报, 16（3）：81-87.

樊祖洪, 熊康宁, 李亮, 等, 2022. 喀斯特生态脆弱区农业生态经济系统耦合协调发展研究：以贵州省为例[J]. 长江流域资源与环境（2）：482-491.

范薇, 2007. 复方伊维菌素和球虫粉联合应用于高原鼠兔球虫的驱治效果观察[J]. 实验动物科学, 24（1）：50-51.

范文强, 格根图, 贾玉山, 2017. 中国草产品加工业发展展望[J]. 草原与草业, 29（3）：1-6.

方精云, 耿晓庆, 赵霞, 等, 2018a. 我国草地面积有多大？[J]. 科学通报, 63（17）：1731-1739.

方精云, 景海春, 张文浩, 等, 2018b. 论草牧业的理论体系及其实践[J]. 科学通报, 17：1619-1631.

方攀飞, 王雷光, 于龙, 等, 2022. 5种植被指数识别青藏高原季节牧场比较研究[J]. 草原与草坪（4）：1-8.

方香玲, 张彩霞, 南志标, 2019. 紫花苜蓿镰刀菌根腐病研究进展[J]. 草业学报, 28（12）：169-183.

方忆, 2013. 新疆草原文化旅游发展研究[J]. 黑龙江教学院学报, 32（7）：188-189.

房丽宁, 韩建国, 王培, 等, 2001. 氮肥、植物生长调节剂和环境因素对无芒雀麦种子生产的影响[J]. 中国草地, 23（4）：32-37.

封志明, 杨艳昭, 闫慧敏, 等, 2017. 百年来的资源环境承载力研究：从理论到实践[J]. 资源科学, 39（3）：379-395.

冯光翰, 1984. 草原保护学第二分册草地昆虫学[M]. 北京：中国农业出版社.

冯光翰, 李新文, 1984. 肃南县大河地区草原蝗虫调查资源科学[J]. 甘肃农大学报, 2（17）：112-117.

冯柯, 马青成, 宋文杰, 等, 2016. 我国天然草地毒害草化学防控研究进展[J]. 动物医学进展, 37（5）：86-91.

伏洋, 肖建设, 苏文将, 等, 2005. 青海省天然草地牧草长势监测与评价[J]. 青海草业, 15（1）：1-9.

付伟, 赵俊权, 杜国祯, 2013. 青藏高原高寒草地放牧生态系统可持续发展研究[J]. 草原与草坪（1）：84-88.

高华, 2014. 呼伦贝尔市草原旅游业发展研究[J]. 赤峰学院学报（自然科学版）, 30（8）：117-118.

高嘉卉, 南志标, 2007. 禾草内生真菌生物碱的研究进展[J]. 生态学报, 27（6）：2531-2546.

高书晶, 刘爱萍, 徐林波, 等, 2010. 印楝素和阿维·苏云菌对草原蝗虫的防治效果试验[J]. 现代农药, 9（2）：44-46.

葛广鹏, 高金华, 赵永才, 1999. 喷施微量元素硼、钼提高紫花苜蓿种子产量试验初报[J]. 黑龙江畜牧兽医（1）：17.

葛宏, 2011. 论传统草原文化保护与草原旅游发展[J]. 内蒙古大学学报（哲学社会科学版）, 43（2）：21-25.

葛文华, 魏怀方, 杨天堂, 1996. 寺梁村栈羊育肥的实施特点和投入产出分析[J]. 中国养羊（3）：33-37.

葛选良，杨恒山，邰继承，等，2019．不同生长年限紫花苜蓿需磷规律及其土壤供磷能力的研究[J]．土壤通报，40（5）：1131-1134．

龚正发，杨学东，张双翔，等，2022．牧草混播方式对茶园杂草发生的影响[J]．贵州农业科学（7）：67-72．

贡布泽仁，李文军，2016．草场管理中的市场机制与习俗制度的关系及其影响：青藏高原案例研究[J]．自然资源学报，31（10）：1637-1647．

苟燕妮，2015．放牧绵羊对陇东草原土壤细菌和真菌群落结构及多样性的影响[D]．兰州：兰州大学．

苟燕妮，南志标，2015．放牧对草地土壤微生物的影响[J]．草业学报（10）：194-205．

古琛，贾志清，杜波波，等，2022．中国退化草地生态修复撅述与展望[J]．生态环境学报，31（7）：1465-1475．

古琛，刘佳月，杜宇凡，等，2016．播量对黄花苜蓿草产量与种子生产的影响[J]．中国草地学报，38（2）：86-91．

郭焕成，1989．国外农业区划研究现状、特点及发展趋势[J]．中国农业资源与区划（2）：51-55．

郭井菲，张永军，王振营，2022．中国应对草地贪夜蛾入侵研究的主要进展[J]．植物保护，48（4）：79-87．

郭婧，2009．典型草原放牧生态系统能值分析与评价[D]．呼和浩特：内蒙古大学．

郭文，2009．南方丘陵地区护坡与挡土墙新构造的研究[D]．长沙：湖南大学．

郭彦军，黄建国，2006．酸性紫色土上紫花苜蓿的结瘤性能与养分吸收[J]．植物营养与肥料学报（1）：97-103．

郭玉霞，2003．黄土高原草田轮作系统中苜蓿与小麦的根部入侵真菌[D]．兰州：甘肃农业大学．

国际种子检验协会（ISTA），2019．国际种子检验规程[M]．北京：中国农业大学出版社．

国家林业和草原局森林和草原病虫害防治总站，2020．全国草原生物灾害2019年发生情况及2020年趋势预测．

国家统计局，2022．2012－2021年度全国畜产品产量等指标公报[EB/OL]．（2022-10-23）[2022-10-23]．https://data.stats.gov.cn/easyquery.htm?cn=C01．

国务院办公厅，2022．国务院办公厅关于促进畜牧业高质量发展的意见：国办发〔2020〕31号[EB/OL]．（2022-09-27）[2022-10-15]．http://www.gov.cn/zhengce/content/2020-09-27/content_5547612.htm?ivk_sa=1024320u．

国志兴，张晓宁，王宗明，等，2010．东北地区植被物候期遥感模拟与变化规律[J]．生态学杂志，29（1）：165-172．

韩东，王浩舟，郑邦友，等，2018．基于无人机和决策树算法的榆树疏林草原植被类型划分和覆盖度生长季动态估计[J]．生态学报，38（18）：6655-6663．

韩建国，1997．实用牧草种子学[M]．北京：中国农业大学出版社．

韩建国，1999．美国的牧草种子生产[J]．世界农业（4）：43-45．

韩建国，李鸿祥，马春晖，等，2000．施肥对草木樨生产性能的影响[J]．草业学报，9（1）：15-26．

韩建国，毛培胜，2000．牧草种子生产的地域性[C]．兰州：草业与西部大开发学术研讨会暨中国草原学会2000年学术年会．

韩建国，毛培胜，2011．牧草种子学[M]．北京：中国农业大学出版社．

韩建国，毛培胜，王赟文，等，2007．牧草与草坪草种子认证规程（NY/T 1210—2006）[M]．北京：中华人民共和国农业部．

韩建国，孙启忠，马春晖，2004．农牧交错带农牧业可持续发展技术[M]．北京：化学工业出版社．

韩路，潘伯荣，王绍明，等，2015．适度放牧对林间草原植物形态特征及生物多样性的影响[J]．草业科学（9）：1405-1412．

韩琼，2013．海北州草原旅游管理对策[J]．青海草业，22（2）：31-33．

韩天虎，张卫国，丁连生，1999．高原鼢鼠栖息地的植被特征[J]．草业学报，8（2）：43-49．

韩云华，2014．密度调控、施氮肥等措施对6种多年生冷季型禾草种子生产的影响[D]．杨陵：西北农林科技大学．

何耀宏, 高杉, 周俗, 等, 2006. 植物灭鼠剂在青藏高原防治高原鼠兔应用试验[J]. 四川动物, 25 (4): 743-746.

何咏琪, 黄晓东, 侯秀敏, 等, 2013. 基于 3S 技术的草原鼠害监测方法研究[J]. 草业学报, 22 (3): 33-40.

贺达汉, 2014. 草业科学概论[M]. 北京: 科学出版社.

贺金生, 卜海燕, 胡小文, 等, 2020. 退化高寒草地的近自然恢复: 理论基础与技术途径[J]. 科学通报, 65 (34): 3898-3908.

贺晓, 李青丰, 索全义, 2001. 旱作条件下施肥对老芒麦和冰草种子产量及构成的影响 I-氮、磷、钾对牧草种子产量及构成的影响[J]. 干旱区资源与环境, 15 (S1): 79-83.

洪绂曾, 1989. 中国多年生栽培草种区划[M]. 北京: 中国农业科学技术出版社.

洪绂曾, 2009. 苜蓿科学[M]. 北京: 中国农业出版社.

洪绂曾, 2011. 中国草业史[M]. 北京: 中国农业出版社.

洪军, 杜桂林, 贠旭疆, 等, 2014a. 近 10 年来我国草原虫害生物防控综合配套技术的研究与推广进展[J]. 草业学报, 23 (5): 303-311.

洪军, 倪亦非, 杜桂林, 等, 2014b. 我国天然草原虫害危害现状与成因分析[J]. 草业科学, 31 (7): 1374-1379.

侯扶江, 常生华, 南志标, 2009. 建立草业系统, 治理民勤荒漠化[J]. 草业科学, 26 (12): 68-74.

侯扶江, 李广, 常生华, 等, 2004. 肃南鹿场甘肃马鹿生产性能研究[J]. 草业学报, 13 (1): 94-100.

侯扶江, 宁娇, 冯琦胜, 2016. 草原放牧系统的类型与生产力[J]. 草业科学, 33 (3): 353-367.

侯扶江, 王春梅, 娄珊宁, 等, 2016. 我国草原生产力[J]. 中国工程科学, 18 (1): 80-93.

侯扶江, 徐磊, 2010. 动物生产层在草业系统的涵义[J]. 草业科学, 27 (11): 121-126.

侯扶江, 杨中艺, 2006. 放牧对草地的作用[J]. 生态学报, 26 (1): 244-264.

侯扶江, 于应文, 傅华, 等, 2004. 阿拉善草地健康评价的 CVOR 指数[J]. 草业学报, 13 (4): 117-126.

侯鹏, 刘玉平, 饶胜, 等, 2019. 国家公园: 中国自然保护地发展的传承和创新[J]. 环境生态学, 1 (7): 1-7.

侯鹏, 王桥, 房志, 等, 2013. 国家生态保护重要区域植被长势遥感监测评估[J]. 生态学报, 33 (3): 780-788.

侯天爵, 1993. 我国北方草地病害调查及主要病害防治[J]. 中国草地学报 (3): 56-60.

侯天爵, 刘一凌, 周淑清, 等, 1997. 内蒙古中部地区苜蓿锈病发生规律的初步研究[J]. 草业学报, 6 (3): 51-54.

侯天爵, 周淑清, 刘一凌, 1996. 苜蓿锈病的发生、危害与防治[J]. 内蒙古草业 (1): 41-44.

侯向阳, 2010. 发展草原生态畜牧业是解决草原退化困境的有效途径[J]. 中国草地学报, 32 (4): 1-10.

侯向阳, 2013. 中国草原科学[M]. 北京: 科学出版社.

侯向阳, 2015. 我国草牧业发展理论及科技支撑重点[J]. 草业科学, 32 (5): 823-827.

侯向阳, 丁勇, 吴新宏, 等, 2014. 北方草原区气候变化影响与适应[M]. 北京: 科学出版社.

侯向阳, 李西良, 高新磊, 2019. 中国草原管理的发展过程与趋势[J]. 中国农业资源与区划 (7): 1-10.

侯向阳, 张玉娟, 2018. 草牧业提质增效转型发展的驱动要素分析[J]. 科学通报, 63 (17): 1632-1641.

侯真珍, 张爱勤, 朱进忠, 2013. 不同灌溉模式下苜蓿种子产量构成因素及花部特征对水分亏缺的响应[J]. 新疆农业科学, 50 (9): 1668-1674.

胡安, 康颖, 陈先江, 等, 2017. 刈割时间对黄土高原紫花苜蓿产量与营养品质的影响[J]. 草业学报, 26 (9): 57-65.

胡兵辉, 2009. 毛乌素沙地农业生态系统耦合及其时序测度[D]. 杨陵: 西北农林科技大学.

胡桂馨, 贺春贵, 王森山, 等, 2007. 不同苜蓿品种对牛角花齿蓟马的抗性机制初步研究[J]. 草业科学, 24 (9): 86-89.

胡进玲，汪治刚，徐娜，等，2017．防治紫花苜蓿真菌病害的生防菌筛选[J]．草地农业学报，26（6）：145-152．

胡晋，2015．种子检验学[M]．北京：科学出版社．

胡宇倩，资涛，熊廷浩，等，2020．早熟与常规熟期冬油菜品种养分吸收规律差异研究[J]．作物杂志（1）：117-123．

胡玉昆，赵清，王建华，1999．高冰草与作物混播试验研究[J]．干旱区资源与环境，13（4）：65-68

胡自治，1997．中国放牧家畜的分布及其草原类型．国外畜牧学[J]．草原与牧草（2）：1-6．

胡自治，2002．中国高等草业教育的历史、现状与发展[J]．草原与草坪（4）：57-61．

胡自治，师尚礼，孙吉雄，等，2010a．中国草业教育发展史：1．本科教育[J]．草原与草坪，30（1）：74-83, 88．

胡自治，师尚礼，孙吉雄，等，2010b．中国草业教育发展史：2．研究生教育[J]．草原与草坪，30（2）：1-7, 15．

皇甫江云，毛凤显，卢欣石，2012．中国西南地区的草地资源分析[J]．草业学报，21（1）：75-82．

黄木娇，杨立，李学武，等，2017．基于管理目标的自然保护区分类方法研究[J]．资源开发与市场，33（9）：1036-1040．

黄云，叶华智，严吉明，等，2005．重寄生菌葡酒锈生座孢（*Tuberculina vinosa*）和白蜡锈生座孢（*T. fraxinis*）的寄生专化性[J]．植物病理学报，35（6）：481-485．

吉汉忠，2011．两种草原虫害监测技术初探[J]．黑龙江畜牧兽医（3）：87-89．

贾萍，2015．落实生态文化观，传承发展草原文化[J]．实践（思想理论版）（7）：51-53．

贾慎修，1953．西藏高原的自然概况[J]．科学通报（8）：51-58．

贾玉山，孙磊，格根图，等，2015．苜蓿收获期研究现状[J]．中国草地学报，37（6）：91-96．

姜玉英，刘杰，朱晓明，2019．草地贪夜蛾侵入我国的发生动态和未来趋势分析[J]．中国植保导刊，39（2）：33-35．

蒋建生，2002．广西草地农业实施对策研究[J]．草业科学，19（4）：50-55．

蒋建生，任继周，蒋文兰，2002．草地农业生态系统的自组织特性[J]．草业学报 11（2）：1-6．

蒋胜竞，冯天娇，刘国华，等，2020．草地生态修复技术应用的文献计量分析[J]．草业科学，37（4）：685-702．

蒋紫薇，刘桂宇，安昊云，等，2022．种植密度与施氮对玉米/秣食豆间作系统饲草产量、品质和氮肥利用的影响[J]．草业学报，31（7）：157-171．

金樑，2014 草地草害有毒植物[M]//任继周．草业科学概论．北京：科学出版社．

金明，章洁琼，邹军，等，2017．薰苡幼穗分化与叶片生长的相关性研究[J]．种子，36（10）：83-86．

景辉，2017．秸秆养畜示范项目经济评价[J]．新疆畜牧业（7）：46-47．

柯梅，王玉祥，朱进忠，等，2013．密度对红豆草农艺性状和种子产量的影响[J]．中国农学通报，29（3）：157-160．

兰明先，马沙，张某，等，2017．泽兰实蝇研究进展[J]．南方农业学报，48（3）：459-464．

兰伟，陈兴，钟晨，2018．国家公园理论体系与研究现状述评[J]．林业经济，40（4）：3-9．

兰新，2000．苜蓿的新品种：中兰1号苜蓿[J]．畜牧兽医科技信息（1）：6．

雷桂林，2003．山地：绿洲生态系统耦合模式与效益[J]．草业科学，20（5）：64-66．

黎与，汪新川，2007．多叶老芒麦种子田最佳播种量和行距的试验初报[J]．草业与畜牧（12）：11-12．

李博，2000．生态学[M]．北京：高等教育出版社．

李春和，韩永娇，杨妮，2015．承德坝上草原旅游开发研究[J]．河北民族师范学院学报，35（2）：26-28．

李春杰，南志标，张昌吉，等，2009．醉马草内生真菌对家兔的影响[J]．中国农业科技导报，11（2）：84-90．

李春杰，姚祥，南志标，2018．醉马草内生真菌共生体研究进展[J]．植物生态学报，42（8）：793-805．

李凡,李森,陈同庆,2004. 西藏那曲藏北草地观光畜牧业发展的探讨：以才曲塘草地畜牧业科技示范区为例[J]. 四川草原（12）：38-42.

李国良,刘香萍,杜广明,等,2010. 不同时期滴灌对紫花苜蓿种子产量及其构成因子的影响[J]. 东北农业大学学报,42（12）：130-134.

李国庆,杨龙,姜道宏,等,2009. 重寄生菌盾壳霉及其防治核盘菌菌核病的研究进展[J]. 湖北植保（S1）：54-58.

李海贤,2006. 扁蓿豆种子发育特性和种子产量构成因子的研究[D]. 呼和浩特：内蒙古农业大学.

李鸿祥,1999. 华北农牧交错带地区草木樨生产特性的研究[D]. 北京：中国农业大学.

李慧贤,2018. 青藏高原农牧过渡区牦犏牛异地育肥效果对比试验[J]. 中国牛业科学,44（1）：8-9,19.

李建东,方精云,2017. 中国草原的生态功能研究[M]. 北京：科学出版社.

李建伟,吴建平,张利平,等,2011. 播量对红豆草和苜蓿生产特性的影响[J]. 草业科学,28（11）：2008-2015.

李锦华,田福平,马振宇,2008. 苜蓿新品种"中兰1号"的选育及其栽培要点[J]. 中国草食动物,28（1）：43-45.

李静,宋传胜,2013. 伊犁河谷草原资源开发利用调查[J]. 草食家畜（5）：73-76.

李可,张强,尚薇,2012. 城市开发建设中裸露坡面治理和生态恢复[J]. 水利规划与设计（5）：56-59,90.

李岚,侯扶江,2016. 我国草原生产的主要自然灾害[J]. 草业科学,33（5）：981-988.

李丽,2012. 水氮调控对苜蓿种子产量影响的研究[D]. 乌鲁木齐：新疆农业大学.

李隆,2016. 间套作强化农田生态系统服务功能的研究进展与应用展望[J]. 中国生态农业学报,24（4）：403-415.

李明,郭孝,2011. 硒钴肥基施对增强苜蓿防病能力的影响[J]. 家畜生态学报,32（2）：36-40.

李奇,胡林勇,陈懂懂,等,2019. 基于 N%理念的三江源国家公园区域功能优化实践[J]. 兽类学报,39（4）：347-359.

李胜利,王锋,2014. 世界奶业发展报告[M]. 北京：中国农业出版社.

李天一,2015. 冷暖季草坪草交替模式应用研究：以工人体育场为例[D]. 北京：北京林业大学.

李卫民,李戊彤,魏众济,1998. 棉薯间套作栽培技术[J]. 天津农业科学,4（2）：23-24.

李文杰,乌铁红,2012. 旅游干扰对草原旅游点植被的影响：以内蒙古希拉穆仁草原金马鞍旅游点为例[J]. 资源科学,34（10）：1980-1987.

李向林,2002. 中国亚热带地区的草地农业系统[C]//中国农区草业发展论文集. 北京：中国农业大学出版社.

李向林,沈禹颖,万里强,2016. 种植业结构调整和草牧业发展潜力分析及政策建议[J]. 中国工程科学,18（1）：94-105.

李欣勇,2015. 无芒隐子草草坪管理技术及种子产量持续性研究[D]. 兰州：兰州大学.

李新荣,2008. 草地与荒漠生态系统卷：宁夏沙坡头站（1998—2008）[M]. 北京：中国农业出版社.

李兴龙,李彦忠,2015. 土传病害生物防治进展[J]. 草业学报,24（3）：204-212.

李雪锋,李卫军,2006. 灌溉对苜蓿种子产量及其构成因子的影响[J]. 新疆农业科学,43（1）：21-24.

李亚娟,钟林生,虞虎,2017. 全球国家公园资源分类和评价体系特征分析与借鉴[J]. 世界林业研究,30（4）：35-40.

李彦忠,南志标,2015. 牧草病害诊断调查与损失评定方法[M]. 南京：江苏凤凰科学技术出版社.

李彦忠,南志标,李春杰,等,2014. 草地有害生物防治[M]. 北京：科学出版社.

李彦忠,南志标,王彦荣,等,2006. 苜蓿品种对蓟马的抗性评价[J]. 草业科学,23（7）：9-14.

李彦忠,俞斌华,徐林波,2016. 紫花苜蓿病害图谱[M]. 北京：中国农业科学技术出版社.

李艳华, 马亚楠, 2014. 植物检疫中无损检测技术进展与应用[J]. 植物检疫, 28 (6): 26-33.

李雁鸣, 梁卫理, 崔彦宏, 等, 2002. 作物生态学: 农业系统的生产力及管理[M]. 北京: 中国农业出版社.

李烨, 张民, 焦树英, 等, 2019. 控施肥料对黄河三角洲盐碱土区苜蓿草地产量及土壤养分的影响[J]. 水土保持学报, 33 (5): 217-222.

李拥军, 闵继淳, 1998. 灌水次数、播种密度对留种紫花苜蓿生长发育和种子产量的影响[J]. 草业学报, 7 (3): 29-33.

李长慧, 李淑娟, 张静, 等, 2013. 梭罗草幼穗分化过程的观察[J]. 草业科学, 30 (8): 1189-1193.

李正国, 杨鹏, 周清波, 等, 2009. 基于时序植被指数的华北地区作物物候期/种植制度的时空格局特征[J]. 生态学报, 29 (11): 6216-6225.

李治强, 2009. 紫花苜蓿与垂穗披碱草混播防治褐斑病试验[J]. 草业科学, 26 (10): 177-180.

梁晨, 赵洪海, 李宝笃, 等, 2004. 大花金鸡菊白粉菌重寄生菌: 宿白粉菌的生物学特性研究[J]. 云南农业大学学报, 19 (6): 648-652.

梁晨, 赵洪海, 吕国忠, 等, 2008. 重寄生菌白粉寄生孢的致病性研究[J]. 植物病理学报, 38 (5): 514-520.

梁天刚, 崔霞, 冯琦胜, 等, 2009. 2001—2008 年甘南牧区草地地上生物量与载畜量遥感动态监测[J]. 草业学报, 18 (6): 12-22.

廖国藩, 贾幼陵, 1996. 中国草地资源[M]. 北京: 中国科学技术出版社.

廖建军, 熊康宁, 池永宽, 等, 2017. 多年生人工草地建植技术及其在石漠化治理中的应用[J]. 家畜生态学报 (12): 62-66.

林慧龙, 侯扶江, 2004. 草地农业生态系统中的系统耦合与系统相悖研究动态[J]. 生态学报, 24 (6): 1252-1258.

林慧龙, 肖金玉, 侯扶江, 2004. 河西走廊山地-荒漠-绿洲复合生态系统耦合模式及耦合宏观经济价值分析: 以肃南山地-张掖北山地区荒漠-临泽绿洲为例[J]. 生态学报, 24 (5): 965-971.

林峻, 佟玉莲, 2010. 人工招引粉红椋鸟控制草原蝗害效益评价[J]. 新疆畜牧业 (3): 57-59.

林青宁, 毛世平, 2018. 中国农业科技成果转化研究进展[J]. 中国农业科技导报, 20 (4): 1-11.

林忠辉, 莫兴国, 2006. NDVI 时间序列谐波分析与地表物候信息获取[J]. 农业工程学报, 22 (12): 138-144.

蔺芳, 刘晓静, 童长春, 等, 2019. 4 种间作模式下牧草根系特性及其碳、氮代谢特征研究[J]. 草业学报, 28 (9): 45-54.

蔺吉祥, 2012. 松嫩草地羊草种子发育进程、休眠特性及与盐碱耐性关系的研究[D]. 长春: 东北师范大学.

刘爱萍, 宋银芳, 徐绍庭, 等, 1993. 我国北方草原主要类型区害虫种类的调查研究[J]. 中国草地 (4): 62-65, 72.

刘春霞, 2006. 高速公路裸露坡面植被恢复机理的研究[D]. 北京: 北京林业大学.

刘法涛, 1986. 禾本科牧草种子收获期和收获方法 (译) [J]. 国外畜牧业—草原与牧草 (5): 35-36.

刘芳, 李金堂, 2010. 生态型柔性边坡护坡各类工程技术特点与前景展望[J]. 城市道桥与防洪 (5): 31-35, 206-207.

刘刚, 2015. 植物生态防护技术在三峡库区边坡防护中的应用[J]. 安徽建筑, 22 (1): 151-153.

刘桂香, 宋中山, 苏和, 等, 2008. 中国草原火灾监测预警[M]. 北京: 中国农业出版社.

刘海英, 易津, 2004. 不同类型华北驼绒藜生殖特性及种子生产性能评价[J]. 种子, 23 (3): 3-6.

刘红梅, 刘辰明, 任倩楠, 等, 2020. 内蒙古草原经营认证的必要性和可行性分析[J]. 内蒙古林业科技 (3): 61-64.

刘洪来, 王艺萌, 窦潇, 等, 2009. 农牧交错带研究进展[J]. 生态学报 (8): 4420-4425.

刘虎，伊力哈木，郭克贞，等，2011. 北疆地区干旱荒漠草地牧草需水量与需水规律研究[J]. 灌溉排水学报，30（3）：132-135.

刘慧，NZABANITA CLEMENT，李彦忠，2019. 苜蓿籽蜂寄生沙打旺种子的时期研究[J]. 草业学报，28（4）：146-156.

刘建枝，赵宝玉，王宝海，等，2018. 中国西部天然草地疯草概论[M]. 北京：科学出版社.

刘洁，2017. 内蒙古草原旅游开发现状及存在问题研究[J]. 中学地理教学参考（1）：71-72.

刘景辉，赵宝平，焦立新，等，2005. 刈割次数与留茬高度对内农1号苏丹草产草量和品质的影响[J]. 草地学报，13（2）：93-96，110.

刘俊清，2010. 内蒙古草原生态旅游可持续发展探究[J]. 内蒙古财经学院学报（6）：46-49.

刘敏，陈田，钟林生，2007. 我国草原旅游研究进展[J]. 人文地理（1）：1-6.

刘日出，2011. 放牧和围封对草地植物病害的影响[D]. 兰州：兰州大学.

刘荣堂，2004. 草坪有害生物及其防治[M]. 北京：中国农业出版社.

刘绍友，1990. 农业昆虫学（北方本）[M]. 杨陵：天则出版社.

刘慎谔，1934. 中国北部及西部植物地理概论[J]. 北平研究院植物学丛刊，2（9）：423-451.

刘胜男，石凤翎，王占文，等，2017. 内蒙古中部地区苜蓿切叶蜂辅助授粉效果的比较[J]. 中国草地学报，39（4）：49-54.

刘铁梅，张英俊，2012. 饲草生产[M]. 北京：科学出版社.

刘文辉，周青平，颜红波，2007. 青海扁茎早熟禾种子生长生理特性研究[J]. 草业科学，24（5）：69-73.

刘香萍，李国良，杜广明，等，2011. 喷施硼、钼、锌对紫花苜蓿种子产量的影响[J]. 草业科学，28（12）：2167-2169.

刘晓辉，2018. 我国杀鼠剂应用现状及发展趋势[J]. 植物保护，44（5）：90-95.

刘晓梅，殷满财，2022. 草业在畜牧业发展中的价值及发展思路[J]. 畜禽业（9）：48-50.

刘晓英，2006. 红豆草在四川不同气候区的栽培密度研究[J]. 草业与畜牧（11）：60-61.

刘兴元，龙瑞军，尚占环，2011. 草地生态系统服务功能及其价值评估方法研究[J]. 草业学报，20（1）：167-174.

刘兴元，牟月亭，2012. 草地生态系统服务功能及其价值评估研究进展[J]. 草业学报，21（6）：286-295.

刘兴元，沈禹颖，赵菏，2017. 西北干旱区生态涵养与高质生产耦合的城郊农业发展模式[J]. 草业科学（3）：644-652.

刘蠋，赵京，介晓磊，2013. 不同硒肥基施用量对紫花苜蓿产量、品质及养分吸收的影响[J]. 土壤通报，44（2）：432-436.

刘艳，张泽华，王广军，2011. 草地蝗虫防治的经济阈值与生态阈值研究进展[J]. 草业科学，28（2）：308-312.

刘勇，2016. 放牧对陇东与甘南草原植物病害的影响[D]. 兰州：兰州大学.

刘长仲，2009. 草地保护学[M]. 北京：中国农业出版社.

刘哲，李奇，陈懂懂，等，2015. 青藏高原高寒草甸物种多样性的海拔梯度分布格局及对地上生物量的影响[J]. 生物多样性，23（4）：451-462.

刘志军，张新华，2015. 草原旅游综述[J]. 价值工程（16）：252-255.

刘钟龄，朱宗元，郝敦元，2001. 黑河（额济纳河）下游绿洲生态系统受损与生态保育对策的思考[J]. 干旱区资源与环境，15（3）：1-8.

刘钟龄，朱宗元，郝敦元，2002. 黑河流域地域系统的下游绿洲带资源—环境安全[J]. 自然资源学报，77（3）：286-293.

刘自学，2016. 草种业现状与发展趋势[C]. 第四届中国草业大会论文集.

柳春红，2009. 重庆绕城高速公路边坡灌丛建植的植物研究[D]. 重庆：西南大学.

龙会英，张德，2016. 不同处理对柱花草种子的产量和质量的影响[J]. 热带农业科学，36（8）：9-14.

龙明秀，呼天明，2019. 牧草栽培学双语辑要[M]. 北京：高等教育出版社.

娄珊宁，陈先江，侯扶江，2017. 草地农业生态系统的碳平衡分析方法[J]. 生态学报，37（2）：557-565.

鲁春霞，谢高地，肖玉，等，2004. 青藏高原生态系统服务功能的价值评估[J]. 生态学报，24（12）：2749-2755.

鲁岩，黄爱纤，唐祯勇，等，2016. 川西北天然草原植被长势遥感监测[J]. 草业与畜牧（3）：33-37.

陆晓燕，侯琛，纪树仁，等，2017. 不同秋眠型紫花苜蓿春播短期栽培产量的差异及与地上部分枝的关系[J]. 草地学报，25（2）：401-406.

罗其友，陶陶，高明杰，等，2010. 农业功能区划理论问题思考[J]. 中国农业资源与区划，37（2）：75-81

洛桑泽仁，2019. 西藏那曲羌塘恰青赛马节与旅游融合的探讨[J]. 西藏大学学报（社会科学版）（3）：55-59.

骆凯，张吉宇，王彦荣，2018. 种植密度和施磷肥对黄花草木樨种子产量的影响[J]. 草业学报，27（7）：112-119.

吕会刚，康俊梅，龙瑞才，等，2019. 播种量和行距配置对盐碱地紫花苜蓿草产量及品质的影响[J]. 草业学报，28（3）：164-174.

吕建伟，2018. 不同下垫面入渗特性测定系统的研制[D]. 沈阳：沈阳农业大学.

吕君，刘丽梅，2006. 草原旅游发展的实践及空间格局研究[J]. 世界地理研究，15（4）：100-107.

吕鹏超，隋方功，梁斌，等，2015. 不同覆盖方式鼠茅草养分吸收规律[J]. 青岛农业大学学报（自然科学版），32（2）：137-140.

吕玉华，郑大玮，2009. 内蒙古农牧交错带农牧系统耦合及相悖的机理及效应[J]. 草业学报，18（4）：217-223.

马多尚，卿雪华，2012. 青藏高原生态旅游发展的现状及对策建议[J]. 西藏大学学报（社会科学版），27（1）：26-33.

马甲强，袁庆华，王瑜，等，2016. 苜蓿炭疽病防治药剂的筛选[J]. 中国草地学报，38（3）：84-90.

马军韬，张国民，辛爱华，等，2015. 以稻瘟病抗性基因分析为基础的水稻品种抗性布局研究[J]. 作物杂志（1）：151-155.

马克平，钱迎倩，王晨，1994. 生物多样性研究的现状与发展趋势[M]//钱迎倩，马克平. 生物多样性研究的原理与方法. 北京：中国科学技术出版社.

马林，2004. 内蒙古草原生态旅游开发战略探讨[J]. 干旱区资源与环境，18（4）：65-71.

马艳玲，金保，傲英，等，2013. 草原蝗虫灾害遥感监测技术研究[J]. 新疆畜牧业（4）：60-62.

马玉寿，郎百宁，1998. 建立草业系统恢复青藏高原"黑土型"退化草地[J]. 草业科学（1）：6-10.

马玉寿，李世雄，王彦龙，等，2017. 返青期休牧对退化高寒草甸植被的影响[J]. 草地学报，25（2）：290-295.

麦麦提敏·乃依木，艾尔肯·苏里塔诺夫，2016. 新疆牧草种子产业化的创新之议[J]. 新疆畜牧业（5）：11-13.

嫚科，2013. 青海省海晏县草原旅游资源的保护现状与对策[J]. 畜牧与饲料科学，34（7-8）：68.

毛培胜，1997. 高羊茅种子发育生理及产量的变化[D]. 北京：中国农业大学.

毛培胜，2000. 牧草种子发育生理及成熟度、施肥对种子产量和质量的影响[D]. 北京：中国农业大学.

毛培胜，2011. 牧草与草坪草种子科学与技术[M]. 北京：中国农业大学出版社.

毛培胜，韩建国，吴喜才，2003. 收获时间对老芒麦种子产量的影响[J]. 草地学报，11（1）：33-37.

毛培胜，侯龙鱼，王明亚，2016b. 中国北方牧草种子生产的限制因素和关键技术[J]. 科学通报，61（2）：250-260.

毛培胜，邵新庆，杨富裕，等，2016a. 我国草原生态旅游发展现状与问题浅析[J]. 西南民族大学学报（自然科学版），42（2）：127-130.

毛培胜，王明亚，欧成明，2018. 中国草种业的发展现状与趋势分析[J]. 草学（6）：1-6.

梅安新，彭望琭，秦其明，等，2006. 遥感导论[M]. 北京：高等教育出版社.

梅英，2021. 浅谈呼伦贝尔市生态旅游发展策略[J]. 内蒙古科技与经济（19）：66-68.

蒙继华，2006. 农作物长势遥感监测指标研究[D]. 北京：中国科学院研究生院（遥感应用研究所）.

孟和乌力吉，2012. 草原旅游与环境保护：兼论包头市希拉穆仁草原旅游业[J]. 内蒙古民族大学学报（社会科学版），38（6）：1-7.

孟季蒙，李卫军，陈金炜，等，2010. 地下滴灌不同水量与播种方式下苜蓿种子产量构成因素的相关性分析[J]. 新疆农业科学，47（6）：1252-1256.

孟林，张英俊，2010. 草地评价[M]. 北京：中国农业科学技术出版社.

莫本田，王普昶，2012. 贵州生态草地畜牧业可持续发展模式[C]. 第二届中国草业大会论文集：41-46.

牟新待，1985. 中国草原区划方案. 草原调查与规划[M]. 北京：农业出版社.

穆怀彬，侯向阳，米福贵，2008. 苜蓿不同密度种植生长状况及经济效益分析[J]. 中国奶牛（4）：16-18.

穆尼热，顾祥，朱忠艳，等，2013. 行距播种量施肥灌水对新引1号东方山羊豆种子产量的影响[J]. 草业与畜牧（5）：6-9.

南丽丽，师尚礼，郭全恩，等，2019. 甘肃荒漠灌区播量和行距对紫花苜蓿营养价值的影响[J]. 草业学报，28（1）：108-119.

南志标，1985. 锈病对紫花苜蓿营养成分的影响[J]. 中国草原与牧草（3）：32-36.

南志标，1986. 混播治理牧草病害的研究[J]. 中国草原与牧草（5）：40-45.

南志标，1990a. 陇东黄土高原栽培牧草真菌病害调查与分析[J]. 草业科学，7（4）：30-34.

南志标，1990b. 锈菌对豆科牧草生长及营养成分的影响[J]. 草业学报，1（1）：83-87.

南志标，2000. 建立中国的牧草病害可持续管理体系[J]. 草业学报，9（2）：1-9.

南志标，2001. 我国的苜蓿病害及其综合防治体系[J]. 动物科学与动物医学，18（4）：1-4.

南志标，2012. 在中国草学会草地植保专业委员会上的讲话[Z]. 西昌.

南志标，2017a. 农区草业与生态文明建设研究[M]. 北京：科学出版社.

南志标，2017b. 中国农区草业与食物安全研究[M]. 北京：科学出版社.

南志标，段廷玉，李彦忠，等，2013. 病害防治研究综述[M]//张英俊. 牧草产业技术研究综述. 北京：中国农业大学出版社.

南志标，侯扶江，唐增，2018. 综述[M]//中国工程院中国工程科技论坛：草地农业与农业结构调整. 北京：高等教育出版社.

南志标，李春杰，1994. 中国牧草真菌病害名录[J]. 草业科学（增刊）：9-10.

南志标，李春杰，2004. 禾草-内生真菌共生体在草地农业系统中的作用[J]. 生态学报，24（3）：605-616.

南志标，李春杰，2020. 中国牧草真菌病害[M]. 北京：科学出版社.

南志标，李春杰，段廷玉，等，2003. 我国草类作物病害及其防治对策[M]//南志标，李春杰. 中国草类作物病理学研究. 北京：海洋出版社.

南志标，李春杰，王赟文，等，2001. 苜蓿褐斑病对牧草质量光合速率的影响及田间抗病性[J]. 草业学报（1）：26-34.

南志标，李琪，刘照辉，1986. 混播治理牧草病害的研究[J]. 中国草原与牧草（5）：40-44.

南志标，李琪，刘照辉，1991. 田间条件下苜蓿种质抗锈性评价[J]. 草业科学（2）：19-22.

南志标，热孜别克，1995．杀菌剂拌种对苜蓿萌发与出苗的影响[J]．甘肃畜牧兽医，25（3）：10-12．
南志标，王彦荣，聂斌，等，2021．春箭筈豌豆新品种"兰箭3号"选育与特性评价[J]．草业学报（4）：111-120．
内蒙古自治区政策研究室，中国草业发展战略研究中心，2019．内蒙古生态系统功能价值评估[M]．北京：中国发展出版社．
农业农村部，2022．"十四五"全国饲草产业发展规划：农牧发〔2022〕7号[EB/OL]．（2022-02-16）[2022-10-15]．http://www.moa.gov.cn/govpublic/xmsyj/202202/t20220225_6389705.htm．
潘佳，李荣，郭耘欣，等，2017．紫花苜蓿种子活力测定方法的比较[J]．草业科学，34（5）：1042-1048．
潘庆民，薛建国，陶金，等，2018．中国北方草原退化现状与恢复技术[J]．科学通报，63（17）：1642-1650．
庞国芳，周光宏，徐幸莲，2013．中国养殖业可持续发展战略研究（养殖产品加工与食品安全卷）[M]．北京：中国农业出版社．
庞羽，2011．草原文化研究综述[J]．经济研究导刊（35）：258-259．
彭建，2019．以国家公园为主体的自然保护地体系：内涵、构成与建设路径[J]．北京林业大学学报（社会科学版），18（1）：38-44．
皮南林，1991．青藏高原畜牧业现状、存在问题及其对策[C]．全国草食动物饲料和饲养技术研讨及产品交流会．
齐梦凡，娄春华，朱晓艳，等，2018．不同苜蓿草粉水平对初产母猪生产和繁殖性能的影响[J]．草业学报（10）：158-170．
祁亚淑，朱林，许兴，2015．宁夏绿洲禾豆牧草混播组合及其比例效应[J]．草业科学，32（9）：1463-1472．
钱晓刚，陆引型，魏成熙，等，1995．贵州酒用高粱合理施肥的研究：高粱对氮磷钾养分的吸收规律[J]．中国农学通报，11（6）：12-15．
钱学森，1984．草原、草业和新技术革命[J]．内蒙古日报，第4版．
乔福云，陈莹莹，郅堤港，等，2021．西藏山南地区农牧交错带草畜供求关系[J]．草业科学（9）：1850-1859．
乔光华，王海春，2004．草原生态系统服务功能价值评估方法的探讨[J]．内蒙古财经学院学报（2）：45-49．
邱星辉，康乐，李鸿昌，2004．内蒙古草原主要蝗虫的防治经济阈值[J]．昆虫学报，47（5）：595-598．
屈冉，李双，徐新良，等，2013．草地退化杂类草入侵遥感监测方法研究进展[J]．地球信息科学学报，15（5）：761-767．
曲福田，刘书楷，2003．区域农业生态经济规划的基本理论问题[J]．中国农业资源与区划，24（6）：16-20．
曲涛，南志标，2008．作物和牧草对干旱胁迫的响应及机理研究进展[J]．草业学报，17（2）：126-135．
全国畜牧总站，2018a．中国草业统计2017[M]．北京：中国农业出版社．
全国畜牧总站，2018b．中国草原生物灾害[M]．北京：中国农业出版社．
任继周，1986．草地农业系统生产效益的放大[J]．草业科学，3（3）：7-12．
任继周，1992．黄土高原草地的生态生产力特征[C]．黄土高原农业系统国际学术会议论文集：3-6．
任继周，1995．草地农业生态学[M]．北京：中国农业出版社．
任继周，1999．系统耦合在大农业中的战略意义[J]．科学，51（6）：14-16．
任继周，1999．中国南方草地现状与生产潜力[J]．草业学报（增刊），8：23-31．
任继周，2004a．草地畜牧业是现代畜牧业的必要组分[J]．中国禽业导刊，21（23）：12-13．
任继周，2004b．草地农业生态系统通论[M]．合肥：安徽教育出版社．
任继周，2008．草业大辞典[M]．北京：中国农业出版社．
任继周，2014．草业科学概论[M]．北京：科学出版社．

任继周, 2015. 中国农业系统发展史[M]. 南京: 江苏凤凰科学技术出版社.

任继周, 2016.《中国草地生态保障与食物安全战略研究》专著总序[J]. 草业科学, 33（6）: 1019-1020.

任继周, 2018. 中国农业伦理学导论[M]. 北京: 中国农业出版社.

任继周, 葛文华, 张自和, 1989. 草地畜牧业的出路在于建立草业系统[J]. 草业科学, 6（5）: 1-3.

任继周, 贺达汉, 王宁, 1995. 荒漠—绿洲草地农业系统的耦合与模型[J]. 草业学报, 4（2）: 11-19.

任继周, 侯扶江, 2004. 草业科学框架纲要[J]. 草业学报, 13（4）: 1-6.

任继周, 侯扶江, 2010. 山地-绿洲-荒漠的系统耦合是祁连山水资源保护的关键措施[J]. 草业科学, 27（2）: 4-7.

任继周, 侯扶江, 胥刚, 2010. 草原文化的保持与传承. 草业科学, 27（12）: 5-10.

任继周, 侯扶江, 张自和, 2000a. 发展草地农业推进我国西部可持续发展[J]. 地球科学进展, 15（1）: 19-24.

任继周, 胡自治, 牟新待, 1980. 草原的综合顺序分类法及其草原发生学意义[J]. 中国草原（1）: 12-24.

任继周, 胡自治, 张自和, 等, 1999. 中国草业生态经济区初探[J]. 草业学报, 8（S1）: 12-25.

任继周, 李建龙, 1992. 试论草业优化开发利用的原则[J]. 草业科学, 9（2）: 1-5.

任继周, 林慧龙, 2005. 江河源区草地生态建设构想[J]. 草业学报, 14（2）: 1-8.

任继周, 林慧龙, 侯扶江, 2018. 农业层积之法的农业伦理学诠释[J]. 兰州大学学报（社会科学版）（4）: 1-7.

任继周, 南志标, 郝敦元, 2000b. 草业系统中的界面论[J]. 草业学报, 9（1）: 2-9.

任继周, 万长贵, 1994. 系统耦合与荒漠-绿洲草地农业系统: 以祁连山—临泽剖面为例[J]. 草业学报, 3（3）: 1-8.

任继周, 王钦, 牟新待, 等, 1978. 草原生产流程及草原季节畜牧业[J]. 中国农业科学（2）: 87-92.

任继周, 胥刚, 李向林, 等, 2016. 中国草业科学的发展轨迹与展望[J]. 科学通报, 61（2）: 178-192.

任继周, 朱兴运, 1995. 中国河西走廊草地农业的基本格局和它的系统相悖: 草原退化机理初探[J]. 草业学报, 4（1）: 69-80.

任继周, 朱兴运, 王钦, 等, 1986. 高山草地-绵羊系统的氮循环[J]. 中国草原与牧草（4）: 4-8.

荣浩, 刘艳萍, 2005. 草原生态建设与草地灌溉耦合效应研究[J]. 水土保持研究, 12（1）: 156-158.

桑尼, 尤继勇, 齐沛森, 2019. 国内自然保护区现状及自然保护区管理评估方法综述[J]. 四川林勘设计（2）: 45-48.

沙栢平, 李雪, 谢应忠, 等, 2019. 株行配比对滴灌苜蓿种子产量及其产量构成因子的影响[J]. 草地学报, 27（3）: 751-759.

尚玉昌, 2002. 普通生态学[M]. 2版. 北京: 北京大学出版社.

邵长勇, 王德成, 尤泳, 等, 2014. 我国牧草种子产业发展现状分析[J]. 中国奶牛, 11: 9-12.

沈海花, 朱言坤, 赵霞, 等, 2016. 中国草地资源的现状分析[J]. 科学通报, 61（02）: 139-154.

沈禹颖, 南志标, 高崇岳, 等, 2004. 黄土高原苜蓿-冬小麦轮作系统土壤水分时空动态及产量响应[J]. 生态学报（3）: 640-647.

盛彦文, 马延吉, 2017. 循环农业生态产业链构建研究进展与展望[J]. 环境科学与技术（1）: 75-84.

施大钊, 2012. 我国农业鼠害防治技术的研究进展与展望[J]. 中国有害生物防制通讯（1）: 52-54.

石凤翎, 王明玖, 王建光, 2003. 豆科牧草栽培[M]. 北京: 中国林业出版社.

史鸿谦, 2019. 遥感技术在草地资源管理上的应用分析[J]. 农业开发与装备（6）: 145-146.

史鹏, 2012. 同德小花碱茅幼穗分化的观察和种子发育过程中8个生理指标变化的研究[D]. 西宁: 青海省畜牧兽医科学院.

史志诚, 1997. 中国草地重要有毒植物[M]. 北京: 中国农业出版社.

史志诚，尉亚辉，2016. 中国草地重要有毒植物（修订版）[M]. 北京：中国农业出版社.

宋昌素，欧阳志云，2020. 面向生态效益评估的生态系统生产总值 GEP 核算研究：以青海省为例[J]. 生态学报，40（10）：3207-3217.

宋春桥，游松财，柯灵红，等，2011. 藏北高原植被物候时空动态变化的遥感监测研究[J]. 植物生态学报，35（8）：853-863.

宋东青，2012. 草坪景观在园林中的应用[J]. 现代园艺（4）：61.

宋桂龙，2014. 草学学科专业教育现状及其发展浅析[J]. 中国林业教育，32（2）：23-26.

宋桂龙，韩烈保，2013. "行走的"草坪[J]. 园林（1）：38-41.

宋玲，余娜，许文年，等，2009. 植被混凝土护坡绿化技术在高陡边坡生态治理中的应用[J]. 中国水土保持（5）：15-16.

宋乃平，卞莹莹，王磊，等，2020. 农牧交错带农牧复合系统的可持续机制[J]. 生态学报（21）：7931-7940.

宋彦涛，周道玮，于洋，等，2016. 生长季初刈割时间对羊草群落特征的影响[J]. 中国草地学报，38（3）：56-62.

苏红田，单丽燕，姚勇，2007. 草地蝗虫的遥感监测[J]. 中国牧业通讯（21）：30-31.

苏静，高菲，卢欣石，2022. 乡村振兴背景下草原生态文化旅游发展模式与途径研究[J]. 草学（1）：80-82，86.

苏军虎，刘荣堂，纪维红，2013. 我国草地鼠害防治与研究的发展阶段及特征[J]. 草业科学，30（7）：1116-1123.

苏天杨，李林英，姚延梼，2010. 不同草本缓冲带对径流污染物滞留效益及其最佳宽度研究[J]. 天津农业科学，16（3）：121-123.

孙飞翔，刘金淼，李丽平，2017. 国家公园建设发展的国际经验对我国的启示[J]. 环境与可持续发展，42（4）：7-10.

孙国学，2010. 发展草原旅游与新牧区建设的关系：以锡林郭勒"牧人之家"为例[J]. 中国农学通报，26（21）：436-439.

孙洪仁，吴瑞鑫，李品红，等，2008. 草地农业及中国草地农业区划和发展战略[J]. 黑龙江畜牧兽医（5）：5-8.

孙洪仁，杨晓洁，陈真，等，2017. 榆阳区紫花苜蓿需水规律与灌溉定额[J]. 草地学报，25（6）：1227-1231.

孙吉雄，韩烈保，2015. 草坪学[M]. 北京：中国农业出版社.

孙建华，1996. 苜蓿与草木犀种子鉴别技术的研究[J]. 草地学报，4（2）：121-125.

孙金金，2020. 三江源区放牧草地超载类型及草地-家畜优化配置研究[D]. 兰州：甘肃农业大学.

孙琨，钟林生，唐承财，2013. 青藏地区草原旅游活动环境影响比较研究：以玛曲草原为例[J]. 资源科学，35（11）：2209-2216.

孙磊，魏学红，郑维列，2005. 藏北高寒草地生态现状及可持续发展对策[J]. 草业科学，22（10）：10-12.

孙启忠，柳茜，陶雅，等，2017. 我国近代苜蓿栽培利用技术研究考述[J]. 草业学报，26（1）：178-186.

孙启忠，玉柱，徐春城，2011. 我国草业新世纪 10 年取得的成就和未来 10 年发展的重点[J]. 草业科学，28（12）：2215-2220.

孙启忠，张英俊，等，2015. 中国栽培草地[M]. 北京：科学出版社.

孙儒泳，1987. 动物生态学原理[M]. 北京：北京师范大学出版社.

孙世泽，汪传建，尹小君，等，2018. 无人机多光谱影像的天然草地生物量估算[J]. 遥感学报，22（5）：848-856.

孙晓萍，刘建斌，李范文，等，2019. 高山美利奴羊冬季异地农区舍饲育肥试验[J]. 黑龙江畜牧兽医（21）：57-61，69.

孙旭春，2011. 抗倒酯等 3 种生长调节剂对多花黑麦草种子生产影响的研究[D]. 南京：南京农业大学.

邰建，2019. 居住区绿地草坪养护管理初探[J]. 现代物业（中旬刊）（9）：248.

邰建辉，2008. 无芒隐子草（*Cleistogenes songorica*）建植与种子生产技术研究[D]. 兰州：兰州大学.

谭金芳，2011. 作物施肥原理与技术[M]. 2版. 北京：中国农业大学出版社.

镡建国，庄玲，2015. 内蒙古草原生态修复技术模式[J]. 草原与草业，27（1）：13-16.

唐芳林，2014. 国家公园属性分析和建立国家公园体制的路径初探[J]. 林业建设（3）：1-8.

唐芳林，2019. 中国特色国家公园体制特征分析[J]. 林业建设（4）：1-7.

唐芳林，王梦君，2015. 国外经验对我国建立国家公园体制的启示[J]. 环境保护，43（14）：45-50.

唐芳林，王梦君，李云，等，2018. 中国国家公园研究进展[J]. 北京林业大学学报（社会科学版），17（3）：17-27.

唐静，林慧龙，2013. 草地农业的循环经济特征分析[J]. 草业学报（1）：167-175.

唐俊伟，于红妍，张明，2016. 新贝奥生物灭鼠剂控制高原鼠兔试验[J]. 黑龙江畜牧兽医月刊（3）：158-160.

唐小平，蒋亚芳，刘增力，等，2019. 中国自然保护地体系的顶层设计[J]. 林业资源管理（3）：1-7.

唐小平，刘增力，马炜，2020. 我国自然保护地整合优化规则与路径研究[J]. 林业资源管理（1）：1-10.

唐永昌，2014. 农牧交错区牛羊异地育肥模式调查[J]. 中国牛业科学（3）：51-53.

陶红军，陈体珠，2014. 农业区划理论和实践研究文献综述[J]. 中国农业资源与区划，35（2）：59-66.

陶奇波，白梦杰，韩云华，等，2017. 植物生长调节剂在牧草种子生产中的应用[J]. 草业科学，34（6）：1238-1246.

田丰，丁原春，姜旭德，等，1994. 提高苜蓿种子产量及质量的措施[J]. 黑龙江畜牧兽医（12）：16-17.

田福平，师尚礼，洪绂曾，等，2012. 我国草田轮作的研究历史与现状[J]. 草业科学，29（2）：320-326.

田莉华，王丹丹，沈禹颖，2015. 麦类作物粮饲兼用研究进展[J]. 草业学报，24（2）：185-193.

田新会，杜文华，2008. 氮、磷、钾肥对紫花苜蓿种子产量及产量构成因素的影响[J]. 中国草地学报，30（4）：16-20.

佟长福，史海滨，李和平，等，2010. 呼伦贝尔草甸草原人工牧草土壤水分动态变化及需水规律研究[J]. 水资源与水工程学报，21（6）：12-14.

图星哲，2019. 新时代林草人才队伍建设问题初讨[J]. 国家林业和草原局管理干部学院学报，18（2）：51-53, 64.

吐尔逊·艾山，吐热尼古丽·阿木提，买买提·沙吾提，等，2016. 天山北坡玛纳斯河流域草地长势遥感监测[J]. 水土保持通报，36（5）：140-145.

宛新荣，石岩生，萨仁花，等，2006. 人工鹰架对草地鼠类防治效果的观察[C]. 中国植物保护学会学术年会.

万里强，侯向阳，任继周，2004. 系统耦合理论在我国草地农业系统应用的研究[J]. 中国生态农业学报，12（1）：167-169.

万里强，李向林，2002. 系统耦合及其对农业系统的作用[J]. 草业学报，11（3）：3-9.

汪辉，2018. 苜蓿果荚光合性能及对干旱胁迫的生理响应[D]. 北京：中国农业大学.

汪群，徐忠诚，周建文，2007. 喷混植生技术在岩石边坡护坡绿化中的应用[J]. 公路（11）：210-212.

王秉龙，罗世武，徐丽芳，2013. 氮磷钾配施对紫花苜蓿种子产量的影响[J]. 甘肃农业科技（2）：7-9.

王晨轶，李秀芬，纪仰慧，2009. 黑龙江省植被长势遥感监测解析[J]. 中国农业气象，30（4）：582-584.

王大伟，2013. 关于高陡边坡绿化技术应用的探讨[J]. 城市建设理论研究（电子版）（9）：1-6.

王德利，王岭，2019. 草地管理概念的新释义[J]. 科学通报，64（11）：1106-1113.

王芳，赵黎明，2007. 农业循环经济生态产业链建设研究[J]. 内蒙古农业大学学报（社会科学版），9（5）：72-73, 98.

王海波，高翔，2009. 农作物种子质量认证与管理[M]. 北京：中国农业大学出版社.

王汉祥，赵海东，2015. 基于系统理论的草原旅游可持续发展模式研究[J]. 商业研究（5）：169-172.

王宏洋，李陈建，陈述明，等，2015. 不同灌水量对苜蓿花部性状、结荚率和种子产量的影响[J]. 中国草地学报，37（5）：52-56.

王建光，2018. 牧草饲料作物栽培学[M]. 2版. 北京：中国农业出版社.

王建光, 孟和, 1996. 播量和行距对紫羊茅种子产量的影响[J]. 内蒙古农牧学院学报, 17（2）: 55-58.

王金亭, 李渤生, 1982. 西藏羌塘高原高寒草原的基本类型与特征[J]. 植物生态学与地植物学丛刊, 6（1）: 1-13.

王晶, 王珊珊, 乔鲜果, 等, 2016. 氮素添加对内蒙古退化草原生产力的短期影响[J]. 植物生态学报, 40（10）: 980-990.

王堃, 2014. 2012-2013草业科学学科发展报告[M]. 北京: 中国科学技术出版社.

王堃, 2018. 中国现代草业科学的发展及未来[J]. 农学学报, 8（1）: 67-70.

王兰英, 唐忠民, 梁海红, 2009. 甘南高寒草原高原鼢鼠防治技术研究[J]. 草业与畜牧（10）: 28-31.

王乐, 杨丽萌, 赛九玛, 等, 2019. 东北虎豹国家公园东部有蹄类栖息地的灌草层食物资源的量与质[J]. 兽类学报, 39（4）: 373-385.

王立平, 赵永志. 2003. 优质紫花苜蓿需肥规律及施肥管理[J]. 农业新技术（4）: 19.

王立群, 杨静, 石凤翎, 1996. 多年生禾本科牧草种子脱落机制及适宜采收期的研究[J]. 中国草地（3）: 7-16.

王美艳, 李军, 孙剑, 等, 2009. 黄土高原半干旱区苜蓿草地土壤干燥化特征与粮草轮作土壤水分恢复效应[J]. 生态学报, 29（8）: 4526-4534.

王明亚, 2018. 施氮对老芒麦种子产量及产量因子的作用[D]. 北京: 中国农业大学.

王明亚, 毛培胜, 2012. 中国禾本科牧草种子生产技术研究进展[J]. 种子, 31（9）: 55-60.

王宁, 李克昌, 黄兆鸿, 等, 2000. 宁夏大农业内部系统耦合初探Ⅲ: 两个市场的启示[J]. 草业科学, 17（5）: 37-40.

王培成, 齐振宏, 冉春艳, 2009. 生态产业链耦合的研究综述[J]. 新疆农垦经济（5）: 87-91.

王苹, 李建东, 欧勇玲, 1997. 松嫩平原盐碱化草地星星草的适应性及耐盐生理特性研究[J]. 草地学报, 5（2）: 80-84.

王佺珍, 韩建国, 周禾, 等, 2004, 无芒雀麦种子产量因子与产量的相关和通径分析[J]. 植物遗传资源学报, 5（4）: 324-327.

王佺珍, 周禾, 韩建国, 等, 2005. 新麦草种子产量的水肥耦合模型分析[J]. 草业学报, 14（6）: 41-49.

王让会, 张慧芝, 黄青, 2006. 全球变化背景下干旱区山地-绿洲-荒漠系统耦合关系的特征及规律[J]. 科学通报, 51（S1）: 61-65.

王瑞港, 徐伟平, 2021. 我国苜蓿产业发展特征与趋势分析[J]. 中国农业科技导报, 23（12）: 7 12.

王生文, 2014. 不同播种方式下播量和刈割对垂穗披碱草和老芒麦人工草地的影响[D]. 兰州: 甘肃农业大学.

王生文, 史静, 宫旭胤, 等, 2015. 播量与留茬高度对老芒麦产量及品质的影响[J]. 草业科学, 32（1）: 107-113.

王生耀, 王堃, 2006. 青海草地农业生态系统内系统耦合性分析[J]. 草业与畜牧（7）: 5-6, 10.

王思明, 2001. 中国近代农业生产结构的变化及其动因分析[J]. 南京农业大学学报（社会科学版）（1）: 91-100.

王文浩, 2019. 草原观光旅游有利于甘南草原的可持续发展[J]. 畜牧兽医杂志, 38（4）: 55-57.

王显国, 刘忠宽, 2016. 覆盖作物高效管理[M]. 3版. 北京: 电子工业出版社.

王显国, 韩建国, 刘富渊, 等, 2006. 穴播条件下株行距对紫花苜蓿种子产量和质量的影响[J]. 中国草地学报, 28（2）: 28-32.

王欣国, 刘照辉, 2010. 草地农业系统概论[J]. 畜牧与饲料科学, 31（4）: 169-171.

王彦龙, 马玉寿, 董全民, 等, 2011. 禁牧对黄河源区不同程度退化草地植物量的影响[J]. 青海畜牧兽医杂志, 41（3）: 14-16.

王彦荣, 等, 2017. 草种子检验规程: GB/T 2930.1-2930.10—2017[S]. 中华人民共和国国家标准.

王英哲，2015. 松辽平原紫花苜蓿生长发育及产量形成与生长度日（GDD）的关系[D]. 北京：中国农业科学院.

王迎新，王召锋，程云湘，等，2014. 浅议毒害草在草地农业生态系统中的作用[J]. 草业科学，31（3）：381-387.

王莹，段学义，张胜昌，等，2011. 紫花苜蓿播种密度对草产量及其他生物学性状的影响[J]. 草业科学，28（7）：1400-1402.

王玉祥，李陈建，陈述明，等，2015. 施氮肥时间对苜蓿结荚率及种子产量的影响[J]. 草业科学，32（2）：231-235.

王元素，洪绂曾，蒋文兰，等，2007. 喀斯特地区红三叶混播草地群落对长期适度放牧的响应[J]. 生态环境，16（1）：117-124.

王赟文，2003. 灌溉、施肥、疏枝等对紫花苜蓿种子产量和质量的影响[D]. 北京：中国农业大学.

王兆华，尹建华，武春友，2003. 生态工业园中的生态产业链结构模型研究[J]. 中国软科学（10）：148-152.

王志锋，王多伽，于洪柱，等，2016. 刈割时间与留茬高度对羊草草甸草产量和品质的影响[J]. 草业科学，33（2）：276-282.

王宗松，姜丽丽，汪诗平，等，2022. 草地退化恢复评估方法述评[J]. 生态学报，16：6464-6473.

卫炜，吴文斌，李正国，等，2014. 时间序列植被指数重构方法比对研究[J]. 中国农业资源与区划，351：34-43.

尉亚辉，赵宝玉，魏朔南，等，2017. 中国西部天然草地毒害草的主要种类及分布[M]. 北京：科学出版社.

魏军，曹仲华，罗创国，2007. 草田轮作在发展西藏生态农业中的作用及建议[J]. 黑龙江畜牧兽医（9）：98-100.

魏绍成，王红侠，1998. 草地区划理论与科尔沁草地区划[J]. 国外畜牧学——草原与牧草（3）：25-32.

魏晓玉，2016. 植物造型修剪的艺术与理法研究[D]. 北京：北京林业大学.

魏学，2010. 无芒隐子草种子产量与植株密度的关系及坪用特性的研究[D]. 兰州：兰州大学.

魏志标，柏兆海，马林，等，2018. 中国栽培草地氮磷流动空间特征[J]. 中国农业科学，51（3）：535-555.

魏智勇，2016. 对草原文化传承体系建设的思考[J]. 内蒙古师范大学学报（哲学社会科学版），45（1）：8-11.

文佳，黄艳猗，2015. 新疆那拉提草原旅游资源分析及生态开发保护思路[J]. 城市旅游规划（6）：199-200.

文勇立，李昌平，2002. 试论青藏高原草业系统生态危机主要成因及对策[J]. 四川畜牧兽医，29（4）：28-32.

乌兰吐雅，包刚，乌云德吉，等，2015. 草地地上生物量高光谱遥感估算研究[J]. 内蒙古师范大学学报（自然科学汉文版），44（5）：660-666.

乌云飞，石凤翎，崔志明，1995. 蒙农红豆草的选育及其特征特性的研究[J]. 中国草地（4）：24-28.

吴炳方，张峰，刘成林，等，2004. 农作物长势综合遥感监测方法[J]. 遥感学报，8（6）：498-514.

吴孔明，2018. 中国农作物病虫害防控科技的发展方向[J]. 农学学报，8（1）：35-38.

吴孔明，2020. 我国开启植物保护工作新纪元[Z]. 植物保护学报微信.

吴渠来，王建光，周竞，1987. 内蒙古主要多年生栽培牧草区划[J]. 中国草原（6）：45-51.

吴素琴，2003. 紫花苜蓿种子丰产关键因子及产量构成因素的研究[D]. 兰州：甘肃农业大学.

吴团英，2013. 关于草原文化研究几个问题的思考[J]. 内蒙古社会科学（汉文版），34（1）：1-5.

吴征镒，1993. 中国植被[M]. 北京：科学出版社.

武德功，杜军利，贺春贵，2015. 4个苜蓿品种对两种体色豌豆蚜的抗生性[J]. 植物保护，41（1）：49-54，62.

武永峰，李茂松，宋吉青，2008. 植物候遥感监测研究进展[J]. 气象与环境学报，24（3）：51-58.

夏方山，毛培胜，闫慧芳，等，2013. 植物花后光合性能与物质转运的研究进展[J]. 草地学报，21（3）：42-49.

夏汉平，王庆礼，孔国辉，1999. 垃圾污水的植物毒性和植物净化效果之研究[J]. 植物生态学报，23（4）：289-301.

先晨钟，朱宏玲，张蓉，等，2009. 宁夏苜蓿褐斑病预测预报模型的研究与建立[J]. 宁夏农林科技（5）：14，22.

冼晓青, 王瑞, 郭建英, 等, 2018. 我国农林生态系统近 20 年新入侵物种名录分析[J]. 植物保护, 44（5）: 168-175.

向宝惠, 曾瑜皙, 2017. 三江源国家公园体制试点区生态旅游系统构建与运行机制探讨[J]. 资源科学, 39（1）: 50-60.

向宝惠, 唐承财, 钟林生, 2009. 金银滩草原旅游资源保护与利用探讨[J]. 青海社会科学（5）: 68-72.

向仕龙, 蒋远舟, 2008. 非木材植物人造板[M]. 北京: 中国林业出版社.

肖建波, 2009. 客土喷播技术介绍[J]. 北京水务（4）: 39-40, 46.

萧玉涛, 吴超, 吴孔明, 2019. 中国农业害虫防治科技 70 年的成就与展望[J]. 应用昆虫学报, 56（6）: 1115-1124.

谢安坤, 周清波, 吴文斌, 等, 2018. 农业土地系统的耦合特征及其研究进展[J]. 中国农业信息（1）: 35-45.

谢菲, 2014. 披碱草幼穗分化及胚胎学研究[D]. 呼和浩特: 内蒙古农业大学.

谢国平, 呼天明, 王佺珍, 等, 2010. 施 N 量和收获时间对西藏野生垂穗披碱草种子产量影响研究[J]. 草业学报, 19（2）: 89-96.

解文艳, 周怀平, 杨振兴, 等, 2019. 不同缓控释氮肥对连作春玉米产量及氮肥去向的影响[J]. 水土保持学报, 33（3）: 207-214.

辛宝宝, 袁庆华, 王瑜, 等, 2016. 不同苜蓿材料对木贼镰刀菌根腐病的抗病性评价[J]. 植物保护, 42（5）: 158-164.

邢福, 周景英, 金永君, 等, 2011. 我国草田轮作的历史、理论与实践概览[J]. 草业学报, 20（3）: 245-255.

徐斌, 陶伟国, 杨秀春, 等, 2006. 基于 MODIS 数据的中国草原植被长势遥感监测[J]. 草地学报, 14（3）: 242-247.

徐斌, 杨秀春, 白可喻, 等, 2017. 中国苜蓿综合气候区划研究[J]. 草业学报, 15（4）: 316-323.

徐斌, 杨秀春, 金云翔, 等, 2016. 草原植被遥感监测[M]. 北京: 科学出版社.

徐军, 于斌, 阿拉塔, 等, 2012. 浇水施肥对华北驼绒藜生长及种子生产影响初探[J]. 畜牧与饲料科学, 33（11-12）: 58-60.

徐坤, 李世忠, 2011. 灌溉及多效唑对蓝茎冰草生长及种子产量的影响[J]. 草业科学, 28（7）: 1291-1295.

徐荣, 韩建国, 2002. 灌溉对高羊茅种子产量和质量的影响[J]. 中国草地, 24（5）: 18-23.

徐松鹤, 尚占环, 2019. 三江源区"黑土滩"次生植被形成的三阶段物种生态位与毒杂草繁殖特征[J]. 草地学报, 27（4）: 949-955.

徐田伟, 胡林勇, 赵娜, 等, 2017. 补饲燕麦青干草对牦牛和藏系绵羊冷季生长性能的影响[J]. 西南农业学报, 30（1）: 205-208.

徐田伟, 赵新全, 耿远月, 等, 2020. 黄河源区生态保护与草牧业发展关键技术体系及优化模式[J]. 资源科学, 42（3）: 508-516.

徐希莲, 陈强, 王凤贺, 等, 2010. 苜蓿切叶蜂的授粉应用与发展前景[J]. 北方园艺（7）: 201-203.

徐轩, 张英俊, 2010. 农牧交错带草-畜-田耦合的 IRM 模拟分析[J]. 草地学报, 18（3）: 320-326.

许茜, 李奇, 陈懂懂, 等, 2017. 三江源土地利用变化特征及因素分析[J]. 生态环境学报, 26（11）: 1836-1843.

旭日干, 2013. 中国养殖业可持续发展战略研究（综合卷）[M]. 北京: 中国农业出版社.

轩俊伟, 郑江华, 倪亦非, 等, 2015. 基于动力三角翼平台的草原鼠害遥感监测研究[J]. 中国植保导刊, 35（2）: 52-55.

薛达元, 1991. 保护世界的生物多样性[M]. 北京: 中国环境科学出版社.

薛福祥, 李敏权, 李金花, 等, 2003. 不同施肥水平对紫花苜蓿霜霉病抗病性的研究[J]. 草业科学, 20（4）: 34-36.

薛世明，张宇钧，钟声，等，2011. 云贵高原地区干季灌溉对白三叶种子产量的影响[J]. 中国草地学报，33（6）：89-94.

闫东，史献明，杜国义，2019. 利用最大熵模型预测内蒙古高原长爪沙鼠鼠疫疫源地动物间疫情发生的风险[J]. 中华地方病学杂志，38（11）：868-872.

闫利军，米福贵，王晓龙，等，2017. 中间偃麦草×长穗偃麦草杂交种F_1的幼穗分化及小孢子发育[J]. 草学（3）：30-35.

闫敏，2005. 灌溉对白三叶生殖生长及种子产量和质量的影响[D]. 北京：中国农业大学.

闫湘，金继运，何萍，等，2008. 提高肥料利用率技术研究进展[J]. 中国农业科学，41（2）：450-459.

闫修民，2008. 黄花苜蓿开花结实动态过程与种子最佳收获时期的研究[D]. 长春：东北师范大学.

闫旭文，南志标，唐增，2012. 澳大利亚畜牧业发展及其对我国的启示[J]. 草业科学（3）：482-487.

阎研，2015. 国内草原旅游发展模式研究初探[J]. 旅游管理研究（3）：59.

杨定，张泽华，张晓，2013. 中国草原害虫名录[M]. 北京：中国农业科学技术出版社.

杨东，杨秀春，金云翔，等，2021. 基于文献计量的草地生物量遥感监测研究进展[J]. 草业科学，38（9）：1782-1792.

杨东生，赵新春，熊琳，等，2004. 新疆草原鼠害的动态监测[J]. 新疆畜牧业（6）：58-60.

杨芳，张蓉，贺达汉，2005. 苜蓿斑蚜危害苜蓿的产量损失及防治指标的研究[J]. 四川草原（1）：23-24.

杨红艳，杜健民，王圆，等，2019. 基于无人机遥感与卷积神经网络的草原物种分类方法[J]. 农业机械学报，50（4）：188-195.

杨慧滨，李林英，2010. 4种草皮缓冲带对径流污染物去除效果研究[J]. 天津农业科学，16（4）：73-76.

杨金贵，米福贵，闫利军，等，2012a. 长穗偃麦草花序分化过程的观察[J]. 中国草地学报，34（2）：47-51.

杨金贵，米福贵，闫利军，等，2012b. 中间偃麦草生长锥分化过程的观察[J]. 种子，31（2）：13-16.

杨可明，郭达志，2006. 植被高光谱特征分析及其病害信息提取研究[J]. 地理与地理信息科学，22（4）：31-34.

杨磊，张春嘉，2019. 浅析海绵城市对热岛效应的缓解作用[J]. 建设科技（9）：53-55.

杨鹏，2010. 烟台峰山破坏山体周边不同植被恢复模式的效果分析[D]. 泰安：山东农业大学.

杨其长，2011. LED在农业领域的应用现状与发展战略[J]. 中国科技财富（1）：52-57.

杨启维，2007. 厚层基材植被边坡防护技术[J]. 铁道标准设计（1）：32-34.

杨锐，2019. 论中国国家公园体制建设的六项特征[J]. 环境保护，47（Z1）：24-27.

杨淑霞，张文娟，冯琦胜，等，2016. 基于MODIS逐日地表反射率数据的青南地区草地生长状况遥感监测研究[J]. 草业学报，25（8）：14-26.

杨廷勇，赵磊，荣璟，等，2017. 1.2%烟碱・苦参碱乳油对草原蝗虫的防治效果[J]. 草业与畜牧（1）：52-54.

杨晓枫，兰剑，2015. 牧草与草坪草种子生产技术研究[J]. 种子，34（7）：41-45.

杨星伟，马世昌，赵万荣，1999. 优良牧草混播改良黄河滩地草场试验[J]. 四川草原（4）：15-18.

杨秀珍，王兆龙，2010. 园林草坪与地被[M]. 北京：中国林业出版社.

杨艳林，2019. 基于遥感技术的香格里拉草地退化研究[D]. 昆明：云南师范大学.

姚西文，竹志明，朱立泽，等，1993. 小流域畜牧亚系统的能流物流特征分析[J]. 草业科学，10（6）：1-4.

叶昌东，黄安达，刘冬妮，2020. 国家公园的兴起与全球传播和发展[J]. 42（4）：15-19.

叶圣平，赵绍伦，2014. 贵州西部山区冬闲田土种草模式与特点分析[J]. 当代畜禽养殖业（4）：52-54.

叶志华，侯向阳，2002. 我国草业发展的现状、问题及科技对策[J]. 中国农业科技导报，4（2）：69-73.

伊利勒特，孙世贤，杨尚明，等，2014. 锡林郭勒盟草原旅游资源与特点及管理对策分析[J]. 草原与草业，26（1）：24-27.

尤扬，严进，2010. 遥感技术在有害生物监测中的应用[C]. 进出境植物检疫学术研讨会.

游明鸿，刘金平，白史且，等，2011. 行距对川草2号老芒麦生殖枝及种子产量性状的影响[J]. 草业学报，20（6）：299-304.

于贵瑞，2003. 全球变化与陆地生态系统碳循坏和碳蓄积[M]. 北京：气象出版社.

于海达，杨秀春，徐斌，等，2013. 10年来锡林郭勒盟草原植被长势变化及其影响因子分析[J]. 地球信息科学学报，15（2）：270-278.

于晓娜，朱萍，毛培胜，2011. 氮磷处理对老芒麦根系及种子产量的影响[J]. 草地学报，19（4）：637-643.

于阳，阿迪来·卡哈尔，叶丽华，2018. 那拉提草原旅游地营销策略分析探究[J]. 新疆农业科技（5）：24-28.

于遵波，洪绂曾，韩建国，2006. 草地生态资产及功能价值的能值评估：以锡林郭勒羊草草地为例[J]. 中国草地学报，28（2）：1-6.

余玲，2008. 不同品种紫花苜蓿种子发育的生理生化研究[D]. 兰州：兰州大学.

喻朝庆，2019. 水-氮耦合机制下的中国粮食与环境安全[J]. 中国科学：地球科学，49（12）：2018-2036.

袁庆华，2006. 苜蓿褐斑病研究[M]. 北京：化学工业出版社.

袁庆华，张文淑，2000. 苜蓿对褐斑病抗性筛选研究[J]. 草业学报，9（4）：52-58.

岳方正，段廷玉，才玉石，等，2019. 简述我国草原有害生物发生与防治[J]. 中国森林病虫，38（6）：27-31.

岳方正，高书晶，程通通，等，2021. 中国草原有害生物防治工作现状及展望[J]. 草地学报，29（8）：1615-1620.

云治，2017. 新常态背景下草原文化的创新发展[J]. 实践（思想理论版）（4）：50-51.

曾翠云，何冬云，王生荣，2006. 西藏牧草黑粉病及其病原鉴定[J]. 草地学报，14（2）：181-183.

曾昭蓉，孙金坤，2016. 岩石边坡防治的生物技术措施[J]. 四川建筑，36（3）：194-195.

扎格尔，2009. 简论草原文化的核心理念[J]. 内蒙古师范大学学报（哲学社会科学版），38（1）：5-8.

翟桂玉，2002. 牧草病害的预防与控制[J]. 当代畜牧（6）：32-34.

张奔，周敏强，王娟，等，2016. 我国苜蓿害虫种类及研究现状[J]. 草业科学，33（4）：785-812.

张存厚，王明玖，乌兰巴特尔，等，2012. 内蒙古典型草原地上净初级生产力对气候变化响应的模拟[J]. 西北植物学报，326：1229-1237.

张存厚，王明玖，张立，等，2013. 呼伦贝尔草甸草原地上净初级生产力对气候变化响应的模拟[J]. 草业学报，226：41-50.

张德，龙会英，金杰，等，2018. 豆科与禾本科牧草间作的生长互作效应及对氮、磷养分吸收的影响[J]. 草业学报，27（10）：15-22.

张光辉，1991. 放牧有利于林木生长[J]. 内蒙古林业（8）：34-35.

张海霞，钟林生，2017. 国家公园管理机构建设的制度逻辑与模式选择研究[J]. 资源科学，39（1）：11-19.

张洪亮，倪绍祥，2003. 草地蝗虫发生遥感监测的一种新算法[J]. 遥感学报，7（6）：73-77.

张焕强，张亮，刘新，2003. 苜蓿杂草的综合防治[J]. 北方牧业（12）：30.

张荟荟，张学洲，张一弓，等，2019. 行距对紫花苜蓿种子产量及其构成因素的影响[J]. 草食家畜（3）：46-50.

张继平，刘春兰，郝海广，等，2015. 基于MODIS GPP/NPP数据的三江源地区草地生态系统碳储量及碳汇量时空变化研究[J]. 生态环境学报，24（1）：8-13.

张骞, 张中华, 马丽, 等, 2019. 不同牧草混播对退化高寒草甸土壤养分及生物量的影响[J]. 草地学报, 27（6）: 1659-1666.

张菊茹, 2009. 浅谈植物生态护坡技术在高速公路中的应用[J]. 山西建筑, 35（18）: 268-269.

张巨明, 吴海艳, 万新卫, 等, 2008. 过渡带暖季型足球场草坪建植技术[J]. 青海草业, 17（2）: 51-53, 33.

张磊, 阿不力孜, 马伟, 等, 2008. 奇台红豆草牧草和种子生产的播种量和密度试验[J]. 草原与草坪（5）: 31-35.

张黎英, 2013. 定居放牧条件下的轮牧方式与克氏针茅草原群落的对应变化研究[D]. 呼和浩特: 内蒙古师范大学.

张丽, 潘龙其, 袁庆华, 等, 2016. 不同苜蓿种质材料对茎点霉叶斑病的抗性评价[J]. 草地学报, 24（3）: 652-657.

张龙, 何忠伟, 2017. 我国草业发展现状与对策[J]. 科技和产业, 17（2）: 40-43, 103.

张农生, 2007. 城市草坪植物及造型配置[J]. 现代园艺（10）: 20.

张巧莲, 2008. 青藏铁路沿线旅游区旅游空间结构优化研究[D]. 西安: 陕西师范大学.

张晴, 2006. 美法两国区域农业的发展及对中国农业发展的启示[J]. 中国农学通报, 22（9）: 514-517.

张晴, 刘李峰, 周旭英, 2007. 国外农业产业带概况及对中国的启示[J]. 中国农学通报, 23（12）: 437-441.

张茸, 刘鑫, 2017. 基于草原文化的生态旅游产品的开发研究: 以呼伦贝尔草原为例[J]. 旅游纵览（下半月）（10）: 183.

张蓉, 先晨钟, 杨芳, 等, 2005a. 草地螟和黄草地螟危害苜蓿产量损失及防治指标的研究[J]. 草业学报, 14（2）: 121-123.

张蓉, 杨芳, 先晨钟, 等, 2005b. 蓟马危害苜蓿的产量损失及防治指标研究[J]. 植物保护, 31（1）: 47-49.

张铁军, 韩建国, 王赟文, 等, 2007. 灌水对新麦草种子产量及产量构成的影响[J]. 草地学报, 15（1）: 60-65.

张廷华, 雅文海, 雷良煜, 等, 1996. 幼龄羊西繁东育育肥技术推广报告[J]. 青海畜牧兽医杂志, 25（1）: 25-26.

张婷婷, 李立军, 阿磊, 等, 2016. 牧草间作模式对盐碱化农田和黑土地土壤酶活性的影响[J]. 中国农学通报, 32（24）: 153-161.

张卫国, 2015. 草地鼠害[M]//任继周. 草业科学概论. 北京: 科学出版社.

张文浩, 侯龙鱼, 杨杰, 2018. 高寒地区苜蓿人工草地建植技术[J]. 科学通报, 63（17）: 1651-1663.

张文旭, 2014. 紫花苜蓿荚的光合性能及产物转运、作用机理研究[D]. 北京: 中国农业大学.

张文旭, 毛培胜, 夏方山, 等, 2013. 中国牧草种子生产发展重点及区划布局[C]. 第五届苜蓿大会论文集: 476-482.

张文轩, 裴亚斌, 田新会, 等, 2022. 甘南高寒牧区复种单播和禾豆混播草地光合性能的差异[J]. 中国草地学报（8）: 52-60.

张小明, 来兴发, 杨宪龙, 等, 2018. 施氮和间作比例对燕麦/箭筈豌豆间作系统干物质生产及氮素吸收利用的影响[J]. 植物营养与肥料学报, 24（2）: 489-498.

张晓玲, 徐田伟, 谭攀柱, 等, 2019. 季节放牧对高寒草原植被群落和生物量的影响[J]. 西北农业学报, 28（10）: 1576-1582.

张晓燕, 师尚礼, 李小龙, 等, 2016a. 不同施钾水平对苜蓿营养物质及抗蓟马性的影响[J]. 昆虫学报, 59（8）: 846-853.

张晓燕, 王森山, 李小龙, 等, 2016b. 不同施钾量对苜蓿碳水化合物含量及抗蓟马的影响[J]. 草业学报, 25（10）: 153-162.

张晓燕, 王森山, 李小龙, 等, 2016c. 施磷对苜蓿抗蓟马的影响[J]. 草业学报, 25（5）: 102-108.

张新时, 唐海萍, 董孝斌, 等, 2016. 中国草原的困境及其转型[J]. 科学通报, 61（2）: 34-46.

张绪校,周俗,李洪泉,等,2019.草原鼠虫害宜生区划分技术[J].草学(3):81-86.

张雅雯,2019.呼伦贝尔草地植物病害对肉牛放牧强度的响应[D].兰州:兰州大学.

张雅娴,樊江文,王穗子,等,2019.三江源区生态承载力与生态安全评价及限制因素分析[J].兽类学报,39(4):360-372.

张岩,2003.新源草原旅游业发展的理性思考[J].新疆教育学院学报,19(2):128-131.

张彦虎,李万明,2014.新疆草原生态旅游产业发展研究:以东天山北坡草原为例[J].西南民族大学学报(人文社会科学版)(11):135-138.

张耀春,塞尔江·哈力克,2022.草原旅游:新疆牧区推进乡村振兴战略的路径选择[J].新疆社科论坛(3):35-40.

张毅川,程文妍,王江萍,2018.城市绿地典型下垫面建设理论分析[J].生态经济,34(4):191-196.

张银敏,2020.行距与施肥对紫花苜蓿和蒙农红豆草种子产量及质量的影响[D].北京:中国农业科学院.

张英昊,梁晨,李宝笃,等,2004.黄瓜白粉菌寄生孢莱阳分离株系生物学特性研究[J].莱阳农学院学报,21(4):278-281.

张英俊,2003.农田草地系统耦合生产分析[J].草业学报,12(6):10-17.

张永亮,张丽娟,于铁峰,等,2019.禾豆组合与间作方式对牧草产量及产量稳定性的影响[J].草地学报,27(5):1410-1418.

张泽华,涂雄兵,吴惠惠,2013.虫害防治研究综述[M]//张英俊.牧草产业技术研究综述.北京:中国农业大学出版社.

张知彬,1995.鼠类不育控制的生态学基础[J].兽类学报,15(3):229-234.

张知彬,2003.我国草原鼠害的严重性及防治对策[J].中国科学院院刊(5):343-347.

章力建,2009.关于加强我国草原资源保护的思考[J].中国草地学报,31(6):1-7.

章梦涛,邱金淡,颜冬,2004.客土喷播在边坡生态修复与防护中的应用[J].中国水土保持科学,2(3):10-12.

赵宝玉,尉亚辉,史志诚,等,2011.我国西部草原毒草灾害状况及防控对策[C].中国畜牧兽医学会家畜内科学分会代表大会暨年学术研讨会.

赵宝玉,2016.中国天然草地有毒有害植物名录[M].北京:中国农业科学技术出版社.

赵宝玉,刘忠艳,万学攀,2008.中国西部草地毒草危害及治理对策[J].中国农业科学,41(10):3094-3103.

赵宝玉,童德文,葛鹏斌,等,2003.我国西部草原疯草危害调查[J].中国草地学报,25(4):65-68.

赵哈林,周瑞莲,张铜会,等,2003.我国北方农牧交错带的草地植被类型、特征及其生态问题[J].中国草地,25(3):1-8.

赵红霞,张秀卿,宋福荣,等,2014.基于旅游市场分析下的呼伦贝尔市草原旅游发展初探[J].干旱区资源与环境,28(1):183-188.

赵利,2012.不同氮磷处理对老芒麦种子产量、产量组分和根系的影响[D].北京:中国农业大学.

赵亮,李奇,陈懂懂,等,2014.三江源区高寒草地碳流失原因、增汇原理及管理实践[J].第四纪研究,34(4):795-802.

赵亮,李奇,赵新全,2020.三江源草地多功能性及其调控途径[J].资源科学,42(1):78-86.

赵思金,2008.北方地区两种主要类型裸露坡面植被恢复及生态功能评价研究[D].北京:北京林业大学.

赵新全,马玉寿,王启基,等,2011.三江源区退化草地生态系统恢复与可持续管理[M].北京:科学出版社.

赵新全,等,2020.三江源国家公园生态系统:现状、变化及管理[M].北京:科学出版社.

赵雪,1994.坝上草地旅游业的效益及对脆弱生态环境的影响:以大滩地区为例[J].中国沙漠,14(4):86-91.

赵艳，2016. 论川西少数民族地区草原生态旅游资源的开发与保护[J]. 中国农业资源与区划，37（1）：227-230.

赵勇，刘景辉，韩风叶，等，2007. 刈割时期对不同类型牧草产量和品质的影响[J]. 华北农学报，22（S3）：61-65.

甄霖，曹淑艳，魏云洁，等，2009. 土地空间多功能利用：理论框架及实证研究[J]. 资源科学，31（4）：544-551.

郑瑞伦，王宁宁，孙国新，等，2015. 生物炭对京郊沙化地土壤性质和苜蓿生长、养分吸收的影响[J]. 农业环境科学学报，34（5）：904-912.

郑伟，朱进忠，2010. 新疆草原生态旅游资源及其开发对策研究[J]. 草原与草坪，30（3）：78-83.

支巨振，2002. 农作物种子认证手册[M]. 北京：中国农业科学技术出版社.

智荣，闫敏，李平，2022. 草原生态环境、经济社会与草牧业产业耦合协调关系研究：基于全国五大牧区的实证分析[J]. 林业经济（5）：59-76.

中国植物保护学会，2011. 植物保护学学科发展研究[M]. 北京：中国科学技术出版社.

中华人民共和国农业部，2013. 中国草原发展报告[M]. 北京：中国农业出版社.

中华人民共和国农业部，2017. 全国草原监测报告[N].

中华人民共和国农业部畜牧兽医司，全国畜牧兽医总站，1996. 中国草地资源[M]. 北京：中国科学技术出版社.

钟补求，1954. 西藏高原的植物及其分布概况[J]. 生物学通报（10）：10-13.

钟乐，杨锐，2019. 国家公园宣言比较研究[J]. 8：28-30.

周定国，徐咏兰，张洋，2008. 农作物秸秆人造板专利技术[M]. 北京：中国林业出版社.

周禾，1995. 法国的草地农业[J]. 世界农业（11）：19-20.

周华坤，赵新全，周立，等，2005. 层次分析法在江河源区高寒草地退化研究中的应用[J]. 资源科学，27（4）：63-70.

周磊，辛晓平，李刚，等，2009. 高光谱遥感在草原监测中的应用[J]. 草业科学，26（4）：20-27.

周其宇，梁巧兰，韩亮，2016. 紫花苜蓿病毒病症状类型及病原检测[J]. 草业科学，33（7）：1297-1305.

周寿荣，2004. 饲料生产手册[M]. 成都：四川科学技术出版社.

周思磊，2013. 基于游客感知价值新疆草原生态旅游研究：以那拉提草原为例[D]. 乌鲁木齐：新疆师范大学.

周万福，张亚玲，刘香萍，2011. 植物生长调节剂对紫花苜蓿种子产量及其构成因子的影响[J]. 当代畜牧（4）：45-47.

周永振，王羽，2012. 基于季节性因素的草原生态旅游可持续发展探析：以内蒙古为例[J]. 中国农业资源与区划，33（6）：91-95.

朱珏，张彬，谭支良，等，2009. 刈割对牧草生物量和品质影响的研究进[J]. 草业科学，26（2）：80-85.

朱里莹，徐姗，兰思仁，2016. 国家公园理念的全球扩展与演化[J]. 中国园林，32（7）：36-40.

朱柳梅，周自玮，2008. 施肥对白三叶生长发育和种子生产的影响[J]. 草业与畜牧（4）：20-22.

朱猛蒙，马锐，张蓉，2006. 刈割对紫花苜蓿病虫害的影响[J]. 中国植保导刊，26（12）：8-10.

朱振磊，张永亮，潘多锋，等，2011. 行距与播种量对无芒雀麦种子产量及产量组分的影响[J]. 草地学报，19（4）：631-636.

竺可桢，宛敏渭，1999. 物候学[M]. 长沙：湖南教育出版社.

祝廷成，李志坚，张为政，等，2003. 东北平原引草入田、粮草轮作的初步研究[J]. 草业学报，12（3），34-43.

紫良植，刘世锋，李得举，1997. 大力发展间作套种提高灌区综合效益[J]. 干旱地区农业研究，15（2）：37-43.

邹建国，2000. 景观生态学：格局、过程、尺度与等级[M]. 北京：高等教育出版社.

ALEXANDER H M, ANTONOVICS J, 1988. Disease spread and population dynamics of anther smut infection of *Silene dioica* caused by the fungus *Ustilago violacea*[J]. Journal of Ecology, 76: 91-104.

ALI I, GREIFENEDER F, STAMENKOVIC J, et al., 2015. Review of machine learning approaches for biomass and soil moisture retrievals from remote sensing data[J]. Remote Sensing, 7(12): 16398-16421.

ALLEN V G, BATELLO C, BERRETTA E J, et al., 2011. An international terminology for grazing lands and grazing animals[J]. Grassland and Forage Science, 66(1): 2-28.

ALLEN V G, BROWN P C, 2006. Using grazing animals to restore resilience in our agricultural systems[C]//Proceedings of the John M. Airy Symposium: Visions for Animal Agriculture and the Environment, Kansas City, MO.

AMSELEM J, CUOMO C A, VAN KAN J A L, et al., 2011. Genomic analysis of the necrotrophic fungal pathogens *Sclerotinia sclerotiorum* and *Botrytis cinerea*[J]. PLoS Genetics, 7(8): 1-27.

ANIMUT G, GOETSCH A L, 2008. Co-grazing of sheep and goats: Benefits and constraints[J]. Small Ruminant Research, 77(2-3): 127-145.

ARADOTTIR A L, OSKARSDOTTIR G, 2013. The use of native turf transplants for roadside revegetation in subarctic area[J]. Icelandic Agricultural Sciences, 26: 59-67.

BARRY K E, VAN RUIJVEN J, MOMMER L, et al., 2020. Limited evidence for spatial resource partitioning across temperate grassland biodiversity experiments[J]. Ecology, 101(1): 1-13.

BELLAVER C, BELLAVER I H, 1999. Livestock production and quality of societies' life in transition economies[J]. Livestock Production Science, 59(2-3): 125-135.

BORGSTRÖM P, BOMMARCO R, STRENGBOM J, et al., 2018. Above-and belowground insect herbivores mediate the impact of nitrogen eutrophication on the soil food web in a grassland ecosystem[J]. OIKOS, 127(8): 1272-1279.

BRADFORD G E, 1999. Contributions of animal agriculture to meeting global human food demand[J]. Livestock Production Science, 59(2-3): 125-135.

BURDON J J, 1987. Diseases and plant population biology[M]. Cambridge: Cambridge University Press.

BURDON J J, MULLER W J, 1987. Measuring the cost of resistance to *Puccinia coronata* CDA *in Avena fatua* L[J]. Journal of Applied Ecology, 24(1): 191-200.

CAROPRESE M, 2020. Use of agricultural by-products in animal feeding[EB/OL]. Animals. https://www.mdpi.com/journal/animals/topical_collections/Use_of_Agricultural_By_Products_in_Animal_Feeding.

CASTEX V, BENISTON M, CALANCA P, et al., 2018. Pest management under climate change: The importance of understanding tritrophic relations[J]. Science of the Total Environment, 616-617: 397-407.

CHAKRABORTY S, 2001. Grassland plant disease: Management and control[C]. Proceedings of the XIX International Grassland, Congress, Grassland Ecosystems: An Outlook into 21st Century, 223-230.

CHANG A T C, FOSTER J L, HALL D K, 1987. Nimbus-7 SMMR derived global snow cover parameters[J]. Annals of Glaciology, 9: 39-44.

CHEN T, ZHANG YW, CHRISTENSEN M, et al., 2018. Grazing intensity affects communities of culturable root-associated fungi in a semiarid grassland of Northwest China[J]. Land Degradation and Development, 29(2): 361-373.

CHIANG H C, 1978. Pest Management in Corn[J]. Annual Review Entomology, 23: 101-123.

COLLINS A B, MEE J F, DOHERTY M L, et al., 2018. *Culicoides* species composition and abundance on Irish cattle farms: implications for arboviral disease transmission[J]. Parasites and Vectors, 11(1): 472-489.

COLLINS M, FRITZ J H, 2003. Forage quality[M]//BARNES R F, NELSON C J, COLLINS M, et al., (eds). Forage Volum I An Introduction to Grassland Agriculture(6th edition). Iowa: Iowa State Press.

COLLINS M, HANNAWAY D B, 2003. Forage-related animal disorders[M]//BARNES R F, NELSON C J, COLLINS M, et al., (eds). Forage Volum I An Introduction to Grassland Agriculture(6th edition). Iowa: Iowa State Press.

COLLINS M, OWEN V N, 2003. Preservation of forage as hay and silage[M]//BARNES R F, NELSON C J, COLLINS M, et al., (eds). Forage Volum I An Introduction to Grassland Agriculture(6th edition). Iowa: Iowa State Press.

CONNOR D J, LOOMIS R S, CASSMAN K G, 2011. Crop ecology productivity and management in agricultural systems[M]. Cambridge: Cambridge University Press.

DAMM U, O'CONNELL R J, GROENEWALD J Z, et al., 2014. The *Colletotrichum destructivum* species complex-hemibiotrophic pathogens of forage and field crops[J]. Studies in Mycology(79): 49-84.

DEHAAN L R, WEISBERG S, TILMAN D, et al., 2010. Agricultural and biofuel implications of a species diversity experiment with native perennial grassland plants[J]. Agriculture, Ecosystems and Environment, 137(1-2): 33-38.

DEL POZO M, WRIGHT I A, WHYTE T K, et al., 1996. Effects of grazing by sheep or goats on sward composition in ryegrass/white clover pasture and on subsequent performance of weaned lambs[J]. Grass and Forage Science, 51(2): 142-154.

DELBART N, KERGOAT L, LOAN T T, et al., 2005. Determination of phenological dates in boreal regions using normalized difference water index[J]. Remote Sensing of Environment, 97(1): 26-38.

DELBART N, LOAN T T, KERGOAT L, et al., 2006. Remote sensing of spring phenology in boreal regions: A free of snow-erect method using NOAA-AVHRR and SPOT-VGT data(1982-2004)[J]. Remote Sensing of Environment, 101(1): 52-62.

DIAMOND J, 1997. Location, location, location: The first farmers[J]. Science, 278(5341): 1243-1244.

DIGHTON J, 2003. Fungi in ecosystem processes and edition[M]. Boca Raton: CRC Press.

DITOMASO J M, 2000. Invasive weed in rangelands: Species, impacts, and management[J]. Weed Science, 48(2): 255-265.

DOUGHERTY C T, COLLINS M, 2003. Forage utilization[M]//BARNES R F, NELSON C J, COLLINS M, et al., (eds). Forage Volum I An Introduction to Grassland Agriculture(6th edition). Iowa: Iowa State Press.

DOUGLAS J E, 1980. Successful seed programs: A planning and management guide[M]. Boulder: Westview Press.

DREW E, HERRIDGE D, BALLARD R, et al., 2012. Inoculating legumes: A practical guide[J]. Grains Research & Development Corporation: 1-73.

DRINKWATER L E, WAGONER P, SARRANTONIO M, 1998. Legume-based cropping systems have reduced carbon and nitrogen losses[J]. Nature, 396(6708): 262-265.

DUAN T Y, FACELLI E, SMITH S E, et al., 2011. Differential effects of soil disturbance and plant residue retention on function of arbuscular mycorrhizal(AM) symbiosis are not reflected in colonization of roots or hyphal development in soil[J]. Soil Biology and Biochemistry, 43(3): 571-578.

DUCHEMIN B, GOUBIER J, COURRIER G, 1999. Monitoring phenological key stages and cycle duration of temperate deciduous forest ecosystems with NOAA/AVHRR data[J]. Remote Sensing of Environment, 67(1): 68-82.

EDDY I M S, GERGEL S E, COOPS N C, et al., 2017. Integrating remote sensing and local ecological knowledge to monitor rangeland dynamics[J]. Ecological Indicators, 82: 106-116.

ESCUDERO-MARTINEZ C, LEYBOURNE D, BARAKATE A, et al., 2018. Understanding the basis of host and non-host defences during barley-aphid interactions[J]. Phytopathology, 108(10): 1165-1171.

FLANNIGAN M D, HAAR T H V, 1986. Forest fire monitoring using NOAA satellite AVHRR[J]. Canadian Journal of Forest Research, 16(5): 975-982.

FLASSE S P, CECCATO P, 1996. A contextual algorithm for AVHRR fire detection[J]. International Journal of Remote Sensing, 17(2): 419-424.

FONTES M P F, FONTES R M O, CARNEIRO P A S, 2009. Land suitability, water balance and agricultural technology as a Geographic-Technological Index to support regional planning and economic studies[J]. Land Use Policy, 26(3): 589-598.

FAO, 1993. Integration of population factors into agricultural and rural development policies: Future needs.

FOX J W, 2013. The intermediate disturbance hypothesis should be abandoned[J]. Trends in Ecology and Evolution, 28(2): 86-92.

FROSHEISER F L, BARNES D K, 1984. Phytophthora root rot resistance[M]//Elgin J H. Standard tests to characterize pest resistance in alfalfa cultivars. USDA.

FU H, WANG J L, WANG Z Q, et al., 2011. Fatty acid and amino acid compositions of *Artemisia sphaerocephala* seed and its influence on mouse hyperlipidemia[J]. Chemistry of Natural Compounds, 47(4): 675-678.

GAO J L, LIANG T G, YIN J P, et al., 2019. Estimation of alpine grassland forage nitrogen coupled with hyperspectral characteristics during different growth periods on the Tibetan Plateau[J]. Remote Sensing, 11(18): 2085.

GAO P, DUAN T Y, NAN Z B, et al., 2018. The influence of irrigation frequency on the occurrence of rust disease(*Melampsora apocyni*) and determination of the optimum irrigation regime in organic *Apocynum venetum* production[J]. Agricultural Water Management, 205: 81-89.

GAO T, YANG X C, JIN Y X, et al., 2013. Spatio-temporal variation in vegetation biomass and its relationships with climate factors in the Xilingol grasslands, Northern China[J]. PLoS One, 8(12): 1-10.

GAO Y, WANG D L, BA L, et al., 2008. Interactions between herbivory and resource availability on grazing tolerance of *Leymus chinensis*[J]. Environmental and Experimental Botany, 63(1-3): 113-122.

GHANIZADEH H, HARRINGTON K C, 2019. Weed management in New Zealand pasture[J]. Agronomy, 9: 1-18.

GIGLIO L, KENDALL J D, JUSTICE C O, 1999. Evaluation of global fire detection algorithms using simulated AVHRR infrared data[J]. International Journal of Remote Sensing, 20(10): 1947-1985.

GOODWIN S B, MAROOF M A S, ALLARD R W, et al., 1993. Isozyme variation within and among populations of *Rhynchosporium secalis* in Europe, Australia and the United States[J]. Mycological Research, 97: 49-58.

GRAEDEL T E, ALLENBY B R, 2009. Industrial ecology and sustainable engineering[M].Upper Saddle River: Prentice Hall.

HALL D K, RIGGS G A, SALOMONSON V V, et al., 2002. MODIS snow-cover products[J]. Remote Sensing of Environment, 83(1-2): 181-194.

HAMPTON J G, SCOTT D J, 1990. New Zealand seed certification[J]. Plant Varieties and Seeds, 3(3): 173-180.

HANSKI I, HENTTONEN H, KORPIMAKI E, et al., 2001. Small-rodent dynamics and predation[J]. Ecology, 82(6): 1505-1520.

HARRIS F, 1999. Nutrient management strategies of small-holder farmers in a short-fallow farming system in North-East Nigeria[J]. The Geographical Journal, 165(3): 275-285.

HEINEN R, BIERE A, BEZEMER T M, 2020. Plant traits shape soil legacy effects on individual plant-insect interactions[J]. Oikos A Journal of Ecology, 129(2): 261-273.

HERRERO M, HAVLKÍK P, VALIN H, et al., 2013. Biomass use, production, feed efficiencies, and greenhouse gas emissions from global livestock systems[J]. Proceedings of the National Academy of Sciences, 110(52): 20888-20893.

HOLLOWAY J, MENGERSEN K, 2018. Statistical machine learning methods and remote sensing for sustainable development goals: A review[J]. Remote Sensing, 10(9): 1-21.

HOLST P J, ALLAN C J, CAMPBELL M H, et al., 2004. Grazing of pasture weeds by goats and sheep. 1. Nodding thistle(*Carduus nutans*)[J]. Australian Journal of Experimental Agriculture, 44(6): 547-551.

HORNE P, PAGE J, 2008. Intergrated pest management for crop and pastures[M]. CSIRO.

HOU F J, JIA Q M, LOU S N, et al. , 2021. Grassland agriculture in China: A review[J]. Frontiers of Agriculture Science and Engineering, 8(1)：35-44.

HOU F J, NAN Z B, XIE Y Z, et al., 2008. Integrated crop-livestock production systems in China[J]. The Rangeland Journal, 30(2): 221-231.

HOVELAND C S, 1993. Importance and economic significance of the *Acremonium* endophytes to performance of animals and grass plant[J]. Agriculture, Ecosystems and Environment, 44(1-4): 3-12.

HU S, HU Y, YANG J, et al., 2020. From pack animals to polo: donkeys from the ninth-century Tang tomb of an elite lady in Xi'an, China[J]. Antiquity, 94(374): 455-472.

HU X W, FAN Y, BASKIN C C, et al., 2015. Comparison of the effects of temperature and water potential on seed germination of Fabaceae species from desert and subalpine grassland[J]. American Journal of Botany, 102(5): 649-660.

HU X W, YANG L J, ZHANG Z X, et al., 2020. Differentiation of alfalfa and sweet clover seeds via multispectral imaging[J]. Seed Science and Technology, 48(1): 83-99.

HU X W, ZHOU Z Q, LI T S, et al., 2013. Environmental factors controlling seed germination and seedling recruitment of *Stipa bungeana* on the Loess Plateau of Northwestern China[J]. Ecological Research, 28: 801-809.

HUMPHREY J, GILL P, CLARIDGE J, 1998. Grazing as a management tool in European forest ecosystem[J]. Edinburgh: Forest Commission.

ISBELL F, CRAVEN D, CONNOLLY J, et al., 2015. Biodiversity increases the resistance of ecosystem productivity to climate extremes[J]. Nature, 526: 574-577.

ISTA. 2019. International rules for seed testing[J]. Bassersdorf: The International Seed Testing Association.

JAROSZ A M, DAVELOS A L, 1995. Effects of disease in wild plant populations and the evolution of pathogen aggressiveness[J]. New Phytologist, 129(3): 371-387.

JIN Y X, YANG X C, LI Z M, et al., 2019. Remote sensing estimation of forage mass and spatiotemporal change analysis in the Beijing-Tianjin sandstorm source region, China[J]. International Journal of Remote Sensing, 40(5-6): 2212-2226.

JÖNSSON P, EKLUNDH L, 2004. TIMESAT: A program for analyzing time-series of satellite sensor data[J]. Computers and Geosciences, 30(8): 833-845.

JOOST R E, 1995. *Acremonium* in fescue and ryegrass: Boon or bane? A review[J]. Journal of Animal Science, 73(3): 881-888.

JUROSZEK P, TIEDEMANN A V, 2013. Plant pathogens, insect pests and weeds in a changing global climate: A review of approaches, challenges, research gaps, key studies and concepts[J]. Journal of Agricultural Science, 151: 163-188.

JUSTICE C O, TOWNSHEND J R, HOLBEN B N, et al., 1985. Analysis of the phenology of global vegetation using meteorological satellite data[J]. International Journal of Remote Sensing, 6(8): 1271-1318.

KANG L, HAN X G, ZHANG Z B, et al., 2007. Grassland ecosystem in China: Review of current knowledge and research advancement[J]. Philosophical Transactions of the Royal Society B, 362(1482): 997-1008.

KLOSTERMAN S J, SUBBARAO K V, KANG S, et al., 2010. Comparative genomics of the plant vascular wilt pathogens, *Verticillium dahliae* and *Verticillium albo-atrum*[J]. Phytopathology, 100(6): S64.

KOLLAS C, KERSEBAUM K C, NENDEL C, et al., 2015. Crop rotation modelling: A European model intercomparison[J]. European Journal of Agronomy, 70: 98-111.

KONG B, YU H, DU R X, et al., 2019. Quantitative estimation of biomass of alpine grasslands using hyperspectral remote sensing[J]. Rangeland Ecology & Management, 72(2): 336-346.

KOSCO B H, BARTOLOME J W, 1981. Forest grazing: Past and future[J]. Journal of Range Management, 34(3): 248-251.

LAMICHHANE J R, BARZMAN M, BOOIJ K, et al., 2015. Robust cropping systems to tackle pests under climate change: A review[J]. Agronomy for Sustainable Development, 35(2): 443-459.

LEE T F, TAG P M, 1990. Improved detection of hotspots using the AVHRR 3.7μm channel[J]. Bulletin of the American Meteorological Society, 71(12): 1722-1730.

LI Y Z, NAN Z B, 2007. A new species, *Embellisia astragali* sp. nov., causing standing milk-vetch disease in China[J]. Mycologia, 99(3): 406-411.

LIANG T G, YANG S X, FENG Q S, et al., 2016. Multi-factor modeling of above-ground biomass in alpine grassland: A case study in the Three-River Headwaters Region, China[J]. Remote Sensing of Environment, 186(1): 164-172.

LIETH H, 1974. Purposes of a phenology book[M]. Berlin: Springer.

LIU G X, ZHANG Y J, HOVSTAD K A, et al., 2014. Competition of *Leymus chinensis* and *Bromus inermis* in response to gap size and neighbouring root exclusion[J]. Grass and Forage Science, 69: 479-487.

LIU H, MI Z, LIN L, et al., 2018. Shifting plant species composition in response to climate change stabilizes grassland primary production[J]. Proceeding of the National Academy of Sciences of the United States of America, 115(16): 4051-4056.

LIU N, KAN H M, YANG G W, et al., 2015. Changes in plant, soil, and microbes in a typical steppe from simulated grazing: Explaining potential change in soil C[J]. Ecological Monographs, 85(2): 269-286.

LLOYD D, 1990. A phenological classification of terrestrial vegetation cover using shortwave vegetation index imagery[J]. International Journal of Remote Sensing, 11(22): 2269-2279.

LU B, HE Y H, LIU H H T. 2018. Mapping vegetation biophysical and biochemical properties using unmanned aerial vehicles-acquired imagery[J]. International Journal of Remote Sensing, 39(15-16): 5265-5287.

LU Y, JENKINS A, FERRIER R C, et al., 2015. Addressing China's grand challenge of achieving food security while ensuring environmental sustainability[J]. Science, 1(1): 1-5.

LUO D, LIU W X, WANG Y R, et al., 2014. Development of a rapid one-step PCR protocol to distinguish between alfalfa(*Medicago sativa*) and sweet clover(*Melilotus* spp.) seeds[J]. Seed Science and Technology, 42(2): 237-246.

LV Y Y, HE X Q, HU X W, et al., 2017. The seed semipermeable layer and its relation to seed quality assessment in four grass species[J]. Frontiers in Plant Science, 8: 1-9.

MANSFIELD S, FERGUSON C M, WHITE T, et al., 2019. Barriers to IPM adoption for insect pests in New Zealand pasture[J]. Journal of New Zealand Grassland, 81(383): 139-148.

MANSOUR K, MUTANGA O, EVERSON T, et al., 2012. Discriminating indicator grass species for rangeland degradation assessment using hyperspectral data resampled to AISA Eagle resolution[J]. ISPRS Journal of Photogrammetry and Remote Sensing, 70: 56-65.

MARCINKOWSKA-OCHTYRA A, GRYGUC K, OCHTYRA A, et al., 2000. Multitemporal hyperspectral data fusion with topographic indices-improving classification of natura 2000 grassland habitats[J]. Remote Sensing, 11(19): 2264.

MARTEN G G, 1988. Productivity, stability, sustainability, equitability and autonomy as properties for agroecosystem assessment[J]. Agricultural Systems, 26(4): 291-316.

MCCLAIN E P, PICHEL W G, WALTON C C, 1985. Comparative performance of AVHRR-based multichannel sea surface temperatures[J]. Journal of Geophysical Research: Oceans, 90(6): 11587-11601.

MCGREGOR B A, 2010. Influence of stocking rate and mixed grazing of Angora goats and Merino sheep on animal and pasture production in southern Australia. 1. Botanical composition, sward characteristics and availability of components of annual temperate pastures[J]. Animal Production Science, 50(2): 138-148.

MENG B P, GAO J L, LIANG T G, et al., 2018. Modeling of alpine grassland cover based on unmanned aerial vehicle technology and multi-factor methods: A case study in the East of Tibetan Plateau, China[J]. Remote Sensing, 10(2): 1-19.

MILGROOM M G, CORTESI P, 2004. Biological control of chestnut blight with hypovirulence: A critical analysis[J]. Annual Review of Phytopathology, 42: 311-338.

MITCHELL C E, TILMAN D, Groth J V, 2002. Effects of grassland plant species diversity, abundance, and composition on foliar fungal disease[J]. Ecology, 83(6): 1713-1726.

NAN Z B, 2005. The application of remote sensing technology to grassland resource management in China[J]// REYNOLDS S G, FRAME J(eds). Grassland: Developments, opportunities, perspectives. New Hampshire: Science Publishers, Inc.

NAN Z, 2005. Grassland farming system and sustainable agricultural development in China[J]. Grassland Science, 51(1): 15-19.

NATARAJAN M, WILLEY R W, 1980. Sorghum-pigeonpea intercropping and the effects of plant population density. 2. Resource use[J]. Journal of Agricultural Science, 95(8): 59-65.

NBOYINE J A, SAVILLE D, BOYER S, et al., 2016. When host-plant resistance to a pest leads to higher plant damage[J]. Journal of Pest Science, 90(1): 173-182.

NDLOVU L R, BWAKURA T, TOPPS J H, 2004. The role of donkeys in integrated crop-livestock systems in semiarid areas of Zimbabwe[J]//STARKEY P, FIELDING D. Donkeys, People and Development. Wageningen, The Netherlands, 188-191.

OSMAN R W, 2018. The intermediation disturbance hypothesis[J]. Encyclopedia of Ecology, 3: 441-450.

PENG Y, FAN M, BAI L, et al., 2019. Identification of the best hyperspectral indices in estimating plant species richness in sandy grasslands[J]. Remote Sensing, 11(5): 588.

PENG Y, FAN M, WANG Q H, et al., 2018. Best hyperspectral indices for assessing leaf chlorophyll content in a degraded temperate vegetation[J]. Ecology and Evolution, 8(14): 7068-7078.

PENNELL C G L, ROLSTON M P, VAN KOTEN C, et al., 2017. Reducing bird numbers at New Zealand airports using a unique endophyte product[J]. New Zealand Plant Protection, 70: 224-234.

PICASSO V D, BRUMMER E C, LIEBMAN M, et al., 2008. Crop species diversity affects productivity and weed suppression in perennial polycultures under two management strategies[J]. Crop Science, 48(1): 331-342.

PORTER T F, CHEN C, LONG J A, et al., 2014. Estimating biomass on CRP pastureland: A comparison of remote sensing techniques[J]. Biomass and Bioenergy, 66: 268-274.

PREETHA G, 2020. Toxicity of different insecticides against rice stem borer[J]. Pesticide Research Journal, 32: 2, 311-315.

QUEIROZ O C M, QGUNADE I M, WEINBERG Z, et al., 2018. Silage review: Foodborne pathiogens in silage and their mitigation by silage additives[J]. Journal of Dairy Science, 101(5): 4132-4142.

QUICKE D L J, SMITH M A, MILLER S E, et al., 2012. *Colastomion* Baker(Braconidae, Rogadinae): Nine new species from Papua New Guinea reared from Crambidae[J]. Journal of Hymenoptera Research, 28: 85-121.

RAMULA S, PAIGE K N, LENNARTSSON, et al., 2019. Overcompensation: A 30-year perspective[J]. Ecology, 100(5): 1-6.

RATHKE G W, CHRISTEN O, DIEPENBROCK W, 2005. Effects of nitrogen source and rate on productivity and quality of winter oilseed rape (*Brassica napus* L.) grown in different crop rotations[J]. Field Crops Research, 94(2-3): 103-113.

REED A W, KAUFMAN G A, SANDERCOCK B K, 2007. Demographic response of a grassland rodent to environmental variability[J]. Journal of Mammalogy, 88(4): 982-988.

REED B C, BROWN J F, VANDERZEE D, et al., 1994. Measuring phenological variability from satellite imagery[J]. Journal of Vegetation Science, 5(5): 703-714.

REN H R, ZHOU G S, 2019. Estimating green biomass ratio with remote sensing in arid grasslands[J]. Ecological Indicators, 98: 568-574.

RENARD D, TILMAN D, 2019. National food production stabilized by crop diversity[J]. Nature, 571: 257-260.

RILEY J R, 1989. Remote sensing in entomology[J]. Annual Review Entomology, 34: 247-271.

RIVEIRO J A, MAREY M F, MARCO J L, et al., 2008. Procedure for the classification and characterization of farms for agricultural production planning: application in the Northwest of Spain[J]. Computers and Electronics in Agriculture, 61(2): 169-178.

ROBERTSON M, SHEN Y Y, PHILP J, et al., 2014. Optimal harvest timing vs. harvesting for animal forage supply: Impacts on production and quality of lucerne on the Loess plateau, China[J]. Grass and Forage Science, 25: 79-83.

ROLSTON M P, CHYNOWETH R J, STEWART A V, 2006. Forage seed production: 75 years applying science and technology[J]. Proceedings of the New Zealand Grassland Association, 68: 15-23.

ROLSTON M P, TRETHEWEY J, MCCLOY B, et al., 2007. Achieving forage ryegrass seed yields of 3000 kg/ha and limitations to higher yields[C]. Proceedings of the 6th International Herbage Seed Conference, Norway: 100-106.

RORISON I H, 1980. The current challenge for research and development[M]//RORISON I H, HUNT R. Amenity grassland: An ecological perspective. Bath: the Pitman Press.

ROTH G A, WHITFORD W G, STEINBERGER Y, 2009. Small mammal herbivory: Feedbacks that help maintain desertified ecosystems[J]. Journal of Arid Environments, 73(1): 62-65.

SANCHEZ P A, 2002. Fertility and hunger in Africa[J]. Science, 295(5562): 2019-2020.

SHA Z Y, WANG Y W, BAI Y F, et al., 2019. Comparison of leaf area index inversion for grassland vegetation through remotely sensed spectra by unmanned aerial vehicle and field-based spectroradiometer[J]. Journal of Plant Ecology, 12(3): 395-408.

SHEN Y Y, LI L L, CHEN W, et al., 2009. Soil water, soil nitrogen and productivity of lucerne-wheat sequences on deep silt loams in a summer dominant rainfall environment[J]. Fied Crops Research, 111(1-2): 97-108.

SHYKOFF J A, KALTZ O, 1997. Effects of the anther smut fungus *Microbotryum violaceum* on host life-history patterns in *Silene latifolia*(Caryophyllaceae)[J]. International Journal of Plant Sciences, 158(2): 164-171.

SILVESTRI S, OSANO P, DE LEEUW J, et al., 2012. Greening livestock: Assessing the potential of payment for environmental services in livestock inclusive agricultural production systems in developing countries[M]. ILRI research report, International Livestock Research Institute, Nairobi, Kenya.

SINCLAIR B J, WILLIAMS C M, TERBLANCHE J S, 2012. Variation in thermal performance among insect populations[J]. Physiological and Biochemical Zoology, 85(6): 594-606.

SMITH S R, WHALLEY R, 2002. A model for expanded use of native grasses[J]. Native Plants Journal, 3(1): 38-49.

SONG Q Y, YU H T, ZHANG X X, et al., 2017. A hybrid Peptide-Polyketide from *Elymus dahuricus* infected by the *Epichloë bromicola* endophyte[J]. Organic letters, 19: 298-300.

SOUSSANA J F, LAFARGE M, 1998. Competition for resources between neighbouring species and patch scale vegetation dynamics in temperate grasslands[J]. Annales De Zootechnie, 47: 371-382.

SPARKS, T H, MENZEL A, 2002. Observed changes in seasons: An overview[J]. International Journal of Climatology, 22(14): 1715-1725.

STORKEY J, MACDONALD A J, POULTON P R, et al., 2015. Grassland biodiversity bounces back from long-term nitrogen addition[J]. Nature, 528(7582): 401-404.

STRÖMBERG C A E, STAVER A C, 2022. The history and challenge of grassy biomes[J]. Science, 377: 592-593.

SUTHERST R W, CONSTABLE F, FINLAY K J, et al., 2011. Adapting to crop pest and pathogen risks under a changing climate[J]. Wiley Interdisciplinary Reviews: Climate Change, 2(2): 220-237.

TANG Z, ZHANG Y J, CONG N, et al., 2019. Spatial pattern of pika holes and their effects on vegetation coverage on the Tibetan Plateau: An analysis using unmanned aerial vehicle imagery[J]. Ecological Indicators, 107: 1-8.

THOROGOOD D, 2000. Amenity grassland[M]//HOPKINS A. Grasss: its production and utilization(3rd edition). Oxford: Blackwell Science.

TILMAN D, REICH P B, KNOPS J, et al., 2001. Diversity and productivity in a long-term grassland experiment[J]. Science, 294(5543): 843-845.

TILMAN D, WEDINT D, KNOPS J, 1996. Productivity and sustainability influenced by biodiversity in grassland ecosystems[J]. Nature, 379: 718-720.

TU X, LIU Z, ZHANG Z, 2018. Comparative transcriptomic analysis of resistant and susceptible alfalfa cultivars (*Medicago sativa* L.) after thrips infestation[J]. Bmc Genomics, 19(1): 116-121.

TURGEON A J, 2009. Urban, suburban, and Rural Amenities of Grass[M]//WALTER F W, STEVEN L F, (eds). Grasslands: Quietness and Strength for a New American Agriculture. Madison: ASA-CSSA-SSSA.

UTSUMI S A, CIBILS A F, ESTELL R E, et al., 2010. One-seed juniper sapling use by goats in relation to stocking density and mixed grazing with sheep[J]. Rangeland Ecology and Management, 63(3): 373-386.

VAN BERKEL D B, VERBURG P H, 2011. Sensitising rural policy: Assessing spatial variation in rural development options for Europe[J]. Land Use Policy, 28(3): 447-459.

WANG L, DELGADO-BAQUERIZO M, WANG D, et al., 2019. Diversifying livestock promotes multidiversity and multifunctionality in managed grasslands[J]. Proceedings of the National Academy of Sciences, 116(13): 6187-6192.

WANG Y F, LV W W, XUE K, et al., 2022. Grassland changes and adaptive management on the Qinghai-Tibetan Plateau[J]. Nature Reviews Earth and Environment, 3: 668-683.

WANG Y R, HAN Y H, HU X W, et al., 2015. Overview of the Chinese herbage seed industry[C]. The 8th international herbage seed conference, 1-2.

WANG Y R, YU L, NAN Z B, 2004. Vigor tests used to rank seed lot quality and predict field emergence in four forage species[J]. Crop Science, 44(2): 535-541.

WANG Y, LEHNERT L W, HOLZAPFEL M, et al., 2018. Multiple indicators yield diverging results on grazing degradation and climate controls across Tibetan pastures[J]. Ecological Indicators, 93: 1199-1208.

WARRINGA J W, MARINISSEN M J, 1996. The effect of light intensity after anthesis on dry matter distribution and seed yield of *Lolium perenne*[J]. Grass and Forage Science, 51(1): 103-110.

WEDIN W F, FALES S L, 2009. Grassland: Quietness and strength for a new American agriculture[M]. Madison: ASA-CSSA-SSSA.

WEIMER P J, MORRIS B, 2009. Grasses and legumes for bio-based products[M]//WEDING W F, FALES S L, (eds). Grassland Quietness and Strength for a New American Agriculture. Madison: ASA-CSSA-SSSA.

WHITE M A, NEMANI R, 2006. Real-time remote sensing of environment, monitoring and short-term forecasting of land surface phenology[J]. Remote Sensing of Environment, 104(1): 43-49.

WIJESINGHA J, MOECKEL T, HENSGEN F, et al., 2019. Evaluation of 3D point cloud-based models for the prediction of grassland biomass[J]. International Journal of Applied Earth Observation and Geoinformation, 78: 352-359.

XIA H Y, WANG Z G, ZHAO J H, et al., 2013. Contribution of interspecific interactions and phosphorus application to sustainable and productive intercropping systems[J]. Field Crop Research, 154: 53-54.

XU B, YANG X C, TAO W G, et al., 2013. MODIS-based remote sensing monitoring of the spatiotemporal patterns of china's grassland vegetation growth[J]. International Journal of Remote Sensing, 34(11): 3867-3878.

YAHDJIAN L, SALA O E, HAVSTAD K M, 2015. Rangeland ecosystem services: Shifting focus from supply to reconciling supply and demand[J]. Frontiers in Ecology and the Environment, 13: 44-51.

YANG C T, PENG G, HOU F J, et al., 2018. Relationship between chemical composition of native forage and nutrient digestibility by Tibetan sheep on the Qinghai–Tibetan Plateau [J]. Journal of Animal Science, 96(3): 1140-1149.

YANG X C, XU B, JIN Y X, et al., 2015. Remote sensing monitoring of grassland vegetation growth in the Beijing-Tianjin sandstorm source project area from 2000 to 2010[J]. Ecological Indicators, 51: 244-251.

YAO X, FAN Y, CHAI Q, et al., 2016. Modification of susceptible and toxic herbs on grassland disease[J]. Scientific Reports, 6(1): 1-7.

YU F, PRICE K P, ELLIS J, et al., 2003. Response of seasonal vegetation development to climatic variations in eastern central Asia[J]. Remote Sensing of Environment, 87(1): 42-54.

YUAN H, HOU F J, 2015. Grazing intensity and soil depth effects on soil properties in alpine meadow pastures of Qilian Mountain in Northwest China[J]. Acta Agriculturae Scandinavica, Section B-Soil and Plant Science, 65(3): 222-232.

ZHANG H, SUN Y, CHANG L, et al., 2018a. Estimation of grassland canopy height and aboveground biomass at the quadrat scale using unmanned aerial vehicle[J]. Remote Sensing, 10(6): 1-19.

ZHANG Q P, BELL L W, SHEN Y Y, et al., 2018b. Indices of forage nutritional yield and water use efficiency amongst spring-sown annual forage crops in north-west China[J]. European Journal of Agronomy, 93: 1-10.

ZHANG Q, ZAK J C, 1995. Effects of gap size on litter decomposition and microbial activity in a subtropical[J]. Ecology, 76: 2196-2204.

ZHANG T J, WANG X G, HAN J G, et al., 2008. Effects of between-row and within-row spacing on alfalfa seed yields[J]. Crop Science, 48: 794-803.

ZHANG W X, XIA F S, LI Y, et al., 2017. Influence of year and row spacing on yield component and seed yield in alfalfa(*Medicago sativa* L.)[J]. Legume Research, 40(2): 325-330.

ZHANG Z X, YU K L, SIDDIQUE K H M, et al., 2019. Phenology and sowing time affect water use in four warm-season annual grasses under a semi-arid environment[J]. Agricultural and Forest Meteorology, 269-270: 257-269.

ZHAO M L, GAO X, WANG J, et al., 2013. A review of the most economically important poisonous plants to the livestock industry on temperate grasslands of China[J]. Journal of Applied Toxicology, 33(1): 9-17.

ZHAO X Q, ZHAO L, LI Q, et al., 2018. Using balance of seasonal herbage supply and demand to inform sustainable grassland management on the Qinghai-Tibetan Plateau[J]. Frontiers of Agricultural Science and Engineering, 5(1): 1-8.

ZHOU L, KAUFMANN R K, TIAN Y, et al., 2003. Relation between interannual variations in satellite measures of northern forest greenness and climate between 1982 and 1999[J]. Journal of Geophysical Research Atmospheres, 108(D1): 1-11.

索　引

B

白唇鹿　45
半粗放管理的草地　28
半荒漠放牧系统　72
保护草地有害生物　194
本科教育发展史　119
边际耕地资源　78
边坡　203
病害　170
病害种类　171
病原微生物　24
播种量　312
播种方法　310
播种方式　309
播种深度　311
播种时期　310
补饲　9

C

草畜（供求）不平衡　70
草畜互作　64
草畜-经营管理界面　69
草畜耦合　64
草丛-地境界面　69
草地-动物界面　69
草地多功能属性　241
草地监测　132
草地类型　67
草地牧业区　258

草地农业　1
草地农业产品的研发和产业化　125
草地农业的产业结构　15
草地农业教育　118
草地农业经济区　90
草地农业科技　109
草地农业理论　110
草地农业区划　83
草地农业生态经济区划　90
草地农业生态系统　110
草地农业系统的结构　14
草地农业系统耦合　66
草地评价　132
草地生态生产力　7
草地退化监测　162
草地退化指数　248
草地畜牧业区划　98
草地有害生物　24，168
草地自然保护地　234，239
草地自然资源管理　246
草甸草原放牧系统　72
草类植物　72
草坪建植工程　200
草坪业科技　117
草坪植物配置　203
草坪智能养护　215
草食动物　68
草食畜产品　64

草田轮作　308
草田轮作-家畜综合系统　76
草田轮作原理　302
草业高等教育　108
草业教育的现状　122
草业系统　65
草原病害监测　159
草原虫害监测　158
草原放牧　23
草原健康　68
草原旅游　269
草原旅游产品　273
草原旅游开发　275
草原牧区　44
草原生产功能　111
草原生态保护　78
草原鼠害监测　159
草原外业调查 App　143
草原文化　127
草原文化创新发展　129
草原文化创新发展的路径　130
草原遥感监测　132
草原灾害遥感监测　153
草原综合顺序分类法　72
草种业　345
产业链耦合　69
肠道发酵　75
城郊区　44
城市绿地景观草坪　201
尺度因素　17
虫害　172
畜力　75
畜群结构　78
传承发展草原文化　128
传统（粗放）的作物-家畜综合
　生产系统　72
垂直地带性　67
垂直耦合　67
垂直游牧系统　68
粗放管理的草地　28

D

大数据　166
带肥播种　310
单作　306
地面监测　132
地域性理论　327
典型草原放牧系统　72
冬闲田　76
动物产品　68
动物生产　43
动物生产层　5，64
豆科牧草　38
毒害草　174
毒害草种类　175
毒害杂草　24
短板因素　16
多功能性　4
多样性　18

F

发芽率测定　354
繁殖世代　361
放牧　43
放牧地　21
放牧管理　67
放牧强度　23
放牧时期　67
放牧系统　70
放牧压力　70
非病原因素　52

索　引

焚烧　11
丰富度　76
风景名胜区　64
复种　75

G

干草　36
干草生产　54
高光谱草地监测　161
高寒草原观光和民族风情旅游　284
高寒放牧系统　72
高寒牧区　80
高山草原　71
跟进放牧　68
耕地农业　8
工业产品生产　55
功能多样性　70
供给功能　241
观赏草地　27
灌溉技术　316，339
光学遥感反演算法　156
国际饲草与放牧术语委员会　21
国家公园　29，32，64，236，259

H

害虫种类　173，174
害鼠种类　174，184
禾草内生真菌中毒　52
合理放牧　26
合理放牧与补播　186
河谷农业区　258
弘扬草原文化　108
后生物生产层　5，54

化学防控　26
化学防治技术　190
划区轮牧　76
环境—草地—家畜—社会　67
荒漠　6
荒漠放牧系统　72
混播　26
混合放牧　19
混作　19，308
活力测定　358，372
火灾遥感监测　153

J

机会成本　255
积雪范围监测　156
积雪厚度监测　157
基础理论与技术体系　124
基塘系统　76
集约管理的草地　28
集约型草地农业　77
技术密集型　77
季节性轮牧　67
季节畜牧业　51
加强型草坪　208
家畜多样性　19
家畜宿营　79
间作　300
建植技术　304
近自然恢复　33
经济效益　198
经济学原理　182
景观产品　14
景观多样性　18，141
景观生产　4

净初级生产量　8
净度分析　354
厩肥　314
均匀度　76

K

抗病虫品种　186，191
科技创新　60
科技发展　109
可持续性发展　12
客土喷播　223
空间耦合　67
空间相悖　81

L

劳动力密集型　77
冷季牧场　67
冷季型草坪　215
犁沟播种　310
理论载畜量　250
立草为业　109
粮草间作原理　300
粮饲兼用　22
林间草地　23
林间草地放牧　23
林牧复合系统　72
林牧业　24
林下作物　77
旅游模式　279
绿洲　6
轮流放牧　67
裸露坡面生态草坪　203

M

面部湿疹　53
模型构建　152

模型精度验证　152
苜蓿秋眠性　105
苜蓿种植区划　105
牧草产量　20
牧草混作原理　302
牧草品质　68
牧草需水规律　303
牧草质量　41
牧草种植区划　101
牧草资源　68
牧区　1

N

能量效率　67
啮齿动物　24
农场内耦合　78
农场外耦合　78
农耕区　44
农林牧复合系统　77
农林牧业　24
农（牧）场间的耦合　81
农牧交错带草原休闲度假旅游　281
农牧交错区　258
农牧耦合　73
农牧区耦合　79
农区　78
农田放牧　22
农业结构调整　13
农业区划　83
农业生产力配置　89
农业现代化　62
农业资源配置　90
暖季牧场　67
暖季型草坪　214

P

排泄物 75
品种纯度 358
品种合理布局 187
品种真实性 358
平原牧区草原休闲和民族风情旅游 283

Q

其他作物生产 36，38
前后放牧 67
前植物生产层 5，64
切叶蜂授粉 343
青贮 57
青贮饲料生产 54
氢氰酸中毒 52
晴隆模式 76
趋前放牧 67
全日制放牧 79

R

热带森林灌丛放牧系统 72
人才结构与队伍建设 126
认证标识 365

S

撒播 309
三江源国家公园 263
三元结构 78
森林-家畜综合系统 76
山地 6
山地草原观光旅游 279
山地-绿洲-荒漠耦合系统 69
舍饲 43
舍饲育肥 70

社会产品 64
社会效益 33
深度学习 164
生产功能 242
生产类型 27，35，43，54
生产调控 14
生产效益 66
生活功能 242
生活力测定 356
生态安全 65
生态补偿 253
生态产品 27
生态场 70
生态防控 26
生态功能 242
生态旅游 269
生态耦合 68
生态生产力 7
生态适应性原理 298
生态位 68
生态系统多样性 141
生态效率 81
生态效益 33
生态学原理 179
生态治理技术 186
生物多样性 18
生物防治 27
生物防治技术 187
生物固氮 39
生物量遥感监测 151
生物学原理 181
生物源农药 188
生物灾害遥感监测 157
生殖生长理论 328
施肥技术 314，341

时间耦合 66
时间相悖 6
时空尺度 63
食物安全 11
食物生产系统 66
狩猎场 64
鼠害 174
水肥利用最大效率期原理 303
水分测定 357
水平耦合 67
水平游牧系统 67
水土保持 64
顺序放牧 67
四季牧场 67
饲草加工 54
饲草业科技 115
饲料加工 68

T

套种 68
天敌利用 187
天然草原 1
天然草原-家畜综合系统 74
天然草原有害生物综合治理 191
天然牧草生产 35
田间管理技术 337
条播 309
条带放牧 67
调节功能 241
屠宰率 66
土壤氮素 39
土壤水分 40
土壤微生物 20

W

微波遥感反演算法 156
微生物多样性 19
位点因素 16
温带森林灌丛放牧系统 72
文化传承 108
文化功能 241
无人机草地监测 160
物候遥感监测 145
物理防治技术 189
物种多样性 140
物种识别 160

X

系统进化 63
系统耦合 6，63
系统相悖 6，80
现代农业 1
乡土草种 31
硝酸盐中毒 52
序参量 69
雪豹 44
雪灾遥感监测 155
循环农业 64

Y

亚热带森林灌丛放牧系统 72
延迟放牧 67
研究生教育发展史 120
养分循环 141
养殖规模 50
遥感技术 136
野牦牛 250，267
移动式草坪 211
遗传多样性 140

以草定畜　67
刈割技术　317
营养级　65
营养体适时收获原理　299
永久放牧地　75
游牧　67
有害昆虫　24
有害生物防治的经济阈值　182
有害生物监测与预警技术　185
有害生物诊断技术　183
有害生物治理技术　186
有害生物综合治理　190
有害微生物　21
有益的共生微生物　20
阈值　146
园林绿化　64
运动场草坪　5

Z

栽培草地　1，295
栽培草地管理技术　314
栽培草地-家畜综合系统　76
栽培草地生产现状　296
栽培草地畜牧业　51
栽培草地有害生物综合治理　190
栽培牧草生产　35，37，40，42
载畜量　8
藏羚羊　250
藏野驴　45
藏原羚　45
长势遥感监测　148
支持功能　241
植丝式加强技术　209
植物补偿性生长　21

植物雌激素中毒　52
植物-动物互作　70
植物多样性　19
植物活性成分　55
植物-家畜互作　72
植物生产　5
植物生产层　5
植物生长调节剂处理　344
植物有害生物综合治理　178
智力成果　55
中度干扰假说　21
种或品种选择　304
种间耦合　68
种间相悖　6
种皮半透层　373
种群结构　70
种群密度调控原理　299
种与品种的鉴定　370
种植模式　306
种植系统　70
种子产量　330
种子产量组分　332
种子发育生理　330
种子活力　359
种子立法　374
种子批管理　364
种子认证　353
种子认证等级　361
种子生产　322
种子生产区划　101
种子收获　344
种子田隔离　363
种子质量　350
猪-粮系统　73
灼圃模式　51

资源环境承载力　16
资源利用效率　301
籽实作物　76
自然保护地　44，234，239，259
自然保护地体系　235
自然保护过渡区　78
自然保护区　29，32，236
自然保护生态-生产功能区　78
自然公园　237

纵向耦合　81
作物副产品　75
作物-家畜/基塘综合系统　76
作物-家畜综合生产系统　75
作物/天然草原-家畜综合系统　75

其他

4个生产层　4，64

生态农业丛书

国家出版基金项目

草地农业的理论与实践

（下卷）

南志标　侯向阳　等　编著

科学出版社

龙门书局

北京

内容简介

本书系统介绍了草地农业的理论与技术体系，并列举了典型案例。全书包括 4 部分、26 章。第 1 部分为草地农业的概论，包括第 1~4 章，分别介绍了草地农业的定义、基本条件、特征、回顾与展望、结构与生产调控、系统耦合与区划。第 2 部分为草地农业的支撑与保障体系，包括第 5~7 章，分别介绍了科技、教育和文化，草地监测与评价，有害生物防治。第 3 部分为草地农业 4 个生产层的原理与技术，包括第 8~18 章，分别介绍了前植物生产层、植物生产层、动物生产层和后生物生产层的生产现状、调控途径及展望。第 4 部分为我国草地农业发展模式与案例，包括第 19~26 章，分别介绍了西北干旱半干旱区、东北天然草原区、青藏高原区、农牧交错区、黄淮海农区、南方地区 6 个生态区和林下草地农业及草坪业 2 个产业。

本书可供草地农业相关的政府工作人员、科研院所研究人员和高等院校师生参考使用。

图书在版编目(CIP)数据

草地农业的理论与实践：全 2 卷 / 南志标等编著. —北京：龙门书局，2023.10

（生态农业丛书）

国家出版基金项目

ISBN 978-7-5088-6313-9

Ⅰ. ①草⋯ Ⅱ. ①南⋯ Ⅲ. ①草地-农业发展-研究-中国 Ⅳ. ①F323.212

中国版本图书馆 CIP 数据核字（2022）第 254599 号

责任编辑：吴卓晶　柳霖坡 / 责任校对：马英菊
责任印制：肖　兴 / 封面设计：东方人华平面设计部

科学出版社
龙门书局　出版
北京东黄城根北街 16 号
邮政编码：100717
http://www.sciencep.com

北京中科印刷有限公司 印刷
科学出版社发行　各地新华书店经销

*

2023 年 10 月第 一 版　开本：720×1000　1/16
2023 年 10 月第一次印刷　印张：56 1/4
字数：1 130 000

定价：731.00 元（上下卷）
（如有印装质量问题，我社负责调换）
销售部电话 010-62136230　编辑部电话 010-62143239（BN12）

版权所有，侵权必究

生态农业丛书
顾问委员会

任继周　束怀瑞　刘鸿亮　山　仑　庞国芳　康　乐

生态农业丛书
编委会

主任委员

李文华　沈国舫　刘　旭

委员（按姓氏拼音排序）

陈宗懋　戴铁军　郭立月　侯向阳　胡　锋　黄璐琦
蒋高明　蒋剑春　康传志　李　隆　李　玉　李长田
林　智　刘红南　刘某承　刘玉升　南志标　王百田
王守伟　印遇龙　臧明伍　张福锁　张全国　周宏春

《草地农业的理论与实践》
编委会

主　任：南志标　侯向阳

委　员（按姓氏拼音排序）：

　　董宽虎　韩国栋　韩烈保　侯扶江　侯向阳　呼天明
　　胡林勇　胡小文　贾玉山　李春杰　李发弟　李向林
　　毛培胜　孟　林　南志标　沈禹颖　唐　增　王成章
　　王德利　王彦荣　徐　斌　张英俊　赵新全

作 者 简 介

（按姓氏拼音排序）

安沙舟　研究领域：草地资源与生态　原任新疆农业大学草业与环境科学学院院长，教授，现已退休　xjasz@126.com

陈文青　研究领域：草地恢复理论与技术　现任西北农林科技大学草业与草原学院副教授，国家林业和草原局林草科技创新青年拔尖人才　chen_wq@nwsuaf.edu.cn

丁文强　研究领域：草业经济与社会发展　现任中共宁夏区委党校公共管理教研部副教授　dwqjz@126.com

董宽虎　研究领域：草地放牧生态与管理　现任山西农业大学草业学院教授　dongkuanhu@sxau.edu.cn

段廷玉　研究领域：菌根真菌学与牧草病理学　现任兰州大学草地农业科技学院教授　duanty@lzu.edu.cn

范月君　研究领域：草地生态、资源与环境　现任青海农牧科技职业学院教授、青海大学省部共建三江源生态与高原农牧业国家重点实验室特聘教授　fanyuejun_79@163.com

冯　伟　研究领域：绿肥基础研究与利用　现任河北省农林科学院农业资源环境研究所副研究员　twnpw@163.com

高翠萍　研究领域：草业科学　现任内蒙古农业大学草原与资源环境学院高级实验师、草地资源教育部重点实验室常务副主任　gcp1978@126.com

高文渊　研究领域：草原保护利用技术推广及项目管理　现任内蒙古自治区草原工作站站长、研究员　nmggwy@126.com

格根图　研究领域：牧草加工理论与技术　现任内蒙古农业大学草原与资源环境学院教授　gegentu@163.com

韩国栋　研究领域：草地生态与管理　现任内蒙古农业大学草原与资源环境学院教授、草地资源教育部重点实验室主任　hanguodong@imau.edu.cn

韩烈保　研究领域：草坪科学与工程　现任北京林业大学草业与草原学院教授、草坪研究所所长　hanliebao@163.com

侯扶江　研究领域：草地农业生态学　现任兰州大学草地农业科技学院教授　cyhoufj@lzu.edu.cn

侯向阳　研究领域：草地生态与管理　现任山西农业大学草业学院教授　houxy16@vip.126.com

呼天明　研究领域：草种质资源与育种　现任西北农林科技大学草业与草原学院教授、院长　hutianming@126.com

胡林勇　研究领域：放牧家畜生产学　现任中国科学院西北高原生物研究所副研究员　lyhu@nwipb.cas.cn

胡小文　研究领域：草类植物种子学　现任兰州大学草地农业科技学院教授、兰州大学草类植物育种与种子研究所副所长　huxw@lzu.edu.cn

黄秀声　研究领域：牧草营养与种养循环　现任福建省农业科学院农业生态研究所生态循环农业研究室主任、研究员　hxs706@163.com

贾玉山　研究领域：牧草加工理论与技术　现任内蒙古农业大学草原与资源环境学院教授，农业农村部饲草栽培、加工与高效利用重点实验室主任　jys_nm@sina.com

金云翔　研究领域：草原遥感监测与评价　现任中国农业科学院农业资源与农业区划研究所副研究员　jinyunxiang@caas.cn

荆晶莹　研究领域：植物-土壤反馈　现任中国农业大学草业科学与技术学院副教授　jingying.jing@cau.edu.cn

李　飞　研究领域：反刍动物营养　现任兰州大学草地农业科技学院教授　lfei@lzu.edu.cn

李春杰　研究领域：禾草内生真菌学与牧草病理学　现任兰州大学草地农业科技学院教授、院长　chunjie@lzu.edu.cn

李发弟　研究领域：羊生产学　现任兰州大学草地农业科技学院教授、反刍动物研究所所长　lifd@lzu.edu.cn

李万宏　研究领域：牛羊繁殖学　现任兰州大学草地农业科技学院副教授　limh@lzu.edu.cn

李西良　研究领域：草地生态学　现任中国农业科学院草原研究所副研究员　igrlxl@caas.cn

李向林　研究领域：草地农业生态学　现任中国农业科学院北京畜牧兽医研究所研究员　lxl@caas.cn

李彦忠　研究领域：牧草病理学　现任兰州大学草地农业科技学院教授　liyzh@lzu.edu.cn

作者简介　　iii

李治国　　研究领域：草地资源与管理　现任内蒙古农业大学草原与资源环境学院副教授　nmndlzg@163.com

刘　君　　研究领域：草坪草育种　现任南京农业大学草业学院副教授、句容草坪研究院副院长　liujun825@njau.edu.cn

刘　楠　　研究领域：放牧草地管理与生态　现任中国农业大学草业科学与技术学院副教授　liunan@cau.edu.cn

刘忠宽　　研究领域：牧草栽培与草产品加工　现任河北省农林科学院农业资源环境研究所研究员、牧草绿肥研究室主任　zhongkuanjh@163.com

刘卓成　　研究领域：草坪科学与工程　宿州学院生物与食品工程学院讲师　lzcdzsyx@163.com

毛培胜　　研究领域：草种子科学　现任中国农业大学草业科学与技术学院教授、中国农业大学牧草种子实验室主任、农业农村部牧草与草坪草种子质量监督检验测试中心（北京）及国家林业和草原局草种子质量检验检测中心（北京）常务副主任　maops@cau.edu.cn

孟　林　　研究领域：草类植物逆境生理与林草复合系统　现任北京市农林科学院草业花卉与景观生态研究所研究员　menglin9599@sina.com

苗福泓　　研究领域：草地农业生态学　现任青岛农业大学草业学院讲师、草业科学与技术系副主任　miaofh@qau.edu.cn

南志标　　研究领域：草业科学　现任兰州大学草地农业科技学院教授、兰州大学草种创新与草地农业生态系统全国重点实验室首席科学家、兰州大学草地保护研究所所长　zhibiao@lzu.edu.cn

彭泽晨　　研究领域：群落生态学　现任兰州大学草地农业科技学院讲师　pengzch@lzu.eud.cn

屈志强　　研究领域：草地资源与管理　现任内蒙古农业大学草原与资源环境学院讲师　qzqimau@163.com

沈禹颖　　研究领域：栽培草地管理与利用　现任兰州大学草地农业科技学院教授、农区草业研究所所长　yy.shen@lzu.edu.cn

孙　阅　　研究领域：草地生态学　现任东北师范大学草地科学研究所讲师　suny926@nenu.edu.cn

邰建辉　　研究领域：牧草与草坪种子科学　现任北京百斯特草业有限公司总经理　timothy@bestseed.com.cn

唐　增　　研究领域：草业经济管理学　现任兰州大学草地农业科技学院副教授　tangz@lzu.edu.cn

万里强	研究领域：草地资源管理与牧草生理生态学　中国农业科学院北京畜牧兽医研究所研究员
王　文	研究领域：草地畜牧业管理　现任云南省种羊繁育推广中心正高级畜牧师　470178443@qq.com
王成章	研究领域：牧草营养　现任河南农业大学动物科技学院教授、河南省牧草产业技术创新战略联盟理事长　wangchengzhang@263.net
王德利	研究领域：草地生态学　现任东北师范大学环境学院/草地科学研究所教授、院长　wangd@nenu.edu.cn
王光辉	研究领域：牧草干燥机械　现任中国农业大学工学院教授　97554@cau.edu.cn
王明亚	研究领域：草种子科学　现任河北农业大学动物科技学院副教授　wangmingya@hebau.edu.cn
王铁梅	研究领域：草地资源保护与利用　现任北京林业大学草业与草原学院副教授　alfalfa@126.com
王维民	研究领域：绵羊遗传育种　现任兰州大学草地农业科技学院副教授　wangweimin@lzu.edu.cn
王彦华	研究领域：饲草饲料资源开发利用和畜牧业生产管理　现任河南省郑州种畜场副场长　13676938371@163.com
王彦荣	研究领域：草类植物育种与种子学　兰州大学草地农业科技学院教授、兰州大学草类植物育种与种子研究所所长
王志军	研究领域：牧草加工与利用　现任内蒙古农业大学草原与资源环境学院讲师、中国草学会草产品加工专业委员会副秘书长　zhijunwang321@126.com
王忠武	研究领域：草地生态与管理　现任内蒙古农业大学草原与资源环境学院教授、副院长　zhongwuwang1979@163.com
夏　超	研究领域：禾草内生真菌学　现任兰州大学草地农业科技学院副研究员　xiac@lzu.edu.cn
徐　斌	研究领域：草原遥感与草原生态　现任中国农业科学院农业资源与农业区划研究所研究员　xubin@caas.cn
徐世晓	研究领域：草地生态学　现任中国科学院西北高原生物研究所研究员、高原生态学研究中心主任　sxxu@nwipb.cas.cn
徐田伟	研究领域：草地生态学　现任中国科学院西北高原生物研究所助理研究员　98.tianwei@163.com
燕振刚	研究领域：草地生态学　现任甘肃农业大学信息科学技术学院教授　yanzhg908@163.com

杨　智	研究领域：草原监测评价管理　现就职于国家林业和草原局草原管理司　1185830818@qq.com
杨付周	研究领域：草坪草种子处理技术及应用　现任青岛达康草业技术开发中心董事长　dakon888@163.com
杨高文	研究领域：菌根生态学　现任中国农业大学草业科学与技术学院教授　yanggw@cau.edu.cn
杨惠敏	研究领域：草类作物逆境生物学　现任兰州大学草地农业科技学院教授　huimyang@lzu.edu.cn
杨宪龙	研究领域：栽培草地管理与利用　现任兰州大学草地农业科技学院副教授　yangxianl@lzu.edu.cn
杨秀春	研究领域：草地遥感　现任北京林业大学草业与草原学院教授　yangxiuchun@bjfu.edu.cn
尹燕亭	研究领域：生态经济学、农牧户生产行为优化与调控　现任山西农业大学草业学院副教授　yinyanting1007@163.com
俞斌华	研究领域：牧草病理学　现任兰州大学草地农业科技学院讲师　yubh@163.com
袁明龙	研究领域：草地昆虫学　现任兰州大学草地农业科技学院副教授　yuanml@lzu.edu.cn
乐祥鹏	研究领域：草食家畜基因组与遗传改良　现任兰州大学草地农业科技学院教授、副院长　lexp@lzu.edu.cn
张小焕	研究领域：足球场建造与管理　现任深圳市嘉美茵体育工程技术有限公司董事长　jiameiyinsports@163.com
张翼维	研究领域：草坪科学与工程　现任湖南天泉生态草业工程有限公司副总经理、高级农艺师　969780848@qq.com
张英俊	研究领域：草地管理与牧草生产　现任中国农业大学草业科学与技术学院教授、院长　zhangyj@cau.edu.cn
赵　亮	研究领域：生态学　现任中国科学院西北高原生物研究所研究员、三江源草地生态系统观测研究站站长　lzhao@nwipb.cas.cn
赵　祥	研究领域：草地生态与管理　现任山西农业大学草业学院教授、副院长　sxndzhaox@126.com
赵新全	研究领域：草地生态学　青海大学省部共建三江源生态与高原农牧业国家重点实验室主任　xqzhao@nwipb.cas.cn
郑爱荣	研究领域：饲草饲料资源开发利用　现任河南省饲草饲料站高级畜牧师　75858642@qq.com

钟志伟　研究领域：草地生物种间关系　现任东北师范大学草地科学研究所副教授　zhongzw822@nenu.edu.cn

周冀琼　研究领域：草地生产与植被修复　现任四川农业大学草业科技学院讲师　jiqiong_zhou@sicau.edu.cn

周陆波　研究领域：高尔夫球场建造与管理　现任马来西亚龙腾建设有限公司总工　710544066@qq.com

生态农业丛书
序　言

　　世界农业经历了从原始的刀耕火种、自给自足的个体农业到常规的现代化农业，人们通过科学技术的进步和土地利用的集约化，在农业上取得了巨大成就，但建立在消耗大量资源和石油基础上的现代工业化农业也带来了一些严重的弊端，并引发一系列全球性问题，包括土地减少、化肥农药过量使用、荒漠化在干旱与半干旱地区的发展、环境污染、生物多样性丧失等。然而，粮食的保证、食物安全和农村贫困仍然困扰着世界上的许多国家。造成这些问题的原因是多样的，其中农业的发展方向与道路成为人们思索与考虑的焦点。因此，在不降低产量前提下螺旋上升式发展生态农业，已经迫在眉睫。低碳、绿色科技加持的现代生态农业，可以缓解生态危机、改善环境和生态系统，更高质量地促进乡村振兴。

　　现代生态农业要求把发展粮食与多种经济作物生产、发展农业与第二三产业结合起来，利用传统农业的精华和现代科技成果，通过人工干预自然生态，实现发展与环境协调、资源利用与资源保护兼顾，形成生态与经济两个良性循环，实现经济效益、生态效益和社会效益的统一。随着中国城市化进程的加速与线上网络、线下道路的快速发展，生态农业的概念和空间进一步深化。值此经济高速发展、技术手段层出不穷的时代，出版具有战略性、指导性的生态农业丛书，不仅符合当前政策，而且利国利民。为此，我们组织编写了本套生态农业丛书。

　　为了更好地明确本套丛书的撰写思路，于2018年10月召开编委会第一次会议，厘清生态农业的内涵和外延，确定丛书框架和分册组成，明确了编写要求等。2019年1月召开了编委会第二次会议，进一步确定了丛书的定位；重申了丛书的内容安排比例；提出丛书的目标是总结中国近20年来的生态农业研究与实践，促进中国生态农业的落地实施；给出样章及版式建议；规定丛书撰写时间节点、进度要求、质量保障和控制措施。

　　生态农业丛书共13个分册，具体如下：《现代生态农业研究与展望》《生态农田实践与展望》《生态林业工程研究与展望》《中药生态农业研究与展望》《生态茶业研究与展望》《草地农业的理论与实践》《生态养殖研究与展望》《生态菌物研究与展望》《资源昆虫生态利用与展望》《土壤生态研究与展望》《食品生态加工研究与展望》《农林生物质废弃物生态利用研究与展望》《农业循环经济的理论与实践》。13 个分册涉及总论、农田、林业、中药、茶业、草业、养殖业、菌物、昆虫利用、土壤保护、食品加工、农林废弃物利用和农业循环经济，系统阐释了生态农业的理论研究进展、生产实践模式，并对未来发展进行了展望。

  本套丛书从前期策划、编委会会议召开、组织撰写到最后出版，历经近 4 年的时间。从提纲确定到最后的定稿，自始至终都得到了李文华院士、沈国舫院士和刘旭院士等编委会专家的精心指导；各位参编人员在丛书的撰写中花费了大量的时间和精力；朱有勇院士和骆世明教授为本套丛书写了专家推荐意见书，在此一并表示感谢！同时，感谢国家出版基金项目（项目编号：2022S-021）对本套丛书的资助。

  我国乃至全球的生态农业均处在发展过程中，许多问题有待深入探索。尤其是在新的形势下，丛书关注的一些研究领域可能有了新的发展，也可能有新的、好的生态农业的理论与实践没有收录进来。同时，由于丛书涉及领域较广，学科交叉较多，丛书的撰写及统稿历经近 4 年的时间，疏漏之处在所难免，恳请读者给予批评和指正。

生态农业丛书编委会
2022 年 7 月

序　言

　　我国经过 70 多年的不懈努力，尤其近 40 年的高速发展，已经完成工业化并进入后工业化时代。清末重臣李鸿章晚年在疲于签订丧权辱国条约之时，朦胧感知数千年未有之大变局的谜底终于揭开。中国已经从历时数千年的农耕文明蜕变为工业文明，并高速步入后工业化的生态文明。中国共产党第十九次全国代表大会适时提出了生态文明建设的历史使命，制订了乡村振兴战略规划的宏伟蓝图。

　　文明的时代转换，一个全新的历史起点。与之相应而来的当然是，而且必然是生态农业。我国《乡村振兴战略规划（2018—2022 年）》指出，生态是乡村最大的发展优势。在乡村振兴战略中，生态宜居是关键。草地农业是以第一生产层（即生态景观）为基底，在生态系统健康的基础上构建的生态农业样式。

　　我们高兴地看到南志标院士和侯向阳教授等编著的《草地农业的理论与实践》作为科学出版社生态农业丛书之一出版。这是我国农业对国家生态文明建设的时代性响应。

　　该书萃集了众多全国草地农业科学一线工作的骨干学者，是其在各自的学科领域，精心撰写的理论与实践结合的佳品。该书全面反映了中国草地农业科学的最新理论系统和实践水平，是我国草地农业科学的重量级专著。在此祝贺《草地农业的理论与实践》应时问世。

　　感谢南志标院士、侯向阳教授为首的各位撰稿专家的辛勤劳动和贡献。

任继周
于涵虚草舍
2021 年 12 月 31 日

前 言

不断增长的食物需求与日益减少的自然资源，使全球面临着巨大的挑战。我国农业取得了显著成就，为保障全球食物安全做出了重要贡献。但是，我国人口基数大，自然资源本底条件差，加之农业系统有待完善，问题依然十分突出。

现代社会发展的经验与教训，使人们进一步认识到草地的重要作用。草地包括天然草原、栽培草地与观赏草地，是重要的生物-资源复合体，在经济社会发展中发挥着日益重要、不可或缺的作用。实践证明，充分利用草地资源，实施草地农业，是实现资源可持续利用和农业现代化的必然选择之一。

改革开放以来，我国的草地农业及其科技均取得了快速的发展。《中华人民共和国草原法》的颁布和修订，《国务院关于加强草原保护与建设的若干意见》[国发〔2002〕19号]的发布，使草地农业有法可依；草畜双承包责任制的落实，使草原地区经济体制实现了变革；振兴奶业苜蓿发展行动、草原生态保护奖励补助机制和粮改饲试点等项目的实施极大地推动了草地农业的发展。4个生产层、3个因子群、3个界面等理论的建立，标志着草地农业科学理论体系的形成。高等院校中草业学院的数量不断增加，为草产业源源不断地输送了大批高质量人才。法规、政策、科技及教育的成果为草地农业发展提供了有力的支撑。同时，草地农业产业化规模和集约化程度均明显提高，产业功能和生态服务功能均日趋完善。

中国共产党第十八次全国代表大会召开以来，我国的草地农业发展进入一个新阶段。山水林田湖草沙系统治理，极大提升了草在全国生态系统中的功能地位。在新一轮国家行政机构改革中，成立了国家林业和草原局，使草原管理机构的地位和职能实现了历史性的跨越和提升。

习近平同志于2019年在内蒙古自治区考察时指出，草原治理要按规律办。草原治理和草地农业发展必须遵循自然规律，必须处理好人与自然的关系，必须坚持绿色发展、高质量发展的原则。

我国的草地农业和草地农业科技经过几十年的持续经营，已经有了比较深厚的积淀，为进一步发展奠定了良好的基础。在新的形势下，及时梳理和总结我国草地农业和科技发展的理论、技术、模式和案例，不仅非常必要，而且具有重要的科学和实践意义。

2019年1月12日，按照生态农业丛书编委会的要求，我们邀请了全国相关单位的学者、管理部门骨干、企业界人士等，在北京就共同撰写《草地农业的理论与实践》书稿展开讨论，会议明确了全书应参考国际先进经验与技术，系统梳理我国的经验，以期为草地农业发展提供借鉴。与会者讨论和修订了编写提纲，明确了分工。全书包括4部分、26章。《草地农业的理论与实践》的结构见图0-1。

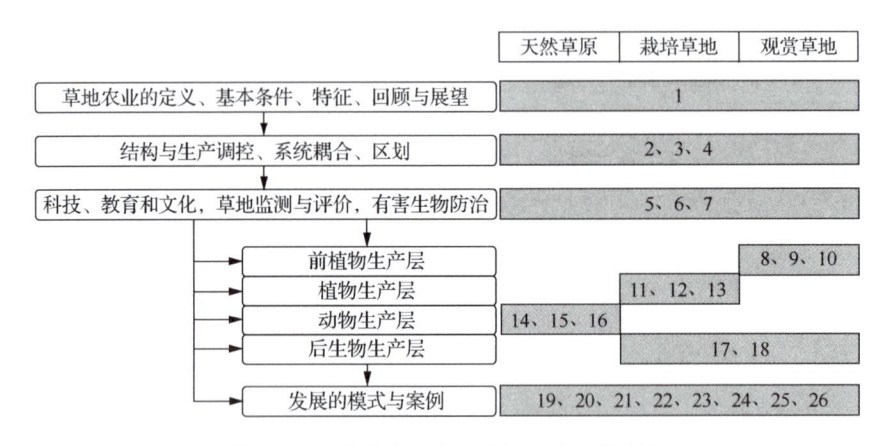

	天然草原	栽培草地	观赏草地
草地农业的定义、基本条件、特征、回顾与展望	1		
结构与生产调控、系统耦合、区划	2、3、4		
科技、教育和文化，草地监测与评价，有害生物防治	5、6、7		
前植物生产层			8、9、10
植物生产层		11、12、13	
动物生产层	14、15、16		
后生物生产层		17、18	
发展的模式与案例	19、20、21、22、23、24、25、26		

图0-1　《草地农业的理论与实践》的结构

注：数字表示各章号。

各章负责人分头组织了编写团队，经过大家共同的努力，于2020年3月完成了初稿。为保证编写质量，我们对初稿进行了内部初审，邀请了王德利、张英俊、韩国栋和李向林4位专家及我们2人，分工对各章进行了初审，提出了修改意见。各章撰稿人据此做了认真修改。2020年5月，我们邀请中国科学院西北生态环境资源研究院农业生态与草地农业科学专家赵哈林研究员对全书进行了审定。根据审稿人的意见，再次做了修改，并统一了格式。2020年10月，我们对全书再次进行了统稿，并请作者对部分章节做了进一步修改。

令我们备受感动的是，我国现代草业科学奠基人——任继周院士，欣然接受我们的邀请，并在两天之内，完成了本书的序言，对全书给予了高度的评价，使我们备受鼓舞。同时，先生敏捷的才思、宝刀未老的风采，更使我们敬仰与欣慰。

我们也愿借此机会，向任继周院士、全体撰写人员、审稿人赵哈林研究员、编委会秘书夏超副研究员，致以衷心的感谢！本书由国家出版基金、草业科学一流学科和草种创新与草地农业生态系统全国重点实验室联合资助出版，在此一并致谢。

虽然我们竭尽全力，但由于学识所限，不足之处在所难免，敬请大家批评指正！

南志标　侯向阳
2021 年 12 月

目 录

【上卷】

第1章 绪论 ·· 1
  1.1 引言 ·· 1
    1.1.1 草地农业的定义 ··· 1
    1.1.2 草地农业的基本条件 ··· 3
  1.2 草地农业的特征 ·· 4
    1.2.1 4个生产层是草地农业系统的基本结构 ················· 4
    1.2.2 系统耦合是提高草地农业生产力的主要途径 ········· 6
    1.2.3 生态生产力是衡量草地农业生产的重要尺度 ········· 7
  1.3 草地农业的回顾与展望 ··· 8
    1.3.1 草地农业的回顾 ··· 8
    1.3.2 草地农业的发展 ··· 11

第2章 草地农业系统的结构与生产调控 ····················· 14
  2.1 引言 ·· 14
  2.2 4个生产层的结构及其调控 ···································· 15
    2.2.1 4个生产层的产业结构 ······································· 15
    2.2.2 调控生物多样性 ··· 18
    2.2.3 合理利用放牧地 ··· 21
    2.2.4 科学管理草地有害生物 ···································· 24
  2.3 前植物生产层及其调控 ··· 27
    2.3.1 生产类型 ·· 27
    2.3.2 生产现状 ·· 28
    2.3.3 调控途径 ·· 33
  2.4 植物生产层及其调控 ·· 34
    2.4.1 生产类型 ·· 35

2.4.2　生产现状 ·· 36
　　2.4.3　调控途径 ·· 38
2.5　动物生产层及其调控 ·· 43
　　2.5.1　生产类型 ·· 43
　　2.5.2　生产现状 ·· 45
　　2.5.3　调控途径 ·· 50
2.6　后生物生产层及其调控 ··· 54
　　2.6.1　生产类型 ·· 54
　　2.6.2　生产现状 ·· 55
　　2.6.3　调控途径 ·· 60

第3章　草地农业系统耦合

3.1　引言 ··· 63
　　3.1.1　草地农业系统耦合的主要依据 ·· 63
　　3.1.2　草地农业系统耦合的主要类型 ·· 67
　　3.1.3　草地农业系统耦合的主要效应 ·· 70
3.2　草地农业系统耦合的模式与优化调控 ··· 72
　　3.2.1　世界主要的草地农业系统 ·· 72
　　3.2.2　我国草地农业系统耦合的主要模式 ··· 78
　　3.2.3　草地农业系统耦合的优化调控 ·· 80

第4章　草地农业区划

4.1　引言 ··· 83
　　4.1.1　国内外农业区划理论研究概述 ·· 83
　　4.1.2　农业功能区划概述 ·· 86
　　4.1.3　农业区划理论方法和技术发展在草地农业区划中的应用价值 ·········· 87
4.2　草地农业生态经济区划 ··· 90
　　4.2.1　草地农业生态经济区划的划分原则与一级区 ································ 90
　　4.2.2　草地农业发展区划 ·· 96
　　4.2.3　草地畜牧业区划布局 ·· 98
4.3　牧草种植区划与种子生产区划 ·· 101
　　4.3.1　牧草种植区划 ··· 101
　　4.3.2　牧草种子生产区划 ·· 103
　　4.3.3　苜蓿种植区划 ··· 105

第5章 草地农业科技、教育和文化 ··· 107

5.1 引言 ··· 107
5.1.1 发展科技创新的草地农业 ··· 107
5.1.2 发展现代草业教育 ·· 108
5.1.3 发展文化传承的草地农业 ··· 108

5.2 草地农业科技 ··· 109
5.2.1 我国草地农业科技的发展历史 ·· 109
5.2.2 草地农业科技发展现状和存在问题 ·· 111

5.3 草业教育 ·· 119
5.3.1 我国草业教育的发展历史 ··· 119
5.3.2 我国草业教育的现状和存在问题 ·· 122

5.4 草地农业科技、教育发展对策与建议 ·· 124
5.4.1 加强重大基础理论与技术体系的研究与应用 ····························· 124
5.4.2 促进草地农业科技成果的转化 ·· 125
5.4.3 加强高新草地农业产品的研发和产业化 ···································· 125
5.4.4 优化人才结构、加强队伍建设 ·· 126

5.5 草原文化 ·· 127
5.5.1 历史传承 ·· 127
5.5.2 创新发展 ·· 129

第6章 草地监测与评价的原理与技术 ··· 132

6.1 引言 ··· 132
6.1.1 草地监测与评价的内涵 ··· 132
6.1.2 草地监测与评价的研究简史和现状 ·· 133
6.1.3 草地监测与评价的主要内容 ··· 135

6.2 草地监测的基本原理 ··· 136
6.2.1 影响草地特征和分布的自然条件 ·· 136
6.2.2 草地的分布和分类 ·· 138
6.2.3 生态演替理论 ·· 138
6.2.4 空间异质性与生物多样性理论 ·· 139
6.2.5 等级理论 ·· 141

6.3 草地监测与评价技术 ··· 142
6.3.1 草地地面监测与评价技术 ··· 142
6.3.2 草地遥感监测与评价技术 ··· 145
6.3.3 草原灾害遥感监测与评价技术 ·· 153

　　　6.3.4　无人机和高光谱草地监测与评价 160
6.4　展望 162
　　　6.4.1　长期固定样地（生态站）草地监测与评价的发展趋势和展望 162
　　　6.4.2　草地遥感监测与评价的发展趋势和展望 163
　　　6.4.3　深度学习在草地监测与评价中的应用和展望 164
　　　6.4.4　大数据在草地监测与评价中的应用和展望 166

第7章　草地有害生物防治的原理与技术 168
7.1　引言 168
　　　7.1.1　草地有害生物的重要性 168
　　　7.1.2　有害生物的种类与分布现状 169
　　　7.1.3　有害生物造成的损失及其危害 175
7.2　草地有害生物防治的原理 178
　　　7.2.1　生态学原理 179
　　　7.2.2　生物学原理 181
　　　7.2.3　经济学原理 182
7.3　草地有害生物防治的技术 183
　　　7.3.1　有害生物诊断技术 183
　　　7.3.2　有害生物监测与预警技术 185
　　　7.3.3　有害生物治理技术 186
　　　7.3.4　有害生物综合治理技术 190
7.4　展望 193
　　　7.4.1　辩证认识草地有害生物 193
　　　7.4.2　全面启动草地有害生物普查 194
　　　7.4.3　加强草地有害生物信息化管理 194
　　　7.4.4　构建草地有害生物监测预警网络 195
　　　7.4.5　加强草地有害生物基础研究，积极构建草地植保研究体系 196
　　　7.4.6　构建草地有害生物系统综合治理体系 197
　　　7.4.7　建立有害生物治理的经济效益、社会效益与生态效益评价体系 198
　　　7.4.8　推动关键技术研发和成果转化 198
　　　7.4.9　加强能力和制度建设 199

第8章　草坪建植工程的原理与技术 200
8.1　引言 200
　　　8.1.1　草坪建植工程概念 200
　　　8.1.2　草坪建植工程类型与特点 200

8.2 草坪建植工程原理 ·· 203
8.2.1 草坪植物配置原则 ·· 203
8.2.2 草坪植物配置方法 ·· 205
8.2.3 草坪与景观搭配技术要点 ·· 206

8.3 草坪建植工程技术 ·· 207
8.3.1 运动场草坪建植工程 ·· 207
8.3.2 运动场草坪建植技术 ·· 208
8.3.3 城市绿地草坪建植技术 ··· 219
8.3.4 裸露坡面草坪建植技术 ··· 223

8.4 展望 ·· 231
8.4.1 运动场草坪建植 ·· 231
8.4.2 城市绿地草坪建植 ··· 232
8.4.3 裸露坡面草坪建植 ··· 233

第9章 草地自然保护地建设原理与技术 ·· 234

9.1 引言 ·· 234
9.1.1 新时期我国自然保护地体系 ··· 235
9.1.2 国家公园是自然保护地体系的主体 ······························· 236
9.1.3 自然保护区是自然保护地体系的基础 ···························· 237
9.1.4 自然公园是自然保护地体系的补充 ······························· 237
9.1.5 以国家公园为主体的草地自然保护地体系 ····················· 238

9.2 草地自然资源保护与草地多功能性 ··· 239
9.2.1 我国草地自然保护地建设理念、目标与建设路径 ············ 239
9.2.2 草地的多功能属性 ··· 241
9.2.3 草地多功能的实现途径 ··· 245

9.3 草地自然资源管理的技术创新 ·· 246
9.3.1 草地自然资源管理监测技术 ··· 246
9.3.2 草地自然资源管理评估技术 ··· 250
9.3.3 草地自然资源可持续利用技术 ······································ 255

9.4 以国家公园为主体的草地自然保护地管理与实践 ····················· 259
9.4.1 国家公园发展历程及特征 ·· 259
9.4.2 三江源国家公园草地自然保护的实践 ···························· 263
9.4.3 三江源国家公园的草地自然保护途径 ···························· 265
9.4.4 三江源国家公园自然保护成效及建议 ···························· 267

第 10 章　草原旅游的原理与技术模式 ··· 269

10.1　引言 ··· 269
10.1.1　草原旅游的发展与现状 ··· 270
10.1.2　草原旅游发展存在的主要问题 ··· 273

10.2　草原旅游资源开发的特点与原理 ··· 275
10.2.1　我国草原旅游资源开发的特点 ··· 275
10.2.2　草原旅游资源开发的原理 ··· 276

10.3　草原旅游发展的主要技术模式 ··· 279
10.3.1　山地草原观光旅游模式 ··· 279
10.3.2　农牧交错带草原休闲度假旅游发展模式 ··· 281
10.3.3　平原牧区草原休闲和民族风情旅游发展模式 ··· 283
10.3.4　高寒草原观光和民族风情旅游发展模式 ··· 284

10.4　草原旅游的实践与展望 ··· 287
10.4.1　我国草原旅游发展模式应用 ··· 287
10.4.2　我国草原旅游的发展趋势 ··· 293

第 11 章　栽培草地建植与管理的原理与技术 ··· 295

11.1　引言 ··· 295
11.1.1　栽培草地概念及重要性 ··· 295
11.1.2　我国栽培草地生产现状 ··· 296

11.2　牧草栽培的原理 ··· 298
11.2.1　生态适应性原理 ··· 298
11.2.2　营养体适时收获原理 ··· 299
11.2.3　种群密度调控原理 ··· 299
11.2.4　牧草间作、混作原理 ··· 300
11.2.5　草田轮作原理 ··· 302
11.2.6　水肥利用最大效率期原理 ··· 303

11.3　栽培草地生产技术 ··· 304
11.3.1　建植技术 ··· 304
11.3.2　栽培草地管理技术 ··· 314
11.3.3　刈割技术 ··· 317

11.4　展望 ··· 319
11.4.1　农业供给侧结构性改革下我国栽培草地面临的机遇和挑战 ··· 319
11.4.2　未来草产业分析 ··· 320

第 12 章　种子生产的原理与技术 ······ 322

12.1　引言 ······ 322
12.1.1　牧草种子生产的重要性和作用 ······ 323
12.1.2　我国牧草种子生产存在的问题 ······ 324
12.1.3　国内外牧草种子生产发展与现状 ······ 325
12.1.4　种子生产理论研究进展与现状 ······ 327

12.2　种子产量形成原理 ······ 330
12.2.1　种子发育生理 ······ 330
12.2.2　种子产量组分 ······ 332
12.2.3　种子产量类型 ······ 334
12.2.4　种子生产的气候条件要求 ······ 335

12.3　种子生产田间管理技术研究与实践 ······ 337
12.3.1　种子田密度控制技术研究与实践 ······ 337
12.3.2　种子田田间管理技术研究与实践 ······ 339

12.4　展望 ······ 344
12.4.1　牧草种子产量形成机理研究展望 ······ 345
12.4.2　不同地域牧草种子生产关键技术研究 ······ 346
12.4.3　专业化种子生产技术的集成与配套 ······ 347

第 13 章　种子质量控制的原理与技术 ······ 350

13.1　引言 ······ 350
13.2　种子认证和质量检验的原理 ······ 353
13.2.1　种子认证的原理 ······ 353
13.2.2　种子质量检验的原理 ······ 354

13.3　种子认证和质量检验技术 ······ 360
13.3.1　种子认证的环节和技术 ······ 360
13.3.2　种子质量检验关键技术 ······ 365

13.4　种子立法 ······ 374
13.4.1　概述 ······ 374
13.4.2　我国种子质量控制的法律法规 ······ 375

13.5　展望 ······ 376

参考文献 ······ 377

索引 ······ 409

【下卷】

第 14 章 草地放牧利用的原理与技术 ... 417

- 14.1 引言 ... 417
- 14.2 放牧理论 ... 419
  - 14.2.1 采食理论 ... 419
  - 14.2.2 平衡和非平衡理论 ... 421
  - 14.2.3 最优放牧假说 ... 423
  - 14.2.4 载畜率理论 ... 426
- 14.3 放牧技术 ... 428
  - 14.3.1 放牧家畜数量 ... 428
  - 14.3.2 放牧季节 ... 430
  - 14.3.3 放牧制度 ... 431
  - 14.3.4 家畜混合放牧 ... 438
  - 14.3.5 家畜分布 ... 438
- 14.4 展望 ... 440

第 15 章 草地改良的原理与技术 ... 442

- 15.1 引言 ... 442
- 15.2 草地恢复改良原理 ... 442
  - 15.2.1 土壤养分与微生物互作原理 ... 443
  - 15.2.2 草地补播空斑原理 ... 444
  - 15.2.3 植物-土壤反馈机制 ... 447
  - 15.2.4 多样性与生产力关系理论 ... 448
- 15.3 草地改良技术 ... 451
  - 15.3.1 草地施肥与灌溉技术 ... 451
  - 15.3.2 划破草皮、深松和浅耕翻技术 ... 454
  - 15.3.3 草地免耕补播技术 ... 456
- 15.4 展望 ... 459

第 16 章 作物-家畜生产系统的管理与技术 ... 461

- 16.1 引言 ... 461
- 16.2 家畜生产的理论与原理 ... 461
  - 16.2.1 营养素在家畜体内的转化原理 ... 462

16.2.2　家畜采食调控原理 470
　　16.2.3　饲料营养价值评价原理 471
　　16.2.4　家畜生产力的评价 473
　　16.2.5　家畜的选种 475
　　16.2.6　杂种优势理论 476
　　16.2.7　家畜繁殖调控理论 478
　　16.2.8　家畜配子与胚胎冷冻保存原理 481
16.3　家畜生产技术 482
　　16.3.1　家畜的营养调控技术 482
　　16.3.2　家畜的品种和遗传改良技术 493
　　16.3.3　分子标记辅助选择技术 495
　　16.3.4　家畜杂种优势利用技术 497
　　16.3.5　家畜繁殖调控技术 500
16.4　展望 505

第17章　草产品加工的原理与技术 507

17.1　引言 507
　　17.1.1　草产品的概念 507
　　17.1.2　我国草产品加工产业现状 507
17.2　草产品加工原理 509
　　17.2.1　牧草原料收获原理 509
　　17.2.2　干草调制加工原理 510
　　17.2.3　青贮饲料调制加工原理 511
　　17.2.4　成型草产品调制加工原理 512
　　17.2.5　饲草型TMR调制加工原理 513
17.3　草产品加工技术 514
　　17.3.1　干草加工技术 514
　　17.3.2　青贮饲料加工技术 519
　　17.3.3　成型草产品加工技术 521
　　17.3.4　饲草型TMR加工技术 527
17.4　展望 530
　　17.4.1　创新和研发草产品加工理论与技术 530
　　17.4.2　开发多元化草产品，对接市场需求 531
　　17.4.3　建立健全草产品标准和评价体系 531

第18章 草地农业经济管理的理论与技术·················532

18.1 引言·················532
- 18.1.1 草地农业经济的概念和范畴·················532
- 18.1.2 草地农业经济的结构和规模·················533
- 18.1.3 草地农业经济的地位和作用·················535
- 18.1.4 草地农业经济管理的现状和问题·················536

18.2 草地农业经济管理的原理与应用·················536
- 18.2.1 产权经济理论·················537
- 18.2.2 规模经济和产业化理论·················538
- 18.2.3 适应性管理理论·················540

18.3 草地农业经济管理分析方法与技术·················542
- 18.3.1 草地农业系统生产率分析·················543
- 18.3.2 草地农业经济系统耦合效益评价·················545
- 18.3.3 草地农业经济系统价值评价·················545

18.4 牧户经营行为决策分析·················547
- 18.4.1 牧户经营系统发展历程·················547
- 18.4.2 牧户生产经营行为决策及主要影响因素分析·················549
- 18.4.3 牧户心理载畜率与超载过牧及草地退化·················550
- 18.4.4 牧户经营系统的效率分析和现代化发展趋势·················553

18.5 展望·················555
- 18.5.1 草地农业是朝阳产业，未来发展潜力巨大·················556
- 18.5.2 草地农业经济转型发展，加速现代化，实现高质量发展·················557
- 18.5.3 加速草地农业经济管理现代化·················559

第19章 西北干旱半干旱区草地农业发展模式与案例·················560

19.1 区域概况·················560
- 19.1.1 区域范围和区域特点·················560
- 19.1.2 区域草地农业发展中存在的主要问题·················561
- 19.1.3 区域草地农业未来发展方向·················563

19.2 发展模式与技术·················564
- 19.2.1 退化草原低扰动生态修复模式与技术·················564
- 19.2.2 沙地生态治理和复合利用模式与技术·················567
- 19.2.3 分区施策保护和建设草原的模式与技术·················568
- 19.2.4 节水灌溉和混作草地划区轮牧技术·················570
- 19.2.5 信息技术在生态修复、牧场管理和草产品市场中的应用·················571

19.3 典型案例 ··· 573
19.3.1 内蒙古四子王旗划区轮牧减畜增效模式案例 ··································· 573
19.3.2 浑善达克沙地生态修复和合理利用模式案例 ····································· 576
19.3.3 甘肃定西草地农业发展案例 ·· 577
19.3.4 宁夏盐池草地农业发展案例 ·· 579
19.3.5 新疆天山北坡昌吉市、呼图壁县草地农业发展案例 ······························ 582

第20章 东北天然草原区草地农业发展模式与案例 585

20.1 区域概况 ··· 585
20.1.1 区域的自然条件特征 ··· 586
20.1.2 区域农业及草原利用情况 ··· 587

20.2 草地利用管理的理论与技术 ··· 592
20.2.1 天然草原管理的理论及技术 ··· 592
20.2.2 人工草地建设的理论及技术 ··· 595

20.3 利用模式 ··· 600
20.3.1 天然草原的利用 ··· 600
20.3.2 人工草地的管理利用 ··· 605
20.3.3 饲草的综合利用 ··· 608

20.4 典型案例 ··· 611
20.4.1 黑龙江省"绿色草原牧场"发展苜蓿种植的模式 ··································· 612
20.4.2 内蒙古呼伦贝尔新巴尔虎右旗合作牧场的建设 ······································· 615

第21章 青藏高原区草地农业发展模式与案例 619

21.1 区域概况 ··· 619
21.1.1 区域范围 ··· 620
21.1.2 区域草地农业发展现状 ··· 620
21.1.3 区域草地农业发展中存在的问题及其成因 ··· 621
21.1.4 区域草地农业发展原理与途径 ··· 624

21.2 技术途径和模式 ·· 627
21.2.1 天然草原合理利用 ··· 627
21.2.2 牧草种植和加工 ··· 630
21.2.3 放牧家畜营养均衡养殖 ··· 636
21.2.4 发展模式 ··· 640

21.3 典型案例 ··· 645
21.3.1 家庭联营牧场草地农业（牦牛）发展典型案例 ······································· 645
21.3.2 股份制合作社草地农业（藏羊）发展典型案例 ······································· 646

21.3.3 规模化、集约化草地农业发展典型案例 ··· 648
21.3.4 公司+基地+牧户土地流转草地农业发展典型案例 ····························· 649
21.3.5 草地农业信息化管理和服务典型案例 ··· 650

第22章 农牧交错区草地农业发展模式与案例 ·· 652
22.1 区域概况 ··· 652
22.1.1 农牧交错区范围 ·· 652
22.1.2 区域草地农业发展概况 ··· 656
22.1.3 区域草地农业发展中存在的问题及发展方向 ································· 657
22.2 发展模式 ··· 659
22.2.1 北方天然草原-栽培草地-生态养殖发展模式 ································· 659
22.2.2 西南川滇草原旅游+特色产业发展模式 ······································ 660
22.2.3 西北干旱区山地天然草原-绿洲栽培草地-荒漠保护生态发展模式 ············ 662
22.3 典型案例 ··· 664
22.3.1 山西朔州草地农业发展案例 ··· 664
22.3.2 川西北农牧业与生态旅游耦合发展案例 ······································ 668
22.3.3 宁夏南部草地农业发展案例 ··· 672

第23章 黄淮海农区草地农业发展模式与案例 ·· 677
23.1 区域概况 ··· 677
23.1.1 区域范围和区域特点 ··· 677
23.1.2 区域草地农业发展概况 ··· 678
23.1.3 区域草地农业发展中存在的问题和未来发展方向 ···························· 687
23.2 发展模式 ··· 691
23.2.1 草畜结合循环草地农业模式 ··· 692
23.2.2 粮草轮作模式 ··· 695
23.2.3 麦田冬季放牧模式 ··· 697
23.3 典型案例 ··· 698
23.3.1 草畜结合-粪便还田循环草地农业典型案例 ··································· 698
23.3.2 粮草轮作典型案例 ··· 700
23.3.3 麦田冬季放牧种养结合典型案例 ·· 703

第24章 南方地区草地农业发展模式与案例 ··· 705
24.1 区域概况 ··· 705
24.1.1 区域范围和区域特点 ··· 705
24.1.2 区域草地农业发展概况 ··· 707

        24.1.3　区域草地农业发展中存在的问题与未来的战略方向 ································ 711
　　24.2　发展模式 ·· 716
        24.2.1　草田轮作高效养殖发展模式 ·· 716
        24.2.2　一年生饲草轮作集约养殖发展模式 ·· 718
        24.2.3　杂交狼尾草-舍饲养牛发展模式 ··· 721
        24.2.4　多年生混作草地放牧饲养发展模式 ·· 723
　　24.3　典型案例 ·· 726
        24.3.1　四川省洪雅县瑞志种植专业合作社草地农业系统案例 ··································· 726
        24.3.2　云南寻甸草地畜牧业发展案例 ·· 728
        24.3.3　福建牧草-奶牛-沼气循环农业发展案例 ··· 736
        24.3.4　晴隆石漠化地区草牧业发展案例 ··· 739
        24.3.5　贵州饲草集约化生产农牧业发展案例 ·· 744

第 25 章　林下草地农业发展模式与案例 ··· 747

　　25.1　林下草地农业发展的区域特点、现状和前景 ··· 747
        25.1.1　林下草地农业发展的区域特点 ·· 747
        25.1.2　林下草地农业的发展现状 ·· 749
        25.1.3　我国林下草地农业发展中存在的主要问题和发展前景 ··································· 751
　　25.2　发展模式 ·· 753
        25.2.1　果园生草观光采摘和绿肥增效模式 ·· 753
        25.2.2　林间草地水土保持生态模式 ·· 756
        25.2.3　林间草地放牧利用模式 ··· 757
        25.2.4　林-草-畜禽生态种养结合发展模式 ··· 759
        25.2.5　林下中草药生态种植模式 ·· 765
　　25.3　典型案例 ·· 766
        25.3.1　陕西千阳矮砧密植苹果园生草-绿肥增效发展模式的典型案例 ······················ 766
        25.3.2　河北晋州果品生产-绿肥-观光采摘-休闲度假的综合发展模式的
                典型案例 ·· 767
        25.3.3　北京顺义林-草-鸡生态种养循环发展模式的典型案例 ································ 768
        25.3.4　福建建宁林-草-羊种养结合发展模式的典型案例 ······································· 771

第 26 章　草坪业发展模式与案例 ··· 774

　　26.1　引言 ··· 774
        26.1.1　草坪及草坪业 ··· 774
        26.1.2　我国草坪业的发展概况 ··· 775
        26.1.3　草坪业发展中存在的问题与未来的战略方向 ·· 778

26.2 发展模式 780
    26.2.1 结缕草种子生产模式 780
    26.2.2 无土基质草毯生产模式 782
    26.2.3 足球小镇经营模式 785
    26.2.4 生态高尔夫球场模式 787
26.3 典型案例 789
    26.3.1 江苏句容市后白镇草坪产业案例 789
    26.3.2 广东五华足球小镇产业模式 791
    26.3.3 海南观澜湖高尔夫球场建设模式 794

参考文献 797

索引 825

第 14 章

草地放牧利用的原理与技术[*]

本章详细介绍了草地放牧利用的采食理论、平衡和非平衡理论、最优放牧假说和载畜率理论，系统论述了放牧利用的放牧家畜数量、放牧季节、放牧制度、家畜混合放牧、家畜分布等主要放牧技术，并对草地放牧利用进行了展望。

14.1 引　言

世界范围内，畜牧业生产可以归纳为农区畜牧业、工业副产品畜牧业和草地畜牧业3个不同的类型。其中，农区畜牧业是指利用作物生产的副产品和谷物饲料进行畜牧业生产；工业副产品畜牧业是指利用工业生产的副产品进行畜牧业生产，如酒糟等；草地畜牧业是利用广阔的天然草原和人工草地进行的畜牧业生产，现在我国又称之为草牧业。草地是重要的自然资源，全球各种不同类型的草地占陆地总面积的54%（Estell et al.，2012）。全球草地提供家畜（猪、各种反刍家畜等）与家禽（鸡、鸭等）约50%的饲草料资源，而草地畜牧业所生产的畜产品却远远低于农区畜牧业（农区畜牧业生产的畜产品约占全球60%），草地畜牧业不论是在草地植物生产方面，还是在家畜生产方面，都表现为非常低的生产效率（Herrero et al.，2013）。在草地畜牧业中，草地的主要利用方式是家畜放牧。放牧是一种十分普遍和广泛的草地利用方式，也是一种有效的、经济的草地利用方式，特别是在干旱和半干旱地区。在我国及世界各地的牧区，放牧历史十分悠久，通过放牧利用，生产人们需要的食物、纤维、医药、花卉、香料等多种多样的产品；与此同时，放牧利用保持了草地生态系统的水土资源、生物多样性及提供其他许多生态系统服务，并发展了草原文化，孕育了不同的民族。这些丰富的草地资源所生产的产品和提供的服务是与草地的长期合理放牧利用密切相关的。

世界范围内，草地的类型和分布受不同地域的气候条件和地理位置等影响而有很大的差异，出现了多种多样的放牧地类型。概括来讲，有以下几种不同的类型（Vallentine，2001）。

---

[*] 本章作者：韩国栋、高翠萍、屈志强、李治国、王忠武

一是长期放牧地（long-term grazing lands），是指不可耕种的长期无限制的放牧地，通过放牧管理和许多农业技术措施来调节牧草的生长。长期放牧地的农业技术投入一般控制在较低水平，主要考虑成本和效益。放牧管理比较粗放，处于中等管理水平。主要的管理措施有围栏、水源开发等。长期放牧地可以分为天然草原和改良草地，通常分布在环境比较严酷的地方。天然草原主要由自然生长的植被组成，主要的植物种类有禾本科杂草、其他杂草及一些灌木，也有少量的乔木，如热带稀树草原。改良草地是在天然草原的基础上，补播本地植物或引进牧草，这些放牧地是天然草原退化或草地复垦后恢复的长期放牧地。利用当地植物改良后的长期放牧地可以保持较长的利用时间，而利用引进植物进行改良形成的长期放牧地，其利用的时间相对短一些，主要是引进植物建植的草地稳定性和持久性相对于本地种建植的草地较差。

二是中期放牧地（medium-term grazing lands），包括可耕种的土地和不可耕种的土地，虽然具有长期放牧所有权，但在是否用作放牧地方面有一定的不确定性。其进行农业技术措施处理有很大的变异性，这与土地的生产潜能和土地所有权有关。因为是临时放牧利用，所以10年之内不考虑开展新的植被建植工作。中期放牧草地分为永久草地（permanent pasture）和过渡草地（transitory pasture）。其中，永久草地又叫人工草地，主要是由多年生禾本科和豆科植物及自动落种播种的一年生植物组成的草地，这类草地一般来自前期播种或自我繁殖的植物扩散而形成的正常栽培草地或者天然草原，放牧是优先的选择，并且可以连续使用；可以长期放牧利用，也可以用来割草利用，利用年限为50年。过渡草地的植物种类组成有很大的变异性，植被没有很好发育，基本上处于原始植被恢复状态的中间阶段，这类草地包括农田弃耕地、林地砍伐迹地、火烧林地、半废弃地、复垦地等，提供临时的短期放牧地段。

三是短期放牧地（short-term grazing lands），又叫作物草地（cropland pasture），是指现实存在的、有限制时期的用于放牧的耕作土地。短期放牧地多数使用引入的牧草，本地牧草需要有较高的管理投入和农业技术作业投入，土地生产力高。短期草地又分为作物轮作草地（crop-rotation pasture）、临时草地（temporary pasture）和作物留茬草地（crop aftermath）3种不同的类型。作物轮作草地是指作物和牧草轮作，提供3~10年的放牧，通常利用多年生牧草进行轮作。一般的农业技术处理措施有植被建植、施肥、除草和灌溉。放牧作为草地利用的首选，当然，也可收获作物的谷物籽实。临时草地是指用于放牧一年或部分年份的1年生草地和临时建植的草地，这些草地的管理是集约化的。作物留茬草地是在主要作物收获后进行放牧，主要利用作物生产的副产物，在农区普遍使用。放牧家畜可利用的饲草有作物再生草、作物的叶片及其他的农田杂草，还有作物的残茬、落在地上的谷物籽实等。各种不同类型的放牧地通常作为家畜生产的主要饲草料资源。

2003 年，据 FAO 统计，世界各种不同的放牧地养育了近 1/3 的反刍家畜，有约 1.5 亿头牛及 1.8 亿只绵羊和山羊，而且不论是发达国家还是发展中国家，家畜数量都在不断增加，使草地的放牧压力增大，草地生产力降低，出现不同程度的退化（Estell et al.，2012）。草地生产力降低和退化的主要原因为土地利用方式的改变、城市扩张、入侵植物及过度放牧等。其中，过度放牧是草地退化和生产力下降的最根本原因。从 1961 年开始到 2010 年，全球主要家畜（牛、绵羊和山羊）的数量都在增加，其中，增加最多的是发展中国家，如非洲、亚洲、南美洲和中美洲的国家；发达国家的家畜数量有所减少，如欧洲、北美洲和大洋洲的国家（FAO，2011）。家畜数量的增多，势必造成草地的放牧压力增大。放牧地的放牧压力增大，并伴随着放牧地面积因农业、城市化发展的缩减，导致了这些发展中国家的草地严重退化及灌丛化，生产能力和生产水平显著降低。因此，全球范围内，如何通过草地放牧这一简单有效的管理手段，促进退化草地恢复，是一个重大的课题。

放牧是连接草地植被、土壤和家畜的主要环节，对草地生态系统的结构和功能产生深刻的、长期的影响。在长期放牧过程中，家畜和野生动物与草地植被共同进化，草地生态系统生产力、生物多样性及水土保持、植物传粉、娱乐、文化等功能与放牧活动是密不可分的，草地生态系统功能的维持与草地放牧管理的调控密切相关。放牧管理是草地管理的重要环节，可以分为集约化的放牧管理和粗放的放牧管理。放牧管理涉及科学技术和管理艺术的有机结合，需要考虑放牧的基本理论和放牧技术，还需要考虑不同区域的放牧管理实践，在充分认识不同区域放牧系统的基础上，实施有效的放牧管理措施，可实现草地的可持续利用。

14.2 放 牧 理 论

14.2.1 采食理论

经典的最优采食理论（optimal foraging theory）是指采食行为的最优化过程，如果采食过程中的能量受到限制，那么生物不能同时满足所有的功能都达到最大化。例如，能量分配到某一个功能，如生长或繁殖，就会减少用于其他功能的数量，比如抵抗的功能。最优采食理论源于动物的采食，后来也用于植物获取营养的方式（Molles，2016）。这里，我们重点讨论放牧系统的家畜采食。

家畜采食是草地放牧系统中动物-植物相互作用的一个最基本的过程，因此，家畜采食理论是草地放牧管理的理论基础。无论是天然草原还是集约化的人工草地，家畜对牧草的采食都不是随机的。根据草地结构特性、种类组成、高度、密度等家畜对草地进行有秩序性的采食，这就是放牧过程的食性选择。放牧家畜的食性选择是一种复杂的生理和生态适应过程，也是家畜在长期的自然选择过程中形成的一种营养适应对策。这种食性选择行为直接决定着家畜所得到的日粮，从而影响家畜从环境中获取营养物质的状况。与此同时，家畜的食性选择影响植物之间的竞争关系，从而对植物群落的结构和功能产生影响（王德利，2020）。

放牧家畜的采食会受到植物、家畜和环境等因素的影响。草地上的植物含有不同的营养成分，如蛋白质、脂肪、碳水化合物、矿物质、维生素等。对家畜而言，具有最大需要量的营养物质（如蛋白质）对食性选择可能具有最明显、最稳定的影响。家畜也需要大量的能量以供其生长繁殖，因此，植物本身能量大小也是十分重要的。植物的物理特征对家畜的食性选择也有一定影响。植物的物理特征包括植物的大小、形态、结构、质地、颜色、咀嚼难易、切力、含水量、气味及植物的亮度等。普遍认为，一些植物，特别是非禾本科植物，在长期进化过程中形成的某些物理防御特性（如形成刺或鞘、叶部产生毛状体），可以一定程度上降低家畜的嗜食性。木质化程度较高的植物通常具有很大的拉力，而且较难被家畜咀嚼，家畜在摄取这类植物时需要花费更多的能量。此外，植物体内含有的次生代谢物也常常使家畜的食性选择发生变化。尽管植物斑块对食性选择的影响十分复杂，其对于动物的食性选择也有重要影响（王德利，2020）。研究表明，斑块的大小、数量、性质及其空间分布均影响动物的采食行为（Wang et al.，2005）。草地上家畜的食性选择常常受其生理状态的影响。任何动物都存在从幼体到成体的生长发育过程，处于不同的生长发育时期（如生长期、妊娠期和泌乳期）的动物，由于它们对营养、特殊物质的需要不同而选择不同的食物。当然，动物本身具有一定调节营养需求的能力，包括选择适当的采食量和某种食物的比例（Freer and Dove，2002）。饱腹状态也是影响动物采食的不可忽视的因素，因为家畜在采食过程中可能面临着不同的饱腹状态，即饱腹、半饱腹、饥饿状态。家畜的遗传因素也是影响放牧动物采食选择的持久性因素。不同种类的动物，甚至同一种动物的不同品种、品系间的采食均存在着明显的差异。草地上的水源、地形和放牧路径都会直接或间接对动物采食产生影响。水源是影响家畜采食的最主要因素，其位置影响家畜的空间分布，也直接对中、大尺度的生境选择起决定性作用。影响家畜采食的另一个生境条件是坡度，家畜采食过程中会考虑采食的经济性。地形坡度大，采食耗能多，家畜会做出相反的选择（王德利，2020）。

14.2.2 平衡和非平衡理论

1. 平衡理论

平衡理论（equilibrium）源于自然的平衡，是一个古老的概念。现代的平衡理论来自20世纪60年代的系统理论（Briske，2017）。这个理论假设：生态系统具有其内部生物学过程的自组织性，包括种内和种间竞争、植物-动物互作，这种自组织性使生态系统达到某一个平衡状态。放牧系统有潜力保持生态系统的稳定性，这是草地管理中广泛使用的草地载畜量（也叫承载力，carrying capacity）的基础。草地载畜量的概念是指放牧系统的植物和食草动物之间存在一个平衡，草地可保持可持续的家畜生产，也就是由Caughley（1979）提出的经济和生态的适宜载畜量。目前，大多数人对放牧系统的认识是基于平衡理论。这是一个最简单的变化形式，由那些先锋植物，通过亚顶级演替到顶级的一个路径。反过来，当植物群落受到过度放牧干扰后，又开始逆行演替的路径，这个观点成为草地科学的主流观点。随着科学的发展，许多学者认识到更加复杂的演替途径，即依据不同的干扰时间、强度、类型及干扰时草地生态系统的状态，草地生态系统会出现一个稳定或几个不稳定的状态。这些就是具有稳定或不稳定的平衡，这样的生态系统就成为具有弹性或缺乏弹性的系统（Holling，1973）。

稳定性是指一个系统的组成部分相对于它的平衡值的变化速率或程度（Walker and Noy-Meir，1982）。对于一个稳定的系统，一旦有了外界压力，系统的组分和生产力几乎不发生变化，即使有变化也很缓慢。一个具有弹性的植物群落，在植物种类组成和生产力发生显著变化之后，解除干扰就能很快恢复到原有的平衡状态。因此，生态系统恢复性是衡量一个生态系统吸收变化的能力，而不超过生态平衡的阈值。许多天然草原植物群落有一个以上的平衡位点和相关的主体平衡位点，这个主体的平衡点只有在较强的干扰下才能发生变化。

我们假设，处于平衡状态的草地，在一个特定地点其植物的组成可以很好地适应可预测的环境，并与相邻的植物在竞争中很好地存活。对于这样的植物群落，放牧管理基本上取决于植物种的数量和生产力。放牧影响基本上表现在放牧频率、强度和时间对不同植物生长和竞争的作用，与放牧地家畜对植物的选择性相关。一方面，适口性好的植物通常受到多次重度的采食，在与那些适口性差的植物竞争过程中不易存活，处于不利地位；另一方面，有些植物还可以逃避家畜的采食。因此，在平衡系统中，非生物因素为植物的生长提供了一个非常好的条件，放牧管理通过影响植物的竞争，基本上决定了植物个体的存活。竞争在平衡系统中起到关键的作用。

对于平衡系统，多数情况下管理的目标是减少系统异质性。这种系统管理的理念是更多样的系统需要更复杂的管理，以确保最优化的生产，并维持系统的稳定性。通常情况下，管理者通过施肥、放牧或火烧等相对强的控制措施抑制系统波动，这些管理活动是十分有效的。在生产实践中，对于平衡放牧系统的管理主要采取以下两个方面的措施：①降低家畜的选择性采食，如采用选择性放牧；②减少选择性采食对饲草资源的影响，如采用控制性的家畜选择放牧、高生产性能家畜放牧、短期放牧、延迟轮牧等。这些放牧系统的管理都要进行放牧地的科学规划，以降低某个时期可利用饲草供给的较大变化，做到放牧地的饲草均衡供应。

平衡理论能够很好地应用于草畜平衡的管理实践。长期以来，草地载畜量的确定都是基于平衡理论。随着人们认识的深入，19 世纪中期，许多学者对平衡理论提出了质疑，原因有以下几个方面：①平衡理论缺乏生态系统平衡条件的证据支持；②同类生态系统会同时出现几个不同的稳定状态；③形成的可选择的状态恢复缓慢或不能恢复到植物群落的顶级状态（Wu and Loucks，1995；Briske et al.，2003）。基于这些对平衡理论的争议，与平衡理论相对应的非平衡理论随之发展起来。

2. 非平衡理论

非平衡理论（nonequilibrium）起源于 20 世纪 50 年代中期对竞争模型的研究（Petraitis，2013）。然而，在这个理论提出 15 年后，才详细描述了与其有关的多个生态状态共存现象（Lewontin，1969）。非平衡理论是指自然的波动，是系统具有的特定的调节干扰的能力，也就是非平衡系统比平衡系统具有更大的潜力应对变化，包括同时出现的多个生态系统稳定的状态（Wiens，1984；Wu and Loucks，1995）。

世界多数草地分布于干旱半干旱地区，具有较高的降水变异性。在这些植物群落中，植物种类有多年生植物和一年生植物，其中一年生植物是植物群落的重要的成分。Ellis 和 Swift（1988）在东非草地引入了非平衡理论模型，主要观点是在可变环境下放牧系统处于非平衡态，很少达到平衡。根据非平衡理论，放牧系统没有像平衡理论那样的植物-食草动物适宜的平衡点，植物和食草动物的动态依赖于外界的非生物因素的变异，而不是植物和食草动物的密度制约作用。也就是说，环境的变异远大于植物和动物的互作效应。适于非平衡理论的地区具有很高的年内和年度间降水变异性，表现为多年的干旱、频繁的家畜死亡，一般是通过游牧的方式适应这种变异的。非平衡理论可以解释为植物生产和家畜数量有很弱的相关性，在干旱发生后，植被的恢复较家畜数量的恢复快。非平衡理论提出之后，20 世纪 90 年代又出现一个新的关于草地生态学的学术流派（Behnke et al.，1993）。这一流派拒绝接受载畜量、载畜率、家畜导致草地退化等传统的平衡理论的观点（Cowling，2000）。在干旱半干旱地区，降水的年度变异与平均年降水量成反比的关系，草地较低初级生产力引起的家畜数量的限制是由年际的变异决定的。一个关键的降水变异水平参数年际变异系数（年降水变异数和多年平均数的比例）在33%以上的草地，家畜的放牧数量不再由植物生产的平衡系统决定（Ellis and Swift，1988）。我国多数的荒漠等草地类型属于非平衡系统。

对于非平衡系统的植物群落，食草动物对植物间竞争的影响可能很小。在降水多的年份，牧草生产量远远高出食草动物的需要量；在降水少的年份，植物之间的竞争也很小。许多干旱半干旱区系统，植物种类和植物个体间在成熟的不同阶段，适口性差别很小，放牧对植物的选择性没有湿润区域大。因此，在非平衡系统中，放牧对植物群落不会产生太大影响。

在非平衡放牧系统中，家畜采食对系统动态产生很小的影响。因此，适宜的管理策略是采用灵活的饲草供应时间和空间配置，而不是调控系统来适应家畜的需要，这是传统游牧家畜系统的基础，如东非和蒙古。游牧民开发了一个资源利用的适应性对策，即在一个大的区域内，通过小组畜群的移动来适应饲草供应的波动，调控畜群的结构和组成，从而满足家畜的基本需要；与此同时，尽量使家畜缺草的风险最小化，在饲草极度短缺的时候利用备用的区域进行放牧（Ellis and Swift，1988）。在这样的放牧系统中，家畜选择景观上营养丰富的斑块来满足其饲草需求。非洲许多地区，因为各种社会政治因素的变化，这种游牧方式已不再存在。一个可行的解决办法是，鼓励草地上食草动物种群多样化，用来增加植被的异质性，并为人们提供更多的利用野生动物的机会，如旅游观赏等（Owen-Smith and Cumming，1993）。

一般而言，非平衡系统对管理的响应是不可预测的，但是在一个特定条件下的某个特定方向的系统调控偶尔也是有作用的。非平衡系统的动态特征是由一个系统对管理调控相对敏感的时期，再到一个由各种因素引起的急剧变化时期，例如，重度放牧同时伴随干旱的发生。管理者可以利用这些特性，来引导和预防系统的变化。

14.2.3　最优放牧假说

家畜放牧可以改变草地植物群落的组成和结构。家畜的选择性采食，吃掉植物或植物的某些部分，从而改变植被冠层结构。另外，家畜对植物的践踏和粪尿的作用也可改变土壤的性质，从而对植物群落的斑块分布产生重要影响。放牧在时空尺度上有很大的异质性，表现在一个放牧场中有的地方放牧过度，有的地方放牧过轻，或者根本没有家畜的采食。放牧采食的斑块是局部的，因此，放牧后的植物群落分布呈现斑块化。在家畜或动物采食的区域，植物高度降低，采食后植物分蘖增多，成为较为密集的植物冠层。植物被采食后，未采食部分具有较低的平均叶龄、较高的粗蛋白质含量和可消化率。同时，家畜和动物的频繁活动使放牧动物的排泄物增多，植物的再生能力增加（McNaughton，1984）。

世界范围的研究表明，放牧导致的植物种类组成变化，首先受地上净初级生产力变化的影响，其次受放牧的进化历史及家畜的消费水平影响（Milchunas and Lauenroth，1993）。植物群落地上净初级生产力的增加和放牧历史的长短对植物群落的物种组成产生深刻的影响。放牧优化（grazing optimization）假说预测，中等水平的放牧强度对植物群落地上净初级生产力有积极影响（McNaughton，1979；Delting，1988）（图14-1）。

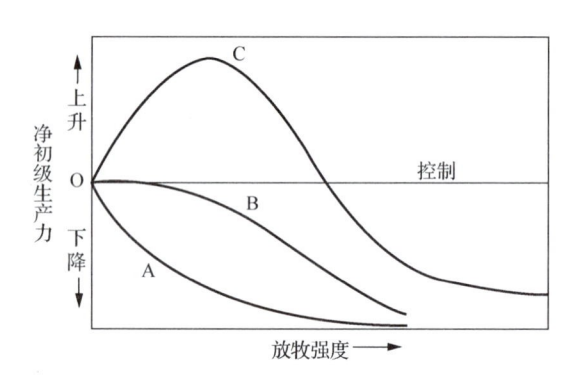

图14-1 放牧强度与植物群落净初级生产力的关系（Delting，1988）

注：O代表不放牧的对照区；曲线A代表随放牧强度增大，净初级生产力呈下降趋势；曲线B代表在重度放牧引起净初级生产力下降之前的轻度放牧条件下，净初级生产力相对不受影响；曲线C代表在一定的放牧强度优化水平下，净初级生产力显示最大化水平（放牧优化假说）。

家畜对草地的作用依赖于家畜的种类、植物的类型及放牧的历史，最重要的是放牧的强度，包括放牧频率和放牧数量。20世纪，许多学者对草地上家畜的食草作用进行了广泛研究，目的是探讨植物-动物的相互作用和植物对食草作用的耐受水平。20世纪80年代，学术界曾经有过激烈的争论，即放牧是否始终对植物有害，争论的双方采用不同的研究方法来支持他们各自的观点（McNaughton，1984；Milchunas et al.，1988；Belsky et al.，1993）。植物对家畜食草作用的响应通常通过植物在食草作用下的长期进化适合度（fitness）来衡量，所有生态系统的植物在食草动物作用下适合度均为负值。然而，草地植物的适合度很难去定量，因为草地上的大多数植物是克隆植物，并以营养繁殖为主。多数研究植物的放牧适合度是针对种子繁殖的植物，对以营养生长（如分蘖）为主的植物对放牧响应的适合度研究得较少。然而，当考虑植物的营养繁殖时，就会发现中度放牧强度会产生更多的分蘖。放牧促进营养繁殖，增加的分蘖会促进植物有较高的抵抗放牧的能力。如果植物对放牧地的适合度仅考虑种子繁殖，就会呈现负效应；如果同时考虑种子繁殖和营养繁殖，植物的适合度就会呈现正的、中性的及负效应的变化区间。这就是后来逐渐形成与植物耐牧性相关的植物补偿性生长（compensatory growth）理论：①一定水平的失叶或植食动物采食有利于被采食植物的生长，植物表现为超补偿性生长（over-compensatory growth）；②植食动物的采食对植物生长没有多少影响，植物表现为等补偿性生长（equal-compensatory growth）；③植物常常受害于失叶，植物表现为欠补偿性生长（under-compensatory growth）。对于植物补偿性生长更多的认识是，放牧既有抑制植物生长的机制，也有促进植物生长的机制。因此，植物的补偿性生长取决于促进与抑制之间的净效应，而这种净效应又与草地植物群落类型、载畜率水平、环境条件及放牧历史有关。国内外有关植物补偿性生长的研究集中于理论和模型，比较全面系统的试验研究较少（Gao et al.，2008），而且多数学者以野生动物为试验对象（McNaughton，1984，1985），偏重于地上植物量，很少涉及地下植物量，因此缺乏对植物群落整体的认识。

　　植物群落组成和草地植物多样性与草地放牧进化历史、放牧强度及水分梯度有着密切的关系，这种关系在 Milchunas-Sala-Lauenroth（MSL）模型中进行了详细的描述（图14-2）。这个模型表明，在亚湿润地区，有长期放牧进化历史的草地植物多样性与放牧强度呈现单峰曲线，符合中度干扰假说。放牧强度低的情形下，植株高的植物占优势，抑制了草地植物多样性；适度放牧情形下，出现重度放牧条件下矮禾草占优势和不放牧条件下高草占优势的混合斑块，导致更高的草地植物多样性；重度放牧情形下，植物群落优势种非常少，草地植物多样性下降。亚湿润环境中充足的土壤含水量为高草植物提供了很好的生长条件，这些高草植物是植物群落的重要组成成分。相反，在干旱地区，植物群落的优势种都以矮草植物为主，无论放牧进化历史长短，草地植物多样性与放牧强度都表现为下降的

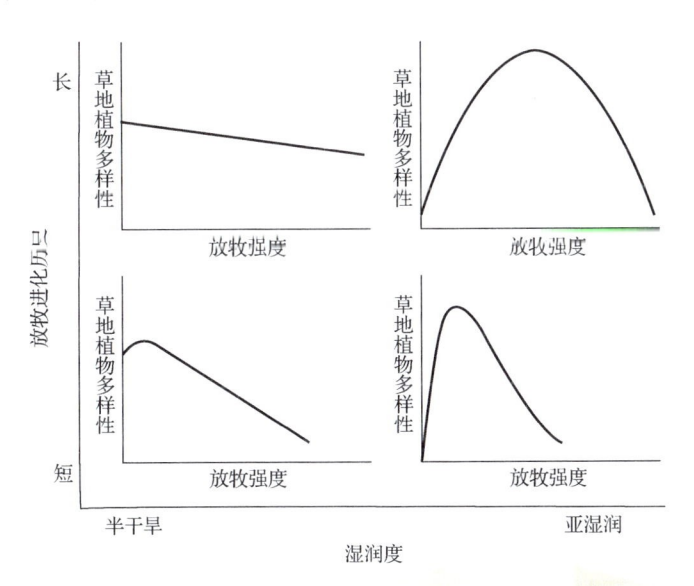

图14-2　沿湿润度和放牧进化历史梯度草地植物多样性与放牧强度的关系

（Milchunas et al.，1988）

趋势（Milchunas et al.，1988）。对内蒙古高原干旱区短花针茅荒漠草原进行长期绵羊控制性载畜率试验的结果显示，随着载畜率加大，植物群落初级生产力与生物多样性都显著降低（Zhang et al.，2018a）。

14.2.4 载畜率理论

载畜率（stocking rate）是放牧生态学中广泛使用的一个概念，指一定时间单位草地面积实际放牧的家畜数量。与这个概念相对应的载畜量，是指在不破坏草地的情况下，一定时间单位草地面积最大的放牧家畜数量。按照平衡理论的观点，所谓的草畜平衡就是指草地上载畜率和载畜量两者关系的协调。

最优载畜率理论认为，随着载畜率的增加，家畜的个体增重起初呈增加趋势，当增加到一定程度后开始下降，从而表现为几种不同的变化模型，并形成了几个学派，如 Mott 学派、Walshe 学派、Jones 学派、Hart 学派和 Noy-Meir 学派等（Hart，1993）。这些模型是基于世界不同草地类型的放牧试验数据提出的，推动了对草地载畜率理论的深入研究，使其成为放牧生态学的研究热点之一。家畜的个体增重只反映了草地家畜生产的一个方面，没有涉及草地面积，因此还需要考虑单位面积的家畜增重，由此许多学者就提出了更进一步的家畜生产力与载畜率的关系模型（Mott，1960；Jones and Sandland，1974；Hodgson，1990；Han et al.，2000；Wang et al.，2005），用来确定最优载畜率。这些模型加入了草地、家畜和经济等因素，极大地发展了载畜率理论。我们以 Mott 的模型为例，来说明载畜率模型的草地和家畜生产（图 14-3）。

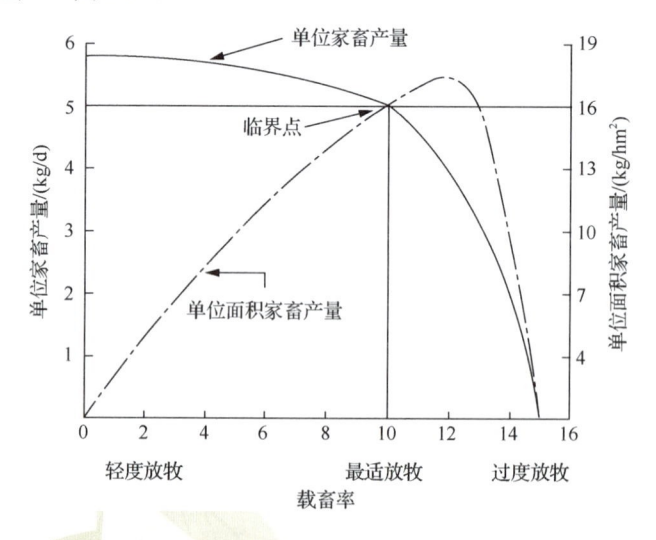

图 14-3 放牧系统家畜载畜率与个体生产和群体生产的关系（Mott，1960）

确定适宜载畜率的实质就是对家畜载畜率进行优化，得到草地的最优载畜率。最优载畜率可以分为家畜生产的最优载畜率、最优经济载畜率及草地植被的最优载畜率。最优载畜率的确定需要通过长期的放牧试验和理论分析建模实现。最优载畜率的获得通常建立在保持放牧系统中植物-动物平衡关系的基础上，可以从动物和植物两个方面的稳定平衡来分析载畜率的问题。目前，确定最优载畜率的研究工作基本上是分别考虑草地家畜生产、植被生产或者从经济角度开展的。从Mott 的模型来看，随着载畜率的增大，单个家畜的生产性能逐渐降低，而单位面积的家畜生产性能是先增加后降低，两者有一个交点，处于这个交点就是家畜生产的最优载畜率。在这个交点的家畜载畜率，草地家畜不仅可以获得较高的单位面积家畜产量，而且单个家畜的生产水平也较高，对家畜生产十分有利。如果考虑草地植被生产力和植物种类组成，低于这个交点的载畜率水平，可以保持较高的草地生产力，草地不会出现退化；反之，一旦放牧地家畜的载畜率高于这一点，草地就会出现退化。韩国栋等（2018）在我国荒漠草原进行的绵羊载畜率试验研究，采用类似的方法确定了我国短花针茅荒漠草原的最优载畜率为 1.8 只羊/hm²（半年放牧季）。

根据载畜率与家畜增重、单位面积草地增重的回归关系，以最大经济效益的载畜率作为最优经济载畜率，进行模型的建立（Hart，1988；Bransby，1989）。草地上家畜种群的总生长或生产大体上可表示为二次方程：

$$Y_p = aS - bS^2 \tag{14-1}$$

式中，Y_p 为单位面积家畜总增重；S 为年载畜率；a 为每个家畜表型潜力的近似值；b 为随载畜率增加个体增重变化率。

Hart 的模型见图 14-4。

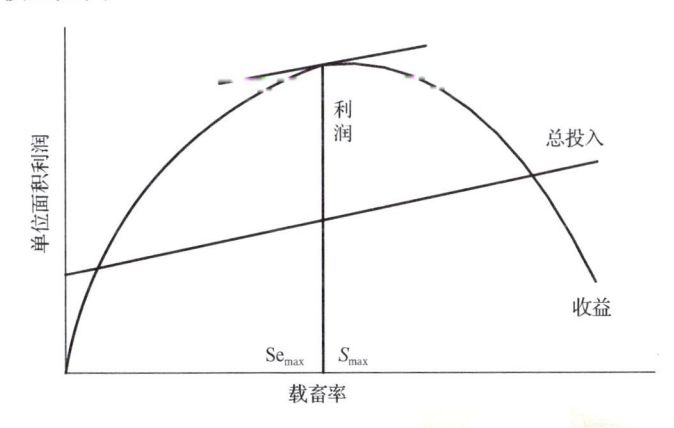

图 14-4 以家畜生产为基础的最优生物载畜率（Se_{max}）和最优经济载畜率（S_{max}）（Hart，1988）

单位面积草地上家畜的总增重在 a/2b 载畜率时最大，总增重为 $a^2/4b$（Hart，1988）。在家畜载畜率低于 a/2b 时，家畜生产随着载畜率的升高而增加；反之，载畜率高于 a/2b 时，家畜生产随着载畜率的增大而降低。但是，在实际放牧管理中，最优生物载畜率较少应用，而常采用最优经济载畜率（Se_{max}）。

最优经济载畜率是在式（14-1）的基础上，通过增加投入产出项求得的。单位面积总利润可表示为代数二次方程：

$$\Pi_p = P(aS - bS^2) - cS - FC \qquad (14\text{-}2)$$

式中，Π_p 为单位面积总利润；P 为单位家畜产品的价格；c 为单位家畜投资变量；a、b、S 为单位面积固定投入；FC 为单位面积固定投入。

$P(aS - bS^2)$ 和 $cS + FC$ 分别表示单位面积总收益和单位面积总投入。当单位面积总收益和单位面积总投入差额最大时，得到最优经济载畜率。

14.3 放 牧 技 术

14.3.1 放牧家畜数量

确定一定草地面积在单位时间放牧家畜的数量，是草地放牧系统中最重要的一项技术，一般以放牧强度来表示。在长期的放牧研究中，衡量放牧强度最初使用的方法就是适口性牧草的利用百分比，即利用程度，但是这对衡量放牧强度有很大的局限性。牧场主或非牧场专业人士要比其他管理人员容易理解利用程度，例如，留茬高度、可食植物的百分比或最低剩余物数量（Jasmer and Holechek，1984）。收集几年的研究数据发现，牧草的利用百分比与牧草初级生产力、家畜行为和经济效益都有关系。美国和加拿大在牧场和改良草地上进行了大量有关放牧强度的研究，这些研究至少包括 3 个载畜率水平：中等的或适度的载畜率，放牧初始时预期最优；较低的载畜率，通常允许每个家畜单位要比适度载畜率多 35%～50% 的草地面积；较高的载畜率，每个家畜单位要比中度载畜率少 35%～50% 的草地面积。Holechek 等（1999）分析北美天然草原 25 个有关载畜率研究的平均试验结果时发现，重度放牧强度要利用最初牧草种类的 57%，中度放牧强度要利用 43%，轻度放牧强度要利用 32%。

衡量一块草地放牧家畜的数量是否合适，需要了解草地的载畜量。载畜量是以一定的草地面积，在放牧季内以放牧为基本利用方式，在放牧适度的原则下，能够使家畜良好生长和正常繁殖的放牧时间及放牧头数，一般以"头日"表示，如牛头日、羊头日。

载畜量计算公式如下：

$$载畜量 = \frac{饲草贮藏量(kg) \times 利用率(\%)}{家畜日食量(kg/d) \times 放牧天数(d)} \quad (14\text{-}3)$$

载畜量有 3 种表示方法。①家畜单位：在一定的时间内，单位面积草地上可以养活的家畜单位数。②时间单位：在单位面积草地上，可供一头家畜放牧的天数或月数。③草地单位：在一定时间内，一头放牧家畜所需要的草地面积。

草地载畜量决定于草地的饲草贮藏量，饲草贮藏量高，草地的载畜量必定也高。草地的饲草贮藏量与草地类型、气候、土壤等条件有关，一般通过监测多年不放牧的围栏小区定位数据来得到。家畜日食量与家畜的种类、性别、体重和生产性能有关。我国采用绵羊单位，其他的家畜根据绵羊单位当量进行折算。我国放牧家畜的绵羊单位当量目前还比较粗放，较为精细的绵羊单位当量标准还须参考国外（如澳大利亚）的有关标准。因此，我们在放牧家畜的采食当量方面还需要做进一步的工作。

草地的利用率是指在适宜放牧条件下草地牧草的适宜采食率。放牧草地的利用率主要取决于一定状况下牧草的生物学特性，即牧草通过家畜采食所损失的部分在牧草能够忍耐的限度之内。草地的表现是既不显示放牧过重，也不显示放牧过轻，草地牧草能维持正常生长发育，在符合利用的强度下，能维持家畜的正常生产和生活。利用率代表一个比较稳定的理论值，表示方法为

$$利用率 = \frac{应该采食的牧草重量}{牧草的总产量} \times 100\% \quad (14\text{-}4)$$

但是，家畜采食情况总有适当、偏高或偏低的现象。家畜在放牧场上采食牧草的实际重量叫采食量；采食量占牧草产量的百分数叫采食率。采食率的测定方法是：在放牧场上选择几组，每组有两个样方，一个样方在放牧前刈割称重（A），另一个样方在放牧后再刈割称重（B），$A-B=$采食量，用下列公式求出采食率：

$$采食率 = \frac{采食量}{牧草产量} \times 100\% \quad (14\text{-}5)$$

这种测定采食量的方法叫重量测定法，较为方便和准确，但要求对照组数目足够多，各对照样方的植被情况相近，并且放牧前后的操作技术严格一致。

利用率确定以后，可以根据采食量衡量和检查放牧场的放牧强度。放牧强度在理论上的表现是：当采食率等于利用率时，放牧适度；当采食率大于利用率时，放牧过重；当采食率小于利用率时，放牧过轻。利用率的数值常常是计算草地载

畜量的一个理论指标，它受下列 3 个因素的影响而经常变化。①牧草耐牧性强时，利用率可稍高，耐牧性低的草地利用率应较低。耐牧性的高低与多种因素有关，如牧草的类别、生长发育阶段、其对当地环境的适应能力及生草土弹性大小等，也与草地的利用历史与现状有关。②在水土冲刷严重或存在水土冲刷危险的地段，草地利用率应较低，以保留较高的植被密度用于水土保持。无水土冲刷危险的地区，利用率稍高。③草地植被品质不良，适口性较差，其利用率应该低一些。如果利用率过高，优良牧草将受到重牧利用而出现草地的严重退化。

草地利用率需要在不同草地类型中进行长期反复的试验、分析才能准确确定，目前虽缺乏足够的科学资料和科学方法，但在生产中可参考下列数据。①在牧草危机时期，如早春或晚秋及干旱、虫灾时，应规定较低的利用率，一般为 40%～50%。②为了保持水土，不同的坡度有不同的利用率。坡度越大，利用率越小。坡度与利用率的大致关系是：每 100m 内升高 60m，要剩余牧草 50%；升高 30～59m，要剩余牧草 60%；升高 10～29m，要剩余牧草 30%。③在正常放牧时期内，实行划区轮牧的利用率为 80%～85%，自由放牧的利用率为 65%～70%。

通过确定草地饲草贮藏量、家畜日食量、草地利用率及放牧天数可以确定草地的载畜量。但是，如果遇到坡地和根据距离水源的远近，实际放牧家畜的载畜率还要做一些调整。如牛在 11°～30°坡地上放牧，载畜率可以减少 30%；在 31°～60°坡地上放牧，载畜率可以减少 60%；大于 60°的坡地，可以考虑不放牧。牛在距水源 1.6～3.2km 的地点放牧，载畜率可以减少 50%；距水源大于 3.2km 的地段可以考虑不放牧。

14.3.2 放牧季节

放牧场从适宜放牧开始到结束的时间间隔称为放牧季节。放牧季节是针对放牧场而言的，而不是针对家畜的需求讲的，表示在这段时期内放牧对草地的损失最小，即放牧场适宜放牧利用的时期。家畜在草地的实际放牧时期叫放牧日期。放牧季节和放牧日期是完全不同的两个概念。

任何一块草地均有其放牧最适宜的季节，所以如何使放牧日期符合放牧季节，正是草地合理利用过程中应该解决的问题，要根据不同的草地类型、地形地势条件、水源条件、草地植被条件及管理条件等来确定。

开始放牧的适宜时期，一般以禾本科牧草为主的放牧场应在禾本科牧草开始抽茎时，而以豆科牧草、杂类草为主的放牧场应在腋芽（或侧枝）发生时，以莎草科牧草为主的放牧场应在分蘖停止或叶片生长到成熟大小时为宜。因为早春草地刚刚返青，刚萌发的牧草不能制造有机物质，只能依靠入冬前贮藏的营养物质生长。如果此时放牧，会大量耗竭贮藏的营养物质，使牧草失去生机，还会直接影响当年的牧草产量。如果长期往复，优质牧草会严重减少，品质降低，而且对家畜极为不利，家畜会只采食幼嫩牧草，出现"跑青"现象，消耗大量体能；在水分较多的放牧草地，极易形成土丘、蹄坑和水坑，成为寄生虫传播的来源，危害畜体健康。

结束放牧的适宜时期，视各地牧草生长期结束的迟早而定。根据试验证明，一般在牧草生长期结束前 30d 停止放牧较为适宜，过迟和过早停止放牧都对草地不利。如果停止放牧过早，造成草地牧草浪费；如果停止放牧过迟，则影响多年生牧草营养物质的贮存，以至于影响越冬和来年的返青及第 2 年的牧草产量。牧草生长期结束以后可以再行放牧，此时对分蘖节在地表附近或地面以下的牧草危害不大，对分蘖节在地表或地面上保存有绿色叶簇的牧草，可能降低其第 2 年的产量。

根据草地植物生长发育的生物学知识，放牧地放牧利用有两个忌牧期，即早春萌发和晚秋停止生长前。由于植物的继续生长要消耗大量贮存在植物体内的营养物质，在这两个时期放牧，使植物生长势减弱。根据国内外大量牧草生物学特性的研究，发现早春或晚秋放牧对草地危害极大。在植物生长旺季放牧对草地的影响大于在冬季放牧对草地的影响而小于在忌牧期放牧对草地的影响，如果放牧强度适当，并且有计划地进行放牧利用，则可大大减少影响，甚至适当放牧能刺激牧草分蘖，形成再生草，所以放牧要避免采食损伤植物的生长点。禾本科草类的生长点在拔节以前居于株丛的下部，双子叶植物除茎部根颈有芽外，植株上部也形成腋芽，所以只要放牧适当，强度不大是不会破坏植物的再生能力和生活力的。在忌牧期则应采取轻牧、轮牧，甚至大量补饲的办法来减小放牧对放牧场的不利影响。

14.3.3 放牧制度

放牧制度是草地用于放牧时的基本利用体系，规定了家畜对放牧草地利用在时间上和空间上的整体安排。对放牧制度的研究已有 200 多年的历史。早在 1798 年，欧洲的学者就描述了划区轮牧。1887 年南非开始提出了划区轮牧（Heady and Child, 1994; Currie, 1978）。自 1950 年以来，美国众多研究者和经营者都把特定的放牧制度作为主要热点问题来讨论和研究。在 20 世纪五六十年代，延迟轮牧的放牧制度受到大量关注；20 世纪 70 年代，休闲放牧、轮流放牧在美国被广泛应用在西部山区的公有土地上，至今延迟轮牧和休闲放牧都在应用，特别是在山区。到了 20 世纪 80 年代，小区放牧成为放牧制度中的最新热门话题。各国学者研究的立地条件及试验方案不同，所得结果不尽相同，因此，对划区轮牧制度的优劣存在不同的看法。经过多年的大量研究和对各种放牧制度的权威评论表明，划区轮牧条件下牧草利用率较高，因而可以通过提高载畜量来提高单位面积草地的家畜生产水平。在高载畜率或牧草供应相对短缺的情况下，划区轮牧才能显示其优越性，我国对划区轮牧的研究大都支持这一观点。但是，我国的研究多数为小区放牧试验，结合生产实践的大尺度范围内的划区轮牧研究很少。草地放牧制度不仅反映畜牧业生产的特征，而且是影响植物种群生长，进而影响植物群落结构和生态系统功能的关键。草地放牧制度选择得合理与否，直接影响草地资源的可持续利用、草地环境质量及牧户经营收入。

世界各地对放牧制度的争论一直没有停止。实际上有关放牧制度的基本原理还没有进行深入、系统的研究，加上放牧制度本身的复杂性，对放牧制度进行系统研究是必要的。目前，存在两大类不同的放牧制度，即划区轮牧和连续放牧，不同的放牧制度又可以细分一些不同的放牧方式。

划区轮牧具有以下优点。①管理方便，节省劳力，具有一定的计划，易于采取若干相应的农业技术措施，有利于发挥每一个生产单位管理和改良草地的积极性。②可以减少饲草浪费，节约草地面积，采食均匀，减少家畜践踏造成的损失，提高 25%～30% 的草地载畜量。不做任何计划安排的自由放牧、连续放牧的地方草地退化，利用少或完全不利用的地方造成牧草浪费。③可以提高畜产品产量，因为家畜的采食、卧息时间有所增加，游走时间和距离显著减少，避免家畜活动过多消耗热能，因此增加了饲料的生产效益。④保护草地，防止杂草滋生，优良牧草相对增多，从而提高牧草产量和品质。⑤防止家畜蠕虫病感染，小区放牧可经过妥当的安排，不在同一块草地连续放牧 6d 以上，减少了家畜寄生蠕虫病的传播机会。

连续放牧的优点是：①节约成本；②家畜最大限度地选择牧草，同时由于聚集、慢走和牧草质量快速改变，对家畜引起的干扰降到最低。

基于对文献的分析显示，划区轮牧在湿润草地放牧场最有可能增加单位面积的家畜生产力，这些湿润地区平均年降水量大于 500mm，而在平均年降水量少于 300mm 的地区，划区轮牧的家畜生产力不及连续放牧。

世界上通常应用的放牧制度有以下不同的放牧方式：连续放牧、延迟轮牧、默里三群/四区放牧、季节适宜性放牧、休闲轮牧、高强度低频率放牧、短期放牧等。连续放牧是指在 1 个放牧地段连续 1 年或 1 个季节进行放牧，包括全年连续放牧和季节性连续放牧。

以下我们简单介绍与划区轮牧制度有关的几种放牧方式或计划（Holechek et al.，2004）。

1. 延迟轮牧

延迟轮牧（deferred-rotation grazing）是 20 世纪初美国的 Sampson 设计的，见图 14-5。把草地分成 2 块，每块隔年延迟轮牧 1 次。以后发展到 2 块以上的草地运用这一制度。根据美国在山地针叶林草地、北美蒿属疏丛禾草草地及北美大平原的试验，延迟轮牧下，植被的反应优于自由放牧或季节性连续放牧。延迟轮牧为牧草和草地提供保持生活力的机会。这种放牧制度适宜在牧草适口性和放牧条件差异较大的地区使用。延迟轮牧可以每隔 1 年为退化草地的饲用植物贮藏养分和散布种子创造机会。

年度	草地A	草地B
第1年		
6月15日～8月15日	放牧	不放牧
8月16日～10月15日	不放牧	放牧
第2年		
6月15日～8月15日	不放牧	放牧
8月16日～10月15日	放牧	不放牧

图 14-5　延迟轮牧（Holechek et al.，2004）

2. 默里三群/四区放牧

美国得克萨斯中南部的默里（Merill）在 1954 年发展了一种放牧方法，称为默里三群/四区放牧系统（Merrill three-herd/four-pasture system）。它要求有 3 群牛和 4 块草地，采用这种方法，每块草地持续放牧 1 年，然后休闲 4 个月，4 年完成 1 次循环，休闲时间在 1 年的不同月份（图 14-6）。

时间	草地			
第1年	A	B	C	D
3～6月	U	G	G	G
7～10月	G	U	G	G
11月至翌年2月	G	G	U	G

时间	A	B	C	D
第2年				
3～6月	G	G	G	U
7～10月	U	G	G	G
11月至翌年2月	G	U	G	G

图 14-6　美国得克萨斯采用的默里三群/四区放牧系统（Holechek et al.，2004）

第3年	A	B	C	D
3~6月	G	G	U	G
7~10月	G	G	G	U
11月至翌年2月	U	G	G	G

第4年	A	B	C	D
3~6月	G	U	G	G
7~10月	G	G	U	G
11月至翌年2月	G	G	G	U

图 14-6（续）

注：U 为不放牧区；G 为放牧区；A、B、C、D 为不同的放牧场。下同。

这一放牧方式适用于植物生长较好的美国得克萨斯州，从家畜、牧草、野生动物几方面来说，这种放牧制度优于自由放牧。

3. 季节适宜性放牧

季节适宜性放牧（seasonal-suitability grazing）根据植被类型把草地划分为若干块放牧场，随季节变化而在不同地块放牧，以满足家畜的不同需要，把这些放牧地结合起来利用，便形成一种放牧体系。由于地点和牧场的大小不同，所以围栏可能是连接的或不连接的，当然也可用饮水点控制代替围栏。人工草地常常是这种方法的重要组成部分，因为人工草地提供青饲料的时间比天然草原更早或更晚。采用这种放牧方法，关键是要有不同类型植被，否则它不一定优于自由放牧或连续放牧。美国西北部的植被组成为森林（北坡）-草地（南坡）-草甸（河岸、湖滨），围封起来根据各种植被成熟时间不同在不同季节进行利用。草地植物在春天返青比森林早，在夏天成熟早，草地放牧最好利用时期为6月中旬至7月中旬，而后7月中旬至9月中旬可转到林地进行放牧。由于草甸的饲草种类和数量丰富和充足，在林地放牧后可转场至草甸放牧（图 14-7）。

时间	A 草地（南坡）	B 森林（北坡）	C 草甸（南北坡之间）
6月15日~7月15日	G	U	U
7月15日~9月15日	U	G	U
9月15日~10月15日	U	U	G

图 14-7　美国俄勒冈州东北部山地草场三区一群季节适宜性放牧（Holechek et al., 2004）

我国新疆、青海等省（区）的山地草场，一般可以采用这种放牧制度和放牧方式。在新疆天山地区，春秋利用低山丘陵荒漠草场，夏季利用高山、亚高山草甸，冬季利用中山草场。

4. 休闲轮牧

休闲轮牧（rest-rotation grazing）是把草场划分为若干个区，每块草场 4 年中放牧 8 个月、休闲 8 个月，而其他草场增加了放牧强度。目前，多数是划分为 4 块草场进行休闲轮牧（图 14-8）。

时间	草场			
第1年	A	B	C	D
6月15日~8月15日	G	U	G	U
8月16日~10月15日	U	U	G	G
第2年	A	B	C	D
6月15日~8月15日	U	U	G	G
8月16日~10月15日	U	G	G	U
第3年	A	B	C	D
6月15日~8月15日	U	G	U	G
8月16日~10月15日	G	U	U	G
第4年	A	B	C	D
6月15日~8月15日	G	G	U	U
8月16日~10月15日	U	G	G	U

图 14-8 美国西部山地草场的二群四区休闲轮牧（Holechek et al., 2004）

休闲轮牧存在的主要问题是，休闲所获得的利益可能会被另一部分草场的过度利用抵消。在山区，家畜利用是一个重要的问题，休闲轮牧一般优于季节性连续放牧。实行休闲轮牧要注意牧草利用率问题。如果饲草利用率为 35% 左右，那么休闲轮牧、延迟轮牧、连续放牧对单位面积草地每头牛增重没有明显差别。在亚利桑那州的半荒漠草地，每块草场 3 年中放牧 1 年、休闲 2 年，饲草利用率为 30%~40%，实践的结果是可食牧草的生活力和密度提高。休闲轮牧失败的原因通常是载畜率过高。实践证明，对干旱地区的大多数植物来说，一年或多年的休闲不能抵消某年生长季节的严重采食。休闲轮牧不能克服生长季节过度利用的影响（采食率高达 65%），也就是说，休闲和延迟不能补偿放牧时期的过度利用。事实证明，过度利用将对植被和家畜（尤其是干旱地区）造成惨重的损失。但在适度载畜率下，休闲轮牧的草场利用均匀，这可以补偿休闲轮牧不能过多载畜的问题。总体来讲，在崎岖的多山地带，休闲轮牧对植被和家畜都有好处。

5. 高强度低频率放牧

高强度低频率放牧（high intensity and low frequency grazing）包括3块或3块以上草场，每块草场放牧2个月后就要休息半年（图14-9）。这是Acocks（1966）在南非首先报道的一种放牧方式。

时间	\	草场	\	\
第1年	A	B	C	D
1~2月	G	U	U	U
3~4月	U	G	U	U
5~6月	U	U	G	U
7~8月	U	U	U	G
9~10月	G	U	U	U
11~12月	U	G	U	U

时间	\	草场	\	\
第2年	A	B	C	D
1~2月	U	U	G	U
3~4月	U	U	U	G
5~6月	G	U	U	U
7~8月	U	G	U	U
9~10月	U	U	G	U
11~12月	U	U	U	G

图14-9 一群四区高强度低频率放牧（Holechek et al.，2004）

这种放牧制度的基本特征是：把家畜集中在一个区进行高密度放牧，以便家畜被迫采食粗糙的、适口性差的饲草，减少粗糙植物的数量，促进优良牧草的生长。一般认为，长期休闲可以大大抵消放牧时期的过度利用。在北美高草普列利或南非的混合草草地，这种放牧方式可以改善草地条件，增加载畜量。

6. 短期放牧

短期放牧（short-duration grazing）也称为快速轮牧（rapid-rotation）、时间控制（time control）和巢式放牧（cell grazing）。它是20世纪60年代在非洲发

展起来的，后来引入美国。经过长时间的讨论，并对之进行修正，称为 Savory 放牧方法。典型的短期放牧有一个车轮式转栏，在放牧地中间有水和家畜控制设备（图 14-10）。

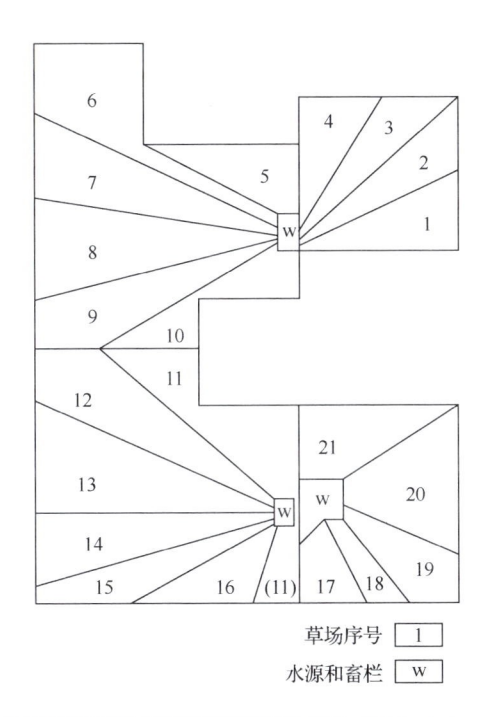

图 14-10 美国新墨西哥州东南部的短期放牧（Holechek et al.，2004）

注：单元数为 1；草场数为 21；草场平均面积为 3533 亩；畜群数为 1；牲畜数量为 261 头牛；放牧时间为 5d。

据研究，这种家畜高密度的放牧方式有以下几点作用：①畜蹄作用将促进降水渗入土壤；②加速矿物质循环；③降低选择性，以致多数植物被采食；④提高叶面积指数（采叶减少对幼苗遮阴）；⑤草地利用更一致；⑥增加了青饲料利用时期；⑦不可食植物比例减少。与其他放牧方式相比，短期放牧可以允许载畜率比实际载畜率增加；另外，节约劳力，动物个体的生产性能提高，还可以迅速改善草地基况。

从理论上讲，短期放牧在平坦潮湿的草地（植物生长时期至少 3 个月，年降水量大于 500mm）有很好的效果，如美国大平原的东部、松林南部及东部的改良草地，因为这些地区的草地植物再生性好，采叶可以减少幼苗遮阴，生长时期的定期放牧可以延缓植物成熟。这种方法在干旱地区不可行，主要是围栏的费用增加，家畜密集会压紧土壤，家畜不及时迁出会伤害牧草，而不放牧的草地杂草丛生。

14.3.4 家畜混合放牧

在一个季节的一块草地上放牧两种或两种以上的家畜叫作混合放牧（mixed grazing）。混合放牧的原理是不同家畜对草地嗜食性的差异及食谱的重叠性较少，适合在天然草原上开展混合放牧。当然，随着牧草利用率的增加，食谱的重叠度也会增大。

在早期的草地管理实践中，家畜的混合放牧常引起草地的过度放牧，所以是不受欢迎的。但是，在非洲和中东地区，以至于中国，牛、绵羊和山羊的混合放牧会增加人们的家畜食物种类。

混合放牧的优点是可以获得互补的食物种类，改善家畜分布，多样化经济来源，较少寄生虫和疾病感染及减少因捕食造成的家畜损失。近期研究指出，家畜混合放牧有利于草地生态系统的多功能性（Wang et al.，2019a）。混合放牧的不足是增加饲料成本、破坏围栏、践踏危害、增加一些必要设备、降低单个家畜的生产效率、劳动力冲突及对管理技能的更多要求。

混合放牧的放牧方式有家畜混合放牧和家畜交替放牧。家畜混合放牧是指在一个地段上可以 2 种或 3 种家畜同时放牧；家畜交替放牧是指一块草地在不同的时间交替放牧不同的家畜，一块草地进行分时段放牧利用。我国的家畜混合放牧有很多不同的实践，近期在理论研究方面有一定的突破（Wang et al.，2019a）。但是，如何在不同草地类型安排家畜混合放牧，仍然是一个很大的空白点，亟须提出一些实用的技术措施，指导家畜混合放牧的生产实践（王岭 等，2021）。

14.3.5 家畜分布

草地上放牧动物种群的生存在很大程度上取决于草地资源的时空分布格局，而草地资源的空间格局对动物的利用又具有缀块性。资源分布的缀块性是生物有机体开发和环境利用的基础，这一点已被许多草食动物放牧空间分布的相关研究所证实。草食动物在饮水点、畜圈周围的分布，以及由地形、季节和采食习性引起的分布，大都是一段时间内空间分布所产生的结果，如随饮水点距离植被的变化或植物群落的放牧演替、奶牛出奶量与饮水半径的关系等。

草地利用不均匀是草地管理中存在的一个重要问题。在许多草地中，不减少家畜数量而进行均匀利用，也可以达到草地改良的目的。家畜分布问题在干旱区、荒漠区及山区最为严重。影响草地利用不均匀的因素包括水源的距离、地形、植被类型、病虫害及气候等。

1. 水源的距离

饮水点分布不当是大多数草地家畜分布不均匀的主要原因。在干旱地区，水供应不足和饮水点分布不均是一个突出的问题。在经常利用的饮水点周围，植被退化、饲草供应不足。许多研究表明，饮水点中心利用率高，随饮水点距离的增加而利用率逐渐降低。离水井距离太远，牧道变成水沟，引起草地侵蚀。此外，家畜行走增加能量消耗，减少了畜产品产量，并且使放牧和休息的时间减少。饮水点之间的距离随地形、家畜类型、家畜品种而变化。通常情况下，每个饮水点的牛应该不超过 50 头、绵羊不超过 300 只。一些研究者观测了行走对牛的影响，研究发现当母牛行走约 1.6km 时，它们的牛犊体重减少 0.93kg/d；而离饮水点近的母牛，它们的牛犊体重减少 0.76kg/d。

2. 地形

地形不平影响家畜均匀分布。各种家畜对地形适应性不同，如牛很少利用坡度大于 10°的坡地草场，而绵羊和山羊因较为灵活、脚步稳当，可以利用坡度较大的草场。多年的研究发现，在新墨西哥州各季节牧场，绵羊均匀利用的坡度小于 45°，对陡坡的利用率大大减少。野生动物对陡坡利用较好，如成年鹿可以利用坡度为 30°和 40°的坡地草场。

3. 植被类型

家畜对植被类型有较大选择性，所以不同植被类型利用程度不同。据 Senft 等（1987）研究，在美国科罗拉多州的矮草普列利随季节推移，牛喜食的植物群落与现存牧草蛋白质含量有很大关系。牛喜欢开阔的草地（与茂密的林地相比），雪影响家畜对植物类型的喜好程度。在新墨西哥州中北部，牛在春季和夏季喜食以冰草和格兰马草（*Bouteloua gracilis*）为主的植被类型，而在冬季，由于雪覆盖了禾草，牛喜食木本植被类型，如滨藜（*Atriplex patens*）和驼绒藜。在同样的草地，绵羊在春季和夏季喜食杂类草多的植被，在冬季也食用灌木等。

4. 病虫害

草地病虫害的发生主要表现为病原体和有害虫类对植物进行侵染或消耗，致使草地质量和产量下降。如果长期作用，会影响草地生态系统的植物群落结构和植物群落的演替方向。牧草质量和数量的变化，致使放牧家畜的采食活动范围发生偏向病虫害较轻的区域，使该区域放牧压力加重，增加草地退化的风险，对畜牧业生产和生态系统可持续性产生影响。家畜放牧采食会明显影响草地植物病虫害的发生和扩散，家畜的放牧采食、践踏和排泄物的共同作用会对草地植物群落产生较大的影响,因此,放牧作用过程使家畜出现分布不均匀现象。此外,在有些气候条件作用下,病虫害在局部地段暴发,也会影响放牧家畜分布。例如,当蚊虫较多时,家畜会到地势相对高且有风的地段采食牧草。

5. 气候

家畜分布受气候的影响。温度变化、降雪、降雨可以限制放牧。在山地,夏季早晨牛喜欢到阳坡采食,中午喜欢到阴坡林地采食。寒冷季节,家畜顺风行走,利于保持体温。冬季山区的降雪会阻止大部分山地草地的利用。太多的降雨在草地的利用上几乎不存在大的问题,然而,太多的降雨会使沼泽草地在水多的时候或积水地块不能放牧,这种现象一般出现在雨季,我国大多在7～9月。在海滨或潮湿地区,过多的降雨、高温和病虫侵扰均会影响家畜的分布,一旦这种状态存在,家畜会移动到最高的地区采食。

许多措施可以改善家畜的分布。①增加饮水点的数量和改变饮水点的水质,将改善家畜的分布及它们的生产力。②增加围栏。③增加舔盐点、矿物质补饲点、饲料补饲点的数量,并使之合理分布,对家畜均匀分布有很大益处;家畜通常饮水后到舔盐点,所以在饮水点附近设置家畜舔盐点,可以利用尚未利用的草地;盐的补充会增加草食家畜的食欲。④控制家畜捕食者的数量,以便使家畜利用以前未用过的草地。⑤块状烧荒,以便改善轻度利用地区植被的适口性。⑥施肥可以改变植物种类和营养成分,并改善现有牧草的适口性。⑦刈割老的植被。⑧控制昆虫以使家畜到达整个牧场去采食牧草。⑨改变家畜种类。⑩利用特殊的放牧制度(休闲轮牧、短期放牧)。⑪开辟牧道到难以放牧的地方。⑫跟群放牧,以利用轻度放牧区。⑬筑遮阴处或种植林带。⑭在植物利用不足的地方,对植被施入人工吸引剂,在过牧区施入使家畜讨厌的物质,避免家畜的过度利用。

14.4 展　　望

草地家畜的放牧利用需要保持适度利用和环境友好的协调和平衡。早期的家畜放牧研究偏重于草地牧草生产、家畜营养和物质需要之间的动态变化关系,考虑家畜放牧数量、时间和利用方式,以及家畜分布对植被、土壤及家畜生产性能、家畜生产经济效益的影响,其最终目的是获得最适宜的家畜放牧利用方式和水平。随着人们对草地生态系统功能的深入认识,除了关注草地和家畜的生产功能之外,人们越来越开始关注草地生态系统的生物多样性、土壤的侵蚀、荒漠化、水文学功能、野生动物栖息地及提供娱乐的机会等。因此,放牧利用涉及草地生态系统多功能性的可持续管理(王岭 等,2021;王德利 等,2022)。综合历史和现实的证据可以得出,不良的家畜放牧管理已经或将会对生态系统的植物、土壤、家畜和其他种类动物及生态系统的多功能性产生一系列的不良影响；家畜的放牧会减少野火发生的燃料数量，改变营养物质的分布，破坏地面生物结皮而形成不同的斑块；放牧过度也会造成草地退化。因此，在家畜放牧利用和草地生态系统可持续管理的关系中，采取什么样的放牧管理措施才最有效，已经成为十分重要的、具有挑战性的论题。

基于世界范围的草地大面积退化和家畜数量持续增加的事实，许多长期放牧研究表明，控制家畜数量的保护性家畜放牧是维持和改善草地结构和环境的有效管理措施。草地放牧生态系统管理最重要的目标是，维持草地的稳定性及持续提供草地上的植物、家畜生产产品及其他生态系统的服务等（Kothmann，1984；Pieper，1994）。在我国北方进行草地生态系统大范围家畜放牧管理的模型模拟和家畜放牧管理示范研究证实，低家畜载畜率的保守型放牧管理措施，既可以增加草地和家畜的生产数量，获得最佳的牧场净收入，也可以维持草地生态系统的稳定性，逐渐恢复退化的草地，促进草地家畜系统的可持续性发展（Han et al.，2011，2013；Kemp et al.，2013，2018；Zhang et al.，2015；Wang et al.，2020a）。在我国北方草地，由于长期的过度放牧，草地发生了不同程度的退化，进而对草地畜牧业生产产生极为不利的影响。低家畜载畜率的绵羊、牦牛暖季放牧，结合冷季饲草料的优化合理供应，有效地提高了草地和家畜的生产效率，大大减少了非生长季节家畜饲草料的浪费，提高了单位家畜的生产性能，并带来了家畜产品质量的极大提升。结合优质畜产品市场的培育，使优质畜产品价格显著高于一般的畜产品价格，促进了草地家畜系统的进一步优化，最终的结果是草地生态系统生产、生态与草地畜牧业经济和谐可持续发展。退化草地在家畜放牧的调节下逐年恢复，生产力水平逐步提高，生物多样性持续增大，牧区经济开始复苏，牧区的低收入人口比例逐年下降，产生了很好的效果。这些放牧管理的技术措施，可以在以草地畜牧业为主的发展中国家广泛地推广和应用（韩国栋 等，2018）。

适宜的家畜放牧管理是可持续的农业生产形式，与草地的其他可持续利用方式相一致。在广大牧区，家畜放牧在经济和文化方面具有同等重要性。通过家畜放牧调节草地生态系统的植物、家畜、土壤及其他生态系统的成分，可持续获得必要的物质、精神产品和带给人类福祉。

第 15 章
草地改良的原理与技术*

15.1 引　　言

草原被誉为地球的皮肤，是最大的陆地生态系统，占全球陆地面积的 25%以上，占我国国土面积的 41.7%。草原不仅是广大农牧民基本生产、生活资料的重要依托，也是最重要的绿色生态屏障。Costanza 等（1997）指出，草原具有空气调节等 17 项生态服务功能，这些功能又被一些学者划分为产品提供功能、调节功能、支持功能和文化功能四大类。目前，随着人口增长和气候变暖，全球草原均面临退化所带来的威胁。我国草原自 20 世纪 80 年代末开始退化，目前全国草原鼠虫害面积高达 9 亿多亩（1 亩≈667m^2），草原毒害草面积高达 10 亿亩，草原退化、沙化和盐碱化非常严重，草原生态服务功能全面下降。

我国草原主要分布于北方干旱半干旱地区，属于多民族聚居的边疆地区。草原退化不仅严重影响了该区畜牧业生产和农牧民的收入，而且对当地生态安全和社会发展造成严重威胁，因此恢复或改良退化草原对我国生态文明建设、社会稳定、文化保护等均具有重要的战略意义。草原退化主要源于过度放牧和气候变化，国内外对退化草原的恢复或改良措施均以封育为主。在我国，出于对生态安全及生物多样性保护的担忧，有关划破草皮、深松、浅耕翻、施肥等草原恢复改良技术一直没有得到广泛应用。但科学研究证明，这些改良技术如果应用恰当，草原植被不仅恢复速度快而且质量高，草原生态服务功能可以迅速提高。本章将从草地恢复改良原理与草地改良技术两个方面进行论述。

15.2 草地恢复改良原理

草地生态服务功能的维持主要取决于土壤和植被的稳定，草地改良的核心内容是改善土壤状况和优化植被组成，使草地恢复生态服务功能。根据退化程度的不同，草地改良会采取不同的技术措施：对于轻度和中度退化草地主要措施有施

---

* 本章作者：张英俊、刘楠、周冀琼、杨高文、荆晶莹、王光辉

肥、灌水、划破草皮、深松、浅耕翻等，对于重度退化草地一般实施补播技术。这些技术实施过程中，应遵循土壤养分与微生物互作原理、草原补播空斑原理、植物-土壤反馈机制和多样性与生产力关系理论等（张英俊 等，2020）。

15.2.1　土壤养分与微生物互作原理

牧草的正常生长需要从土壤吸收多种营养元素，尤其是对土壤中有效成分较少的氮、磷、钾需求量很大。过度放牧导致草原退化沙化以后，由于土壤氮、磷、钾的大量移出，土壤中的养分含量越来越少。为了保持地力，稳定植物产量，必须将随植物产品移出的养分以肥料的形式归还给土壤，使土壤的养分亏损和返还保持平衡。不同牧草种类的养分需求有很大差异，其中豆科牧草的根瘤能够固定空气中的氮，因此，相较于禾本科牧草，豆科牧草对氮肥的需求量低，而对磷的需求量较高。牧草的不同生长发育阶段，其营养需求也不同。对同一牧草不同生长期的营养需要，须用合理有效的施肥手段加以调节，以满足它们的营养供给。禾本科牧草从分蘖期到拔节期是营养生长旺盛的阶段，通常养分需求量较大，在该生长阶段施肥能够显著促进牧草生长。施肥能够迅速补充土壤中缺少的牧草生长所需的营养元素，在提高牧草产量的同时，提高牧草中蛋白质、钙、磷、钾等营养物质的含量，改善牧草品质。同时，施肥能够改善牧草的茎叶比、营养枝与生殖枝的比例，调节草地牧草的物种组成，如施入氮肥可增加禾本科草种的比重，而施入磷、钾肥可增加豆科草种的比重。

草原不仅是丰富的动植物基因库，同时也拥有最丰富的微生物资源。土壤微生物对草地生产力形成和植物多样性维持具有重要作用。丛枝菌根真菌（arbuscular mycorrhizal fungi，AMF）作为一种广泛存在的土壤有益微生物，能够侵染 70%～90% 的草原植物。AMF 与植物形成互利共生关系，植物为 AMF 提供光合作用产物，AMF 能够提高植物对养分和水分的吸收，增强植物对环境胁迫的抵抗能力。AMF 侵染植物根系后，根内菌丝在植物根系中皮层细胞内、原生质膜外形成"丛枝"和"泡囊"结构，在根系外形成大量的根外菌丝，每克干土的菌丝长度高达 10～100m，根外菌丝能够扩大植物的养分和水分吸收范围，提高养分的运输速度，活化土壤中被固定的养分。据估计，AMF 对植物磷吸收的贡献率占植物磷总需要量的 75%～90%，对氮吸收的贡献率达 5%～20%（Van der Heijden et al.，2008）。

土壤养分水平对维持植物与 AMF 共生关系具有重要的调节作用，其中土壤氮磷水平对 AMF-植物共生关系的调控作用尤为明显（图 15-1）。当土壤氮磷均是限制因子时，AMF 与植物形成互利共生关系，AMF 对植物磷吸收的贡献较大，但是由于土壤氮的缺乏，限制了植物的光合作用，导致植物对 AMF 的光合产物投入低。当土壤磷限制而氮富余时，AMF 与植物形成质量较高的互利共生关系，

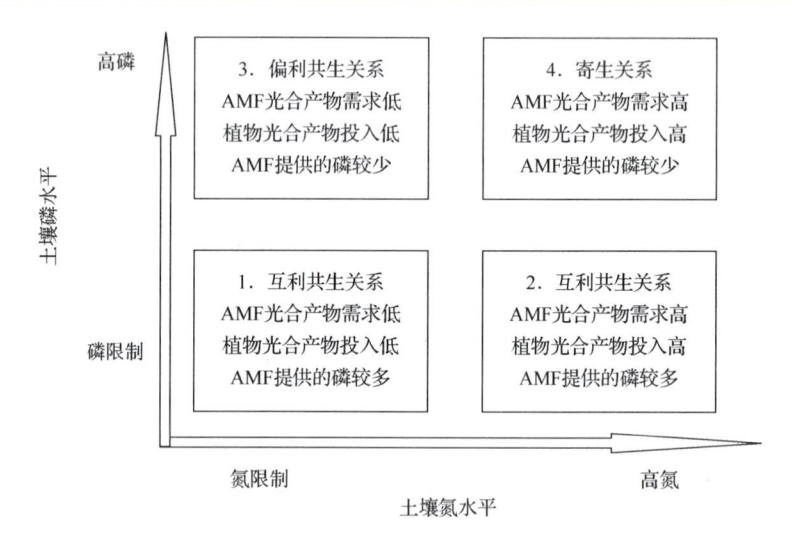

图 15-1　土壤有效氮磷水平对 AMF 和植物间关系的影响（Johnson，2010）

AMF 为植物提供较多的磷养分，而植物也可以为 AMF 提供足够的光合产物。当土壤磷富余而氮限制时，植物根系可以从土壤中获得足够的磷养分，不需要投入较多的光合产物从 AMF 处获取磷养分，因此 AMF 提供的磷养分较少。但此时植物和 AMF 均受到氮限制，植物仍然为 AMF 提供少量的光合产物，AMF 与植物形成偏利共生关系，这种共生体系对 AMF 更有利，而植物的生长不受影响。当土壤氮磷均富余时，植物根系吸收的氮磷可满足自身生长需求，AMF 与植物形成寄生关系，即植物没有从这种共生关系中获益，反而提供了大量的光合产物给 AMF。

因此，在草地施肥时，需要考虑 AMF 与土壤养分的互作原理，即草地土壤氮磷的相对供给水平。在氮限制的草地施用磷肥，可能导致 AMF 与植物间形成偏利共生关系。在氮磷都受到限制的草地，适量的施用氮肥，可以促进 AMF 与植物间形成高质量的互利共生关系。如果草地的氮水平较高时，施用磷肥导致 AMF 与植物间形成寄生关系，降低草地生产力。

15.2.2　草地补播空斑原理

草原退化会形成大小不一的草地空斑（gap），尤其是重度或极重度退化草原，空斑率达 50% 以上，如青藏高原黑土滩的空斑率甚至高达 70% 以上。对于重度退化草原，补播是一项重要的草地改良技术。在较少破坏原生植物的前提下，可利用退化形成的空斑或播种机开沟器创造的空斑，补播适应当地气候、土壤环境的优质牧草。空斑的存在可减轻原生植被对补播草种的竞争排除，有利于目标物种的成功定植。因此，更好地利用草原空斑是成功改良的关键。

空斑的概念来源于森林生态学，在20世纪70年代被引入草原生态学。中国农业大学草业科学系从2005年开始，开启了这一研究领域。根据地上、地下竞争机制的不同，空斑分为两种，即光空斑（canopy gap or light gap）和根空斑（root gap or soil gap）。光空斑是指植物间因缺乏地上植被覆盖而降低植物对光照竞争的一种地面空斑；根空斑是指一定区域内土壤中因缺少植物根系而减轻对水分和养分竞争压力的地上、地下裸斑。无论是光空斑还是根空斑，空斑的大小是决定草地物种更新及群落组成的关键因素之一。随着空斑大小的变化，空斑中的微环境，例如光照强度、土壤温湿度及空斑表层的空气温湿度都会发生显著变化。在半干旱草原或温带草原补播试验中，空斑增加了种苗出苗数和存活数，且大空斑中种苗出苗数和存活数显著高于小空斑。由于不同种子大小及对生长环境的要求不同，物种本身在建植过程中对空斑大小的响应存在差异。在内蒙古呼伦贝尔地区，轻度退化草地形成的小空斑（直径≤10cm）为天然草原补播野苜蓿提供了最适的光照强度和土壤水分，显著提高了植株的出苗数、存活数、生物量，以及根系结瘤数。随着空斑直径增大，空斑中辐射到地表的光照强度和土壤温度大幅增加，表层土壤水分显著下降，抑制了补播苜蓿的出苗和成株生长。但在河北沽源的退化羊草草甸草原空斑补播的研究中发现，大的光空斑和根空斑更有利于禾本科羊草和无芒雀麦种子的发芽和幼苗的存活（Liu et al.，2015）。我们将这一现象称为免耕补播的空斑原则。

空斑为草原植被更新提供了场所，在维持草原生物多样性方面起着重要作用。非洲石楠灌丛草地的大空斑物种丰富度高，物种丰富度随草场建植年限和空斑形成时间变长而增高（Zhang and Zak，1995）。空斑降低了地下竞争，提高了竞争能力低的弱势物种的存活概率，增加了群落的丰富度和物种多样性。此外，空斑还有利于稀有物种和濒危物种更新。不同草地管理方式（刈割、放牧等）下形成的空斑促进了濒危物种的恢复，从而维持了群落物种多样性（Soussana and Lafarge，1998）。

空斑微生境是决定种子萌发、物种更新的关键因素。空斑干扰改变了物种间原有的资源分配和竞争模式，主要包括一些非生物因子（光照、土壤温度、土壤水分及土壤养分）和生物因子（草食动物采食）（图15-2）。这些因子主要从以下几个方面影响物种更新和建植。

1. 空斑改变了微环境中的光强和光质

空斑增加了到达土壤表面的有效光照辐射，促进植物的种子萌发和光合作用，有利于目标物种的建植和更新。此外，一般而言，红光在透过叶片以后会大量减少，因此自然遮阴条件下红光与远红光比例显著低于裸露的地表，较低的红光与

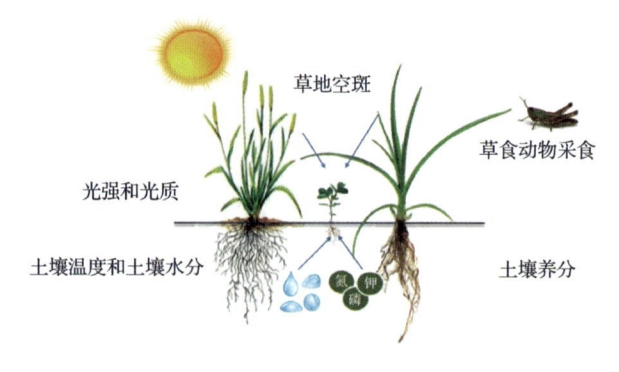

图 15-2 空斑干扰概念图（改自 Zhou et al., 2017）

远红光比例通过抑制光敏素的活动状态，不利于种子萌发。因此，可通过刈割、耙地等管理措施人为干扰形成植物空斑，提高到达地表的红光与远红光比例，增加植物的出苗和存活概率。

2. 空斑改变表层土壤的温度和水分

空斑可增加土壤表层温度，并显著改变土层昼夜变温幅度。相比植被覆盖的草地，直径为 20cm 的空斑在早秋的 23d 里，表层土壤昼夜温度变幅增加了约 5°C，这种变温环境可帮助种子打破休眠，促进种子成功萌发。此外，空斑可通过降低相邻原生植物对水分的竞争，提高表层土壤水分含量，帮助目标物种出苗，而根空斑中的含水量常常会高于光空斑。但是，如果空斑直径>40cm，土壤表层增加的光照辐射则会加剧水分蒸散速率，空斑中的含水量出现下降趋势。

3. 空斑改变了土壤养分状况

空斑通过改变植物的生物量及物种组成，进一步影响土壤微生物及其他分解者的数量和种类，最终改变了土壤的养分水平。空斑提高了地表温度，增加了土壤的呼吸速率，随着裸露空斑的增大，植物的枯落物积累量减少，从而加速了植物枯落物的降解速度，改变了草地中土壤有机质和其他营养水平。空斑中土壤有效氮含量大幅增加，主要是由于空斑提高了微生物降解或矿化速率。增加的光照直射及淋溶作用不利于土壤养分的保持。另外，土壤动物（如蚯蚓）数量及土壤中离子交换率在不同大小的空斑中显著不同，从而间接影响了土壤 pH、有机质和全氮、速效磷、钾、钙等元素的含量。

4. 空斑改变草食动物的数量、采食强度及采食习性

在不同干扰形成的空斑中植被高度和物种组成存在差异，显著影响了草食动物的数量、采食强度及采食习性。草地昆虫在植被密度大的草地中采食强度显著

高于裸露空斑；而不同大小空斑的物种组成显著影响着草地蛞蝓的采食习性；草地中蛞蝓的数量随群落中禾本科植物优势度增加而显著增加；有空斑的矮草群落的甲虫数量和采食强度显著高于高草草地。

15.2.3 植物-土壤反馈机制

植物改变其所生长土壤的生物和非生物性状，进而对后续植物的生长产生影响，这种植物和土壤之间的相互作用被定义为植物-土壤反馈。植物-土壤反馈是驱动植物多样性维持、植物群落组成和生态系统功能的重要因素，在响应气候变化、生态恢复及物种入侵等方面都起着重要作用。近年来，在我国植物-土壤反馈对草原植物种间竞争和群落动态影响的研究已经逐渐展开。例如，有人研究比较了不同土地利用历史的植物-土壤反馈作用（Jiang et al.，2010），发现了长期放牧情况下种间竞争和植物-土壤反馈共同影响了植物群落的动态变化（Chen et al.，2018）；种间竞争改变了大针茅和克氏针茅的植物-土壤反馈作用（Zhao et al.，2018）等。

草地退化的主要原因之一是人类活动的过度干扰，由于过度放牧引起植被破坏而形成的被动演替被认为是生态系统的逆行演替。在退化草地改良的过程中，植物和土壤群落处于动态的演替进程。此外，人类活动对土壤生物和非生物因素的扰动所造成的遗留效应会影响整个系统恢复的进程和方向。因此，退化草地的恢复需要一些干预措施来破除以上的限制因素。近年的研究发现，土壤接种的方法可以将废弃的农田恢复到非常接近于目标群落的状态。农业措施（包括耕作、施肥和使用杀虫剂）会对植物和土壤群落造成极大的扰动，降低土壤生物群落的多样性和影响土壤食物网的功能。通过接种演替晚期的土壤生物群落，可以促进演替晚期物种的生长，同时降低演替早期的杂类草物种，这表明接种演替晚期的土壤有助于演替晚期物种和土壤微生物之间正反馈关系的建立或恢复（Kardol et al.，2006）。

此外，草地补播改良的关键是重建目标物种并降低有害物种的发生。抑制有害物种的生长可以通过负的植物-土壤反馈作用达到，如通过接种植物病原菌等；而促进目标植物的生长则可通过正的植物-土壤反馈作用实现，如通过接种 AMF 等有益微生物。因此，接种土壤微生物可以同时抑制不利物种的生长并促进目标植物的生长。已有研究发现，甲基营养菌可以促进沿海鼠尾草灌丛中本地种的生长，而对入侵种没有显著的影响（Irvine et al.，2013）。因此，在将来的研究中，将植物-土壤反馈的原理应用于退化草地的改良中，一个重要的方面就是厘清植物-土壤反馈驱动植物群落变化的关键因子及其功能性机制。

总体而言，植物和土壤生物群落是紧密相关的，并在生态系统的进程中互相影响，植物-土壤反馈的净效应随环境和物种的不同存在很大的变异。深入理解其作用机制，能够帮助我们更好地设计和管理退化草地改良的目标和方向。植物-土壤反馈机制拓宽了对土壤生物群落的理解和利用，为退化系统的改良恢复提供了更多的可能性。

15.2.4　多样性与生产力关系理论

草原改良的最终目标是恢复或提升生产力、生物多样性及保持系统稳定性。生物多样性是草地生产力和生态系统稳定性的主要驱动因子。因此，理解生物多样性与草地生产力、稳定性的关系理论是草地改良恢复的前提。

1. 多样性与生产力

生物多样性是生态系统生产力、物质循环、凋落物降解等功能形成和维持的决定因素。生态系统中，消费者和分解者的生存直接或间接依赖于初级生产者的生产能力，因此多样性与生产力关系理论备受关注。Tilman 等（1996）率先利用田间控制试验证实了草地植物生产力与植物物种多样性之间的正相关关系，较高的植物多样性提高了限制性养分的利用效率，从而提高了草地植物生产力。随后，在草地、森林、淡水和海洋生态系统中的大量研究验证了生产力与物种多样性的正相关关系。

目前已有生态位互补性（niche complementarity）、选择效应（selection effect）、稀释效应（dilution effect）等理论解释物种多样性对生产力的积极作用。生态位互补性是指由于不同物种的生态位不同，对资源的需求不同，更多的物种出现时，能够更大限度地利用有限的资源，从而有助于提高生产力。选择效应是指在物种多样性更高的群落中，生产力高的优势种出现的概率更大，从而提高群落生产力的效应。稀释效应是指在物种多样性更高的群落中，单个物种的密度下降，具有宿主特异性的病害或择食系数较高的动物对单个物种的危害频度下降，从而提高群落生产力的效应。例如，与单播草地相比，在有 8 个物种的混作草地土壤中宿主特异性的真菌病害显著降低，而草地生产力明显增高（Mommer et al., 2018）。

然而，近半个世纪以来，物种多样性-生产力关系饱受争议，也可能呈负相关或中性关系。例如，van der Plas（2019）分析了在草原生态系统中已报道的 102 对物种多样性-生产力关系，发现：正相关占 39 对，负相关占 9 对，中性关系占 54 对；在温带森林生态系统中大约只有一半的研究发现了正相关关系。其主要原因是物种多样性-生产力关系受到环境因子变化、草地管理、试验时间、研究尺度和环境特异性等因素的影响。比如，在我国典型草原，较低的放牧强度可维持较高的生产力，羊草草原施氮肥一般会降低草地物种多样性而增加生产力，刈割则有助于多样性和生产力的维持，补播苜蓿被证明可提高草地物种多样性（图 15-3）。Thompson 等（2005）研究发现，草地物种生产力与多样性间呈负相关，原因是在物种数较少的群落中少数禾草是优势种，具有很高的生产力，而物种数较多的群落中，优势物种禾草的优势度降低，其他物种数增加，但其他物种对生产力的贡献极小，因而物种数越多，生产力却越低。

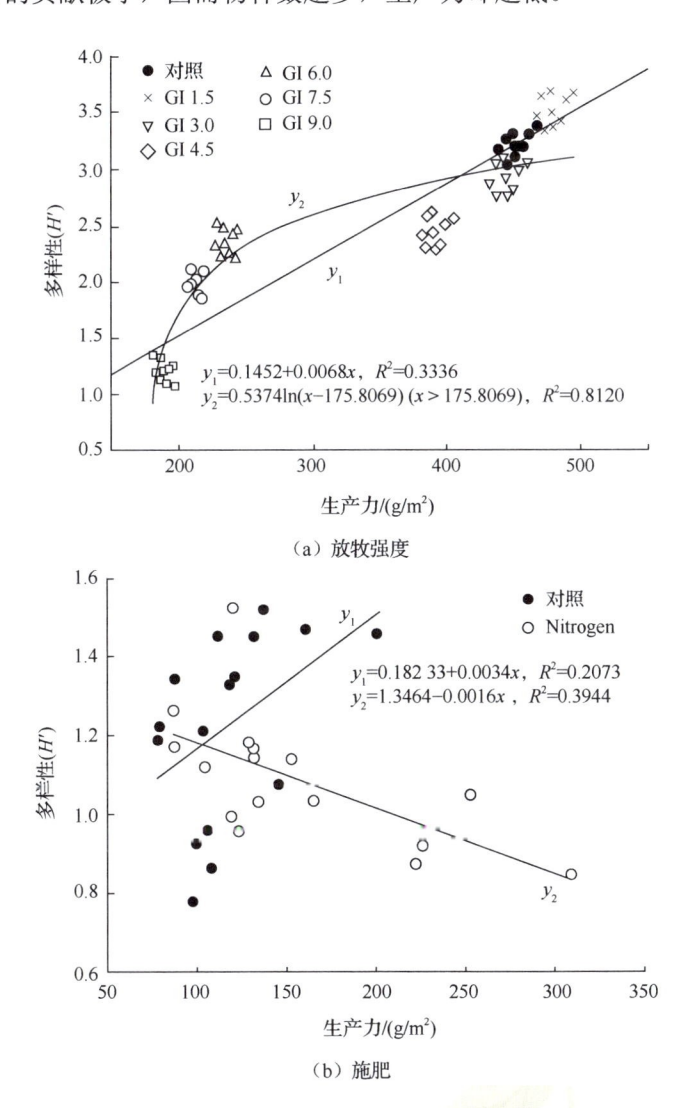

图 15-3　放牧强度、施肥、刈割和补播苜蓿对草地生产力与多样性关系的影响（Zhang et al.，2018b）

（c）刈割

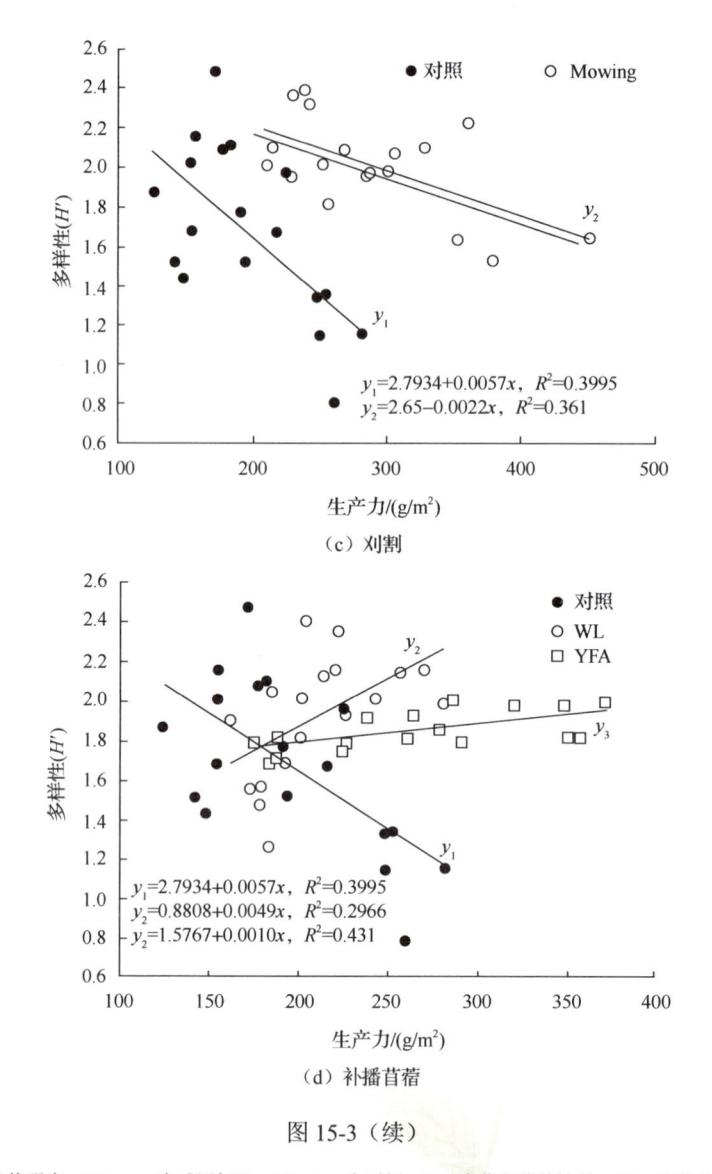

$y_1=2.7934+0.0057x$, $R^2=0.3995$
$y_2=2.65-0.0022x$, $R^2=0.361$

$y_1=2.7934+0.0057x$, $R^2=0.3995$
$y_2=0.8808+0.0049x$, $R^2=0.2966$
$y_3=1.5767+0.0010x$, $R^2=0.431$

（d）补播苜蓿

图 15-3（续）

注：GI 为放牧强度；Nitrogen 为试用氮肥；Mowing 为刈割；WL 为紫花苜蓿补播；YFA 为黄花苜蓿补播。

2. 物种多样性与稳定性

生态系统稳定性是指在干扰（环境因子变化和人为扰动）的情况下，生态系统保持功能稳定的能力，包括时间稳定性（temporal stability）、抵抗力（resistance）和恢复力（resilience）等。Elton（1958）最早提出，增加物种多样性能够提高生态系统稳定性，后期的大量模型研究或试验观测结果大体上支持这一假设。生产力的时间稳定性应用较广泛，一般被定义为一段时间内生态系统的平均生产力与生产力标准差间的比值，因此平均生产力越高或生产力的时间波动（标准差）越小，生产力的时间稳定性越强。

物种多样性对生产力时间稳定性的积极作用，可以通过保险效应（insurance effect）、组合效应（portfolio effect）和补偿效应（compensatory effect）解释。不同物种对干扰的响应不同，在物种数较多的植物群落中，物种的冗余度越高，在干扰后对生态系统功能的保持能力越高，称为保险效应。组合效应源于经济学术语，是指在受到干扰后，群落中各个物种的丰富度虽然会独立波动，但所有物种作为一个整体的波动幅度比单个物种的波动幅度要小得多的现象。补偿效应是指在受到干扰的情况下，某些物种丰富度降低导致其他一些物种丰富度升高的现象。Bai 等（2004）通过对内蒙古草原连续 24 年的多点观测研究发现，主要物种间的补偿效应是草地生产力时间稳定性维持的主要驱动因子。物种异步性（species asynchrony）也被用来解释物种多样性对稳定性的积极作用，是指在群落受到干扰情况下不同物种丰富度波动异质性的总和。如果所有物种对干扰的响应完全相同，那么物种多样性对稳定性没有任何作用；如果不同物种对干扰的响应不同，一些物种丰富度降低时，另外一些物种能够进行补偿，物种越多，物种异质性越大，出现这种补偿效应的概率就越大。因此，物种异质性可能也可以用来度量补偿效应。

物种多样性-稳定性关系也存在争议。有研究观测到物种多样性与稳定性呈负相关或中性的结果，与物种多样性-生产力关系类似，物种多样性-稳定性关系可能是受到多个因素的调节。例如，施肥可能会降低物种多样性对稳定性的积极作用，解耦多样性-稳定性间的正相关关系（Hautier et al., 2014）。物种多样性不仅对草地生产力形成和维持具有重要作用，而且对草地生态系统的其他功能（如凋落物降解、降低土壤侵蚀、碳氮固持、减少养分的淋溶）也有着决定性的作用。总的来说，保持草地生态系统的物种多样性是草地可持续利用的基础。

15.3　草地改良技术

15.3.1　草地施肥与灌溉技术

在草地利用过程中，特别是对于常年割草或放牧的草地，土壤养分随着草产品及畜产品的输出而被过量带出草地，在未得到有效补充的情况下，草地土壤肥力下降，严重影响牧草生长，导致生产力降低，使草地生态系统受到伤害。因此，为了恢复地力，增加产量，维持草地的营养平衡，需要合理施肥。一般来讲，天然草原依靠自然降水来满足植物生长的需求，但如果连续干旱，植物生长会受到严重的影响，因此在有条件的地方可采取适时灌溉措施提高草产量及增强草原生态功能。

1. 天然草原施肥技术

天然草原施肥需要在考虑生产力提升的同时，还要避免不合理施肥对生态环境造成危害，如多余的氮素会通过氨挥发、硝态氮的淋洗等方式对环境产生影响（朱兆良，2008）。土壤的基础肥力是决定施肥量的重要因素，基础肥力越高，草地的产量潜力就越大。因此，应该了解不同地区不同生态条件下的土壤供肥规律，土壤肥力越高，来自土壤的贡献率就越大，肥料效应就会相对较低。因此，了解土壤基础肥力对于因地制宜地制定肥料的管理措施具有指导意义。

氮和磷是我国草地生产力的主要限制因素。氮肥具有来源多样性、转化复杂、环境敏感性高等特点。氮肥的管理应在总量控制与实时监控的基础上，根据植物生长发育的不同阶段与草地其他管理措施（如刈割或放牧）相配合进行调控。磷、钾肥易于保持在土壤中，且具有长期的后效，因此可以在养分平衡的前提下采用长期监控的方式进行管理（张福锁，2011）。草原中80%以上的植物都与AMF共生，因此施肥应发挥AMF作用。Yang等（2016）研究发现，当内蒙古典型草原土壤中速效氮磷比大于1∶3时，草原土壤中AMF可提高草地生产力（图15-4）。在我国草原施入氮磷肥时，可使氮磷比大于1∶3。

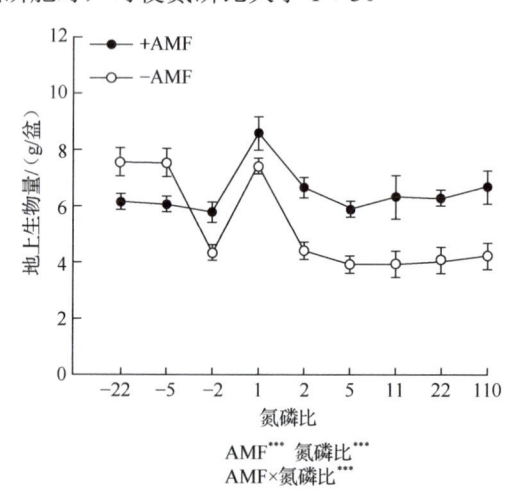

图15-4　AMF和氮磷比及其互作效应对典型草原群落生产力的影响（Yang et al.，2016）

注：AMF为丛枝菌根真菌接种处理。
*** 处理效应达到极显著水平。

自然条件下，土壤水分含量决定施肥效果。水分条件不好，限制牧草对肥料的吸收和利用。在我国北方草原区，干旱少雨，如能利用春季融雪水浸灌，在土壤解冻时及夏季雨季期间施肥，效果明显。在有灌溉条件的地区，施肥应与灌溉结合。据研究，在我国东北部以羊草为优势种的草地，羊草草地密度为 700 株/m² 以下，在羊草种子完熟后一个月内，降雨前撒施尿素 50~60kg/hm²，可使羊草草地密度增加 100%左右，饲草产量增加 150%以上（穆春生 等，2017）。

常用肥料种类有化肥、有机肥、微肥、菌肥等，但大面积天然草原很少使用复合化肥。以内蒙古羊草为建群种的典型草原为例，在施尿素 25~50kg/hm² 时羊草的生物量可提高 2~4 倍，施入量超过 50kg/hm² 时羊草生物量开始下降，星毛委陵菜（*Potentilla acaulis*）生物量增加明显（何丹 等，2009）。也可施入复合微生物肥料，常用复合微生物肥料有糖蜜发酵肥、海藻酸肥、腐殖酸肥等。在该地区以施用海藻酸复合微生物肥料效果最佳，施入量为 75g/m² 时羊草的地上生物量可增加 84%（万修福 等，2017）。也可选择有机肥，如施入蚯蚓粪和菌渣 45kg/hm² 时改良效果最佳，羊草增产效果显著（商丽荣 等，2019）。此外，在青藏高原的研究表明，施肥时间选择在 6 月中下旬。在藏北高寒退化草地的施肥试验表明，均匀撒施牛羊粪肥（1.2t/hm²）或有机肥（0.6kg/hm²）与氮磷肥（N，10g/m²；P_2O_5，5g/m²）配施均可获得较高草地生产力及较稳定的植物群落，并且增产效果可以延续数年（段敏杰 等，2016）。在新疆的山地草原也有通过施肥提高生产力的例子，天山北坡草甸在降雨前追施氮肥，追施时间选在牧草拔节期或初花期，施氮肥 225kg/hm² 时增产效果显著（侯钰荣 等，2016）。

对放牧地进行施肥改良，应在每次放牧之后进行；但因天然放牧草地可通过家畜排泄物等进行养分返还，一般可不施肥；对于利用过度、退化严重的个别放牧地，需要结合其他改良培育措施进行施肥。对割草地的改良应注意施好追肥，可在每年生长季开始阶段和结束阶段进行。对于割草地而言，生长季一般在初雨时期开始施入适量化肥，以氮、磷、钾肥为主。试验表明，在内蒙古以大针茅为建群种的割草地，施入磷酸二铵 40kg/hm² 时可增产 28%（刘美玲 等，2007）。秋季刈割后进行追肥，以磷、钾肥为主，目的是恢复牧草生长，增加分蘖，促进地下器官的发育和营养物质的贮存，利于越冬；也可追施腐熟的厩肥，可使牧草免受冻害，保持翌年春季土壤水分（韩建国，2009）。

2. 天然草原灌溉技术

在我国半干旱的草原区，水分是草地生产力的第一限制因子。我国草原区主要分布在降水量小于 400mm 的干旱半干旱地区，因此确定经济型灌水定额（以较小的灌水量，取得最大的经济效益），提高水分利用效率是非常必要的。典型草原天然草原的经济型灌水定额为冰草群落 1200~2800m³/hm²，羊草群落 1800~3700m³/hm²（山仑 等，2004）。相比人工草地，天然草原的灌溉多以保证牧场可持续发展、避免草原退化为目的，因此要根据降雨情况，适当进行灌溉。营养生长期应结合当地水资源供给情况，补充灌溉 1~2 次，每次灌水量为 600~900m³/hm²。

牧草在生殖生长期需水量较大，但牧区逐渐进入雨季，可根据实际降雨情况合理安排灌溉：遇丰水年可不灌溉；缺水年补充灌溉 1 次或 2 次即可，每次灌水量为 600～900m^3/hm^2。天然草原牧后或刈割后，可依据土壤墒情适当灌溉，以保证天然草场的再生。此外，在有条件的地方选择保水性能较好的草地进行适量冬灌，以确保天然草场顺利越冬和缓解春旱（杨天，2002）。灌溉方式有漫灌、沟灌和喷灌，其中漫灌可每年进行 2～3 次，如引洪淤灌，但淹浸时间不宜过长，以防发生涝害，不适宜坡度较大的草地；沟灌适用于渗水性较好的草地，沟间距 50cm 左右；喷灌与前两种灌溉方式相比，具有节省人力和水量等优点，但投资较大，需要消耗能源。

15.3.2　划破草皮、深松和浅耕翻技术

1. 划破草皮技术

划破草皮是改良退化草地的有效方法之一，是一种在不破坏天然草原植被的情况下，进行草地改良的机械化措施。草皮划破后，草地土壤的通气条件与透水性得以改善和增加，进而增加土壤肥力，植被根系呼吸能力及从土壤中吸收养分的能力均显著提高，从而恢复牧草生长发育条件，同时也对土壤的理化特性，特别是对土壤热量和温度状况有良好影响。随着土壤通透性等土壤条件的改善，植被成分逐渐发生变化，草地生产能力逐步恢复和提高。划破草皮还有助于天然播种：在草皮紧密的草丛中，成熟后脱落在草皮上的草种不易被表土掩埋覆盖，影响发芽出苗；草皮划破后，草种易脱落进入划破的土壤缝隙内，更易被土壤掩盖，有利于着床，促进发芽生长；幼苗也能顺利发育，以达到培育改良草地的目的。试验和实践证明，天然草原划破草皮一般增产 30%～50%，高者可增产达 2～4 倍。划破草皮适用于寒冷潮湿的高山草地和土壤水分常年较多的草地，这些草地放牧利用时间过长时，有机质逐渐增多，地表往往形成一层坚实的生草土，土壤通透性变差，草产量下降。划破草皮能使原有植物充分发育，尤其是促进根茎型牧草大量繁殖（图 15-5）。

(a) 改良前　　　　　　　　(b) 改良后

图 15-5　划破草皮的效果

草皮划破强度大小、划破干扰程度高低直接影响草地恢复情况。万秀莲和张卫国（2006）研究了在不同划破强度下高寒草甸植被组成、多样性、生产力的变化，结果表明：轻度划破干扰有利于提高草地物种丰富度和多样性指数，随着划破强度的增加二者趋于下降。禾草类组分随干扰强度的增加显著上升，莎草类和杂类草的变化则与之相反。划破草皮能显著提升草地初级生产力，显著增加优质牧草在植物总量中的比例。一般而言，如改良目标是提高草地的稳定性或放牧利用，则采用轻、中度划破强度；如改良目标是培育割草场，可采用重度划破强度。

划破草皮机具主要有无壁犁、翼型铲、圆盘切根松土机等，无论使用哪种机具，须确保只破碎草皮，而不使草皮翻转，以防跑墒。划破草皮的适宜时期，应选择在土壤水分适当时进行，一般可安排在早春或晚秋。早春土壤表层解冻以后，土壤含水量较高而宜于划破，而且随着畜群的放牧，将划破过程中所掀起的根土复合体，经畜群践踏，可起到粉碎覆盖作用，有利于当年牧草的生长。晚秋划破草皮，可使牧草种子易于掩埋，并且不会在生长季对草皮造成影响，当年牧草不减产，有利于草地繁衍。划破草皮深度应根据草皮层厚度及横走根茎距地表深度确定，过浅不能达到改良的目的。结合动力和生产效率，划破草皮深度一般可控制在 8~15cm 为宜，划破行距一般以 30~60cm 为宜。机具划破的裂隙幅度较大时，行距可以较宽；裂隙幅度较小时，行距可以较窄。在草皮不甚紧密时，其行距可以稍宽；十分紧密时，行距应较窄。行距过宽达不到划破草皮的改良效果，行距太窄会因天然草皮整个翻转或整块移位而不利于牧草的恢复。

为确保划破草皮取得预期效果，应选择地势较平坦的草地进行。缓坡草地应沿等高线进行，以避免雨水的冲刷而造成水土流失。在划破草皮的同时，可结合其他改良措施（如施肥、灌溉等），对恢复草地能起到非常有效的作用。

2. 深松和浅耕翻技术

草地退化会使土壤变得紧实、透气和透水性变差，影响土壤微生物活动及其生物化学过程，进而影响土壤的养分供应，降低草地生产力。为了改善这种土壤状态，有时需要对草地进行松土改良。常见的方法有深松和浅耕翻。深松能够破坏土壤板结，增加土壤孔隙度，起到通气、蓄水保墒的作用，促进植物根系生长。浅耕翻一方面将一部分植物活体和枯落物翻入土中，促进土壤微生物的活动和有机质的分解；另一方面将表层土壤疏松，提高土壤透气性，加快根系对水分和养分的吸收，同时可改变土壤种子库密度和结构。大量研究和实践表明，以羊草等根茎型禾草为主的草地，松土改良效果较好。

以东北地区的退化羊草草甸草原为例，当轻度退化草地土壤含水量为 16%～19% 时方可进行深松，深松时间可选在 6～8 月降透雨之后，松土深度为 16～18cm，辅以施肥，可显著提高草地生产力。中度退化草地应采用浅耕翻与施肥相结合的改良技术，作业时间为 6 月中下旬降透雨之后，利用机引三铧或五铧犁浅翻 15～18cm，然后重耙（1～2 遍）碎土，应连续进行作业防止长时间晒垡（任伟 等，2019）。内蒙古乌拉盖草原浅耕翻大针茅+羊草草原，羊草优势度从 62.1%提高到 96%，葱（*Allium fistulosum*）、冰草和寸草（*Carex duriuscula*）等适口性较好的植物优势度分别从 14.7%、13.0%和 10.8%提高到 25.4%、30.1%和 28.7%；而冷蒿和糙隐子草（*Cleistogenes squarrosa*）优势度从 64.2%和 77.1%分别下降到 30.5%和 15.8%（马志广和王育青，2013）。

15.3.3 草地免耕补播技术

草地免耕补播是在不破坏或少破坏天然草原的情况下，在草层中播种一些适应性强、高品质的优良牧草，以便增加草层植物种类成分、草地覆盖度，从而提高草地产量和品质。草地免耕补播是更新、复壮草群的有效措施之一。用乡土种作为补播物种更容易成功，补播后不仅可以恢复草地植被，缩短草地生态系统自然恢复进程，而且有益于改善群落结构，提高草地生产力，增加植被盖度和群落稳定性。但是，根据植物-土壤反馈作用机制，原生草地中植物在生长过程中不断向土壤输入化学物质，改变土壤的养分有效性、土壤微生物和动物活动等，进而影响后续或补播植物的生长。因此，根据植物-土壤反馈作用的类型，我们提出假说，对退化草原补播物种无论是乡土种还是引进种，其直接反馈或间接反馈都必须为正向或无影响，才有利于补播物种在退化草原土壤中成功建植。另外，由于草原环境的严酷，补播物种应具有根系发达、养分和水分竞争能力强，或有与土壤中的 AMF 及其他有益微生物快速形成共生体的能力。

欧美国家已将补播豆科牧草作为草地恢复和更新的主要方式。豆科牧草通过生物固氮，不仅能满足自身的氮素营养需求，也能将固定的氮传递给周围的非固氮植物，同时改善自身和土壤的养分水平，成为草地生态系统中的天然氮库。美国南达科他州在补播野苜蓿后草地生产力提高了 261%；美国东部短草草原在补播草木樨后，草地生产力增加 140%。对我国内蒙古呼伦贝尔地区天然羊草草地免耕补播野苜蓿进行研究，结果表明，补播后草地的草产量、牧草的蛋白质含量及相对饲用价值均有显著增加，补播草地土壤中有机碳和氮的固持能力也得到大幅提升（图 15-6）。

(a) 免耕补播作业后　　　　　　(b) 补播7年后

图 15-6　呼伦贝尔地区天然羊草草地免耕补播作业后及补播 7 年后的黄花苜蓿草地

对补播豆科牧草的天然草原进行适宜的管理，是维持豆科牧草在天然草原保持较高比例的关键。对于豆科牧草而言，土壤中有效磷含量是驱动其生长和维持的主要因素之一。我国北方草原土壤中磷素普遍缺乏，土壤中磷肥不足会严重抑制豆科植物生长及其固氮。磷在豆科植物的组织构成和生化活动中起到重要作用，施磷可以帮助豆科植物核糖核酸的合成，提高根瘤内豆血红蛋白含量，从而促进豆科植物结瘤固氮的能力，因而施磷是促进豆科建植和生长的重要手段。但在养分匮乏的土壤中施磷过量会导致草地多样性和稳定性降低，具体表现为外来物种入侵，部分草地物种丢失，土壤微生物群落功能减弱等。因此，补播豆科牧草之后，应根据当地土壤养分水平，确定合理施磷量，同时保证补播草地的生产与生态功能。

1. 补播草种的选择与准备

补播草种的选择，首先考虑生态适应性，以地方优良草种为主，根据不同草原类型的地理分布及自然条件（水热条件及土壤环境）选择适应性强、抗旱、抗寒等抗逆强的牧草品种；其次应选择对退化草原土壤的反馈作用呈中性或正反馈的营养价值高的优质豆科或禾本科植物，通常以该植被演替的顶级或亚顶级群落的优势植物和次优势植物或其相似种为最佳草种，如野苜蓿、苜蓿、无芒雀麦、披碱草和冰草等。所使用的牧草种子须经过检验、检疫，必须符合种子质量标准。在播种前对种子进行选种、浸种、消毒、硬实处理和去芒去杂，对苜蓿种子还需要进行根瘤菌接种。除可直接购买苜蓿商用包衣种子外，对野苜蓿、苜蓿裸种应进行根瘤菌接种或包衣，可在市场购买合格的苜蓿专用根瘤菌剂，自主筛选的根瘤菌剂应符合《农用微生物菌剂生产技术规程》（NY/T 883—2004）。退化草场适宜补播草种的参考播量见表 15-1。补播豆科牧草和禾本科牧草，建议豆科牧草和禾本科牧草的混作比例为 1∶1。

表 15-1　退化草场适宜补播草种的参考播量

牧草名称	播量（裸种或包衣种子）/（kg/hm²）	覆土深度/cm
苜蓿	15.0~22.5	1~2
野苜蓿	15.0~22.5	1~2
无芒雀麦	15.0~22.5	2~3
披碱草	22.5~30.0	2~3
冰草	15.0~22.5	2~3

2. 地区及地段选择与播期

适宜种植地区为年平均气温≥-5℃，极端最低气温不低于-45℃，极端最高气温不高于42℃，年降水量300mm以上或有灌溉条件的区域。选择地势相对平缓开阔、便于田间作业、土壤质地较好、排水良好、植被盖度在30%~70%的适合补播草种生长的退化草场。建植前测定0~30cm土壤的氮、磷、钾和有关微量元素含量及土壤pH，或者查阅当地土壤调查资料，了解土壤养分水平，以便制定施肥计划。

一般是在雨季前播种，使播种当年具有足够的生长时间，确保其能安全越冬。在东北湿润半湿润水分条件优越的草原区，采用春季（一般在4月下旬至5月下旬）补播。在北方干旱半干旱草原区，应选择雨季来临前的夏季抢雨补播，一般在6月上中旬至7月上旬。在青藏高原区，最迟在霜期到来前2个月播种，保证补播草种安全越冬。

3. 补播方式

补播前，若退化草地植被高度≥30cm，建议对原生植被进行机械刈割除杂，留茬高度5cm。用免耕补播机进行条播，行距通常为15~30cm，开沟、补播、覆土、镇压一次完成（图15-7）。根据不同的草地退化程度选择适宜的补播牧草草种。若退化草地植被盖度小于30%，建议补播禾本科牧草，播种行距为15cm，采用倒"T"形开沟器，开沟深度为3~5cm；补播与施基肥同时进行；种子和磷酸二铵（P_2O_5≥54%）以1∶3的比例充分混合后进行机器补播，覆土1~2cm。若退化草地植被盖度在30%~50%，建议补播苜蓿+禾本科牧草，播种行距为15~20cm，采用倒"T"形开沟器，开沟深度为3~5cm。补播与施基肥同时进行；将种子和磷酸二铵（P_2O_5≥54%）以1∶3的比例充分混合后进行机器补播，覆土为1~2cm。若退化草地植被盖度在50%~70%，可补播豆科牧草，特别是苜蓿，播种行距为20~30cm；当补播地区降雨大于400mm/年，采用双圆盘开沟；补播地区降雨小

(a) 免耕补播作业情况　　　　(b) 第2年植被情况

图 15-7　天然草原免耕补播作业情况及第 2 年植被情况

于 400mm/年，采用倒"T"形开沟器，开沟深度为 5cm；补播与施基肥同时进行；将种子和过磷酸钙（$P_2O_5 \geqslant 12\%$）以 1∶10 的比例混合后播种，覆土 1~2cm。若退化草地植被盖度大于 70%，原则上不需要补播，建议采用划破草皮或深松改良草地措施；但如果为了改善草场质量，可补播苜蓿。施基肥后，土壤有效氮含量应达到 15~25mg/kg，土壤有效磷含量应达到 10~15mg/kg。如果土壤速效钾含量未达到 100~150mg/kg，则应在后期追施钾肥。此外，在补播面积大、地形变化较大的地段可进行飞播。

4. 补播草地的管理

播种后实行围栏封育保护。对有苗面积率达不到标准的地块，应及时进行补播。每次放牧或刈割利用后应予以追肥，追肥的种类和数量根据土壤分析和牧草生长发育等具体情况确定。补播苜蓿草地，一般每年追施过磷酸钙 300kg/hm^2；同时追施含有钼、硼微量元素的肥料 45kg/hm^2，稀释 500~800 倍后喷施。补播苜蓿+禾本科牧草的草地以磷酸二铵为主，一般施入量为 25~30kg/hm^2。补播禾本科牧草的草地，一般应追施尿素，施入量为 50~60kg/hm^2，宜降雨前施用，有灌溉条件的地方施肥后应立即灌溉。补播草地一般当年不进行刈割，补播第 2 年可进行放牧或者秋季打草。如果打草，一般在苜蓿初花期（开花率 3% 以内）进行打草，留茬高度为 8~10cm。

15.4　展　　望

我国的天然草原为欧亚草原（Steppe）的一部分，虽然面积大，但与北美高草草原（Prairie）和南美潘帕斯（Pampas）高草草原及澳大利亚和非洲稀树干草原（Savanna）相比，具有气候寒冷、生长季短、生产力低等特点。在全球气候适宜的地方，大部分草原均被直接耕翻开垦为农田或多年生人工草地，而不适合开垦的草原通常被作为野生动物栖息地或以极低的放牧压进行利用。放牧和火烧通常作为高草草原和稀树干草原的管理措施，而施肥、补播或浅耕翻等改良措施则应用较少。由于我国人口压力大，随着牧区经济与社会的日益发展，草原过度放牧利用情况比发达国家严重，因此草原改良一直作为草原管理的重要内容。20世纪50年代起，甘肃农业大学在青藏高原实施划破草皮、施肥、灌水等草原改良措施，中国农业科学院草原研究所等在内蒙古典型草原和草甸草原实施了浅耕翻和补播等草原改良措施，均取得了良好效果。但由于对改良机制研究得少和改良机械落后，导致施肥和补播等草原改良技术没有得到广泛推广，草原退化的趋势没有被有效地遏制。

草原改良需要有能量和营养等外源输入，由于我国草原气候恶劣，草原改良需要更加谨慎。在草原放牧利用中，要杜绝草原退化的发生，应严格实施载畜量标准。一旦草原发生退化，应通过围封的措施加以恢复。对于禾草等建群种不再为优势种群时，应辅助施肥。如果土壤发生板结等，则需要划破草皮，深松或浅耕翻。对禾草等建群种缺失的草地，则必须实施免耕补播措施。目前，我国严重退化草地主要分布于农牧交错带和城镇周边等土壤和水热条件较好的区域，为了加快这些区域的生态恢复，应尽快地实施免耕补播。依据全国地理信息数据库、土壤数据库、全国气候图等相关资料，如果选择海拔低于4000m、坡度小于10°、沙粒含量小于50%、降水量大于300mm、日平均温度大于0℃、年积温高于1000℃的草原进行免耕补播，总面积至少可达4393.16万hm^2。其中，东北区免耕补播草原面积约有983.64万hm^2，占东北区草原总面积的69.39%；蒙宁区免耕补播草原面积约为1539.7万hm^2，占蒙宁区草原总面积的23.51%；青藏高原和西北区免耕补播草原面积分别为498.46万hm^2和192.9万hm^2，分别占其草原总面积的3.55%和2.25%（梁天刚，2017）。

草原改良犹如农田种植，甚至一些措施（如免耕补播）远比农田种植难度大，原因是免耕补播需要在原有植被不受破坏或少受破坏的情况下完成。因此，如何有效保证补播种苗成功定植，如何促进草原土壤中微生物发挥有效作用等机理迄今仍然空白，草原改良的原理和机制研究亟须进一步加强。另外，在国外草原改良技术运用得少，国内外均缺乏草原改良的配套机械，如防止水分蒸发的免耕补播机等，因此还需要加强配套草原改良机械设备的研究，而且必须使农艺和农工相结合，才能成功研制出高效的草原改良机械。

退化草原改良是当前我国草原生态建设最紧迫的任务，未来应加快对草原改良的原理、技术和配套机械的研究，才可能加快我国退化草原治理的速度，确保我国草原生态文明建设的顺利实施。

第16章

作物-家畜生产系统的管理与技术[*]

16.1 引 言

作物-家畜生产系统是作物生产与家畜生产相耦合的草地农业系统，也是世界上最重要的食物生产系统（侯扶江 等，2009）。作物-家畜生产系统中家畜生产发展与作物生产关系密切，系统多样性较高，收入来源多，抵御气候和市场风险的能力强。作物-家畜生产系统中作物和家畜互作的主要模式有：饲草作物、粮食作物和其他作物残茬地放牧家畜；饲草作物或粮食作物（小谷物）刈割后饲喂家畜或经加工调制后饲喂家畜；粮食作物籽粒饲喂家畜或经加工调制后饲喂家畜；粮食作物或经济作物的副产品、残余物饲喂家畜或加工调制后饲喂家畜；家畜为作物生产提供有机肥和畜力。

作物-家畜生产系统中家畜生产的主要特点是：畜禽种类繁多，饲养量大；饲料来源广泛、品种丰富而数量充足，家畜生产发展的条件较优越；以舍饲、半舍饲为主，经营较集约，管理水平较高；家畜生产能力较强，商品率较高，生产发展潜力大。各种科学技术在家畜生产中所起的作用不同：品种占40%，营养饲料占20%，疾病防治占15%，繁殖与行为占10%，环境控制占10%，其他占5%（李鹰，2005）。因此，选用优秀的种畜并建立相应的利用模式（如肉用家畜的杂交利用模式），建立高效繁育体系，供给营养均衡的全价饲料，提供适宜的生产环境，配套相应的疫病防控和饲养管理技术与工艺，使种畜的生产潜力尽可能发挥是提高作物-家畜生产系统生产力的基本技术策略。

16.2 家畜生产的理论与原理

家畜生产的理论涉及家畜遗传育种、营养饲料、**繁殖**、环境控制、饲养管理和疫病防控等领域。本节主要介绍营养素在家畜体内的转化、家畜采食调控、饲

---

[*] 本章作者：李发弟、李飞、乐祥鹏、李万宏、王维民

料营养价值评价、家畜生产力评价、家畜的选种、杂种优势、家畜繁殖调控、家畜配子与胚胎冷冻保存等原理。

16.2.1 营养素在家畜体内的转化原理

家畜为了维持自身生命活动并进行生产活动，需要从饲料中不断摄取各类营养物质，在体内经过消化、代谢等过程，将摄入的营养素转化为机体组成及产品。作物作为饲料为家畜提供能量、氮、矿质元素及维生素等，是支撑家畜可持续发展的重要物质基础，明确家畜利用营养物质的过程与作物营养价值及调控机理是合理利用作物饲料资源、实现家畜高效与优质生产的保证。

1. 家畜的消化系统

家畜的消化系统是由口腔、食管、胃、小肠（十二指肠、空肠和回肠）、盲肠、结肠及消化腺（如胰）及其他附属器官构成的系统（图16-1）。消化系统在动物营养过程中承担采食、消化、吸收、代谢和排泄5个关键功能环节。各类家畜的消化系统由于其种属不同而有很大差别，例如反刍动物（如牛、羊）较单胃动物（如猪、禽）复杂，成年反刍动物有功能强大的前胃系统，包括瘤胃、网胃和瓣胃，约占整个消化道质量的70%（图16-2）。

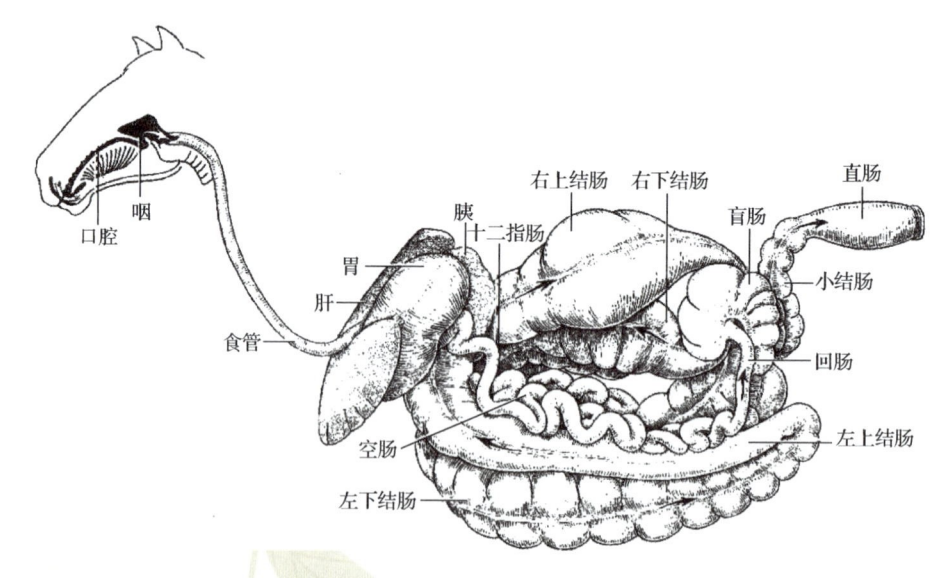

图16-1 马的消化系统模式图（西北农学院 等，1978）

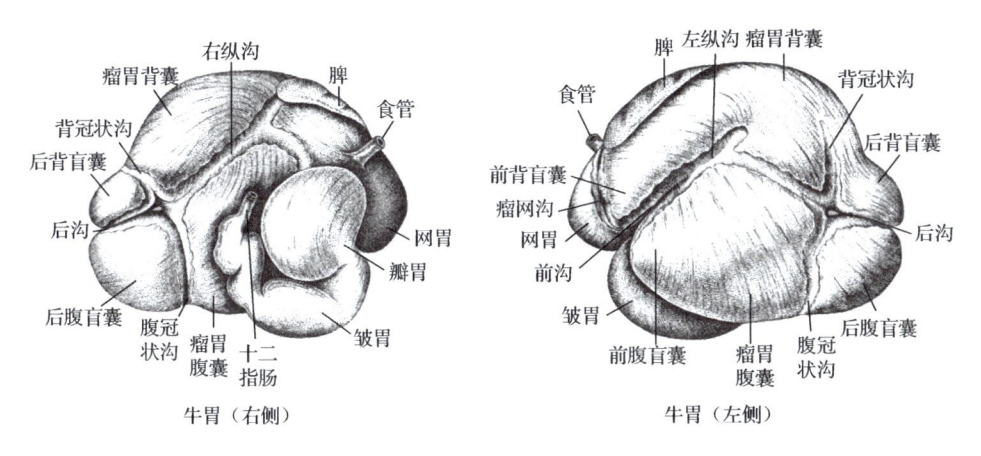

图 16-2　牛胃解剖结构模式图（西北农学院 等，1978）

动物的消化方式主要包括物理性消化、化学消化（酶消化）和微生物消化 3 种方式，相较于杂食动物，草食家畜在微生物消化方面功能强大。其中，反刍动物（如成年牛、羊）瘤网胃栖息大量的微生物，可降解富含纤维素、半纤维素的植物性饲料，生成挥发性脂肪酸（volatile fatty acid，VFA）；对于单胃草食家畜（如马），其微生物消化主要发生在大肠。

经过消化的营养物质变成小分子物质，在胃肠道进行吸收，其中小肠是营养物质吸收的主要部位，小肠上皮有大量的微绒毛，增加了营养物质与肠壁的接触面积，确保营养物质的高效吸收。小肠对营养物质的吸收，主要包括胞饮吸收、被动吸收和主动吸收方式。瘤胃也是重要的吸收器官，瘤胃中产生的氨和 VFA 主要通过瘤胃上皮吸收，吸收方式包括被动扩散和主动转运，其中主动转运主要依赖一元羧酸转运载体、钠氢交换转运载体等。

2. 能量的营养过程

家畜生命活动的维持需要能量的输入。动物能够利用饲料中营养物质的化学能，其中碳水化合物、脂肪和蛋白质是动物机体的主要化学能量来源。动物摄入食物的能量、损耗的能量及沉积的能量按照能量守恒定律进行，称为能量平衡。饲料中的能量在动物体内的转化过程见图 16-3。动物可利用的能量称为有效能。从消化代谢来看，不同层次的有效能包括消化能、代谢能和净能。

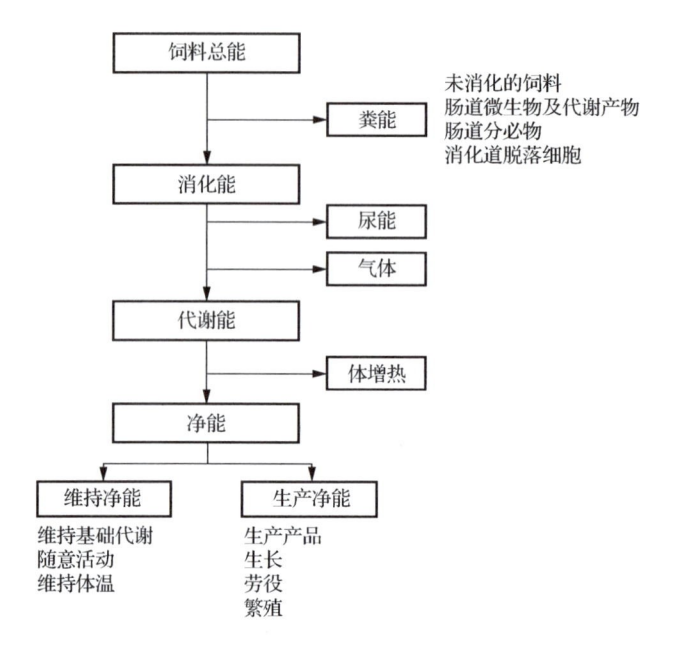

```
饲料总能 ──→ 粪能    未消化的饲料
                    肠道微生物及代谢产物
                    肠道分必物
                    消化道脱落细胞
   ↓
消化能 ──→ 尿能
       ──→ 气体
   ↓
代谢能 ──→ 体增热
   ↓
净能
 ├── 维持净能    维持基础代谢
 │              随意活动
 │              维持体温
 └── 生产净能    生产产品
                生长
                劳役
                繁殖
```

图 16-3　饲料中的能量在动物体内的转化过程

3. 碳水化合物和脂肪的营养过程

对于草食家畜，饲料中的碳水化合物是其能量的主要来源，饲料中的碳水化合物主要由纤维素、半纤维素、淀粉及单糖等构成。根据碳水化合物化学特性和营养功能，一般将碳水化合物分为非纤维性碳水化合物（non-fibrous carbohydrates，NFC）和中性洗涤纤维（NDF）两部分。NFC 主要在植物细胞内容物（淀粉和单糖）中，比 NDF 更容易消化。NDF 主要由纤维素、半纤维素和木质素构成。碳水化合物进入瘤胃后，部分被微生物降解成 VFA（主要为乙酸、丙酸和丁酸）、甲烷和 CO_2，VFA 经瘤胃上皮吸收后进入血液代谢供能，瘤胃中未消化的纤维性碳水化合物及 NFC 进入后消化道，其中淀粉被小肠内的酶消化成葡萄糖，经小肠吸收进入血液供能，未消化的纤维和淀粉排出体外（图 16-4）。

脂肪含量一般占家畜饲料的 3%～5%，也是家畜生产的能量来源。对于反刍动物，脂肪在瘤胃微生物作用下部分发生水解、去饱和及异构化。脂肪在瘤胃内水解成甘油和脂肪酸，甘油进一步分解成 VFA；其中不饱和脂肪酸在微生物作用下转化为饱和脂肪酸。经过瘤胃的脂肪进入皱胃被乳化，在十二指肠后被胰脂肪酶水解，并在胆汁酸作用下在小肠扩散进入肠上皮细胞，进入血液。

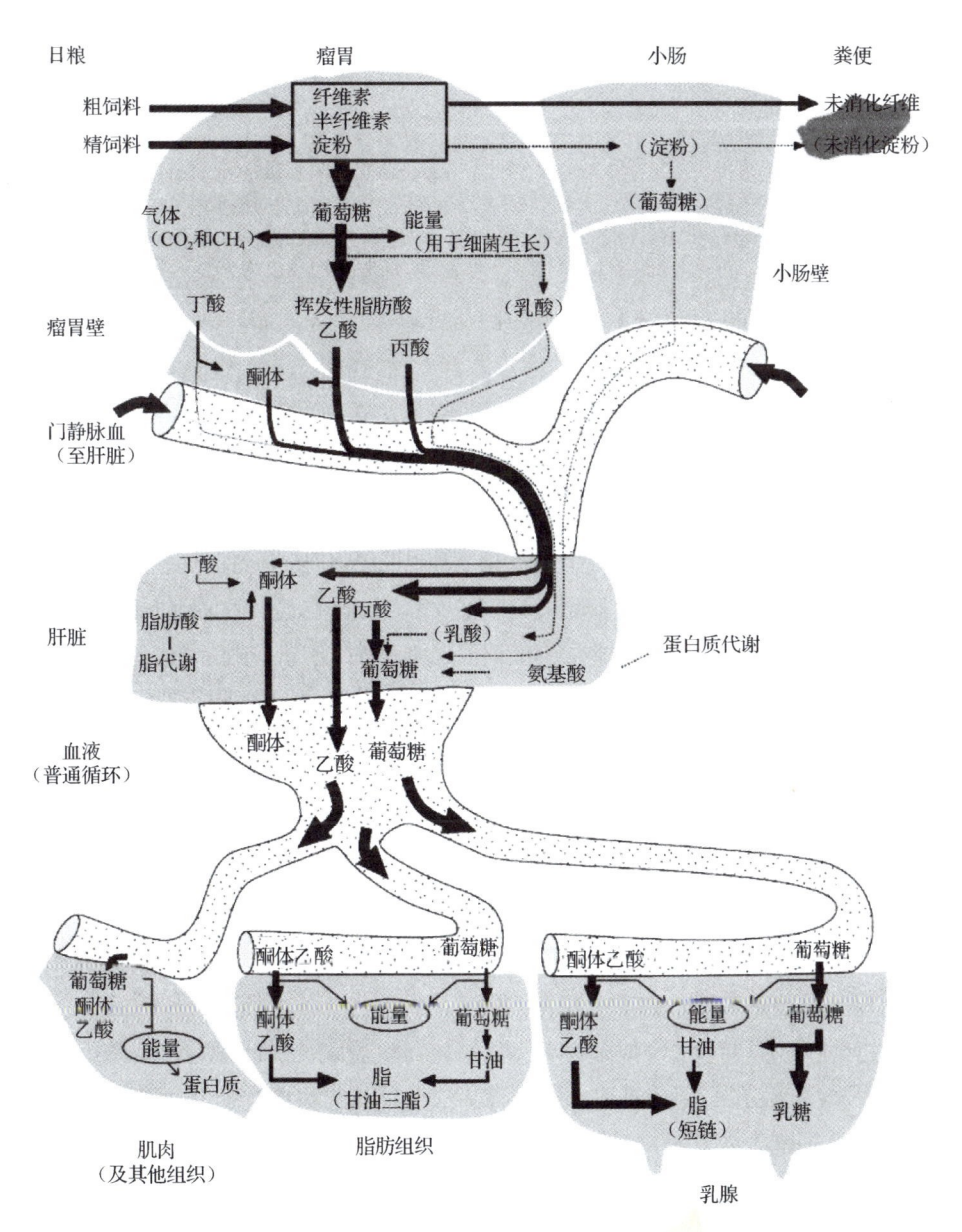

图 16-4　碳水化合物在反刍动物机体消化和代谢的过程（米歇尔，2004）

4. 蛋白质的营养过程

蛋白质是生命的物质基础，氨基酸是合成蛋白质的基本单位。在家畜生产中，饲料蛋白质的数量、比例及氨基酸组成是决定其生产性能、生命健康的重要因素。组成蛋白质的氨基酸有 20 种，通常分为必需氨基酸、非必需氨基酸和条件必需氨基酸三大类（表 16-1）。对于反刍动物，其瘤胃内微生物能够利用非蛋白氮（nonprotein nitrogen，NPN），如尿素和铵盐，合成微生物蛋白质（microbial protein，MCP），在小肠分解成氨基酸被吸收供给其生命活动。

表 16-1　必需氨基酸、非必需氨基酸和条件必需氨基酸

必需氨基酸	非必需氨基酸	条件必需氨基酸
组氨酸	丙氨酸	精氨酸
异亮氨酸	天冬酰胺	半胱氨酸
亮氨酸	天冬氨酸	谷氨酰胺
赖氨酸	甘氨酸	脯氨酸
蛋氨酸	丝氨酸	酪氨酸
苯丙氨酸	谷氨酸	—
苏氨酸	—	—
色氨酸	—	—
缬氨酸	—	—

资料来源来：印遇龙等（2014）。

反刍动物采食饲料后，饲料中的蛋白质有 30%～80%在瘤胃中被微生物降解成小肽、氨基酸和氨，其中部分降解产物用于合成微生物蛋白质，部分氨经瘤胃吸收进入肝脏合成尿素，参与瘤胃氮素循环（图 16-5）。微生物蛋白质和饲料中未降解的蛋白质共同进入皱胃和小肠，被动物分泌的消化酶消化为小肽和氨基酸，其中氨基酸和小肽主要在空肠吸收进入血液参与氨基酸代谢。对于单胃动物，其饲粮蛋白质主要在胃和小肠内经各类蛋白酶消化成氨基酸和小肽，经肠壁吸收参与体内的氨基酸代谢（图 16-6）。

5. 不同畜种的饲料转化效率

不同畜种由于消化系统结构不同，其日粮类型及对不同日粮的利用效率也存在差异。家禽胃肠道相对较短，其大肠发酵能力较弱，难以有效利用日粮中的纤维，其日粮中必须要配合纤维含量较低而易消化的碳水化合物（如玉米），并避免使用富含纤维的原料。杂食家畜（如猪）的消化系统比家禽能更有效利用植物纤维，但低于草食动物（如马、牛），一些短纤维饲料（如大豆皮）可以配合到杂食家畜饲粮中。反刍动物能够有效利用富含植物纤维的饲料，用于提供能量，

同时反刍动物瘤胃中的微生物可将非蛋白氮原料转化为微生物蛋白质，参与机体蛋白质代谢，而家禽与杂食家畜只能利用真蛋白质，反刍动物在利用蛋白质和植物纤维方面较家禽和杂食家畜有优势。

由于不同畜种消化系统的差异，集约化生产的不同畜种日粮原料典型构成也不同（表16-2）。一般泌乳奶牛日粮中含有35%~45%富含纤维的粗饲料和25%~30%的谷物籽实；育肥羊日粮中含有10%~30%的低质粗饲料和30%~40%的谷物籽实；育肥猪的饲料中谷物籽实为60%~65%，蛋白质饲料以豆粕为主，占日粮的20%~25%；生长肉鸡的饲料中谷物籽实占50%~60%；产蛋鸡的饲料中谷物籽实占55%~60%。此外，育肥猪、生长肉鸡及产蛋鸡饲料中一般添加一定比例植物油以提供能量。

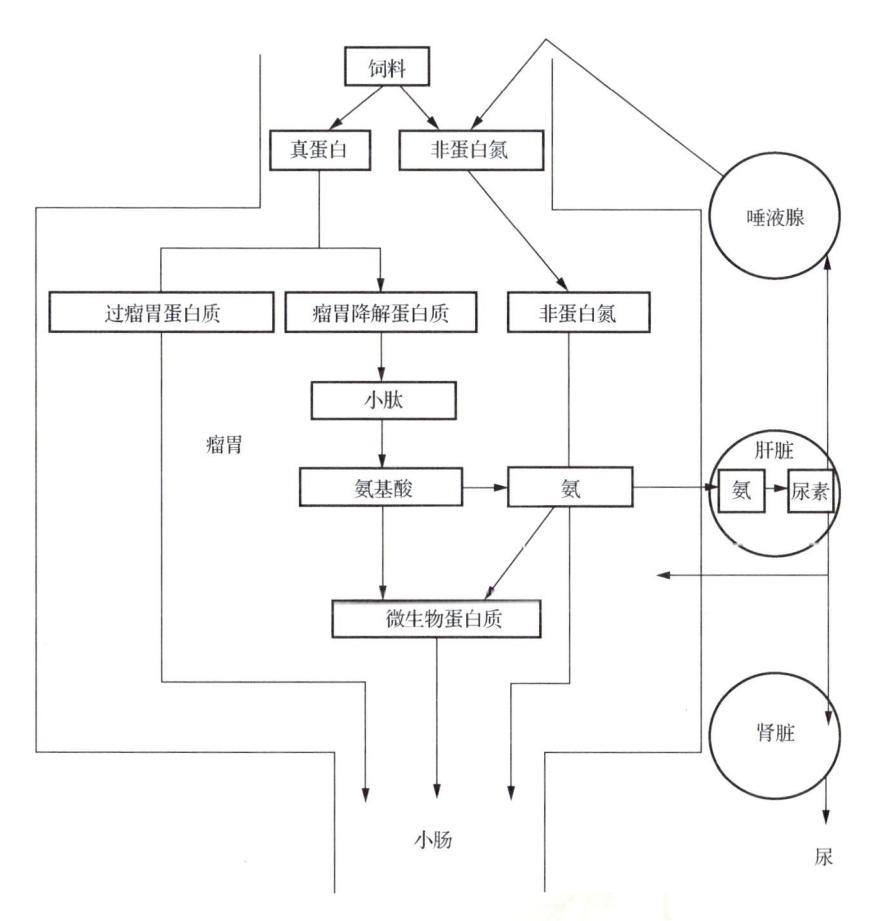

图16-5 蛋白质在反刍动物瘤胃及机体代谢模式图（McDonald，2010）

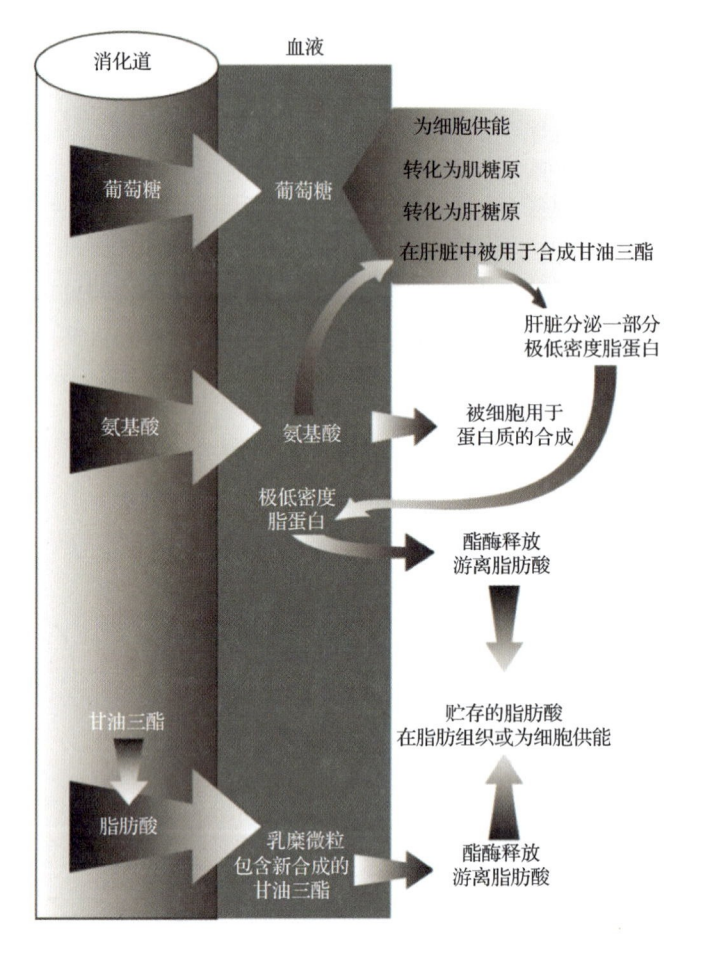

图 16-6 葡萄糖、氨基酸、甘油三酯吸收后代谢过程（Frandson，2009）

表 16-2 集约化生产的不同畜种日粮原料典型构成（DM 基础） （单位：%）

日粮原料	泌乳奶牛	育肥羊	育肥猪	生长肉鸡	产蛋鸡
苜蓿干草	10~15	—	—	—	—
玉米青贮	25~30	—	—	—	—
作物秸秆	—	10~30	—	—	—
谷物籽实	25~30	30~40	60~65	50~60	55~60
蛋白质饲料	15~20	10~15	20~25	15~20	25~30
作物副产物	15~20	15~25	10~15	10~15	1~5
植物油	—	—	1~2	2~4	1~2
矿物质	2~3	2~3	1~2	2~3	8~10

注：DM 为干物质。

各类家畜由于饲料结构组成的不同及消化生理特点的差异，最终影响其营养利用效率。家禽和猪对谷物中的能量利用效率高于绵羊和牛，这是由于大量谷物在反刍动物瘤胃中被微生物降解产生 VFA，这一过程伴随热量产生及甲烷和 CO_2 等气体排放（表 16-3），造成能量的浪费。反刍动物相比猪鸡更能利用富含纤维的植物性饲料供能，其可利用的饲料来源更加广泛，尤其是对干草及青贮的利用效率较高。

表 16-3　饲料原料为畜禽提供的能量及分配

畜禽名称	饲料[1]	总能/（MJ/kg）	能量分配/（MJ/kg） 粪便	尿	甲烷	代谢能 数量/（MJ/kg）	比例/%
家禽	玉米	18.4	2.2	—	—	16.2	88.0
	大麦	18.2	4.9	—	—	13.3	73.1
猪	玉米	18.9	1.6	0.4	—	16.9	89.4
	大麦	17.5	2.8	0.5	—	14.2	81.1
绵羊	大麦	18.5	3.0	0.6	2.0	12.9	69.7
	黑麦草	19.5	3.4	1.5	1.6	13.0	66.7
牛	玉米	18.9	2.8	0.8	1.3	14.0	74.1
	大麦	18.3	4.1	0.8	1.1	12.3	67.2
	苜蓿干草	18.3	8.2	1.0	1.3	7.8	42.6

资料来源：Wu（2017）。
1 同种饲料根据不同试验研究其总能含量存在差别。

在集约化生产中，畜禽蛋白质的利用效率不断提升。蛋白质沉积效率优先次序为肉鸡＞产蛋鸡＞育肥猪＞奶牛＞育肥牛（表 16-4）。反刍动物对蛋白质的利用和沉积效率低于家禽及猪，但反刍动物饲料中蛋白质原料主要为棉籽粕、菜粕、玉米酒精糟等杂粕及非蛋白氮和豆科牧草，反刍动物能将上述低品质的含氮化合物转化为品质较高的微生物蛋白质，而家禽及猪饲料中蛋白质主要以豆粕和晶体氨基酸为主，其价格远高于杂粕等原料。

表 16-4　集约化生产不同畜禽饲料氮转化产品的效率与生产效率

动物	饲料蛋白质/%	生产周期/周	蛋白质沉积效率/%	生产效率	
肉鸡	18～22	6	39.9	料重比	1.3～1.8
产蛋鸡（鸡蛋）	16～20	55	34.0	料蛋比	2.0～2.2
育肥猪	16～17	25	29.6	料重比	2.6～3.2
奶牛（牛奶）	16～18	44	19.7	料奶比	0.6～0.8
育肥牛	13～15	54	18.9	料重比	7.0～8.0

资料来源：Wu（2017）。

不同家畜饲料转化效率的差异主要是由于消化系统结构、生产目标与饲料类型不同导致的，因此家畜的集约化生产需要考虑不同畜种的日粮构成、消化生理特点与生产目标，调整饲料供应方案。

16.2.2 家畜采食调控原理

采食行为是动物最重要的生理行为，虽然受到多种机制的控制，但中枢神经系统的调节是最为关键的，也是最高级别的调节。中枢神经系统可以整合及加工复杂的食物信号，信号经过处理及整合后刺激摄食中枢兴奋，使动物产生饥饿感或者饱腹感，从而调节动物的采食行为。虽然目前对于采食量调节的具体神经系统的准确定位还不清楚，但已经有研究报道下丘脑在协调中央控制采食中起到主导作用（Schwartz，2000）。神经、营养及激素信号都具有直接或间接地使下丘脑与肠道、胰腺、肝脏、脂肪组织之间建立通信网络的作用。目前的采食调控理论包括血糖稳恒控制理论、体温调控理论、体脂稳恒理论和日粮营养平衡理论等。

1. 血糖稳恒控制理论

动物机体内的血糖水平会影响动物的采食量。研究表明动物采食后，机体内血糖水平会升高，而采食欲望降低，说明较高的血糖水平会抑制动物采食，而在下一次采食前其血糖水平又会下降到与之前相近的水平。有学者给动物注射胰岛素后发现，其体内血糖水平显著下降，并使动物采食欲望明显增强，说明血糖水平较低会促进动物采食。动物机体内血糖含量高低反馈性地刺激动物采食中枢，影响动物的采食行为。

2. 体温调控理论

体温调控理论指出，动物采食的目的是为了满足自身的能量需求，食物进入动物体内，经过消化、代谢等过程产生热量，而体内的日粮作为一种信号，反馈到能量稳态机制，机体会据此来调节动物采食，即为保持温度而开始采食，为防止体温过高而减少采食；另外，外界环境中的热量，也可以通过机体表面经过血液等途径传递至中枢，进而启动能量稳态机制，调节动物的采食行为。

3. 体脂稳恒理论

不管饲料或者食物的质量和气候如何变化，成年动物都趋于保持体重稳定，体脂稳恒理论是在此基础上观察提出的。动物在成年以后，其机体骨和肌肉已经基本完成沉淀，不会再发生较大的变化，所以之后的体重变化主要取决于其脂肪含量。成年动物在正常情况下体重都可以达到一个稳定的状态。该理论认为，动物都有一个体重稳态机制，通过感受机体脂肪含量来调节采食：当机体脂肪不足时，使动物大量采食来促进脂肪沉积；当脂肪过多时，则抑制动物采食，使机体脂肪含量返回至正常水平。

4. 日粮营养平衡理论

动物日粮中的营养成分不同，也会影响动物的采食量。反刍动物日粮若缺乏蛋白质会影响瘤胃发酵，降低动物采食量；同样若蛋白质水平过高，也会降低干物质采食量（dry matter intake，DMI）。在一定范围内，饲粮能量水平升高，为动物瘤胃微生物提供高能量，会提高其降解粗纤维的能力，从而减少粗饲料在瘤胃中的滞留时间，增加了动物的采食量；但超过一定的阈值，就会降低动物的采食量。另外，日粮中的矿物质和维生素水平也会影响动物采食；特别是一些抗营养因子，会直接降低动物的采食量。

16.2.3 饲料营养价值评价原理

饲料营养价值是指饲料完成某种营养或营养生理功能的能力，具体指饲料本身所含营养成分及这些成分被动物利用后所产生的营养效果和沉积效率。饲料本身的营养成分包括概略养分、纯养分和功能养分等，而营养效应的响应参数根据营养组成不同也存在差异。饲料营养价值评价方法包括化学分析法、生物学评价法与感官评价法。其中，化学分析法包括概略养分分析、纯养分分析、范氏纤维分析体系及抗营养因子分析等；生物学评价法包括消化试验、平衡试验、饲养试验、比较屠宰试验及同位素示踪和外科造瘘等。感官评价法是指通过饲料颜色、气味和手感等指标对其营养价值进行定性评价的方法。准确、系统地评定饲料营养价值是科学设计日粮配方、充分利用饲料养分、实现动物精准饲养的重要基础，也是提高动物饲料效率、减少废弃物排放的重要手段。

1. 化学分析法基本原理

化学分析法是指对饲料中的化学组成进行定量分析测定以确定各类饲料营养价值的最基本方法。

饲料中的营养物质根据化学成分分为几类，包括水、碳水化合物、含氮物质（非蛋白氮、真蛋白）、脂类（脂肪及有机酸）、矿物质和维生素等（图16-7）。具体养分评价时可采用多种化学分析法。目前最常用的方法为概略养分分析法。测得的组分包括水分、粗灰分（ash）、粗蛋白质、粗脂肪、粗纤维与无氮浸出物六大类。该法测得的各类物质，并非化学上某种确定的化合物，故称之为"粗养分"。尽管该方法长期应用于饲料养分分析，但通过该方案分析的营养物质不是纯营养物质，不能准确反映饲料营养价值的化学本质。为克服概略养分分析法的缺点，Van Soest纤维分析法广泛用于分析饲料中的纤维组成，该方式能够较准确地评估饲料纤维物质的组成。

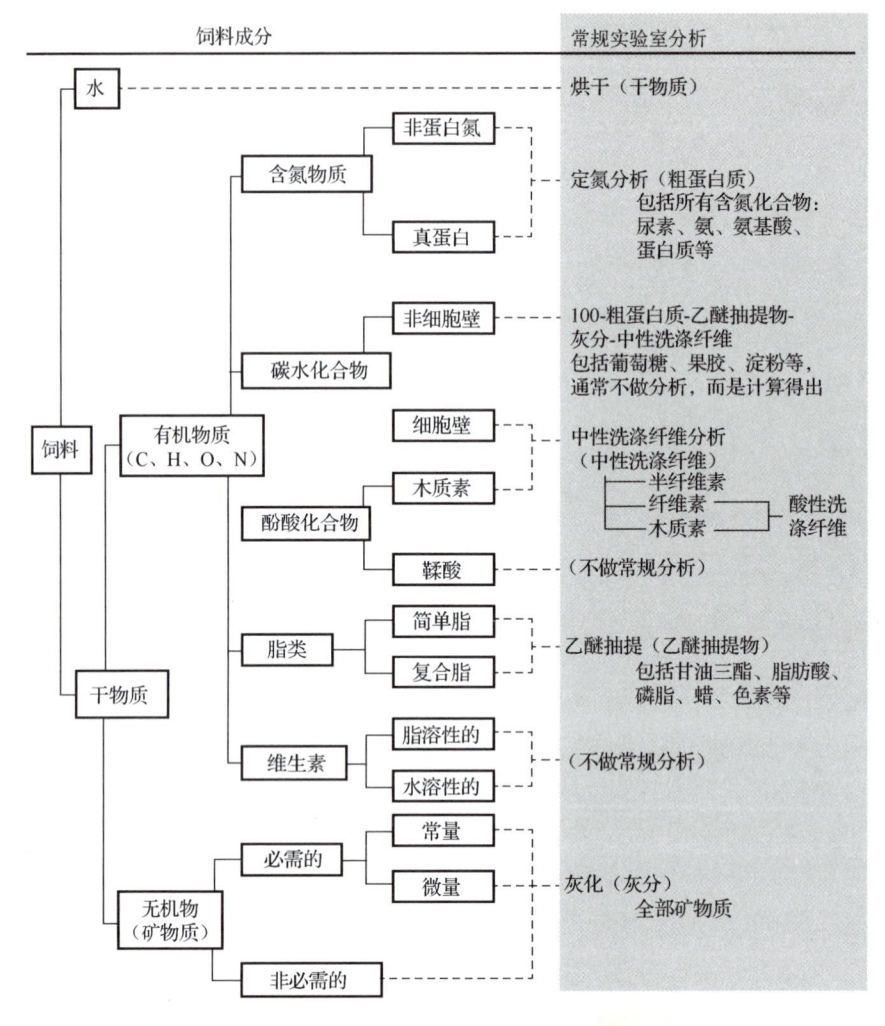

图 16-7　饲料的主要化学组成及分析原理（米歇尔，2004）

在反刍动物饲料营养价值评价体系中，美国康奈尔大学的科学家提出了康奈尔净碳水化合物和净蛋白体系（Cornell net carbohydrate and protein system，CNCPS）。这是基于饲料营养组成的化学溶解性与瘤胃降解特性关联的饲料评价体系，对饲料中的含氮物质和碳水化合物进行详细划分（表 16-5），将碳水化合物分为 8 类、含氮物质分为 4 类，体现了化学分析的营养物质与反刍动物消化利用的关系，通过对饲料化学成分的分析并结合各自成分相应的瘤胃降解与外流速度，在一定程度上解决了传统营养物质化学分析不能真实反映营养物质在动物体内消化利用的问题。

表 16-5 CNCPS 对饲料成分的划分及瘤胃降解速率

名称	组成	瘤胃降解速率/(%/h)
CA1	挥发性脂肪酸	0
CA2	乳酸	7
CA3	其他有机酸	5
CA4	水溶性碳水化合物	40~60
CB1	淀粉	20~40
CB2	可溶性纤维	20~40
CB3	可利用的 NDF	1~18
CC	不可消化纤维	0
PA1	氨	200
PA2	可溶性真蛋白	10~40
PB1	不溶性真蛋白	3~20
PB2	纤维结合蛋白质	1~18

资料来源：Higgs 等（2015）。
注：CA 为碳水化合物 A；CB 为碳水化合物 B；CC 为不可消化纤维；PA 为含氮化合物 A；PB 为含氮化合物 B。

随着对饲料养分的深入认识，人们发现饲料中不仅有营养物质，还有兼性营养物质、营养活性物质和反营养物质。其中，营养活性物质主要包括抗氧化物质、微生物物质、糖类、酶类、乳化剂、色素、风味剂及不可消化性多聚糖。营养活性物质的含量较低，存在形式有差异，功能丰富，针对酶活性、维生素和抗氧化物质多采用当量分析法，如酶活性多表示为单位时间降解特异性底物的速度；对于抗氧化物质，较多采用该物质的还原力或清除自由基的能力。针对部分色素、糖类及抗氧化剂，多采用高分辨率设备进行检测。

2. 物理营养特性评价

在饲料营养价值评价体系中，长期以来一直主要关注饲料的化学营养组成，而对饲料的物理营养特性关注较少。饲料的物理营养特性是反映其营养价值的重要方面，体现饲料物理特性的指标主要有粒度、容重、溶解性、硬度、充盈度、韧性、颜色等。这些营养特性能够反映其被动物采食的潜力、可消化性、美拉德反应程度及采食行为等。

16.2.4 家畜生产力的评价

家畜生产力，也叫家畜生产性能，是指家畜最经济有效地生产畜产品的能力。家畜的生产性能是个体鉴定的重要内容，也是代表个体品质最有意义的指标；是对种畜进行遗传评估的最基本依据，也是选种过程中决定选留与否的决定因素。家畜生产力的评价，即家畜生产性能测定，是指对家畜个体具有特定经济价值的某一性状的表型值进行评价的一种措施，是一切工作的基础，没有家畜生产性能测定，就无从获得家畜管理和育种工作所需要的相关信息，家畜管理和育种工作就无法开展。

家畜生产力的评价主要有如下作用：可为估计家畜重要经济性状的遗传参数提供信息；为评价畜群的生产水平提供信息；为畜牧场的经营管理提供信息；为评价不同的杂交组合提供信息；为确定饲养家畜品种和饲养量提供依据；为制定育种规划提供基础信息。

生产性能是代表个体品质最直观的指标，是个体鉴定的重要组成部分。根据用途的不同，可将家畜分为肉用、乳用、绒毛用、蛋用、繁殖和役用六大类。肉用性能测定主要针对猪、肉牛、肉羊和肉鸡，包括育肥性能、屠宰性能和肉品质。育肥性能又包括日增重、饲料转化率等；屠宰性能包括宰前活重、胴体重、屠宰率、背膘厚度、眼肌面积、骨肉比等；肉品质的测定指标主要是肉的pH、肉色、保水性、大理石花纹、嫩度、熟肉率和肉的风味等。乳用性能测定主要针对奶牛和奶羊，尤其是奶牛，衡量产奶能力的指标主要包括305d产奶量、乳中蛋白质含量、乳中脂肪含量。随着近年奶牛生产的标准化、自动化，目前又对奶牛的排乳速度、前乳房指数进行测定。当然，乳房炎抵抗力和奶牛使用年限也十分重要。绒毛用性能测定主要针对细毛羊和绒山羊等以产毛为主要经济目的的家畜，测定的指标包括产（绒）毛量和毛（绒）的细度、长度、密度、油汗、羊毛弯曲、白度和伸直强度等。蛋用性能测定主要针对蛋禽，测定指标包括一定时期内的产蛋数、蛋重、总蛋重、蛋料比、蛋壳强度、蛋白品质、蛋中血斑和肉斑的含量、蛋形指数、蛋壳颜色等。繁殖性能测定针对母畜，包括受胎率、产仔或者产羔能力、断奶仔畜成活率等指标，针对公畜主要是睾丸大小、精液量及反映精液品质的精子密度、精子活力、精子畸形率等指标。役用性能测定主要针对役用家畜，主要测定家畜的挽力、驮载能力、速度和持久力。但随着社会的发展，在我国大部分地区家畜的役用能力已慢慢失去经济价值。

世界各国，尤其是畜牧业发达的国家，都十分重视生产性能测定工作，并逐渐形成了对各个畜种的科学、系统、规范化的性能测定系统。我国家畜育种工作的总体水平与世界发达国家相比有较大差距，造成这种差距的主要原因之一就是缺乏严格、科学和规范的生产性能测定，这严重影响了育种工作的开展和效率。在我国，生猪和家禽性能测定的智能化、自动化程度较高，而牛、羊等畜种生产性能的测定还停留在人海战术阶段，通过大量的人力、物力获得的性能测定数据准确性不高，对育种指导性不强。在这一方面，我国需要引进吸收和自主研发一批适于我国国情的自动化、智能化、便于操作的性能测定系统，特别是研发针对畜禽胴体组成、肉质等性状的活体测定技术体系。

16.2.5 家畜的选种

家畜的选种是指按照既定的目标，通过一系列的方法，从畜群中选择出优良个体作为种用的过程。其实质就是限制和禁止品质较差的个体繁衍后代，使优秀个体得到更多的繁殖机会，扩大优良基因在群体中的比率。否则，不加选择或选择不当，畜群品质将会很快退化。

在选种过程中决定留种的依据是性状测定的数据。家畜的性状按它的表现方式和人们对它的考察、度量手段来看，基本上可以分为三大类：一类性状的变异可以截然区分为几种明显不同的类型，一般用语言来描述，称为质量性状（qualitative trait），如猪的毛色、鸡冠的形状、牛角的有无等；另一类性状则不同，它的变异是连续的，个体间表现的差异只能用数量来区别，称为数量性状（quantitative trait），如体重、体尺、产奶量和饲料转化率等；还有一类性状可以度量，表型值不连续，需要达到一定的阈值才能表现出来，称为阈性状（threshold trait），如动物的产仔数。

质量性状一般由单个或者少数几个基因座控制，性状的表现不受或者很少受环境因素的影响，因此对质量性状进行选择的基本工作是判定特定基因型（张沅，2001）。鉴于大多数质量性状的不同基因型与表型性状对应，故可以根据表型来确定其基因型。当然，对于不同遗传方式的性状，判别其基因型的方法和难度有所不同，除了依据畜群的表型分析和系谱分析外，必要时还需要组织测交试验，以期基因型出现更典型的分离，然后做进一步的统计分析。质量性状的选择主要有对隐性基因的选择和对显性基因的选择。对隐性基因的选择是对显性基因的淘汰，因为显性纯合子和杂合子的表型相同，故可以根据表型鉴别一次性地将显性基因全部淘汰；对显性基因的选择是淘汰群体中的隐性基因纯合子和携带者，一方面可以根据表型淘汰隐性纯合子个体，另一方面则需要通过测交鉴定显性杂合子个体（表16-6）。

表16-6 质量性状、数量性状和阈性状的比较

性状	遗传基础	表型	环境影响
质量性状	少数主基因	不连续变异	影响小
数量性状	微效多基因	连续变异	影响大
阈性状	微效多基因	不连续变异	影响大

数量性状受微效多基因控制，性状的表型除受到基因型的影响，还在很大程度上受环境因素的影响，因此很难和质量性状一样选择。选择差和选择反应是影响数量性状选择效果的关键因素。选择差是由被选择个体组成的留种群数量性状的平均数和群体均数的差值，表示的是被选留种畜所具有的表型优势，它受到留种率和性状的表型标准差的影响。选择反应则表示通过选择，在一定时间内，使数量性状朝着育种目标方向的改进量，代表了被选留种畜所具有的遗传优势。目前针对数量性状的选择主要依据个体的育种值，但随着科学技术的发展和高新技术的应用，人们能够找到与某些数量性状相关的分子标记，实施标记辅助选择（marker-assisted selection，MAS），将会进一步提高目标性状的选择成效。但是数量性状是受分布在基因组上的众多遗传变异控制的，仅用鉴定出的一个或少数几个基因解释性状的变异是不全面的。因此，数量性状理想的选择方法是在全基因组层面上充分利用基因组的信息，鉴定出造成目标性状表型的所有遗传变异，并对其进行利用，这就是全基因组选择。

选种的方法主要有个体选择、系谱选择、后裔选择和同胞选择。个体选择就是以家畜个体性状表型值大小为基础的选择，即根据该个体的生长发育、体质外形和生产力这几方面的实际表现来推断其遗传型优劣的。个体选择是其他各种选择的基础，因为第一祖先和后代的品质也都是个体品质，具有同样的要求和一致的鉴定指标。所谓系谱选择，就是根据系谱中记载的祖先资料（如生产性能、生长发育）及其他有关资料进行分析评定的一种选择方法。后代的品质很大程度取决于其祖先的品质及其遗传稳定情况，如果祖先好而又遗传性稳定，则所生后代定然较好。后裔选择就是以后裔的表现为基础的选择，它是在比较一致的条件下对几个亲本的后裔进行比较测验，然后按各自后裔的平均成绩确定对亲本的选留与淘汰。同胞分全同胞和半同胞，同父同母的子女之间为全同胞，同父异母或同母异父的子女之间为半同胞。同胞测定就是根据其同胞成绩对选择个体的种用价值进行评定。

16.2.6 杂种优势理论

不同品种或品系的家畜相杂交所产生的杂种，往往在生活力、生长势和生产性能等方面，表现在一定程度上优于其亲本纯繁群体，这就是人们所说的杂种优势（heterosis）。

为了更好地理解杂种优势，需要分析杂种优势的实质。在遗传育种中，一般将任一数量性状的表型值（y）剖分为基因型值（G）和环境效应值（E），即

$$y = G + E \tag{16-1}$$

G 又可进一步剖分为加性效应（A）、显性效应（D）和上位效应（I）；E 也可进一步剖分为母体效应（m）、父本效应（p）和随机环境效应（e）。故表型值可剖分为

$$y = A + D + I + m + p + e \tag{16-2}$$

因此，两个杂交亲本 A、B 及正反交杂交后代 AB 和 BA 的表型值分别为

$$\bar{y}_A = \bar{A}_A + \bar{D}_A + \bar{I}_A + \bar{m}_A + \bar{p}_A \tag{16-3}$$

$$\bar{y}_B = \bar{A}_B + \bar{D}_B + \bar{I}_B + \bar{m}_B + \bar{p}_B \tag{16-4}$$

$$\bar{y}_{AB} = \frac{1}{2}\bar{A}_A + \frac{1}{2}\bar{A}_B + \bar{D}_{AB} + \bar{I}_{AB} + \bar{m}_B + \bar{p}_A \tag{16-5}$$

$$\bar{y}_{BA} = \frac{1}{2}\bar{A}_A + \frac{1}{2}\bar{A}_B + \bar{D}_{BA} + \bar{I}_{BA} + \bar{m}_A + \bar{p}_B \tag{16-6}$$

根据杂种优势计算公式，可得

$$\begin{aligned} H_{AB} &= \bar{y}_{AB} - \frac{1}{2}(\bar{y}_A + \bar{y}_B) \\ &= \left[\bar{D}_{AB} - \frac{1}{2}(\bar{D}_A + \bar{D}_B)\right] + \left[\bar{I}_{AB} - \frac{1}{2}(\bar{I}_A + \bar{I}_B)\right] \\ &\quad + \frac{1}{2}(\bar{m}_B - \bar{m}_A) + \frac{1}{2}(\bar{p}_A - \bar{p}_B) \end{aligned} \tag{16-7}$$

$$\begin{aligned} H_{BA} &= \bar{y}_{BA} - \frac{1}{2}(\bar{y}_A + \bar{y}_B) \\ &= \left[\bar{D}_{BA} - \frac{1}{2}(\bar{D}_A + \bar{D}_B)\right] + \left[\bar{I}_{BA} - \frac{1}{2}(\bar{I}_A + \bar{I}_B)\right] \\ &\quad + \frac{1}{2}(\bar{m}_A - \bar{m}_B) + \frac{1}{2}(\bar{p}_B - \bar{p}_A) \end{aligned} \tag{16-8}$$

据此可知，杂种优势形成的原因是两个群体的基因频率差异（上位效应）及等位基因间的显性效应，即杂种优势主要与显性效应和上位效应有关，还包含着一定的母本效应和父本效应。目前杂种优势学说主要有显性学说、超显性学说和遗传平衡学说。

显性学说的主要论点有：①显性基因多为有利基因，有害、致病乃至致死基因大多数是隐性基因；②显性基因对隐性基因有抑制和掩盖作用，从而使隐性基因的不利作用难以表现；③显性基因在杂种群体中产生累加效应；④非等位基因间的互作也会使一个性状受到抑制或者增强，这种促进作用可因杂交而表现出杂种优势（张沅，2001）。

超显性学说认为杂种优势是等位基因间相互作用的结果。由于具有不同作用的一对等位基因在生理上相互刺激，使杂合子在生活力和适应性上比任何一种纯合子都更优越。据此，设一对等位基因 A、a，则有 $Aa>AA$ 和 $Aa>aa$，这一现象被称为超显性。后来的研究进一步认为，每一个基因座有一系列的等位基因，而每一等位基因又具有独特的作用，因此杂合子比纯合子具有更强的生活力。此外，基因在杂合状态时可提供更多的发育途径和更多的生理生化多样性，故杂合子在发育上比纯合子更稳定。

显性学说和超显性学说在对杂种优势的成因解释上都不是完美和全面的，因为这种优势往往是显性和超显性共同作用的结果。有时可能一种效应起主要作用，有时可能是另一种效应起主要作用。也有可能在控制一个性状的多对基因中，有的是不完全显性，有的是完全显性，有的是超显性，有的基因之间有上位效应，有的基因之间没有上位效应。遗传平衡学说认为，杂种优势不能用任何一种遗传原因解释，也不能用一种遗传因子相互影响的形式加以说明。这种现象是各种遗传过程相似作用的总效应，所以根据遗传因子相互影响的任何一种方式而提出的假说均不能作为杂种优势的一般理论，而只能作为杂种优势理论的一部分（张沅，2001）。近年来，许多研究和进展都对这一观点给予了更多的支持和佐证。生物体在蛋白质、氨基酸序列、DNA 序列等不同水平的多态性是维持群体杂种优势的一个重要因素，它可以增强群体的适应能力，保持群体的生活力旺盛，故可认为是对超显性学说的支持；但随着分子遗传学研究的深入，对基因的认识有很大改变，发现基因间的作用相当复杂，难以明确区分显性、超显性、上位等效应。

16.2.7 家畜繁殖调控理论

家畜的繁殖活动是一个复杂的过程，雌雄两性动物性别分化、性器官发育及成熟，公畜的精子发生及性行为，母畜的卵子发生、卵泡发育与排卵和发情周期、受精、妊娠、分娩及泌乳等生理机能必须相互协调并严格按照顺序进行，使有关的器官和组织产生相应的变化。所有这些机能都受内分泌激素的调控。除了经典内分泌（endocrine）调节之外，许多生理机能受旁分泌（paracrine）、自分泌（autocrine）方式调节。某些繁殖生理活动还受胞内分泌（intracrine）调控（Labrie et al.，1997）。

1. 大脑-下丘脑-垂体-性腺调节系统理论

在内分泌系统中，下丘脑、垂体和性腺分泌的激素及更高级神经中枢相互联系、相互协调，共同构成了大脑-下丘脑-垂体-性腺调节系统（图 16-8）。大脑边缘系统是高级控制中枢，与性成熟、性行为、促性腺激素释放等有密切关系。中

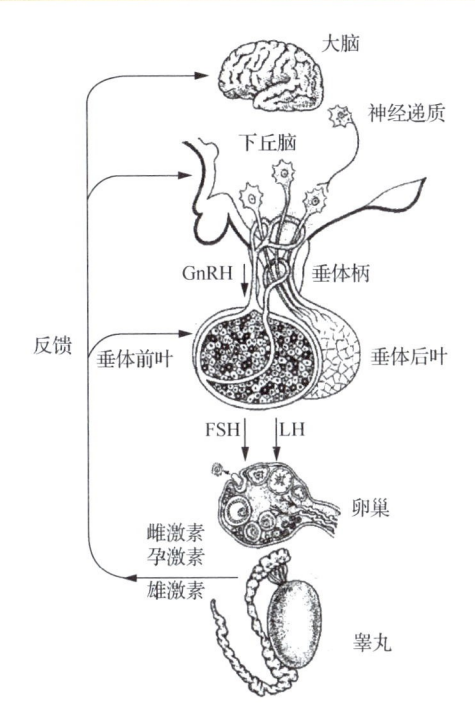

图 16-8　大脑-下丘脑-垂体-性腺调节系统（Hafez et al., 2016）

枢神经系统感受光照、温度等外部环境变化并作出反应，从而调节动物体的内分泌机能和行为变化。吻素（kisspeptin）作为重要的调节因子，将大脑边缘系统与促性腺激素释放激素神经元和生殖激素分泌调节整合在一起（Comninos et al., 2016）。下丘脑是调节繁殖活动的直接中枢，下丘脑分泌激素中与繁殖活动最为密切的是由小型神经元分泌的促性腺激素释放激素（gonadotropin-releasing hormone，GnRH）。另外，下丘脑视上核和室旁核的大型神经元胞体中合成催产素，以轴浆流动形式转运到垂体后叶，经神经垂体释放进入血液。垂体通过垂体柄与下丘脑相连，分为腺垂体和神经垂体，是内分泌的主要腺体。来自下丘脑神经核的神经纤维终止于神经垂体，并和血管接触，下丘脑合成的垂体后叶素在此贮存并释放进入血液。下丘脑促垂体区释放的激素经过垂体门脉系统到达垂体前叶，调控前叶的激素合成和释放。另外，在垂体前叶还发现一些肽能神经纤维，可能参与垂体前叶分泌的调控（赵超 等，1996）。垂体前叶多数促性腺激素细胞可合成促卵泡激素（follicle-stimulating hormone，FSH）和促黄体生成素（luteinizing hormone，LH），但有20%左右的细胞只分泌FSH或LH。动物的性腺（睾丸、卵巢）除了产生配子（精子、卵子）以外，另一个重要功能就是作为内分泌腺合成和分泌性腺激素。性腺激素包括性腺类固醇激素和性腺多肽类激素。性激素是动物性器官发育和维持正常性机能的主要激素，主要有雄激素、雌激素和孕激素。一般情况下，下丘脑-垂体-性腺轴系统中的高位激素对低位内分泌细胞的活动具有刺激性调节作用，而低位激素对高位内分泌细胞活动多表现为负反馈调节作用，正反馈调节比较少见，如分娩时分泌催产素。另外子宫、胎盘、松果腺、肾上腺、免疫系统等分泌的激素或生长因子均不同程度地参与动物繁殖机能的调节（Li and Zhou，2015）。

2. 神经-内分泌-免疫调节系统理论

神经-内分泌-免疫调节系统理论认为免疫系统可产生免疫调节物质（如白细胞介素、干扰素、肿瘤坏死因子、神经活性物质），通过自分泌、旁分泌或者内分泌方式影响神经系统和内分泌系统的活动。神经系统除了通过直接神经支配，还能分泌具有激素样的神经递质和免疫调质，如肾上腺素、多巴胺、内啡肽等，可影响免疫系统和内分泌系统活动，而内分泌系统则可以通过激素来直接或间接影响神经系统和免疫系统。免疫系统、神经系统和内分泌系统之间不仅存在大的回路，而且彼此之间有直接的双向联系，共同组成神经-内分泌-免疫调节系统。研究发现，免疫系统产生的细胞因子可以对下丘脑-垂体-性腺轴进行多位点调控。比较经典的神经-内分泌-免疫调节系统的生理活动是分娩（图16-9）。足月自然分娩时出现无菌炎症反应，通过迷走神经调节促炎和抗炎因子活动，从而减轻炎症，

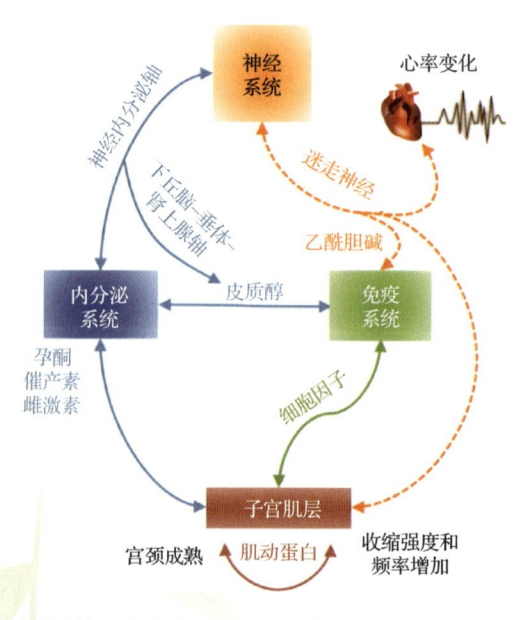

图16-9 分娩的神经-内分泌-免疫调节系统（Reyes-Lagos et al.，2019）

改变母体心率。同时神经内分泌轴在分娩过程中调节孕酮、催产素和雌激素的释放，在分泌过程中迷走神经还可能参与这些激素释放，下丘脑-垂体-肾上腺轴系统调节皮质醇生成。最后在神经系统-内分泌系统-免疫系统相互作用下促进分娩，有利于子宫颈成熟和子宫收缩，而不会损害母子健康（Reyes-Lagos et al., 2019）。

16.2.8 家畜配子与胚胎冷冻保存原理

家畜配子与胚胎冷冻保存是指将配子或胚胎保存于超低温状态下，使细胞的新陈代谢和分裂速度暂时停止，等恢复到正常发育温度时，又能再继续发育的技术。在冻融过程中，细胞膜正常结构完整性和流动性受到影响，细胞膜通透性增强，并导致 DNA 损伤。另外，如果冷冻过快，导致配子脱水不充分，不能阻止细胞内有害冰晶形成；如果冷冻速度过慢，配子充分脱水，但配子体积缩小会对细胞膜造成较高的压力应激。与精子相比较，卵母细胞与胚胎细胞体积相对较大，冷冻时不宜充分脱水。卵母细胞与胚胎在常规慢速冷冻时通过加入低浓度的抗冻保护剂，常采用-7～-5℃人工植冰的方法来诱发细胞外液冰晶的生长，缓慢降温使细胞内水分在冻结前脱出（图16-10）。另外，生产上还采用玻璃化冷冻保存方法，其原理是配子放入含有高浓度的抗冻保护剂溶液后，在 0℃以上直接投入液氮，在急速冷却过程中，液体的黏度增加，当黏度达到临界值时发生凝固化，即由液态变为半固态再过渡为固态的过程，且呈现透明状态（朱世恩，2012）。玻璃化溶液中添加高浓度的渗透性抗冻保护剂，短时间内使细胞内、外抗冻保护剂的浓度达到平衡，使降温过程中细胞内部冰晶生成受到抑制。另外，在抗冻保护液中加入非渗透性的抗冻保护剂（蔗糖、海藻糖等），能增加溶液的渗透压，使细胞

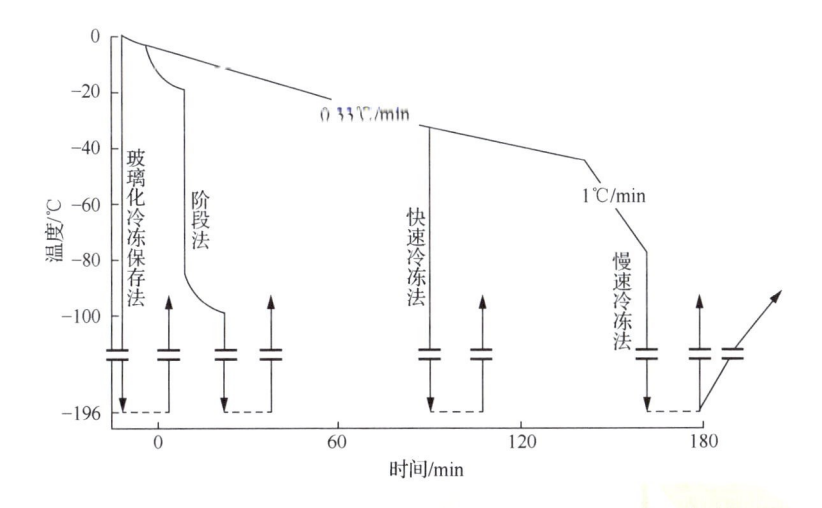

图 16-10 快速冷冻与慢速冷冻降温示意图（朱世恩，2012）

内部的水分充分脱出，同时也有助于渗透性抗冻保护剂的渗入。玻璃化状态能否形成与降温速率、玻璃化液黏性大小及玻璃化液容积大小有关，玻璃化状态形成概率与降温速率和溶液的黏滞性成正比，而与冷冻液容积成反比。形成玻璃化的温度为-250~-60℃，但当缓慢升温时又转化为冰晶，同样会造成配子死亡（Kumar et al., 2019）。为此，在冷冻技术中，无论降温或升温均应采取快速处理，以避免出现有害温度区。

16.3 家畜生产技术

在家畜的集约化生产过程中，为改善家畜的生产性能、健康水平及福利，形成了相应的技术体系。本节主要介绍家畜生产过程的营养调控技术、品种和遗传改良技术、分子标记辅助选择技术、杂种优势利用技术、繁殖调控技术。

16.3.1 家畜的营养调控技术

传统动物营养学的营养技术仅限于日粮配合技术和饲料加工调制技术，系统动物营养学提出了集成型营养调控技术模式，即营养工程技术。该技术系统包括日粮优化技术、具有营养调控功能的营养管理技术和营养检测技术（卢德勋，2016），在技术目标方面以优化饲料利用效率为中心，注重畜禽的养殖效益、健康及环境保护剂、畜产品品质和安全4个方面。

1. 饲粮营养素平衡调控技术

日粮营养素平衡是指营养素之间的组成及比例能够满足动物营养需要，此外，由于部分营养素之间可能存在拮抗或协同效应，单一营养素的需求还受其他营养素含量的影响，如硒和维生素E存在协同效应，植物单宁和日粮蛋白质存在拮抗效应。营养素平衡包括碳水化合物平衡、蛋白质平衡、矿物质平衡等。

1）饲粮碳水化合物平衡技术

饲粮碳水化合物组成与物理特性是影响反刍动物瘤胃 pH 和饲料效率的关键因素，饲粮 NFC 决定了瘤胃中 VFA 的产量、产生速度和组成。一般泌乳奶牛饲粮中 NDF 比例为36%~42%、淀粉为12%~30%、总糖为6%~8%、粗饲料来源 NDF 为19%~27%。反刍动物生产中，为保证瘤胃 pH 在正常生理范围（5.8~6.5），日粮中需要一定长度的纤维以保证其正常的反刍时间和瘤胃 pH。有学者提出物理有效中性洗涤纤维（physically effective neutral-detergent fiber，peNDF）的概念，peNDF 是评价饲料刺激反刍动物咀嚼潜力的指标，该指标假定 1.18mm 是饲料具有物理有效性的临界尺寸，并由宾夕法尼亚大学颗粒分级筛（宾州筛）测定，2013版宾州筛由 3 个筛层（19mm、8mm 和 4mm 筛孔）和一个筛底组成，是预测瘤胃 pH 的重要营养参数。

碳水化合物平衡指数（carbohydrate balance index，CBI）由我国学者率先提出，是以降低反刍动物亚急性瘤胃酸中毒（subacute ruminal acidosis，SARA）风险为目标的营养参数需要体系（徐明，2007；姚军虎 等，2014），以粗饲料 NDF 或 peNDF 与瘤胃可降解淀粉（rumen degradable starch，RDS）表示。CBI 突破了利用单一营养组成预测瘤胃 pH 的局限，能够综合平衡采食量、乳成分及瘤胃功能等（姚军虎 等，2014）。目前，关于 CBI 的表述更加多样化，此外，《反刍动物全混合日粮中碳水化合物平衡指数（CBI）的测定》（DB 61/T 1262—2019）已经作为国内团体标准发布（曹阳春 等，2019）。反刍动物生产中已经作 CBI 作为平衡奶牛、肉牛及奶山羊饲粮碳水化合物结构的重要依据。反刍动物有效纤维推荐量概况见表 16-7。

表 16-7　反刍动物有效纤维推荐量概况

动物类型	有效纤维形式	推荐范围	响应指标
泌乳奶牛	FNDF/RDS	1.0	pH
育肥肉牛	FNDF/RDS	0.25	生产性能
奶山羊	peNDF$_{1.18}$/RDS	>0.83	消化酶和养分降解率
奶山羊	NFC/NDF	>1.63	瘤胃发酵参数
奶山羊	peNDF$_{8.0}$	>7.8%	pH 及消化率
泌乳奶牛	FNDF/RDS	0.93～1.30	pH、乳脂率、乙酸丙酸比和饲料效率
泌乳奶牛	FNDF-RDS	0.42～0.99kg/d	pH、乳脂率、乙酸丙酸比和饲料效率
泌乳奶牛	peNDF$_{1.18}$	27.59%～35.62%	pH、乳脂率和饲料效率
泌乳奶牛	peNDF$_{8.0}$	12.83%～18.80%	pH、乳脂率、DMI 和饲料效率
泌乳奶牛	peNDF$_{1.18}$/RDS	>1.42	pH 和乳脂率
泌乳奶牛	peNDF$_{8.0}$/RDS	>0.73	pH 和乳脂率
泌乳奶牛	FNDF	>21.0%	瘤胃 pH
泌乳奶牛	peNDF$_{1.18}$/RDS	>1.43	pH>6.20
泌乳奶牛	peNDF$_{1.18}$	>31.2%	pH>6.20
泌乳奶牛	RLI	<0.6	瘤胃 pH 和 NDF 降解
泌乳奶牛	CI	>32min/kg DM	瘤胃 pH 及饲料降解
泌乳奶牛	peNDF$_{8.0}$	17.0%～18.5%	DMI、pH 和 ADF 降解率

资料来源：姚军虎等（2014）。

注：FNDF 为粗饲料中性洗涤纤维；peNDF 为物理有效中性洗涤纤维；RDS 为瘤胃可降解淀粉；RLI 为瘤胃负荷指数，RLI =（淀粉+糖）/（NDF+果胶）；CI 为咀嚼指数。

2）饲粮蛋白质平衡技术

家畜饲粮蛋白质平衡主要指氨基酸平衡。对于反刍动物，饲粮蛋白质平衡是指瘤胃可降解蛋白质和过瘤胃蛋白质的平衡。饲粮氨基酸平衡对于家畜生长、泌乳等性能至关重要，饲粮氨基酸比例不当会发生家畜氨基酸拮抗、中毒、缺乏等后果，导致动物出现采食量下降、氮利用率降低等问题。在营养学中采用理想蛋白质的氨基酸模式来优化饲粮氨基酸组成，在该模式下以赖氨酸作为基准表述各种家畜对饲粮氨基酸的需求模式。在单胃动物生产中，为提高畜禽对氨基酸的利用效率，往往通过在饲粮中补充化学合成的氨基酸（如赖氨酸、蛋氨酸、苏氨酸）来平衡饲粮氨基酸比例，达到降低饲粮蛋白质水平、提高蛋白质利用效率的目的。该技术已经在育肥猪、蛋鸡及肉鸡生产中广泛应用。在反刍动物生产中，利用化学合成的氨基酸改善动物生产性能已经成为常用手段，但晶体氨基酸大部分在瘤胃中降解，不能到达小肠吸收，因此在反刍动物生产中一般利用包被的氨基酸使其大部分能够通过瘤胃，并在小肠释放。研究发现，通过在无豆粕饲粮中添加过瘤胃赖氨酸可显著改善育肥绵羊的生长速度，达到添加豆粕条件下的生长速度（牛骁麟，2020）。在对奶牛的研究中也发现，降低饲粮蛋白质水平并补充过瘤胃蛋氨酸可提高奶牛的氮利用效率，减少氮排放。

3）饲粮矿物质平衡技术

矿质元素是构成动物机体的组成成分及体内活性物质发挥功能的要素之一，动物营养中矿质元素的失衡是导致多种营养代谢病的诱因，如钙磷比例失调会导致羊的尿结石症，缺磷会导致成年动物患软骨症，缺钙会导致泌乳奶牛产后瘫痪。各类家畜的营养指南已经对其不同生理阶段矿质元素需要量有明确推荐。日粮阴阳离子平衡（dietary cation-anion balance，DCAB）是指日粮中所含阳离子（Na^+、K^+、Ca^{2+}、Mg^{2+}）与主要阴离子（Cl^-、S^{2-}、PO_4^{3-}）毫克当量之差。DCAB也是矿物质平衡的重要参考，当DCAB为正值时，该饲粮为阳离子型饲粮，反之为阴离子型饲粮。DCAB对动物的采食量、生产性能、血钙代谢模式有显著影响，DCAB的失衡会导致血液酸中毒或碱中毒及腹泻等问题。一般情况下，低水平DCAB有利于降低家畜的发病率，促进骨骼钙动员；高水平DCAB有助于提高动物采食量和生产性能。调节动物DCAB可使用碳酸氢钠、氯化铵、硫酸钙、氯化钙、硫酸镁、硫酸铵等添加剂，除碳酸氢钠外，其他DCAB调节添加剂的适口性较差，有可能引起动物采食量下降，因此调节DCAB既需要平衡矿物质种类，又要兼顾其适口性。

2. 营养调控剂应用技术

饲料营养调控剂是在动物营养中具有特殊调控功能的饲料添加剂，其用量一般不超过饲粮DM的1%，尽管其添加量较小，但在提高饲料消化利用效率、促进动物消化道健康等方面具有明显的调控作用。

1）提高饲料消化率的营养调控剂应用技术

改善饲料消化率是提高动物生产性能及降低饲料成本的有效手段，也是目前营养调控剂应用最广泛的领域，例如酶制剂可直接促进饲料消化，一些能间接促进消化酶分泌的营养调控剂（如异亮氨酸和苯丙氨酸）可通过刺激胰腺外分泌功能提高消化道酶活力及分泌量，促进饲料的消化。酶制剂是改善饲料消化率、减少饲料抗营养因子最成熟的产品。多酶复配技术是综合解决饲料消化的常规方案。复合酶一般包括纤维素酶、木聚糖酶、果胶酶、蛋白酶、淀粉酶和脂肪酶等。根据家畜不同生理阶段消化道酶活力特点与饲料组成进行复配。在单胃动物生产中，植酸酶可明确改善钙磷利用率，在降低日粮钙和磷水平的情况下，添加植酸酶可获得正常钙磷水平饲养效果。近年来，饲料中添加酶制剂以改善反刍动物饲料消化功能也得到应用。一般认为成年反刍动物瘤胃分泌的酶已经充足，不需要额外补充外源酶改善消化率，但由于针对反刍动物的高精饲料饲喂模式会导致瘤胃纤维素酶活力下降等问题，添加外源酶已经成为提高反刍动物饲料消化率的常用手段。多项研究发现补充纤维素酶和木聚糖酶可改善其 NDF 和 ADF 的消化率。研究结果表明，湖羊饲粮添加 0.3%复合酶制剂后 NDF 消化率提高了 10.5%，ADF 消化率提高了 13.9%（闫佰鹏 等，2019a）。在改善反刍动物消化酶分泌方面，氨基酸也发挥着独特的作用。研究表明，异亮氨酸和亮氨酸可促进胰蛋白酶、淀粉酶分泌；苯丙氨酸属于芳香族氨基酸，通过奶山羊十二指肠灌注苯丙氨酸可促进胆汁分泌及淀粉酶分泌。

2）促进消化道健康的营养调控剂应用技术

目前应用于改善消化道健康的营养调控剂包括益生素、酶制剂、抗菌肽等。益生素是指直接饲喂动物的有益微生物制剂，包括益生菌及其有益代谢产物，具有调节消化道微生态平衡、分泌代谢物等功能，其中产乳酸菌是益生素的重要来源，包括保加利亚乳杆菌、短乳杆菌、凝结芽孢杆菌、植物乳杆菌等。酿酒酵母也作为反刍动物益生菌改善瘤胃健康，具有稳定瘤胃 pH、促进乳酸利用菌生长等功能。寡糖及多糖类营养调控剂也是改善消化道微生态的重要手段。寡糖由 2～10 个单糖组成，如低聚木糖、甘露糖。寡糖调控消化道微生物区系主要是作为益生菌的底物，促进益生菌生长。此外多糖类营养调控剂可作为免疫调节剂改善消化道免疫功能，包括黄芪多糖、壳聚糖等。此外，近年来酶制剂也用于替代饲料添加剂中的抗生素，如葡萄糖氧化酶、溶菌酶和过氧化氢酶直接抑制病原菌，调控消化道健康。

抗菌肽（antimicrobial peptides，AMPs）是一类普遍存在于自然界、具有直接抗菌活性和基因编码的新型抗菌剂，其能抗传染性疾病、无残留，可替代抗生素用于疾病治疗，且不诱导产生耐药菌，对环境无害，因而成为近年来的研究重点和热点。AMPs 来源广泛，能从细菌、真菌、植物、昆虫、哺乳动物等中分离得到（表16-8）。如细菌素是一类由细菌产生的核糖体合成肽，能够拮抗病原菌，天然存在于食物中，对哺乳动物无害。细菌素来源广泛，其中乳酸菌能够合成多种细菌素，乳酸菌素能够在纳米摩尔浓度下非常有效地发挥作用，能够抑制大肠杆菌、沙门氏菌等肠道杆菌。目前，多种抗菌肽产品（如蜜蜂肽、天蚕素、菌丝霉素）在酵母表达系统或者枯草芽孢杆菌表达系统生成，应用于畜禽生产替代抗生素（李世易 等，2020；张智安 等，2020）。

表 16-8 抗菌肽来源及特点

生物体	纲/亚纲	示例	抗菌活性
乳酸菌	一类和二类细菌素	硫醚类 一类：乳链菌肽、杆菌肽 非硫醚类 二类：乳酸片球菌素、肠肽素 AS48、白细胞素 A 和花梗素类似物 PA-1	对密切相关的或广谱革兰氏阳性菌有抑菌活性
其他细菌（如大肠杆菌）	细菌素	大肠杆菌素、小菌素	对肠杆菌科有抑菌活性
真菌	真菌类防御素	菌丝霉素	对多种具有抗生素抗性的革兰氏阳性菌有抑菌活性
植物	植物防御素	Ib-AMP1-4 和环肽	抗真菌（Ib-AMPs）、抗HIV、抗寄生虫（环肽）
昆虫/两栖动物	昆虫/两栖动物阳离子肽	天蚕素 A、蜂毒肽、马盖宁、颞叶素	对耐多种药物的细菌有抑菌活性
蛛形纲/脊椎动物	毒液毒素/β-防御素	毒液中的防御素样毒素和β-防御素	主要以盐依赖性方式对多种耐药菌有抑菌活性
哺乳动物	α-防御素、θ-防御素、β-防御素	人中性粒细胞防御素、肠和上皮防御素	对耐多种药物的细菌、真菌、病毒有抑菌活性
高等脊椎动物	内源性抗菌肽	人 LL-37、猪 PR-39、牛吲哚菌素	对耐多种药物的细菌、真菌、病毒有抑菌活性
人类	其他	乳酸铁素和溶菌酶的抗菌域	对耐多种药物的细菌有抑菌活性

资料来源：李世易（2019）。

3. 提高作物产品利用效率的加工调制技术

在生产实践中，不同的饲料加工调制方式（如谷物的粉碎粒度）与饲喂模式（如饲喂频率与时间）也影响饲料的消化与利用效率，这主要是由于不同的饲料加工调制技术会影响其与微生物或者消化酶的接触面积、在消化道中的流通速度及适口性和风味等。对于不同畜种，由于各种家畜消化生理结构的差异，适宜的加工与调制参数也并不一致。

1）作物籽实加工调制与饲喂技术

农作物籽实一般富含淀粉（如玉米、小麦）或蛋白质及脂肪（如大豆、油菜籽），是家畜饲粮主要的能量和蛋白质来源。在生产中对农作物籽实的加工方式包括粉碎、蒸汽压片、膨化等，不同的加工方式可通过改变底物的物理和化学结构影响其消化部位和消化率。粉碎是常用的农作物籽实加工方式，也是提高其消化率的重要手段（表 16-9）。对于肉牛和奶牛等体型较大的反刍动物，谷物籽实必须要粉碎，一般过 2~4mm 筛片粉碎；对于山羊和绵羊，玉米可采用整粒饲喂或大破碎方式饲喂，该方式使玉米不能快速通过瘤胃，增加反刍时间和唾液分泌量，稳定瘤胃 pH。对于小麦、高粱及大麦等颗粒较小的谷物，均应进行粉碎或压扁处理，避免其快速通过瘤胃，且可提高其小肠消化吸收率。比较不同粉碎粒度（分别过 2mm、3mm、4mm 筛片粉碎）大麦对育肥绵羊生产性能的影响，结果表明 4mm 破碎大麦可提高其纤维消化率，且不同粉碎粒度对淀粉消化率无影响。

表 16-9 不同谷物籽实类型和物理形式淀粉的瘤胃降解率 （单位：%）

谷物籽实类型	粉碎	整粒
玉米	72	61
蒸汽压片玉米	86	—
小麦	93	78
大麦	78	65
燕麦	94	59

资料来源：Hutjens（2008）。

油料作物籽实一般富含脂肪，油脂经过提取后生产的各类饼粕（如豆粕、棉粕、菜粕）富含蛋白质，是家畜主要的蛋白质饲料来源。油料作物籽实不能直接饲喂动物，因为未加工的籽实含有抗营养因子，如生大豆中含有胰蛋白酶抑制因子，抑制蛋白酶分泌；亚麻籽中含有少量的生氰糖苷，危害动物健康。一般油料作物籽实经过热处理（蒸汽压片、烘烤等）、膨化、压扁等手段可消除其中抗营养因子。油料作物籽实除能够提供能量外，还用于改善畜产品品质。亚麻籽富含 n-3 不饱和脂肪酸（亚麻酸占总脂肪的 54.2%），饲喂牛羊热处理的整粒亚麻籽可避免不饱和脂肪酸在瘤胃中的氢化和水解，增加不饱和脂肪酸在小肠的吸收量，促进亚麻酸在动物产品中的沉积。研究表明，绵羊饲喂含 8% 的整粒亚麻籽饲粮 42d，肌肉 n-6 与 n-3 不饱和脂肪酸比值由 9.76 降低至 2.23（Li et al.，2020），改善了肌肉脂肪酸组成。

2）作物茎秆加工调制与饲喂技术

作物茎秆是作物生产过程中产出的副产物，也是家畜生产的重要粗饲料来源。粗饲料的植物茎秆加工调制方法以粉碎、切短、揉丝和青贮为主，上述方式均能提高其消化率。不同作物茎秆尽管其化学组成相似，但其饲喂效果及适口性存在差异。董春晓等（2019）研究发现，相同比例粗饲料情况下，玉米秸秆对湖羊的饲喂效果与玉米芯差异不显著，但明显优于油菜秸秆；利用"双槽选择"饲喂试验研究也发现，湖羊对3种植物茎秆的采食偏好顺序为玉米秸秆＞大麦秸秆＞油菜秸秆（刘鑫，2020）。

青贮饲料是反刍动物重要的能量饲料来源，一般配合到全混合日粮（total mixed ration，TMR）中饲喂给反刍动物。在奶牛生产中青贮饲料的饲喂要充分考虑奶牛各阶段的营养需要量，包括DM、泌乳净能、蛋白质、NDF、矿物质及微生物等指标，结合日粮结构，确定青贮饲料的适宜添加量。同时还要关注TMR制作设备的混合精确度、搅拌间隔等加工过程，确保制作好的TMR能满足动物的需要。不同家畜青贮的推荐饲喂量不同，肉牛为10～20kg/（d·头）、泌乳奶牛为15～25kg/（d·头）、断奶犊牛为5～10kg/（d·头）、种公牛为10～15kg/（d·头）、育肥羊1～2kg/（d·只）。玉米青贮和牧草青贮的制作质量也影响其应用效果，利用宾州筛可评估玉米青贮和牧草青贮的适宜切割质量（表16-10）。

表 16-10 玉米青贮和牧草青贮切碎后适宜筛层分布比例

筛层	玉米青贮/%	牧草青贮/%
＞19mm	3～8	10～20
8～19mm	45～65	45～75
4～8mm	20～30	30～40
筛底	＜10	＜10

豆科牧草因蛋白质含量高而作为草食家畜主要的蛋白质来源，其典型代表是苜蓿。苜蓿是各种家畜都喜食的优质牧草，青贮、放牧或制成干草均具有良好的适口性。青饲苜蓿时，要限量饲喂，不同种类家畜的最大饲喂量不同：泌乳牛为3～6kg/d，青年母牛为2～3kg/d，绵羊为1～1.5kg/d。要时刻注意家畜瘤胃的状态，如果出现瘤胃臌气，要及时排气。为预防瘤胃臌气，在苜蓿草地放牧前应先饲喂一些干草或粗饲料。苜蓿刈割后放置1～2h再饲喂给家畜，在制作青贮时，与禾本科牧草混合青贮效果更好。

3）TMR加工与饲喂技术

TMR是规模化反刍动物饲养中最常用的饲喂技术，最早是在奶牛生产中广泛应用。TMR 是根据反刍动物不同生长发育阶段的营养需要，按照饲养标准设计配方，利用 TMR 搅拌机对饲粮进行切割、搅拌、混合和饲喂的饲养工艺。加工良好的 TMR 可保证反刍动物采食每一口饲料，其营养都是均衡的。TMR 可增加反刍动物 DM 采食量、简化饲喂程序、提高劳动生产率、增强瘤胃机能、稳定瘤胃 pH、便于分群管理、提高粗饲料利用效率等。TMR 加工遵循先干后湿、先轻后重、先长后短的原则，一般情况下，在最后一种饲料加入后应继续搅拌 3~8min（李胜利，2011）。TMR 加工后应表现为精粗饲料混合均匀，色泽均匀，无结块发热现象，同时水分为 45%~50%，夏季炎热时水分可增加 2%~3%。规模化羊场采用 TMR 饲喂也较为普遍，但由于其日粮配方中含有大量的秸秆，利用 TMR 机加工效率较低，因此需要对这类粗饲料进行预铡或粉碎后投料加工。TMR 适宜的加工长度也可以利用宾州筛评估，对于泌乳奶牛>19mm 筛层 TMR 分布比例为 8%~10%，8~19mm 筛层 TMR 分布比例为 30%~50%，4~8mm 筛层 TMR 分布比例为 10%~20%，筛底 TMR 比例为 30%~50%（表 16-11）。

表 16-11 TMR 不同筛层适宜分布比例

筛层	泌乳奶牛/%	干奶牛/%	后备牛/%
>19mm	8~10	25~45	28~50
8~19mm	30~50	19~35	15~35
4~8mm	10~20	25~28	20~25
筛底	30~50	4~9	4~7

近年来，颗粒型全混合日粮（P-TMR）饲喂模式已成为促进作物秸秆饲用化利用及绵羊轻简化生产的主要手段，作者团队与有关企业合作实现了产业化开发，为低值秸秆实现高值化转化提供了范例。P-TMR 是基于 TMR 调制的原理，将粉碎的作物秸秆与精饲料在混合机中充分混合后制粒，实现了 TMR 的颗粒化，在肉羊生产中广泛应用。已有的研究证明，对于育肥绵羊，P-TMR 模式在改善生产性能和瘤胃发育方面优于传统的 TMR 模式。尽管 P-TMR 是基于 TMR 原理设计，但其在原料来源、粗饲料比例、水分含量等方面与 TMR 存在较大差异。TMR 中粗饲料主要来自青贮饲料和干草等，水分含量为 50%~55%，而 P-TMR 生产过程须制粒，成品水分含量不高于 14%，其粗饲料主要来自纤维含量较高的作物秸秆。在 P-TMR 加工过程中，粗饲料一般过 6~8mm 筛片粉碎，其纤维的物理有效性较低，以玉米秸秆为例，未粉碎的玉米秸秆其 $peNDF_{4.0}$ 约为 70%，经过粉碎（过 6mm 筛片粉碎），70%的秸秆分布在宾州筛底，其 $peNDF_{4.0}$ 仅为 21%（图 16-11）。此外，由于作物秸秆粉碎效率和容重较小（如玉米秸秆容重为

(a) 筛层一层：19mm　　　(b) 筛层二层：8mm　　　(c) 筛层三层：4mm　　　(d) 筛底

图 16-11　粉碎玉米秸秆在宾州筛的分布情况

120kg/m³，实测值），远低于玉米等精饲料（如玉米容重为 600kg/m³），导致在加工过程中秸秆的供料速度低于混合机的混合速度及制粒机的制粒速度，为平衡饲料粉碎、混合、制粒效率与功耗，P-TMR 中作物秸秆比例一般低于 35%。

4. 家畜饲喂关键技术

家畜饲喂关键技术包括饲喂制度、饲槽管理技术。饲喂制度主要包括分群饲养、阶段饲养、限饲等，许多规模化养殖场均制定了相关的饲喂制度，以保证高效、科学的喂养家畜。饲槽管理技术包括饲喂次数与次序、料型和粉碎粒度。良好的饲槽管理技术既保障动物健康和高产，也可提高养殖场效益。

饲喂次数的增加有利于奶牛瘤胃微生物蛋白质的合成，同时提高饲料利用效率，主要原因是增加饲喂次数使奶牛瘤胃内 NH_3-N、微生物蛋白质、VFA 浓度及 pH 的变异度减小，保持瘤胃内环境的相对稳态。饲喂次序方面，通常先喂适口性差的饲料，然后再喂适口性好的饲料，尽量做到少给勤添，具体饲喂次序是先粗后精、先草后料、草料相间，即按粗饲料、青饲料、多汁饲料和精饲料的顺序饲喂，喂后再饮水，最后再往饲槽内添加适量干草，任其自由采食。

饲料的物理性状，尤其是精饲料的类型，对奶牛瘤胃食糜的稀释率和发酵类型均产生影响。例如，干草颗粒相比于切短的干草，可增加瘤胃非细菌氮的含量，从而降低进入小肠的细菌氮浓度，对进入小肠的氨基酸总量无影响。产生这种现象的原因是两种料型对瘤胃内蛋白质降解和可发酵基质的利用不同所致。生产中，青年牛羊一般不提倡饲喂粉碎过细的精饲料；而泌乳期的牛羊最好饲喂压片或粗粉的精饲料；干奶期的牛羊不提倡将青草铡得太短，需要长草长喂。

5. 家畜营养检测技术

动物营养状态是反映动物营养平衡情况、健康状态及生产潜力的重要参考依据。目前，针对集约化畜禽生产已经形成了营养检测技术体系，可通过现场调查、动物日粮分析、初级营养检测指标（如群体体况评分、行走评分、饲槽评分）、次级营养检测（群体的泌乳曲线、个体体况评分、泌乳量、乳成分等）及高级检测指标（如个体血液、瘤胃液、尿液代谢参数）进行分析。上述的数据与参数可从整体层次、消化层次及代谢层次评估家畜的营养状态、管理技术的优劣等。

1）整体层次检测

在整体层次检测方面，可将动物看成一个整体，利用外貌、生理现象、生产性能等指标总体评价家畜对营养的利用和健康状况。①外貌指标和生理现象：体况评分、肢蹄观察、行走评分、呼吸评分、体表清洁度评分、瘤胃充盈度评分、神态评分、饲槽评分、产犊评分、犊牛脱水评分；②生产性能指标：泌乳曲线、乳相指标、繁殖性能、DM 采食量、饲料利用效率分析。下面重点介绍两个典型的指标：体况评分和乳相指标。

体况评分系统在不同国家和地区有不同的评分等级，其中我国常采用 5 分制体况评分体系（表 16-12）。在牧场进行现场体况评分需要结合观察和触摸来完成，主要评分部位包括腰角（荐骨）、髋骨、坐骨、尾根、短肋和脊。1~2.25 分，主要从脊突和短肋鉴别；2.25~2.75 分，主要从坐骨鉴别；2.75~3.25 分，主要从三角区和腰角鉴定；3.25~4 分，主要从腰部韧带、尾部韧带、尾根窝和腰角间进行鉴别；4~5 分，主要从腰角、坐骨、三角区鉴别。

表 16-12 奶牛 5 分制体况评分体系

评分	具体描述
1	用手触摸腰部脊突有尖感；在尾根部没有脂肪覆盖，肉眼可见髋骨、尾部和肋骨突出
2	用手触摸部脊突可以感知单个脊突，并有不太尖的感觉。在尾根处髋骨处和肋骨覆盖有一些脂肪。单个肋骨不能再用肉眼看到
3	用力触压腰部脊突，才能感知存在；尾根任一侧，均易出现脂肪沉积
4	用力触压腰部脊突不能感知存在；尾根处有脂肪沉积，外观呈圆润状；在肋骨和大腿部开始出现脂肪褶
5	不再能看出奶牛的骨骼结构，呈短粗形；尾根和髋几乎全部被脂肪组织包被；在肋骨和大腿部出现脂肪褶。脊突完全被脂肪覆盖；由于脂肪过多，动物行动不灵活

不同阶段奶牛的适宜体况评分标准见图 16-12。奶牛产犊时，体况分一般推荐 3~3.5 分，具有优秀的管理水平和优质粗饲料资源的牧场可低至 2.75~3.25 分。奶牛体况控制的重要性次序为泌乳后期、干奶期和泌乳前期。

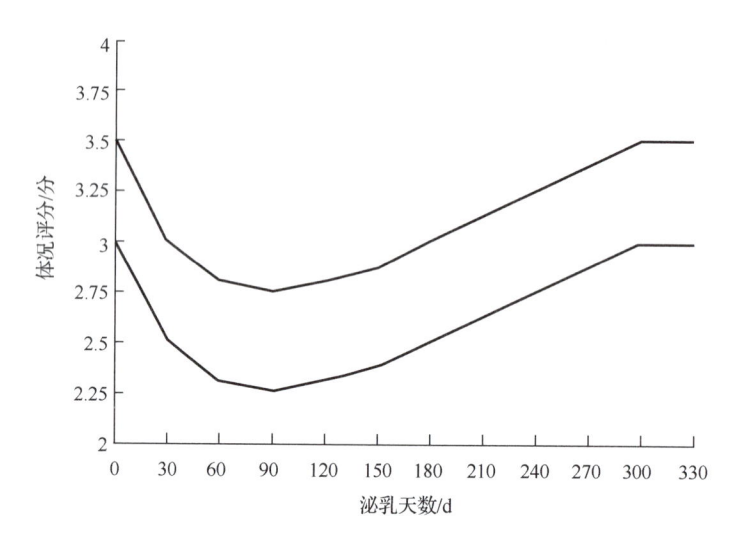

图 16-12 不同阶段奶牛的适宜体况评分标准

奶牛乳相指标的检测包括乳蛋白率、乳脂率、脂蛋比、乳尿素氮（MUN）、乳酮体、体细胞数（SCC）等。荷斯坦牛乳蛋白率正常值为 3.15%～3.2%，乳脂率正常值为 3.6%～3.7%，脂蛋比正常值为 1.14～1.18，MUN 正常值为 12～16mg/100mL，乳酮体<0.3mg，体细胞数的检测标准为 20 万/mL。如果相关指标不在正常值范围内，说明奶牛存在营养或管理上的问题。如体细胞数越高，乳腺受感染的比例越大，乳腺泡损伤越严重，乳损失也越多。这种损伤是不可恢复的，即使痊愈，该乳腺泡也只有到下一泌乳期才能泌乳。必须时刻关注奶牛的乳相指标，防止奶牛不可逆损伤。

2）消化层次检测

消化层次检测技术主要在整体层次基础上，测定动物消化道健康程度和饲料的消化状况，主要包括瘤胃液成分、咀嚼行为和次数、异食行为、粪便观察和评分、粪便筛选、粪便成分。下面以粪便评分为例，说明消化层次检测指标的量化情况。

粪便评分是定量化奶牛瘤胃健康状况和饲料可消化性的指标，具体内容如下：

1分：粪便可从肛门喷出，呈水样、稀粪或血样便，有流动性，多为绿色；

2分：粪便松散，不成形，周围有点，但无流动性；

3分：粪便成形，呈圆盘状，顶平，内有 2～3 个同心环，粪便高度达 2～5cm；

4分：呈堆积状，粪堆之间有一定亲和性，可辨其界限，最大厚度为 5～10cm；

5分：呈多个堆积状，粪之间无亲和性，高度达 10cm 以上。

3）代谢层次检测

代谢层次检测指标可在动物的代谢层面上反映养分代谢利用和调节状况，主要包括尿液 pH、血相指标。下面以血相指标为例，说明代谢层次检测指标。

血相指标主要在围产期和泌乳初期用于评估低钙能量负平衡程度，以及在患病时用于诊断具体原因。奶牛血相指标检测和判定标准见表 16-13。

表 16-13 奶牛血相指标检测和判定标准

血相指标	代谢产物	判定标准
能量代谢指标	β-羟丁酸	<0.9mmol/L
	葡萄糖	>2.5mmol/L
蛋白质营养状况指标	尿素氮	8～12mg/100mL
	白蛋白	30～40g/L
	总蛋白	60～80g/L
	球蛋白	30～40g/L
矿物质营养状况指标	镁	>0.74mmol/L
	无机磷	>1.8mmol/L
	谷胱甘肽过氧化酶（用于 Se 检测）	>39 U/33%PCV
	血清铜	>7.4mmol/L
血浆非酯化脂肪酸（non-esterified fatty acid，NEFA）值	酸中毒	574mmol/L
	皱胃移位	619mmol/L
	胎衣不下	585mmol/L

在奶牛生产中，血清酮体检测：如果牛群中 10%的奶牛血清酮体超过 14.4mg/100mL，可能患有亚临床酸中毒；超过 26mg/100mL，可能患酸中毒。

血浆 NEFA 检测：如果牛群中 10%以上的奶牛血浆 NEFA 超过 574mmol/L，说明 NEFA 水平过高，存在能量亏空。

16.3.2 家畜的品种和遗传改良技术

作物-家畜生产系统中有大量的家畜品种，开展品种合理利用工作并持续不断地进行遗传改良是提高系统生产力的主要措施。

1. 家畜品种的作用

在影响畜禽生产的众多因素中，遗传育种的科技贡献最大，即提高畜禽生产水平的关键因素是品种。据美国农业部 1996 年对美国 50 年来畜牧生产中各种科学技术发挥作用的总结，品种改良的作用居各项技术之首，占 40%，远远高于营养饲料（20%）、疾病防治（15%）和繁殖与行为（10%）等，而品种改良的效果要以丰富多彩的畜禽品种资源为基础才能快速地实现，畜禽遗传资源在类型、质量、数量方面给肉、奶、蛋和毛皮等生产带来创新的基础（李鹰，2005）。在相同饲养条件下不同牛品种的胴体性状和肉品质指标差异显著（表 16-14）。

表 16-14　相同饲养条件下不同牛品种胴体性状和肉品质指标的比较

指标	红安格斯牛	西门塔尔牛	草原红牛	夏洛莱牛
屠宰率/%	43.75±0.08d	49.57±0.19b	50.25±0.14a	48.46±0.14c
眼肌面积/cm^2	45.20±0.12d	46.03±0.15b	46.85±0.19a	45.65±0.16c
剪切力/kg	4.27±0.04d	4.60±0.07c	5.98±0.07a	5.45±0.02b
失水率/%	12.91±0.47d	13.83±0.57c	17.09±0.22a	16.11±0.18b
熟肉率/%	63.65±0.28a	61.14±0.12b	58.15±0.28d	60.00±0.23c

资料来源：王小梅（2012）。

注：表中数据为平均值±标准误，同行相同字母表示差异不显著（$P>0.05$），不同字母表示差异显著（$P<0.05$）。

在农区畜牧生产系统中，家畜的一般特点为早期生长速度快、性成熟早、母性好、性情温驯、饲料转化率高等。当然，对父本和母本品种的选育要求不一样。一般而言，对母本品种的要求是种群数量多，对环境适应性强；繁殖力高，泌乳性能强，母性好，并且母本群体在不影响杂种后代生长速度的前提下，体格不一定要求大。对父本品种的要求则是生长速度要快，饲料利用效率要高，胴体品质要好，父本品种的类型应与畜牧生产中对经济生产的要求相一致。

2. 家畜遗传改良的效果

作物-家畜生产系统生产力的显著提高，来自多方面的共同作用，但主要因素是持续不断地推进家畜的群体遗传改良。目前，已初步建立了畜禽良种繁育体系，形成选育原种、扩繁良种、推广应用杂优种的种畜禽产业格局，育成了一批畜禽新品种（系）及配套系，使畜禽良种化程度有了大幅提高，为畜牧业快速发展注入了生机和活力，为可持续发展奠定了扎实的基础。

截至 2021 年底，我国育成 46 个羊新品种，其中，33 个绵羊品种和 13 个山羊品种；育成 13 个牛新品种，其中 11 个普通牛品种，2 个牦牛品种。这些育成品种特性明显、生产力水平高、适应性强，在提高我国草食家畜生产水平和产品品质上发挥了积极作用，也为我国草食畜牧业可持续发展提供了宝贵资源和育种素材。

目前我国奶牛、肉牛、羊的良种覆盖率分别达到 90%、30%和 55%。通过实施"中国奶牛群体遗传改良计划（2008～2020）"和全国奶牛生产性能测定（即奶牛群体改良，dairy herd improvement，DHI）项目，我国奶牛群体遗传水平和生产性能显著提高。2020 年，全国荷斯坦牛年均单产达到 8300kg，较 2008 年的单产增加了 3500kg，增长率达 73%（张胜利 等，2021）。据国家统计局 2020 年数据显示，羊平均胴体重由 2008 年的 15.17kg 提高至 2020 年的 15.41kg，增幅为 1.6%。据国家肉羊核心育种场 2020 年数据显示，经选育的湖羊群体 6 月龄重比 2012 年增加了 4.15kg，增幅为 10.7%；产羔数增加了 0.41 只/胎，增幅为 17%。

16.3.3 分子标记辅助选择技术

在畜牧业生产中，提高选种的准确性是生产经营者和育种工作者极力追求的目标。科技工作者一直在寻找各种选择评定方法，并不断改进，从最初以表型选择，到基于育种值概念的综合选择指数和最佳线性无偏预测法（best linear unbiased prediction，BLUP）。随着分子遗传学、分子生物学技术和数量遗传学的发展，部分重要经济性状主效基因相继被鉴定，标记辅助选择技术已广泛应用于畜禽分子育种。

标记辅助选择技术是利用重要经济性状的主效基因或与数量性状基因座紧密连锁的 DNA 标记来改良畜禽经济性状的现代选种技术，它综合利用了 DNA 标记信息、个体表型信息和系谱信息，是分子生物技术与传统育种技术的结合，其主要作用是通过检测 DNA 标记来改变性状受控有利等位基因的频率，从而对以表型值或育种值为基础的常规选择进行补充或替代。20 世纪 70 年代中期，以 DNA 多态性为表征的分子标记得到大量发掘与应用，如基于 PCR 技术的 RAPD、RFLP、SSR 和 AFLP。这些分子标记数量众多，广泛分布于整个基因组，多态性丰富，已在构建畜禽连锁图谱和标记辅助选择中起到了重要作用。

分子标记辅助选择就是对特定主基因座或数量性状基因座在遗传标记辅助下区分其基因型，并在此基础上应用于畜禽的育种实践。在控制数量性状的多基因中存在着作用较大的主效基因或数量性状基因座，它们可以说明被研究性状表型变异的 10%～50%，这样通过有利的主效基因或数量性状基因座，较快达到提高遗传进展的目的。其基本技术路线是：①寻找包含数量性状基因座的染色体片段（10～20cM）；②在这些区域内标定数量性状基因座的位置（5cM）；③找到与数量性状基因座紧密连锁的遗传标记（1～2cM）；④在这些区域内找到可能的候选基因；⑤寻找与性状变异有关的特定基因；⑥寻找这些特定基因的功能位点；⑦在遗传标记辅助下更准确地对特定性状进行选择。

不过大多情况下，分子标记并不是数量性状基因座，但它们与某些数量性状基因座存在紧密连锁。通过分析这些标记所提供的信息，追踪数量性状基因座从亲代到子代的传递关系，从而进行标记辅助选择。目前畜禽遗传图谱精度不断提高，大量数量性状基因座得以鉴别和定位，这些都为标记辅助选择技术的实施奠定了基础。Lande 和 Thompson（1990）模拟研究了辅助标记选择技术与传统指数选择的相对效率问题，指出对于遗传力低和家系共同效应大的性状，标记辅助选择技术的效率可提高2～4倍。Kashi等（1990）研究表明，对奶牛后备公牛标记辅助选择技术比传统的后裔测定方法可提高20%～30%的遗传改进。分子标记辅助选择技术在不同家畜的早期选择中已得到了很好的应用。对于猪而言，兰尼定受体基因（ryanodine receptor，*RYRI*）的突变是引起猪应激综合征的主效基因，可通过检测该基因降低猪群发生应激综合征的概率，从而建立抗应激敏感猪品系（吴笑音，2015）。对于牛而言，肌肉生长抑制素基因（myostatin，*MSTN*）发生错义突变导致 *MSTN* 功能缺失，使比利时蓝牛和皮埃蒙特牛出现"双肌臀"，其肌肉产量增加约20%（Kambadur et al.，1997）。利用候选基因法找到一些与小尾寒羊、湖羊和细毛羊初生重、日增重、断奶重、饲料效率、产羔数、泌乳性能、睾丸大小、污毛量、毛纤维长度等重要经济性状相关的 SNP 位点（表 16-15），并利用 *FecB* 基因检测结合常规育种手段开展高繁殖力湖羊新品系选育工作，将湖羊的头胎产羔率提高至306%（Wang et al.，2018）。对 Y 染色体进行研究发现，其含有的多拷贝基因的拷贝数与牛精液品质、睾丸大小密切相关（Yue et al.，2013，2014；Pei et al.，2019），可用于优秀种公牛的早期选育。

表 16-15　部分与牛羊主要经济性状相关的分子标记基因

品种	性状	基因	参考文献
小尾寒羊	产羔数	*BMP15*、*TrkA*、*KIT*、*KITLG*、*NGF*、*LIFR*、*NCOA1*、*FSHR*、*BMPR-IB*、*LHβ*	刘世佳等（2015）；张军霞等（2016，2017）；Wang 等（2015，2020a）；Yuan 等（2019b）
湖羊	产羔数	*TrkA*、*NGF*、*LIFR*、*NOCA1*、*FTH1*、*GDF9*、*TGFBR2*、*FSHR*	张军霞等（2016，2017）；Wang 等（2015，2018）；王丽等（2020a）
白萨福克羊	阴囊围	*SRY*、*ZFY*	曹学涛（2019）
湖羊	睾丸体积、睾丸重量、附睾重量、睾丸周径、宰前活重	*EIF2S3Y2*、*DAZL*	曹学涛（2019）；Yuan 等（2020）
拉科讷羊	泌乳性能	*SUCNR1*、*PPARGC1A*	Yuan 等（2019a）
湖羊	初生重、日增重、断奶重	*LPA3*、*SPP1*	La 等（2019）
湖羊	体重	*PPARGC1B*、*ZEB2*	Zhang 等（2020）
湖羊	饲料效率	*ADRA2A*、*RYR2*	Zhang 等（2019）
荷斯坦公牛	精子畸形率、精子密度	*ZNF280AY*	Pei 等（2019）
西农萨能奶山羊	乳比重、体重	*IGF-IR*	Luo 等（2019）
关中奶山羊	体重、体长	*IGF-IR*	Luo 等（2019）
南甘杂种羊	污毛量、毛纤维长度	*KIF16B*、*KRTCAP3*、*FGF5*、*GPRC5A*、*PTN3*	胡瑞雪（2018）；王丽等（2020b）

标记辅助选择技术对动物育种具有重要的实践意义，但就目前来说，仍存在一些不足之处，如标记的检测、分型和统计是一项操作烦琐且花费较大的工作，寻找一种快速、简便和经济的分子检测技术是当务之急；遗传连锁图精确度、数量性状基因座定位和遗传参数估计的准确度也将决定着标记辅助选择技术的有效程度；在不同因素对标记辅助选择技术效率产生影响的情况下，如何确定最佳因素组合和最优试验设计，防止标记辅助选择技术效率随实施年限增加而下降等是亟待解决的问题。

16.3.4　家畜杂种优势利用技术

杂种优势利用即经济杂交，既包括对杂交亲本种群的选优提纯，也包括杂交组合的选择和杂交工作的组织；既包括纯繁，也包括杂交及为杂种创造适宜的饲养管理条件等一整套综合措施。目前，国内外肉用和蛋用家畜生产的一条基本经验就是选择适宜的父本品种和母本品种并开展杂交利用。在畜牧业发达国家，80%~90%的商品猪肉产自杂种猪，如 PIC 配套系、斯格配套系；肉仔鸡几乎全部是杂种；蛋鸡、肉牛、肉羊也广泛采用杂交，以提高经济效益。杂种优势利用采取的杂交方式一般有二元杂交、三元杂交、四元杂交、轮回杂交和顶交等，在实际生产中需要根据情况来确定杂交方式。

在农区肉牛生产中，一般以国内肉牛品种为母本，国外肉牛品种为父本，开展二元杂交，生产杂交后代来进行育肥。如表 16-16 所示，是用我国的雷琼牛和国外的西门塔尔牛、利木赞牛和安格斯牛杂交，生产的西雷、利雷和安雷杂种牛，其初生重、3 月龄重、6 月龄重和 24 月龄重均显著高于雷琼纯种牛（罗家智 等，2020）。

表 16-16　雷琼牛与不同品种肉牛杂交 F_1 代各年龄体重比较　　（单位：kg）

品种	初生重	3 月龄重	6 月龄重	24 月龄重
西雷杂	28.24±0.51Aab	109.50±2.32Aa	178.14±4.38Bb	357.05±14.16Bb
利雷杂	29.83±0.42Aa	112.93±1.58Aa	194.33±2.40Aa	398.37±16.32Aa
安雷杂	27.95±0.32Ab	93.77±2.51Bb	160.77±2.32Cc	331.02±12.05BCb
雷琼	18.58±0.35Bc	67.62±1.16Cc	140.35±0.76Dd	289.43±6.56Cc

资料来源：罗家智等（2020）。

注：表中数据为平均值±标准误，同列相同字母表示差异不显著（$P>0.05$），不同小写字母表示差异显著（$P<0.05$），不同大写字母表示差异极显著（$P<0.01$）。

美国农业部在 20 年间利用 8 个绵羊品种进行了系统的杂交研究，结果表明 2 个品种杂交的羔羊总产量比纯种亲本提高 12%，到 4 个品种为止；在杂交中，每增加 1 个品种提高羔羊总产量 8%~20%（赵有璋，2008）。在西北高寒牧区和寒旱农区的肉羊杂交试验也发现杂种后代在生长速度、生活力等方面比亲本群体高，经济效益明显（邓颖，2018）。在西北绿洲农区，湖羊母羊与陶赛特、澳洲白公羊的杂种后代在育肥日增重方面基本上极显著地高于湖羊纯繁后代，产肉能力指标也基本上极显著高于湖羊（表 16-17）。

表 16-17 西北绿洲农区湖羊及其杂种羊生产性能比较

参数	湖羊	陶湖	澳湖	P 值
初始体重/kg	23.30±2.16	24.23±2.34	24.14±2.28	0.25
末重/kg	47.04±4.77B	54.23±3.45A	54.82±5.79A	<0.01
21d 体重/kg	29.55±3.52B	32.46±2.65A	31.45±2.95A	0.01
43d 体重/kg	36.27±3.57A	39.88±2.88A	40.08±3.54B	<0.01
63d 体重/kg	42.66±3.93B	47.55±3.23A	48.12±4.24A	<0.01
1~21d 日增重/kg	0.32±0.09b	0.38±0.09a	0.36±0.05a	0.03
22~42d 日增重/kg	0.32±0.05A	0.36±0.04A	0.40±0.05B	<0.01
43~63d 日增重/kg	0.30±0.05	0.31±0.05	0.37±0.05	0.10
63~84d 日增重/kg	0.11±0.10B	0.25±0.16A	0.24±0.15A	<0.01
1~84d 平均日增重/kg	0.28±0.04B	0.36±0.03A	0.36±0.05A	<0.01
尾脂重/kg	1.35±0.42B	0.43±0.14A	0.26±0.08A	<0.01
眼肌面积/cm²	9.67±0.84B	15.40±0.91A	12.42±2.43A	<0.01

资料来源：邓颖（2018）。

注：表中数据为平均值±标准误，同列相同字母表示差异不显著（$P>0.05$），不同小写字母表示差异显著（$P<0.05$），不同大写字母表示差异极显著（$P<0.01$）。

在西北绿洲农区对二元杂交和三元杂交进行比较（表 16-18），发现杜泊羊（♂）×陶寒（♀）三元杂交后代（杜陶寒）在末期体重、日增重等育肥性能和宰前活重、胴体重、背膘厚、眼肌面积、肋肉厚等屠宰性能指标上均显著或极显著优于陶赛特（♂）×小尾寒羊（♀）二元杂交后代（陶寒），表明三元杂交的生产性能优于二元杂交（姜仲文 等，2014）。

表 16-18　不同肉羊杂交组合育肥性能和屠宰性能比较

	指标	杜陶寒	陶寒
育肥性能	初始体重/kg	31.10±1.19a	30.14±0.15a
	末期体重/kg	55.88±5.84a	47.89±5.50b
	日增重/g	275.33±5.32A	197.22±3.28B
	日采食精饲料量/kg	0.75	0.75
屠宰性能	宰前活重/kg	55.88±5.84a	47.89±5.50b
	胴体重/kg	29.97±3.71a	25.03±3.18b
	屠宰率/%	56.49±1.79a	54.80±1.49a
	净肉率/%	75.19±1.09a	72.55±3.16a
	背膘厚/cm	1.35±0.29a	1.00±0.14b
	肋肉厚/cm	2.25±0.22A	1.62±0.21B
	眼肌面积/cm^2	21.00±3.61A	15.91±2.84B
	肉骨比	2.58±0.19a	2.27±0.31a
	脂肪/kg	1.98±0.47A	1.22±0.20B

资料来源：姜仲文等（2014）。

注：表中数据为平均值±标准误，同行相同字母表示差异不显著（$P>0.05$），不同小写字母表示差异显著（$P<0.05$），不同大写字母表示差异极显著（$P<0.01$）。

进一步将湖羊引入西北高寒舍饲养羊区进行风土驯化和适应性观测，在此基础上开展湖羊和杜泊羊、澳洲白羊和特克塞尔羊的杂交利用试验（谢云龙，2017），在相同的饲养条件下，杜湖、澳湖和特湖杂种羊的初生重、3月龄重、4月龄重、5月龄重、6月龄重、9月龄重等均显著高于湖羊纯种羊（表 16-19）。

表 16-19　西北高寒地区湖羊及杂种羊生长性能比较　　　　　　（单位：kg）

群体	性别	初生重	1月龄重	2月龄重	3月龄重	4月龄重
湖羊	♂	3.19±0.74c	8.27±2.13c	12.96±3.61d	18.52±4.64d	23.22±5.19c
	♀	3.24±0.60c	8.62±2.04c	13.97±3.58c	19.23±4.47d	22.66±4.66c
杜湖	♂	3.95±0.58a	10.24±1.50a	19.00±3.10a	27.90±4.23a	30.18±2.50a
	♀	3.56±0.62b	9.62±1.95b	17.22±2.66b	24.67±3.28b	27.76±3.44b
澳湖	♂	4.09±078a	10.76±1.92a	18.95±3.93a	27.35±5.08a	30.28±3.66a
	♀	3.56±0.62b	9.62±1.95b	17.22±2.66b	24.67±3.28b	28.32±3.43a

续表

群体	性别	初生重	1月龄重	2月龄重	3月龄重	4月龄重
特湖	♂	3.99±0.58a	9.14±1.23c	15.00±2.96c	21.58±4.98c	27.83±5.45a
	♀	3.54±0.75b	8.78±1.35c	14.43±2.48c	20.19±3.44c	26.81±5.20b

群体	性别	5月龄重	6月龄重	9月龄重	12月龄重	—
湖羊	♂	26.26±5.81d	28.77±5.86d	31.15±4.57c	35.39±6.54b	—
	♀	26.28±5.00d	28.29±5.18d	31.97±4.86c	33.22±4.40b	—
杜湖	♂	32.54±5.13a	33.24±5.08b	38.60±4.30a	—	
	♀	29.25±3.93c	31.16±3.32c	36.35±4.92b	—	
澳湖	♂	32.05±4.69b	35.16±3.36b	40.39±4.01a	—	
	♀	30.01±3.89c	32.47±4.18c	36.20±3.22b	—	
特湖	♂	34.44±4.41a	37.88±4.90a	40.22±4.54a	45.08±5.08a	
	♀	31.77±3.56b	35.05±4.23b	38.65±5.55b	44.86±6.94a	

资料来源：谢云龙（2017）。

注：表中数据为平均值±标准误，同列相同字母表示同月龄段不同群体差异不显著（$P>0.05$），不同字母表示同月龄段不同群体差异显著（$P<0.05$）。

16.3.5 家畜繁殖调控技术

随着生物技术研究的快速发展，家畜繁殖领域出现了许多新理论、新技术。从母畜发情、配种到妊娠和分娩等整个繁殖周期的各个环节初步形成了一套完整的繁殖控制技术，如发情控制、排卵控制、人工授精、胚胎移植、性别控制等，为提高家畜繁殖效率展现了广阔的前景。

1. 发情控制技术

发情控制是指利用某些外源激素或者药物及各种家畜管理措施，人工控制母畜个体或者群体发情并排卵的技术。发情控制分为诱导发情、同期发情。

1）诱导发情

诱导单个母畜发情并排卵的技术称为诱导发情。其意义在于缩短母畜繁殖周期，提高母畜的繁殖效率。在牛上常用孕激素处理法，利用孕酮阴道栓（CIDR，孕酮含量1.38g）或者耳背皮下埋置（18-甲基炔诺酮20～40mg）处理母牛9～14d后移除即可。移除后再肌注马绒毛膜促性腺激素（pregnant mare serum gonadotropin，PMSG）（500～800IU）或氯前列烯醇（0.2～0.4mg）效果更好。此外还有利用GnRH、PMSG或FSH处理的方法，利用PMSG处理时应确认母畜卵巢上无黄体，而FSH

法比较麻烦，且 FSH 价格较贵，生产上一般不用。羊诱导发情的方法与牛基本相同，只是剂量上略有差别。

2）同期发情

诱导发情处理主要针对单个母畜，而同期发情则是一群母畜在同一时期内发情并排卵。同期发情便于畜牧生产的组织和管理，提高畜群的发情率和繁殖率。同期发情在利用新鲜胚进行胚胎移植工作中的应用比较多。基本原理是通过延长或缩短黄体期的方法调节动物发情周期，从而使群体母畜在同一时期发情排卵。延长黄体期常用孕激素处理，而缩短黄体期则用前列腺素（prostaglandin, PG）、促性腺激素、GnRH 等（Dell'Eva et al., 2019）。

2. 排卵控制技术

使母畜发情并控制其排卵的时间和数量的技术称为排卵控制，其分为诱发排卵、同期排卵和超数排卵，其中前二者是对排卵时间的控制，而后者则是以增加排卵数为主要目的。诱发排卵是指在母畜发情周期的适当时间，用促性腺激素处理，代替母畜靠自身促性腺激素作用下的自发排卵，促使卵泡成熟，诱发母畜排卵。诱发排卵在牛上应用较多，一般在配种前数小时或者第一次配种时，利用 LH（50～100 IU）、人绒毛膜促性腺激素（human chorionic gonadotropin, HCG）（1000～2000IU）、促黄体素释放素 A2（luteinizing hormone releasing hormone A2, LHRH-A2）或 LHRH-A3（100～300μg）（50～150μg）等外源激素处理母牛。在同期发情基础上，再做诱发排卵即可达到同期排卵的目的。超数排卵是指在母畜发情周期的适当时间，注射外源促性腺激素，使卵巢比自然发情时有更多的卵泡发育并排卵的方法。超数排卵多用于牛、羊等单胎动物，对多胎动物（如猪）意义不大。超数排卵一般与诱导发情联合使用，以牛为例：常用 FSH+CIDR+PG 法、FSH+PG 法和 PMSG+PG 法。研究发现，超数排卵效果与处理方式及激素剂量存在联系（Dell'Eva et al., 2019）。羊的超数排卵方法与牛基本一致，但剂量有所差别。

3. 人工授精技术

人工授精（artificial insemination, AI）是指用器械采集公畜精液后，再用器械将经过检查和处理之后的精液输送到发情母畜生殖道内，以代替自然交配的一种方法。人工授精的基本技术环节包括种公畜的采精、**精液品质检查**、精液稀释、保存、运输、冷冻精液解冻与检查、输精等。采精是人工授精工作的首要环节，目的是获得量大、质优的精液。采集的精子在输精前应进行**精液品质检测和处理**。精液品质检查要求采精后迅速置于37℃条件下检查，防止温度骤然降低对精子造成低温打击（Kumar et al.，2019）。另外新鲜精液不宜保存，为了延长精子保存时间和增加配种母畜数，常常对采集的精液进行稀释。精液稀释是向精液中加入适量的适于精子存活、保持其受精能力的稀释液，从而扩大精液量，延长精子在体外的存活时间，利于精子保存和运输，充分提高优良公畜的配种效率。经过保存或者冷冻精液解冻后应进行精液品质检查与分析，解冻后精子活力不得低于0.3。输精剂量和有效精子数因母畜种类、胎次、子宫大小等生理状况及精液类型而异。一般液态精液输精量要大于冷冻保存精液，经产、超数排卵处理的母畜应比一般母畜输精量大。输精时间要根据母畜发情时间来定，同时考虑精子获能时间和维持受精能力时间等其他因素。目前生产上常常将发情控制和人工授精配合使用，即同期排卵-定时输精（ovsynch synchronization and fixed-time artificial insemination，OFAI）技术。OFAI技术就是优选外源激素或类似物按照一定程序处理母牛群，使其在相对集中的时间内同时排卵，并在固定时间点完成适配母牛人工授精。OFAI技术的使用可以避免牛群发情鉴定的随意性，提高母牛参配率，加快良种母牛的扩繁速度，是一种提高奶牛繁殖效率的有效技术手段（Lamb et al.，2010）。主要家畜精液的稀释倍数和输精剂量见表16-20。

表16-20　主要家畜精液的稀释倍数和输精剂量

家畜种类	稀释倍数/倍	输精剂量/mL	每个输精剂量有效精子数/亿	适宜输精时间	输精次数/次	输精间隔时间/h	输精部位
奶牛、肉牛	5~40	0.2~1	0.1~0.5	发情后10~12h或排卵前10~20h	1~2	8~10	子宫颈深部或子宫体内
水牛	5~20	0.2~1	0.1~0.5				
马	2~3	15~30	2.5~5	接近排卵时，卵泡发育第4~5期或发情第2天开始，隔天一次至发情结束	1~3	24~28	子宫内
驴	2~3	15~20	2~5				
绵羊	2~4	0.05~0.2	0.3~0.5	发情后10~36h	1~2	8~10	子宫颈
山羊	2~4	0.5	0.3~0.5				
兔	3~5	0.2~0.5	0.15~0.3	诱发排卵后2~6h	1~2	8~10	子宫颈

资料来源：张嘉保和田见晖（2011）。

4. 胚胎移植技术

胚胎移植（embryo transfer，ET）是指将体内、外生产的哺乳动物早期胚胎移植到另一头处于相同生理状态的同种雌性动物的生殖道内，使之继续发育成正常新个体的技术。胚胎移植主要包括供（受）体母畜选择、供（受）体母畜同期发情、超数排卵、供体母畜配种、胚胎采集、鉴定、保存及移植等技术环节。在畜牧生产上，超数排卵和胚胎移植通常同时使用，合称为超数排卵与胚胎移植（multiple ovulation and embryo transfer，MOET）技术。胚胎移植技术可以充分发挥优良母畜的繁殖潜力，提高其繁殖效率。在肉羊、肉牛生产中可以诱导肉畜怀双胎，提高生产效率；同时也使一些不易妊娠的优良母畜获得生殖能力。在品种培育过程中，胚胎移植技术可以缩短时代间隔，加快遗传进展；代替种畜的引进，不受时间、距离的限制；根据防疫需要，向封闭群引进新的个体；可以降低种质资源保存的费用。

5. 性别控制技术

性别控制技术是通过人为的干预，并按照人们的愿望使雌性动物繁殖出所需性别后代的一种繁殖新技术。一般可通过两种途径实现：一种是受精前对精子进行干预，另一种是受精后通过对胚胎性别进行鉴定来实现。受精前精子干预主要指进行精子分离，比较科学、可靠、准确的方法是根据 X 和 Y 精子 DNA 含量之间的差异，利用流式细胞仪分离。这种方法已用于商品化分离精子，其中 X 和 Y 精子准确率达到 83% 和 90% 以上。目前，SexedULTRA-4M™ 分离性控精液已经在奶牛和肉牛上广泛应用（González-Marín et al., 2018）。根据 X 和 Y 精子的大小、带电荷数、密度、形态、活力、表面抗原等之间的差异，可用沉积分离法、自由流动电泳法、密度梯度离心法和免疫学方法等进行分离（Rahman and Pang, 2020）。研究还发现，不同化学物质及内分泌干扰物等对精子进行预处理也会改变胚胎性别比例（You et al., 2018）。胚胎性别鉴定指运用特定方法对哺乳动物附植前的早期胚胎进行性别鉴定，然后通过胚胎移植技术移植已知性别的胚胎，进而控制后代性别比例。目前常用的胚胎性别鉴定方法有通过核型分析的细胞学方法、H-Y 抗原检测的免疫学方法及基于 Y 染色体特有序列探针或者聚合酶链反应（polymerase chain reaction，PCR）方法等（Strah and Kunej, 2019）。

6. 繁殖的营养调控技术

家畜的繁殖过程包括雌、雄两性动物的性发育、精子与卵子的生成、受精、妊娠，以及雌性动物产前准备和哺育后代等环节。这些环节中每一个环节都受到营养因素的影响。繁殖调控的研究和实践表明，科学地运用繁殖学的营养调控技术已使家畜的繁殖力大大提高。日粮的能量水平是影响动物初情期的主要因素（图 16-13）。研究表明，机体脂肪含量直接影响下丘脑活动和 GnRH 的分泌，通过下丘脑-垂体-性腺轴影响动物的繁殖性能（Tena-Sempere, 2015）。由于生长、体重、营养水平的变化体现为内部代谢信号的变化，近几年，逐渐将达到初情期的"合适体重"的概念延伸到了"代谢信号"（Macias and Hinck, 2012）。低营养水平饲养的羔羊，其 GnRH 释放频率显著低于自由采食的羔羊；增加其营养水平，可迅速而显著地增加 GnRH 释放频率。因此，发生初情期的 GnRH 升高，是由于生长和体重的改变引起能量代谢和能量储存改变，通过血液中的代谢信号被大脑感知。下丘脑弓状核在能量代谢和繁殖活动调节过程中发挥重要作用。甘丙肽（galanin）、吻素等是将代谢活动与神经内分泌系统和生殖系统联系起来的信号分子（Tena-Sempere，2015）。配种前后营养水平对胚胎存活和胎儿生长发育有明显的影响。配种后高营养水平日粮饲喂母羊，可以引起孕酮浓度下降而不利于胚胎的生存。妊娠期的饲养管理重点是为分娩和泌乳做好准备。断奶母羊配种前饲喂高营养水平日粮可缩短断奶至第一次发情间隔时间，提高受胎率，缩短产羔间隔时间；妊娠后期滩×寒杂种母羊饲喂高营养水平日粮显著降低产后母羊体重损失，提高产羔率和羔羊出生窝重；而在泌乳期，高营养水平日粮则可以提高母羊泌乳水平（王宏博 等，2011）。妊娠后期湖羊母羊饲喂 15.01% 的高水平蛋白质日粮可显著提升羔羊初生重，并且这种影响可以持续到羔羊后期育肥，高蛋白质组母羊所产羔羊 6 月龄重显著高于 9.00% 和 12.03% 的低蛋白质组（张娜娜，2018）。母畜的营养需要随着妊娠期发展、胎儿发育和乳腺生长不断发生变化，在设计妊娠母畜日粮配方时应考虑这些变化，且采用阶段饲喂。

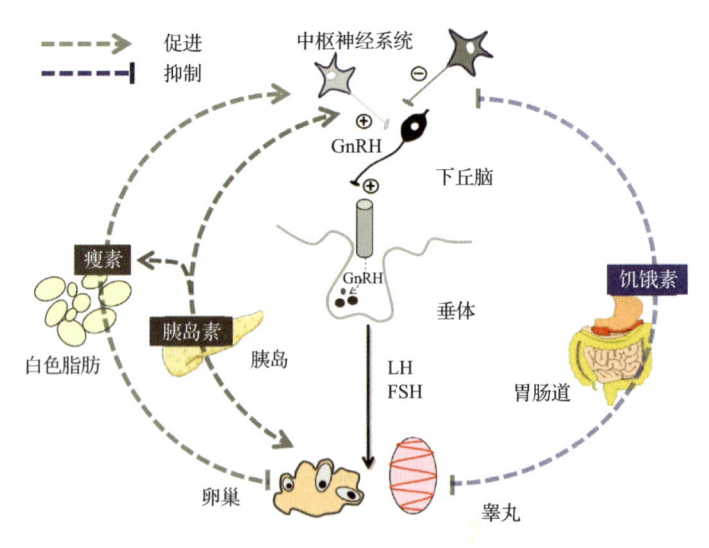

图 16-13　家畜采食量-能量平衡-繁殖功能-初情期发生调节系统图（Tena-Sempere，2015）

对于公畜来讲，营养调控主要用于改善公畜精液品质，提高其配种效率。后备种畜营养不足，如蛋白质摄入不足会延缓性成熟，降低射精量，导致精液品质下降。但是营养过剩则会导致公畜肥胖，精液品质下降，精子畸形率增加和活力下降。维生素、矿物质及脂肪酸等对公畜繁殖机能有很大影响（Li et al., 2021）。公畜日粮硒和维生素 E 不足，导致精子活力降低，精子结构异常率增加，表现为线粒体异常、精子细胞膜与尾部中段的螺旋鞘疏松。后备种公羊日粮添加多不饱和脂肪酸、葡萄籽单宁、桑叶黄酮、栗木单宁、有机硒等物质则可以促进睾丸类固醇激素的合成分泌，促进曲细精管发育和精子发生。

16.4 展　　望

作物-家畜生产系统中家畜生产将以两种方式为主，其一是集约化和专门化，其二是综合化和特色化。前者以提高家畜生产效率和劳动生产率为重点，主要满足市场对产品数量的需求；后者以提高作物利用率、畜产品品质、生产与生态效益为重点，主要满足市场对畜产品特色品质和消费多元化的需求。两种生产方式将进一步推动家畜生产向高产、优质、高效方向发展，发展的规模、速度、质量将取决于遗传育种、营养饲料、繁殖、管理和疫病防控等领域的技术进步。

近年来，生物技术和信息技术发展特别快，成为整个社会经济发展的重要引擎。当前，基因工程、发酵工程、细胞工程、酶工程和蛋白质工程等生物技术，人工智能、区块链、云计算、大数据和工业互联网等信息技术与传统产业进行融合之后，导致了新的革命。生物技术和信息技术已广泛渗透到家畜生产的各个领域，所产生的新理论、新方法为解决家畜生产面临的重大问题开辟了新的途径，促进了家畜生产理论与技术的快速发展。

动物营养学经历了由分析思维向系统思维发展，形成了系统动物营养学的基本理论和技术体系框架。随着生命科学的发展，相应的方法、技术和理论应用于动物营养与饲料科学研究，促进家畜营养过程突破"黑箱理论"的限制。精准营养、精准调控、精准预测已经成为未来家畜营养领域的重要发展方向。随着检测技术的不断发展，利用大数据、物联网及无线数据传输技术可获得更精准的家畜及环境基础信息，可对家畜的营养需要及营养状态进行精准预测，实现家畜的精准营养。在营养调控技术方面，由目前的单纯以追求生产效益最大化为目标，转向保障动物福利和健康、畜产品品质及进行功能性物质的沉积调控，促进家畜生产的调控目标更加多样化。在饲料营养价值评定方面，快速、即时、准确是未来发展方向，其中近红外分析技术是实现作物快速检测和科学利用的重要手段。整合动物营养基本原理、配合环境实时监测技术及营养素快速检测技术，可实现家畜营养的精准供应和饲料的科学利用。

家畜育种的核心是品种的选育和利用，而家畜经济性状表型值的测定和收集是开展育种的第一步。在我国，生猪和家禽的性能测定智能化、自动化的程度较高，而牛、羊等畜种生产性能的测定还停留在人海战术的阶段，通过大量的人力、物力获得的性能测定数据准确性不高，对育种指导性不高。在这一方面，我国需要引进吸收和自主研发一批适合我国国情的自动化、智能化、便于操作的性能测定系统,特别是研发针对畜禽胴体组成、肉质等性状的活体测定技术体系。在畜禽选育方面,畜牧业发达国家在育种过程中基本保持目标性状大方向不变,各性状在选种模型中的权重根据市场变动略做调整。我国畜禽育种方面也应该以市场为导向,构建科学的良种繁育体系,重视品种内不同品系的培育,为杂交利用提供既优又纯的杂交亲本。随着科学技术的飞速发展,各国正在争相研发高通量、智能化、自动化的性能测定设备和技术,提高表型精准测定的规模化和智能化程度;随着组学技术的快速发展,畜禽繁殖、饲料效率、生长、产毛、产绒、产品品质、抗逆抗病等重要经济性状关键基因及遗传变异相继被鉴定,为分子标记辅助选择提供了有重要利用价值的基因素材。此外,通过构建大规模基因组选择参考群,设计专门、高效的商业化基因组育种芯片,建立适于我国畜禽育种体系的基因组选择及配套遗传评估技术体系,将加快我国畜禽育种由传统的表型、经验育种迈入基因组育种时代。

  家畜的繁殖活动受人类的控制,随着同期发情、人工授精及 MOET 技术的应用,家畜繁殖效率大幅提高,同时对家畜改良和优良基因利用做出了巨大贡献,但也使家畜基因多样性受到影响,增加患病风险。在过去 30 多年的研究中,鉴定出大量与家畜繁殖活动相关的基因及细胞活性物质,并利用相应激素或类似物进行繁殖调控。除了经典生殖激素调节通路外,越来越多的研究集中于生殖激素在性腺外的调节作用,细胞因子及细胞分泌物对配子发生、卵泡发育及早期胚胎发育的影响。因此,近年来关于动物繁殖的研究主要集中在:①家畜配子、干细胞及早期胚胎操作技术;②繁殖控制技术,包括繁殖调节物质及营养繁殖调控等方面;③控制繁殖性状相关基因及细胞因子作用机理;④环境对繁殖活动的影响等。随着转录组学、蛋白质组学及代谢组学的应用,更多参与家畜繁殖活动的物质或基因将被发现利用,同时也发现超数排卵、营养调控等繁殖策略的应用可能会影响配子 DNA 甲基化水平,改变胚胎及后代基因的表达模式。配子及胚胎冷冻保存技术除了在提高优良种畜利用率方面具有巨大贡献之外,还逐渐成为替代活体保种的最有效方式。但是玻璃化冷冻保存技术只被广泛用于牛、羊等少数家畜生产中,如何解决其他家畜配子或胚胎冷冻保存技术问题及提高冷冻保存后复苏效率也将是今后的研究重点。

第 17 章
草产品加工的原理与技术*

17.1 引　　言

草产品加工在我国是一个既古老而又新兴的行业。古老是因为我国的饲草加工历史可以追溯到几千年前。新兴则是因为我国规模化、现代化、机械化饲草生产始于 20 世纪 80 年代，进入 21 世纪呈现出了蓬勃的发展态势。

17.1.1 草产品的概念

广义的草产品是指所有以草为原料生产的产品，包括饲用草产品、食用草产品、药用草产品、工业用草产品、绿化草产品及工艺型草产品。狭义的草产品是指用于饲喂畜禽的饲草类产品，包括来源于天然草原和人工草地的牧草、饲料作物及农副产物加工调制而成的产品（贾玉山和格根图，2013）。本章所述草产品除深加工产品外均指狭义的草产品，即饲用草产品。

通常按加工调制方式可将饲用草产品分为鲜草产品、干草产品、发酵草产品（包括青贮和微贮产品）、饲草型 TMR 等。按加工调制后形成的草产品形态、形状，将其分为散草、草捆、草粉、草颗粒等干草产品和窖贮、裹包、灌装等青贮饲料产品。按原料来源又可分为天然草原牧草，苜蓿、燕麦、羊草、披碱草、黑麦草、狼尾草等人工栽培牧草，以及全株青贮玉米等高产饲料作物。此外，还可以将玉米、水稻、小麦、高粱、谷子等农作物秸秆和柠条锦鸡儿、紫穗槐（*Amorpha fruticosa*）、构树（*Broussonetia papyrifera*）、饲料桑、松树叶等资源加工调制为饲用草产品。

17.1.2 我国草产品加工产业现状

我国草产业正由小变大，由弱变强。纵观我国草地农业的发展历程，共分为 3 个阶段。第 1 阶段是现代草地农业的奠基阶段（1949～1978 年）；第 2 阶段是现代草地农业的创立阶段（1979～1999 年）；第 3 阶段为新时期草产业的发展阶段

---

* 本章作者：贾玉山、格根图、王志军

（2000年至今）（王堃，2018）。1982年，在第二次全国草原学术会议上郎业广先生发表了《论中国草业科学》的署名文章，这是见诸报端的第一次使用"草业"概念。其后不久，钱学森和任继周等一批老科学家高瞻远瞩地提出"立草为业"，创立了以系统工程思想为主导，发展知识密集型草地农业的新型草业科学理论（王堃，2014）。目前，我国草产业布局基本形成了"两区一带"的格局，即东北、华北和西北苜蓿生产优势产业带，东北羊草生产优势区和南方牧草生产优势区。内蒙古自治区赤峰市阿鲁科尔沁旗以苜蓿和燕麦干草生产为主的产业集群和甘肃省定西地区以裹包混合青贮饲料生产为主的产业集群正在形成。

截至2018年8月，我国注册并存续从事草产品生产加工的企业有1477家，其中约75%的企业是2012年以后组建成立的企业，这与国家实施振兴奶业苜蓿发展行动、草牧业发展和粮改饲等密切相关。草产品加工企业区域性分布特点明显，西北、华北、东北是主要分布区；但省（区、市）间分布不均衡，甘肃、内蒙古、河北3省（区）数量最多。投资超过5000万元的大型龙头企业约占6%，相对较少；大部分（75%以上）企业为投资1000万元以下的中小型企业。但是，普遍存在企业实际生产力低于设计生产力，无法满负荷生产的现象；能够正常运营的企业在800家左右。全国每年的商品草流通量为800万～1000万t，其中进口干草为170万～180万t、国产天然干草为350万～400万t、栽培牧草干草为240万～260万t、青贮饲草产品为70万～90万t。

随着产业规模的增大及从事草产品加工技术研究人员的增加，我国草产品加工调制技术取得了一定的进步，但是与国外先进国家比较还有一定的差距，商品用草产品缺口大，国产草产品质量不高，在国际市场上缺乏竞争力。造成这一现象的原因很多，如关键技术落后、机械化程度低、空间布局不合理等。面对种种制约性问题，今后我国草产品加工的发展应该有5个主要的趋向。一是加强草产品开发利用研究，如加强草产品营养及利用方式研究，延长产业链，开发多种产品，并进行深加工等，是今后饲草产品发展的必然趋势。二是加强草产品加工机械开发，在现有加工机械产品研究的基础上，研究水平和产品开发力度将进一步提高和强强，继续跟踪国际先进技术。今后研发重点是苜蓿刈割压扁机具技术、小方捆机关键技术、打结器部件产品、高密度打捆技术与打捆机具设备等。三是进一步完善草产品生产标准和检测体系，今后草产品加工要在全国统一标准，严格执行，才能不断培育发展国内市场，并逐步抢占国际市场。四是促进草产品的商品化和流通速度，今后我国配合饲料用草和规模化养殖场用草的数量至少在1000万t，另外，我国75%以上地区的家畜冬季缺草，地区和季节性不平衡也将进一步推动草产品的发展和流通。五是为草产品上、下游客户提供对接服务、金融期货服务平台的建设。

17.2　草产品加工原理

如何调制优质的饲草产品？当然是要通过技术和机械设备的革新来实现。但是，研发和创造新技术和机械设备，只有了解不同类型饲草产品调制加工的基本原理，掌握其客观规律，才能有的放矢。

17.2.1　牧草原料收获原理

1. 综合考虑牧草产量和可消化营养物质收获量

牧草与饲料作物的产量和营养物质积累量各生育期内不同步。幼苗期时，牧草具有较高的营养价值，但牧草产量较低。随着生育期的推移，产量逐渐增加，而植株内的可消化营养物质含量逐渐下降。早期收获的原料中营养物质含量较高，但可收获的原料量过低。相反，刈割过晚，虽然收获的原料产量高，但原料中可消化营养物质含量过低。因此，只有同时兼顾牧草产量和可消化营养物质收获量才是取得经济效益的有效保障，也是牧草原料收获的基本原理和原则。按照该原理和原则，豆科牧草的适宜收获期一般为孕蕾至开花初期，禾本科牧草的适宜收获期一般为抽穗至开花期。

2. 考虑多次刈割牧草再生和多年生牧草安全越冬

对于多年生、可再生牧草和饲料作物而言，刈割时间、刈割频次和留茬高度等直接影响牧草的再生性。刈割时间过早，刈割频次过多，植物不能适应高频率的刈割，牧草营养物质积累量不足，影响牧草生长。刈割留茬高度过低，分蘖数显著下降，牧草产量和营养价值受到影响。此外，木茬草的刈割时间、留茬高度直接影响多年生牧草安全越冬和翌年返青生长。如果木茬草刈割太晚和留茬高度过低，根系发育不良，养分积累太少，对越冬不利，甚至在翌年会出现大面积的死亡。牧草最后一次刈割应在当地霜降期来临前 30d 左右进行，保证牧草在上冻前根系有一定的养分积累。

3. 根据生产需要调整原料收获技术

随着养殖业的发展，为了节本增效，对饲草原料的质量提出新的要求，饲草原料收获技术需要根据这种需求的变化而调整。例如，全株玉米青贮饲料是奶牛高效养殖必需的饲草原料，使用量占奶牛总日粮的 50%~60%。近年来，规模化奶牛场为了降低精饲料使用量，节约饲养成本，对青贮饲料原料品质提出了"DM 含量高于 30%，DM 中的淀粉含量高于 30%"的"双 30"需求。根据这种需求，全株玉米青贮饲料原料的收获期就需要从原来的乳熟期到蜡熟初期收获,调整到蜡熟中期或末期收获,待果穗达到一定成熟度,籽实乳线在 1/3～3/4 时收获。

17.2.2 干草调制加工原理

牧草在刚收获时含水量较高,易滋生细菌和霉菌,导致牧草发霉变质。通过自然干燥和人工干燥,新鲜牧草迅速处于生理干燥状态,细胞呼吸和酶的作用减弱并逐渐停止,这样可以最大限度地抑制霉菌繁殖,保存大部分牧草养分,从而达到长期保存的目的。

干草调制加工依据含水量变化分为生理变化过程和生化变化过程两个阶段。

第 1 阶段生理变化过程,从牧草刈割到水分含量降至 40%左右,此时植物细胞尚未死亡,细胞酶和呼吸作用继续进行,植物体储藏的多糖、蛋白质等营养物质逐渐被分解为单糖、多糖和氨基酸小分子,维持植物在干燥胁迫下的生命活动。在此过程分解产生的 CO_2 将通过呼吸作用扩散到空气中。由太阳直射、高温和自身生理反应产生的热量,使植物本身温度升高,通过蒸腾释放水进行自身降温。

为了减少牧草营养损失,在牧草生产中刈割往往伴随着压扁处理来加快水分散失。其原理(以苜蓿为例)主要是:牧草茎秆被压扁挤裂,经压扁处理的苜蓿叶片部分表皮细胞壁被破坏,呈间断性分布,同时部分表皮细胞结构被轻微破坏(图 17-1);茎秆表皮出现明显裂口,部分表皮细胞壁被破坏,呈间断性分布,表皮细胞结构被轻微破坏(图 17-2),茎的髓呈间断性分布,加速其内部水分的蒸发,缩短干燥时间,并使茎秆、叶、花干燥一致,减少养分损失,提高干草质量。

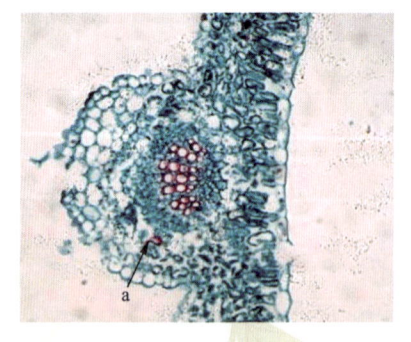

图 17-1　压扁处理后苜蓿叶片解剖结构
注:a 为苜蓿叶片的角质膜。

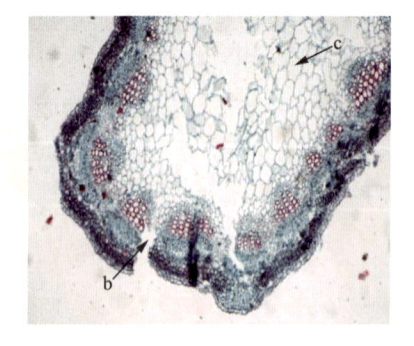

图 17-2　压扁处理后苜蓿茎的解剖结构
注:b 为苜蓿茎的表皮;c 为苜蓿茎的髓。

第 2 阶段生化变化过程,牧草水分含量从 40%降至 16%以下,此时牧草细胞的生理作用停止,多数细胞已经死亡,呼吸作用停止,但仍有一些酶参与一些微弱的生化活动，营养物质在酶的作用下分解，尤其是维生素和可溶性物质损失较多。此阶段，细胞通过气孔和维管系统散水，气孔开度逐渐减小，皮层厚度增加，减少了水分散失的速度。牧草水分含量达 20% 以下时，叶片水分含量与茎秆水分含量不同，此时打捆会造成叶片被破坏、脱落，干草产量降低和营养损失严重。因此，需要采取措施加快水分耗散，降低酶活动，同时尽量减少暴晒、露水浸湿，还要防止叶片、嫩枝脱落而造成营养损失。

17.2.3 青贮饲料调制加工原理

1. 常规青贮发酵原理

全株玉米青贮也称常规青贮。其发酵原理是乳酸菌在厌氧、密封情况下将植物中的糖类物质转化成乳酸、乙酸、丙酸等小分子有机酸，生成酸性环境，抑制有害细菌生长，从而将饲料长期保存（Guo et al., 2008）。在整个青贮过程中，存在着复杂的微生物种群交替，这与青贮原料的特性、青贮所处的阶段密切相关，主要的微生物有乳酸菌、酵母菌、霉菌、梭菌和大肠杆菌。每种微生物占优势菌群的时期和在青贮中起到的作用都有不同，微生物营养利用方式及营养损失如表 17-1 所示。

表 17-1　微生物营养利用方式及营养损失

微生物	途径	DM 损失/%	能量损失/%
同型发酵	葡萄糖/果糖 ⟶ 2 分子乳酸+$2H_2O$	0	0.7
异型发酵	葡萄糖 ⟶ 1 分子乳酸+1 分子乙醇+CO_2+H_2O	24.0	1.7
	3 分子果糖 ⟶ 1 分子乳酸+1 分子乙酸+2 分子甘露醇+CO_2+H_2O	4.8	1.0
梭菌	2 分子乳酸 ⟶ 1 分子丁酸盐+$2CO_2$+$2H_2$+H_2O	51.1	18.4
酵母菌	葡萄糖 ⟶ 2 分子乙醇+$2CO_2$+$2H_2O$	48.9	0.2
大肠杆菌	葡萄糖 ⟶ 1 分子乳酸+1 分子乙醇+$2CO_2$+$2H_2$+$2H_2O$	41.1	16.6

资料来源：张刚（2006）。

2. 半干青贮发酵原理

将不适宜直接青贮的高水分青贮原料经风干晾晒，含水量降至 45%～55%。此时植物细胞汁液渗透压增加，原生质水势达-60～-54Pa，接近于生理干旱状态，从而抑制了霉菌和腐败菌的生长繁殖；同时，半干状态阻止了喜高水分的梭菌活动，阻碍了酪酸的产生和蛋白质的分解，蛋白质分解较少；尽管水分含量低，其他微生物活动受到强烈的抑制作用，乳酸菌发酵仍能在一定程度上进行，其结果是在有机酸形成量少和 pH 相对较高的条件下也能获得品质优良的青贮饲料。

由于半干青贮是在原料中的微生物处于生理干燥和厌氧状态下进行的，青贮过程中微生物活动微弱，蛋白质分解较少，有机酸生成少，故在选择青贮原料时，原料的糖分、水分及蛋白质含量等已不再是青贮的制约因素。到青贮末期，青贮原料中乳酸含量、pH 高低也不再作为衡量青贮品质的标准。

3. 添加剂青贮发酵原理

根据青贮饲料添加剂的作用机理，添加剂分为青贮发酵促进剂和有氧发酵抑制剂。青贮发酵促进剂主要包括乳酸菌、纤维素酶、糖蜜、绿汁发酵液四大类，是专门用于青贮饲料的一类微生物添加剂（贾燕霞 等，2009）。由 1 种或 1 种以上乳酸菌、酶和一些营养体组成，主要作用是有目的地调节青贮料内微生物区系，调控青贮发酵过程，促进乳酸菌大量繁殖，更快地产生乳酸，促进多糖与粗纤维的转化，从而有效地提高青贮饲料的质量（Shao et al.，2007）。有氧发酵抑制剂主要是通过抑制部分或全部有害微生物的生长和繁殖，降低青贮饲料 pH 和减少营养物质损失，以获得品质优良的青贮饲料，酸类中最常使用的是甲酸（He et al.，2019）。青贮腐败抑制剂的主要作用是控制青贮温度及发酵进程、刺激乳酸菌的生长、减少氨的产生。丙酸是最有效的抗霉菌剂（许庆方，2005）。营养性添加剂主要是改善青贮的营养价值，也能作为青贮发酵促进剂提高青贮代谢量，此类添加剂主要有含氮化合物和矿物质（玉柱 等，2009）。

4. 天然牧草青贮发酵原理

天然牧草种类组成复杂多样，且青贮时存在"三低一高"（含水量低、可溶性碳水化合物含量低、乳酸菌附着数量低、青贮缓冲能值高）的缺点，直接青贮较难调制优质青贮饲料。因此，在青贮天然牧草时，应适当添加水和弥补其原料缺陷的青贮饲料添加剂，特别是添加适宜的乳酸菌制剂，促进其正常发酵。成功的天然牧草青贮饲料可有效保存牧草中粗蛋白质、粗脂肪、胡萝卜素等营养成分，降低纤维类物质的含量，提高总可消化营养物质含量。

17.2.4 成型草产品调制加工原理

成型草产品加工的实质是牧草原料受挤压、摩擦和温度等作用产生变形的过程（黄建辉 等，2016）。成型草产品加工技术主要包括草颗粒加工技术和草块加工技术。其中，草颗粒加工是指牧草刈割、快速干燥、粉碎成粉后，加入适量水蒸气，均匀混合，再经制粒机压制成草颗粒的过程（何峰和李向林，2010；贾玉山和格根图，2013）。草块加工是指牧草刈割、快速干燥后，切短或揉碎，经压块机压制成草块的过程。成型草产品调制加工的基本原理是：将经过粉碎的草粉或调制的干草段放入制粒机（压块机）机械压膜腔内，在水热处理作用下 β-淀粉转变为糊化淀粉，当温度达到 77℃时，淀粉完全糊化，黏度增加；牧草均匀地经过牧草制粒机（压块机）的摩擦挤压作用，其蛋白质变性，纤维素和脂肪结构发生改变，纤维素分解酶和戊聚糖酶的活性提高，饲草结构发生物理和化学变化，经制粒机（压块机）压制成草颗粒（草块）。

17.2.5 饲草型 TMR 调制加工原理

TMR 技术是根据动物的日粮配方，将各原料成分均匀混合成一种营养浓度适度的日粮以满足动物营养需要的饲养技术。饲草型 TMR 技术是以优质牧草及农作物秸秆为主要原料，在动物营养调控理论和粗饲料分级指数（grading index，GI）等理论指导下，充分发挥瘤胃机能并提高牧草利用率，同时降低日粮成本的全新技术。

饲草型 TMR 调制加工的理论依据是饲草组合效应。过去的饲草料价值评定体系是在可加性原则基础上建立起来的，即日粮的营养价值等同于日粮中各组分的营养价值之和。随着日粮能量评价体系研究的不断深入，饲草料原料之间的组合效应逐渐被人们认识。早在 19 世纪末，德国动物营养学家发现日粮中淀粉含量过高会影响青干草的消化率，这是关于饲草料之间组合效应的最早报道。随后 Ewing 和 Wells（1915）也发现，对于饲喂低蛋白质含量农作物废弃物与秸秆日粮的反刍家畜，日粮中可降解蛋白质缺乏会降低日粮的消化率与反刍家畜的生产性能，并将混合日粮中一种组分对另一组分的影响定义为饲料的组合效应。后来，Forbes（1931）正式提出了饲草料之间的非加性理论（组合效应），即单个饲料的净能值在很大程度上依赖与其配合的其他饲料组分。之后，Blaxter（1962）也指出，饲喂反刍家畜不同饲料组成的日粮时，日粮的表观消化率不等于各个日粮组分表观消化率的加权值之和。卢德勋（2000）认为日粮的组合效应实质上是指来自不同饲料源的营养性物质、非营养性物质及抗营养物质之间互作的整体效应。目前，组合效应逐渐在动物营养学界得到广泛认同，而且受到越来越多的动物营养学家和动物生产者的关注。

根据饲草料原料间互作关系的性质不同，饲草料组合效应可分为 3 种类型：当饲草料的整体互作使日粮内某组分的利用率或采食量指标高于各个饲草料原料数值的加权值时，为正组合效应；反之，若日粮的整体指标低于各个饲草料原料数值的加权值时，为负组合效应；若二者相等，则为零组合效应。其中，正组合效应可提高粗饲料的消化率和采食量，负组合效应可引起饲料能值的变化，降低有效代谢能。例如，Silva 和 Orskov（1984）发现，饲料中补充苜蓿等易消化物质可提高纤维的整体消化率，饲料中添加大麦等则会引起纤维消化率下降。闫伟杰等（2004）发现，在饼粕与纤维型基础料组合时，30%豆粕或40%棉籽饼会产生最大的正组合效应。张吉鹍（2010）的研究表明，在低质饲草中补饲质量较好的饲草，会产生正组合效应。饲草料之间不存在纯的正组合效应或负组合效应，每种组合效应的表现形式都是正、负组合效应互作的结果，也就是说，正组合效应包含着负组合效应，负组合效应中存在着正组合效应。影响饲料配合组合效应的因素有很多，如动物种类、饲养水平、饲料种类、饲料质量、配合比例、加工调制、饲养环境、评定组合效应的方法和指标及营养调控措施等。

饲草型 TMR 技术就是在该理论的基础上结合 GI 指数，通过调整各种饲草料配比，充分发挥日粮不同成分间的正组合效应，从而增加饲料的利用率，改善动物生产性能，提高经济效益。

17.3　草产品加工技术

干草调制加工技术和青贮饲料调制加工技术是我国最常用的两种饲草产品加工技术，在商品化饲草领域，干草和青贮饲料两类产品约占九成。以草颗粒为代表的成型草产品加工技术因其储运成本低、便于自动化饲喂利用和原料多元化的优点，近年来被推广应用的范围越来越广。饲草型 TMR，虽然在我国推广应用的时间不长，但是在奶牛和肉牛规模化养殖场迅速得到了普及。

17.3.1　干草加工技术

1. 牧草原料收获技术

1）牧草的适时收获

随牧草生育期的更替，其营养成分含量变化很大。牧草何时刈割，要综合考虑两方面的因素：一是可利用的营养物质含量，二是牧草产量。这两个因素乘积最大（综合生物指标最大）的时候为最佳刈割期。据此，豆科牧草在现蕾期至初花期刈割较为适宜，禾本科牧草的适宜刈割期在抽穗期至开花期。

以豆科牧草苜蓿为例，豆科牧草不同生育期的营养成分变化比禾本科牧草更为明显，初花期比现蕾期粗蛋白质含量减少33%～50%，胡萝卜素含量减少50%～80%。不同生育期苜蓿营养成分的变化如表 17-2 所示，苜蓿不同生长阶段胡萝卜素含量的变化见表 17-3。

表 17-2　不同生育期苜蓿营养成分的变化

生育期	DM/%	CP/% DM	EE/% DM	CF/% DM	无氮浸出物/% DM	ash/% DM
孕蕾期	18.0	26.1	4.5	17.2	42.2	10.0
现蕾期	19.9	22.1	3.5	23.6	41.2	9.6
初花期	22.5	20.5	3.1	25.8	41.3	9.3
盛花期	25.3	18.2	3.6	28.5	41.5	8.2
结荚期	29.3	12.3	2.4	40.6	37.2	7.5

资料来源：贾玉山和玉柱（2018）。

注：CP 为粗蛋白质；EE 为粗脂肪；CF 为粗纤维；DM 为干物质。

表 17-3　苜蓿不同生长阶段胡萝卜素含量的变化　　（单位：mg/100g）

项目	生长阶段				
	春季再生	孕蕾期	现蕾期	初花期	种子成熟
胡萝卜素含量	17.5～29.3	16.4	13.0	10.7	3.5

资料来源：贾玉山和玉柱（2018）。

多年生豆科牧草在早春刈割对幼草生长不利，会大幅降低当年的产量，并降低翌年牧草的返青率。这是由于牧草根部碳水化合物含量较低，同时在越冬过程中受损且不能得到很好的恢复。北方地区豆科牧草最后 1 次刈割应在早霜来临前 1 个月进行，确保越冬前根部能积累足够的养分，保证牧草安全越冬和翌年返青。

禾本科牧草抽穗前期粗蛋白质和碳水化合物的含量较高，初花期开始下降，成熟期最低；粗纤维的含量，从抽穗期至成熟期逐渐增加。从产量上看，在抽穗期至开花期时最高；从营养价值来看，在孕穗期至抽穗期最高，因而应在停止生长前 1 个月刈割。在实际生产中，根据牧草种类的不同做适当调整。

几种常用禾本科牧草的适宜刈割期见表 17-4，燕麦牧草的适宜收获期见表 17-5，典型草原牧草不同收获期营养成分关联系数矩阵见表 17-6。

表 17-4　几种常用禾本科牧草的适宜刈割期

种类	适宜刈割期	备注	种类	适宜刈割期	备注
羊草	初花期	花期一般在 6 月底到 7 月底	黑麦草	抽穗期至初花期	花期一般在 6 月底到 7 月底
老芒麦	抽穗期	^	鸭茅	抽穗期至初花期	^
无芒雀麦	孕穗期至抽穗期	^	芦苇	孕穗期	^
披碱草	孕穗期至抽穗期	^	针茅	抽穗期至开花	芒针形成以前
冰草	抽穗期至初花期	^			

资料来源：贾玉山和玉柱（2018）。

表 17-5 燕麦牧草的适宜收获期

饲喂对象	收获时间
高产奶牛	孕穗期至抽穗期
普通产奶牛	抽穗期至初花期
育肥肉牛、肉羊	乳熟后期至蜡熟初期

资料来源：贾玉山和玉柱（2018）。

表 17-6 典型草原牧草不同收获期营养成分关联系数矩阵

收获期	CP/% DM	EE/% DM	ADF/% DM	可溶性碳水化合物/% DM	关联度
最优序列	1.00	1.00	1.00	1.00	1.00
7月20日	0.42	0.44	0.28	0.77	0.48
8月1日	0.50	0.54	0.33	0.81	0.55
8月10日	0.88	0.67	0.33	1.00	0.72
8月20日	1.00	1.00	0.41	0.97	0.85
8月30日	0.77	0.86	0.52	1.00	0.79
9月10日	0.32	0.71	1.00	0.81	0.71

2）牧草的适宜留茬高度

留茬高度的确定对牧草的再生性至关重要。刈割时留茬高度过高会导致牧草基部大量茎叶损失，产量降低；留茬高度过低，虽然当茬草产量增加，但会影响牧草地上部分生长和根部碳水化合物的积累，导致牧草新枝条生长能力减弱，影响再生草的产量和成活率。

根据留茬高度对牧草产量和再生性的影响，苜蓿、黑麦草等牧草刈割时留茬高度应为5～6cm，白三叶草和红三叶等牧草刈割时留茬高度为3～4cm；苏丹草、饲用高粱等牧草刈割时留茬高度以 10～12cm 为宜。留茬高度对天然打草场产量的影响可见表 17-7。

表 17-7 留茬高度对天然打草场产量的影响

打草场类型	草层高度/cm	产量/(kg/亩) 留茬高度			
		5cm	7cm	10cm	15cm
着叶均匀的上繁草禾草和三穗薹草占优势	100	90～95	85～90	75～80	65～75
	75	85～90	75～80	70～75	50～60
	50	75～85	65～75	55～65	40～50
	25	65～75	60～65	50～60	35～40

续表

打草场类型	草层高度/cm	产量/(kg/亩)			
		留茬高度			
		5cm	7cm	10cm	15cm
杂类草和豆科牧草占优势	100	95	90	85	70~75
	75	90	85	80	65~70
	50	85~90	75~80	70~75	55~60
	25	75~80	65~75	55~65	40~45
密丛和疏丛禾草、杂类草和豆科牧草占优势，并以根出叶和发育不全茎为主	75	80~95	70~75	60~65	40~50
	50	75~80	65~70	50~60	30~40
	25	50~60	40~50	30~40	20~30

资料来源：贾慎修（1995）。

2. 干草调制加工技术

干草调制加工技术是指将天然或者人工种植的牧草刈割后，通过自然或人工晾晒，迅速降低牧草含水量，使新鲜牧草迅速进入生理干燥阶段，直至终止细胞呼吸和酶的作用，达到安全含水量。其主要调制加工技术流程如下。

1）刈割压扁

收获前应根据机械收割能力和天气预报情况，综合考虑后确定收获的时间和面积。一般选择 5~7d 的晴好天气开展一茬或一定面积收获。

牧草干燥时间的长短主要取决于其茎秆干燥所需时间，叶片的干燥速度要比茎秆的快，只有加快茎秆的干燥速度，才能缩短干燥时间。采用刈割压扁机，将茎秆压裂，破坏角质层、维管束和表皮，并使之暴露于空气中，加快茎内水分的散失速度，使茎秆和叶片干燥时间的差距缩短，从而缩短干燥时间。以苜蓿为例，压裂茎秆干燥牧草的时间比不压裂茎秆干燥牧草缩短 30%~50%。压扁干燥牧草 DM 和碳水化合物损失比普通干燥减少 2~3 倍，粗蛋白质的损失减少 3~5 倍。因此，在牧草规模化生产中，为减少牧草干燥时间，通常将割草机与不同形式的压扁机配套使用，实现将牧草刈割、茎秆压扁和铺成草条等作业一次性完成。

目前，生产上常用的茎秆压扁机有两种，即圆筒型和波齿型。其中，圆筒型压扁机将草茎纵向压裂，而波齿型压扁机将草茎隔距压裂。圆筒型压扁机压裂的牧草，干燥速度较快，但在压裂过程中往往会造成牧草新鲜汁液的外溢，破坏茎叶形状，因此要合理调整圆筒间的压力，以减少损失。

2）摊晒（散草）

草条厚度是制约牧草干燥速度的主要影响因素。草条厚度过大，牧草水分不易散失，牧草内温度升高，草层容易产生霉菌毒素，导致牧草腐败、变质，家畜不能食用。草条厚度过薄，晾晒所需面积增大，不符合生产实际需求，且草层厚度过薄，牧草更易受风、雨及太阳辐射影响，造成额外的养分流失。牧草的草条厚度以10～15cm为宜。

刈割后，为了使植物细胞迅速死亡，停止呼吸，减少营养物质的损失，应尽量摊晒均匀。将刚收获的饲草在原地或附近干燥地，先进行薄层平铺晾晒4～5h，以加快干燥速度，使鲜草中的水分迅速蒸发，含水量由原来的75%以上减少到40%左右，完成晒干的第一阶段目标。

3）翻晒

牧草水分含量由40%减少到16%以下，是一个缓慢蒸发的过程，要缩短晾晒时间，关键是要给草垄创造一个良好的通风条件。选择最佳的翻晒作业时间，既能加速牧草干燥速度，又能最大限度地保存牧草叶片，是减少干草损失的重要环节。

翻晒作业可采用摊晒机完成，要求对牧草均匀翻动，并尽量减少泥土污染饲草。当牧草水分含量降到40%左右时，可利用晚间或早晨的时间进行一次翻晒，可减少牧草叶片的脱落，降低DM的损失。以苜蓿为例，在含水量为30%时进行翻晒作业，将损失10%的DM，主要原因是叶片的损失造成了干草品质的下降。

受留茬高度影响，牧草干燥时间也有所不同，因此翻晒作业时间也有所差异。留茬高度越高，达到安全贮藏含水量所需时间越短，翻晒作业次数越少，而对于苏丹草和饲用高粱等一些高大植株作物，田间翻晒次数以2次为宜。

4）搂草集拢

在准备打捆前，须通过搂草作业将草条收窄，两行草垄并成一行，以保证打捆速度。此外，搂草作业也可将底部牧草翻到草条上部，可以进一步提高整个草条的干燥速度和干燥均匀度。

搂草作业通常采用搂草机完成，应保证形成的草条连续、蓬松、密度均匀、受泥土污染少。搂草机按照作业方式一般分为横向搂草机和侧向搂草机。横向搂草机在作业时牧草移动距离大，草条连续性差。另外，由于搂齿接触地面，草条容易受到泥土和其他异物污染，因此已逐渐被侧向搂草机取代。侧向搂草机按照结构可分为滚筒式、指轮式、水平旋转式和传送带式4种类型。

5）打捆（二次加压）

打捆是指将散干草打成干草捆的过程，其他干草产品基本上都是在这一基础上进一步加工而成的。为了保证干草的质量，一般在牧草含水量16%以下时进行打捆作业。

草捆按照密度分为低密度草捆和高密度草捆。其中，低密度草捆通常由捡拾打捆机在田间直接作业而成，高密度草捆在低密度草捆的基础上由二次压缩打捆机打成。草捆按照含水量分为高水分草捆和常规草捆。高水分草捆晾晒时间较短，在一定程度上可以减少叶片损失及破碎，但要求实行小捆型、高密度打捆，其目的是防止草捆霉烂变质。在制作高水分草捆时常添加防霉剂，以防止霉变，保存营养。

田间打捆作业时对压捆机的技术要求包括压捆密度均匀适中，不易发生霉变，草捆成层压缩，开捆后易散开，捆结牢靠，运输途中不易散开。在打捆过程中，应该特别注意的是不能将田间的土块、杂草和霉变草打进草捆中。

17.3.2 青贮饲料加工技术

青贮饲料加工的目的是将切碎的新鲜贮料通过微生物厌氧发酵和化学作用，在密闭无氧条件下制成一种适口性好、消化率高和营养丰富的饲料，是保证常年均衡供应青绿饲料的有效措施。

青贮饲料的分类方法有以下几种：根据青贮原料不同，分为单一青贮、混合青贮和配合青贮；根据青贮原料含水量不同，可将青贮饲料划分为常规青贮、半干青贮及高水分青贮。以常规青贮为例，其主要加工技术流程如下。

1. 贮前准备

根据饲养规模和青贮设施选择青贮容量和青贮方式。青贮前，清理青贮设施内的杂物，检查青贮设施的质量，如有损坏及时修复，检修各类青贮用的机械设备，使其运转良好，准备青贮加工时必需的材料。

2. 适时刈割

优质青贮原料是调制优良青贮饲料的物质基础。青贮饲料的营养价值，除了与原料的种类和品种有关外，还与刈割期有关。依据牧草种类，在适宜的生育期内刈割，既可从单位面积上获得最高总可消化营养物质的含量，又不会大幅降低蛋白质含量和提高纤维素含量。

一般全株青贮玉米在乳熟后期至蜡熟前期刈割，半干青贮在蜡熟期刈割，黄贮玉米秸秆在完熟期摘穗后刈割，豆科牧草在开花初期刈割，禾本科牧草在抽穗期刈割。

3. 水分调节

青贮原料的水分含量是决定青贮饲料发酵品质的主要因素之一。如果收获的原料含水量较高，达到75%～80%或80%以上，即使原料的可溶性碳水化合物含量高，也不能保证调制成优质青贮饲料。青贮时如果水分含量过高，会产生羧酸发酵，青贮饲料酸味刺鼻，无酸香味，营养物质损失较大；水分含量过低，青贮原料不容易压实，青贮发酵程度低，易导致发霉变质。水分过多的原料，可通过晾晒凋萎的方法，降低其水分含量，达到要求后再进行青贮；水分过少的原料，可以适当加水将青贮原料预先处理，然后进行青贮调制。

全株玉米青贮时适宜的水分含量为65%左右，苜蓿等豆科牧草适宜的青贮水分含量为55%～65%，禾本科牧草适宜的青贮水分含量为60%～70%。

4. 切碎

原料的切短和压裂是促进青贮发酵的重要措施。适宜的切碎长度可有效地释放细胞渗出液，降低青贮原料空隙中的空气含量，有利于青贮时压实和增加青贮装填密度，并能提高青贮设施的利用效率和有效促进乳酸菌繁殖，增加获得高品质青贮饲料的可能性。切碎的青贮饲料还有利于家畜采食，提高青贮饲料的利用率。

切碎的程度取决于原料的粗细、软硬程度、含水量、饲喂家畜的种类和铡切的工具等。一般要求青贮原料的切碎长度为1～2cm。对牛、羊等反刍动物来说，禾本科牧草、豆科牧草及叶菜类植物等适宜切碎长度为2～3cm，玉米和向日葵等粗茎植物适宜切碎长度为 0.5～2cm。柔软幼嫩的植物也可不切碎或切长一些，以确保给反刍家畜提供足量的有效纤维含量。对猪、禽来说，各种青贮原料均应切得越短越好。

对于全株玉米青贮而言，切碎的同时还应该破碎玉米籽粒，并且破碎率须达到90%以上，以提高淀粉的利用率。将整株原料草运至青贮加工点进行青贮制作时，揉丝切碎是一种很好的切碎方式，能增加青贮原料压实密度，确保发酵效果。

5. 装填与压实

为避免青贮过程中发生腐败变质，切碎的原料在青贮设施中都要装填和压实，而且装填速度越快，压实程度越好，其营养损失越小，青贮饲料的品质越好。青贮时应边装窖边压实。每装到30～50cm厚时就要压实一次，直到完成整个容器的装填压实。原料装填压实后，宜高出窖口30cm左右。为保证青贮效果，在捡拾切碎时可喷洒能促进乳酸菌发酵、保证青贮成功的各种添加剂。

在青贮容器靠近壁和角的地方不能留有空隙，压不到的边角可人力踩压，以减少空气残留，促进乳酸菌的繁殖并抑制好氧性微生物的活力。青贮原料压得越实，装填密度越大，青贮饲料发酵效果越好。青贮时原料装填密度越大，青贮后青贮饲料 DM 的损失就越小。用拖拉机压实要注意不要带进泥土、油垢、金属制品等污染物，以免造成青贮饲料腐败，或造成家畜在食用青贮饲料过程中发生危险，损害家畜健康。

6. 密封与管理

原料装填压实之后，应立即密封和覆盖，其目的是隔绝空气，防止空气与原料接触，并防止雨水进入。青贮容器不同，其密封和覆盖方法也不同。以青贮窖为例，在原料的上面盖一层10~20cm切短的秸秆或青干草，草上盖塑料薄膜，再用橡胶轮胎等重物镇压或覆盖50cm厚的土层，窖顶呈馒头状，窖四周挖排水沟，以利于排水。密封后，应经常检查青贮设施密封性，及时补漏。顶部出现积水应及时排出。裹包青贮时，打捆后应迅速用4层以上的拉伸膜完成裹包。裹包青贮存放在地面平整、排水良好、没有杂物和其他尖利物的地方，经常检查裹包膜或塑料薄膜，如有破损及时修补。

7. 开窖与取料

禾本科原料的开窖时间为密封后30~40d，豆科原料的开窖时间为密封后2~3个月。开窖前应清理压盖物，清除霉变部分。取料时由上层至下层切取，横切面应垂直于窖壁，并从一头取料，禁止掏洞或全面打开取料。应尽量缩小取料横截面，随用随取，取完后直接密封好。若中途不再取料，应将窖口封闭严实，避免其漏水或透气，防止压实不严引起的二次发酵。饲喂时应先少量再逐渐增加，使家畜能够适应青贮饲料。

青贮饲料加工技术流程图见图17-3。

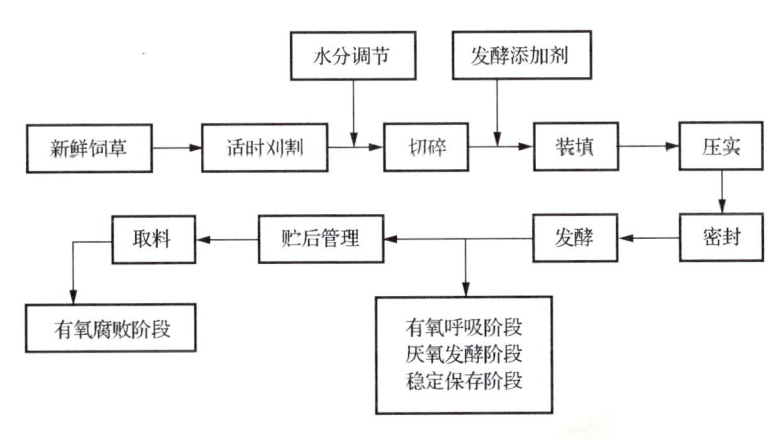

图17-3 青贮饲料加工技术流程图

17.3.3 成型草产品加工技术

成型草产品是将干草粉、草段、秸秆、秕壳等原料或粉状的配合饲料、混合饲料加工成颗粒状、块状、饼状及片状等固型化的饲料。当前，成型饲料发展较快，其中多以颗粒和块状饲草饲料的调制加工为主，如苜蓿草颗粒已作为主要的成型饲料得到广泛推广和应用。开发成型饲料，可以提高饲草饲料报酬，改善其适口性、节约牧草资源，便于长期贮藏和长途运输。

成型草产品加工技术包括草颗粒加工技术和草块（饼）加工技术。

1. 草颗粒加工技术

1) 原料处理

（1）原料接收与贮存。原料有粉料、粒料、青料、秆料、稀料、饼粕料、液体料等多种形态。接收方式包括原料的输送、筛选、磁选、计量、干燥及贮存等。不同形态的原料采用不同的接收方式和设备。①主原料。主原料接收形式主要包括机械式输送和气流输送两种。主原料的接收能力一般取决于主原料进厂的运输方式、工厂的生产规模与制度。一般情况下，工厂的生产规模决定原料贮存仓的容量。以汽车进料的中小型饲料加工厂，原料贮存期以 1 周为宜；以火车和轮船进料的大型饲料加工厂，一般原料贮存期以 1 个月为宜。为了能长期贮存，原料的含水率不宜超过 14%，而且每个贮料仓要有料温记录和警报装置。为防止原料温度过高，发热霉变，还必须有倒仓装置，必要时进行倒仓，以减少损失。②副原料。粉状副原料可采用房式仓库堆放贮存，或利用立筒仓贮存。目前国内现有的饲料加工厂，基本都采用房式仓库堆放。对于罐装原料（如油脂、糖蜜），可原罐存放或直接运到生产车间待用。

（2）原料清理。为保证贮藏安全和便于粉碎加工，原料必须经过清理。其清理工作主要是利用筛选设备去掉大杂质，利用磁选设备去掉各种铁磁性金属。

2) 原料粉碎

在饲料加工厂中，原料粉碎是一个关键性程序，它关系着配合饲料的质量、产量、电耗和成本。

（1）粉碎的作用和粒度要求。经过粉碎的原料，便于均匀混合，有利于畜禽的消化和吸收，可以提高饲料的转化率。控制粉碎粒度在适合的范围，可以提高饲料的利用率，降低饲养的综合成本。但粒度过细，常常会导致食用者组织角质化和溃疡危险性增加。对猪玉米型饲粮来说，当平均粒度为 400～1200μm 时，粒度每降低 10μm，饲料效率提高 1.0%～1.5%。但由于饲料粉碎越细成本越高，建议生长育肥猪饲料最佳颗粒大小为 700μm。

表 17-8 列出了中国饲料产品对粉碎粒度的规定。

表 17-8　中国饲料产品对粉碎粒度的规定

饲养动物	粉碎粒度	标准号
仔猪、生长肥育猪、后备猪、妊娠猪、泌乳母猪、种公猪	99%通过 2.80mm 编制筛，但不得有整粒谷物，1.40mm 编制筛，筛上物不得大于 15%	GB/T 5916—93 ST/T 10075—92
肉鸡前期、产蛋鸡后备前期	99%通过 2.80mm 编制筛，但不得有整粒谷物，1.40mm 编制筛，筛上物不得大于 15%	GB/T 5916—93
肉鸡中后期、产蛋期	99%通过 3.35mm 编制筛，但不得有整粒谷物，1.70mm 编制筛，筛上物不得大于 15%	GB/T 5916—93
产蛋鸡产蛋期	全部通过 4.00mm 编制筛，但不得有整粒谷物，2.00mm 编制筛，筛上物不得大于 15%	GB/T 5916—93
猪、蛋鸡、肉鸡浓缩料	全部通过 8 目分析筛，16 目分析筛，筛上物不大于 10%	GB 8833—88
奶牛精饲料补充料	全部通过 8 目分析筛，16 目分析筛，筛上物不大于 20%	GB 8961—88
奶牛精饲料补充料（一级）	99%通过 2.80mm 编制筛，但不得有整粒谷物，1.40mm 编制筛，筛上物不得大于 15%	SB/T 10079—92
生长鸭（0～8 周）、肉鸭	全部通过 6 目分析筛，12 目分析筛，筛上物不大于 20%	SB/T 8963—88 SB/T 8962—88
生长鸭（9 周至开产）、产蛋鸭、种鸭	全部通过 4 目分析筛，8 目分析筛，筛上物不大于 15%	SB/T 8962—88 SB/T 8964—88
中国对虾	0.425mm 编制筛，筛上物不大于 3% 0.250mm 编制筛，筛上物不大于 20%	SC 2002—94

（2）饲料粉碎的工艺流程。饲料粉碎的工艺流程根据质量和品种的要求而定，一般分为 3 种。①一次粉碎。一次粉碎即粉碎机采用较小直径的筛孔，原料经粉碎后，不经筛分就直接作为粉碎成品送入配料仓，其优点是可以节省设备，操作简单。②循环粉碎。循环粉碎即采用较大的筛孔，使原料经粉碎后，进入平筛筛分，将粒度较大的送回粉碎机再粉碎。大型饲料厂采用此种方式较为经济，优点是产量高，耗电少。③粉碎与配料工艺先后。在饲料生产过程中，有先粉碎后配料和先配料后粉碎两种方法。先粉碎后配料是将原料先分别粉碎，然后进行配料，其优点是省动力，可提高粉碎机的生产能力，缺点是需要的粉碎仓较多；先配料后粉碎是将各种原料按要求的比例调配好以后，一起进行粉碎，其优点是在粉碎的过程中，同时起到混合作用，并可节省粉碎仓，缺点是影响粉碎机的产量，并使有些物料粉碎过细而消耗过多的动力。

3）配料计量

配料计量是成型饲料加工的重要环节，采用特定的计量装置，按照科学饲养的饲料配方要求，对不同品种的原料进行准确称量。完成配料计量的主要设备有重量式配料秤和容积式配料计量器。

（1）重量式配料秤。重量式配料秤按照物料的质量，进行分批或连续的配料计量，其计量精度和自动化程度均较高，对不同的原料具有较好的适应性，但其结构复杂，造价高，对管理维护要求高，重量式配料秤主要适用于大型饲料加工厂。采用全自动化程序控制，只须输入各成分质量和批数，配料程序即可自动连续进行，直至完成预定的批数为止。

（2）容积式配料计量器。容积式配料计量器按照物料容积比例大小，进行连续和分批配料。容积式配料计量器结构简单，操作维修方便，有利于生产过程的连续，但容易受到物料特性（容重、颗粒大小、水分、流动性等）、料仓的结构形式和料仓充满程度的变化等因素的影响，致使其计量准确度较差，且每改变一次配方，就要调试一次。容积式配料计量器适用于小型饲料加工厂。

4）混合

混合是按一定要求把密度和浓度大小不一的物料配合在一起，并混合均匀。它是生产成型饲料过程中将配合好的物料搅拌均匀的一道重要工序。通过这一工序，使所生产的成型饲料均匀，任意一部分均符合饲料配方所规定的成分比例。目前，饲料加工厂的混合工序有两种形式：一种是连续混合，另一种是分批混合。

（1）连续混合。连续混合是将各种饲料分别连续计量，同时送入连续混合机，不间断地进行混合，这种搅拌机也起着输送作用。

（2）分批混合。分批混合是将一定量的各种原料，按配方比例计量，然后送入混合机，混合一次即生产出一批饲料。现在大多数饲料厂采用这种方式，其特点是混合均匀度好，便于控制和检查饲料质量。

5）制粒

（1）饲料的调质。饲料的调质是颗粒压制的准备工作。调质能软化饲料，减少压模和压辊的磨损，提高饲料通过压模的速率，降低颗粒机的工作压力。调质过程中，热和水的作用可使饲料中的淀粉糊化，从而提高饲料的消化利用率。经过调质后的饲料不但流动性好，而且还能增加饲料的黏结力，有利于颗粒成型。

调质器是生产颗粒饲料最常用的调制设备，以绞龙为主体，可控制颗粒机的流量，保证进料均匀。

（2）蒸汽的添加。在颗粒饲料压制过程中，充足而均衡的供应蒸汽可以增加糖蜜和油脂的流动性，促使淀粉部分糊化、破裂，使粉料容易黏结，从而提高成型颗粒的硬度。

（3）糖蜜的添加。在配合饲料中添加糖蜜称为糖蜜化，可以提高饲料的营养价值及适口性。在颗粒饲料的压制过程中，糖蜜还起着黏结剂的作用。糖蜜可在制粒前与粉状饲料混合，也可以直接喷入调质器。

（4）脂肪的喷涂。颗粒饲料表面涂上脂肪，不仅能提高饲料发热量、抗水性和适口性，减少车间灰尘，还可减少运输和生产过程中的损失。在饲料中添加1%的脂肪，会使颗粒变软，提高产量，降低电耗，脂肪添加量一般应限制在1%~2%。

在制粒过程中最佳湿度应控制在16%左右。在制粒过程中，淀粉颗粒会在水热作用下发生淀粉糊化作用，促使颗粒饲料成型。畜禽颗粒料的制粒温度为75~85℃，玉米、小麦、薯类等淀粉类原料的糊化温度为58~72℃，蒸汽压力约为2.5kg/cm^2；水产颗粒料的制粒温度要在90℃以上，蒸汽压力约为4kg/cm^2（贾玉山 等，2019）。这一温度（90℃以上）对饲料营养成分影响不大，因为饲料通过压模孔的时间只有7~8s。

6）冷却

成型过程中在水热和挤压作用下，饲料成型，同时产生大量的热，成型饲料从制粒机中出来时含水量为16%~18%，温度为80~85℃。必须冷却使水分含量降至14%以下，温度降低到比空气温度高8℃以下。冷却工艺按照空气介质与颗粒料流动方向可分为逆流冷却和顺流冷却两种。

（1）逆流冷却。逆流冷却是冷却介质的流动方向和颗粒料流动方向相反的一种冷却工艺。这种冷却工艺制得的颗粒饲料表面光滑，很少有龟裂现象，粉化率低，耐水时间长。

（2）顺流冷却。顺流冷却是冷却介质的流动方向和颗粒料流动方向相同的一种冷却工艺。这种方法制得的产品表面干燥不完全，发生龟裂，不光滑，粉化率高，耐水时间短。

7）成品与包装

成品是各种物料通过一系列加工，最终达到饲喂要求的成型产品。成品的包装有散装和袋装两种。目前，饲料厂大多采用袋装形式进行包装，只有面向大型养殖企业才会采用装载能力为4~5t的饲料罐车，节约包装成本。

2. 草块（饼）的加工技术

草块（饼）是将牧草切短或揉碎，而后经特定机械压制而成的高密度块状饲料。与颗粒饲料相比，草块（饼）的外形尺寸要大，通常截面尺寸为30mm×30mm的方形断面草块或直径为8~30mm的圆柱形草饼。因此，草块（饼）能更多地保留牧草的自然形态，符合反刍动物及草食家畜的生理特点。

1）原料机械处理

在进行成型加工之前，为了便于压块成型和提高压块效率，原料必须先经过适当的机械处理，切成适宜的长度。根据反刍动物的消化生理特点，其所采食饲草的适宜纤维长度为20~30mm。因此，一般要求压块机所压制的粗饲料块截面尺寸在30mm×30mm左右。一般压块粗饲料长度与草块截面尺寸之比以（1.5~3.0）：1为宜。切碎处理的机械一般选用铡草机或揉碎机，揉碎机处理可将秸秆等粗饲料原料沿纵向揉搓、剪切成长 8～10cm 的细丝状秸秆碎片，有利于后续的压块处理。

2）原料化学预处理

为了进一步提高草块（饼）的适口性和消化率，改善其营养品质，在压制草块之前，有必要对原料进行适当的化学预处理，特别是对于秸秆等低质粗饲料，化学预处理显得尤为重要，它不仅能提高秸秆饲料的营养品质和利用率，而且能改善秸秆的压块性能。

3）添加营养补充料

草块（饼）通常由单一饲草压制而成，但是单一饲草往往营养不平衡，如秸秆饲料养分含量低，特别是含氮量严重不足。因此，为了提高草块（饼）营养价值，需要将禾本科牧草或秸秆饲料与豆科牧草按一定比例混合压制成草块（饼），这样能明显改善草块（饼）的营养品质和压块性能。若压制草块（饼）的基础原料是秸秆饲料，则需要补充一定的氮源，应添加适当比例的蛋白质补充料和过瘤胃蛋白质，以利于不同饲料间产生正的组合效应。此外，科学合理地进行秸秆草块的配方设计，补充适宜比例的青绿饲料、能量饲料、矿物质饲料、维生素添加剂等均是必要的措施，甚至还可以添加某些起代谢调节作用的非营养性添加剂、糖蜜等黏结剂，以便调制出营养均衡的秸秆草块饲料，还可以改善秸秆压块的成型效果和压制效率。

4）调质

调质过程通常包括加水、搅拌和导入蒸汽熟化等工艺，对秸秆饲料的压块尤为重要，直接影响粗饲料压块时的能量损耗、压块效率和草块质量。调质工艺通常在调质器中进行，在调质过程中，必须添加一定比例的水，使饲草含水量达到适宜的水平。研究表明，饲草适宜压制草块的含水量范围：豆科牧草为 12%～18%，禾本科牧草为 18%～25%，秸秆为 20%～24%。值得注意的是，即便饲草原料本身的含水量已达到上述要求，也必须加入少量的水，以改善物料的压块性能。

压块前对饲草的充分搅拌是十分重要的工艺环节，它关系到草块质量的稳定性和均匀性。在调质器中，高压蒸汽的作用有助于液体向固相饲草渗透，可使饲草充分软化和熟化，黏结力增强，有效降低压制过程中的能量损耗，并减少压模磨损，从而改善秸秆饲料的压块性能，提高秸秆的成型率和压块效率。

5）成型冷却

调质好的饲草须采用特制的压块机压制成型。成型草块一般是截面尺寸为 30mm×30mm 的长方块或直径为 30～32mm 的圆柱形草块。目前，国内外用于秸秆草块生产的压块机种类很多，根据其工作原理和结构的不同，可分为柱塞式、环模式、平模式和缠绕式等，其中以环模式压块机摄取物料的性能较好，是目前生产上使用较多的一类压块机。

刚压制出机的草块，其湿度略高于压制前的物料，温度达 45~60℃，因此，需要做冷却和干燥处理，以确保草块具有良好的贮存特性。若长期贮存，则草块的含水量还应进一步降低至 12%以下。

草块（饼）的密度一般为 500~900kg/m³，堆积容重为 400~700kg/m³，其容积是自然状态下牧草或秸秆的 10%~12.5%，而且防潮、防火，可减少牧草在贮运过程中的营养损失。因此，草块（饼）有利于牧草和秸秆的包装、贮存和运输，能够促进饲草产品的商品化流通。但是，草块（饼）的制作也存在着功耗大、加工成本高等缺点，这在一定程度上制约了草块（饼）的推广应用。

17.3.4 饲草型 TMR 加工技术

饲草型 TMR 以饲草组合效应为基础理论，以粗饲料为主要原料，根据反刍动物（牛、羊等）营养需要辅以粗蛋白质、能量、矿物质和维生素饲料等，是把粗饲料、精饲料和各种添加剂进行充分混合而得的营养平衡的日粮。其主要加工技术流程如下。

1. 原料预处理

为了提高动物利用效率，保证 TMR 搅拌车混合均匀，要对精饲料进行清选、粉碎、混合等预处理。

1）精饲料原料预处理

（1）原料接收。饲料生产中，一般将原料分为两大类，即主原料和副原料。主原料是指谷物类，副原料是指谷物以外的其他原料。其接收工艺一般采用如下方式：

粒状料→下料坑→提升→初清→磁选→提升→立筒仓→提升→待粉碎仓
　　　　　　　　　　　　⇊
　　　　　　　　　　　人杂铁杂

粉状料→下料坑→提升→初清→磁选→分配器→配料仓
　　　　　　　　　　　　⇊
　　　　　　　　　　　大杂铁杂

对于小型的生产厂，主原料和副原料共用一条接收线；中型生产厂可设置主原料、副原料各一条接收线；对于大型生产厂可设置 3 条接收线，分别用于玉米、粉状料和饼粕料。

另外，对于液体原料（如糖蜜和油脂）的接收，采用的工艺一般为：

液料→运输罐车→接收泵→储存罐→输出泵→车间

（2）原料清理。原料清理一般要经过 3 道清理设备。第 1 道是带吸风的进料地坑栅筛，主要用来清理原料中的麻袋绳等杂质；第 2 道为筛选设备，用以筛除大杂；第 3 道为磁选设备，用以清除原料中的磁性杂质。清理工段中设备的产量，依所处工艺中的位置而定，一般主、副原料清理设备的生产能力与所在进料线的产量相同，可取车间生产能力的 2~3 倍。

（3）粉碎。粉碎工段的工艺主要分为一次粉碎和二次粉碎两类。一次粉碎工艺的优点是工艺设备简单、操作方便、投资少，但缺点是粉碎粒度的均匀性差、电耗高。二次粉碎工艺的优点是单产电耗低、粉碎粒度均匀。在实际工艺设计中，一般而言，对于 10t/h 以下的生产厂（场），宜采用一次粉碎工艺；二次粉碎工艺适用于 10t/h 以上的生产厂（场）。

在选用粉碎工艺时，还应注意以下 4 点。一是待粉碎仓的容量应保证锤片式粉碎机连续工作 2h 以上，每台粉碎机至少有一个供料仓。当工艺中采用一台粉碎机时，应至少采用两个待粉碎仓，以供调换原料用。二是对于一般综合性饲料厂，粉碎机的产量可取车间生产能力的 1.2 倍以下。进行微粉碎时，其产量要专门考虑。三是物料进粉碎机之前应经过磁选，以避免铁杂质破坏粉碎设备。四是粉碎后的物料输送，如采用机械输送，要进行辅助吸风。

（4）配料与混合。现代饲料生产厂（场）的配料工艺多采用多仓数秤的工艺形式，一般分为大、小两台秤。小秤的称量为大秤的 1/4。配料仓的容量因工艺设计思想不同可能有差异，但一般不少于配料秤连续生产 4h 所需的容量。配料仓的个数随生产规模的不同而有所变化。一般而言，对于小型生产厂（场），配料仓的个数为 8~10 个；对于大中型生产厂（场），配料仓的个数为 16~22 个。

混合机的型式主要为卧式双轴桨叶式、卧式单轴螺带式、立式和锥形行星式。作业方式主要为分批间歇式，其生产能力要等于或略大于生产厂（场）的生产能力，并与配料秤相匹配。混合机下应设置缓冲斗，容积应能存放混合机一批的饲料量。

混合成品的水平输送要选用刮板输送机，以防止物料分级和减少交叉污染。

2）粗饲料原料预处理

为了减轻 TMR 搅拌车的负荷，提高混合质量，对粗饲料原料要进行适当的预处理。

（1）原料贮藏。干草贮藏应该有基本的棚库，避免因雨、雪等引起养分流失、发霉变质等损失。青贮饲料应定期检查，防止因覆盖层破损而导致霉变。在春夏秋季，青贮饲料的取料面避免覆盖塑料，因塑料覆盖会提高取料面的温度，加速腐败。对发霉变质的粗饲料，应该予以去除。需要注意的是，即使看不到明显霉变的粗饲料，如果贮藏条件不良，可能已经有大量霉菌增殖，霉菌毒素积累。

（2）原料散开或切短。粗饲料为纤维性原料，粗长的粗饲料在 TMR 搅拌车内作业时，增加了搅拌轴的阻力，而且长物料不便于同精饲料混合。

青贮饲料在贮藏时一般已经切短，不再需要原料预处理。对整株的青贮草捆或者大型高密度干草捆，需要预先用人工或机械将草捆散开或切短。对于苜蓿等新鲜饲草，为了便于同其他原料混合，也可以预先做切短处理。

2. 原料添加

1）原料添加顺序

TMR 搅拌时，添加原料的基本原则是先干后湿、先长后短、先轻后重。一般情况下，最早加入的是干草，糟渣、青草、块根块茎类通常最后加入。当作业量小时，可以人工添加。当作业量大时，为了保证混合效果，需要及时加料，可选择专用机械或者兼用的铲车加料。

随时检测 TMR 的水分含量，不应盲目加水，TMR 适宜的含水量为 45%～50%。

2）原料添加量的控制

根据动物营养需要，设计好配方。按照动物生产性能，例如奶牛的产奶量，估算动物的采食量，计算出日粮的生产量，然后再以配方计算各种原料的数量。注意，每个日粮组分误差控制在 ±2%。各计重系统要定期进行校正，保证称料系统的稳定性、准确性。

为了减少各车次日粮之间的差异，确保日粮的平衡，需要经常对原料的 DM 进行准确测定，特别是水分含量波动较大的饲料，例如青贮饲料，每周最少检测一次。其他需要经常检测的营养指标包括粗蛋白质、可降解蛋白质、非蛋白氮、NDF、ADF、ash、脂肪、钙、磷、钾、钠、镁、氯、硫等。有条件时，对 DM、纤维、蛋白质的消化率也进行相应的评定，计算出总可消化养分、有效纤维、净能等。根据检测结果，适当调整日粮配方。

3. 搅拌

1）搅拌时间

搅拌是获取理想 TMR 的关键环节。搅拌时间与 TMR 的均匀性和饲料颗粒长度直接相关。一般情况下，加入最后一种原料后，应继续搅拌 4～8min，总混合时间掌握在 30min 左右（表 17-9）。

表 17-9　不同 TMR 原料混合时间　　　　　　　　　　（单位：min）

项目	组分及类别									
	苜蓿	干草	玉米	豆粕	添加剂	切割	青贮	混合	分配
混合时间	4	4	2	2	1	5～7	3	4～8	4

资料来源：杨军香和曹志军（2012）。

2）搅拌质量

对于 TMR 搅拌质量的评价，可借鉴宾州筛，参考各种饲料的理论推荐比例（表 17-10）。使用时，双手扶筛，在操作平台上左右滑动，左右往复位移合计 10 次，为一个重复，每次移动距离大于 20cm/s。然后把筛体水平旋转 90°，再左右往复位移合计 10 次，每次重复都要旋转 90°，要求做 4 个重复。之后称量各层筛子上面饲料的重量，与推荐值比较即可得出结果。

表 17-10　TMR 颗粒长度与量比关系推荐表

筛层	筛孔直径/mm	玉米青贮/%	干草/%	TMR/% 鲜重	高产牛/%	干奶牛/%	后备牛/%
上层	≥19	3～8	10～20	≤3～8	10～15	45～50	55～55
中上层	8～18	45～65	45～75	30～40	20～40	15～20	15～20
中下层	1.2～7	30～40	20～30	30～40	25～45	20～25	20～25
下层	<1.2	<5	<5	≤20	20～25	7～10	4～7

资料来源：贾玉山和玉柱（2018）。

如果原料混合不均匀，粗饲料过长，动物容易挑食精饲料。例如在奶牛饲养过程中，个别牛可能因采食过多精饲料而出现牛体健康问题。混合不足的原因有搅拌时间过短、搅拌刀片过度磨损、加料顺序不正确、粗饲料比例过高、原料添加量过多等。

如果混合过度、粗饲料过短、饲料成分发生分离、颗粒度降低、日粮有效纤维比例减少，也会对动物健康造成影响，从而影响其生产性能的发挥。例如，奶牛采食后反刍时间减少，唾液量减少，可能会导致个别奶牛出现酸中毒、产奶量和乳脂率降低及皱胃移位。混合过度的原因为粗饲料比例低、粗饲料水分含量低、混合时间过长。在 TMR 中，粗饲料的比例不能低于 40%。

17.4　展　　望

草产品加工是连接牧草种植业和畜牧业的重要环节，是草食畜产品生产的"第一车间"，通过草产品加工能有效解决我国季节间、年度间、区域间草产品供应不均衡的问题，保障畜牧业高质量发展。我国草产业快速发展的同时，在草产品加工领域还存在一些短板，不能支撑草产业的高质量发展，建议在以下方面进一步"深耕细作"，开展攻关。

17.4.1　创新和研发草产品加工理论与技术

我国在草产品加工理论与技术方面虽已取得一定进展，但与国外相比仍存在一定差距。须凝练对草产业影响较大的理论，研发制约草产业发展的加工技术。在青贮饲料调制加工原理与技术方面，需要进一步利用现代技术手段对豆科牧草和天然牧草的发酵阶段、主导发酵微生物、发酵类型、发酵底物进行深入研究，探明发酵机制，以达到最理想的青贮效果。在干草调制加工原理与技术方面，利用现代电镜技术充分研究牧草在干燥过程中水分散失的路径，同时研究牧草刈割后营养耗损的机理，特别是在不同生境条件下，草层中不同部位的水分散失规律，掌握天然牧草不同草种对干燥速率的影响机制，研发干草加工技术，降低牧草在调制加工过程中的营养损失。在干草贮藏原理与技术方面，对贮藏过程中真菌毒素的产生机理尚不明确，并且草产品检测技术多集中在传统的实验室分析方面，快速的检测方法与配套技术的研发不能满足草产品贸易的需求，应加大科研投入与攻关。

17.4.2 开发多元化草产品，对接市场需求

目前，我国的草产品主要以干草、青贮、成型草产品、草粉等初级产品为主，草产品类型单一，导致草产业经济效益较低，阻碍了产业的快速发展。应针对草产品供应的季节限制性、地域不平衡性、营养不稳定性，合理开发多类型、多元化的优质全价草产品、天然牧草青贮产品，加快研发饲草型TMR、青鲜草颗粒、植物性添加剂及木本等非常规饲草产品，全面提高草产品生产加工的技术含量，生产加工多样性草产品，丰富草产品结构类型，提高市场竞争力，推动草产品加工业的快速发展。

17.4.3 建立健全草产品标准和评价体系

完善草产品的技术标准和品质检测规程，建立质量标准体系和多牧草近红外检测模型，适应我国草产品加工产业和贸易流通需求。此外，草产品质量检测系统还不完善，国家应及时制定和完善相应标准，加快建立草产品快速检测平台，严格把控草产品质量，强化草产品的经营管理，逐步提升市场竞争能力。

第 18 章
草地农业经济管理的理论与技术*

18.1 引　　言

草地农业是现代农业的重要组成部分和表现形式，但草地农业经济管理和一般的农业经济管理（包括林业经济管理、畜牧业经济管理和渔业经济管理等）仍存在显著差异。本节主要从草地农业经济的概念和范畴、结构和规模、地位和作用、现状和问题方面对我国草地农业经济的整体轮廓做一简单勾勒。

18.1.1 草地农业经济的概念和范畴

草地农业经济是一门部门经济学，是农业经济学的组成部分。草地农业经济学遵循农业经济学一般共性的经济规律和管理原则。但草地农业与农业其他部门（如种植业、畜牧业、林业和渔业）在资源要素、生产技术和经营特点等方面存在差异，农业经济学只能反映农业各部门经济管理发展的共性问题，无法具体分析和解决草地农业发展过程中面临的实际问题。

概括地讲，草地农业经济的研究对象是草地农业经济活动和行为的主体，包括草地农业生产部门及经济单元（企业、合作组织、家庭和个体等）。草地农业经济的研究内容是草地农业经济活动和行为的规律，包括草地农业生产、分配、贸易和消费等。草地农业经济研究的目标是实现草地农业资源的有效配置，从而创造更有价值的产品和服务。

从分析研究尺度看，草地农业经济也有宏观和微观两个层面。宏观草地农业经济研究从国家和地区的尺度，分析草地农业部门的整体运行规律，包括草地农业产业布局、草地农业宏观政策调控、草地农业监管体系、草产品国际贸易等。微观草地农业经济主要研究草地农业生产单元的决策行为，包括生产、消费、分配、产品供需、组织结构和市场营销等。

---

* 本章作者：侯向阳、唐增、尹燕亭

18.1.2 草地农业经济的结构和规模

1. 草地农业经济的结构

1）产业结构

草地农业的产业结构与人们对草地农业的认识紧密联系。草地农业概念提出近 40 年，随着对草地农业研究和认识的深入，草地农业的产业结构内涵一直在不断丰富和延伸，从传统的仅包含草地畜牧业扩展到了包括饲草种植与加工、草种业、草坪绿化业和文化游憩等多分支产业（洪绂曾，2011）。任继周关于草地农业 4 个生产层的论述提出以来，草地农业的概念内涵已经大大丰富，从最初的草地畜牧业，发展为以草畜生产为核心，涵盖保护-种植-养殖-加工-销售-服务等多个环节的综合性产业。草地农业经济的产业结构见表 18-1。

表 18-1 草地农业经济的产业结构

草业生产层	子产业	产业类型
前植物生产层	草坪绿化	第三产业
	生态环保	第三产业
	旅游观光	第三产业
植物生产层	牧草育种	第一产业
	饲草种植	第一产业
动物生产层	养殖	第一产业
后生物生产层	草畜产品加工	第二产业
	草畜产品流通贸易	第三产业
	草业发展咨询	第三产业
	草原文化	第三产业

2）组织结构

从事草地农业经营活动的组织主要有家庭经营、草地农业合作组织和草地农业企业。

家庭经营是指以家庭为基本经营单元，独立地进行草地农业生产活动的组织形式。直到目前，家庭经营一直是我国草地农业经济活动最主要的组织形式。这是长期以来我国人多地少的国情、生产力水平低、市场化程度不高及土地承包政策实施造成的必然结果。

随着市场经济的发展，传统家庭经营模式已经很难满足现代农业集约化、专业化、组织化、社会化的需求，草地农业生产逐渐形成了一些新的组织形式，即新型的经营主体，包括家庭农场/牧场、草地农业合作组织及草地农业企业。

家庭农场/牧场是在传统的家庭经营模式上发展起来的，是指以家庭成员为主要劳动力，从事规模化、集约化、商品化农业经营，并以农业为家庭主要收入来源的新型农业经营主体。其与传统家庭经营的主要差别有3点。①生产规模不同。家庭农场/牧场的经营规模远大于传统家庭经营，美国家庭农场/牧场的平均经营规模达160hm^2，法国为42hm^2（胡霞，2009），我国家庭农场/牧场的平均规模也达到13.4hm^2，是我国承包农户平均经营面积（0.5hm^2）的26.8倍（张弦和高阔，2016）。②生产目的不同。传统家庭经营属于自然经济或小商品经济，生产主要为满足家庭消费所需，部分供给市场，商品化程度较低；家庭农场/牧场的生产完全是为了满足市场需求，商业化程度极高。③生产方式不同，相比传统家庭经营，家庭农场/牧场的生产专业化程度高，集约化水平和机械化水平更高。

草地农业合作组织是指以家庭经营为主的草地农业生产者在自愿的前提下联合起来共同从事特定草地农业经济活动的一种组织形式。我国人多地少的国情决定了无法像欧美国家一样，短时间内将小农分散经营都改造成家庭农场/牧场。小农分散经营将会在我国长期存在。随着市场化的深入，农产品的竞争越来越激烈，小农分散经营在现代市场中的弊端逐渐显现：经营规模小，技术落后，难以与市场对接，信息获取渠道不畅，导致产品竞争力差，收益低，难以抵抗市场和自然风险。这在草原牧区尤为突出。草地农业合作组织的建立对于解决小规模经营与现代市场之间的矛盾具有重要作用。将分散的经营者联合起来成为一个整体，共同面对市场，有利于加强经营者与市场的联系，解决产品流通问题，推进产业化和推广技术，提高经营者的市场地位和竞争力（胡霞，2009）。

草地农业企业是草地农业产业化经营的主体，本身具有鲜明的市场化特征，非常适合进行规模化的生产经营。根据我国的土地承包制度，农地（耕地和草地）的使用权都分散在农牧户手中。通常草地农业企业通过两种途径形成规模化经营：一种是通过流转（租赁）、入股和委托经营等方式，将分散的土地直接整合起来进行统一经营；另一种是通过企业+农牧户或企业+合作社+农牧户的方式，将众多合作社和小农户组织起来，按市场的需求，统一开展生产。

2. 草地农业经济的规模

改革开放以来，我国草地农业经济迅速发展，已经初步形成了种-养-加-销一体化的产业体系。目前，全国种草面积1.34亿亩，其中商品草种植面积1630万亩，总产量984万t；牧草种子田总面积138.4万亩，牧草种子产量9.8万t；各类草产品加工企业1146家，年生产能力达640万t（折合干草）（全国畜牧总站，2021）。草食家畜养殖业发展不断加快。2019年，我国牛羊肉产量达1164.8万t，牛奶3440.1万t，羊毛58.1万t，分别是1980年的16.3倍、30.2倍和2倍（国家统计局，2021）。草坪业发展迅速，已经涉及城市绿化、运动场、水土保持等方面，从事相关领域的企业超过 5000 家，是草地农业发展最迅速的部门之一，目前其年产值已经达到 2000 亿元（新华社，2021）。

我国草地农业企业目前还处于起步阶段，规模比较小。截至 2020 年，我国 1146 家牧草生产加工企业，草产品总产量仅为 640 万 t，其中产量达到 10 万 t 的企业仅有 12 家（全国畜牧总站，2021）。

18.1.3 草地农业经济的地位和作用

草地农业是现代大农业的重要组成部分。农业现代化程度高的国家通常也是草地农业发达的国家。从世界经济的角度来看，草地农业是农业生产中产出最高的产业。20 世纪 80 年代，草地农业中的草坪业成为美国十大产业之一。美国耕地中用于草地农业的面积已经超过了种植业。全世界 80%的食品加工都是来自草畜产品。我国草地农业经过了几十年的发展，从最初的草地畜牧业转变为多产业部门结合的、年产值数千亿元的大产业，越来越受到社会各界的广泛关注（王显国 等，2008）。具体来看，草地农业经济的作用表现在以下几方面。

1. 保障食物安全

随着我国粮食生产能力不断提高，我国居民的口粮安全已经完全得到保障。随着我国经济增长和居民收入增长，人们食物消费结构发生变化，对肉奶等畜产品需求不断增加，未来食物安全面临的最大问题在于畜产品供给不足及生产动物性食品所需饲草料的短缺。通过发展草地农业，可以充分利用我国各类土地资源生产饲草，提供大量畜产品，保障食物安全。

2. 是区域经济发展的重要推动力

我国经济发展相对落后的农村地区受水土资源条件约束，传统种植业发展受限，通常都是传统种植业生产效益很低的地区。草地农业对自然条件的要求相对较低，发展草地农业，种养结合，可以产生很高的经济效益，提高农牧民收入。以黄土高原和云贵岩溶地区为例，发展草地农业可以提高农民收入 2~3 倍，经济效益显著（任继周，2013）。

3. 是乡村振兴的重要途径

乡村振兴战略的总体要求是产业兴旺、生态宜居、乡风文明、治理有效、生活富裕。其中，产业兴旺列在首位，是基础，也是关键。没有产业兴旺的支持，后 4 项要求也就无法实现。相比其他农业部门，草地农业最大的特征之一是产业链条长，涉及景观生产、植物生产、动物生产、加工流通等生产环节，具有极强的带动作用。发展草地农业，可以有效地带动其他产业部门的发展，促进产业整体发展和兴旺。

18.1.4 草地农业经济管理的现状和问题

虽然近年来我国草地农业发展迅速，初步形成了数千亿元产值的大产业，但我国草地农业经济管理同样面临不少问题。

1. 草地农业经济发展与草地资源退化的矛盾突出

这是当前草地农业经济管理面临的首要问题。20世纪60年代以来，我国草原和农牧交错带开始出现严重的草地退化。到70年代，退化草地已占全国草地总面积的15%；80年代增加到30%；90年代超过50%；进入21世纪初，我国90%以上的草地出现了不同程度的退化（杜青林，2006）。草地资源是草地农业发展的基础，经济要发展，人口会增加，对草畜产品的需求会不断攀升。从长远看，草地退化将会对草地农业经济的发展造成严重阻碍。

2. 草地农业经济管理的水平整体较低

目前我国草地农业生产，不管是牧草的种植，还是草食家畜的养殖都是以传统家庭经营模式为主，粗放型生产。投入少，技术水平低，科学饲养和划区轮牧等现代化管理手段没有得到大力推广和采用。在不少草原牧区，仍然是靠天养畜的生产方式，完全依赖天然草原放牧。不但生产效益低，自然和市场风险抵御能力差，也容易因过度放牧造成草地退化。

3. 市场体系不完善

草地农业经济发达国家都相应地具有发达完善的草产品市场。在美国、澳大利亚和新西兰等国家，建立了系统化、完整化的市场购销体系，以解除生产者产品销售的后顾之忧。行业协会和生产者合作组织在产品流通领域发挥着重要的中介作用。在我国，由于没有完善的草产品购销体系，也没有成熟的行业协会及生产者组织发挥中介作用，我国草地农业产品销售主要以家庭零散式收购交易为主。与相对成熟的农产品交易体系相比较，产品交易手段单一，流通渠道不通顺，导致生产盲目性强，严重阻碍草地农业经济的健康发展。

18.2 草地农业经济管理的原理与应用

草地农业经济管理涉及的理论很多，包括经济学和管理学的理论、农业经济管理的理论，以及环境经济学和生态经济学的相关理论等。限于篇幅，本节仅对最能反映草地农业经济管理的特色，并与当前草地农业经济管理中现实问题紧密联系的理论做简要介绍，重点突出其在草地农业经济管理中的应用。

18.2.1 产权经济理论

1. 产权和资源管理

所谓产权（property right），是指某物品所属关系的制度安排，通过产权可以确立权力持有者所能享有的特定物品的程度。从内容上看，产权是所有权、使用权、处置权和收益权等的复合体。

产权和外部性是紧密联系的。外部性指的是经济主体的行为对非行为当事人（他人）的影响。如果使他人受益，则产生的是正外部性；如果使他人受损则是负外部性。产权就是一种将外部性减少或消除的制度安排。如果某人或某组织对某个物品所采取的经济行为的所有收益和成本都归个人或组织承担，那么这个人或组织就对该物品具有产权。

产权是西方经济学中的核心概念，也是最重要的制度安排。制度经济学中的科斯定理指出，在交易成本很低的情况下，只要确定了产权（无论初始产权如何分配），资源都可实现最优配置。这个定律的反面是，如果产权不确定，则很难实现资源的有效利用。换句话说，确定了成本和收益的归属（不存在外部性或外部性的程度低），即可实现有效配置；如果成本和收益归属不明确（存在严重的外部性），则很难实现资源的有效配置。

关于产权和资源配置最有名的论述来自 Hardin（1968）的"公地悲剧"（the tragedy of commons）理论。Hardin 证明，在一片没有产权的草地，牧民自由放牧，单个牧民可以得到增加畜群数量的全部收益，而其成本（过度放牧导致的损失）却由集体来承担时，每个牧民都会不断地扩大畜群，直到整个草场被完全破坏。由于牧民都是理性经济人，超载放牧导致草地退化几乎无可避免。Hardin（1968）就此提出两个解决途径：一个是通过确权将公共资源私有化，另一个是彻底由政府出面收回资源进行统筹分配。两个途径的核心观点都是确定产权。

2. 草地产权与草地管理

Hardin 的理论清晰地阐述了草地退化的原因，其私有化的解决方案得到了众多草地管理者，特别是政府部门的支持和认同（Ehrenfeld, 1972; McEvoy, 1987）。在其影响下，中亚和非洲等地区已经开始通过私有化的方式管理草地（Sneath, 1998）。这些观点也得到了我国政府部门和学界的认同（马有祥，2010；李金亚 等, 2013）。实际上，20 世纪 80 年代以来我国草原管理政策，包括"草畜双承包责任制"、"草地共有，承包经营"制度、"双权一制"草地承包到户制度等，都是围绕这一基本认识展开的,核心措施就是通过家庭承包制界定草原产权。2002年9月,《国务院关于加强草原保护与建设的若干意见》(国发〔2002〕19号)要求进一步推动草原家庭承包制。在2008年之后,中央一号文件多次明确表明要通过进一步加强和完善草原承包制度来保护草原。根据全国畜牧总站的数据,截至2019年底,我国牧区草地有83.2%已实现承包(全国畜牧总站,2021)。草地承包已经与耕地承包和林地承包一起成为有中国特色的土地承包经营制度的重要组成部分。

3. "私地悲剧"和"围栏陷阱"

当前,草地承包已经成为我国草地产权管理的主要制度,牧区大部分草地都已经实现承包到户。但草地承包制度究竟能否解决草地退化问题,目前仍有争议。

从"公地悲剧"和经典的产权理论角度看,通过草地承包明确产权无疑有助于解决草地退化问题。但从草地退化现状来看,自20世纪80年代草地承包制度实施以来,我国草地退化情况不但没有好转,甚至还在恶化,全国草地质量呈现整体退化、局部好转的形势(农业部,2011)。基于这一事实,不少学者认为承包制度和围栏并不能有效保护草地,甚至会加速草地退化(达林太 等,2008;杨理,2010),导致出现"私地悲剧"和"围栏陷阱"。国外也有类似的研究。Guelke(2003)和Homewood(2004)在南非的研究也支持私有化导致草地退化的观点。主要原因在于草原承包导致草地分割、细碎化,不利于转场和轮牧,破坏草地整体性等(Wang et al.,2013)。

但也有学者认为,进入21世纪以来,我国草地退化的速度明显放慢,这恰好与我国草地承包制度全面推行的时间吻合,说明草地承包对治理草地退化是有效的。草地退化没有根本的扭转,一个很重要的原因就在于草地承包到户政策落实不力、监督不力等导致产权虚置,"公地悲剧"现象仍存在,这恰恰说明需要进一步加强和完善草地承包制度(李金亚 等,2013)。至于草原承包和围栏所导致的草地分割和细碎化并不是承包和围栏本身的问题,而是错误的围栏导致的。传统的转场和游牧的草地利用管理方式在当前人多地少的情况下已经无法实现,但可以通过合理的围栏和科学的划区轮牧避免草地承包后面临的问题。

18.2.2 规模经济和产业化理论

1. 农业适度规模

规模经济是指,在一定时期内,随着生产规模的增加,单位生产成本下降,即可以通过扩大经营规模降低平均成本,从而提高生产的效益(Barkley and Barkley,2016)。其本质就是通过专业化的生产提高资源利用效率和风险抵御能力,降低交易成本,提高议价能力,从而实现规模经济。

从发达国家的经验来看，农业规模化生产的趋势非常明显。1990 年以来，美国农场数量减少了 63%，但平均面积增加了 67%（图 18-1）。1998~2010 年，法国阿尔卑斯山家庭奶牛养殖场平均养殖规模增加 113%。

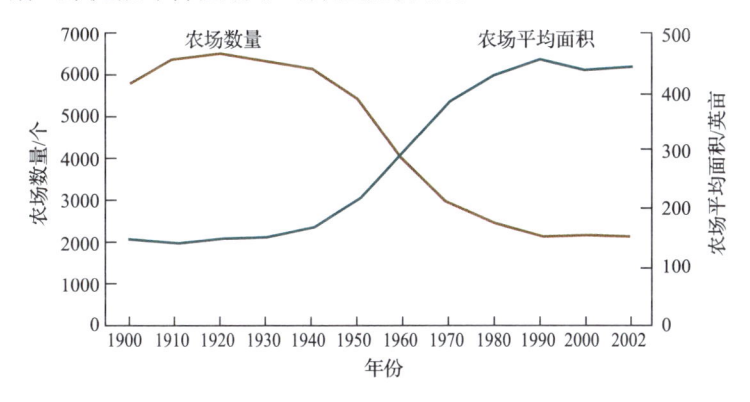

图 18-1　1900~2002 美国年农场数量与农场平均面积变化（Dimitri et al.，2005）

注：1 英亩≈4047m^2。

农业适度规模一直被认为是解决我国农业问题的重要途径之一（黄祖辉和陈欣欣，1998；韩俊，1998；黄季焜和马恒运，2000；陈锡文，2014；倪国华和蔡昉，2015）。早在 2007 年的中央一号文件就明确提出了我国农业的目标，要用现代物质条件装备农业，用现代科学技术改造农业，用现代产业体系提升农业，用现代经营形式推进农业，用现代发展理念引领农业，用培养新型农民发展农业，提高农业水利化、机械化和信息化水平，提高土地产出率、资源利用率和农业劳动生产率，提高农业素质、效益和竞争力。显然，依赖现有自给自足小规模的家庭生产方式无法支撑现代农业的发展。就草地农业生产而言，也有很多研究表明，适度扩大生产规模可以显著提高生产效率（李重阳，2019）。

2. 产业化

规模化的必然结果就是产业化。产业化是将一项生产活动提升为现代化产业部门的必经之路，是一个生产部门现代化的必然之路。产业化最初是针对农业发展提出的。所谓农业产业化，是指以市场为导向，以效益为中心，依靠龙头带动和科技进步，对农业和农村经济实行区域化布局、专业化生产、一体化经营、社会化服务和企业化管理，形成贸工农一体化、产加销一条龙的农村经济的经营方式和产业组织形式（李秉龙和薛兴利，2009）。从这一内涵看，产业化的基本特征为规模化、市场化、专业化、贸工农、产供销一体化。

美国是农业产业化最成功的国家之一，其直接从事农业生产的劳动力仅占劳动力总数的 2%，不仅满足美国 3 亿人对农产品的需要，还是世界上最大的农产品出口国。其原因在于美国农业产业化的发展突破了生产部门内部的限制，延长了产业链，农业不再仅仅是从事农事活动（agriculture is not just farming）。虽然仅有2%的劳动力直接从事农产品生产，但围绕农产品的加工、运输、销售所吸纳的劳动力占全美劳动力的16%，是直接从事农产品生产人数的8倍（Barkley and Barkley，2016），最终形成发达的现代农业。

3. 草地农业产业化

草地农业产业化是真正立"草"为"业"的必经之路。实际上，任继周（1984）关于草地农业4个生产层的论述已经指明了草地农业产业化的方向和路径。草地农业不仅是草地放牧和种草养畜，不仅是饲草生产，更应该是以草地资源为基础，以市场为导向，规模化专业生产，集约化经营，种养加-产供销一体化的生产经营组织形式。从4个生产层来看，草地农业的产业链非常长（表18-1），涵盖范围广，涉及产品类型多，广泛涉及国民经济第一产业、第二产业和第三产业的各个领域。我国草地农业生产目前主要集中在动植物生产层，以初级的草畜产品生产为主。从国际经验和未来的发展来看，以第三产业为主的前植物生产层和后生物生产层在未来具有巨大的发展潜力。

18.2.3 适应性管理理论

1. 适应性管理内涵

适应性管理最初由生态学家Holling（1978）提出，主要是针对环境和生态系统的管理策略。环境和生态系统具有高度的复杂性，同时经常面临数据缺乏和相关知识不足的问题，充满了不确定性和变化。适应性管理正是为解决此类不确定性和变化系统的管理问题而提出。适应性管理并非一套具体的管理方法，而是一种管理的思路和理念，即管理过程需要容错，并能随时根据变化的情况或新获取的信息进行调整。适应性管理强调管理是一个不断调整行动和方向的过程，在过程中不断试错学习，不断收集新信息并进行评估分析，并对行动方案进行调整（Lee，1993）。适应性管理的核心在于从实践中学习（learn by doing）（Holling，1978）。

Salafsky等（2001）总结适应性管理的实施过程包括以下几个步骤：①评估现状及问题分析；②确定目标；③制定战略与计划；④权衡并确定最佳方案；⑤实施方案；⑥对实施过程和结果进行监测和评估；⑦对结果进行学习和适应。适应性管理不是单向的过程，而是一个通过对结果的学习，不断地评估和调整方案的循环过程（图18-2）。

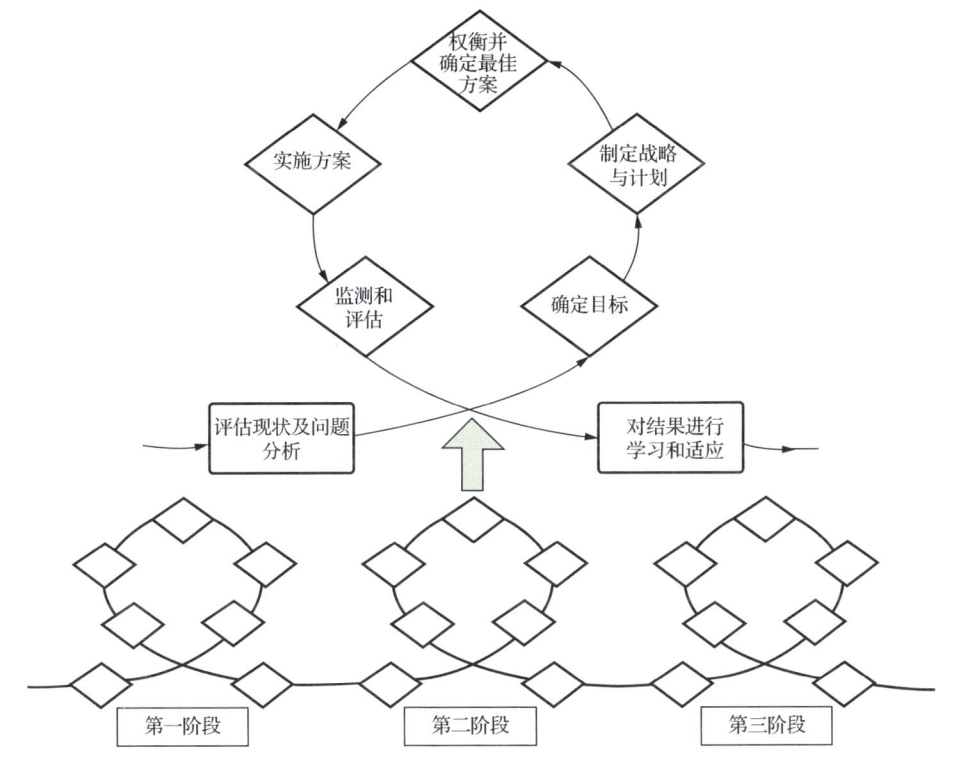

图 18-2 适应性管理的实施过程（Salafsky et al., 2001）

自适应性管理概念提出以来，其在国内外各个领域得到广泛应用，包括流域水资源管理（Loucks and Gladwell，1999）、生态系统管理（于贵瑞，2001）、森林管理（郑景明 等，2002）、渔业管理（李威威 等，2018）等。虽然适应性管理的理念得到了普遍的认可，但在实践过程中也产生了许多困难（侯向阳 等，2011）：适应性管理更多的是一种管理理念，而非具体措施，导致对其理解和阐释产生差异，影响实施效果。适应性管理强调广泛参与和多学科交叉，现实中难度很大；由于需要不断试错和学习，适应性管理可能是一个时间长、投入大、见效慢的过程。正如侯向阳等（2011）提出的，适应性管理是一个在实践中试错、学习和提高的过程，在实施中发现和提出问题，进而通过实践学习，最终解决问题。

2. 草地适应性管理

草地生态系统是一个动态的、非平衡的生态系统（杨理和杨持，2004；Batabyal and Godfrey，2006），而且人-畜-草组成了更为复杂的社会生态经济系统。这种复杂性所带来的不确定性使草地资源管理面临巨大障碍，导致了自上而下的政策手段效果不佳，如当前草畜平衡管理中，载畜量标准制定争议大、执行困难正是其突出表现之一（杨理和侯向阳，2005；李文军和张倩，2009；徐敏云和贺金生，

2014）。鉴于现有草地管理存在的问题，以及适应性管理在处理复杂系统中的优势，我国草地农业工作者近年来也开展了大量的草地适应性管理的研究工作（马玉兰和郭梦迪，2018；孙特生和胡晓慧，2018；孙建 等，2019）。总的来看，我国草地适应性管理的研究体现在 4 个方面。一是系统耦合的研究。任继周和侯扶江（2004）提出草地资源管理需要将生态和生产结合、各生产层进行耦合等一系列原则。李建龙等（1991）认为应遵循牧草的生长规律，将草畜关系、放牧时间、放牧强度、放牧方式及牧场轮换等因素综合起来考虑，建立适应性放牧管理制度。二是对牧民心理载畜量的研究。研究指出，牧民在草地利用和管理过程中会形成固有的心理载畜量，其不同于理论载畜量或合理载畜量，也不是实际载畜量，但确实是指导牧民放牧行为的根本因素，因此需要深刻理解和认识心理载畜量，才能实现牧民心理载畜量向生态优化载畜率的转移（侯向阳 等，2015）。三是参与式草地管理的研究。研究强调各方利益体共同参与草地管理决策，尤其强调作为草地利用主体的牧民参与管理决策，以及以社区为基础的管理的重要性（刘少芬，2007；蔡虹和李文军，2016）。四是本土知识和传统知识的作用。研究指出传统草地管理方式中有很多有益的部分，牧民传统知识和牧区传统习俗机制与当前市场化管理手段结合比单纯的市场化管理手段更有效（贡布泽仁和李文军，2016；蔡虹和李文军，2016；汪韬 等，2012）。从某种角度讲，强调本土知识实际也是参与式社区管理的一种特定形式。

通过这些研究，草原适应性管理的理念和理论内涵已经被广泛认识，但目前主要还是停留在理论研究层面，在具体实践中并不多见。实践过程集中在草地参与式社区管理，如宁夏盐池草原社区管理（张树川 等，2007）、四川红原县和若尔盖县草原共管模式（泽柏 等，2007；如甲，2007）等。

从当前现状看，将适应性管理的理论和中国草地的自然、社会和经济实际相结合，提出符合我国实情的，具有可操作性的管理手段，是我国草地适应性管理研究最重要的任务和目标。为实现这一目标，需要开展一系列的基础工作，包括草地生态系统基础研究、建立草地监测网络、开展管理模式示范推广等（侯向阳 等，2011）。

18.3 草地农业经济管理分析方法与技术

本节主要介绍在草地农业经济管理中应用比较广泛的 3 种分析方法：生产率分析，经济系统耦合效益评价及经济系统价值评价。在阐述这些分析方法的理论和原理的同时，对其涉及的具体技术也做了简要介绍。

18.3.1 草地农业系统生产率分析

1. 全要素生产率

生产率是指生产系统达到最优化配置的程度，简单地讲，就是投入不变的情况下产出可增加的能力，或者在产出不变的情况下投入可以减少的能力，一般也被称为全要素生产率（total factor productivity，TFP）。

全要素生产率提高并不是简单的生产规模和产出的增加，投入增加导致产量增加，并不意味着生产率增加，如依靠大量投入（资本和劳动力等）驱动的粗放型发展模式往往伴随着生产效率的停滞甚至下降。全要素生产率的实质是要素投入（资本和劳动力等）之外的因素对产出的贡献程度，即全要素生产率是产出增长率扣除各要素投入增产率的产出效益后的"剩余值"（易纲 等，2003）。技术进步（技术效率）是除要素投入外对产出影响最大的因素之一，此外还有管理水平（称为配置效率，有时也被认为包含在技术效率中）、经济规模（称为规模效率，在生产技术和管理水平不变的情况下，随着生产规模的增加，单位产品的平均成本会降低，从而使生产效率提高）等其他因素。

一般采用生产前沿分析方法定量衡量全要素生产率。其中生产前沿指的是，在一定的技术条件下，各种投入已经实现最优化的配置，无法在不增加投入的情况下提高产出，也无法在不降低产出的情况下减少投入。位于生产前沿的生产系统已经实现给定技术条件下的最大效率，即该生产系统是有效的，通过测量实际生产与生产前沿之间的距离来衡量生产率。这种方式测量的生产率实际上是相对效率。测量生产率的关键是找到生产前沿，经济学上一般用生产函数来描述生产的过程，经典的对全要素生产率的测算是从估计生产函数开始的。根据前沿生产函数形式的不同，又可分为参数方法和非参数方法。参数方法以随机前沿分析法（stochastic frontier analysis，SFA）为代表，非参数方法以数据包络分析法（data envelopment analysis，DEA）为代表。

2. 数据包络分析

数据包络分析不需要确定具体的生产函数行为，仅须根据研究样本的投入产出数据，构造生产投入组合的集合，分析不同投入组合的绩效（通常是投入产出比），依据实际绩效对生产个体进行绩效排序。绩效最高的组合为生产前沿面。在前沿面上，所有要素投入和产出的组合都是有效的，通过比较个体的实际要素投入和产出组合与生产前沿面之间的差异，可以得到个体生产效率（昆伯卡和拉维尔，2007）。数据包络分析中使用的主要模型有不变生产规模报酬（CCR）模型和可变生产规模报酬（BCC）模型。BCC 模型是在 CCR 模型的基础上提出的，是将技术效率分解为纯技术效率（pure technical efficiency）和规模效率（scale efficiency）的乘积。

3. 随机前沿分析

随机前沿分析需要确定具体的生产函数形式，通常为柯布-道格拉斯生产函数（C-D 函数）或超越对数生产函数（translog 函数）。确定函数形式后，通过计量经济学方法可以估计出生产函数的各个参数，从而获得具体的前沿生产函数（给定投入下的最大产出水平）。通过比较实际产出与相应的随机前沿面产出（比值）来衡量生产率。

4. 数据包络分析和随机前沿分析的比较

随机前沿分析和数据包络分析都是目前使用非常广泛的测量生产效率的方式，其各有优缺点。

随机前沿分析属于计量经济的分析方法，是通过概率分布检测样本效率的差异，既可以通过最大似然值检验对模型本身进行检验，也可以用 T 检验对模型中的参数进行统计检验，适于大样本的计算。但需要预先确定生产函数形式，具有一定的主观性。数据包络分析不用设定函数形式和分布假设，假设简单，但作为一种数学规划方法，数据包络分析本身并没有检验机制，也不能对结果进行检验，因此无法确定结果的可信度，且不具有统计特征。

随机前沿分析首先对全部生产单元的潜在前沿点进行了拟合，以此来确定一个前沿生产面，测算生产单元的技术效率时，其实际产出与前沿面相比便可得到结果，并且其得出的结果相对比较稳定；而在数据包络分析中，每一个生产单元的测试，都需要重新计算一次线性规划和确定一个新的生产前沿面，导致结果稳定性非常差，而且对允许的数据误差的要求比较严格。

由于随机前沿分析的生产前沿面本身是随机的，而且其将统计误差和管理的误差项分离出来，从而将影响技术效率的因素分为可控因素和不可控因素，因此能够很好地处理对非效率产生影响的不可控因素，其结果会与实际的产值更加贴近；而数据包络分析的前沿面是固定的，所有的生产单元都以一个前沿面为参照，没有考虑样本间的差异，同时对影响产出的自然因素、误差等没有区分，结果易受到异常值的影响，可能存在较大偏差。

随机前沿分析一般只适用于多投入单产出的形式，数据包络分析可以适用于多产出。但是对于农业生产的问题，一般都是多投入单产出的问题，因此，随机前沿分析比较适用。随机前沿分析需要估计合适的生产函数模型，才能对样本单元的技术效率进行检测，确定合适的函数形式需要经过最大似然值检验，这样确保了结果的准确性和有效性；数据包络分析在这方面比较简单，因此结果相对也比较不准确。

18.3.2　草地农业经济系统耦合效益评价

草地农业生态经济系统的耦合是由任继周于 20 世纪 80 年代提出的，其基本思想就是将 4 个生产层有机结合起来，在时间和空间上进行合理配置，发挥各个生产系统优势互补作用，从而提高整体草地农业生态经济系统效益。其耦合效益的评价指标主要从 4 个角度进行：一是功能耦合度，包括生态功能、经济功能、社会功能 3 个方面，具体评价指标包括草地盖度、牧草产量、人均纯收入、GDP 等；二是产业耦合度，包括农业产业、林果产业和草畜产业 3 个方面，具体评价指标包括粮食产量、林果产量、草地生产率等；三是空间耦合度，包括农区、林区和牧区 3 个方面，具体评价指标包括农田面积比例、林果土地利用率、草地利用率等；四是时序耦合度，包括植物生产、动物生产和加工生产 3 个方面，具体评价指标包括农林牧土地利用结构、家畜数量、出栏率等。

将功能耦合度、产业耦合度、空间耦合度和时序耦合度进行综合，构建出草地农业生态经济系统综合耦合度评价模型：

$$C_{ij} = F_{ij} + I_{ij} + S_{ij} + T_{ij} \tag{18-1}$$

式中，C_{ij} 为系统综合耦合度指数；F_{ij} 为功能耦合度指数；I_{ij} 为产业耦合度指数；S_{ij} 为空间耦合度指数；T_{ij} 为时序耦合度指数。系统综合耦合度指数的数值在 0 到 1 之间，数值越大，表示系统耦合度越高，系统综合效益越大（袁榴艳 等，2007；杨依天 等，2013）。

18.3.3　草地农业经济系统价值评价

草地生态系统为人类提供了初级物质生产，也提供了众多的生态系统服务。为了定量评估草地农业生态系统服务的作用，需要对其进行价值评估。同时，价值评估也是实施生态补偿的基础。自 20 世纪 90 年代美国学者 Costanza 等（1997）对全球的生态系统服务功能进行分类和价值评估，确定了生态系统功能和价值研究的概念基础和理论分析框架以来，学术界出现了生态系统服务价值评估的研究热潮。众多国内学者对我国草地生态系统服务价值进行了评估（欧阳志云 等，1999；陈仲新和张新时，2000；谢高地 等，2001，2008）。

1. 草地农业生态经济系统价值构成

草地农业生态经济系统价值评价，需要明确其价值的构成。通常可以将草地农业生态经济系统的价值分为生态价值、经济价值和社会价值。

草地农业生态经济系统的生态价值是指其对生命系统的支持作用，如释放 O_2、固定 CO_2、调节气候、为野生动物提供栖息地、防风固沙等。生态价值是草地农业生态经济系统所固有的生态功能的价值体现，这部分价值不是附着在有形的产品上，并不依赖于人类存在，也不能被人类直接使用，但却是人类存在的先决条件和人类活动的基础。生态价值本质上不是一种经济属性上的价值，一般无法在市场上直接体现。

草地农业生态经济系统的经济价值是指其提供的、供人类直接消费的产品和服务的价值，如草产品、畜产品、休闲娱乐服务等。草地农业生态经济系统的经济价值与其生产功能联系在一起，能被人类直接利用，通常表现出商品的属性，可以通过市场直接衡量其价值。

草地农业生态经济系统的社会价值是指其所提供的对人类非物质需要的满足，包括提供生活和社交的场所，是文化、美学和艺术的载体等。社会价值是其社会功能的体现，这部分价值不是草地农业生态经济系统所固有的，而是与特定的人类社会系统息息相关，通常不具备商品属性，其本质不是一种经济价值，也很难通过市场直接衡量其价值。

2. 草地农业生态经济系统价值评价方法

草地农业生态经济系统是一个复杂的系统，其提供的生态系统功能服务有多种类型，有一些功能和服务具有商品化的特征，如家畜生产、提供草产品、提供食物和药材等，其经济价值表现很明显，可以用价格直接衡量价值。但还有一部分功能，如生物多样性保育、水源涵养、固碳等生态功能，以及文化功能等，不具备商品属性的特征，没有市场和价格，无法直接计算价值。对于这部分生态系统服务价值的评价通常有两种思路：替代市场法和假想（模拟）市场法。

替代市场法是指利用可替代的市场物品来衡量其价值。基本思想就是计算替代品的成本或花费作为该生态系统服务的价值。主要包括替代成本法、机会成本法、旅行费用法和享乐价值法等（张志强 等，2001）。例如一片公共草地，由于不收费，其价值无法通过市场体现，但可以通过计算到这片草地进行休闲的人的花费来衡量其价值（旅行费用法），也可以通过公共草地附近房地产价格提升的幅度来评价其价值（享乐价值法）。

假想（模拟）市场法是指利用假想或模拟市场获取人们对某项生态系统功能的价值评价，尤其适用于一些没有市场，也没有可替代市场的生态系统服务功能，如生物多样性保育功能。其中最有代表性的方法是条件价值评估法（contingent valuation method, CVM）。该方法通过直接询问调查对象对某项生态系统服务的支付意愿（willingness to pay），或损失某项生态系统服务的受偿意愿（willingness to accept）来衡量该项生态系统服务的价值。该方法最大的优点是能对所有类型的生态系统服务功能进行价值评估，尤其是一些和人类利用没有直接关系、没有替代市场的生态功能和社会功能，条件价值评估法是评估其价值的唯一方法（Bateman and Willis，2001）。1989 年美国内政部将条件价值评估法作为生态环境价值评价的推荐方法（Mitchell and Carson，1989），两位诺贝尔经济学奖得主 Kenneth Arrow 和 Robert Solow 领导的高级委员会在 1993 年发表了关于条件价值评估法在生态环境价值的适用性评估和使用指南的报告（Arrow et al.，1993）。自此之后，条件价值评估法在世界上被广泛应用。

18.4 牧户经营行为决策分析

虽然我国草地畜牧业发展模式经历了多阶段变迁，但长期以来一直以小牧户为主导。牧户作为牧区畜牧业生产的微观主体，是畜牧业及牧区经济中最基本的决策单元，也是国家生态保护和建设政策的直接实践者。牧户的决策行为直接决定畜牧业活动如何开展。面对草原退化和畜牧业现代化的现实，探索和优化牧户生产经营决策行为机制具有重要的理论和现实意义。

18.4.1 牧户经营系统发展历程

我国草地畜牧业发展模式的演变大致为小牧户-互助组-人民公社-新型农牧业经营主体。每个经营主体在一定程度上为牧区经济社会的发展做出了不同程度的贡献。

1949 年前，我国草地畜牧业发展以小农经济为主导，牧民生活水平普遍较低。为了恢复牧业发展，之后牧区相继发起了以互助组为中心的牧业生产活动，初步组织起了原本分散的小牧户，极大地调动了广大牧民群众的生产积极性，有力促进了草地畜牧业的发展。1978 年，开启了农业产业发展的新篇章——家庭联产承包责任制。家庭联产承包责任制始于安徽凤阳县小岗村。通过"包产到户"，使农户拥有自己的一块土地，改变了原本只是生产队"雇员"的身份，使其拥有真正意义上的私有财富，极大地调动了农户的积极性，一定程度上提高了土地资源的配置效率。20 世纪 80 年代初，牧区模仿农区制度，逐步建立起以家庭为生产单位的家庭联产承包责任制（双权一制），将草场和家畜划分到户，解放了牧业生产力，激发了牧民生产积极性，很好地解决了农村牧区体制问题，然而它也有其自身局限性：①由于分散经营，无法应对激烈的市场竞争和自然灾害，农牧民欲哭无泪；②由于较低的组织化程度、相对落后的环境及较低的文化素质，农牧民无法及时掌握市场信息，而企业或中间商在充分掌握市场信息的基础上与农牧民进行交易，使农牧民吃亏，受到不合理的盘剥。解决该难题的必然途径是实现农业产业化发展。农业产业化经营以家庭联产承包责任制为基石，通过组织分散的经营主体，实现规模效应，并将农业产前、产中及产后等环节整合到一个有机体中，增强农业生产经营的活力，提高农牧业生产总体效率。

农业产业化在一定程度上解决了小牧户与大市场的矛盾，但是目前农牧民组织化程度仍然较低，农牧业生产效率低下，并且农畜产品龙头企业数量少、带动力差，农畜产品加工销售企业与农牧业生产主体之间的直接接触较少，并没有形成有效的生产、加工、销售有机结合的整体，农牧户生产经营仍然处在自给自足阶段。2012年，《中共中央 国务院关于加快发展现代农业 进一步增强农村发展活力的若干意见》提出，培育和壮大新型农业生产经营组织，以进一步提升农牧民组织化程度，提高农业生产水平。新型农牧业经营主体具有较大的经营规模、较好的物质装备条件和经营管理能力，劳动生产、资源利用和土地产出率较高，是以商品化生产为主要目标的组织。新型农业经营主体分为专业大户、家庭农场、农牧民专业合作社和龙头企业。

新型农牧业经营主体的主要特征如下。第一，农牧业适度规模化经营。专业大户、家庭农牧场等新型农牧业经营主体的经营规模一般都要大于传统农牧户，只有实现适度规模化经营，才能提高资源利用率，取得规模经济效益。第二，农牧业集约化经营。新型农牧业经营主体与传统的小规模家庭经营相比，具有优良的物质装备，比较高的生产技术，具有现代的管理意识，对资源要素进行集约利用，劳动生产率、土地产出率和资源的利用率都很高。第三，农牧业专业化生产。专门从事农牧业生产，能够实现对自身劳动力资源的充分利用，能够提高生产效率和投入要素的使用率。第四，农牧业市场化程度高。新型农牧业经营主体能与市场有效地连接，提高农畜产品商品化程度。

但必须指出，我国草原牧区畜牧业的发展主体仍然是零散的小牧户，家庭经营仍然是最普遍的农牧业经营形式。由于有关部门相继颁布了很多有关草地畜牧业发展的规章制度，如草场承包到户制度、双权一制、草畜平衡制度等，制约着牧民的生产规模，饲养规模也取决于牧户的草场规模。由此，牧区实现畜牧业规模化经营的主要任务是实现家庭经营的规模化。从现阶段的发展来看，实行家庭经营规模化管理有2种方式。①散户之间的联户经营方式。由于草场面积有限，有些牧区牧民的居住比较集中，规模化生产受到限制，再加上牧区的条件不适合舍饲经营管理，牧户为了生存，为了提高收入，不得不进行生产变革，进行联户经营，该种经营方式在青藏高原地区尤其广泛。②推行现阶段"三权分置"的政策，积极实现草场的经营权流转。实现有畜户和无畜户之间草场的流转，促进草场的有效利用。草场经营权的流转也会促进家庭经营规模的进一步扩大。

传统畜牧业向现代畜牧业的转变过程中，畜牧业专业合作社的地位举足轻重。专业合作社有助于畜牧业从粗放经营转变为集约经营。牧户甚至可以与企业合作，建立相关利益联结机制，企业可带动牧户增加畜牧业收入，牧户可以为企业增加经济效益，实现互惠互利。

草地畜牧业的规模化经营要以生态保护为前提，生态建设工程是草场可持续利用的基础。不断完善生态建设机制，建立草地畜牧业的社会化服务体制，为畜牧业的规模化经营提供产前、产中、产后的全方位服务，确保生产机制向着有利于草原牧区发展的方向改进，达到实现经济效益和生态建设相协调的目的，加快规模化经营的步伐，促进牧区的可持续发展。

18.4.2 牧户生产经营行为决策及主要影响因素分析

牧户生产经营行为是指牧户在牧区畜牧业生产活动中进行的实践，包括放牧行为、经营投入行为、资源利用行为和技术应用行为等。其中，放牧行为、经营投入行为与资源利用行为是对牧民经济水平、草地质量和环境影响最直接的行为。在畜牧业生产中，牧户主要通过家畜数量的选择、放牧方式和经营投入等决策行为对草地产生直接和间接的影响。

长期以来，国内外关于牧户生产经营行为决策的研究主要建立在"理性经济人"下的牧户利益最大化基础上。舒尔茨（1987）提出小农是外部局限条件下的理性选择，在进行农业生产及经营时，为追求利润而创新。Popkin（1979）则认为，小农是"理性的小农"，以追求利益最大化为目标，他们首先通过权衡长短期及风险因素，进而做出合理选择。基于"理性经济人"假设，国内外关于农户生产决策行为的研究取得了诸多成果。但随着社会的发展和研究的深入，人们逐渐意识到"理性经济人"假设的弊端，并逐渐转向以"有限理性经济人"为前提来研究农户生产决策行为。例如，黄宗智（2000）通过对中国20世纪30年代到70年代的农村经济状况进行分析，认为中国农民是"商品小农"，其经济行为同时受到"家庭劳动结构"限制和"市场经济"冲击，加之农民社会地位的劣势，均对其经济行为产生一定程度的影响。邓大才（2006）在综合黄宗智研究结果的基础上，归纳了4种不同类型的农户及其不同动机，分别是：理性小农旨在追求利润最大化，生存小农旨在追求生存最大化，弱势小农和效用小农则分别以追求剥削最小化和效用最大化为目标。基于"有限理性经济人"假设，国内外学者已取得了许多研究成果，尤其在农业、农户生产决策领域，而关于牧户生产决策行为研究方面，尽管承认农户在生产决策行为的很多方面表现出非理性，但绝大多数研究仍以农户是"理性经济人"为前提；虽然在农户"有限理性经济人"假设基础上已经取得了系列成果，但较少有学者从"有限理性经济人"角度去研究和了解以畜牧业生产为主的牧户生产决策行为。

牧户生产经营决策行为的影响因素，不同于自由市场经济条件下的大规模商业化畜牧业生产。小规模的畜牧业生产者具有更多的目标，且更多地受所面临的生计需求影响,而非市场需求影响,以维持生计为目标的文化传统是基本的价值驱动和影响因素。在内蒙古草原区,畜牧业产出不仅为牧民提供货币化收入,还包括畜粪、资产、保险、就业和社会地位等非市场化的产出,这些都是很重要的价值体系,是牧民畜牧业生产决策的重要影响因素。同时也有研究表明,牧户生产决策行为也受自然灾害、政策等因素影响。

具体到牧户生产决策行为,许多学者认为过度放牧是导致草地退化的主要因素之一,且将原因归结于牧户对草地退化认知不足、收入不稳定、家庭人口增加、生产成本高、生产方式落后等方面。关于牧户家畜数量的选择,有研究表明,家畜规模除受母畜数量这一因素制约外,家庭规模、牧户文化和市场价格高低都显著影响家畜出栏规模。家庭人口越多,牧民越多养畜来维持和提高生活水平;而文化水平越高,越易加快出栏率来减缓草场压力和获得较好的经济效益。同时,牧草供应量与存栏数之间也相互影响,一般存栏数越高,牧户储备饲草料量越大。牧户家庭收入越高,家畜规模越大,牧户建设棚圈、储备饲草料、转入草场等可能性越大。

草地是我国最大的陆地生态系统,草原牧区在社会持续发展中起着不可忽视的作用。面对草原退化加剧、沙化严重等困境,一系列生态保护政策却出现了失效局面。尽管众多学者从政策制定、草地异质性等不同角度进行了分析和探索,但包括草畜平衡在内的许多草原生态保护政策依然未有效落实,草原前景堪忧。牧户是牧区的最基本生产单元,其生产决策行为在实现草原生态保护、牧区乃至国家的和谐可持续发展方面起着至关重要的作用。国内外学者,尤其国内学者较少从"有限理性经济人"出发,深入探索牧户畜牧业生产决策行为、过程及其对草地的影响。因此,亟须从牧户角度出发,以"有限理性"为指导,从根本上探讨牧户的草畜平衡决策行为过程及机制,挖掘其影响因素,以期为草原退化治理、有效实施草畜平衡、牧区社会可持续发展提供全新的切实的理论依据。

18.4.3 牧户心理载畜率与超载过牧及草地退化

草原退化问题已引起社会各界的普遍关注。中国政府从 2000 年开始启动实施了一系列工程和政策措施,试图遏制草原退化的趋势,如京津风沙源治理工程、退牧还草工程、草原生态奖补机制等。这些工程和政策措施中,以天然草原减少载畜量为目的的禁牧、休牧、季节性休牧、舍饲养殖等措施作为治理退化草原的核心手段,国内很多学者已经积极地探讨实现家庭亩产尺度上的生态效益和经济效益双赢的技术和方法。政府于 2011 年实施了草原生态奖补政策,但越来越多的研究发现,草畜平衡管理中的这种既要长期全面禁牧,又要不禁养和不减收的目标是很难实现的,草畜平衡政策并非一"减"就灵。草畜平衡政策在实行过程中,由于牧户的不理解、不配合或消极抵制,难以真正地贯彻落实。牧户"心理载畜率"指牧户在对过去（历史）信息的综合认知的基础上，判定自家草场在单位时期、单位面积上能实际承载的家畜头数，是牧户自己认为的合理"草畜平衡标准"（侯向阳 等，2013），实际指导着牧户的畜牧业生产实践。该概念是基于草原载畜率与单位面积畜产品产量及单位头数畜产品产量的关系模型提出的（图 18-3）。在该模型中，随着载畜率增加，单位草地面积畜产品产量呈抛物线变化，单位头数畜产品产量呈直线下降，形成了经济上同效但生态上明显异效的 B 和 A 两点，B 点的载畜率远大于 A 点，其中 A 点是生态优化载畜率模式，而 B 点正是牧户固守的心理载畜率模式。草畜平衡管理的核心正是要实现牧户的经营模式从 B 点转变到 A 点，以最小的生态压力获得较高的经济收益，这是国内外学者和政府强调的主流策略，但事实上大部分牧户仍选择 B 点，亟须系统深刻剖析其原因所在。

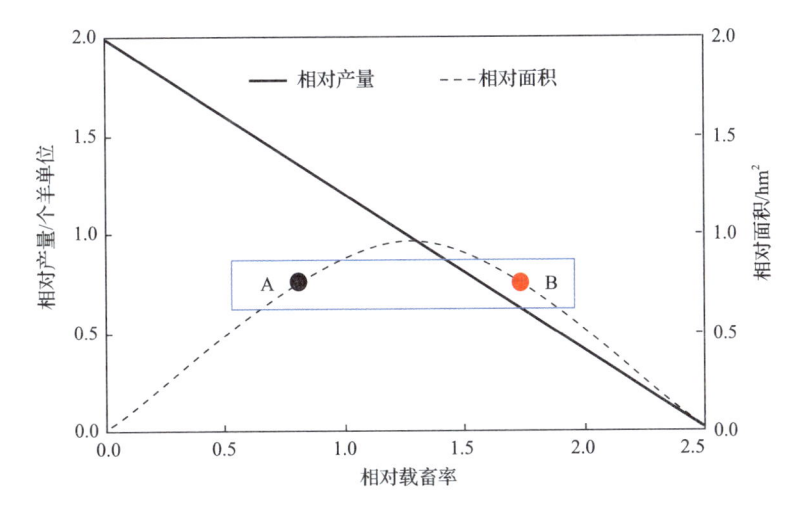

图 18-3　生态优化载畜率和牧户心理载畜率（David Kemp et al.，2013）

注：A 为生态优化载畜率；B 为牧户心理载畜率。

由于牧户草畜平衡心理载畜率的标准与政府制定的草畜平衡标准之间存在差距，且牧民固守心理载畜率，导致牧户整体减畜困难，或者表面减畜但实际少减或不减。牧户作为牧区生产的基本单元，对草地的利用、投资与保护有着直接、强烈的影响，是国家各项生态保护政策的直接实践者。要他们实现从心理载畜率模式向生态优化载畜率模式转移，亟须从心理载畜率角度出发，从全新视角探明牧户草畜平衡决策行为的内在过程和机制，为制定和顺利实施草原生态保护和建设政策提供理论依据和支撑，对牧区退化草原环境恢复和重建及经济可持续发展具有重大意义。

鉴于牧户固持其心理载畜率，使其心理载畜率具有惰性特征，并结合牧户心理载畜率主要受牧户对草地生产力状况及饲草料、畜产品价格等市场因素的判断影响，提出基于心理载畜率的减畜路径选择及相关政策建议。

1. 时间尺度上分段式实现减畜目标的路径选择

根据草畜平衡政策实际实施的效果和牧户实地调研发现，模拟出如图 18-4 所示的关系图。一步到位的草畜平衡政策在理论上很理想，可以尽快实现草场的恢复，但牧民对改善生产、生活条件和扩大养畜规模的渴望，使全面彻底的减畜成为不可能。由图 18-4 可以看出，从心理载畜率（B 点）到生态优化载畜率（A 点）的阻力极大，牧户倾向于扩大规模或坚持现状，而政策要求在短时间内急剧减少家畜数量，必然遭到牧户的反对，也导致牧民竭力寻求违反草畜平衡政策的措施和途径。相反，如果不直接从 B 点到 A 点，由一次性减畜转变为分段式减畜，如图 18-4 中先从 B 点到 A′点，再到 A 点，可以减少一半阻力。

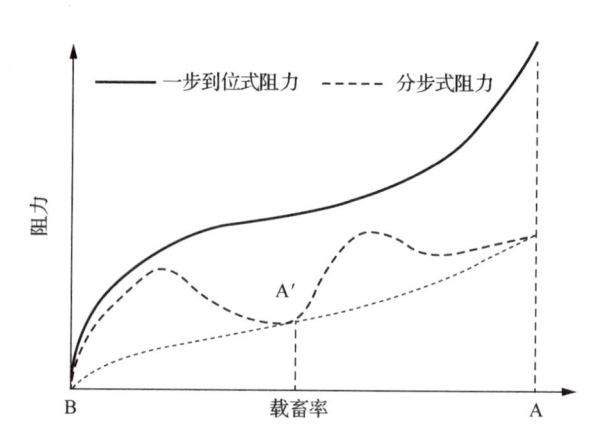

图 18-4 从 B 点到 A 点的分段式减畜模式与阻力的关系

实践表明，一次性减畜不被牧民接受。分段式减畜反而有其不可忽略的重要优势，而要实现分段式减畜则需要考虑时间尺度问题，即要实现草畜平衡，具体减畜要分为几个阶段，以及每阶段的具体减畜目标是多少，都是需要迫切考虑的问题。

2. 联合和合作取得规模收益和合作优势的路径

现代经济管理学中著名的木桶理论（限制因子理论）强调限制因素或短板的作用，重点是如何克服或抵抗限制因素，而新木桶理论则强调通过联合或合作，合作方分别取得所需的限制性资源，得到更好的发展。建立合作社、协会等合作方式的优势已经得到业界普遍认可，如通过合作可获得限制性的草地资源或家畜资源，并提升抵御灾害能力，接受新事物的能力增强，寻找到节支增收的渠道。

根据对草甸草原、典型草原、荒漠草原的调研，不到5%的牧户参加合作社，而有部分参加合作社的牧户表示合作者并没有真正起到其作用，合作社、协会等具体运行的规章制度严重缺乏，绝大部分牧户之间的合作仍然主要建立在亲戚朋友之间相互帮忙，合作社、协会的作用根本没有真正体现。

3. 系统辨识牧户草畜平衡决策影响因素及易受影响牧户的路径

实践表明，强制式草畜平衡，不仅行政成本高，而且遭到牧民的抵制，并没有得到有效的实施，而牧户心理载畜率正是引发牧户草畜平衡决策的根本所在。因此，要实现强制式草畜平衡向牧民自觉式草畜平衡转移，势必需要识别影响牧户心理载畜率和草畜平衡的具体因素。现有研究发现，与公路的距离、民族属性、年龄、文化水平、是否为干部等均显著影响牧户的心理载畜率，这也为调整牧户草畜平衡决策提供了理论依据。牧户具体在草畜平衡决策过程中，还受到哪些经济、生态、技术等因素影响，仍须深入研究，以从根本上探明影响牧户草畜平衡决策行为的全部因素，为阻止草原退化、实现草畜平衡和草原生态保护提供坚定的理论基础和现实依据。

要实现牧户草畜平衡模式的转移，不仅需要考虑时间尺度、规模尺度问题，更亟须识别影响牧户草畜平衡决策的具体因素和牧户草畜平衡行为，因此需要政府和学界的共同努力，通过深入牧区一线，开展系统、细致的牧户调查、野外试验等科研工作，理解牧民的心理和牧民草畜平衡行为，辨识牧户草畜平衡决策的内在机制，并通过选择和建立示范，剖析心理载畜率向生态优化载畜率转移的具体时间尺度和规模尺度，探明实现草畜平衡模式转移的具体技术问题。

18.4.4 牧户经营系统的效率分析和现代化发展趋势

畜牧业作为我国农业的重要组成部分，其发展的好坏程度也关乎新时代我国农业现代化建设水平。据《中国统计年鉴》相关数据显示，我国畜牧业总产值占农林牧渔业四大产值之和的比例很高，达30%以上，因此可以说畜牧业的发展水平直接决定着农业发展水平。

生产率是衡量经济增长的关键性指标，并且将生产率的提升看成是经济集约化发展的重要风向标。我国畜牧业经营主要以少数民族地区小规模牧户经营为主，牧民的专业化程度较低，草地优化配置困难，生产效益低下。尽管草地畜牧业是我国草原牧区的支柱性产业，然而与多数发达国家相比，我国畜牧业的发展还存在着许多问题，因此在现阶段实现我国草地适度规模经营变得尤其重要。关于土地经营规模与农牧户效率之间关系的研究已经经历了一个较长而系统的发展过程。20世纪60年代，人们认为小牧户更有效率，因为小牧户的资源可以得到充分利用，尤其是家庭劳动力，同时小牧户可以更及时有效地控制生产过程。在发展中国家，最流行而模式化的说法是农场规模与效率之间存在反向关系，小牧户使用各种资源更加有效，单位产出更高。

20世纪七八十年代，随着大量亚洲国家的迅速工业化和城市化，小牧户开始被视为提高生产效率的障碍。一方面，工业化加大了对农村劳动力的需求，小牧户劳动密集型的生产方式与这种需求相悖；另一方面，通过引进价格相对低廉的现代投入要素，如机器等（工业化使机器替代劳动力，将劳动力释放出来）带来了农场规模扩大的可能性，同时化肥、灌溉等其他投入也为实现农场规模扩大发挥了更大的作用。西方学者认为，农牧场规模越大，越具有资源、科技、信贷、信息、市场、抗拒风险等方面的优势，因而比小牧户更能获得规模效益。

但到了90年代，小农场更好的论调重新登上舞台。在包括中国在内的许多亚洲国家，家庭农牧场的规模下降，土地细碎化，小规模农场的数量显著上升，农业产出多样化、高附加值商品粮出现，从谷物到经济作物，从庄稼到家畜再到园艺作物，小农场都有着相对优势，而大型农牧场及其投入农药、杀虫剂、农机密集型的方式导致了自然资源和环境的退化。当考虑这些外部性的时候，认为大农场不再是有效率的，甚至有学者得出结论，规模与效率之间存在着反向关系，那些鼓励大农场的政策和扭曲措施应当被取消。

党的十九大报告中指出，构建现代农业产业体系、生产体系、经营体系，完善农业支持保护制度，发展多种形式的适度规模经营，培育新型农业经营主体，健全农业社会化服务体系，实现小农户和现代农业发展有机衔接。小规模牧户家庭经营是我国草地畜牧业生产组织管理模式的主体。草牧场基本制度（如草畜平衡制度）的存在使家庭经营的草场面积直接决定了家庭经营的家畜规模，因此畜牧业规模化经营将是市场化、现代化的客观需求。畜牧业养殖方式需要从传统的零星分散饲养向规模养殖、专业化养殖转变，牛羊养殖方式需要从传统的天然草原自由放牧向舍饲半舍饲养殖转变。牧户畜牧业现代化主要有以下几种形式。

1. 规模化、机械化家庭牧场

鼓励有条件的传统散户畜牧养殖向现代化、规模化及机械化方向发展，将扩大养殖数量为主的优势转向注重养殖质量和效益优势，将传统消耗型养殖模式转变为资源环境友好型模式，从而在适度规模经营模式下提高畜牧生产规模化水平，提高畜牧业生产效率。

2. 合作经营或联户经营

当牧户居住相对集中，每户可分得的草牧场面积相对小，且不能形成一定规模的独立放牧单元，又不具备舍饲的气候、水源、土壤等农业种植条件时，就具备了构建合作经营或联户经营方式的基本要素。这在很大程度上控制了牧户养殖规模，提高了养殖效率、节省了劳动力，促进了牧户的非农就业，有利于人草畜的良性发展。中小牧户经营的草场面积相对较小，维持生计的最直接办法就是租入草场，扩大养殖规模。

3. 草场经营权流转

草原经营权流转具体形式包括出让、转让、入股、出租等。牧民自发转让承包的草场在牧区较为普遍。走场、租入草场的做法都会使家庭经营的草牧场在一定程度上有所扩大。比较紧密型的合作经济或股份经济也属于经营权流转的一种类型。这种形式目前还较少，刚刚起步，但却蕴含着极大的发展潜力和市场竞争潜力。草场经营权的流转可以合理配置草地畜牧业资源，提高草地畜牧业的规模化。

4. 新型职业牧民

培育新型职业牧户要以生产经营型牧民培育为主；结合当地优秀的传统草原文化，并根据一些地区牧民受教育程度低、市场意识淡薄、接受新知识的能力弱的现实，打破传统的教室黑板教学的单一培训模式，采取田间学校、田间指导及乡土专家下乡培训等适用于牧民的教学方法，将教学班延伸到乡村牧区，重点推进农村牧区实用人才培养。同时，应在不同草原生态类型区深入研究典型牧户生产经营系统的结构、功能和效率，优化重组系统的结构和组分，让能人效应最大限度地发挥作用；攻克优质高效可持续的草地畜牧业关键技术，提炼高效的示范模式；建立政策保障体系，促进草场的有序公平合理流转、主动地建设投入，而不是短期掠夺性利用；积极借鉴现代化农业的发展经验，培养创业能力强、技能水平高、带动作用大的新型职业牧民队伍，培育有知识、懂技术、会经营、重生态的新型职业牧民。

18.5 展　　望

草地农业是新兴产业，未来将在国民经济中发挥越来越大的作用。我国草地农业处于成长期，相比草地农业发达的国家，我国草地农业仍存在许多不足，包括经济管理方面还有巨大的提升空间。

18.5.1　草地农业是朝阳产业，未来发展潜力巨大

1. 草地农业是国家食物安全和生态安全保障体系的重要支撑产业

近年来，我国城乡居民的食物消费结构发生显著变化，口粮消费量持续降低，以牛羊肉和奶等草食动物产品为代表的畜产品消费需求迅速增加。总体来看，未来我国食物安全的核心为畜产品供给安全。研究表明，我国牛肉和羊肉的自给率将由当前的 99% 和 97% 降到 95% 和 87%，奶制品的自给率将由当前的 86% 降到 76%（中国草地生态补偿与食物安全战略研究项目组，2015）。随着城市扩张，耕地减少将不可避免。据预测，到 2030 年，我国耕地面积将减少 1000 万 hm^2。很显然，单靠有限的耕地无法满足日益增长的对畜产品的需求。因此，发展草地农业对于维持未来我国畜产品的自给率具有重要意义。

作为草地农业发展物质基础的草地是我国面积最大的陆地生态系统，具有水源涵养、防风固沙、防止水土流失、维持生物多样性和固碳等多种生态功能，是国家绿色生态屏障和生态安全的组成部分。近几十年来，因草原开垦、超载放牧等不合理的行为造成草原退化、生态退化。因此，迫切需要发展草地农业来改善草地资源恶化的局面，保护生态环境，维护国家生态安全（杜青林，2006）。

2. 随着草地农业现代化的推进，草地农业产业结构和规模将更加均衡和完善

主体草地农业必须继续做大做强。从草地农业的生产层来看，植物生产层和动物生产层处于中心位置，传统草地农业的发展集中在此，即饲草产业和草食家畜养殖业，也即是草牧业。这是草地农业的主体，是草地农业发展的物质基础和资源基础。草地农业产业链条的延伸、前植物生产层和后生物生产层的发展都依赖草地农业主体产业的壮大。主体草地农业是草地农业这棵大树的"根"，只有"根深"才能"叶茂"，未来必须继续做大做强。

全产业链发展，实现草地农业产业兴旺。产业要发展，只有主体产业是不够的。尤其是草地农业要提质增效，必须通过产业链条的延长实现价值链的延伸，从而提升全产业的价值。全产业链发展的重点包括草种业、加工业、草坪业、草原旅游业、草原文化产业等。这是草地农业大树的"枝叶"，在根深树大的基础上，枝繁叶茂才能成就草地农业这棵大树。

数字草地农业经济等草地农业新业态将异军突起。产业要向前发展，必须适应新技术的发展，不断有新的领域、新的产业成长发展。随着数字经济的兴起和草地农业信息化的不断推进，未来依托互联网-云计算-区块链-物联网等信息技术的数字草地农业经济等新经济形态将异军突起，成为草地农业发展的新增长点。

3. 草地农业在国民经济中的地位和作用将越来越大

草地农业是国民经济的重要部分，具有举足轻重的作用。随着草地农业功能多元化的认识和实践的加强，草地农业经济在国民经济中发挥的功能也日益明显，为维护国家生态安全、民族团结和社会发展与稳定做出积极贡献。2018 年国家职能部门机构改革中，设立了国家林业和草原局，多个高校相继设立了草业学院，这凸显了草地农业越来越重要的地位，社会对草地农业的重视程度越来越高。为了进一步促进草地农业在国民经济中发挥作用，有两项亟须开展的工作。

一是融合多种资源。突破传统以"草"谈草地农业的限制，在传统草畜融合的基础上，通过草田融合、林草融合、鱼草融合等方式，扩展草地农业发展的资源基础。目前引草入田、栽培草地、林果树下生草等技术已经逐渐成熟，未来的发展潜力巨大。

二是建立真正的草地农业统计体系。经济统计是全面、系统和准确反映一个国家和地区经济运行状况最重要的手段。目前，我国的国民经济统计核算体系中已经包含了农林牧副渔等各农业生产部门，但草地农业经济统计并未纳入其中。目前仅有全国畜牧总站从 2001 年开始，每年编写一本《中国草业统计》，详细记载全国各省（区、市）天然草原的面积变化、草产量变化、栽培草地类型、草种子和草地农业企业等统计数据，但其内容局限在植物生产层的部分内容，无法反映草地农业生产的全貌；此外统计数据主要是面积和产量，没有产值的数据。因此，开展独立的草地农业统计，制定统一的草地农业统计范围和口径，建立常态化的草地农业经济统计制度，最终建立草地农业统计体系，已经成为一项紧迫的任务。完善的草地农业统计体系也是草地农业进一步发展的必然要求。

18.5.2 草地农业经济转型发展，加速现代化，实现高质量发展

按照产业发展的一般规律，整个产业生命周期可以划分为 4 个阶段：形成期、成长期、成熟期和衰退期。在产业发展的初始阶段，发展速度较慢（形成期）；随着时间推移，发展速度加快（成长期），之后随着产业发展速度变慢直至稳定（成熟期）；此后随着技术进步和社会发展，新产业出现并逐渐替代旧产业，旧产业进入衰退期。草地农业在我国是新兴产业，生产经营规模普遍小，投入少，生产力水平较低，产品商品化和市场化程度不高。就产业发展阶段而言，我国草地农业处于其产业发展的初级阶段（侯向阳和张玉娟，2018）。为了促进草地农业转型升级，实现草地农业向快速发展及成熟发展转变，最终建立起现代化的产业，仍然需要多方面的变革。

1. 变革生产理念

数千年来，我国农业发展深受以粮为纲的农耕文化影响，认为谷物粮食是农业的根本甚至全部。不管是国家决策机构，还是普通民众，"草地农业"观念都没有得到应有的重视，种草养畜、引草入田和草田轮作等措施没有被农牧民普遍接受和认可，也缺少国家长期稳定的支持与政策保障，导致我国草地农业的发展一直受限。因此，需要变革生产理念，让粮草并举的草地农业发展理念逐步替代以粮为纲的单一农业理念。

2. 调整生产结构

我国种植业传统上以粮食为主。改革开放以后，由以粮食为主逐渐转向粮食作物-经济作物的二元结构。随着我国居民饮食结构的升级和变化，口粮直接消费降低，畜产品（尤其是草食畜产品）消费增加，生产畜产品所需的饲草料出现了巨大缺口。因此，种植业从传统的粮食作物-经济作物的二元结构相应地向粮食作物-经济作物-饲草作物三元结构转变。随着饮食结构的变化，畜牧业在农业中的比重将越来越重。在草地农业发达的国家，畜牧业产值占农业的比重都在50%以上，新西兰和澳大利亚等国家甚至超过了70%。2018年我国畜牧业产值仅占农业总产值的25.6%（国家统计局，2019），远不能满足我国经济发展、生态文明建设和居民生活需要。未来我国农业生产结构调整的任务仍很艰巨。

3. 转变生产方式

草地农业强调系统的耦合，注重不同生产系统之间相互支持和融合，这要求转变传统生产方式。比如，牧区草地畜牧业传统上是靠天养畜，由于牧草生产与家畜需求在时间上相悖，家畜往往处于"夏活、秋肥、冬瘦、春死"的局面。随着牧区人口增加，牧区传统靠天养畜的生产方式会导致增加家畜-超载放牧-草地退化-收入减少-增加家畜的恶性循环。因此，转变传统生产方式，通过天然草原和栽培草地相耦合，利用放牧+舍饲的发展模式，建设栽培草地，优化畜群结构，适时出栏幼畜，可以有效解决传统草地畜牧业的问题。

草地农业要实现现代化，最重要的落脚点是草地农业系统的生产效率。现代化的草地农业一定是生产效率高的产业。但目前我国草地农业整体的生产率水平还很低，不仅远远落后于美国、澳大利亚和新西兰等发达国家，甚至也低于巴西和阿根廷等发展中国家。未来需要在科技、政策、制度和组织模式创新的推动下，通过改变生产观念，促进生产结构和生产方式的转变，实现草地农业生产率的提高，最终实现草地农业现代化。

18.5.3 加速草地农业经济管理现代化

现代化的产业必须有现代化的管理与之相适应。因此草地农业现代化的发展需要草地农业经济管理的现代化，传统经验式管理已经无法用于支撑我国草地农业现代化的发展需要。现代化的草地农业经济管理包括 4 个方面：现代化管理理念、现代化技术、现代化装备、现代化人才队伍。

现代化管理理念，不仅是指市场化的现代经营理念，更重要的是要有"创新、协调、绿色、开放、共享"五大新发展理念和"山水林田湖草是一个生命共同体"的理念，并把"青山绿水就是金山银山"的理念融入草地农业经济发展和管理中。要从全局、全域、多层次和系统地协调人与自然生态系统之间的关系，协调生态保护与经济发展和生产需要之间的关系。

要实现草地农业现代化，现代化技术是必不可少的。应该充分利用现代化的育种技术、生态修复技术、数字信息技术和管理技术为草地农业发展服务。

草地农业发展是一项系统的综合工程，必须要有现代化装备才能提高生产率。目前来看，现代化的机械设备和信息技术手段等在草地农业领域运用并不普遍。工程化、自动化和智能化的现代装备将是我国草地农业未来发展的推动力。

草地农业的发展最终是依靠人来发展。现代化草地农业人才队伍是草地农业发展最核心的要素，也是当前我国草地农业所缺乏的。随着国家林业和草原局的设立，以及多所高校草业学院的成立，未来我国将逐渐建设形成草地农业战略、技术研发、推广、实体及虚拟产业、贸易、监管等多方面的人才队伍体系。

第 19 章

西北干旱半干旱区草地农业发展模式与案例*

西北干旱半干旱区草地是我国天然草原的主体部分，是我国传统的优良放牧场，也是维护国家生态安全的重要天然屏障。该区域的草地农业发展长期以来备受关注，形成和积累了许多有借鉴意义的草地农业模式、技术和发展案例。

19.1 区域概况

西北干旱半干旱区生态条件严酷，草地资源类型复杂多样。由于长期的自然因素和人为因素，区域内仍存在比较突出的草地农业发展问题。

19.1.1 区域范围和区域特点

西北干旱半干旱区主要指我国第二级阶梯的内蒙古高原、塔里木盆地和准噶尔盆地等。地理坐标为 32°～50°N，73°～123°E，行政划分上主要包括内蒙古中西部地区、宁夏、陕西北部、甘肃北部河西走廊、新疆等地。面积占全国陆地总面积的 30%，人口只占全国的 4%。

该区地处我国内陆地区，地形以山地、高原和盆地为主。东部是内蒙古高原，西部是盆地和山地相间分布。两大著名盆地是准噶尔盆地和塔里木盆地。

该区大部分地区降水稀少，呈明显的以干旱为主的自然特征。年降水量由东往西逐渐减少，年均降水量从 500mm 降至 50mm 左右。植被由东向西分布为草原、荒漠草原、荒漠。其中，内蒙古和宁夏主要地区年降水量为 250～400mm，是温性草原地带；新疆、甘肃河西走廊和内蒙古阿拉善盟，属中温带至暖温带极端干旱的荒漠、半荒漠地带，降水量稀少，年降水量小于 250mm，大部分地区小于 100mm。本区冬冷夏温，年气温差较大，且由东向西逐渐增大。

该区地处中高纬度，是气候变化的敏感区域。但东部和西部呈现不同的气候变化趋势。其中，以内蒙古为主的东部区域，在年际、年代际和世纪尺度上其气

---

* 本章作者：侯向阳、安沙舟、高文渊、尹燕亭、丁文强

候均呈现暖干化趋势（侯向阳 等，2015）；而在以新疆、内蒙古西部和河西走廊为主的西部地区，过去几十年降水明显增多，气候由暖干向暖湿化转型，预测至 2050 年仍呈现暖湿化趋势，但是西北地区干旱少雨的本底环境不会改变。

该区以严酷的自然条件为背景，加之人类长期的不合理利用，生态环境脆弱，生态退化严重，沙化、盐渍化面积扩大，人地矛盾突出，严重制约了当地经济可持续发展和农牧民收入的提高。从 2000 年开始，国家和地方政府加强区域生态保护建设，取得了较大成效，但总体退化的基本面还没有得到根本改变。

该区有草原面积 1.6 亿 hm^2，可利用草原 1.3 亿 hm^2，是我国草原面积最大的区域。该区地带性草地由东向西依次为温性草甸草原—温性典型草原—温性荒漠草原—草原化荒漠—温性荒漠。草产量由东向西逐渐降低，规律明显。草地的草产量主要受制于草地水分条件，每增加 100mm 降水量可多形成 400~500kg/hm^2 干草产量，东部等量降水形成的草产量高于西部（卢欣石，2019a）。

19.1.2　区域草地农业发展中存在的主要问题

当前西北干旱半干旱区草地农业发展中存在的主要问题如下：草地退化依然严重；沙化草地治理任务仍然艰巨；水资源紧缺及水资源利用不合理日益严重；小牧户分散经营，规模小，效益差，抵御各种风险能力差等。

1. 草地退化依然严重

过去几十年来，西北地区草地畜牧业经历了从游牧到半定居半游牧再到定居放牧的转变过程。20 世纪 60~70 年代全国推行以粮为纲政策，大面积垦草种粮，全国草地开垦面积达 1.9×10^{5}km^2，由草地开垦的耕地约占现有耕地的 18.2%，其中内蒙古和新疆等地是草地开垦的核心地区。草地开垦造成大面积草原风蚀沙化、水土流失严重、土壤肥力大幅下降（侯向阳，2010）。80~90 年代，随着区域经济的快速发展和人口压力的不断增大，以及家畜养殖数量的大幅增加和人类对草原干扰活动（如滥牧、滥垦、乱采、滥挖）的增强，草地退化沙化问题日趋严重，草原生态环境不断恶化，生态系统服务功能受损，抵御自然灾害的能力减弱。以内蒙古为例，从 20 世纪 70 年代末到 2015 年，草地资源总体呈减少趋势，草地质量持续下降，质量好的高覆盖度草地面积由 25.7 万 km^2 减少到 24.37 万 km^2，减少了 5.18%，质量较好的中覆盖度面积也呈逐渐下降的趋势，减少了 1.24%。20 世纪 80 年代全国第一次草原普查时，内蒙古草原平均初级生产力为 1035kg/hm^2，到 2011 年降为 600kg/hm^2，下降了 42%，其中草地退化严重地区下降 60%~80%（内蒙古自治区研究室和中国草业发展战略研究中心，2019）。

2. 沙化草地治理任务仍然艰巨

该区沙化草地面积大。集中连片的沙地主要有毛乌素沙地、浑善达克沙地、科尔沁沙地，最大的沙地面积达 6.36 万 km²。历史上几大沙地都曾是水草丰美的放牧场，但由于长期掠夺式过度利用造成沙化严重，形成大面积裸沙地和沙丘草地，治理任务十分艰巨。以浑善达克沙地为例，从 20 世纪末至 21 世纪初，其沙漠化土地由 2.57 万 km² 扩展到 3.05 万 km²，流动沙丘由 20 世纪 60 年代的 172km² 扩展到 2970km²。由于沙地生态系统一度严重受损，生态防护功能明显减弱，浮尘、扬沙和沙尘暴天气频发，2000 年沙尘暴日数达到 26 次。恶劣的生态环境不仅制约着区域经济社会可持续发展，而且直接影响京津唐地区的生态安全，成为近年来困扰北京的沙尘主要源头之一。近年来加强沙地治理，沙地植被明显恢复。据监测，2014 年与 1999 年相比，流动、半固定沙地减少了 1058 万亩，有效遏制了沙地的扩展蔓延。但是沙地恢复的稳定性不强、反复沙化的问题还很普遍，特别是沙地植被恢复与草产业如何有机结合的问题有待解决（金旻 等，2006）。

3. 水资源紧缺及水资源利用不合理日益严重

西北干旱半干旱区降水稀少，水资源十分紧缺。以内蒙古为例，其总土地面积为 118 万 km²，占国土总面积的 12.3%左右，而其水资源总量仅为 509.22 亿 m³，占全国水资源总量的 1.86%。半个多世纪以来，由于区域人口持续增长、农业用水量不断增加、工业加速发展等，水资源紧缺问题日显严重。以耕地用水为例，近 50 年来，内蒙古的水浇地面积，以及水浇地面积占全部耕地面积的比例呈现快速增加的趋势，农业用水需求日益增加，尤其是在草原地区，由草地开垦的耕地面积大幅增加，地下水超采现象十分严重，地下水位大幅下降，从而引发了一系列生态隐患。从 1987 年到 2010 年，内蒙古面积大于 1km² 的湖泊数量从 427 个锐减到 282 个，湖泊总面积缩小 30.3%左右（内蒙古自治区研究室和中国草业发展战略研究中心，2019）。

4. 小牧户分散经营，规模小，效益差，抵御各种风险能力差

在以定居放牧为主的草地管理制度下，以家庭为单元的牧户独立经营和管理草地，户均和人均草地面积小，可饲养家畜数量有限，可转移劳动力的非农就业能力和渠道不足。特别是由于各种原因造成的草地资源紧缺型牧户抵御自然灾害、市场风险的能力很弱，很容易陷入超载-退化-更超载-更退化-更贫穷的恶性循环中，成为须重点帮扶的对象。集约化牧场经营的模式和规模还有待进一步发展。

19.1.3 区域草地农业未来发展方向

针对该区资源环境条件及草地农业发展存在的主要问题，应坚持走生态修复型、资源节约型、多元复合型的草地畜牧业发展道路，需积极做好以下几个方面工作。

1. 天然草原精准生态修复

该区天然草原生态脆弱，生态压力大，生态修复任务重，需要因地制宜针对不同地区退化情况采取不同的生态保护修复措施，做到精准修复、持续修复。在西部荒漠地区应采取以禁牧休牧为主的保护性修复，大力推行退耕退牧还草和退化草地围栏保护等措施；在东部典型草原和草甸草原进行人工干预型快速修复，积极采取浅耕翻、切根、补播、施肥等草地改良和更新复壮措施。将草原修复与合理利用有机结合，以草定畜，适度控制草原载畜量，使草原得以休养生息，以质量效益型畜牧业代替以往的数量型畜牧业，提高牧草营养的转化利用效率，提高饲养效率，形成草原品牌优势，造就生态增值产品，发展优势生态畜牧业经济。

2. 大力发展节水型人工草地建设

人工草地建设是现代草牧业发展的重要基础。该区要以低产田退耕地为主要草地农业资源，大力发展旱作/半旱作节水型高效人工草地，有效提升草地生产力和优质饲草供给能力。在大力发展商品草产业的同时，建立节水混作放牧型人工草地，提高饲草就地转化效率，节约生产运销成本。建立因地制宜的草田轮作制度，促进集约化、半集约化舍饲和放牧饲养结合的草地畜牧业发展。

3. 积极推行多元型标准化生态牧场建设

建设标准化生态牧场是现代草牧业发展的方向。要按照不同地区草地资源优势，实行适地、适草、适工的草地优化经营，以提高各种类型草地的生产力。一方面要在大力发展家庭生态牧场的同时，积极推行各个类型区的适度规模经营，示范引进先进的生产和管理技术，有效提高草地生产力，实现畜牧业的规模化经营；另一方面，要多元化地发展特色畜牧业，在草甸草原区或农牧交错区重点发展肉牛、奶牛，在干旱荒漠区重点发展细毛羊或绒山羊，在荒漠草原区建设优质高产绒山羊、肉羊、骆驼生产基地，在温性草原区以奶牛、肉牛、肉羊、细毛羊、绒山羊为主，在农区以役、肉兼用牛及舍饲家畜为主。

4. 优化资源配置

针对不同地区的自然、经济、社会和资源状况，依据发展草地农业生产系统的理论，进行林、草、水、土资源的重组，优化资源配置，建立不同农牧融合发展模式，以最小的投入实现最佳资源利用效益。

5. 强化以草种业为突破口的科技创新和支撑

干旱少雨与充足的光热条件和丰富的土地资源配置，使该区成为我国牧草种子生产的优势产区。其中，地处内蒙古中西部、甘肃东部和宁夏的半干旱区，年降水量<400mm、≥10℃年积温 2700~3200℃，是最适合牧草种子生产的地带。要依托区域优势，在收集挖掘优异抗逆牧草资源和培育抗逆优质牧草品种的基础上，研发和集成不同区域、不同品种的种子高效生产配套技术，加强规模化、现代化、产业化的种子基地建设，生产适合天然草原补播和人工草地建设的优质草种子，推进草种业的国产化进程。布局和建立草牧业发展模式和技术示范基地，研发和示范天然草原区"精准快速修复、多元弹性利用"，农牧交错带"节水抗逆生产、草牧高效耦合"的技术集成模式，建立草原大数据中心和数字化草地农业服务平台，从根本上解决草牧业科技支撑乏力的问题。

19.2　发展模式与技术

近几十年来，我国天然草原90%以上发生不同程度的退化，其中中度和重度退化面积达 60%以上（梁存柱 等，2002；白永飞 等，2016）。过度利用等人为因素与气候变化等自然因素的耦合是导致草地退化的主要因素（Kemp et al., 2013），其中人类活动是草地退化的主要驱动力。近年来，随着禁牧、季节性休牧、草畜平衡、生态补偿、退耕还草等国家政策及生态工程的实施，天然草原退化趋势得到了一定程度的遏制，但草地退化现状总体上没有得到改变。

19.2.1　退化草原低扰动生态修复模式与技术

草原和荒漠地区气候和环境特征是干旱、寒冷、风沙大。草原年降水量为400mm 以下，多数地区为 200~300mm，荒漠年降水量少于 250mm，许多地区不到 100mm。降水量年际变化大，年际变异率达 30%以上。冬季寒冷而漫长，夏季短促，植物生长期短。土壤主要为砂质土类，由东向西依次为黑钙土、栗钙土、棕钙土、漠土等，砂土含量高，保水性能差，风沙危害严重。草原和荒漠地区的植被和土壤生态系统均十分脆弱，一旦受到损毁，很难恢复。而且，气候的暖干化趋势和人类活动不断加强的趋势均强化了草原生态系统的脆弱性。

草原退化和荒漠面积广大，且脆弱化趋势不断增强，因此，实施低扰动的退化生态系统恢复是符合恢复生态学原理、低成本高效率的可行模式和技术途径。

低扰动退化草地生态系统恢复，是指在较少人为干扰的情况下，最大限度地发挥草地生态系统的自我恢复能力，使其植被群落和种群的结构和功能、土壤的肥力等尽快恢复的模式和技术。其主要技术包括围栏封育技术、季节性休牧技术、浅耕翻松耙技术、低扰动补播改良技术、土壤保育技术、划区轮牧和混合放牧技术等。

1. 围栏封育技术

围栏封育是指将退化的草地用围栏封育起来，暂时封闭一段时期，其间不进行放牧或割草，使牧草休养生息以贮藏足够的营养物质，逐渐恢复草地生产力，并使牧草有机会进行结籽或营养繁殖，促进草群自然更新。草地围栏封育的优势如下：一是便于有计划地科学管理草地，有效控制草地放牧程度，提高单位面积草地的载畜能力，最大限度挖掘草地生产潜力；二是有利于退化草地、沙化草地的休养生息与自然更新；三是有利于草地松土补播、草地耕翻、施肥、灌溉等培育和改良措施的实施，在上述措施基础上种植适宜的优良牧草，可提高草地生产力。实践证明，退化草原实行封育后，草原植被结构发生显著变化，植株的高度，植被的密度、盖度、频度，植物的种类组成、多样性和地上生物量都显著提高。

2. 季节性休牧技术

季节性休牧是指在草原植物生长的关键季节实行短时间休牧的技术，包括春季休牧和秋季休牧两种。春季返青时，草原植物生长对放牧压力敏感，如果春季牧草刚返青就放牧，将造成牧草地上部分被家畜啃食掉，整株植物由于得不到地上部分光合作用的补充，不利于快速发育或导致延迟发育，甚至死亡，而春季休牧可以给牧草营养生长创造宽松的条件；秋季牧草结实，是牧草有性繁殖的基础，如果牧草种子未能成熟就被家畜采食，会阻断正常的草原繁衍过程，造成草原退化，而秋季休牧有利于促进草原生态系统的新陈代谢和种群繁衍。在内蒙古锡林郭勒盟，其优势物种羊草和大针茅的返青时间大致在4月3日至4月15日，春季休牧一般从4月5日开始，至6月初结束；秋季休牧在种子成熟前开始，到9月底10月初种子成熟后结束。

3. 浅耕翻松耙技术

浅耕翻是以拖拉机牵引三铧犁或双铧犁等机具在针茅+羊草草地和退化较重的冷蒿-克氏针茅+羊草草地上耕翻，深15～20cm，时间在7月上旬，翻后用圆盘耙耙平。据马志广等（1979）研究，浅耕翻后土壤含水率提高2～3倍，土壤温度提高1.5～3.0℃，土壤孔隙度增加9.3%，羊草株高、叶量和单株重都有明显增加。

该技术适宜土壤水分条件较好的东部地区，在西部更干旱的荒漠草原或荒漠则慎用浅耕翻技术改良草原，如果使用不当则会造成大面积水土流失和风沙形成。张文军等（2012）研究表明，通过改良，草地土壤的物理化学性状明显改善，羊草根茎得到充分发展，占据较大的生态位且竞争能力进一步加强，同时地上植被的恢复速度显著加快，地上和地下产生积极的正向耦合效应。

4. 低扰动补播改良技术

草地补播是指在退化草地中播种适应性强、有饲用价值的优良牧草，以便增加草层的植物种类成分，提高草地的覆盖度及草层的产量和品质。低扰动补播是尽量不破坏或少破坏草地表层土壤结构，以接近免耕的方式补播草种。学者们对不同类型退化草地进行补播试验的结果表明，人工补播是改良退化草地的一项重要措施。补播牧草种类以乡土草种为主，要求适应性强、适合混播生长并且耐牧耐践踏，比如根茎型的羊草和豆科的扁蓿豆、胡枝子改良效果较好。补播机械应使用专用的牧草免耕播种机，具有集开沟、施肥、补播、覆土、镇压于一体的功能。补播机械需配置"V"形（即双圆盘）和倒"T"形开沟器。"V"形开沟器宽度一般小于等于 5cm，倒"T"形开沟器宽度为 5~10cm。根据草原降水量和退化程度确定补播草种和组合及补播机械和技术。

5. 土壤保育技术

以施肥为主的土壤改良保育技术，是改善土壤肥力、补充植物所缺乏的营养元素的有效途径，速度快、效果好，对草地质量和草群结构改善效果较好。对退化草地的土壤和植物进行营养元素测定，根据植物的需求，将无机肥、有机肥及微生物肥配方施肥，并且根据降水量的分布和预测尽量在雨前施肥，以提高施肥效果。

6. 划区轮牧和混合放牧技术

合理放牧利用是低扰动恢复退化草原的一项重要技术，包括划区轮牧、混合或组合放牧。划区轮牧是经济有效地利用草地的一种放牧方式，是按季节草场和放牧小区，依次轮回或循环放牧的一种放牧方式，是一种充分利用饲草生长旺季而进行的集约、区块式放牧管理系统。混合或组合放牧是根据草地地貌多样性与生物多样性组合，不同畜群的习性、种类和特征进行移牧、轮牧的草地可持续利用和管理的方式。王德利在东北不同的草地生态系统开展了绵羊和牛的混合放牧试验，发现家畜的多样化提高了生态系统生物多样性及生态系统的多功能性（Wang et al., 2019a）。

19.2.2 沙地生态治理和复合利用模式与技术

沙漠化是全球共同面临的严峻挑战，正影响着世界上 36 亿 hm² 的土地，占全球陆地总面积的 25%，威胁着约 100 个国家 10 亿人的生活。中国是世界上沙漠化最严重的国家之一，近 4 亿人受到沙漠化的影响。我国北方沙地面积广大，集中连片的地区主要包括科尔沁沙地、浑善达克沙地、毛乌素沙地、呼伦贝尔沙地。科尔沁沙地位于西辽河中下游，面积 5 万 km²，是我国面积最大的沙地（蒋德明 等，2004）。浑善达克沙地位于内蒙古锡林郭勒盟高原中部，面积 5.2 万 km²（牛书丽 等，2003）。毛乌素沙地位于鄂尔多斯高原东南部，面积 5.55 万 km²（国家林业局，2009）。呼伦贝尔沙地位于呼伦贝尔高原，面积 1.31 万 km²（国家林业局，2004）。经过 30 多年的治理，从 20 世纪 80 年代末和 90 年代初开始，北方土地沙漠化趋势逐步得到控制，多处沙地出现逆转，沙地植被明显恢复。但是沙地恢复的稳定性不强、反复沙化的问题还很普遍，因此沙地治理工作仍然任重道远。

我国北方沙地治理取得进展主要得益于以下几方面：一是实施"三北防护林工程""京津风沙源治理工程"等一批生态工程建设；二是研发和推广示范普及科学技术，形成以"保护、治理、恢复、利用"为核心的沙漠化防治技术和适应性管理体系；三是发展生态产业，为沙漠化地区生态恢复、助农致富和社会稳定做出了积极的贡献。

1. 利用当地植物资源可持续固沙和沙地植被恢复与保育技术

对于严重沙化草地，在保护好现有林草植被和土壤的基础上，依据当地自然气候等环境特点及沙生植物生长规律，选择适生的灌草品种 [如柠条锦鸡儿、沙棘、北沙柳（*Salix psammophila*）、胡枝子、羊草等] 和组合，进行优化配置，针对不同的地域类型和沙化土地特点，采用植物措施和工程措施相结合，扩大林草植被种植面积，固定沽化沙丘，遏制沙地的活化趋势。

2. 草地天然植被保护及现代草地畜牧业高效经营技术

对于中度和轻度退化的草地，采取多种综合配套技术措施进行退化草地改良与合理利用，推广"夏牧、冬饲、秋出栏"的季节性畜牧业模式，为退化草地恢复、合理利用及草地畜牧业可持续发展提供示范样板和技术支撑。主要措施包括：采取封育、补播、施肥等技术措施对各类不同的退化草地进行恢复和改良；利用雨季施撒化肥和有机肥料，促进植被恢复再生，提高草地生产能力和稳定性；推行延迟放牧、划区轮牧、割草地轮刈等措施，建立"以草定畜、草畜平衡"的草原资源合理利用及以保护植被为主的生态生产优化模式；退耕还草，建立多年生禾本科、豆科混作人工草地与高产青贮饲料地，增加优质人工饲草的比重和冬春的畜均饲草贮备，减轻天然草地的压力；对贫瘠农田进行草田轮作，通过人工草地建设，使天然草地得以全年禁牧或冬季休闲，从而实现退化草地逐步恢复的目标。

3. 沙地生态产业发展和特色农牧业可持续发展模式

在沙地综合治理的基础上，按照生态优先，生态、生产和生活并重的原则，发展特色沙地生态农牧业，包括绿色经济林果业、特色高效草牧业、沙地特色旅游业、沙地文化产业等，探索利用当地植物资源可持续固沙、利用特色农牧产品推动发展的助农致富的道路。

19.2.3 分区施策保护和建设草原的模式与技术

随着社会经济的发展，草原已从单纯为草地畜牧业提供物资转向为国家提供生态、畜牧业生产、农牧民生存、文化传承、边疆稳定等多功能服务。西北干旱半干旱区地域广、跨度大，草原类型复杂多样，气候、灾害等不确定因素多，经济类型多样，人类活动多，家畜超载过牧现象依然存在。需要在遵循自然规律的前提下，对不同退化程度的草原分区施策、生态治理，对以依赖天然草原为主的草地畜牧业应分类规划、科学发展。

1. 分区施策、生态治理

草原退化除受气候变化、降水减少等自然因素影响外，不合理的管理与超限度利用是其主要成因。过大的牧压和超限度的刈割破坏了植物再生力和群落组织力，使植被生物量减少，群落稀疏矮化，优良草群衰减，劣质草种增生。伴随植被退化，土壤、水文循环系统、近地表小气候环境恶化，鼠类、昆虫等动物种群发生消长，草原生态系统的健康稳定出现了失衡。草原退化的逆转过程实际上就是草原的恢复过程，这是一个漫长的过程，而且不同退化草原需要的条件也是不同的，因此草原生态治理要分区施策。

对重度退化草原，要以自然恢复为主，实施围封，退牧转移。除戍边和少量留守人员外，把人畜转移到适宜地区，与城镇化和产业发展目标统筹考虑。对围封禁牧的牧民按人实行高标准差别性补贴政策，保证他们的收入在当地人均收入以上。经过几年或十几年的封育，根据草原恢复状况，采取科学合理的方式再行利用。

对中度退化草原，要采取切根、补播、施肥等人工措施，对放牧场和打草场进行培育，使其生产力有明显提升。实施退牧还草扶持政策，在已垦草原建植多年生旱作人工草地，在河谷滩地、湖盆洼地、沙丘间低地等水位较高的土地建立高效人工饲草基地，推行"种植一点、改良一块、保护一大片"的草原生态保护建设模式。实行严格的休牧与轮牧制度,要因地因时设定休牧保育期和轮换放牧制度。

对轻度退化草原,草原生态恢复除打草场外不提倡采取人工干扰措施。主要通过严格控制载畜量、放牧强度和放牧时间来实现草原的科学合理利用。要推行季节性休牧和轮换放牧制度。打草场可采取合理培育技术,同时要科学轮刈,充分发挥土壤种子库作用,推动植物种群的拓殖能力。

2. 对草地畜牧业分类规划、科学发展

1) 草原牧区

对草原牧区,要科学合理地利用草原资源,坚持生态优先、兼顾产业发展的原则。

在草原资源利用方面,以草原植被状况科学划定禁牧区和草畜平衡区,并严格执行禁牧和草畜平衡制度。打草场要制定和推行严格的轮刈制度和轮刈标准,并加大监管力度。

在饲草料基地建设方面,在水热条件适宜地区,可以适度开发以水为中心,"水、草、林、机、料"五配套草库伦,主要解决冬春饲草严重短缺的问题。对已垦草原坚决执行退耕还草,以水资源为依据,适度发展节水灌溉高产人工草地和旱作多年生人工草地,主要解决休牧期饲草供给问题。

在草食动物发展方面,以少养、精养、生产高端特色畜产品为目标,对草食家畜以本品种选育提纯复壮为主。除科研需要外,不提倡大量引种改良,要充分发挥地方品种的优势和特色,建立畜产品溯源体系,发挥"互联网+"作用,实现高端特色畜产品优质优价。

在饲养和经营方式方面,加强暖棚、储草库等基础设施建设,推广暖季合理放牧,冷季科学舍饲的养殖方式,在牧草生长的关键时期进行科学利用和轮刈草地。

以标准化家庭牧场为主,在自愿基础上合理流转草场,适度发展规模化现代化牧场。加强流转草场监管,推广"户养企育""牧养农育"等经营模式。

2) 半农半牧区

在半农半牧区,要科学利用有限草原和有限耕地,将有限资源合理搭配。

在草原资源利用方面,推行季节性休牧制度,加强舍饲圈养所需基础设施建设,提倡3/4以上时间圈养。

在饲草料基地建设方面,在水资源允许的情况下,适度发展节水灌溉人工草地,并依据立地条件大力发展旱作人工草地。人工草地可以种植一年生植物、种植多年生植物,也可以推广当年生饲草和粮食作物的"复种、套种"技术,大力推广秸秆饲用化技术,以提升饲草料供给能力。

在草食动物发展方面，推行地方本土品种选育与引进改良相结合，培育适宜养殖新品种，以发展肉用牛、肉用羊为主。

在饲养经营方式方面，科学整合草场和耕地资源，推广农牧户+合作社+企业的经营模式。

19.2.4　节水灌溉和混作草地划区轮牧技术

农牧交错区是草牧业与农业共存的地区。在过去以粮为纲的思想指导下，主要以旱作农业为主。由于缺少灌溉条件，种植业产量低、生产效率不高，同时还导致大量的草原被开垦破坏、生态退化。该区处于干旱牧区和湿润农区之间，具有优越的区位优势，是建设和发展现代草牧业的重要基地。

在半干旱农牧交错区，种植人工草地并实现高效稳定可持续的目标，是一个逐渐兴起的、并且需要不断探索和创新研究的新型草牧业发展命题。研究表明，该区草牧业发展战略应充分考虑区域自然条件和经济基础，发展旱作/半旱作优质人工栽培草地，优化草牧结合模式，大力推动节水灌溉和混作草地划区轮牧技术，推动新型草牧业产业化模式的发展。

节水灌溉和混作草地划区轮牧技术是包括抗逆牧草品种的选育、草地混作管理技术、节水灌溉技术、划区轮牧草畜高效耦合技术等的综合技术体系（赵青山 等，2013，2019；梁庆伟 等，2019）。

1. 抗逆牧草品种的选育

筛选抗旱、耐寒、耐贫瘠的牧草品种及组合是建设优质混作草地的关键。一般需要在 3 年以上引种试验的基础上进行选择。多选择多年生、长寿命的豆科牧草和多年生禾本科牧草，且进行上繁草和下繁草合理搭配。豆科牧草以敖汉苜蓿、杂花苜蓿、放牧型苜蓿、扁蓿豆、胡枝子等抗寒或耐牧品种为主；禾本科牧草以羊草、冰草等为主；搭配中等寿命禾本科牧草，如披碱草、无芒雀麦、老芒麦等。按照建设利用 5 年以上的中长期标准，豆科牧草占比 25%～30%，禾本科牧草占比 70%～75%。播前对豆科牧草种子接种根瘤菌和种子包衣，对禾本科牧草种子进行去芒处理。

2. 草地混作管理技术

在混作试验的基础上，确定各种牧草混合播种量、播种期、播种方式。一般混作草种同期播种，播种时间应在 5 月中旬至 7 月上旬。尽量提前预测天气，进行抢雨播种。选择机械条播和交叉播种方式。先机械条播禾本科牧草，开沟深度 6～8cm，覆土 2～3cm；后交叉播种豆科牧草，开沟深度 4～5cm，覆土 1～2cm。

3. 节水灌溉技术

把握牧草的关键灌水时期和关键施肥时期，及时进行节水和减施管理。根据牧草生长季需水规律采用不饱和灌溉技术进行节水灌溉，既确保牧草正常生长，又对牧草进行必要的抗旱锻炼，并提高其抗寒能力。节水灌溉有利于提高种子萌发率，增强苗期抗旱性，提高返青期抗寒特别是抗倒春寒能力。

4. 划区轮牧草畜高效耦合技术

在混作草地建植管理的基础上，采用划区轮牧的方式进行草地合理利用，可以明显提高投入产出效率和草畜转化效率。在混作草地以划区轮牧方式放牧肉牛和肉羊，肉牛轮牧起始期以第一轮牧小区草地优势种（禾草）进入拔节期，牧草高度20～25cm为标准；肉羊轮牧起始期以第一轮牧小区牧草高度7cm为标准。轮牧结束期以生长季结束前30d休牧。划区轮牧与连续放牧相比，不仅提高了草地产量，提高了牧草品质，还降低了饲养成本，提高了家畜的商品率和收益率。在内蒙古阿鲁科尔沁旗混作草地亩产鲜草840～1080kg，亩产干草350～450kg，示范户通过在混作人工草地划区轮牧，放牧期肉牛平均增重109kg，较传统放牧方式增加了40.3%的产出率。

19.2.5 信息技术在生态修复、牧场管理和草产品市场中的应用

信息技术的发展给各行各业提供了前所未有的发展机遇和挑战。21世纪以来，物联网、大数据、云计算、人工智能等新一代信息技术在农业领域的广泛应用，对提高农业资源利用率、土地产出率、劳动生产率和生产经营管理水平都发挥了重要作用（赵春江 等，2018）。目前，信息技术在草原生态修复、智慧牧场管理、草产品线上交易和产品溯源中的应用越来越普遍。

1. 信息技术在草原生态修复中的应用

经过近十年的治理，虽然我国草原生态已实现从全面退化到局部改善、再到总体向好的历史性转变，但草原生态恢复和保护建设仍任重道远。草原生态修复治理亟须向精准化和标准化方向发展，亟须新方法、新技术、新产品带来新突破。随着大数据技术在生态修复领域中的创新应用，草原生态大数据平台应运而生，为解决草原生态环境问题开辟了数字化、可视化、精准化的新路径。

草原长期动态监测是草原精准修复的重要基础。对草原进行长期动态监测，对草原退化状况做出正确的判断，并采取适当的管理措施，以期取得最佳生态经济效益是当前草原生态管理亟待解决的问题，而这一问题的解决需要先进的信息

技术手段才能实现。3S 技术在草原管理中的应用，使人们对草地生态系统研究尺度逐渐扩大，对草原的长期动态监测成为可能。

草原生态大数据平台是应用大数据理念、技术和方法打造的，由草地资源、气象、土壤、家畜、人口、微生物、遥感及基础地理等多源数据集合，并与草原生态修复、现代草地农业、畜牧业等业务需求并轨，统一构建形成的综合管理平台。依托大数据技术，构建草原生态大数据平台，不仅能够更好地实现草地生态系统的智能化监管，而且还能在不同尺度进行决策分析管理。

内蒙古某公司结合物联网、大数据、移动互联网、人工智能、区块链等技术，实践草种业+大数据生态可持续发展理念，利用建立的大数据平台，指导修复各类生态工程，累计修复生态退化草原 3000 万亩，修复矿山边坡 3600 万 m^2，直接受益农牧民 2 万余户。针对不同草原地区生态退化的复杂情况，该公司通过遥感技术建立几个时期的草原生态现状图，并结合气象、土壤、水资源、植物生理生态特征等数据，研究几个特征时期的生态状况及生态变化过程，从资源利用和生态工程两方面明确生态修复的对策，从生态修复、牧草适宜性、混作比例、种植管理等方面制定符合当地实际、相对精准的技术方案。用户在计算机上任选一个坐标点，平台数据库就会提供适合该处草原生长的草种和最适合该区域的生态修复方法。

为适应草原生态环境保护和建设的需要，准确分析和掌握草原生态系统的基本信息，为草原生态修复及草地畜牧业的健康发展提供有效的管理措施和相关技术，该公司近年来用遥感和地面结合的办法对内蒙古可修复的退化草原进行了摸底调查，并整合数十年来区域内水、土、气、生、人、畜等核心指标数据及生态学、草业科学的科研成果，自主研发出具有软件著作权、面向专业应用的大型 GIS 基础平台，开展了草原生态产业大数据的信息收储、调查研究、实验示范等工作，并广泛应用到草原生态修复中。

2. 信息技术在智慧牧场管理中的应用

自 20 世纪 80～90 年代以来，内蒙古等地先后落实了草地和家畜双承包责任制，家庭牧场成为草地畜牧业生产和生态保护建设的主要基本单元，同时也是独立承担气候风险、生计风险和市场风险的主体单位。家庭牧场管理是包括草地资源和生态状况、家畜放牧和饲养行为、生产经营管理、风险评估等综合管理的复杂系统工程，利用新一代信息技术进行智慧牧场管理的研究和实践越来越显示其应用前景和价值。利用多种主流卫星遥感产品的植被冠层数据，结合重点区域长期定位观测和控制实验数据，建立草原冠层传输特征和物理反演模型，提高反演精度，建立高精度的温带草地植物功能群结构、生产力和家畜生产模块的参数系统。研发和示范家庭牧场快速精准监测技术、草畜系统定量调控技术，解决当前我国牧场监测精度低的技术难题，实现牧场生产调控从定性到定量的跨越。

3. 信息技术在草产品线上交易和产品溯源中的应用

由于北方天然草原退化严重，人工草地面积小而且产量低而不稳，导致区域草畜矛盾十分突出。针对这些问题，以内蒙古某公司为主的龙头企业与科研教学单位合作，利用信息技术开展牧草生产、交易、储备与服务。其主要做法如下。一是建立牧草大数据中心，依托数据分析，清晰了解各区域牧草供需关系及天然草场承载能力，合理进行资源调配，在保证牧业健康稳定发展的同时，有效保护天然草场及自然生态环境的良性循环。二是开发草地农业大宗电子商务平台，有效解决牧草生产供应过程中的信息不对称、资金短缺、仓储不科学、交易不规范、物流费用高等行业难题，实现信息精准化，网上交易便捷化。让牧民可以更直观地了解草牧业市场发展变化，通过简单的操作即能实现线上交易，大大缩短了交易流程，降低了交易成本，提高了交易效率，切实地帮助农牧民实现种植、养殖科学化。三是创新饲草基地+合作社+公司+牧户的生产模式和饲草+互联网+供应链金融+连锁的服务链模式，建立牧草交收仓库和牧区 TMR 精准配送体系。四是建设牧草追溯体系，通过给牧草挂标签、"上户口"，让牧草从种植生产到贸易流通各个环节实现数据化、可视化，保障"牛马羊爱吃的香饽饽"品质，实现从有机牧草到放心乳肉。

19.3 典型案例

针对西部干旱半干旱区不同草地类型区的资源环境生态条件，学者和草地经营管理者共同努力，研究和实践形成一系列因地制宜、各具特色的草地农业发展模式案例。这些案例均以生态保护为主，保护和利用相结合，取得了显著的生态效益、经济效益和社会效益。

内蒙古阿鲁科尔沁旗是我国著名的商品草生产基地。在建设和发展灌溉优质牧草基地的同时，注重当地资源的可持续利用，探索有效的人工草地节水灌溉技术和合理利用方式，发展生态畜牧业，实现牧草生产的就地转化增值。

19.3.1 内蒙古四子王旗划区轮牧减畜增效模式案例

1. 四子王旗概况和草牧业情况

内蒙古乌兰察布市四子王旗地处内蒙古中部，位于呼和浩特以北 150km，地理坐标为 41°10′~43°22′N，110°20′~113°E，海拔为 1000~1500m。地形从南至北由阴山山脉北缘、乌兰察布丘陵和蒙古高原 3 部分组成，其中山地面积占 4.1%，丘陵面积占 56.1%，高原面积占 39.8%。北部有大面积的沙丘、盆地，地带性植被为荒漠草原植被，地势较平坦，是较大的天然牧场。该区属中温带大陆性季风气候区，年平均气温为 1～6℃；1 月最冷，平均气温为-15℃，极端最低气温为-39℃；7 月最热，平均气温为 20℃，极端最高气温为 35.7℃。平均无霜期 108d。多年平均降水量为 110～350mm。全年生长季 3～4 个月，生长季降水量占全年降水量的 2/3。年际降水量变异大，十年九旱。年蒸发量高达 1600～2400mm，是降水量的 8 倍以上，是造成牧草和作物干旱的主要原因之一。全旗总面积 25 516km^2，人口 21 万。南部以农作物种植为主，北部是典型的草原牧业区。

从 1949 年到 1970 年，四子王旗各类家畜数量都快速增长，从 1985 年开始牛数量大幅下降，而羊数量持续快速增长。牛数量下降与草地退化草层变矮有关，因草太矮不适合牛的放牧。从 1949 年到 1963 年，该旗草地实际载畜量从 0.3 个羊单位/hm^2 增加到 11.0 个羊单位/hm^2，到 2009 年甚至达到 15.0 个羊单位/hm^2。由于连续多年的超载过牧，四子王旗草地退化严重，盖度变小，草层高度变矮，地上生物量减少，多年生优质牧草比例下降，小灌木等占据优势。据估计，2010 年可食草生物量仅占牧草产量的 30%，而不可食草生物量占 70%。从 2004 年开始，中澳科学家在该旗联合开展了草地科学放牧试验，揭示了放牧载畜率与家畜及草地生产力的关系，提出在现有载畜率的基础上应减低 50%的载畜率，即 0.8 个母羊单位/hm^2。这样既不降低单位面积和家庭牧场的收入，又对草地生态恢复非常有利。基于此，提出减畜增效的草地畜牧业发展模式与配套技术，在相关牧户和合作社进行示范，取得了良好的生态效益、经济效益和社会效益。

2. 减畜增效模式试验示范

近几年，四子王旗坚持"种草养畜、草畜结合"的指导思想，在"生态优先、绿色发展"的实践中，积极促进粮食、经济作物、饲草料三元种植结构协调发展，探索出了一条"减畜增收、少养精养、高投入高产出"的现代畜牧业发展道路。

在人工草地建设和草产品加工方面，做法如下：一是利用小面积水热条件良好的土地建成集约化人工草地，发挥其生产功能，保障畜牧业发展所需的饲草，迄今全旗发展高效优质人工草地 14 000 亩，打造驼绒藜草种繁育基地 2000 亩；二是对大面积天然草原进行保护、恢复、改良和合理利用，提升其生态功能，目前已改良天然草场 46 000 亩；三是配套大型饲草种植收储机械，扶持建设草产品加工企业，对天然草原改良和人工种草收获的牧草经合适的技术加工获取优质高效的饲草料，提高饲草转化利用率，最终达到饲草高质量供给、畜牧高效养殖、草牧业提质增效的目标。通过扶持种养殖龙头企业或合作社，发展壮大龙头企业，形成企业+合作社+农户模式、龙头辐射、以点带面、种养加结合的草牧业发展模式和企业、合作社、种养殖户利益链接机制。

在家庭牧场资源优化管理方面,中澳科学家联合开展家庭牧场减畜优化管理模式试验和示范。在牧户调查的基础上,建立草畜能量平衡模型和牧场优化管理模型,改变过去全年放牧,冬季舍饲较少(恶劣气候条件下舍饲)或不舍饲的传统模式。选择典型牧场作为优化管理策略的试验示范牧场,在其中开展夏季放牧、冬季舍饲(3个月)的试验示范,同时进行优化试验示范牧场的畜群结构(淘汰老弱病残及羯羊,即减畜15%)和增加母畜营养。2010年至今,在当地政府和合作社的协作下,已经将优化管理模式(减畜15%~30%,夏季放牧,冬季舍饲3个月,新品种杜泊杂交绵羊的使用,增加羔羊补饲等)在当地进行大范围的推广示范,取得了显著的经济效益、社会效益和生态效益,实现了荒漠草原家庭牧场减畜15%以上,增收65%。优化后的管理模式可提高家畜个体生产性能,从而使整个畜群向着优化的方向发展,同时还可以增加草地产量,改善环境,提高饲草料利用率,降低生产成本。目前该技术模式已经在内蒙古地区大面积推广。试验示范牧场中,羔羊的提前出栏不仅可减缓草地压力,而且在草地回报率和家畜回报率方面表现良好。改良经营管理策略后的传统牧户在低载畜率、短生产周期模式下可增加畜产品产量和家庭牧场效益、促进草地恢复和减少牧场甲烷排放量。但是该模式全年能量亏缺较多,通过额外补饲可以弥补这一不足。应用精准管理模型可保障家庭牧场在现有收入的基础上减畜9%~26%(李治国,2015)。

在畜牧业发展方面,四子王旗坚持走促产增收与生态保护协调发展之路,大力调整畜牧业产业结构,着力推广杜蒙杂交肉羊产业。内蒙古某公司以农牧民需求为中心,为农牧民提供优质的种羊,让农牧民买得起,教会农牧民高效率使用种羊和科学饲养杂交肉羊,最终高价回收杂交肉羊。该公司推行利益联结机制,发展了以种羊扩繁、杂交肉羊、杂交肉羊育肥为主的合作化经营模式。应用这种模式,常年放牧的羊群规模压缩2/3后,可保持或超过原有养殖规模的纯效益。家畜数量减少使草原生态环境得到有效保护和持续利用,达到生态效益和经济效益双赢的目的。

四子王旗将现代生态家庭牧场建设中的牧户危房改造、肉羊品种改良、模式化技术等与现代农牧业项目工程建设紧密结合,整体改进人居环境、养殖环境,提高科技应用能力,转变肉羊养殖的经营管理方式,保护草原生态环境。连续几年的现代农牧业项目建设让四子王旗的经济效益、生态效益、社会效益显著提升。现代农业新模式实施以来,每只杂交羔羊比传统方式饲养的土种羔羊增收350元以上;230个生态家庭牧场通过项目实施,户均纯收入可达到9万元。

19.3.2 浑善达克沙地生态修复和合理利用模式案例

1. 浑善达克沙地概况

浑善达克沙地是我国四大沙地之一，地处锡林郭勒大草原中部，位于京津地区的西北部，历史上曾是水草丰美、沙地稳定、抗灾放牧的好基地。长期以来，由于气候干旱和人类活动的加剧，生态环境及水资源承载压力的加大，加之对草原的投入、治理力度不够，特别是20世纪50年代以来浑善达克沙地多次遭受大规模草原开垦，导致原本脆弱的生态环境急剧恶化，草地退化沙化严重，浮尘、扬沙和沙尘暴天气频发，恶劣的生态环境不仅制约着区域经济社会可持续发展，而且使浑善达克沙地成为了京津唐地区的风沙源区。据锡林郭勒盟林业局的调查结果，20世纪50年代，沙丘全部处于固定、半固定状态，沙丘上阳坡植被盖度大于30%，阴坡植被盖度则大于60%。由于人类活动的增加，这一景观已不复存在。

为解决这一问题，从2000年开始，地方政府结合京津风沙源治理等一系列项目工程，实施了"围封转移""一转双赢""两转双赢"的战略，着力推行草畜平衡、休禁牧的"三牧"制度，加快调整农牧业结构，积极转变生产经营方式，采取人工造林种草、封沙育林育草、飞播造林种草、工程固沙、围栏封育等措施，坚持不懈地推进防沙治沙工作，取得显著的生态效益、经济效益和社会效益（金旻等，2006）。

2. 正蓝旗模式

正蓝旗位于锡林郭勒盟南部，处于浑善达克沙地腹地。全旗总面积1527.23万亩，沙地占面积81.2%，草原面积占16.7%。沙地草场中，固定沙地面积占38.9%，流动沙地面积占9.3%，半固定、半流动沙地面积占51.8%。固定沙地多以沙生冰草（*Agropyron desertorum*）、羊草和沙蒿为主，其植被状况虽然较好，但土壤基质的稳定性差，应以保护性利用为主；半固定、流动沙地植被盖度低，基质的流动性强，只零散生长着沙地先锋植物，亟须进行生态治理；退化草地面积占总草地面积的81.3%，可采取围封、飞播、人工建植等措施快速恢复。

沙地治理的技术包括封育飞播固沙、天然草场改良与合理利用、人工草地建设等。半固定沙丘以封育为主，辅以补播改良；流动沙丘以飞播为主，辅以网格状沙障等技术措施。飞播种子包括沙蒿、羊柴（*Hedysarum laeve*）、沙打旺等。在人工草地建设方面，平摊地以发展机械免耕直播、旱作混作为主，适度进行耕翻种植；在沙丘低地建立以种草为主，草、灌结合的灌丛草地。天然草原改良的主要技术措施有围栏封育、生物围栏保护、草地浅耕翻改良、机械免耕补播、松土补播及喷施增产菌、施肥等。

实践证明，封育是促进该区天然植被恢复、提高沙地生产能力、加速沙区草地建设的有效途径之一，具有改善沙土理化性质、增加植被盖度和草群高度、调节种群结构、提高草产量的作用。该技术简单易行，便于推广应用。但采取单纯的围封，其植被恢复较慢，植物种群结构简单，因此要结合补播、施肥等人为措施促进其植被快速恢复。

在沙地草场生态治理的基础上，探索和示范以少养、优养、精养为主的生态优先、绿色发展新思路，推进"减羊增牛"的畜牧业发展方式转型，拓宽农牧民增收渠道，减轻草原生态压力，促进生产发展、生活富裕、生态良好有机统一。

3. 多伦模式

多伦县位于内蒙古中部、锡林郭勒盟东南端，地处浑善达克沙地东南部。该区耕地、天然草原面积广阔，农牧业资源互补、潜在优势突出。但由于气候和人类因素，导致生态环境非常脆弱。主要表现为：一是风蚀沙化、水土流失严重；二是沙化程度日趋加剧；三是草牧场严重退化。2000年以来，多伦县实施一系列生态治理工程和项目，形成技术优化配套的生态建设和沙地治理技术和模式，包括沙化草地植被恢复与保育技术、流动沙丘快速固沙与灌木造林综合治沙技术、窄行多带式防风固沙林综合营造与经营技术、草地天然植被保护及现代草地畜牧业高效经营技术等，取得良好的治理效果和效益。

通过项目和工程实施，初步形成了多功能的沙地防护体系，提高了植被覆盖率和生产力。其中，项目区植被盖度由治理前的48.6%提高到81.3%，鲜草量由原来的4500kg/hm^{2}提高到27 000kg/hm^2，单位土地面积年生物产量增加92.0%；沙丘地治理后土壤有机质含量比治理前增加了56.3%，氮、磷和钾分别增加了57.8%、97.0%和49.0%。项目和工程的实施，使示范区发展成为优质高产人工草地畜牧业生产基地，达到了改善示范区农牧民收入，实现生态建设和经济效益双赢的目标。

19.3.3 甘肃定西草地农业发展案例

1. 甘肃定西资源生态概况和草牧业概况

甘肃定西位于西北干旱半干旱气候带，黄河上游、黄土高原的西部和西秦岭末端，是青藏高原下延区与黄土高原抬高延伸区交汇地带。该区黄土覆盖深厚、梁峁重叠、沟壑纵横、地形破碎，是全国水土流失最严重的地区。定西天然草原广袤，拥有天然草原977万亩，可利用草原903万亩，草原面积占国土面积的

36%。历史上，定西是以畜牧业为主的农牧交错地带，是重要的草牧业基地。过去长期执行以农为主、以粮为纲的农业发展策略，导致滥垦、滥伐、滥牧现象严重，对天然植被和生态环境造成了严重破坏，而且农业生产水平极为低下，经济发展趋于落后，成为我国西部最贫困的地区之一。"苦瘠甲于天下"是定西曾经的真实写照。

2. 定西草地农业发展模式

为了彻底扭转水土流失、生产力水平低下、农牧民生活贫困的现状，党的十八大以来，定西立足于草牧业的比较优势，坚持"立草为业，草畜并举，生态优先，绿色发展"的原则，坚持把草牧业作为特色优势产业和富民产业来培育。经过精心培育和悉心打造，全市草牧产业得到快速发展，初步形成了立草为业、草牧并举、草畜一体化的循环发展格局，使草牧业发展成为定西具有代表意义和独具特色优势的支柱产业。2017 年底，全市多年生牧草留床面积达到 320 万亩，发展适度规模牧草种植户 10 044 户。2017 年以来，定西市按照"调结构、提品质、降成本、补短板、促融合、可持续"要求，积极探索龙头企业+协会+合作社+养殖户的发展模式，强力打造草畜发展产业链，推进草牧业改革，将草畜产业培育成全市经济发展的主导产业和首位产业，初步形成了以家庭适度规模经营为基础、以标准化规模种植养殖为重点、种养加销全产业链草畜一体化循环发展的格局，草畜产业发展呈现发展速度加快、生产规模扩大、产业效益提升的良好态势。当前，定西提出打造中国"西部草都"的战略目标，既是定西放眼全国、发挥资源比较优势的现实选择，也是定西同步建成小康的重要途径，更是定西坚持生态立市战略、改善区域生态、推进生态文明的重要举措。其主要做法如下。

（1）积极扩大饲用玉米、苜蓿、燕麦、甘肃红豆草、岷山红三叶、岷山猫尾草、甜高粱等优质牧草种植面积。同时，调整畜种、品种和畜群结构，优化其区域布局。着力打造"中天羊业""华商牛业""春寅奶业""西泰猪业""民祥草业""森洋渔业"等产业龙头，建设现代草牧业全产业链。推动草牧业由依靠物质要素投入的粗放型发展向依靠科技的集约型发展转变，走产出高效、产品安全、资源节约、环境友好的现代草牧业发展道路。

（2）大力发展草畜产品精深加工，着力补齐短板，努力突破草牧业生产力提升的瓶颈制约。依托各县（区）工业园区、工业集中区建设，提升工业园区发展水平，增强产业带动能力。以市场需求为导向，发挥加工企业的引领带动作用，鼓励各类经营主体开展生产、加工、储运、销售及草牧业多功能开发等融合发展，加快构建草牧业与二三产业交叉融合的现代产业体系。

（3）加快推进草牧业标准化建设，鼓励企业建立和完善生产技术、工艺流程、质量控制等环节的企业标准体系，形成涵盖生产、加工、储存、包装、运输、流通等环节的地方标准体系。加大新型职业农民培育力度，加快先进实用技术普及应用，推动草牧业标准化生产全面落实；继续进行畜禽标准化规模养殖场和水产健康养殖场创建，努力实现主要草牧产品生产、供给全过程标准化覆盖。

定西市草牧业发展已进入成熟阶段，成为全市经济发展的战略性主导产业和首位产业。目前，定西拥有900多万亩天然草场和320万亩多年生优质牧草留床面积，基本形成了陇中苜蓿、甘肃红豆草、岷山红三叶、岷山猫尾草等特色优质牧草生产基地。通过种草与种粮轮作倒茬、引草入田、寓粮于草、节粮增草、增草增畜，不仅确保了粮食安全，切实将种草和养畜、产品安全和生态安全紧密结合起来，促进了草牧业发展，还在增加植被覆盖、修复生态环境的同时，有效带动了牧民增收，摘掉了贫困落后的帽子。据调查分析，定西实行草牧业发展模式取得较好的经济效益和生态效益。草牧业发展模式中，农户种植作物每亩的收入比传统农业生产模式高413.98元，每亩生产成本比传统农业生产模式低13.8元，每亩收益率是传统农业生产模式收益率的3.19倍。草地农业生产模式的生态服务价值为4160.97元/亩，是传统农业生产模式的1.73倍。草地农业生产模式提供产品、保育土壤、调节气候、固碳制氧的价值分别为1188.5元/亩、1198.1元/亩、16.11元/亩、1758.26元/亩，分别较传统农业生产模式高479.31元/亩、483.51元/亩、1.94元/亩、787.6元/亩（张朋朋，2019）。2017年全市草食畜饲养量达400万头（只），草牧业增加值达28亿元，农民人均草牧业收入达2000元，低收入人员人均可支配收入的30%以上来自草牧业。

19.3.4 宁夏盐池草地农业发展案例

宁夏盐池县位于毛乌素沙地西南缘，分别与陕西、甘肃及内蒙古接壤，属于典型的地形、气候和植被过渡地带，这种地理上的过渡性造成了盐池县自然资源的多样性和脆弱性特点。由于长期过度放牧、过度垦荒与不合理开发等原因，土地沙化面积不断扩大，沙漠已经成为北部鄂尔多斯缓坡丘陵区的主要地貌类型（景观）之一，沙化地面积约239.5万亩，占盐池县总面积的18.7%，并且已经形成5条较大的流沙带。气候属典型中温带大陆性气候，全年大部分时间受西北环流的支配，受北方大陆气团控制时间较长，因此具有了冬长夏短、春迟秋早、冬寒夏热、干旱少雨、风大沙多、蒸发强烈、日照充足等气候特点。盐池县年平均气温南部为6.7℃，北部为7.7℃。年日照时数南部为2789.2h，北部为2867.9h。无霜期为128d。年平均降水量为250～350mm。降水量年际变化较大，且保证率低。土壤类型以灰钙土为主，其次是黑垆土和风沙土。植被类型有灌丛、草原、草甸、沙地植被和荒漠植被，其中灌丛、草原、沙地植被分布广泛、数量较大。盐池县草场面积为 $5.57×10^5 hm^2$，占盐池县总土地面积的65%。畜牧业是全县农村经济支柱产业，占全县农业产值的60%，其中滩羊是当地的特色畜牧品种。从20世纪50年代到70年代，由于过分强调以粮为纲，导致大面积草原被开垦为农田，直接导致了沙漠化面积迅速增加，全县沙化的草原面积占可利用草原总面积的62.4%（刘满仓，2002）。

由于气候和人为因素，盐池县天然草原均有不同程度的退化沙化，其中中度和重度退化草原面积占82%。盐池县根据草原生态现状、退化成因、退化程度、利用情况等，因地制宜，分区施策，制定有针对性的修复措施。通过围栏封育、人工撒播、免耕补播、机械条播及植被群落空间结构修复等多种生态修复措施，积极探索多元化退化草原生态修复模式，打造林草深度融合的荒漠疏林草原。盐池县草原修复模式对我国西北地区林草融合具有示范效应。

模拟天然草原演替规律，根据植被群落种类、种群关系及正向演替规律，科学设计修复模式和合理选用灌草种子、乔木树种，通过自然与人工干预相结合的手段，形成植被种类多样、群落结构优化的疏林草原生态系统，使遭到破坏的生态系统得到修复、重建和改进。根据立地现状、退化程度，实施5种退化草原的修复模式，具体如下。

1. 模式一：自然修复

（1）草原类型：温性草原、温性荒漠草原。

（2）地貌特征：中北区地势平缓；南区麻黄山乡为黄土丘陵区，地势稍起伏，自然降水尚可。

（3）地表植被：南区为黄蒿（*Artemisia scoparia*）、细裂叶莲蒿（*A. gmelinii*）、艾蒿（*A. argyi*）、百里香、狗尾草（*Setaria viridis*）、阿尔泰狗娃花（*Heteropappus altaicus*）、委陵菜（*Potentilla chinensis*）、针茅、赖草（*Leymus*）等；中北区主要有柠条锦鸡儿、北沙柳、猪毛蒿（*A. scoparia*）、牛枝子、沙打旺、砂珍棘豆（*Oxytropis psamocharis*）、苦豆子、冰草、针茅、草木樨、披针叶野决明、叉枝鸦葱（*Scorzonera divaricata*）、牛心朴子等。

（4）退化程度：轻度和中度。

（5）修复方式：围栏封育自然修复。

（6）主要技术措施：围栏封育、禁牧休牧。根据情况适度补撒草种，实施虫鼠害防治及防火等管护措施，管护3年。

2. 模式二：人工撒播

（1）草原类型：温性荒漠草原。

（2）地貌特征：多为半流动沙地和流动沙地，中部区域多为平铺沙地，地势平缓，土壤中度沙化。

（3）地表植被：灌木主要为柠条锦鸡儿、北沙柳，草本植被主要为沙蒿、猪毛蒿、牛枝子、砂珍棘豆、苦豆子、沙打旺、蒿蓿豆、牛心朴子、冰草、针茅、长芒草等。植被综合覆盖度为20%～35%。

（4）退化程度：中度和重度。

（5）修复方式：人工撒播。

（6）撒播草种：沙生冰草、蒙古冰草、沙打旺、草木樨状黄芪、牛枝子、白沙蒿；单个地块选取4种及以上。

（7）主要技术措施：6～7月趁雨季人工撒播草种，禾本科与豆科比例为7∶3。对作业区进行围栏封育，实施禁牧休牧、虫鼠害防治及防火等管护措施。

3. 模式三：机械补播

（1）草原类型：温性荒漠草原。

（2）地貌特征：多为平铺沙地，地势平缓，土壤中度沙化。

（3）地表植被：主要有柠条锦鸡儿、苦豆子、砂珍棘豆、沙打旺、牛心朴子、骆驼蓬等。

（4）退化程度：重度。

（5）修复方式：免耕旋播或机械浅翻后再免耕旋播灌草种子。

（6）灌草种子：蒙古冰草、草木樨状黄芪、沙打旺、牛枝子、花棒、柠条锦鸡儿；单个地块选取4种及以上，禾本科牧草种子与豆科牧草种子比例为6∶4。

（7）主要技术措施：立地条件较好的区域采用免耕机打碎地表结皮，立地条件较差的区域采用机械浅翻、耙松种植带，6～7月趁雨季机械旋播或条播混合灌草种子。对作业区进行围栏封育，实施禁牧、虫鼠害防治及防火等管护措施。

4. 模式四：人工撒播+补植

（1）草原类型：温性荒漠草原。

（2）地貌特征：多为平铺沙地和固定沙地，地势平缓，部分区域低洼潮湿，土壤轻度和中度沙化。

（3）地表植被：主要有柠条锦鸡儿、花棒、牛枝子、砂珍棘豆、沙打旺、苦豆子、叉枝鸦葱、狭叶米口袋（*Gueldenstaedtia stenophylla*）、冰草、牛心朴子、长芒草等。

（4）退化程度：中度。

（5）修复方式：人工撒播+零星组团补植乔木。

（6）灌草种子：沙生冰草、蒙古冰草、草木樨状黄芪、沙打旺、牛枝子；单个地块选取4种及以上，禾本科牧草种子与豆科牧草种子比例为6∶4。

（7）乔木树种：零星组团栽植樟子松（*Pinus sylvestris*）、刺槐（*Robinia pseudoacacia*）、榆树、沙枣（*Elaeagnus angustifolia*）；单个地块选取1~2种乔木组合栽植，每亩补植6株，零星组团种植。

（8）主要技术措施：6~7月趁雨季人工撒播混合草种，人工挖穴组团栽植乔木。对作业区进行围栏封育，实施禁牧、虫鼠害防治及防火等管护措施。

5. 模式五：人工草方格+人工撒播

（1）草原类型：温性荒漠草原。

（2）地貌特征：多为半固定沙地和少部分流动沙丘，地势略有起伏，土壤沙化较严重。

（3）地表植被：主要有沙蒿、沙蓬（*Agriophyllum squarrosum*）、牛心朴子等。

（4）退化程度：重度。

（5）修复方式：人工草方格+人工撒播。

（6）灌草种子：沙生冰草、草木樨状黄芪、沙打旺、白沙蒿、花棒、柠条锦鸡儿；单个地块根据立地条件选择灌木1~2种，草种3种及以上。

（7）主要技术措施：人工扎规格为1m×1m麦草（或稻草）方格，草方格内人工撒播灌草种子，禾本科牧草种子与豆科牧草种子比例为7∶3。

19.3.5 新疆天山北坡昌吉市、呼图壁县草地农业发展案例

1. 天山北坡草地概况

天山北坡是我国西北干旱区的一个垂直地带性明显的典型"山盆系统"。在天山北坡，从准噶尔盆地的中心到天山山脉的分水岭，随着地形的变化和海拔的升高，依次分布着平原沙质荒漠、平原土质荒漠、山前冲积扇荒漠、山地荒漠、山地荒漠草原、山地草原、山地草甸草原、山地草甸和高寒草甸草地。在准噶尔盆地平原低地、扇缘泉水溢出带还分布着隐域性的低地草甸草地。从景观生态学的角度看，可以将天山北坡的草地资源类型分为三大类型：沙漠草地、平原草地和山地草地。其土地总面积为2061×10^{4}hm^2，其中天然草原总面积为1417.4×10^{4}hm^2，可利用草地面积为1118.1×10^{4}hm^2。沙漠草地分布于准噶尔盆地的古尔班通古特沙漠，主要是以小半乔木、灌木-半灌木-沙生草本植物为主体组成的多种类型沙生

草地。平原草地主要分布于山前冲积扇、山前冲积平原至古老冲积平原，由地带性的荒漠草地和非地带性的低地草甸草地组成。山地草地是新疆畜牧业的主要经营草地，是新疆草地的主体，也是主要的水源涵养区。天山北坡山地草地垂直带谱发育完整，具有极强的代表性。四季转场轮换利用方式是天山北坡天然草原利用的显著特点之一，实行严格的天然草原四季转场轮换利用方式也是新疆草地畜牧业有别于我国其他牧区的特色之一。天山北坡草地的主要问题是草地过牧退化严重、草地旱化加重、草地生产力和质量下降、开垦破坏严重。

2. 草地农业发展案例

昌吉市、呼图壁县位于天山北坡中段，其区域地形地貌单元构成、草地类型分布、季节牧场划分、草地利用现状与存在问题等在天山北坡极具代表性，故选择这一区域进行分析、解剖以说明天山北坡草地农业的发展。

根据草地生态置换的理论、新疆实施退牧还草工程的基本思路和退牧还草工程总体规划与布局，结合研究区的景观格局分布、草地资源类型划分和生产水平的现实情况，将昌吉市、呼图壁县的退牧还草工程划分为永久退牧还草区、休牧育草区、暖季放牧区，对其分别采取不同的治理对策和措施，实现草地生态环境改善、经济发展的目的。

1) 永久退牧还草区

永久退牧还草区主要是沙漠草地和盐土荒漠草地。对这类草地应该坚决实行永久性封闭，退牧、禁樵和养护，改生产型草场为生态型草场，使其回归自然；对现有沙漠区无地无畜的牧民实行生态移民；采取必要的人工辅助措施，保护沙生植物，形成以生态功能为主的防风固沙天然屏障区，成为野生动物的栖息场所、草地生态保护区和沙漠景观旅游区。

2) 休牧育草区

休牧育草区主要是平原土质荒漠草地、低地草甸草地、山前冲积扇一年生、蒿类荒漠草地和浅山蒿类荒漠草地，重点是严重退化的山前冲积扇和低山带的一年生、蒿类荒漠草地。这些草地由于分布区域、利用时期、退化程度不同，采取的休牧措施也应有所不同。其中对于严重退化的山前冲积扇和低山带的一年生、蒿类荒漠草地必须坚决采取围栏封育措施，实行长期休牧制度，并采取一些必要的人工辅助措施，待其植被恢复后再重新进行放牧利用；对于冲积平原的盐柴类半灌木土质荒漠草地，原则上也应该实行长期休牧，因为这里既是新绿洲所在地，也是近年土地开发的热点地区，人类活动十分频繁，如果保护不好，很快就会遭到破坏。对于低地草甸草地采取的措施，首先是保护其存在，避免面积的再度减少；其次，实行围栏封育，辅助以一定的人工措施，进行保护性季节休牧，增加牧草产量，用以打草或冬季补充性或辅助性放牧。

3）暖季放牧区

暖季放牧区也可称减牧增草区，包括从低山草原化荒漠草地到高山高寒草甸草地整个山区草地。这是天山北坡天然草原的主体，发展草地畜牧业的根本所在。虽然其草地总面积仅有 357 574hm²，占昌吉市、呼图壁县草地总面积的 27.7%，但饲草储藏量却高达 47 171.6×10⁴kg，占研究区饲草储藏量的 59.6%，是具有天然草原低能耗、低成本生产潜能的区域。对于这类草地，关键是按照生态保护的需要，重新核定适宜载畜量，在合理利用的前提下，最大限度地扩大暖季天然草原的利用面积，充分利用牧草生长季的优势，调整现行的季节牧场，实行季节梯度轮牧，适量适时地均匀放牧利用；解决现有冷季牧场改季的人、畜饮水问题；通过减牧增草，有序利用，并辅之以必要的草地改良等综合措施，依靠草地植物自我修复能力，恢复与重建退化的山区基本草牧场；还要充分开发草地资源的景观功能，保护与利用结合，形成放牧畜牧业、风景旅游业与水源涵养功能相融合的自然生态经济区。

第 20 章

东北天然草原区草地农业发展模式与案例[*]

作为我国传统的牧区，东北草原也是我国八大重点草原之一。从传统草地畜牧业到现代草地农业历经长期发展。东北的自然环境条件与社会经济水平为草地农业发展的理论与模式研究奠定了相应基础。

20.1 区域概况

东北地区的地理位置为 39°～53°N 和 118°～135°E。该地区的东面、北面、西面分别与朝鲜、俄罗斯及蒙古国 3 个国家接壤。东北行政区域包括黑龙江、吉林、辽宁 3 省与内蒙古自治区东部的呼伦贝尔市、兴安盟、通辽市和赤峰市，管辖 202 个旗、县、市，土地面积为 126.94 万 km^2，占国土总面积的 13.2%。

东北草原是我国温带草原区的主要组成部分。东北天然草原主要包括呼伦贝尔草原、科尔沁草原与松嫩草原。呼伦贝尔草原地处内蒙古自治区东北部的呼伦贝尔市境内，市辖 1 个区、5 个市和 7 个旗，其中鄂温克族自治旗、陈巴尔虎旗、新巴尔虎左旗、新巴尔虎右旗，也被称为牧业四旗。科尔沁草原包括兴安盟的扎赉特旗、科尔沁右翼前旗、乌兰浩特市、突泉县、科尔沁右翼中旗，通辽市的科尔沁左翼中旗、扎鲁特旗、库伦旗、奈曼旗、科尔沁左翼后旗、开鲁县、科尔沁区、霍林郭勒市，以及赤峰市的阿鲁科尔沁旗、巴林左旗、巴林右旗、林西县、克什克腾旗、翁牛特旗、敖汉旗，共有 17 个旗（县）、1 个区和 2 个市。松嫩草原主要分布于吉林省西部和黑龙江省西部，如长岭市、大安县、通榆县、乾安县、双辽市、镇赉县，以及泰来县、龙江县、杜蒙县、肇源县、林甸县等。200 年以前，开始向东北地区大规模移民，进行城镇化建设，特别是开垦土地，大力发展以粮食为主的种植业，天然草原的面积逐渐减小。然而，草地畜牧业仍然是区域的重要产业之一。

---

[*] 本章作者：王德利、钟志伟、孙阅

20.1.1 区域的自然条件特征

东北天然草原的发育与东北平原和蒙古高原的形成有关。呼伦贝尔草原位于蒙古高原的东北部，而松嫩草原与科尔沁草原则位于东北平原。这些草原所处的地形、土壤、气候与植被等自然条件有所不同，其利用特征也有区别。

1. 地形与土壤特征

东北平原的显著地形特征是，具有两列山地对应：其一是大兴安岭-努鲁儿虎山-冀北山地；其二是小兴安岭-张广才岭-长白山。隆起山地对两侧及中部的草原与草甸的形成和演化有重大影响。山地环绕的中部形成平原，由辽河平原和松嫩平原两部分组成；平原外围多为冲积、洪积台地，海拔为150～200m；中部由于地质地形变化而出现盐渍化与沙化，在西部有大片沙地覆盖。在东北地区北部，大兴安岭是内蒙古高原与东北平原的分水岭，岭西为内蒙古高原的东北部，即呼伦贝尔高原及大兴安岭的山前台地，丘陵地面起伏变化，广泛堆积黄土状物质和洪水沉积物，海拔为500～1000m。呼伦贝尔高平原的西部为半干旱典型草原，甚至有荒漠草原的地段，而接近大兴安岭的一些区域则为森林草原。

东北地区草原的土壤类型也是沿一定方向呈梯度分布。从东向西，依次为黑钙土、栗钙土、暗栗钙土。此外，还有非地带性的黑土、草甸土、沼泽土、风沙土等存在。其中，黑钙土主要分布于大兴安岭中南段东西两侧的草原地区，对应半湿润气候条件，其有机质含量高，可达5%～8%，土壤肥沃；栗钙土主要分布于呼伦贝尔高平原，一些栗钙土有较高位的钙积层，为15～30cm，土壤pH较高，为8～9，有机质含量不高，为1%～2%；暗栗钙土是栗钙土的一种亚类，分布于温度较低、降水较多的呼伦贝尔高平原，与黑钙土毗邻。由于东北的复杂地形条件，还发育着更大面积的草甸土与黑土。黑土主要位于松嫩平原的东北部，即松嫩平原的一些草地中，这类土壤的有机质含量较高，可达3%～8%，土壤团聚体总量也高。草甸土主要有两类：盐化草甸土与碱化草甸土，统称为盐碱土。这类土壤主要分布在松嫩平原的中西部，且有日渐扩大的趋势（王德利和郭继勋，2019）。此外，在呼伦贝尔草原的中部和科尔沁草原的中、南部与西部，还分布着大面积的风沙土。

2. 气候条件

东北地区位于我国东部的温带湿润及半湿润、半干旱区。该区的水热同季出现，冬季主要受西伯利亚冷空气和蒙古高压控制，寒潮频袭；夏季的大气环流主要表现为东南季风，受太平洋上空的副热带高压及鄂霍次克海高压影响。随着地理纬度与经度变化，气温与降水呈有规律变化。其中，气温（积温）由南向北递减，随着海拔升高，气温也逐渐下降，平均最低气温为-4.9℃，年均最高气温为10.2℃，呼伦贝尔年均温 0~4℃，≥10℃年积温 1600~1700℃；降水量从东南向西北呈递减趋势，长白山西侧和山前台地降水量为 600~700mm，到松嫩平原降水量降至 350~560mm，在松嫩平原西部、科尔沁草原及呼伦贝尔草原降水量一般为 300~400mm。该区的降水集中于 6~9 月，可占全年降水量的 70%左右。蒸发量与降水量之比变化大，松嫩平原蒸发量常为降水量的 3~5 倍。

3. 主要植被分布

东北地区由于受水热等条件影响，其植被的水平地带与垂直地带分布明显。从辽东半岛向北至大兴安岭北端，形成暖温带落叶栎林与杂木林、温带红松针阔叶林与云、冷杉针阔混交林、寒温带落叶松林、云杉林和樟子松林的纬度地带植被；而由东部的乌苏里江起，至西部的赤峰和海拉尔一带，形成红松针阔叶混交林、森林草原、草甸草原、典型草原等经度地带性植被（李建东 等，2001）。该区植被分布的另一个显著特点是，具有面积大小不一的隐域植被，在大、小兴安岭森林之间，以及森林与草甸之间常分布着草甸和沼泽，长白山亚高山针叶林带中还出现亚高山草甸，三江平原有三穗薹草沼泽。在科尔沁草原与松嫩草原上分布着大面积的草甸与湿地植被，这些非地带性植被奠定了该区畜牧业发展的资源基础（王德利，2022）。东北地区的主要草地类型见图 20-1。

(a) 草甸草原 　　(b) 草甸

(c) 典型草原

图 20-1　东北地区的主要草地类型（王德利摄）

20.1.2　区域农业及草原利用情况

东北草原的利用方式除了受其自然环境条件影响外，还依赖于其社会经济基础与草地资源潜力，家畜也成为越来越重要的影响因素。

1. 社会经济基础

东北地区的社会经济从 20 世纪中叶起获得了较快的发展，但进入 21 世纪其发展速度较慢。总体看来，与其他草原牧区相比，该区的社会经济基础条件处于较好的水平。

该区有汉族、满族、蒙古族、回族、朝鲜族等 10 多个民族，常住人口近 1 亿，但近年有下降的趋势。现有耕地面积 1900 万 hm^2，林地面积 3766.6 万 hm^2，草地 4115.8 万 hm^2，土地利用率达 78.9%。相对我国西部的草原牧区，东北的自然资源丰富，环境优越，城市密集，交通发达，具有一定的经济基础与社会资源。然而，该区的工业等主导产业发展程度不高，农业始终具有稳定的产业优势。东北地区主要是以粮食作物生产为主，其中水稻产量约 3060 万 t，占全国总产量的 16%；大豆产量约 1530 万 t，占全国总产量的 40%；玉米的产量是 8000 万 t，占全国玉米产量的 45%。在 2018 年，仅辽宁、吉林、黑龙江 3 省的粮食产量就达到 2666 亿斤（1 斤=500g），约占全国粮食总产量的 20.3%。因此，该区是国家粮食安全的"压舱石"。吉林省是玉米产区；黑龙江省是小麦、大豆基地；大、小兴安岭为全国最大的林业基地，木材产量占全国产量的 50%以上。东北地区畜牧业生产发展有较好的基础，该区拥有大面积的天然草原和丰富的农副产品，特别是农副产品为家畜提供了丰富的饲草料。依据农业农村部发布的数据，到 2020 年，东北的现代畜牧业建设取得明显进展，产业结构调整基本完成，优质安全畜产品生产供应能力明显增强，肉类和奶类产量占全国总产量的 15%和 40%以上。

2. 草地与家畜资源

1）草地资源

东北地区丰富的水热资源和复杂的地形条件，造就了草地类型多样化。依据 1980 年全国草场资源普查数据，该区的天然草原包括 8 类，草地总面积可达 4115.8 万 hm^2（表 20-1）。该区的理论载畜量为 5843.6 万个羊单位。在地区分布上，内蒙古自治区东部 3 市 1 盟草地面积最大，占本区草地总面积的 59.3%；黑龙江省的草地次之，占 18.3%；辽宁省的草地最少，占 8.2%。草地以温性草原和低地草甸类面积较大，分别占全区草地面积的 28.9%和 26.1%，再加上温性草甸类（占 21.5%），则三者共占全区草地面积的 76.5%，这是本区草地资源的主体部分，也是各种家畜的优良放牧场和优质割草场。其他草地类型都是由非地带性的隐域植被或者原始植被破坏后形成的次生植被构成，如山地草甸、暖性草丛和暖性灌草丛等，这些草地也具有一定的生产能力，也可以放牧家畜或做割草场利用。

表 20-1 东北地区 1980 年的主要草地类型、面积及分布　　（单位：万 hm^2）

草地类型	辽宁省 草地面积	辽宁省 可利用面积	吉林省 草地面积	吉林省 可利用面积	黑龙江省 草地面积	黑龙江省 可利用面积	内蒙古自治区东部 草地面积	内蒙古自治区东部 可利用面积	合计 草地面积	合计 可利用面积
温性草甸草原类	24.4	23.3	115.8	92.1	137.3	124.0	608.0	535.1	885.5	774.5
温性草原类	30.1	28.8	42.4	35.3	4.9	4.3	1112.7	974.4	1190.1	1042.8
山地草甸类	24.7	23.6	82.1	68.3	50.9	40.5	112.4	98.8	270.1	231.2
低地草甸类	56.5	54.0	45.9	33.4	445.6	349.9	528.1	457.0	1076.1	894.3
暖性草丛类	66.0	63.1	—	—	—	—	—	—	66.0	63.1
暖性灌草丛类	64.5	61.6	—	—	—	—	—	—	64.5	61.6
沼泽类	2.3	2.2	9.6	6.1	114.5	89.5	78.3	62.0	204.7	159.8
零星草地	70.4	67.3	288.4	202.6	—	—	—	—	358.8	269.9
合计	338.9	323.9	584.2	437.8	753.2	608.2	2439.5	2127.3	4115.8	3497.2

注：内蒙古自治区东部包括呼伦贝尔市、兴安盟、通辽市和赤峰市。

然而，近几十年，一方面由于草原牧区家畜数量不断增加与畜群结构不合理，另一方面草原高强度开垦，导致草地资源出现很大变化。主要问题有两个。①草地面积大幅减少。例如，在吉林省西部，草原面积实际变化：1980 年为 207.0 万 hm^2，1995 年为 173.6 万 hm^2，2000 年为 166.1 万 hm^2，2005 年为 165.9 万 hm^2，2012 年为 128.5 万 hm^2。可见，从 1980 年到 2012 年草原面积锐减了 38.0%，近年平均每年减少 5.3 万 hm^2。实际上，在黑龙江省及内蒙古自治区呼伦贝尔市，开垦草原种植粮食作物的范围和程度与吉林省的情况相差无几。依据遥感数据分析，东北草地总面积变化是：1980 年为 246 857km^2，到 2010 年减少了 82 757km^2，减少了近 1/3。②草地普遍出现退化，严重退化的草地比例较高。据科技部基础专项课题的调查表明，在我国北方温带草地，有约 90%的天然草原处于不同的退化程度。我国从 2003 年开始实施退牧还草工程，2011 年又完善了该政策，强化草原围栏，禁牧封育草原，由此使草原退化得到一定程度的扼制。降低草地退化程度、抑制草地面积减少，一方面需要提供更加严格的法律法规，停止草地开垦；另一方面需要减少放牧家畜数量，改善畜群结构，实施多样化家畜放牧（Wang et al.，2019b）（图 20-2）。

在东北地区，由于气候、土壤条件较好，可以大力发展人工草地。人工草地建设历史悠久，中华人民共和国成立前先后从俄国、日本和美国等引种苜蓿、草木樨、白三叶草和一些多年生禾本科草。中华人民共和国成立后，人工草地建设无论从规模上还是在种植牧草的种类上都有很大发展。在 1986 年，东北三省人工

图 20-2　草地的多样化家畜放牧（王德利摄）

种植羊草、沙打旺、苜蓿的面积已达 29.2 万 hm^2，内蒙古自治区赤峰市、通辽市、兴安盟和呼伦贝尔市的人工草地面积达 28.3 万 hm^2。人工草地草产量每公顷可达 4500～10 000kg，是天然草原每公顷草产量的 4～6 倍。近年来，东北地区（包括内蒙古）的苜蓿产业化发展较快，到 2015 年，区域内商品苜蓿种植面积达到 13.6 万 hm^2，占全国苜蓿种植面积的 31.4%。这一区域的羊草种植也有较好的基础，但有关人工羊草草地的建设还未得到足够的关注。

2）家畜资源

历史上，东北地区是我国传统的草原牧区，蒙古、契丹、女真等游牧民族在这里的草原上游牧生活。可见，东北地区草地畜牧业的经营历史悠久。中华人民共和国成立后，东北地区也一直是我国草地畜牧业的重要基地之一。在改革开放以来，畜牧业在农业中的产值比重不断提高。目前东北地区的各类家畜存栏率、出栏率均已达到历史最高水平。

该区草地养育的家畜种类较多、数量较高（图 20-3）。在该区几乎拥有除牦牛、骆驼以外的所有常见家畜，如牛（奶牛和黄牛）、马、驴、骡、羊（绵羊和山羊）等。其中，呼伦贝尔草原和科尔沁草原为本区羊、牛、马的主要生产区域。松嫩平原、科尔沁草原和呼伦贝尔草原适宜各种家畜放牧，尤其是羊、马、牛等主要畜种。近年来，黑龙江、辽宁两省大力发展养牛业，尽管天然草原面积不足，但以半牧半舍饲方式饲喂，奶牛、肉牛的存栏率和出栏率都有很大提高。然而，在天然草原上，总体存在两个主要问题：其一是放牧家畜的数量基本逐渐增加（图 20-3），2018 年黑龙江、吉林、辽宁 3 省的牛、羊等家畜数量总和分别为 1179.2 万头、721.9 万头和 1021.1 万头，分别是 1980 年的 2.9 倍、3.9 倍和 3.1 倍，已经超过了正常草地的承载能力；其二是除吉林省以外的其他两省中，放牧羊的数量大大高于放牧牛的数量。这种趋势在与东北三省接壤的内蒙古东部地区更加明显，截至 2016 年，该地区的牧羊数量最高接近 900 万只，远高于牛的数量（图 20-3）。以牧羊为主导的畜群结构对于东北的主要草地类型来说并不适宜，因为该区的草地生境，特别是植被资源更有利于牛放牧。

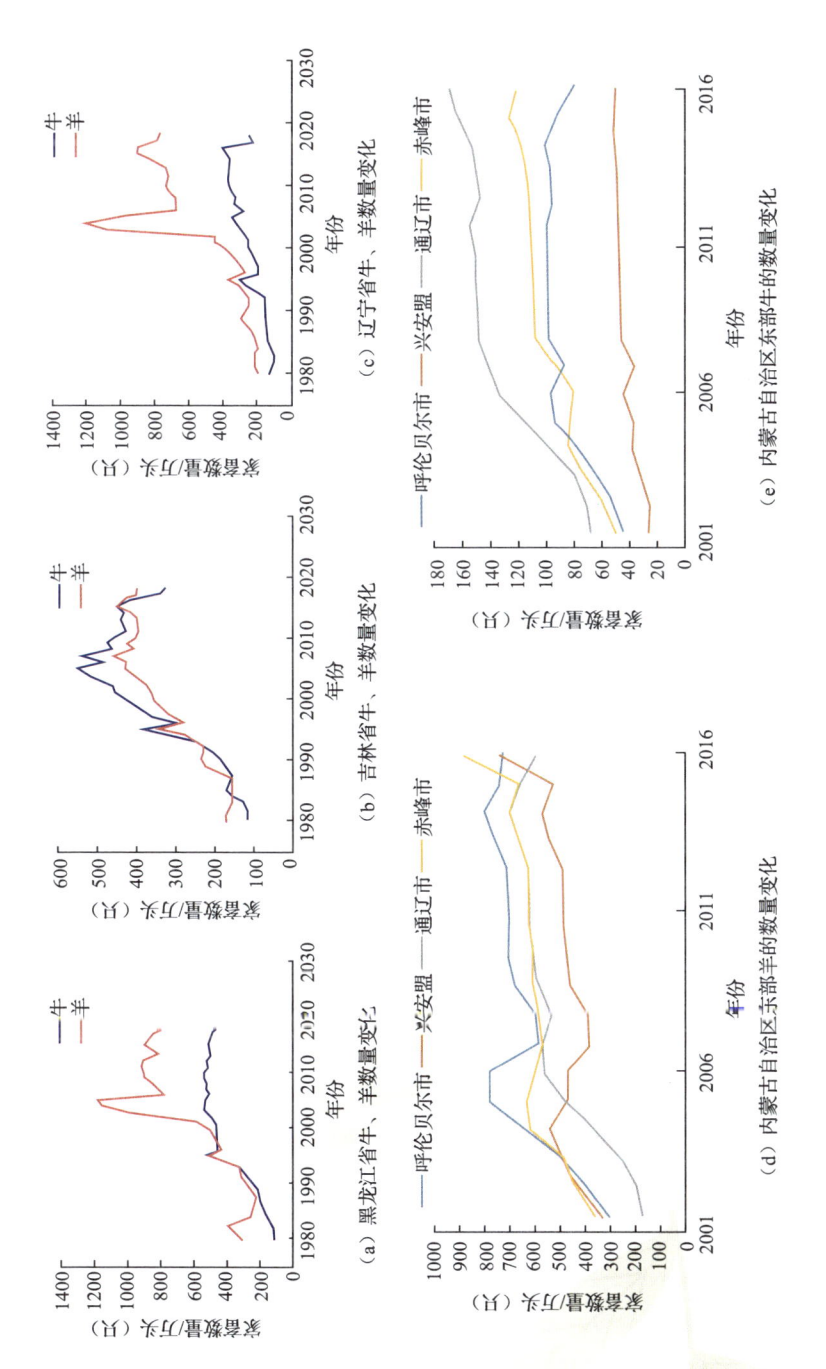

第 20 章　东北天然草原区草地农业发展模式与案例　591

图 20-5　黑龙江省、吉林省、辽宁省与内蒙古自治区东部羊的数量变化

3)农业资源

东北地区的草原牧区紧邻著名的"黄金玉米带",从呼伦贝尔高平原到松嫩平原,直至科尔沁草原的南缘,形成了东北农牧交错区。东北地区的饲料及农副产品资源十分丰富。这为该区的草牧业发展提供了良好的农业资源辅助与支撑。粮食作物面积约为1660万 hm^2,作物秸秆总产量约为1400亿kg,糠麸总产量为26.35亿kg,秕壳总产量为13.15亿kg。玉米、大豆、高粱、谷子等秸秆都可粉碎作青饲料或半干青贮饲料。此外,农副产品还包括大豆、向日葵、花生(Arachis hypogaea)、油菜籽等饼粕饲料。

需要特别指出的是,东北地区是国内最大的玉米生产区,每年可收集玉米秸秆约870亿kg,约占全国玉米秸秆资源的48%(图20-4)。通过秸秆饲料化,即便不能作为优质饲料,也可以成为反刍家畜粗饲料的主要来源之一。但迄今,东北地区对于玉米秸秆资源利用缺乏科技创新支撑,其总利用率不足50%,因此需要加强秸秆资源的低成本、实用性的关键技术研发。

图20-4　东北地区农牧交错带的玉米秸秆资源(王德利摄)

20.2　草地利用管理的理论与技术

东北草地利用管理的理论与技术,与我国其他草原牧区有很多一致性,但也有特异性,尤其是在草地家畜动物管理方面,由于近年的家畜理论研究发展,获得许多新的认识。

20.2.1　天然草原管理的理论及技术

放牧与割草是东北天然草原管理的两种主要方法,这两种方法涉及动物采食、生态资源的可持续利用等理论,不同理论为草地管理提供了科学与技术基础。

1. 草地放牧管理的理论与技术

放牧虽然具有悠久的历史，但千百年来人们一直在大面积的天然草原与农田附近的零星草地上进行粗放式放牧，仅依靠实践经验对家畜进行放养，并不遵循科学方法。直到近几十年来与放牧有关的理论被不断发掘，天然草原的放牧方法越发科学化，放牧才逐渐上升到了"管理"的水平（王德利 等，2022）。现有的放牧利用制度可归纳为自由放牧和轮牧两种。根据放牧方法的不同又可分为连续放牧、轮牧、更替放牧、带状放牧、限量放牧、延长放牧、限时放牧及季节性休牧等技术。

在放牧管理中常用的"优化放牧理论"是基于动物学家所提出的采食理论，主要分为以下几个方面。①食性选择是该理论的核心，它不仅由动物本身的生物学特性决定，也受水源、地形、时空尺度等外部条件影响，因此食性选择也可看作是草食动物与自然协同进化的结果（Belovesky et al.，1999；王德利和王岭，2014）。通常来讲，东北草地中两种主要放牧家畜牛、羊均为典型的反刍动物，对植物选择有两个趋向：一是以高营养成分的植物为优选；二是喜好低纤维含量的植物。试验表明，绵羊采食豆科植物的比例明显高于其他植物，而且采食时间也相对较长（Bazely，1990）。实际上，采食高营养植物也是家畜选择高营养成分斑块的直接原因（Wang et al.，2020b）。家畜选择鲜嫩的低纤维植物，不仅采食容易，采食率高，而且消化率也高，更重要的是家畜的适口性好。此外，家畜对含有特殊生物次生代谢物的植物（如罗布麻）也表现出具有很高的选择性（王旭 等，2002）。②草地斑块高度与密度（patch height and density）是家畜最容易识别的标志性参数，其代表生物量的丰富程度。不同的斑块选择试验结果说明，家畜多倾向于采食草层高、密度大与营养丰富的斑块（王德利 等，2002）。斑块植物越高，越能提供更多食物，也更受家畜的青睐。斑块密度表明了斑块的结构性质，也直接表征了斑块生物量大小或潜力，直接决定家畜采食牧草的容量密度（Li et al.，2021）。斑块的密度与生物量、高度呈现幂的负指数变化，符合"自疏法则"（rule of self-thinning）。③生境选择性。水源是影响家畜采食的最主要环境因素。水源位置影响家畜的空间分布，也直接对中、大尺度的生境选择起决定性作用。当植被的生物量有限时，植被的利用率随着与水源的距离增加而急剧下降。家畜还存在季节性的生境选择。选择的结果是放牧畜群尽可能避免干旱的高地，而尽可能地与河道接近。另一个生境条件是坡度。采食过程中家畜考虑采食的经济性，地形坡度大，采食过程中耗能较多，家畜可能做出相反的选择。牛、马、驴等大型家畜，一般在坡度小于 10° 的草地上采食，山羊却可以在 30° 的坡地上放牧。

放牧管理中的关键技术是对草地载畜量的确定与控制（王德利 等，2022）。由于放牧过程对草地的作用是多方面的，在实际放牧利用中，需要正确地认识和掌握家畜与草地之间的相互作用规律，将牧草生产与家畜生产相结合，从而在达到经济最大化的同时也兼顾草地生产力的恢复与可持续发展。对于确定适宜载畜量的方法和指标，目前尚有较大争论，因不同目的和要求而各异，常采用的方法和指标主要有6种：①以每头家畜最大增重的载畜量作为临界载畜量（Connlolly，1976）；②以每公顷草地家畜最大增重的载畜量作为最适载畜量（Jones and Sandland，1974）；③根据放牧与家畜增重、每公顷草地增重的回归关系，以最大经济效益的载畜量作为最适载畜量（Hart and Waggoner，1988）；④以草地地上净初级生产力作为标准，将最大净初级生产力的载畜量作为最适载畜量（McNaughton，1983）；⑤根据公顷增重与载畜量的关系及载畜量与牧草现存量的关系，作为决定最适载畜量的标准（Bransby，1989）；⑥以草场可利用牧草量与每头家畜需求量的关系决定临界载畜量（Peterson et al.，1983）。

尽管已有较多方法来确定草地的载畜量或放牧率，但是，在实际草地放牧管理中这些控制技术还难以把握：其一是家畜存在着对不同牧草的食性选择，并非所有植物都可供家畜采食，这实际上会造成对草地载畜量的高估；其二是草地植物的生长存在季节性变化，而传统的载畜量是一个固定值，从理论上讲应该是一个动态载畜量。现在研究者与管理者已经在探讨动态载畜量的问题，但是目前我国还没有这类技术标准。

2. 草地管理的割草理论与技术

草地割草又称草地刈割。以收割方式获取牧草的草地，都可以称为割草地或打草场。割草地包括由天然草原形成的割草地和人工草地发展来的割草地。东北天然草原上的割草地，以多年生的禾本科牧草和杂类草为主；而人工草地的割草地，主要是以苜蓿为代表的豆科牧草，以及其他优质高产的饲料作物或牧草。刈割对草地的群落结构、生产力等会产生直接作用。

尽管刈割会对草地植物造成直接的机械损伤，却会激活植物的补偿生长机制，即植物在受到外部条件作用下做出积极响应。具体表现在植物组织受到破坏后，在随后的生长期内表现出增强的形态生理特征（生物量、株高、比根长等）指标升高（McNaughton，1983；张晴晴 等，2018）。这种现象的背后涉及一系列生理生化原因，例如影响植物光合产物的转运过程、促进碳水化合物从贮藏器官向植物新生组织运输、为植物再生过程提供能量等（刘鞠善，2012），也包含了在分子水平上，与生长相关的代谢通路中基因表达调控模式的改变等。植物的这种在外部环境胁迫下表现出的可塑特性，既是植物本身长期进化出的适应性机制，也是采食与被采食者不同物种间共同进化的结果。对羊草和大针茅的刈割试验结果也表明，在适度刈割条件下，这两种北方草原优势植物均表现出了等量、超量的不同程度的补偿生长现象（Wang et al.，2017）。

不同的割草技术主要区别在于割草的留茬高度、割草后的晾晒与贮藏技术等方面。留茬高度是割草技术的一个重要方面，留茬的高低直接关系干草产量和牧草损耗率,不同区域草地因地形地貌和群落组成的差异,留茬高度不尽相同。牧草损耗率指未割取部分的牧草量占牧草总量的百分数,留茬越高,收获量越少,牧草损耗率越大。目前,机引割草机、马拉割草机和人工钐镰是广为利用的割草方式。割草机等大部分机械的使用,提高了割草的效率,特别是在一定时期,可以快速收获大面积牧草,以避免降水的影响。但是,割草机械的平均留茬高度一般为 7.46~9.60cm。由此,也造成留茬较高而牧草浪费的问题。在小面积割草地可以采用人工钐镰割草,这样不但可以降低牧草损耗率,还能够充分利用廉价劳动力资源。只有在大面积割草时采用机引割草机才是合适的。晾晒是调制干草的必须过程,牧草晾晒技术的高低能够明显影响牧草体内水溶性化合物、粗蛋白质、NDF 及 ADF 的含量,进而影响干草的消化和吸收效率。烘干、晒干、晒后烘干、阴干及喷洒化学试剂是目前广为利用的牧草晾晒技术。烘干法与喷洒化学试剂脱水法成本相对较高,但牧草营养物质含量损失较少,干草营养价值较高。刈割青草或晾晒干草均须贮藏,以备冬春牧草缺乏时补充饲喂。贮藏技术不同,牧草色泽、pH、适口性和营养物质含量存在明显差异。青贮、半干青贮和青干草贮藏是牧草贮藏的主要方法,青贮对贮藏技术要求较高,实际操作难度大,但其保持了青绿饲料的鲜嫩、青绿及营养物质丰富的特点;半干青贮牧草含水量低,DM 高,避免了干草调制过程中叶片损失多的弊病;青干草贮藏技术要求较低,贮藏、运输方便,但营养物质损失较多。

3. 目前存在的其他理论问题

尽管众多理论极大推进了草地管理的发展,但现有理论多是以单一生产功能为目标的传统草地管理思路。在人类活动引发的大气 CO_2 浓度升高、气候变暖、大气氮沉降增加的全球变化大背景下,一味考虑草地生产功能的管理思路已不能满足人类对当前草地多功能的迫切需求,草地管理的视角亟须进一步扩展,未来的草地管理应该体现于多功能管理目标(王德利和干岭,2019)。草地正常的生态功能是实现草地可持续利用,进而体现其生产功能的先决条件,而生活功能是生态功能和生产功能的综合体现(人-草-畜-生态-文化有机结合的载体),因此以草地生态功能为目标的草地管理是实现人类对草地生产-生态-生活多功能需求的关键所在。

20.2.2 人工草地建设的理论及技术

在我国,人工草地建设受到越来越多的重视,因为人工草地既能够缓解天然草原的压力,同时也有更高的生产力,对生产的总体效率提高有很大助益。

1. 人工草地建植理论

人工草地是利用综合农业技术，在完全破坏原有植被的基础上，通过人为播种建植的新的人工草本群落。人工草地生态系统的建设应充分考虑建植草地所处的地域环境（光照、温度、降水、土壤、地形等）、种植牧草种类（生态适应性、产量、营养价值、物种关系等）、生态系统结构（垂直结构、时间序列、水平结构等），以及社会经济条件（资金投入能力、劳动力发展水平等）等因素。在我国北方地区人工草地建植过程中，主要需要考虑以下因素。

1) 气候因素

气候是决定植被分布及植物生长繁殖的首要因素。我国地域辽阔，适合建设人工草地的生境条件多样，在建设人工草地时应充分尊重和利用不同的生态环境条件，选择和培育适合的牧草种类建设人工草地。我国北方主要为半干旱草原地区，应主要选择和培育耐旱耐寒的牧草种类建植人工草地。此外，由于北方冬季长，如何安全越冬更是牧草种植首要考虑的问题。例如，不同的苜蓿品种越冬能力不同，引种不当将引起苜蓿越冬率低或大面积枯死，造成严重的经济损失。通过选择合适的苜蓿品种及与禾草混作的操作，将有效地提高苜蓿的抗寒性（申晓慧 等，2016）。在全球变暖的背景下，温度、降水、CO_2 浓度及物候期的变化，也为东北地区草地的发展增加了难度，需要加大关注（那佳 等，2019）。

2) 时空结构

在草地上，物种之间在长期的相互竞争、相互适应和协同进化过程中，形成了各自的生态位，使自然资源（如光照和土壤养分）可以得到更充分的利用，并维持一定的生产力水平。时空结构包括时间结构、垂直空间结构和水平空间结构。时间结构是指各种生物生育期和气候节律的匹配；垂直空间结构是指地上株、枝、叶伸展和地下根系垂直分布的配置；水平空间结构主要是指草地上的物种空间配比，包括植物斑块变化等。人工草地建植应充分利用这一围绕生态位理论的基本生态规律，科学地选择和配置牧草种类，建立合理的时空结构，提高人工草地的产量、土壤养分利用率和土地利用率。东北地区可以利用林地或果园垂直结构，种植一些具有一定耐阴性的牧草，形成林草型或果草型人工草地等，通过混作调整草地水平结构，也将有助于草地的产量与品质的提高。

3) 种间关系互补

在我国东北地区的人工草地建设中，选择混作草种与农作物或与林果间作、轮作时，要注意利用它们的共生互补性，避开竞争相克性。互补包括时间、空间和资源利用方面的互补，通过分化生态位减少竞争。不同植物（牧草、作物、林木、果树）的高矮、株型、叶型、需光特性及生育期等各不相同，如果把它们合理搭配在一起，就有可能充分地利用空间和时间；如果搭配不当，就可能使竞争激化。空间上的竞争与互补主要反映在植物对光和 CO_2 的利用上。时间上的竞争与互补主要反映在植物生育期和时间节律的匹配。另外，还应充分注意，播种牧草之间的他感作用问题。例如，牛鞭草（*Hemarthria sibirica*）与豆科牧草混作时，一年内两者生长良好，产量较单播高，但在以后年份中，豆科牧草产量不断减少或生长不良，草丛植物几乎多为牛鞭草。这是由于牛鞭草根系产生的酚类在土壤中大量积累，而酚类对豆科植物产生了抑制性他感作用（兰兴平，2005）。不同植物之间根系的深浅差异有助于水分、养分的互补利用，避免竞争。豆科牧草与禾本科牧草的混作或与作物的间种、轮作，可利用豆科牧草的共生固氮菌固氮，提高土壤肥力。同时，禾本科牧草或作物的存在，可较快地吸收土壤氮素，从而进一步促进豆科植物固氮菌固氮。尽管禾本科-豆科牧草混作草地表现出众多优越性，但这种优越性在生产实践中持续存在，是禾本科-豆科牧草混作草地具备优良生产性能的基础。在东北地区通过羊草与豆科牧草的种植试验，发现羊草与豆科牧草的不同组合，其生态位发生了不同程度的分离，种间竞争强度不同。通过适当减少相对竞争力强的物种的混作比例，有助于降低竞争产生的抑制，扩大互补产生的优越性（王平 等，2009）。总之，植物的合理搭配和巧妙的时空布局，如早种与晚种、高秆与矮秆、地面与地下、深根与浅根、蔓生与直立、喜阴与喜阳、洼地与山坡，可以减少竞争，增加互补，有利于提高土地利用率。

4）资源优化

东北地区人工草地的生产主要是通过牧草的单播或混作，牧草与农作物、林地、果园的间种、轮种、套种等，利用光、热、水、土等自然资源，进行物质与能量的交换，并依靠牧草自身的生长、发育机能来完成的。人工草地生态系统生产是在一定人为干预下的生态过程，是转化资源的过程。现存的各种人工草地生态系统不尽完善，在种植牧草时，涉及资源的配置与优化问题。资源不仅包括自然资源，而且包括社会资源。自然资源主要指气候、土壤与水资源；社会资源主要指资金、劳力、社会需求等。针对当地资源特点，选择能发挥资源优势和社会经济条件的牧草品种，与天然草场、农田、林地、果园相结合，设计出结构和功能最优化的人工草地生态系统。通过综合的草地农业培育技术（播种、排灌、施肥、除莠），依靠科学的管理，实现资源和系统功能的优化，对于目前退化严重的东北草地尤为重要。

2. 人工草地建设技术

人工草地的属性不同于天然草原。在我国北方地区，主要是通过人为播种建植形成新的人工草本群落，在建植过程中更多的是种植技术的运用。相关技术方法包括土壤耕作、施肥、播种方式、播种材料的选择与预处理等。人工草地的建植要根据当地的气候特点，选择适宜的草种或草种组合，因地制宜地进行草地开发、利用与管理。所以，在这里主要从播种时期与种植方式两方面进行介绍。

播种时期主要取决于气温、土壤墒值、播种材料的生物学特性等因素，所以需要结合自然气候条件，根据播种牧草的特性对播种时间进行掌控，同时注意苗期管护与杂草防除。通常一年生牧草及饲料作物适于春播，这样可以充分利用生长季节，当年即可得到收益。在我国东北寒冷地区也多为春播，一般在解冻后及时播种，推迟播种期往往会影响牧草的出苗和生长。多年生牧草多数适于夏播，尤其是东北寒冷地区，春季干旱少雨，又多大风，蒸发量大，土壤结冻后很快被风吹干，同时牧草种子细小，不宜深播，土壤表层水分含量不高，发芽困难。夏季地温升高，墒情较好，种子发芽迅速，幼苗生长速度快，有利于保苗，所以东北寒冷地区适于在6月中旬至7月末进行夏季播种。在我国东北温暖地区一般进行秋播，播种时间为8月到9月初，播种过迟则容易导致幼苗冬季受冻而不能安全越冬。东北寒冷地区也可进行秋播，但宜早不宜晚，要使牧草在冬季来临前有足够的时间进行生长以贮备一定的营养物质，利于安全越冬。对于具有低温春化特点的牧草（如羊草），秋播可省去低温处理。作为温带和寒温带地区重要牧草的苜蓿，春、夏、秋均可播种，也可临冬寄籽播种。但在东北以夏季播种最为适宜，此季土壤墒情好，各种杂草均已长出，在播种前进行一次除草，有利于出苗和苗期的田间管理（邱波 等，2008）。

种植方式总的来说分为单播和混作。单播是指同一块田地上同期种植单一的牧草，其优势在于草地管理单一方便，便于机械化、集约化经营，但无法充分利用土地和时间。混作是在同一块田地上同期种植两种或两种以上牧草，通过种间共生互补填补了单播的缺点，且产量、品质更高，其中以禾本科与豆科牧草的混合播种效果最好，也可以采用禾本科内不同牧草进行混作（杨春华和张新全，2003）。禾本科与豆科牧草混作的优点在于豆科牧草有根瘤菌进行固氮作用，可为禾本科牧草提供更多的氮素，而禾本科牧草对氮素的利用，又可促进豆科牧草的固氮，一般这种混作草地较单播草地产量可增加8%～16%。豆科牧草蛋白质含量较高，而禾本科牧草含丰富的碳水化合物，因此混作草地的营养价值较高（杨春华和张新全，2003）。

对于混作所用牧草的选择，首先要考虑必须适应当地自然条件、抗逆性强、产量高和品质好的草种。在东北地区，除了要选择合适的播种时期以外，还要考虑所选定的播种材料是否具有抵抗冬季寒冷的能力。选择合适的草种播种后，在冬季来临前也要注意越冬期的管护和之后返青期的管护。东北地区作为我国主要的苜蓿种植地区之一，由于纬度较高，受越冬性限制，需要对种植的苜蓿抗寒和高产性能进行比较。在东北各省（区）种植苜蓿发现，在东北适宜种植的抗寒高产苜蓿品种有公农一号、公农二号、肇东等，可以在生产上大面积推广应用（朴庆林和金秀男，2006）。同一苜蓿品种在不同区域及不同年际间，存在着较大的产量差异，所以需要根据区域试验选择适种品种（那佳 等，2019）。也要注意混作草种互相促进作用是否大于抑制作用，如内蒙古呼伦贝尔地区苜蓿和羊草混作会由于资源限制导致强烈的种间竞争，抑制了两个牧草种群的发展，显著降低了地上生物量。但苜蓿和无芒雀麦混作建植的人工草地，其牧草产量与品质优于其单播草地（唐雪娟，2018）。在内蒙古地区，无芒雀麦与草原二号苜蓿混作增产效果较单播显著，较天然草原有显著或极显著的增产作用（宝音•陶格涛，2001）。其次要考虑牧草的生物学特性，如分蘖类型（根茎型、疏丛型、密丛型）、枝条特性（上繁草、下繁草。前者植株高大，高度在 40cm 以上；后者株丛矮，营养枝占优势，高度在 40cm 以下）及寿命长短等。最后要根据利用目的、利用年限和利用制度等的不同，考虑不同组合。割草型混作草地，利用年限一般为 4～8 年或更长，应用中等寿命的上繁草，如苜蓿、红豆草、沙打旺、猫尾草、羊草、披碱草、老芒麦等。放牧型混作草地利用年限一般在 8 年以上，应以长寿命的下繁草为主，如白三叶草、野苜蓿、无芒雀麦、早熟禾、冰草等。在选择合适的播种材料后，也要注意混作牧草的组配比例，根据利用年限、利用方式、成员类别与种数、气候等条件的不同也会有很大的差异。例如，在东北地区以苜蓿和无芒雀麦作为混作材料的情况下，组配比例不同其效果也会有很大差别。在黑龙江省哈尔滨市阿城区，以播量为 9kg/hm² 苜蓿和 30kg/hm² 无芒雀麦混作组合的青贮品质最好（季婧 等，2017；邝肖 等，2018）。在科尔沁沙地同样是种植苜蓿和无芒雀麦，从产量与饲用价值的角度考虑，所需要的混合比例也不同（张永亮 等，2018）。根据利用方式的不同，不仅混作比例发生变化，有时播种材料也要根据需要发生改变。例如，内蒙古土默川地区建立短期高产刈割利用型混作草地时，其适宜模式为苜蓿和老芒麦按行比 3：1 或 2：2、间条播的播量比 3：1 或 1：1 混作组合；建立长期放牧刈割兼用型混作草地的适宜模式为苜蓿和无芒雀麦按行比 2：2、间条播的播量比 1：1 混作组合；建立旱作长期刈割利用型混作草地适宜模式为苜蓿和直穗鹅观草（*Roegneria turczaninovii*）按行比 1：1 或 2：2、间条播的播量比 1：1 混作组合（王建光，2012）。

3. 人工草地管理中的问题

在东北地区，人工草地无论在建植还是维护过程中均会面临一系列问题。例如，对于长期利用型（6～8 年及以上）人工草地，特别是根茎型禾草（无芒雀麦、羊草等）草地，在利用 4～5 年后，常表现出草皮坚实、土壤板结、草群变稀、产量下降等退化现象（张为政和张宝田，1993）。为了改善人工草地的生产能力，促进草群更新，进行中期松耙和补播是人工草地管理中十分重要的步骤。具体方法是早春萌发前用圆盘耙耙地，这样能加强根茎型禾草的生长发育。如果需要补播，最好在春末夏初进行,此时气温逐渐升高,降水增加,有利于牧草萌发。松耙时最好用重型圆盘耙反复耙几遍,然后补播。补播的牧草种类最好与原草地种类相同。补播结合灌溉和施肥,效果更好。另外,草地刈割后,也可进行松耙,并结合施肥与灌溉,以促进牧草再生。杂草是人工草地管理面临的另一个常见问题,而杂草对人工草地的危害是多方面的,杂草与牧草对阳光、水分、土壤、养分等生长所需资源产生竞争,从而降低牧草中粗蛋白质含量,致使牧草产量降低,并由于在收割中会混入牧草种子,给牧草种子定级定质造成影响。另外,杂草也影响家畜采食。春播和秋播时,有害杂草主要是宿根性杂草及春季萌发的其他杂草。夏播时,除了宿根杂草外,还有一些一年生的禾本科杂草及其他杂草。各地由于环境不同,杂草的种类也有一些差别。

20.3 利 用 模 式

20.3.1 天然草原的利用

放牧与割草是东北地区广泛而经济的两种草地利用方式。合理有效的草地利用既使当地居民获得较高的经济生产效益,同时也有利于维持草地生态系统结构与功能的稳定(王德利和王岭,2014,2019)。由于当地政府制定了较为完善的草地管理法规,加之基层单位的监管,家畜的重牧和过牧现象得到较好的控制。当前,东北草地大部分地区采用的是轻度到适度的放牧压力,其主要的放牧利用模式有单种家畜放牧、混合放牧及放牧-舍饲结合等。割草能够为家畜提供干草或青贮饲料,以满足冬春缺草期家畜的需求。东北地区主要的割草利用模式包括每年一次刈割、每年多次刈割及刈割-放牧结合(刈牧兼用)等。

1. 草地放牧利用模式

在东北地区,经过多年的试验研究与示范,已经提出了多种家畜放牧管理模式。

1)单种放牧

单种放牧(mono-grazing)是指只用一种家畜进行放牧,而不混入其他种类家畜的放牧方式。单一畜种在某一草地上长期连续放牧,经常是在同一块草地上度过整个放牧季节。相对来说,单种放牧的管理更方便。牧民通常选择经济回报价值最高的家畜放牧,而单种放牧也可使牧民根据市场行情快速更替家畜物种。例如,在松嫩草地,牧民大多倾向于饲养绵羊,较少饲养牛,因为绵羊相对于牛,生长快速,经济回报率高。但是,也有相当一部分牧民选择放牧牛,可能与其市场价格相对稳定有关。无论是牛还是绵羊，其单种放牧利用模式均为将固定数量的单一家畜种类在某一块草地进行一段较长时间（5~10 月）或整个季节的连续放牧（图 20-5）。然而，所谓"连续"，并不意味着家畜对个体植物或个体分蘖的连续采食，家畜对某一植物个体采食时间的间隔，决定于植物本身的恢复性生长能力和草场的放牧率，草地植物状况也决定家畜的采食行为。

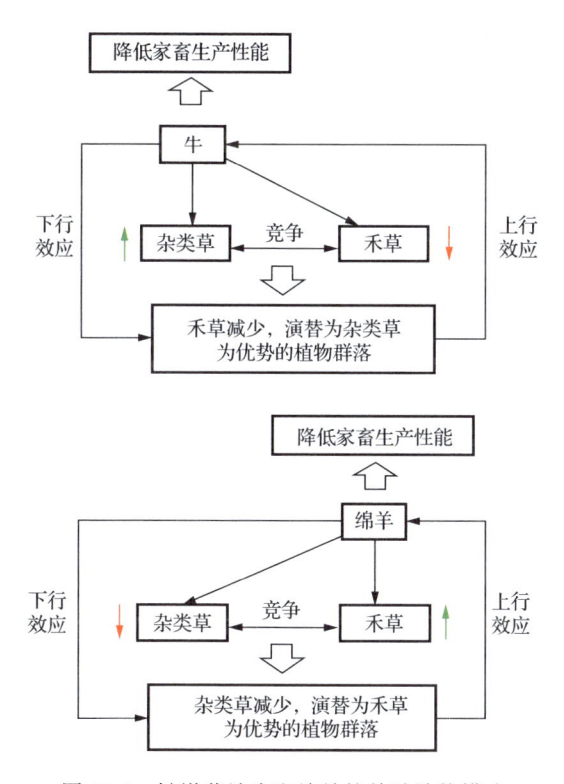

图 20-5 松嫩草地牛和绵羊的单种放牧模式

2）混合放牧

在东北的松嫩草地，混合放牧（图 20-6）无论是对家畜生产性能的提升，还是对草地植被结构与功能的维持，均有重要意义（王岭 等，2021）。例如，Wang 等（2019b）通过为期 5 年的野外放牧控制试验证明：在牛-绵羊混牧情况下，每种家畜的产量和每公顷产量均高于单独放养任意一种家畜的优势。其具体机制是：一方面混合放牧通过不同种类家畜的选择性采食，对彼此产生互惠效应，提高了草地的牧草利用率，如牛通常采食较高的禾草类植物，而绵羊则喜食低矮的杂类草（Liu et al.，2015）；另一方面混合放牧稀释了来自寄生虫的侵扰，而使畜群发病率和死亡率降低，尽管某些是牛羊共患疾病。

图 20-6 松嫩草地的牛、羊混合放牧（王德利摄）

显然，与单种放牧相比，混合放牧在牧场集约经营过程中会增加家畜饲养的成本。不同的家畜种类不仅其采食习性存在差异，而且其营养需求和活动也不一样，那么对它们的补饲、饮水点与休息场所设立等都必须单独考虑。但是，混合放牧制度，对于我国的大部分小户分散经营，且草地植被差别较大（均一性差）的地区是有效而实用的。更重要的是，混合放牧不仅有利于家畜生产性能的提升，更有利于草地生态系统多功能性的有效维持（Wang et al.，2019a）（图 20-7）。混合放牧模式已经在东北草原得到普遍推广，现在正在我国内蒙古草原等地进行验证与推广。人类对草地生产-生态多功能性的认识，将使草原地区的家畜混合放牧具有更加广阔的发展前景。

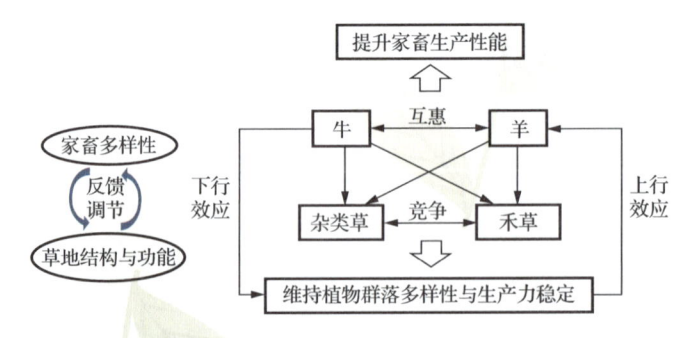

图 20-7 松嫩草地的牛、羊混合放牧模式

3）放牧-舍饲结合模式

放牧固然是一种简单高效的草地管理形式，但放牧始终受自然环境的限制。这是由于草地牧草的生长受气候的影响，并且牧草产量、营养物质季节性变化

明显。尤其是冬春季节草地牧草匮乏，饲草品质低劣，往往导致放牧家畜生产性能下降甚至出现死亡，这在很大程度上制约了放牧系统家畜生产。东北草原是我国农牧交错带的组成部分。该地区具有丰富的农业资源，尤其是大量的农作物秸秆（玉米秸秆、绿豆秸秆等）被丢弃或直接焚烧，造成了农业资源的浪费（孙海霞，2007）。事实上，农作物秸秆通过适当的加工调制可成为补饲放牧家畜的饲料。特别是在寒冷的冬季，农作物秸秆是家畜重要的饲草保障。舍饲是一种农业措施，利用农业生产的副产品可以不受限制地进行家畜规模化饲养。近年来，一些学者开始探索把夏季放牧与冬季舍饲结合起来的草原利用模式，并取得良好成效。

在东北的松嫩草地，较适宜的绵羊放牧-舍饲利用模式为采用连续放牧制和4只羊（包括羔羊）/hm^{2}的放牧强度，并依据实际情况进行春季或秋季休牧（图20-8）。其具体放牧和休牧时间：草地放牧开始于3月中下旬；3月中旬至5月中旬，当饲草不足时，可采用放牧+补饲的饲养模式——"放一半，补一半"；5月中旬至9月中旬，采用"早出晚归"的出牧制度，进行全天放牧，同时给绵羊补充钙、锌、锰等矿质元素；9月中旬，进行割草，草地留茬高度为4～8cm，刈割制作的干草主要用于冬季绵羊舍饲；9月末至10月，利用草地残茬进行放牧，并注重蛋白质的补充；降雪封盖草地后，进入冬季舍饲阶段。在绵羊冬季舍饲时，应当供给多样化的粗饲料，其中较理想的饲料配方为玉米11.72%、豆粕4.01%、食盐0.10%、玉米秸秆30.00%、羊草54.17%（杨智明，2017）。

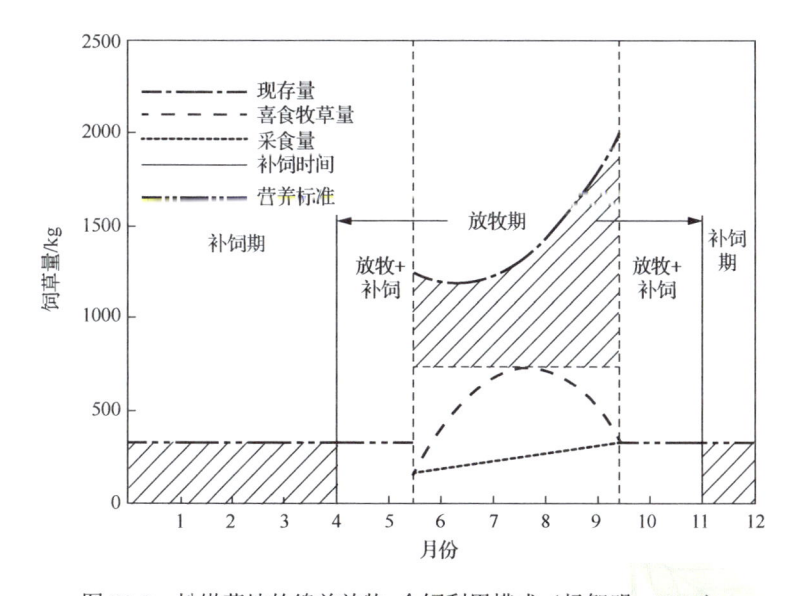

图20-8 松嫩草地的绵羊放牧-舍饲利用模式（杨智明，2017）

2. 刈割利用模式

相对于草地的家畜放牧模式，传统的天然草原刈割模式比较简单。但是，经过相关割草研究，也提出了一些可以实际利用的模式。

1）一次刈割与多次刈割

目前常见的割草模式分为一次刈割和多次刈割。在北方天然草原，主要刈割方式是一次刈割，即在一年（或一个生长季）内只进行一次刈割，而且割草时间主要选择在牧草的生长季节末期，即 8 月左右。

天然草原在连年割草利用的情况下，对羊草的再生性和草产量影响很大。为了保持草地的稳定性，不能连年割草，应该割一年休一年或割两年休一年，应该在羊草结实末期进行割草（陈敏和宝音•陶格涛，1993）。仲延凯等（1990）通过 5 年人工羊草草地的产量动态研究，确定人工羊草草地群落与主要种群地上生物量的高峰期均在每年的 8 月中旬，也是最适的割草时期；羊草和其他牧草含氮量的高峰期是在抽穗期至开花期，此时刈割可获得最高蛋白质产量。刘军萍等（2003）对不同刈割条件下羊草叶片再生动态进行了研究，结果表明，松嫩草地 6 月刈割处理的羊草叶片再生速度要大于 8 月刈割处理。羊草适于低茬刈割，牧草刈割后的再生主要取决于利用程度的轻重及牧草先前贮藏的碳水化合物含量水平，所以刈割时留茬不能过低。白天晓等（2017）的试验结果表明，刈割对羊草草原群落地上生物量的作用不仅受刈割制度的影响，还受刈割年份及演替阶段的影响；割一年休一年的刈割制度下羊草草原不同功能群之间有一定程度的补偿作用，而且补偿作用受时间尺度影响很大。一些学者对东北的天然羊草草地进行一年两次刈割试验，试图利用草地植物强烈的再生性获得更多的牧草产量，但是效果并不明显。

多次刈割是指在一年（或一个生长季）内进行多次（两次以上）割草的刈割制度。多次刈割主要应用于自然条件较好的热带、亚热带地区的草地，尤其是人工刈割草地，如苜蓿人工草地、青贮或青饲料的玉米地、黑麦草及其他豆科饲料地。第一次刈割的时间极其重要，因为初次刈割的时间直接关系到以后刈割的时间，以及刈割的次数。在水热条件较好的地区，首次刈割的时间较早，一年能进行 3~5 次刈割。如果在环境条件一般或者较差的地区，由于刈割的时间较晚，不可能进行更多频次的刈割。多次割草对草地的利用强度相对较大，当收获的产量下降或草地退化时，应及时减少刈割频次，或者与其他农作物进行轮作。

2）刈割-放牧结合

刈割与放牧结合是另一种天然草原综合利用模式。这种模式的优点在于，在不破坏草地生态系统的条件下，尽可能在单位面积草地上获得较多的优质畜产品。北方草地刈割-放牧结合制度利用草地的方式有两种。在割草地进行刈割后，草地还有不少牧草可以被家畜直接采食利用，此时可以进行适当强度的放牧；在水土状况较好的放牧地，当载畜量不足时，草地植被利用得不充分，仍有较多的牧草未被采食，这种条件下可以进行割草。总之，刈割-放牧结合制度既是在割草地，又是在放牧地上的草地利用方式。刈割-放牧结合制度，目前已经逐渐被我国北方地区草地管理者重视，然而，迄今这方面的试验研究仍较少。

在草地上实施刈割-放牧结合制度时，需要确定空间布局。在刈割与放牧的空间布局中，要考虑如下问题：第一，刈割与放牧的顺序；第二，刈割与放牧的年度总体安排，包括年度组合；第三，刈割与放牧的各自强度。例如，在刈割后的割草地上放牧家畜，一定要控制好放牧的时间和放牧的强度，需要保持草地的持续性；同时还要注意放牧的方式。如果在以苜蓿为主的割草地上放牧羔羊，要防止羊羔因过分空腹而过量抢食，否则就会导致羊羔的臌胀病。如果晚上归圈，清晨必须使羊羔在其他地方吃饱，当草上无露水时进入草地，经过一段时间也可适应苜蓿草地放牧。

20.3.2 人工草地的管理利用

由于近年对人工草地的重视程度加剧，已经有越来越多的人工草地管理的理论研究与技术实践。

1. 人工羊草草地生产

羊草是根茎-疏丛型、多年生禾本科牧草，具有分布广、适应性强、适口性好、营养价值高等优良特性。通过多年的大量研究和生产实践表明，在我国东北和内蒙古等辽阔的草原区内，无论以补播的形式对天然草原进行改良，还是建立生产效能高的人工草地，羊草都是比较理想且深受牧民欢迎的牧草种类之一（杨允菲，1988）。因此，研究人工羊草草地生产模式，提高其生产效率，对东北地区人工草地的管理至关重要。张宝田等（2003）对吉林西部的松嫩人工羊草草地的生长繁殖动态进行研究，结果表明，生长季中营养株与生殖株生长有两个高峰，分别在6月和8月，并且羊草的营养枝与生殖枝随着地下部根茎长度增加，相应根茎的重量也增加，营养枝增长的速度大于生殖枝。为收获更多牧草，并使草地保持健康稳定的生产状态，要根据其生长节律和牧草产量的变化规律制定科学合理的草地放牧、刈割、施肥制度。吉林西部地区的羊草人工草地景观见图20-9。

图 20-9　吉林西部地区的羊草人工草地景观（王德利摄）

合理施用氮肥是提高人工羊草草地土壤肥力和牧草产量、加速退化草地恢复和重建的重要措施之一（李楠 等，2001）。因此，研究氮肥对羊草产量和养分吸收特性的影响，可以为草地合理施用氮肥提供依据。申忠宝等（2012）的研究表明，秋季氮素可以提高羊草潜在生殖枝的数目，有利于提高牧草种子产量；当年施用氮肥对抽穗率、抽穗数没有影响，但对第 2 年的抽穗率和抽穗数影响较大。同时，春季施肥对提高结实率和增加每穗结实粒数的效果最好，而夏秋季施肥对第 2 年的结实率影响不明显。另外，施肥时间和施氮量均对千粒重产生显著的影响，施肥效果最好是 4 月；对第 2 年羊草种子的千粒重而言，8 月的施肥效果最好。也有其他研究表明，使用氮肥可以显著提高羊草产量，但过量使用氮肥会增加生产成本，降低增产效益，而且使用氮肥有利于提高羊草氮、磷、钾养分含量，并促进羊草对氮、磷、钾的吸收（苏富源 等，2015）。同时单播人工羊草草地，其种群在数量、组成、空间分布格局及种子生产方面的变化，受自身特性和人为的影响（杨允菲，1988）。

2. 苜蓿草地生产

苜蓿是一种优良的多年生豆科牧草，原产于伊朗，我国于西汉时期（公元前115 年）引入，目前在我国长江以北的 14 个省（区）都有栽培（车启华，1995）。内蒙古地区是我国三大苜蓿主产区之一，草产量居全国之首，部分满足了内蒙古地区畜牧业对优质牧草的需求。在我国北方农牧交错地区，豆禾混作是一种常见的方法，因禾本科牧草须根系保持土壤水分能力较强，其防风固沙能力和保持土壤水分能力强于单播苜蓿地，而且在适宜的混作组合下可显著提高牧草的产量和品质（郑伟 等，2012）。刘敏等（2016）的研究表明，苜蓿与无芒雀麦混作的产量高于单播苜蓿,而苜蓿与垂穗披碱草混作的产量与单播苜蓿差异不明显。也有学者认为,苜蓿与禾草混作的产量高于单播禾草,但并不高于单播苜蓿。在东北地区,使用圆形喷灌机灌溉已成为苜蓿种植区主要推广的节水灌溉技术。据不完全统计,内蒙古地区使用圆形喷灌机的苜蓿灌区总面积已近 70 000hm^2,其中赤峰市阿鲁科尔沁旗推广圆形喷灌机喷灌的苜蓿面积达 40 000hm^2(李茂娜 等,2016)。在科尔沁沙地北部的苜蓿种植区,在大于 650 生长度日(growing degree days,GDD)以后进行第一次刈割,会显著降低第二次刈割的干草产量,从而影响全年干草产量;GDD 与第一次刈割的苜蓿粗蛋白质、NDF、ADF 等营养品质性状和相对饲喂价值有极显著相关性,与第二次刈割后 GDD 相关性不显著。苜蓿第一次刈割的早晚,决定了第二次和第三次刈割时间,二年生苜蓿在 9 月初前完成末次刈割更有利于安全越冬。因此,综合考虑苜蓿干草产量、品质和越冬,在科尔沁沙地,适宜在 610~650GDD 进行第一次刈割,9 月初前完成末次刈割,以便取得最大的生产效益和经济效益(杨秀芳 等,2019)。

3. 碱茅草地生产

碱茅是一种耐寒、耐旱、耐盐碱的丛生禾本科牧草,可在中-重度(盐分含量为 0.5~14.7g/kg)的盐碱地上正常生长发育。它以分布范围广、耐贫瘠、耐牧性好、品质优良等特性深受欢迎(杨慧清 等,2001)。对甘肃草原建植的碱茅人工草地进行研究,结果表明,土壤盐分和月积温对碱茅地上生物量的直接影响最大,而土壤水分和盐分对碱茅地下植物量影响最大(蒋建生 等,1995)。朱兴运等(1991)通过大面积的栽培和盆栽试验得出,土壤盐分的增高直接影响碱茅 DM 积累量,导致其地上生物量、水分蒸发量及 DM 总量下降。刘颖等(2003)就松嫩平原不同放牧率对星星草的影响进行了研究,结果表明,放牧率对星星草不同部位可溶性碳水化合物含量有一定的影响,即随放牧率的增大,可溶性碳水化合物含量减少;适当强度的放牧有利于可溶性碳水化合物含量的提高,而可溶性碳水化合物含量又与牧草再生速率密切相关,这说明适当的放牧可促进牧草的生长。另外,碱茅的生长发育与施用氮肥也密切相关,据赵明清等(2006,2007)研究,施氮肥可促进朝鲜碱茅的生长和分蘖,使株高和密度增加,施氮肥对其种子产量和草产量也有明显影响。当施氮量低于 184kg/hm^2 时,朝鲜碱茅种子产量和草产量随着施氮量的增加而增加,以施氮量为 138kg/hm^2 时效果较好。同时不同施氮肥时期也会对碱茅种子和干草产量产生影响,将分蘖期、拔节期和孕穗期施氮肥效果进行比较,以拔节期施氮肥增产效果最好。

4. 猫尾草草地生产

猫尾草是禾本科猫尾草属,多年生长寿牧草。在禾本科牧草中,猫尾草是一种草产量和营养价值都较高的牧草，草质鲜嫩、适口性好，仅次于燕麦，是奶牛、赛马的良好饲草（张虎森，2006）。在东北地区，猫尾草新品种克力玛于 2002 年从加拿大引进，在吉林省延边朝鲜族自治州（延边州）经过多年的试种、区域试验和生产试验，2009 年通过全国草品种审定委员会审定。该品种干草产量为 5442.5～5860.0kg/hm^2，抽穗期粗蛋白质含量为 7.73%，具有高产、优质的特点。该品种适于吉林省东部地区或中国的中温带冷凉地区种植。2014 年，克力玛猫尾草新品种在吉林省延边州东部山区 3 个不同类型的草地进行了 353hm^2 种植试验。其亩产干草 410.25kg，总产干草 263.29 万 kg，试验增收 162.23 万元，取得了显著的经济效益和生态效益。该品种在吉林省延边地区春、夏两季均可播种，但以雨季到来的夏季播种为最佳。因该品种种子细小，须精细整地。前作收获后，除进行灭茬及翻耕外，须多次耕耙，使苗床平整细软。春季整地正值干旱，须加以镇压。在弃耕地种植，由于杂草多，播前可选用高效、广谱、灭生、内吸传导性 41%的农达水剂除草剂灭除杂草，使用量为 4.5～6.0L/hm^2，待杂草出苗后株高约 15cm 时施药。播种采用窄行条播的方法，行距为 15cm，播量为 15kg/hm^2，播种深度以 1cm 为宜。播种的同时，用氮磷钾复合肥作种肥，使用量为 150kg/hm^2。折合施纯氮、纯磷（P$_2$O$_5$）和纯钾（K$_2$O）量分别为 22.5kg/hm^2、22.5kg/hm^2、22.5kg/hm^2（穆春生 等，2012）。

20.3.3 饲草的综合利用

在东北地区，相对于西部的干旱半干旱牧区，还有其他饲草饲料资源可以加以利用。实际上，在一些畜牧业发达国家，这些资源的利用比例远远高于我国。

1. 干草饲喂

干草是指对农作物、人工种植牧草和野生饲用植物等地上部分在适宜生育期进行刈割，经自然干燥或人工干燥的方式，使水分降到安全含水量之后，能长期保存而不变质的草产品。干草是草食动物最基本、最主要的饲料来源。干草调制是指青绿原料脱水、干燥的过程（刘艳鸿 等，2018）。干草来自豆科、禾本科和谷物类农作物。根据多年统计，苜蓿重量占干草总重量的一半以上，其余种类的干草包括：白三叶草、胡枝子、大豆和豇豆（*Vigna unguiculata*）等豆科牧草；燕麦、大麦、小麦或者黑麦等谷物干草；百慕达草（*Cynodon dactylon*）、草地短柄草（*Brachypodium pratense*）、小糠草（*Agrostis alba*）、牛毛毡（*Eleocharis yokoscensis*）和猫尾草等禾本科干草（刁国富 等，2018）。

干草较好地保持了青绿饲料的养分，品质优良的青干草呈青绿色，具有芳香味，叶片较多，质地柔软，富含胡萝卜素和各种养分。一般自然干燥制成的干草可保存鲜草 50%～70%的养分，人工干燥制成的青干草可保存 90%～93%的养分，且消化率高、适口性好，家畜能充分利用。东北地区冬春枯草季漫长，家畜因缺草掉膘而出现严重的死亡现象；而夏秋季雨热充足，牧草生长旺盛，因此调制青干草主要供家畜冬春补饲利用。干草的获取方式多元，牧区天然草场牧草、人工草场牧草、农区荒坡草及农田杂草均可调制青干草。调制青干草设备简单，技术易掌握，除付出一定劳动力和机械外，几乎没有其他花费。黄文娟（2008）根据青干草颜色、含叶量、气味和质地结构，提出了青干草品质感观鉴定标准（表20-2）。

表20-2 青干草品质感观鉴定标准

品质等级	颜色	含叶量	气味	质地结构
上等	鲜绿	多	芳香味浓	拧草茎破裂，有弹性而不断
中等	淡绿	较少	芳香味淡	拧草茎易断，有断裂声
次等	黄褐	多	无芳香味	拧成草绳而不开裂

资料来源：黄文娟（2008）。

为了提高干草饲喂效果和利用率，在饲喂前应选择色泽青绿、香味浓郁、没有霉变和雨淋的干草。调制成功的干草可以分为直接饲喂和经加工处理后再饲喂两种饲喂方法（马付，2018）。有的羊场将干草打捆后直接投到羊舍或者料槽中供肉羊自由采食，这种方法虽然方便，但饲料浪费较为严重。干草在饲喂前最好进行处理。比如喂牛，可以将干草铡成3～5cm的短草；喂羊，应铡短到2～3cm；喂猪，则需要粉碎过筛。不同动物干草的用量也不尽相同，通常奶牛饲喂干草5kg/d左右，肉牛5～7kg/d，羊1～2kg/d。用于猪和家禽的干草，用量占全部日粮的5%左右。干草捆在使用前要经过解捆、铡短、粉碎处理，草块在使用前需要用水浸泡，使其松散，便于饲喂。使用牧草、牧草粉或草块饲喂家畜时，一定要注意营养搭配，特别是要注意矿物质的平衡。比如，苜蓿干草的钙含量为1.4%～2.0%，磷含量为0.24%；羊草的钙含量为0.37%，磷含量为0.18%；披碱草钙含量0.3%，磷含量0.1%；野干草钙含量0.61%，磷含量0.20%。这些都说明不同牧草中的矿物质存在一定差异，有的牧草钙含量高，磷含量低，有的牧草钙和磷都满足不了动物生长发育的需要。因此，只喂干草，不进行矿物质平衡，将不利于动物正常生长和取得好的生产效益（张宏忠和蔡遗全，2008）。

2. 青贮、黄贮饲喂

青贮是牧草被机械切碎加工后放入密封青贮窖内，在厌氧条件下发酵，产生酸性环境，使各种微生物的繁衍被抑制和杀灭。发酵后的青贮饲料，可把质地粗硬、适口性差、木质素含量高的牧草变成柔软性强、适口性好、多汁、易被消化吸收的粗饲料。糖分可保证乳酸菌大量繁殖，是青贮原料中不可缺少的。含糖量较高的玉米、南瓜、甘蓝等植物秸秆更适合做青贮，豆科牧草（如苜蓿和白三叶草）含碳水化合物少，不适合单独做青贮，如要制作青贮可与禾本科牧草混合制作。切短、压实、密封是制作青贮不可缺少的步骤，青贮原料的含水量应控制在70%~75%较为合适。发酵温度控制在19~37℃，并以25~30℃最佳。青贮窖多为长方形，青贮量为500~600kg/m³，以开窖后3~5个月用完为宜。一般豆科牧草在现蕾期至开花初期收割为宜，禾本科牧草在孕穗期到抽穗期收割为宜，长度以切短后5~6cm为宜。为防止底部潮湿可在装窖前先在底部铺上1层15~18cm厚的秸秆或1层塑料薄膜，然后将切短的牧草迅速放入窖内，每吨青贮加入450g乳酸菌制剂。装料要高于窖口20~40cm，压实，封窖时先铺上1层20~30cm的软草，再盖上1层塑料薄膜，然后加土拍实。40~50d后，青贮发酵过程结束，可以使用（霍艳哲，2018）。根据青贮饲料外部表现特征，用眼看、鼻闻和手触摸的方法进行品质鉴定（表20-3）（阿合尼亚孜·买合木提，2014）。

表20-3 青贮牧草品质的感官鉴定标准

等级	颜色	气味	酸味	质地结构
优质	青绿或黄绿，接近原色，有光泽	有清香味，微酸	浓	湿润，紧密，保持原状，容易分离
中等	黄褐或暗褐色	有强酸味，香味淡	中等	茎叶部分保持原状
低劣	褐色，暗绿色	有腐臭味，霉味	淡	腐烂，黏结成块状或发霉松散

青贮饲料具酸味，在最初使用青贮料时，牛羊可能不习惯，因此不宜饲喂过量，而遵循由少到多、循序渐进的原则，让其有一个适应的过程。另外，虽然青贮料适口性好、营养丰富，但是营养成分不足，在使用时不能单独饲喂，需要与其他类饲料搭配使用，可以与精饲料、干草等混合搅拌饲喂，以提高青贮料的利用价值。另外，为了中和饲料中的酸度，以免出现青贮料饲喂过量出现酸中毒、乳脂率降低等现象，需要在饲料中加入适量的小苏打，促进消化吸收（付玉，2018）。周道玮（2008）认为，我国北方草地，不适宜青贮天然饲草，经济上得不偿失，也不是一种明智选择。建议种植高产饲料作物，如籽粒玉米、青贮玉米等。

黄贮是相对青贮而言的，牧草饲料的青贮和黄贮都是利用微生物发酵的原理进行贮存的，因此统称为微贮。黄贮和青贮使用的牧草原料和发酵方式不同。黄贮是指利用干（黄）牧草做原料，经机械揉搓粉碎后，加适量水和生物菌剂，压捆以后再装袋贮存的一种技术。黄贮原料加入高效复合菌剂，在适宜的厌氧环境下，将大量的纤维素、半纤维素甚至一些木质素分解，并转化为糖类。糖类经有机酸发酵转化为乳酸、乙酸和丙酸，并抑制丁酸菌和霉菌等有害菌的繁殖，最后达到与青贮同样的贮存效果。黄贮不受牧草含水率限制，一年四季都可以进行。

饲喂黄贮饲草应注意：不宜长期单独大量饲喂，也不要时有时无，饲喂要相对稳定；未断奶的犊牛、羔羊因瘤胃内的微生物生态系统尚未完全形成，须慎用；饲喂2h后再饮水，要给瘤胃内微生物一定的分解利用时间；不宜长期大量与豆科牧草混合饲喂。

3. 其他综合利用方式

饲草的利用方式除上述的调制干草、青贮、黄贮以外，还有生产草粉、碎干草及叶蛋白饲料等利用方式。

草粉是将适时刈割的牧草经快速干燥后粉碎而成的青绿色粗粉，主要以苜蓿、沙打旺、野豌豆（*Vicia sepium*）、草木樨等高产优质豆科牧草为原料，适口性好，家畜采食率、利用率高。草粉配合其他精饲料，其营养成分更全面，营养价值更高，可提高饲料转化率和各类家畜的生产性能。若仅使用饲草粗喂，家畜对其采食率低，一部分饲草白白浪费，开支增大。用草粉饲喂则避免了这种问题，并且每公斤（1公斤=1kg）草粉加工费用低廉。青干草加工成草粉后体积变小，易于贮存，且不受时令限制（包翠华和任子瑞，1997）。为了减少草粉在贮存运输过程中的营养损失，常把草粉压制成草粒，体积为草粉的2~2.5倍。

碎干草是指将适时刈割的牧草经快速干燥后，切碎成8~15cm长的草段进行保存，是草食家畜的优良饲料。其优点是营养丰富，与干草相比，体积小，便于贮存和机械化饲喂。有时也在碎干草中添加其他饲料成分，将其加工成草块、草饼等（张秀芬，1992）。

叶蛋白饲料又被称为绿色蛋白浓缩物（leaf protein concentrates，LPC），是指以新鲜牧草或其他青绿植物为原料，经压榨后，从其汁液中提取的浓缩粗蛋白质产品，它主要由细胞质蛋白和叶绿体基质蛋白组成（汤学军和傅家瑞，1996）。猪、禽等单胃动物对青绿饲料蛋白质的利用率较低，不仅造成了蛋白质浪费，而且影响了畜禽对营养成分的有效吸收（董玉珍和岳文斌，2004）。因此将牧草和青绿饲料中的蛋白质提取出来，作为蛋白质饲料，可以弥补我国饲料蛋白质的短缺，对畜牧业的高速、健康发展具有重要的促进作用（王向峰和林洁荣，2007）。

要使畜牧业稳定而均衡的发展，必须充分供应饲草饲料，并提高加工与贮藏技术，以提高饲草草料的质量和利用率。饲料加工与贮藏工艺过程的标准化，是控制饲草质量，确保畜牧业稳定发展的基本条件之一（李志坚 等，2002）。

20.4 典型案例

在东北地区的草原牧区、农区，以及半农半牧区，历经几十年的草地利用理论与技术研究，特别是生产实践，已经形成了一些典型草业发展模式或案例，本节将给予介绍。

20.4.1 黑龙江省"绿色草原牧场"发展苜蓿种植的模式

黑龙江省的绿色草原牧场（图 20-10）地处松嫩平原西部，总面积 572 万亩，其中草原面积 25.4 万亩。截至 2007 年末全场奶牛存栏已达 15 316 头（截至 2022 年，黑龙江省登记的奶牛数量已超过 24 万头），其中成母牛 7520 头，产奶牛平均单产 6.0t，年生产鲜奶 38 100t，占完达山乳业集团鲜奶收购总量的 10%。全年收获牧草 2.6 万 t、玉米秸秆 1 万 t、玉米青贮 4.2 万 t。多年来牧场奶牛业粗饲料结构一直以羊草、青贮、秸秆为主，随着奶牛业发展速度的加快和品种质量的提高，传统的粗饲料结构已经满足不了其发展的需要。为进一步提高奶牛业的单产、总产水平和综合经济效益，牧场提出了实行全年草原禁牧、利用"三化"（沙化、盐碱化、退化）较严重的草原大力种植苜蓿的发展思路，改变牧场奶牛业粗饲料结构，提高奶牛业的运行质量（徐春阳 等，2008）。

图 20-10　黑龙江省的绿色草原牧场

1. 种植苜蓿的必要性

绿色草原牧场是一个以饲养奶牛为主的专业牧场，随着奶牛业的快速发展，饲草需求量不断增大，全场年需饲草 3 万 t 以上。由于自然条件的变化，草原沙化、盐碱化、退化情况比较严重。特别是近十年来气候干旱，造成草原大面积减产，使草畜矛盾进一步加深，部分养殖户需要外购牧草，加大了养殖户的负担，增加了饲养成本。同时，按照政府提出的发展质量效益型奶牛业的总体思路，依靠原有的羊草+青贮+秸秆的"粗三元"结构无法满足奶牛业质量发展的需求，必须通过合理调整粗饲料结构，提高奶牛单产水平，提升奶牛业运行质量，才能实现奶牛业的数量和质量协调发展。

苜蓿是世界上种植面积最大、营养价值最高的豆科牧草之一。苜蓿草的蛋白质含量高，一般为18%～25%，还富含多种维生素和矿物质等营养成分，适口性好；苜蓿是直根系多年生植物，一次种植多年利用，投资少，成本低，产量高，效益好；它还具有很强的生物固氮作用，可显著改善土壤环境，培肥地力；苜蓿也适于机械作业，节约劳动力。奶牛通过饲喂苜蓿，产奶量可提高10%以上，繁殖力提高1%～2%，乳脂率可提高0.1%～0.2%，乳蛋白含量也可得到一定程度的提高。因此，种植苜蓿草，一方面可以增加粗饲料的品种和产量，解决草畜供求矛盾；另一方面可有效改善生态环境（徐春阳 等，2008）。

2. 种植苜蓿的可行性

该牧场于2004年全部实行草原承包到户。全年草原禁牧后，牧草的产量、品质得到了全面的恢复和提高，但由于以前多年的放牧和轮牧，仍有部分草原"三化"现象严重，土壤环境破坏程度较重。从2001年开始，利用退化的草地种植苜蓿2000亩，取得了良好的效果（图20-11），土壤环境逐年改善，产量稳步提高。2004年播种了8100亩，2005年播种了11 500亩，目前全场共种植苜蓿21 600亩，年可收获苜蓿草近650t，占粗饲料总产量的1/5，很大程度上缓解了奶牛数量发展与资源紧缺之间的供求矛盾。

图20-11 利用退化的草地种植苜蓿

通过近年饲喂苜蓿表明，奶牛长期饲喂苜蓿青（干）草，每头牛每年精饲料中可减少5%豆饼的添加量，年头均可降低成本150元以上；同时通过饲喂苜蓿使奶牛产奶量提高10%以上，头均增产约620公斤。此外，鲜奶的乳蛋白和乳脂含量均得到一定幅度的提升，奶牛疾病发生率显著下降。

大力种植苜蓿是发展节粮型畜牧业、加快牧场奶牛业粗饲料结构转变的需要。目前全场成母牛头均占有苜蓿近3亩，成母牛年均饲喂量近1t，形成继奶牛、青贮产业之后牧场的又一朝阳产业，粗饲料中秸秆饲料的添加量明显减少，传统"粗三元"结构逐步向羊草+青贮+苜蓿的"精三元"结构转变，实现了全场奶牛业粗饲料结构的全面升级（徐春阳 等，2008）。

3. 经营管理模式

该牧场自 2001 年开始种植苜蓿以来，坚持按照"六统一""一分户"的管理模式。

统一规划：牧场根据奶牛的发展数量，制订种植计划和规划面积，由草原监理站根据草原植被、土壤状况统一规划地块。

统一整地：根据规划，由牧场农机站统一整地。具体标准是翻地深度 16~18cm，对角耙地 8~12cm，镇压。要求翻耕均匀，不重不漏，四边整齐，达到标准播种状态。

统一购种：苜蓿种植是否成功，利用年限是否长，优质品种是关键。牧场积极与上级业务部门联系，经过试验对比，引进优质苜蓿品种草原 3 号，由牧场种子公司统一供种。草原 3 号具有蛋白质含量高、越冬返青好、利用年限长、产量高等特点，适合牧场种植。

统一播种：苜蓿播种是一项技术性很强的工作，牧场指派农机站经验丰富的操作手进行播种，要求不重不漏，播行笔直，地头整齐，亩播量 1kg，播深 2~3cm，行距 30cm。

统一管理：牧场与苜蓿承包户签订种植合同书，对锄草、喷灌、施肥等田间管理做统一规定，保证苜蓿种植的科学管理和高产高效。

统一收获：根据苜蓿生长情况，在苜蓿现蕾期或初花期进行统一收获，保证晾晒、打包过程全部机械化作业。目前牧场拥有大型割晒、打包配套机械 24 台套，为牧场 2.16 万亩苜蓿的适时收获提供了可靠保证。

分户承包：根据奶牛存栏数量，实行大户单独承包或散户联合承包，由牧场技术部门提供技术指导和支持，由承包人管理和收获（徐春阳 等，2008）。

4. 经济效益分析

经调查，充分利用"三化"严重的草原种植苜蓿的经济效益高于单位面积种植粮食作物的经济效益，同时还起到固氮肥田、保护水土、改善生态环境的作用。

目前牧场种植苜蓿每亩年产鲜草 800 公斤，以目前市场价格每公斤鲜草 0.35 元计算，亩收益为 280 元。扣除当年种植费用 25 元/亩、喷灌费 25 元/亩、施肥费用 15 元/亩、管理费用 25 元/亩及收割费用 5 元/亩，每亩鲜草纯收入 185 元；若晒制苜蓿干草，亩产量可达 300kg，按目前市场价格每公斤干草 1.20 元计算，亩收益为 360 元，扣除种植费 25 元/亩、喷灌费 25 元/亩、施肥及田间管理费 40 元/亩、割晒、打捆等费用 16 元/亩、运输费 4 元/亩，每亩纯效益为 250 元。

奶牛通过饲喂苜蓿,可提高产奶量10%以上,鲜奶DM得到明显提高,平均乳脂率提高0.2%左右,乳蛋白含量增加0.1%。按照乳品企业制订的以质计价标准,每公斤鲜奶收购价格增加约0.1元。以此计算,单产6t的奶牛年可增加产奶效益在1500元以上。同时,长期饲喂苜蓿可显著增强奶牛机体抗病力。据牧场畜牧部门统计,从2004年到2007年末,全场奶牛疾病发生率降低30%以上,平均减少治疗成本165元/(头·年)(徐春阳 等,2008)。牧场利用羊草+青贮+苜蓿的"精三元"粗饲料喂养奶牛见图20-12。

图20-12　牧场利用羊草+青贮+苜蓿的"精三元"粗饲料喂养奶牛

20.4.2　内蒙古呼伦贝尔新巴尔虎右旗合作牧场的建设

新巴尔虎右旗(简称"新右旗")地处中、俄、蒙3国交界的内蒙古自治区边境旗县,是全区推进"向北开放"战略的前沿和呼伦贝尔4个牧业旗之一,新右旗牧区改革发展的成效,事关边疆民族地区的和谐稳定,事关边疆各族人民的福祉利益。

1. 新右旗概况

新右旗总面积25 194km^2,辖2个苏木(贝尔苏木、克尔伦苏木)、3个镇(阿拉坦额莫勒镇、阿日哈沙特镇、呼伦镇)、1个牧场(敖尔金牧场)。新右旗曾是传统的畜牧业旗,总人口近4万,其中牧业人口1.5万,蒙古族人口占全旗总人口的79.8%,是以蒙古族为主体,汉、达斡尔、鄂温克、鄂伦春、回、满等11个民族聚居的边疆少数民族地区。新右旗地域辽阔,气候属中温带大陆性干旱气候。该旗草原属典型干旱草原(李昌武,2012)。

2. 牧区畜牧业经营模式改革

新右旗以推进草牧场承包经营权流转为主攻方向,按照"依法、自愿、有偿"的原则,鼓励引导牧民以转包、出租、互换、转让、股份合作等形式流转草场承包经营权。截至 2012 年底，全旗草场流转面积达 700 多万亩，占可利用草场面积的 25% 以上。新右旗不断加强草牧场流转服务体系建设，制定出台了鼓励各类规模经营主体和流转牧户的扶持政策，建立了旗、苏木镇、嘎查 3 级草牧场流转管理平台，加快培育草牧场承包经营权流转市场；进一步强化监督管理，成立了旗草场流转监督管理领导小组；同时建立健全草牧场流转合同管理制度，制定了统一的草场流转合同，并发放到牧业嘎查和草场流转牧户手中（李昌武，2012）。

新右旗总结出若干种牧区经营制度的改革创新模式，其中较具代表性的是整合草场、实行大划区大轮牧联户经营模式。以嘎查为单位，整合使用草场资源，实行大划区大轮牧联户经营模式，即在保持草场使用权不变的前提下，打开封闭多年的牧场网围栏，恢复四季轮牧。打破牧户区划界限实行草场自愿流转，将原来一家一户小块经营变为功能区划，变一家一户分散经营为联户经营，以草牧场资源整合为主，畜群、劳动力和基础设施整合为辅，实现大划区大轮牧的游牧经营模式（李昌武，2012）。

2019 年，在牧民自愿的基础上，新右旗克尔伦苏木芒来嘎查试点先行。整合草场 39 万亩、吸纳牧民 88 户 267 人，组建了芒赉畜牧专业合作社。合作社以草定畜划分四季轮牧草场和打草场，布置 11 个放牧点，选定 3 个浩特长，拨付专项扶持资金，购买饲草家畜，实现效益最大化。同时，选定 7 个苏木镇 19 个试点嘎查梯次推进，为牧区现代化试点建设奠定了坚实基础。这种整合牧户草场、实行大划区大轮牧的联户经营模式，在转变畜牧业生产经营方式方面进行了有益尝试，为传统畜牧业向现代畜牧业发展积累了宝贵的经验。废除围栏定点放牧，推行大划区季节轮牧经营模式见图 20-13。

图 20-13 废除围栏定点放牧，推行大划区季节轮牧经营模式

3. 牧区畜牧业生产模式改革

以实现科学生产和规模化经营为主攻方向,推广现代游牧生产经营方式,恢复和传承游牧文明,实施整合草场划区轮牧。着力调整优化畜群畜种结构,鼓励发展专业化、规模化、集约化养殖,组建牧区新型合作组织,促进各生产要素优化整合和资源共享,形成了党支部带领牧户自愿联合、实行民主管理的互助型经济实体。

新右旗大力强调改善和调整优化畜群畜种结构的重要性。一方面,实行"增大减小,少养精养"的策略,重视家畜的个体质量,而不是盲目的数量扩张,着重于家畜个体生产性能和经济价值的提升。另一方面,鼓励牧民优化畜种结构,提倡多样化家畜放牧模式(图20-14)。例如,新右旗克尔伦苏木芒来嘎查试点整合多样化家畜5800头(匹、只)(牛360头、马40匹、羊5400只)。同时,鉴于新右旗牧区当前绵羊比例过高的现状,阿斯日畜牧专业合作社大力扩大牛群的规模。截至2019年,合作社有84头西门塔尔母牛,2020年预计繁育60头牛犊。2019年合作社购进了80多头西门塔尔牛,第2批还将购进200多头牛,把存栏量逐渐发展到500头左右。

图20-14 新右旗草原的多样化家畜(牛、绵羊和马)放牧模式

4. 经济效益分析

通过上述畜牧业经营和生产模式的改变,新右旗牧区牧民的经济收入得到明显改善。

呼伦贝尔市新右旗贝尔苏木布达图嘎查现代畜牧业示范基地——"万头牛"养殖示范园区于2009年开工建设,当年建成投入运营。总投资420万元,全嘎查

96户牧民参加，累计吸收参股资金94.05万元。目前，示范园区已形成党支部+基地+公司+牧户的生产、销售、管理一体化运行模式，养殖规模扩大到1万头，实现生态保护与牧民增收"双丰收"。

2017年，阿斯日畜牧专业合作社在贝尔苏木贝尔嘎查合作社成立。合作社共有5名社员，8600亩草牧场，草牧场上建有棚圈、贮草库、机井房、新生牛犊保湿室等完善的基础设施。截至2020年，贝尔嘎查共有5家牧民专业合作社、25名社员，现有资产达1320万元。合作社资产最多的有400万元，最少的170万元，还有5个畜牧专业合作社正在逐步成立。

贝尔苏木大山养牛专业合作社于2008年11月登记注册，注册资金83.55万元，目前有社员68户、223人。合作社通过一段时间的建设和经营，逐步引导并采取自愿原则将社员自家家畜入社集中饲养，将畜牧业生产逐渐向规模化运作，产品销售向市场化运作，资金流动向企业化方向运作发展。合作社计划用3～5年将肉牛饲养头数从2009年的363头发展到2014年的5000头，年人均纯收入增加1万元，同时辐射带动周边牧户300户。

第 21 章

青藏高原区草地农业发展模式与案例*

青藏高原面积达 257 万 km^2（张镱锂 等，2002），平均海拔在 4000m 以上，被称为"地球第三极"，是我国及周边地区许多大江大河的发源地，孕育了长江、黄河、澜沧江、雅鲁藏布江、塔里木河等十余条亚洲重要河流，被誉为"亚洲水塔"。同时，青藏高原也是世界高寒生态系统物种及遗传资源最丰富和最集中的地区之一，在全球高寒生物多样性保护中具有十分重要的地位，是我国"两屏三带"（青藏高原生态屏障、黄土高原-川滇生态屏障、东北森林带、北方防沙带和南方丘陵山地带）生态屏障的重要组成部分。

草地是青藏高原生态系统的主体。青藏高原草地不仅具有重要的生态功能，同时也为放牧家畜提供了优良的饲草资源，为青藏高原成为我国重要的草地畜牧业生产基地奠定了饲草基础。据统计，青藏高原有家畜约 5859.96 万头，占我国牲畜总量的 15.79%（吴雪 等，2021），涵盖了我国五大牧区中的青海省、西藏自治区和甘肃省，是世界上最大的放牧生态系统之一，是我国草地农业的重要组成部分。另外，青藏高原作为藏族同胞的世居地，草地农业为藏族同胞提供了主要的生产、生活保障，发展草地农业对于"治边稳藏"有着重要意义。

本章首先对青藏高原草地农业的区域范围、发展现状、存在问题进行了简要介绍和分析，并提出青藏高原草地农业发展原理与途径；然后介绍适宜青藏高原草地农业发展的技术途径和模式；最后对青藏高原草地农业发展的 5 个典型案例进行详细的分析和评价。

21.1　区域概况

草地作为青藏高原的主要植被类型，是发展草地畜牧业的基础，同时也具有水源涵养、水土保持、气候调节、防风固沙、生物多样性维持等重要的生态服务功能，在保障民生、维护区域生态安全等方面发挥着重要作用。作为全球气候变化敏感区和生态脆弱区，青藏高原草地农业发展没有得到足够的重视，草地在全

---

* 本章作者：胡林勇、徐世晓、赵亮、徐田伟、赵新全

球气候变暖和放牧等人为活动干扰下发生了不同程度的退化，严重制约了区域草地生态服务功能的发挥和草地农业发展。对青藏高原草地进行适应性管理，保障草地生态安全和促进草牧业发展是当务之急。

21.1.1 区域范围

青藏高原雄踞亚洲大陆中部，绝大部分在中国境内，在中国境内部分西起帕米尔高原、东至横断山脉，南自喜马拉雅山脉南缘、北至昆仑山-祁连山北侧，东西长约2945km，南北宽为1532km，位于26°00′12″~39°46′50″N，73°18′52″~104°46′59″E（张镱锂 等，2002）。行政区划包括了西藏自治区全部，青海省绝大部分地区，以及新疆维吾尔自治区、四川省、甘肃省和云南省部分地区。青藏高原高山大川密布，地势险峻多变，地形复杂，平均海拔远超周边地区。根据青藏高原不同地区的地形地貌特点，可将其分为藏北高原、藏南谷地、柴达木盆地、祁连山地、青海高原和川藏高山峡谷区六大区域。

21.1.2 区域草地农业发展现状

1. 天然草原

草地面积占青藏高原总面积的60%以上，约为我国草地面积的1/3，是全球最大的高寒草地分布区（Dong et al.，2020）。青藏高原天然草原主要有高寒草甸、高寒草原、高寒荒漠草原、高寒草甸草原、低地草甸和温带草原6种类型，分别占青藏高原草地总面积的47.05%、30.98%、7.41%、4.21%、6.74%和3.61%（Tian et al.，2014），涵盖了三江源区、环青海湖及祁连山区、一江两河地区、那曲地区、甘南地区及川西北等典型生态脆弱区。与内蒙古地区相比，青藏高原的草地具有更高的草产量，同时表现出高粗蛋白质、高无氮浸出物、低粗纤维、低粗脂肪的特点，具有更高的营养价值（石岳 等，2013），为放牧家畜提供了良好的饲草资源。

青藏高原独特的高海拔地形地貌特征、寒冷的气候条件和严苛的植物生长环境，致使高寒草地生态系统具有先天的脆弱性，环境承载力极为有限。据报道，由于受气候变化和人类不合理开发利用的影响，其草地退化严重。例如，青海省现有可利用草地面积31.61万km^2，中度以上退化草地面积达7.3万km^2，占全省草地总面积的23.09%（崔庆虎 等，2007）。高寒草地退化将不可避免地造成生态系统稳定性降低、结构失调、功能减弱，给区域生产发展、生活改善和生态安全等带来负面效应。近年来，随着一系列生态保护措施的实施，草地退化趋势得到遏制，整体趋于好转，但空间异质性较大，局部仍面临退化风险（贺金生 等，2020）。

2. 放牧家畜

牦牛和藏羊是青藏高原家畜的主体，为农牧民提供了衣、食、住、燃料等生产和生活物资。我国是牦牛的发源地，目前共有18个优良地方品种资源和2个培育品种。据估计目前全球共有1700余万头牦牛，其中90%以上分布在我国的青藏高原。青海、西藏、四川和甘肃省（区）是我国牦牛分布最多的地区，分别饲养牦牛580.0万头、492.3万头、400.0万头和145.0万头。藏羊是我国三大粗毛羊品种之一，主要分布在青藏高原，目前藏羊数量3000余万只，其中青海省存栏量1251万只，西藏自治区存栏量1017万只，共占全国藏羊存栏量的75.6%。以牦牛、藏羊为主体的草地畜牧业在青藏高原地区经济中占重要地位。

当前，青藏高原草地畜牧业仍以传统放牧为主，对放牧家畜管理粗放，基本无补饲，或仅在冷季雪灾时进行少量补饲，惜宰惜售现象及老龄家畜仍广泛存在，导致放牧家畜饲养周期长、出栏率低。以青海省为例，2018年牦牛的出栏率仅为33.57%，远低于黄牛的出栏率（62.87%）。

3. 人工草地

人工草地是在人为农业措施干预下，结合所在地的具体生态条件和一定经济利用目标，选择适宜草种而建立的特殊人工植物群落（胡自治，1996）。人工草地不仅为牧区畜牧业的稳定发展提供所需的优质牧草，实现草畜平衡，而且也有助于保护和恢复退化的天然草原，提高草地生产和生态功能（方精云等，2016），因此发展人工草地已成为缓解青藏高原牧区天然草原放牧压力和提升草地生产力的有效途径。在畜牧业发达的澳大利亚、新西兰和欧洲国家，人工草地占草地总面积的比例已超过50%，人工草地集约化经营已成为低成本、高效益的畜牧典范模式。我国人工草地面积仅占草地总面积的5%左右。在高寒地区人工草地种植面积更少，据西藏自治区农牧厅2018年发布的数据，西藏自治区人工草地面积为9.9万hm^2，仅占可利用草地面积的0.13%，且主要集中在藏南农牧交错区域（段呈等，2019）。

一年生人工草地主要以燕麦为主，而多年生人工草地则以垂穗披碱草、早熟禾等为主，豆科牧草缺乏。多年生人工草地主要种植在退耕还林地带或黑土滩等严重退化草地。此外，我国的多年生人工草地利用年限短，3～5年后多年生人工草地开始退化，而且牧草利用方式单一，草产品的加工利用技术尚不成熟，这些问题在高寒牧区更加突出。

21.1.3 区域草地农业发展中存在的问题及其成因

1. 草地和放牧家畜季节性供需不平衡导致草畜矛盾突出

青藏高原放牧家畜终年放牧，天然草原是其主要的食物来源，然而受特殊地理环境和气候条件影响，该地区气候无明显的四季之分，而仅有冷暖之别。夏季短暂而湿润，牧草生长季短暂（仅 90～120d），且再生能力弱；冷季漫长寒冷，导致草地枯草期很长（徐田伟 等，2020），草地生产呈现出明显的季节性差异。

高寒草甸是青藏高原主要的草地类型。在短暂的暖季，青藏高原气候呈现明显的雨热同期现象，牧草迅速生长繁殖，营养丰富，为家畜提供了相对充足的饲草资源。冷季牧草迅速枯萎，营养品质低下，牧草现存量和营养品质呈现明显的季节性波动。对青海省贵南县的草甸化草原进行连续监测表明，暖季牧草生物量可达 202.80g/m^2，冷季牧草生物量最低值仅为 50.85g/m^2；同样，最能反映牧草营养水平的粗蛋白质含量在夏季最高时为 12.44%，而最低时仅为 3.22%～4.35%。草地牧草产量和营养品质在时间上呈现出明显的不平衡性。

在传统草地畜牧业模式下，天然草原是放牧家畜的唯一饲草和营养来源。与草地牧草产量和营养品质的季节性动态相适应，放牧家畜牦牛和藏羊在暖季青草期迅速生长并沉积脂肪；在冷季由于牧草供应量不足和品质低下，可吸收利用的营养匮乏，不能满足放牧家畜生长乃至维持其基本生命活动的需要，只能依靠消耗体内蛋白质和脂肪等来维持生命活动，由此发生因掉膘而出现的体重降低现象。

对甘肃省肃南县 18 头 4 月出生的牦牛进行为期两年的体重动态监测表明（图 21-1），在牦牛出生的当年暖季（5～10 月）牦牛体重平均增加了 35.3kg，而在冷季（11 月至翌年 4 月）牦牛体重则因掉膘而减少 10.8kg，在翌年的暖季牦牛体重又迅速升高 58.8kg，但随着冷季的来临又因营养不足而掉膘（薛白 等，2005）。在青藏高原全放牧条件下，在冷季藏羊体重也呈现出类似的掉膘现象。

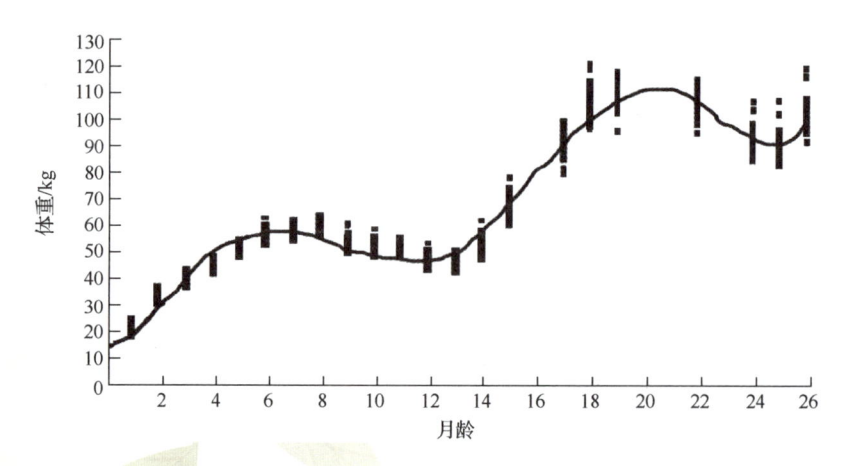

图 21-1 牦牛 0～26 月龄体重动态变化（薛白 等，2005）

在高寒地区传统放牧模式下，天然草原牧草供给与家畜生长需求间的供需矛盾，造成放牧家畜体重随着年龄增长呈现出明显的锯齿状波动上升的现象，长年处于"夏饱、秋肥、冬瘦、春乏"的恶性循环（图21-2），导致放牧家畜饲养周期长、周转慢、商品率低，严重影响草地畜牧业的经济效益。尤其是由于青藏高原母畜主要在冷季产羔/犊，母畜在维持自身需要的同时，还要同时供给胎儿的生长发育需要，使草地生产与家畜营养需求之间的不平衡性显得越加明显。特别是在遇到周期性雪灾时，往往会由于没有充足的饲草储备而导致牦牛、藏羊死亡，造成严重的经济损失。

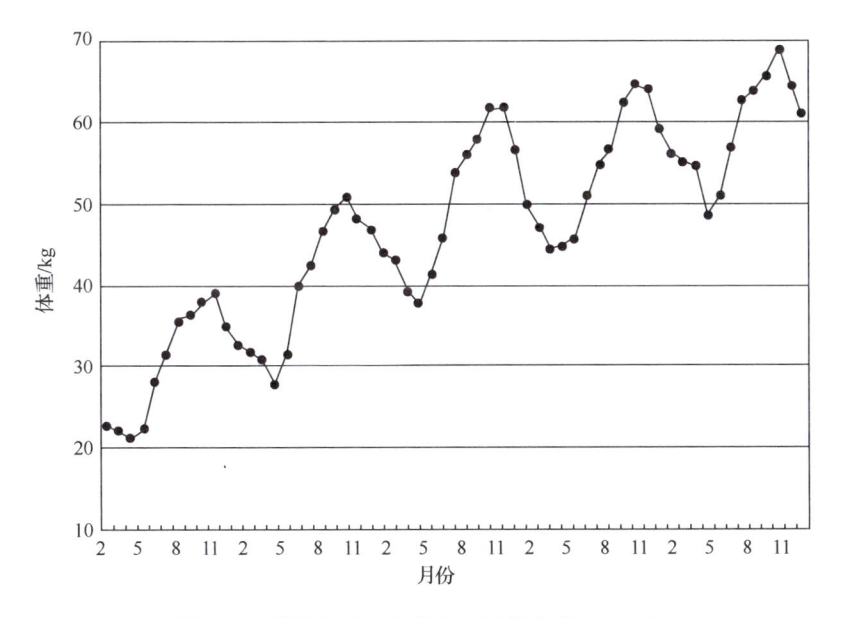

图 21-2　藏羊体重动态变化（赵新全 等，2011）

2. 气候变化和超载过牧导致草场退化

自 20 世纪 50 年代以来，随着人口数量的增加，放牧家畜数量呈持续增长趋势。在传统的放牧条件下，对高寒草地缺乏科学管理，人们过多地看重短期经济效益而导致长期超载过牧。长期超载过牧，加之气候变暖、鼠虫害扰动等多种因素影响，导致青藏高原约 45 万 km^2 的草地发生了不同程度的退化，草地退化形势严峻（孙建 等，2019；Dong et al.，2020）。长期超载过牧会严重破坏草地生态系统，不仅导致草地生产力下降，还会引起生物多样性丧失；同时，超载过牧使优良牧草得不到繁衍生息的机会，造成优良牧草比例减少，为毒杂草蔓延提供了营养和空间，进而导致草地植被结构破坏、功能退化，严重影响草地生态系统的服务功能。草地退化引起的牧草产量下降会引起放牧家畜生长缓慢，出栏率和商品化率降低，牧民单纯片面追求经济利益而增加家畜饲养量，导致草地退化进一步加剧，草地畜牧业发展陷入恶性循环，严重影响着区域畜牧业的发展，威胁着生态屏障安全。

为遏制青藏高原特别是典型脆弱区草地退化的局面，2000 年以来国家组织实施了一系列重大生态保护和建设工程。例如，2003~2012 年在西部 11 个省（区）实施了"退耕（牧）还林还草"工程，2006 年实施《甘南黄河重要水源补给生态功能区生态保护与建设规划（2006~2020）》，2005 年和 2014 年先后启动了三江源一期和二期建设工程，2008 年启动实施了《西藏生态安全屏障保护与建设规划（2008~2030）》，2011 年和 2016 年先后两次启动草原生态补奖政策等，总投资达 589.01 亿元。遥感监测结果显示，2000~2017 年三江源区草地多年平均覆盖度为 56.47%，植被覆盖度整体趋好（赵新全，2021）。刘启兴等（2019）的研究表明，在 2000~2016 年黄河源区 70.2%的区域植被 NDVI 呈增加趋势，但高原草地退化趋势尚未得到根本遏制。

3. 饲草加工水平低、饲养管理粗放导致草地农业经营效益差

受传统重农轻牧思想影响，青藏高原人工草地多于农牧交错区人工草地，且基本无灌溉条件，处于"靠天吃饭"的状态，牧草产量受天气影响大。种植的一年生人工草地以燕麦草为主，多年生人工草地以禾本科牧草为主，豆科牧草匮乏。对于人工牧草，多以晒制青干草为主。然而，由于牧草收获季节与青藏高原雨季重叠，刈割后的牧草经常由于连日阴雨天气而出现发霉现象。同时，由于在晒制青干草过程中收贮不及时或收获后贮存条件不当，造成青干草营养流失严重。据检测，多数牧草粗蛋白质含量仅为 5.5%~6.0%，低于同期调制的青贮草中粗蛋白质含量（约为 8%）。

放牧家畜营养需求是核算草地营养供给盈亏的基础，也是开展精准补饲和短期舍饲养殖的前提。然而，目前关于放牧条件下放牧家畜营养需求的研究较少，对放牧牦牛、藏羊的营养需求研究更少，其放牧家畜的营养需求主要参考舍饲条件下家畜营养需求，限制了牦牛、藏羊饲草料供给的科学性和合理性。严酷的自然条件加之粗放的养殖管理方式，严重制约了牦牛和藏羊的养殖收益，农牧民为追求经济效益而增加家畜数量，进一步增加了草地放牧压力、加剧了草地退化风险。

21.1.4 区域草地农业发展原理与途径

1. 放牧和气候变化对高寒草地生态系统的影响

通过分析线粒体 DNA 遗传变异，对牦牛遗传多样性和驯化历史进程的研究发现，野牦牛和家牦牛分化发生在全新世早期，即高寒草地受放牧活动影响有

8000~10 000 年，高寒草地景观和群落结构是家畜和牧草协同进化的结果，是长期放牧下形成的偏途顶级群落，符合中度干扰理论。适度放牧能够提高草地植被丰富度，提高草地生产力，维护草地生态平衡（李文斌 等，2017）。气候变暖可降低牧草营养品质，使结构性碳水化合物含量上升，合理放牧有助于维持较高的草地初级生产及物种丰富度，可减轻气候变暖引起的负面效应。放牧管理是草地管理的核心，青藏高原的草地生长季放牧利用应遵循"用半留半"的原理。涡度相关法证实青藏高原健康高寒草甸生态系统具有较强的碳汇功能（0.6~1.9t/hm²），其固碳能力受控于土壤碳储量和放牧活动干扰，对天然草原的合理利用可促进生态系统的碳固定，这为区域碳汇管理及基于碳汇功能的生态评估、生态补偿核算提供了数据支撑。

2. 高寒草地生态系统退化过程及成因

草地退化是草地生态系统在超出有效负载的干扰下发生逆向演替的生态过程。当草地放牧强度超出草地生态系统的调节能力，常常引起植被的逆向演替。在演替过程中，首先是不耐践踏的植物比例降低，随之是植被高度、盖度和植被生物量的有规则降低，最后只留下稀疏植被，形成低产脆弱的生态系统。一旦这种人为干扰的强度超过草地生态系统所能耐受的范围，生态系统即发生退化。生态系统的退化既取决于其内在因素（即系统自维持和低抗力的强弱），也取决于外在驱动力干扰（赵新全 等，2011）。导致青藏高原草地退化的因子很多，主要有气候、野生动物和人类活动等，目前多数学者支持气候变化和超载过牧共同作用是导致草地退化的主要原因。张江等（2020）分析认为，在气候因素中以气温和降水的影响为主，短期内气候的变化不会成为草地退化的主导因素，而在一定程度上家畜放牧强度的高低直接决定草地的退化程度。张骞等（2019）的研究表明，就青藏高原来讲，受特殊恶劣环境条件的制约，其自身就具有先天的脆弱性，极易被破坏而难以修复，超载过牧更可能是造成草地退化的主因。周华坤等（2005）采用层次分析法对江河源区高寒草地退化的研究表明，长期超载过牧是导致高寒草甸退化的主因，贡献率为 39.35%；气候暖干化及由此导致的土壤冻融和侵蚀贡献率为 31.96%；鼠虫害和毒杂草的泛滥是加速高寒草甸退化的重要因子，贡献率为 15.03%。过度放牧使高寒草地生态系统中的植被-土壤-微生物-种子库之间协同性失衡，导致系统结构紊乱、功能衰退、自我修复能力逐步丧失，而气候的异常扰动和人类活动对草地退化具有叠加效应。随着退化程度增强，土壤有机质含量由 13%降至 6%，土壤含水量由 36%降至 17%，物种数由 22 种下降为 15 种，优良牧草比例由 84%降至 4%。

3. 基于资源空间配置的区域耦合理论

对草地畜牧业发展中存在的草地退化、生产效率低、效益差等问题及成因分析可以发现，青藏高原草地牧草产量和营养供给与放牧家畜需求的不平衡性，以及由此引起的草地不合理利用是引起草地退化、阻碍草地畜牧业良性发展的关键因素。基于系统耦合理论及其在我国草地农业系统、荒漠-绿洲草地农业和天山北部山盆系统中的应用（任继周，1999；林慧龙和侯扶江，2004；任继周和林慧龙，2005；董孝斌 等，2006），利用三江源区地区的草地牧业区、农牧交错区与河谷农业区三大地理分区的生态功能特征分异，因地制宜地提出三江源区"三区功能耦合理论"，丰富了季节性营养非平衡草地生态系统管理理论。

青藏高原地区草地农业发展的基本原理应该是在保护生态的前提下发展草地畜牧业，即通过对青藏高原地区草地（天然草原和人工草地）的可持续管理，实施区域草畜及其他社会资源的时空耦合，来达到草畜均衡发展的目标。

4. 青藏高原草地农业发展的途径

1）总体发展途径

根据草地牧草季节性生长特征，通过动态监测评估可利用牧草产量和营养供给量，以草地可利用营养供给量和放牧家畜营养需求为依据，核算放牧家畜季节饲养量，即载畜量，并根据载畜量适时调整畜群结构；对草地进行合理配置和放牧管理，实现高寒草地的合理利用；根据地理和气候等条件，因地制宜地开展高产优质饲草料人工种植和草产品加工，通过饲草料和家畜资源的时空优化配置，对放牧家畜进行适度补饲，对淘汰家畜进行短期舍饲育肥出栏，从而达到高寒草地和放牧家畜营养均衡生产的目的。

2）分区发展途径

在高寒牧区利用当地丰富的天然草原资源，基于高寒草地季节配置和合理利用，开展牦牛、藏羊的放牧繁育，适时进行放牧家畜结构调整，将淘汰犊牛、羔羊和淘汰母畜售卖转运至河谷农业区进行短期舍饲，同时利用河谷农业区和半农半牧区的饲草和农副产品资源开展妊娠母畜的补饲，从而实现草畜资源营养均衡生产。

在农牧交错区，利用天然草原开展草场季节配置和放牧家畜的繁育，因地制宜地进行人工草地的规模化种植和加工，充分利用当地及周边地区的草畜资源，开展放牧家畜半舍饲营养均衡生产。

在河谷农业区，充分利用当地的耕地和水热资源，开展优质高产饲草料的种植和规模化加工，开展家畜的规模化短期舍饲化养殖，同时为天然草原提供优质的饲草料资源。近年随着高寒地区牧草种植技术和补饲技术的研发和推广，以及草牧业相关政策的实施，利用青藏高原东南部和部分河谷地区耕地、水热资源，开展规模化的人工草地建植，将收获后的牧草用于放牧家畜的冷季补饲，可以使青藏高原地区牧草生产和家畜营养需求呈现出的空间或地域性不平衡情况得到一定程度的缓解。在人工草地建设中，须提高牧草栽培与管理技术，加大草产品开发利用力度，以提高草地利用年限，有效恢复改善退化植被，促进畜牧业可持续发展。要高效持续地利用人工草地，适宜的牧草混作组合搭配和加强人工草地后期管理是重中之重。近几年来，青海、甘肃、西藏等省（区）各级地方政府和相关科研院所对青藏高原区适宜人工草地进行了相关研究与示范，筛选出了一些优良牧草品种，然而对于适宜规模化建植的人工草地牧草混作组合，多年生人工草地可持续利用和后期管理技术试验示范仍显不足，缺乏可以产业化应用的规范化技术；另外，由于传统的单一放牧模式下高寒牧区冷季饲草营养严重匮乏，基于区域饲草料资源特征的饲草料营养搭配配方研发滞后，在一定程度上也限制了高原生态畜牧业发展的进程。

基于系统耦合理论，根据高寒牧区、农牧交错区和河谷农业区各自的资源禀赋，通过对高寒草地实施可持续管理，实现对区域资源的时空配置和系统耦合，达到高寒草地资源和放牧家畜营养的动态平衡，这是保障青藏高原草地生态安全，统筹兼顾畜牧发展，实现草地畜牧业草畜平衡发展的重要途径。

21.2　技术途径和模式

青藏高原独特的高海拔地形地貌特征、寒冷的气候条件和恶劣的植物生长环境，致使高寒草地生态系统非常脆弱，极易被破坏且难以恢复。在放牧等人类活动和全球气候变化等多重因素影响下，青藏高原草地已经发生了大面积的退化和沙化，家畜品种退化、生产效率低和效益差等问题也随之发生。因此，在确定草地畜牧业发展基本途径的基础上，应积极探索以草定畜、草地合理放牧、发展人工牧草种植和草产品加工，开展放牧家畜异地补饲等方面的新模式、新技术研究，为区域草地农业发展提供科技支撑。

21.2.1　天然草原合理利用

放牧是草地利用的主要方式，适度放牧利用有利于草地植物多样性的维持（Guo et al.，2020）和草地生态功能的提升，但不合理的放牧方式和草地过度利用往往导致草地退化，严重影响草地的生态服务功能（汤永康 等，2019；董全民 等，2018），这是高寒草地目前面临的一个突出问题。因此，草地合理利用是青藏高原草地畜牧业发展中亟须解决的问题。

1. 牧草生长季草场合理利用

对于未退化草地而言，一般认为合理利用率为地上生物量的 50%，即采取

"取半留半"的放牧利用原则。鉴于青藏高原牧草生长期短,自然条件恶劣,未退化草地放牧利用率应控制在地上生物量的45%为宜。研究结果表明,三江源区理论载畜量应为 0.58 个羊单位/hm^2（赵新全,2021）。对于轻度退化草地应采取季节性休牧,促进草地的自然恢复；对于中度退化草地可进行适当的补播和封育,而对于重度退化草地可进行人工重建（赵新全 等,2011）。

2. 天然草原季节性配置

由于实施草地家庭联产承包制,草场使用权被分配给一家一户。在当前放牧模式下,一般分为三季草场（夏草场、秋草场和冬春草场）或两季草场（夏秋草场和冬春草场）。在农牧交错区,牧民还会选择于秋末冬初在收获干草后的人工草地进行放牧。一般而言,牦牛、藏羊于农历5月中旬转场到夏秋草场,10月至翌年5月中旬在冬春草场放牧。

基于天然草场适度放牧利用原则,应根据牛羊数量、草场面积和健康状况因地制宜地制订并实施天然草原季节性配置。图21-3为三江源地区天然草场季节性配置及放牧利用技术方案：5月初实施牧草返青期休牧,休牧期间牦牛、藏羊于畜棚进行舍饲；暖季6月底或7月初至10月在夏秋草场放牧,冷季11月至翌年4月于冬春草场进行放牧+补饲。

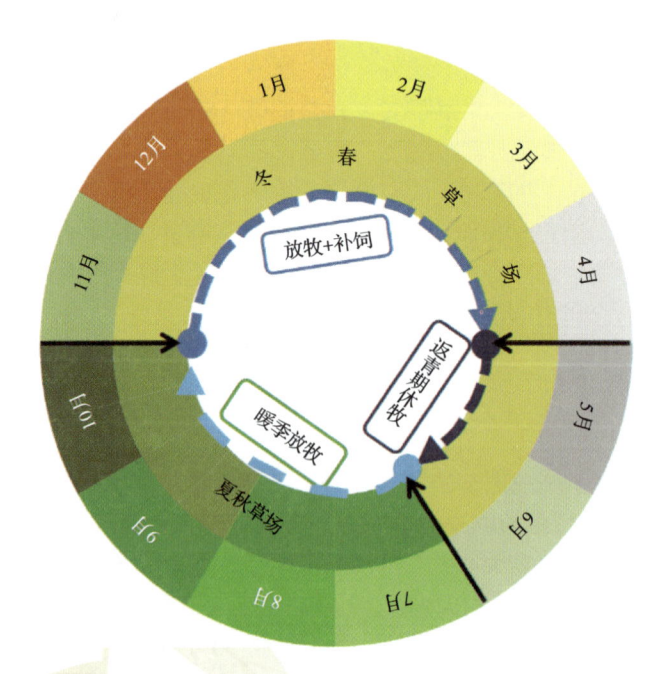

图 21-3　三江源地区天然草场季节性配置及放牧利用技术方案

3. 返青期休牧

返青期是牧草开始萌发再生的时间，是牧草生长的关键时期，同时也是高寒地区草地生态系统最脆弱的时期。如果在此时段进行放牧，牧草被家畜采食，会导致牧草光合能力下降，抑制牧草的返青和生长。牧草返青期间草地牧草现存量是一年中最低的时候。此时牧草无论在数量和质量上均无法满足放牧家畜的需求，家畜在放牧过程中逐草"跑青"现象严重，破坏草地且消耗能量，导致家畜出现"春乏"。实施返青期休牧对提升青藏高原高寒草地生产力和实现草地可持续利用具有重要的意义。

该技术主要适用于未退化或轻度退化草地。结合当地气候和植被特征，青藏高原地区返青期休牧时间一般为农历5月初至6月底。

主要技术措施：实施休牧期间，天然草原应禁止放牧活动，促进天然草原的生态、生产功能自我恢复。休牧期间，对放牧家畜（牦牛和藏羊）进行舍饲圈养。休牧期结束后，家畜方可进入草地进行放牧。图21-4为返青期休牧与返青期放牧的天然草原景观对比。

（a）返青期休牧区　　　　　　　　（b）返青期放牧区

图21-4　返青期休牧与返青期放牧的天然草原景观对比

休牧期内，以放牧家畜维持营养需求为基准，适当补饲精料补充料和青干草（青贮草）。以成年藏羊为例，如粗饲料单纯使用青干草，每天饲喂量为精补料0.1~0.2kg，青干草0.2~0.3kg；如粗饲料混合使用青干草和青贮草，则饲喂量为精补料0.1~0.2kg，青干草0.1~0.2kg，青贮草0.2~0.5kg。每日早晚各饲喂1次，自由饮水。对成年牦牛，推荐饲喂量为精补料 0.5～0.75kg，青干草 0.5～0.8kg，每日早晚各饲喂 1 次，自由饮水。

对青海省门源回族自治县实施返青期休牧的高寒草甸草地进行的群落结构等生态指标监测结果表明，返青期休牧样地群落高度达到 8.13cm，群落盖度为 95.81%，地上生物量为 379.51g/m^2，地下生物量为 2791.32g/m^2，均显著高于返青期传统放牧利用组的相应指标。就物种丰富度、杂草盖度、杂草生物量比例、土壤湿度等指标来看，返青期休牧样地较传统利用样地均有所下降。这说明实施返青期休牧可以显著提升高寒草地的群落高度、群落盖度、植被地上生物量和地下生物量，同时降低了杂类草的盖度和生物量。另外，对功能群生物量和不同深度地下生物量的监测结果表明，返青期休牧可以提高禾本科牧草、莎草科牧草乃至阔叶草的生物量，实施返青期休牧可以显著提高草地优质牧草（禾本科牧草和莎草科牧草）比例。

21.2.2　牧草种植和加工

在高寒地区适宜进行人工草地种植的土地面积较少。考虑不同牧草在生物学、营养代谢及生态位等方面存在差异，对水、热、光、肥等生态因子的需求也不尽一致，选择适宜的草种组合可以在一定程度上将竞争转化为互惠互利的效果，从而可以充分利用有限的环境资源，提高草地产量。

在高寒地区进行人工草地种植，需要解决的问题是适宜地块的选择。水热条件和海拔决定了人工牧草种植的适宜性；灌溉条件和交通是否便利是人工草地建设可行性需要重点考虑的要素；此外，人工草地只能建设在低盖度的严重退化草地上，不能破坏天然草原和可以改良恢复的轻度退化草地。段呈等（2019）基于遥感数据、土壤数据、气象数据、地形和土地利用等资料，结合野外人工草地调查数据，在分析了现有人工草地建设立地条件的基础上，对藏北不同区域人工草地布局建设的适宜性进行了探讨，在多因素的约束下，藏北高原能满足人工草地建设条件的适宜区域极其有限，以生长季较短、活动积温受限最低的一年生燕麦种植为例，其潜在的适宜区总面积约为 153.33km^2，而且主要集中分布在降水条件较差的阿里地区。

1. 一年生人工草地种植

青藏高原常用的禾本科牧草有燕麦、小黑麦、莜麦等，高原地区适宜的豆科牧草种类较少，常见的有救荒野豌豆、蚕豆等。种植时种子一般以纯度不低于 98%，发芽率不低于 85% 为宜。这些牧草一般种植于海拔 4500m 以下、光照充足、土层深厚、杂草较少的平地或坡度平缓地区，一般选择土壤疏松肥沃、质地黏到中等、有机质含量高、pH 5.5～8.0 的土地。

青海省东部农业区一般于4月上旬至6月底播种，而环青海湖地区于4月下旬至6月下旬播种为宜，青南地区则宜在5月上旬至6月上旬播种。播种前对田地进行翻耕（25～30cm）、施肥（有机肥1125kg/hm²，磷酸二铵90kg/hm²，尿素30kg/hm²）、耙磨，以破碎地表土块，保持土地平整。单播时播量为240～255kg/hm²，混作时燕麦种子播种量为225kg/hm²，救荒野豌豆播种量为75kg/hm²。播种时，推荐使用条播，行距15cm，播种深度3～4cm。播种后进行覆土、镇压。

田间管理：推荐设置围栏防止家畜或野生动物采食和踩踏破坏，拔节期有条件时灌水一次。

徐世晓等（2019）2014年对青海省贵南县燕麦+莜麦+小黑麦+救荒野豌豆、莜麦+救荒野豌豆、燕麦+救荒野豌豆和小黑麦+救荒野豌豆4种大田种植的混作人工草地进行监测表明：4种混作模式下，牧草鲜草产量初期均随生长时间的延长而逐渐升高，随后产量迅速下降，总体呈现由低到高、而后再降低的趋势。青干草（风干重）产量总体呈上升趋势，在9月上旬产量达到最高，其中莜麦+救荒野豌豆组合下青干草产量最高，达到1140g/m²，燕麦+莜麦+小黑麦+救荒野豌豆和燕麦+救荒野豌豆的青干草产量则分别为1050g/m²和1000g/m²。

2. 多年生人工草地种植

建植多年生人工草地可以避免种植燕麦草等一年生人工草地所面临的需要每年翻耕、土地裸露期长等弊端，是解决青藏高原高寒牧区高效生产和持续发展矛盾的主要途径。根据多年生人工草地的功能和利用方式，可将其分为放牧型、生态型和刈割型人工草地。

放牧型人工草地以放牧利用为目的，其特点在于能够快速形成草皮，耐放牧家畜啃食、践踏，对牧草适口性、草产量及营养品质要求较高。适宜建植于土层厚度15cm以上，坡度小于25°的滩涂地和黑土滩退化草地。

生态型人工草地以生态修复为目标，其特点在于易形成草皮、防风固沙和水源涵养功能强。适宜建植于土层厚度在15cm以下的黑土滩退化草地。

常用的禾本科牧草有垂穗披碱草、冷地早熟禾（*P. crymophila*）、紫羊茅、寒生羊茅（*Festuca kryloviana*）、老芒麦、无芒雀麦等。青藏高原适宜的豆科牧草种类较少，常见的有苜蓿、红豆草等。种子一般以纯度不低于98%、发芽率不低于85%为宜。

刈割型人工草地以收获牧草为目的，要求植株产量高、牧草营养品质优良。适宜建植于土层厚度在20cm以上，坡度小于7°的耕地或退化草地。

推荐光照充足、土层深厚、杂草较少的平地或坡度平缓地区种植，一般选择土壤疏松肥沃、质地黏度中等、有机质含量高、pH5.5～8.0的土地。

播种时间（以垂穗披碱草为例）：海拔3000m以下地区宜在4月下旬到6月

下旬播种，海拔 3000m 以上地区在 5 月上旬到 6 月中旬播种。播种前对田地进行翻耕（25～30cm）、施肥（磷酸二铵 90kg/hm²，尿素 30kg/hm²）、耙磨，以破碎地表土块、保持土地平整。条播播量为 30～37.5kg/hm²，撒播时最佳播量为 37.5～45kg/hm²。播种时推荐使用条播，行距为 20cm，播种深度为 1～2cm。播种后进行覆土、镇压。

田间管理：推荐设置围栏防止家畜或野生动物采食和踩踏破坏。

赵新全（2018）在青海省牧草良种繁殖场试验站（35°09′N，100°39′E，海拔 3300m）对紫羊茅、西北羊茅、老芒麦、无芒披碱草（*E. submuticus*）、短芒老芒麦（*E. breviaristatum*）、粉绿披碱草（*E. glaucus*）、披碱草、垂穗披碱草、贫花鹅观草（*Roegneria pauciflora* cv. Tongde）、短柄鹅观草（*R. brevipes*）、草原看麦娘（*Alopecurus pratensis*）、紫野麦草（*Hordeum violaceum*）、冰草、无芒雀麦、杂花苜蓿和红豆草等 17 种多生年牧草的产量进行了测定，结果表明 17 种牧草的叶、茎和花果平均生物量（风干重）分别为 998.37g/m²、329.68g/m² 和 213.78g/m²，占地上生物量比例分别为 65%、21% 和 14%。17 种牧草的平均地上生物量和地下生物量分别为 1541.03g/m²（范围为 493.20～3544.44g/m²）和 202.75g/m²（范围为 132.18～427.06g/m²），平均地上生物量与地下生物量比为 16.22（4.41～35.59）。其中贫花鹅观草、垂穗披碱草、杂花苜蓿、冰草、粉绿披碱草、西北羊茅和红豆草的地上生物量最高，均在 1500g/m² 以上，而杂花苜蓿和紫羊茅的地下生物量最高，在生产中可根据需要选择其中的两种或多种牧草进行混作。

3. 草产品加工

对人工草地种植的牧草进行适时的收获和加工，可有效防止营养成分流失，有利于延长牧草储存时间。另外，适当的加工处理也有利于家畜采食，防止家畜挑食，便于牧草的运输和储藏。

晒制青干草是最简便的牧草调制方法，也是青藏高原应用最为普遍的牧草贮存方式。图 21-5 为青海省贵南县青干草晒制和打捆场景。

图 21-5　青海省贵南县青干草晒制和打捆场景

一年生牧草收割时间一般在9月下旬至10月上旬，多年生人工草地最佳收获时期为8月，此时一年生牧草处于乳熟期，牧草营养和产量均处于高峰期。人工收割简单易行，虽然速度较慢，但由于收割人员可根据天气状况边收割边晒制，随时进行储藏，不易造成损失，适于草地面积较少的牧户。多年生牧草的留茬高度应控制在5cm左右，过高会造成浪费，过低会影响牧草越冬和翌年牧草产量。在青藏高原地区，对牧草收获、晾晒、储藏不当，往往导致牧草营养流失，造成资源浪费。据对三江源区冷季不同牧户储存的燕麦青干草进行取样检测，粗蛋白质平均含量为4.6%，多年生披碱草的粗蛋白质含量为3.7%~4.0%。故应根据牧草长势和天气状况适时收割，收割后的牧草平摊于草地上及时晾晒风干。待牧草晒干后进行聚拢打捆，此时牧草水分含量一般在18%以内，可以较长时间存放。打捆后青干草应储存在封闭或半封闭的草棚里，尽量避免日晒雨淋，防止营养损失和霉变。另外，随着雨季和霜冻来临，牧草生长停止，收获的牧草可在田间冻干保存，是一种经济便捷的青干草调制方法，但这种方式贮藏的牧草叶片容易脱落，造成牧草营养流失。

草颗粒是将青干草捆经过粉碎、高温挤压制成的新型草产品（图21-6）。该产品饲草料转化率高、饲喂方便，可有效改善饲草品质（表21-1），为实现集约化、机械化畜牧业生产创造条件。另外，为提高牧草营养品质，可根据区域家畜营养需求在草颗粒中添加适量微量元素或菜籽饼等高蛋白质饲料，这样生产加工的草颗粒可为区域家畜冷季健康养殖提供饲草保障。

图21-6 禾本科牧草的草颗粒

表21-1 草颗粒和草块的营养成分

产品成分	营养物质	含量/%	营养物质	含量/%
草颗粒（燕麦）	粗蛋白质	8.25	ADF	33.27
	粗纤维	32.26	NDF	49.13

续表

产品成分	营养物质	含量/%	营养物质	含量/%
草块 （燕麦）	粗蛋白质	8.12	ADF	33.27
	粗纤维	33.52	NDF	49.26

草块产品是青干草收获后将草捆经粗粉碎、高温压制的新型草产品（图21-7和图21-8）。营养型草块的营养品质较高（表21-1），便于贮存运输，同时有助于家畜反刍消化，增加家畜饱腹感，从而保证家畜的高效采食利用，进而提高饲草利用效率。

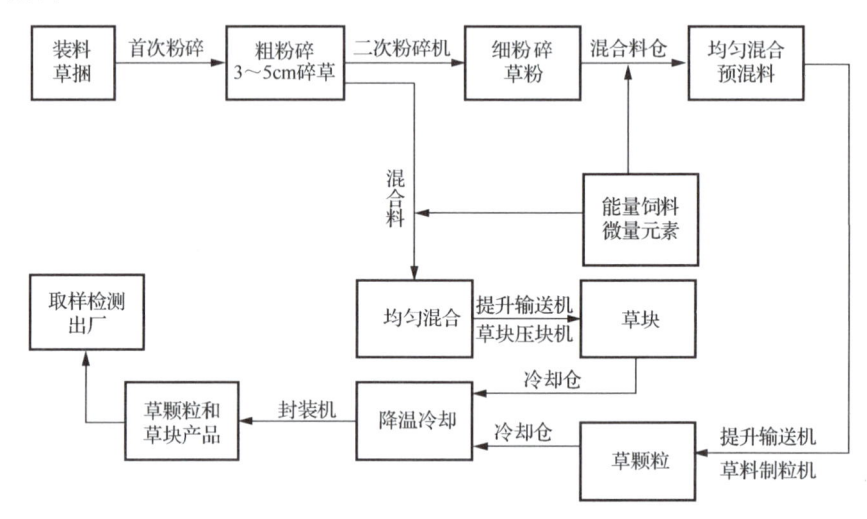

图 21-7　草颗粒和草块产品加工流程图

图 21-8　营养型草块生产车间

第 21 章　青藏高原区草地农业发展模式与案例

牧草青贮技术可以在保持牧草较高营养成分的基础上延长牧草保存时间，可为反刍动物提供鲜嫩多汁的饲草料，且受收获季节雨水天气影响较小，是青藏高原地区适宜的优良牧草加工保存方式。实施优质牧草青贮，可有效保存优质牧草的营养品质，为家畜冷季健康补饲提供优质饲草保障。

根据牧草青贮容器的不同，可将牧草青贮分为青贮壕青贮、青贮窖青贮、青贮塔青贮及捆裹青贮等。其中青贮壕青贮因其容器易于制备，便于压实，取用方便等优点而得到较广泛应用。捆裹青贮则因其便于长距离运输，有利于牧草交易，而在近年得到较多应用。牧草青贮壕青贮的基本流程包括建壕、备料（牧草收获和切碎）、装壕、封顶和取用，具体内容见图 21-9 和图 21-10。对青海省贵南县的青贮牧草和青干草营养品质进行实验室检测表明，青贮牧草的平均 pH 为 4.14，粗蛋白质含量为 8.05%，而燕麦青干草的粗蛋白质含量为 5.5%～6.1%。与燕麦青干草相比，青贮技术可以使燕麦保存更多的营养成分。

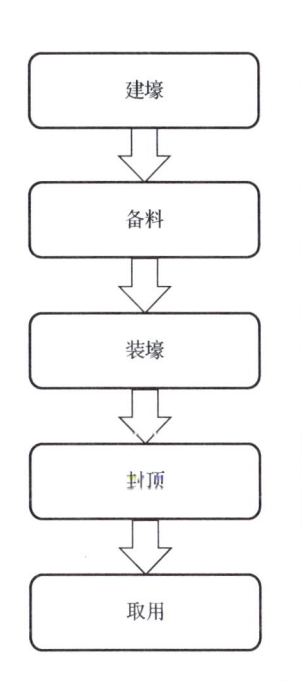

建壕	避风向阳、排水性好、距畜舍近；壕壁要平整，侧壁与底界处挖成弧形。取用端挖成30°的斜坡以利取用。按照宽：深为1∶1修建，一般1m³可容纳青贮料约600kg
备料	高原地区禾本科牧草一般在9月初收割，原料切割成3cm左右，含水量以65%～75%为宜（切碎后于手中攥紧，手指缝可渗出水珠）
装壕	将切碎的原料装填到青贮壕内，均匀摊平，每装15～20cm进行一次压实，堆放至高于青贮壕侧壁20～30cm停止装填并压实
封顶	青贮料装满压实后，用塑料薄膜将顶部裹好，再用30cm厚的泥土等进行封盖、压实，7～10d后青贮料下沉幅度较大，封盖的泥土容易出现裂痕
取用	封顶50d后便可从取料端打开，取料饲喂。注意：取料时密封用的塑料薄膜要随用随开，避免造成青贮料暴露过多而引起的霉烂变质

图 21-9　牧草青贮壕青贮的基本流程

图 21-10　高寒地区的优质牧草青贮

21.2.3　放牧家畜营养均衡养殖

1. 暖牧冷饲

受青藏高原特殊的生态地理环境影响，高寒草地牧草产量和营养品质季节变化明显，导致草畜供需季节性失衡。放牧家畜冷季掉膘减重现象严重，放牧牦牛和藏羊常处于"夏饱、秋肥、冬瘦、春乏"的恶性循环。

建立生态畜牧业产业链，改善传统的单一放牧经营方式，运用综合配套技术，推广和应用暖季放牧+冷季舍饲的两段式饲养模式，可显著加快家畜出栏，提高草地资源的利用效率，是实现生态畜牧业减压增效的有效举措。

主要做法是：在暖季对放牧家畜进行放牧养殖，而在冷季适时进行畜群调整，将非繁殖家畜调整出群进行舍饲养殖。舍饲养殖饲喂精饲料比例一般为40%～60%。

在传统放牧条件下冷季末期1.5岁、2.5岁、3.5岁、4.5岁和5.5岁藏羊体重分别为（21.1±1.3）kg、（31.3±2.4）kg、（40.0±3.5）kg、（47.3±4.3）kg和（49.7±5.5）kg。采用暖牧冷饲技术对藏羊进行养殖，试验羊在暖季随大群进行放牧，在冷季进行为期3个月的舍饲养殖。经过3个月的舍饲养殖，1.5岁、2.5岁和3.5岁藏羊体重分别达到（54.6±6.4）kg、（59.5±7.1）kg和（66.4±4.7）kg。显然，采用暖牧冷饲技术进行养殖，1～3岁藏羊的体重均高于传统放牧模式5岁藏羊的体重，显著提高了高寒牧区藏羊的生产性能（徐田伟，2018）。

在青藏高原传统放牧条件下，冷季放牧家畜会因草地牧草供给量和营养水平不足而发生掉膘现象，1～5岁传统放牧藏羊在其整个生产周期内平均减重分别为（7.4±2.2）kg、（15.6±3.5）kg、（26.3±4.5）kg、（36.3±5.8）kg和（48.3±5.9）kg。随着养殖周期的延长，损失增大。因此，应在冷季到来时及早对畜群进行调整，将非繁殖家畜淘汰进行舍饲出栏养殖，以减轻草场放牧压力，同时提高养殖收益。

2. 冷季补饲

在冷季对放牧家畜进行适量的补饲，可有效降低冷季饲草料短缺造成的损失。在青藏高原地区多数是在冷季放牧家畜返回圈舍后适当给予一定量的青干草，以减少掉膘率。有关传统冷季放牧与补饲（补饲燕麦青干草）对牦牛和藏羊冷季生长性能影响的研究结果表明（表21-2）：冷季放牧牦牛和藏羊均呈负增长，其中放牧藏羊每只平均减重（5.7±0.51）kg，放牧牦牛平均每只减重（12.4±1.13）kg。粗放舍饲可使每只藏羊增重（7.9±0.73）kg，日均增重（58.5+5.42）g，增重比例高达31.3%。粗放舍饲可使牦牛每头增重（8.4±0.76）kg，日均增重（62.2+5.66）g，增重比例达8.92%。

表21-2　不同饲养方式下牦牛和藏羊的生长性能

	初始重/kg	期末重/kg	增重/kg	日均增重/g	增重比例/%
补饲藏羊	25.4±1.33	33.3±1.63	7.9±0.73A	58.5±5.42A	31.3±3.00A
放牧藏羊	28.2±2.16	22.5±2.09	-5.7±0.51B	-41.9±3.78B	-20.5±2.25B
补饲牦牛	96.7±6.44	105.1±6.43	8.4±0.76A	62.2±5.66A	8.92±1.06A
放牧牦牛	99.7±6.26	87.3±5.95	-12.4±1.13B	-91.8±8.39B	-12.5±7.36B

资料来源：徐田伟等（2017）。

注：不同的大写字母表示差异极显著 $P<0.01$。

冷季养殖收益核算显示，冷季放牧牦牛的收益为-347.2 元/头，主要是放牧牦牛掉膘减重损失，舍饲牦牛收益为-243.7 元/头，这是因为燕麦青干草消耗大于牦牛增重收益，但与放牧组相比，可减少损失 103.5 元/头。舍饲组藏羊收益为 25.1 元/只，损失减少 152.7 元/只，显著高于放牧藏羊的收益（徐田伟 等，2017）。

这种粗放的补饲只能在一定程度上降低放牧家畜养殖损失。为提高畜牧养殖效益，应以牧草营养价值科学评价、牦牛的 DM 采食量测定、牦牛的营养需要量测算、饲草料营养组合搭配利用及精饲料补充料营养配方筛选等，作为不同生长发育阶段和生产目的的牦牛的补饲依据。采用精饲料补充料或精饲料补充料+青干草补饲，结合牦牛 DM 采食量（占牦牛活体重的 2.5%～3%），精饲料补充料补饲量一般不超过总饲喂量的 60%。

母牦牛围产期补饲：根据设计的配方，精饲料补充料补饲量为 1.5～2.5kg，青干草补饲量为 2～3.5kg。补饲后母牦牛一年一产的比例可提高 20%，冷季母牦牛产奶量提高明显。

犊牦牛补饲：犊牦牛出生后 20d 开始逐渐补饲青干草，后续可适当增加精饲料补充料，促进其胃肠道功能及早建立，提高犊牛断奶后对粗饲料的采食量和消化利用率，促进犊牛生长发育。同时，3 月龄适时断奶，可提高母牦牛发情率达 65%以上。

藏羊在草场状况最好的 7 月底 8 月初配种，在冷季牧草最为匮乏的时期，即胎儿生长最为迅速的母羊妊娠后期和哺乳期，采用精饲料补充料进行补饲。母羊泌乳期补饲 60d，在妊娠后期和哺乳期补饲量分别为 0.1kg/只和 0.125kg/只，以满足母羊及其胎儿和羔羊的营养需求。根据放牧藏母羊哺乳期泌乳规律及其羔羊生长规律，确定羔羊断奶时间为 50d 左右，与传统放牧饲养 4 个月断奶相比缩短了 2 个多月。

母羊繁殖期精准补饲：补饲时间为分娩前 45d，精饲料补充料补饲量为每天每只 0.1kg，燕麦青干草补饲量为 0.25kg。哺乳期精饲料补充料补饲量为每天每只 0.15kg，燕麦青干草补饲量为 0.25kg，青贮燕麦草补饲量为 0.5kg。相比传统放牧模式，母羊产羔率提高 8.7%，羔羊初生重增加 0.46kg，饲养每只母羊多盈利 71.39 元（侯生珍 等，2012）。

3. 羔羊当年出栏

在传统藏羊羔羊生产模式中，在高寒牧区营养匮乏的草场枯黄期，藏母羊妊娠期和哺乳期的生长完全依赖于天然枯黄草场，传统放牧经营方式下虽然没有饲养成本（不计天然草原成本），但受特殊自然环境制约，藏母羊营养供给极度匮乏，加上泌乳负担的加重，导致藏母羊死亡率达 2.35%。藏羔羊生产中，传统游牧养殖方式，藏羔羊断奶日龄延长到150d以上，其间在天然草原上，羔羊随母羊觅食而行走长距离的路程，消耗大量体能，加之草场枯黄营养供给的不平衡性，严重制约了藏羔羊生长发育。转变放牧藏羊养殖方式，虽然增加了母羊养殖成本，但增强了母羊体况、减少了母羊损亡率（母羊损亡率为零），而且提高了羔羊初生重、断奶重和羔羊繁殖成活率（比传统养殖羔羊繁殖成活率提高14.23%），使羔羊早期断奶，挖掘了藏羔羊生产潜能，且6月龄羔羊的体重达到35kg，使羔羊当年出栏，缓解了天然草原的放牧压力，有效保护了天然草原。

在羔羊出生10d后开始对羔羊进行诱食青干草，以促进其瘤胃发育；出生20d后诱食羔羊精饲料补充料，30d后即可逐步断奶。断奶后羔羊进行组群，精饲料饲喂量逐步增加至60%。6月龄时羔羊体重可达（36.6±3.70）kg，胴体重为（17.8±1.8）kg，消耗饲草（135.6±14.4）kg，扣除人工和饲料成本后收益可达（484.6±84.7）元。

4. 基于TMR技术的牦牛营养均衡养殖

冬季高寒牧区家畜的养殖大多以放牧为主。近年来，在科技示范带动下，逐渐开始接受放牧+补饲的养殖方式。补饲时多采用精、粗饲料分开饲喂，采取精饲料限量、粗饲料自由采食的方式。饲养管理技术相对落后，饲草料营养搭配不均衡，饲养方式粗放，常常导致饲料总的DM摄取量不足，或者精饲料短时间内摄入量过大，导致家畜生产性能受到影响。TMR饲养技术可有效地避免传统拴系饲养方式下家畜对某一特殊饲料的选择性采食，消除畜体摄入营养不平衡的弊端，可较好地控制日粮的组成和营养水平，确保营养的平衡性和安全性，提高饲料利用率。TMR饲养技术也可以简化劳动程序，使日粮的加工和饲喂的全过程实现机械化，大幅提高劳动效率，减少饲养的随意性，降低饲养和饲料成本，管理的精确程度大大提高。该项技术能够实现从粗放饲养到机械化TMR科学饲养的转变，是中国养殖业从分散饲养向规模化、集约化、产业化饲养转化的要求，是饲养技术改革的必然，也是现代养殖营养需求的技术创新，将对青海省高寒牧区家畜的规模化健康养殖起到良好的指导作用。

传统饲喂与TMR饲喂牦牛效果的比较结果见表21-3和表21-4。从表21-3可看出，TMR饲喂组牦牛的日增重明显高于传统饲喂组，而平均料重比较传统饲喂方式下降低了58.25%，明显提高了饲料报酬。从表21-4中可看出，TMR饲喂组的牦牛体型变化与传统饲喂组也存在较大的差异，即TMR饲喂组的牦牛体高每日平均增加2.26mm，体长增加2.52mm，明显高于传统饲喂组，说明TMR饲喂有助于明显提高牦牛体尺的增长。

表 21-3 传统饲喂与 TMR 饲喂牦牛增重效果比较

饲喂方式	牦牛编号	初始重/kg	试验末重/kg	总增重/kg	日增重/kg	日采食量/[g/(d·头)]	日DM采食量/[g/(d·头)]	料重比
传统饲喂	1	115	138.5	23.5	0.23	6 530.00	5 615.80	24.14
	2	122	147	25	0.25	6 587.00	5 664.82	22.89
	3	112.5	157	44.5	0.44	7 504.00	6 453.44	14.65
	4	115	140	25	0.25	6 897.00	5 931.42	23.96
	5	92	125.5	33.5	0.33	7 024.00	6 040.64	18.21
TMR 饲喂	1	262.6	294.8	32.2	0.77	11 100.00	6 365.85	8.30
	2	326.6	357.4	30.8	0.73	11 600.00	6 652.60	9.07
	3	262.2	290	27.8	0.66	11 600.00	6 652.60	10.05
	4	169.6	194.6	25	0.60	7 500.00	4 301.25	7.23
	5	213.2	240.6	27.4	0.65	9 900.00	5 677.65	8.71

注：传统饲喂饲料含水量为 14.01%；TMR 含水量为 42.65%。

表 21-4 传统饲喂与 TMR 饲喂牦牛体尺指标比较　　　　　　（单位：cm）

饲喂方式	牦牛编号	初始体高	试验末高	日增高	平均增高	初始体长	试验末长	日增长	平均增长
传统饲喂	1	96	106	0.099	0.083	112	128	0.158	0.230
	2	98	106	0.079		138	145	0.069	
	3	96	105	0.089		113	147	0.337	
	4	98	103	0.050		115	135	0.198	
	5	98	108	0.099		116	155	0.386	
TMR 饲喂	1	117	124	0.304	0.226	130	133	0.130	0.252
	2	120	122	0.087		132	134	0.087	
	3	114	125	0.478		121	130	0.391	
	4	101	103	0.087		95	109	0.609	
	5	104	108	0.174		115	116	0.044	

21.2.4 发展模式

1. 青藏高原社区畜牧业发展模式

青藏高原以传统放牧为主的草地畜牧业以牧户家庭为单位，畜牧业生产主要是自产、自销，规模小、效率低、产业链不完整、竞争力差。

青藏高原社区畜牧业在青藏高原绿色、洁净的自然环境条件，以及朴素而独特的人文环境条件下，充分发挥社区的引领和凝聚作用，根据当地优势家畜、草地资源，优化技术模式，建立相关技术服务平台，从而构建生产、生态、生活协调融合发展的草地畜牧业系统。所谓社区，是指在藏族聚居区民规民约的制定安排下，形成的以小型部落为联合的最小单元，是具有共同生产、生活方式的社会共同体，是传统传承和现代创新的载体。

社区畜牧业要在以牧户为主的生产条件下，开展社区天然草原保护与合理利用、冬春季防灾抗灾饲草储备、草畜高效转化、特色畜产品加工、农牧民能力建设与技术集成和推广等工作，完善社区畜牧业技术链、价值链、供应链和利益链等产业环节和要素，建立以社区为单位的因地制宜、规模适度、生产诚信、环境友好、生态安全的社区畜牧业发展模式（程长林 等，2018）。

2. 家庭联营牧场+草-牛产业增产模式

家庭联营牧场主要为解决单家单户面临的规模小、经营生产效率低下，以及由于无法进行种公畜的串换而导致家畜近交、饲养头数较多引起草地退化等问题，特别是无力应对家畜品种和草场不同程度退化等问题应运而生。

家庭联营牧场规模较小，一般由5~10户组成，其经营和管理模式与合作社相似。家庭联营牧场主要立足农牧资源优势，以牧户家庭为基本组成单元，以亲友关系为纽带，通过重组资源、优化结构，建立大户带头、多户联营、相互协作、互帮互助的合作组织。各联营牧户对其天然草原、人工草地、机械设备等按数量和质量进行市场折算后入股，对草场、人工草地、机械设备进行统一管理，统一进行技术培训，统一引种、配种和串种，统一进行疫病接种防治。

联营牧场可以对联合牧户的草地和牦牛进行统一管理，因此有相对充足的草地实施天然草原返青期休牧和季节配置，有相对充足的耕地、人力和物力进行人工草地种植和牧草青贮加工，可以集中引进优良种公牛开展牦牛繁育、冷季补饲和乳产品加工，在提高牦牛生产效率和畜牧业经营收益的同时，有效缓解天然草原放牧压力。

3. 股份制合作社+草-羊增产模式

针对单家独户开展草牧业生产所面临的草场退化、劳动力短缺、机械化程度低、资金有限、抵御风险能力差等问题，通过组建合作社对入股的草场、家畜、人员及资金设备等进行整合，加强了科学技术在生态畜牧业发展中的应用，强化了草场保护，提高了家畜管理水平。

股份制合作社的最大特点是将以草定畜作为牧户入股的先决条件，由合作社落实禁牧或休牧及以草定畜制度。草地农业合作社以保护草原生态环境为前提，以科学利用草地资源为基础，以转变生产经营方式为核心，以建立草畜平衡机制为手段，以组建牧民合作经济组织为切入点，以实现牧业增效、牧民增收、人与自然和谐发展为目标，坚持分流牧业人口与减畜相结合，加快推进草地农业发展。

牧民按照市场价格对羊、草地（天然草原和耕地）、设备进行核算，折价成为股份，并与合作社签定入股协议。合作社设置理事和监事，合作社重大决策由社员大会或理事会议讨论决定，日常事务由理事长管理。理事长经社员大会选举决定，一般由养殖大户或有威望、懂经营的能人承担。合作社实行规范化管理，生产经营实行 6 个统一：①统一培养农牧民科技特派员；②统一进行畜种改良，采取引进种畜和种畜场培育种畜相结合的原则，加大良种畜的投资力度，提高良种畜的比例，不断优化畜牧业产业结构，提高畜牧业生产的经济效益，藏羊生产性能和经济效益大大提高；③统一进行疫病防治，在合作社的规范管理下，疫苗注射覆盖率为百分之百；④统一进行生产经营活动，即根据市场信息，统一进行机械采购、生产设施使用、家畜配置、畜产品出售等；⑤合作社采用流动资金制度，统一生产支出，减少中间成本，降低生产费用，进行收益分配；⑥统一开展技术服务，主要包括人工草地种植、青贮饲料加工、家畜补饲和短期舍饲养殖等技术。以此实现畜牧业生产的专业化、产业化，进而实现牧民增收致富。

4. 企业规模化、集约化草地农业发展模式

针对国有牧场内资源丰富但各产业部门相割裂、资源利用不充分等问题，通过草地农业技术的引进和集成，实施草地农业全产业链互动协调发展，充分盘活大型企业土地、人力、设备等资源，发挥资源优势，按照市场需求统筹部署安排牧场资源进行牧草种植、加工、养殖的集约化生产，同时统筹养殖废弃物的资源化利用，实现资源的高效循环利用。

统筹利用国有综合型企业集中连片的耕地、大型耕作及加工设施、规模化的养殖基地、有机肥加工厂等资源，通过实施"种、养、加、饲、肥"全产业链技术革新，集成良种牧草引种培育、规模化饲草基地建植管理、优质牧草加工、饲草料精准配置、牦牛藏羊冷季补饲和快速出栏、有机肥加工和返田利用等草地农业技术，凝练形成草产业全产业链经营模式并加以推广运用，实现高寒地区草地农业的循环生产。

其模式的基本构架：一是建设良种牧草培育基地，开展牧草引种、栽培、种子生产及混作试验工作，为规模化人工草地建植提供优良牧草种子、混作栽培组

合及配套管理技术；二是在规模化耕地施行优质高产人工牧草及油菜、青稞等籽实和经济作物的合理轮作种植，为下游饲草料生产提供原料；三是在饲草料加工厂对牧草进行高质化加工，生产草块、草颗粒及青贮牧草，另外充分利用菜籽饼粕和青稞秸秆等农副产品生产饲草料产品，为家畜繁育基地和周边牧户提供优良饲草料；四是建设家畜繁育基地，主要从周边牧区收购架子牛、架子羊进行牛、羊的短期舍饲育肥，同时为有机肥厂提供牛、羊粪作为生产原料；五是有机肥厂通过回收加工牛、羊粪，生产有机肥，从而为油菜、青稞和牧草种植基地提供底肥。以此实现生态产业全链条协调发展。

5. 公司+基地+牧户的土地流转草地农业发展模式

当前单家独户的农牧业生产方式中普遍面临着劳动力短缺、机械设备化程度低等困境，特别是随着城镇化发展，大量农牧民进城务工，耕地出现撂荒的问题也日益突出。农牧民对冷季家畜补饲认识水平提高，短期舍饲育肥产业发展、抗灾饲草储备的需求使市场对饲草料需求逐步增加，加之现代化机械设备的应用，使各草地农业种植和加工企业又面临耕地短缺的问题。

近年来，在青藏高原的农牧交错区和河谷农业区通过土地流转发展草产业，逐步形成公司+基地+牧户的生产经营模式，有效缓解了草地撂荒和相对短缺共存的矛盾。这种草地农业发展模式以公司为主导，充分利用公司的资金和管理优势，一方面通过将撂荒的土地流转到公司，解决了耕地撂荒和饲草公司土地短缺的问题；另一方面采用订单制与种植户签订合同，依托公司技术和设备优势，通过"传、帮、带"等形式对种植户进行技术和设备支持，将零散的土地集中连片，用以建立规模化牧草种植基地，统一开展牧草种植、管理、收获和加工，促进了牧草产业的规模化、集约化发展，具有显著的社会效益和经济效益。

6. 区域资源优化配置模式

季节性草畜供需失衡是制约高寒草地生态畜牧业可持续发展的瓶颈。针对高寒纯牧业区、农牧交错区和河谷农业区的分异特征和时空相悖性，基于高寒牧区"三区功能耦合理论"，制定天然高寒草甸合理放牧利用策略。通过人工草地建植和牧草加工为高寒牧区提供优质饲草料，从而实现放牧家畜季节性营养平衡生产。

青藏高原草地资源的空间优化配置模式主要是针对高寒草地牧草产量和营养供给与放牧家畜营养需求的季节性不平衡导致的草畜矛盾，以及由之引发的草地超载过牧和草地退化问题发展形成。一方面通过对天然草原进行季节性优化配置，提高天然草原的合理利用效率；另一方面，在适宜的河谷农业区或农牧交错区开展人工草地建植和饲草料产品加工,通过三区资源耦合,将饲草料资源调运至牧区,在饲草料短缺时对放牧家畜进行适当补饲,同时将牧区的淘汰家畜调运至农区或半农半牧区进行短期的舍饲,提高家畜周转率和出栏率,以此达到保护草地生态功能和提高草地畜牧业生产水平的目的。

该模式主要是通过天然草原返青期休牧及季节配置、饲草基地建植、系列草产品加工、饲草料搭配与高效利用、牦牛和藏羊营养均衡饲养等技术集成和应用,形成生态畜牧业产业链减压增效成套技术体系。实施返青期休牧有效促进了天然草原生态生产功能的恢复,天然草原季节配置促进高寒草地可持续利用。采用人工饲草基地建植和系列草产品加工,保障高寒牧区饲草供给,同时有效缓解天然草原放牧压力。饲草料搭配和高效利用可以提高饲草的营养品质和转化效率,为牦牛和藏羊营养均衡饲养提供日粮保障,提高畜牧业生产效率和经营收益。基于营养均衡生产的草畜资源空间配置模式见图21-11。

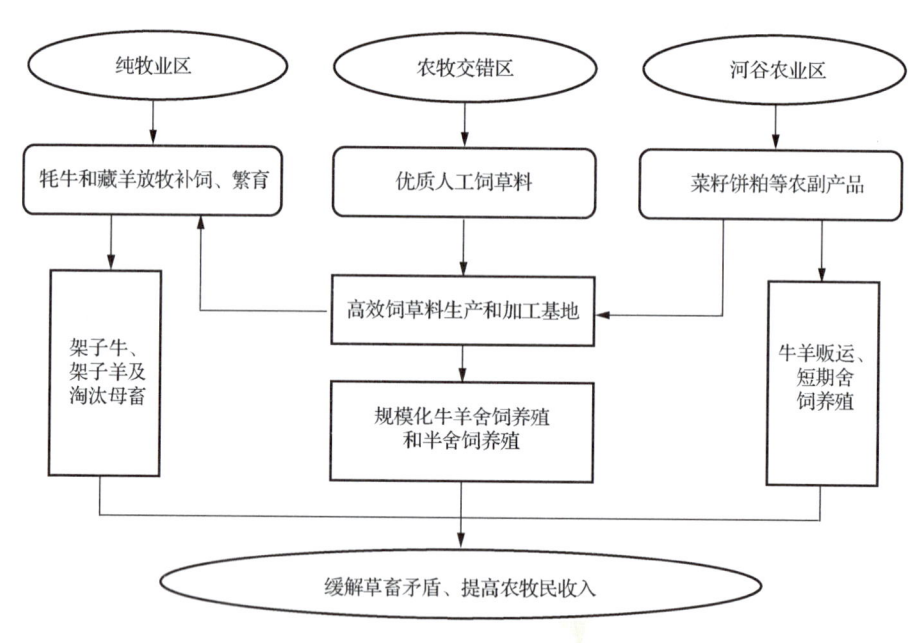

图21-11 基于营养均衡生产的草畜资源空间配置模式(赵新全 等,2011)

以三江源区为例,通过在气候、水热资源等条件适宜的玉树巴塘滩、果洛大武滩和兴海县、贵南县、同德县等地开展规模化的一年生或多年生人工草地建植,并进行青干草草捆、草块、草颗粒和青贮草等加工,建设饲草料生产储备基地,在冷季来临时(特别是发生雪灾的情况下)将饲草料提供给周边玉树、果洛等地牧区进行补饲;同时,在贵南县、湟源县、平安县等半农半牧区和河谷农业区建立家畜短期舍饲育肥基地，在冷季将周边牧区淘汰的家畜进行集中饲养出栏。三江源区草地资源空间优化配置模式见图21-12。

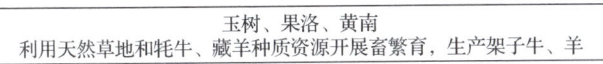

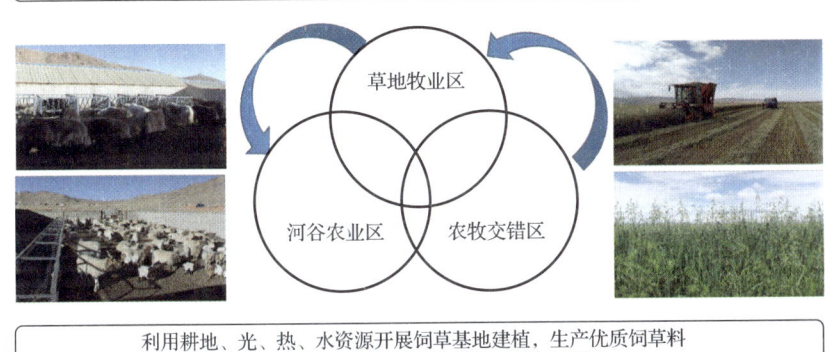

图 21-12　三江源区草地资源空间优化配置模式

21.3　典型案例

随着草场家庭联产承包责任制的实施，草场被分配给一家一户，逐水草而居的传统游牧方式逐渐转向在有限而固定的草地进行放牧。在责任制实施初期，随着生产力的解放和农牧民热情的高涨，家畜数量和农牧民收入均大幅增加。但是，由于草场的限制，特别是随着放牧家畜数量的增加，导致草场压力增加，草畜矛盾日益突出，草场退化、养殖收益变差等问题逐步显现，进而制约了草地农业发展的可持续性。通过牧户的联合经营或在龙头企业的带领下进行规模化的经营，再加上草地农业关键技术的应用，可以有效缓解草畜矛盾，提高经济效益。

21.3.1　家庭联营牧场草地农业（牦牛）发展典型案例

家庭联营牧场由于以亲友关系为纽带，牧户间具备先天的凝聚力，可有效解决牧区传统单户经营中存在的草场分割零散、劳力不足、抗风险能力差等问题。家庭牧场根据需求可以筹措资金引进优良种畜和中小型设备，适度灵活地开展优良牧草种植、家畜的分群饲养和管理。贵南县某家庭联营牧场产业链模式见图21-13。

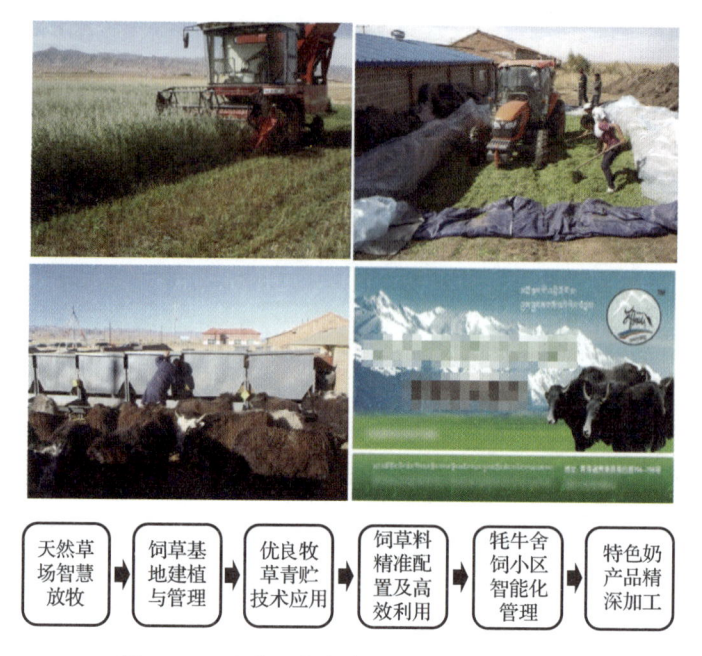

图 21-13　贵南县某家庭联营牧场产业链模式

贵南县某家庭联营牧场成立于 2014 年，有牧户 10 户。可利用草场面积 160hm²，其中人工草地 34hm²，共有牦牛 350 头。修建了畜棚 5 座 40hm²、草棚 67hm²、饲料房 67hm²，购进了 704 拖拉机 1 台、克拉斯打捆机 1 台、488 割草机 1 台、854 拖拉机 1 台、播种机 1 台、平整机 1 台。该合作社以牦牛养殖为主，设立了饲草种植加工组、牦牛养殖组和乳品加工组 3 个牧户合作组，在县城开设的乳产品加工直销店 1 家。

该家庭联营牧场通过对联营牧户的草场进行整合，根据草场位置和牧草状况开展季节性配置，使天然草原返青期休牧得以实施，使退化的草地得以休养生息，有效遏制了草场退化趋势，提高了草场生产功能；通过对人工草地进行整合管理，统一开展牧草种植和管理，开展了牧草青贮加工技术应用，提高了牧草产量和营养品质；根据牦牛群体水平，实行畜群整合和分群管理，集中资金引进种公牛开展配种，提高了畜群生产水平；充分利用饲料资源开展牦牛营养均衡饲养，在提升牦牛生产效率和畜牧业经营收益的同时，有效缓解天然草原放牧压力；根据牧户身体、特长和经验，统一分配防疫、放牧、饲养和挤奶工作，有效提高了工作效率和管理水平。

21.3.2　股份制合作社草地农业（藏羊）发展典型案例

贵南县某生态畜牧业专业合作社共有牧户 50 户，草场面积 916hm²，其中夏季草场面积 376hm^2，冬季草场面积 290hm^2，秋季草场面积 250hm^2；耕地面积 65hm^2；存栏牛 653 头，其中公牛 368 头，母牛 285 头；存栏羊 3611 只，其中公羊 1325 只，母羊 1400 只，羔羊 886 只；存栏马 21 匹。

该生态畜牧业专业合作社在中国科学院西北高原生物研究所等科研单位的科技支撑下，凝练和推广运用了集天然草原合理放牧、饲草基地建植与管理、优质牧草青贮、饲草料精准配置及高效利用、藏羊冷季补饲、羔羊当年出栏于一体的藏羊产业链增收模式。该合作社主要以藏羊养殖为主，通过天然草原返青期休牧和季节配置、人工草地建植和草产品加工、饲草料配置及高效利用，开展藏羊营养均衡饲养，在提升藏羊生产效率和畜牧业经营收益的同时，有效缓解了天然草原的放牧压力。

与家庭联营牧场相比，股份制合作社不仅规模更大，而且由于实施土地、家畜等的折价入股，共同的利益关系使社员间的联系更加紧密。该生态畜牧业专业合作社是贵南县最早建立的股份制生态畜牧业专业合作社之一，通过资源整合，经过多年的探索，实现了对草场的合理配置和利用，强化了对家畜的分群管理、统一选配和种畜引进，同时也有条件开展规模化人工草地的种植和草产品加工，提高草产业发展的技术水平，生产效益得到逐年提高。2018 年实现分红 40 万元，户均分红 8000 元；2019 年实现分红 51 万元，较 2018 年提高 27.5%，户均分红超过 1 万元。贵南县某生态畜牧业专业合作社全产业链技术模式见图 21-14。

图 21-14　贵南县某生态畜牧业合作社全产业链技术模式

21.3.3 规模化、集约化草地农业发展典型案例

青海省 A 草业公司是以农业、草畜产业、加工业为主的综合企业，主要有高附加值农作物种植、牧草加工及牛羊舍饲圈养。公司位于青海省贵南、贵德两县境内，海拔为 3050～3300m。场区总面积 10 万 hm^2，其中，耕地面积 2.27 万 hm^2（其中退耕还林草面积 1.53 万 hm^2），天然草原面积 4.67 万 hm^2。下设 1 个股份制子公司，6 个农牧业分公司，1 个集体所有制的牧业大队，拥有牧草加工厂、精炼植物油厂、牛羊种畜繁殖场等下属企事业单位。公司拥有各类牧草收割、生产、加工设备 200 台（套），草块、草颗粒生产线各 1 条，有占地面积 13.33hm^2 的牛羊繁育基地，拥有标准化牛羊舍饲育肥温棚 91 栋。丰富的资源为草地农业发展奠定了基础。

A 草业公司草地农业生产发展的具体措施：一是公司在木格滩建有良种牧草培育基地，开展牧草引种和混作试验工作；二是几个分厂主要开展油菜和青稞种植，生产的菜籽饼粕和青稞秸秆等为家畜养殖基地提供了饲草料；三是在木格滩等地建植了多年生和一年生优质人工草地，为股份制子公司提供了牧草原料；四是股份制子公司主要进行饲草料的高质化加工，在做好饲草料储备的同时，为家畜繁育基地和周边牧户提供优良饲草料；五是家畜繁育基地主要从周边牧区收购架子牛、架子羊进行牛羊的短期舍饲育肥，同时为有机肥厂提供牛羊粪作为生产原料；六是有机肥厂通过回收加工牛羊粪，生产有机肥，为油菜、青稞和牧草种植基地提供底肥，从而形成了绿色循环发展的产业链条（图 21-15）。

图 21-15 青海省 A 草业公司产业链

本处仅分析该公司的牧草种植加工产业和家畜短期育肥养殖产业。公司一年生草地平均每公顷青干草收获量约为 7.5t，垂穗披碱草和早熟禾等多年生牧草每公顷产量约为 3.6t（收获种子后）。2019 年度一年生牧草种植面积约为 3333hm^2，多年生人工草地面积约为 12 000 万 hm^2，燕麦青干草单价以 1500 元/t、多年生牧草单价以 1100 元/t 计算，公司每年种植的人工草地产值将达到 8502 万元，具有显著

的经济效益。另外,通过资源转换,1533hm² 人工草地建植可保护 30 万 hm² 的天然草原,生态效益显著。按近年高峰期标准化畜棚利用 60 座,每座每年平均育肥 2 批次,每批平均 280 只藏羊,每只藏羊短期育肥出栏效益为 220 元,养殖净利润达到 739.2 万元。

21.3.4　公司+基地+牧户土地流转草地农业发展典型案例

青海 B 草业公司成立于 2010 年 10 月,专业从事牧草生产、加工、销售。公司依托中国科学院西北高原生物研究所、中国农业大学及青海省畜牧兽医科学院在牧草选育和种植管理等方面的技术支撑,集成优质高产人工草地建植与管理、优良牧草青贮、饲草料加工精准配置、优质草产品加工等技术,建成一体化的草地农业产业链,并开展产业化应用(图 21-16)。

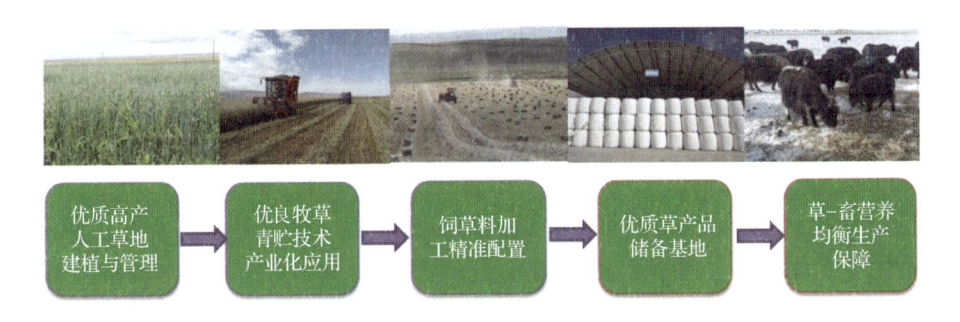

图 21-16　青海 B 草业公司产业链

通过公司+基地+牧户的生产经营模式,实现年均种植人工草地面积约 4000hm²,其中流转土地面积约 2000hm²、公司+基地+农户种植人工草地面积 2000hm²,辐射带动种植户建植优质饲草基地面积约 66.67 万 hm²,年生产销售燕麦草约 2.5 万 t。

青海 B 草业公司在高寒地区开展规模化人工草地种植,平均每公顷青干草收获量为 8.25t;垂穗披碱草和早熟禾等多年生牧草平均每公顷产量约为 4.5t(收获种子后)。2019 年度燕麦草种植面积约为 2000hm²、多年生人工草地种植面积约为 2000hm²,按照燕麦青干草单价 1500 元/t、多年生牧草单价 1100 元/t 计算,公司每年种植 4000hm² 人工草地的产值将达到 3465 万元。

以高寒地区每亩牧草产量可达到一般高寒地区中度退化草地牧草产量的 20 倍为标准,现代草业年均建植人工草地 4000hm²,可以为 8hm² 天然草原实施禁牧或休牧措施提供饲草资源。

另外,公司通过"传、帮、带"形成的公司+基地+牧户生产经营模式,与农牧民签订牧草订购协议，由牧户提供耕地并对草地进行日常管护，由公司利用其先进的机械设备和技术储备，为农牧户提供牧草种子并帮助农牧户种植，收获后公司直接收购牧户的牧草后进行草块和草颗粒等产品加工生产。这种模式不仅可以提高耕地利用率，同时在草业公司带动下也可提高农牧民牧草种植水平，提高农牧户的收入。另外，在草地耕播、播种、日常管护、收获、饲草产品加工过程中，可以解决周边农牧民就业问题，具有显著的社会效益。

21.3.5　草地农业信息化管理和服务典型案例

三江源智慧生态畜牧业信息云平台是在青海省科技厅、农牧厅等单位支持下，由中国科学院地理科学与资源研究所、中国科学院西北高原生物研究所和青海大学3家单位联合青海省内外相关科研院所、企业、基层管理单位及合作社共同设计开发。该平台共有1个总平台（智慧生态畜牧业全流程一体化综合信息平台）、3个县（贵南、河南、泽库）平台建成3个各具特色的"智慧生态畜牧业示范区"，并开展相关试验示范。其包括天然草原保护与精准放牧、生态治理动态信息管理、大型野生食草动物监测、优质高产饲草地建植、饲草资源高效利用、高原特色家畜有机养殖、畜产品增值加工营销。平台采用信息化手段，以数据为纽带，对天然草原动态、人工草地建植规模和牧草生长动态、家畜个体信息和体重动态、家畜精准饲养及疫病防治信息、特色畜产品精深加工等家畜生产周期的各个环节进行全程信息化监测，实现家畜生产、加工和销售的全程信息溯源，由点及面，将牧户、合作社、村、乡镇、县、州乃至省域内家畜相关的信息录入整合到信息化云平台，从而由下至上支撑各个层级管理人员开展相关分析决策，并由上至下服务于各层级应用人员实施管理。

总平台提供数据汇交和大数据分析功能，根据遥感信息，结合县草原站提供的地面草地监测信息进行天然草原草产量测算，并核算合理载畜量，结合大型食草动物和放牧家畜监测结果对饲草料缺口进行预警，再依据所种植的人工草地面积、种类及其产量预测结果，评估需淘汰的家畜数量，并向省级决策者提交相关分析结果辅助决策，以此实现草畜均衡生产。县级平台负责组织合作社或牧户进行基础信息采集、录入和提交，并向县级管理人员提供汇总信息，同时向牧户推送草地农业相关技术、草情和畜情管理信息，并提供其他相关服务。三江源智慧生态畜牧业信息云平台总体设计方案见图21-17。

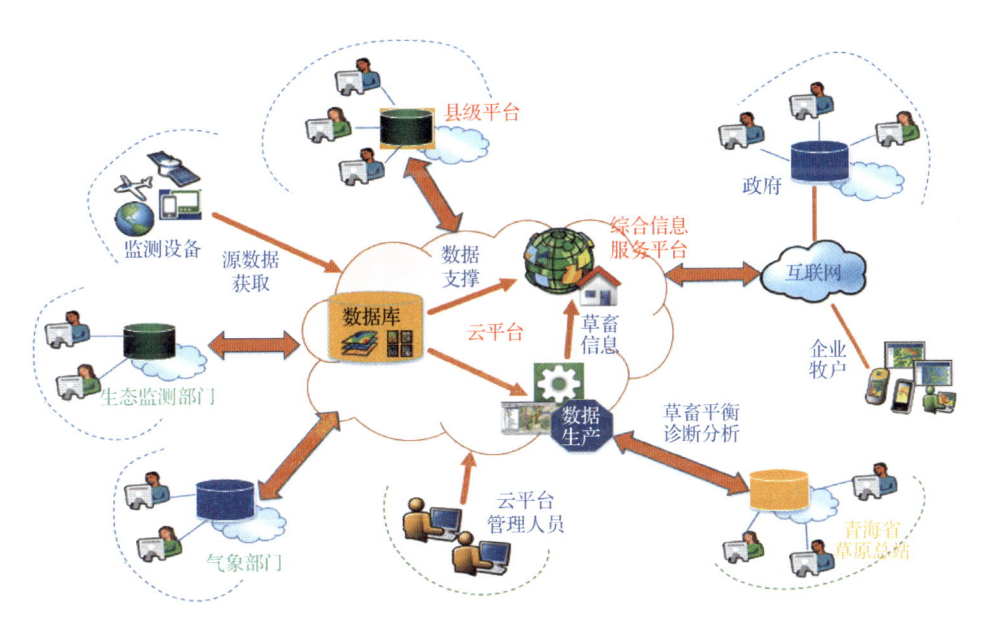

图 21-17　三江源智慧生态畜牧业信息云平台总体设计方案（邵全琴 等，2019）

该平台是针对生态畜牧业智慧管理进行的一次成功尝试，平台的建设和运行为三江源地区草畜均衡发展提供智慧支撑，使现代信息化技术的优势在示范点乃至示范县得到展示，平台为草地农业生产、管理和决策者提供了草地畜牧业生产的实时信息，为开展高效生产、管理和决策提供了数据参考。同时，借助于信息平台，有效解决了传统畜牧业模式下，家畜放牧、人工草地种植、饲草料加工、家畜补饲和舍饲养殖、畜产品加工和销售等草地农业生产各链条间相互割裂，以及缺乏有效的信息沟通融合等问题，可以对放牧家畜及其终端乳肉产品进行全程的信息溯源，为实现品牌保护和产品优质优价提供了保障，从而全面提升示范区草地农业发展水平。

# 第 22 章

农牧交错区草地农业发展模式与案例*

22.1 区 域 概 况

22.1.1 农牧交错区范围

农牧交错区是半湿润农区与干旱半干旱牧区的过渡区,是农业种植区与草原牧区的生态过渡地带,又称农牧交错带或半农半牧区。自1953年赵松乔提出"农牧过渡地带"的概念后(赵松乔,1953),我国学者不断尝试用各种方法确定我国农牧交错区的范围,不同学者从不同学科角度对我国农牧交错区进行了划分,但划定的范围存在一定差异。

1. 分布范围

我国农牧交错区自东北向西南纵贯整个中国,据其分布范围可分为北方农牧交错区、西南农牧交错区、西北农牧交错区等(韩建国 等,2004)。

1) 北方农牧交错区

常说的农牧交错区主要是指北方农牧交错区。我国北方农牧交错区大致分布在长城两侧,以长城以北为主。其北起大兴安岭西麓的内蒙古自治区呼伦贝尔市,向南至内蒙古自治区通辽市和赤峰市,再沿长城经河北省北部、山西省北部和内蒙古自治区中南部向西南延展,直至陕西省北部、甘肃省东北部和宁夏回族自治区南部(简称"宁南"),涉及9个省(区)106个旗(县、市、区),总面积654 600km² (表22-1)。

表 22-1 我国北方农牧交错区所辖地区及其土地面积

地段	所属省(区)	所含旗(县、市、区)	总面积/km²
东段	内蒙古自治区呼伦贝尔市5旗(市、区)	鄂温克族自治旗、新巴尔虎左旗、陈巴尔虎旗、海拉尔区、扎兰屯市	78 979
	内蒙古自治区兴安盟4旗(县)	科尔沁右翼前旗、科尔沁右翼中旗、扎赉特旗、突泉县	57 709

---

* 本章作者:董宽虎、赵祥

续表

地段	所属省（区）	所含旗（县、市、区）	总面积/km²
东段	内蒙古自治区通辽市7旗（县、区）	奈曼旗、库伦旗、科尔沁左翼中旗、科尔沁左翼后旗、开鲁县、通辽市科尔沁区、扎鲁特旗	59 376
	黑龙江省西南部5县（市）	肇东市、泰来县、安达市、杜尔伯特蒙古族自治县、龙江县	24 103
	吉林省西部8县（市）	双辽市、大安市、长岭县、乾安县、镇赉县、通榆县、前郭尔罗斯蒙古族自治县、洮南市	43 298
	辽宁省西部7县（市）	康平县、法库县、昌图县、彰武县、北票市、建平县、阜新蒙古族自治县	28 047
	内蒙古自治区赤峰市8旗（县、市）	翁牛特旗、巴林左旗、巴林右旗、林西县、敖汉旗、阿鲁科尔沁旗、喀喇沁旗、克什克腾旗	79 068
中段	河北省北部16县(区)	围场满族蒙古族自治县、隆化县、丰宁满族自治县、沽源县、张北县、康保县、尚义县、崇礼区、赤城县、怀来县、阳原县、怀安县、宣化区、万全区、涿鹿县、蔚县	59 773
	内蒙古自治区锡林郭勒盟3旗（县）	多伦县、太仆寺旗、正蓝旗	17 151
西段	内蒙古自治区乌兰察布市10旗（县、区）、呼和浩特市3县	武川县、化德县、商都县、察哈尔右翼前旗、察哈尔右翼中旗、兴和县、丰镇市、凉城县、和林格尔县、察哈尔右翼后旗、清水河县、集宁区、四子王旗	65 172
	山西省北部15县(市、区)	左云县、右玉县、五寨县、河曲县、保德县、偏关县、神池县、云州区、阳高县、广灵县、浑源县、怀仁市、应县、山阴县、天镇县	22 714
	内蒙古自治区鄂尔多斯市7旗（市、区）	达拉特旗、东胜区、准格尔旗、伊金霍洛旗、鄂托克前旗、鄂托克旗、乌审旗	69 245
	陕西省北部6县（市、区）	定边县、靖边县、横山区、神木市、府谷县、榆阳区	33 992
	甘肃省、宁夏回族自治区2县	环县、盐池县	15 973
合计	106旗（县、市、区）		654 600

资料来源：赵哈林等（2002）。

2）西南农牧交错区

西南农牧交错区即西南川滇农牧交错区，又称南方农牧交错区，位于我国第1阶梯和第2阶梯之间的过渡区域，主要分布在青藏高原向四川盆地和云贵高原过渡的川西、滇西北地区。该区地理坐标为25°33′~34°19′N，98°39′~104°26′E，包括四川西部和云南北部43个行政县（表22-2），区域总面积约28万km²（乔青等，2007）。西南农牧交错区是我国农牧交错区生态系统的组成部分，长江流域的生态屏障。

表 22-2 我国西南农牧交错区所辖地区

所属省	所属州（市、县、区）	所含县（市、区）
四川	甘孜藏族自治州 18 县（市）	德格县、甘孜县、色达县、白玉县、新龙县、道孚县、巴塘县、理塘县、雅江县、康定市、炉霍县、丹巴县、得荣县、乡城县、稻城县、九龙县、泸定县、石渠县
四川	阿坝藏族羌族自治州 13 县（市）	若尔盖县、九寨沟县、阿坝县、红原县、松潘县、马尔康市、金川县、黑水县、小金县、理县、汶川县、茂县、壤塘县
四川	凉山彝族自治州 2 县	木里藏族自治县、盐源县
云南	迪庆藏族自治州 3 县（市）	德钦县、香格里拉市、维西傈僳族自治县
云南	怒江傈僳族自治州 4 县（市）	贡山独龙族怒族自治县、福贡县、泸水市、兰坪白族普米族自治县
云南	丽江市 3 县（区）	宁蒗彝族自治县、丽江纳西族自治县、古城区

资料来源：乔青等（2007）。

3）西北农牧交错区

西北农牧交错区即西北干旱区绿洲荒漠农牧交错区，是指绿洲外围荒漠与绿洲之间的过渡带，也包括由于受地形影响在荒漠与周边山地一定海拔形成的半干旱农牧交错区。我国西北农牧交错区主要包括新疆大部、甘肃河西走廊、内蒙古西部平原、青海柴达木盆地、宁夏银川-内蒙古河套平原，地貌呈现山盆相间的格局。高山冰川（雪）融水汇流至平原或盆地形成绿洲，其绿洲主要分布在贺兰山以西、乌鞘岭、祁连山、阿尔金山、昆仑山以北的广大地区，与周边山地共同形成了西北地区独特的山地-绿洲-荒漠生态系统。

2. 区域特点

农牧交错区是我国农区与牧区相交汇和过渡的地带，其植被自东向西由森林草原带过渡到典型草原带和荒漠草原带，是阻挡西部、北部沙漠向东、向南入侵的重要生态屏障。该区分布着许多河流（黄河、海河水系、西辽河水系、锡林郭勒河等），是重要的水源涵养区。

1）北方农牧交错区

北方农牧交错区处于温带大陆性季风气候区，年降水量为 300～450mm，主要集中在 6～8 月，占全年降水量的 60%～70%，年际间降水变化很大。年蒸发量为 1600～2500mm。由于南北跨越 10 个纬度，其温度和生长季长短差异较大。该区风速为 3.0～3.8m/s，全年≥5m/s 的起沙风日数为 30～100d，≥8 级大风日数为 20～80d。风季主要发生于每年的 3～6 月，此时地表裸露，表土干燥疏松，是风蚀沙化最易发生的时期。

区内地貌类型差异很大，最北端为呼伦贝尔高原，海拔为 650~750m；向南至科尔沁沙地，为东北平原与内蒙古高原的过渡地带，海拔为 200~700m；向西至河北坝上为内蒙古高原的南缘，海拔为 1300~1800m；西部毛乌素沙地地处鄂尔多斯高原，海拔为 1400~1500m。

土壤类型为风沙土覆盖区和黄土覆盖区，风沙土土壤贫瘠、含沙量高、松散易流动。黄土结构疏松，孔隙裂隙多，地形破碎，沟壑纵横。另外，还有零星棕钙土和栗钙土分布。

2）西南农牧交错区

西南农牧交错区的气候类型以高原山地温带、寒温带季风气候为主。该区降水量不多且分布不均，降水量分布由东南向西北逐渐减少。一般降水量为 600~800mm，多集中在 5~8 月，冬干夏雨的特点越偏西越明显。气温具有平均气温低、地区差异大、冬冷夏凉、年较差小、日较差大等特点。广大高原高山区均在 4℃以下，并有小部分在 0℃以下低温区，日温差可达 10~16℃。

川西滇北地区的农牧交错区在地貌上属于青藏高原的东延部分，地形为西北高、东南低，地貌主要表现为高山、高原和峡谷。西北部丘状高原地貌区由西北向东南倾斜，海拔由 4200~4500m 逐渐降至 3500~3700m，高原上丘陵起伏、地势较平坦。丘状高原与高山峡谷过渡的山原区海拔为 3900m 左右。川西南和滇西的高山峡谷区，山脊海拔多为 4000~5000m，相对高差大，个别地区的相对高差可达 6000m 以上。

该区土壤分布的空间分异表现为土壤兼有纬向地带性和经向地带性的特点，从南部山地到北部高原，随水热条件趋于减少，依次分布着铁铝土与富铁土地带（赤红壤、红壤、黄壤）、淋溶土地带（准红壤、黄棕壤、棕壤、褐土等）和雏形土地带（寒毡土和潮土）（中国科学院青藏高原综合科学考察队，2000）；从山地垂直地带性上看，从河谷随山体向上，依次为以针叶林为主的森林土壤（如棕壤、暗棕壤、棕色针叶林土等），在森林线以上则过渡为高山土壤（如黑毡土、草毡土及寒冻土）（袁大刚 等，2003）。

3）西北农牧交错区

西北农牧交错区深居我国内陆，气候干旱，年降水量在 200mm 以下。由于受东南亚季风影响，河西走廊降水量由东向南逐渐减少，至黑河流域下游及塔里木盆地东部形成两个低值区，年降水量分别在 50mm 以下与 125mm 以下。再由此向西，进入新疆境内，主要受西风控制，水汽来源于北冰洋与大西洋，表现出降水量由东向西逐渐增加的规律，塔里木盆地与准噶尔盆地西部边缘达 100~200mm。年均气温为 7.7~11.5℃，年蒸发量为 1500~2500mm。

西北干旱区山脉与盆地相间，内陆河流域多为独立的水系，其中较大的有塔里木河、玛纳斯河、黑河等。这些河流各自具有相对独立的水文系统，每个流域都有自己的径流形成区（山地）、水系（天然河道或人工渠）和尾闾湖泊，以及自己在大气中的山谷风环流。

在内陆河流域，植被与自然条件是土壤类型与分布的决定因素，而在绿洲区，土壤分布受水热条件及植物类型的限制更加明显。一般从山麓到河流尾闾区形成与之相适应的灰钙土、灰漠土、灰棕漠土、棕漠土。绿洲植被与土壤均具有隐域性特征，土壤类型随地表水流向呈现自上而下的规律性变化，古老冲洪积扇上部一般分布有地带性的荒漠灰钙土和灰漠土，自扇缘溢出带向下，土壤迅速由草甸土或沼泽土演替为盐化草甸土，并最终出现典型盐土。

22.1.2 区域草地农业发展概况

该区域素有种植苜蓿等优良饲草、发展草食畜牧业的传统。据不完全统计，耕地、林地、草地比例为 1∶0.99∶1.67（表22-3）。但限于小农户生产规模过小，加之粮食作物在生产系统中占主导地位，始终未形成粮草结合、种养结合的规模化、标准化生产。2012年财政部和农业部启动"振兴奶业苜蓿发展行动"；截至2020年，已经建设高产优质苜蓿示范基地54.67万 hm²（王瑞港和徐伟平，2021），苜蓿商品草生产量达到了400万 t。适于生产高质量苜蓿草的河西走廊、宁夏灌区、科尔沁沙区等核心产区均为农牧交错区（卢欣石，2019b）。

表22-3 中国北方农牧交错区土地利用结构

项目	耕地面积/万 hm²	林地面积/万 hm²	草地面积/万 hm²	耕地比值	林地比值	草地比值	参考文献
内蒙古兴安盟	154.40	170.27	178.93	1	1.10	1.16	兴安盟第三次国土调查领导小组办公室等（2021）
内蒙古通辽市	213.33	144.71	177.49	1	0.68	0.83	通辽市第三次国土调查领导小组办公室等（2022）
黑龙江5县	67.77	20.27	82.19	1	0.30	1.21	赵哈林等（2002）
吉林8县	97.69	39.59	172.70	1	0.41	1.77	赵哈林等（2002）
辽宁5县	79.76	43.01	26.51	1	0.54	0.33	赵哈林等（2002）
内蒙古赤峰市	182.93	329.95	266.52	1	1.80	1.46	赤峰市第三次国土调查领导小组办公室等（2022）
河北北部4县	24.48	62.67	68.27	1	2.56	2.79	赵哈林等（2002）
内蒙古乌盟4县	38.75	26.24	253.19	1	0.68	6.53	赵哈林等（2002）
晋宁甘6县	37.30	47.82	124.70	1	1.28	3.34	赵哈林等（2002）
内蒙古伊盟4县	19.06	20.22	180.03	1	1.06	9.45	赵哈林等（2002）
合计与平均	915.47	904.75	1530.33	1	0.99	1.67	

2015年，农业部启动了粮改饲试点，在农牧交错区首先推进了全株玉米的青贮加工。在当前推进农业供给侧结构性改革进程中，农牧交错区种植以苜蓿为主的豆科牧草，以燕麦、饲用玉米为主的禾本科牧草，实行粮草轮作，将草牧业发展定位成深化农业供给侧结构性改革、调整种植结构的重要途径。

2016年，农业部出台了《关于北方农牧交错带农业结构调整的指导意见》，在北方农牧交错区7省（区）146个县（市）推进农业结构调整，调优粮经饲比例，推进种养加紧密结合，促进形成农牧融合发展的生产力布局。重点是减粮增饲，做大草产业；增牛稳羊，做强草食畜牧业。在长城沿线沙化退化地区调减籽粒玉米种植面积，适度发展杂粮杂豆、马铃薯及设施蔬菜等作物，适度扩大草食畜牧业规模；黄土丘陵沟壑水土流失地区采取保护性耕作，积极推进退耕还林还草、人工种草，发展特色牛羊产业；京津冀水源涵养地区压缩籽粒玉米生产，加强天然草原保护和优质饲草料生产，发展优质生鲜乳及制品（农业部，2016）。通过调整粮、草种植结构和比例，压缩粮食作物种植面积，增加饲料作物的种植面积，使之成为我国北方优质饲草生产基地，为该区农业生态环境良性循环和农牧业可持续发展奠定基础。

22.1.3 区域草地农业发展中存在的问题及发展方向

1. 存在问题

1) 草原退化严重，生态系统脆弱

该区是典型的生态脆弱区。迫于人口和经济压力，大面积开垦草原，剩余草原超载过牧现象严重。大规模农垦已有500年或相对更长历史的黄土高原农牧交错区，草地"三化"面积至少已近95%（程序，1999）。我国从2003年开始实施退牧还草工程、草原生态奖补工程以来，到2015年半牧区县草原超载率仍有13.2%（农业部，2017）。内蒙古草甸草原、典型草原、荒漠草原超载率分别为18.5%、35.1%和32%（特力格尔，2021）。被开垦后几年内土壤肥力耗尽，由于农业产量低且不稳而撂荒；未垦草地又大多超载过牧使草场沙化、退化严重，草场产量和质量逐年下降，引起植被覆盖度下降、土壤风蚀、土地荒漠化、生物多样性丧失等生态问题（赵哈林等，2000）。该区域由森林-草原-荒漠的生态应力带逐渐变成生态环境脆弱带（苏志珠等，2003）。北方农牧交错区草场退化和荒漠化现象表明其生态系统已严重受损，生态功能已经不能支持其所负载的社会经济系统，使其社会、经济和生态处于一个恶性循环的状态，直接威胁区域的生态安全与社会稳定，并影响我国整体经济的持续发展。

2) 种植结构不合理，饲草种植比例过低

该区域种植业生产力低下，粮食作物生产不稳定（方辉和贾志宽，2002），远远超出正常种植业的风险水平（陈彦才和高涛，2008）；而牧业处于生产效率不高的状态，特别是冬春季节饲草短缺更为明显。迫切需要调整种植业结构，将亩产不足100kg的农田，全部改为栽培草地，用于发展草食家畜养殖业，以提供更多的高质绿色畜产品，保障食物安全。

该区牧草产业发展中还存在认识不到位、土地资源紧缺、供给与需求矛盾、草产品质量等问题，资源、政策、科技、装备、服务、市场等因素还制约着农牧交错区的草地农业生产水平（郭婷 等，2019），必须通过科学挖掘天然草原第一性生产力及精准调控技术，促进天然草原生产从粗放经营向科学经营转变，加强栽培草地建设，有效解决草产业发展中的草畜矛盾，加快全产业链技术创新，全面提升饲草产业核心竞争力（侯向阳和张玉娟，2018）。

2. 发展方向

1）生态优先

根据区域特征应以生态优先为原则，严禁滥垦、滥牧、滥樵，采取封育、退耕还草、轮牧、休牧等生物、农业技术与工程措施相结合的综合治理模式，提高植被盖度、土地生产力和环境容量，蓄水保土、涵养水源、减少风灾和沙尘暴以改善区域生态环境。如覆沙黄土区小流域治理模式，土质较好的峁顶梁地建设高标准的机修梯田作为主要的产粮基地；平缓坡面或坡面梯田实行林粮间作、草田轮作或水平沟、垄沟种植粮草；退耕坡地沿等高线直播造林，行间种植牧草，封育天然牧草等形成草灌护坡林带；坡耕地适宜配置草田轮作、等高耕作、冬季留茬等措施，以尽可能提高地面覆盖度，减少土壤侵蚀。

2）农牧耦合，"三生"统筹

农牧交错区可持续发展的实质是生态、农业和牧业系统的合理配置。调整种植业结构，促使该区植物生产系统恢复为农牧耦合的草地生态系统，以农业和牧业的耦合发展为主导产业，通过合理规划、产业融合，形成特色鲜明的产业经济带。牧区要大力改良草原，加强治理退化草地，提升生产、生态功能，实施以羔羊育肥和犊牛生产为特征的季节畜牧业，增加母畜的比例，加快畜群周转。农区进一步调整种植业结构、加大饲草生产、优化区域布局。利用农牧业产品加工企业的带动作用，构建农畜产品的生产、收购、加工、销售一体化产业链模式，增加农牧民收入，从根本上解决农牧交错区的低收入和生态脆弱问题。农业与牧业系统耦合的桥梁就是草地农业，通过草地农业恢复农牧交错区生态系统，并兼顾发展农牧业生产，是该区生态经济系统良性发展的前提（任继周 等，2000，2002）。农业生产方式改变和生态环境改善促进了农牧民劳动和生活方式的转变，加快了劳动力转移和城镇化；根据区域资源优势采取生态农业产业化经营模式、草畜产业一体化模式、特色产业开发模式，农牧耦合还将废弃物变废为宝生成新能源（如沼气），生产有机肥进入种植系统，减少了秸秆焚烧和粪便废弃物污染，改善乡村人居环境，形成生态种植—产品加工—生态养殖—有机绿肥—生态种植的良性循环，为产业兴旺、生态宜居、生活富裕的乡村协调发展提供了途径。

22.2 发展模式

我国农牧交错区的广大群众，自觉遵循生态保护与经济协调发展的原则，调整农业产业结构，探索适宜的草地农业生产体系，形成了一些协调发展、良性循环的模式。

22.2.1 北方天然草原-栽培草地-生态养殖发展模式

1. 模式概述

这一模式的特点是充分发挥当地资源禀赋、天然草原和栽培草地相结合、种植业和养殖业相结合。在传统草原牧区，发展退化草原的生态修复与沙地绿色模式，在退化草地恢复的基础上适度发展草畜产业，在饲草资源较为丰富的区域发展育肥牛产业，发展可持续的沙草饲料基地，拓展产业功能，发展沙地观光和沿河生态旅游，提高产业综合效益（陈艳晓，2014）。

北方农牧交错区针对农牧业的生产方式特点，构建了适于北方农牧交错区的循环农业模式，不同的旗、县（区）根据资源禀赋能力对农业、牧业发展采取不同的循环发展模式，在生态种植业、生态养殖业基础上发展生态农产品加工和生态农业旅游产业（徐冬平，2018）。例如赤峰市翁牛特旗实施农牧业循环经济发展模式，根据区域特点进行功能区和优势产业的布局，西部发展生态涵养与山地低碳模式，以山区林业资源为基础，重点发展林果种植、绿色杂粮种植和林下种养经济，适度发展山区舍饲生态养殖，拓展以林果采摘为重点的休闲农业；中部发展现代农牧业循环模式，重点发展玉米、蔬菜、林果等节水灌溉种植业和育肥牛、肉羊和生猪等的农区养殖业，构建低碳、循环的生态畜牧业生产体系。

农牧交错区农业生产经营模式由传统农业、牧业单独经营模式向农牧耦合经营模式转变，甚至将旅游与文化产业、生态产业相融合形成农牧系统耦合模式。农牧系统耦合模式不仅是区域内农业和牧业耦合的经营模式，关键是建立整体协调的农业种植区和草原牧区良性耦合发展的农牧生产系统，使农牧各个子系统之间实现较为完善的系统耦合。例如，通辽市科尔沁区利用现有资源优势，将农业和牧业系统耦合在一起，打破以往各自独立发展的态势，走出一条种植业+畜牧业+加工业的产业链条模式，形成生态种植-产品加工-生态养殖-有机绿肥-生态种植的核心产业发展模式，从区域经济发展辐射带动周边地区经济发展（丁继和于萨日娜，2019）。

2. 面临问题

1）治理退化草原依然是艰巨的任务

北方农牧交错区在近代历史进程中不断向草原区扩展。草原被开垦为农田后，土地系统长期输出大于输入，生产力下降，出现贫瘠化、沙化直至最后部分弃耕，使大面积草地资源失去利用价值。草原沙漠化土地面积从1987年的11.72万km^2增加到2012年的12.06万km^2，平均每年丧失可利用土地资源$136km^2$（朱芳莹，2015）。因此，遏制草原退化，治理退化草原，仍然是该区发展面临的严峻挑战。

2）缺少适宜本区域、抗逆性强的优良牧草

北方农牧交错区大致沿400mm等雨线两侧分布，其北侧和西侧降水量为300～400mm，南侧和东侧降水量为400～450mm。我国现有牧草品种中缺少在这一地区旺盛生长的品种，须加强耐旱牧草品种选育。通过乡土草种质资源的调查与评价、驯化、栽培、选育优良牧草，是重要任务。

3）缺少建植放牧型栽培草地的技术

建植放牧型栽培草地是减少水土流失、沙尘发生和生产绿色畜产品的重要途径。我国在西南岩溶地区已有成功的经验，但在北方缺少相关的技术与品种，须加强品种选育，明确不同草种的组合，建立适宜的建植、管理与利用技术。

3. 发展方向

北方农牧交错区发展草地农业的关键是调整农业产业结构，将以优良牧草为主的饲料作物纳入现行的农作制度中，探索适宜的农牧结合模式，建立草-畜-肥-粮协调发展、良性循环的草地农业生产体系，形成以草促牧、以牧促农的农牧协调格局。利用现有生态保护政策和项目，保护和恢复天然草原的生产能力。以沙漠化治理、水利设施建设为重点，开展草原保护和建设工作。根据各地区的实际情况，大力发展草地农业，在适宜的区域开展人工种草，建设以苜蓿、燕麦和饲用玉米等为主的优质饲草料基地，提高家畜营养供给状况，实现农牧耦合升级。发展草地农业，形成以草地农业为龙头的农业产业化发展体系，不仅可以增加农民的收入，而且有利于带动食品工业、乳品加工业等相关产业的发展，也有利于建立现代高效农业体系和加快乡村振兴进程，还有利于减轻天然草原压力，恢复植被、防止沙化，控制水土流失。

22.2.2 西南川滇草原旅游+特色产业发展模式

1. 模式概述

该区依托丰富的生物资源和旅游资源，因地制宜地安排牧、林、农业用地，形成生态旅游特色产业的模式。例如，以优势植物资源为基础，发展现代中药材产业、天然日用化工产业、香原料产业、天然染料及天然工业原料产业，以及天然食品、保健品、绿色食品等产业。将自然风光、风土人情、独特文化、历史古迹文物等有机融合，发展科普教育、文化教育、娱乐体验和观赏旅游相结合的观光生态农业。把加强生态环境保护和建设作为实现可持续发展的根本保障，通过落实各种生态保护措施，提高该区政府和当地农牧民投入生态保护与建设的积极性，其对长江流域乃至全国的可持续发展具有重要的战略意义。

2. 存在问题

该区虽然农业开发历史悠久，但是由于地处偏远地区，自然条件恶劣，受地貌的影响，区域内耕地资源少，人地矛盾十分突出，人均耕地只有 0.03~0.05hm^2。在这种情况下，为了解决温饱问题，只能扩大耕地面积和增加复种指数，其结果是水土流失加剧，土壤肥力下降。大量低收入人口可能会掠夺式地开发利用自然资源，很容易陷入"越穷越垦，越垦越穷"的恶性循环。

3. 发展方向

该区的发展应采取以保护为主的策略，遵循生态保护与经济协调发展的原则，逐步恢复受损的草地生态系统。在生态脆弱度较高的区域，应把恢复和重建区域草地生态系统作为实现区域环境与经济协调发展的根本性措施。加强管理，对该区草地植被、环境、灾害进行监测与预警，建立草地植被和土壤退化的评价体系，根据具体情况确定草地利用方式。在轻度退化的草地实行轮牧或施肥，在不破坏和很少破坏原生植被的条件下，选用适应性强的优良草种，进行补播改良；对中度退化的草地或重度退化的草地进行封育、免耕补播、施肥等。在水热条件好的退化草地上，翻耕种草，建立优质高产的栽培草地；对鼠害地先灭鼠后用披碱草、老芒麦或燕麦进行播种恢复植被；在沙化地上先围栏，再种植防沙治沙植物，培育草地，改变生态环境。

对未退化的天然草原和已建立的栽培草地，要合理利用、加强管理、完善、落实草原承包责任制，坚持以草定畜，调整畜种、畜群结构。建立草地畜牧业集约化经营机制，提高草地单位面积畜产品产量和商品率，加快畜群周转率。树立草地农业观念，真正做到立草为业。

该区要因地制宜，开辟经济发展的新路子，深入开发利用川西北草地的动植物资源、水力矿产资源、丰富的自然和人文景观，创办一批畜产品加工、生物制药、工矿、皮革、酿造、香精油制品和旅游企业，解决部分牧民的就业问题，减轻以草养畜的草地压力。同时，提高人口素质，依靠科学技术和高素质的人才来发展经济，提高人民的生活水平。

22.2.3　西北干旱区山地天然草原-绿洲栽培草地-荒漠保护生态发展模式

1. 模式概述

西北干旱绿洲-荒漠过渡区以防风固沙、保护现有草地植被为目的，生态建设和生产性建设并举。在风沙沿线风沙流动地段（如风沙源、风沙口、绿洲边缘的流动沙地），建植固沙沙障和生态保护带，实行网片带、乔灌草相结合，对退化草地实施围栏封育和沙化草原综合治理，逐步恢复草原植被，阻挡沙化向走廊南部绿洲地区扩展。在绿洲外围构建灌草林模式，绿洲内部营造"窄林带、小网格"的护田林网，发展"四旁"植树，利用绿洲内荒滩荒地建立小片经济林、用材林、大片薪炭养畜林（刘钰华和王树清，1996），在生态优先原则下形成农林草牧复合型、间作套种型和立体种养型等立体生态农业模式。例如新疆和田地区还营造出了包括桑农混作、枣农混作、石榴粮（草）混作、葡萄长廊与庭院经济等农林复合经营模式（文华和刘钰华，1996）。

2. 存在问题

1）水资源分布不平衡，生态用水短缺

该区位于我国西北腹地，远离海洋，降水稀少，主要依靠来自高山降水和冰雪融水及相应形成的地表径流和地下潜流，水资源匮乏（表22-4）。由于水资源的时空分布极其不平衡，且水资源利用效率低，造成一些地区出现湖泊萎缩、水源枯竭、土壤沙化、植被退化、土壤盐渍化等生态环境问题，使本已十分脆弱的生态环境更趋恶化。2021年河西走廊的农业用水量占其总用水量的82.55%，以农业为主的用水结构致使河西走廊生态用水短缺，生态用水量仅占10.72%（甘肃省水利厅，2022）。生态用水短缺，造成植被衰退，使原本脆弱的生态环境恶化，制约经济社会可持续发展。

表22-4　西北干旱区部分地区水资源统计表

地区	面积/万 km²	降水资源/亿 m³	地表径流/亿 m³	地下水资源/亿 m³	地表水资源/亿 m³	水资源总量/亿 m³	参考文献
新疆维吾尔自治区	166.49	2871.0	829.7	508.5	829.7	870.1	新疆维吾尔自治区水利厅（2020）
准噶尔盆地	—	1492.8	486.1	267.1	486.1	510.5	新疆维吾尔自治区水利厅（2020）
塔里木盆地	—	68.1	0.04	—	—	—	新疆维吾尔自治区水利厅（2020）
河西走廊	22.6	246.5	71.0	42.0	38.7	47.6	甘肃省水利厅（2022）
柴达木盆地	—	22.4	4.48	1.3	4.5	5.3	新疆维吾尔自治区水利厅（2020）

绿洲农业主要为灌溉农业，其耕地面积的增加必将增加水资源的消耗量，加

剧水资源供需矛盾，打破绿洲生态的平衡。2003～2021 年，河西走廊水资源总量从 72.77 亿 m³ 下降到 47.60 亿 m³，年均下降 5.3%（杜俊平 等，2017；甘肃省水利厅，2022）。根据河西走廊水资源状况，不可能依靠用水量的增加来扩大灌溉面积，要加强农业水利建设，改善灌溉条件，依靠提高用水效率来扩大灌溉面积。

2）绿洲农区产业结构单一，以种植业为主，草原开垦及超载放牧严重

该区农业结构单一，种植业以粮食生产为主。例如，甘肃省张掖市粮食总产量从 1949 年的 $1.00×10^8$kg 增加到 2021 年的 $1.49×10^9$kg（李薇和陈秉谱，2013；张掖市统计局，2022）。粮食产量的增加得益于以灌溉为主的单产提高，也得益于绿洲草原开垦农田面积的增加。张掖市从 2009 年到 2019 年耕地面积增加 357.11km²，而草地面积减少 113.85km²（王新源 等，2017；张掖市第三次全国国土调查领导小组办公室 等，2021）。

牧民为了增加经济收入，盲目增加家畜头数，导致草场严重超载放牧，导致草场发生大面积退化。由于受行政区划的影响，山区草地畜牧业与绿洲农业的经济发展没有很好地联系起来，各自为政。

3. 发展方向

绿洲农区单纯依靠粮食生产对收入的贡献已经接近饱和，而长期游离于绿洲农业之外的上游山区传统畜牧业，也难获得较高的经济收入。只有把山地-绿洲-荒漠作为一个系统加以保护和利用，实现农区畜牧业与种植业的耦合及山地畜牧业与绿洲种植业的耦合，流域内农业经济效益才会明显提高。例如，绿洲内草地面积保持在 25%以上，其经济效益可增加 1 倍以上，而山地与绿洲的耦合可使二者的生产水平及效益提高 6～60 倍（任继周和朱兴运，1998）。

干旱区绿洲依托于山地、荒漠系统而存在，需要山地、绿洲、荒漠互动协调发展，彻底解决山地、绿洲与荒漠间的利益冲突，最大限度地保护生态环境，推进农业系统生产水平的提高。以保障绿洲-荒漠过渡带的生态安全和经济社会可持续发展为目标，坚持生态优先，兼顾经济效益和社会效益；实施以风沙沿线防风固沙生态保护草带、绿洲草畜转化生态产业带和沿山农牧互补生态恢复置换带建设为主要内容的草地农业生态工程，以农业产业结构的优化调整和水资源的合理利用为目标，由高耗水农业向粮、草、经多元结构转变；发展牛羊舍饲养殖和草畜产品加工业，加大秸秆饲料化利用力度，促进经济社会的可持续发展。

在保护山地、绿洲、荒漠天然植被的同时，应积极调整绿洲农业产业结构，引草入田，草田轮作，充分利用绿洲农业丰富的饲料用粮和农作物秸秆优势，作为绿洲-荒漠交错区的饲草料基地协调发展，减轻交错区的生态压力，形成山地-绿洲-荒漠区域耦合、种植-养殖-特色产业耦合的发展模式。例如，河西走廊以农业产业结构的优化调整和水资源的合理利用为目标，引导农户和企业利用低产田、

关井压田地和弃耕地建植多年生栽培草地，发展牛羊舍饲养殖。牧区推行划区轮牧＋舍饲的生产方式及异地育肥生产，将牧区超载分流和繁育生产的架子牛羊运送到农区进行舍饲育肥，有效分流草原载畜压力；同时利用农区弃耕地、坡耕地相对丰富的优势，建植栽培饲草基地，引草入田，进行草田轮作，因地制宜地开发利用秸秆资源，并在有条件的区域开展草产品加工及贮存，重点解决牧区饲草料年度不平衡、季节不平衡、区域不平衡和营养不平衡的突出矛盾（韩天虎 等，2012）。走绿洲农区舍饲畜牧业与种植业耦合、山地系统与绿洲系统耦合的道路，加强农区和牧区的经济联系，才能提高畜牧业经济效益，促进区域内农业的良性发展（张勃 等，2003）。

22.3 典型案例

农牧交错区根据各地资源禀赋能力和农牧业生产方式特点，经过多年探索形成了各具特色的草地农业发展模式。本节选择北方农牧交错区发展的典型案例，介绍区域情况及存在问题、发展模式、发展对策及效果等，使我们认识到在坚持生态优先的原则下，发展草地农业，采取农牧系统耦合模式，适当发展特色产业是农牧交错区发展的主要模式，也是解决农牧交错区生态环境美丽、乡村产业振兴和区域经济发展的主要路径。

22.3.1 山西朔州草地农业发展案例

1. 区域情况及存在问题

朔州市地处山西省西北部，辖右玉县、山阴县、应县、怀仁市 4 县（市）和朔城区、平鲁区 2 个市辖区，土地总面积 1.07 万 km^2，平原、丘陵、山区各占其土地总面积的比例分别为 39.8%、34.85%、25.35%（孔登魁和马萧，2018），2018 年底人口为 178.12 万。其位于黄河流域和海河流域的分水岭地带，毛乌素沙漠前沿，属温带大陆性季风气候，属典型的半干旱生态环境脆弱区。年均温为 3.6～7.3℃，年均降水量为 421.2mm，降水量在时空上分布极不均匀，一般是 70%的降水量集中在每年的 6～9 月，年蒸发量为 1700～2300mm。全年日照为 2600～3100h，无霜期为 110～140d。

截至 2018 年，朔州市有耕地 32.9 万 hm^2，林地 39.5 万 hm^2，草地 10.3 万 hm^2。其中，草地主要为温性草原类、山地草甸类、暖性灌草丛类、低湿草甸类 4 类，草地面积占山区总面积的 39.98%。其东南部以喀斯特侵蚀丘陵、山地和洪积倾斜平原为主，山区沟壑纵横，水蚀风蚀严重；丘陵区树木稀少，植被覆盖很差，水土流失严重。中部平原地带地貌以平坦冲积平原和洪积平原为主，属于晋西北断陷堆积盆地地区，农业生产条件较优越，土地利用较充分，但人口多、人均耕地少；土地盐碱化危害较重，盐碱土地总面积达 18.34 万 hm^2，约占朔州市土地总面积的 17.26%；土壤肥力不足，后备资源不足，建设与农业用地矛盾较大。西北部地貌以山地黄土丘陵和山间盆地土壤侵蚀区为主，属于内蒙古高原。该区气候寒冷干燥，风大沙多，土地沙漠化严重且呈快速扩展趋势；草坡面积大，草地退化严重，土壤侵蚀加剧；坡耕地占多数，土质松散粗糙，土壤瘠薄，有机质含量不高，耕地综合生产能力低，用地和养地矛盾突出。

朔州市地处雁门关外，受历史和地域影响素有养殖生产习惯。据统计，2018年底，全市奶牛存栏量、肉牛存栏量和肉羊饲养量分别达到 18.4 万头、6.6 万头和 630 万只；90%的成年母牛和 70%的肉羊实现了规模化、标准化养殖；标准化养殖小区达到 702 个，对牧草的需求潜力巨大。

朔州市自然灾害发生率高，农业生产稳定性不高，农业产量波动性大。春季大风、黄沙日数多且集中，加剧了春旱的严重性。夏季大风且常伴有强雷、阵雨，易发生洪涝灾害，常常导致大面积作物倒伏，也易受到阵雨、冰雹的影响。秋收季节又易受连阴雨的影响，庄稼成熟在地待收，由于受到雨水的影响泡在水中、冲在泥土里，一年的辛苦换来的却是几近绝收。再加上长期以来农业结构不合理，造成了土壤肥力下降，为了提高产量而过量使用化肥、农药，造成环境的面源污染，如畜禽粪便露天随意堆积，秸秆农膜处理不当等，污染了大气环境和水环境。

煤炭工业是朔州市的支柱产业，朔州市属于典型的资源依赖型经济地区。平朔安太堡露天煤矿由于采煤矿山占用，破坏土地资源面积较大，达到 $1045.73hm^2$，生态环境问题比较严重。同时面临资源枯竭、环境恶化、社会就业问题等隐患，资源短缺与环境问题已成为限制该地区社会经济可持续发展的障碍。

2. 发展模式

2001 年山西省委、省政府提出建设雁门关生态畜牧经济区的重大战略决策，加快雁门关区农业结构调整步伐，加强饲草生产与利用，加速畜牧业结构调整，推行标准化规模养殖，大力发展家庭牧场，促进农民增收，增强畜牧业可持续发展。2015 年山西省委、省政府继续推行建设雁门关农牧交错区示范区的农业发展战略，以农牧结合、循环利用为农牧交错区的主要发展方向，以"立草为业、草畜结合、以草促牧、以牧富民"作为农业结构调整的重点，推动农业结构调整优化，促进一二三产融合发展，实现朔州市农业现代化发展。2015 年朔州市被确定为全国唯一整市推进的草牧业试验试点市，紧紧围绕推进农业供给侧结构性改革这条主线，开展粮改饲，发展草牧业，促进农牧结合，草畜一体化生产格局基本形成，草牧业进入良性循环的发展过程。

1）发挥资源优势，优化区域和产业布局

朔州市严守资源环境生态红线，根据各地资源优势因地制宜，以畜定草、以水定粮，量水而行，确定合理的发展区域和规模。在中部平原的山阴县、应县、朔城区、怀仁市，调减籽实玉米种植面积，种植青贮玉米、苜蓿，重点发展优质牧草种植、饲草料加工、农副产品利用、奶牛养殖、乳品加工、粪污处理、盐碱地治理等循环产业，打造草畜一体化为主的牧草种植+奶牛养殖+乳品加工产业带；在怀仁市、应县的平川区域，发展全株玉米青贮，适度发展苜蓿种植，在轻度盐碱地重点发展甜高粱和披碱草等牧草种植，重点发展种草、饲草料加工、农副产品利用、培育母羊、羔羊育肥、屠宰加工、粪污处理、盐碱地治理等循环产业，打造草畜一体化的牧草种植+羔羊育肥+肉业加工产业带。在西北部平鲁区、以右玉县为主的山坡区，改良天然草场，增加植被覆盖率，在坡度为 25°以上的山区退耕还草；在山坡搬迁空置区发展人工草场放牧，重点种植燕麦草，以发展基础母羊为主，为中部平原提供育肥羔羊，形成人工草场-家庭牧场-肉羊繁育产业带。

2）西北部的山地杂粮-牧草-放牧农业系统

在朔州市西北部的平鲁区、右玉县，根据区域自然特性及资源承载能力、区域城镇化格局、生产力布局的现状和发展趋势，调整种植业生产结构，按照 10∶15∶30∶45 的非生产用地∶农用地∶林用地∶牧用地比例配置土地。抓好荞麦、燕麦、豆类、马铃薯四大优势杂粮种植，杂粮种植面积稳定在 12 万 hm^2 左右；通过实施移民搬迁，退出土地 6 万 hm^2，大力推广饲草来构筑"粮草共进、生态畜牧"的生态农业系统。退出来的耕地重点建设人工草地和饲草料基地，采取粮草轮作模式，饲草生产结构中按照多年生饲草和一年生饲草的比例为 1∶3 进行调整，种植燕麦草面积到 3 万 hm^2。种植优良豆科牧草与秸秆合理利用相结合，变放牧为舍饲，使天然草原得以休养生息，恢复植被，减少水土流失，增加农民收入。对天然草原每年以 0.75 万 hm^2 的速度实行禁牧、休牧和划区轮牧、生态补偿，着力构建具有生态服务、农畜产品供给、产业发展等功能的山地杂粮-牧草-放牧农业系统，以解决生态环境恶化、农业增长乏力的问题。

3）中部的平原粮-果（菜）-草-现代畜牧业系统

中部平原在稳定粮食产能的基础上，积极推进粮经饲三元种植结构的调整，重点压减籽粒玉米种植面积，避免玉米"一粮独大"的局面。按照以养定种，增加青贮玉米种植面积，实现调减籽粒玉米种植面积 7.5 万 hm^2，改造 0.75 万 hm^2 盐碱地种植牧草。到 2018 年耕地种植全株青贮玉米面积扩大到 6 万 hm^2，苜蓿种植面积达到 2 万 hm^2，推动粮草合理轮作，探索为养而种、种养结合、生态循环的农牧有机融合生产模式。奶牛养殖重点以增加单产，提高品质为主攻方向，肉牛、肉羊养殖重点以牧养结合、规模舍饲为主攻方向，提升设施化、标准化、组织化水平。结合观光旅游和休闲采摘，建设蔬菜、京杏、欧李等特色果品基地。

4）种养结合，农牧循环的农业发展模式

在实现农牧交错区可持续发展中，把清洁生产、资源及其废弃物综合利用、生态设计等融为一体，使畜牧经济和谐地纳入自然生态系统的物质循环过程中，以减少废物为优先原则，提高资源配置效率。全市养殖园区配套建设堆粪场、污水发酵池等设施，采用雨污分离、干清粪、污水厌氧处理等全过程综合治理模式，从源头上减少污染物排放，推广畜禽粪污资源化利用，建设有机肥生产企业。

按照多级循环、综合利用、循环增值的理念，通过植物生产、动物利用、微生物转化，基本构建成草地农业、牧业各业多层面关联、多维度循环的生态发展体系。利用畜牧业发展过程中产生的有机肥，进行土壤质地改良，实现农牧业良性互补。严禁秸秆焚烧，扩大秸秆直接粉碎还田和免耕播种规模，提高秸秆还田质量和数量，有效提升秸秆肥料利用率，改良土壤，培肥地力。

3. 发展对策及效果

朔州市草牧业在精准助农、农业供给侧结构性改革、一二三产融合发展中的作用越来越明显，在促进乡村产业振兴和区域经济转型发展中的地位日益突出。朔州市的"牧繁农育""种养结合，农牧循环""产业化发展""草畜一体"等做法得到农业农村部的肯定，在全国推广。实践证明，粮改饲、草牧业试验试点战略，符合朔州市地域特点和产业特色，为朔州市农业高质量、可持续发展指明了方向，为全国农牧交错区建设提供了可借鉴的经验。

1）草地农业成为朔州市农业的新兴产业

从 2015 年开始，把饲草作为种植结构调整的主抓手，大力发展草地农业，到 2019 年草地农业总收入近 7 亿元，全株青贮玉米种植面积 3.2 万 hm^2，青贮量 100 万 t，比种籽粒玉米每亩增收 200～300 元，每年为农民增加纯收益 1 亿多元；苜蓿、燕麦草种植面积为 2.45 万 hm^2，实施 20 万 t 苜蓿青贮行动，亩均收益达到 1000～1500 元，是种植玉米的 2～3 倍。青贮苜蓿蛋白质含量达到 18%以上，与进口苜蓿质量相当。2018 年替代进口苜蓿 2 万多吨，每头奶牛年节约饲养成本 1000 多元；燕麦草纯收益亩均达 300 多元，比种植莜麦增收 100～150 元。牧草收获加工龙头建设效果明显，购置大型饲草加工机械 670 台（套），形成 151 个全株玉米收贮服务组织，日收贮 0.5 万 hm^2。建成苜蓿、燕麦草收获加工龙头企业 5 个，日收割加工达 666.7 万 hm^2，正在筹建 2～3 个牧草储备中心。

2）草牧业效益显著

朔州市发挥紧邻草原的区位优势，坚持走牧繁农育的羔羊产业化发展道路。2019 年出栏羔羊 400 万只，每只出栏肉羊平均增重 2.5kg，脂肪减少 2kg，羊肉销售额 40 多亿元，农民增收 7 亿多元；肉羊屠宰企业 22 家，年屠宰加工 600 万只，生产速冻分割产品达 160 多种，熟食制品 38 种。怀仁市涌现出两个年销售超 5 亿元的龙头企业，带动了肉羊生产由谷物育肥向优质牧草育肥转变。山西某乳业公司种养加销一体化发展，销售额由 5 亿多元增加到了 10 亿多元。2015 年引进恒天然（应县）牧场有限公司，奶牛日平均单产由 20kg 增加到 2019 年的 30kg，总产量由 40 万 t 增加到 57 万 t，鲜奶销售收入 28 亿元，农民纯收益 6 亿多元。鲜奶质量普遍高于国家标准，每千克鲜奶生产成本降低了 0.4 元（青贮玉米降 0.2 元、自产苜蓿替代进口苜蓿降 0.1 元，奶产量提高分摊 0.1 元），成为国内多家大型乳企的奶源基地。到 2019 年，全市草牧业总收入达 90 多亿元，是 2015 年的 2 倍。农村常住居民人均草牧业纯收入达 3500 元，是 2015 年 2.3 倍，草牧业收入占农民总收入的 30% 以上，是农村产业中增长最快的产业。为提升雁门关农牧交错区和草牧业发展质量和水平，与省内外科研单位联合攻关，开展了朔州市草产业关键技术研究与示范项目研究，为下一步打造销售收入 100 亿元肉业基地、年产 100 万 t 鲜奶基地、100 万亩饲草基地奠定科技基础。

22.3.2　川西北农牧业与生态旅游耦合发展案例

1. 区域情况及存在问题

川西高原是西南农林牧交错区的重要组成部分，该区人口稀少、民族众多，经济结构以农牧业为主。地貌类型以高原地貌（丘状高原）和山原地貌为主，海拔为 300～4700m，年平均气温为 -2～5℃，年降水量为 500～800mm，属高寒半湿润和湿润草地区，日照长，温度低，霜冻严重，夏秋多冰雹。

川西北草地包括阿坝藏族羌族自治州（简称"阿坝州"）、甘孜藏族自治州（简称"甘孜州"）及凉山彝族自治州（简称"凉山州"）的一部分，共 1630 多万 hm^2，占四川省草地总面积的 45%，可利用草地面积 140 万 hm^2。川西北地区多为垂直带立体气候影响下的农用地小面积散落分布，小面积的农地被高山大河分割成零星的块状，交错分布在众多的山系中；河谷宽阶地及两侧海拔 2800m 以下的缓坡地为农田，种植业海拔上限为 3400～3800m，3600m 以上是湿润亚高山草甸、山地森林和高寒草甸草地，独特的自然环境形成了复杂的特色农业区，农牧业的空间布局呈现出南林北牧及农林牧立体分布的特点，其中牧业产值占 56.75%，种植业产值占 30.63%，林业和渔业所占比重很小。

高原地区以放牧为主，草场退化、沙化、盐渍化严重。草原湿地面积减少，生物多样性减少，过牧和滥采、滥伐、滥垦问题突出，生态建设投入严重不足，农牧民保护生态环境的意识薄弱，而且治理恢复的难度大、周期长，导致环境改善程度不明显，长期处于基本不变的类型。在少数民族传统观念的影响下，川西高原地区仍然保留着较为原始落后的农牧业生产方式，生态意识淡薄，生态环境日益恶化，农牧民的传统生产、生活方式落后，生态环境意识差等因素阻碍着川西高山高原区环境与经济协调发展。

川西高原是四川省少数民族的主要聚居地，其中甘孜州以藏族为主体，阿坝州是我国羌族的主要聚居区、四川省第二大藏族聚居区，凉山州是全国最大的彝族聚居区，独特的生活文化和宗教文化，药材经济、林木经济、牦牛经济、熊猫经济等本土特色经济，为旅游观光农业、生态旅游业提供了资源。发展特色农业和旅游业是保护西部地区生态环境的有效措施。

2. 发展模式

1）草地生态保护-特色农牧业发展模式

川西高山高原区以改善交通运输条件和水利为核心进行基础设施建设和基本农田建设，要大力开发水电，调整农村能源结构，不断改善农牧民的生产、生活条件，提高人口文化素质，促进经济增长，减小对生态环境的破坏。川西高山高原区环境与经济协调发展，必须把恢复和重建区域森林、草地生态系统作为实现区域环境与经济协调发展的重要措施。恢复与重建草地生态系统，要完善、落实草原承包责任制，以草定畜，调整畜种、畜群结构；加快人工草场建设的步伐；严禁非法采挖沙金和中药材，尽快遏制草场退化、沙化趋势，提高草地生产力。

川西北高原通过建立农牧业与生态环境耦合模式，在农业基础设施建设、产业结构调整、优势特色农产品生产、产业化经营等方面做了大量探索。通过实施"丰收计划"和"科技增粮工程"、藏族聚居区青稞基地建设、民族地区增粮增收工程、生态环境建设、农业综合开发等项目，推动了传统农业的转型。对天然草原改良、人工种草、草产业形式、草产业加工、饲料工业进行开发创新，建设现代高效的农牧生产体系。以独具特色的牦牛和藏系绵羊、山羊为主调整畜种结构；在生产上以天然放牧、半野生饲养为主，将降低草场压力，并使牦牛出栏时间缩短2~3年，提高牛乳产量2~5倍。

2）生态旅游-特色产业发展模式

依托区域丰富的生态资源，大力发展畜牧业、林果、药材、旅游等生态产业，培植雪域高原极高经济价值的珍稀物种（如虫草、麝香、松茸等），并搞好深加工，通过开发优势资源带动区域经济发展，实现环境建设和经济建设双赢，走环境与经济良性互动、协调发展之路。

结合川西北高原的生态资源特色，加大旅游资源的开发力度，实现资源的高效利用，从而促进川西高原农业生态旅游的健康发展。川西高原四周山峦环绕、依山傍水，不仅有平原，而且有层峦叠嶂的山丘，地势多变，景色宜人。凭借得天独厚的生态环境，给植物及动物的生长和生存提供了条件。例如，举世闻名的国宝大熊猫生长于四川地带。川西高原凭借自身的特性，成为发展农业生态旅游的首选地区。川西北大草原作为我国五大草原之一，通过发展草原生态旅游的方式，可以实现草原环境的改善，让人们意识到草原环境保护的重要性。发展草原生态旅游，不仅可以防止草原环境的严重恶化，而且能够优化环境，进而达到草原生态资源高效利用的效果。由于川西高原耕地比较少、应用较为滞后的农业生产方式，将会给该领域的生态环境带来严重影响，但是原始的农业生产形式有利于发展农业生态旅游，吸引更多的游客参与其中，体验农村生活，在与生态环境亲密接触的同时还能感受地方特色，达到生态、环保、效益一体化融合的目的。川西高原居住着许多少数民族，世世代代在这里生活的少数民族形成了具备自身特性的民族文化。例如，藏族、羌族、彝族、傣族、侗族等，其服饰、风俗、文化是发展生态旅游的文化基础。

3. 发展对策及效果

川西北地区必须加强环境保护和生态修复，明确山地限制开发区生态功能定位与经济发展的关系，因地制宜地发展资源环境可承载的以草地畜牧业为主导的特色产业，走一条适度开发、点状发展、社会可持续发展的道路。

1）红原县草地畜牧业+生态旅游示范效果

红原县是四川省牧区、藏族聚居区草地畜牧业大县，是阿坝州唯一的纯牧业县，自然经济状况在青藏高原具有很强的代表性，《红原县现代草原畜牧业试点示范县建设规划（2013～2015）》已获四川省人民政府批准，在保护优先、加强生态修复和环境保护的前提下发展生态畜牧业，支持红原县先行先试，为全省牧区现代草地畜牧业发展提供示范典型和经验。到2015年全县共完成退牧还草46.67万 hm^2，实施禁牧补助、草场平衡奖励74.61万 hm^2，完成鼠虫害治理25.65万 hm^2，沙化治理0.2万 hm^2，全县草地植被有效恢复，生产能力不断增强，草原生态环境明显改善（张敏，2016）。在牧民"自愿、民办、民管、民受益"的原则下，成立专业合作社，并通过"传、帮、带"和社区+合作社+牧户的产业化经营模式和利益联结机制实现自我发展，建设289个自然户的家庭牧场，建设暖棚带草库1.7万 m^2，畜圈11.5万 m^2，人工种草933.33hm^2，草场平均植被盖度由建设前的70%提高到85%以上，人工草地鲜草产量达到普通天然草原的4~5倍。

截至2018年，已经培育规模化饲草加工企业2家，专业饲草生产合作社4个，草产业经营大户8户，形成了以四川省某公司为代表的公司+基地+牧户和以瓦切镇某合作社为代表的合作社+基地+牧户的饲草产销模式。通过引进高科技、新工艺等途径，提升牦牛乳、肉安全加工技术，建立产品营销模式，大幅提高畜产品的加工附加值。大力生产全脂奶粉、儿童营养奶粉、孕妇营养奶粉、老年营养奶粉、绿色酸奶、有机酥油、干酪等牦牛奶系列有机绿色生态产品和牦牛肉、牦牛干等牦牛肉系列有机绿色生态产品。建立家庭牧场与酸奶加工合作社共建模式，以户均交售原料鲜奶1000kg计算，除去包装成本，鲜奶实现增值4.8元/kg，带动家庭牧场示范户户均增收4800元（张敏，2016）。2016年农牧民可支配收入11 140元，同比增长9.9%（肖冰雪 等，2018）。

红原县围绕打造"红色草原、生态家园、牦牛之乡、旅游天堂"等旅游品牌，将藏传佛教文化、民俗民风文化、红军长征文化与大草原自然风光旅游紧密结合，大力发展度假、休闲和体验相结合的复合型旅游。同时依托丰富的中藏药资源，推广牧民引种栽培高原道地中藏药材，提升中草药的加工技术，建立产品营销模式，生产胶囊、饮片和药酒等一系列中藏药产品，大幅提高中藏药的产品附加值，为牧民增收提供途径。接待中外游客167万人次，同比增长11.9%，旅游总收入143 178万元，同比增长7.2%（肖冰雪 等，2018）。

2）川西草原生态旅游的效果

川西少数民族地区的草原生态旅游资源相当丰富，横跨若尔盖、红原、松潘、阿坝4县。其中，若尔盖草原、扎溪卡大草原及毛垭大草原是川西地区最著名的三大草原（赵艳，2016）。若尔盖草原由若尔盖、阿坝、红原、壤塘4县组成，面积达3.56万km^2，包含众多草原景点，其中有花湖、太阳湖、白洼寺院、达格则寺院、巴西会议旧址、黄河九曲第一湾、铁布梅花鹿自然保护区。扎溪卡大草原地处甘孜州西北部，与青海玉树藏族自治州接壤。草原景点有巴格嘛呢石经墙、松格玛尼石经城、色须寺。毛垭大草原为川西高寒草原的代表，草原景点包括格聂神山、措普沟、长青春科尔寺、海子山、稻城亚丁景区。

近年四川省通过草原生态观光与文化相融合的开发模式，充分利用若尔盖草原、扎溪卡大草原、毛垭大草原及月亮湾旅游区等得天独厚的自然条件，结合青稞酒、服饰、饮食、沙朗及藏族民间舞蹈锅庄等民族文化特色开发草原生态景区，结合日干乔大沼泽、巴西会议遗址、亚克夏山红军烈士墓、龙日红军烈士墓等旅游点，形成川西少数民族地区草原生态旅游特色，打造草原生态旅游精品景区（赵艳，2016）。截至2016年底，四川通过发展旅游带动农民致富的行政村已超过5000个，共1000余万农民直接或间接受益（四川省旅游发展委员会，2017）。2018年川西北接待游客总数4290.3万人。其中，甘孜州接待国内游客1068.67万人，占总数的24.9%；阿坝州接待国内游客3221.63万人，占总数的75.1%；甘孜州接待入境游客5.54万人，占总人数16.65万的33.3%；阿坝州接待入境游客1.11万人，占总数的6.67%；甘孜州外汇收入为1583.24万美元，占外汇收入的38%，阿坝州以2554.94万美元占外汇收入的62%（龚洋，2019）。

22.3.3 宁夏南部草地农业发展案例

1. 区域情况及存在问题

宁夏南部（简称宁南）旱作农区为我国北方农牧交错地带的一部分，位于黄土高原西北端，西隔黄河与腾格里沙漠相望。宁南包括固原市4县1区、海原县全县和同心县、盐池县大部分地区，总面积为3.11万 km²，占宁夏总面积的60%；总人口为256万，占宁夏总人口的48%；耕地面积为58.47万 hm²，其中旱地面积占94%。日照时数为2214~3000h，年太阳辐射为 $5.60×10^9$~$5.88×10^9 J/m^2$，年均气温为 5.7~7.9℃，无霜期为 124~170d；年降水量为 200~600mm，7~9月占 57.4%~58.1%；年蒸发量为900~1400mm。土层深厚，地带性土壤以黑垆土和侵蚀黑垆土为主，土壤结构疏松，透水性好，抗冲性差。

宁南旱作农业区北部为干旱风沙区，包括吴忠市的盐池县和同心县及中卫市海原县北部，地带性植被为荒漠草原，沙地与沙生植被广泛分布；中部为半干旱黄土高原丘陵区，包括固原市的原州区、西吉县、彭阳县及中卫市海原县的南部，属于干草原植被带；南部属六盘山阴湿半阴湿区，包括固原市的泾源县全部和隆德县大部分地区，为森林草原植被景观。草原生态系统是宁南旱作农业区的主要生态系统类型，气候干旱，降水的时空变率大，黄土基质疏松多孔、遇水易塌陷和易于被侵蚀，山区群落结构简单，生物多样性小，决定了该区草原生态系统的脆弱性。同时，由于放牧过度，98%的草原植被退化。

缺水干旱是宁南旱区农业发展的最大制约因素，栽培作物以耐旱、耐瘠薄、抗逆性强的旱地作物为主，有春小麦、糜、谷子、豌豆、扁豆（*Lablab purpureus*）、马铃薯、油菜、胡麻和荞麦等。宁南大多数耕地处在丘陵沟壑地区，沙尘暴、旱灾、冰雹等自然灾害发生频繁，农业基础设施落后，农业抗灾能力低，生产效率低，粮食单产低。由于粮食不足，农民开荒极为普遍，造成水土流失面积不断增加，使本来比较脆弱的生态环境更加恶化。人口不断增加，人地矛盾日趋明显。宁南旱作农区的耕地以旱作耕地为主，中低产田面积占耕地面积的80%以上，严重制约着宁南农业生产的发展。

2. 发展模式

宁南旱作农区水资源严重缺乏，农业生产能力严重不足，开展退耕还草、封山禁牧是解决生态环境保护问题的重要措施。同时，探索农民增收和农村经济结构调整途径，以联产承包责任制为基础的专业化草地农业生产模式是宁南旱作农区草地农业的主导形式，以苜蓿为代表的草粮轮作草地农业模式是宁南旱作农区农业新的经济增长点，农田微集水栽培技术、地膜覆盖技术、抗旱作物品种的推广等旱作节水农业发展模式得到广泛应用，尤其是这些旱作农业新技术大量应用于苜蓿人工草地建设，极大地提高了牧草产量，推进了宁南旱作农区草地农业的发展（孙兆敏，2005）。

1）草业生产模式

宁南旱作农区具有大面积的丘陵沟壑地、荒漠化土地、坡耕地和坡地等待开发土地，具有发展草地农业的土地资源基础。通过实施退耕还草、设施养畜的家庭牧场模式，加大人工草地建设力度，使草地面积不断扩大。截至2013年底，人工草地面积达到58.5万hm^2，以苜蓿为主的多年生牧草种植面积达39.0万hm^2（李克昌，2016）。采用粮食生产管理理念开展种草工作，发展种草养畜，走立草为业、种草养畜的农业发展道路。在旱作农业区建立以苜蓿为主，红豆草、沙打旺为辅的草业生产基地，并实施草粮轮作，推行龙头企业+农户+基地的发展模式；在牧区、半牧区建设以苜蓿为主的草业生产基地，实行窖灌与扬黄提灌相结合；在黄河灌区实施引草入田的三元结构工程，以苜蓿与青贮玉米为主，以大型农牧场与大型龙头企业为主体，带动农户建设草地农业系统。按照草业生产的地域比较优势，实施草地农业区域发展战略，提高草地农业资源利用率和劳动生产率；加速草地农业产业结构升级，培植以牧草种子、草产品和环保产业为代表的高技术产业和新兴产业，实现草产业的"用、种、加、养、贸"一体化经营，使经济效益、生态效益、社会效益统一，形成高效持续发展的草地农业生产系统（孙兆敏，2005）。

2）草粮轮作模式

宁南旱作农区农业生态条件差，现有作物间的轮作制度和绿肥轮作制度不太适宜宁南旱作农区的资源条件。在宁南旱作农区以经济价值和生态价值较高的多年生牧草为基础，选择适宜该区的苜蓿品种，实行苜蓿（6年）-粮油作物（谷子、春小麦、胡麻、马铃薯等）-粮油作物（春小麦、马铃薯、谷子、胡麻等）-苜蓿轮作模式。轮作过程中，避免同一作物的连作。通过实施草粮轮作的农业生产模式，有效减少了水土流失，培肥了土壤地力，增加农作物产量。同时也因草产品具有广阔的市场空间，以及以草地农业带动畜牧养殖业的发展，实现宁南旱作农区农业增长方式的转变，提高农业生产水平和市场竞争力，从而增加农民收入（孙兆敏，2005）。

3）旱作节水模式

农业工程在改善农业基本生产条件、保持水土、拦蓄降雨、提高土壤含水量等方面具有重要的作用。建设旱作节水农业工程可以最大限度地提高土壤对降水的拦蓄，减少土壤水分的蒸发，以保证作物生长对水分的需要。宁南旱作农区通过坡耕地沿等高线修建成水平梯田，推广丰产沟、等高耕作、垄沟耕作、残茬覆盖等农田微集水工程和农田窑窖微集水灌溉工程，有利于旱作农业长远发展。同时，大力推广草田轮作及夏季绿肥、旱地绿肥聚垄耕作、蓄水保水耕作措施，以及推广抗旱作物和增施有机肥等技术措施，增加地表径流的入渗率，改良培肥土壤，控制水土流失，减少土壤水分蒸发，调节土壤微生态环境，以利于作物的生长，争取稳产、高产；采用保水剂拌种、抗旱剂拌种、抗蒸腾剂拌种、配方施肥、微肥施用、轮作倒茬、病虫鼠害防治等常规的农业技术措施，增强作物的抗旱、抗寒、抗病虫能力，达到增产的目的（孙兆敏，2005）。

3. 发展对策及效果

1）盐池县草地农业系统的示范效果

宁夏盐池县北接毛乌素沙漠，南靠黄土高原属典型的过渡地带，是我国草地生态系统退化的典型区域。从20世纪90年代中期开始，该县以草地农业系统理论和生态经济学为指导，对种植业、畜牧业、林业内部结构进行相应的调整优化，选择以户为单位的家庭农场，探索草地农业系统优化模式。以改善生态环境为目的，实施山顶林草"戴帽子"、山坡梯田成"台子"、地埂种苜蓿和黄花"系带子"、沟壑田林草封锁"穿靴子"，大力发展林草产业，促进农林牧协调发展。结合全县秋季基本农田建设，在坡度为15°～35°的梁、峁斜坡上沿等高线修筑宽2.5～3.0m、与山体自然坡度相反的反坡梯田；在<20°的梁上修筑宽度10～15m、反坡角2°～3°的水平梯田，大大减少了水土流失。梯田种植柠条锦鸡儿，3～5年可产鲜草7500kg/hm^2，梯田粮食增产20%以上。在梯田的地埂上种植灌木和牧草，种植苜蓿平均单产达12t/hm^2，柠条锦鸡儿生物量可达4500kg/hm^2，既防止隔带水土流失，又解决了农林牧争地的矛盾。梯田在50mm/h降水强度下地表不发生径流，水平梯田20cm土层的含水量增加18.6%（王钧茂，2016）。

从2002年开始，盐池县实施围栏封育、补播改良、人工饲草地和舍饲棚圈建设等退牧还草工程。截至2016年底，全县累计完成草原围栏33.56万hm^2，补播改良退化草地17.47万hm^2，建设人工饲草地0.84万hm^2，舍饲棚圈覆盖3600户。与退牧还草工程实施之前相比，沙尘天气明显减少，生活环境明显改善，植被覆盖度显著提高。到2017年底，天然草原补播区平均草产量提高20%以上，高产稳产人工牧草产量占总草产量的25%～30%，草畜产业比重大幅提高，来自草畜产业的农民人均收入达到7000元/年（周升强 等，2020）。

调整畜群结构，以当地优良品种滩羊为主，大力推进草畜一体化发展，加速畜群周转，以减轻草原压力、恢复天然植被、控制草地沙化。经过草地生态农业系统结构优化，到2017年盐池滩羊饲养量达311.2万只，出栏184.7万只，畜牧业产值达到5亿元，占农业总产值的60%左右。全县农民人均纯收入中一半来自滩羊产业，对低收入群众增收的贡献率达60%以上（朱磊，2019）。在以旱作农业生产为主体的农牧交错地带，大力推广人工草地，通过草粮轮作制度的运用，实现生态环境改善和农业持续高效发展。

2）海原县发展草地农业的实践效果

海原县横跨宁夏中部干旱带和南部山区，东线是扬黄灌溉区。海原县以"生态优先、草畜主导、特色种植、产业开发"为发展路径，对天然草原通过禁牧封育和补播改良进行建设和保护，把发展人工草地和肉牛产业作为草畜产业可持续发展的主要措施。通过禁牧封育10年，截至2013年底，全县已累计完成草原围栏14.5万hm^2，补播改良天然草原6.5万hm^2，分别占该县草原总面积的53.9%和24.3%。草原植被与禁牧前相比，覆盖度平均增长了30%以上，生态效益显著（雷晓萍和刘晓峰，2015）。根据海原县土地和气候条件，遵循"提质增效草产业、扩大牛产业、发展羊产业"的发展思路，把牛羊产业作为畜牧养殖业扩大发展的重心，通过重点建设人工饲草地、养殖专业示范村、规模养殖场（小区）、家庭农场等，培育种养加一体的龙头企业，全面提升草畜产业的整体发展水平。2013年以后，全县总草产量稳定在75.1万t，多年生人工草地面积稳定在5.8万hm^2，一年生禾草种植面积1.3万hm^{2}以上，年存栏肉牛13.42万头，年存栏羊82.95万只，实现全县牛羊总产值17.08亿元。草畜产业的发展可全面改善当地牛羊养殖生产条件，提高牛羊产业的科学化、规模化、集约化、产业化生产水平。经测算，牛养殖示范村户均纯收入至少1.2万元/年，羊养殖示范村户均纯收入为1.5万元/年；肉牛养殖小区平均纯收入至少40万元/年，羊规模养殖小区纯收入为50万元/年；肉牛家庭养殖农场纯收入至少6万元/年，羊家庭养殖农场纯收入至少5万元/年，加快了农民致富的步伐（雷晓萍和刘晓峰，2015）。

3）红寺堡区发展草地农业的实践效果

宁夏红寺堡区地处风沙半干旱偏旱区，是目前我国最大的生态移民安置区。红寺堡区开发后，仅靠发展传统灌溉农业经济效益并不显著，还加剧了土地退化和沙化。自1998年开发建设以来，搬迁安置宁南山区移民，2009年经国务院批复设立吴忠市红寺堡区。1995~2000年在红寺堡移民安置区建设初期，主要是对草地、沙地和未利用地进行农垦。2000~2005年受自然环境、基础设施条件及国家退耕还林还草政策的影响，该区禁止开垦草地，但已开垦的土地撂荒沙化，移民出现返迁现象。2005~2015年，随着安置区基础设施建设不断完善，建设用地面积增加显著，而草地、耕地、沙地及未利用地成为建设用地新增部分的主要来源。红寺堡区充分调整优化农业结构，打造宁夏中部干旱带节水农业示范区，发展以酿酒葡萄、设施农业、草畜产业为主的三大优势主导产业，以及以马铃薯、中药材、露地蔬菜为主的3个特色产业。到2014年种植葡萄面积0.77万hm^2、设施蔬菜面积0.5万hm^2，饲喂肉牛6.8万头（祁小军，2014）。

以户或联户为单位进行草地承包发展草地农业，建设围栏，禁止放牧，恢复牧草生机；对植被稀疏、沙化严重的地方，以当地野生优良牧草和饲用灌木为主，进行补播改良，建成半人工的丰产草地；以联户或自然村或行政村为单位，种草养畜，以草定畜，实行轮封轮牧制度。经过多年的努力，红寺堡区的天然草原恢复和人工草地建设都得到快速发展，草粮轮作制度得到大力推广，种草养畜成为该区农民增加收入的重要途径，草地农业已占该区农业生产的主体地位，草产业和畜牧业已成为该区的主导产业。但是，受当地资源、资金和人员素质的影响，还需要做好节水高效的特色农业、企业化运营的设施农业，发展专业化草畜产业，大力培育和发展专业化的中介组织和经纪人队伍，建立健全营销网络和社会化服务体系，促进农业产业化经营，加快农业产业提质增效步伐。

第 23 章

黄淮海农区草地农业发展模式与案例*

本章所述农区主要是指黄淮海平原以种植业为主的地区，不包括区域内山地草原区。

23.1 区域概况

本节分析了黄淮海地区的区域范围和区域特点，尤其是草地农业发展概况、草地农业发展中存在的问题和未来发展方向。

23.1.1 区域范围和区域特点

黄淮海地区北起长城，南至桐柏山、大别山山麓，西倚太行山和豫西伏牛山地，东濒渤海和黄海，其主体为黄河、淮河及其支流冲积而成的黄淮海平原，以及与其相毗连的鲁中南丘陵和山东半岛。涉及北京、天津、山东 3 省（市）的全部，河北、河南两省的大部，以及江苏、安徽两省北部地区，地理坐标为 32°～40°N，114°～121°E。总人口约 4.5 亿，约占全国总人口的 32%。

该区土地平整，年降水量为 500～800mm，农牧结合基础良好，适合玉米、小麦等农作物及苜蓿和燕麦等饲草生长。土地面积不大，仅占全国总面积的 6.3%；但耕地面积占全国总耕地面积的 38%，具有典型的农区特征。该区主要为小麦-玉米一年两熟制，是我国小麦、玉米主产区之一，安徽北部和江苏北部等地区也盛产水稻。

该区畜牧业为典型的农区畜牧业，牛羊等草食家畜具有典型的舍饲畜牧业特征，在传统畜牧业向现代畜牧业过渡的过程中，由秸秆畜牧业逐渐向草牧业转型，

---

* 本章作者：王成章、刘忠宽、王彦华、李西良、苗福泓、郑爱荣

由单一发展草地农业逐渐向草畜结合、粮草轮作转型成为该区地农业发展的主方向。

23.1.2 区域草地农业发展概况

现阶段，我国畜产品主要出自农区。黄淮海地区作为我国主要农区之一，承载了约占全国总量26.66%的奶牛、23.52%的肉牛、29.23%的肉羊和30.5%的生猪。然而，黄淮海地区过去的草地农业发展只重视其为养殖业服务的职能，草地农业的生态功能很少能充分体现。把畜禽养殖与饲草生产、畜禽粪污资源化利用结合起来，将粮食生产与饲草生产相结合，推广草畜配套、循环的草地农业发展模式和粮草轮作模式是建设现代畜牧业的主要内容；充分体现中低产田土壤修复、防风固沙、节水等生态理念和功能相适应的商品草生态发展模式，符合国家的发展战略，能实现其可持续发展。

1. 黄淮海地区是我国畜牧业的主要产区之一

山东、河南、河北等地是我国的主要畜牧业大省。据《中国畜牧兽医统计（2019）》，3省畜禽肉产量分别居全国的第1位、第2位和第5位（图23-1），禽蛋产量分别居全国的第1位、第2位和第3位（图23-2），奶类产量分别居全国的第4位、第5位和第3位（图23-3）。生猪饲养量，河南10 740万头、山东8068万头、河北5530万头，分别居全国的第2位、第4位和第9位（图23-4）；奶牛存栏量，河北106万头、山东91万头、河南34万头，分别居全国的第3位、第5位和第9位（图23-5）；羊饲养量，山东4484万只、河南3942万只、河北3381万只，分别居全国的第3位、第4位和第5位（图23-6）。

2. 发展种养结合循环农业需要选择最适宜的饲草种类及其轮作模式

黄淮海地区是我国草食畜牧业主产区，主要采取舍饲圈养形式，需要大量优质的饲草料作为保障，才能生产出优质的牛、羊肉和生鲜乳。刘伯帅等（2018）的研究结果显示，优质饲草作为单胃动物纤维源在提高生猪胃肠道健康、提高母猪产仔数和育肥猪肉品质方面有重要作用。

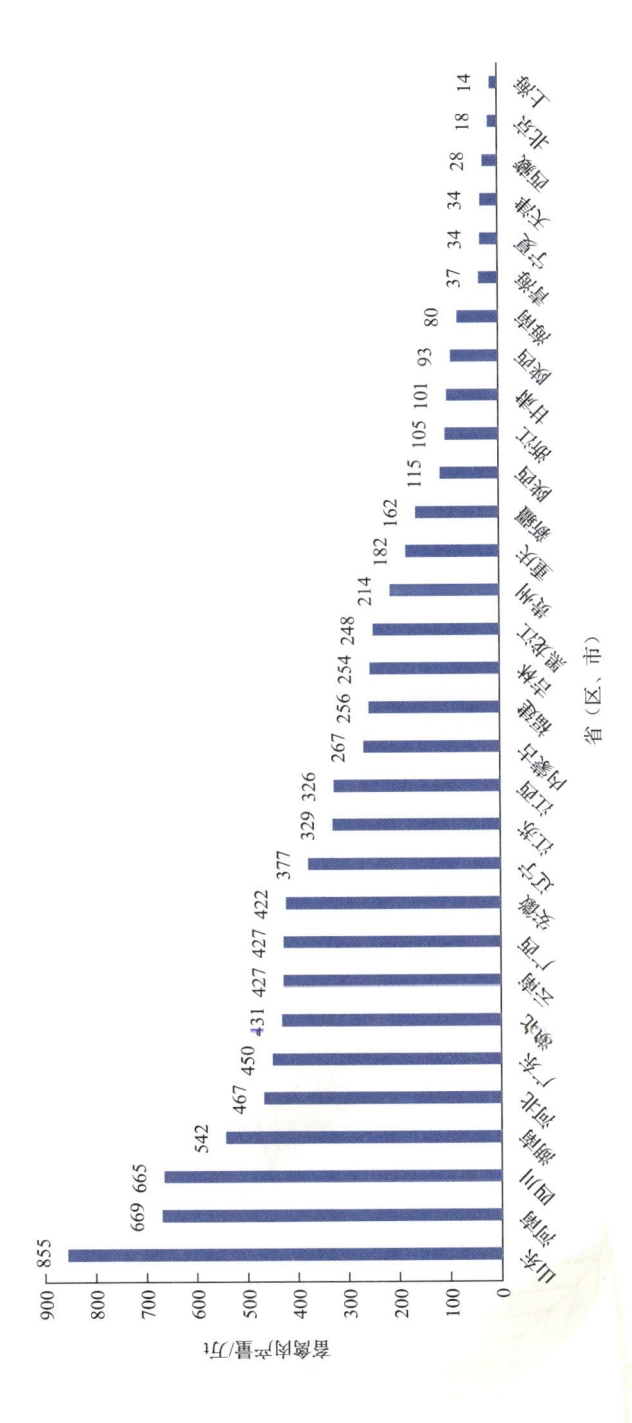

第 23 章 黄淮海农区草地农业发展模式与案例 679

图 23-1 2018年各省（区、市）畜禽肉产量

数据来源：《中国畜牧兽医统计（2019）》，图 23-1～图 23-6 数据来源相同。

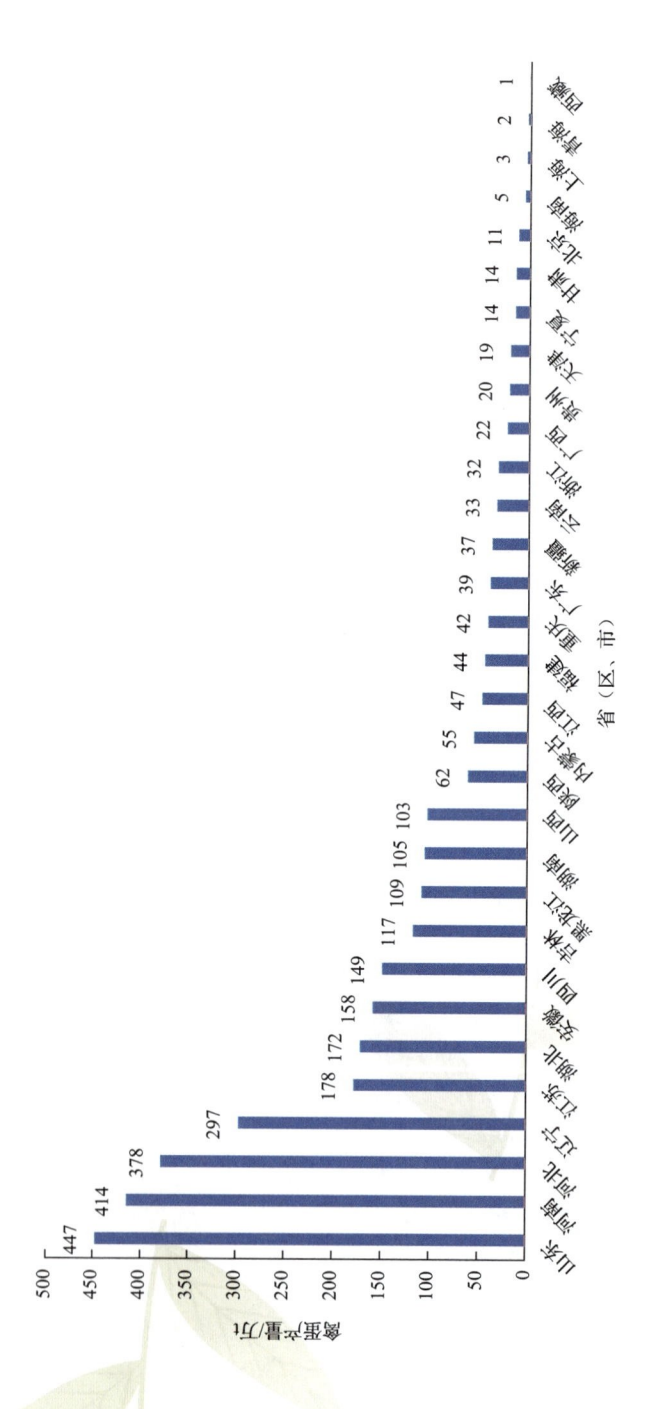

图 23-2 2018 年各省（区、市）禽蛋产量

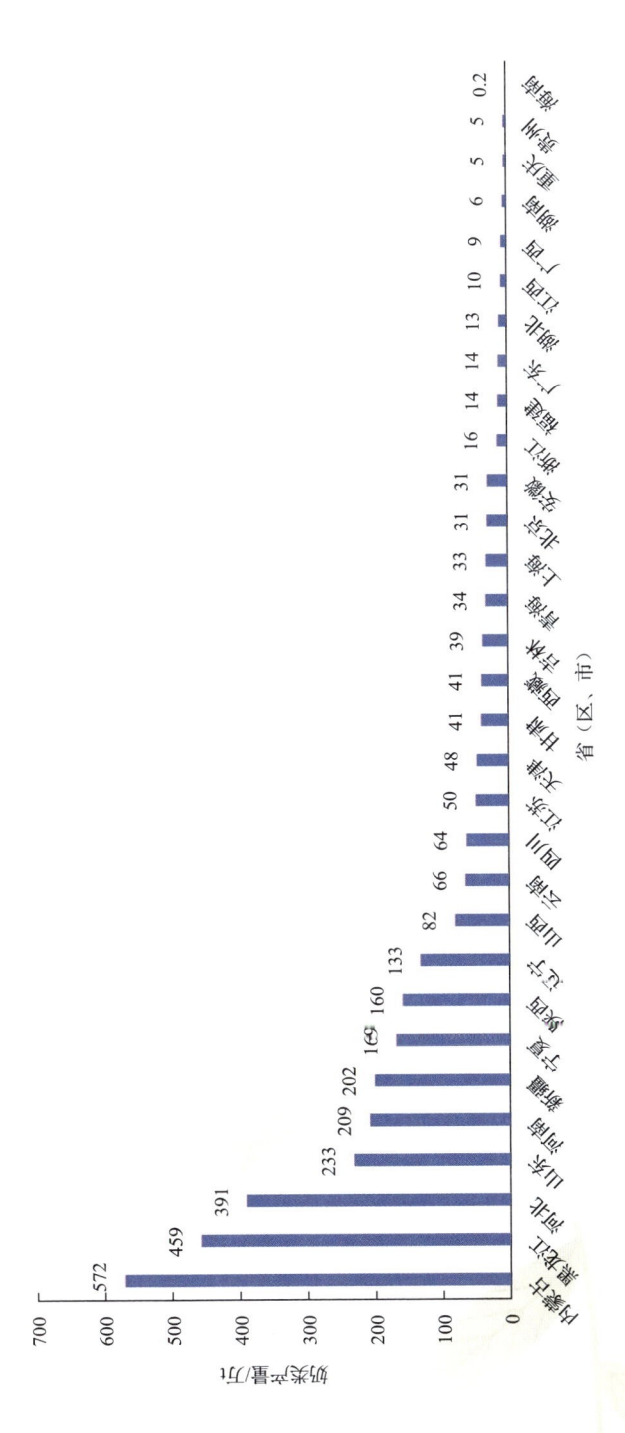

图 23-3 2018 年各省（区、市）奶类产量

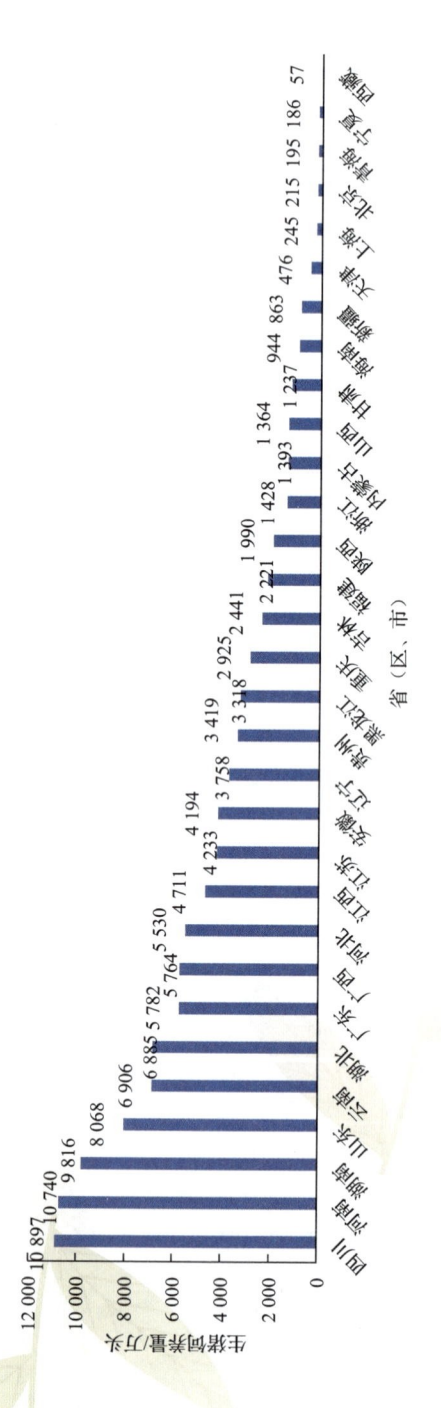

图 23-4 2018 年各省（区、市）生猪饲养量

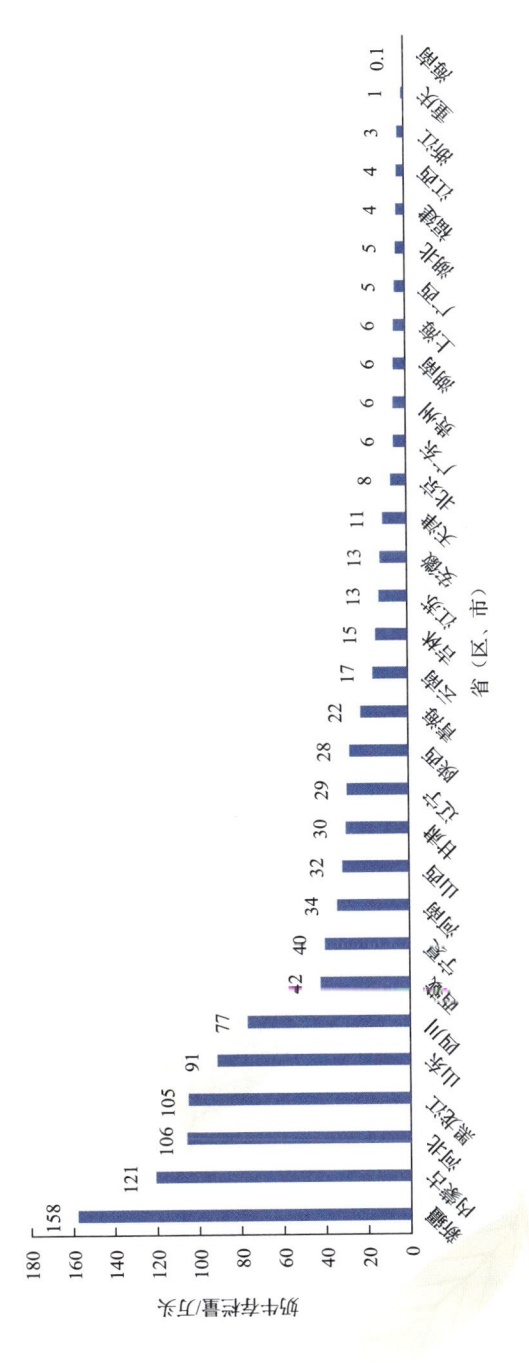

第 23 章 黄淮海农区草地农业发展模式与案例　683

图 23-5　2018 年各省（区、市）奶牛存栏量

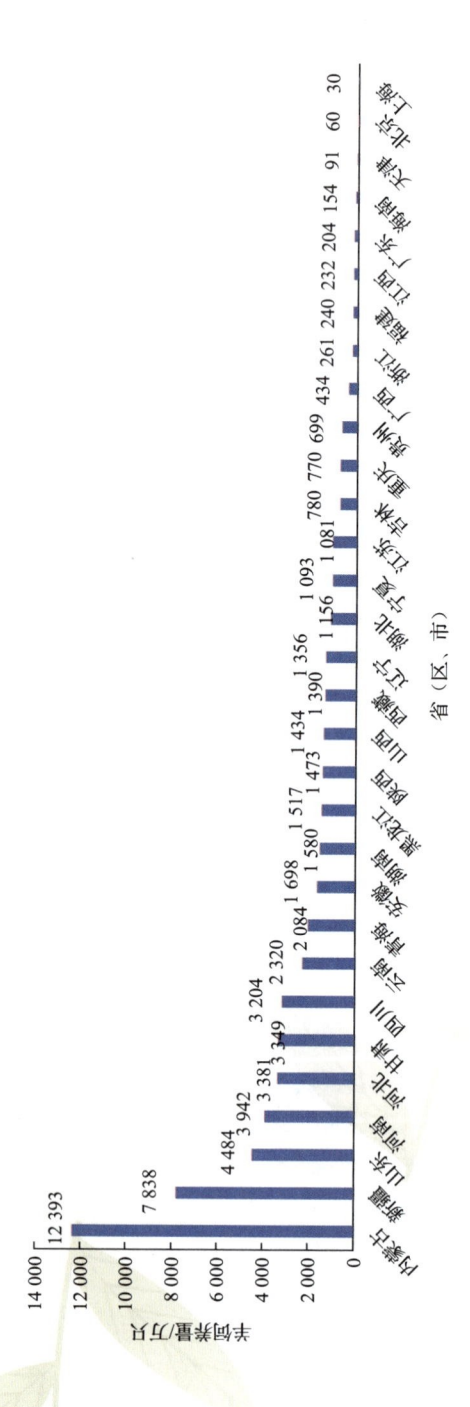

图 23-6　2018 年各省（区、市）羊饲养量

根据黄淮海地区奶牛、肉牛、肉羊、猪、禽等动物的生产情况，全株青贮玉米、苜蓿和燕麦以其产量高、品质优成为饲草种植的主要选择；该区还是苜蓿最适宜的生产区、燕麦的最适宜秋播地区，原因如下。①与全国其他区域比较，该地区的温度和降水量适宜苜蓿等牧草生长，是种植苜蓿等优质牧草最适宜地区，牧草产品质量好、产量高。王云涛等（2013）调查发现，内蒙古、黑龙江等地种植苜蓿，每年由于倒春寒都造成了巨大的经济损失，且草产量低；南方地区降水量大，难以调制干草，即使青贮苜蓿也存在一定困难；甘肃等西北地区降水量很少，近年来开垦天然草原过程中过度利用地下水造成了严重的生态问题，进一步挖掘商品草生产潜力困难重重。②黄淮海地区是我国玉米的主要产区之一，奶牛、肉牛和肉羊养殖企业对全株青贮玉米的需求量大；而且，河南、安徽等地全株青贮玉米的生产有利于向长江以南地区调运，解决南方饲草供应不足问题。③黄淮海地区作为我国最主要的一年两熟地区，以小麦和玉米为主要农作物，随着养殖业对全株青贮玉米需求量的增加，以小麦和全株青贮玉米为主要类型的粮草轮作模式价值日益增大；近年来在河北、河南、山东、安徽等省将春燕麦品种作为冬燕麦种植具有产量高、品质好的特点，其和全株青贮玉米作为种植苜蓿后的轮作作物，该模式得到了牛羊养殖企业的充分肯定和推广，因此苜蓿-全株青贮玉米+燕麦成为主要的种植模式。

3. 现代治污体系的建设与种养结合循环农业一体化是必然趋势

畜禽粪污是放错地方的资源。据王林云（2016）报道，我国年产畜禽粪污约38亿t，其中生猪粪便产生量超过6亿t。仅一个年出栏万头猪的规模化养殖场每年就产生固体粪便2500t，尿液约5400m^3，目前综合利用率70%左右。我国2019年化肥使用量达5900万t，亩均化肥施用量远高于世界主要国家施肥水平。畜禽粪尿简单处理后，结合养殖业的苜蓿、青贮玉米和燕麦等饲草的种植，将粪污还田，投资少、效果好。河南省某公司在全国77个县建设有大型生猪养殖基地，每个基地布局养殖分场15个左右，形成了集科研、饲料加工、种猪繁育、商品猪饲养、屠宰加工、有机肥生产、沼气发电、生态农业于一体的全循环种养结合模式。对内乡县17分厂进行实地调查，结果发现，其年出栏生猪30万头，经过发酵等多种措施处理后，年产猪粪约1200t，污水48万t，沼气无偿提供给农民使用，解决了附近农村居民的能源使用问题；粪尿全部通过管道就地还田利用，每亩农田可消纳沼液96t，使坡岗地小麦产量由133kg提高到431kg，既解决了粪污处理利用难题，又促进了农业增产增效。种植牧草可更好地消纳畜禽粪污。据调查，河南省某公司每亩苜蓿草可消纳40t养猪废水，提高牧草产量20%以上，增加了土壤有机质，减少了化肥的施用量和粪便所引起的污染，实现了变废为宝。

在进行种植-养殖-粪污处理循环农业方面，美国、欧洲等发达国家的经验值得借鉴。这些国家在建立一个新的牛场或猪场时，必须有充足的土地种植饲料作物或牧草消纳粪污。其中，美国养牛业粪污经过干湿分离，固体部分经烘干作为肥料还田或作为垫床，尿液部分经沤制后作为肥料还田，种植饲料作物，如籽粒玉米或青贮玉米、大豆和苜蓿等；欧洲国家在养殖牛和猪时，主要使用发酵池发酵粪尿后还田。

因此，通过发展种养结合循环农业，实现了饲草养畜过腹还田，既为饲料作物和牧草提供了有机肥，又减轻了环境污染，还解决了养殖业优质饲草供应问题，实现了多赢。

4. 黄河流域生态保护和高质量发展对饲草种植的需求

黄河流域是我国重要的生态屏障和经济地带，在我国经济社会发展和生态安全方面具有十分重要的地位，保护黄河是事关中华民族伟大复兴和永续发展的千秋大计。目前，我国黄河流域生态环境脆弱，水资源保障形势严峻，在农作物种植收获的关键季节和大风天气及冬春季，容易出现风沙、尘土飞扬现象，严重污染当地空气；我国河南、山东等的黄河滩地有近一半的中低产田，为了提高农作物产量，大量使用化肥和农药，对黄河水和地下水污染严重。因此，黄河流域环境整治任务比较艰巨。

习近平总书记对黄河问题高度重视。2019年9月17日，在郑州视察了黄河博物馆和黄河国家地质公园，就黄河流域治理和生态保护等进行调研；18日，在郑州召开黄河流域生态保护和高质量发展座谈会，首次将黄河流域生态保护和高质量发展，同京津冀协同发展、长江经济带发展、粤港澳大湾区建设、长三角一体化发展一道，上升为重大国家战略。当前在实施黄河流域生态保护和高质量发展的过程中，大力发展牧草是关键，因为其具有良好的防风固沙作用，且符合滩内种草、滩外养殖的种养结合国家战略。

周霞等（2019）研究发现，在黄河滩区种植苜蓿，一次种植可利用4年以上，不仅减少了翻耕次数，而且苜蓿植株强大的根系有防风固沙作用，能减少风沙扬尘80%以上。种植苜蓿还有利于涵养水源，其涵养水源能力是一般农作物的40~100倍，能减少90%的水土流失。种植苜蓿更有利于改良土壤，苜蓿有固氮作用，种植苜蓿4年后，土壤有机质含量提高1倍，倒茬种植玉米和燕麦第1年无须施氮肥。据杨玉海等（2005）研究，未施肥的4年生苜蓿地与传统施肥的小麦、棉花地相比，土壤有机质、全氮、全磷含量分别提高了47.7%、20.9%和23.7%。郑州市黄河滩区苜蓿和小麦轮作的经验表明，每亩小麦产量为250kg的低产田，经种植3~5年苜蓿后，土壤肥力提高30%以上，其小麦产量达到350~450kg。李梦晨（2019）的研究结果显示，河北黄骅市盐碱地种植苜蓿后再种小麦和玉米，产量分别由原来的每亩 150kg、250kg 提高到 275kg 和 350kg 以上。种植牧草对后茬粮食作物品质也有明显的提高作用。据景豆豆（2019）研究，连作小麦田，其蛋白质含量为 9.81%；种植几年苜蓿耕翻后第 1、2 年轮作小麦，其蛋白质含量分别为 14.44%和 12.38%。因此，在黄淮海地区的黄河滩地，根据当地的气候条件和土壤条件，建立以苜蓿为主要牧草的国家饲草生产基地，再以全株青贮玉米和燕麦为轮作作物，能在改善其流域生态环境的基础上，给畜牧业供应优质的饲草，并获得显著的经济效益，是实现黄淮海地区黄河流域生态治理和高质量发展的最佳选择，能保证农业生态系统的可持续利用和国家黄河流域治理目标的实现。

我国黄淮海地区有 53.3 万 hm^2 的黄河滩地，其中河南、山东分别有 31.3 万 hm^2、13.1 万 hm^2（南志标，2017）。黄河滩地土地平整，降水量适宜，适合大面积种植苜蓿、燕麦等优质牧草及其产业化。站在国家的高度，建设以黄淮海黄河滩区为主的牧草产业带，非常有利于解决全国饲草供应问题。河南利用黄河滩区居民外迁之机，提出在中牟县、开封祥符区、兰考县、原阳县、封丘县、长垣市、濮阳县、范县、台前县 9 个滩区 184 万亩的耕地中，集中连片打造 100 万亩以苜蓿、燕麦、全株青贮玉米为主的优质草业带，作为实施黄河流域生态保护和高质量发展战略的具体举措，以解决在滩区种植农作物造成的风沙危害和水土流失等生态问题，并且通过种植优质牧草，减少化肥对滩区土壤、黄河和地下水的污染，为实现黄河流域生态保护和高质量发展提供有力支撑。

23.1.3　区域草地农业发展中存在的问题和未来发展方向

1. 草地农业应成为今后本区域发展的主要方向

草畜结合不紧密、生态建设与草地农业发展不协调是制约我国草地农业可持续发展的瓶颈。黄淮海地区是我国养殖业的重点区域，但养殖业很少能做到种植业和养殖业有机结合，养殖企业只养畜不种草和草品产业化企业只种草不养畜的现象普遍存在。畜禽养殖的粪便还田率低、污染严重。种植牧草很少考虑生态问题，尤其是草原的无序开垦和对地下水的过度消耗造成严重的生态问题。

《草牧业分析报告》（2020）指出，应该把草地农业与畜牧业协调发展作为未来草地农业发展的主方向。黄淮海农区以牛、羊、猪为主的舍饲养殖业，将把草-畜-粪污还田一体化的生态饲养作为其主要模式。这种饲养模式，一方面有利于畜禽健康的优质粗饲料（如全株青贮玉米、苜蓿和燕麦）的足量供应，能保证优质肉、蛋、奶等畜产品标准化、规模化生产；另一方面畜禽粪污还田，增加了土壤有机肥料，减少了环境污染。因此，种养结合、草畜配套成为草地农业和养殖业生态协调发展的主方向之一；苜蓿与全株玉米、燕麦轮作成为该模式下的主要轮作形式。

我国草原地区由于降水量小，苜蓿和燕麦对地下水过度利用所引起的生态问题已引起党和国家的高度关注，以生态建设为主，以放牧畜牧业为辅，商品草生产由草原地区向黄淮海农区转移是必然的趋势。就黄淮海地区而言，不同省份之间草地农业发展不均衡，也需要地区间适度调运商品草。在这种背景下，利用河南、山东等省黄河滩区居民外迁之机，建立 100 万～200 万亩苜蓿、燕麦、全株青贮玉米商品草的产业带，吸引大中型草品产业化企业入驻，进行高标准的商品草生产并向全国销售，成为该地区草地农业发展的一个重要方向。

黄淮海地区的黄河滩区治理与改造，是黄河流域治理和国家生态文明建设的重要组成部分，而且耕地以中低产田面积占较大比重，迫切需要改造提升和优化种植业结构。在黄淮海地区以小麦、玉米等为主的现代农业生产系统下，如果大力发展草地农业，进行以苜蓿为主（辅之以燕麦、全株青贮玉米）的商品草生产，不但能为动物提供优质饲草，为生产优质畜产品提供饲草保障，更关键的是可充分发挥牧草生态功能，提高土壤肥力，减少水土流失和化肥农药投入，进而降低对土壤和地下水的污染，完全符合黄河流域国家战略需要。

2. 饲草产品供应不足是畜禽生产的主要问题

我国饲草生产和供应短缺问题直接制约着畜牧业的高质量发展。目前我国黄淮海地区养殖企业，除全株青贮玉米能自给自足外，优质苜蓿和燕麦等饲草供应严重不足，依赖进口的局面还未从根本上改变。据调查，国产苜蓿只能满足黄淮海地区奶牛场 30%的需求，剩余 70%需要进口。根据《中国草业统计（2020）》显示，2019 年，我国进口苜蓿 135.6 万 t，生产商品苜蓿 264.91 万 t，合计约 400 万 t，不能满足奶牛的需要，更满足不了奶牛之外其他畜禽对优质草产品的需要。据海关统计，2019 年全国进口苜蓿是 2009 年的 8.5 倍，进口燕麦草 23 万 t 左右，而 2010 年进口不足 1 万 t。随着现代畜牧业快速发展和贸易摩擦的加剧，优质饲草紧缺压力更大，亟须扩大草地农业的生产能力。

根据《中国畜牧兽医统计（2019）》计算的奶牛和猪、鸡对苜蓿的需求量如下。2018 年，我国饲养奶牛 1037.7 万头，其中成母牛和后备牛均按 50%计算，各为 518.85 万头，每头产奶牛每年需要苜蓿按 1t 计算，产奶牛共需要苜蓿青干草 518.85 万 t。按照 2018 年的数据，全国肉猪出栏 69 382 万头，一头生长育肥猪按 0.3t 配合饲料计算，需要 20 814.6 万 t，苜蓿草粉在生长育肥猪饲粮配方中的用量按 10%计算，需要苜蓿草粉 2081.46 万 t；2018 年全国能繁母猪存栏量为 4261 万头，每头存栏母猪年需配合饲料量按 1.1t、配方中苜蓿草粉按 15%计算，需要苜蓿草粉 703.07 万 t。全国禽蛋产量为 1994 万 t，料蛋比按 2.4 计算，共需全价饲料 4785.6 万 t，苜蓿草粉在配方中的用量按 5%计算，需要苜蓿草粉 239.28 万 t。如果 50%的母猪饲料、20%的生长育肥猪饲料、50%蛋禽的配合饲料中利用苜蓿草粉，累计需要苜蓿草粉 887 万 t，接近 1000 万 t。

因此，做大做强牧草产业是黄淮海地区乃至全国草地农业发展的必由之路。发展草地农业、走草牧业发展之路，我们还有很长的路要走，要上升到国家战略高度来处理和对待畜禽对牧草的需要。

3. 提高草产品质量是主要任务

当前，国内外饲草产品价格差距较大。国外进口草产品有质量优势但没有价格优势，国内草产品有价格优势但没有质量优势，这是中国草地农业也是黄淮海地区草地农业经济效益不高和发展不快的主要原因之一。

根据对进口苜蓿和全国各地生产的商品苜蓿的价格分析，进口苜蓿每吨价格在 3600 元左右；进口一级燕麦每吨价格为 3450 元左右。国产一级苜蓿每吨价格为 2500 元左右，二级苜蓿每吨价格为 2000 元左右；国产一级燕麦每吨价格为 2400 元左右，二级燕麦每吨价格为 1900 元左右。由此可见，进口苜蓿比国产苜蓿每吨价格高出 1000 元左右，国产苜蓿一级品比二级品每吨高 500 元左右。质量出效益，草产品生产企业只有生产出高品质苜蓿，才能产生良好的经济效益。

饲草产品质量直接影响畜禽的生产性能和产品质量，这也是我们必须生产优质草产品的原因。李润林等（2019）用 3 种不同质量的苜蓿草粉对后备母猪和初产母猪进行了饲喂研究，其苜蓿的粗蛋白质含量分别为 15.1%（低质量）、18.3%（中等质量）和 20.0%（高质量），ADF 含量分别为 40.3%、34.5%和 28.8%，NDF 含量分别为 50.4%、41.7%和 36.2%，配方中苜蓿草粉用量均为 10%。试验结果表明，中质量苜蓿草粉组后备母猪日增重高达 880g，母猪初情率高达 79%，断奶返情率高达 88%，中、高质量组母猪总产仔数提高约 15%，并且提高了仔猪的增重速度和免疫力，产生了显著的经济效益。因此，在奶牛中"好草产好奶"的道理同样适用于猪、禽、马、驴、兔等单胃动物。由此可见，优质牧草对畜禽生产和畜产品质量的重要性。

为了解我国苜蓿干草捆质量状况和安全状况，为畜禽尤其是单胃动物饲粮中的苜蓿利用提供科学依据，2017 年 6 月 15 日~8 月 24 日，陈文雪等（2018）赴全国 5 个自然区域（东北平原区、内蒙古高原区、西北荒漠绿洲区、黄土高原区及黄淮海平原区）44 个具有较强代表性的大中型草业公司进行采样，共采集 38 个苜蓿品种不同茬次 95 个样品，在河南农业大学草学实验室和农业部饲料检测中心郑州分中心进行实验室分析。结果表明，95 个苜蓿干草样品营养成分的平均值如下：粗蛋白质为 16.43%，NDF 为 44.00%，ADF 为 33.22%，EE 为 1.53%，ash 为 10.78%，DM 为 91.90%（表 23-1）。参照苜蓿干草捆分级标准（表 23-2），只能达到二级干草标准。黄淮海平原区苜蓿草产品质量在 5 个区域中排在第 2 位，大部分指标优于全国平均水平（图23-7）。总体看，我国苜蓿产品质量不容乐观，产品质量普遍不高的现状令人担忧。因此，无论是草畜结合企业还是商品草生产企业，下大力气改进草产品质量，都是提高效益和产品竞争力的首要任务。

表23-1　不同区域苜蓿干草主要养分含量　　　　　　　　　　　　（单位：%）

项目	东北平原区	内蒙古高原区	西北荒漠绿洲区	黄土高原区	黄淮海平原区	平均值
粗蛋白质	15.80±0.96	16.11±2.26	16.88±2.28	15.38±1.04	16.73±2.75	16.43±2.36
NDF	43.79±4.79ab	44.48±3.31ab	42.49±5.91b	47.74±7.00a	43.88±6.50ab	44.00±5.75
ADF	32.02±4.21	33.92±4.01	31.58±5.01	34.43±5.72	33.65±5.64	33.22±5.09
ash	10.19±1.48	10.82±3.51	12.05±3.93	11.97±3.89	10.33±2.09	10.78±2.84
EE	1.63±0.42a	1.45±0.30ab	1.26±0.27b	1.21±0.37b	1.68±0.51a	1.53±0.46
DM	90.54±0.21b	90.76±0.67b	91.04±0.26b	91.06±0.37b	93.14±2.25a	91.90±1.95

注：同行小写字母不同表示差异显著（$P<0.05$），未标字母者表示差异不显著。

表23-2　苜蓿干草捆分级标准　　　　　　　　　　　　　　　　（单位：%）

指标	等级				
	特级	优级	一级	二级	三级
粗蛋白质	≥22.0	≥20.0，<22.0	≥18.0，<20.0	≥16.0，<18.0	<16.0
NDF	<34.0	≥34.0，<36.0	≥36.0，<40.0	≥40.0，<44.0	≥44.0
ADF	<27.0	≥27.0，<29.0	≥29.0，<32.0	≥32.0，<35.0	≥35.0

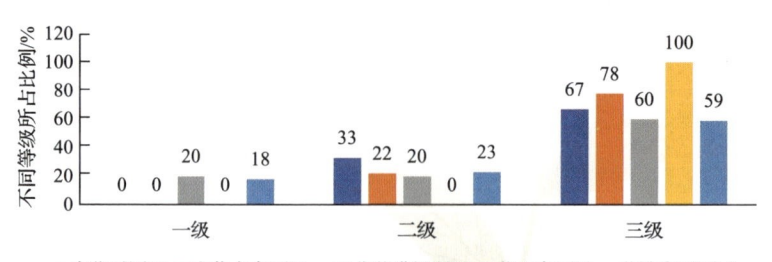

图23-7　一、二、三级苜蓿所占比例

5个区域苜蓿干草中霉菌毒素[黄曲霉毒素B_1（AFB_1）、呕吐毒素（DON）、玉米赤霉烯酮（ZEN）]的污染不超标，均受到微生物（细菌、霉菌）的轻度污染；除受不同程度的铬污染外，其他重金属未污染我国北方的苜蓿干草。这说明，用我国自己生产的牧草饲喂反刍动物和单胃动物是安全的。

4. 提高草地农业发展的科技水平

1）提升草产品加工企业自主创新意识和能力

在牧草的品种选择、水肥管理、杂草防除等栽培技术环节，在青干草、青贮饲料、草颗粒、草粉等加工调制环节，以及草产品在牛、羊、猪、禽的饲喂利用环节，企业缺乏实力雄厚的自主研发团队和研发经费，致使牧草产量低、品质受限、饲喂效率不高，直接影响企业经济效益的提升。因此，借鉴奶牛、猪和禽等养殖业的成功经验，重视草地农业研发团队的建设和经费投入，在牧草种植、收获、加工和利用的每一个技术环节，做到产量、品质和饲喂效率的最大化，才能最大限度地提高企业经济效益。

黄淮海地区为奶牛、肉牛、肉羊和猪等养殖业的主要产区之一。然而，无论是草地农业科研人员还是草品产业化企业，对草产业链条中最关键部分——优质牧草在畜牧业中的利用关注很少。关注的多为苜蓿、燕麦、青贮玉米在奶牛生产中的应用，苜蓿-燕麦+全株青贮玉米种植模式在肉牛、肉羊等草食畜养殖中的利用认识不到位，致使本区对优质苜蓿、燕麦的需求有限。粮改饲政策推行以来，肉牛业和肉羊业对全株青贮玉米的利用量有较大突破，需求量提高很快，但对苜蓿等优质牧草的利用仍十分有限。猪禽等单胃动物，尤其是母猪饲粮中利用苜蓿有良好的效果，但缺乏其不同种类、不同生长阶段所需要的草产品及其生产工艺、质量标准的研发，限制了牧草在单胃畜禽中的开发和利用。目前的当务之急是尽快研发各类单胃畜禽所需要的草产品，以及研究相应的生产工艺，提升产品质量。

2）加紧培养饲草动物营养技术人才

我国从事牧草营养研究的科技人员很少，动物饲草产品研发能力差，产学研结合严重不足，饲草在动物中利用效率低，致使草产品的研发尤其是在单胃动物（猪、禽等）中的利用研发严重滞后，缺乏过硬的草产品和精准的饲喂技术提供给养殖企业，因此要做大做强牧草产业，亟须扩充饲草营养的研发队伍。

23.2 发展模式

近年来，黄淮海地区在草地农业快速发展进程中，通过不断的探索和实践，已经初步形成了很多行之有效的发展模式。本节将重点介绍草畜结合循环草地农业模式、粮草轮作模式和麦田冬季放牧模式3种模式，以期为各地草地农业的发展提供一些参考。

23.2.1 草畜结合循环草地农业模式

1. 模式概述

草畜结合循环草地农业模式是将奶牛、肉牛、肉羊等养殖，与全株青贮玉米、苜蓿、燕麦等优质饲草种植（花生秧饲料化利用），以及粪便还田相结合的循环草地农业模式（图23-8）。

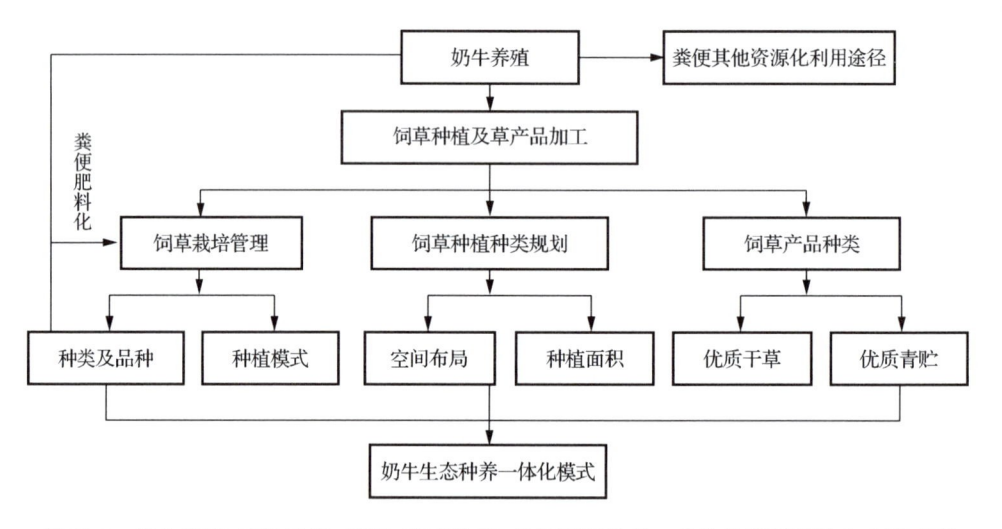

图23-8 奶牛养殖-青贮玉米+苜蓿+燕麦种植-粪便还田种养一体化的循环草地农业模式图

该模式主要包括：奶牛养殖-全株青贮玉米+苜蓿+燕麦种植-粪便还田种养一体化循环草地农业模式和肉牛羊养殖-全株青贮玉米+花生秧饲料化利用等不同形式，是围绕牛羊养殖-饲草种植与加工（包括花生秧饲料化利用）-牛羊粪便肥料化利用的全产业链，以种养结合循环为主线，按照牛羊场全年优质青贮、优质干草的需求量与粪便全部肥料化还田消纳的标准，租赁和配置土地。其中，每头奶牛需要配置 2.5～3.0 亩全株青贮玉米、1 亩苜蓿和 1 亩燕麦（或配置花生秧），每头肉牛需要配置 2.0～2.5 亩全株青贮玉米、4～5 亩花生秧干草，每只成年羊需要配置 0.5 亩全株青贮玉米、1 亩花生秧干草，进行统筹种植、轮作和优质秸秆饲料化利用，建立集牛羊场养殖、饲草种植和草产品加工、牛羊粪便肥料化还田利用于一体的牛羊生态种养一体化模式。

该模式的技术核心如下：一是根据牛羊饲养对优质饲草的需求与区域气候条件，合理布局饲草种植结构与种植制度，并且与花生秧等优质秸秆饲料化利用相结合，统筹生产加工干草与青贮饲料，建立经济高效的优质粗饲料日粮体系；二是根据牛羊粪便产生规模与自有土地有机肥消纳能力，合理统筹不同季节粪便肥料化利用模式，实现粪便100%无害化肥料化与还田利用，降低环境压力，减少饲草种植的化肥施用。

黄淮海地区的种植制度主要为一年两熟。这种种养结合模式，一般采用秋播饲用燕麦-夏播青贮玉米的一年两作复种制度；或采用苜蓿单播人工草地4~5年，然后轮作倒茬一年两熟的燕麦和全株青贮玉米的模式。种植全株青贮玉米一般选用粮饲兼用型品种，全部加工成青贮饲料，苜蓿、饲用燕麦可根据实际需求与气候条件加工青干草或青贮。牛羊等粪便主要通过堆肥发酵、沼气发酵、固液分离、基质蚯蚓养殖等方式进行无害化处理与还田循环利用。

花生秧在肉牛羊（或部分奶牛）饲养中的饲料资源化利用也是本模式的特点之一。我国黄淮海地区是花生的主产区，花生秧资源量大，品质优良。根据有关方面统计，全国花生种植面积约8000万亩，河南占1/4。据王琳燚等（2019）调查，河南、河北、山东的花生秧资源量分别为900万t、300万t和650万t，合计占全国花生秧资源量的51.1%；且花生秧具有蛋白质含量（10%~15%）高的特点，其品质是秸秆饲料中最好的。全株青贮玉米和花生秧作为肉牛和肉羊饲料，能实现粗饲料营养的最佳配合和经济效益的最大化，因此资源优势突出。黄淮海地区也是我国肉牛肉羊的主要养殖区之一，其肉牛存栏量、出栏量分别占全国的13.91%、23.52%，因此推广肉牛羊养殖-全株玉米种植+花生秧利用-粪污还田循环草地农业模式有非常广阔的前景。

2. 发展前景

奶牛、肉牛和肉羊等草食畜生产是今后畜牧业发展的重点。随着国民经济的发展和居民生活水平的提高，对牛奶制品和牛、羊肉的需求将会持续增加，对于原奶生产端的奶牛养殖业和牛、羊肉生产端的肉牛、羊养殖业维持在很大的存栏规模水平，才能满足居民日益增长的需求。但长期以来，我国牛羊养殖业基本沿袭着只养不种、种养分离的模式，或是饲草种植面积小，根本满足不了需要。这样做的问题在于：一是造成优质粗饲料短缺，大量优质饲草靠进口或国内长距离运输，导致养殖成本居高不下；二是大量家畜粪便得不到及时无害化处理与资源化有效利用，造成巨大的环境污染风险与压力。通过构建奶牛养殖-全株青贮玉米+苜蓿+饲用燕麦种植（或+花生秧饲料化利用）-粪污还田模式或构建肉牛羊养殖-全株青贮玉米+花生秧饲料化利用-粪污还田等草畜结合循环草地农业模式，能实现牛羊养殖场种养一体化，可以有效协调优质饲草就近生产供应、耕地用养结合、粪便有机肥还田利用等问题，显著提升牛奶和牛、羊肉产品质量及其养殖效益。因此，奶牛养殖-全株青贮玉米+苜蓿+饲用燕麦种植（或+花生秧饲料化利用）-粪污还田或肉牛羊养殖-全株青贮玉米+花生秧饲料化利用-粪污还田等草畜结合循环草地农业模式发展前景广阔,将会成为我国牛羊养殖的主体模式,对推进我国牛羊业高质量发展和国家生态建设具有重大意义。

以黄淮海地区奶牛养殖为例。根据统计,2018年底黄淮海地区奶牛存栏360余万头,每年对全株玉米青贮、优质干草的需求量分别达到2000余万t、400余万t,缺口分别为400余万t和200余万t;年粪便产生量为2600余万t,至少需要1000余万亩饲草地进行消纳,目前缺口为300余万亩。因此,奶牛养殖-全株青贮玉米+苜蓿+饲用燕麦种植-粪污还田种养一体化循环草地农业模式在以黄淮海地区为典型代表的广大北方农区发展潜力巨大。

3. 存在问题与建议

1)存在问题

从目前及较长时间来看,奶牛养殖-全株青贮玉米+苜蓿+饲用燕麦种植-粪污还田一体化和肉牛羊养殖-全株青贮玉米+花生秧饲料化利用-粪污还田一体化等草畜结合循环草地农业模式还存在许多问题亟须解决。主要问题有:一是有的地方土地流转难,流转成本高,尤其是万头以上大型奶牛和肉牛企业,土地流转难度较大,粪污消纳半径大;二是融资难,融资慢,融资贵,融资成本高;三是种养结合关键技术创新不足。这些严重制约了牛羊种养一体化循环草地农业模式发展。只有尽快解决这些问题,才能更好更快地推进该模式的广泛推广与应用。

2)相关建议

(1)加快探索建立牛羊种养一体化循环草地农业的土地规模化创新模式与机制。一是大型养殖企业成立专门的饲草种植公司,加快实施土地流转,自建规模化饲草种植基地,实现企业内部种养一体化;二是通过土地入股、土地托管等新型机制,由牛羊养殖企业统一进行饲草种植生产,农民按股份或托管合同分红,促进养殖企业种养一体化;三是国家对种养结合企业的饲草种植项目给予支持,以解决土地流转费用高等问题。例如,河南省人民政府2022年出台的《河南省肉牛奶牛产业发展行动计划》明确指出,"强化种养结合示范引领,鼓励大型规模养殖场自建优质饲草基地"。

(2)加快养殖企业的饲草种植保险。鉴于饲草生产风险和市场风险高,建议借鉴美国等草地农业发达国家的保险经验,参考国内农作物保险的具体做法,建立饲草产业保险制度,将饲草列为受保对象,支持饲草产业的稳定发展,确保牛羊种养一体化循环草地农业模式健康发展。

(3)适度控制养殖企业饲养牛羊规模。发达国家的经验表明,适度控制牛羊养殖场的规模,有利于流转土地和处理粪污,进行养殖和种植一体化。

(4)加大牛羊种养一体化循环草地农业模式关键技术研发项目的支持力度。

23.2.2 粮草轮作模式

1. 模式概述

粮草轮作模式是黄淮海地区农作物与饲草进行轮作的模式，包括小麦、玉米、水稻等粮食作物与全株青贮玉米、苜蓿、燕麦等饲草作物轮作模式，见图23-9。

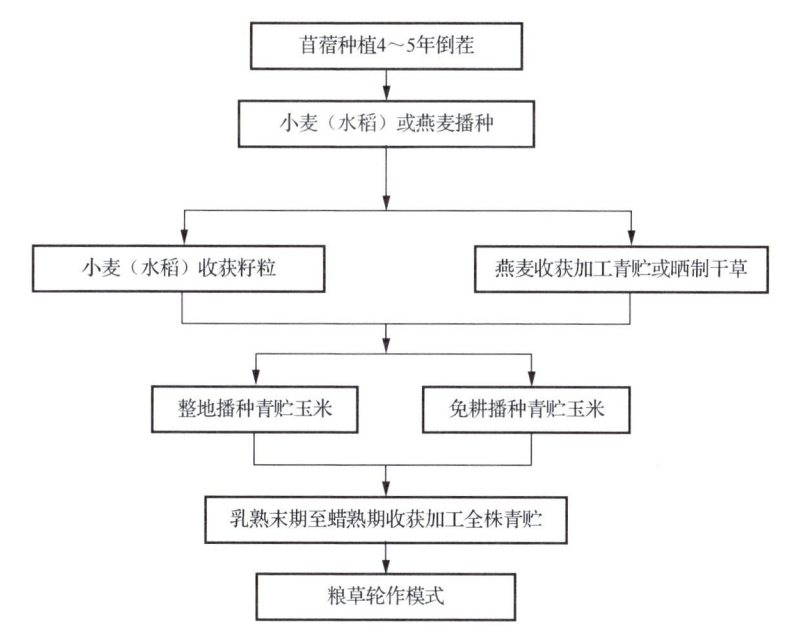

图 23-9　小麦、玉米、水稻等粮食作物与全株青贮玉米、
苜蓿、燕麦等饲草作物轮作模式

（1）该模式主要包括以小麦-全株青贮玉米、苜蓿-小麦+玉米或全株青贮玉米、燕麦 全株青贮玉米或粮食玉米等为主的不同形式的粮草轮作模式。黄淮海地区的河南、河北、山东是我国的粮食核心区之一，以小麦-玉米一年两熟为主要种植模式，在粮改饲情况下，尤其有全株玉米青贮料商品需求时，其粮食玉米改为全株青贮玉米；在安徽和黄淮海的部分地区，为燕麦-玉米或全株青贮玉米一年两熟种植模式；在河北的沧州、河南的黄河滩等苜蓿种植区，苜蓿生长4～5年，倒茬种植小麦和玉米1年或2年，然后再种苜蓿。该模式下，小麦、水稻、粮食玉米为粮食作物，为人类口粮或畜牧业的精饲料；全株青贮玉米、燕麦和苜蓿青干草或青贮料是优质饲草，是畜牧业的优质粗饲料。

（2）该模式的核心是粮草轮作，以粮食生产为主，根据需求进行商品饲草的生产和销售。在进行商品草生产时，一般由从事此类工作的农业公司流转或托管农民的土地，或与农民签订合同，秋季种小麦作为粮食，夏季种全株青贮玉米作为饲草，一年两熟。由公司统一供种（种植粮饲兼用玉米品种）、田间管理和收获加工，裹包青贮后北草南运（我国南方）或给周围牧场窖贮、堆贮利用，这种模式常根据牧场订单进行生产。苜蓿草品产业化公司利用流转农民的土地，专门进行苜蓿青干草或青贮料生产，销售草产品；在河北黄骅市，农民利用自有土地种植苜蓿，公司收购鲜草加工。苜蓿种 4~6 年，提高了土壤肥力，再种植 1~2 年小麦和玉米，能提高其产量和品质，且不用施氮肥或少施氮肥，中低产田尤其适用于这种豆科和禾本科的粮草轮作模式。

2. 发展前景

改革开放以来，我国畜牧业取得了很大进步，牛奶，牛、羊肉在人们膳食结构中的比例逐年增高，但我国以猪禽肉为主的局面尚未从根本上改变，人均牛奶占有量仍低于世界平均水平（表 23-3）。黄淮海地区为我国粮食核心区之一，在以粮食作物小麦、玉米一年两熟制为主的情况下，根据畜牧业发展的需要，用全株青贮玉米代替部分粮食玉米是可行的；而且，国家粮改饲政策落实中，黄淮海地区以河南、河北、山东、安徽为主要省份，2019 年全株青贮玉米种植面积分别达到 118 万亩、168 万亩、120 万亩和 95 万亩，项目规定任务依次为 318 万 t、450 万 t、324 万 t 和 260 万 t；河南、安徽位于我国南北过渡地带，南方地区由于气候、土壤条件受限，种植玉米面积少，两省的全株青贮玉米实现北草南运，具有运输距离短、成本低的优势；由于降水量高、土壤酸性大，南方地区苜蓿种植有困难，河南黄河滩区 100 万亩优质饲草产业带建设种植的苜蓿、燕麦草产品南运优势大。由于以上原因，在黄淮海地区，小麦-全株青贮玉米的轮作模式和苜蓿-小麦+玉米的轮作模式发展前景广阔。

表 23-3　2019 年肉、蛋、奶产量和人均占有量

项目	世界	美国	中国	河南
肉产量/万 t	33 423	4 579	7 759	560
鸡蛋产量/万 t	8 008.8	625.9	3 309	442
牛奶产量/万 t	65 252.5	9 773.4	3 201	209
人口数量/亿	74.4	3.2	14.05	1
人均肉占有量/（kg/人）	44.9	142.2	55.2	56
人均蛋占有量/（kg/人）	10.8	19.4	23.6	44.2
人均牛奶占有量/（kg/人）	87.7	303.5	22.8	20.9

3. 存在问题与建议

从目前及较长时间来看，冬小麦-全株青贮玉米、苜蓿 4~5 年-小麦+玉米 1~2 年等轮作模式还存在一些问题需要解决。主要问题是由于经济利益原因，造成玉米收购不稳定，有时难以完成合同任务，影响该轮作模式的执行。粮食玉米价格高的年份，如 2020 年，籽粒玉米价格达到每公斤 2.6 元左右，农民不愿履行合同，要求提高青贮饲料价格，不然的话就由青贮玉米改为粮食玉米，造成养殖企业缺草多；粮食玉米价格低的年份，农民要求公司按合同价格收购全株青贮玉米。解决问题的办法：一是进行土地流转和托管，采用小麦、玉米种植和加工销售均由公司自己承担的办法，或承租全株青贮玉米的土地+小麦农民自种等形式；二是为了提高苜蓿草产品质量，取消公司+农户模式，把苜蓿种植、加工和轮作都掌握在草品产业化公司手中。

23.2.3 麦田冬季放牧模式

1. 模式概述

在黄淮海地区的绵羊和山羊冬季饲养中，经常缺乏嫩绿多汁饲草，使其在冬季掉膘严重。在这一时期，母畜处于孕期或泌乳期，其能量需求是日常需求的 2~3 倍，对饲草短缺更为敏感。饲草短缺将降低家畜的繁殖能力及其乳品生产，如补料不及时，致使冬季羔羊死亡率高。近年来发展起来的麦田冬季放牧成为羊养殖中填补冬季优质青饲料的一种新模式。麦田冬季放牧技术模式的基本特征为：在冬小麦的分蘖期开始放牧，至立春或春节前结束，其间须控制合理的放牧强度和放牧时间，保留原有茎尖分生组织以便维持籽粒生产的相对稳定，放牧强度以不影响翌年小麦籽粒产量为度，或虽有减产但产量降低在 5%以下；羊的增重所产生的效益大，或因小麦籽粒产量稍有下降但总收益显著提高。该模式作为农牧结合的一种典型技术，一方面通过控制合理的载畜量，以麦苗作为家畜的青绿饲料来源，填补冬季饲草缺口；另一方面，放牧家畜产生的粪便可为小麦春季生长提供有机肥来源，刺激小麦分蘖，最大限度地降低放牧对小麦籽实产量的负面影响。刘秀霞（2019）在河南安阳进行的小麦啃青种养结合模式研究表明，利用小麦越冬期与冬季羊青绿饲料缺乏期的重叠，进行麦田适度放牧，可实现养殖节本增效和小麦稳产丰产。

2. 发展前景

据田莉华（2014）、田莉华等（2015）调查，长期以来，小麦冬季放牧在美国、澳大利亚、加拿大等 20 多个国家和地区被广泛采用。我国黄淮海地区是小麦的主产区，根据农业农村部的统计数据，2018年河南、河北、山东、安徽和江苏的冬小麦种植面积分别为8609万亩、3540万亩、6090万亩、4313万亩和3606万亩，合计种植面积为26 158万亩。冬季缺青期有大面积的麦田可供山羊和绵羊放牧，是非常大的冬季优质饲草来源。以河南为例，该省有约1.2亿亩耕地，每年种植小麦近9000万亩，具有冬季小麦青饲料资源量大的特点。河南又是养羊大省，其羊存栏量居全国前列，如能利用好冬季小麦青饲料这一资源，将在养羊业的发展中发挥重大作用。据测定，每亩小麦田在不影响其籽粒产量的前提下，能提供冬季优质青饲料180kg。如果黄淮海地区的小麦田有1/3供放牧，将能提供青饲料1500万t以上。据闵芳等（2017）研究测定，冬季麦苗作为青饲料具有丰富的营养特征，粗蛋白质含量为20.69%，EE含量为18.53%，钙含量为0.46%，磷含量为0.66%，可极大地填补冬季羊的营养缺口。因此，采取合理的放牧与田间管理方式，小麦冬季放牧具有很好的应用前景。

3. 存在问题与建议

麦田冬季放牧羊模式是未来草食畜牧业发展中很有前景的一种技术模式，但该模式的推广还存在许多问题，如不同产量冬小麦的草产量、羊载畜量和放牧强度、放牧对籽粒产量的影响等缺乏研究或缺乏深入研究。有调查认为，放牧后的麦田死苗率达15%以上，在一定程度上打破了小麦生育节律，影响其籽粒产量，造成减产在10%左右，实际上这主要是未采取合理的放牧技术所致。有的小麦种植户认为放牧影响了小麦产量，故和养羊户产生矛盾。通过合理的方法，解决冬小麦放牧羊的一系列问题。在实践中，通过大量研究，给小麦种植户和养殖户以合理的技术指导方案，以消除推行该模式的障碍。

23.3 典型案例

本节从不同发展模式的角度，介绍了草畜结合-粪便还田循环草地农业、粮草轮作、麦田冬季放牧种养结合3个草地农业发展典型案例，重点介绍了案例的基本情况、效果效益和存在问题及应对措施。

23.3.1 草畜结合-粪便还田循环草地农业典型案例

本案例主要是以河北省沧州市中捷农业发展有限公司、河北景明农业开发公司、河北犇放牧业有限公司企业联合体作为对象，介绍奶牛养殖-青贮玉米+苜蓿+饲用燕麦种植-粪便还田利用循环草地农业模式的典型案例。

1. 基本情况

在河北省沧州市中捷临港经济技术开发区现代农业示范区，有 3 家与奶牛养殖和牧草种植有关的公司，即河北省沧州市中捷农业发展有限公司、河北景明农业开发有限公司和河北犇放牧业有限公司。这 3 家公司将饲草种植与饲草收获加工、奶牛养殖、奶牛粪便肥料化利用链条有机串联，搭建起了种养结合、循环利用的绿色现代草牧业种养体系，构筑了三方企业协同共赢的产业链，实现了草牧业高质量发展。

其中，河北省沧州市中捷农业发展有限公司是中捷友谊农场集团有限公司在 2014 年 4 月注册成立的独资有限责任公司，系中捷产业园区国有独资企业，主要从事饲草种植。注册资本 1 亿元，目前资产总额 2.6 亿元，员工 50 余人。经营国有土地近 10 万亩，其中常年种植苜蓿、饲用燕麦、青贮玉米等优质饲草 6 万余亩。

河北景明农业开发有限公司先后投资 3500 余万元，购置世界领先的德国进口牧草收贮设备、奶牛场粪肥施用机等机械 60 余台（套），其中仅 1 套克罗尼机械设备价值就达 470 多万元。公司主要从事饲草的收获与加工调制，实现了从收割、运输、加工到贮藏的全环节机械化。所有机器开足马力，一天可以收获苜蓿 3000 亩或青贮玉米 4000 亩，并且保证高标准饲草质量。

河北犇放牧业有限公司从事奶牛养殖。总占地面积 4000 亩，总投资 21 亿元，拥有泌乳牛舍 20 栋，产房 4 栋，草库 16 栋，精饲料库 8 栋，青贮窖 53 000m^2。目前奶牛存栏 20 000 余头，年产优质鲜奶 13 万 t，年产值达 8 亿元，原奶以订单形式全部交给中国蒙牛乳业有限公司。生产区内采用了目前亚洲最大的 80 头位现代化转盘式挤奶设备，保证 24h 不间断生产；在粪污处理区采用美国两级干湿分离技术。

2. 效果与效益

通过种养结合循环发展，一是实现了饲草产品就地转化利用，降低了饲草加工企业的市场风险与运输成本，利润较外销增加近 15%，年均利润增加近 160 万元；二是保证了奶牛养殖企业优质饲草的就近供应，降低了饲草采购成本，牛场全年节约饲草成本 300 余万元；三是牛粪还田，既解决了奶牛场粪便无害化处理与资源化利用，消除了环境风险与压力，同时又解决了种植企业有机肥短缺问题，降低了化肥施用量，提高了饲草种植效益，同时改良培肥了土壤。河北犇放牧业有限公司年产 20 万 t 左右的牛粪，全部实现了还田利用，饲草种植化肥平均减施 13% 左右，6 万亩饲草种植仅每年节约化肥成本高达 100 余万元（图 23-10）。

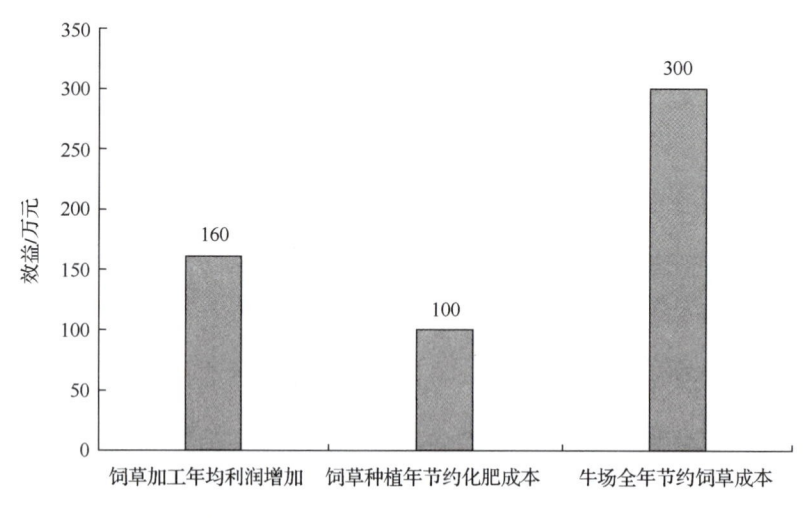

图 23-10　种养结合一体化实施的效果效益

3. 存在问题及应对措施

目前存在的问题主要有：一是缺少不同饲草有机、无机肥配施技术，饲草产量还有待进一步提升；二是饲草收获、加工技术标准化程度还不高，饲草产品质量及其稳定性还有待进一步提高；三是家畜粪便有机肥周年消纳的高效饲草种植模式及配套技术缺乏，家畜粪便还田利用的季节性矛盾还比较突出；四是不同土壤有机肥容纳能力还不明确，基于土壤质量安全的有机肥施用技术不成熟、不完善，无法提供精准有力的支撑保障；五是饲用燕麦与全株玉米一年两作配套技术体系不成熟，尤其是配套品种、水肥一体化、茬口衔接等技术不成熟，导致茬口比较紧张，尤其是影响青贮玉米安全播种与高产优质。

针对以上问题，需要联合有关高校及科研院所，开展不同饲草有机无机肥配施技术、家畜粪便有机肥周年消纳的高效饲草种植模式及配套技术、饲草规模化标准化收获加工技术、不同土壤有机肥容纳能力、饲用燕麦与全株玉米一年两作配套技术等的研究，建立配套技术体系，确保种养一体化循环草地农业系统持续健康发展。

23.3.2　粮草轮作典型案例

1. 基本情况

南阳市卧龙区农开种植专业合作社是河南某乳业的全资子公司，成立于 2015 年，注资 1000 万元，年加工饲草 3.5 万 t。该企业位于南阳市卧龙区青华镇蔡庄村，是集牧草种植、草产品生产、加工、销售于一体的饲草生产专业合作社。公司现有职工 38 人，其中技术人员 10 人，专门从事饲草专业的专家 3 人。拥有土地 10 000 亩，其中 3500 亩自种自收获加工，6500 亩外包给一个农业种植公司种植和田间管理，由本公司收获加工。另外合作社还收购附近农民种植的粮饲兼用玉米 3000 亩左右。全部土地小麦、玉米一年两熟，小麦种植以收获粮食为主，在春季粗饲料缺乏年份也加工小麦青贮饲料；种植粮饲兼用玉米品种，全部裹包青贮。合作社具有全部种植、刈割切碎和裹包青贮的机械设备，品牌上以克拉斯机械为主，2017～2019 年每年裹包青贮 2.7 万～2.8 万 t 全株玉米，另外给该乳业和附近奶牛场做一部分窖贮。裹包全株青贮玉米产品中有 10%供母公司奶牛场使用，其余 90%销售给附近奶牛场或南方的广东、广西等省（区）。

该合作社位于 32.76°N、112.45°E，土壤肥沃，海拔为 110～115m，属北亚热带大陆性季风气候，年平均气温为 14.9℃，降水量为 805mm，日照为 2116h，无霜期为 229d，属长江汉水流域系。地下水资源丰富，储量充足。气候条件和土壤条件都适合小麦、玉米的种植。

2. 效果与效益

该企业种植基地为小麦-全株青贮玉米粮草轮作型，效益较好，主要原因如下：一是地租在逐渐下降；二是粮改饲项目给予了大力支持，所种的全株青贮玉米每年每亩有 150 元左右补贴；三是在河南农业大学专家指导下，栽培管理逐渐科学化。2016～2017 年，在河南农业大学和河南省饲草饲料站帮助下，研究了小麦、玉米作为粮食作物、饲草作物和粮草轮作的比较效益，其中小麦、玉米作为粮食和饲草青贮各 1000 亩，一年两熟，其经济效益见表 23-4。

表 23-4 粮草轮作经济效益估算

项目	全株青贮玉米	全株青贮小麦	粮食玉米	粮食小麦
土壤耕作/（元/hm²）	900	900	750	750
种子及播种/（元/hm²）	1 575	1 200	1 500	1 200
化肥/（元/hm²）	2 400	2 250	2 475	2 250
灌溉/（元/hm²）	—	—	—	—
农药/（元/hm²）	225	225	225	225
除草剂/（元/hm²）	225	225	225	225
机械/（元/hm²）	300	300	300	300
收获/（元/hm²）	1 050	1 050	900	900

续表

项目	全株青贮玉米	全株青贮小麦	粮食玉米	粮食小麦
裹包加工/（元/hm²）	4 455	2 565	—	—
地租/（元/hm²）	6 000	6 000	6 000	6 000
人工/（元/hm²）	225	225	1 500	750
成本合计/（元/hm²）	17 355	14 940	13 875	12 600
鲜草产量/（kg/hm²）	49 798.35	28 366.5	—	—
籽粒产量/（kg/hm²）	—	—	8 260.5	6 084
秸秆产量/（kg/hm²）	—	—	10 057.5	6 310.5
全株青贮单价/（元/kg）	0.5	0.45	—	—
籽粒单价/（元/kg）	—	—	1.6	2.0
秸秆单价/（元/kg）	—	—	0.5	0.5
全株青贮收入/（元/hm²）	24 899.175	12 764.925	—	—
籽粒收入/（元/hm²）	—	—	13 216.8	12 168
秸秆收入/（元/hm²）	—	—	5 028.75	3 155.25
平均经济效益/（元/hm²）	7 619.175	-2 175.075	4 370.55	2 723.25

从表 23-4 中数据可以看出，对于一年两熟作物来说，全株青贮玉米的生产成本为 17 355 元/hm²，普通粮食玉米生产成本为 13 875 元/hm²，生产全株青贮玉米成本比粮食玉米高 3480 元/hm²；但从经济效益看，全株青贮玉米平均经济效益为 7619.175 元/hm²，而普通粮食玉米和秸秆平均经济效益为 4370.55 元/hm²，前者是后者的 1.74 倍。全株青贮小麦平均生产成本为 14 940 元，比粮食小麦高 2340 元/hm²，且平均经济效益比粮食小麦低 4898.325 元/hm²，说明全株青贮小麦在经济方面不可行。

从整个生产模式来看，一季全株青贮小麦+一季全株青贮玉米全株效益为 5444.1 元/hm²，二者分别占总效益的 -39.95% 和 139.95%；而一季玉米+一季小麦粮食生产平均经济效益为 7093.8 元/hm²，高于两季青贮，主要源于全株青贮小麦生物产量低且生产成本高；如果按照现在生产上的全株青贮玉米和粮食小麦一年两熟粮草兼顾型，则每公顷能获得 10 342.425 元收益，是获得高经济效益的最佳选择。故合作社几年来主要在生产上应用粮食小麦-全株玉米青贮的粮草轮作型。但在冬春饲草匮乏的情况下，应养殖场需求，将小麦全株收获制作青贮饲料，用作奶牛等反刍家畜的应急补给。

3. 存在问题及应对措施

一是从农民手中收购全株青贮玉米，其收购量很不稳定，主要是根据粮食玉米的价格而定，这为合作社顺利完成养殖场的合同带来了不确定性。就本地区来说，土地大量流转并不困难，而且价格在逐年下降，可以由合作社牵头，进一步扩大面积，把计划种植的土地全部承租下来自种、自加工销售。

二是青贮玉米种植科技含量低，收益不高。如果不把粮改饲的政策补贴计算入内，每亩青贮玉米收益为 350～450 元。不同青贮玉米品种产量和品质差异大，且极易受自然环境变化影响，建议选择产量高、品质好、抗倒伏、持绿性好、抗病性强的粮饲兼用品种，加强与大学、科研院所合作，进行品种比较试验和加强品种示范推广。2020 年，玉米锈病严重，但有的品种（如中禾 107）抗病性就很强，加大科技投入是提高经济效益的最有效方法。

23.3.3 麦田冬季放牧种养结合典型案例

1. 基本情况

豫北地区小麦播种时间集中在 10 月上中旬。部分地块由于播期早、播量大、播种后气温偏高，造成小麦旺长，麦苗分蘖多而早，个体发育较快，叶片狭窄而细长，群体密集导致田间郁闭。小麦冬前一旦发生旺长，不仅过多消耗了土壤养分，抗寒能力下降，而且对随后的生长发育构成潜在的危害，即容易遭受冻害威胁。河南安阳四清家庭农场连年采用麦田冬季放牧羊种养结合模式，实践表明，麦田冬季放牧羊不但未影响小麦生育期安全生长，反而刺激和增强了小麦生育期的抗逆性，实现了稳产增产。

2. 效果与效益

四清家庭农场白亩小麦在放牧羊之后亩产量达 600kg。适度放牧对小麦起到了蹲苗作用，促使小麦根系下扎，形成壮苗、大蘖，一定程度上延缓了小麦生长，使小麦生育前期由主攻茎叶的生长转为向根系、茎叶双向生长，抑制小麦冬前过旺生长。放牧之后，单株分蘖较一类苗多 1.5 个，大蘖较一类苗多 0.3 个，次生根较一类苗多 3.8 条，主茎叶龄较一类苗多 0.5 片，小麦的单株分蘖、大蘖、次生根、主茎叶龄指标均高于标准一类苗。每亩小麦可供 2～3 只羊放牧 3 个月，每只成年羊每天排泄粪便 1～1.5kg，每亩地可新增羊粪 100～150kg，相当于小麦返青期前的一次追肥。根据饲养经验，1 只羊圈养 1 天的饲料成本是 1.5 元左右，放养每天可节约成本 1 元，即 1 亩小麦 3 个月的啃青期可节约饲养成本 200～300 元。

3. 存在问题及应对措施

农场目前存在的问题主要集中在放牧羊品种选择、放牧开始时间选择及麦田的载畜量等。绵羊和山羊的采食习性不同，绵羊只吃草的茎叶，而山羊则会利用锋利的前蹄刨土而把草根刨出来食用，因此以选用绵羊较为适宜。四清家庭农场养殖的是滩羊和小尾寒羊的杂交后代，放牧时羊仅啃食叶片又不触及分蘖节及根部，对小麦返青后的正常生长不产生任何负面影响。放牧的时间以播后1个月幼苗期开始（11月初），到返青期前结束（2月初），时间跨度为3个月。要在返青期前10～15d停止放牧，使麦苗休养生息、恢复生长。放牧时间以一天中气温较高的11:00～15:00为宜。根据草畜平衡的要求，以麦定羊，严格控制麦田的载畜量。以不影响小麦正常生育期生长和正常产量为前提，合理规划放牧量，以达到农牧综合效益最大化。经过计算及两年来的试验观察，以每亩麦田供2～3只成年绵羊啃青为宜。

第 24 章

南方地区草地农业发展模式与案例*

24.1 区域概况

24.1.1 区域范围和区域特点

在地理上，南方地区是指中国东部季风区的南部，即秦岭-淮河一线以南的区域，行政区域包括江苏大部（除徐州、连云港、宿迁），安徽大部（除淮北、阜阳、亳州、宿州、蚌埠），浙江、上海、湖北、湖南、贵州、江西、福建、广西、广东、香港、澳门、海南、台湾全部，云南大部（除迪庆州、贡山县），四川东部（除甘孜州、阿坝州大部），重庆全部，陕西南部（安康、汉中、商洛、凤县），及甘肃最南端（陇南市、宕昌县、舟曲县），河南的信阳地区。南方地区面积约占全国陆域面积的25%，人口约占全国的55%，汉族占大多数。

该区域地势西高东低，主要位于第2、3级阶梯。东部和西部差异较大，东部平原、丘陵面积广大，西部以山地、高原、盆地为主。区域内长江中下游平原是我国地势最低的平原，河汊纵横交错，湖泊星罗棋布。江南丘陵是我国面积最大的丘陵区，大多有东北-西南走向的低山和河谷盆地相间分布。四川盆地是我国四大盆地之一；地表崎岖不平的云贵高原是世界上喀斯特地貌分布最典型的地区，山间"坝子"是当地主要的耕作区。横断山脉和秦岭山脉是我国重要的地理分界线。

南方地区以亚热带、热带季风气候为主，夏季高温多雨，冬季温和少雨。雷州半岛、海南岛、台湾南部是热带季风气候，年积温大于8000℃，最冷月平均气温不低于16℃，年极端最低气温多年平均不低于5℃，终年无霜。其余地区多属于亚热带季风气候，冬季最冷月平均气温在0℃以上，最热月平均气温大于22℃，气温的季节变化显著，四季分明。亚热带区域年平均气温为12~22℃，年降水量一般为1000~1500mm，降水主要集中在夏季。年积温为4500~8000℃，最冷月平均气温为0~15℃，是热带与温带的过渡地带。

南方地区的草地资源大多分布在山地高原，俗称草山草坡。尤其是西南地区，

---

* 本章作者：李向林、王文、万里强

以云贵高原及四川盆地盆周山地为代表的山地高原，形成因海拔升高而出现的特殊局部气候类型——垂直气候带。在山地高原地区，气温随高度增高而降低，气候垂直变化显著。随着海拔升高，往往呈现从山脚的亚热带（基带）向暖温带到山顶的温带甚至寒带的气候变化（因海拔的不同而异）。

南方地区高原、山地和丘陵面积占70%以上，主要为亚热带和边缘热带。其原生植被多为森林，但在长期的人为活动影响下，大量土地被辟为农田，森林被大量砍伐，并形成草丛和灌草丛植被，这是南方草地资源的主体。

传统上，南方地区的农业以粮食作物种植业为主，动物生产以猪和禽为主，草食家畜饲养业比较落后。根据国家统计局的数据（表24-1），2018年南方地区肉类总产量为4867.3万t，占全国总产量的56.4%；南方地区猪肉产量占全国总产量的62.3%，牛肉、羊肉产量分别占全国的27.4%、25.1%；牛奶产量占全国的10.6%。可见，南方地区目前的畜牧业结构仍然以猪肉生产为主，草食家畜产相对薄弱。

表24-1　2018年南方各省（区、市）主要畜产品产量及其占全国的比例

地点	肉类总产 产量/万t	占全国百分比/%	猪肉 产量/万t	占全国百分比/%	牛肉 产量/万t	占全国百分比/%	羊肉 产量/万t	占全国百分比/%	牛奶 产量/万t	占全国百分比/%
全国	8624.6		5403.7		644.1		475.1		3074.6	
上海	13.5	0.2	11.3	0.2	0.0	0.0	0.3	0.1	33.4	1.1
江苏	328.5	3.8	205.5	3.8	2.8	0.4	7.8	1.6	50.0	1.6
浙江	104.6	1.2	74.0	1.4	1.2	0.2	2.3	0.5	15.7	0.5
安徽	421.7	4.9	243.9	4.5	8.7	1.4	17.1	3.6	30.8	1.0
福建	256.1	3.0	113.1	2.1	1.9	0.3	2.0	0.4	13.8	0.4
江西	325.7	3.8	246.3	4.6	12.5	1.9	2.1	0.4	9.6	0.3
湖北	431.0	5.0	333.2	6.2	15.8	2.5	9.8	2.1	12.8	0.4
湖南	541.7	6.3	446.8	8.3	17.9	2.8	14.9	3.1	6.2	0.2
广东	449.9	5.2	281.5	5.2	4.1	0.6	2.0	0.4	13.9	0.5
海南	79.9	0.9	45.5	0.8	1.9	0.3	1.2	0.3	0.2	0.0
广西	426.8	4.9	263.9	4.9	12.3	1.9	3.4	0.7	8.9	0.3
重庆	182.3	2.1	132.2	2.4	7.2	1.1	6.8	1.4	4.9	0.2
四川	664.7	7.7	481.2	8.9	34.5	5.4	26.3	5.5	64.2	2.1
贵州	213.7	2.5	164.8	3.0	19.9	3.1	5.0	1.1	4.6	0.1
云南	427.2	5.0	323.8	6.0	36.0	5.6	18.6	3.9	58.2	1.9
南方	4867.3	56.4	3367.1	62.3	176.7	27.4	119.6	25.1	327.2	10.6

注：根据国家统计局（2018）数据整理。

24.1.2 区域草地农业发展概况

1. 南方具有丰富的草地农业资源和巨大的生产潜力

根据 20 世纪 80 年代的全国草地资源调查（中华人民共和国农业部畜牧兽医司和全国畜牧兽医总站，1994），南方省（区、市）的草地总面积约为 7958.1 万 hm^2，可利用草地面积约为 6579.2 万 hm^2。南方大多数地区的地带性植被为常绿阔叶林，现有的草地（草山草坡）多为次生草地植被。

南方天然草原大体上有 3 种类型。一是海拔 500m 以下的红壤丘陵区。这里水热条件优越，地形起伏小，但水土流失严重，草地多为森林破坏后的次生类型，适宜农林牧综合发展。二是 500～1500m 的低山区，自然条件好，但因地形起伏大，交通不便，以林为主，草地零星。三是 1500m 以上的中、高山草地，多在林线以上，地势和缓，气温较低，适于牧草生长，是南方草地面积最大、连片分布最多、牧草质量最好的一个类型。

南方草地蕴藏着巨大的生产潜力，草地畜牧业有待进一步发展。南方的亚热带天然草原的一个主要限制因素是本地牧草饲用价值较低，牧草产量和品质均不能满足现代畜牧生产的需要。

以巫山-五陵山-云贵高原东缘一线为界，南方地区可分为东南和西南两个部分。东南部地理坐标为 110°～123°E、18°～32°N，以丘陵、平原为主，草地总面积占土地总面积的 24%。西南部大多地理坐标为 100°～112°E（纬度与东南地区相似），以山地、丘陵和高原为主，海拔大多为 500～2500m。南方天然草原资源，尤其是大面积连片草地，主要分布在西南地区。

南方天然草原多为零星草地，草地植被主要为草丛、灌草丛类，以及少量的低地草甸和山地草甸类。南方天然草原的草产量一般为 1500～2500kg DM/hm^2，DM 中粗蛋白质含量一般为 3.5%～10.5%，粗纤维含量一般为 30%～50%（农业部畜牧兽医司 等，1996）。相对而言，南方的草甸类草地的粗蛋白质含量比草丛和灌草丛类草地高 1 倍左右，而粗纤维含量则仅相当于草丛和灌草丛类的 60%左右。作为南方天然草原主体的草丛和灌草丛类草地不仅 DM 产量低，而且营养品质较差、适口性低，限制了其利用价值。因此，对南方天然草原的改良是必要的。

随着我国城乡居民经济收入的增加，我国居民的食物消费结构有了较大变化，动物源食物的消费水平日益增长，牛肉、羊肉、牛奶等源自草食动物的食物消费增长尤为迅速。这就要求在食物安全问题上更加重视草地农业。草地农业由我国传统农业的精耕细作结合西方"有畜农业"发展而来。草地农业有别于传统农业的显著特点，是将牧草作为植物生产的重要组分纳入农业土地利用，并突出草食家畜在食物生产和经济发展中的重要性。草地农业将植物生产与动物生产相结合，把食物生产系统作为整体来开发利用，符合节约资源、高效产出、生态和生产兼顾、可持续发展的现代农业特征（任继周 等，2002；任继周，2004）。我国南方地区热量丰富、雨量充沛，有大面积的草山草坡、疏林草地、果园隙地、冬闲田等土地资源，可以发展不同类型的草地农业系统（南志标，2017）。

以南方地区主要作物稻谷的饲料代谢能产量为标准，将其他作物或饲草（可利用）与之比较，按单位面积饲料代谢能产量折算为相当于稻田的面积作为稻田当量，可以计算出南方地区草地农业的生产潜力，如表24-2所示（李向林 等，2007）。

表 24-2　南方地区粮食作物和饲草的 DM、粗蛋白质、代谢能产出及稻田当量

产品种类	DM/(t/hm²)	利用系数	可利用DM/(kg/hm²)	粗蛋白质含量/%	粗蛋白质产量/(t/hm²)	代谢能含量/(MJ/kg)	代谢能产量/(MJ/hm²)	稻田当量
稻谷	5.5	1.0	5.5	8.5	0.47	13	71 500	1.00
小麦	2.5	1.0	2.5	13.0	0.33	13	32 500	0.45
玉米（籽实）	3.8	1.0	3.8	9.5	0.36	13	49 400	0.69
冬闲田黑麦草	12.0	0.8	9.6	15.0	1.44	10	96 000	1.34
青贮玉米	20.0	0.8	16.0	8.0	1.28	10	160 000	2.24
多年生人工草地	8.0	0.7	5.6	15.0	0.84	10	56 000	0.78

资料来源：李向林等（2007）。

注：稻谷、小麦、玉米产量根据《中国农业年鉴 2005》中 2004 年的数据计算而来，DM 含量按 88% 计算；冬闲田黑麦草、青贮玉米、多年生人工草地的含量根据文献报道的数据综合而来；粗蛋白质含量和代谢能产量根据文献报道综合而来。

根据表 24-2，如以饲料代谢能产量为衡量标准，每公顷小麦和玉米（籽实）稻田当量分别为 0.45 和 0.69，而每公顷冬闲田黑麦草、青贮玉米和多年生人工草地的稻田当量分别为 1.34、2.24 和 0.78。如果以每公顷粗蛋白质产量作为衡量标准，冬闲田黑麦草、青贮玉米和多年生人工草地的粗蛋白质产量分别是稻谷的 3.1 倍、2.7 倍和 1.8 倍，是小麦的 4.4 倍、3.9 倍和 2.5 倍，是玉米（籽实）的 4.0 倍、3.6 倍和 2.3 倍。

目前我国南方 15 省（区、市）水稻种植面积近 2500 万 hm²，水稻冬闲田闲置面积很大。假设其中 40%（1000 万 hm²）冬闲田能够在冷季种植一年生牧草，则相当于增加 1340 万 hm²（2 亿亩）稻田的产能。南方玉米种植面积约 609 万 hm²，而目前玉米主要用作饲料。如果将其中 1/3（约 200 万 hm²）的粮用玉米改为青贮玉米，则相当于 448 万 hm² 稻田的产能，减去原来粮用玉米减少的 200 万 hm²，相当于新增 248 万 hm²（3720 万亩）稻田的产能。南方可利用天然草原面积达

6500 万 hm²，如果将其中 1/3（2000 万 hm²）建成高产人工草地，相当于增加 1560 万 hm²（2.34 亿亩）稻田的产能。这 3 项合计，相当于 3148 万 hm²（4.722 亿亩）的稻田当量，潜力十分可观。另外，南方还有 833 万 hm² 的烤烟地，也可发展冬闲田种草；106.9 万 hm² 茶园、464 万 hm² 果园，以及大面积的疏林和隙地均可发展不同类型的人工草地。

由此可见，通过发展草地农业、以草代粮，能够更好地发挥资源的潜在优势，对保障我国的食物安全有重要意义，也是农民增收、农业增效的一个重要途径。

2. 南方草地农业技术取得显著进步

自 20 世纪 80 年代初，农业部开始在湖南、湖北、贵州 3 省实施草地畜牧业综合开发项目，特别是 1980 年在贵州威宁首次进行大面积飞播建植人工草地取得成功，从此拉开南方草地畜牧业开发的大幕，并积累了可贵的经验。此后，国家"六五"到"九五"草地科技攻关（支撑）项目、国家生态重建项目及联合国开发计划署（UNDP）贵州草地农业系统项目和澳大利亚、新西兰援助项目等重大项目先后在南方数省实施，在贵州（威宁）、湖北（宜昌、利川、钟祥）、湖南（城步）、福建（莆田）、江西（樟树）和四川（巫溪）等地建立了一批试验示范区，为南方草地畜牧业的发展奠定了科技基础。通过国家科技项目及示范性开发项目的实施，我国南方山地人工草地的建植、管理、利用及防止退化的技术已经基本成熟并相互配套。以豆科牧草白三叶草和红三叶与黑麦草、鸭茅等禾本科牧草混作而建立的多年生人工草地，可与新西兰的人工草地相媲美，形成了独特的亚热带山地常绿温带草甸景观。在良好的管理条件下，这类以白三叶草为基础的放牧草地牧草 DM 产量为 7500～8500kg/hm²，载畜能力至少达到 7.5 个羊单位/hm²。这类草地适合发展肉牛、肉用山羊及半细毛羊（毛肉兼用）等家畜，以放牧利用为主，而在交通和市场销售便利的地区则发展奶牛生产。在低海拔热区，则形成了以象草及其杂交种、柱花草等为主的热带牧草生产技术。在适宜牧草种的选择、人工草地混作组合、合理利用和放牧管理等方面取得一系列技术成果。南方草地科技进步的一个显著特点是注重草畜配套、种养结合、技术集成，而不是单纯的牧草育种和农艺研究。

21 世纪以来，南方草地畜牧业逐步进入产业化发展阶段，并将草地畜牧业发展与生态环境治理及农村助农事业相结合。例如，贵州晴隆面对石漠化和收入低的严峻现实，将生态治理和农民增收作为重点目标，以科技助农为突破口，以种草养羊为发展重点，探索了一条岩溶石漠化地区破解收入低和生态双重难题的晴隆模式（席翠玲等，2010）。2001 年以来，晴隆在石漠化严重的地区实施了大规模的退耕种草，建立了 1.13 万 hm² 的高产优质人工草地和 5500hm² 的改良草地，存栏10万多只羊，覆盖12个乡镇58个村，带动农户8200多户，3万余人，农民收入大幅增加，每户年收入3000元以上。

除了在高海拔山地发展温带型多年生混作草地之外，在南方地区还形成了利用退耕地和冬闲田种植刈割型牧草的多种发展模式。南方的低海拔平原地区及山间盆地（平坝），农作物可一年两熟或三熟，水稻是主要作物，在水稻收获后的冷季主要种植小麦或油菜等。近十几年来，由于冷季作物的效益日益下滑，加上劳动力向城市转移，南方水稻产区出现大量的冬闲田。利用这些冬闲田种植冷季型一年生牧草，建立轮作草地，生产潜力很大。自从20世纪90年代开始，利用水稻冬闲田种植多花黑麦草的黑麦草-水稻轮作系统，在南方各地普遍推广。在旱作土地上，饲用玉米-黑麦草的轮作种植模式具有极高的产量潜力。此外，在热量比较丰富、热带牧草能够越冬的地区，象草、杂交狼尾草等刈割型高大牧草产量很高，正在成为热区种植的主要牧草。总之，在过去几十年里，南方草地的科技研发取得了可贵的进展，产生了一些实用的技术和模式（李向林和万里强，2010），同时也有不少的经验教训。这些都为南方草地畜牧业的进一步发展奠定了基础。

3. 生态保护与产业助农攻坚是目前面临的最大挑战

在我国南方地区，分布着大片的岩溶地貌，其范围跨越云南、贵州、四川、重庆、湖南、湖北、广西、广东8个省（区、市），并集中分布在贵州、云南和广西3个省（区），面积约为71万km^2，人口近1亿，是集"老少边穷"为一体的区域，也是我国最大的低收入人口分布区。岩溶地区的土地石漠化与北方的土地沙漠化及黄土高原的水土流失一起被称为中国的"三大生态灾难"。土地石漠化是指在生态脆弱的岩溶地区，由于人类不合理的社会经济活动的影响，自然植被受到破坏，造成土壤严重侵蚀，基岩大面积裸露，出现以石质坡地为标志的严重土地退化现象。造成土地石漠化的主要原因是粗放耕作、石山放牧、过度樵采等掠夺式的土地开发利用。石山地区一旦出现轻度石漠化，一般在十几年内就演变为重度石漠化。

岩溶地貌区也是南方草地资源的主要分布区。岩溶地貌分布的南方8省（区、市）草地总面积超过6500万hm^2，岩溶地区草地面积近2900万hm^2，占8省（区、市）草地总面积的45%。在过去的几十年里，南方岩溶地区的石漠化总体上呈加剧趋势，导致生态环境持续恶化，水土流失加剧，旱涝灾害交替出现，不仅破坏了当地农牧业发展条件，而且使下游地区的生态安全受到严重威胁。同时，土地石漠化严重制约了当地经济社会发展，也是造成该地区贫困的重要根源。

长期以来，南方山区的农民增加收入的主要方式就是开垦土地，扩大作物播种面积。由于山高坡陡、土地贫瘠，农作物单位面积增产潜力十分有限，所以，山坡垦荒、扩充耕地似乎成了增产增收的唯一方式。其结果导致水土流失日益严重，石漠化进一步加剧。生态环境的恶化与生活水平低互为因果，形成恶性循环。在这种传统模式下，生态保护和助农致富就成了一对矛盾：发展生产就意味着破坏生态环境，而保护生态环境就意味着限制生产、继续低收入。显然，传统的思维和模式是不可持续的。

为了社会、经济、生态的可持续发展，必须找到打破这一生态与生计矛盾恶性循环的可行途径，而多年的实践证明，斩断这个恶性循环怪圈的"利剑"就是草地畜牧业。牧草在生态系统极其脆弱的西南岩溶山区，以其顽强的生命力，成为土地植被逆向演替中的最后支撑，而在顺向演替中，牧草又成为恢复良性生态的先行者。草地不仅有利于生态环境保护，更适宜草食畜牧业发展。改革开放以来，西南岩溶地区逐步改变重粮轻牧的陋习，草地畜牧业得以发展，草业发展-环境改善-养畜致富的良性循环模式已成共识，成为西南岩溶山区可持续发展的必然选择。但是，要真正形成生态效益和经济效益相统一、长期发展与短期利用相统一、国家公益和个人利益相统一的可持续发展机制，仍然面临严峻的挑战。

24.1.3 区域草地农业发展中存在的问题与未来的战略方向

1. 提升草地畜牧业生产效率和经济效益是关键

过去几十年来，南方各地利用草地面积大、水热条件优越的资源优势，积极推进草地畜牧业发展。近几年，为减少水土流失、治理石漠化，南方一些地区积极调整农业结构，把种草养畜作为统筹地区经济发展与生态环境保护的重要措施，草地畜牧业被提升到了新的高度。但总的来看，南方草地畜牧业的发展还存在着速度慢、规模小、生产水平低、产业化薄弱的问题。究其原因，虽然有多方面的制约因素，但经济效益不明显、比较效益低是制约南方草地畜牧业发展的制约因素，只有尽快突破这一瓶颈，草地畜牧业才有可能实现加速发展。

导致草地畜牧业经济效益不高的原因之一是技术应用不足、生产效率较低。很多草地由于管理不善，生产力水平较低，草地载畜能力也相对不高。在20世纪80年代示范区已经达到平均2亩栽培草地饲养1个羊单位的技术水平，30多年过去了，很多地方仍然达不到这个生产水平。家畜生产性能低、出栏速度慢也是一个重要因素。优质牧草供应不足、家畜品种生产潜力不高及饲养技术水平低，导致家畜生长速度较慢。以贵州毕节市为例，饲养较普遍的贵州黑山羊体重达到40kg左右需要1年半，出栏速度大约只有新西兰的1/3，也明显低于我国北方地区。毕节市1岁的肉牛体重大约只有170kg，低于全国200kg以上的平均水平，仅有新西兰同龄牛体重的一半左右。2011年，毕节市羊出栏率为47.6%，牛出栏率为19.7%，远低于全国平均水平（刘加文，2013）。这里存在草地生产、草地管理、高效草地利用的技术问题，也存在家畜对饲草的高效转化利用问题。许多人将其低下的生产水平完全归咎于家畜品种不好，但是许多人虽然拥有好的家畜品种，同样没有达到应有的生产水平。在生产的各个环节，还有许多潜力可挖，也还有许多技术问题需要解决。

南方地区水热资源丰富，适合多种经济作物、经济树种、中药材的生长，特别是高山反季节蔬菜，与草地的分布范围几近重合。这些经济作物生产周期短，往往具有较高的短期经济效益。草地畜牧业从牧草建植到家畜出栏，生产周期较长，风险（家畜疫病死亡）较大，比较效益不突出。农民若外出务工，则收入更高。由于比较效益低，许多地方曾屡次出现草地被开垦种植马铃薯、高山反季蔬菜的情况。

如果不能有效提高草地畜牧业的经济效益，就会动摇投资者信心，挫伤群众种草养畜的积极性。很多农民在政府的号召和支持下投身草地畜牧业生产（种草、建圈、购畜、饲养），以期获得较好的收入。但由于缺乏草食家畜养殖的经验，没有掌握必要的种草、养畜技术，生产管理水平低，规模化、产业化程度不高，导致牧草产量低、家畜生长及出栏速度慢、养殖及市场风险大，影响了生产效益，进而影响农民从事草地畜牧业生产的信心。

为了南方草地畜牧业的持续、健康发展，必须突破经济效益的瓶颈。一是要加大科技研发和推广的力度，提高草地生产力水平，从而能够提高草地承载力。二是要在家畜品种改良、饲养技术、放牧管理方面加强技术推广，努力提高家畜的饲料转化效率和生产效率，减少无效饲养和浪费，从而使单位草地面积的产出达到最大化。三是要对不同类型的草地区别对待、分类指导、统筹发展。在水热及土壤条件相对较好、草地资源丰富且较为集中、生产潜力较大的地区，大力发展规模化、集约化、科学化、产业化生产，不断提高草地畜牧业的经济效益；而在一些生态环境脆弱、土地生产潜力不高的地区，应以生态效益为主，将草地畜牧业作为生态建设的辅助性产业来发展，并通过国家相关政策适当补偿农民因退耕而减少的生产性收入。四是要走规模化、集约化、产业化发展道路，要通过政策引导、政府补助性扶持，鼓励对承包土地实行流转，让土地向养殖大户、养殖企业相对集中，鼓励龙头企业兴办牧场或按照企业-合作社-农户的模式发展生产。要集中力量扶持一批带动作用大、技术水平高、市场竞争力强的区域性重点龙头企业，以此来实现草地畜牧业经营的规模效益，突破发展的瓶颈。

2. 重视基于放牧型栽培草地的低成本畜牧业发展

我国从20世纪80年代以来借鉴新西兰、澳大利亚的草地畜牧业经验，在贵州、云南、湖北、湖南等省（区）进行草山草坡改良、放牧利用试验研究和示范开发，取得良好的效果和获得了丰富的经验。这些地方均建立了车轴草属与禾本科牧草的混作草地，结合丘陵山区特点采用牛羊放牧的草地利用方式，仅在缺草期进行补饲。近年来，由于效益方面的原因及市场、政策等因素的影响，各地更重视刈割型饲草（如青贮玉米、象草或杂交狼尾草）的生产，而放牧型混作草地的发展则相对停滞。然而，刈割型饲草的规模化生产需要有相对连片、便于机械化操作的土地，同时要有配套的机械设备条件。我国南方草地的主要分布区多为岩溶地貌或者红壤丘陵地区，草地多为零星分布，适合规模化、机械化经营的刈割饲草生产的土地十分有限。由于农村劳动力向城镇转移，劳动力成本不断上升，因此依靠劳动力进行手工饲草收获、运输的传统生产方式已经不可行。另外，大型养殖场集中舍饲养殖也带来粪污处理和消纳、环境污染等问题。在此情况下，应该重新认识新时期人工草地放牧利用的优势，发展适合南方草地资源环境和社会经济条件的草牧业系统。

从古至今，放牧一直是人类利用草地资源的基本方式。纵观世界各国，无论是发展中国家还是发达国家，均以放牧作为草地利用的主要方式，只不过发展中国家主要依靠天然草原自由放牧，而发达国家则更多依靠改良草地或人工草地放牧，并采用划区轮牧的手段，建立高效的草地农业系统，使生产效率大为提高。人类对草地的放牧利用从粗放的原始游牧发展到现代集约轮牧，使草地的精细化管理达到新的高度。在西欧、北美、澳大利亚和新西兰等发达国家，普遍建有大面积永久性的改良草地或人工草地，并采用集约化轮牧系统。与南方地区条件相似的新西兰丘陵草地，不仅以基于放牧草地的低成本"全草型"畜牧业和优质畜产品闻名于世，而且通过科学研究总结出"以草定畜、以畜管草、草畜平衡"的草地管理和利用技术，能够维持放牧草地良好状态几十年，甚至上百年经久不衰。

人工草地放牧利用既有别于天然草原的自然放牧，也不同于农区秸秆加精饲料的饲养模式，是一种低成本的现代生态草牧业模式。放牧家畜全天候在草地上放牧，只要管理科学，粪便均匀散布于草地，不仅促进养分循环利用，而且节省粪污处理、有机肥施用等费用，从而可以大幅降低环境污染风险，更重要的是可以生产真正的绿色有机畜产品。南方草地多分布于山地丘陵，有大量不适于作物种植和收获饲草的土地，推进建设人工草地放牧型畜牧业模式，可以充分利用土地资源发展生态草牧业，促进农牧业产业结构调整及其现代化。

3. 利用生物多样性优势构建复合型草地农业系统

南方地区最大的优势是水热条件优越、生物多样性丰富，适合多种作物、牧草、经济林木等的生长，草本植物、木本植物都有各自的优势。这样的生态环境适合发展复合型草地农业系统，包括传统农作物与牧草生产相结合的草田轮作系统，牧草与林木相结合的林草复合系统，以及包含作物、牧草、经济林、家畜养殖的多组分复杂系统。

1) 粮草轮作复合草地农业系统

南方地区的农业种植结构大体可分为4类。

第1类是位于北亚热带的江苏、安徽、湖北3省，主要位于长江干流以北，平原面积较大，种植结构具有南北过渡的特征，粮食播种面积中水稻、小麦、玉米比例较大，一般小麦与玉米轮作一年两熟，是我国水旱（稻麦）轮作最为集中的地区。在这类地区，水田可用一年生牧草（多花黑麦草、燕麦、黑麦等）取代小麦，形成稻-草轮作种植系统；旱地可采用玉米--一年生牧草（多花黑麦草、燕麦、黑麦）的轮作系统。玉米既可是粮食玉米，也可是全株青贮玉米。值得一提的是，紫花苜蓿在该类地区冬季生长良好，可以作为冷季饲草种植，将之结合到水稻或玉米种植系统中，形成具有豆科牧草参与的草田轮作复合种植系统有良好的前景（魏臻武，2011）。还可以根据需要将苜蓿与燕麦等禾本科冷季饲草混作种植。

第2类是东南沿海的上海、浙江、福建、广东、海南5省（市），经济较为发达，山地多，平原少，所以耕地面积少，农业生产特别是粮食生产不占优势。该地区耕地以水田为主，旱坡地比例很少，粮食作物播种面积与经济作物播种面积基本各占一半，粮食播种面积中主要是水稻，玉米。由于耕地面积少，这类地区发展牧草生产潜力有限。水田区域可采用水稻-黑麦草轮作系统。山区多为风景区，一般较少开发利用。对于山坡的退耕地，则可种植狗尾草属（*Setaria*）牧草，以及象草、杂交狼尾草、柱花草等饲草。

第3类是位于长江南岸的湖南、江西两省，是我国最大的水稻产区之一，农田以水田为主，主要是双季稻或者水稻与油菜等秋播作物轮作，旱坡地作物除了油菜以外，还有玉米、豆类、薯类。随着农业种植结构的调整，该区域利用冬闲田和部分旱坡地种植牧草，不仅促进了种植结构由粮食作物-经济作物二元结构向粮食作物-经济作物-饲草饲料三元结构转变，而且有效地缓解了饲料、粮短缺的压力。例如，早稻-晚稻-黑麦草、中（晚）稻-黑麦草和早稻-晚稻-黑麦草/紫云英轮作等种植模式，不仅为畜牧业提供优质牧草，还有利于水稻的长期稳产高产。在山坡地上种植象草、杂交狼尾草等高产禾本科牧草及葛藤等豆科植物，既可提供高产优质的牧草，同时还具有水土保持的功效。

第4类是西南地区的重庆、四川、贵州、云南、广西，以及湖南西部和湖北西部，地形以高原山地为主，兼有河谷盆地，山地多，坡耕地比例高，种植结构复杂，具有明显的山地垂直地带性。西南地区与岩溶地貌分布区及南方天然草原主要分布区大体重合。生态环境的立体垂直变化是西南地区一个重要特征，其影响往往超过水平地带的变化。因此，从平原（或盆地）到山地顶部，适宜的草地农业系统具有明显的不同。在云贵高原及其东延的各大山系顶部的山原地带，地势相对开阔，草地面积大而连片，属于山地温带湿润气候，适宜建立以温带牧草为主的高质量混作人工草地。在低海拔山间盆地（平坝），农作物可一年两熟。水稻是主要作物，在水稻收获后的冷季（9月至翌年4月）种植多花黑麦草、燕麦、毛叶苕子等一年生冬季饲草，建立草田轮作草地，生产潜力十分可观。在中低海拔的旱坡地，则适宜暖季（4～9月）种植如青贮玉米、甜高粱、高粱×苏丹草杂交种（高丹草）等暖季型饲草，而在其余季节则种植冷季一年生饲草（多花黑麦草、燕麦、毛叶苕子等），形成互补性饲草种植系统。

2）农林草复合植被系统

南方山区有许多疏林地和果园地，可以用于牧草和家畜生产。有意识地将林地与农作物或草地畜牧业相结合而形成的复合系统，被称为农用林业或混林农业（agroforestry），自20世纪80年代以来在欧洲和大洋洲均有相当的发展。农林业有各种不同的类型，其中与草地有关的是林草系统（silvipastoral system）和农林草系统（agro-silvipastoral system）。前者是指木本植物（树）与草本植物在草地开发中的结合，后者则是在林草系统的基础上增加作物组分（包括饲料作物）而形成的农林草三元结构（不同于常说的种植业三元结构）。

以往在南方的一些研究工作已经揭示了在疏林地种植牧草和饲养家畜的潜在效益。马尾松（Pinus massoniana）林下禾草-车轴草属草地的产量受林木密度或林冠郁闭度的影响要达到较高的牧草产量，必须保证林木郁闭度不能太高。研究表明，林下种植了牧草的马尾松树高和胸径比未种草的林地分别增加1.49倍和1.63倍（王代军和聂中南，1992）。在树木密度为720株/hm^{2}的马尾松林下人工草地放牧11月龄的幼牛，在4～11月的牧草生长季内，幼牛平均日增重达478g，18月龄体重达到200kg（吴克谦和周清水，1992）。同时，草地上的林木可为家畜提供阴凉和起生物围栏作用。

亚热带丘陵地区也是经济林的主要分布区，各种果园、茶园的栽种面积较大。在果园种草，可以降低土温、增加有机质、减少地表冲刷，具有显著的生态效益和经济效益。在三峡库区所做的试验证明，柑橘园和茶园种草同样可以增加土壤肥力、减少水土流失、降低夏季温度，同时每亩可增加水果产量180kg左右，每亩增加茶叶1.6kg，每亩增收300～450元，其中不算牧草用来养畜后的经济效益（陈伟烈等，1994）。在亚热带丘陵地区利用经济林的空隙种植牧草，发展复合农业系统，是一种有巨大潜力可挖的高效生态农业模式，值得进一步研究、试验和开发。

林间草地或果园草地放牧家畜的最大风险是家畜（特别是山羊）对林木的破坏，风险的大小与林木的种类和年龄、放牧的家畜和载畜量及放牧的时期有密切关系。为降低这种风险，应尽可能采用刈割和舍饲的利用方式。

4. 尽快补上饲草加工储存技术薄弱的短板

饲草供求的季节不平衡是许多地区农户家畜生产水平和经济效益不能有效提

高的主要限制因素之一。饲草收获、贮存是解决季节不平衡问题、建立可持续家畜生产系统的必要途径。南方地区虽然生长季长，舍饲补饲期相对较短，但是仍然存在春夏饲草生产过剩、冬春饲草供给相对不足的问题，因此调制饲草用于补饲，仍然是十分必要的。特别是种植刈割型饲草（如象草、冬闲田黑麦草、青贮玉米）的情况下，无法放牧利用，而收获、调制、加工是草地农业生产的必要环节。但是，与北方相比，南方地区在饲草调制、加工、贮存方面都面临着严峻的自然条件和技术瓶颈的制约。

南方地区土地碎块化比较严重，很多草地是原来的退耕坡地，由零散分布的梯田组成，加上有些地方坡度较大，或岩石裸露，因而对机械作业造成较大困难。以往南方地区饲草收获和加工贮存主要依靠手工作业，但在劳动力成本已经大幅上涨的今天，手工作业已经不可行，而且效率太低，难以及时完成收贮作业任务。因此，迫切需要研发专门针对南方地区土地条件的机械设备，包括土地耕作、饲草收获、饲草加工调制及贮存的机械、装备和专用设施，特别是能够适应零碎地块、潮湿土壤条件的小型机械设备。

由于南方地区阴雨天气多，饲草损失相当大。一般来说，北方地区普遍使用的干草调制技术和青贮技术在南方地区难以直接应用。一是南方地区阴雨天气多，空气湿度大，自然晾晒干草十分困难。二是牧草本身含水量高，直接青贮水分过多，不易贮存。因此，需要针对南方地区的气候和牧草原料特点，研发专用的饲草调制加工技术。例如，半干青贮或低水分青贮在南方地区比较适宜，再配之以适当的小型刈割、收获、压捆和拉伸膜裹包装备，就能满足小型生产企业或合作社的饲草调制加工需求。但是，相关的原料生产和准备技术、设备配套、工艺技术等，仍然缺少研究和开发。研究和开发适合南方气候环境和农户使用的饲草收获、加工技术，将对西南山区草地农业的发展起到重要的推动作用。

24.2　发　展　模　式

24.2.1　草田轮作高效养殖发展模式

1. 模式概述

我国南方地区冬闲田是极其重要的草地农业土地资源，如能充分利用，其生产潜力相当可观。冬闲田发展黑麦草等饲草生产可使其土地资源得到更充分的利用，能极大限度地缓解南方平原地区饲草资源的不足，对于促进当地草食家畜生产及耕地退化治理都具有十分重要的意义。此类地区经济发达且市场繁荣，较易建成产业化程度较高的草地农业系统。

以往在水稻收获后的冷季，冬闲田主要用来种植小麦或油菜等。近年来，由于冷季种植作物的效益日益下滑,加上劳动力向城市转移,因此南方地区水稻产区出现了大量的冬闲田。利用这些冬闲田种植冷季型的一年生牧草,建立稻-草轮作草地,其生产潜力很大。自从利用水稻冬闲田种植多花黑麦草的黑麦草-水稻轮作系统在广东开始试验以来,近年来已在我国西南各地普遍推广,并已成为当地草地畜牧业发展的主要模式。该模式普遍采用的种植组合为水稻-牧草-水稻轮作,栽培的牧草主要是多花黑麦草、燕麦、紫花苕子等。

牧草经刈割后,运至畜舍进行舍饲并开展集约化养畜的高效利用。以多花黑麦草-水稻为核心的草田轮作养畜循环农业发展模式由种植业子系统、畜牧养殖业子系统、土壤管理子系统、有害生物防控子系统和农业污染物管理子系统等组成。各个子系统之间建立能量与物质的相互联系,并以饲草生产为核心,使整个系统的资源利用率、劳动生产率及能量转换率都实现了最大化,且同时具备了可持续发展特征。通过畜禽养殖及其过腹还田,可为农业生产提供优质有机肥资源,在改良土壤和降低生产成本的基础上,减少无机化肥的施用量。草田轮作养畜发展模式示意图见图24-1。

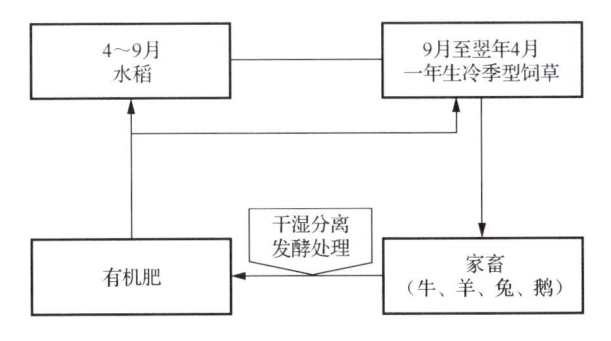

图 24-1 草田轮作养畜发展模式示意图

在广东潮州、梅州等地,直接出售冬闲田种植的黑麦草每公顷可获得收入1.5万~4.5万元。由于黑麦草水分含量高,贮存比较困难,因此更适合直接饲喂家畜。冬闲田种植黑麦草并配套养畜(禽)的草地农业系统经济效益十分显著。例如,根据在四川的调查,冬闲田种植多花黑麦草,用于饲养兔、鹅、山羊或奶牛,每公顷可增加收入1.5万~3.5万元;江苏发展稻-草-鹅模式,在不降低水稻产量的情况下,每公顷可产鹅肉5250kg。

2. 发展前景

据大田测产,该模式平均每公顷产鲜草可达100~150t(DM为10~15t),如按市场交易价100元/t计,减去每公顷机耕、种籽、化肥等成本费约3000元,仅冬闲田一季每公顷平均可获纯收入7000~12 000元。通过该模式的推广应用及种草养畜项目的实施，可面向社会提供大批优质育肥肉牛，以增加社会供给并改善居民膳食结构，对推动草食畜禽发展、优化畜牧业内部结构、促进农村经济发展及农民增收和农业农村稳定都将起到积极的作用。因此，草田（稻）轮作养畜循环农业发展模式具有广阔的推广应用前景。

该模式主要是利用农田和闲田，采取轮作和间、套、混作种植牧草，增加饲料来源用以养畜养禽，扩大肥源，提高土壤肥力，促进粮食增产。现南方秋冬闲田种草养畜和粮草轮作面积已达到 133 万 hm^2 以上，每年可产青饲料约 1 亿 t（折 DM 约 1500 万 t），不仅缓解饲料供给压力，而且有利于提高农民家庭收入。

3. 存在问题与建议

草田轮作养畜循环农业发展模式以草田轮作+种草养畜为核心，将种植业与养殖业有机结合起来，形成了更为广泛的物质循环系统，充分利用了生物资源和劳动力资源，既提高了农作物的丰产性、稳定性和多样性及经济效益，又增加了饲用作物的产量，也是家畜冬春季饲草的主要来源。我国南方地区冬闲田的冬闲时间多达 5~6 个月，这显然是一项极为重要的可利用土地资源。利用冬闲田地种草养畜，周期短、投资少、牧草用途广、经济效益好、农民群众易接受、易推广。

但是，该模式的发展也存在一些亟待解决的问题。一是优质高产、适应性强的豆科牧草少，优质植物蛋白饲料匮乏。目前推广的冬闲田牧草主要是禾本科的多花黑麦草，适宜的其他草种相对较少，豆科一年生牧草更为缺乏。目前仅限于野豌豆属（*Vicia*）和紫云英等少数几种，适于冬闲田种植的高产豆科饲草非常缺乏。二是有些企业或个人炒作某些草种，甚至将一些普通饲草换个名称再次推向市场，农民不明就里，盲目引进所谓新的"良种"，导致种植失败。因此需要加大科普宣传，向农民传授正确的牧草品种知识和草种选择、种植技术。三是冬闲田黑麦草水分含量高，加上阴雨天气较多，饲草收获、加工储藏较难，适宜的牧草收获加工储存技术缺乏，饲草商品化程度不高，难以在市场流通。为此，需要在以上方面针对技术难点开展科技攻关，突破技术瓶颈。

24.2.2 一年生饲草轮作集约养殖发展模式

1. 模式概述

我国南方地区中低海拔的丘陵旱作农业区，多具有冬冷夏热的过渡性气候特点，尤以长江中下游地区为甚。在这种气候条件下，多年生牧草往往会存在越冬（热性牧草）或越夏（温性牧草）的困难。利用暖季型和冷季型一年生饲草对温度条件的不同需要，将两者结合并分时段种植，可最大限度地利用气候和土地资源，形成生长季延长至全年的高效饲草生产系统，即一年生饲草轮作系统（刘芳 等，2016；李向林 等，2016）。几种不同饲草系统的全年 DM 产量见表 24-3。

表 24-3　几种不同饲草系统的全年 DM 产量

饲草系统	冷季型饲草 产量/（kg/hm²）	百分比/%	暖季型饲草 产量/（kg/hm²）	百分比/%	合计产量/（kg/hm²）
黑麦草-玉米	12 575.1	39.3	19 390.0	60.7	31 965.1
黑麦草-高丹草	12 686.1	46.9	14 346.8	53.1	27 032.9
小黑麦-玉米-玉米	19 382.9	53.4	16 946.6	46.6	36 329.5
小黑麦-高丹草	18 720.7	51.0	17 966.4	49.0	36 687.1
黑麦草+毛叶苕子-玉米	12 352.4	38.1	20 067.1	61.9	32 419.5
黑麦草+毛叶苕子-高丹草	11 526.9	49.2	11 910.0	50.8	23 436.9

资料来源：刘芳等（2016）。

一年生饲草轮作系统的集约养殖发展模式主要适用于南方地区中低海拔的丘陵旱作农业区、平原或平坝地区，以长江中下游地区为主，即适于海拔 1000m 以下的盆中平坝、盆中丘陵区、盆周低山区、半农半牧区低山区的一二台土中或水稻田中。

在一年生饲草轮作系统的集约养殖发展模式中，常用的一年生冷季型牧草包括多花黑麦草、小黑麦和光叶紫花苕子，一年生暖季型牧草包括饲用玉米和高丹草。在冬冷夏热的过渡性气候条件下，将暖季型和冷季型一年生饲草分时段种植，种植组合包括由冷季型禾草+暖季型禾草组成的草-草、草-粮组合。具体栽培组合主要有多花黑麦草-饲用玉米、多花黑麦草或小黑麦-墨西哥玉米、多花黑麦草或小黑麦-高丹草、小黑麦-高丹草、多花黑麦草-光叶紫花苕子/籽粒苋（*Amaranthus hypochondriacus*）/苦荬菜-饲用玉米。冷季型、暖季型牧草分别于 9 月和 5 月开始播种。

冷季型和暖季型一年生饲草轮作，在生长季上互补，从而利于全年饲草供给，用于刈割后舍饲喂养家畜（肉牛、奶牛、肉羊），有助于实现草食家畜的集约化养殖。家畜粪便经发酵处理后可作为有机肥返还土壤，形成废弃物资源化利用的良性循环模式。

2. 发展前景

南方亚热带地区有丰富的热量和降水，理论上来讲牧草生产潜力很大，但亚热带低海拔地区特有的过渡性气候，给多年生牧草的生产带来较大困难。一般热带多年生牧草难以越冬，或在冷季有长达数月的休眠期；而温带多年生牧草则多数难耐夏季高温，越夏率较低，即使部分植株能够越夏，也很难在秋季恢复生长，在长达数月（一般 7~10 个月）的时间里不能生产足够的牧草，且难以持久。尽管通过特定的育种工作可增加牧草的适应性，在一定程度上弥补这一缺陷，但在可预见的将来，要想培育出能够在暖季和冷季均旺盛生长的多年生牧草品种，仍然不太现实。因此，通过在暖季和冷季分别种植与该季节相适应的一年生牧草或饲料作物，形成互补性的牧草系统，不失为一个有希望的选择。

一年生饲草轮作系统的集约养殖发展模式主要适合在我国南方中低海拔的旱作（非水稻土地，并非真正干旱土地）土壤推广应用，这种模式可充分利用当地时间和空间资源的互补效应，大幅提高单位面积饲草产量，具有显著的生态效益和经济效益。根据对多花黑麦草、小黑麦等冷季型牧草与饲用玉米、高丹草（高粱-苏丹草杂交种）不同组合的研究，证明冷季型饲草和暖季型饲草相结合建立的一年生饲草生产系统全年每公顷 DM 产量可超过 36t，如以每个羊单位每年需要 550kg DM、饲草占总日粮的 80%进行计算，则该类一年生饲草轮作系统每公顷的生产力可超过 80 个羊单位，发展潜力巨大（李向林 等，2007）。南方地区人均耕地面积很小，人口压力较大，因此土地资源应得到最大限度的利用。传统的旱作粮食作物受制于籽实成熟所需要的特定气候条件，因而对气候和土地资源的利用不够充分。饲草生产属于"营养体"农业而不受这一气候因素的制约，以营养体（生物学）产量计算其生产效率，远高于传统粮食生产。因此，一年生饲草轮作系统的集约养殖发展模式具有良好的推广应用前景。

3. 存在问题与建议

由冷季型饲草和暖季型饲草结合而成的一年生饲草生产系统，冷季型饲草和暖季型饲草全年每公顷 DM 产量可超过 36t，这是任何多年生牧草都无法企及的产量。通过暖季型和冷季型一年生饲草的分段种植，克服了多年生牧草存在的气候制约，实现了全年牧草持续生产，充分利用了气候和土地资源。但是，这种模式的最大不利因素是需要每年多次（至少 2 次）种植，因而劳动力投入较大，而且对茬口时间节点的要求非常严格。以往农村剩余劳动力较多，劳动力投入的增加并不是大问题。但是，随着城镇化的发展，农村劳动力日益缺乏，成本不断上升，如果劳动力投入过多则影响经济效益。该模式也存在饲草收获、加工、储藏的困难，适宜的牧草收获加工储存技术缺乏，饲草商品化程度不高。同时，这类种植模式下土地基本没有休闲时间，土壤养分消耗较大，需要通过施肥补充土壤养分。

因此，一是要加大投入，研究和开发适合南方气候环境和农户使用的饲草收获、加工技术，提高劳动生产效率，为饲草的规模化、商品化、产业化发展奠定基础。二是要重视种养结合，通过家畜饲养管理的集约化、良种化、标准化技术应用，提高饲草转化效率和经济效益。三是通过养殖废弃物资源化利用，增加土壤有机肥施用量，补充土壤养分，将用地与养地相结合，形成良性循环的草牧业经济模式。

24.2.3 杂交狼尾草-舍饲养牛发展模式

1. 模式概述

目前我国大部分地区（农区和牧区）饲养家畜的规模日益扩大，所需饲草料的数量也随之不断增加，同时人们对饲草重要性的认识不断加强，农牧户种植牧草的积极性也越来越高。因此，对于能多次刈割、速生型、产量高且品质相对较好的饲草需求逐渐旺盛。

以杂交狼尾草为主的刈割型高大禾本科牧草因其产量高且属多年生牧草，可进行一年多次多茬刈割利用，种植技术相对简单，管理成本也相对较低，而综合养殖经济收益较高，已由最初作为工业原材料转变为当前草地畜牧业持续快速发展进程中普遍引进种植的重要高产饲草作物之一。杂交狼尾草适应性和抗逆能力较强，在温湿度适宜且中等水肥管理水平条件下，一个月内的株高可达100~150cm，全年鲜草产量可达250~350t/hm^2。此外，其生长速度较快，茎叶饲喂家畜，根部还能不断产生分株，一株分两株，两株分四株，如此反复。其分株的根块部分还可以作为种苗进行出售。杂交狼尾草主要适于热带与亚热带较为温暖湿润的气候，普遍适于我国长江中下游地区的荒山和江河流域。在气候差异较大的区域可采用保茎、保兜的方法进行杂交狼尾草的种植。根据其生物学特征和生长特性及其不同用途，主要采用的栽培模式有如下3种。

（1）饲用密植型。狼尾草在株高100cm时的植株粗蛋白质含量可达18.7%，且其青鲜茎叶质地柔软脆嫩，营养丰富，适口性较好，是饲喂牛、羊、鹅和草鱼的理想青饲料；在栽培株行距为33cm×66cm、株高80~120cm时进行刈割，留茬15cm左右为宜；除水肥管理和光照条件外，可进行合理密植，就能获得生长快且叶量丰富的高产优质牧草，一定程度上能在饲草的高产和优质之间取得平衡。

（2）饲草组合型。狼尾草每年3月开始种植，5~11月底收割完毕，12月至翌年2月进入冬眠期，停止生长，黑麦草是每年10月开始播种，12月至翌年4月收割完毕。利用狼尾草与黑麦草的生长季节差，在11月狼尾草收割之前或之后，在狼尾草种植大行内套种一年生黑麦草，这样夏秋用狼尾草作畜禽青饲料，只要加强水肥管理，完全能够解决冬季枯草季节畜禽养殖所需的青饲料问题。如上年10月先播种一年生黑麦草，次年3月再种植狼尾草或利用越冬的根茎萌发，可基本实现优质牧草一年四季常青，鲜饲料春夏秋冬不断。狼尾草栽培的株行距为40cm×120cm；黑麦草分3行条播，套种于狼尾草大行内，这是春秋种植优质牧草品种组合的最佳模式。

（3）生态治理型。狼尾草植株根深叶茂，宿根性能好。大面积栽种于荒坡、沙滩或渠、江、河畔，很快形成防护生态块状绿洲或带状绿篱，对截留降水、拦蓄地表径流、治理生态环境恶化、防止水土流失、治理荒坡沙化、防风固沙、改善生态环境、提高土壤蓄水保水能力等都具有积极作用。同时，狼尾草新陈代谢旺盛，代谢后的根叶是极好的有机质，有利于土壤质地改良，提高荒坡荒山的利用率。在栽培株行距为 30cm×50cm、株高 120cm 时收割，留茬 20cm。

杂交狼尾草是刈割型饲草，可以切碎后鲜饲牛羊，但主要利用方式还是制作青贮饲料，用于饲养肉牛。通常采用贮窖和塑料袋两种方式储藏。青贮窖大小根据养殖数量、饲喂量和栽培面积而定。青贮饲料可饲喂母牛、育成牛及育肥牛。饲喂时，适当添加一定比例混合精饲料及干草，有利于提高肉牛 DM 采食量，降低饲料成本，提高增重速度和经济效益。南方热区通过杂交狼尾草种植、青贮饲料利用技术，有效解决了饲草供应短缺、秸秆营养价值过低的问题，养牛的利润显著提高。杂交狼尾草-集约化肉牛发展模式示意图见图 24-2。

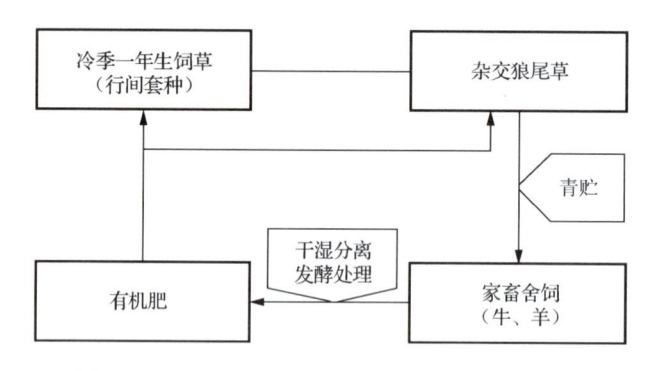

图 24-2　杂交狼尾草-集约化肉牛发展模式示意图

2. 发展前景

杂交狼尾草在长江流域及以南地区具有较好的发展前景。其最大特点是产量高，适时刈割时营养价值较高，家畜喜食，尤其适合养牛。杂交狼尾草栽培方法简单，容易成活，40d 左右可收割第一次，若水肥、阳光充足，长势十分旺盛，全年可收割 6～8 次，最多可收 10 次以上。其宿根性能良好，栽种 1 年可连续利用 6～7 年，第二年至第五年是产量高峰期，只要水肥管理较好，可以使产量维持在每年每公顷 300～400t。除了作为饲草之外，杂交狼尾草还可以作为水土保持植物，成熟之后也可作为食用菌基质原料、生物质能源原料、造纸原料等加以利用。

种植 1hm^2 杂交狼尾草可以满足 40～50 头牛的青饲料和青贮饲料需要，对集约化肉牛生产具有重要意义，也可以作为奶牛的青饲料和青贮饲料来源。南方许多地方适合发展肉牛生产，而且牛肉市场价格不断上涨，以优质饲草为基础的优质牛肉生产具有良好的发展前景，也是开展产业助农、治理石漠化土地的有效途径之一。

3. 存在问题与建议

杂交狼尾草是美洲狼尾草与象草杂交的产物，原产于南美洲地区。其在原产地可以结种，但无论是从国外引入国内的品种，还是国内自己育成的品种，在国内不能结种，在生产中只能依靠茎段（种茎）进行营养繁殖。这就造成杂交狼尾草繁殖的成本居高不下，而且营养繁殖体运输、储存也远比种子困难。提高杂交狼尾草的繁殖效率，降低繁殖成本，是目前面临的挑战之一。建议国家增加相关科技投入，支持科技单位和研究者研究杂交狼尾草的扩繁技术，特别是在组织培养、快速育苗移栽技术等方面加大研发力度，从而提高其繁殖效率。

对于养牛场而言，降低杂交狼尾草的生产成本是面临的问题之一。第一，土地租赁（流转）费用较高，租赁1亩地农田花费1000元左右。第二，杂交狼尾草在水肥条件好的情况下才能保持高产，灌溉、施肥需要一定成本。第三，更大的成本投入是人工费用。南方种植杂交狼尾草的土地一般以坡地为主，机械化操作比较困难，其种植、收获多采用人工操作，劳动力成本很高。因此，很多牛场宁可购买农户的饲草，也不愿自己生产饲草。但是散户种植难以形成产业优势，饲草质量、数量难以保障，不利于养牛产业的发展。为此，建议一方面通过相关体制改革和农户入股参与，解决土地成本问题；另一方面需要研制适合于南方地区的高大饲草收获、专用机械装备，以便节约劳动力，提高劳动生产效率，降低生产成本。

另外，有些商家过度宣传，在饲草的名称、产量、适应范围、营养价值等方面夸大其词，散布虚假信息，给广大农民群众带来困惑甚至经济损失。建议有关监管部门加强管理，打击不法市场行为。

24.2.4 多年生混作草地放牧饲养发展模式

1. 模式概述

我国西南高原和山地主要分布在海拔1000～1200m的高原地带和大山系顶部的山原地带，适合建立类似于新西兰丘陵地区以车轴草属（红三叶和白三叶草）为基础的多年生混作草地，适宜的禾本科牧草有黑麦草和鸭茅等。西南山地具有温带气候特点，也是亚热带草地资源的主要分布区。草地类型包括暖性草丛、暖性灌草丛、热性草丛、热性灌草丛、干热稀疏灌草丛、低地草甸和山地草甸7类，其中以热性灌草丛类和热性草丛类草地面积最大，分别占草地总面积的39.2%和31.6%，两类合计占总草地面积的70%以上。这些草地大多数分布于海拔1000m以上的山地，常称为草山草坡。特别是在云贵高原及其东延的各大山系顶部的山原地带，地势相对开阔，草地面积大而连片，属于山地温带湿润气候，适宜建立以温带牧草为主的优质混作人工草地来进行肉牛和肉用山羊的放牧饲养。在西南岩溶石漠化地区，岩石裸露率达 30%～70%，其地形和地貌不适合刈割型饲草的种植和收获，因而以多年生混作草地为基础的放牧饲养模式就成为此类地区的主要发展方向。

一般而言，在海拔超过 1000m 的地区，选择温带型禾草（如黑麦草、鸭茅）和豆科牧草（如白三叶草、红三叶）组成禾-豆混作组合，禾本科与豆科牧草的比例分别为 2/3 和 1/3。放牧型多年生草地可以由一种禾本科牧草与一种豆科牧草混作而成，也可由一种以上的禾本科牧草和一种以上的豆科牧草混作而成为多组分的草地。多年生牧草混作草地放牧系统示意图见图 24-3。

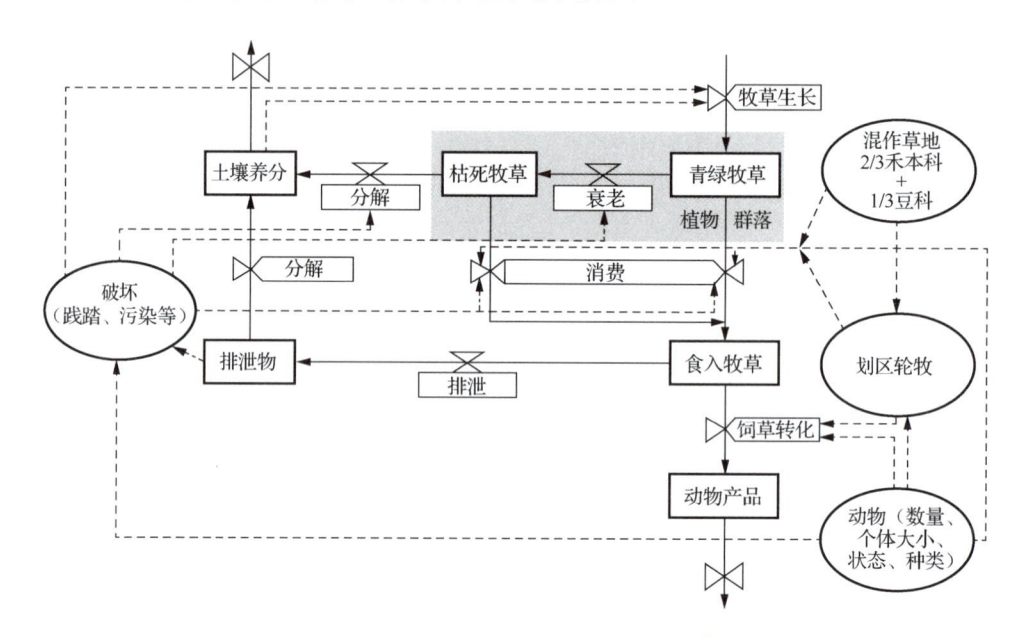

图 24-3　多年生牧草混作草地放牧系统示意图

在海拔较低的区域，由于温带牧草夏季休眠或难以越夏，往往采用热带多年生牧草与豆科牧草混作。例如，宽叶雀稗（*Paspalum wettsteinii*）、毛花雀稗（*P. dilatatum*）、东非狼尾草（*Pennisetum clandestinum*）、非洲狗尾草、狗牙根等暖季型禾本科牧草均适于建植放牧型混作草地。但是，适于低海拔区的放牧型豆科牧草相对缺乏，可选用耐热性强的白三叶草品种，主要是拉迪诺（Ladino）白三叶草。混作时可加大白三叶草比例到 40%～50%。

混作草地主要用于放牧饲养肉牛、山羊和绵羊（在云贵高原仍有绵羊分布）。宜采用围栏分区轮牧，以利于草地持久性。在相对平坦的人工草地，可以适度放牧奶牛，也可采用牛羊混合放牧，以便提高草地的利用效率和杂草控制。通常，南方地区多年生混作草地可以全年放牧，但需要按照草畜平衡的原则，动态调整载畜量和轮牧制度，做到以草定畜，草畜平衡。同时，需要种植一定面积的刈割草地，调制青贮饲料或干草（如条件允许），用于缺草季节的补饲。

2. 发展前景

南方地区的草地资源多分布于高原山地丘陵，放牧是主要的利用方式。南方各类草地面积有数亿亩之多，南方山地温带多年生混作草地是亟待开发的后备食物资源。

人类对草地的放牧利用从粗放的原始游牧发展到现代集约轮牧，使草地的精细管理达到新的高度。在西欧、北美、澳大利亚和新西兰等发达国家，普遍建有大面积永久性改良草地或人工草地，并采用集约化轮牧系统。

青贮玉米等用于刈割的草地主要限于面积较大、地形平整、适合机械作业的土地，因而难以覆盖地形复杂、地块零碎、基础设施薄弱的土地，而后者恰恰是南方草地的主要分布区域。我国南方地处亚热带季风气候区，牧草旺盛生长期恰逢雨季，牧草晾晒、收储过程损失较大。有些地方种养分离，规模化集中舍饲圈养也带来粪污处理、消纳的困难，甚至造成空气和环境污染。在这种情况下，放牧草地系统就相对具有优势。人工草地放牧既有别于传统的天然草原自然放牧，也不同于农区秸秆加精饲料的饲养模式，而是一种低成本、高效率的全新草牧业模式。家畜是最好的牧草"收割机"，因此可以节约劳动力和机械等投入。放牧家畜全天在草地放牧，粪便散布于草地，不仅促进养分循环利用，而且降低粪污处理、有机肥施用等费用，大幅降低环境污染风险。更重要的是可以生产真正的绿色、有机畜产品。

3. 存在问题与建议

多年生混作草地放牧饲养发展模式不同于以往的天然草原自由放牧，而是在人工草地集约化放牧饲养的基础上形成的，因此需要改良天然草原，建立人工草地。人工草地建设成本较高，非一般农户自己可以完成或负担。由于坡度较大、土壤瘠薄，容易造成水土流失，如果后续的放牧管理和施肥管理跟不上，改良草地或人工草地很快就会退化，不能持续发展。为此，需要通过国家投入或国家补助的方式，紧紧依靠科学技术，按照严格的技术规程，完成草地建植任务。由于草地建设成本较高，因此需要通过集约化的家畜饲养技术，提高草地畜牧业的生产效率和经济效益。人工草地需要精细管理和持续投入，才能维持持续的生产力。很多人以为草地建成后可以一劳永逸，几乎没有施肥等投入，而且放牧没有限制，造成草地快速退化，草地建设成本难以收回。有些地方为了短期利益，对草地植被恣意破坏，常使多年的建设成绩毁于一旦；还有些地方对草地采用掠夺式利用，只管利用，不管投入，导致草地迅速退化，造成生态环境恶化，浪费国家大量的建设投资。为此需要严格制订并监督执行有关资源保护法规，制止短期行为，重视可持续发展。另外，还必须深化农业经营体制改革，尽快落实草地承包、租赁的责任制度，为草地畜牧业发展提供制度保障。

24.3　典型案例

24.3.1　四川省洪雅县瑞志种植专业合作社草地农业系统案例

1. 基本情况

瑞志种植专业合作社（以下简称"合作社"）成立于2009年11月，位于洪雅县东岳镇东岳村，成员317人，辐射带动农户800余户。合作社主要从事牧草种植、销售及提供牧草种植技术服务。2011年以来，在四川省农业科学院土壤肥料研究所、国家牧草产业技术体系专家的技术指导和帮助下，在东岳、花溪、槽渔滩、中保等乡镇流转土地267hm^2（4005亩），采用多花黑麦草+青贮玉米/高丹草的粮改饲模式，以冬季多花黑麦草、夏季青贮玉米或高丹草的两茬牧草轮作模式完全替代传统的小麦/油菜+水稻粮食轮作模式，建成全年优质鲜饲草的持续稳定供应体系。合作社现有各种耕种机具82台（套），总资产近1000万元，基本实现了种植收割机械化，向现代化农业迈进了一大步。

合作社通过优质牧草轮作模式，尽量减少土地的空田期，显著提高了牧草的年产量。为了真正地实现种养循环，带动周边农户发展种草养殖，合作社于2011年2月建成一个存栏500头的标准化奶牛养殖小区。

近年来，合作社以现代牧业洪雅牧场和新希望洪雅牧场为中心，铺设了长达600公里的沼液管网，修建了沼液储存池7口，储存能力共达4万m^3，每年消纳处置的沼液约20万m^3。合作社将全县发酵后的养殖粪污运用管道输送到田间地头，既解决了多年来养殖粪污的污染问题，又为周边合作社、种植大户和农户提供了很好的有机肥。通过沼液利用，每亩可节约化肥成本200元。由于沼液属于有机肥，施用后土地疏松、农作物品质好。为避免管道故障或破损造成环境污染，合作社专门成立了应急抢险小组，配备了专业的应急抢险车辆及应急抢险设施，并设立了一套奖励机制，以激励当地居民为合作社提供管道破损信息，方便合作社在第一时间对故障管道进行处理。合作社全面、高效地消纳养殖场沼液，实现了农业面源污染控制及农业资源的循环利用。

合作社始终本着"种养结合，循环利用"的宗旨，引领社员进行产业结构调整，发展高效生态农业，服务三农，为入社社员提供产前、产中、产后服务，引导社员在科学种植、规范管理、提高品质、增加经济收入等方面不断探索，总结经验。目前合作社处于良好发展阶段。

2. 效果与效益

洪雅县瑞志种植专业合作社于2014年被评为省级示范社。近年来，合作社抓住粮改饲试点机遇，通过土地流转，实施饲草种植和奶牛养殖一体化，并利用沼液进行灌溉，实现种养循环发展，为助推洪雅县农业供给侧结构性改革起到了示范引领作用，经济效益、生态效益和社会效益十分显著。

合作社年销售优质牧草5万t，收入1500万元。存栏奶牛400多头，日产鲜奶5t，并成立鲜奶收购站1个，带动成员206户，每户每年增加收入6000元以上。合作社租用土地后，所需用工全部来自当地农民，不仅解决了农民出租土地后土地无人种的问题，同时也让老百姓能够在家门口务工，较好地解决了农村就业和家庭和睦问题。合作社于2019年支付劳务工资500多万元，并带动周边较多农户种植牧草，有效地增加了当地农户的收益。

这种种养循环模式既有效地破解了牛粪造成的面源污染难题，又科学有效地实现了资源最大化利用，把以往让人"头痛"的牛粪变废为宝，做到了经济效益、社会效益、生态效益共赢，通过带动奶牛养殖产业链的发展，助力乡村振兴。如今，当地农村环境得到了极大改善，不仅实现了环保型农业产业化生产，也改善了当地的生态环境，提高了人民的生活水平。

近几年，种草养畜循环发展的模式在洪雅县已经深入人心，得到普遍推广应用。采用黑麦草|青贮玉米轮作模式，种草收入6.36万元/hm^2，比油菜+水稻模式多收入3万元/hm^2。采用黑麦草|水稻轮作模式，种草收入3.6万元/hm^2，比种小麦或者油菜多收入1.5万元/hm^2。林下或荒山荒坡常年种草，黑麦草、牛鞭草等收益3.6万元/hm^2。全县种草专业合作社种草2066.7hm^2，需季节性劳动力9000人，按上班制折算，可解决劳动力3000人，年劳务费3500万元。通过畜粪还田还草，有效解决了畜牧生产与畜禽粪便污染的矛盾。人工种草能进一步绿化环境、防止水土流失，还可有效消纳畜粪沼渣、沼液。全县种草7333.3hm^2（去除复种指数），可消纳沼液220万t。全县目前饲养的奶牛、肉牛、山羊等，可全部实现还田种草利用，有效地控制了农村面源污染，保护农村生态环境，实现畜牧业良性、可持续、循环发展。

3. 存在问题与应对措施

该模式的发展面临如下两个亟待解决的问题。

一是适宜的饲草种类相对单一，特别是缺乏适宜的豆科牧草。目前种植模式主要是黑麦草+饲用玉米，或黑麦草+高丹草，以及水稻冬闲田种植黑麦草的模式。可以看出，这些模式中涉及的饲草都是禾本科牧草，而缺少豆科牧草。豆科牧草缺乏是南方地区长期存在的一个问题，至今未能很好地解决。目前南方有些地区使用的光叶紫花苕子、紫云英等，虽然可以作为豆科牧草种植，但是生产性能远不如禾本科牧草，所以其主要是在小农户中使用，在专业化的饲草生产企业中较少使用。为此，需要进一步开展研发工作，在更大范围内探寻适宜的饲草种植模式和饲草种类。近几年，一些研究者对拉巴豆（*Dolichos lab lab*）与青贮玉米的组合进行了试验研究，证明套种拉巴豆比单播青贮玉米的产量显著增加，且拉巴豆套种行数越多，青贮玉米产量越高（李亚娇 等，2019）。同时，拉巴豆与禾本科牧草混合青贮，能互相弥补不足，提高青贮饲料的青贮品质（喻佳媛，2015；柳茜 等，2015）。

二是阴雨天气多，给饲草调制加工和贮存带来困难。目前，该合作社生产的全株玉米用于青贮，而黑麦草则基本用于青饲。由于饲草生产具有明显的季节性，而家畜需求相对比较均衡，因此造成饲草供求的季节不平衡。该地区阴雨天气多，饲草含水量高，自然干燥的干草调制几乎不可能完成。因此，需要针对南方地区的气候和牧草原料特点，研发专用的饲草调制加工技术，特别是半干青贮或低水分青贮技术，以及与之相适应的收获、压捆和拉伸膜裹包机械装备。同时，针对不同家畜的营养需要特点，研发青绿牧草与作物秸秆、藤蔓等低水分饲料原料的混合青贮技术，以便在充分利用当地其他饲料资源的同时，设法解决鲜草水分过大难以青贮的问题。

24.3.2 云南寻甸草地畜牧业发展案例

1. 基本情况

云南省种羊繁育推广中心位于昆明市的寻甸县金所乡，西南距昆明市 80km，属低纬度高原季风气候，四季温差小，干湿季分明，垂直变化明显。年内降水分配不均，春季干旱和冬季温暖是该地区的主要气候特征。土壤类型为红壤、砖红壤和黄棕壤，pH 为 4.5~6.0，土壤质地黏重，保水性能差。该中心始建于 1942 年，1956 年迁现址，原名云南省种羊场，2012 年更现名，隶属于云南省农业农村厅，总土地面积 1600hm^2，目前共有人工草地 800hm^2、短期饲料作物 100hm^2、天然草山草坡 460hm^2。

20世纪80年代初，随着南方草地畜牧业的研究与发展，云南省种羊场的生产管理由天然草原跟群放牧渐渐转变为建植人工草地和进行划区轮牧，至1983年底，累计建植混作人工草地和补播改良天然草原800hm^2，混作牧草品种以黑麦草、鸭茅和白三叶草组合为主，同时进行草地围栏建设，实行划区轮牧和计划放牧。由于利用技术和管理措施不完善等，人工草地建植及利用初期，退化演替现象较为普遍，以后随着"云贵高原草地畜牧业持续发展技术研究"在云贵高原全面开展，1996年，国家"九五"攻关项目于该场进行"人工草地绵羊系统优化研究"专题研究，在人工草地综合管理利用和退化草地改良恢复等技术的研究上取得了较大进展，系列配套技术不断完善，人工草地退化演替现象逐步得到遏制。通过几十年的研究探索，在放牧人工草地管理利用和饲草料生产方面积累了丰富的经验，经济效益显著提高，生产经营步入良性循环。目前该中心以人工草地管理利用和优质饲草生产为核心，全力发展草产业，促进种羊种牛良种繁育及示范推广，为社会提供优质饲草和优良种畜，助推云南畜牧业发展。

1）多年生放牧人工草地与短期饲料作物相结合的草田轮作模式

每年8月中下旬将计划改良的草地翻犁整治，播种光叶紫花苕子，12月和1~3月两次刈割青饲利用，4月中旬施厩肥并耙地，5月上旬种植青贮玉米，9月下旬收制青贮饲料，之后立即耙地，进行精细整治，保持地面平整，土壤细碎，施钙镁磷肥300kg/hm^2，种植多年生人工草地。

人工草地播种期为9月下旬至10月上旬；播种行距13~15cm，深度2~3cm；混作比例为黑麦草7.5kg/hm^2、鸭茅15kg/hm^2、光叶紫花苕子22.5~30kg/hm^2；3种牧草种子与钙镁磷肥通过拌种机均匀混合，使用牧草播种机条播，白三叶草种子7.5kg/hm^{2}于次年雨季来临时同钙镁磷肥施入。混作人工草地加入早期生长较快的光叶紫花苕子，以弥补禾本科多年生牧草播种早期生长量低的缺点，抑制杂草竞争，并于冬春季提供青绿饲草，解决干旱季节青绿饲料缺乏问题。此外，禾本科牧草与豆科牧草混作，可改善牧草适口性，提高营养价值。

光叶紫花苕子青刈利用结束后，播种青贮玉米，通过两季短期饲料作物的种植，原有杂草基本消灭干净，之后再恢复种植人工草地。人工草地播种之后禁止放牧并杜绝家畜进入，次年春季根据光叶紫花苕子长势情况人工青刈补饲。6月中下旬将白三叶草种子拌入钙镁磷肥300kg/hm^2，机械撒施。

秋季播种的禾本科牧草，当年不须进行人工除杂，早期出土的以灰藜为主的阔叶类杂草，经11月后的严霜，绝大部分死亡。次年6月下旬视牧草生长高度和虫害发生情况，如有病虫害发生，立即使用机械收获制作裹包青贮，牧草收获后病虫害则不再发生。云南夏秋季雨水丰沛，雨热同季，黑麦草和鸭茅生长迅速，一般可于6月和8月各收获一次，制作裹包青贮，而后纳入正常轮牧管理，进行放牧利用。

多年的人工草地种植管理经验表明，这种一年生饲草种植和多年生人工草地相结合的草田轮作模式，通过光叶紫花苕子、青贮玉米与混作人工草地轮作，防治病虫和杂草危害，均衡利用土壤养分，调节土壤肥力，提高草地质量，促进草地更新，简单易行且行之有效。冬春季节光叶紫花苕子两次青刈利用，可补充羔羊和哺乳母羊的青绿饲料需求，3月下旬收割结束，再利用大群放牧方式清理残留和剩余，随后机械耕耙土地，翻压腐烂和未利用的茎叶。光叶紫花苕子作为其他作物的良好前茬，其根瘤有效增加土壤氮素，提高土壤肥力，为下茬青贮玉米和混作人工牧草的生长提供良好的土壤条件。通过两茬短期饲料作物的种植，基本消除了白茅（*Imperata cylindrica*）、石生繁缕（*Stellaria vestita*）、牛尾蒿（*Artemisia dubia*）等草地恶性杂草，为随后种植的人工牧草的旺盛生长提供了有利条件。

2）放牧人工草地秋季补播光叶紫花苕子的喜温喜凉牧草互补生产模式

光叶紫花苕子是优良豆科牧草和绿肥植物，抗寒抗旱性能强，宜于冷凉地区生长，在放牧人工草地补播光叶紫花苕子虽属经验做法，但对于提高秋季草地生物产量和饲草品质极为有效。每年8月上旬，在对人工草地进行割草或重牧除杂之后，以30kg/hm² 光叶紫花苕子种子均匀混入300kg/hm² 钙镁磷肥中，使用施肥机撒播。由于水肥充足，种子落地后迅速生根发芽，旺盛生长，至11月中旬进入初花或盛花期，光叶紫花苕子盖度可达50%～85%，明显提高了青干草产量和品质。

在以禾本科牧草为主的放牧草地上，秋季施肥同时补播光叶紫花苕子，利用暖季型和冷季型饲草的互补效应，能取得令人满意的效果。该模式中有3个要点促进光叶紫花苕子旺盛生长：一是补播必须在草地收割或重牧之后进行，使种子与地面紧密结合，该时段雨水尚未显著减少，确保种子萌发和生长前期具有充足的雨水条件；二是补播种子均匀混入肥料，机械撒入，为其发芽生长提供必要肥力；三是补播后随即封闭草地，防止各种扰动。光叶紫花苕子的旺盛生长弥补了放牧草地晚秋气温降低造成暖季型牧草生长缓慢的缺点，同时光叶紫花苕子与禾本科牧草混作生长，茎叶相互倚扶，克服了光叶紫花苕子匍匐生长、无法机械收割的不利情况，为机械化生产管理提供了极大的有利条件。当地进入11月中旬，气候逐渐干燥，选择连续晴天，机械收割晾晒并打捆，制成优质青干草。光叶紫花苕子根部生长根瘤，根瘤菌固定氮素，培肥地力、改良土壤结构，促进禾本科牧草生长。因此，放牧人工草地秋初封育施肥并补播光叶紫花苕子，简单易行，一举多得，有力地促进了青干草产量和质量的提高。目前每年采用此法补播光叶紫花苕子约70hm²，生产优质青干草300t。销售价格为2300元/t。

3）放牧人工草地夏秋季收制裹包青贮的剩余牧草利用模式

云南夏秋季多雨，雨热同季，为放牧人工草地牧草的快速生长提供了良好条件，但阴湿多雨的气候给放牧草地过剩牧草的管理利用带来极大困难。当牧草生长量大大超过家畜采食利用量时，大量牧草剩余导致草丛下层腐烂，上层老化，加上放牧践踏影响，牧草适口性和家畜采食量显著下降。同时因缺乏连续晴天，无法割制青干草，致使大量牧草腐烂和木质化，造成极大的资源浪费，一方面夏秋季节大量剩余牧草得不到合理利用，另一方面冬春季节却不得不购买饲草用于补饲，这种不相容状态，曾一度给云南省种羊繁育推广中心的草畜平衡和饲料供应造成极大困难，严重制约种畜生产和发展经营。通过艰苦探索，终于在2007年找到了解决办法。当年购买挪威产Orkel GP1260型青贮打捆裹包机1台。该机械可将夏秋季草地剩余牧草制成裹包青贮，自动化程度高，工作效率显著提高，从捡草到包膜全过程采用数字化控制，精密而准确，自动捡拾、打捆、包膜，拉伸膜自动黏合，阻止外界空气和水分进入，促进乳酸菌厌氧发酵，抑制腐败，实现长期保存。

牧草裹包青贮在人工草地管理利用上具有重要意义。在夏秋季节牧草生长旺季，实行高密度大群放牧，腾出一部分放牧人工草地短暂封育，当牧草生长到50～80cm时，机械收割，制作牧草裹包青贮。一般放牧或割草草地可实现1～2次刈割利用，部分割草地还于8月初补播光叶紫花苕子，11月中旬再收获一茬青干草，之后于冬春季节将全部草地纳入放牧管理。目前除了无法进行机械作业的少部分地块外，绝大部分放牧人工草地都是冬春季放牧、夏秋季收制裹包青贮及利用青干草，这种刈牧混合利用方式，相对于以前全放牧利用，具有显著优点：夏秋季牧草生长迅速，适时刈割收储，制作裹包青贮，充分利用夏秋季放牧草地剩余牧草；刈割促进优质人工牧草生长，再生牧草鲜嫩青绿，适口性良好，有利于牛羊放牧采食；有效控制杂草，便于补肥、补种；频繁割草可有效控制草地病虫害，一旦出现苗头，立即收制裹包青贮，草地无病虫害之虞；夏秋季降雨频繁，只要有连续几天晴天或多云天气，便可进地作业，受天气影响相对较小；牧草裹包青贮便于储存，存放数月至一年其质量不受影响。

4）夏种青贮玉米冬种黑麦的一年生饲草高效生产模式

青贮玉米产量高、质量优、适口性好，播种、生长和收储期均具有有利的气候条件，便于生产管理。在雨季即将到来的5月上旬播种，采用气吸式精量播种机，行距45cm，株距18cm，播种7000～8000粒/亩，成苗6000～6500株/亩，实行精准播种。幼苗5片真叶时，择晴朗无风天气，喷施除草剂，防除各种常见杂草。在拔节期至大喇叭口期人工追施尿素450kg/hm^2，促进生长，或于播种时同机播施玉米专用缓释肥600kg/hm^2，避免苗期追肥，节约人工追肥费用。9月降雨渐少，于9月20日左右视天气情况收制青贮饲料。

黑麦为冷季型饲草，耐瘠薄、耐干旱、耐冷凉，在冬季气候相对温暖、降水较少的云南东北地区，可显示稳产优势，充分利用其耐寒耐旱特性和当地冬春季节的气候资源种植黑麦，是云南省种羊繁育推广中心彻底摆脱饲草不足困境的重要举措。黑麦引种于2008年，目前已探索出系列完整的种植管理和收储利用程序及经验。一般于青贮玉米收获后的10月上旬播种，12月至翌年1月视长势情况放牧利用一次，防止生长过旺产生倒伏。3月下旬或4月初收获，生长期180d左右，收获季节降水量少，气候干燥，适于青干草晒制。黑麦收获后立即施用厩肥，犁耙整地，5月初再种青贮玉米，如此循环种植利用。

青贮玉米与黑麦连作，是提高土地利用效率和单位面积草地生物产量及营养物质产量的有效途径；相对于放牧草地，生物产量和营养物质产量均显著提高。连续多年的测定结果显示：夏茬青贮玉米DM产量为17 895kg/hm^2，冬茬黑麦DM产量为6150～7500kg/hm^2，年DM产量可达24 000kg/hm^{2}以上，而优良人工草地正常年份DM产量为7000～7500kg/hm^2。青贮玉米与黑麦连作，有效地提高了土地利用率，从播种到收储全程机械化，减少劳动力投入，增加生产效益和适时播种收储能力。此外，全株玉米青贮饲料和黑麦青干草营养价值高，适口性良好，是进行两季种植和饲草储备的理想品种。目前该中心每年以此模式种植67hm^2，可生产全株青贮玉米4200t、黑麦青干草410t。经核算，在自有机械设备和土地上进行全程机械化种植管理的全株青贮玉米直接生产成本为81.5元/t，黑麦青干草直接生产成本为375元/t。

2. 效果与效益

历经70多年的生产实践，该中心探索出一条集饲草种植、牛羊养殖、种畜示范推广、草产品加工销售于一体的草牧业综合经营模式，在草牧业生产管理方面具有相对成熟的技术储备。通过整治土地、改良土壤和进行机械化生产管理，建植优良人工草地、种植青贮玉米等优质高效短期饲料作物，坚持和遵循种养结合、以草促畜的发展理念，饲草和种畜生产显著增长。

2004年开始探索种养一体化生产模式，当时在岗职工216人，羊存栏3469只、牛存栏197头，当年生产种羊1568只、种牛97头。由于种养分离，饲草平衡供应困难，青贮制作原料依靠向周边农户购买，质量差且供应不稳定，当年购买饲草费用为12.59万元，生产经营收入为269.8万元。

经济重压促使该中心对种养一体化经营管理模式进行探索，持续多年进行土地整治，增大地块面积，改良土壤肥力，同时克服各种困难，不断投资机械设备，逐步实现机械化生产、种植青贮玉米和进行人工草地精细化管理。同时，土地整治结合农业机械的广泛使用，大大提高了饲草生产的劳动效率和土地利用率。2007年购买牧草圆捆裹包青贮并配套购置牧草收割机、搂草机、装包机等，有效解决了夏秋季放牧草地剩余牧草的收割、青贮和保存问题，提高了人工草地质量和生物产量，使该中心草牧业生产实现了一次大跨越，当年饲草供需基本平衡，结束了买草养畜的历史。之后相继购置了玉米精量播种机、施肥机、喷药机、牧草收获机、装载机等系列机械设备，彻底改变了青贮玉米生产制作的落后状况，实现了短期饲料作物和人工草地生产管理全程机械化，青贮饲料生产量（图24-4）和青干草生产量（图24-5）基本上逐年上升，生产效率极大提高。2018年，在岗职工122人，基础母羊饲养量为2407只、母牛205头；当年生产羔羊3896只，生产犊牛173头（图24-6和图24-7）。饲草生产不仅满足了连年增加的畜群的饲草需求，剩余青贮饲料和青干草还销往周边养殖企业，拓展了增收渠道，当年生产经营收入847.76万元，其中草产品收入130.68万元。

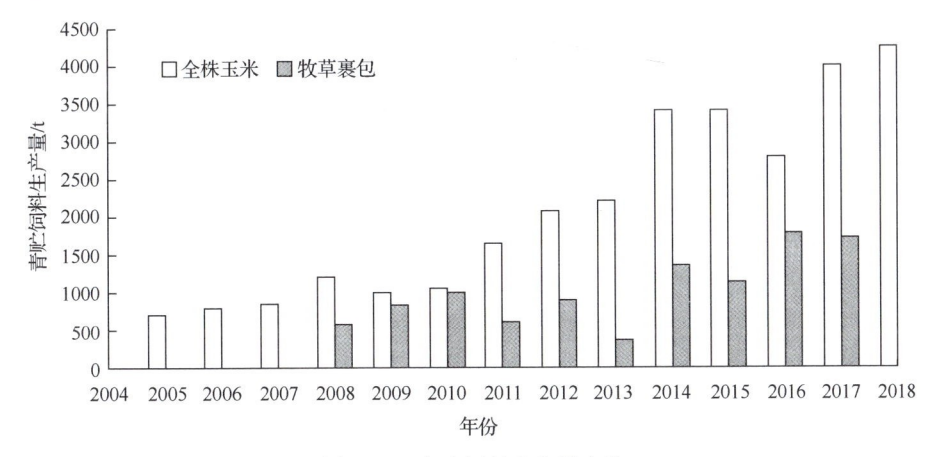

图 24-4 青贮饲料生产量变化

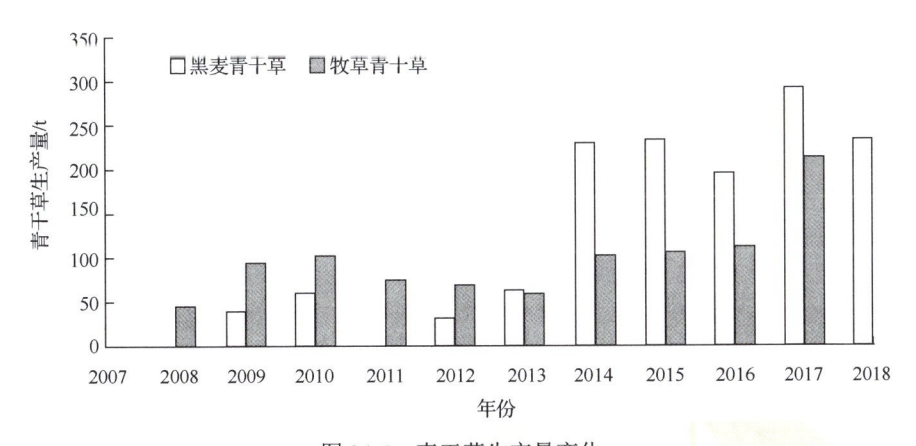

图 24-5 青干草生产量变化

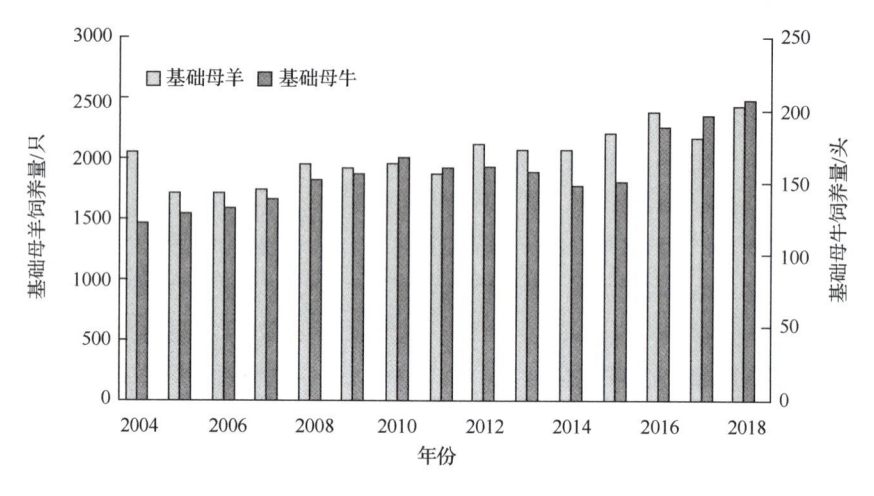

图 24-6 基础母畜饲养量变化

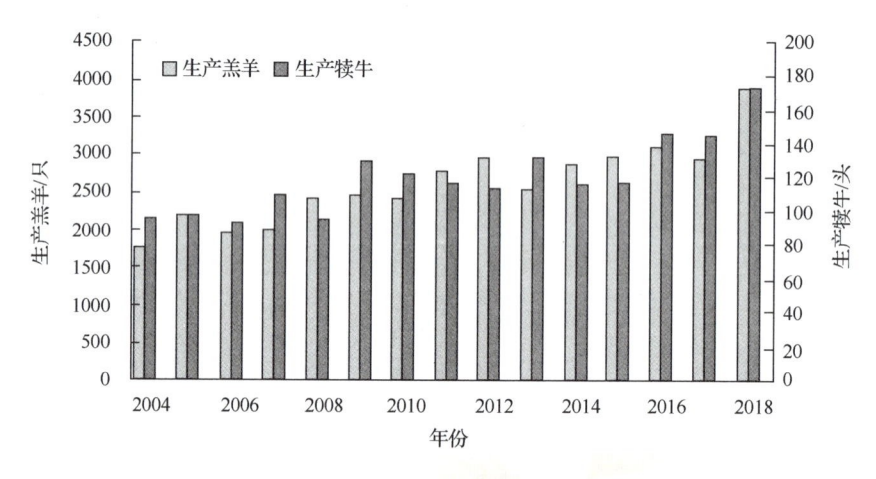

图 24-7 种畜生产数量变化

通过上述 4 种饲草生产模式，该中心目前生产销售全株青贮玉米、黑麦青干草、光叶紫花苕子及禾本科牧草混合青干草、牧草裹包青贮 4 种草产品。规模化草食畜牧业生产大力发展，草产品市场需求不断扩大，销售价格相对较高，为饲草生产销售提供了良好的发展机遇。目前全株青贮玉米销售价为 620～650 元/t、黑麦青干草销售价为 2200～2400 元/t，且市场空间大，销售紧俏。2015 年以来，年平均草产品销售收入 120 多万元，占年生产经营收入的 17%～20%（图 24-8）。

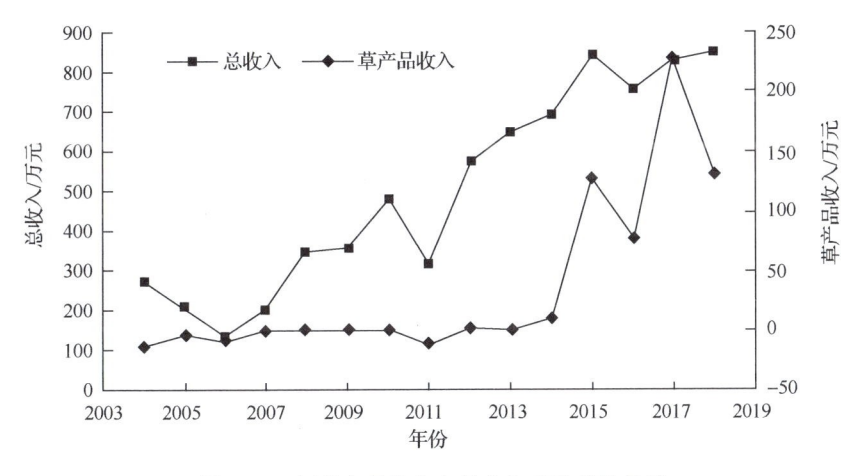

图 24-8　饲草产品收入与总收入变化趋势比较

农业机械从无到有，目前拥有各类农机 69 台（套），机械动力 3038 马力，价值 1384 万元，建有农机仓库 3100m²、干草储备库 2800m²。机械设备的功能涵盖青贮玉米种植收获、牧草播种收储、裹包打捆、土地整治、全日粮混合搅拌等多个方面，成为进一步发展现代草牧业的重要基础保障。

云南省种羊繁育推广中心通过多年努力，不断分析总结，调整经营策略，以饲草料生产和人工草地建设为核心，充分发挥资源优势，探索机械化草牧业发展道路，进一步提高土地利用效率和单位面积生物产量，建立种养一体化的生态循环农业经济模式；降低饲草生产成本，破解养殖业低效益困惑，生产经营步入良性循环，出现前所未有的良好发展势头，得到社会和各级主管部门的广泛认可；获得农业农村部及相关部委认定的"国家肉牛核心育种场""国家重点种畜禽场""全国优秀畜禽养殖企业""无布鲁氏菌病创建场""云南省优质种业基地""国家牧草产业技术体系示范基地"等多项荣誉，在西南地区乃至全国种畜生产领域占有重要地位。

3. 存在问题与应对措施

该中心作为国有企业，通过几十年的研究探索和实践积累，建立和制定了多年生放牧人工草地与短期饲料作物相结合的草田轮作模式、放牧人工草地秋季补播光叶紫花苕子的喜温喜凉牧草互补生产模式、放牧人工草地夏秋季收制裹包青贮的剩余牧草利用模式、夏种青贮玉米冬种黑麦的一年生饲草高效生产模式；在人工草地和短期饲料作物生产管理模式及收储利用方式上，积累了系列富有成效的经验技术，有力地促进草地生产的良性化发展，为该中心的快速发展打下了坚实基础。

目前，该中心也存在以下 4 个方面的问题。一是受市场经济环境等多种因素影响，农户的养殖积极性受挫，销售市场萎缩，种畜滞销严重，推广难度增大。二是随着职工大病保险、住房公积金、养老保险和职工政策性福利费用大幅增加，单位运营成本上升，经济负担加大，政策性收入减少，用于基础设施和生产经营方面的开支受到挤压，很多构想得不到实施。三是云南中部地区近年旱象严重，2019 年和 2020 年上半年均遭受不同程度的干旱，人工草地、黑麦青干草和青贮玉米生产受到重要影响，产量下滑，正常生产经营遇到一定程度的困难。四是内部激励机制不完善，员工上班涣散和人浮于事现象依然存在，部分员工未达到人尽其才、人尽其力。

为了中心的持续、健康发展，应立足当地实际，继续发挥资源和传统技术优势，以种羊种牛良种繁育和示范推广为核心，致力土地整治，加强农机配置，优化管理模式，全力发展现代化草牧业生产，深入研究和完善机械化人工草地建植管理、饲草料生产储备、种畜饲养管理等配套技术体系和高效农场草畜生产管理模式，加大饲草生产投入，增加草产品储备，拓展草产品市场，提高草地生产管理水平，加快绿色发展，提升经营效益。

24.3.3　福建牧草-奶牛-沼气循环农业发展案例

1. 基本情况

福建某公司创建于 1998 年，是集牧草种植、奶牛饲养、乳制品加工销售和科研开发于一体的大型乳品生产企业。现有 34 个现代化自建牧场，奶牛存栏数达 25 000 多头，日生产销售系列乳制品 260t 左右。该公司第一牧场位于福建省南平市延平区，牧场占地面积 7.3km^2，建成牛舍 9 座，面积约 8800m^2，奶牛年均存栏 1100 头。该牧场属于亚热带季风气候区，热量丰富，雨量充沛，平均年日照数为 1709.9h，常年平均气温为 19.3℃，最冷月（1 月）平均气温 9.1℃，最热月（7 月）平均气温 28.5℃，年无霜期 286d，年≥10℃积温 5739～5977℃，年均降水量 1664mm，年均太阳辐射约 430.8kJ/cm^2，为多种牧草的生长和繁育提供了十分有利的自然条件。一头奶牛日排粪便达 35kg，牛场日排放粪便污水可达 125t。在废弃物的综合利用方面，以减量化为手段，采用干法清粪方法清理 70% 以上的牛粪用于生产食用菌或有机肥，同时针对污水排放量大、浓度高等问题，该牧场通过增加沼气池发酵合理配套牧草生产，利用草地消纳牛场废水，形成了牧草-奶牛-沼气良性生态循环。

奶牛场通过采用红泥塑料厌氧发酵系统及红泥塑料沼气净化、储存、供气系统，年处理奶牛粪污约 4.5 万 t，年产沼气 7.38 万 m^3、沼液 3.6 万 t。产生的沼气用于解决牧场锅炉生产用气和职工生活用气；产生的沼液通过周边配套的 21hm² 狼尾草地进行消纳；收获的狼尾草又可为奶牛提供一定量的青饲料。该牧场形成以种植业为基础，以养殖业为主体，以沼气为纽带的牧草-奶牛-沼气良性循环的生态农牧场（图 24-9）。

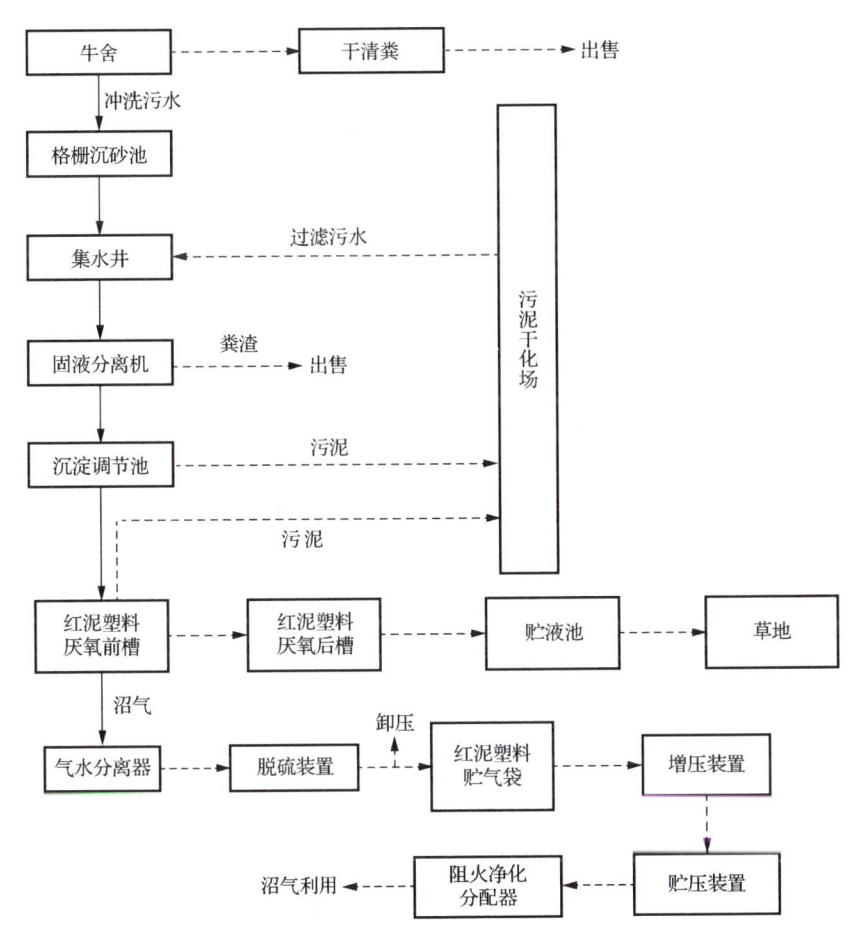

图 24-9　福建某公司的牧草-奶牛-沼气循环农业模式示意图

2. 效果和效益

1）牧草对养殖场废水的消纳效果

上述公司第一牧场引种的狼尾草品种主要有南牧 1 号、闽牧 6 号、闽草 1 号等，年可刈割 4 茬，年产量达 200~250t/hm²，每年可为牛场提供 5000t 的鲜草，同时通过草地消纳养殖场废水，对废水的氮、磷起到了有效的净化作用（表 24-4）。

表 24-4　狼尾草草地对氮、磷净化的贡献率　　　　　　　　（单位：%）

处理	氮的净化贡献率	磷的净化贡献率
N0（CK）	—	—
N1	40.23±6.28a	37.25±2.39a
N2	38.33±2.59ab	33.28±5.82ab
N3	33.88±4.92bc	30.19±7.63b
N4	31.56±4.28c	28.32±3.27bc
N5	24.65±5.26d	27.42±4.83bc
N6	18.47±2.54 e	22.64±1.69d

注：N0（CK）、N1、N2、N3、N4、N5、N6 表示每次浇灌奶牛场沼液折纯氮 0kg/hm²、5kg/hm²、10kg/hm²、20kg/hm²、40kg/hm²、80kg/hm²、160kg/hm²，每个刈割周期浇灌沼液 3 次，牧草系统对氮、磷净化的贡献率为各处理牧草全年的总含氮（磷）量减去 CK 中牧草的含氮（磷）量与沼液浇施总投入氮（磷）量的比值。

2）牧草-奶牛-沼气循环农业模式能值分析

牧草-奶牛-沼气循环农业模式将养殖场排出的废弃物经沼气池发酵产生沼气，沼气全部用于牧场锅炉燃烧，沼液和沼肥全部用于浇灌狼尾草草地，收获的狼尾草作为奶牛的青饲料。牧草作为奶牛重要的粗饲料来源，是奶业发展的物质基础。目前，该公司基本形成一套固定的青饲轮供模式：每年 5～10 月，以狼尾草和青贮玉米为主；每年的 11 月到翌年 4 月，以青贮玉米为主。由于夏季大量应用狼尾草属牧草，大大减少了公司从周边收购的青饲玉米或玉米秸秆青贮量。据不完全统计，养牛场在粗饲料投入方面，年可节支 100 万元以上，经济效益十分明显。此外，该模式减少了环境污染，增加了有机能投入，实现了物能流的多样化和良性循环。通过能值分析表明该公司第一牧场的牧草-奶牛-沼气循环农业模式环境负荷比传统养殖模式（单一的奶牛养殖）小，能值可持续发展指标提高了 7.31%（表 24-5）。

表 24-5　牧草-奶牛-沼气循环模式和传统养殖模式的主要能值指标比较　（单位：%）

能值指标	牧草-奶牛-沼气循环模式	传统养殖模式
能值自给率（R_{ES}）	0.45	0.02
能值投资率（R_{EI}）	169.16	—
净能值产出率（R_{EY}）	4.06	4.13
环境负载率（R_{EL}）	0.11	0.12
系统产出能值反馈率（R_{FYE}）	30.63	0
能值废弃率（R_{EW}）	0	21.72
能值交换率（R_{EE}）	0.29	0.26
能值可持续发展指标（I_{ESD}）	10.27	9.57

3. 存在问题与应对措施

以往我国基本上是以粮为纲的种植业结构，这样的种植业结构显而易见带来了许多问题。例如，大量使用化肥导致化肥利用率下降，土壤环境恶化，水资源严重污染，影响人畜健康，对污染的土壤生态环境进行修复是亟待解决的问题；畜禽养殖业对土壤和地下水资源的污染日趋严重，改善畜禽养殖环境和发展健康优质畜牧业成为社会发展的必然。畜牧业养殖对环境造成的污染已经成为影响人们身心健康的重大社会问题之一。利用植物（牧草）进行生物修复和污染治理是一种节能、低费用、环境安全的处理技术。其中的循环农业模式不仅可以为畜牧业提供优质牧草，生产出绿色安全的畜产品，而且可以减轻环境污染，改善畜舍环境；沼液还田后可以提高土壤肥力，达到修复农田的目的，能保持农业生态系统的可持续利用；生产的沼气在一定程度上也可为企业及其职工提供清洁能源并变废为宝。

液态粪尿污水特别是沼气化处理后的沼渣沼液是优质的有机肥，循环利用于农田可以增加土壤肥力，减少化肥的施用，达到营养物质循环利用与污染物零排放，是一种典型的生态良性循环模式。但是在沼渣沼液还田利用的过程中，也存在一些具体困难。一是养殖场本身没有足够的、可以支配的土地消纳粪污，而周围的土地多属于分散的农户种植，如果距离过远，管网布置比较困难，投资较大。二是沼渣沼液养分浓度较低，体积较大，无害化程度低，处理过程劳动强度大，其劳动力消耗大约是使用化肥的10倍。三是缺乏资源化利用的标准，我国目前还没有制订畜禽养殖粪污资源化利用的标准，环保部门往往套用农田灌溉水质标准，养殖企业难以达到。为此，建议组织专家对沼液沼渣肥的施用进行技术指导，按照国家有关环保法规实事求是地制订沼液施肥技术标准，针对不同土壤、不同饲草提出相应的施肥方案，优化施肥效果。同时，通过政府支持建立以绿色生态为导向的农业补贴政策，应用于专业化的第三方环保社会化服务组织，以市场购买服务的形式吸引和引导其开展畜禽养殖粪污处理和肥料化服务，以加快粪污无害化、资源化处理，同时提高小农使用畜禽粪肥的积极性。

24.3.4 晴隆石漠化地区草牧业发展案例

1. 基本情况

晴隆县位于云贵高原中段，贵州省西南部，过去是全国最贫困的县，长期以来当地农民在夏季主要种植玉米、水稻，在冬季主要种植小麦、油菜等作物，作物种植业是农民的主要生计来源。这样的种植模式投入劳动力多，但经济收入低，且对土壤的扰动较大，两茬作物之间有一定的裸露期，水土流失严重。随着农民外出务工人数增加，冬闲田和撂荒地面积大幅增加。当地牧草资源虽较为丰富，但由于过度开垦草地、撂荒、大面积的草地退化，加之人口密度高，人为活动剧烈，导致植被覆盖率降低，水土流失非常严重，可利用耕地面积逐年减少，石漠化面积呈逐年扩大的趋势。

1）确立了以生态草牧业为主体的产业化助农战略

面对石漠化和收入低的严峻现实，晴隆县将生态治理和农民增收作为重点目标，以科技助农为突破口，以种草养羊为发展重点，在国务院扶贫办、国家发展和改革委员会、农业农村部和贵州省扶贫办等有关部门的支持下，探索了一条岩溶石漠化地区破解收入低和生态双重难题的晴隆模式。从2001年开始，晴隆县某公司在石漠化严重的地区实施了大规模的退耕种草，建立了1.13万hm^{2}的高产优质人工草地和5500hm^{2}的改良草地，用于山羊生产。在部分乡村，还实行了整村全面退耕种草，将农民转为牧民，以草地畜牧业为主体产业。这就从根本上杜绝了陡坡地耕种引发水土流失和石漠化的现象。坡地退耕种草，一方面消除了频繁耕作对表土的扰动，另一方面实现了多年生植被的全年覆盖，因此可有效减少坡地的水土流失，对于防止土地石漠化有重要作用。据调查，发展种草养畜6年来，全县每年水土流失面积减少20km^{2}左右，石漠化趋势得到有效遏制。

2）依靠科学技术发展生态草牧业

晴隆县草地畜牧中心依据当地自然条件，吸收了国内外先进的人工草地建植、利用与管理技术，筛选出了适合晴隆种植的牧草，建立了晴隆县不同海拔、土壤酸碱度的牧草标准化种植示范区6000hm^2，组建了草业技术团队。种植模式为放牧型混作草地+刈割型人工草地+越冬多汁饲料地，高海拔（海拔1000m以上）混作放牧型草地，即黑麦草（30%）+鸭茅（50%）+白三叶草（5%）+高羊茅（15%），载畜量为12～15个羊单位/hm^2；中低海拔（海拔500～1000m）混作放牧型草地，即宽叶雀稗（75%）+鸭茅（20%）+苜蓿（5%），载畜量为12～22.5个羊单位/hm^2；苜蓿单播刈割型人工草地年草产量为45t/hm^{2}以上；皇竹草单播刈割型人工草地年草产量为225t/hm^{2}以上；越冬多汁饲料地（红薯、南瓜等）的草产量为69t/hm^{2}以上。

晴隆县根据国内外市场对天然、绿色、无公害农产品需求不断增长的趋势，立足人工草地，大力发展优质肉羊生产，带动全县发展生态型草地畜牧业。晴隆县按照"做大品改、做大畜群、做大草场、做大产业"的思路，推动农业结构调整，建立了具有一定规模效应的优质山羊生产基地。晴隆县生产的"晴隆牌"波尔山羊及优质杂交肉羊以优质、安全的产品优势打入沿海、北京及香港市场，产品通过了无公害产品认证和国际质量体系认证。公司2004年被科技部命名为"龙头企业技术创新公司"，2005年被国务院扶贫办批准为"国家扶贫龙头企业"。由于波尔山羊及优质杂交肉羊科技扶贫项目的强力带动，晴隆草地畜牧业有了突破性的发展，从种羊良种繁育、基础羊群建设、疫病防治、质量检测、技术服务、饲草饲料生产到产品标准化规模生产、品牌形成、市场营销等，已初步形成了产业化发展的基础。

晴隆县优质肉羊生产基地将产品质量安全与市场作为产业化发展的重中之重。第一，晴隆县从优良品种的引进选育、品种改良、良种繁育等方面把好产品质量关，为良种生产能力和产品质量提高奠定好基础。第二，建立和落实工作责任制，统一品种、疫病防治、检验检疫及技术服务要求，从技术及工作环节上加强产品质量和安全监督，严禁技术人员及农户使用违禁药品及滥制乱用饲料添加剂。第三，加强产地检疫及屠宰检疫，严格控制染疫羊产品进入市场，严格实行最低保护价和优质优价，稳定与农户的产销关系，用价格引导农户发展优质产品。第四，积极开拓省内外市场，发展订单畜牧业，加强信息平台建设，逐步建立多种形式的信息传播渠道，准确、及时、有效地引导和组织农户生产和流通。

3）建立并实施行之有效的推广模式

公司＋农户模式是晴隆县草地畜牧业发展的基本模式，但是农户的技术水平、经济条件、资源状况差别很大，很难采用一种模式。公司作为龙头企业，针对不同的情况设计并实施了5种不同的模式。

（1）土地入股基地带动模式。公司建立了山羊良种生产基地和肉羊生产基地，向全县供应种羊和能繁母羊，并向农户进行示范。但公司本身并不拥有草地，而是利用农户的坡耕地和荒山作为饲草基地。公司主要采取了两种方式建立与农户之间的土地关系：一种方式是按国家有关政策规定由公司及相关部门对土地评定等级估价，农民以土地入股形式参与基地的生产经营，按股分成；另一种方式是对农户的土地评定等级后按面积一次性给予补偿。对土地被占用60%以上的农户，优先安排进行技术培训后到基地当放牧员，保证工资加奖金每年收入5000元以上，对基地周边其他农户则通过协调进行农户之间的土地调整和转让，经过技术培训后发展种草养羊。在基地进行劳动获得收入的农民放牧员，与公司职工进行同等管理，公司根据个人的管理能力和成效兑现工资奖金，管理基础羊群40～60

只，月基本工资400～1500元，羊群增长率在95%以上的，每增加1只羔羊奖励放牧员80元、技术干部20元，少1只则罚放牧员20元、技术干部80元。

（2）公司-养羊协会-农户相结合模式。公司帮助实施种草养羊的贫困村建立养羊协会，无偿提供草种，以贷羊形式向农户发放种公羊和基础母羊，并负责配套技术服务和农户商品羊的销售。农户在公司的指导下自己建草场，进行饲养、放牧和草地管理，所增加的羊群按3∶7比例（公司3农户7）分成，每年结算一次。农户存栏羊达到90只或自有羊达50只时，公司根据农户情况收回原来提供的基础羊群，将其中30%作为基础母羊发放给其他低收入人员饲养，以扩大扶持面。这样，农户不出资金就能获得基础羊群发展生产，增加收入，而公司在没有增加其他投入的情况下逐步扩大规模。由农户选举产生养羊协会，上联公司下联农户，负责协调解决农户间及农户与公司间的矛盾，并参与市场销售，每销售一只羊提取4元作为协会日常管理费。

（3）集体转产模式。这种模式主要是对一些边远低收入、石漠化程度高、基础设施薄弱，但荒山草坡面积较大、适宜种草养畜的地区。结合整村推进，动员农民退耕种草，由种植业整体转向养殖业，农民转为牧民。由公司和农户联合，采取统一规划、统一种草、分区管理、分户核算的办法，相对集中进行规模化养殖。公司派技术人员蹲点指导，负责提供各项技术服务，农户负责草地的建植、管理、利用及山羊养殖。养羊协会协助公司抓好草场管理、技术服务及商品羊销售。第一年公司不分成，收入全部归农户，第二年起连续3年公司与农户按3∶7的比例进行利润分成，合约期3～5年。

（4）小额信贷发展模式。对具有一定生产经营能力和经济基础的低收入户，由公司向银行担保为农户贷款6000～10 000元，发展种草养羊，公司负责技术培训、配套技术服务和商品羊销售，防疫治病只收成本，无偿提供种公羊，帮助农户选购基础母羊，协调解决发展中出现的问题。利润按2∶8（公司2农户8）分成。

（5）技术服务扶持模式。对有一定经济基础，能熟练掌握饲养管理、防疫治病、草地种植管理技术，并有一定数量自有羊群的非低收入户，公司帮农户8个月换1次种公羊，无偿提供春秋两季防疫苗，负责技术服务和商品羊销售，利润按1∶9（公司1农户9）分成。

为确保技术服务质量，县政府与公司签订了年度目标管理责任状，公司与职工签订了工作目标责任状，落实奖惩措施，建立激励机制。公司职工工资、奖金、职称、职务与工作目标完成及农户的经济效益直接挂钩，要求每个技术人员达到冻精输配及母羊受胎率95%、母羊产羔率95%、羔羊成活率95%的目标，并规定单只羊防疫治疗、驱虫保健费不超过 8 元，超支自负，药品中的中药使用必须在 60%以上，技术干部每月为农户服务不低于 2 次。

2. 效果和效益

据估算，人工栽培草地鲜草单产 150t/hm² 以上，销售价格为 0.2 元/kg，每公顷收入 30 000 元以上；人工栽培草地干草产量 60t/hm² 以上，销售价格为 0.5 元/kg，每公顷收入 30 000 元以上，除去成本 9000 元，纯利润在 21 000 元左右，是种玉米的 5 倍。改良草地鲜草产量 37.5t/hm²，销售价格为 0.18 元/kg，收入 6750 元；改良草地干草产量 12t/hm² 以上，销售价格为 0.4 元/kg，收入 4800 元以上，除去成本 3000 元，纯利润 1800 元左右，相当于种庄稼收入。优质牧草只有通过良种畜禽转化为优质畜产品，才能使种草农户获得较好的经济效益。若发展后续产业，实行种草养羊，则效益是种植玉米的 7 倍。平均每户出 1 个劳动力，放养 30 只羊，羊的繁殖率最低可达到 150%，若出栏 30 只羊，每只按销售收入 800 元计算，每年每户现金收入可达 2 万元以上，加上土地补偿费和在中心的投工投劳费，目前，每户农民年收入在 3 万元以上。

由于实行退耕还草，合理规划，科学选择种植适宜优质牧草，多种牧草混作，科学管理，合理载畜，保水、保土、保肥，基地四季常青，实现了经济效益与生态效益的良性循环。种草前水土流失严重，种草后土地植被覆盖率上升，植物的高度增加，一般土表径流量减少 11.9t/hm²，土壤流失量减少 1.3t/hm²，减少土壤冲刷 56.8%，人工草地土壤有机质含量每年递增 1%左右，改良草地土壤有机质含量每年增加 0.5%，人工草地四季常绿。石漠化趋势得到有效遏制，生态环境明显改善。由龙头企业向农户提供种羊、草种、肥料等，配套技术服务和产品销售，农户自行守牧、放牧和日常管理，农民无后顾之忧，参与积极性高。产业发展的同时也创造了更多的就业机会，安置了 1 万多农村劳动力就业；促进了农业生产结构的有效调整，全县畜牧业占农业总产值的比重由 2001 年的 31%提高到 2013 年的 65%；带动相关产业的发展，包括相关种植业和饲料生产加工、肉羊屠宰加工及运输、服务等相关产业的发展；有利于社会主义新农村建设和构建和谐社会。晴隆县是少数民族聚居的山区县，草地畜牧业是其传统的优势产业。发展草地畜牧业有利于充分发挥产业优势，加快助农致富步伐，有利于各民族安居乐业；家园美好，有利于社会稳定与和谐社会建设；农民通过种草养羊不但增加了收入，还掌握了牧草种植、饲养管理、市场营销等方面的科技知识，培养了一批农民技术员、农村经纪人，造就了一批具有时代气息的新型农民。

3. 存在问题与应对措施

晴隆县创出了一条岩溶山区种草养畜与助农开发、石漠化治理相结合的路子，较好地破解了生态脆弱地区农村低收入与生态退化恶性循环的怪圈，成为贵州省喀斯特山区助农开发的新奇迹。应该说，晴隆县以养羊企业为龙头，以种草养畜机制体制转变为核心，以科技创新为引领，以动物防疫体系为保障，以精准助农为目标，让生态畜牧业成为喀斯特山区助农致富的朝阳产业，走出了一条生态效益、经济效益、社会效益相统一的可持续发展道路。

但是，晴隆模式发展至今也暴露出了一些问题。一是管理机制有待改进。晴隆县草地畜牧中心与上述公司其实是两块牌子一套人马，公司具有行政管理职能，政企不分，未能形成现代企业管理机制。公司领导层变动以后，对工作影响很大，种草养羊事业遭受很大挫败。二是对草地相关法规还不是很了解，缺少草地保护的法律意识，对草地的生态环境保护作用和促进畜牧业结构调整的重要性认识不够，因此只用不管、不保护、不改良的状况较为普遍，草地复垦、退化现象严重，造成很大浪费。三是草地建设及规模远跟不上家畜数量发展的需求，造成草畜不配套。为此，首先要建立健全产业化发展机制，形成科学的管理体系，以保持草地畜牧业的持续健康发展。其次，要加强宣传教育，加强监督与管理，使人工草地能够长盛不衰，并免于退化甚至被破坏。再次，政府部门应继续加大石漠化地区草地建设力度，促进生态效益与经济效益的共赢。但同时要建立现代化的投资与经营管理机制，提高投资效率，减少浪费。最后，要加强与高等院校和研究机构的合作，制定科学的规划方案，通过林草结合、粮草结合、粮草轮作等技术措施，在保护生态环境的同时，保障农民的利益，达到增产增收、稳定发展的目的。

24.3.5 贵州饲草集约化生产农牧业发展案例

1. 基本情况

贵州某公司以"诚信、服务、创新、进取"为企业理念，按照现代企业制度要求规范公司管理。该公司产业覆盖高产牧草种植、牧草种苗销售、饲草加工、育肥牛养殖、生物有机肥料加工生产等领域，并采用公司+村集体（基地）+合作社+低收入户（精准户）的经营模式，坚持农业集约化和产业化的经营方向，不断探索符合市场需要的发展模式，逐步形成"资源变股权、资金变股金、农民变股东"的生产模式，形成产、供、销一条龙的绿色循环生产农牧产业链。截至目前，该公司已投资 750 万元，建成饲草加工厂房 4000m^2，年加工量达 3 万 t；在公司的带动下，当地正在大面积种植高产牧草杂交狼尾草，种植面积为1万亩，已种植完成3000亩。该公司作为贵州省农业科学院、大方县人民政府农业科技合作示范基地，贵州省农业科学院草业科技示范（大方）基地，得到了各级地方政府和领导的大力关心与支持。目前该公司申报建设市级园区工作已顺利通过。建设的园区包括5000亩的高产牧草种植基地、年产量达10万t的饲草加工厂、年出栏达4000头的育肥牛养殖场、年产量达5万t的生物有机肥加工厂。该公司将带动当地村集体、合作社、低收入户种植狼尾草1万亩；饲草加工厂扩建完成后，该公司将从国外引进大型先进加工机器，同时建设育肥牛养殖场和生物有机肥加工厂。

2. 效果和效益

高产牧草狼尾草种植每亩年收入可达3000元以上，利润为1000元以上，种植5000亩，年产值为1500万元以上，利润为500万元以上；饲草加工区以300元/t收购鲜草加工，成品以650元/t出售，加工饲草利润为50元/t左右，年产3万t的饲草加工区一年利润为150万元左右。若1万亩种植计划如期完成，年产值可达3000万元以上；饲草加工区扩增至年产量10万t，年利润可达500万元左右；肉牛育肥区每年可出栏4000头肉牛，每头利润1500元，利润为600万元；有机肥加工年产量50 000t，650元/t，年产值3250万元。次年可以出售狼尾草种苗，每亩地种苗费用为1000元左右，每亩地可繁殖至少10倍种苗，即1亩地次年出售种苗产值1万元；1万亩出售种苗，年产值可达10 000万元。

高产牧草集约化生产还具有显著的社会效益和生态效益，主要体现在以下几方面。①技术贡献作用强，示范带动效应明显。在项目建成区形成技术服务与传播中心。通过生产示范与技术培训，将大大提高项目区农业科技含量，对促进农业产业化和社会发展具有显著的贡献作用。②提升主导产品商品化及产品品质。项目区以商品化生产为目的，按照高效生态种养结合的模式，养殖方面统一饲养品种，建立健全养殖管理、动物防疫、农产品质量安全体系等，年可出栏育肥牛4000头，产品达到优质农产品标准。③推动产业结构调整，促进农村剩余劳动力的就业。项目区以发展草地生态畜牧业为主线，通过农业生产与农产品加工等现代农业项目的实施，打破单一种植、养殖结构，加大农产品加工的结构比例，使生产与加工紧密结合，形成科学合理的产业关联和合理的比例结构，实现农业产业的良性循环。项目区的建设不仅拓宽了产业链条，增加农产品的附加值，而且增加了大量的就业渠道。项目区建成后，将直接增加200余个就业机会。④促进农民增收、农业增效。该项目完成后，成立合作社3个，带动4000户农户种植皇竹草 1 万亩，狼尾草青饲草按 2400 元/亩计，实现每户年增收 0.6 万元；农民进入项目区作为产业工人，饲草生产加工、畜禽养殖等带动 30 户，每户 2 人，可直接带动 60 人就业，按人均增收 2.16 万元，实现每户年增收 4.32 万元；辐射带动 2000 户农户养牛 4000 头，10 000 元/头，户均增收 2.0 万元/年。⑤种植杂交狼尾草，一方面促进粮改饲工程的开展，另一方面推进退耕还林还草的进程。在帮助当地低收入农户创造金山银山的同时，又保住了绿水青山，有助于当地绿色生态的建设。

3. 存在问题与应对措施

受限于地域性气候，当地并不适合发展干草生产，青贮饲料成为当地可发展饲草的唯一出路；该公司亟须扩大加工规模，以每年向地方提供 35 万 t 质量优越的青贮饲料。此外，由于生产规模不断扩大，须大量引进先进的生产机械，为此该公司拟采购揉丝粉碎机器 9ZRG-100A 1 台，该型号机器功率为 280~300kW，每小时揉丝粉碎饲草 80t，可解决当前大量饲草揉丝粉碎加工问题；新型青贮饲料打捆机 9YY-30 3 台，该机器可提供功率大于 30kW，每小时可打包加工 15t 饲草；上料车 2 台。如果上述措施得到实施，预计该公司每天至少可加工生产 450t 饲草，年加工量超过 16 万 t。

第 25 章

林下草地农业发展模式与案例[*]

林草复合经营及发展林下草地农业是一种重要的林下经济模式，有利于实现林草立体种植、养殖融合发展和资源循环利用，有利于促进和带动林下特色优势产业的健康发展。现今林草复合系统在全球广泛分布和应用，其思想的提出迄今已有 1300 余年的历史。林草复合系统的类型取决于当地的气候条件和经济管理水平，不同生态地理区域或气候带所决定的林下草地农业发展模式多种多样，结构功能差异较大。

本章梳理了林下草地农业发展的区域特点、发展现状、我国林下草地农业发展中存在的主要问题和发展前景，分别对果园生草观光采摘和绿肥增效模式、林间草地水土保持生态模式、林间草地放牧利用模式、林-草-畜禽生态种养结合发展模式、林下中草药生态种植模式等内容和效益进行阐述和评价，重点将具有代表性的陕西千阳矮砧密植苹果园生草-绿肥增效发展模式、河北晋州果品生产-绿肥-观光采摘-休闲度假的综合发展模式、北京顺义林-草-鸡生态种养循环发展模式、福建建宁林-草-羊种养结合发展模式作为典型案例分别进行论述。

25.1 林下草地农业发展的区域特点、现状和前景

本节重点梳理了林下草地农业发展的区域特点和发展现状，明确了林下草地农业的内涵及我国林下草地农业发展中存在的主要问题，提出了新时期林下草地农业的发展前景。

25.1.1 林下草地农业发展的区域特点

因我国不同生态地理区域的气候和土壤等自然环境特征、林地和果园的类型及其生产经营方式等的差别，使构建的林下草地农业发展模式的类型和功能特点不同，目前技术相对成熟且示范应用效益较好的林下草地农业模式主要有果园生草观光采摘模式、果园绿肥增效模式、林间草地水土保持生态模式、林间草地放

---

[*] 本章作者：孟林、黄秀声、邰建辉、冯伟

牧利用模式、林-草-畜禽生态种养结合发展模式等，但不论发展何种类型和功能特征的林下草地农业模式，必须具备如下发展的区域特点和适宜范围的要求。

1. 林分郁闭度

林分郁闭度是指森林中乔木树冠遮蔽地面的程度，是反映林分密度的指标，为林地树冠垂直投影面积与林地面积之比。众所周知，随着树木的生长，林分郁闭度的增加，林床植被减少，同时，林下人工优质草地的建植越发困难。据本章作者研发团队多年的试验研究与示范，果园生草观光采摘和绿肥增效模式、林-草-畜禽生态种养结合发展模式下的林间人工草地植被建植，以及林下草本药用植物栽培，均强调林分郁闭度要在 0.6 以下，林分郁闭度超过 0.6 的林地种植草本植物很难达到预期效果。另外还有的研究如林间草地放牧牛的立体生态复合经营，同样要求林分郁闭度在 0.6 以下，一般多为稀疏林下草地环境，以地势较低的丘陵岗地稀疏阔叶林下草地、丘陵疏林草地等为好（李翔宏 等，2018）。

2. 生态地理区域

我国不同生态地理区域的气候、地形和土壤等自然环境特征不同，林地和果园的类型及其生产经营方式等不同，适宜发展林下草地农业模式的类型和功能特点就会有所差别。

（1）温带和暖温带大陆性季风气候影响的华北地区包括河北、北京、天津、山西和内蒙古中部地区，冬季寒冷干燥，夏季高温多雨，特别是京津冀地区现有林地 1624.94 万 hm^2，果园面积 113.52 万 hm^2。目前，在这一生态地理区域，选择适宜林间种植的草种和适宜种草的疏林地和果园，建成了苹果园、桃园和梨园内种植白三叶草和黑麦草等的果园生草观光采摘模式、苹果园种植白三叶草和梨园种植二月兰（*Orychophragmus violaceus*）等的果园绿肥模式、生态林地建植菊苣单播草地与混播草地实施低密度生态放养北京油鸡等的林-草-鸡生态种养循环模式、板栗（*Castanea mollissima*）林下苜蓿与鸭茅混作草地划区轮牧结合精料补饲健康养殖小尾寒羊的技术模式等，并已得到了规模示范应用，取得了良好的经济效益、生态效益和社会效益。

（2）热带亚热带季风气候影响的南方地区包括我国西南和华南地区，夏季高温多雨，冬季温和少雨，是林间草地放牧利用模式应用的重要区域之一。据 20 世纪 80 年代资料表明，湖南有草地 637 万 hm^2，其中灌丛和疏林类等林间草地占本省草地总面积的 48.2%；福建有灌丛和疏林类等林间草地 150 万 hm^2，占本省草地总面积的 70% 左右；贵州灌丛和疏林类等林间草地面积占本省草地总面积的 54%。这些区域丰富的疏林和灌木林地资源为林间草地放牧利用模式的推广应用奠定了重要基础。同时，这些地区还是香蕉（*Musa nana*）、龙眼（*Dimocarpus longan*)、荔枝（*Litchi chinensis*）和柑橘等重要水果的主产区。例如，四川现有果园面积 79.68 万 hm²，是果园生草绿肥还田的重点地区，适宜选择的草种包括白三叶草、光叶紫花苕子和鸭茅等。福建和海南的灌草丛、疏林地和香蕉园等适宜选择百喜草（*Paspalum notatum*）、杂交狼尾草、圆叶决明（*Chmaecrista rotundifolia*）等。例如，福建漳州在龙眼、荔枝等果园内种植象草、杂交狼尾草等狼尾草属牧草，刈割鲜草打浆后调制微生物发酵饲料，饲喂母猪或育肥猪，生产出高品质猪肉产品。

（3）西北干旱半干旱地区包括新疆、宁夏、甘肃、青海、陕西和内蒙古西部地区，其东南部少数地区为温带季风气候，其他的大部分地区为温带大陆性气候和高寒气候，冬季严寒而干燥，夏季高温，降水稀少，且自东向西呈递减趋势，蒸发量较大。例如，一些地势相对低矮、土壤相对肥沃的稀疏林和灌木林地，可适度实施林下天然草原放牧牛羊等草食家畜，并配套建植一定面积的优质高产人工草地用于补饲。一些水源相对充足和灌溉条件相对较好的地区，可适度发展林下人工草地提质增效发展模式。例如，陕西千阳矮砧密植苹果园白三叶草与鸭茅混作草地的混合饲草青贮与适当补饲精饲料，替代 50%的全株玉米青贮健康养殖湖羊的技术模式，以及矮砧密植苹果园树行间播种林间草种组合的果园观光采摘和绿肥增效模式；陕西渭北果园收获调制的苜蓿与黑麦草混合优质干草与适当补饲精饲料健康养殖萨能奶山羊的技术模式。

（4）华东和华中地区的淮河以北地区为温带季风气候，以南地区为亚热带季风气候，水热条件相对较好，适宜草本植物的建植和生长发育，是林下草地农业模式发展的重点区域。例如，湖北宜昌的核桃（*Juglans regia*）和红枫（*Acer palmatum var. atropurpureum*）等经济林下建植白三叶草、黑麦草与鸭茅混作草地，实施草地划区轮牧与适当补饲精饲料和高品质粗饲草的林下种草养殖宜昌白山羊的模式，每年每只羊的平均净利润可达 1016.95 元。上海猕猴桃（*Actinidia chinensis*）林下种植苜蓿、白三叶草和黑麦草等放养鹅的技术模式，研究提出了每亩草地适宜放养强度为 2~4 只，放牧 80d 后，鹅的平均活体重达 4.5kg/只，草地对鹅粪的消解率达 88.6%以上。

25.1.2　林下草地农业的发展现状

在加拿大国际发展研究中心（International Development Research Center，IDRC）资助下，1977 年国际农林复合经营研究委员会（ICRAF）组建成立，标志着农林复合系统研究进入热潮（李文华和赖世登，1994；吴发启和刘秉正，2003；朱清科和朱金兆，2003）。Nair（1985，1991）将农林复合系统分为农林系统、林牧系统、农林牧系统和其他特殊系统。随着林草业的相互渗透及对生态环境综合治理的需要，林草复合经营及林下草地农业发展已成为欧洲、北美、新西兰和澳大利亚等林草资源合理配置、林草畜有机结合的主要产业经济形式，发挥着重要的经济、生态和自然资源有效管理的功能。例如，新西兰于20世纪60年代末开展典型农林牧复合系统的实践，在用材林和防护兼用林带的林间草地放牧绵羊获取林牧双重收益，试验证明在林牧结合的试验场放牧牛羊，牛羊体重明显增加、繁殖率提高。爱丁堡大学建立了林木和牧草的生长模拟模型（Callaghan et al., 1986；Burley，1989；Mcarthur，1991），在林草资源科学管理中发挥着重要作用。澳大利亚将林草复合经营作为一项基本措施，实现农林牧复合改良和培肥地力，开发林草复合经营的模型程序包（Prinsley，1992），且研究提出在人工杨树林的林间草地可养牛3头/hm^2，载畜量不低于一般人工草地。另据统计，莫斯科放牧家畜饲料的53%是由林间草地提供的，在林间草地放牧，可使绵羊产羔率提高30%，体重增加20%，产毛量增加10%。美国现有林间草地1.46亿hm^2，其中私人林间草地0.55亿hm^2，可放牧利用的有0.12亿hm^2。日本研究林间放牧经营已有70多年的历史，并把林间草地放牧作为饲养肉牛的一部分。美国和新西兰等国家的科学研究证明，林地放牧还是营林的重要措施，其作用在于辅助整地、清除过多杂草、减少火灾和增加经济效益。另外，美国俄勒冈州Hood河谷大多数果园和林地都实施了林草复合经营，如榛子树行间种植紫羊茅、梨园行间种植黑麦草等，获取果品生产、绿肥和观光采摘等多重效益，成为林下草地农业发展的成功典范。

中国在原始农业时期，就已开始进行农林复合经营的摸索和实践，在明朝就有林草间种的记载。1990年，邹晓敏在农林业系统分类中首次提出林草业、农林草业系统的概念，把林业和草地农业结合了起来，并将林草复合系统作为农林复合生态系统的重要组成部分（李文华和赖世登，1994）。任继周（1989）强调草地在林间的分布有分散型、隙地型和大片型3种形式，林草结合对保持土壤肥力、防止火灾、提供饲料、促进幼树抚育、改善家畜及野生动物的生活环境等具有积极意义。林草复合泛指由森林（人工造林地）和草地在空间上有机结合形成的复合人工植被或经营方式（胡自治，1995；曾艳琼和卢欣石，2008）。张雷一等（2014）将林草复合系统概括为由多年生木本植物（乔木、灌木、果木和竹类等）和草（牧草、药草和草本农作物等）在空间上有机结合形成的复合多物种、多层次、多时序和多产业的人工经营植被生态系统，其范畴包括林草间作，牧场防护林、饲料林、果树和经济林培育中的生草栽培等，兼具提高土地生产力、改善生态环境、保护生物多样性和高效利用自然资源等多方优势。据研究报道，种草3年后，草地上马尾松年生长量为同期原林地对照组年生长量的2.9倍。在20龄马尾松下建立人工草地放牧，2年后草地上树木胸径比原生植被同龄树的胸径增加6%~10%。贵州省盘水市林区4~5年的幼树林放牧家畜，对树木没有影响。在20龄以上的树下放牧牛羊，5年内使小老树粗质增加3倍，树高增加1倍（胡民强，1993），可见林草结合相互促进、相得益彰。

近年来，随着林草业的高度融合及对生态环境综合治理和林草产业发展的客观需要，林草复合经营及林下草地农业高质量发展受到国内外专家学者的高度重视。林草复合经营可在多层次上利用光能，生产多种产品，增加收入，缓解林牧矛盾，同时还可以提高土壤有机质含量，改良土壤结构，给林木提供氮素营养，为林草业健康稳定、高质量发展创造条件（曾艳琼和卢欣石，2008；孟林和杨富裕，2016）。林下草地农业是在同一地块上林草资源在空间立体和水平错落有序的分布，充分合理利用光能、空间和土壤肥力等自然资源，遵循林草互惠互利与生态循环的原则，构建适宜的林草复合高质量发展模式，增加林下单位土地面积的草地农业生产效益。

经国内林业和草原科学家的长期研发和攻关，依据我国不同生态地理区域的气候、地形和土壤等自然环境特征、不同林地和果园的类型及其生产经营方式、不同社会经济因素等，建立了适应我国不同生态地理区域、且具有不同功能特点和多种类型的林下草地农业发展模式，已经在促进林下草地农业高质量发展和生态环境建设中发挥了重要作用。

25.1.3 我国林下草地农业发展中存在的主要问题和发展前景

林下草地农业的高效健康发展符合生态林地和果园建设、园林绿地建设和林下草地健康养殖的客观需要，在我国国民经济中占有重要地位。虽然在我国不同生态地理区域建立了具有不同功能特点和多种类型的林下草地农业发展模式，并已成功示范应用，但面临的问题还很多，机遇和挑战并存。在国家统筹山水林田湖草系统治理和林草业高质量发展的形势背景下，我国林下草地农业发展的市场前景非常广阔。

1. 存在的主要问题

林下草地农业模式是一种重要的林下经济发展模式，可有效提高林下土地利用率和生产效率，有利于实现林草立体种植养殖融合发展和资源循环利用，有利于促进和带动林下特色优势产业的健康发展，对新农村建设和乡村振兴具有重要作用。但与发达国家相比，我国林下草地农业发展仍存在如下主要问题或短板。

（1）大规模林下土地资源开发利用并不充分，林下土地利用率很低。例如，北京近期实施完成的两期百万亩造林工程，如何充分利用林下水土资源，建立适宜不同生态地理区域气候和土壤特征、不同林地和果园生产经营管理水平下的林下草地农业发展模式已经成为政府和农林草等各界人士关注的焦点和热点。

（2）林草资源立体配置结构还不尽合理，林草复合生态系统功能的维持机制须进一步清晰和完善。适于不同生态地理区域、不同林地资源条件下的林草复合系统优化模式及其构建的关键技术还有待进一步创新、完善及规模示范应用。

（3）适宜不同生态地理区域和林地高郁闭度条件下规模种植的适生优质草种（品种）仍然非常缺乏，亟须加快适宜草品种的自主培育和研发的进度。

（4）在劳动力日益紧张短缺、劳动力成本大幅上涨的今天，完全依靠传统的林下手工作业的方式已经不可行，而且效率太低，难以完成林间草地高效建植与生产的规模化作业任务，因此，适宜林下草地农业规模化生产作业的小型专业机械（如播种机、刈割收获机）及其配套设备的研制非常迫切。

（5）林间草地放牧家畜利用仍存在许多技术环节上的问题，如林间草地合理载畜量的确定，适时放牧利用方案的制定与实施等。例如，我国南方林区虽然水热条件好，牧草生长快，产量高，但草质粗糙，营养价值低，易造成家畜营养不良。林间草坡的坡度大，经常放牧易造成水土流失，再加之放牧家畜的践踏、摩擦等易引起树木损伤。

2. 发展前景

1）林下草地农业发展有了国家政策的根本保障

2018年国务院机构改革组建成立国家林业和草原局，从组织机构、资源管理等层面上实现了林草资源功能的高度融合，这对推进国家治理体系和治理能力现代化、统筹山水林田湖草系统治理具有极其重要的意义，也充分体现了党中央、国务院对林业和草原工作的高度重视。2020年11月，国家发展和改革委员会、国家林业和草原局、科学技术部、财政部、农业农村部等10部委联合发布《关于科学利用林地资源 促进木本粮油和林下经济高质量发展的意见》（发改农经〔2020〕1753号）。2021年12月，国家林业和草原局印发了《全国林下经济发展指南（2021—2030）》（林改发〔2021〕108号）。所有这些为林草融合及林下草地农业高质量发展指明了工作方向，提供了政策保障。

2）林下草地农业发展具有广阔的市场空间

据第三次全国国土调查主要数据公报，全国林地面积28 412.59万hm^2，园地面积2017.16万hm^2。京津冀现有林地面积1624.99万hm^2，陕西省林地面积1247.60万hm^2；四川省现有灌丛、疏林类等林下草地面积443.68万hm^2，果园面积79.68万hm^2；北京现有果园面积12.37万hm^2。如此大规模的林地和果园面积，对林下水土资源的充分利用与挖掘、林草复合经营及林下草地农业高质量发展模式的构建越发重要，同时也为林下草地农业模式的示范应用提供了广阔的市场空间。

3）林下草地农业发展潜力巨大，经济效益、生态效益和社会效益显著

林下草地农业模式，特别是林下种草及畜禽健康养殖更是一种"林草套种、以草养畜养禽、以粪养林养草"生态种养循环的林下经济高质量发展模式，可有效提高林下土地利用率和生产效率，对生态环境改善、绿色高品质肉蛋产品的安全生产具有重要意义。例如，林-草-鸡生态种养循环模式的应用，林、草、鸡等生产要素和地、气等自然资源有机耦合，产业链有效延伸，可实现蛋肉产品绿色生产、降低生产成本和提质增效。在北京建立和示范应用的林-草-鸡生态种养结合发展模式，按蛋鸡和肉鸡分别年饲养存栏 1 万只计算，仅每年节约精饲料成本达 16.5 万元，因蛋肉品质明显改善，市场销售价格也大幅提升。李绍密等（1992）在湖北柑橘园与茶园间作白三叶草的试验结果显示，种草园区每株柑橘产量比清耕作业园区要增加 3.69kg，种草园区每 20m² 茶叶产量比清耕作业园区要高 1.6kg。在海南半干旱地区杧果（*Mangifera indica*）与柱花草间作，其收入比杧果单种增加 98.53%（白昌军 等，2003）。刘蝴蝶等（2003）对苹果园生草栽培的经济效益进行了研究，结果表明，生草栽培可使单位面积经济收益提高 15.17%～36.22%。另据报道，林下种植食用百合（*Lilium brownii* var. *viridulum*），其为药食同源植物，花可赏可食，鳞茎球可食、可入药。如果作为种球繁育销售，1 亩林地可种植 2 万～3 万粒百合籽球，成本为 0.4 万～0.6 万元，收入达 0.8 万～1 万元。可见林下草地农业模式会产生良好的经济效益和社会效益。

25.2 发展模式

本节重点对果园生草观光采摘和绿肥增效模式、林间草地水土保持生态模式、林间草地放牧利用模式、林-草 畜禽生态种养结合发展模式、林下中草药生态种植模式等分别进行论述和评价。

25.2.1 果园生草观光采摘和绿肥增效模式

果园生草已被纳入有机安全果园生产的重要技术环节之一，这种果草复合种植模式已在全国范围内得到规模推广和应用（孟林，2004）。据北京市园林绿化局 2012 年调查统计，北京推行果园生草面积达 3 万余 hm²。目前在全国推行种植的果园草种有白三叶草、鹰嘴紫云英、鸭茅、鼠茅草（*Vulpia myuros*）、百脉根、救荒野豌豆、田菁、光叶紫花苕子等。果草复合种植模式不仅可美化果园环境，彻底改变"晴天一身土、雨天两脚泥"的园区采摘环境，而且可有效增加土壤有机质含量，改善土壤理化性质，防止水土流失，更是一种至关重要的果园绿肥种植发展模式。

1. 模式内容

我国科学家根据不同生态地理区域的气候、果园土壤等自然条件和实际生产经营特点，制定和颁布实施了一批有关果园生草技术的地方标准和团体标准，如江苏省地方标准《果园生草覆盖操作技术规程》（DB 32/T 2108—2012）、北京市地方标准《果园生草技术规程》（DB 11/T 991—2013）、山东省地方标准《果园生草技术规程》（DB 37/T 2491—2014）、甘肃省地方标准《苹果园生草技术规程》（DB 62/T 2849—2018）、湖南省地方标准《油茶幼林生草栽培技术规程》（DB 43/T 1426—2018）、辽宁省地方标准《苹果园行间生草技术规程》（DB 21/T 3192—2019）及全国团体标准《矮砧密植苹果园生草栽培技术规程》（T/HXCY 018—2019）。这些标准为我国不同生态地理区域规模化和标准化果园建设与安全生产、实施果园生草技术、建立果草复合种植模式提供了规范化的技术支撑。

因各地果园所处生态地理区域的气候和土壤等自然条件不同，加之果树种类和龄级、生产经营管理水平等均存在差别，导致各地的果草复合种植模式和方式也存在明显差异。以北京地区果草复合种植模式为例，其技术模式内容主要包括：选定适宜生草的果园（林分郁闭度≤0.6）和适宜生草的草种（耐荫性强，有利于果园土壤培肥且不与果树争水争肥），使用小型旋耕机等犁翻或旋耕园区土壤，疏松耕作层土壤，平整土地，清除土壤中石块、树枝等地表杂物；适宜秋播，小型播种机条播，行距15~20cm，播后及时喷灌浇水1次，以保持20cm以内土层的土壤湿润；苗期注意防除杂草，及时灌溉越冬水和返青水各1次。次年草地返青生长1个月后，草地植被覆盖度可达80%以上，美化了果园园区的观光休闲和采摘环境。果园内生草草层自然高度达30~40cm时，应采用机械碎草覆盖在树盘下，生成绿肥还田入园，改善园区土壤理化性状，从而构建果园生草观光采摘和绿肥增效的发展模式。

2. 效益评价

（1）改善园区土壤理化性质。果园种植草种的根系呈网络状交错穿插分布，有利于林地土体结构的稳定性，可改良土壤，减少土壤钙、镁、铜、铁等营养元素的流失，降低土壤容重，提高土壤总孔隙度，改善土壤的物理性状，提高土壤酶活性和土壤有机质含量。李国怀和伊华林（2005）研究表明，与清耕作业园区相比，柑橘果园生草栽培2年后0~20cm土层有效氮、钾、铁和锌等养分含量明显提高。李会科等（2007）研究表明，果园生草能提高0~40cm土层水解氮、速效磷和速效钾含量，具有活化有机态氮、磷、钾的功能，有利于果树对氮、磷、钾营养元素的吸收利用；且生草后土壤过氧化氢酶、脲酶、碱性磷酸酶活性均显著提高，并随生草年限的增加趋于增加。孟林等（2009）报道，与清耕作业园区相比，间种白三叶草海发（Haifa）品种的苹果园 20～30cm 土层速效氮含量提高 26.88mg/kg，10～20cm 土层速效磷含量提高 24.50mg/kg，0～10cm 土层有机质含量提高 0.37%；间种鸭茅安巴（Amba）品种的苹果园 20～30cm 土层速效磷含量提高 42.25mg/kg，20～30cm 土层速效钾含量提高 29.00mg/kg。王红柳等（2010）研究证实，啤特果树（*Pyrus ussuriensis*）-苜蓿复合系统和啤特果树-小麦复合系统的土壤容重分别为 1.39g/cm³ 和 1.45g/cm³，啤特果树-苜蓿复合系统中非毛管孔隙度（4.72%）和总孔隙度（58.96%）均大于啤特果树-小麦复合系统中非毛管孔隙度（4.15%）和总孔隙度（50.80%），充分说明林下种植苜蓿的林草复合系统较林下种植小麦的林-农种植系统更加有利于疏松土壤和改良土壤结构。

（2）改善园区微气候环境。据杨桂英等（1999）研究报道，套种鸭茅和鹰嘴紫云英的果园 0～20cm 土层含水量较清耕作业园区提高 13%～31.85%。孟林等（2009）在北京苹果园实施生草栽培后，可明显降低土层 5cm 和 15cm 的土壤温度，特别是 8 月，种植白三叶草园区 0～5cm 和 0～15cm 土层平均温度分别降低 3.5℃ 和 1.6℃，种植鸭茅园区的分别降低 3.1℃ 和 1.4℃。间种白三叶草园区 6～9 月各月的平均最高气温均低于清耕作业园区，其中 7 月园区气温降幅达 1.4℃。

（3）改善土壤微生物的群落结构。钱雅丽等（2018）分析了陇东旱塬 13 龄秦冠苹果园鸭茅、白三叶草和苜蓿 3 种生草模式下 0～10cm 土层细菌群落及特异菌属组成特征，结果表明，与传统清耕模式相比，生草方式处理下的土壤细菌β-变形菌纲相对丰度增加 19%～38%，黄杆菌纲相对丰度增加 31%～65%，土壤溶杆菌属相对丰度增加 37%～93%，苯基杆菌属相对丰度增加 45%～52%。不同生草模式下土壤中均发现特异菌属，其中梭菌属出现在鸭茅模式中，促进土壤氮素积累；侏囊菌属存在于白三叶草模式中，分布在有机质丰富的环境中；芽孢杆菌属主要出现在种植白三叶草和苜蓿的土壤中，与植物固氮有较强的关联性。果园生草后土壤细菌多样性有增加趋势，可以促进土壤有益特异菌属产生，从而起到调节土壤微环境的作用。钱雅丽等（2019）还分析了陇东黄土高原区 13 龄秦冠苹果园鸭茅、白三叶草和苜蓿 3 种生草模式下 0～10cm 土层真菌群落结构多样性，结果表明，与传统清耕模式相比，鸭茅、白三叶草和苜蓿生草模式下土壤真菌α多样性分别增加 17.4%、18.6%和 27.0%，接合菌门相对丰度分别增加 196.2%、169.8%和 126.9%。果园种植白三叶草和苜蓿模式的土壤中茎点霉属相对丰度较高；种植鸭茅模式中嗜热真菌属相对丰度较高，且与蛋白质和糖类降解有关；种植白三叶草模式中的土壤葡萄穗霉属和放射毛霉属的相对丰度也较高，且其分泌的分解酶类与植物纤维和半纤维的分解有密切关系。

（4）改善果品质量。李国怀和伊华林（2005）的研究表明，与清耕作业园区相比，柑橘园种植百喜草 2 年后果实产量由 19.8t/hm^2 提高到 22.4t/hm^2，增产 13.1%，果实可溶性固形物含量由 101.1g/kg 提高到 108.7g/kg，果实柠檬酸含量则由 11.4g/kg 降至 10.5g/kg。毛培春等（2006）在北京桃园间种白三叶草园区较传统清耕园区，大桃维生素 C 含量提高 2.31mg/100g 鲜重，可溶性糖增加 1.76%，可溶性固形物增加 2.17%，可滴定酸下降 0.08%，糖酸比由 15.14 提高到 21.95，提高了 44.98%。

25.2.2 林间草地水土保持生态模式

林草复合种植模式可利用自身多层次的林木和草本植物逐层截留降水，使草本植物生长迅速，快速覆盖地面，减少地面径流的产生。同时，草本植物密集的根系能固结土壤，提高林草复合系统地表的抗冲刷能力，有效减少土壤流失。例如，研究报道 40%~60%的林草复合系统植被覆盖度对减轻坡面侵蚀作用明显（刘斌 等，2008），能有效控制地表径流与保持水土，提高林地利用率（王会利 等，2012）；若实施林草间作农艺栽培措施与工程措施相结合的综合技术体系，则能更有效防治各种形式的土壤侵蚀（张雷一 等，2014），提高生态环境效益。

1. 模式内容

近年来，为满足干旱半干旱、石漠化、荒漠化和水土流失严重等地区的生态环境建设需求，根据不同地区的自然环境要素特征及经济社会发展方式和条件，研究形成了多种林下种草水土保持的生态模式。例如，华南热带地区的桉树、橡胶树、茶树和桃树等林下种草保水固土固碳的模式，西北和北方干旱半干旱地区的林（果）下种草保土固沙的生态防护模式，西南退耕还林区的果树和竹等与草本植物的间作模式。但不论何种类型的林草复合模式，因地制宜，筛选适合当地气候和土壤等自然条件的林草种类、控制合理林分密度等都是重要的技术模式内容。例如，高路博等（2011）研究提出黄土高原半干旱区刺槐和油松（*Pinus tabuliformis*）林下种植苜蓿和冰草的水土保持模式；卜晓莉等（2015）提出太湖之滨不同林分密度杨树（*Populus simonii* var. *przewalskii*）-结缕草复合缓冲带拦截泥沙和氮磷流失的水土保持模式。

2. 效益评价

林下种草一方面能缓和降雨对土壤的直接侵蚀，减少地表径流和水土流失，另一方面还可以提高水分的沉降和渗透速率，减少土壤水分蒸发，提高土壤水分含量及水分利用率。尹家锋等（1994）研究报道两年生小黑杨（*Populus* × *xiaohei*）间种草木樨的林草复合模式与小黑杨纯林种植比较，年径流量和冲刷量减少率平均达 37.25%和 69.4%。刘斌等（2008）对甘肃庆阳南小河沟流域的研究显示，人工草地径流场14年的平均径流模数为4499.2m³/(km²·年),侵蚀模数为15.2t/(km²·年),相对于农坡地径流场的径流量减少了74.9%,侵蚀量减少了97.7%,草地对于减轻坡面土壤侵蚀的作用明显。人工林地产生的水土流失,与同年度坡度接近的农坡地对比观测显示,其径流量平均减少95%以上,侵蚀量平均减少98%以上,提出了40%~60%的植被覆盖度对减轻坡面侵蚀作用明显。王会利等(2012)研究确定了桉树林下种草能有效控制地表径流与保持水土,地表径流量降低21.07%~31.02%。

林间种草还是一项低碳农业技术,有利于土壤有机碳的积累。王义祥等(2010)报道,1996~2007年在心叶李(*Prunus salicina* var. *cordata*)(2002年后改种白凤水蜜桃)园内种植平托花生(*Arachis pintoi*),2007年与1996年相比生草果园园区0~20cm土层有机碳含量提高37.0%,土壤容重降低1.8%。与清耕模式相比,生草模式更有利于土壤有机碳的积累,其土壤碳年变化量是清耕模式的3.2倍,土壤固碳速率为714.52kg/(hm²·年)。福建省果园面积为5.41×10⁵hm²,若全部实施果园生草,每年果园土壤的固碳潜力为3.26×10⁵t。翁伯琦等(2013)研究表明,油桃(*Prunus persica* var. *nectarina*)树行间种植平托花生的生态模式,土壤有机碳储量较清耕作业处理提高13.9%~34.7%,并测算生草栽培后0~20cm土层有机碳储量平衡值为54.80t/hm²,固碳潜力达24.70t/hm²,可见生草后有利于提高土壤碳汇功能。

25.2.3 林间草地放牧利用模式

林间天然草原是指林木和灌木郁闭度分别在0.3和0.4以下自然形成的草地,类似于天然草原类型中的疏林草地或灌草丛草地。最常见的放牧型林间草地是指在幼林地或疏林地的天然草原草层高度达到20cm左右时,即可进行放牧利用;割草型林间草地是指在幼林地或疏林地的天然草原草层高度达到25cm或30cm以上时,可刈割收获后进行青饲、调制青干草或青贮。

1. 模式内容

林间草地放牧利用模式就是要充分利用林间天然草原或林木落叶适度放牧家畜(如羊、牛、马)和家禽(如鸡和鹅)的技术模式,因有上部林木庇护,林下草地的牧草一般生长旺盛、持嫩度高、适口性较强,当林木长到羊、牛等不会对其造成伤害时进行放牧利用。要坚持做到因地制宜、因时制宜,根据不同生态地理区域的气候特点、草地面积、地形地貌、水源分布、牧草生长和家畜数量等因素,综合考虑林、草、畜等生产要素,掌握好适宜的放牧强度、以草定畜和草畜平衡等技术要点,实施适时放牧利用,促进林、草与畜等生产要素步入良性生态循环体系。

1）适宜放牧畜禽选择

白慧强和文亦芾（2007）明确强调从林间草地的牧草利用率和放牧家畜在林内的放牧行为看，在一定坡度的林间草地放牧，应根据林地条件、管理条件和家畜的放牧行为等选择畜禽种类。在林间草地多放牧肉牛和羊，在我国南方还放牧禽类；在灌丛类草地可放牧羊等小型草食家畜，在果园可放牧禽类等，在疏林草地可放养牛等大型草食家畜，有条件的地方也可采用牛羊混群放牧。

2）适宜载畜量的确定

依据林间草地载畜能力及家畜采食量确定适宜的放牧强度，是林间草地放牧利用的关键。载畜量的确定受多种因素影响，主要包括林床的郁闭度、牧草的生长状况、牧草产量、家畜的日采食量、放牧天数及林间草地利用率等（白慧强和文亦芾，2007）。

3）适时放牧和合理轮牧

放牧时间应根据树林的生长年龄和郁闭度而定。对于1～3龄的树林，为了避免放牧家畜对幼林树的危害，可实行林下割草饲喂家畜或晒制青干草；3～8龄的树林（因树种的不同而不同），林床郁闭度小、林下牧草丰富，可进行林间草地放牧利用（白慧强和文亦芾，2007）。制定合理的林下草地休牧轮牧制度，确保林下草地可持续利用。为此，在放牧利用土壤墒情差、生产力低的草地时，要根据草地的放牧程度采取休牧轮牧制度，以保证林间草地草本植物得到休养生息，确保草地饲草产量。稀疏林下草地经培育后，放养牛羊群时的轮牧标准是放牧强度控制在70%～80%水平，既可保证林下草地利用率，又可防止草地杂灌生长而引起退化（李翔宏 等，2018）。

2. 效益评价

据李翔宏等（2018）报道，要根据天然草原或人工补饲草地的草产量，确定稀疏林下草地架子牛和母牛的适宜放牧饲养量。经江西省草地监理站对天然草原多年监测结果表明，稀疏林下天然草原生长盛期平均鲜草亩产量约320kg，全年鲜草平均亩产量约500kg，按1个黄牛单位每年采食鲜草10 000～15 000kg计，需要1.13～1.67hm^{2}天然草原供其放牧利用。2015～2017年，对5个立体种养生产基地的放牧家畜进行调查监测和效益测算发现，林下草地放牧养殖母牛，繁殖率达80%以上，可实现三年两胎，产犊成活率达100%，平均每头母牛饲养效益为4077.5元，优质杂交母牛效益达5800元/头。

林下草地放牧羊群，羊群可自由采食林间野草、树叶、杂灌等，在林外草地种植象草、高丹草、饲用玉米、多花黑麦草等高产人工牧草，根据养羊的不同阶段、枯草季节和养殖的规模进行补饲，以满足羊所需饲草的营养物质。林泽榜（2013）报道湖南省会同县杉木林和马尾松林间草地划区轮牧武雪山羊（载畜量 5.9 只/hm²），不仅有效预防了羊的寄生虫病感染，又有效地保护了林地，带来了良好的经济效益。每个养殖户年饲养山羊 40～80 只，有条件的养殖户每年饲养 100 只左右，存栏形成了规模，出栏形成了批量。根据对不同规模养羊户的调查分析，年饲养 40～80 只羊，日增重达 90～95g，商品率为 52.8%～53.2%。实施林间草地放牧利用模式，还可大幅减少家畜饲养管理费和饲料费，仅为舍饲条件下的 1/6；处理粪尿劳动力成本大幅减少，饲养劳动强度降低；树木嫩枝及叶片和林下草本植物还可提供枝叶饲料 3.3～6.4t/hm²（任继周，1989），同时，林间草地牧草品种多，对家畜营养平衡有好处。由于树木的"绿伞"作用，改变了林间草地的小气候，成为保护林间草地放牧畜禽和牧草的天然设施。夏季树林内温度比林地外低，可以减少高温对牧草和畜禽的威胁；冬季减少热量的散失，可以延长牧草的生长期和放牧时间。

25.2.4 林-草-畜禽生态种养结合发展模式

林-草-畜禽复合经营模式成为我国高效合理利用林地资源、推行种养结合、推进林下经济高质量发展的重要模式，在北京、上海、安徽、湖北、福建和广西等省（区、市）的生态林地、经济林地和果园开展了大量试验研究和示范，证明该模式不仅可有效提高林间土地利用率和生产效率，节约精饲料补饲量，增强畜禽体质和对疾病的抵御能力，提高动物养殖福利，而且可生产出高品质的肉蛋产品，占领高端消费市场，具有广阔的市场应用前景。我国科学家已成功建立和推广应用的模式有林-草-鸡生态种养结合发展模式、林-草-羊生态种养结合发展模式、林下草地放养鹅模式和林下草地养殖其他畜禽模式等。

1. 模式内容

1）林-草-鸡生态种养结合发展模式

依据我国不同生态地理区域的气候和土壤等条件、不同林地果园的类型和生产经营方式、不同社会经济因素等，建立了多种类型的林-草-鸡生态种养结合发展模式（表 25-1）。例如，姜娜（2008）在上海崇明岛成功构建了香樟林下单播苜蓿草地划区轮牧低密度生态放养鸡的模式。孟林等（2012）、孟林和杨富裕（2016）及毛培春等（2015a，b）分别在北京密云区和顺义区某些企业所辖种养殖基地的板栗和杨树林下建植菊苣单播草地、籽粒苋与高丹草混作草地、菊苣与苜蓿混作草地，实施林间草地划区轮换低密度生态放养北京油鸡或农大 5 号蛋鸡，建立了林-草-鸡生态种养循环提质增效的模式。与林间裸地散养鸡模式相比，该模式增加或显著增加鸡的屠体重、腿肌重和胸肌重，提高了腿肌和胸肌粗蛋白质、必需氨基酸和肌苷酸含量，降低了蛋黄胆固醇含量，鸡的肉蛋品质和风味得到明显改善，同时，放养期还节约精饲料补饲量 15%以上。

表 25-1　林下种草低密度生态放养鸡的典型实例

技术模式	结果与效益	参考文献
疏林地白三叶草和黑麦草（7:3）混作草地划区轮换放养铁脚麻鸡模式	草地划区轮换放养鸡的料肉比为 1.63:1，可减少精饲料消耗量 40.91%，而舍饲鸡的料肉比则为 2.76:1；成活率由全舍饲方式的 92.5%提高到 97.5%，纯利润较全舍饲方式提高 196.2%	陶宇航等（2004）
河北 9 龄水晶梨与 14 龄沧州小枣园内自然生草放养河北柴鸡模式	放养河北柴鸡的梨园和枣园与未养鸡的园区相比，好果率分别提高 6%和 3.2%，单果重量分别增加 5g 和 0.2g，每亩年增加收入分别为 1009.44 元和 630.44 元	李英和谷子林（2005）
湖南永州 8 龄恭城水柿园多花黑麦草+白三叶草+紫云英混作草地放养鸡模式	柿树-草-鸡园区与传统清耕柿园相比，20～40cm 土层有机质含量增加 0.52%，全氮含量增加 0.03%，速效磷与速效钾含量分别增加 7.6mg/kg 与 5.4mg/kg。柿的坐果率提高 37.9%，平均单果重提高 19g，平均单株产量增加 69.2%，生产效益是清耕园的 2.9 倍。同时，鸡在觅食时会吃掉各种虫卵及成虫，较好地控制病虫害的发生	周政华（2006）
上海崇明岛成龄香樟林地（郁闭度 0.5 左右）单播苜蓿草地划区轮换放养肉鸡配套系（北京油鸡×石岐杂鸡）模式	林下苜蓿草地低密度轮换放养（900 只/hm²）可提高肉鸡的牧草采食量和日粮营养水平，显著提高肉鸡的生产性能和屠宰性能，改善肌肉品质，日增重显著高于清耕地放养组	姜娜（2008）
北京 4 龄的板栗园和杏园籽粒苋+高丹草（1:1）混作草地划区轮换放养 9 周龄北京油鸡模式	适宜放养密度为 2250 只/hm²，与传统林间清耕散养模式相比，北京油鸡活重和屠体重分别增加 180.8g 和 176.1g，腿肌和胸肌单重分别增加 40.9g 和 37.0g，屠宰率增加 2.5%。胸肌和腿肌的粗蛋白质含量分别提高 11.5%和 8.8%，必需氨基酸含量分别增加 17.41%和 19.58%，肌苷酸含量分别增加 61.90%和 40.63%	孟林等（2012）
幼龄板栗林下单播菊苣草地划区轮换放养 8 周龄北京油鸡模式	适宜放养密度为 2025 只/hm²，与传统林间清耕散养模式相比，北京油鸡屠宰率由 86.62%提高到 89.81%；腿肌和胸肌单重分别提高 24.10%和 21.65%，EE 含量下降 22.7%和 17.13%，肌苷酸含量分别由 0.81%和 1.19%增加到 1.02%和 1.52%，必需氨基酸含量分别增加 21.99%和 16.65%。放养期节约精饲料补饲量 15%	Meng 等（2016）
幼龄板栗林下菊苣+苜蓿（1:1）混作草地划区轮换放养 8 周龄北京油鸡模式	适宜放养密度为 2025 只/hm²，与传统林间清耕散养模式相比，北京油鸡活重和屠体重分别增加 2.44%和 5.49%，腿肌和胸肌单重分别增加 22.25%和 15.33%。腿肌必需氨基酸含量增加 20.89%，蛋黄胆固醇含量下降 14.58%。放养期节约精饲料补饲量 15%	毛培春等（2015a）
幼龄板栗林下单播菊苣草地划区轮换放养 8 周龄农大 5 号蛋鸡模式	适宜放养密度为 1800 只/hm²，与传统林间清耕散养模式相比，农大 5 号蛋鸡活重和屠体重分别增加 38.0g 和 39.6g，腿肌单重增加 9.2g，胸肌单重下降 4.2g，胸肌和腿肌的粗蛋白质、总氨基酸和必需氨基酸含量均有所增加，腿肌肌苷酸含量显著增加。放养期节约精饲料补饲量 15%	毛培春等（2015b）

牧草作为家禽饲料，可降低饲料成本，有助于提高农业系统内动物生产的可持续性。研究表明，在鸡基础日粮中分别添加一定比例的苜蓿草粉（Zheng et al., 2019a）、菊苣鲜草草段（Zheng et al., 2019b）、白三叶草和鸭茅混合鲜草草浆（周晓丽 等，2019），并替代部分精饲料可形成生态健康的养鸡模式，实现鸡肉蛋产品的提质增效（表25-2）。

表25-2　日粮中添加林间草地产品健康养鸡的典型实例

技术模式	结果与效益	参考文献
槐林下单播种植苜蓿，初花期刈割烘干后调制成草粉，玉米-豆粕型基础日粮中添加10%（DM基础）苜蓿草粉饲喂北京油鸡	与饲喂传统精饲料的对照组相比，日粮中添加10%苜蓿草粉组的鸡活体重、屠体重、全净膛重、腿肌重和胸肌重分别提高3.97%、6.77%、9.84%、27.31%和22.70%，胸肌粗蛋白质、总氨基酸、必需氨基酸和肌苷酸含量分别提高1.14%、25.68%、18.40%和14.69%，腿肌粗蛋白质、总氨基酸、必需氨基酸和肌苷酸含量分别提高4.67%、9.84%、7.95%和9.62%，蛋黄颜色、蛋黄卵磷脂、蛋黄粗蛋白质和蛋清粗蛋白质分别提高26.53%、3.24%、27.50%和7.27%，蛋黄胆固醇含量降低7.60%，调节了肠道菌群，促进乳杆菌属和拟杆菌属等有益菌生长，并抑制了梭菌属等病原菌。饲养期平均节约精饲料10%	Zheng 等（2019a）
矮砧密植苹果园混作白三叶草和鸭茅（1∶1）草地，次年返青后营养期刈割调制鲜草草浆，玉米-豆粕型基础日粮中添加8%（DM基础）混合鲜草草浆饲喂海兰褐蛋鸡	与饲喂传统精饲料的对照组相比，日粮中添加8%混合鲜草草浆组的胸肌粗蛋白质、总氨基酸、必需氨基酸和肌苷酸含量分别提高0.69%、4.56%、0.81%和5.04%，腿肌粗蛋白质、总氨基酸、必需氨基酸和肌苷酸含量分别提高1.06%、10.58%、14.85%和5.04%，平均蛋重、哈氏单位、蛋黄颜色、蛋黄卵磷脂、蛋黄粗蛋白质和蛋清粗蛋白质分别提高2.45%、2.00%、18.10%、14.28%、0.33%和10.83%，蛋黄胆固醇含量降低9.35%，饲养期平均节约精饲料8%	周晓丽等（2019）
槐林下菊苣草地营养期刈割调制成草段，玉米-豆粕型基础日粮中添加8%（DM基础）菊苣鲜草草段饲喂北京油鸡	与饲喂传统精饲料的对照组相比，日粮中添加8%菊苣草段组胸肌粗蛋白质、总氨基酸、必需氨基酸和肌苷酸含量分别提高1.41%、12.46%、5.01%和4.03%，腿肌粗蛋白质、总氨基酸和必需氨基酸含量分别提高0.41%、12.42%和4.32%，蛋黄卵磷脂、蛋黄粗蛋白质和蛋清粗蛋白质含量分别提高3.53%、10.07%和4.77%，蛋黄胆固醇含量降低4.80%，调节了肠道菌群，促进回肠和盲肠中乳杆菌属和拟杆菌属等有益菌生长；并抑制了瘤胃球菌属、罗姆布茨菌属、苔拉杆菌属、理研菌属等病原菌。饲养期平均节约精饲料8%	Zheng 等（2019b）

2）林-草-羊生态种养结合发展模式

林-草-羊生态种养结合发展模式研究主要集中于林间草地放牧与适当补饲精

饲料相结合的养殖模式、林间草地饲草产品（干草、青鲜草和青贮）与适当补饲精饲料相结合的舍饲养殖模式。例如，毛培春等（2017）在北京密云区某养殖基地所辖的 8 龄板栗园建立苜蓿和鸭茅混作草地，采用自由放牧采食与适当补饲精饲料的方法，健康养殖小尾寒羊（3.5 月龄小尾寒羊，放牧载畜量为 60 只/hm^2，每日 7:30～18:00 林间放牧、自由采食，分别于 7:00 和 18:00 补饲精饲料150g/只），建立了林间混作草地放牧与适当补饲精饲料相结合的健康养殖模式。与林间天然草原放牧组相比，该模式提高了小尾寒羊的屠宰性能、改善了肉品质和营养成分。同时，考虑林间草地生产的季节性限制，对林下饲草产品进行加工调制、保存，实现优质饲草全年均衡供应利用。研究证明，以林下白三叶草和鸭茅混合青贮替代 50%全株玉米青贮可改善湖羊的屠宰性能和羊肉品质，显著提高宰前活重、胴体重、眼肌面积、胴体净肉率和肉骨比（郑明利 等，2021）。

3）林下草地放养鹅模式

民间有"好水好草养肥鹅，鹅吃百样草"的谚语，可见鹅是以食草为主的家禽。鹅具有生长发育快、吃草长肉、消耗精饲料少、肉质肥嫩、抗病力强、饲养周期短、资金周转快等特点。充分利用林地和果园的水土资源和条件，建植优质人工草地放养鹅群，让鹅回归田园式的自然生活状态，增强鹅的自身免疫能力和抵抗能力。鹅对青粗饲草的粗纤维消化能力可达 50%左右，在饲料中，青粗饲草占日粮 60%～70%，能满足其生长发育、产肉、产蛋的需要（陈勇 等，2008）。林下种草养鹅模式也是以牧为主、林地与牧草共生共荣的一种林牧复合生态系统。赵德强和夏爱国（2000）建立的果园行间苜蓿草地放养鹅的生产经营模式，可显著改善园区土壤速效氮和有机质含量，提高鹅的日增重和投入产出比。张步飞等（2002）报道桑园内种植多花黑麦草和大麦刈割饲喂鹅的经营模式，可显著提高桑园的经济效益，改善土壤结构，增强土壤透气性。

4）林下草地养殖其他畜禽模式

黄秀声等（2002）报道了以龙眼、香蕉和芦柑（*Citrus reticulata* cv. Ponkan）为主的果园内套种平托花生模式和果园套种杂交狼尾草刈割收获鲜草饲喂 2.5 月龄福建黄兔的经营模式。黄印运和颜沧波（2004）研究报道龙眼和橄榄（*Canarium album*）园套种圆叶决明和羽叶决明（*Chamaecrasta nictitans*）刈割鲜草舍饲肉牛的经营模式，并形成功能结构良好的果-草-牧-菌生态农业系统。傅反生等（2005）报道无花果（*Ficus carica*）园内套种紫云英的养猪肥田模式。邹养军等（2003）和修金生等（2010）分别在陕西渭北和福建龙岩以沼气池为纽带，建立了果-草-猪-沼复合生态系统发展模式，栽果、种草和养猪在沼气池纽带的结合下有机集成，实现果品绿色生产。

2. 效益评价

1）林-草-鸡生态种养结合发展模式的效益评价

不同类型的林间草地实施低密度生态放养鸡的技术模式会产生不同的效益和效果（表25-1）。刘兴元等（2017）构建了黄土高原旱塬区果-草-鸡耦合生态循环模式，认为这是一种生态与经济协调发展的土地资源高效利用模式，将生态涵养与优质高效生产紧密结合在一起，以功能耦合和产业耦合为核心，改善了果园系统的物种结构，提高了农业资源的利用率；与传统的清耕果园模式相比，果-草-鸡耦合生态循环模式单位面积的产出利润提高3.82倍，水分利用率提高54.1%，水土流失量减少58.82%，化肥和农药施用量分别下降25.24%和5.56%，土地资源利用率提高36.84%，具有显著的生态效益、经济效益和社会效益。

Zheng等（2019a，b）研究集成了玉米-豆粕型基础日粮中分别添加苜蓿草粉、菊苣鲜草草段饲养北京油鸡的技术模式；周晓丽等（2019）研究集成了基础日粮中添加白三叶草和鸭茅混合鲜草草浆饲养海兰褐蛋鸡的技术模式。结果均表明，与传统玉米-豆粕型精饲料组相比，日粮中添加适宜比例的林地草产品，降低了鸡群死淘率，提高了鸡的屠体重、腿肌重和胸肌重，改善了鸡肉和蛋的营养品质和风味，调节了肠道菌群，同时可节约精饲料8%~10%。Zheng等（2019a）通过高通量测序发现，乳杆菌属是北京油鸡十二指肠和回肠中的优势菌，而盲肠中的优势菌则是拟杆菌属；与饲喂基础日粮的对照组相比，添加10%的苜蓿草粉促进了回肠和盲肠中乳杆菌属、拟杆菌属等益生菌的生长，抑制了梭菌属等病原菌，起到调节肠道菌群的作用（表25-2）。

2）林-草-羊种养结合发展模式的效益评价

易克贤等（2003）对海南热带疏林人工草地与天然草原放牧本地山羊的试验结果表明，在人工草地上放牧有利于提高山羊对牧草的采食量和活增重，山羊的采食量与牧草蛋白质含量呈显著正相关。毛培春等（2017）在北京密云建立的幼龄板栗园苜蓿和鸭茅混作草地划区轮牧与适当补饲精饲料相结合健康养殖小尾寒羊的技术模式，与林间天然草原放牧组相比，小尾寒羊的活体质量增加，胴体质量、净肉质量和眼肌面积分别增加11.06%、14.04%和28.24%；肉的黄色度增加31.26%；肉的EE、灰分和必需氨基酸含量分别增加27.37%、27.48%和14.23%，总氨基酸和鲜味氨基酸含量提高，总脂肪酸、饱和脂肪酸和n-3多不饱和脂肪酸含量分别增加25.73%、32.27%和19.05%，多不饱和脂肪酸和必需脂肪酸含量分别增加8.56%和8.51%。可见，林间混作草地放牧与适当补饲精饲料相结合的健康养殖模式，可提高小尾寒羊的屠宰性能，改善其肉品质。

王勤等（2000）研究报道成龄苹果园套种毛叶苕子和苜蓿舍饲养殖当地绵羊，每亩草产量可满足 1.3 只羊对粗饲草的需求，苹果果实增产 20%，果实总糖含量平均提高约 1%，总酸含量下降，硬度和维生素 C 含量提高；种草的产投比达 15.9：1。黄进说（2007）报道杧果、龙眼和荔枝园柱花草与圆叶决明（1：1）混作草地，刈割优质饲草舍饲波尔山羊和隆林山羊，利用 4～5 年再轮换播种羽叶决明与罗顿豆（*Lotononis bainesii*）的模式下，$1hm^2$ 林间草地 1 年可喂养 15 只母羊和 45 只育成羊，纯收入 723.48 元/只，1 年可固定空气中的氮素 150kg（相当于 33kg 尿素）以上，0～20cm 土壤有机质含量提高 74%，速效氮含量提高 79%。郑明利等（2021）研究了矮砧密植苹果园白三叶草和鸭茅混作草地混合饲草青贮对湖羊屠宰性能及肉品质的影响，结果显示，以白三叶草和鸭茅混合青贮替代 50%全株玉米青贮可改善湖羊的屠宰性能和肉品质，湖羊的胴体重、眼肌面积、胴体净肉率和肉骨比分别提高 46.37%、10.91%、4.33%和 15.88%，羊肉剪切力、pH_{24h} 和肉的亮度分别降低 19.31%、3.24%和 13.99%，肉 DM、粗蛋白质和 EE 含量分别提高 0.69%、4.64%和 2.57%。

3）林下草地放养鹅模式的效益评价

赵德强和夏爱国（2000）建立了果树示范园内苜蓿（10 亩）草地放养鹅（200 只）的生产经营模式。苜蓿草地放牧鹅的日增重比野生草地放牧鹅提高 21.35%，投入产出比提高 22.63%；按当时鹅的售价 7.2 元/kg，计算食苜蓿草的鹅盈利 7.82 元/只，食野草的鹅盈利 5.62 元/只；种植苜蓿放牧鹅的园区土壤速效氮含量提高 12.9%，速效钾含量提高 4.2%，有机质含量提高 10.7%。张步飞等（2002）报道桑园内种植多花黑麦草和大麦刈割饲喂鹅的模式，通常在 10 月上中旬播种，翌年 2～5 月收获。多花黑麦草播量为 15～30kg/hm²，大麦播量为 300kg/hm²。牧草生长每隔 15～20d 刈割一次，刈割时草高 20～35cm，每刈割一次施一次肥，可刈割 4～5 次，最后通过鹅群放养将牧草吃光。每亩桑园种植牧草能饲养早春鹅 100～150 只，提高经济效益 1000～1500 元。桑园内种植牧草能改善土壤结构，增强桑园土壤的透气性，鹅粪又是较好的有机质肥料，能促使桑树旺盛生长。

4）林下草地养殖其他畜禽模式的效益评价

黄秀声等（2002）报道了以龙眼、香蕉和芦柑为主的果园内套种平托花生模式和果园套种杂交狼尾草模式，分别刈割收获鲜草饲喂 2.5 月龄福建黄兔 30d，较对照（饲喂本地野生杂草组）多增重 0.39kg/只和 0.12kg/只，一只成年肉兔每年还可收集粪便量约 100kg，堆积发酵后作为肥料直接施入林地肥田。黄印运和颜沧波（2004）研究报道龙眼和橄榄园套种圆叶决明和羽叶决明刈割鲜草舍饲饲喂肉牛的模式，不仅每亩可收获 3000～5000kg 的优质鲜草，还可制成干草粉成为牛饲料添加剂，肉牛产量的年增长率达 1.8%～2.1%；另外牛粪用作生产蘑菇的原料，生产蘑菇的废弃土又返回果园改良土壤，形成功能结构良好的果-草-牧-菌的生态农业系统。傅反生等（2005）报道无花果园内套种紫云英的养猪肥田模式，林下种植 1hm² 紫云英，搭配少量精饲料可喂食 15 头猪，年产粪肥 30~45t，粪肥还田可增产稻谷 1875~2250kg/hm²，每年还可固定氮素 100~300kg/hm²。修金生等（2010）在福建龙岩以沼气池为纽带，建立了果-草-猪-沼复合生态系统发展模式，以生产沼气为核心，把种植、养殖和生活 3 个孤立的活动组合成一个开放式的互补系统，使一种生物的废弃物成为另一种生物的养料或生产原料，实现物质循环利用。并按照种养平衡的原则，提出每亩种植地承载的生猪限量为柑橘园 4~5 头，香蕉园 2~2.5 头，狼尾草草地 6~10 头，林地 1~3 头，茶园 2~2.5 头。

25.2.5 林下中草药生态种植模式

1. 模式内容

林下中草药经营发展模式是通过利用林下空地水土资源种植传统中草药材，建立集多功能、多结构、多效应、多层次为一体的林-药复合生态系统。李彬彬等（2014）报道黑果腺肋花楸（*Aronia melanocarpa*）、大扁杏（*Armeniaca vulgaris* × *siberia*）和文冠果（*Xanthoceras sorbifolium*）等经济林下分别间作甘草和黄芩（*Scutellaria baicalensis*）的模式。孙娟等（2017）在辽东山区柞园的蒙古栎（*Quercus mongolica*）、辽东栎（*Q. wutaishanica*）、麻栎（*Q. acutissima*）等林下间作桔梗（*Platycodon grandiflorus*）、细辛（*Asarum sieboldii*）、白鲜（*Dictamnus dasycarpus*）、龙胆草（*Gentiana scabra*）、东风菜（*Doellingeria scaber*）、卵叶风毛菊（*Saussurea ovatifolia*）、短毛独活（*Heracleum moellendorffii*）等中草药和山野菜。李晨晨等（2018）研究建立了杉木林下种植 8 种药用植物 [胆木（*Nauclea officinalis*）、石笔木（*Tutcheria championi*）、红豆杉（*Taxus chinensis*）、梅叶冬青（*Ilex asprella*）、金花茶（*Camellia nitidissima*）、裸花紫珠（*Callicarpa nudiflora*）、草豆蔻（*Alpinia katsumadai*）和土沉香（*Aquilaria sinensis*）] 的林-药复合经营模式。

2. 效益评价

李彬彬等（2014）报道的经济林下分别间作甘草和黄芩模式，与未间作模式相比，黑果腺肋花楸-甘草模式下的花楸鲜果品质提高 10.2%，黑果腺肋花楸-黄芩模式下的花楸鲜果品质提高 20.2%，产果量也得以大幅提升；文冠果和大扁杏林下间作甘草和黄芩均能良好地促进树木当年新梢的生长。孙娟等（2017）报道辽东山区柞园经济林下间作中草药和山野菜，可提高附加值 22.7%~32.7%。李晨晨等（2018）研究了杉木与药用植物复合经营对退化林地土壤理化性质的影响，其能显著改善土壤物理性质和养分质量分数，尤其是对表层土壤；并提出了 8 种林药模式对杉木生态公益林土壤理化性质改良效果的关联度大小排序为杉木+草豆蔻＞杉木+胆木＞杉木+梅叶冬青＞杉木+红豆杉＞杉木+石笔木＞杉木+裸花紫珠＞杉木+土沉香＞杉木+金花茶＞杉木纯林，其中杉木+草豆蔻模式是该研究中改良杉木林地土壤理化性质最佳的复合模式。

25.3 典型案例

本节重点将我国目前形成的相对成熟、具有代表性的林下草地农业发展模式（陕西千阳矮砧密植苹果园生草-绿肥增效发展模式、河北晋州果品生产-绿肥-观光采摘-休闲度假的综合发展模式、北京顺义林-草-鸡生态种养循环发展模式、福建建宁林-草-羊种养结合发展模式）作为典型案例分别进行论述和评价。

25.3.1 陕西千阳矮砧密植苹果园生草-绿肥增效发展模式的典型案例

陕西宝鸡千阳属温带大陆性季风区半湿润气候，地处渭北旱塬丘陵沟壑区，地形地貌为"七山二塬一分川"，是典型的山区农业县。因境内温度适宜，光照充足，昼夜温差大，生产的苹果色泽光亮，皮薄质脆，糖量极丰。千阳县还是陕西苹果的最佳生产区之一，千阳苹果已成为陕西宝鸡千阳的特产。

陕西某公司在宝鸡千阳南寨镇建成了集规模化、机械化、集约化、标准化于一体的现代苹果种植示范园区，已建成矮砧密植集约化苹果栽培示范基地433hm^2。

1. 模式内容

在该公司所辖的矮砧密植苹果园推广应用了3个适于矮砧密植苹果园规模种植的草种组合方案（邰建辉 等，2020），即高羊茅（70%）+草地早熟禾（20%）+黑麦草（10%）、高羊茅（30%）+黑麦草（30%）+鸭茅（20%）+草地早熟禾（20%）、白三叶草（50%）+鸭茅（20%）+黑麦草（30%）。矮砧密植苹果园草种组合种植景观图见图25-1。多年实践证明高羊茅（70%）+ 草地早熟禾（20%）+黑麦草（10%）组合方案不仅出苗较快、绿期较长，而且草地平整度极好，非常符合矮砧密植苹果园生产机械作业的要求；高羊茅（30%）+黑麦草（30%）+鸭茅（20%）+草地早熟禾（20%）组合方案出苗快、再生性好、绿期中等、持久性好，符合果园人工管理的要求，是关中地区矮砧密植苹果园生草较理想的组合方案之一；白三叶草（50%）+鸭茅（20%）+黑麦草（30%）组合方案建植的草地种群中白三叶草占比逐年增加，到建植第3年占比超过50%，持久性好，可刈割后制作青贮或青饲家畜，也是关中地区矮砧密植苹果园生草较理想的组合方案之一。

图 25-1　矮砧密植苹果园草种组合种植景观图

2. 效益与效果

该公司建成果园生草核心试验示范区 267hm², 年平均干草产量较未生草园区的干草产量增加了 49.8%, 平均每亩新增纯收益 268.7 元, 经济效益显著。加之果园生草后草地平整度好, 利于果园生产机械化作业, 特别是果品采摘机械化作业可降低劳动力成本 80%, 还可使果园人工防除杂草的成本降低 90%。

果园生草的草地植被覆盖度达 85% 以上, 不仅有效覆盖地面的裸露土壤, 防止水蚀风蚀, 而且有效提高了果园园区的保水增肥能力, 调节了园区环境温度, 有效抑制了杂草和病虫害的发生, 生态效益显著。

千阳县探索出的"新型主体推进、矮砧技术支撑、政策支持引导、田间大学培训、产业融合发展"的"千阳模式", 已得到广泛认同。同时也为未来建造"矮砧果林、林下生草、草品养畜"的生态农业模式提供新的经验。

25.3.2　河北晋州果品生产-绿肥-观光采摘-休闲度假的综合发展模式的典型案例

河北省石家庄市晋州市周家庄乡地处河北省中南部, 距石家庄市 70km, 属暖温带大陆性季风气候, 地表由西北向东南缓慢倾斜。晋州市是国家命名的"中国鸭梨之乡"。晋州市某观光园建成了以油菜和二月兰为主的梨园绿肥观光旅游综合试验示范基地, 占地总面积 96.67hm², 其中建有周家庄乡第九生产队鸭梨生产示范基地 23.33hm², 种植的梨树品种有鸭梨、酥梨、雪梨等 7 个品种, 株行距为 5m×6m。梨园下单播种植一年生十字花科草本植物——油菜和二月兰, 4 月形成雪白色、金黄色和紫色花带交相辉映的壮观景致, 供游人观花休闲, 到 5 月上旬翻耕作为梨园绿肥, 形成了梨园果品生产-绿肥-观光采摘-休闲度假的综合发展模式。

1. 模式内容

梨园种植油菜和二月兰是一种重要的果园绿肥模式，不仅是城市居民观光赏花休闲度假的重要场所，也是果园草本绿肥的重要发展模式。通常按如下程序实施：每年秋季的 8 月上旬在梨园种植一年生绿肥植物——油菜和二月兰，撒播/单播，二月兰实际播量为 30kg/hm^2，油菜实际播量为 15～22.5kg/hm^2，梨树行间种植油菜，种植宽度为 4～5m，株间种植二月兰，种植宽度为 2.0～2.5m。种植 3～5d 后出苗，越冬前植株生长高度达 20～25cm。梨园种植的二月兰和油菜均于翌年 3 月上中旬返青，3 月下旬开花，上面是雪白的梨花，下层是油菜的金黄色花境和二月兰的紫色花境形成的黄色-紫色带，相映成趣，观赏价值很高，供石家庄市及周边城镇居民和游客观光休闲，摄影留念，3 月底至 4 月底为最佳观赏期。秋季，当梨子成熟时，实行梨园品尝采摘，别有一番风趣。二月兰和油菜花期结束后，约 5 月上旬机械旋耕入土，当作梨园绿肥，改良土壤，培肥地力，实现梨园果品生产-绿肥-观光采摘-休闲度假的综合发展。

2. 效益与效果

梨园种植二月兰和油菜的绿肥模式不仅美化了园区环境，而且增加了观光休闲及旅游收入，特别是冬春生态覆盖地表，经过多年的绿肥种植，土壤有机质含量提高了 12.9%，硝态氮、有效磷和速效钾含量较传统清耕园区分别提高了 80.1%、10.6% 和 49.2%；梨园土壤地力的提升间接带来的高品质梨果直接增加了经济效益，这种在农业上"节本增效、质量安全、绿色环保"的作用更为果农和经营者所欢迎。春季 1 个多月的观光休闲期间，高峰期每天接待观光游客 1.2 万人左右，游览门票 20 元/人次；6～10 月为各种早、中、晚熟梨的采摘期，其中 9～10 月梨园下新种植的二月兰和油菜长势喜人，林下绿油油的绿肥草地甚得游人喜欢，尤其是"十一"国庆假期园区每天平均接待采摘游客 0.3 万人，采摘门票 20 元/人次，拉动了园区及周边的餐饮、住宿等服务业发展，带动了周边农民就业，经济效益、生态效益和社会效益显著。

25.3.3 北京顺义林-草-鸡生态种养循环发展模式的典型案例

北京市顺义区张镇雁户庄村位于北京市东北部平原区，距首都机场 30km，属暖温带半湿润大陆性季风性气候。2011 年北京某公司在毗邻该村的东部建立林下北京油鸡养殖生产基地，拥有林地、标准育雏室、精饲料加工车间等配套设施，林间还建有小型别墅式鸡舍和可移动简易鸡舍，并具备完善的养殖管理规范和经验丰富的技术人员，具有自主育雏能力、规模化和标准化散养北京油鸡的能力，主要生产和营销散养冰鲜鸡和鸡蛋系列。

该公司应用了林间草地低密度生态放养北京油鸡的健康养殖技术，结合别墅式鸡舍和益生菌发酵床等技术，实现林-草-鸡生态种养结合，发展生态循环型农业。该模式原理是于林地建植生产性能高、鸡乐食或喜食的优质人工草地，制定适宜的林间草地放养密度，实施草地划区轮换低密度放养北京油鸡，并适量补饲精饲料，辅以益生菌发酵床工艺消解鸡粪，改善养殖环境和动物福利，最终达到林-草-鸡生态种养循环的高效生产模式。

该基地现有杨树、槐和白蜡树（*Fraxinus chinensis*）等平原造林地面积 200 余亩，成功建植林间优质菊苣草地约 7hm^2，并实施草地低密度生态放养北京油鸡技术模式；鸡舍中铺垫 30cm 厚的稻壳垫料，并以 0.1%比例均匀施入益生菌液，使用 2 年后清理并沤制有机肥，再还田利用。

1. 模式内容

林间草地低密度生态放养鸡是一种重要的林下经济发展模式，配套的别墅式鸡舍中铺设一定厚度的稻壳并均匀喷洒益生菌剂作为垫料，发酵后的垫料及其他固体有机废弃物通过好氧堆肥方式生产有机肥并还田利用，实现生态种养结合循环利用。林-草-鸡生态种养循环模式示意图见图 25-2。

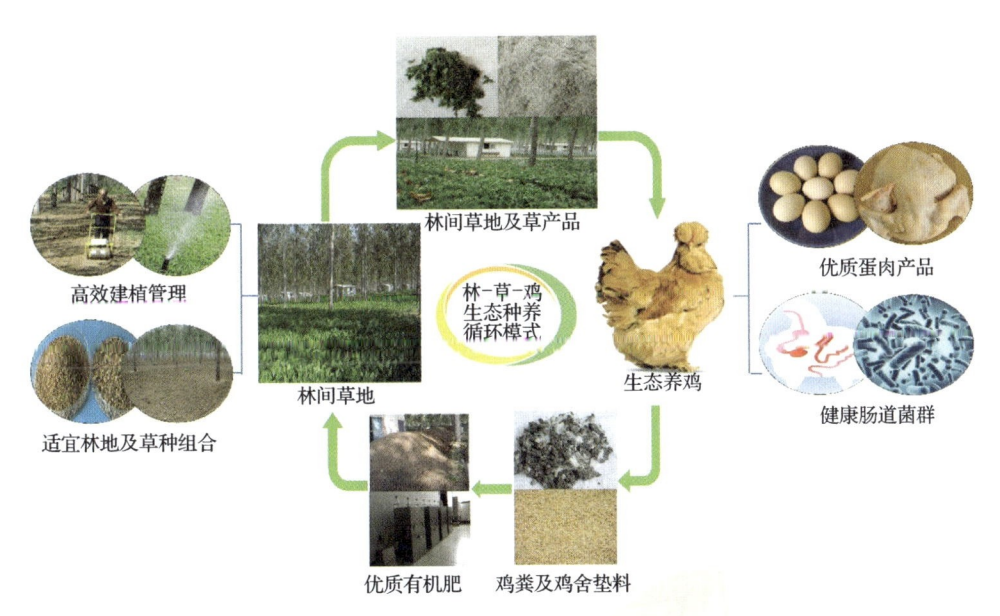

图 25-2 林-草-鸡生态种养循环模式示意图

该基地林地郁闭度为 0.15～0.50，树行间距 4m 以上，选择适合林地果园种植的耐荫性强、覆盖性能好、再生性能好、鸡喜食或乐食的草种——菊苣，并参照北京市地方标准《果园生草技术规程》（DB11/T 991—2013）和团体标准《人工林间菊苣草地建植技术规程》(T/HXCY 013—2021)实施林下菊苣草地的建植与管理，包括林间土地整理、牧草播种、杂草防除、水肥管理等技术措施。当实时气温高于15℃，林间草地群落平均自然高度达20cm以上时，即可实施林间草地生态放养北京油鸡（图25-3）。划区轮换放养的具体办法是，以1亩林间草地为例，可分隔3个放养小区，每亩放养135只北京油鸡，每个小区放养10d，30d为1个放养周期，依次轮换。按照不同周龄鸡的正常生长所需精饲料日采食量的85%补饲，早晨添加日补饲量的30%～40%，晚上添加日补饲量的60%～70%。

图25-3　林间草地生态放养北京油鸡实景图

该基地通过建立林间菊苣草地消纳、益生菌发酵床消解和好氧堆肥3种方式结合的鸡粪无害化处理与还田利用技术体系，实现了林-草-鸡生态种养循环模式下鸡粪的无害化处理与资源化利用。

1）放养期间林下菊苣草地对鸡粪的消纳

按照林下菊苣草地低密度限时放养的规则，据跟踪调查约有55%的鸡粪在放养期间排放在林下菊苣草地上，依据农业农村部印发的《畜禽粪污土地承载力测算技术指南》中区域畜禽粪污土地承载力测算方法，每亩菊苣草地粪污承载力远大于135只鸡，也就是说林下菊苣草地放养期间可将排放在菊苣草地上的鸡粪全部消纳。

2）鸡舍内垫料+益生菌发酵床消解

据实时测算，非放养期间约有40%的鸡粪排放在鸡舍内，鸡舍地面铺设稻壳并以0.1%比例接种复合益生菌发酵菌剂作为垫料。据测算，鸡舍内益生菌发酵床可完全消解北京油鸡排放在鸡舍内的粪污，实现粪污的无污染和无臭味。

3）鸡舍周边散落的鸡粪+其他有机固形物堆肥发酵制成有机肥

仍有其余约5%的鸡粪散落在鸡舍周边空地上，收集这部分鸡粪与农庄其他有机固形废弃物一起，采用条垛式堆肥或大型堆肥反应器发酵。调节堆肥原料的碳氮比为30∶1，含水量达到50%~60%；每天翻堆1~2次，直至发酵沤制成有机肥还田利用。经测定分析，堆肥品质完全符合有机肥料国家农业行业标准（NY/T 525—2021）。

2. 效益与效果

与林下清耕地散养鸡模式相比，林下菊苣草地生态放养北京油鸡模式下，放养至25周龄时，北京油鸡的活体重、屠体重、全净膛重达1780.32g、1598.86g和1136.60g，分别增加238.02g/只、262.86g/只和137.30g/只，屠宰率由86.62%提高到89.81%，腿肌和胸肌单重分别提高24.10%和21.65%，肌苷酸含量分别由0.81%和1.19%增加到1.02%和1.52%，必需氨基酸含量分别增加21.99%和16.65%（Meng et al.，2016）。以林间菊苣草地生态放养北京油鸡为例，每亩林下草地建植中土地翻耕、种子、地膜、水电、人工等成本支出约407.2元，草地轮换放养7~8个月/年，放养期间平均节约精饲料量15%以上。肉蛋品质明显改善，市场销售价格明显提高，获得良好的经济效益。

研究已经证实，与清耕散养区相比，林间生草低密度放养鸡对0~10cm土壤理化性状影响明显，生草区土壤速效氮、速效磷、速效钾和有机质含量分别提高5.75%、51.83%、13.45%和11.24%，而土壤容重降低0.69%；对10~30cm土壤肥力和土壤理化性质也有改善的趋势。另外，林间草地群落覆盖度达85%以上，显著提高了园区土地的抗风蚀、水蚀能力。生草草地还会有很多昆虫，被鸡群采食，成为鸡群良好的蛋白质饲料，虫害发生率和对树木危害率大幅降低，从而减少了农药施用频次和施用量。

该基地多年坚持应用林-草-鸡生态种养循环模式及其配套技术，鸡的肉蛋品质明显改善，养殖福利显著提高，养殖场无异味、无污染，符合动物健康养殖和蛋肉产品绿色安全生产的要求，是我国北方林下经济高质量发展的典型样板。

25.3.4 福建建宁林-草-羊种养结合发展模式的典型案例

福建省三明市建宁县地处福建省西北隅，位于武夷山脉中段，山地丘陵占建宁县总面积的87.4%，属亚热带海洋性季风气候。福建某公司是省级畜禽养殖标准化示范场，年出栏黑山羊约3000只。该公司利用周边林地和山垄田规模化种植牧草，其中流转林地轮牧区80hm^2，山垄田牧草区40hm^2，致力于生态种养模式下的规模化、集约化、标准化养殖黑山羊产业发展。

该公司充分发挥地方林地、草山草坡的自然资源优势，通过田间山地种草、林下种草，建立草地放牧与舍饲相结合的健康养羊模式，为当地低收入户增收和黑山羊产业发展做出了积极贡献。

1. 模式内容

该技术模式主要利用马尾松和杉树林（林间透光率>20%），套种桂闽引象草、闽牧 6 号杂交狼尾草、热研 4 号王草（*P. purpureum* cv. Reyan No.4）等狼尾草属牧草品种，实施黑山羊划区轮牧（每小区 0.67～1hm²，每亩载畜量 3～5 只）及牧草刈割调制全价混合日粮舍饲相结合的生态养殖技术，提高林下草地饲草的利用率和黑山羊的生产性能，同时将养殖场羊粪污、其他农业废弃物等收集堆沤，或通过沼气系统厌氧发酵、有机物降解，生产沼液回施草地和农田，构建林下种草及黑山羊生态养殖循环模式（图 25-4）。

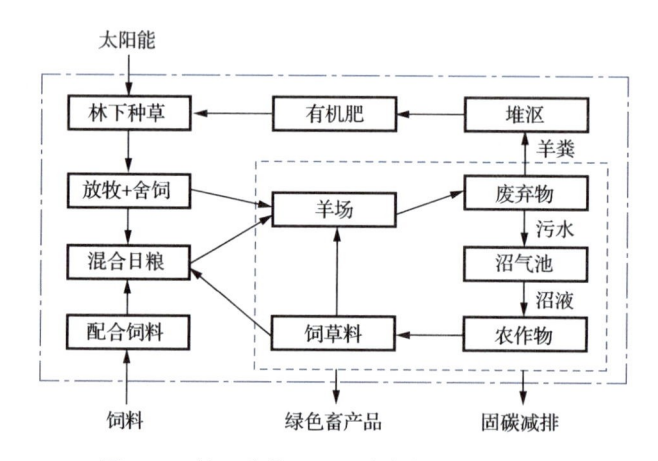

图 25-4　林下种草及黑山羊生态养殖循环模式

2. 效益与效果

近 3 年该公司实施林下种草约 40hm²，年生产干草约 300t，根据草地植物光合作用的计算方程式，草地植被每生产 1g 植物 DM 能固定 1.63g CO_2，释放 1.20g O_2，那么林下草地植被年固碳量可达 489t。通过草地消纳养殖羊场的粪污，可有效实现养殖 COD 和 BOD 的减排。

狼尾草草地如按常规水肥管理，需施复混肥（氮∶磷∶钾=15∶15∶15）600kg/hm² 为基肥，每次刈割后还须追施尿素 225kg/hm²，该公司通过黑山羊养殖场生产的沼液、羊粪等农业废弃物无害化处理和资源化利用，每年 40hm² 的林下狼尾草草地可节约氮肥、磷肥和钾肥 7740kg、3600kg 和 3600kg。基地林下狼尾草草地每年每个草地小区可轮牧利用 4 次或可刈割收获鲜草 4 个茬次。

草地浇施沼肥还能显著增加草地土壤的微生物多样性。研究显示，浇施沼肥的草地 0～20cm 土层细菌 16S rDNA 基因丰度和真菌 SSU rDNA 基因丰度较不施沼液的对照分别提高了 20.92%和 14.35%。通过施用养殖场沼液 3 年后，与对照相比，土壤全氮含量和有机质含量均显著增加（表 25-3）。通过草地建植和科学有序管理，促进了土壤微生物多样性，改善了园区土壤的理化性质，对水土流失治理、生态环境修复起到重要作用。

表 25-3　林下狼尾草草地施沼液对土壤特性的影响

处理	pH	全氮/（g/kg）	有机质/（g/kg）	全磷/（g/kg）
不施沼液	4.52±0.11a	0.65±0.07b	12.75±1.89b	0.35±0.02a
浇施沼液	4.83±0.18a	0.85±0.06a	16.98±1.27a	0.37±0.04a

通过实施企业+基地的林下草地黑山羊轮牧与舍饲相结合的生态循环养殖模式，该公司每年约出栏黑山羊肉羊 3000 只，虽然年均增加饲草料生产、人工、燃料动力、折旧等成本 660 元/只，但年实现总经济效益 600 万元，还可大幅提高山区林间土地利用率，减少黑山羊无序散牧或过度放牧对山区林下草地植被的破坏，可为南方山区林地高效利用和林下经济高质量发展提供典型范式。

第 26 章
草坪业发展模式与案例*

26.1 引　　言

26.1.1 草坪及草坪业

草坪是指草本植物经人工建植和天然草原经人工改造后形成的、具有美化与观赏效果，并能供人休闲、游乐和适度体育运动的块状草地。《中国大百科全书》关于草坪的定义是：用多年生矮小草本植物密植，并经人工修剪成平整的人工草地称为草坪。从草坪学的专业角度来讲，草坪通常是指以禾本科草或质地纤细的植被为覆盖，并以它们的大量根系或匍匐茎充满土壤表层的地被，是由草坪草的枝条系统、根系和土壤表层（约10cm）构成的整体。

草坪的分类体系所包含的分类依据有草坪草类型、植被种类和用途等。按照草坪草气候类型可以分为冷季型草和暖季型草两大类。冷季型草多用于长江流域以北地区，主要包括高羊茅、黑麦草、草地早熟禾、白三叶草、匍匐翦股颖（*Agrostis stolonifera*）等种类；暖季型草多用于长江流域附近及以南地区，在热带、亚热带及过渡气候带地区分布广泛，主要包括狗牙根、巴哈雀稗（*Paspalum notatum*）、结缕草、画眉草（*Eragrostis pilosa*）等。

按植物材料的组合草坪可分为3类：①单播草坪，即用一种植物材料的草坪；②混作草坪，是指由多种植物材料组成的草坪；③缀花草坪，是指以多年生矮小禾草或拟禾草为主，混有少量草本花卉的草坪。

按用途草坪可分为：①游憩草坪，可开放供人入内进行休息、散步、游戏等户外活动，一般选用叶细、韧性较大、较耐踩踏的草种；②观赏草坪，不开放，不能入内游憩，一般选用颜色碧绿均一，绿期较长，能耐炎热，又能抗寒的草种；③运动场草坪，根据不同体育项目的要求选用不同草种，有的要选用草叶细软的草种，有的要选用草叶坚韧的草种，有的要选用地下茎发达的草种；④交通安全草坪，主要设置在陆路交通沿线，尤其是高速公路两旁，以及飞机场的停机坪上；

---

* 本章作者：韩烈保、杨付周、张翼维、刘君、张小焕、周陆波

⑤保土护坡草坪，用以防止水土被冲刷，防止尘土飞扬，主要选用生长迅速、根系发达或具有匍匐茎的草种（施发正，2006）。

草坪与人们的生活息息相关，从城市绿化到裸露边坡修复，从万人公园到私家庭院，从社区游憩地到专业运动场，草坪作为城市绿地重要的组成部分，在改善城市局部生态、丰富景观元素、提供服务功能、为城市居民提供良好的生活环境方面具有不可替代的价值。草坪的主要功能包括运动功能、生态功能、景观功能等（表26-1）。

表 26-1　草坪的主要功能

类别	功能
运动功能	提高运动场地质量、保护运动员；优化比赛直播效果等
生态功能	涵养水土，保护边坡稳定；平衡碳氧含量；吸附灰尘、净化空气；调节温湿度、改善小气候；降低噪声；减少太阳辐射等
景观功能	观赏造景；景观基底等

针对不同使用场景对草坪功能的要求，各类草坪的建植和养护工作需要专业化的团队进行施工和持续跟进，提供此类专业化产品生产和技术服务的草皮产业得到不断发展创新。为生产和建植各类草坪进而实现相应的各项功能，专业化的从业者和企业也随着草坪业的发展逐渐兴起和发展，业务类型包括草坪草种生产销售、草皮生产、运动场草坪建植、城市绿地建植、裸露坡面植被恢复、各类草坪养护管理等。相关科学研究机构和单位也在草坪产业涉及的各个领域开展研究和创新的工作，取得越来越多的成果，并进行了推广和应用，为产业的发展提供了新材料、新方法、新技术。同时，草坪产业由此取得的经济效益和社会效益也反过来支持了草坪科技的创新和进步。随着"生态环保"成为当今时代的主题，现代草坪产业的主要内容也由建植与管理的单一模式向规划、设计、施工、监理、验收、评价的系统工程方向发展和完善。其服务领域也从局部园林绿化向城乡物业、体育运动、环境保护、文化娱乐领域发展。

26.1.2　我国草坪业的发展概况

1. 我国草坪业取得显著进步

草坪业是指用于环境美化、运动休闲、水土保持等草坪及地被植物的生产与管理的产业，包括草坪科学与技术、草坪的生产与管理、人力开发、草坪产品的制造、销售及服务等。一般来说，草坪业由草坪建植体系、草坪产品体系、草坪服务体系及草坪科研教育体系四大产业群构成（单华佳 等，2013）。

草坪业是现代草地农业的重要组成部分，它是以禾本科草种为主栽品种，以生态环境保护为特色的绿色覆盖,具有涵养水土、吸附灰尘和释放 O_2 的生态功能。草坪不仅可以改善居民生活环境,提高居民生活质量,还可以通过带动周边旅游和房地产的发展,间接产生经济效益。近年来,草坪产业正以其自身的多功能性和显著的社会效益、生态效益、经济效益,在市场经济中成为潜力巨大的产业(余承良和周宗玲,2020)。

我国的草坪业在 20 世纪 80 年代才起步,北京、广州、深圳高尔夫球场及 1990 年第 11 届亚洲运动会运动草坪的建成,标志着我国草坪业发展进入一个新的阶段,开始走上正规化、专业化和市场化的道路。在 80 年代中期,国内第 1 家草坪公司成立。80 年代末为草坪业发展的鼎盛时期。伴随着人们环境意识的提高,草坪受到城市人民的青睐,国家和政府也越来越重视环境建设,相关方面的法律制度也在形成。全国的草坪绿地面积迅速增加,草籽的需求量增长十分迅速,一些外企也投身草坪业,涉及草坪灌溉、草坪机械等相关行业。我国开始引进国外草坪种子。相关数据表明,90 年代初每年引进 30t 国外草坪种子,到 2002 年约 8000t,2005 年的需求量已远远超过万吨。2010 年我国草坪产值为 68.74 亿元,2014 年草坪产值增长速度达到 8.67%,行业年度产值 102.24 亿元。2014 年我国草坪行业规模以上企业共 306 家,比 2013 年年底增加了 11 家,资产总计 103.07 亿元,同比增长 4.71%,销售收入 99.28 亿元,同比增加 9.38%。相应的草坪相关行业(如草坪养护、管理、修剪机械、喷射设备)也有所发展。

在经历了草坪热潮进入 21 世纪后,我国草坪业开始进入理性、稳定的发展阶段,草坪的种类多样化,草坪草的开发研究利用在全国展开。上海世博会、西安园博会和北京园博会的顺利举办,使我国的草坪业在场馆绿地的建设方面(包括交通、住宅、景观)又向前迈了一步。草坪草种逐步形成从生产、加工、营销到草坪建植、养护管理和相关产品生产销售等一条龙的产业体系,发展更加成熟。

2. 我国草坪业具有丰富的市场和巨大的生产潜力

我国草坪业是草地农业中的一大分支,起步于 20 世纪 80 年代初。随着我国经济的快速发展和城市化进程的不断加速,国内草坪业在经历了起步、快速发展后逐渐进入全面发展的阶段。在不断的发展过程中,草坪业的内涵得到了极大丰富,成为国民经济中新的增长点。特别是在 2018 年国家林业和草原局组建后,应把草坪研究和产业发展纳入分管范围,并加强行业指导,促进我国草坪业进一步健康有序地发展。

我国社会经济不断发展,道路交通、矿山开采等工程的建设过程难免对生态环境造成不同程度的破坏,形成水土易流失的形态,难以自然恢复。近年来,社会各界越来越多地关注植被恢复与重建工作,同时这也成为生态环境治理的必要手段。中共第十八次全国代表大会以来,生态文明建设被纳入国家发展总布局,建设美丽中国也成为人们心向往之的奋斗目标。因此，在未来的社会发展中，用于各类裸露坡面治理和植被重建的生态草坪建设和养护日益重要，是保护生态环境的重要举措，与此相关的草籽生产、坡面草坪建植等产业具有越发广阔的市场前景。

随着人们精神文化生活的不断提升，对体育运动的欣赏和参与日益成为生活中不可或缺的部分。体育竞技水平的提升也离不开优质场地的支持和保障，我国人民与运动场草坪的距离也随之不断拉近。在这方面表现得最为突出的为足球运动和足球场。足球被称为世界第一大运动，也是与草坪联系最为紧密的运动之一。高水平的草坪不仅能够提高运动水平，还能够有效地保护运动员免受运动伤害。根据《中国足球中长期发展规划（2016～2050 年）》的要求，到 2020 年，全国足球场地数量已达到 10.53 万块，场地面积 2.95 亿 m^2，平均每万人拥有足球场地数量超过了预定目标的 0.5 块以上。距离 2030 年每万人拥有 1 块足球场地的中期目标还有一定的距离，与足球发达国家也存在较大差距。因此，在未来，我国预计建设足球场地 6 万块以上，运动场草坪建植与养护管理等相关产业还有巨大的市场和广阔的发展空间。

目前我国正经历着快速城市化的阶段，城市扩张建设侵占了大量绿色空间，自然生态系统受到严重干扰。大部分城市对人与环境和谐相处的生态型城市变化转型的认识日益加深，城市绿地草坪的建植和管理相关产业快速发展。一般发达国家城镇化率平均约 80%，而 2019 年中国常住人口城镇化率仅为 60.6%，户籍人口城镇化率才 44.38%。对比来看，我国城市未来有很大发展空间，市民对绿地草坪需求更是巨大。

总的来说，我国草坪业市场化程度不断增高，在运动场草坪、公园草坪、企事业单位庭院草坪、休闲草坪、高速公路及高速铁路边坡防护、矿山植被恢复等方面展现出广阔的市场前景。

3. 缺乏标准规范与专业人才是目前面临的最大挑战

尽管几十年来草坪业发展水平显著提高，但是我国的草坪业与国外的草坪业相比存在很大的差距。从统计数据方面来看，我国草坪面积逐年增加，总体数量是可观的，但我国幅员辽阔，比起发达国家城市人均草坪占有量 30～40m^2，我国城市的人均草坪占有量较低。城市与城市之间也存在着较大差异，部分发展中城市，过于注重经济发展而忽略绿地建设。一些发达城市绿地建设虽然先进，但疏于管理，草坪草质低下，绿期短，寿命短。因此，草坪植被建设依然是我国城市建设中的研究热点，如增加不同特性的草坪草品种的种植与养护。草坪建植是一个系统的过程，从建植时间、草种选择、草种混配比例到播种方式、坪床处理都需要合理的计划和科学的指导。我国草坪业快速发展，但是目前还有很多不足的地方，主要表现如下。①草坪业缺乏统一的行业标准和管理规范。长期以来，国内草坪业的管理较为混乱，没有统一的草坪行业标准和相关管理法规，严重制约了我国草坪业的发展。②专业的草坪技术人才不足，产业发展缺少技术支撑。

草坪产业的发展能够创造社会财富，扩大就业需求，成为国民经济的重要组成部分，又切实关系国家生态文明建设事业发展，具有广阔的发展空间。我国草坪产业需要不断探索特色发展路径，通过正确的政策指引，推动产业健康发展，为社会提供更多优质生态产品，满足人们日益增长的对优美生态环境的需要（赵金龙，2021）。

26.1.3　草坪业发展中存在的问题与未来的战略方向

1. 完善行业标准，加强行业管理是草坪业发展的重要保障

随着国内草坪市场的快速发展，原有的行业规则已经不能适应当前的市场发展需要，必然会出现利润下降、恶性竞争、草坪产品品质下降等现象，甚至会造成整个行业的间歇性停滞。例如，在草皮生产行业，由于缺乏相关标准的指导，生产中往往存在土地资源破坏的情况。目前大多数草皮生产产业的草坪以地铲为主，连续多年的铲草，肥沃的有机质层逐步被剥离，造成了大量的低洼地。地铲草坪生产要经过草籽播种（或根茎铺种）、出苗、成苗和成坪等几个阶段。一般地上生长 4~6 个月甚至更长时间方能成坪，起运时草坪必须保持 2~3cm 的土层，以保护草根和保持草块完整。当地大部分农田可耕作层一般为 20~30cm，每平方米草坪重 12.5kg，一次带土 10kg 以上，表土层就要下降 2~3cm，连续铲 10~15 年，最肥沃的有机质层就会被剥离干净，形成大量的低洼地，造成土地贫瘠。在运动场草坪管理养护行业，由于各地地理、气候条件不同，在面对实际问题时往往需要草坪管理者完全根据经验进行解决，没有统一的行业标准进行指导，消耗大量的水资源，施用过量的各类肥料，造成资源的浪费，同时也对地下水造成一定的污染。此类不健康的草坪产业发展亟待通过标准化、规范化的市场约束机制进行管理和改善。在这种情况下，草坪业的发展需要相关部门加强行业领导，并制定统一的行业标准与规范，建立完善的市场约束机制，强化草坪业管理意识，用法律的手段规范草坪业市场。成立行业协会，加强草坪业的宣传力度，使草坪业得到国家、社会及企业的共同重视，以保证我国草坪业能够健康有序的发展。同时，促进产业融合，鼓励草坪公司由单一型向综合型发展，鼓励支持集园林、设计、施工、建筑、草皮生产及养护于一体的综合性公司的建立与发展。让以前专门生产或建植草坪的公司扩大业务范围，配套销售灌溉设备、机械、肥料、药剂等产品，延伸产业链，做好售后服务。培育龙头企业和产业化联合体，由一家龙头企业牵头，多个主体联合，通过资金、技术、品牌、信息等要素融合渗透，

形成长期稳定的合作关系，实现分工协作、抱团取暖，提高市场竞争力和抵御风险的能力。鼓励群众参与、扩大辐射范围、增加低收入人口就业、加快扶农致富步伐，确保草坪业健康有序发展。

2. 加强科技创新是草坪业发展的关键途径

产业的发展离不开科技支撑。目前部分草坪产业还停留在小规模、劳动力密集型生产模式，无论是品种、种植技术，还是营销模式都已落后，缺乏竞争力，不符合绿色发展理念。以草皮生产行业为例，目前关于草坪培植新方法新技术的科学研究与技术创新均已取得丰富的研究成果，对于沙培、基质培育、工厂化无土草毯的研究和培养技术已经比较成熟。然而在实际的生产过程中，由于技术实践和推广的制约，大部分的草皮生产企业还是采用比较落后的带土培育方式。这是由于技术虽然被研发完善，却难以低成本、高效率地在实际生产中进行合理利用，无门槛或者低门槛但产能落后的生产模式还是在草坪产业的各个领域内普遍存在。在未来的发展中，应当进一步缩短草坪产业与草坪科技的距离，加强草坪产业相关企业与科研院所的合作，加快引进人才、品种、技术等，抓住乡村振兴的契机，依靠科技的翅膀，再次飞到产业的前端，实现弯道超车。

因此，在我国草坪业的发展过程中，必须高度重视对草坪的研究和技术推广工作，既要围绕市场进行科研和推广，又要使科研和技术为市场服务，生产单位与科研单位要保持联系，科技产出实效性才会提高。尤其是在草坪草育种、制种，草坪产品生产建植及养护管理过程中相关的草坪机械、灌溉设施、草坪肥料、草坪药剂等相对薄弱的领域，必须更进一步加强科研教育的投入，提高科研成果的转化效率，以科技推动产业的发展。

3. 加强草坪教育培养专业化队伍是草坪业发展的持续动力

产业的发展离不开人才。高学历、高水平的草坪业专业人员太少，草坪科学生产技术不到位，限制了产业的发展。如草坪病虫害、越冬越夏等许多技术问题还没有彻底解决，生产人员只能按照生产实践经验及同行之间交流借鉴解决问题。草坪产业教育方面也缺乏针对性的技术人才培养体系，对草坪业人才的培养跟不上产业的发展速度。

在未来的产业发展中，随着产业向科技、生态方面的转型，相关的高水平草坪科技人才也成为企业发展的核心竞争力。针对产业的这一发展现状和需求，高等院校、技术学校等人才培养机构也必须从产业对人才的需求出发，培养有核心竞争力的各类型、各层次人才。在产业结构中，根据具体从事的生产行业特点，将不同类型不同层次的人才合理规划管理，形成专业化人才队伍，将成为企业面对的重要挑战。加快国内草坪专业技术人才的培养，研究适合我国不同气候条件的草坪建植与养护管理技术，选育适合我国自然经济条件的草坪草新品种，自主研发草坪业发展所需的机械、农药、化肥等相关产品，对推动我国草坪业健康、持续发展具有十分重要的意义。

26.2 发展模式

26.2.1 结缕草种子生产模式

1. 模式概况

草坪业有一条完整的产业链，其涉及的环节包括草种的前期收集与处理、草坪的建植和培育、草坪的营销与运用。草种的前期收集与处理是草坪产业的前端与基础，主要涉及草种的采集地点、采集手段、种子处理方式等，在这一环节最主要的考验来自种子的产量、处理的质量与效率，在草种处理完成后，便流入市场进行销售。草坪草产业的兴起使草坪草种子的需求量日益增加，然而在 2015 年前后，我国还没有建成一个成规模的草坪草种子生产基地，建植草坪所需的草种 95%依赖进口，这不仅要花去大量外汇，还要因订购、检疫、运输等繁杂的商务手续耗费很多时间和精力，更会对我国的草坪草育种业产生严重的不良影响，制约我国草坪草育种业的发展，更严重的是这将对我国草坪草育种业产生致命冲击。因此，研究提高种子生产技术，在我国适宜的地方兴建育种基地，对实现草坪草种子国产化具有重要意义。

结缕草属（*Zoysia*）草是我国目前应用最为广泛的草坪草之一。因具有抗旱、抗低温、耐践踏、耐粗放管理等特性，可形成观赏性高、结构良好、富有弹性的草坪，故而被广泛用于城市草坪绿化、运动场草坪建植、生态水土保持，以及公路绿化护坡等。在我国，结缕草能够成为现今草坪建设中应用较为广泛的一种植物，主要原因就是结缕草的草种资源分布较为广泛，种植成活率高（李冠涛，2016）。

结缕草种子落粒性很强，收获时间在一定程度上影响种子的产量和品质。结缕草种子的采收时间往往视采收者经验而定，致使采收的种子质量参差不齐，空瘪率过高，种子活力低。另外，我国境内大量的结缕草是野生的，分布不均匀，且大多生长在山坡、道路两侧、地边，生长环境达不到机械化作业的条件，因此在我国，现阶段结缕草种子的采集还停留在手工采集的阶段，达不到大规模机械化集中采集的产业化标准。

结缕草种子收购之后，需要进行专业的化学处理过程。没有经过化学处理的种子自然发芽率较低，尚不足 10%，并且发芽的时间较长，自然条件下发芽时间为 20d 以上，达不到工程需要的要求。20 世纪 80 年代后期，我国从韩国引进了结缕草种子化学处理的设备和技术，但该设备的生产能力有限，每天只能处理

500kg 的商品结缕草种子，生产能力根本达不到国内外市场的需要，并且韩国进口设备操作复杂，对操作人员的专业性要求很高，操作过程中的失误会严重影响种子的发芽率。由于发芽率达不到85%，不能满足生产实践需要，限制了国产结缕草的生产水平。

近年来，国内结缕草种子生产企业通过 NaOH 水溶液处理法对结缕草种子进行化学处理，NaOH 水溶液处理法是将清选后的种子放入机器内，加入一定浓度的 NaOH 水溶液搅拌，控制溶液的温度和处理时间，达到处理要求后进行清洗，然后在露天或温室条件下晾晒（图26-1）。经过晾晒，种子含水量达到标准后，再进行杂质分离和包装，达到销售要求。经过化学处理后的结缕草种子，发芽率可以达到85%以上，发芽势也大大提高；如果土壤温度达到30℃，水分充足，种子5d后就可以发芽，为工程使用提供了工期保障，大大缓解了苗期管理时间长的问题；种子发芽率稳定，每天可生产2000kg成品种子，不仅可以满足国内市场，而且达到了大量出口的要求。早熟禾草坪上交播结缕草见图26-2。

图 26-1　结缕草种子经化学处理后晾晒　　图 26-2　早熟禾草坪上交播结缕草

2. 发展前景

由于人工成本低，结缕草种子的价格便宜，我国生产的结缕草种子在国内外市场一直受欢迎。加上结缕草草坪的管理费用低，没有病虫害，耐践踏，耐高温，被广泛用于建植以高尔夫球场和足球场绿地为代表的各类运动场草坪、开放休闲广场草坪及生态环保功能型草坪。近几年，北京、上海等大中城市对草坪的需求量逐年增加，大中型城市率先扩展城市绿地、中小城市甚至较大乡镇也开始铺设草坪。城市建设和园林化发展促进了草坪业的发展，使结缕草种子在国内绿化的利用率大大提高。此外，近20年来，国内休闲娱乐草坪的发展十分迅速。运动场、足球场、高尔夫球场，以及度假别墅区的兴起都为草坪业提供了巨大的发展空间。

3. 存在问题与建议

现阶段我国结缕草产业面临的困境主要是区域草种生产产业化水平过低及劳动力大幅上涨造成的人工草种采集成本上升。由于近几年我国劳动力价格大幅上涨，造成结缕草的收购价格不断升高，成品草种子的价格从十几年前40元/kg涨到目前的160元/kg。这样的价格严重影响结缕草种子的销售和使用。我国尚未形成区域性产业化的大规模草种生产行业，草坪从业人员不足。农村地区劳动力不足和老龄化程度严重，致使应用人工采收种子的效果也大打折扣。与日本、韩国草坪草生产行业相似，我国结缕草种子生产也面临着步入老龄化的社会问题，结缕草种子的生产量受到了严重影响。

针对这种现状，可以通过以下措施进行改善和解决。

（1）扩大草坪草种的产业规模，提高农民从事相关工作和开办草坪草种农场的可行性和收入水平，吸引更多的劳动力留在农村，进行草坪从业专业培训，形成专业工人和团队。

（2）加大机械化、智能化研发力度，开展草坪草种计划性种植和采收技术的研发力度，早日实现草坪草种子生产的机械化，解放劳动力，同时更好地保证草种产品的标准化。

26.2.2 无土基质草毯生产模式

1. 模式概况

传统草皮不仅生产周期长、杂草和病害严重，每生产一茬草皮还要带走3cm左右的熟土，严重破坏了土壤结构和肥力，同时也存在运输成本高、铺植效果差等问题。无土基质草毯生产技术不仅避免了传统草皮的种种缺陷，它的推广和应用还为室内外环境绿化、美化提供了优质素材（张玉玲，2018）。无土基质草毯的生产需要建立生产基地，所需土地可以通过土地流转的形式整合零星地块实现规模化。

无土基质草毯既不需要土，也不破坏耕地，目前常用的主要有沙基培养草毯、基质培养草毯（图26-3）等模式。沙基培养的技术是指用沙取代传统土培的方式，不仅可以保护土壤耕作层不被破坏，而且干净整洁杂草少，用水用药量低，广受种植户和草皮需求方的认可。无土基质草毯是指通过回收农业废弃物（如秸秆、稻秆、谷壳灰、锯末屑等有机质），并根据不同农业有机废弃物的特点，分别按一定的比例混合，添加专用添加剂，经高温杀菌和采用好氧发酵的方法，加工成营养基质，铺撒在特制的生产草床上，播上草坪草种，培育而成草（植被）毯。其基质层厚达2cm左右，含有保水蓄水添加剂，蓄水能力较强。无土基质草毯的草种多样，如抗旱、抗贫瘠能力较强的结缕草系列和杂交狗牙根系列等多品种组合。

图 26-3　无土基质草毯

无土基质草毯与传统草皮相比，具有以下优势。

1）任意裁剪，运输便利，一铺而就

无土基质草毯质量轻，可任意剪裁成各种图案、文字、规格等，方便运输，施工时简便快速，一铺即可成坪，即时性景观效果好。

2）成坪快，低养护

草毯移植时不伤及草坪草根系，成活率高，成坪速度快，若直接铺植于土壤地表，5d 左右草根即可深入土中。

3）抗病虫害，适应性强

由于土壤本身携带病菌，传统草皮病虫害较多，尤其是在高温高湿的夏天，移植后易患腐霉病，而无土基质草毯由于前期的培植床和无土基质均已消毒灭菌，病虫害相对较少。另外，草毯根系发达，具有耐贫瘠、耐旱、耐盐碱的特点。

4）生态环保，低碳节约

传统的草皮生产方式中，每次起草时会铲走 3~4cm 的土壤，严重破坏耕地。草毯生产采用先进的无土栽培技术，以回收城市污泥、农业废弃物等为原料加工成营养基质，无土基质草毯的根系盘结在基质中，起草时不带土壤，生产过程不但不破坏原有耕地层土壤，还能回收大量的农林废弃物、污泥、有机垃圾等进行资源化循环利用。

5）生产周期短，四季供货

传统有土草皮生产方式，需 4~5 个月才能成坪，而无土基质草毯生产从播种到成坪，春、夏、秋季需 45~60d，冬季也只需 90d 左右，并且一年四季均可进行生产和供货。

6）四季常绿，生态稳定

常绿交播草毯能够保障冬季草毯供应，确保草坪一年四季常绿。另外，生产和铺设过程中可搭配本地植物，采用草-灌-花成毯的方式，能够形成综合抗性强、物种多样性丰富、生态稳定的草毯产品。

7）技术先进，用途广泛

无土基质草毯适用于全土质（岩石面、风化岩石面、半风化岩石面、疏松土壤面、混凝土面等）、全地形（平底、边坡、屋顶、山体、沟渠洼地等）的多元化土地单元，在公园、小区、道路、学校、足球场等场地的园林景观绿化中有广泛的应用。依托其一铺而就、快速覆绿的优势，无土基质草毯在海绵城市建设、屋顶绿化、垂直绿化、荒漠绿化过程中，能起到瞬间绿化的作用，在短时间内能使公路、铁路等建设中开挖的边坡恢复到自然状态（图26-4）。

图26-4　无土生态护坡草毯

2. 发展前景

因为无土基质草坪具有质量优、环保、节约水资源、质量轻、便于运输、应用广泛、投资回报率高、市场前景广阔等特点，必将在以后的发展中成为区域主流。尤其是近几年我国大部分地区在冬季被雾霾困扰，室外污染越发严重，人们更加迫切需要一个清新自然的小环境。随着生活水平的提高，人们对无土基质草毯要求也越来越高，已经不满足无土基质草毯仅应用于室外大面积绿化，开始了新的尝试，如室内阳台小面积绿化、婚礼现场草地铺装、大型商场景色点缀等领域。虽未普及，但方兴未艾，前景被许多专业人士看好。近年来各个城市的现代化进程不断加快，钢筋混凝土的建筑侵占了越来越多的公共绿地，市中心很难看到大面积的绿色，即使有也仅是集中在某些地方，且面积较小。随着人们生活和工作节奏的不断加快，人们忽视了周围环境的健康，越来越多的人在工作半年或一年后患各种疾病，有很重要的因素便是工作生活的环境太差，周边没有足够的植物净化空气。因此，随着生活水平的不断提高，人们会花费更多的时间与精力把室内装饰成绿色植物填充的空间，如在阳台铺设无土基质草毯、室内安装整面的植物墙、将多肉植物镶嵌到墙上等。室内小面积绿植或一块草毯会舒缓人们紧张的神经，给生活压抑的人们带来一些清新的感觉，极大地促进压力释放。这无疑挖掘出了无土基质草毯应用的巨大潜力（贾儒康，2017）。

3. 存在问题与建议

在未来，这种产业模式可以进一步推广扩大，在一些土地贫瘠的地区，可以通过这样的模式发展新型农业，以改善传统作物产量低的现状。同时，还可以进一步与园林绿化单位、企业合作，形成更加完整的产业链，按照草坪需求单位的需要和要求进行草坪生产。我国地毯式草坪无土栽培技术发展方向如下。

1）因地制宜，发展地毯式草坪无土栽培技术

由于各个地方的自然资源、生产技术、市场环境等因素不尽相同，各地要有适应当地的无土基质草毯种植方法，绝对不能复制其他地方更成功的生产和管理方法。例如，无土基质草毯生产中的基质，应在合理试验的基础上，尝试利用当地的资源；肥料的用量应当根据当地的水质、化肥种类而做出适当调整；不同地方的气候条件、消费水平不同，则无土基质草坪在草种种类搭配和生产时间长短上也应有所不同。

2）简化技术，降低成本

无土基质草坪在建植过程中要对其某些项目（如基质、草种配比、田间管理）进行保护性设施管理。在建植过程中涉及不同的基质，其营养成分含量不同，所需要的肥料也不同；不同底物的理化性质和生物学特性比传统底物复杂得多。因此，制定简便易行的操作步骤非常有必要。简化无土基质草毯建植技术，降低建植的成本，更加有利于此项技术的推广。

26.2.3 足球小镇经营模式

1. 模式概况

我国基于体育产业发布的《体育发展"十三五"规划》中提到，在"十三五"期间竭力推广体育+旅游等相关体育产业的发展，满足不同消费人群对于旅游和体育等相关元素的需求，为我国体育特色小镇的发展提供了政策保障。2017年发布的《体育总局办公厅关于推动运动休闲特色小镇建设工作的通知》（体群字〔2017〕

73号）明确了体育特色小镇的发展目标，从而能够引入资金，促进体育小镇更健康、迅速的成长。

2016年，住房和城乡建设部、国家发展和改革委员会、财政部联合下发了《关于开展特色小镇培育工作的通知》，要求到2020年，在全国培育1000个左右各具特色、富有活力的休闲旅游、商贸物流、现代制造、教育科技、传统文化、美丽宜居的特色小镇。体育产业是朝阳产业，体育代表了健康、时尚、阳光，成为特色小镇的建设亮点之一。2017年上半年，国家体育总局启动运动休闲特色小镇建设。

自2014年我国基于体育元素的特色小镇初始发展至今，体育小镇在我国经历了从初始探索到较为完善的过渡阶段。近5年，已经成为体育、旅游等产业又一支柱性的经济体。根据国内的相关调查显示：2014年我国各类体育特色小镇仅21个，2015年上升到47个。2016年我国体育特色小镇发展迅猛，达到81个，截至2017年，我国基于体育产业的特色小镇已经达到了153个。与传统产业不同的是，虽然体育产业特色小镇的发展在很大程度上受限于当地的经济条件，但是更多则是受限于当地的区域特色。这在很大程度上决定了体育特色小镇可能建设的位置。国内初期体育特色小镇的建设区域大多都在江浙沪一带，并且经过几年的发展，此区域的特色小镇发展势头一片向好。但从最近几年的发展势头来看，中西部地区具备异域特色的体育特色小镇有后来居上的发展势头。体育特色小镇的建设受当地经济实力的约束，更需要当地有独特的文化内涵和体育文化底蕴。

2. 发展前景

基于体育产业的特色小镇建设是我国互联网浪潮下的业态新亮点，不仅体现了我国对于体育行业的扶持，也体现了国家对于体育产业与旅游产业跨界融合的智慧。同时，国家近年来大力发展足球事业，在这样的政策背景下，足球小镇的发展模式具有巨大的市场前景。目前，已经有一些足球小镇的项目无论是体育行业还是旅游产业都走在全国前列，为其他相关产业的发展带来了引领和示范的作用。尽管相关产业发展如此迅猛，但难免存在一些问题，这就需要相关人士进行细致划分、精准把控、高效解决。通过对当地区域具体问题具体分析，从而优化更加具有决定性因素的措施与路径，为体育特色小镇，甚至体育、旅游行业带来更广泛的发展前景。

3. 存在问题与建议

足球小镇这种新兴业态的成功运营需要浓厚的本土足球文化、广泛的群众基础，项目地周边有完善的旅游资源。同时，提高专业足球场的建设技术，是足球小镇发展的基础条件。对于足球文化和球迷基础比较好，同时具有一定的旅游资源的地区，可以尝试开展足球小镇的发展模式，将足球场草坪建设产业和旅游产业相结合，发展文化旅游，提高草坪产业的运营水平。在未来的足球小镇模式发展过程中，提出以下建议。

（1）在招商引资期间要严格审核相关的文件和内容是否符合小镇建设要求，在项目建设过程中要做好监督工作，以免有投资商借发展小镇之名开发房地产，从中谋利。

（2）加大力度引进体育复合型管理人才，可与相关院校合作培养或者用优惠政策来吸引优秀人才，建立完善的培训机制，提高国际足球小镇管理人员及服务人员的业务水平。

（3）基于每个足球小镇自身的资源禀赋进行多方位的开发，形成独特的体育产业链条，突出小镇的特色，避免千镇一面现象。

（4）政府要明确自身定位，进行合理的宏观调控，进行相应的引导和提供服务保障工作，鼓励社会资本进驻小镇，在颁布利好政策时要使其具体化，精简审批工作的程序。

26.2.4 生态高尔夫球场模式

1. 模式概况

近年来，随着高尔夫行业的发展，"生态友好型高尔夫球场"（eco-friendly golf course）的理念被越来越多地提出。生态友好型高尔夫球场的特征和主要指标主要包括球场类型多元化、节约球场用地、节约用水等方面。生态友好型高尔夫球场相应的技术指标和措施在实践中发展，尽可能将其落到实处。

球场设计方面，生态友好型高尔夫球场遵循自然主义的设计理念，设计师们在进行球场设计时，秉承"一切从自然出发，不以人力改变原地形、地貌"的设计理念。自然主义设计建造主要体现在 9 个方面。①球场选址不触及生态红线，远离饮用水源保护区、农田、牧场、湿地、风景名胜区的核心保护区，禁止侵占耕地、公共绿地、林地及自然保护区核心区，尽量以荒山、荒地、荒滩、石漠化、海滩地、边远海岛、垃圾填埋场、废弃矿地等退化土地为主，对其脆弱的生态环境进行改善和修复。②尊重地形的自然特征，因地制宜，依势而修，设计和建造时须考虑后续维护工作的可持续性。③协调好各物种间的共生关系，积极建设物种多样性廊道，保护、改善野生动物栖息地及其他敏感性自然区域，保护其生态环境稳定性。④尽量保护当地树木、植被，使用乡土植物，拒绝移植外来物种。⑤设计雨水收集系统，循环利用球场内部水资源。⑥建筑材料就地取材。⑦注重高草区缓冲带建设，通过过滤或种植水生植物等措施，保护水资源，提高水质量。

⑧减少植草面积，养护中要较少使用药剂和化肥。⑨选择适应当地自然条件、抗病虫害能力强和耐干旱瘠薄的草坪草品种。

在球场管理方面，重视运用现代科学技术与新的管理方法，借助新的科学技术与管理方法，并结合实践，达到环保、精确、高效、低成本、生态的草坪管理目标。在球场草坪管理中，根据草坪草的生长情况与土壤水分状况来确定合理的灌溉时间和灌溉量，利用新技术快捷监测土壤营养成分含量，精准、科学地施肥，同时开发再生水、海水等灌溉水源，优化施肥形式和施肥工艺，最大限度地减少资源的浪费和不必要的排放。

2. 发展前景

我国的高尔夫行业处于起步阶段，与高尔夫行业发达国家之间存在巨大差距，在我国人民精神文化生活不断丰富、各项体育不断走进人们生活的大背景之下，还有着很大的发展空间。然而，我国高尔夫在发展过程中出现了企业非法侵占耕地、漠视环境保护等现象。从2011年开始的全面清理整治高尔夫球场的工作于2017年1月正式结束，根据国务院联合国家发展和改革委员会共同发布的《高尔夫球场清理整治结果》显示，我国取缔了一大批在建设中未遵循自然主义原则、触及了生态红线的球场。整顿之后，我国高尔夫球场也必将走向遵循自然伦理、社会伦理、生态学原理和生态经济学原理的发展方向，利用现代科学技术手段发展多元化、节能、低碳、环保的高尔夫消费模式，达到人与自然、人与人和谐相处，促进地方经济效益、社会效益、生态效益同步协调发展的一种新型可持续发展模式。因此，生态友好型高尔夫球场的发展模式具有广阔的发展空间和良好的前景。

3. 存在问题与建议

在国家大力发展低碳、生态经济背景下，要让现代时尚休闲运动高尔夫走进大众内心，要把其固有的自然伦理、社会伦理与运动精神留给后代人，我国高尔夫项目的开发与运营必须建立在经济增长、社会发展、环境保护3个核心内容的基础上，全面考虑经济、政治、文化、社会和生态的协调发展；必须根据市场需求科学规划各地区、各类型高尔夫球场的空间布局，发展中小型公众高尔夫球场，生态规划设计建造、低碳运营管理球场；必须多元化发展，回归大众。在未来的发展过程中，对生态高尔夫球场模式的发展提出以下建议。

（1）加强高尔夫相关标准体系建设，将生态高尔夫球场的性质确定为具有修复退化土地功能的项目，建立生态高尔夫球场建设规范和生态环境监管机制与环境认证制度。

（2）强化企业社会责任感，明确企业有义务让高尔夫俱乐部成为社会道德典范组织，引领城市精神文明建设。

26.3 典型案例

26.3.1 江苏句容市后白镇草坪产业案例

1. 基本情况

后白镇位于江苏省句容市南郊，茅山西麓，西与赤山湖国家湿地公园接壤，区域总面积 165km²。下辖 21 个行政村，总人口约 7 万，全镇可用耕地 11.6 万亩、林地 1.96 万亩。该镇是典型的半丘半圩地区，特别是东部丘陵地区地势起伏，不利于水稻种植，昔日被戏称为"北大荒"。

1995 年，西冯村村民罗业贵率先在家乡开展草坪种植，打破了当地传统观念，村民们开始改粮换草。2000 年，草坪种植开始得到大规模推广。2003 年，句容市成立了首家农民合作社——句容市后白镇西冯花草木专业合作社。合作社主动吸纳社员，进行技术培训与指导，服务社员开展草坪种植。合作社联合了种植户和经纪人，扩大了草坪种植面积，使群众收益大幅提升。2007 年，后白镇以"西冯草坪"种植经验统一向全镇推广土坪种植技术和草坪混作技术。2009 年，为了更好地保护耕地，防止水土流失，后白镇以西冯村为试点中心在全镇推广沙坪种植技术。截至 2019 年底，草坪草已经成为后白镇农户种植面积最大的经济作物，草坪产业成为该镇的主要农业产业。全镇草坪种植面积 3000 余亩，每年出售 2 季，每亩每季收入 2000 元左右，亩年收益在 4000 元左右，草坪产业步入中高档、市场化运作的良性发展轨道（图 26-5）。

图 26-5 江苏句容市后白镇草坪基地

后白镇草坪产业兴衰直接关系着后白镇农村经济的发展，关系着广大农民的切身利益。当地政府坚持用发展工业的思路发展草坪产业，采取公司+合作社+农户的发展模式，突出延伸产业链、提升价值链、保护生态链"三链同步"，采取一系列措施，促进草坪提档升级。

2. 效果与效益

后白镇作为江苏省草坪种植业的先行地区，于2011年向国家工商行政管理总局商标局正式申请"西冯草坪"注册商标获批；2017年，被江苏省农业委员会确立为全省农业特色小镇。

后白镇草坪产业积极与房地产等企业相链接，不仅与多家房地产企业和单位签订了长期供货合同，部分草坪还用在了北京奥运会、上海世界博览会、南京青年奥林匹克运动会及杭州G20峰会的绿化建设中。房地产市场拉动了草坪产业的发展，促进了种植规模的显著提升。目前，全镇共种植各类草坪3万亩左右，其中土坪约2万亩，沙坪约1万亩，同时辐射带动周边乡镇发展了草坪2万多亩。种植品种主要为百慕大和马尼拉，种植面积分别占到总种植面积的67%和25%。种植对象以本地农户为主，其中种植大户占60%。同时，围绕草坪产业的种植和销售环节，还衍生出草坪专业铲工队100余支，草坪运输队37支，草坪经纪人280人。据不完全统计，全镇草坪全产业链年产值突破了10亿元（图26-6）。2017年，后白镇荣获"江苏省农业特色小镇"称号，西冯村和西冯花草木专业合作社被农业部评为"全国一村一品"示范村、"国家农民合作社示范社"。

图26-6 人工铲草皮和机器铲草皮

3. 存在问题与应对措施

草坪产业的发展应该集合多方的力量，开拓更多的渠道，从而实现草坪产业的多样化，打开市场需求，稳固草坪产业向上发展的态势，走出一条可持续发展的道路。对此,当地政府结合当前草坪产业发展的情况,为后白镇草坪产业的可持续发展提出了两个主要思路。

1)加强科学引领,建成一流产学研综合试验示范基地

以草坪研究院、示范基地建设为引领,全面加强草坪生产销售组织化程度,与全镇草坪产业从业人员共同努力,把后白镇建成集教学、科研、社会服务及文化传承于一体的"草坪之乡",具备教学、科研实验、农业科技成果示范转化、国际交流与合作、现代农业人才培训、农业科普教育、农业观光休闲的承载能力。

2)积极拓展草坪服务领域,开辟草坪高质量发展新篇章

拓展和延伸草坪服务领域,从园林绿化草坪向体育运动、休闲旅游和文化娱乐等领域拓展。后白镇位于国家 5A 级风景区茅山西麓,处在南京都市圈一小时核心圈层,长江流域经济开发带,宁镇扬板块和宁杭生态经济建设带核心区域。具有"一刻钟上高速,半小时到机场、四十分钟到港口、两小时到沪杭"等独特的区位优势。开发利用草坪的运动、游憩、文旅等功能,整合、调动、利用农村自然资源,实现农旅双链,由卖草坪转向卖风景,进一步推动草坪产业向一二三产融合的跨越式发展,开辟后白镇草坪高质量发展新篇章。

26.3.2 广东五华足球小镇产业模式

1. 基本情况

梅州五华足球小镇位于五华县横陂镇联长村,小镇核心区规划面积约 5km^2,分两期建设。一期核心区规划面积 1200 亩,总投资 16 亿元;二期核心区规划以一期核心区为基础,向西南扩展约 6250 亩,计划总投资 132 亿。广东梅州五华县于 1979 年被国家体委誉为"足球之乡",有着源远流长的足球历史与文化。五华是世界球王李惠堂的故乡,更是中国现代足球的发源地。将五华小镇打造成足球小镇,正是由于当地具有浓厚的足球文化传统特点和深厚的本土足球文化根基,这一优势让足球小镇更具特色,更有创新价值。

足球小镇集研发服务、体育用品及周边衍生品制造、体育集训、体育赛事、旅游度假等功能于一体,形成体育产业体系,并拓展和辐射相关文化体育产业(图 26-7)。五华足球小镇将足球科技馆作为推动互联网技术与足球产业深度融合的范例,着力建设国家级足球运动休闲特色小镇,为广大市民和足球爱好者提供交流平台。在全国首批 96 个运动休闲特色小镇示范性试点中,梅州五华足球小镇是唯一以足球为特色的运动休闲小镇。

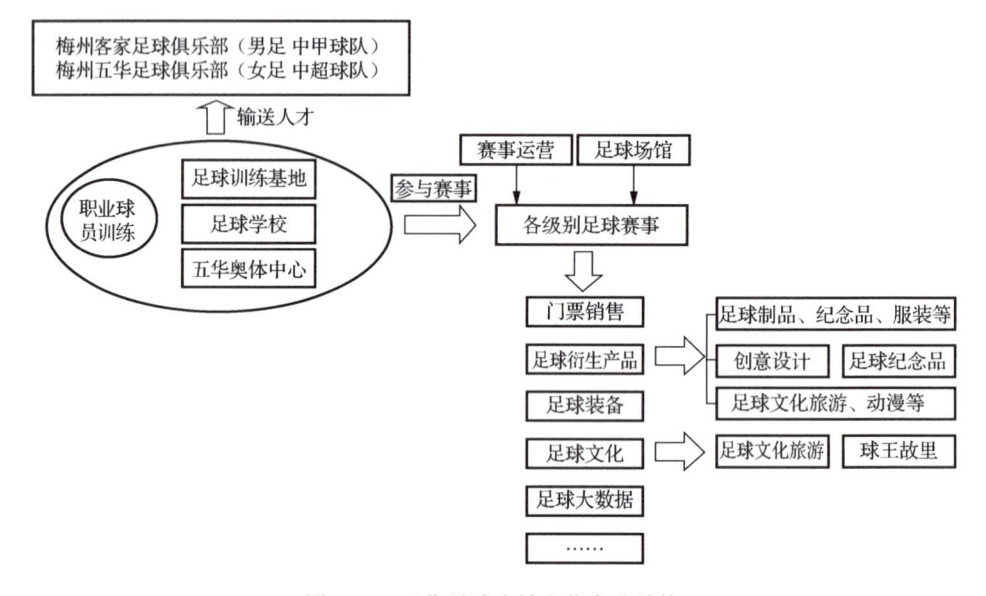

图 26-7　五华足球小镇文化产业结构

在基础设施建设中，建筑设施建设情况一般，场地设施建设比较健全。足球小镇中天然草足球场建造施工流程为场地测量→地基二次平整找坡→喷灌管线安装→盲沟开挖→隔离层铺设→盲管安装→碎石层摊铺→沙层摊铺→喷头安装→土壤改良剂摊铺→沙面粗平整→浇水沉降、压实→沙面龟背精修→杀菌消毒→种植草种→养护成坪（图 26-8）。

图 26-8　天然草足球场草皮种植方式

2. 效果与效益

目前，梅州五华足球小镇一期已经建成运营。有 15 块足球场，其中 11 块 11 人制标准足球场、1 块 5 人制足球场、1 块 7 人制足球场、2 块沙滩足球场。完成配套建设五华客家精英足球学校，7 栋 3 层运动员公寓，1 栋 7 层酒店，1 栋 5 层管理配套楼，1栋球场接待中心。小镇于2019年9月开始试运营，项目一期可同时接待2000人开展综合素质实践拓展培训。全部项目设施完善后，每年最高可接待60万人次中小学生进行社会实践及足球专业团队比赛、训练、生活、娱乐。从经济角度来说，五华的经济发展水平低、底子薄。足球小镇建设具有非常大的市场潜力，已经成为当前经济发展的一个新的增长点。足球小镇成为促进县域助农攻坚、推动经济转型升级的重要抓手。足球小镇建设产业特色明显，是具有健身、文化、旅游的综合性产业平台。足球小镇有梅州客家足球俱乐部、国家沙滩足球希望队入驻，举办各种高端赛事、各级培训。这些为小镇带来源源不断的资金流，保证了小镇经济的可持续发展。建成后的人造草场地见图26-9。

图26-9 建成后的人造草场地

运营以来，先后举办多项高水平的足球邀请赛。接待来自全国各省（区、市）的约2500个运动员在小镇赛场完成比赛。自小镇启用以来，多次开办亚洲足球联合会、中国足球协会B级、C级教练员培训班，广东省足球协会E级教练员培训班。2019年运营收入达1000万元，上交税收100万元，实现了社会效益、经济效益双丰收。

从整个梅州来说，开设足球+旅游项目空间很大。梅州旅游产业的发展需要主题来串联，以足球小镇为节点的足球+旅游就起到这种作用。足球产业是极具增长潜力的产业，旅游产业则是蓬勃发展的朝阳产业，两者交叉升级后，便是定制化足球旅游。全球范围内，这种旅游形式以每年14%的速度增长，是全球旅游市场中增长最快的细分行业。未来，足球小镇足球+旅游项目预期可以带动梅州旅游收入数十亿元，提供4500个劳动就业岗位。

3. 存在问题与应对措施

目前，梅州五华足球小镇存在的突出问题是高端人才引留困难、基础设施不完善、小镇的宣传方式及其力度不够。解决途径分别如下。

（1）梅州地处山区，处于欠发达地区，经济发展较为滞后，人才的待遇普遍偏低，与发达地区形成了反差，这是高层次人才引留困难的主要原因之一。另外，山区的人才引进政策也是近几年才有改观，相对于大城市的优越条件，梅州作为较落后的地区，对高层次人才缺乏吸引力。高水平人才的引留是体育特色小镇建设的重要保障，同时也是自主品牌创立研发的基础。因此，梅州五华足球小镇在发展过程中应随时注意通过优厚待遇吸引和培育高水平人才。

（2）足球小镇位于乡村，相对应的水电、通信、交通设施也不够完善。小镇与外界的时空距离还未缩短，周边乡村生产、生活服务较为落后。为加快城镇化建设，应当在足球小镇周边修路通车，保证足球小镇周边的交通便利；完善水网和电网的建设，保证足球小镇的水电供应。

（3）梅州五华足球小镇除了有梅州广播电视台、梅州日报等传统媒体进行报道外，缺少自主的宣传手段。足球小镇在打造品牌的同时，更应该运用互联网式的新媒体进行传播，应注重提高小镇的知名度，增加小镇的曝光率，关键在于应用各种宣传手段。

26.3.3　海南观澜湖高尔夫球场建设模式

1. 基本情况

海南观澜湖高尔夫球场于 2008 年 1 月正式开建，2009 年 10 月开业，2010 年年底总体建成，总共建设了 8 个标准 18 洞和 2 个迷你 18 洞球场。球场位于海南岛火山岩地貌之上，该区域为典型的原始火山岩荒漠地貌。规划区场地比较平坦，大部分地段的高程为 30~40m，局部地段高程为 80m 左右，周边村民主要从事种植业。由于该区属石漠地区，典型的火山岩和玄武岩地质雨水渗透很快，区域水利设施薄弱，土地土层较薄，不适合进行传统农业生产，加上生产技术落后，导致村民生活十分困难，是海口市典型的经济落后地区。据 2011 年统计报告，该区域人均 GDP 为 1.2 万元左右，2011 年之前人均 GDP 不到 1 万元，大幅落后于全国平均人均 GDP 3.5 万元水平。2007 年 11 月，国家环保总局环境发展中心对该项目进行了环境影响评价。其环评报告结论为：规划区在严格执行本次评价提出的替代方案及减缓措施的前提下，对区域环境产生的影响均在可接受的范围之内。因此，在调整规模和改变功能布局的前提条件下，规划区总体开发建设是可行的。

球场建造过程中尽可能保护环境，清表过程中对表面的火山石头进行收集，用作建设石墙、景观等，遵循"物尽其用、因地制宜"的理念，还保留当地的地理地貌特色（图 26-10）。同时，大量使用本地植被（棕榈科等），模仿原生状态种植。原生乡土植物具有适应性强、养护成本低等优势，同时，尽可能使用乡土植物，有效保持了球场景观的协调性，也有利于减少球场建设和运营对当地生态环境的干扰（图 26-11）。在建造施工及养护过程中，主要从扬尘控制、水土保持、污水治理、固体废弃物处理及生态系统保护等方面采取有效的环境保护措施，具体措施如下。①施工期内，日夜洒水，控制扬尘。②项目施工迅速，施工时间短，通过滚压、排水等措施尽可能控制水土流失。③使用高效低毒、易降解农药，控制化肥的使用，减少除草剂的使用，提倡人工除草。各区域开发建设时建设雨水、污水分流排水系统，各片区产生的污废水送往各区的污水处理厂（站）进行处理，禁止直接向地面水体或低洼地排放。污水经处理后用于回灌草坪绿地等，做到零排放。④项目内所产生的固体废弃物，除少部分树枝现场焚烧或填埋外，均通过垃圾转运站送至垃圾处理厂作无害化处理。⑤在项目建设过程中，注重实现生物物种多样化，按照热带火山地区的植被、生态特色，治理荒坡废地和废弃石场，保护球道之外的绿地，避免伤害本地眼镜蛇、野兔等野生动物；清除飞机草等侵略物种，建设大空间生态植物区、绿地系统，对过去缺乏保护的古榕树、古荔枝树和古村落遗址进行保护。

图 26-10　利用当地火山石进行球场造型　　　图 26-11　利用当地植物搭配景观

2. 效果与效益

海南观澜湖高尔夫球场建设项目由于在坚硬的火山岩上建造，施工难度大，施工成本高，但土地成本较低，因此综合看，性价比较高，对改善当地环境、促进人口就业具有促进作用。由于生态高尔夫球场的修建，当地原有的荒漠发生了翻天覆地的变化，整个项目的绿地率可达 92%。项目建设做到生态环保、因地制宜、物尽其用，在把原本火山岩的荒凉地区建造成一个高层次旅游度假区的同时，也极大促进了当地经济、社会的和谐发展。特别是通过常年规范的职业技能培训，度假区 80% 的服务岗位都可吸纳当地居民就业。目前在度假区做球童、草坪工酒店服务员的当地农民超过 2000 人，培训当地农民近万人。至 2016 年底整个度假区创造 6300 个就业岗位。此外，观澜湖的发展综合了很多文化旅游的业态，是非常有代表性的绿色经济产业，这对促进中国经济转型升级具有重要意义。

3. 存在问题与应对措施

该模式的发展面临如下两个亟待解决的问题。

（1）作为一个城镇，房地产过度开发、城市公共服务配套设施还不够完善等，成为海南观澜湖高尔夫球场建设发展的影响因素。因此，在未来的发展中，应当加大交通等基础设施的建设，使生态友好型高尔夫球场能够真正为全民作贡献，拉近高尔夫运动、自然环境与人之间的距离，让更多的人能够享受到生态友好型高尔夫球场带来的生态效益、经济效益、社会效益。

（2）应制定相应的生态球场生态效益评价标准，完善生态友好型高尔夫球场资源开发的相关法律法规，并切实加强监督管理。增强企业的社会责任感，加强实施行业自治、自律，倡导高尔夫消费者理性消费，彻底告别高尔夫产业以打造体育公园、生态公园的名义进行房地产开发的时代。

参 考 文 献

阿合尼亚孜·买合木提，2014. 青贮饲料品质鉴定技术[J]. 中国畜禽种业，10（6）：68-69.

安沙舟，2001. 新疆草原主要毒害草防治技术开发及试验示范（200831104）项目结题报告[R].

安沙舟，2004. 新疆北疆地区退牧还草对策与实践剖析[D]. 乌鲁木齐：新疆农业大学.

安沙舟，2015a. 新疆昌吉市现代草原畜牧业试验与示范项目结题报告[R].

安沙舟，2015b. 伊犁州生态经济型高效草业、畜牧业试验与示范项目结题报告[R].

白昌军，刘国道，何华玄，等，2003. 海南半干旱地区芒果间作柱花草及作物效益初探[J]. 草地学报，11（4）：352-357.

白慧强，文亦苗，2007. 我国南方林间草地放牧利用存在的问题及发展对策[J]. 草业与畜牧（8）：53-55.

白天晓，刘安娜，郝匕台，等，2017. 刈割制度下羊草草原地上生物量的动态变化机制[J]. 中国草地学报，39（6）：67-73.

白永飞，潘庆民，邢旗，2016. 草地生产与生态功能合理配置的理论基础与关键技术[J]. 科学通报，61（2）：201-202.

包翠华，任子瑞，1997. 青草粉可大大提高牧草利用率[J]. 内蒙古草业（4）：66-67.

宝音·陶格涛，2001. 无芒雀麦与苜蓿混播试验[J]. 草地学报，9（1）：73-76.

卞秋实，王兴旺，张利庠，2012. 茫茫草原的危机：内蒙古草原生态环境变化的分析[J]. 中国畜牧业（1）：42-44.

卜晓莉，王利民，薛建辉，2015. 湖滨林草复合缓冲带对泥沙和氮磷的拦截效果[J]. 水土保持学报，29（4）：32-36.

蔡虹，李文军，2016. 不同产权制度下青藏高原地区草地资源使用的效率与公平性分析[J]. 自然资源学报，31（8）：1302-1309.

曹卫星，2011. 作物栽培学总论[M]. 北京：科学出版社.

曹学涛，2019. 绵羊 Y 染色体基因的鉴定和 SNPs 筛选[D]. 兰州：兰州大学.

曹阳春，姚军虎，蔡传江，等，2019. 反刍动物全混合日粮中碳水化合物平衡指数（CBI）的测定. DB 61/T1262—2019.

车启华，1995. 浅谈我省苜蓿的生产与利用[J]. 黑龙江畜牧科技，8（11）：44-46.

陈凤林，刘文清，1982. 几种栽培牧草需水规律的初步研究[J]. 中国草原，3：38-43.

陈富华，孟林，朱进忠，等，2000. 天山北坡中段草原畜牧业生产经营优化模式研究[J]. 阜食家畜（S1）：12-20.

陈敏，宝音·陶格涛，1993. 羊草人工草地的建立及其科学管理的研究[J]. 植物学报，24（4）：45-46.

陈明，周昭旭，罗进仓，2008. 间作苜蓿棉田节肢动物群落生态位及时间格局[J]. 草业学报，17（4）：132-140.

陈全功，张剑，杨丽娜，2007. 基于 GIS 的中国农牧交错带的计算和模拟[J]. 兰州大学学报（自然科学版），43（5）：24-28.

陈伟烈，张喜群，梁松筠，等，1994. 三峡库区的植物与复合农业生态系统[M]. 北京：科学出版社.

陈文雪，2018. 中国北方不同区域苜蓿干草营养价值分析与安全性评价[D]. 郑州：河南农业大学.

陈锡文，2014. 农业转移人口市民化须解决四个问题[N]. 人民日报，2014-06-23（7）.

陈彦才，高涛，2008. 内蒙古粮食生产影响因素的技术分析与发展的思考[J]. 内蒙古农业科技（4）：1-6.

陈艳晓，2014. 科尔沁沙地农牧交错带农牧业循环经济发展模式研究[J]. 西安：陕西师范大学.

陈勇，卢小良，黄亦彬，等，2008. 草料混合养鹅与精料养鹅效益比较[J]. 安徽农业科学，36（25）：10875-10877.

陈仲新，张新时，2000. 中国生态系统效益的价值[J]. 科学通报，45（1）：17-22.

程长林，任爱胜，刘鉴洪，等，2018. 青藏高原社区畜牧业发展模式研究[J]. 江苏农业科学，46（2）：296-300.

程序, 1999. 农牧交错带研究中的现代生态学前沿问题[J]. 资源科学, 21 (5): 1-9.

赤峰市第三次国土调查领导小组办公室, 赤峰市自然资源局, 通辽市统计局, 2022. 赤峰市第三次国土调查主要数据公报[M]. http://www.chifeng.gov.cn/zwgk/xxgkzl/fdzdgknr/tjsj_103/tjgb/202203/t20220308_1698793.html.

崔庆虎, 蒋志刚, 刘季科, 等, 2007. 青藏高原草地退化原因述评[J]. 草业科学, 24 (5): 20-26.

崔勇, 马自清, 田恩平, 2019. 20年来宁夏中南部山区农业生产发展分析[J]. 作物杂志 (2): 28-38.

达林太, 娜仁高娃, 阿拉腾巴格那, 2008. 制度与政策的历史演变对内蒙古草原生态环境的影响[J]. 科技创新导报 (10): 114-118.

德科加, 周青平, 徐成体, 等, 2010. 施肥对青海省山地草原类草场地上生物量的影响[J]. 中国土壤与肥料, 3: 38-40.

邓大才, 2006. 社会化小农: 动机与行为[J]. 华中师范大学学报（人文社会科学版), 45 (3): 9-16.

邓颖, 2018. 饲粮组成对湖羊及其杂种羊生产性能和养分消化的影响[D]. 兰州: 兰州大学.

刁国富, 郑玉臣, 王廷489, 等, 2018. 饲养奶牛的干草种类和质量[J]. 畜牧兽医科技信息, 17 (3): 134-136.

丁继, 于萨日娜, 2019. 乡村振兴战略背景下内蒙古农牧交错区农牧系统耦合研究[J]. 内蒙古师范大学学报（哲学社会科学版), 48 (5): 108-114.

董春晓, 吕佳颖, 张智安, 等, 2019. 饲料来源对育肥湖羊生产性能、养分消化及瘤胃微生物组成的影响[J]. 草业学报, 28 (4): 106-115.

董全民, 周华坤, 施建军, 等, 2018. 高寒草地健康定量评价及生产: 生态功能提升技术集成与示范[J]. 青海科技, 25 (1): 15-24.

董世魁, 胡自治, 龙瑞军, 等, 2003. 高寒地区多年生禾草混播草地的群落学特征研究[J]. 生态学杂志, 22 (5): 20-25.

董孝斌, 张玉存, 严茂超, 等, 2006. 天山北坡山盆系统耦合与农业结构调整[J]. 农业现代化研究, 27 (5): 377-379.

董玉珍, 岳文斌, 2004. 非粮型饲料高效生产技术[M]. 北京: 中国农业出版社.

杜俊平, 叶得明, 陈年来, 等, 2017. 基于可拓综合评价法的干旱区水资源承载力评价: 以河西走廊地区为例[J]. 中国农业资源与区划, 38 (12): 56-63.

杜青林, 2006. 中国草业可持续发展战略[M]. 北京: 中国农业出版社.

段呈, 石培礼, 张宪洲, 等, 2019. 藏北高原牧区人工草地建设布局的适宜性分析[J]. 生态学报, 39 (15): 5517-5526.

段敏杰, 干珠扎布, 郭佳, 等, 2016. 施肥对藏北高寒草地植物多样性及生产力的影响[J]. 西北农业学报, 25 (11): 1696-1703.

方辉, 贾志宽, 2002. 农牧交错区退耕还草与粮食自给问题研究[J]. 干旱地区农业研究, 20 (4): 112-115.

方精云, 潘庆民, 高树琴, 等, 2016. "以小保大"原理: 用小面积人工草地建设换取大面积天然草地的保护与修复[J]. 草业科学, 33 (10): 1913-1916.

方修琦, 1999. 从农业气候条件看我国北方原始农业的衰落与农牧交错带的形成[J]. 自然资源学报, 14 (3): 212-218.

方修琦, 章文波, 张兰生, 1998. 全新世暖期我国土地利用的格局及其意义[J]. 自然资源学报, 13 (1): 16-22.

冯双双, 2015. 基于Landsat影像的草地退化动态监测: 以坝上草原为例[D]. 石家庄: 河北师范大学.

付玉, 2018. 青贮饲料的调制、质量鉴定与使用[J]. 现代畜牧科技, 5 (12): 46-50.

傅反生, 储国良, 束兆林, 等, 2005. 苏南丘陵区岗坡地果草牧结合及其效果探讨[J]. 江苏农业科学 (6): 134-136.

甘肃省水利厅, 2022. 2021年甘肃省水资源公报[EB/OL]. http://slt.gansu.gov.cn/slt/c106726/c106732/c106773/c106775/202209/2123327.shtml.

高路博，毕华兴，云雷，等，2011．黄土半干旱区林草复合优化配置与结构调控研究进展[J]．水土保持研究，
　　18（3）：260-266．
高明文，张彩枝，2014．阿鲁科尔沁旗节水灌溉牧草基地建设情况、存在问题及今后的发展建议[J]．草原与草业，
　　26（2）：14-16．
龚洋，朱奕达，2019．精准扶贫视角下的川西旅游经济差异与协调发展[J]．四川文理学院学报，29（1）：112-120．
贡布泽仁，李文军，2016．草场管理中的市场机制与习俗制度的关系及其影响：青藏高原案例研究[J]．自然资源
　　学报．31（10）：1637-1647．
管梦鸾，张正偲，董治宝，2017．基于 RS 和 GIS 的河西走廊风沙灾害风险评估[J]．中国沙漠，37（5）：830-835．
郭涛，黄右琴，兰贵生，等，2020．利用近红外光谱技术分析玉米秸秆和小麦秸秆的营养成分[J]．草业科学，
　　37（6）：1204-1214．
郭婷，薛彪，白娟，等，2019．刍议中国牧草产业发展现状：以苜蓿、燕麦为例[J]．草业科学，36（5）：1466-1474．
郭香玉，韩烈保，2021．专家谈我国草坪业发展机遇和前景．http://www.xinhuanet.com/travel/2021-04/21/
　　c_1127356398.htm[2022-5-10]．
郭玉霞，2003．黄土高原草田轮作系统中苜蓿与小麦的根部入侵真菌[D]．兰州：甘肃农业大学．
国家林业和草原局，2015．中国荒漠化和沙化状况公报（第五次）[R]．（2015-12-29）http://www.forestry.gov.cn/main/
　　69/content-831684.html．
国家林业局，2004．第三次全国荒漠化和沙化监测报告[R]．http://www.forestry.gov.cn/main/65/20060924/758164.
　　html[2022-6-22]．
国家林业局，2009．中国荒漠化和沙化土地图集[M]．北京：科学出版社．
国家统计局，2019．中国统计年鉴 2019[M]．北京：中国统计出版社．
国家统计局，2020．中国统计年鉴 2019[M]．北京：中国统计出版社．
韩国栋，赵萌莉，李治国，等，2018．可持续草地家畜生产系统[M]//南志标．草地农业与农业结构调整．北京：
　　高等教育出版社．
韩建国，2009．草地学[M]．北京：中国农业出版社．
韩建国，孙启忠，马春晖，2004．农牧交错带农牧业可持续发展技术[M]．北京：化学工业出版社．
韩俊，1998．土地政策：从小规模均田制走向适度规模经营[J]．调研世界（5）：8-9．
韩涛，王大为，2017．2000—2014 年石羊河流域植被覆盖变化研究[J]．中国农学通报，33（13）：66-74．
韩天虎，俞联平，张贞明，2012．论草业与河西走廊生态安全[J]．草业科学，29（6）：1013-1016．
何丹，李向林，何峰，等，2009．施氮对退化天然草地主要物种地上生物量和重要值的影响[J]．中国草地学报，
　　31（5）：42-46．
何峰，李向林，2010．饲草加工[M]．北京：海洋出版社．
荷斯坦，2019．中国牧草统计资料[M]．北京：中国农业出版社．
贺金生，刘志鹏，姚拓，等，2020．青藏高原退化草地恢复的制约因子及修复技术[J]．科技导报，38（17）：66-80．
贺有龙，周华坤，赵新全，等，2008．青藏高原高寒草地的退化及其恢复[J]．草业与畜牧（11）：1-9．
洪绂曾，1989．中国多年生栽培草种区划[M]．北京：中国农业科学技术出版社．
洪绂曾，2009．苜蓿科学[M]．中国农业出版社．
洪绂曾，2011．中国草业史[M]．北京：中国农业出版社．
侯扶江，南志标，任继周，2009．作物-家畜综合生产系统[J]．草业学报，18（5）：211-234．

侯扶江，宁娇，冯琦胜，2016. 草原放牧系统的类型与生产力[J]. 草业科学，33（3）：353-367.

侯扶江，杨中艺，2006. 放牧对草地的作用[J]. 生态学报，26（1）：244-264.

侯生珍，王志有，尼玛，等，2012. 青海高原放牧藏母羊规范养殖技术的研究[J]. 中国农学通报，28（02）：31-34.

侯向阳，2010. 发展草原生态畜牧业是解决草原退化困境的有效途径[J]. 中国草地学报，32（4）：1-9.

侯向阳，丁勇，吴新宏，2015. 北方草原区气候变化影响与适应[M]. 北京：科学出版社.

侯向阳，尹燕亭，丁勇，2011. 中国草原适应性管理研究现状与展望[J]. 草业学报，20（2）：262-269.

侯向阳，尹燕亭，王婷婷，2015. 北方草原牧户心理载畜率与草畜平衡生态管理途径[J]. 生态学报，35（24）：8036-8045.

侯向阳，尹燕亭，运向军，等，2013. 北方草原牧户心理载畜率与草畜平衡模式转移研究[J]. 中国草地学报，35（1）：1-11.

侯向阳，张玉娟，2018. 草牧业提质增效转型发展的驱动要素分析[J]. 科学通报，63（17）：1632-1641.

侯钰荣，任玉平，魏鹏，等，2016. 天山北坡中山带草甸施肥试验示范研究[J]. 安徽农学通报，22（14）：136-139.

胡民强，1993. 开发利用我国南方林间草地资源促进畜牧业发展[J]//中国资源潜力、趋势与对策. 北京：北京出版社.

胡瑞雪，2018. 南甘杂种羊产毛和生长性能测定及其分子标记筛选[D]. 兰州：兰州大学.

胡霞，2009. 农业经济学[M]. 北京：中国人民大学出版社.

胡自治，1995. 世界人工草地及其分类现状[J]. 国外畜牧学——草原与牧草（2）：1-8.

胡自治，1996. 草原分类学概论[M]. 北京：中国农业出版社.

花锦溪，臧淑英，那晓东，2017. 松嫩平原盐碱化反演及其动态变化过程[J]. 水土保持通报，37（1）：155-160.

黄季焜，马恒运，2000. 差在经营规模上：中国主要农产品生产成本国际比较[J]. 国际贸易（4）：41-44.

黄建辉，薛建国，郑延海，等，2016. 现代草产品加工原理与技术发展[J]. 科学通报，61（2）：213-223.

黄进说，2007. 百色右江河谷果园种草养羊技术与效益分析[J]. 现代农业科技（22）：151-153.

黄文娟，2008. 青干草调制、贮存及利用[J]. 草业与畜牧，9（5）：48-49.

黄秀声，唐龙飞，郑仲登，等，2002. 南方果园种草养兔效果浅析[J]. 家畜生态，23（4）：23-25.

黄印运，颜沧波，2004. 南安市泗溪小流域"果草牧菌"治理模式及成效[J]. 福建水土保持，16（2）：40-42.

黄宗智，2000. 长江三角洲小农家庭与乡村发展[M]. 上海：中华书局.

黄祖辉，陈欣欣，1998. 农户粮田规模经营效率：实证分析与若干结论[J]. 农业经济问题，19（11）：2-7.

霍艳哲，2018. 牧草青贮、微贮和氨化技术[J]. 养殖与饲料，3（2）：49-55.

季婧，多田琦，梅错，等，2017. 混播比例对紫花苜蓿/无芒雀麦青贮品质的影响[J]. 中国草地学报，39（2）：19-25.

贾儒康，2017. 干旱半干旱地区无土草毯建植技术研究[D]. 兰州：兰州大学.

贾慎修，1995. 中国饲用植物志：第5卷[M]. 北京：中国农业出版社.

贾燕霞，玉柱，邵涛，2009. 添加酶制剂对象草青贮发酵品质的影响[J]. 草地学报，17（1）：121-124.

贾玉山，2019. 草产品加工与贮藏学[M]. 北京：中国农业大学出版社.

贾玉山，格根图，2013. 中国北方草产品[M]. 北京：科学出版社.

贾玉山，玉柱，2018. 牧草饲料加工与贮藏学[M]. 3版. 北京：科学出版社.

贾玉山，玉柱，杨富裕，2019. 草产品加工与贮藏学[M]. 北京：中国农业大学出版社.

姜娜，2008. 林草牧复合系统对优质肉鸡生产的影响[D]. 兰州：甘肃农业大学.

姜仲文，马友记，李发弟，2014. 不同杂交组合羔羊屠宰性能和肉品质测定[J]. 中国草食动物科学，34（5）：16-19.

蒋德明, 刘志民, 寇振武, 等, 2004. 科尔沁沙地生态环境及其可持续管理: 科尔沁沙地生态考察报告[J]. 生态学杂志 (5): 179-185.

蒋建生, 胡自治, 朱兴运, 1995. 碱茅人工草地的初级生产及其与生态因素关系的研究[J]. 中国草地, 3 (10): 16-22.

金旻, 贾志清, 卢琦, 2006. 浑善达克沙地防沙治沙综合治理模式及效益评价: 以多伦县为例[J]. 林业科学研究 (3): 321-325.

靳瑰丽, 2003. 基于3S技术的草地资源利用优化格局的研究[D]. 乌鲁木齐: 新疆农业大学.

景豆豆, 2019. 苜蓿的不同播量与翻耕期互作对土壤肥力及小麦产量的影响[D]. 太原: 山西农业大学.

孔登魁, 马萧, 2018. 构建"山水林田湖草"生态保护与修复的内生机制[J]. 国土资源情报 (5): 22-29.

寇秀云, 2016. 不同品种小麦苗期营养功能成分与抗氧化能力比较研究[D]. 杨陵: 西北农林科技大学.

邝肖, 季婧, 梁文学, 等, 2018. 北方寒区紫花苜蓿/无芒雀麦混播比例和刈割时期对青贮品质的影响[J]. 草业学报, 27 (12): 187-198.

昆伯卡, 拉维尔, 2007. 随机边界分析[M]. 刘晓宏, 杨倩, 译. 上海: 复旦大学出版社.

兰兴平, 2005. 扁穗牛鞭草的他感作用研究[J]. 畜牧市场, 20 (3): 23-34.

雷晓萍, 刘晓峰, 2015. 宁夏海原县草畜特色优势产业可持续发展思路研究[J]. 中国工程咨询 (3): 41-43.

李彬彬, 张连翔, 步兆东, 2014. 经济林下间作甘草和黄芩的研究[J]. 辽宁林业科技 (2): 29-31.

李秉龙, 薛兴利, 2009. 农业经济学[M]. 北京: 中国农业大学出版社.

李博等, 1980. 草原与稀树草原[A]//吴征镒. 中国植被. 北京: 科学出版社.

李昌武, 2012. 呼伦贝尔畜牧业经济可持续发展研究[D]. 北京: 中央民族大学.

李晨晨, 周再知, 梁坤南, 等, 2018. 不同林药复合经营模式对杉木生态公益林土壤理化性质的改良效果[J]. 浙江农林大学学报, 35 (1): 51-59.

李重阳, 2019. 青藏高原牧户经营规模与生产效率研究[D]. 兰州: 兰州大学.

李大勇, 陈凤臻, 杨桂英, 等, 2014. 内蒙古草原生态畜牧业发展模式研究[J]. 黑龙江畜牧兽医 (9): 113-116.

李飞, 2015. 畜牧学基础[M]. 兰州: 甘肃科学技术出版社.

李冠涛, 2016. 结缕草及冷季型草坪草建坪期杂草防除探究[J]. 现代园艺 (16): 61-62.

李国怀, 伊华林, 2005. 牛草栽培对柑橘园土壤水分与有效养分及果实产量、品质的影响[J]. 中国生态农业学报, 13 (2): 161-163.

李国彰, 喻笑男, 王志兰, 等, 2018. 大麦秸秆: 康奈尔净碳水化合物与蛋白质体系评定组分及近红外光谱分析技术预测营养价值[J]. 动物营养学报, 30 (3): 1063-1072.

李欢, 武丹, 姚建华, 2017. 甘肃河西走廊草地沙质荒漠化监测与治理对策[J]. 中国资源综合利用, 35 (11): 96-98.

李会科, 张广军, 赵政阳, 等, 2007. 生草对黄土高原旱地苹果园土壤性状的影响[J]. 草业学报, 16 (2): 32-39.

李建东, 吴榜华, 盛连喜, 2001. 吉林省植被[M]. 长春: 吉林科学技术出版社.

李建东, 郑慧莹, 1997. 松嫩平原盐碱化草地治理及其生物生态机理[M]. 北京: 科学出版社.

李建龙, 许鹏, 段舜山, 1991. 草地适应性利用制度设计的探讨[J]. 草业科学, 8 (6): 67-70.

李建伟, 吴建平, 张利平, 等, 2011. 播量对红豆草和苜蓿生产特性的影响[J]. 草业科学, 28 (11): 2008-2015.

李金亚, 薛建良, 尚旭东, 等, 2013. 基于产权明晰与家庭承包制的草原退化治理机制分析[J]. 农村经济 (10): 107-110.

李婧欣, 2009. 北方农牧交错带生态安全评价研究: 以张北县为例[D]. 北京: 北京林业大学.

李克昌, 2016. 宁夏草产业发展现状和展望[A]. 第四届中国草业大会论文集, 365-371.
李隆, 2016. 间套作强化农田生态系统服务功能的研究进展与应用展望[J]. 中国生态农业学报, 24（4）：403-415.
李茂娜, 王晓玉, 杨小刚, 等, 2016. 圆形喷灌机条件下水肥耦合对紫花苜蓿产量的影响[J]. 农业机械学报, 47（1）：133-140.
李梦晨, 2019. 黄骅市苜蓿种植成本收益及影响因素研究[D]. 石家庄：河北农业大学.
李楠, 宋建国, 刘伟, 等, 2001. 草原施肥对羊草产量和质量的影响[J]. 草原与草坪, 3：38-41.
李芹芳, 潘悦, 周森林, 2019. 我国沙化土地现状及动态变化研究[J]. 林业资源管理（5）：12-17.
李润林, 王占彬, 王成章, 等, 2019. 不同质量苜蓿草粉对后备母猪生长性能、抗氧化及发情率的影响[J]. 动物营养学报, 31（5）：452-462.
李绍密, 陈青, 裘大风, 等, 1992. 经济林间作牧草的效益研究[J]. 草业科学, 9（1）：23-26.
李胜利, 2011. 奶牛饲料与全混合日粮饲养技术[M]. 北京：中国农业出版社.
李世易, 2019. 蜜蜂肽对湖羊生产性能及瘤胃微生物区系的影响[D]. 兰州：兰州大学.
李世易, 郭同庆, 刘鑫, 等, 2020. 利用体外发酵法研究蜜蜂肽对瘤胃发酵参数及甲烷气体排放量的影响[J]. 动物营养学报, 32（2）：941-947.
李威威, 鲍江辉, 张朝硕, 等, 2018. 国际鱼道适应性管理体系综述及对中国的启示[J]. 水生生物学报, 42（6）：1240-1252.
李薇, 陈秉谱, 2013. 农地资源持续利用与农业生态环境协调度实证分析：以张掖市为例[J]. 中国农机化学报, 34（5）：265-268, 285.
李文柏, 2018. 种植小草坪 发展大产业：句容市后白镇草坪产业的调查与思考[J]. 江苏农村经济（5）：33-34.
李文斌, 何海霞, 邓红艳, 等, 2017. 适度放牧和受损管理对草地生态系统恢复的探讨[J]. 环境与可持续发展, 42（4）：90-91.
李文华, 赖世登, 1994. 中国农林复合经营[M]. 北京：科学出版社.
李文军, 张倩, 2009. 解读草原困境：对于干旱半干旱草原利用和管理若干问题的认识[M]. 北京：经济科学出版社.
李翔宏, 于徐根, 徐桂花, 等, 2018. 林草畜立体种养生态复合模式探讨[J]. 江西畜牧兽医杂志（4）：36-40.
李向林, 沈禹颖, 万里强, 2016. 种植业结构调整与草牧业发展潜力分析及政策建议[J]. 中国工程科学, 18（1）：94-105.
李向林, 万里强, 2010. 南方草地研究[M]. 北京：科学出版社.
李向林, 万里强, 何峰, 2007. 南方草地农业潜力及其食物安全意义[J]. 科技导报, 25（9）：9-15.
李亚娇, 马培杰, 吴佳海, 等, 2019. 不同品种青贮玉米与拉巴豆套种对青贮玉米农艺性状及产量的影响[J]. 草业学报, 28：209-216.
李雁鸣, 梁卫理, 崔彦宏, 等, 2002. 作物生态学：农业系统的生产力及管理[M]. 北京：中国农业出版社.
李英, 谷子林, 2005. 规模化生态放养鸡[M]. 北京：中国农业大学出版社.
李鹰, 2005. 中国畜禽育种, 敢问路在何方：合理利用本国遗传资源, 培育具有中国特色的畜禽新品种[J]. 畜禽业, 5：2-6.
李志坚, 王平, 周道玮, 2002. 论饲草产业化经营[J]. 吉林农业大学学报, 5：114-118.
李治国, 2015. 内蒙古家庭牧场资源优化配置与适应性管理模拟研究[D]. 呼和浩特：内蒙古农业大学.
连振祥, 2011. 三大内陆河诉说生态病痛[J]. 今日科苑（14）：70-73.

梁存柱, 祝廷成, 王德利, 等, 2002. 21世纪初我国草地生态学研究展望[J]. 应用生态学报 (6): 743-746.
梁存柱, 祝廷成, 周道玮, 2008. 东北农牧交错区景观空间格局[J]. 东北师大学报 (自然科学版), 40 (4): 121-127.
梁庆伟, 娜日苏, 张晴晴, 等, 2019. 节水灌溉混播人工草牧场划区轮牧模式综述[J]. 饲料研究, 42 (10): 90-93.
梁天刚, 2017. 中国草地资源现状与区域分析[M]. 北京: 科学出版社.
廖雅萍, 王军厚, 付蓉, 2011. 川西北阿坝地区沙化土地动态变化及驱动力分析[J]. 水土保持研究, 18 (3): 51-54.
林慧龙, 侯扶江, 2004. 草地农业生态系统中的系统耦合与系统相悖研究动态[J]. 生态学报, 24 (6): 1252-1258.
林泽榜, 2013. 武雪山羊林间养殖发展现状及思路[J]. 基层农技推广, 1 (11): 59-62.
刘斌, 罗全华, 常文哲, 等, 2008. 不同林草植被覆盖度的水土保持效益及适宜植被覆盖度[J]. 中国水土保持科学, 6 (6): 68-73.
刘伯帅, 王文静, 孙骁, 等, 2018. 饲粮纤维源对仔猪生长性能、肠道发育及其消化酶活性的影响[J]. 草业学报, 27 (9): 175-182.
刘芳, 李向林, 白静仁, 等, 2016. 川西南农区高效饲草生产系统研究[J]. 草地学报, 14 (2): 147-151.
刘洪兰, 张强, 张俊国, 等, 2014. 1960—2012年河西走廊中部沙尘暴空间分布特征和变化规律[J]. 中国沙漠, 34 (4): 1102-1108.
刘蝴蝶, 郝淑英, 曹琴, 等, 2003. 生草覆盖对果园土壤养分、果实产量及品质的影响[J]. 土壤通报, 34 (3): 184-186.
刘加文, 2017. 以新的眼光看草业 以战略思路谋发展[C]. 中国草学会青年工作委员会学术研讨会.
刘金荣, 张芬琴, 谢晓蓉, 2002. 试论河西走廊干旱荒漠化草地生态危机与畜牧业可持续发展[J]. 干旱地区农业研究, 20 (3): 114-116.
刘鞠善, 2012. 绵羊口液对羊草生长的作用机制研究[D]. 长春: 东北师范大学.
刘军会, 高吉喜, 韩永伟, 等, 1999. 北方农牧交错带可持续发展战略与对策[J]. 中国发展, 8 (2): 89-94.
刘军萍, 王德利, 巴雷, 2003. 不同刈割条件下的人工草地羊草叶片的再生动态研究[J]. 东北师大学报 (自然科学版), 1: 118-125.
刘满仓, 2002. 盐池县草原沙漠化的现状、成因与对策[J]. 草业科学, 19 (6): 5-6.
刘美玲, 宝音陶格涛, 杨持, 2007. 施用磷酸二铵对典型草原区割草地植物群落组成及草场质量的影响[J]. 农业环境科学学报, 26 (1): 350-355.
刘敏, 龚吉蕊, 王忆慧, 等, 2016. 豆禾混播建植人工草地对牧草产量和草质的影响[J]. 干旱区研究, 1: 179-185.
刘启兴, 董国涛, 景海涛, 等, 2019. 2000—2016年黄河源区植被NDVI变化趋势及影响因素[J]. 水土保持研究, 26 (3): 86-92.
刘庆, 1999. 青藏高原东部 (川西) 生态脆弱带恢复与重建进展[J]. 资源科学, 21 (5): 57-61.
刘少芬, 2007. 以社区为基础的草地管理与可持续发展: 以中澳草场管理项目为例[J]. 内蒙古草业, 19 (2): 28-31.
刘世佳, 潘香羽, 李发弟, 等, 2015. 绵羊BMP15基因特征、组织表达及其与产羔数性状的关联性分析[J]. 甘肃农业大学学报, 50 (3): 40-48.
刘世强, 1986. 实用遗传学[M]. 沈阳: 辽宁科学技术出版社.
刘铁梅, 张英俊, 2012. 饲草生产[M]. 北京: 科学出版社.
刘鑫, 2020. 育肥湖羊对非常规原料及诱食剂采食偏好的研究[D]. 兰州: 兰州大学.
刘兴元, 蒋成芳, 李俊成, 等, 2017. 黄土高原旱塬区果-草-鸡生态循环模式及耦合效应分析[J]. 中国生态农业学报, 25 (12): 1870-1877.

刘秀霞，2019. "小麦晴青"种养结合模式在农业生产实践中的应用与探讨[J]. 中国农技推广（11）：45-46，57.

刘亚洲，李祖祥，张薇，等，2014. 应用高效草坪产业推动土地流转[J]. 中国园艺文摘，30（9）：212-213.

刘岩，李宝林，袁烨城，等，2021. 基于三江源高寒草甸群落结构变化评估围栏封育对草地恢复的影响[J]. 生态学报，41（18）：7125-7137.

刘艳鸿，熊康宁，杨苏茂，等，2018. 干草在牛羊健康饲喂应用中的研究[J]. 中国饲料，23：13-18.

刘颖，王德利，韩士杰，等，2003. 不同放牧率下小花碱茅可溶性碳水化合物和氮素含量的变化[J]. 草业学报，45（4）：40-44.

刘钰华，王树清，1996. 新疆绿洲防护林体系[J]. 新疆环境保护，16（4）：87-91.

刘泽辉，杨海锋，黄志英，等，2015. 不同制粒工艺对饲料脂溶性维生素稳定性的影响规律研究[J]. 粮食与饲料工业（4）：45-47，52.

柳茜，傅平，姚明久，等，2015. 玉米与拉巴豆混合青贮的品质研究[J]. 四川畜牧兽医，42（5）：21-23.

卢德勋，2000. 饲料的组合效应[M]//张子仪中国饲料学. 北京：中国农业出版社.

卢德勋，2010. 反刍动物营养学发展现代化进程的回顾及其展望[J]. 饲料工业（S2）：1-5.

卢德勋，2016. 系统动物营养学导论[M]. 北京：中国农业出版社.

卢欣石，2019a. 草原知识读本[M]. 北京：中国林业出版社.

卢欣石，2019b. 苜蓿产业十年发展助推奶业提质升级[J]. 中国乳业（4）：10-12.

吕世海，刘及东，郑志荣，等，2015. 降水波动对呼伦贝尔草甸草原初级生产力年际动态影响[J]. 环境科学研究，28（4）：550-558.

吕先召，2016. 苜蓿草粉日粮对育肥猪生长性能、胴体性状、肉品质及肌肉化学成分的影响[J]. 郑州：河南农业大学.

罗家智，刘清神，杨镇玮，等，2020. 雷琼黄牛与不同品种肉牛杂交 F_1 代的生产性能比较[J]. 华南农业大学学报，41（2）：10-17.

马付，2018. 牧草在肉羊养殖中的几种利用方式[J]. 现代畜牧科技，7（4）：43-45.

马国军，刘君娣，林栋，等，2008. 石羊河流域水资源利用现状及生态环境效应[J]. 中国沙漠，28（3）：592-597.

马会瑶，2019. 北方农牧交错带生态环境变化遥感评估：以内蒙古赤峰市为例[D]. 呼和浩特：内蒙古大学.

马琪，刘康，涂纯，等，2018. 2000—2010年陕西北部不同类型草地面积及其覆盖度变化[J]. 植物科学学报，36（1）：54-64.

马有祥，2011. 完善草原承包经营制度的几点建议[J]. 中国畜牧业（10）：40-41.

马玉兰，郭梦迪，2018. 高原生态牧场的资源优化配置与适应性管理研究：对青海省海南州过牧马营试点牧场的个案分析[J]. 管理观察，705（34）：70-71.

马志广，色音巴图，任志弼，1979. 浅耕翻改良草原的研究[J]. 中国农业科学（3）：90-96.

马志广，王育青，2013. 中国北方草原改良与可持续利用[M]. 呼和浩特：内蒙古大学出版社.

毛培春，孟林，郭强，等，2015a. 林间草地放养对北京油鸡屠宰性能及肉、蛋品质的影响[J]. 河南农业科学，44（1）：130-134.

毛培春，孟林，田小霞，等，2015b. 林间草地放养"农大5号"鸡的屠体性能和肉品质评价[J]. 中国家禽，37（5）：53-55.

毛培春，孟林，张国芳，等，2006. 白三叶对桃园小气候和桃品质的影响[J]. 草地学报，14（4）：360-364.

毛培春，田小霞，李杉杉，等，2017. 林间草地放牧对小尾寒羊屠宰性能、肉品质和营养成分的影响[J]. 河南农业科学，46（10）：132-136，142.

孟林，2004．果园生草技术[M]．北京：化学工业出版社．

孟林，毛培春，田小霞，2012．板栗园行间种草放养北京油鸡的肉品质和效益评价[J]．中国草地学报，34（6）：95-100．

孟林，杨富裕，2016．果园生草及草地利用[M]．北京：中国农业出版社．

孟林，俞立恒，毛培春，等，2009．苹果园间作鸭茅和白三叶对园区小环境的影响[J]．草业科学，26（8）：132-136．

米国军，王艳红，2014．阿鲁科尔沁旗土地利用现状与土地用途分区的探讨[J]．内蒙古林业调查设计，37（2）：45-46，64．

米歇尔，2004．奶牛饲养技术指南：营养和饲喂[M]．北京：中国农业大学出版社．

闵芳，李冬梅，夏日耀，等，2017．小麦苗中主要成分分析[J]．营养学报，39（1）：99-101．

穆春生，李南洙，刘自学，等，2012．克力玛猫尾草新品种引育[J]．吉林农业大学学报，24（5）：498-502．

穆春生，王俊锋，石玉杰，2017．一种提高羊草草地草产量的施肥方法[P]．CN107211638A．

那佳，黄立华，张璐，等，2019．我国东北草地生产力现状及可持续发展对策[J]．中国草地学报，41（6）：152-164．

娜日苏，梁庆伟，杨秀芳，等，2020．内蒙古阿鲁科尔沁旗草牧业发展现状、存在问题及对策[J]．畜牧与饲料科学，41（2）：52-55．

南志标，2017．中国农区草业与食物安全研究[M]．北京：科学出版社．

南志标，热孜别克，1995．杀菌剂拌种对苜蓿萌发与出苗的影响[J]．甘肃畜牧兽医，25（3）：3．

内蒙古自治区研究室、中国草业发展战略研究中心，2019．国家北方生态安全屏障综合试验区建设研究[M]．北京：中国发展出版社．

倪国华，蔡昉，2015．农户究竟需要多大的农地经营规模？：农地经营规模决策图谱研究[J]．经济研究（3）：159-171．

宁夏回族自治区草原工作站，2018．宁夏回族自治区草原工作站2018年工作报告[R]．

牛书丽，蒋高明，高雷明，等，2003．内蒙古浑善达克沙地97种植物的光合生理特征（英文）[J]．植物生态学报（3）：318-324．

牛骁麟，2020．饲粮蛋白质水平与过瘤胃氨基酸对湖羊生长肥性能、养分消化和瘤胃发酵的影响[D]．兰州：兰州大学．

农业部，2011．2010年全国草原监测报告[N]．农民日报，2011-04-13（003）．

农业部，2011—2018全国草原监测报告[R]．

农业部，2016．关于北方农牧交错带农业结构调整的指导意见：农计发〔2016〕96号[EB/OL]．[2016-11-30]．http://jiuban.moa.gov.cn/zwllm/tzgg/tz/201611/t20161130_5383030.html．

农业部，2017．2011—2015中国草原发展报告[M]．北京：中国农业出版社．

农业农村部，2020．草牧业分析报告[R]．北京：中国农业出版社．

农业农村部畜牧兽医局，2019．中国畜牧兽医统计[M]．北京：中国农业出版社．

欧阳志云，王效科，苗鸿，1999．中国陆地生态系统服务功能及其生态经济价值的初步研究[J]．生态学报，19（5）：19-25．

朴庆林，金秀男，2006．公农1号等苜蓿品种抗寒高产性能比较：筛选东北寒冷地区适宜品种[J]．吉林畜牧兽医（4）：27-28．

祁小军，2014．红寺堡区现代农业结构发展现状及今后对策[J]．农业气象，31（1）：74-75．

钱雅丽，梁志婷，曹铨，等，2018．陇东旱作果园生草对土壤细菌群落组成的影响[J]．生态学杂志，37（10）：3010-3017．

钱雅丽, 王先之, 来兴发, 等, 2019. 多年生牧草种植对苹果园土壤真菌群落特征的影响[J]. 草业学报, 28 (11): 124-132.

乔青, 高吉喜, 王维, 等, 2007. 川滇农牧交错带土地利用动态变化及其生态环境效应[J]. 水土保持研究 (6): 341-344, 347.

且华敏, 2018. 甘孜州草业生态系统面临的问题与对策建议[J]. 中国畜牧兽医文摘, 34 (6): 63.

邱波, 姜立辉, 陈志宇, 2008. 东北紫花苜蓿栽培技术[J]. 畜牧兽医科技信息, 5 (12): 108-112.

全国畜牧总站, 2018. 中国草业统计 2017[M]. 北京: 中国农业出版社.

全国畜牧总站, 2021. 中国草业统计 2019[M]. 北京: 中国农业出版社.

任继周, 1984. 草地农业生态学[M]. 北京: 中国农业出版社.

任继周, 1989. 森林-草地生态系统的农学含义[J]. 草业科学, 6 (4): 1-4.

任继周, 1997. 农耕文化圈与畜牧文化圈在黄土高原上的嬗替[C]//百名院士科技系列报告集 (中册). 北京: 新华出版社.

任继周, 1999. 系统耦合在大农业中的战略意义[J]. 科学, 51 (6): 12-15.

任继周, 2004 草地农业生态系统通论[M]. 合肥: 安徽教育出版社.

任继周, 2013. 我国传统农业结构不改变不行了: 粮食九连增后的隐忧[J]. 草业学报, 22 (3): 1-5.

任继周, 高洪文, 2002. 建立现代草地农业体系, 实现农牧交错带的可持续发展[J]. 草业科学 (增刊): 3-8.

任继周, 侯扶江, 2004. 草地资源管理的几项原则[J]. 草地学报, 12 (4): 261-263.

任继周, 李向林, 侯扶江, 2002. 草地农业生态学研究进展与趋势[J]. 应用生态学报, 13 (8): 1017-1021.

任继周, 林慧龙, 2005. 江河源区草地生态建设构想[J]. 草业学报, 14 (2): 1-8.

任继周, 南志标, 郝敦元, 2000. 草业系统中的界面论[J]. 草业学报, 9 (1): 1-8.

任继周, 胥刚, 李向林, 等, 2016. 中国草业科学的发展轨迹与展望[J]. 科学通报, 61 (2): 178-192.

任继周, 张英俊, 2002. 中国南方草地资源及其发展战略[J]. 中国计量学院学报, 13 (3): 174-180.

任继周, 朱兴运, 1998. 河西走廊盐渍地的生物改良与优化生产模式[M]. 北京: 科学出版社.

任伟, 王英哲, 王志锋, 等, 2019. 退化羊草草地改良技术[J]. 北方园艺, 13: 171-173.

如甲, 2007. 四川省诺尔盖县草原共管案例[C]//李向林, 安迪, 晏兆莉. 天然草原共管国际研讨会论文集. 北京: 中国农业科学技术出版社.

萨其日拉, 敖登高娃, 2017. 内蒙古阿鲁科尔沁旗草地退化时空分布特征分析[J]. 西部资源 (3): 181-183.

山仑, 康绍忠, 吴普特, 2004. 中国节水农业[M]. 北京: 中国农业出版社.

单华佳, 李梦璐, 孙彦, 等, 2013. 近 10 年中国草坪业发展现状[J]. 草地学报, 21 (2): 222-229.

商丽荣, 仝宗永, 刘国庆, 等, 2019. 有机肥对羊草草原植物群落物种多样性和生物量的影响[J]. 草地学报, 27 (2): 344-249.

邵全琴, 刘纪远, 樊江文, 等, 2019. 三江源智慧生态畜牧业技术平台建设科技报告: 2015-SF-A4-1[R].

申晓慧, 姜成, 李如来, 等, 2016. 三种紫花苜蓿与草地羊茅单、混播越冬期根系生理变化及抗寒性[J]. 草业科学, 33 (2): 268-275.

申忠宝, 张月学, 潘多锋, 等, 2012. 施氮对人工草地羊草种子产量和构成因素的影响[J]. 中国草地学报, 12 (5): 60-64.

沈和, 徐志明, 吴群, 2002. 西冯村: 小草何以成为富民产业[J]. 唯实 (11): 25-27.

沈威, 2016. 关于东北地区牧草饲料作物生产技术研究[J]. 内蒙古林业调查设计, 39 (2): 111-112.

沈禹颖，南志标，高崇岳，等，2004. 黄土高原苜蓿-冬小麦轮作系统土壤水分时空动态及产量响应[J]. 生态学报（3）：640-647.

施发正，2006. 草坪的应用与自然式草坪的植物配置[J]. 现代农业科技（9）：56-57.

石凤翎，王明玖，王建光，2003. 豆科牧草栽培[M]. 北京：中国林业出版社.

石岳，马殷雷，马文红，等，2013. 中国草地的产草量和牧草品质：格局及其与环境因子之间的关系[J]. 科学通报，58（3）：226-239.

史培军，王静爱，等，1992. 内蒙古自然灾害系统研究[M]. 北京：海洋出版社.

史正涛，1996. 中国季风边缘带自然灾害的区域特征[J]. 干旱区资源与环境，10（4）：1-7.

舒尔茨，1987. 改造传统农业[M]. 上海：商务印书馆.

宋凤兰，王琪生，2002. 论河西走廊绿洲生态环境与农业可持续发展的战略设想[J]. 国土开发与整治，12（1）：34-38.

宋华伟，邓铭，刘颖，等，2018. 不同建植方式对兰引3号结缕草无土草皮质量的影响[J]. 草业科学，35（1）：63-68.

苏富源，郝明德，郭慧慧，等，2015. 施用氮肥对人工羊草草地产量及养分吸收的影响[J]. 草地学报，23（4）：893-896.

苏志珠，马义娟，刘梅，2003. 中国北方农牧交错带形成之探讨[J]. 山西大学学报（自然科学版），26（3）：269-273.

孙海霞，2007. 松嫩平原农牧交错区绵羊放牧系统粗饲料利用的研究[D]. 长春：东北师范大学.

孙吉雄，2008. 草坪学[M]. 北京：中国农业出版社.

孙建，张振超，董世魁，2019. 青藏高原高寒草地生态系统的适应性管理[J]. 草业科学，36（4）：933-938, 915-916.

孙娟，夏兴宏，高伟，等，2017. 辽东山区柞园内培植中草药、山野菜效果调查[J]. 北方蚕业，38（1）：41-44.

孙特生，胡晓慧，2018. 基于农牧民生计资本的干旱区草地适应性管理：以准噶尔北部的富蕴县为例[J]. 自然资源学报，33（5）：43-56.

孙兆敏，2005. 宁南旱作农区草地农业发展模式与技术体系研究[D]. 杨陵：西北农林科技大学.

邰建辉，杨江山，毛培春，等，2020. 关中地区矮砧密植苹果园草种组合方案筛选[J]. 草业科学，37（6）：1133-1139.

谭金芳，2011. 作物施肥原理与技术[M]. 2版. 北京：中国农业大学出版社.

汤学军，傅家瑞，1996. 植物LEA蛋白的结构与功能[J]. 生命的化学，9（2）：24-25

汤永康，武艳涛，武魁，等，2019. 放牧对草地生态系统服务和功能权衡关系的影响[J]. 植物生态学报，43（5）：408-417.

唐雪娟，2018. 水氮管理对呼伦贝尔人工草地建植影响研究[D]. 北京：中国农业科学院.

陶宇航，顾永芬，邓蓉，2004. 林下人工草地放牧养鸡效果分析[J]. 草业科学，21（6）：53-54.

特力格尔，2021. 内蒙古不同草原类型草畜平衡现状分析：以家庭牧场为例[D]. 呼和浩特：内蒙古师范大学.

田莉华，2014. 小麦粮饲兼用饲草生产性能和籽粒生产维稳机制的研究[D]. 兰州：兰州大学.

田莉华，王丹丹，沈禹颖，2015. 麦类作物粮饲兼用研究进展[J]. 草业学报，24（2）：185-193.

通辽市第三次国土调查领导小组办公室，通辽市自然资源局，通辽市统计局，2022. 通辽市第三次国土调查主要数据公报[EB/OL]. https://www.tongliao.gov.cn/tlzfwz150500/tzgg/2022-01/21/content_042e6b37c6cd4f32bf0e504769906e56.shtml.

万修福，权国玲，何峰，等，2017. 复合微生物肥料对羊草草原植物群落特征的影响[J]. 中国农学通报，33（6）：110-115.

万秀莲，张卫国，2006. 划破草皮对高寒草甸植物多样性和生产力的影响[J]. 西北植物学报，26（2）：377-383.
汪韬，李文军，李艳波，2012. 干旱半干旱区牧民对气候变化的感知及应对行为分析：基于内蒙古克什克腾旗的案例研究[J]. 北京大学学报（自然科学版），48（2）：285-295.
王兵，2002. 绿洲荒漠过渡区水热平衡规律及其耦合模拟研究[D]. 北京：中国林业科学研究院.
王代军，聂中南，1992. 森林-草地生态系统中森林生长状况的研究[M]. 北京：中国农业科学技术出版社.
王德利，2020. 第六章：放牧理论[M]//韩国栋. 放牧管理学. 北京：中国农业出版社.
王德利，2022. 松嫩草地生态环境及变化[M]. 北京：科学出版社.
王德利，郭继勋，2019. 松嫩盐碱化草地的恢复理论与技术[M]. 北京：科学出版社.
王德利，王岭，2014. 放牧生态学与草地管理的相关概念：Ⅰ. 偏食性[J]. 草地学报，22（3）：433-438.
王德利，王岭，2019. 草地管理概念的新释义[J]. 科学通报，64（11）：1106-1113.
王德利，王岭，韩国栋，2022. 草地精准放牧管理：概念、理论、技术及范式[J]. 草业学报，31（12）：191-199.
王德利，王旭，刘颖，等，2002. 东北松嫩草地放牧生态学的研究[C]//李文华，王如松. 生态安全与生态建设——中国科协2002年学术年会论文集. 北京：气象出版社.
王红柳，岳征文，卢欣石，2010. 林草复合系统的生态学及经济学效益评价[J]. 草业科学，27（2）：24-27.
王宏博，郭江鹏，李发弟，等，2011. 不同营养水平对滩×寒杂种母羊繁殖性能的影响[J]. 草业学报，20（6）：254-263.
王会利，蒋燚，曹继钊，等，2012. 桉树复合经营模式的水土保持效益分析[J]. 中国水土保持科学，10（4）：104-107.
王加亭，赵恩泽，2015. 我国草原保护与建设情况[J]. 中国畜牧业，7：27-28.
王建光，2012. 农牧交错区苜蓿-禾草混播模式研究[D]. 北京：中国农业科学院.
王建光，2018. 牧草饲料作物栽培学[M]. 2版. 北京：中国农业出版社.
王娟，2004. RS-GIS-EIS技术支持下的吉林西部生态环境集成研究[D]. 长春：吉林大学.
王钧茂，2016. 盐池县旱作节水农业可持续发展的基本途径[J]. 现代农业科技，14：243-244.
王克华，孙彦，周禾，2014. 第12届国际草坪会议以及中美草坪业及草坪研究的初步比较[J]. 草地学报，22（4）：691-696.
王堃，2014. 草业科学：学科发展报告[M]. 北京：中国科学技术出版社.
王堃，2018. 中国现代草业科学的发展及未来[J]. 农学学报，8（1）：67-70.
王丽，胡瑞雪，李发弟，等，2020b. *KRTCAP3*基因多态性与细毛羊产毛及生长性状的相关性分析[J]. 农业生物技术学报，28（1）：84-91.
王丽，李万宏，李发弟，等，2020a. *FTH*1基因多态性与湖羊和小尾寒羊产羔数的关联分析[J]. 基因组学与应用生物学，39（4）：1529-1534.
王林云，2016. 对猪场粪污处理技术的分析和全自动处理技术的探讨[J]. 中国猪业，11（11）：9-14.
王琳燚，李绍钰，马慧慧，等，2019. 河南省花生秧利用现状及提高其饲料资源利用率的措施[J]. 河南农业科学，48（8）：154-159.
王灵芝，2014. 吉林西部旱涝灾害与土地利用变化关系研究[D]. 长春：东北师范大学.
王岭，张敏娜，徐曼，等，2021. 草地多功能提升的多样化家畜放牧理论及应用[J]. 科学通报，66：3791-3798.
王美秀，李洁，2015. 内蒙古鄂尔多斯市近年来草原生态保护与建设采取的主要措施[J]. 畜牧与饲料科学，36（9）：112-114.
王南，张华，2017. 阿鲁科尔沁旗土地利用变化对生态服务价值的影响明[J]. 生态科学，30（4）：406-410.
王平，周道玮，张宝田，2009. 禾-豆混播草地种间竞争与共存[J]. 生态学报，29（5）：2560-2567.

王勤, 赵天才, 何为华, 等, 2000. 苹果园果牧草结合的效果[J]. 果树科学, 17（3）：228-230.
王瑞港, 徐伟平, 2021. 我国苜蓿产业发展特征与趋势分析[J]. 中国农业科技导报, 23（12）：7-12.
王涛, 薛娴, 吴薇, 等, 2005. 中国北方沙漠化土地防治区划（纲要）[J]. 中国沙漠, 25（6）：816-822.
王显国, 韩建国, 杨倩, 等, 2008. 现代草业, 农业的未来?[J]. 森林与人类, 5：74-85.
王向峰, 林洁荣, 2007. 叶蛋白饲料的研究进展[J]. 福建畜牧兽医, 12（3）：46-48.
王小梅, 2012. 内蒙古地区不同品种肉牛生产性能和肉品质及脂肪代谢相关基因mRNA表达量的比较研究[D]. 呼和浩特：内蒙古农业大学.
王新源, 刘世增, 陈翔舜, 等, 2017. 河西走廊绿洲面积动态及其驱动因素[J]. 中国沙漠, 39（40）：212-219.
王旭, 王德利, 刘颖, 等, 2002. 羊草草地生长季放牧山羊采食量和食性选择[J]. 生态学报, 22（5）：661-667.
王义祥, 王峰, 翁伯琦, 等, 2010. 果园生草模式土壤固碳潜力：以福建省为例[J]. 亚热带农业研究, 6（3）：189-192.
王英哲, 2015. 松辽平原紫花苜蓿生长发育及产量形成与生长度日（GDD）的关系[D]. 北京：中国农业科学院.
王元素, 洪绂曾, 蒋文兰, 等, 2007. 喀斯特地区红三叶混播草地群落对长期适度放牧的响应[J]. 生态环境, 16（1）：117-124.
王云涛, 于林清, 王富贵, 等, 2013. 11份苜蓿材料的抗倒春寒性及生产性能比较[J]. 中国草地学报, 5：36-41.
王志锋, 王多伽, 于洪柱, 等, 2016. 刈割时间与留茬高度对羊草草甸草产量和品质的影响[J]. 草业科学, 33（2）：276-282.
魏军, 曹仲华, 罗创国, 2007. 草田轮作在发展西藏生态农业中的作用及建议[J]. 黑龙江畜牧兽医（9）：98-100.
魏臻武, 2011. 江淮地区苜蓿的生长特性及生产性能的研究[C]//第四届（2011）中国苜蓿发展大会论文集. 中国畜牧业协会：7.
文华, 刘钰华, 1996. 和田的混农林业[J]. 新疆环境保护, 16（4）：96-101.
翁伯琦, 王义祥, 黄毅斌, 等, 2013. 生草栽培下果园土壤固碳潜力研究[J]. 生态环境学报, 22（6）：931-934.
吴发启, 刘秉正, 2003. 黄土高原流域农林复合配置[M]. 郑州：黄河水利出版社.
吴贵蜀, 2003. 农牧交错带的研究现状及进展[J]. 四川师范大学学报（自然科学版）, 26（1）：108-110.
吴克谦, 周清水, 1992. 林下草地产量与家畜生产性能的研究[M]//黄文惠, 王培. 亚热带中高山地区草地开发研究. 北京：中国农业科学技术出版社.
吴笑音, 2015. 猪应激综合征HRM检测方法的建立与应用[D]. 晋中：山西农业大学.
吴雪, 刘峰贵, 刘林山, 等, 2021. 青藏高原牲畜数量变化及其空间特征[J]. 生态科学, 40（6）：38-47.
西北农学院, 甘肃农业大学, 山西农学院, 1978. 家畜解剖谱图（修改本）[M]. 西安：陕西人民出版社.
席翠玲, 李向林, 万里强, 等, 2010. 亚热带山区草地农业系统分析：以贵州省晴隆县为例[J]. 草业学报, 19（2）：14-20.
肖冰雪, 陈琴, 郑群英, 等. 2018. 红原县饲草产业发展现状及对策探讨[J]. 草学（6）：83-86.
谢高地, 张钇锂, 鲁春霞, 等, 2001. 中国自然草地生态系统服务价值[J]. 自然资源学报, 16（1）：47-53.
谢高地, 甄霖, 鲁春霞, 等, 2008. 一个基于专家知识的生态系统服务价值化方法[J]. 自然资源学报, 5：169-177.
谢平, 2014. 生命的起源：进化理论之扬弃与革新[M]. 北京：科学出版社.
谢云龙, 2017. 湖羊在天祝县的适应性及其杂交效果研究[D]. 兰州：兰州大学.
辛晓平, 徐丽君, 徐大伟, 2015. 中国主要栽培牧草适宜性区划[M]. 北京：科学出版社.
辛雨, 2020. 中美科学家考古发现驴在古代或有更高"地位"[N]. 中国科学报, 2020-03-19（2）.

新华社, 2021. 专家谈我国草坪业发展机遇和前景[OL]. http://www.xinhuanet.com/travel/2021-04/21/c_1127356398.htm?ivk_sa=1024320u[2022-10-23].

新疆维吾尔自治区水利厅, 2020. 2019 新疆水资源公报[EB/OL]. http://slt.xinjiang.gov.cn/slt/szygb/202203/14f291c909b945219903be01369d0191.shtml.

兴安盟第三次国土调查领导小组办公室, 兴安盟自然资源局, 兴安盟统计局, 2021. 兴安盟第三次国土调查主要数据公报[EB/OL]. http://xam.gov.cn/xam/index/300526/4768215/index.html.

修金生, 吴顺意, 周伦江, 等, 2010. 福建省猪-沼-果（草、林、菜）生态养殖模式与应用[J]. 福建畜牧兽医, 32（5）：49-52.

徐春阳, 蒋庆余, 刘增清, 等, 2008. 发展奶牛的朝阳产业：绿色草原牧场大力种植苜蓿草改变奶牛粗饲料结构的调研报告[C]//魏克佳. 中国奶业协会2008年会议论文集. 哈尔滨：中国奶牛.

徐冬平, 2018. 北方农牧交错区农业可持续发展路径、模式及布局研究[D]. 西安：西北大学.

徐敏云, 贺金生, 2014. 草地载畜量研究进展：概念、理论和模型[J]. 草业学报, 23（3）：313-324.

徐明, 2007. 反刍动物瘤胃健康和碳水化合物能量利用效率的营养调控[D]. 杨陵：西北农林科技大学.

徐田伟, 2018. 青藏高原高寒牧区放牧家畜碳密度及主要影响因素研究[D]. 北京：中国科学院大学.

徐田伟, 胡林勇, 赵娜, 等, 2017. 补饲燕麦青干草对牦牛和藏系绵羊冷季生长性能的影响[J]. 西南农业学报, 30（1）：205-208.

徐田伟, 赵新全, 张晓玲, 等, 2020. 青藏高原高寒地区生态草牧业可持续发展：原理、技术与实践[J]. 40（18）：6324-6337.

许鹏, 1993. 新疆草地资源及其利用[M]. 乌鲁木齐：新疆科技卫生出版社.

许鹏, 1998. 新疆荒漠区草地与水盐植物系统及优化生态模式[M]. 北京：科学出版社.

许鹏, 2002. 实施草地生态置换 振兴草牧产业[C]//中国国际草业发展大会暨中国草原学会第六届代表大会会议论文. 乌鲁木齐：新疆农业大学.

许鹏, 安沙舟, 1995. 新疆北疆平原荒漠区草地资源与经营系统[J]. 中国草地, 5：3-9.

许庆方, 2005. 影响苜蓿青贮品质的主要因素及苜蓿青贮在奶牛日粮中应用效果的研究北京[D]. 北京：中国农业大学.

薛白, 赵新全, 张耀生, 2005. 青藏高原天然草场放牧牦牛体重和体成分变化动态[J]. 动物营养学报, 17（2）：54-57.

闫佰鹏, 李发弟, 李飞, 2019a. 反刍动物纤维酶制剂作用机理及其应用效果[J]. 草业科学, 36（9）：2395-2403.

闫佰鹏, 王芳彬, 李成海, 等, 2019b. 利用近红外光谱技术快速评定油菜秸秆的营养价值[J]. 草业科学, 36（2）：522-530.

闫虎, 2004. 昭苏军马场天然草地春秋场始牧期、终牧期的研究[D]. 乌鲁木齐：新疆农业大学.

闫顺国, 1991. 河西走廊盐渍化草地土壤生态指标的选择与分类[J]. 草业科学, 8（3）：22-25.

闫伟杰, 刘建新, 吴跃明, 2004. 反刍动物饲料间组合效应评估参数及评估方法[J]. 中国饲料, 15：27-29.

严作良, 周华坤, 刘伟, 等, 2003. 江河源区草地退化状况及成因[J]. 中国草地, 25（1）：73-78.

杨春华, 张新全, 2003. 人工建植混播草地技术研究[J]. 草业科学, 20（3）：42-46.

杨桂英, 董宽虎, 张建强, 等, 1999. 果园种草对土壤及果树的影响[J]. 山西农业大学学报, 19（4）：302-304, 314.

杨慧清, 李晓明, 尕切江, 等, 2001. 封育和灌溉措施对退化碱茅人工草地生长发育及其生物量季节动态的影响[J]. 青海畜牧兽医杂志, 24（2）：18-19.

杨军香，曹志军，2012. 全混合日粮实用技术[M]. 北京：中国农业科学技术出版社.

杨理，2010. 中国草原治理的困境：从"公地的悲剧"到"围栏的陷阱"[J]. 中国软科学，1：10-17.

杨理，侯向阳，2005. 对草畜平衡管理模式的反思[J]. 中国农村经济，9：64-68.

杨理，杨持，2004. 草地资源退化与生态系统管理[J]. 内蒙古大学学报（自然科学版），35（2）：205-208.

杨天，2002. 节水灌溉技术手册（第二卷）[M]. 北京：中国大地出版社.

杨晓枫，兰剑，2015. 牧草与草坪草种子生产技术研究[J]. 种子，34（7）：41-45.

杨秀芳，梁庆伟，张晴晴，等，2019. 基于不同生长度日的刈割对科尔沁沙地紫花苜蓿产量、品质和越冬率的影响[J]. 草地学报，27（4）：1068-2071.

杨依天，郑度，张雪芹，2013. 1980—2010年和田绿洲土地利用变化空间耦合及其环境效应[J]. 地理学报，68（6）：813-824.

杨玉海，蒋平安，艾尔肯，等，2005. 种植苜蓿对土壤肥力的影响[J]. 干旱区地理，2：107-110.

杨允菲，1988. 人工草地羊草种群生态的研究[J]. 东北师大学报（自然科学版），2（9）：144-149.

杨智明，2017. 松嫩草地绵羊放牧-舍饲利用模式研究[D]. 长春：东北师范大学.

姚军虎，李飞，李发弟，等，2014. 反刍动物有效纤维评价体系及需要量[J]. 动物营养学报，26（10）：3168-3174.

姚文艺，高亚军，安催花，等，2015. 百年尺度黄河上中游水沙变化趋势分析[J]. 水利水电科技进展，35（5）：112-120.

叶昌东，黄安达，刘冬妮，2020. 国家公园的兴起与全球传播和发展[J]. 广东园林，42（4）：15-19.

易纲，樊纲，李岩，2003. 关于中国经济增长与全要素生产率的理论思考. 经济研究，8：13-20.

易克贤，周汉林，何华玄，等，2003. 海南热带疏林草地山羊放牧试验初报[J]. 草业科学，20（7）：47-50.

尹家锋，朱世清，杨佐琴，等，1994. 林草间种对保持水土效益的研究[J]. 林业科技，19（2）：17-18.

印遇龙，阳成波，敖志刚，2014. 猪营养需要[M]. 北京：科学出版社.

于贵瑞，2001. 生态系统管理学的概念框架及其生态学基础[J]. 应用生态学报，12（5）：787-794.

余承良，周宗玲，2020. 寿县草坪产业调查报告[J]. 安徽农学通报，26（8）：157-158.

玉柱，陈燕，孙启忠，等，2009. 不同添加剂对白三叶青贮发酵品质与体外消化率的影响[J]. 中国农业科技导报，11（4）：133-138.

喻佳媛，2015. 拉巴豆与几种禾草混合青贮效果的研究[D]. 长沙：湖南农业大学.

俞静，2007. 昭苏马场不同垂直带草地类型多样性的研究[D]. 乌鲁木齐：新疆农业大学.

袁大刚，刘世全，张宗锦，等，2003. 横断山区土壤资源可持续利用研究[J]. 水土保持学报，17（1）：46-50.

袁宏霞，2015. 内蒙古东部农牧交错区近60年的气候变化研究[D]. 呼和浩特：内蒙古师范大学.

袁榴艳，杨改河，冯永忠，2007. 干旱区生态与经济系统耦合发展模式评判：以新疆为例[J]. 西北农林科技大学学报（自然科学版），35（11）：41-47.

泽柏，郑群英，邓永昌，2007. 草地共管在红原的实践[J]. 草业与畜牧，2：4-7.

曾艳琼，卢欣石，2008. 林草复合生态系统的研究现状及效益分析[J]. 草业科学，25（3）：33-36.

张宝田，王德利，曹勇宏，2003. 人工草地的羊草生长繁殖动态[J]. 草业学报，12（1）：59-64.

张勃，郝建秀，李太安，等，2003. 关于河西地区生态经济发展的几个问题[J]. 草业科学，20（11）：36-39.

张步飞，刘勇，万金华，等，2002. 桑园间作种草养鹅效益分析[J]. 江苏蚕业，1：40-41.

张琛悦，赵霞，辛玉春，等，2022. 青海省草地生态系统碳储量及其分布特征[J]. 北京师范大学学报（自然科学版），58（2）：286-292.

张福锁，2011．测土配方施肥技术[M]．北京：中国农业大学出版社．

张刚，2006．乳酸细菌：基础、技术及应用[M]．北京：化学工业出版社．

张宏忠，蔡遗全，2008．干草的贮存与饲喂[J]．中国牧业通讯，9（1）：44-45．

张虎森，2006．猫尾草的利用价值及在河西地区的种子生产[J]．养殖技术顾问，23（5）：20-24．

张吉鹍，2010．反刍动物木本饲料的组合效应[J]．中国奶牛，12：16-21．

张嘉保，田见晖，2011．动物繁殖理论与生物技术[M]．北京：中国农业出版社．

张骞，马丽，张中华 等，2019．青藏高寒区退化草地生态恢复：退化现状、恢复措施、效应与展望[J]．生态学报，39（20）：7441-7451．

张江，袁旻舒，张婧，等，2020．近30年来青藏高原高寒草地NDVI动态变化对自然及人为因子的响应[J]．生态学报，40（18）：6269-6281．

张军霞，乐祥鹏，王维民，等，2016．绵羊 TrkA 基因的表达及其 SNPs 与产羔性状的关联性分析[J]．农业生物技术学报，24（8）：1156-1164．

张军霞，乐祥鹏，王维民，等，2017．绵羊 KITLG 基因的表达及其多态性与产羔性状关联分析[J]．农业生物技术学报，25（6）：893-900．

张雷一，张静茹，刘方，等，2014．林草复合系统的生态效益[J]．草业科学，31（9）：1789-1797．

张敏，2016．红原县现代草原畜牧业家庭示范牧场建设情况[J]．中国畜牧兽医文摘，32（5）：12．

张娜娜，2018．妊娠后期饲粮蛋白水平对湖羊羔羊生长和初乳蛋白质组的影响[D]．兰州：兰州大学．

张朋朋，2019．定西市草地农业和传统农业生产模式的比较研究[D]．兰州：兰州大学．

张晴晴，梁庆伟，娜日苏，等，2018．刈割对天然草地影响的研究进展[J]．畜牧与饲料科学，39（1）：33-42．

张树川，龙治普，齐顾波，等，2007．草原社区管理模式研究：以宁夏盐池为例[J]．草地学报，15（5）：479-485．

张为政，张宝田，1993．羊草草原割草强度与土壤盐渍化的关系[J]．中国草地，4：4-8．

张卫建，郑建初，江海东，等，2001．稻/草-鹅农牧结合模式的综合效益及种养技术初探[J]．草业科学（5）：17-21．

张文军，张英俊，孙娟娟，等，2012．退化羊草草原改良研究进展[J]．草地学报，20（4）：603-608．

张弦，高阔，2016．家庭农场适度规模的研究进展[J]．世界农业，441（1）：12-19．

张相伦，游伟，赵红波，等，2018．全株玉米青贮的调制及其在肉牛生产中的应用研究[J]．中国牛业科学，44（3）：16-19．

张晓华，2019．阿鲁科尔沁旗禁牧配套政策落实存在的问题及建议[J]．现代农业科技，20：217．

张新时，李博，史培军，1998．南方草地资源开发利用对策研究[J]．自然资源学报，13（1）：1-7．

张秀芬，1992．饲草饲料加工与贮藏[M]．北京：中国农业出版社．

张掖市第三次全国国土调查领导小组办公室，张掖市自然资源局，张掖市统计局，2021．张掖市第三次全国国土调查主要数据公报[EB/OL]．http://www.zhangye.gov.cn/dzdt/tzggg/202111/t20211125_751047.html．

张掖市统计局，2022．2021年张掖市农业经济形势分析[EB/OL]．http://www.zhangye.gov.cn/tjj/ztzl/tjfx/202202/t20220222_795081.html．

张镱锂，李炳元，郑度，2002．论青藏高原范围与面积[J]．地理研究，21（1）：1-8．

张英俊，任继周，王明利，等，2013．论牧草产业在我国农业产业结构中的地位和发展布局[J]．中国农业科技导报，15（4）：61-71．

张英俊，周冀琼，杨高文，等，2020．退化草原植被免耕补播修复理论与实践[J]．科学通报，65（16）：1546-1555．

张永亮，潘东，吴明浩，2018．苜蓿+禾草混播方式对二龄混播草地牧草产量的影响[J]．草业科学，35（9）：2210-2219．

张玉玲，2018．无土草皮毯的生产与应用[J]．辽宁农业职业技术学院学报，20（5）：13-14．

张沅，2001．家畜育种学[M]．北京：中国农业出版社．

张志强，徐中民，程国栋，2001．生态系统服务与自然资本价值评估[J]．生态学报，21（11）：175-183．

张智安，李世易，武刚，等，2020．蜜蜂肽对育肥湖羊生长性能和瘤胃微生物区系的影响[J]．动物营养学报，32（2）：756-764．

赵超，朱运龙，张万会，等，1996．垂体前叶内神经纤维可能参与 ACTH 分泌的调节[J]．生理学报（2）：179-184．

赵春江，杨信廷，李斌，等，2018．中国农业信息技术发展回顾及展望[J]．农学学报，8（1）：172-178．

赵德强，夏爱国，2000．果园种草养鹅试验效果分析[J]．当代畜牧（6）：8-10．

赵哈林，赵学勇，张铜会，等，2000．我国北方农牧交错带沙漠化的成因、过程和防治对策[J]．中国沙漠，20（增刊）：22-28．

赵哈林，赵学勇，张铜会，等，2002．北方农牧交错带的地理界定及其生态问题[J]．地球科学进展，17（5）：739-746．

赵明清，李淑香，齐宝林，等，2006．不同施氮水平对朝鲜碱茅生产性能的影响[J]．吉林农业科学，34（3）：52-54．

赵明清，齐宝林，高国臣，等，2007．不同施氮肥时期对朝鲜碱茅种子和干草产量的影响[J]．农业与技术，27（3）：59-61．

赵青山，侯向阳，段俊杰，等，2019．混播人工草地不同方式放牧苏尼特羊生产效益趋势[J]．中国草地学报，41（3）：130-135．

赵青山，侯向阳，赵艳清，等，2013．混播人工草地不同放牧制度下草畜互作试验研究[J]．中国草地学报，35（1）：67-72．

赵松乔，1953．察北、察盟及锡盟一个农牧过渡地区经济地理调查[J]．地理学报，19（1）：43-60．

赵婷，2019．内蒙古草原家庭牧户养殖模式和牧企合作研究：以赤峰市阿鲁科尔沁旗为例[D]．呼和浩特：内蒙古大学．

赵新全，2009．高寒草甸生态系统与全球变化[M]．北京：科学出版社．

赵新全，2021．第二次青藏高原考察研究：三江源国家公园生态系统现状、变化及管理[M]．北京：科学出版社．

赵新全，马玉寿，王启基，等，2011．三江源区退化草地生态系统恢复与可持续管理[M]．北京：科学出版社．

赵新全，徐世晓，赵亮，等，2018．高寒草地生态畜牧业关键技术集成与示范科技报告（2014BAC05B04）[R]．

赵艳，2016．论川西少数民族地区草原生态旅游资源的开发与保护[J]．中国农业资源与区划，37（1）：227-230．

赵勇，刘景辉，韩风叶，等，2007．刈割时期对不同类型牧草产量和品质的影响[J]．华北农学报，22（S3）：61-65．

赵有璋，2008．正视并解决问题，积极推进我国肉羊业持续健康发展[C]．盖州：第五届中国羊业发展大会．

郑惠莹，1999．松嫩平原盐生植物与盐碱化草地的恢复[M]．北京：科学出版社．

郑景明，罗菊春，曾德慧，2002．森林生态系统管理的研究进展[J]．北京林业大学学报，24（5）：103-109．

郑明利，毛培春，邸建辉，等，2021．白三叶和鸭茅混合青贮饲喂对湖羊屠宰性能及肉品质的影响[J]．河南农业科学，50（5）：142-148．

郑伟，朱进忠，加娜尔古丽，2012．不同混播方式豆禾混播草地生产性能的综合评价[J]．草业学报，21（6）：245-254．

郑远昌，高生淮，1984．略论川西山地的自然垂直带[J]．山地研究（4）：237-244，291-292．

中国草地生态补偿与食物安全战略研究项目组，2015．中国草地生态补偿与食物安全战略研究[M]．北京：科学出版社．

中国科学院青藏高原综合科学考察队，2000．横断山区土壤[M]．北京：科学出版社．

中华人民共和国国家统计局，2018．中国统计年鉴[M]．北京：中国统计出版社．

中华人民共和国农业部畜牧兽医司，全国畜牧兽医总站，1994．中国草地资源数据[M]．北京：中国农业科学技术出版社．

仲延凯，包青海，孙维，1990．人工羊草草地产量动态的研究[J]．内蒙古大学学报（自然科学版），3：101-108．

周道玮，2008．青贮及其草地管理意义[C]//中国草学会青年工作委员会．农区草业论坛论文集．中国草学会青年工作委员会，中国草学会．

周华坤，赵新全，周立，等，2005．层次分析法在江河源区高寒草地退化研究中的应用[J]．资源科学，27（4）：63-70．

周升强，孙鹏飞，赵凯，等，2020．国家重点生态功能区退牧还草工程实施效果评价：以宁夏盐池县为例[J]．草地农业科学，37（1）：201-212．

周寿荣，2004．饲料生产手册[M]．成都：四川科学技术出版社．

周卫生，干友民，李才旺，等，2004．川西北草地退化原因及对策[J]．四川草原（7）：1-2．

周霞，魏杨，李东嵘，等，2019．黄土区紫花苜蓿根系对土体抗剪性能的影响[J]．中国水土保持科学，17（2）：53-59．

周晓丽，郑明利，安士经，等，2019．日粮中添加草浆对海兰褐蛋鸡屠体性能及肉蛋品质的影响[J]．河南农业科学，48（4）：139-145．

周政华，2006．果园种草-养鸡农牧结合模式研究[J]．广西园艺，17（1）：3-4．

朱芳莹，2015．中国北方四大沙地近30年来沙漠化时空变化及气候影响[D]．南京：南京大学．

朱磊，2019．宁夏盐池县：封山禁牧，大力发展生态产业[N/OL]．人民日报 http://society.people.com.cn/n1/2019/0522/c1008-31096539.html. 2019-5-22(14).

朱清科，朱金兆，2003．黄土区退耕还林可持续经营技术[M]．北京：中国林业出版社．

朱世恩，2012．动物配子与胚胎冷冻保存原理及应用[M]．北京：科学出版社．

朱兴运，吴青年，任继周，1991．碱茅草在甘肃内陆盐渍地草地农业生产中的作用[J]．草业科学，23（2）：52-57．

朱兆良，2008．中国土壤氮素研究[J]．土壤学报，45（5）：778-783．

竺可桢，宛敏渭，1999．物候学[M]．长沙：湖南教育出版社．

邹养军，邱凌，聂俊峰，2003．牧沼果草生态果园模式及关键技术探讨[J]．陕西农业科学（3）：29-30，51．

ACOCKS J D H, 1966. Non-selective grazing as a means of veld reclamation[J]. Proceedings of Grassland Society for South Africa, 1: 33-40.

ARROW K, SOLOW R, PORTNEY P R, et al., 1993. Report of the NOAA panel on contingent valuation[J]. Federal Register, 58(10): 4601-4614.

BAI Y F, HAN X G, WU J G, et al., 2004. Ecosystem stability and compensatory effects in the Inner Mongolia grassland[J]. Nature, 431(7005): 181-184.

BAI Y F, WU J G, CLARK C M, et al., 2012. Grazing alters ecosystem functioning and C：N：P stoichiometry of grasslands along a regional precipitation gradient[J]. Journal of Applied Ecology, 49(6): 1204-1215.

BARKLEY A, BARKLEY P W, 2016. Principles of agricultural economics[M]. New York: Routledge.

BATABYAL A A, GODFREY E B, 2006. Rangeland management under uncertainty: A conceptual approach[J]. Journal of Range Management, 55(1): 12-5.

BATEMAN I J, WILLIS K G, 2001. Valuing environmental preferences: Theory and practice of the contingent valuation method in the US, EU, and developing countries[M]. Oxford: Oxford University Press on Demand.

BAZELY D R, 1990. Rules and cues used by sheep foraging in monocultures[M]//HUGHES R N(ed.)Behavioural Mechanisms of Food Selection. Berlin: Spring-Verlag.

BEHNKE R H, SCOONES I, KERVEN C, 1993. Range ecology at disequilibrium: New models of natural variability and pastoral adaptation in African savannas[M]. London: Overseas Development Institution.

BELOVESKY G E, FRYXELL J, SCHMITZ O J, 1999. Natural selection and herbivore nutrient: Optimal foraging theory and what it tells us about the structure of ecological communities[M]//JUNG H G, FAHEY G C J R(eds.)Nutritional Ecology of Herbivores. Savoy: American Society of Animal Science.

BELSKY A J, CARSON W P, JENSEN C L, et al., 1993. Overcompensation by plants: Herbivore optimization or red herring?[J]. Evolutionary Ecology, 7: 109-121.

BEST B P, 2015. Cryoprotectant toxicity: Facts, issues, and questions[J]. Rejuvenation Research, 18(5): 422-436.

BLAXTER K L, 1962. The energy metabolism of ruminants[M]. London: Hutchinson.

BRANSBY D I, 1989. Justification for grazing intensity experiments: Economic analysis[J]. Journal of Range Management, 42: 425-430.

BRISKE D D, 2017. Rangelands systems: processes, management and challenges[M]. Gewerbestrasse: Springer International Publishing AG.

BRISKE D D, FUHLENDORF S D, SMEINS F E, 2003. Vegetation dynamics on rangelands: A critique of the current paradigms[J]. Journal of Applied Ecology, 40: 601-614.

BROWN C G, 2020. Common grasslands in Asia: A comparative analysis of Chinese and Mongolia Grasslands[M]. Cheltenham: Edward Elgar Publishing.

BURLEY J, 1989. Research priorities[M]. Oxford: Agroforestry(Potential, current UK expertise, and research needs: A guide to ODA strategy).

CALLAGHAN T V, LAWSON G J, MILLAR A, 1986. Environmental aspects of agroforestry. Agroforestry: A discussion of research and development requirement[M]. UK: MAFF.

CAUGHLEY G, 1979. What is this thing called carrying capacity?[M]//BOYCE M D, HAYDEN-WING L D(eds)North American Elk: Ecology, behaviour and management. Laramie: University of Wyoming.

CHEN T, NAN Z B, KARDOL P, et al., 2018. Effects of interspecific competition on plant-soil feedbacks generated by long-term grazing[J]. Soil Biology and Biochemistry, 126: 133-143.

CHOUDURY S, LARKIN P, XU R, et al., 2019. Genome wide association study reveals novel QTL for barley yellow dwarf virus resistance in wheat[J]. BMC Genomics(20): 1-8.

COMNINOS A N, ANASTASOVSKA J, SAHURI-ARISOYLU M, et al., 2016. Kisspeptin signaling in the amygdala modulates reproductive hormone secretion[J]. Brain Struct Funct, 221(4): 2035-2047.

CONNLOLLY J, 1976. Some comments of the shape of the gain-stocking rate curve[J]. Journal of Agricultural Science, 86: 103-109.

COSTANZA R, D'ARGE R, DE GROOT R, et al., 1997. The value of the world's ecosystem services and natural capital[J]. Nature, 387: 253-260.

COWLING R M, 2000. Challenge to the new rangeland science[J]. Trends in Ecology and Evolution, 15: 303-304.

CURRIE P O, 1978. Cattle weight gain comparison under season-long and rotational grazing systems[C]. Proceedings of International Rangeland Congress, 1: 579-580.

DELL'EVA G, BOLOGNINI D, IACONO E, et al., 2019. Superovulation protocols for dairy cows bred with SexedULTRA™ sex-sorted semen[J]. Reprod Domest Anim, 54(5): 756-761.

DELTING K J, 1988. Grassland and savannas: Regulation of energy flow and nutrient cycling by herbivores[M] //Pomeroy LR and Alberts JJ(eds)Concepts and ecosystem ecology. New York: Springer-Verlag.

DIMITRI C, EFFLAND A, CONKLIN N, 2005. The 20th century transformation of US agriculture and farm policy[R]. Economic Information Bulletin No. 3. Economic Research Service, United States Department of Agriculture.

DONG S K, SHANG Z H, GAO J X, et al., 2020. Enhancing sustainability of grassland ecosystems through ecological restoration and grazing management in an era of climate change on Qinghai-Tibetan Plateau[J]. Agriculture Ecosystems and Environment, 287: 106684.

EHRENFELD D W, 1972. Conserving life on earth[M]. Oxford: Oxford University Press.

ELLIS J E, SWIFT D M, 1988. Stability of African pastoral ecosystems: Alternate paradigms and implications for development[J]. Journal of Range Management, 41: 450-459.

ELTON C S, 1958. The ecology of invasions by animals and plants[M]. London: Chapman and Hall.

ESTELL R E, HAVSTAD K M, CIBILS A F, et al., 2012. Increasing shrub use by livestock in a world with less grass[J]. Rangeland Ecology and Management, 65: 553-562.

EWING P V, WELLS C A, 1915. Associative digestibility of corn silage, cottonseed meal and starch in steer rations[J]. Georgia Agr. Exp. Sta. Bull., 115: 271.

FAO, 2011. FAOSTAT statistical database[Z]. http://faostat.fao.org/site/573/default.aspx#ancor.Accessed. 29 June 2011.

FORBES E B, BRAMAN W W, KRISS M, 1931. The metabolisable energy and net energy values of corn meal when fed exclusively and in combination with alfalfa hay[J]. Agric. Res, (43): 1015-1026.

FRANDSON R D, 2009. Anatomy and physiology of farm animals[M]. 7th ed.Wayne: Wiley-Blackwell.

FREER M, DOVE H, 2002. Sheep nutrition[M]. New York: CABI.

GAO Y, WANG D L, BA L, et al., 2008. Interactions between herbivory and resource availability on grazing tolerance of Leymus chinensis[J]. Environmental and Experimental Botany, 63: 113-122.

GONZÁLEZ-MARÍN C, GÓNGORA C E, GILLIGAN T B, et al., 2018. *In vitro* sperm quality and DNA integrity of Sexed ULTRA™ sex-sorted sperm compared to non-sorted bovine sperm[J]. Theriogenology, 114: 40-45.

GUELKE L, 2003. The tragedy of privatisation: Some environmental consequences of the Dutch invasion of Khoikhoi South Africa[J]. South African Geographical Journal, 85(2): 90-98.

GUO X S, DING W R, HAN J G, et al., 2008. Characterization of protein fractions and amino acids in ensiled alfalfa treated with different chemical additives[J]. Animal Feed Science and Technology, 142(1-2): 0-98.

GUO Y R, HE X Z, HOU F J, et al., 2020. Stocking rate affects plant community structure and reproductive strategies of a desirable and an undesirable grass species in an alpine steppe, Qilian Mountains, China[J]. Rangeland Journal, 42(1): 63-69.

HAFEZ E, JAINUDEEN M, ROSNINA Y H, 2016. Reproduction in farm animals[M]. Philadelphia: Lippincott Williams and Wilkins.

HAN G D, LI B, WEI Z J, et al., 2000. Liveweight change of sheep under 5 stocking rates in Stipa breviflora desert Steppe[J]. Grassland of China, 1: 4-6, 38.

HAN G D, LI N, ZHAO M L, et al., 2011. Changing livestock number and farm management to improve the livelihood of farmers and rehabilitate grasslands in desert steppe: A case study in Siziwang Banner, Inner Mongolia Autonomous Region[C]//KEMP D R, MICHALK D L. Sustainable development of livestock systems on grasslands in North-Western China. ACIAR Proceedings, 134: 80-96.

HAN G D, LIU T, WANG Z W, et al., 2013. Adaptive management of grazing lands[M]//CHEN J Q, et al. Dryland East Asia: Land dynamics amid social and climate change. Beijing: Higher Education Press.

HARDIN G, 1968. The tragedy of commons[J]. Science, 162: 1243-1248.

HART R H, 1988. Cattle, vegetation, and economic responses to grazing systems and grazing pressure[J]. Journal of Range Management, 41: 282-286.

HART R H, 1993. Viewpoint: "Invisible colleges" and citation clusters in stocking rate research[J]. Journal of Range Management, 46(5): 378-382.

HART R H, BISSIO J, SAMUEl M J, et al., 1993. Grazing systems, pasture size, and cattle grazing behaviour, distribution and gains[J]. Journal of Range Management, 46: 81-87.

HART R N, WAGGONER J W, 1988. Optimal stocking rate for cow-calf enterprises on native range and complementary improved pasture[J]. Journal of Range Management, 41: 435-441.

HAUTIER Y, SEABLOOM E W, BORER E T, et al., 2014. Eutrophication weakens stabilizing effects of diversity in natural grasslands[J]. Nature, 508(7497): 521-525.

HE L W, WANG C, XING Y Q, et al., 2019. Dynamics of proteolysis, protease activity and bacterial community of Neolamarckia cadamba leaves silage and the effects of formic acid and Lactobacillus farciminis[J]. Bioresource Technology, 294: 122-127.

HEADY H F, CHILD R D, 1994. Rangeland ecology and management[M]. Colorado: Westview Press.

HERRERO M, HAVLIK P, VALIN H, et al., 2013. Biomass use, production, feed efficiencies, and greenhouse gas emissions from global livestock systems[J]. Proceedings of the National Academy of Sciences of the United States of America, 110(52): 20888-20893.

HIGGS R J, CHASE L E, ROSS D A, et al., 2015. Updating the cornell net carbohydrate and protein system feed library and analyzing model sensitivity to feed inputs[J]. Journal of Dairy Science, 98: 6340-6360.

HODGSON J, 1990. Grazing management: Science into practice[M]. Harlow: Longman Group(FE)Limited.

HOLECHEK J L, GOMEZ H, MOLINAR F, et al., 1999. Grazing studies: What we've learned[J]. Rangelands, 21(2): 12-16.

HOLECHEK J L, PIEPER R D, HERBEL C H, 2004. Range management: Principles and practices[M]. New York: Pearson Education, Inc.

HOLLING C S, 1973. Resilience and stability of ecological systems[J]. Annual Review of Ecology and Systematics, 4: 1-23.

HOLLING C S, 1978. Adaptive environmental assessment and management[M]. Chichester-New York-Brisbane-Toronto: John Wiley and Sons.

HOMEWOOD K M, 2004. Policy, environment and development in African rangelands[J]. Environmental Science and Policy, 7(3): 125-143.

HUTJENS M F, 2008. Optimized rumen and gut health in dairy cattle: The U. S. approach[M]//Gut efficiency: The key ingredient in ruminant production. Wageningen: Wageningen Academic Publishers.

IRVINE I C, WITTER M S, BRIGHAM C A, et al., 2013. Relationships between methylobacteria and glyphosate with native and invasive plant species: Implications for restoration[J]. Restoration Ecology, 21(1): 105-113.

JASMER G E, HOLECHEK J L, 1984. Determining grazing intensity on rangeland[J]. Journal of Soil and Water Conservation, 39(1): 32-35.

JIANG L, HAN X, ZHANG G, et al., 2010. The role of plant-soil feedbacks and land-use legacies in restoration of a temperate steppe in northern China[J]. Ecological Research, 25(6): 1101-1111.

JOHNSON N C, 2010. Resource stoichiometry elucidates the structure and function of arbuscular mycorrhizal across scales[J]. New Phytologist, 185: 631-647.

JONES R J, SANDLAND R L, 1974. The relation between animal gain and stocking rate: Derivation of the relation from the results of grazing trials[J]. Journal of Agricultural Science, 83: 335-342.

KAMBADUR R, SHARMA M, SMITH T P, et al., 1997. Mutations in myostatin(GDF8) in double-muscled belgian blue and piedmontese cattle[J]. Genome Research, 7(9): 910-916.

KARDOL P, BEZEMER T M, VAN DER PUTTEN W H, 2006. Temporal variation in plant-soil feedback controls succession[J]. Ecology Letters, 9(9): 1080-1088.

KASHI Y, HALLERMAN E, SOLLER M, 1990. Marker-assisted selection of candidate bulls for progeny testing programmes[J]. Animal Production, 51: 63-74.

KEMP D R, HAN G D, HOU X Y, et al., 2013. Innovative grassland management systems for environmental and livelihood benefits[J]. Proceedings of the National Academy of Sciences, 110(21): 8369-8374.

KEMP D R. MICHALK D L, 2011. Sustainable development of livestock systems on grasslands in North-Western China[J]. Canberra, Australia: ACIAR Proceedings: 134.

KEMP D, BROWN C, HAN G D, et al., 2011. Chinese grasslands: Problems, dilemmas and finding solutions[C]//KEMP D R, MICHALK D L. Development of sustainable livestock systems on grasslands in north-western China. Canberra: Australian Centre for International Agricultural Research: 12-23.

KEMP D, HAN G D, HOU F J, et al., 2018. Sustainable management of Chinese grasslands-issues and knowledge[J]. Frontiers of Agricultural Science and Engineering, 5(1): 9-23.

KEMP D, HAN G D, HOU X Y, et al., 2013. Innovative grassland management systems for environmental and livelihood benefits[J]. Proceedings of the National Academy of Sciences of the United States of America, 110(21): 8369-8374.

KOLLAS C, KERSEBAUM K C, NENDEL C, et al., 2015. Crop rotation modeling: A European model intercomparison[J]. European Journal of Agronomy, 70: 98-111.

KOTHMANN M M, 1984. Concepts and principles underlying grazing systems: A discussant paper[M]//National Research Council/National Academy of Science. Developing strategies for rangeland management. Boulder: Westview Press.

KUMAR A, PRASAD J K, SRIVASTAVA N, et al., 2019. Strategies to minimize various stress-related freeze-thaw damages during conventional cryopreservation of mammalian spermatozoa[J]. Biopreserv Biobank., 17(6): 603-612.

LA Y F, ZHANG X X, LI F D, et al., 2019. Molecular Characterization and Expression of SPP1, LAP3 and LCORL and Their Association with Growth Traits in Sheep[J]. Genes, 10(8): 616.

LABRIE F, BÉLANGER A, CUSAN L, et al., 1997. Physiological changes in dehydroepiandrosterone are not reflected by serum levels of active androgens and estrogens but of their metabolites: Intracrinology[J]. Journal of Clinical Endocrinology and Metabolism, 82(8): 2403-2409.

LAMB G C, DAHLEN C R, LARSON J E, et al., 2010. Control of the estrous cycle to improve fertility for fixed-time artificial insemination in beef cattle: a review[J]. J Anim Sci., 88(13 Suppl): 181-192.

LANDE R, THOMPSON R, 1990. Efficiency of marker-assisted selection in the improvement of quantitative traits[J]. Genetics, 124: 743-756.

LEE K N, 1993. Compass and gyroscope: Integrating science and politics for the environment[M]. Washington DC: Island Press.

LEWIS L L, STARK C R, FAHRENHOLZ A C, et al., 2014. Evaluation of conditioning time and temperature on gelatinized starch and vitamin retention in a pelleted swine diet[J]. Journal of Animal Science, 93(2): 615-619.

LEWONTIN R C, 1969. The meaning of stability[A]//Diversity and stability of ecological systems. Brookhaven Symposium in Biology No. 22. Brookhaven, New York, USA.

LI C, WANG D, ZHOU X, 2016. Sperm proteome and reproductive technologies in mammals[J]. Anim Reprod Sci., 173: 1-7.

LI C, ZHOU X, 2013. The potential roles of neurotrophins in male reproduction[J]. Reproduction, 145(4): 89-95.

LI C, ZHOU X, 2015. Melatonin and male reproduction[J]. Clin Chim Acta, 446: 175-180.

LI F, ZHANG Z, LI X, et al., 2020. Effect of duration of linseed diet supplementation before slaughter on the performances, meat fatty acid composition and rumen bacterial community of fattening lambs[J]. Animal Feed Science and Technology, 263: 114457.

LI W H, HOOPER D U, WU L J, et al., 2021. Grazing regime alters plant community structure via patch-scale diversity in semiarid grasslands[J]. Ecosphere, 12(6): e03547.

LI W, LI C, CHEN S, et al., 2018. Effect of inhibin A on proliferation of porcine granulosa cells *in vitro*[J]. Theriogenology, 114: 136-142.

LI W, TANG D, LI F, et al., 2017. Supplementation with dietary linseed oil during peri-puberty stimulates steroidogenesis and testis development in rams[J]. Theriogenology, 102: 10-15.

LI W, WENG X, YUAN L, 2021. Effect of feeding linseed diet on testis development, antioxidant capacity, and epididymal cauda sperm concentration in Chinese Hu lamb[J]. Theriogenology, 159: 69-76.

LIU G X, ZHANG Y J, HOVSTAD K A, et al., 2014. Competition of *Leymus chinensis* and *Bromus inermis* in response to gap size and neighbouring root exclusion[J]. Gross and Forage Science, 69: 479-487.

LIU J, FENG C, WANG D, et al., 2015. Impacts of grazing by different large herbivores in grassland depend on plant species diversity[J]. Journal of Applied Ecology, 52: 1053-1062.

LOUCKS D P, GLADWELL J S, 1999. Sustainability criteria for water resource systems[M]. Cambridge: Cambridge University Press.

LUO J, QIN F, DENG C, et al., 2019. Polymorphisms of IGF-IR gene and their association with economic traits in two indigenous Chinese dairy goat breeds[J]. Gene, 695: 51-56.

MACIAS H, HINCK L, 2012. Mammary gland development[J]. Wiley Interdiscip Rev Dev Biol, 1(4): 533-557.

MCARTHUR A J, 1991. Forestry and shelter for livestock[J]. Forest Ecology and Management, 45: 93-107.

MCDONALD P, EDWARDS R A, GREENHALGH J F D, et al., 2011. Animal Nutrition[M]. 7th ed. Toronto: Pearson.

MCEVOY A F, 1987. Toward an interactive theory of nature and culture: Ecology, production, and cognition in the California fishing industry[J]. Environmental Review, 11(4): 289-305.

MCNAUGHTON S J, 1979. Grazing as an optimization process: Grass-ungulate relationships in the Serengeti[J]. American Naturalist, 113: 691-703.

MCNAUGHTON S J, 1983. Compensatory plant growth as a response to herbivory[J]. Oikos, 40: 329-336.

MCNAUGHTON S J, 1984. Grazing lawns: Animals in herds, plant form, and coevolution[J]. The American Naturalist, 124(6): 863-886.

MCNAUGHTON S J, 1985. Ecology of grazing ecosystem: The Serengeti[J]. Ecological Monographs, 55: 259-294.

MENG L, MAO P C, GUO Q, et al., 2016. Evaluation of meat and egg traits of Beijing-you chickens rotationally grazing on chicory pasture in a chestnut forest[J]. Brazilian Journal of Poultry Science, 18: 1-6.

MERRILL L B, 1954. A variation of deferred-rotation grazing for use under southwest range conditions[J]. Journal of Range Management, 7(4): 152-154.

MILCHUNAS D G, LAUENROTH W K, 1993. Quantitative effects of grazing on vegetation and soils over a global range of environments[J]. Ecological Monographs, 63: 327-366.

MILCHUNAS D G, SALA O E, LAUENROTH W K, 1988. A generalized model of the effects of grazing by large herbivores on grassland community structure[J]. American Naturalist, 132: 87-106.

MITCHELL R C, CARSON R T, 1989. Using surveys to value public goods: The contingent valuation method[M]. Washington D C: Resources for the Future.

MOLLES M C, 2016. Ecology: Concepts and applications[M]. 7th ed. Beijing: The McGraw-Hill Education and Higher Education Limited Company.

MOMMER L, COTTON T E A, RAAIJMAKERS J M, et al., 2018. Lost in diversity: The interactions between soil-borne fungi, biodiversity and plant productivity[J]. New Phytologist, 218(2): 542-553.

MOTT G O, 1960. Grazing pressure and measurement of pasture production[J]. Proceedings of 8th International Grassland Congress: 606-611.

NAIR P K R, 1985. Classification of agroforestry systems[J]. Agroforestry Systems(3): 97-128.

NAIR P K R, 1991. State of the art of agroforestry systems[J]. Forest Ecology and Management, 45(1): 5-29.

NATARAJAN M, WILLEY R W, 1980. Sorghum-pigeonpea intercropping and the effects of plant population density. 2. Resource use[J]. Journal of Agricultural Science, 95(8): 59-65.

OWEN-SMITH N, CUMMING D H M, 1993. Comparative foraging strategies of grazing ungulates in African savanna grasslands[C]. Proceedings of 17th Grassland Congress: 691-698.

PEI S W, QIN F, LI W H, et al., 2019. Copy number variation of ZNF280AY across 21 cattle breeds and its association with the reproductive traits of Holstein and Simmental bulls[J]. Journal of Dairy Science, 102(8): 7226-7236.

PETERSON E W F, PANIKER A P, RILEY H M, 1983. Spain's entry into the European community: Effects on the feed grain and livestock sectors[J]. Foreign Agricultural Economic Report, 26: 89-94.

PETRAITIS P, 2013. Multiple stable states in natural ecosystems[M]. Oxford: Oxford University Press.

PIEPER R D, 1994. Ecological implications of livestock grazing[J]//VAVRA, et al. Ecological implications of livestock herbivory in the west. Society for Range Management: 177-211.

POPKIN S L, 1979. The rational peasant[M]. San Diego: University of California Press.

PRINSLEY R T, 1992. The role of trees in sustainable agriculture an overview[J]. Agroforestry Systems, 20: 87-116.

RAHMAN M S, PANG M G, 2020. New biological insights on X and Y chromosome-bearing spermatozoa[J]. Front Cell Dev Biol., 7: 388.

RATHKE G W, CHRISTEN O, DIEPENBROCK W, 2005. Effects of nitrogen source and rate on productivity and quality of winter oilseed rape(*Brassica napus* L.) grown in different crop rotations[J]. Field Crops Research, 94(2-3): 103-113.

REYES-LAGOS J J, LEDESMA-RAMÍREZ C I, PLIEGO-CARRILLO A C, et al., 2019. Neuroautonomic activity evidences parturition as a complex and integrated neuro-immune-endocrine process[J]. Annals of the New York Academy of Sciences, 1437(1): 22-30.

SALAFSKY S, MARGOLUIS R, REDFORD K, 2001. Adaptive management: A tool for conservation practitioners[M]. Biodiversity Support Program. Washington D C: World wildlife fund.

SCHWARTZ G J, 2000. The role of gastrointestinal vagal afferents in the control of food intake: Current prospects[J]. Nutrition, 16(10): 866-873.

SENFT R L, COUGHENOUR M B, BAILEY D W, et al., 1987. Large herbivore foraging and ecological hierarchies[J]. BioScience, 37: 789-799.

SHAO T, WANG T, SHIMOJO M, et al, 2007. Effect of ensiling density on fermentation quality of guinea grass(*Panicum maximum* Jacq) silage during the early stage of ensiling[J]. Asian-Australasian Journal of Animal Sciences, 18(9): 1273-1278.

SILVA A T, ORSKOV E R, 1984. Effect of three different rumen environments on the rate and extent of the rumen degradability of untreated straw, ammonia treated straw and hay[J]. Proc. Nutr. Soc., 43: llA.

SNEATH D, 1998. State policy and pasture degradation in inner Asia[J]. Science, 281: 1147-1148.

SOUSSANA J F, LAFARGE M, 1998. Competition for resources between neighbouring species and patch scale vegetation dynamics in temperate grasslands[J]. Ann. Zootech, 47: 371-382.

STRAH R, KUNEJ T, 2019. Molecular sexing assays in 114 mammalian species: In silico sequence reanalysis and a unified graphical visualization of diagnostic tests[J]. Ecol Evol., 9(8): 5018-5028.

TENA-SEMPERE M, 2015. Knobil and Neill's Physiology of Reproduction[M]. Amsterdam: Elsevier Inc.

THOMPSON K, ASKEW A P, GRIME J P, et al., 2005. Biodiversity, ecosystem function and plant traits in mature and immature plant communities[J]. Functional Ecology, 19(2): 355-358.

TIAN L, ZHANG Y J, ZHU J T, 2014. Decreased surface albedo driven by denser vegetation on the Tibetan Plateau[J]. Environ Res Lett, 9(10): 104001.

TILMAN D, WEDIN D, KNOPS J, 1996. Productivity and sustainability influenced by biodiversity in grassland ecosystems[J]. Nature, 379(6567): 718-720.

VALLENTINE J F, 2001. Grazing Management[M]. 2nd ed. San Diego: Academic Press.

VAN DER HEIJDEN M G A, BARDGETT R D, VAN STRAALEN N M, 2008. The unseen majority: Soil microbes as drivers of plant diversity and productivity in terrestrial ecosystems[J]. Ecology Letters, 11(6): 296-310.

VAN DER PLAS F, 2019. Biodiversity and ecosystem functioning in naturally assembled communities[J]. Biological Reviews, 94(4): 1220-1245.

WALKER B H, NOY-MEIR I, 1982. Aspects of the stability and resilience of savanna ecosystems[M]//HUNTLEY B H, WALKER B H. Ecology of Tropical Savannas. Berlin: Springer Vertag.

WAN H W, BAI Y F, HOOPER D U, et al., 2015. Selective grazing and seasonal precipitation play key roles in shaping plant community structure of semi-arid grasslands[J]. Landscape Ecology, 30(9): 1767-1782.

WANG D L, HAN G D, BAI Y G, 2005. Interaction between foraging behaviour of herbivores and grassland resources in the eastern Eurasian steppes[J]//MCGILLOWAY D A. Grassland: A globe resource. The Netherlands, Wageningen Academic Publishers.

WANG D, DU J, ZHANG B, et al., 2017. Grazing intensity and phenotypic plasticity in the clonal grass *Leymus chinensis*[J]. Rangeland Ecology and Management, 70: 740-747.

WANG J, BROWN D G, AGRAWAL A, 2013. Climate adaptation, local institutions, and rural livelihoods: A comparative study of herder communities in Mongolia and Inner Mongolia, China[J]. Global Environmental Change, 23(6): 1673-1683.

WANG L, DELGADO-BAQUERIZO M, WANG D L, et al., 2019a. Diversifying livestock promotes multidiversity and multifunctionality in managed grasslands[J]. Proceedings of the National Academy of Sciences of the United States of America, 116(13): 6187-6192.

WANG L, DELGADO-BAQUERIZO M, ZHAO X, et al., 2020a. Livestock overgrazing disrupts the positive associations between soil biodiversity and nitrogen availability[J]. Functional Ecology, 34(8): 1713-1720.

WANG W M, LA Y F, ZHOU X, et al., 2018. The genetic polymorphisms of TGFβ superfamily genes are associated with litter size in a chinese indigenous sheep breed(Hu Sheep)[J]. Animal Reproduction Science, 189: 19-29.

WANG W, LIU S, LI F, et al., 2015. Polymorphisms of the ovine BMPR-IB, BMP-15 and FSHR and their associations with litter size in two Chinese indigenous sheep breeds[J]. International Journal of Molecular Sciences, 16(5): 11385-11397.

WANG W, ZHANG X, ZHOU X, et al., 2019b. Deep genome resequencing reveals artificial and natural selection for visual deterioration, plateau adaptability and high prolificacy in Chinese domestic sheep[J]. Front Genet, 10: 300.

WANG Z W, HAN G D, KEMP D, et al., 2020b. Desert steppe grazing management[M]//KEMP D R(ed). Sustainable Chinese grasslands. Canberra: Australian Centre for International Agricultural Research.

WEIMER P J, MORRIS B, 2009. Grasses and legumes for bio-based products[M]//WEDIN W F, FALES S L. Grassland: Quietness and Strength for a New American Agriculture. ASA, CSSA, and SSSA, Madison.

WIENS J A, 1984. On understanding a nonequilibrium world: Myth and reality in community patterns and processes[M]// STRONG D R, SIMBERLOFF D, ALBELE L, et al. Ecological communities: Conceptual issues and the evidence. New Jersey, USA: Princeton University Press.

WU G Y, 2017. Principlles of animal nutrition[M]. 1st ed. Boca Raton: Taylor and Francis Inc.

WU J, LOUCKS O L, 1995. From balance of nature to hierarchical patch dynamics: A paradigm shift in ecology[J]. Quarterly Review of Biology, 70: 439-466.

XIA H Y, WANG Z G, ZHAO J H, et al., 2013. Contribution of interspecific interactions and phosphorus application to sustainable and productive intercropping systems[J]. Field Crop Research, 154: 53-54.

YANG G W, YANG X, ZHANG W J, et al., 2016. Arbuscular mycorrhizal fungi affect plant community structure under various nutrient conditions and stabilize the community productivity[J]. Oikos, 125: 576-585.

YOU Y A, MOHAMED E A, RAHMAN M S, et al., 2018. 2, 3, 7, 8-Tetrachlorodibenzo-p-dioxin can alter the sex ratio of embryos with decreased viability of Y spermatozoa in mice[J]. Reprod Toxicol., 77: 130-136.

YUAN Z, LI W, LI F, et al., 2019a. Selection signature analysis reveals genes underlying sheep milking performance[J]. Arch Anim Breed, 62(2): 501-508.

YUAN Z, LUO J, WANG L, et al., 2020. Expression of *DAZL* gene in selected tissues and association of its polymorphisms with testicular size in Hu sheep[J]. Animals, 10(4): 740.

YUAN Z, ZHANG J, LI W, et al., 2019b. Association of polymorphisms in candidate genes with the litter size in two sheep breeds[J]. Animals, 9(11): 958.

YUE X P, CHANG T C, DEJARNETTE J M, et al., 2013. Copy number variation of PRAMEY across breeds and its association with male fertility in Holstein sires[J]. Journal of Dairy Science, 96(12): 8024-8034.

YUE X P, DECHOW C, CHANG T C, et al., 2014. Copy number variations of the extensively amplified Y-linked genes, HSFY and ZNF280BY, in cattle and their association with male reproductive traits in Holstein bulls[J]. BMC Genomics, 15(1): 113-125.

ZHANG D, ZHANG X, LI F, et al., 2019. Transcriptome analysis identifies candidate genes and pathways associated with feed efficiency in Hu sheep[J]. Frontiers in Genetics, 10: 1183.

ZHANG D, ZHANG X, LI F, et al., 2020. The association of polymorphisms in the ovine PPARGC1B and ZEB2 genes with body weight in Hu sheep[J]. Animal Biotechnology, 33(1): 90-97.

ZHANG Q, ZAK J C, 1995. Effects of gap size on litter decomposition and microbial activity in a subtropical forest[J]. Ecology, 76: 2196-2204.

ZHANG R, WANG Z, HAN G, et al., 2018b. Grazing induced changes in plant diversity is a critical factor controlling grassland productivity in the Desert Steppe, Northern China[J]. Agriculture, Ecosystems and Environment, 265: 73-83.

ZHANG Y J, HUANG D, BADGERY W B, et al., 2015. Reduced grazing pressure delivers production and environmental benefits for the typical steppe of north China[J]. Scientific Reports, 5: 16434.

ZHANG Y J, LU W J, ZHANG H, et al., 2018a. Grassland management practices in Chinese steppes impact productivity, diversity and the relationship[J]. Frontiers of Agricultural Science and Engineering, 5(1): 57-63.

ZHAO N, GAO S, REN H, et al., 2018. Competition alters plant-soil feedbacks of two species in the Inner Mongolia Steppe, China[J]. Plant and Soil, 429(1-2): 425-436.

ZHENG M L, MAO P C, TIAN X X, et al., 2019a. Effects of dietary supplementation of alfalfa meal on growth performance, carcass characteristics, meat and egg quality and intestinal microbiota in Beijing-you chicken[J]. Poultry Science, 98: 2250-2259.

ZHENG M L, MAO P C, TIAN X X, et al., 2019b. Growth performance, carcass characteristics, meat and egg quality, and intestinal microbiota in Beijing-you chicken on diets with inclusion of fresh chicory forage[J]. Italian Journal of Animal Science, 18(1): 1310-1320.

ZHOU J, ZHANG Y, WILSON G W T, et al., 2017. Small vegetation gaps increase reseeded yellow-flowered alfalfa performance and production in native grasslands[J]. Basic and Applied Ecology, 24: 41-52.

索　引

B

白三叶草　510
北方农牧交错区　646，648
标记辅助选择　489
补饲　631

C

采食理论　411
采食率　421
采食调控　462
草产品　501，506，508，515，626
草畜产业一体化　652
草地产权　531
草地单位　421
草地放牧管理　587
草地改良　434
草地农业产业化　534
草地农业合作组织　528
草地农业经济　526
草地农业经济的产业结构　527
草地农业生态经济系统价值　539
草地适应性管理　535
草地退化　619
草地畜牧业　409
草地刈割　588
草地资源　582
草灌护坡林带　652
草颗粒　627
草块　628
草粮轮作　667
草坪业　768
草食家畜养殖业　550
草田轮作　552
草原承包制度　532
草原牧区　563
草种生产　776
产权　531
长期放牧地　410
超补偿性生长　417
超数排卵　495
超显性学说　471
畜禽粪污资源化利用　661，672
丛枝菌根真菌　435

D

打捆　512
大脑-下丘脑-垂体-性腺轴调节系统　471
单种放牧　594
等补偿性生长　417
低扰动补播改良技术　560
低扰动退化草地生态系统恢复　559
定西草地农业发展模式　572
东北草原　579
东非狼尾草　718
冬闲田　702

短期放牧　428
短期放牧地　410
多伦模式　571
多年生人工草地　625

F

发情控制　494
翻晒　512
返青期休牧　623
放牧季节　422
放牧家畜　615
放牧-舍饲结合模式　596
放牧型林间草地　751
放牧型人工草地　625
放牧制度　423
非平衡理论　414
非纤维性碳水化合物　456
非洲狗尾草　718
分段式减畜　546

G

干草　504，508，602
干草饲喂　602
高丹草　709
高强度低频率放牧　428
高羊茅　734
割草型林间草地　751
工业副产品畜牧业　409
公地悲剧　531
狗牙根　718
股份制合作社　636，640
观光生态农业　655
规模经济　532
国营牧场　636
果草复合种植模式　747
果园生草　747

H

旱作/半旱作节水型高效人工草地　557
旱作节水草地农业　667
旱作农业区　666
河谷农业区　620
黑麦草　501
红三叶　510
化学分析法　464
划破草皮　446
划区轮牧　423，424，560
黄河流域　680
黄河滩地　680
浑善达克沙地　570
混合放牧　595
混合放牧技术　560
混林农业　709
混作草地　717

J

季节适宜性放牧　426
季节性休牧技术　559
季节性畜牧业模式　561
家畜单位　421
家畜分布　430
家畜混合放牧　430
家畜日食量　421
家庭联营牧场　635，639
家庭农场/牧场　528
结缕草　774
精准生态修复　557

K

康奈尔净碳水化合物和净蛋白体系　465

抗菌肽 478
颗粒型全混合饲粮 482
空斑 436
宽叶雀稗 718

L

冷季型 704，711，712，713，714，724，725，768
立体生态农业 656
利用率 421
连续放牧 424
粮草轮作 689
林草复合 744
林草复合系统 741，744
林草系统 709
林分郁闭度 742
林间草地 744，751
林粮间作 652
林下草地农业 741
林下草地农业模式 745
林下种草 750
临时草地 410
留茬高度 510
绿色草原牧场 606
绿洲-荒漠交错区 657
绿洲农业 657

M

麦田冬季放牧 691
毛花雀稗 718
牦牛 615，616，633
免耕补播 448
苜蓿草地生产 600
苜蓿种植的模式 606

牧户经营行为决策 541
牧区畜牧业经营模式改革 609
牧区畜牧业生产模式改革 611

N

能量平衡 455
农牧交错区 646
农牧系统耦合 653
农区畜牧业 409，671
农业种植区 653
暖季型 709，712，713，714，718，724，768
暖牧冷饲 630

P

排卵控制 495
胚胎移植 496
配子与胚胎冷冻保存 474
平衡和非平衡理论 413
平衡理论 413

Q

浅耕翻 447
浅耕翻松耙技术 559
欠补偿性生长 417
青贮 629
青贮发酵 505
全混合日粮 481
全要素生产率 537

R

人工草地 501
人工草地建设技术 591
人工草地建植理论 590
人工授精 495

日粮阴阳离子平衡　477

日粮营养平衡　463

S

三叶草属　706，709，717

三元结构　708，709

山地-绿洲-荒漠　648，657

山地天然草原-绿洲栽培草地-荒漠保护生态　656

山地杂粮-牧草-放牧农业系统　660

山区舍饲生态养殖　653

社区畜牧业　634

神经-内分泌-免疫调节系统　473

生产性能　466

生态保护　663，680

生态高尔夫球场　781

生态环境脆弱带　651

生态牧场　557

生态农业产业化　652

生态型人工草地　625

生态畜牧业　653

石漠化　703，704，705，716，718，734，736，737，738

时间单位　421

适合度　416

适应性管理　534

数据包络分析　537

数量性状　468

私地悲剧　532

饲草贮藏量　421

饲料营养价值评价　464

饲用玉米　572，704，713，714，722

随机前沿分析　537

T

摊晒　511

碳水化合物　456，475

碳水化合物平衡指数　476

体温调控理论　463

体育产业　780

体脂稳恒理论　463

天然草原　614

天然草原-栽培草地-生态养殖　653

天然牧草　506

添加剂　506

甜高粱　572

同期发情　495

土地流转　637，643

土壤保育技术　560

土壤类型　580

土壤修复　672

退牧还草工程　668

W

围栏封育技术　559

围栏陷阱　532

无土基质草毯　776

物种多样性-稳定性关系　443

X

西北干旱绿洲-荒漠过渡区　656

西北农牧交错区　648，649

西南川滇农牧交错区　647，649

西南农牧交错区　647，649

系统耦合　539

显性学说　470
现代农牧业　653
象草　703
小黑麦　624
心理载畜量　536
新型农牧业经营主体　542
信息技术　565
性别控制　497
休闲放牧　423
休闲轮牧　427
选种　468
血糖稳恒控制理论　463
循环模式　732
循环农业　672

Y

鸭茅　703
延迟轮牧　423，425
雁门关农牧交错带示范区　659
燕麦　501
羊草　599
遗传平衡学说　471
刈割　511，513
刈割-放牧结合　598
刈割利用模式　598
刈割型人工草地　625
营养工程技术　475
营养均衡养殖　630

营养物质　503
诱导发情　494
阈性状　468

Z

杂交狼尾草　704
杂种优势理论　469
载畜量　413，420，421
载畜率　418
载畜率理论　418
藏羊　615
正蓝旗模式　570
植物补偿性生长　416
植物-土壤反馈　439
质量性状　468
智慧生态畜牧业　644
中期放牧地　410
中性洗涤纤维　456
种养结合　679
资源优化配置　637
紫花苜子　711
紫云英　708
足球小镇　779
最优放牧假说　415
作物-家畜生产系统　453
作物留茬草地　410
作物轮作草地　410